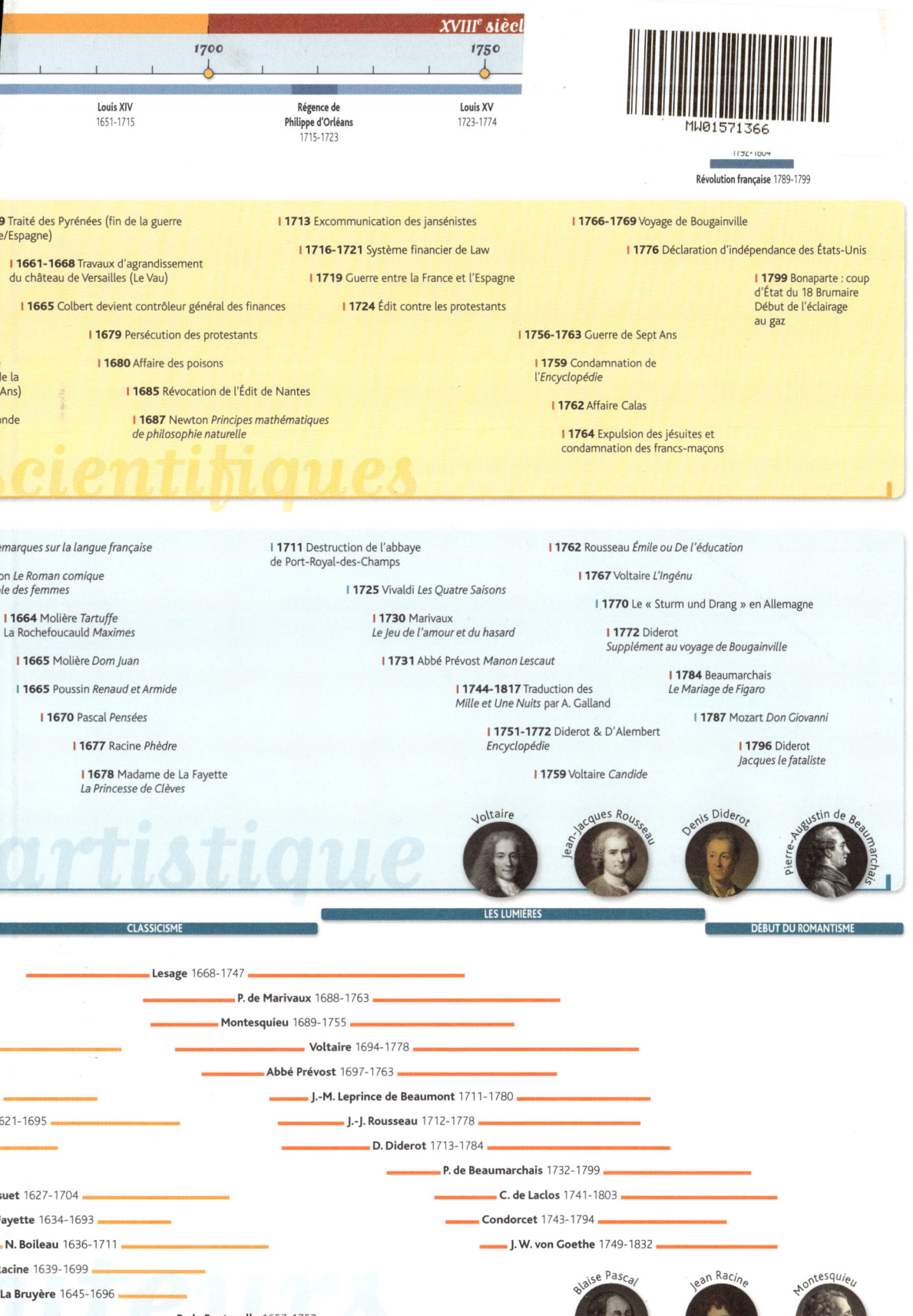

Pollock, Jackson		
Peinture A	183	
Poussin, Nicolas		
Jugement de Salomon (Le)	526	
Racine, Jean		
Andromaque, Planchon, Roger	287	
Bérénice, Grüber, Klaus Michael	289	
Britannicus, Bourdet, Gildas	240	
Phèdre, Chéreau, Patrice	290	
Renoir, Pierre-Auguste		
Bal du moulin de la Galette	118	
Canotiers à Chatou (Les)	149	
Reza, Yasmina		
Art, Kerbrat, Patrice	355	
Ribes, Jean-Michel		
Théâtre sans animaux	359	
Rivera, Diego		
Esclaves indiens dans une plantation de canne à sucre	570	
Tour Eiffel (La)	450	
Romany, Adèle		
Jeune Femme	90	
Rosi, Francesco		
Trêve (La) (photogramme)	599	
Rossellini, Roberto		
Vanina Vanini, Affiche du film	100	
Rostand, Edmond		
Cyrano de Bergerac, Savary, Jérôme	327	
Sarazin de Belmont, Louise Joséphine		
Paris vu des hauteurs du Père Lachaise	95	
Sarto, Andréa (del)		
Portrait d'un jeune homme	387	
Sartre, Jean-Paul		
Mains sales (Les), Couleau, Guy-Pierre	613	
Mouches (Les), Dullin, Charles	330	
Sfar, Joann		
Gainsbourg, une vie héroïque (affiche de film)	433	
Sow, Ousmane		
Statue de bronze	566	
Staël, Nicolas (de)		
Nu couché bleu	467	
Talma, François-Joseph		
Talma dans le rôle de Cinna	284	
Tardi, Jean		
Illustrations pour Voyage au bout de la nuit	168	
Tiepolo, Jean-Baptiste		
Apothéose de la monarchie espagnole (L')	535	
Tuby, Jean-Baptiste		
Char d'Apollon (Le)	395	
Turner, William		
Tempête de neige. Vapeur au large d'un port	108	
Valloton, Félix		
Cri de Paris (Le)	582	
Van Honthorst, Gerrit		
Joyeux violoniste (Le)	49	
Verhaeghe, Jean-Daniel		
Controverse de Valladolid (La) (photogramme)	514	
Vinci, Léonard (de)		
Proportions du corps humain	503	
Vierge, l'Enfant Jésus et Sainte Anne (La)	502	
Visconti, Luchino		
Étranger (L') (photogramme)	171	
Vuillard, Édouard		
Les nourrices, La conversation et L'ombrelle rouge	162	
Warhol, Andy		
Four Colored Campbell's Soup Can I	176	
Wulz, Wanda		
Io + Gatto	465	

Crédits iconographiques

Couverture : © Nicolas Piroux ; **Gardes :** © Hachette Livre ; **3** © De Agostini / Leemage ; © Pascal Victor / ArtComArt ; © Superstock / Leemage ; © Electa / Leemage ; © Noah Golan-Fotolia.com ; **4, 21, 46** © The Metropolitan Museum of Art, New York. Dist. RMN / Image of the MMA ; **4, 90** © Giraudon / The Bridgeman Art Library ; **5, 15, 88** © The Art Archive / Dagli Orti ; **5, 15, 116** © The Bridgeman Art Library ; **5, 148** © La Collection / Artothek ; **6, 21, 157** © akg-images © ADAGP Paris 2011 ; **7, 220** © Luisa Ricciarini / Leemage ; **8, 285** © Sylvie Le Gleut ; **8, 301** © Pascal Victor / ArtComArt ; **8, 314** © Victor Tonelli / ArtComArt ; **8, 344** © Marc ENGUERRAND / CDDS ; **9, 330h** © Brigitte ENGUERRAND / CDDS ; **9, 381** © akg-images ; **10, 402b** © RMN / Jean-Gilles Berizzi ; **10, 18, 410** © akg-images ; **10, 424** © La Collection / Artothek ; **11, 19, 456** © Phototèque R. Magritte – ADAGP, Paris 2011 **12, 502** © RMN / Franck Raux ; **12, 19, 526** © La Collection / Artothek ; **13, 20, 545** © La Collection / Artothek ; **13, 25, 579** Rue des Archives / Darius Shepard © ADAGP, Paris 2011 ; **14, 600** © Succession Giacometti / ADAGP, Paris, 2011 ; **16, 139** © RMN (Musée d'Orsay) / Hervé Lewandowski ; **16, 157b** © akg-images ; **17, 261** © Anthony Magnier ; **17, 222** © RMN/Gérard Blot ; **18, 24** © La Collection / Artothek ; **18, 424** © La Collection / Artothek ; **20, 526** © La Collection / Artothek ; **22** © Éric Dervaux / ArtComArt ; **23** © Pascal Victor / ArtComArt ; **24** © akg-images ; **26h** © Aisa / Leemage ; **26b** © Hachette Livre ; **27** © ADAGP Paris 2011 / François Fontaine / Agence VU ; **38** © DeAgostini/Leemage ; **42d** © akg-images ; **42g** © SuperStock/Leemage ; **43** © akg-images ; **44** © Selva / Leemage ; **PA 48** © Hachette Livre ; **50d** © J. G. Berizzi / RMN ; **54** © Leemage ; **57** © Photo Josse ; **58g** © Hachette Livre ; **58d** © RMN / Hervé Lewandowski ; **60** © Hachette Livre ; **64g** © Aisa/Leemage ; **66d** © akg-images ; **66g** © Maisons de Victor Hugo / Roger-Violett ; **69** © akg/North Wind Picture Archives **72b 5m** © RMN / Michèle Bellot ; **72ht** © Hachette Livre ; **74** © Costa/Leemage ; **75** © Prod DB© ARP Selection / DR ; **76b** © akg-images / Archives CDA ; **76h** © akg-images ; **78h** © Photo Josse/Leemage ; **80** © AISA/Leemage ; **81** © Rue des Archives/BCA ; **82** © RMN ; **84** © Hachette Livre ; **86b** © Photos12.com / Ann Ronan Picture Library ; **86h** © BPK, Berlin, Dist. RMN / image SKD ; **87** © RMN (musée d'Orsay) / Hervé Lewandowski ; **88** © The Art Archive/ Dagli-Orti ; **90b** © Giraudon / The Bridgeman Art Library ; **90h** © Hachette Livre ; **92** © Prod DB © Excelsa / DR ; **94 h** Hachette Livre ; **94b** © Maison de Balzac / Roger-Viollet ; **95** © B. Delorme / Musée des Augustins, Toulouse ; **96** © Hachette Livre ; **99h** © Hachette Livre ; **100** © Prod DB © Zebra Films / DR ; **102b** © Photo Josse / Leemage ; **102ht** © Hachette Livre ; **104b** © Collection Christophel ; **104ht et 106ht** © Hachette Livre ; **107ht** © Hussein Zak/Sipa ; **107b** © Éditions Denoel/2000 ; **108h** © World archive history-IAM / akg ; **110b** © Prod DB ÉRezo Films-B.C. Films / DR ; **110h** Hachette Livre ; **112d** © RMN (Musée d'Orsay) / Herve Lewandowski ; **112g et 626** © Hachette Livre ; **114g** © RMN (Musée d'Orsay) / Hervé Lewandowski ; **115h** © The Bridgeman Art Library ; **115b** © Photo Collection Archives Larousse ; **116** © The Bridgeman Art Library ; **118** © The Bridgeman Art Library ; **118h** © Hachette Livre ; **120d** © akg-images ; **120g** Prod DB © Paris Film – Lux Films / DR ; **121** © Coll. Dixmier / Kharbine-Tapabor ; **124g** Hachette Livre ; **125h** © Josse / Leemage ; **126b** © The Bridgeman Art Library ; **126h** © Hachette Livre ; **128** © Hachette Livre ; **129** © Collection Christophel ; **130b** © The Bridgeman Art Library ; **130h** Hachette Livre ; **132** © Hachette Livre ; **133** © Luisa Ricciarini / Leemage ; **134d** © Hachette Livre ; **134g** © Luisa Ricciarini / Leemage ; **136b** © Guy Delcourt Productions-2009 ; **136h** Hachette Livre ; **138** Hachette Livre ; **139 et 141** © RMN (Musée d'Orsay) / Hervé Lewandowski ; **140** © RMN (Musée d'Orsay) / Hervé Lewandowski ; **142b** © H. Lewandowski / RMN ; **142h** © Hachette Livre ; **144** © Hachette Livre ; **146** © The Metropolitan Museum of Art, Dist. RMN / image of the MMA ; **148b** © Fotolia.com ; **148h** © La Collection / Artothek ; **149** © The Bridgeman Art Library ; **150h** © RMN (Musée d'Orsay) / Agence Bulloz ; **150b** © Collection Linda Gale Sampson ; **151** © Photo12 / ARJ ; **152d** © Collection Dupondt ; **152g** © Collection Kharbine-Tapabor ; **153** © akg-images ; **154** © La Collection / Artothek ; **156** © Josse/Leemage ; **157b** © akg-images ; **157h** © akg-images ADAGP ; **158** © Coll. Vav / KHARBINE-TAPABOR ; **159d** Avec l'aimable accord des Éditions Gallimard ; **159g** © Costa / Leemage ; **160** © ADAGP Paris 2011 / Superstock / Leemage ; **162b** © Photo Josse / Leemage ; **162ht** © Hachette Livre ; **164b** © ADAGP / Paris 2011 / Photo Josse / Leemage ; **164ht** © Albert Harlingue / Roger-Viollet ; **167** © akg-images ; **168** © Éditions Gallimard / Jacques Tardi, Fonds Futuropolis ; **170** © Hachette Livre – Photo. « DR » ; **171** © Rue des Archives / BCA ; **172b** © Prod DB / Films Jean Giono / DR ; **172ht** © Hachette Livre ; **174b** © Freudenthal Verhagen/Getty Images ; **174ht** © Hachette Livre ; **175** © Baltel/sipa ; **176ht** © Dalmas/sipa ; **176b** © 2011 Andy Warhol Foundation/ARS, NY/ADGP Paris, Licensed by Campbell's Soup Co. All rights reserved /AKG ; **177** © Marcello Mencarini/Leemage ; **178b** © The Bridgeman Art Library ; **178h** © Ulf Andersen / Sipa ; **180** © LEROUX PHILIPPE / SIPA ; **181** © RMN / Gérard Blot ; **182b** © Éditions Gallimard ; **182h** © TF1-Chevalin / Sipa ; **186** © Ginies / Sipa ; **187** Prod DB © Escorpion-Miramax-Studio Canal + / DR ; **188b** © akg-images **188h** © Crampton/Writer Pictures/Leemage ; **190b** © PHOTOPQR / Le Républicain Lorrain-Maxppp ; **190h** © Ulf Andersen / Sipa ; **192b** © Administration Picasso 2011 / AKG ; **192ht et 193ht** © LARTIGE CHRISTOPHE / SIPA ; **194** © Prod DB / Enic / DR ; **196** © *Salammbô* de Philippe Druillet en Gustave Flaubert © Éditions Glénat / Drugstore – 2010 ; **213** © Photo Josse / Leemage ; **215bg-m et d** © Collection Christophel ; **215htd** © Le Livre de Poche ; **215htg** © Hachette Livre ; **215htm, m** Avec l'aimable accord des Éditions Gallimard ; **216** © Pascal Victor/ArtComArt ; **219** © Electa/Leemage ; **220** © Luisa Ricciarini / Leemage ; **221d** © Pascal GELY / CDDS Enguerand ; **221g** © Jean-Paul LOZOUET / CIT'en scène ; **222d** © RMN / Gérard Blot; **222g** © RMN / Gérard Blot ; **224b** © Brigitte ENGUERAND/CDDS ; **224ht** © Bridgeman Giraudon ; **226b** © Hachette Livre ; **226ht** © Brigitte ENGUERRAND / CDDS ; **228d** © Marc ENGUERAND / CDDS ; **228g** Hachette Livre ; **230d** © Christophe Raynaud de Lage ; **230g** © Donald Cooper / Photostage ; **231** © Ullstein Bild / Roger-Viollet ; **232** © Pascal Gely / CDDS Enguerand ; **233** © Hachette Livre ; **234** Hachette Livre ; **235** Hachette Livre ; **236h** Hachette Livre ; **238-239** © Pascal Victor/ArtComArt ; **240d** © Daniel Arnaudet-Gérard Blot / RMN ; **240h** © Marc Enguerand / CDDS ; **241b** © Marc Enguerand / CDDS ; **243H** © Bridgeman Giraudon ; **245b** © Jean Vigne / KHARBINE-TAPABOR ; **246** © Collection Christophel ; **250h** Hachette Livre ; **253b** © Jean-Paul Lozouet ; **253h** Hachette Livre ; **254** Hachette Livre ; **255b** © Collections de la Comédie-

Française ; **255hd** © Brigitte Enguerand / CDDS ; **255hg** © Studio Lipnitzky / Roger-Viollet; **256** © Béatrice Souillard / BEP-La Provence-Maxppp ; **258b** © CDDS Enguerand ; **259** Hachette Livre ; **260** © CDDS Enguerand ; **261** © Anthony Magnier ; **262h** Hachette Livre ; **262b** © Patrick Lorette / Collections de la Comédie-Française ; **263b** © Hervé Bellamy ; **263h** Hachette Livre ; **265** Hachette Livre ; **266** © Hervé Bellamy ; **268** © Hachette Livre ; **269d** © B M Palazon / CDDS Enguerand ; **269g** © Hachette Livre ; **270h** © Hachette Livre ; **271** © Coll. Jonas/KHARBINE-TAPABOR; **272b** © CDDS Enguerand ; **272h** Hachette Livre ; **273b** © Jean Bernard / Leemage ; **274 h** © akg-images ; **274** © Hachette Livre ; **274b** © 1989 Jean-Pierre Estournet ; **276** Hachette Livre ; **277** © akg-images / Erich Lessing ; **278** Hachette Livre ; **279** © Bernard Richebe; **280** Hachette Livre ; **280b** © National Gallery of Australia, Canberra / Museum Images ; **282** © B.M. Palazon / CDDS Enguerand ; **283** © Hachette Livre ; **284** © Photo Josse/Leemage ; **285** © Sylvie Le Gleut ; **286b** © René-Gabriel Ojéda / RMN ; **286h** Hachette Livre ; **288** Hachette Livre ; **289** © Brigitte Enguerand / CDDS ; **290b** © Marc ENGUERAND / CDDS ; **290ht** © Hachette Livre ; **291** © Marie-Noëlle ROBERT, Paris ; **292** Paule Seux / Hemis.fr ; **293 h** © Artcomart / Pascal Victor; **293b** © Roger-Viollet ; **294-295** © Pascal Victor/ Artcomart ; **296b** © RMN / Hervé Lewandowski ; **296h** © akg-images / Erich Lessing ; **297** © RMN / René-Gabriel Ojéda ; **298-299** © Eric Dervaux/ArtComArt ; **301** © Pascal Victor / Artcomart ; **301** Hachette Livre ; **302** © Victor Tonelli / Artcomart ; **304b** © Marc ENGUERAND / CDDS ; **304ht,** © Hachette Livre ; **305** © Marc Van Appelghem, Genève ; **306g et 308g** © Hachette Livre ; **307** © Pacome Poirier/WikiSpectacle ; **308m** © Max Hureau, Paris ; **310-311** © Pascal Victor/ Artcomart; **312** © akg-images / Mucha Trust ; **313** © Maison de Balzac / Roger-Viollet ; **314** © Victor Tonelli / Artcomart ; **316h** Hachette Livre ; **318b** © Marc ENGUERAND / CDDS ; **318ht** © La Comédie-Française, 1976 ; **319b** © Gilles Abegg / Opéra de Dijon ; **319ht** © Pascal GELY / CDDS Enguerand ; **320** © Christian Ganet, Dardilly ; **321b** © Pascal GELY / CDDS Enguerand ; **321ht** © Bernand / CDDS Enguerand ; **322** Hachette Livre ; **324b** © Jean-Paul LOZOUET/ CIT'en scène ; **324ht** © Hachette Livre ; **326** © Nadar / TopFoto / Roger-Viollet ; **327 b** © Benoite FANTON/WikiSpectacle ; **327h** © Costa/Leemage ; **328-329** © Victor Tonelli/ Artcomart ; **330b** © 4-COL-42 (63,4), Photographie de scène Harcourt, avec l'aimable autorisation de la MAP / Bibliothèque nationale de France ; **330ht** © Brigitte ENGUERAND / CDDS ; **331ht** © Pascal GELY / CDDS Enguerand ; **332 et 333** © Brigitte ENGUERAND / CDDS ; **334h** © AKG-images ; **334b** © Alexandre Deschamps; **336** © Artedia/Leemage ; **337** © Studio Lipnitzki / Roger-Viollet ; **338** © Hachette Livre ; **339d** © Pascal Gely / CDDS Enguerand ; **339g** Hachette Livre-Photo. DR ; **340** © Pascal Victor /Artcomart ; **340ht** © Hachette Livre – Photo. « DR » ; **341b** © B M PALAZON / CDDS Enguerand ; **342** © OZKOK / SIPA ; **343** © Pascal GELY / CDDS Enguerand ; **344b** © Marc ENGUERAND / CDDS ; **344ht** © Hachette Livre – Photo. « DR » ; **345** © Pascal GELY / CDDS Enguerand ; **346** © Pascal GELY / CDDS Enguerand ; **347b, 627** © BOCCON-GIBOD / SIPA ; **347ht** © Marc ENGUERAND / CDDS ; **348** © Marc Ginot, Montpellier ; **350ht** © Brigitte ENGUERAND / CDDS ; **353b** © Victor Tonelli / Artcomart ; **353h** © Effigie/Leemage ; **354d-355** © Brigitte ENGUERAND / CDDS ; **354g** © KROHN / EVENT PRESS HERRMANN / SIPA ; **356b** © Digital image, The Museum of Modern Art, New York/Scala, Florence ; **356h** © Marie-Pia Bureau / Presse; **358ht** © BALTEL / SIPA ; **359b** © Victor TONELLI / ArtComArt Paris ; **369** © CDDS Enguerand ; **373** © Bernand / CDDS Enguerand ; **375b** © Collection Christophel ; **375hg** © Éditions Flammarion, coll. « Étonnants Classiques » ; **375htd** © Éditions Belin / Gallimard, « Classico-lycée », 2009 ; **375htm** Illustration Laurent Parienty / Avec l'aimable accord des Éditions Gallimard ; **375m** © Éditions Flammarion, coll. « Étonnants Classiques » ; **376** © SuperStock/Leemage; **378** © akg-images / Erich Lessing ; **380** © Costa/Leemage ; **381** © akg-images ; **382** Alinari / RMN ; **384d** © Heritage Images / Leemage ; **384g** © Fototeca / Leemage ; **385d** coll. part. ; **385g** © Hachette Livre ; **386** © Hachette Livre ; **387** © AKG / Eric Lessing ; **388** © Hachette Livre ; **389** © BPK, Berlin, Dist. RMN / image MHK ; **389d** © Museumslandschaft Hessen Kassel / Bridgeman Giraudon ; **390d** © RMN / Hervé Lewandowski ; **391** © Hachette Livre ; **392-393** © Roger-Viollet ; **394** © akg-images / Erich Lessing ; **395h** © Rosine Mazin/Photononstop ; **395b** © Bridgeman / Giraudon ; **396** © RMN ; **398h**© Leemage ; **398b** © Musée des Beaux-Arts, Nantes, France / Bridgeman Giraudon ; **400** DR ; **401h** © Photo Josse/Leemage ; **401b** © Jemolo/ Leemage ; **402b** © RMN / Jean-Gilles Berizzi ; **402ht** © Hachette Livre ; **403** Hachette Livre ; **404** © Photo RMN / Gérard Blot ; **405** © Photo Josse/Leemage ; **406-407** © The Art Archive / Galleria d'Arte Moderna Turin Italy / Dagli Orti ; **408** © Selva/Leemage ; **409b** © RMN/Droits réservés ; **409h** © Album / Oronoz-akg-images ; **410** © AKG-images ; **412** Hachette Livre ; **413** © akg-images / Erich Lessing ; **414** Hachette Livre ; **416** Hachette Livre ; **417** © Hachette Livre ; **417b** © Tate, London, 2011 ; **417h** Hachette Livre ; **419** © Angers, Bibl. mun., Rés. BL 1443 bis © Ville d'Angers ; **420** © Wadsworth Atheneum Museum of Art / Art resource, NY/Scala, Florence ; **421d** © Maison de Victor Hugo / Roger-Viollet ; **421g** Hachette Livre ; **423h** © Bridgeman Giraudon ; **423g** © Bridgeman Giraudon / ADAGP ; **423d** © Photo Josse/Leemage ; **424** © La Collection / Artothek ; **426b** © RMN (Musée d'Orsay) / Hervé Lewandowski ; **426h** © La Collection / Artothek ; **427** © RMN/Agence Bulloz ; **429** © RMN (Château de Versailles) / Jacques L'Hoir / Jean Popovitch ; **430** © AKG / Eric Lessing ; **431 et 603g** © Hachette Livre ; **432d** © AKG-images / Mucha Trust ; **432g, 631** © Hachette Livre ; **433b** © Christophel ; **433ht, 626** © UNIVERSAL PHOTO / SIPA ; **434b** © ADAGP Paris 2011/ AKG ; **434ht et 435ht, 436ht** © Hachette Livre ; **437h** Hachette Livre ; **437m** Prod DB © Capital Films-Portman Productions / DR ; **438b** © akg-images ; **438h** Hachette Livre ; **440d** © Zsolt Zsigmond (http://realitydream.hu) ; **440g** Hachette Livre ; **441d** © La Collection / Interfoto ; **441g** Hachette Livre ; **442b** © Hachette Livre ; **442ht** © AKG ; **444d** © RMN ; **444h** Hachette Livre ; **445d** © La Collection / Interfoto ; **445h** Hachette Livre ; **446-447** © Jeff Berner / Leemage ; **448** © L&M Services B.V. The Hague 20110303 ; **450** © ADAGP 2011 ; **451** coll. part. ; **453bd** © Éditions Gallimard, 1955 ; **453bg** © Kharbine Tapabor ; **453ht** © COLLECTION YLI / SIPA ; **454h** © Bridgeman Giraudon © ADAGP ; **454b** © Rue des Archives © ADAGP ; **456** © Photothèque R. Magritte-ADAGP, Paris 2011 ; **457** Photothèque R. Magritte-ADAGP, Paris 2011 ; **458** © akg-images © ADAGP ; **460** © akg-images© ADAGP ; **462** © Selva/Leemage ; **463** © RMN / Jean-Claude Planchet © ADAGP ; **464** © RMN – Jean-François Tomasian© succession Miro / ADAGP ; **465b** © Archives Alinari / RMN ; **465ht** © Journal L'HUMANITÉ / KEYSTONE-France / Gamma Rapho ; **466** © Albert Harlingue / Roger-Viollet ; **467b et 468b** © OZKOK/SIPA ; **467ht** © ADAGP Paris 2001 / akg-images / Archives CDA/ Guillo ; **469** © OZKOK / SIPA ; **471d** © ADAGP Paris 2011 / Direction des Musées de Dunkerque, LAAC / Ph. Jacques QUECQ D'Henriprêt ; **471g** © OZKOK / SIMON SVEN / SIPA ; **472-473** © Izis ; **472g** © LIDO / SIPA ; **474** © akg-images / Erich Lessing ; **476b** © Geoffrey Clements / CORBIS ; **476ht** Jacques SASSIER / GALLIMARD / Opale ; **477h** © Louis Monier/Rue des Archives ; **483** © akg-images ; **489** © Photothèque R. Magritte / ADAGP, Paris, 2011 / AKG ; **491 bd** © Collection Christophel ; **491bg** © Harmonia Mundi ; **491htd** © Hachette Livre ; **491ht-g-m et m** © Le Livre de Poche ; **492** © Photo Josse/Leemage 493 © Leemage **496** © RMN ; **497b** © Mal Langsdon / Reuters; **497ht, 10ht** © ETHEL / Gamma ; **498** © Alinari / RMN ; **499** © RMN ; **499d** © Photo Josse/Leemage ; **500b** © The National Gallery, Londres, Dist. RMN / National Gallery Photographic Department ; **502d** © Electa / Leemage ; **502g** © RMN / Franck Raux ; **503** © Immagina / Leemage ; **504h** © Aisa/Leemage ; **505** © Photo Josse/Leemage. **505b** © RC-C-1463 / BnF ; **506b** © Hachette Livre ; **506ht** © Archives Alinari, Florence, Dist. RMN / Fratelli Alinari ; **508b** © La Collection / Artothek ; **508ht et 510** © Hachette Livre ; **510** © akg-images ; **512** © Hachette Livre ; **513b** © Gusman / Leemage ; **513ht** © ABECASIS / SIPA ; **514** © Christophel ; **516b** © Bridgeman ; **516ht** © Hachette Livre ; **518 et 519ht, 628** © Hachette Livre ; **519** © La Collection / Artothek ; **520-521** © Photo Josse/Leemage ; **522** © Pascal Victor / ArtComArt ; **523** © Bridgeman/Giraudon **524-525** Coll. Jonas / Kharbine-Tapabor ; **526 – 527** © La Collection / Artothek ; 528 © Selva/ Leemage **529 h** © Bianchetti/Leemage **529 b** © akg-images **530** Hachette Livre ; **531** Hachette Livre ; **532 – 533** © La Collection / Jean-Paul Dumontier ; **534d-535** © The Metropolitan Museum of Art, Dist. RMN / image of the MOMA ; **534h** Hachette Livre ; **536** Hachette Livre ; 537h Photo Josse / Lemage 537b akg-images **538b** Hachette Livre ; **538h** Hachette Livre ; **539** © Guillard J. / Scope-Image ; **541** Hachette Livre ; 541b Bridgeman/Giraudon **542-543** © Photo Josse/Leemage ; 544 Bridgeman Giraudon 545h Raoul Dobremel 545b Bridgeman/Giraudon **546** © DeAgostini / Leemage ; **547** © La Monnaie-Bruxelles Photo Johan Jacobs ; **548** Hachette Livre ; **551** Hachette Livre ; 552 Roger-Viollet **553** Hachette Livre ; **554** © Photo Josse / Leemage ; **555** Hachette Livre556 Coll.Jonas/ Kharbine-Tapabor **556h** Hachette Livre ; 557b Victor Tonelli / Artcomart **557h** Hachette Livre ; **559ht** © Hachette Livre ; **560b** Luisa Ricciarini / Leemage ; **560h** Hachette Livre ; 562b Photo Josse / Leemage **562h** Hachette Livre ; **564** Hachette Livre ; **565** Hachette Livre ; **566d** © Remi BENALI / GAMMA ; **566g** © Hachette Livre ; **568** © Erich Lessing / akg-images ; **569** © RMN / Hervé Lewandowski ; **570d** © 2011 – Banco de México Diego Rivera Frida Kahlo Museums Trust, Mexico, D.F. / ADAGP, Paris / Aisa, Leemage ; **570g** © Hachette Livre ; 572 RMN **572h** Hachette Livre ; **574-575** © Electa/Leemage ; 576 AKG-IMAGES **577** © Bridgeman Giraudon/ ADAGP Paris 2011 578b © leemage ; 579 © Rue Des Archives/Darius Shepard ; **580-581** © Aisa / Leemage ; **582b** © Collection Kharbine-Tapabor ; **582h** Hachette Livre ; **584h** Hachette Livre ; 585 © Roger-Viollet ; **586b – 587** © Laurent Maous / Gamma-Rapho **586h** © Apesteguy / Sipa ; **588b** © The Estate of Jean-Michel Basquiat / ADAGP, BI, Paris, 2011 ; **588ht, 625** © WITT / SIPA ; 590h © Heritage Images / Leemage ; 590b © akg-images© ADAGP; **592** © ANDERSEN / SIPA ; **593** © Roger-Viollet ; 594 © Rue des Archives / Tal; **596b** © LIDO / SIPA ; **596ht** © MAGNUM / Nikos Economopoulos ; **598** © Prisma KCA / SUPERSTOCK / SIPA ; **599** © Rue des Archives / RDA ; **600b** © Succession Giacometti / ADAGP Paris, 2011 / The Metropolitan Museum of Art, Dist. RMN / Malcom Varonn ; **600ht** © Collection PETIT / DR / OPALE ; **602b** FANNY BROADCAST / Gamma ; **602ht** © SOULOY / SIPA ; **604b** © Tim Burton ; **604ht** © Hachette Livre ; **605ht** © BnF ; **606b** © UNITED ARTISTS / Album / AKG ; **606ht** © ANDERSEN / SIPA ; **608** © AKG-images ; **609** © Photo Josse/Leemage ; **612** © Hachette Livre – Photo. « DR » ; **613** © Grégory BRANDEL ; **614** © Hachette Livre. – Photo. « DR » ; **615** © Chantal D PALAZON / CDDS Enguerand ; **616** © Hachette Livre – Photo. « DR » ; **617** © Ramon SENERA Agence Bernand ; **618**© Albert Harlingue/ Roger-Viollet; 619 © Musée Cernuschi / Roger-Viollet / droits réservés; **620** © The Granger Collection NYC / Rue des Archives ; **621b** © Scala / Claude Lévi-Strauss ; **621ht** © RMN ; **630** © Hachette Livre ; **635** Courtesy Mary Boone Gallery, New York © Barbara Kruger ; **637b** © Collection Christophel ; **637htd** Avec l'aimable accord des Éditions Attila ; **637htg** Avec l'aimable accord des Éditions Pocket ; **637htm** Avec l'aimable accord des Éditions Gallimard ; **637m** © Le Livre de Poche.

Achevé d'imprimer par Europrinting S.p.A. - Dépot légal 4/2011 - édition 01 - Collection 06 - 13/5547/8

l'écume des lettres

littérature
toutes séries
seconde/première

Sous la direction de

Miguel Degoulet
Professeur agrégé de Lettres modernes
Lycée Le Mans-Sud, Le Mans

François Mouttapa
Inspecteur pédagogique régional de Lettres
Académie de Nantes

Valérie Presselin
Professeur agrégé de Lettres modernes
Lycée Jules Ferry, Versailles

Relecture pédagogique

Betty Witkowski Vanuxem
Professeur certifié de Lettres modernes
Lycée Baudimont-Saint Charles, Arras

Pauline Bruley
Maître de conférences à l'université d'Angers

Simon Daireaux
Professeur certifié de Lettres modernes
Lycée Jean-Monnet, La Queue-lez-Yvelines

Stéphane Jacob
Professeur agrégé de Lettres modernes
Lycée Jean Dautet, La Rochelle

Christine Méry
Professeur agrégée de Lettres classiques
Lycée Jean-Monnet, Joué-lés-Tours

Claude Mouren
Professeur agrégé de Lettres modernes
Lycée Jules Ferry, Versailles

Sylvie Neel
Professeur agrégé de Lettres modernes
Lycée Camille Guérin, Poitiers

Amélie Pacaud
Professeur agrégé de Lettres modernes
Lycée Duplessis-Mornay, Saumur

Élise Perron
Professeur certifiée de Lettres modernes
et de théâtre
Lycée Robert Doisneau, Corbeil-Essonne

Estelle Plaisant-Soler
Professeur agrégé de Lettres modernes
Lycée Arago, Perpignan

Claudine Poulet
Professeur agrégé de Lettres classiques
Lycée Jean Bodin, Les-Ponts-de-Cé

Patricia Vasseur
Professeur agrégé de Lettres classiques
Lycée Jean-Baptiste Corot, Savigny-sur-Orge

Francesco Viriat
Professeur agrégé de Lettres modernes
Lycée Marguerite Yourcenar, Le Mans

L'éditeur et les auteurs remercient les enseignants qui ont participé aux tests de ce manuel, ainsi que les enseignants relecteurs du manuscrit pour leurs conseils avisés.

Cet ouvrage est imprimé sur du papier composé de fibres naturelles, renouvelables, recyclables, et fabriqué à partir de bois issu de forêts gérées de façon durable conformément à l'article 206 de la loi n° 2010-788 du 12 juillet 2010.

Couverture et gardes : Nicolas Piroux
Maquette intérieure : Véronique Lefebvre, Jérôme Lecomte, Jérôme de Swetschin
Mise en page : MÉDIAMAX
Iconographie : Veronica Brown, Nadine Gudimard, Brigitte Hammond, Caroline Pfrimmer
Photogravure : Nord Compo

© HACHETTE LIVRE 2011, 43 Quai de Grenelle, 75905 Paris Cedex 15
ISBN 978-2-01-135547-8
www.hachette-education.com

Tous droits de traduction, de reproduction et d'adaptation réservés pour tous pays.

Le Code de la propriété intellectuelle n'autorisant, aux termes des articles L. 122-4 et 122-5, d'une part, que les « copies ou reproductions strictement réservées à l'usage privé du copiste et non destinées à une utilisation collective », et d'autre part, que « les analyses et les courtes citations » dans un but d'exemple et d'illustration, « toute représentation ou reproduction intégrale ou partielle, faite sans le consentement de l'auteur ou de ses ayants droit ou ayants cause, est illicite ».
Cette représentation ou reproduction, par quelque procédé que ce soit, sans autorisation de l'éditeur ou du Centre français de l'exploitation du droit de copie (20, rue des Grands-Augustins, 75006 Paris), constituerait donc une contrefaçon sanctionnée par les Articles 425 et suivants du Code pénal.

SOMMAIRE

Chapitre 1   Le roman et la nouvelle
- Séquence 1   XVIIe-XVIIIe siècle : Naissance du roman moderne
- Séquence 2   XIXe siècle : L'âge d'or du roman et de la nouvelle
- Séquence 3   XXe-XXIe siècle : Le roman en question

Chapitre 2   Le théâtre et sa représentation
- Séquence 4   Le théâtre antique
- Séquence 5   Le XVIIe siècle, Grand Siècle du théâtre
- Séquence 6   XVIIIe siècle : La fête théâtrale
- Séquence 7   XIXe siècle : Le triomphe du drame
- Séquence 8   XXe siècle : Le théâtre en quête de sens

Chapitre 3   La poésie
- Séquence 9   XIVe-XVIe siècle : Triomphe des formes fixes
- Séquence 10   Les XVIIe et XVIIIe siècles : Une poésie en mouvement
- Séquence 11   XIXe siècle : Poésie et modernité
- Séquence 12   XXe-XXIe siècle : Nouveaux territoires poétiques

Chapitre 4   Formes et genres de l'argumentation
- Séquence 13   XVIe siècle : Humanisme et humanités
- Séquence 14   XVIIe siècle : Plaire et instruire
- Séquence 15   XVIIIe siècle : Les Lumières, une littérature de combat
- Séquence 16   XIXe-XXIe siècle : S'engager pour l'humanité

Méthodes

1. Les réécritures
2. Lecture analytique (1)
3. Lecture analytique (2)
4. Les figures de style
5. Lecture de l'image fixe
6. Les registres
7. Améliorer son expression
8. Les épreuves du baccalauréat
9. Répondre à une question sur un corpus
10. Exemple de réponse à une question sur un corpus
11. Comprendre un sujet d'écriture d'invention
12. Exemple rédigé : un sujet d'invention de type Bac
13. Comprendre un sujet de commentaire
14. Exemple rédigé : un commentaire de type Bac
15. Rédiger un commentaire comparé
16. Réussir l'épreuve orale du baccalauréat
17. Comprendre un sujet de dissertation
18. Exemple de dissertation de type Bac

SOMMAIRE

Repères historiques
Le Moyen Âge et le XVIᵉ siècle 28
Le XVIIᵉ siècle 30
Le XVIIIᵉ siècle 32
Le XIXᵉ siècle 34
Le XXᵉ et le XXIᵉ siècle 36

Chapitre 1 — Le roman et la nouvelle

Séquence 1 — XVIIᵉ-XVIIIᵉ siècle : Naissance du roman moderne

Littérature et société
La mode du roman au XVIIᵉ et au XVIIIᵉ siècle 42

Histoire littéraire
La fabrique du roman et du personnage 44

Histoire des arts
G. de La Tour, *La Madeleine pénitente*, XVIIᵉ siècle 46

1. P. Scarron, *Le Roman comique*, 1651 48
2. Madame de La Fayette, *La Princesse de Clèves*, 1678 50
3. Ch. de Montesquieu, *Lettres persanes*, 1721 52
4. Abbé Prévost, *Manon Lescaut*, 1731 **Œuvre intégrale** 54
5. Marivaux, *Le Paysan parvenu*, 1734-1735 58
6. D. Diderot, *Jacques le fataliste et son maître*, 1796 60
7. P. Choderlos de Laclos, *Les Liaisons dangereuses*, 1782 62

Séquence 2 — XIXᵉ siècle : L'âge d'or du roman et de la nouvelle

Littérature et société
La presse au XIXᵉ siècle 66

Histoire littéraire
L'âge d'or du roman 67

◉ Le romantisme

Histoire des arts
E. Delacroix, *La Liberté guidant le peuple*, 1830 68

1. F. R. de Chateaubriand, *René*, 1802 70
2. G. de Staël, *Delphine*, 1802 72
3. B. Constant, *Adolphe*, 1816 74
4. E.T.A. Hoffmann, *Les Mines de Falun*, 1819 76
5. T. Gautier, *Omphale, histoire rococo*, 1834 78
6. A. Dumas, *Les Trois Mousquetaires*, 1844 80
7. G. de Nerval, *Sylvie*, 1853 82
8. V. Hugo, *Les Misérables*, 1862 84

◉ Le réalisme

Histoire littéraire
Le réalisme 86

Histoire des arts
G. Courbet, *Un enterrement à Ornans*, 1850 88

H. de Balzac
9. *La Femme de trente ans*, 1831-1833 90
10. *Eugénie Grandet*, 1833 92
11. *Le Père Goriot*, 1835 94
12. *Le Cabinet des Antiques*, 1839 96
13. *Illusions perdues*, 1839 98
14. *Une ténébreuse affaire*, 1841 99

Stendhal
15. *Chroniques italiennes*, « Vanina Vanini », 1829 100
16. *Le Rouge et le Noir*, 1830 102

G. Flaubert
17. *Madame Bovary*, 1857 104
18. *Madame Bovary*, 1857 106
19. Posys Simmonds, *Gemma Bovery*, 2000 Réécriture 107
20. *L'Éducation sentimentale*, 1869 108
21. *Trois contes*, « Un cœur simple », 1875 110
22. *Bouvard et Pécuchet*, 1881 112

◉ Le naturalisme

Histoire littéraire
Le naturalisme 114

Histoire des arts
G. Caillebotte, *Les Raboteurs de parquet*, 1875 116

23. **Les frères Goncourt**, *Germinie Lacerteux*, 1865 118

É. Zola
24. *Thérèse Raquin*, 1868 Œuvre intégrale 120
25. *La Curée*, 1871-1872 124
26. *L'Assommoir*, 1877 126
27. *Germinal*, 1885 128
28. *L'Œuvre*, 1886 130

J.-K. Huysmans
29. *Les Soirées de Médan*, « Sac au dos », 1880 Nouvelle 132
30. *À Rebours*, 1884 134

G. de Maupassant
31. « Boule de Suif », 1883 Nouvelle 136
32. « L'aveugle », 1882 Nouvelle 138
33. *Bel-Ami*, 1885 142
34. Préface de *Pierre et Jean*, 1888 Théorie 144
35. *Pierre et Jean*, 1888 145

Histoire des arts
36. Maupassant et les impressionnistes, artistes de la lumière 146
37. Le bonheur des impressionnistes « peintres du plein air » 148
C. Monet, A. Renoir, C. Pissarro

Histoire littéraire
Le XIXe siècle, l'âge d'or de la nouvelle 151

Histoire littéraire
Le fantastique 153

Séquence 3

XXᵉ-XXIᵉ siècle : Le roman en question

Littérature et société
Le roman et la conscience humaine 156

Histoire littéraire
Le personnage de roman et ses visions du monde 158

Histoire des arts
O. Dix, *La rue de Prague*, 1920 160

🔴 Le roman en quête de renouvellement
1. M. Proust, *Du côté de chez Swann*, 1913 162
2. R. Radiguet, *Le Bal du comte d'Orgel*, 1924 164
3. A. Cohen, *Solal*, 1930 166
4. L.-F. Céline, *Voyage au bout de la nuit*, 1932 168
5. A. Camus, *L'Étranger*, 1942 170
6. J. Giono, *Un roi sans divertissement*, 1948 172
7. M. Butor, *La Modification*, 1957 174
8. A. Robbe-Grillet, *Pour un nouveau roman*, 1963   Théorie 175
9. G. Perec, *Les Choses*, 1965 176
10. M. Yourcenar, *L'Œuvre au noir*, 1968 177

🔴 Production romanesque contemporaine
11. J. Cortázar, *Les Armes secrètes*, « Continuité des parcs », 1963   Nouvelle intégrale 178
12. J.-M. G. Le Clézio, *Désert*, 1980 180
13. J.-M. G. Le Clézio, *La Ronde et autres faits divers*, 1982 182
14. F. Vargas, *Debout les morts*, 1995 186
15. Ph. Roth, *La Tache*, 2002 188
16. F. Bon, *Daewoo*, 2004 190
17. S. Germain, *Magnus*, 2005 192
18. S. Germain, *Les Personnages*, 2004 193
19. L. Gaudé, *La Mort du roi Tsongor*, 2002   Œuvre intégrale 194

Les clés du genre
Les genres du roman 198
Le personnage de roman 200
Le point de vue 202
La construction du récit 203
La parole du personnage 205
La description 206

Vers le bac, 2ⁿᵈᵉ | « Chefs de file et manifestes »
1. H. de Balzac, avant-propos de *La Comédie humaine*, 1842 207
2. P. Larousse, *Grand Dictionnaire universel du XIXᵉ siècle*, article « Réalisme », 1864-1876 208
3. É. Zola, Préface de *L'Assommoir*, 1877 208

Vers le bac, 1ʳᵉ | « Le roman et l'Histoire »
1. A. de Vigny, « Réflexions sur la vérité dans l'art », préface à *Cinq-Mars*, 1826 210
2. Stendhal, *La Chartreuse de Parme*, 1839 211
3. V. Hugo, *Les Misérables*, 1862 212
4. C.-A. Andrieux, *La Bataille de Waterloo*, 1852 213

Pistes de lecture | Le réalisme et le naturalisme 214
Lire l'*incipit* : H. de Balzac, *Splendeurs et Misères des courtisanes*, 1838-1847

Pistes de lecture | Le personnage de roman, du XVIIᵉ siècle à nos jours 215
Lire l'*incipit* : L. Aragon, *Aurélien*, 1944

Chapitre 2 — Le théâtre et sa représentation

Séquence 4 — Le théâtre antique

Histoire littéraire
Le théâtre antique 220

Histoire des arts
E. Delacroix, *Médée furieuse*, 1838 222

🎭 Tragédie
1. **Eschyle**, *Agamemnon*, 458 av. J.-C. 224
2. **Sophocle**, *Antigone*, 442 av. J.-C. 226
3. **Euripide**, *Les Troyennes*, 415 av J.-C. 228
4. **Euripide**, *Médée*, 431 av J.-C. 230

Histoire des arts
Sénèque, *Médée*, 1er siècle ap. J.-C. [Réécritures] 232
Mises en scène : D. Warner, L. Frécuret, Z. Gouram

🎭 Comédie
5. **Aristophane**, *Les Cavaliers*, 424 av. J.-C. 233
6. **Aristophane**, *L'Assemblée des femmes*, 393 av. J.-C. ... 234
7. **Plaute**, *Le Soldat fanfaron*, vers 200 av. J.-C. 235
8. **Plaute**, *La Marmite*, vers 194 av. J.-C. [Réécritures] ... 236

Séquence 5 — Le XVIIe siècle, Grand Siècle du théâtre

Littérature et société
Le classicisme et son rapport au pouvoir 240

Histoire littéraire
Les règles du théâtre classique 242

Histoire des arts
Photogramme du film *Molière*, **A. Mnouchkine**, 1978 246
Molière, *L'Avare*, mise en scène de C. Hiegel, 2009 248

🎭 Comédie
1. **P. Corneille**, *L'Illusion comique*, 1635 250

Molière
2. *Les Précieuses ridicules*, 1659 253
3. *Sganarelle*, 1660 254
4. *L'École des femmes*, 1663 [Œuvre intégrale] 255
5. *Tartuffe*, 1664 259
6. Premier placet sur *Tartuffe* [Théorie] 262
7. *Dom Juan*, 1665 263
8. *Le Misanthrope*, 1666 265
9. *L'Avare*, 1668 268
10. *George Dandin*, 1669 269

11. **J. Racine**, *Les Plaideurs*, 1668 270

Histoire littéraire
La comédie 272

◉ Tragédie
12. W. Shakespeare, *Macbeth*, 1606 274

P. Corneille
13. *Médée*, 1635 [Réécritures] 276
14. *Le Cid*, 1637 278
15. *Horace*, 1640 280
16. *Cinna*, 1643 283

J. Racine
17. *Andromaque*, 1667 286
18. *Bérénice*, 1670 288
19. *Phèdre*, 1677 290

Histoire littéraire
La tragédie 292

Séquence 6 — XVIIIe siècle : La fête théâtrale

Littérature et société
Le divertissement théâtral et la Régence (1715-1723) 296

Histoire littéraire
Marivaudage et drame bourgeois 297

Histoire des arts
Marivaux, *L'Île des esclaves*, 1725, mise en scène de P. Correia, 2004 299

1. Lesage, *Turcaret*, 1709 300
2. Marivaux, *L'Île des esclaves*, 1725 301
3. Marivaux, *Le Jeu de l'amour et du hasard*, 1730 304
4. Beaumarchais, *Le Barbier de Séville*, 1775 306
5. Beaumarchais, *Le Mariage de Figaro*, 1775 308

Séquence 7 — XIXe siècle : Le triomphe du drame

Histoire littéraire
Le drame romantique 312

Histoire des arts
V. Hugo, *Le Roi s'amuse*, 1832, mise en scène de F. Rancillac, 2010 314

1. A. de Musset, *On ne badine pas avec l'amour*, 1834 316
2. A. de Musset, *Lorenzaccio*, 1834 [Œuvre intégrale] 318
3. V. Hugo, *Hernani*, 1830 322
4. V. Hugo, *Ruy Blas*, 1838 324
5. A. Jarry, *Ubu roi*, 1896 326
6. E. Rostand, *Cyrano de Bergerac*, 1897 327

Séquence 8 — XXe siècle : Le théâtre en quête de sens

Histoire littéraire
L'évolution du tragique : des héros mythiques aux figures ordinaires 330

Histoire des arts
E. Ionesco, *La Cantatrice chauve*, 1950, mise en scène de J.-L. Lagarce, 1992 332

1. B. Brecht, *La Noce chez les petits-bourgeois*, 1926 334

◉ Le retour du mythe
2. J. Cocteau, *La Machine infernale*, 1934 336
3. J.-P. Sartre, *Les Mouches*, 1943 [Réécritures] 338
4. J. Anouilh, *Antigone*, 1944 339

La mise en scène de l'absurdité
5. A. Camus, *Caligula*, 1945 340

La crise
6. S. Beckett, *En attendant Godot*, 1953 342
7. E. Ionesco, *Le Roi se meurt*, 1962 344
8. E. Ionesco, *Notes et contre-notes*, 1962 [Théorie] 346

Le théâtre contemporain entre comique et tragique
9. B.-M. Koltès, *Combat de nègre et de chiens*, 1983 347
10. J.-L. Lagarce, *Juste la fin du monde*, 1990 350
11. É.-E. Schmitt, *La Nuit de Valognes*, 1991 352
12. Y. Reza, *Art*, 1994 354
13. Ph. Minyana, *Drames brefs (1)*, 1995 356
14. J.-M. Ribes, *Théâtre sans animaux*, « Musée », 2001 358

Les clés du genre
Histoire du théâtre et de sa représentation 360
L'action 362
La parole 363
Le personnage et son évolution 364
Texte et représentation 365

Vers le bac 2nde | **« Mourir sur scène »**
1. W. Shakespeare, *Roméo et Juliette*, V, 3, 1595 366
2. Molière, *Dom Juan*, V, 5 et 6, 1665 367
3. V. Hugo, *Ruy Blas*, V, 4, 1838 368
4. Edmond Rostand, *Cyrano de Bergerac*, 1897, mise en scène de J. Savary, 1997 369

Vers le bac 1re | **« Monologue et solitude dans le théâtre contemporain »**
1. S. Beckett, *Oh les beaux jours*, 1963 370
2. B. M. Koltès, *Sallinger*, 1987 371
3. M. N'Diaye, *Papa doit manger*, 2003 372
4. S. Beckett, *Oh les beaux jours*, 1961, mise en scène de J.-L. Barrault, 1963 373

Pistes de lecture | Le théâtre du XVIIe siècle à nos jours 374
Lire une scène d'exposition : A. Tchekhov, *Une demande en mariage*, 1888

Pistes de lecture | Le texte théâtral et sa représentation, du XVIIe siècle à nos jours 375
Lire l'*incipit* : J.-C. Grumberg, *L'Atelier*, 1985

Chapitre 3 La poésie

Séquence 9 XIVe-XVIe siècle : Triomphe des formes fixes

Histoire littéraire
La Pléiade 380

Histoire des arts
Raphaël, *Le Parnasse*, 1511 382

1. C. de Pisan, « Je ne sais comment je dure », *Rondeaux*, 1390-1400 384
2. Cl. Marot, « D'Anne qui lui jeta de la neige », *Épigrammes*, 1538 385
3. L. Labé, « Je vis je meurs », 1555 386
4. J. du Bellay, *Défense et illustration de la langue française*, 1549 388
5. J. du Bellay, « Heureux qui, comme Ulysse... », *Les Regrets*, 1558 389
6. Ph. Desportes, *Les Amours de Diane*, « Celui que l'Amour range
à son commandement », 1573 390
7. P. de Ronsard, « Madrigal », *Sonnets pour Hélène*, 1578 391

Séquence 10 — Les XVIIᵉ et XVIIIᵉ siècles : Une poésie en mouvement

Histoire littéraire
L'esprit baroque 394

Histoire des arts
P. P. Rubens, *L'Enlèvement des filles de Leucippe*, 1618 396

1. Th. de Viau, *Sonnet, Second recueil des œuvres poétiques*, 1623 398
2. P. de Marbeuf, *Recueil de Vers*, « Je disais l'autre jour ma peine et ma tristesse », 1628 399
3. P. de Marbeuf, « Et la mer et l'amour », *Recueil de vers*, 1628 400
4. G. de Scudéry, *Poésies diverses*, « Pour une inconstante », 1649 401
5. V. Voiture, « Ma foi, c'est fait de moi », *Poésies*, 1649 402
6. J.-P. Claris de Florian, *Fables*, « La fable et la vérité », 1792 403
7. A. Chénier, *Dernières poésies. Saint-Lazare*, 1794 (éd. Posthume 1819) 405

Séquence 11 — XIXᵉ siècle : Poésie et modernité

Littérature et société
L'artiste romantique dans la société 408

Histoire littéraire
Le romantisme 409

Histoire des arts
C. D. Friedrich, *Le Voyageur contemplant une mer de nuages*, 1817-1818 410

Le romantisme
1. A. de Lamartine, « Le Lac », *Les Méditations*, 1820 412

V. Hugo
2. Préface de *Cromwell*, 1827 414
3. « L'enfant », *Les Orientales*, 1829 415
4. « Souvenir de la Nuit du 4 », *Les Châtiments*, 1853 416
5. « Ce que dit la bouche d'ombre », *Les Contemplations*, 1856 417

6. A. de Musset, « Ode à la lune », *Contes d'Espagne et d'Italie*, 1830 418
7. A. Bertrand, « Un rêve », *Gaspard de la Nuit*, 1842 419
8. A. de Vigny, « La maison du berger », *Les Destinées*, 1844 420
9. G. de Nerval, « Fantaisie », *Odelettes*, 1852 421

Le symbolisme

Histoire littéraire
Le symbolisme 422

Histoire des arts
G. Moreau, *Orphée*, 1865 424

10. Ch. Baudelaire, *Les Fleurs du Mal*, 1857 **Œuvre intégrale** 426
« Correspondances » 428
« Parfum exotique » 428
« Le serpent qui danse » 429
« À une passante » 430
11. Ch. Baudelaire, « Le désir de peindre », *Petits poèmes en prose*, 1869 431
12. P. Verlaine, *Poèmes saturniens*, « Chanson d'automne », 1866 432
13. S. Gainsbourg, « Je suis venu te dire que je m'en vais », 1974 **Réécriture** 433

P. Verlaine
14. *Poèmes saturniens*, « Mon rêve familier », 1866 434
15. *Romances sans paroles*, « Ariettes oubliées », 1874 435
16. *Parallèlement*, « À la manière de Paul Verlaine », 1874 436
17. *Jadis et Naguère*, « Sonnet boiteux », 1884 437

A. Rimbaud
18. Lettre dite du voyant 438
19. *Poésies*, « Ma Bohème », 1870-1871 440
20. *Poésies*, « Le mal », 1870-1871 441
21. *Poésies*, « Le bateau ivre », 1871 442

S. Mallarmé
22. *Poésies*, « Ses purs ongles très haut... », 1868 444
23. *Poésies*, « Le vierge, le vivace et le bel aujourd'hui », 1870-1898 445

Séquence 12 — XXᵉ-XXIᵉ siècle : Nouveaux territoires poétiques

1. G. Apollinaire, *Alcools*, 1913 **Œuvre intégrale** 448
   « Zone » 450
   « Crépuscule » 451
   « Le pont Mirabeau » 452
2. G. Apollinaire, *Poèmes à Lou*, 1955 453

Histoire littéraire
Le surréalisme 454

Histoire des arts
R. Magritte, *La Clef des songes* (II), 1930 et *Ceci n'est pas une pomme*, 1964 456

● Le surréalisme
3. A. Breton, *Manifeste du surréalisme*, 1924 458
4. L. Aragon, *Une vague de rêves*, « Une vague de rêves », 1924 459
5. L. Aragon, *Le Mouvement perpétuel*, « Sommeil de plomb », 1925 460
6. R. Desnos, *À la mystérieuse*, « Les Espaces du sommeil », 1926 462
7. Ph. Soupault, *Georgia*, « Le nageur », 1926 464
8. P. Éluard, *Capitale de la douleur*, « La courbe de tes yeux », 1947 465

● Explorations singulières
9. Saint-John Perse, *Vents*, 1946 466
10. E. Guillevic, *Gagner*, 1949 467
11. E. Guillevic, *Terre à bonheur*, 1952 468
12. R. Char, *Lettera amorosa*, « Sur le franc-bord », 1953 469
13. Saint-John Perse, discours de réception du prix Nobel de Littérature, 1960 470
14. F. Ponge, *Pièces*, « La valise », 1961 471
15. J. Prévert et Izis, *Grand Bal du Printemps*, 1976 472
16. Ph. Jaccottet, *Paysages avec figures absentes*, 1970 474
17. G. Ortlieb, *Poste restante*, « 3 h 56 », 1997 476
18. F. Cheng, *À l'Orient de tout*, « Pierres », 2006 477

Les clés du genre
La versification du XVIᵉ siècle à nos jours 478
Évolution du vers 479
Le langage poétique 480
Poèmes en prose et prose poétique 482

Vers le bac 2ⁿᵈᵉ | « Poètes maudits et parias de la société »
1. E. Poe, *Poésies*, « Le corbeau », 1845 483
2. Ch. Baudelaire, « L'Albatros », *Les Fleurs du Mal*, 1857 484
3. Lautréamont, « Le fils de la femelle du requin »,
   Les Chants de Maldoror, chant 1, 1869 484
4. T. Corbière, « Le crapaud », *Les Amours jaunes*, 1873 485

Vers le bac 1ʳᵉ | « Chanter la révolte »
1. V. Hugo, *Les Misérables*, 1862 486
2. J.-B. Clément, « Le temps des cerises », 1866-1868 487
3. J. Cassou, « La plaie que, depuis le temps des cerises... », 1944 488
4. L. Aragon, « C », 1942 488
5. R. Magritte, *La Mémoire*, 1948 489

Sommaire | 11

Pistes de lecture	La poésie du XIXe au XXe siècle 490
	Lire le premier poème d'un recueil : Lautréamont, *Les Chants de Maldoror*, 1869
Pistes de lecture	Écriture poétique et quête du sens, du Moyen Âge à nos jours 491
	Lire un poème : F. Villon, « La Ballade des pendus », 1462

Chapitre 4 — Formes et genres de l'argumentation

Séquence 13 — XVIe siècle : Humanisme et humanités

Littérature et société
La réflexion sur l'Homme du XVIe siècle à nos jours 496

Histoire littéraire
La Renaissance et l'humanisme 498

Histoire des arts
H. Holbein le Jeune, *Les Ambassadeurs*, 1533 500

Histoire des arts
L'exaltation du corps humain 502
Peinture : L. de Vinci

1. J. Boccace, *Le Décaméron*, 1353 504
2. Th. More, *L'Utopie*, 1516 506
3. F. Rabelais, *Pantagruel*, chapitre 8, 1532 508
4. F. Rabelais, *Gargantua*, « L'abbaye de Thélème », 1534 510
5. P. de Ronsard, *Discours des misères de ce temps*, 1562 512
6. A. Paré, *Des monstres et prodiges*, 1573 513
7. J. de Léry, *Histoire d'un voyage fait en la terre de Brésil*, 1578 514

M. de Montaigne
8. *Les Essais*, « Des Cannibales », 1580 516
9. *Les Essais*, « D'un enfant monstrueux », 1582 518
10. *Les Essais*, « Du démentir », chapitre 18, livre III, 1595 519

Séquence 14 — XVIIe siècle : Plaire et instruire

Histoire littéraire
La fable et le conte : une argumentation par l'exemple 522

Histoire des arts
J.-J. Granville, *Les Obsèques de la lionne*, 1838 524
N. Poussin, *Le Jugement de Salomon*, 1649 526

1. F. de La Rochefoucauld, *Maximes*, 1664 528
2. B. Pascal, *Pensées*, 1670 (posthume) 529

Aux sources des fables de La Fontaine :
3. Ésope, *Fables*, VIIe-VIe siècle av. J.-C. 530
4. Phèdre, *Fables*, Ier siècle ap. J.-C. 530

J. de La Fontaine, 1668-1694
5. *Fables*, « Le Loup et l'Agneau », 1668   [Réécriture] 531
6. *Fables*, « Le pouvoir des fables », 1678   [Réécriture] 532
7. *Fables*, « Les obsèques de la lionne », 1678 534

8. **Fontenelle**, *Histoire des oracles*, « La Dent d'or », 1687 536
9. **J. de La Bruyère**, *Les Caractères*, « De la mode », 1688 537
10. **Ch. Perrault**, *Histoire ou Contes du temps passé*, « La Barbe bleue », 1697 538
11. **Fénelon**, *Les Aventures de Télémaque*, 1699 541

Séquence 15 — XVIIIe siècle : Les Lumières, une littérature de combat

Littérature et société
L'encyclopédisme et la diffusion du savoir 544

Histoire littéraire
Les Lumières 546

Histoire des arts
Frontispice de l'*Encyclopédie* 548

1. **Montesquieu**, *De l'esprit des Lois* (De l'esclavage des nègres), 1748 550
2. **D. Diderot**, *Encyclopédie*, Avertissement, 1765 551
3. **C. Dumarsais**, *Encyclopédie*, article « Philosophe », 1765 552
4. **W. A. Mozart**, *La Flûte enchantée*, 1791 552
5. **Voltaire**, *De l'Encyclopédie*, texte intégral, 1774 553
6. **J.-J. Rousseau**, *Discours sur l'origine et les fondements de l'inégalité...*, 1755 555
7. **J.-J. Rousseau**, *Émile ou de l'Éducation*, 1762 556
8. **D. Diderot**, *Le Neveu de Rameau*, 1762-1774 557
9. **L. A. de Bougainville**, *Voyage autour du monde*, 1771 559
10. **D. Diderot**, *Supplément au voyage de Bougainville*, 1772 560

Voltaire
11. *Candide*, 1759 562
12. *Traité sur la tolérance*, 1763 564
13. *Dictionnaire philosophique*, article « Liberté de penser », 1764 565
14. *L'Ingénu*, Chapitre XIV, 1767 566
15. *Histoire d'un bon Bramin*, 1761 `Œuvre intégrale` 567

16. **N. de Condorcet**, *Réflexions sur l'esclavage des nègres*, 1781 570
17. **Mirabeau**, *Premier Discours sur la Déclaration des droits de l'homme*, 1789 572

Séquence 16 — XIXe-XXIe siècle : S'engager pour l'humanité

Littérature et société
Le monde moderne face aux crimes contre l'Homme 576

Histoire littéraire
Les figures de l'engagement 578

Histoire des arts
P. Gauguin, *D'où venons-nous ? Que sommes-nous ? Où allons-nous ?*, 1897 580

Discours et lettres
1. **É. Zola**, *Lettre à la jeunesse*, 1897 582
2. **É. Zola**, « J'accuse ! », article paru dans *L'Aurore*, 1898 584
3. **R. Badinter**, *Discours à l'Assemblée nationale*, 1981 586
4. **A. Césaire**, *Discours sur la négritude*, 1987 588

Essai
5. **S. de Beauvoir**, *Le Deuxième Sexe*, 1949 590
6. **Cl. Lévi-Strauss**, *Tristes tropiques*, 1955 592

Autobiographie
7. **P. Nizan**, *Aden Arabie*, 1931 594
8. **A. de Saint-Exupéry**, *Terre des hommes*, 1939 596
9. **P. Levi**, *Si c'est un homme*, 1947 598

10. R. Antelme, *L'Espèce humaine*, 1947 600
11. J. Semprun, *L'Écriture ou la vie*, 1994 602

◉ Roman
12. V. Hugo, *L'Homme qui rit*, 1869 604
13. M. Tournier, *Vendredi ou les limbes du Pacifique*, 1967 606
14. A. Camus, *La Peste*, 1947 *Œuvre intégrale* 608

◉ Théâtre
15. J.-P. Sartre, *Les Mains sales*, 1948 612
16. A. Camus, *Les Justes*, 1949 614
17. E. Ionesco, *Rhinocéros*, 1960 616

◉ Poésie
18. P. Claudel, « Les Jardins », *Connaissance de l'Est*, 1900 et 1907 618

Histoire littéraire
Les discours des voyageurs 620

Les clés du genre
Stratégies argumentatives et modes de raisonnement 622
Brève histoire de l'éloquence 623
L'essai 624
La littérature morale 625
L'apologue 626
La variété des registres dans l'argumentation 627

Vers le bac 2ⁿᵈᵉ | « Plaider pour une justice plus juste »
1. Montesquieu, *De l'esprit des lois*, 1748 628
2. D. Diderot, *Encyclopédie*, article « Droit naturel », 1751-1772 629
3. V. Hugo, *Les Misérables*, 1862 629
4. F. Ost, « L'invention du tiers, Eschyle et Kafka », 2007 631

Vers le bac 1ʳᵉ | « La Condition féminine »
1. S. Mercier, *Tableau de Paris*, 1781-1788 632
2. G. Sand, *Histoire de ma vie*, 1855 633
3. S. de Beauvoir, *Le Deuxième Sexe*, 1949 634
4. B. Kruger, *You are not yourself*, 1982 635

Pistes de lecture | L'argumentation 636
Lire un discours marquant : M. Luther King, « I have a dream », 1963

Pistes de lecture | Les cités imaginaires 637
Lire l'*incipit* : Voltaire, *Micromégas*, 1752

Méthodes

| FICHE 1 | Les réécritures 639
| FICHE 2 | Lecture analytique (1) 641
| FICHE 3 | Lecture analytique (2) 642
| FICHE 4 | Les figures de style 644
| FICHE 5 | Lecture de l'image fixe 646
| FICHE 6 | Les registres 649
| FICHE 7 | Améliorer son expression 652
| FICHE 8 | Les épreuves du baccalauréat .. 653
| FICHE 9 | Répondre à une question sur un corpus 654
| FICHE 10 | Exemple de réponse à une question sur un corpus 655
| FICHE 11 | Comprendre un sujet d'écriture d'invention 657
| FICHE 12 | Exemple rédigé : un sujet d'invention de type Bac .. 659
| FICHE 13 | Comprendre un sujet de commentaire 660
| FICHE 14 | Exemple rédigé : un commentaire de type Bac 662
| FICHE 15 | Rédiger un commentaire comparé 664
| FICHE 16 | Réussir l'épreuve orale du baccalauréat 665
| FICHE 17 | Comprendre un sujet de dissertation 667
| FICHE 18 | Exemple de dissertation de type Bac 669

Biographies 672
Glossaire 680
Index 684

SOMMAIRE — Propositions de séquences pour la Seconde

Ce sommaire propose un parcours spécifique aux objets d'étude de seconde.

Chapitre 1 — Le roman et la nouvelle au XIXe siècle : réalisme et naturalisme

Séquence 1 — Héros et héroïnes réalistes et naturalistes

Histoire des arts
G. Courbet, *Un enterrement à Ornans*, 1850 88

◉ « À nous deux, Paris »
H. de Balzac, *Le Père Goriot*, 1835 94
H. de Balzac, *Illusions perdues*, 1839 98
G. Flaubert, *L'Éducation sentimentale*, 1869 108
É. Zola, *La Curée*, 1872 124
G. de Maupassant, *Bel-Ami*, 1885 142

◉ Destins de femmes dans le roman et la nouvelle réaliste
H. de Balzac, *La Femme de trente ans*, 1831-1833 90
H. de Balzac, *Eugénie Grandet*, 1833 92
G. Flaubert, *Madame Bovary*, 1857 104
Émile Zola, *Thérèse Raquin*, 1867 [Œuvre intégrale] 120

Histoire littéraire
Le réalisme 86

Littérature et société
La presse au XIXe siècle 66

Séquence 2 — De l'enquête au roman : la traversée des milieux

Histoire des arts
G. Caillebotte, *Les Raboteurs de parquet*, 1875 116

◉ Milieux populaires
Stendhal, *Le Rouge et le Noir*, 1830 102
Les frères Goncourt, *Germinie Lacerteux*, 1865 118
É. Zola, *L'Assommoir*, 1877 126
É. Zola, *Germinal*, 1885 128
F. Bon, *Daewoo*, 2004 [OUVERTURE CONTEMPORAINE] 190

◉ Les soirées de Médan, une aventure collective
J.-K. Huysmans, *Les soirées de Médan*, « Sac au dos », 1880 132
G. de Maupassant, « Boule de Suif », 1880 136

◉ L'artiste peintre, le double de l'écrivain
Histoire des arts
Maupassant et les impressionnistes, artistes de la lumière 146

É. Zola, *L'Œuvre*, 1886 130
G. de Maupassant, Préface de *Pierre et Jean*, 1887 [Théorie] 144

Histoire littéraire
Le naturalisme 114

Histoire littéraire
L'âge d'or du roman 67

Séquence 3 — Lire des nouvelles de la cruauté ordinaire

Stendhal, « Vanina Vanini » *Chroniques italiennes*, 1829 100
G. Flaubert, « Un cœur simple », *Trois contes*, 1875 110
G. de Maupassant, « L'aveugle », 1882 *Nouvelle intégrale* 138
J.-M. G. Le Clézio, « La ronde », *La ronde et autres faits divers*, 1982
`OUVERTURE CONTEMPORAINE` 182

Histoire littéraire
Le XIXᵉ siècle, l'âge d'or de la nouvelle 151

Séquence 4 — L'énigme du réel

E.T.A. Hoffmann, *Les Mines de Falun*, 1819 76
T. Gautier, *Omphale, histoire rococo*, 1834 78
G. de Nerval, *Sylvie*, 1853 82
H. de Balzac, *Une ténébreuse affaire*, 1841 99
J. Cortázar, *Les Armes secrètes*, « Continuité des parcs », 1963 *Nouvelle intégrale* 178
`OUVERTURE CONTEMPORAINE`
F. Vargas, *Debout les morts*, 1995 `OUVERTURE CONTEMPORAINE` 186

Histoire littéraire
Le fantastique 153

Les clés du genre
Les genres du roman 198
Le personnage de roman 200
Le point de vue 202
La construction du récit 203
La parole du personnage 205
La description 206

Vers le bac — « Chefs de file et manifestes »
H. de Balzac, Avant-propos de *La Comédie humaine*, 1842 207
P. Larousse, *Grand Dictionnaire universel du XIXᵉ siècle*, article « Réalisme », 1864-1876 208
É. Zola, Préface de *L'Assommoir*, 1877 208

Pistes de lecture — Le réalisme et le naturalisme 214
Lire l'*incipit* : **H. de Balzac**, *Splendeurs et Misères des courtisanes*, 1838-1847

Chapitre 2 — La tragédie et la comédie au XVIIᵉ siècle : le classicisme et ses perspectives

Séquence 5 — La comédie du mariage

Histoire des arts
L'Avare de **Molière**, mise en scène de C. Hiegel, 2009 248
Plaute, *La Marmite*, vers 194 av. J.-C. 236
Molière, *L'École des femmes*, 1663 `Œuvre intégrale` 255
Molière, *Dom Juan*, 1665 263
Molière, *George Dandin*, I, 3, 1668 269
B. Brecht, *La Noce chez les petits bourgeois*, 1926 `OUVERTURE CONTEMPORAINE` 334

Histoire littéraire
La comédie 272

Séquence 6 — Rire de nos défauts

Histoire des arts
Photogramme du film *Molière* d'A. Mnouchkine, 1978 246

Aristophane, *Les Cavaliers*, 424 av. J.-C. 233
Aristophane, *L'Assemblée des femmes*, 393 av. J.-C. 234
Plaute, *Le Soldat fanfaron*, vers 200 av. J.-C. 235
P. Corneille, *L'Illusion comique*, 1635 250

Molière
Les Précieuses ridicules, 1659 253
Tartuffe, 1664 259
Le Misanthrope, 1666 265

J. Racine, *Les Plaideurs*, 1668 270

Histoire littéraire
Les règles du théâtre classique 242

Séquence 7 — Le héros tragique face au pouvoir

Histoire des arts
E. Delacroix, *Médée furieuse*, 1838 222

Euripide, *Les Troyennes*, 415 av. J.-C. 228
Euripide, *Médée*, 431 av. J.-C. 230
W. Shakespeare, *Macbeth* 274

P. Corneille
Médée, 1635 276
Le Cid, 1637 278
Horace, 1640 280
Cinna, 1642 283

J. Racine, *Andromaque*, 1667 286
J. Racine, *Bérénice*, 1670 288
J. Anouilh, *Antigone*, 1944 (OUVERTURE CONTEMPORAINE) 339

Histoire littéraire
La tragédie 292

Littérature et société
Le classicisme et son rapport au pouvoir 240

Les clés du genre
Histoire du théâtre et de sa représentation 360
L'action 362
La parole 363
Le personnage et son évolution 364
Texte et représentation 365

Vers le bac — « Mourir sur scène »
W. Shakespeare, *Roméo et Juliette*, V, 3, 1595 366
Molière, *Dom Juan*, V, 5 et 6, 1665 367
V. Hugo, *Ruy Blas*, V, 4, 1838 368
Image : *Cyrano de Bergerac* d'**E. Rostand**, mise en scène de Jérôme Savary, 2006 369

Pistes de lecture — Le théâtre du XVIIe siècle à nos jours 374
Lire une scène d'exposition : **A. Tchekhov**, *Une demande en mariage*, 1888

Chapitre 3 — La poésie du XIXe au XXe siècle : du romantisme au surréalisme

Séquence 8 — Le romantisme, entre lyrisme et engagement

Histoire des arts
C. D. Friedrich, *Le Voyageur contemplant une mer de nuages*, 1817-1818 410

Histoire des arts
E. Delacroix, *La Liberté guidant le peuple*, 1830 68

● Lyrisme et rêverie
A. de Lamartine, « Le Lac », *Les Méditations*, 1820 412
A. de Musset, « Ode à la lune », *Contes d'Espagne et d'Italie* 1830 418
A. Bertrand, « Un rêve », *Gaspard de la Nuit*, 1842 419
G. de Nerval, « Fantaisie », *Odelettes*, 1852 421
V. Hugo, « Ce que dit la bouche d'ombre », *Les Contemplations*, 1856 417
A. de Vigny, « La Maison du berger », *Les Destinées*, 1844 420

● Lyrisme de l'engagement
V. Hugo
Préface de *Cromwell*, 1827 414
« L'enfant », *Les Orientales*, 1829 415
« Souvenir de la nuit du 4 », *Les Châtiments*, 1853 416

Histoire littéraire
Le romantisme 409

Séquence 9 — Poésie et beauté moderne

Histoire des arts
G. Moreau, *Orphée*, 1865 424

Ch. Baudelaire, *Les Fleurs du mal*, 1857 **Œuvre intégrale** 426
P. Verlaine, *Jadis et Naguère*, « Sonnet boiteux », 1884 437

A. Rimbaud
« Ma bohème », *Poésies* 1870 440
« Le mal », *Poésies*, 1870-1871 441
Lettre dite « du voyant », 1871 438

P. Verlaine, « Il pleure dans mon cœur », *Romances sans paroles*, 1874 435
P. Verlaine, « Ô triste, triste était mon âme », *Romances sans paroles*, 1874 435
P. Verlaine, « Ô triste, triste était mon âme », *Romances sans paroles*, 1874 435
P. Verlaine, « À la manière de Paul Verlaine », *Parallèlement*, 1874 436

S. Mallarmé, « Le vierge, le vivace et le bel aujourd'hui », *Poésies*, 1870-1898 445
G. Apollinaire, *Alcools*, 1913 448
G. Apollinaire, « Si je mourais là-bas », *Lettres à Lou*, 1915 453

Histoire littéraire
Le symbolisme 422

Séquence 10 — **Le surréalisme**

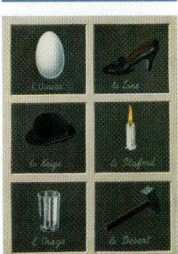

Histoire des arts
R. Magritte, *La Clef des songes*, 1930 456

A. Breton, *Manifeste du surréalisme*, 1924 458
L. Aragon, « Sommeil de plomb », *Le Mouvement perpétuel*, 1925 460
R. Desnos, « Les Espaces du sommeil », *À la mystérieuse*, 1926 462
Ph. Soupault, « Le Nageur », *Georgia* 1926 464
P. Éluard, « La courbe de tes yeux », *Capitale de la douleur*, 1947 465

Histoire littéraire
Le surréalisme 454

Les clés du genre
La versification du XVIe siècle à nos jours 478
Évolution du vers 479
Le langage poétique 480
Poèmes en prose et prose poétique 482

Vers le bac — **« Poètes maudits et parias de la société »**
E. Poe, « Le corbeau », *Poésies*, 1845 483
Ch. Baudelaire, « L'albatros », *Les Fleurs du mal*, 1857 484
Lautréamont, « Le fils de la femelle du requin »,
Les Chants de Maldoror, chant 1, 1869 484
T. Corbière, « Le crapaud », *Les Amours jaunes*, 1873 485
Image : O. Redon, *L'homme ailé ou L'ange déchu*, 1890-1895 483

Pistes de lecture — La poésie du XIXe au XXe siècle 490
Lire le premier poème d'un recueil : **Lautréamont**, *Les Chants de Maldoror*, 1869

Chapitre 4 — Genres et formes de l'argumentation aux XVIIe et XVIIIe siècles

Séquence 11 — **Plaire et instruire**

Histoire des arts
J.-J. Granville, *Les obsèques de la lionne*, 1838 524

Pouvoirs de la fable et du conte
Ésope, « L'orateur Démade », *Fables*, VIIe-VIe siècle av. J.-C. 530
Phèdre, « Le loup et l'agneau », *Fables*, Ier siècle ap. J.-C. 530

J. de La Fontaine
« Le loup et l'agneau », *Fables*, I, 10, 1668 531
« Les obsèques de la lionne », *Fables* VIII, 14, 1678 534
« Le pouvoir des fables », V, *Fables*, III, 4, 1678 [Réécriture] 532

J.-P. Claris de Florian, *Fables*, « La fable et la vérité », I, 2, 1792 403
« De la fable », I, 1, 1792 404
Ch. Perrault, « La Barbe bleue », *Histoires ou Contes du temps passé*, 1697 538
Voltaire, *Candide*, 1759 562
Fénelon, *Les Aventures de Télémaque*, 1699 541

Morales et moralistes
F. de La Rochefoucauld, *Maximes*, 1664 528
Pascal, *Pensées*, 1670 (posthume) 529
J. de La Bruyère, « De la mode », *Les Caractères*, 1688 537

Histoire littéraire
La fable et le conte : une argumentation par l'exemple 522

Séquence 12 — Lumières de la raison

Histoire des arts
Frontispice de l'*Encyclopédie*, 1765-1772 548

Fontenelle, « La dent d'or », *Histoire des oracles*, IV, 1687 536
Voltaire, *Histoire d'un bon bramin*, 1761 **Œuvre intégrale** 567
D. Diderot, *Le Neveu de Rameau*, 1762-1774 557
D. Diderot, Avertissement du tome 8 de l'*Encyclopédie*, 1765 551
Voltaire, *De l'Encyclopédie*, 1774 553
Montesquieu, « De l'esclavage des nègres », *De l'esprit des lois*, 1748 550
Voltaire, *Dictionnaire philosophique*, article « Liberté de penser », 1764 565

Littérature et société
L'encyclopédisme et la diffusion du savoir 544

Histoire littéraire
Les Lumières 546

Séquence 13 — La parole au service de la justice

Histoire des arts
N. Poussin, *Le Jugement de Salomon*, 1649 526

J.-J. Rousseau, *Discours sur l'origine...*, 1755 555
D. Diderot, *Supplément au voyage de Bougainville*, 1772 560
Voltaire, *Traité sur la tolérance*, 1763 564
Mirabeau, « Premier discours sur la Déclaration des droits de l'homme », 1789 572
É. Zola, « Lettre à la jeunesse » (1897) 582
É. Zola, « J'accuse ! », article paru dans *L'Aurore*, 1898 584
R. Badinter, « L'abolition de la peine de mort », 1981 586

Les clés du genre
Stratégies argumentatives et modes de raisonnement 622
Brève histoire de l'éloquence 623
L'essai 624
La littérature morale 625
L'apologue 626
La variété des registres dans l'argumentation 627

Vers le bac — « Plaider pour une justice plus juste »
Montesquieu, *De l'esprit des lois*, 1748 628
D. Diderot, *L'Encyclopédie*, article « Droit naturel », 1751-1772 629
V. Hugo, *Les Misérables*, I, VII, 3, 1862 629
F. Ost, « L'invention du tiers, Eschyle et Kafka », 2007 631
Image : J. Tenniel, *Alice au pays des merveilles*, « Le roi et la reine de cœur siègent sur leur trône au milieu du tribunal », 1865 630

Pistes de lecture
L'argumentation 636
Lire un discours marquant : M. Luther King, « I have a dream », 1963

SOMMAIRE — Propositions de séquences pour la Première

Ce sommaire propose un parcours spécifique aux objets d'étude de première.

Chapitre 1 — Le personnage de roman, du XVIIe siècle à nos jours

Séquence 1 — Le personnage, reflet du monde ?

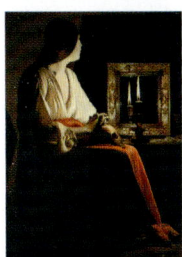

Histoire des arts
G. de La Tour, *La Madeleine pénitente*, 1640-1645 46

CORPUS 1 — Le personnage et le spectacle du monde
P. Scarron, *Le Roman comique*, 1651 48
Marivaux, *Le Paysan parvenu*, 1734-1735 58
H. de Balzac, *Le Cabinet des Antiques*, 1839 96
G. Flaubert, *Madame Bovary*, 1857 104
M. Proust, *Du Côté de chez Swann*, 1913 162
G. Perec, *Les Choses*, 1965 176

CORPUS 2 — Le personnage insaisissable
D. Diderot, *Jacques le fataliste et son maître*, 1796 60
G. Flaubert, *Bouvard et Pécuchet*, 1881 112
M. Butor, *La Modification*, 1957 174
A. Robbe-Grillet, *Pour un nouveau roman*, 1963 175
S. Germain, *Magnus*, 2005 192
S. Germain, *Les Personnages*, 2004 193

Séquence 2 — Le personnage et ses visions de la société

Histoire des arts
Otto Dix, *La rue de Prague*, 1920 156

CORPUS 1 — Le personnage dans un monde oppressant
Montesquieu, *Lettres persanes*, 1721 52
F.-R. de Chateaubriand, *René*, 1802 70
Mme de Staël, *Delphine*, 1802 72
V. Hugo, *Les Misérables*, 1862 84
L.-F. Céline, *Voyage au bout de la nuit*, 1932 168
J. Giono, *Un roi sans divertissement*, 1947 172
P. Roth, *La Tache*, 2002 188
L. Gaudé, *La mort du roi Tsongor*, 2002 **Œuvre intégrale** 194

CORPUS 2 — Le personnage face à son destin
Mme de La Fayette, *La Princesse de Clèves*, 1678 50
L'Abbé Prévost, *Manon Lescaut*, 1731 **Œuvre intégrale** 54
C. de Laclos, *Les Liaisons dangereuses*, 1782 62
B. Constant, *Adolphe*, 1816 74
Stendhal, *Le Rouge et le Noir*, 1830 102
G. de Maupassant, *Pierre et Jean*, 1887 145
R. Radiguet, *Le Bal du comte d'Orgel*, 1924 164
A. Cohen, *Solal*, 1930 166
A. Camus, *L'Étranger*, 1942 170
M. Yourcenar, *L'œuvre au noir*, 1968 177
J.-M. G. Le Clézio, *Désert*, 1980 180

Littérature et société
Le roman et la conscience humaine 156

Histoire littéraire
Le personnage de roman et ses visions du monde 158

Vers le bac « Le roman et l'Histoire »
A. de Vigny, « Réflexions sur la vérité dans l'art », préface à *Cinq-Mars*, 1826 210
Stendhal, *La Chartreuse de Parme*, 1839 211
V. Hugo, *Les Misérables*, 1862 212
Peinture : C.-A. Andrieux, *La Bataille de Waterloo*, 1852 213

Pistes de lecture Le personnage de roman, du XVIIe siècle à nos jours 215
Lire l'*incipit* : L. Aragon, *Aurélien*, 1944

Les clés du genre
Les genres du roman 198
Le personnage de roman 200
Le point de vue 202
La construction du récit 203
La parole du personnage 205
La description 206

Chapitre 2 — Le texte théâtral, du XVIIe siècle à nos jours

Séquence 3

Du rire aux larmes : mettre en scène la variété du comique

Histoire des arts
Marivaux, *L'Île des esclaves*, 1725, mise en scène de Paulo Correia, 2004 299

🎭 **CORPUS 1** Masques, mensonges et jeux de rôles
Molière, *Dom Juan*, 1665 263
A. R. Lesage, *Turcaret*, 1709 300
Marivaux, *Le Jeu de l'amour et du hasard*, 1730 304
A. de Musset, *On ne badine pas avec l'amour*, 1834 316
E. Rostand, *Cyrano de Bergerac*, 1897 327

🎭 **CORPUS 2** Le théâtre, lieu de la satire sociale et politique
Aristophane, *Les Cavaliers*, 424 av. J.-C. 129 233
Marivaux, *L'Île des esclaves*, 1725 301
Beaumarchais, *Le Barbier de Séville*, 1775 306
Beaumarchais, *Le Mariage de Figaro*, 1778 308
A. Jarry, *Ubu Roi*, 1896 326
B. Brecht, *La Noce chez les petits bourgeois*, 1926 334
Y. Reza, *Art*, 1994 354
J.-M. Ribes, *Théâtre sans animaux*, « Musée », 2001 358

Littérature et société
Le divertissement théâtral et la Régence (1715-1723) 296

Histoire littéraire
Marivaudage et drame bourgeois 297

Séquence 4 — L'évolution du tragique

Histoire des arts
La Cantatrice chauve d'**E. Ionesco**, mise en scène de J.-L. Lagarce, 1991 332

◉ CORPUS 1 Le spectacle de la mort des héros
Eschyle, *Agamemnon*, 458 av. J.-C. 224
Sophocle, *Antigone*, 442 av. J.-C. 226
J. Racine, *Phèdre*, 1677 290
J.-P. Sartre, *Les Mouches*, 1943   Réécritures 338

◉ CORPUS 2 Le héros face à son destin
J. Cocteau, *La Machine infernale*, 1932 336
A. Camus, *Caligula*, 1945 340
S. Beckett, *En attendant Godot*, 1953 342
E. Ionesco, *Le Roi se meurt*, 1962 344
B.-M. Koltès, *Combat de nègre et de chiens*, 1983 347
J.-L. Lagarce, *Juste la fin du monde*, 1990 350
É.-E. Schmitt, *La Nuit de Valognes*, 1991 352

Histoire des arts
V. Hugo, *Le roi s'amuse*, 1832, mise en scène de F. Rancillac, 2010 314

◉ CORPUS 3 Le drame
A. de Musset, *On ne badine pas avec l'amour*, 1834 316
A. de Musset, *Lorenzaccio*, 1834   Œuvre intégrale 318
V. Hugo, *Hernani*, 1830 322
V. Hugo, *Ruy Blas*, 1838 324
Ph. Minyana, *Drames brefs (1)*, 1995 356

Histoire littéraire
Le drame romantique 312

Histoire littéraire
L'évolution du tragique : des héros mythiques aux figures ordinaires 330

Vers le bac
« Monologue et solitude dans le théâtre contemporain »
S. Beckett, *Oh les beaux jours*, 1963 370
Photo de mise en scène, *Winnie ensevelie dans le sable* 373
B.-M. Koltès, *Sallinger*, 1987 371
M. N'Diaye, *Papa doit manger*, 2003 372

Pistes de lecture
Le texte théâtral et sa représentation, du XVIIe siècle à nos jours 375
Lire l'*incipit* : **J.-C. Grumberg**, *L'Atelier*, 1985

Les clés du genre
Histoire du théâtre et de sa représentation 360
L'action 362
La parole 363
Le personnage et son évolution 364
Texte et représentation 365

Chapitre 3 — Écriture poétique et quête du sens, du XVIe siècle à nos jours

Séquence 5 — Jeux poétiques

Histoire des arts
Raphaël, *Le Parnasse*, 1511 382

Histoire des arts
P. P. Rubens, *L'Enlèvement des filles de Leucippe*, vers 1618 396

◉ CORPUS 1 Chanter l'amour en jouant avec la forme fixe
Ch. de Pisan, « Je ne sais comment je dure... », *Rondeaux*, 1390-1400 384
Cl. Marot, « D'Anne qui lui jeta de la neige... », *Épigrammes*, 1538 385
L. Labé, « Je vis, je meurs... », *Œuvres*, 1555 386
P. de Ronsard, « Madrigal », *Sonnets pour Hélène*, 1578 386
V. Voiture, « Ma foi, c'est fait de moi... », *Poésies*, 1649 402
Ch. Baudelaire, *Les Fleurs du Mal*, 1861 [Œuvre intégrale] 430
P. Éluard, « La courbe de tes yeux », *Capitale de la douleur*, 1947 465

◉ CORPUS 2 Jouer avec le nom de l'absente
Ch. Baudelaire, « À une passante », *Les Fleurs du Mal*, 1861 430
Ch. Baudelaire, « Le désir de peindre », *Petits poèmes en prose*, 1869 431
P. Verlaine, « Mon rêve familier », *Poèmes saturniens*, 1866 434
G. Apollinaire, « Si je mourais là-bas... », *Poèmes à Lou*, 1915 453
R. Char, « Sur le franc-bord », *Lettera amorosa*, 1953 469

◉ CORPUS 3 Jeux baroques
Ph. Desportes, « Celui que l'Amour range à son commandement », *Les Amours de Diane*, 1573 390
Th. de Viau, « Sonnet », *Second Recueil des œuvres poétiques*, 1623 398
P. Marbeuf, « Je disais l'autre jour ma peine et ma tristesse », *Recueil de vers*, 1628 399
P. Marbeuf, « Et la mer et l'amour », *Recueil de vers*, 1628 400
G. de Scudéry, « Pour une inconstante », *Poésies diverses*, 1649 401

Histoire littéraire
La Pléiade 380

Histoire littéraire
L'esprit baroque 394

Séquence 6 — Le poète, arpenteur du monde

Histoire des arts
G. Moreau, *Orphée*, 1865 424

◉ CORPUS 1 Dire et déchiffrer le monde
V. Hugo, « Ce que dit la bouche d'ombre... », *Les Contemplations*, 1855 417
G. Apollinaire, *Alcools*, 1913 [Œuvre intégrale] 448
Saint-John Perse, *Vents*, 1946 466
E. Guillevic, *Terre à bonheur*, 1952 468
J. Prévert, *Grand Bal du Printemps*, 1976 472
Ph. Jaccottet, *Paysages avec figures absentes*, 1970 474
F. Cheng, « Pierres », *À l'Orient de tout*, 2006 477

◉ CORPUS 2 Rompre les amarres
J. du Bellay, « Heureux qui comme Ulysse... », *Les Regrets*, 1558 389
A. Rimbaud, « Le Bateau ivre », *Poésies*, 1871 442
F. Ponge, « La Valise », *Pièces*, 1961 471

Vers le bac **Chanter la révolte**
V. Hugo, *Les Misérables*, 1862 486
J.-B. Clément, « Le temps des cerises », 1866-1868 487
J. Cassou, « La plaie que, depuis le temps des cerises... », 1944 488
L. Aragon, « C », 1942 488
Peinture : R. Magritte, *La Mémoire*, 1948 489

Pistes de lecture **Écriture poétique et quête du sens, du Moyen Âge à nos jours** 491
Lire un poème : F. Villon, « La Ballade des pendus », 1462

Les clés du genre
La versification du XVIe siècle à nos jours 478
Évolution du vers 479
Le langage poétique 480
Poèmes en prose et prose poétique 482

Chapitre 4 — La question de l'homme dans les genres de l'argumentation du XVIe à nos jours

Séquence 7 — Visages de l'homme

Histoire des arts
L'exaltation du corps humain 502
L. de Vinci

● CORPUS 1 Aux frontières de l'humanité
A. Paré, *Des monstres et prodiges*, 1573 513
M. de Montaigne, « D'un enfant monstrueux », *Essais*, II, 30, 1595 518
V. Hugo, *L'Homme qui rit*, 1869 604
E. Ionesco, *Rhinocéros*, 1960 616

● CORPUS 2 La valeur de l'homme
N. de Condorcet, *Réflexions sur l'esclavage des nègres*, 1787 572
É. Zola, « J'Accuse ! », 1898 584
A. Césaire, *Discours sur la négritude*, 1987 588
A. Camus, *La Peste*, 1947 *Œuvre intégrale* 608
J.-P. Sartre, *Les Mains sales*, 1948 612
A. Camus, *Les Justes*, 1949 614

● CORPUS 3 Résistances à la déshumanisation
S. de Beauvoir, *Le Deuxième sexe*, 1949 590
P. Lévi, *Si c'est un homme*, 1947 598
R. Antelme, *L'Espèce humaine*, 1947 600
J. Semprun, *L'Écriture ou la vie*, 1994 602

Littérature et société
Le monde moderne face aux crimes contre l'homme 576

Histoire littéraire
Les figures de l'engagement 578

Séquence 8 — **Les découvertes des voyageurs**

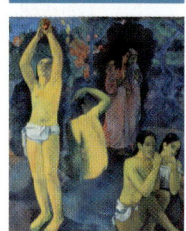

Histoire des arts
P. Gauguin, *D'où venons-nous ? Que sommes-nous ? Où allons-nous ?*, 1897 580

◉ CORPUS 1 La rencontre du sauvage
M. de Montaigne, *Essais*, « Des Cannibales », 1580-1595 516
J. de Léry, *Histoire d'un voyage fait en la terre du Brésil*, 1578 514
L. A. de Bougainville, *Voyage autour du monde*, 1766-1769 559
D. Diderot, *Supplément au voyage de Bougainville*, 1772 560
Voltaire, *L'Ingénu*, 1767 566
M. Tournier, *Vendredi ou les limbes du Pacifique*, 1967 606

◉ CORPUS 2 La marche vers les hommes
C. Lévi-Strauss, *Tristes tropiques*, XV, 1955 592
P. Nizan, *Aden Arabie*, 1931 594
A. de Saint-Exupéry, *Terre des hommes*, 1939 596
P. Claudel, « Jardins », *Connaissance de l'Est*, 1900 et 1907 618

Histoire littéraire
Les discours des voyageurs 620

Vers le bac — La condition féminine
L.-S. Mercier, *Tableau de Paris*, 1781-1788 632
G. Sand, *Histoire de ma vie*, 1855 633
S. de Beauvoir, *Le Deuxième Sexe*, 1949 634
Collage : B. Kruger, *You are not yourself*, 1982 635

Pistes de lecture — Lire l'*incipit* : Voltaire, *Micromégas*, 1752 637

Les clés du genre
Stratégies argumentatives et modes de raisonnement 622
Brève histoire de l'éloquence 623
L'essai 624
La littérature morale 625
L'apologue 626
La variété des registres dans l'argumentation 627

Chapitre 5 — **Vers un espace culturel européen : Renaissance et humanisme** [série L]

Séquence 9 — **L'idéal humaniste à travers l'Europe**

Histoire des arts
H. Holbein, *Les Ambassadeurs*, 1533 500

◉ CORPUS L'éducation d'un homme nouveau
J. du Bellay, *Défense et illustration de la langue française*, 1549 388
Boccace, *Le Décaméron*, 1353 504
Th. More, *L'Utopie*, 1516 506
F. Rabelais, *Pantagruel*, chapitre 8, 1532 508
F. Rabelais, *Gargantua*, chapitre 57, 1534 510

Histoire littéraire
La Renaissance et l'humanisme 498

Chapitre 6 — Les réécritures, du XVIIe siècle à nos jours — série L

Séquence 10 — Réécrire pour faire œuvre nouvelle

G. **Flaubert**, *Madame Bovary*, 1857 106
P. **Simmonds**, *Gemma Bovery*, 2000 107

Euripide, *Médée*, 431 av. J.-C. 230
Sénèque, *Médée*, Ier siècle ap. J.-C. 232
P. **Corneille**, *Médée*, 1634 276

Plaute, *La Marmite*, vers 194 av. J.-C. 236
Molière, *L'Avare*, 1668 268

Eschyle, *Agamemnon*, 458 av. J.-C. 224
J.-P. **Sartre**, *Les Mouches*, 1943 338

Sophocle, *Antigone*, 442 av. J.-C. 226
J. **Anouilh**, *Antigone*, 1944 339

P. **Verlaine**, « Chanson d'automne », *Poèmes saturiens*, 1866 432
S. **Gainsbourg**, « Je suis venu te dire que je m'en vais », 1974 433

Ésope, « L'orateur Démade », *Fables*, VIIe-VIe siècle av. J.-C. 530
J. de **La Fontaine**, « Le pouvoir des fables », *Fables*, 1678 532

Phèdre, « Le loup et l'agneau », *Fables*, Ier siècle ap. J.-C. 530
J. de **La Fontaine**, « Le loup et l'agneau », *Fables*, 1668 531

Fiche 1 Les réécritures 639

Repères historiques
Le Moyen Âge et le XVIe siècle

Les seize siècles qui s'échelonnent du Moyen Âge au XVIe siècle voient la France passer de l'Antiquité aux Temps modernes. Cette évolution ne se fait pas sans heurts ni crises.

Le Moyen Âge

Le Moyen Âge couvre dix siècles, du Ve au XVe siècle, de la chute de l'Empire romain d'occident (472) à la Renaissance (1453).

Des Mérovingiens aux Capétiens

● **Mérovingiens et Carolingiens**
Les deux premières dynasties amorcent la construction de l'État, progressivement unifié par l'autorité royale. Sous les **Mérovingiens** (480-751) apparaît l'idée d'unité territoriale, dont les frontières fluctuent au gré des crises dynastiques. Les **Carolingiens** (751-987) sont des rois élus par leurs pairs, dont la souveraineté est renforcée et légitimée par la cérémonie du sacre, leur conférant un pouvoir de droit divin. Toutefois, les « grands » du royaume gardent toute autorité sur leurs terres.

● **Les Capétiens**
Avec les **Capétiens**, la royauté devient héréditaire. L'autorité du souverain se limite au domaine royal, les seigneurs exerçant le pouvoir sur leurs fiefs, dans le cadre de la féodalité.
Du XIe au XIIIe siècle, la France vit une période d'essor : expansion démographique, développement des villes, mutations sociales et économiques. La puissance royale s'étend et s'affirme ce qui favorise l'émergence d'une **culture profane en langue vulgaire**. La féodalité reposant sur des liens de vassalité, au sommet desquels se trouve le roi, organise des relations sociales stables. Les huit croisades, menées pour délivrer la Terre sainte des Infidèles (1096-1270), offrent aux chevaliers une occasion idéale de vivre leur foi et de mener une extraordinaire aventure.
Le règne de **Louis IX** (**Saint Louis**) est un moment privilégié de justice, de paix et de spiritualité chrétienne. La **guerre de Cent Ans** (1337-1453) assombrit la période suivante. Elle naît d'un conflit à la fois territorial et successoral. L'Angleterre, déjà maîtresse de la Guyenne et de la Normandie, revendique la couronne de France. Le conflit, d'abord favorable aux Anglais, voit l'intervention de Jeanne d'Arc faire basculer la victoire dans le camp français. Le royaume est libéré de l'occupation anglaise.
Louis XI (1461-1483) assure définitivement l'**unité du royaume** : un État est né.

Le monde médiéval

● **La société**, organisée en **trois ordres** – ceux qui prient, ceux qui se battent et ceux qui travaillent –, est essentiellement rurale. La vie des paysans est difficile : guerres, pestes et famines se succèdent. Les villes se développent et les bourgeois, réunis en confréries, obtiennent des privilèges économiques et sociaux.

● **Le système féodal** repose sur les liens d'obligation unissant un vassal à son suzerain : le vassal doit obéissance et service, tandis que le suzerain assure protection et moyens d'existence. Chaque suzerain est lui-même vassal d'un seigneur plus puissant jusqu'au roi, au sommet de cet ordre social.

● À partir du XIIe siècle, **la courtoisie** codifie les comportements sociaux et transforme les relations entre hommes et femmes. Elle exalte le sentiment amoureux dont la Dame fait l'objet à travers le *fin'amor* que le troubadour, poète et musicien, décrit et chante avec élégance.

Le rayonnement culturel

● Au XIIIe siècle, apogée du Moyen Âge, l'agriculture connaît des progrès techniques et le commerce prospère grâce aux échanges (foires). Dans cette **société profondément religieuse**, les églises romanes puis les cathédrales gothiques font la gloire des villes où elles s'élèvent et frappent les esprits par leur hauteur et leur riche décoration. Sens (1135), Noyon (1150), Laon (1153) puis Paris (1163) lancent cette série de constructions. Le prestige de la France repose aussi sur son rayonnement culturel.

→ **Ex :** *La tenture de la Dame à la licorne* reflète cet épanouissement de la culture française.

● D'abord essentiellement orale et chantée par les troubadours, la littérature est mise par écrit par des moines **copistes** transcrivant à la main les manuscrits, en **latin** puis en **français**.

→ **Ex :** *Christine de Pisan (1364-1430), première femme de lettres française à vivre de sa plume, fait publier ses poèmes et connaît ainsi un vif succès* (> p. 384).

Le Mois d'août, enluminure (dessin ou peinture illustrant un manuscrit) peinte par les frères de Limbourg (1413-1416), orne *Les Très Riches Heures du duc de Berry*, livre de prières. Elle schématise la société médiévale : au premier plan chevauchent dames et seigneurs partis à la chasse, tandis que des paysans travaillent

Les frères de LIMBOURG, *Les Très Riches Heures du duc de Berry, Le Mois d'août*, 1413-1416, enluminure, 29 × 21 cm (Musée Condé, Chantilly).

dans les champs. Au loin se dresse le château, symbole du pouvoir féodal.
L'invention de l'imprimerie en 1450 révolutionne la diffusion des textes.

Le XVIᵉ siècle

Des guerres d'Italie aux guerres de religion

• **Louis XII** (1498-1515) et **François Iᵉʳ** (1515-1547) entreprennent des **guerres de conquêtes en Italie** entre 1498 et 1525. Les Français découvrent un nouvel art de vivre, plus raffiné et policé, qui va changer les mentalités et la manière de vivre. Les châteaux de la Loire, à l'édification desquels veille Léonard de Vinci, sont le symbole de ce nouvel art de vivre.

→ **Ex** : *François Iᵉʳ fait traduire Le Courtisan de Castiglione qui devient le code de conduite des nobles français.*

• Les idées de **Luther** se diffusent en Europe dès 1517 et proposent de réformer la religion catholique. En 1534, les tensions entre catholiques et protestants s'exacerbent lorsque des affiches critiques à l'égard de la messe sont placardées sur les portes des églises (affaire des Placards). En 1562, le massacre de protestants à Wassy ouvre les **guerres de religion** qui déchirent la France et l'Europe.

→ **Ex** : *Ronsard et d'Aubigné rendent compte des guerres civiles et religieuses qui déchirent la France* (> p. 512).

La Renaissance et l'humanisme

• Le mot « **Renaissance** » désigne une période de renouveau dans les arts, la littérature et les sciences. En France, elle s'étend de la fin du Moyen Âge en 1453 et la mort d'Henri IV en 1610.
Plusieurs facteurs président à sa naissance :
– **La culture antique**, réservée à une élite cultivée, s'élargit à un plus grand public quand de nouveaux manuscrits arrivent en Europe après la chute de Constantinople (1453). Elle devient le modèle idéal pour la génération humaniste.

– **La représentation du monde** change. En quête d'un passage par l'ouest pour atteindre les Indes, Colomb découvre un nouveau monde, appelé par la suite Amérique. Les explorations ou Grandes Découvertes enrichissent les connaissances géographiques et cartographiques. Les échanges commerciaux s'intensifient et se diversifient.

→ **Ex** : *La découverte de nouvelles civilisations fait réfléchir Montaigne à la relativité des valeurs européennes* (> p. 516).

– **L'imprimerie** joue un rôle essentiel dans la diffusion des idées. Les livres ne sont plus copiés à la main, mais imprimés grâce aux découvertes de Gutenberg (1450) : les bibliothèques se développent et les connaissances sont rendues accessibles à un plus grand nombre. L'édition de la Bible en 1455, puis ses traductions en langue vulgaire, mettent ce texte fondamental à la portée de tous et offrent la possibilité d'une **lecture critique**.

→ **Ex** : *Érasme défend la traduction de la Bible en langue vulgaire.*

• **L'humanisme** (> p. 372) est le mouvement intellectuel et littéraire qui traduit en Europe tous ces changements. L'humaniste est un lettré qui maîtrise la culture antique, et est curieux des autres savoirs. Il place l'homme au cœur de sa vision du monde, utilise sa raison et sa foi pour construire une société nouvelle.

→ **Ex** : *Les textes humanistes rêvent d'un homme nouveau, cultivé, mieux éduqué et donc respectueux de l'humanité.*

Jan MASSYS (vers 1509-1575), *Flore*, 1559, huile sur bois, 113 × 112 cm (Kunsthalle, Hambourg).

La *Flore* de Jan Massys (1559) incarne l'idéal de la Renaissance. La déesse latine, protectrice de la nature, est assise à la terrasse d'un élégant château dont le parc, à la française, est orné de statues inspirées de l'Antiquité. En arrière-plan, une ville laisse deviner ses beautés architecturales. La splendeur sculpturale de Flore est mise en valeur par de chatoyants tissus rouge et or, tandis que son buste laisse deviner sa sensualité à travers la transparence de ses voiles.

Repères historiques
Le XVIIᵉ siècle

Marquée par l'apogée du pouvoir royal, la France, au XVIIᵉ siècle, connaît une puissance et un rayonnement dont l'influence se fait sentir partout en Europe.

Le siècle du Roi-Soleil

Le « siècle de Louis XIV » connaît en réalité trois règnes qui confèrent au royaume sa stabilité.

Du désordre à la stabilité

● En 1598, **Henri IV** (1598-1610) signe l'**Édit de Nantes**, garantissant la liberté de culte aux protestants et mettant fin à trente-six années de guerres de religion. Il semble ouvrir une ère de tolérance et d'apaisement. Le royaume se reconstruit peu à peu, même si la pacification est longue et difficile. Le conflit religieux peine à s'apaiser. Henri IV meurt assassiné par un catholique extrémiste, Ravaillac.

● Le début du règne de **Louis XIII** (1610-1643) est marqué par l'instabilité : complots et intrigues sous la régence de Marie de Médicis affaiblissent le pouvoir. L'entrée de Richelieu (1585-1642) au Conseil en 1624 vainc les résistances de la noblesse et des protestants, et conforte l'autorité royale.

→ **Ex** : *Les Tragiques, d'Agrippa d'Aubigné, témoignent des horreurs commises lors des affrontements entre catholiques et protestants.*

● À la mort de Louis XIII, **Louis XIV** (1643-1715) n'a que cinq ans. La régence de sa mère, Anne d'Autriche, est troublée par la révolte des parlementaires, puis de la noblesse, contre son ministre Mazarin (1602-1661). Ces frondes entraînent une véritable guerre civile de 1648 à 1653. L'ordre se rétablit pourtant progressivement, les finances se redressent, la paix est signée avec l'Espagne, puissance rivale de la France.

Une monarchie absolue

● À la mort de Mazarin, Louis XIV prend en charge les affaires du royaume qu'il dirige directement, sans Premier ministre, mais entouré de secrétaires d'État issus de la bourgeoisie, comme **Colbert** (1619-1683) aux finances. Le royaume connaît un **essor dans l'industrie et le commerce**. L'armée est réformée pour devenir une **armée d'État**. La création de colonies est stimulée.

→ **Ex** : *Le Songe de Vaux témoigne de l'état de prospérité de Fouquet, surintendant des finances et premier mécène de La Fontaine.*

● La France **rayonne aussi sur l'Europe** par sa vie culturelle, dont **Versailles** est l'épicentre : le roi y réunit tous les talents, exerce son **mécénat** à travers le faste des fêtes ou l'aménagement du château et de ses jardins. Le goût, l'esprit et le savoir français se diffusent et sont imités.

→ **Ex** : *Molière bénéficie du soutien financier et moral du Roi* (> p. 241), *qui le protège même lors du scandale de Dom Juan.*

● Le règne s'obscurcit à partir de 1679. La victoire guerrière et diplomatique lors de la guerre de Hollande ranime la persécution des protestants. En 1689, l'**Édit de Nantes** est révoqué. Les ingérences politiques dans les pays voisins provoquent leur coalition et conduisent à des **guerres qui vident les caisses de l'État** et assombrissent définitivement la fin du règne.

→ **Ex** : *Les Lettres persanes* (> p. 52) *de Montesquieu dressent le tableau d'une monarchie vieillissante et condamnent un système fondé sur l'absolutisme.*

Une société en mutation

L'ordre social connaît lui aussi une évolution reflétant les mutations historiques en cours.

Le déclin relatif de la noblesse

Si la noblesse détient encore de nombreux droits et privilèges, le **renforcement du pouvoir royal** se fait à son détriment. Les nobles se mettent au service du pouvoir central, mais sont écartés des affaires de l'État et cantonnés aux responsabilités militaires ou diplomatiques. La **vie de cour** avec ses intrigues, son étiquette tatillonne, réduit leur condition à une oisiveté dorée, consacrée désormais à l'amour et parfois à l'écriture.

→ **Ex** : *Le héros de Dom Juan de Molière* (> p. 263) *n'incarne plus l'héroïsme tragique, mais se perd en libertinage.*

La montée de la bourgeoisie

La bourgeoisie, qui assure par son argent et son travail le développement économique de la France, devient la **classe montante** du XVIIe siècle et joue un **rôle politique** plus grand en participant au gouvernement ou à la vie parlementaire. Elle aspire aux mêmes valeurs que la noblesse dont elle imite le mode de vie et qu'elle intègre par mariage, anoblissement en récompense de services rendus ou achat de charges judiciaires ou administratives.

→ **Ex** : *Dom Juan, le personnage éponyme (> p. 263), représente la noblesse dépensière : il est régulièrement renfloué par le bourgeois M. Dimanche, travailleur et précautionneux.*

Les souffrances du peuple

Dans un pays essentiellement rural, le peuple des campagnes et des villes connaît une grande **misère**, soumis à un travail difficile et mal rémunéré ou exploitant les terres d'autrui, accablé par les rigueurs climatiques, les horreurs de la guerre ou la lourdeur des impôts.

→ **Ex** : *Dans* Amphitryon, *de Molière, Sosie, incarnant le peuple, est constamment ridiculisé et maltraité par des maîtres et des dieux.*

Baroque et classicisme

Les troubles du début de siècle créent une situation propice à l'épanouissement du baroque. À l'inverse, la monarchie absolue amène le triomphe du classicisme.

L'art baroque

L'émergence du **baroque**, au début du XVIIe siècle, se produit sur fond de guerres civiles et religieuses. En effet, ce contexte d'instabilité permanente favorise l'éveil d'une nouvelle sensibilité européenne. L'artiste baroque se dégage du modèle des Anciens et revendique une liberté de création qu'il manifeste à travers la **recherche de l'originalité** et le **goût de la complexité**. Le mouvement, l'illusion, le provisoire en sont des motifs récurrents.

→ **Ex** : *« Et la mer et l'amour » de Marbeuf (> p. 210) évoque avec virtuosité les métamorphoses de la mer, associées aux inconstances de l'amour.*

Le mouvement touche à sa fin dans les années 1640 au moment où le classicisme rationalise la création artistique.

L'*Allégorie de la mort* ou *Vanité* (1620-1634), par Trophime Bigot, relève du baroque. La jeune femme pointe du doigt un crâne, ultime métamorphose de celui qui le contemple. L'éclairage en clair-obscur contraste avec la chaude couleur du vêtement, accentuant la composition binaire du tableau : à gauche, la beauté et la jeunesse, fragiles vanités, tranchent avec le miroir, symbole des illusions, et la chandelle, figure

Trophime BIGOT (1579-1650), *Allégorie de la mort* ou *Vanité*, 1620-1634 (Musée national, Rome).

de la brièveté de la vie. Le livre et la balance dénoncent la vanité du savoir et de la richesse.

Le classicisme

Le classicisme (1660-1685) exprime le désir d'élaborer les **canons du Beau** en art. Son esthétique se fonde sur le souci de **rationalité** et d'**équilibre** permettant d'égaler les œuvres antiques. L'artiste classique vise à la fois à **plaire** et à **instruire**. Aussi cherche-t-il d'abord la clarté, la simplicité, le naturel.

L'idéal de l'honnête homme cultivé, élégant et sociable, sans tomber dans l'excès, contrebalance les faiblesses humaines.

→ **Ex** : *Dans sa comédie* Amphitryon, *Molière reprend et imite le sujet de la pièce latine de Plaute.*

Jean NOCRET (1617-1672), *Le roi Louis XIV et sa famille déguisés en figures mythologiques*, 1670, huile sur toile, 305 × 420 cm (Château de Versailles).

Le roi Louis XIV et sa famille déguisés en figures mythologiques, de Jean Nocret, est de facture classique : noblesse du sujet antique, majesté des personnages, composition ordonnée selon l'ordre protocolaire, vraisemblance du décor naturel concourent à magnifier le roi qui fait du classicisme un miroir de son règne.

Repères historiques
Le XVIIIe siècle

Le XVIIIe siècle connaît une profonde évolution des mentalités qui s'accompagne de grands changements politiques. La monarchie absolue disparaît et laisse place à un régime inspiré par les Lumières.

De la Régence à la Révolution

La mort de Louis XIV en 1715 marque le début du XVIIIe siècle.

La Régence (1715-1723)

● À la mort de Louis XIV, son héritier et arrière-petit-fils, Louis XV, n'a que cinq ans. La Régence est confiée à **Philippe d'Orléans**, neveu du roi défunt, qui installe la cour à Paris. Après l'austérité de la fin du règne précédent, la France s'abandonne au **luxe** et au **plaisir**.

→ **Ex** : *Les peintures de Watteau (1684-1721) illustrent l'esprit régence des « fêtes galantes ».*

Jean Antoine WATTEAU (1684-1721)
L'Embarquement pour Cythère, 1717,
huile sur toile, 129 × 194 cm (Musée du Louvre, Paris).

Dans *L'Embarquement pour Cythère* (en 1717), le peintre met en scène des personnages se rendant sur l'île de la déesse de l'amour. Des couples se sont formés déjà. Une jeune femme hésite encore un peu, se laissant entraîner par son compagnon. Invitation au voyage, le tableau est aussi une invitation à l'amour.

● Une certaine tolérance freine aussi les persécutions religieuses. Le pays connaît même une **relance économique** avant que le système ne souffre de contestations parlementaires, et du krach provoqué par l'émission excessive de la monnaie-papier instaurée par **Law**. Le régime se durcit pour empêcher toute révolte.

Louis XV, le « Bien-aimé » (1723-1774)

Sous le règne de Louis XV et du ministère Fleury, la France retrouve **prospérité** et **rayonnement artistique et intellectuel**. La démographie connaît un essor favorisé par la disparition des grandes famines et des épidémies. Le royaume devient alors le pays le plus peuplé d'Europe. Le commerce progresse grâce aux échanges internationaux. Des réformes de l'État sont tentées (impôts, armée, tribunaux) et engagent le pays dans la voie d'un **despotisme éclairé**, qui répand les idées favorables à un gouvernement plus libéral.

→ **Ex** : *Jacob, héros du roman-mémoires* Le Paysan parvenu *de Marivaux (> p. 58), témoigne de l'évolution de la société où, fils de paysan sans fortune, il parvient à se frayer un chemin.*

Mais le régime tombe dans le discrédit : revers militaires, perte de l'empire colonial, intrigues de la favorite, Mme de Pompadour. Le roi meurt impopulaire.

Louis XVI (1774-1792)

C'est un roi jeune et mauvais politique qui accède au trône. Ses maladresses aggravent la crise menaçant la monarchie. Des **contestations** se font entendre : les nobles revendiquent une participation à la direction du pays ; les paysans récusent redevances et droits féodaux alors que se succèdent de mauvaises récoltes. Les ministres réformistes, comme **Necker**, se heurtent aux **résistances des privilégiés** et des hommes d'argent. Les finances publiques connaissent en outre un énorme **déficit**, alourdi par la participation à la guerre d'indépendance d'Amérique (1778-1783). Les mécontentements grondent et les intellectuels radicalisent leur pensée pour réclamer une réforme des institutions. Des états généraux sont convoqués.

→ **Ex** : *Le libertinage des personnages dans* Les Liaisons dangereuses *(> p. 62) Choderlos de Laclos peut être considéré comme une libération des contraintes imposées par la société.*

La Révolution française (1789-1799)

Les **états généraux**, assemblée représentative de trois ordres – clergé, noblesse et tiers état –, sont convoqués pour mai 1789. Des émeutes urbaines et rurales, dont la prise de la Bastille devient le symbole, causent la **fin de l'Ancien Régime**. La Révolution connaît trois étapes. D'abord **monarchie constitutionnelle** (1789-1792), elle instaure ensuite avec le parti jacobin une **dictature de salut public** jusqu'en 1794, la Terreur. Puis la **Convention** (1792-1795) et le **Directoire** (1795-1799) tentent en vain de garder un juste milieu entre révolte populaire et menées royalistes. C'est la fin de la Révolution. Napoléon Bonaparte s'empare du pouvoir (coup d'État du 18 Brumaire).

La **Révolution** radicalise les aspirations des Lumières et, plus précisément, de Rousseau : suppression des privilèges (nuit du 4 août 1789), **Déclaration des droits de l'homme et du citoyen** (26 août 1789) et abolition de la monarchie (10 août 1792). Elle prépare l'entrée en politique du tiers état.

→ **Ex** : *Dans* Le Mariage de Figaro *(> p. 308), le valet dénonce les privilèges indus de la noblesse. Il faut croire que ces idées sont largement acceptées dans une société d'Ancien Régime prête aux évolutions puisque la reine elle-même joue dans la pièce qui la critique.*

François André VINCENT (1746-1816),
Le Combat des Romains et des Sabins interrompu par les femmes sabines, 1781, huile sur toile, 335 × 423 cm (Musée des Beaux-Arts, Angers).

En 1781, François André Vincent emprunte à l'histoire le sujet de son tableau. *Le Combat des Romains et des Sabins interrompu par les femmes sabines* a lieu au pied du capitole à gauche et du Palatin à droite. Les femmes s'interposent, mais une impression de tumulte se dégage de la scène. Malgré les horreurs, les deux peuples se réconcilieront pour n'en former plus qu'un seul.

Le triomphe des Lumières

Les Lumières désignent le **mouvement philosophique et littéraire** qui se fonde sur **la raison**, **l'expérience** et **les sciences** pour remettre en question les valeurs politiques, sociales et religieuses de l'Ancien Régime. Elles influencent les réformateurs et les révolutionnaires en France et en Europe.

L'exaltation de la raison

Dès le début du XVIIIᵉ siècle, les intellectuels s'appuient sur la démarche **scientifique, expérimentale** et **rationnelle** pour promouvoir l'esprit critique, qui consiste à examiner, tester et réfléchir. Cela entraîne une interrogation, voire une remise en cause de la société. En effet, en ces temps de voyages lointains, la rencontre des civilisations pousse à la **relativité**. Les privilèges reposant sur la naissance sont dénoncés au profit de la reconnaissance des mérites personnels. Les excès du pouvoir et ses injustices sont condamnés. L'intolérance religieuse est attaquée comme les abus de pouvoir et de richesse du clergé.

→ **Ex** : *Par le regard étranger de ses héros, le roman des* Lettres persanes *(> p. 52) permet de porter un regard critique sur la société européenne dans laquelle ils voyagent.*

Un esprit de réforme

● Au-delà des critiques, les philosophes des Lumières proposent des **réformes** dans tous les domaines. Sur le plan politique, leurs préférences vont à une **monarchie parlementaire à l'anglaise** qui protégerait les droits fondamentaux. On envisage aussi la rationalisation de l'agriculture ou l'amélioration de l'hygiène et de l'éducation. En économie, le commerce et les progrès techniques sont encouragés. Il s'agit donc d'un véritable laboratoire d'idées, agité de vifs débats entre les philosophes. La question religieuse sépare les adeptes d'un déisme des athées résolus. Si les uns, à la suite de Voltaire, rêvent d'un **despotisme éclairé**, d'autres, comme Rousseau, prônent un **contrat social** qui repose sur l'égalité entre les citoyens.

● Les femmes jouent un rôle important dans la diffusion des idées nouvelles grâce aux **salons littéraires** qu'elles ouvrent à l'élite sociale et intellectuelle. Ainsi, ces réformes y trouvent-elles un lieu idéal de débat et de diffusion.

→ **Ex** : *Les encyclopédistes se retrouvent dans les salons de Mme Du Deffand et de Julie de Lespinasse.*

Une esthétique nouvelle

Une **esthétique nouvelle** voit le jour qui met en avant de nouveaux thèmes : goût et vulgarisation des connaissances, quête du bonheur, passion pour la polémique, curiosité pour tout ce qui touche à l'humain... En littérature se développent de nouveaux genres comme le **conte** ou le **dialogue philosophique**. Les **dictionnaires** se multiplient comme inventaire du savoir et outil de contestation. Le **drame bourgeois** récuse les règles classiques, le **genre autobiographique** voit le jour.

→ **Ex** : *Voltaire renouvelle le genre traditionnel du conte en lui donnant une portée philosophique comme dans* L'Ingénu.

Avec la redécouverte des ruines de Pompéi et d'Herculanum, la peinture, la sculpture et l'architecture préconisent le retour à la vertu et à la simplicité antiques. Les artistes français, admiratifs des valeurs démocratiques grecques et romaines, adhèrent à ce **néoclassicisme**.

Repères historiques
Le XIXe siècle

Période de révolutions et de mutations, le XIXe siècle voit la France se moderniser dans le domaine des sciences et techniques ; les mœurs évoluent. À la fin du siècle, la France devient une puissance coloniale et une république (1871).

Un siècle de turbulences

Le Premier Empire (1799-1815)

Premier consul depuis 1799, **Bonaparte se proclame empereur en 1804**. Le Premier Empire s'appuie sur l'armée et l'administration. Le code civil devient l'un des piliers principaux d'une France que Bonaparte souhaite stabiliser durablement. Dans le sillage des conquêtes révolutionnaires, l'expansion territoriale se poursuit jusqu'au désastre de **Waterloo**, le 18 juin 1815, où l'empereur est vaincu par la coalition des monarchies européennes. La France est alors ramenée à ses frontières de 1790.

→ **Ex** : Le Rouge et le Noir *de Stendhal* (> p. 102) *raconte le destin d'un jeune admirateur de Napoléon.*

La Restauration (1815-1830) et la monarchie de Juillet (1830-1848)

● Après l'Empire, de 1815 à 1848, la monarchie est restaurée. **Louis XVIII**, frère de Louis XVI, est rétabli sur le trône (1815-1824). Il « octroie une charte » garantissant la liberté de la presse et l'organisation d'élections pour désigner les députés. Seuls les Français payant un fort impôt ont le droit de voter (suffrage censitaire). Sur le plan économique, les caisses d'épargne, nées d'une double intention philanthropique et morale, font leur apparition.

● **Charles X**, frère de Louis XVIII, lui succède en 1825. Il désire rétablir une monarchie absolue et le montre en se faisant sacrer à Reims, selon un cérémonial anachronique. Ses lois contre la liberté de la presse achèvent de le rendre impopulaire ; il est renversé par la révolution de juillet 1830, les « Trois Glorieuses ».

● **Louis-Philippe devient alors le premier « roi des Français ».** Il s'appuie sur la bourgeoisie et la noblesse orléaniste (c'est-à-dire libérale). La fin du règne est **chargée de tensions**. Le ministre Thiers mène une politique économiquement audacieuse mais socialement conservatrice (révocation de tous les instituteurs laïcs), alors même que petits paysans endettés et « prolétaires » urbains multiplient les revendications. L'interdiction faite au parti républicain de se réunir entraîne, en février 1848, la première insurrection ouvrière, très violente. Des foyers d'émeute se propagent dans toute l'Europe. C'est le **« printemps des peuples »**.

La révolution de 1848 et la IIe République (1848-1851)

La révolution de 1848 amène la proclamation de la IIe République. Des **mesures sociales** améliorent la condition du peuple. La censure, l'esclavage et la peine de mort sont abolis et le **suffrage universel** instauré.

François Auguste BIARD (1798-1882), *L'Abolition de l'esclavage dans les colonies françaises en 1848*, 1849, huile sur toile, 261 × 391 cm (Musée national du château de Versailles).

Mais les idéaux cèdent sous la pression des notables. **Louis-Napoléon Bonaparte**, élu président en 1849, n'a pas le droit de se représenter. Il se maintient au pouvoir par le coup d'État du 2 décembre 1851 et proclame le Second Empire.

Le Second Empire (1852-1870)

● Soutenu par l'armée, l'Empire est un **régime autoritaire** qui réprime toute forme d'opposition. Jusque dans les années 1860, sa politique économique moderne fait entrer la France dans l'**ère industrielle**, apportant prospérité et développement au pays. Grâce à la création de la Bourse et ses promesses de profits pharamineux, les Français investissent leur « bas de laine » dans des actions qui financent les usines, les chemins de fer ou les grands travaux de Ferdinand de Lesseps (percement du canal de Suez). Cet **afflux massif de capitaux** fait entrer la France dans la seconde révolution industrielle.

● Les **travaux d'Haussmann** transforment Paris, sur fond de spéculation immobilière et de corruption. L'opposition au régime grandit : industriels inquiets des dérives du libéralisme ou républicains avides de liberté. Les échecs diplomatiques, puis militaires, discréditent définitivement le pouvoir jusqu'à la **défaite de Sedan** contre les Prussiens en 1870.

La Commune (1870-1871) et le début de la IIIᵉ République (1870-1940)

La défaite de Sedan et l'effondrement du régime provoquent un **soulèvement populaire** voulant établir un régime révolutionnaire à Paris. La Commune est sévèrement réprimée. La République doit d'abord s'affirmer contre les menées royalistes, puis résister à de nombreuses crises : menaces nationalistes, scandales provoqués par la corruption. **L'affaire Dreyfus** divise l'opinion publique en deux camps irréductibles.

Un monde qui change

Progrès et mutations

Le monde change sous l'effet des progrès scientifiques et techniques qui transforment les conditions de vie : chemin de fer, photographie, vaccination, électricité… On croit au progrès et on adhère au **positivisme** et au **scientisme** : seul l'esprit rationnel et scientifique peut être pris comme modèle. Seule la science peut résoudre les maux et répondre aux interrogations.

Des inégalités sociales

- Les inégalités perdurent entre classes sociales. La bourgeoisie industrielle et financière qui participe à l'essor économique récolte les fruits de la prospérité. Son **conformisme moral** et son **matérialisme** sont caricaturés par les artistes.

→ **Ex :** *Dans* Bouvard et Pécuchet (> p. 112), Flaubert dénonce la bêtise de petits bourgeois.

- Les **ouvriers** connaissent une vie difficile, accablés par des conditions de travail pénibles et sans protection sociale, pendant que les **paysans** quittent les campagnes, attirés par les **mirages de l'industrialisation**, ou s'acharnent à cultiver sans grand rendement des exploitations trop petites.

Romantisme, réalisme et symbolisme

Le romantisme

Le romantisme se caractérise par la **révolte de l'artiste** contre un monde insatisfaisant.

- **Le premier romantisme** (1801) naît de l'effondrement de l'Ancien Régime, entraînant dans sa ruine un monde familier et rassurant. Ainsi, **Chateaubriand**, promis à une carrière dans l'armée royale, se trouve inadapté au monde nouveau. En proie au « vague des passions », c'est en forgeant une écriture nouvelle, entre nostalgie et engagement, qu'il s'invente une identité neuve. **Lamartine**, **Hugo**, **Vigny** assument ainsi de nouvelles fonctions : penseurs, prophètes et hommes politiques, ils entendent guider l'humanité.

→ **Ex :** *Avec* Delphine (> p. 72) *puis* De l'Allemagne, Mme de Staël importe le romantisme allemand en France.

- **Après 1830**, le romantisme évolue. Le conservatisme politique interdit à la jeune génération de trouver sa place dans la société. Le « mal du siècle » travaille cette **génération désenchantée**.

Le réalisme

- Le réalisme naît des transformations politiques et sociales du siècle et reçoit l'influence du **positivisme**. Il revendique dès 1850 la liberté de traiter des sujets de la vie réelle et contemporaine, **sans idéalisation**. L'artiste réaliste s'inspire en effet du quotidien, riche ou pauvre, au scandale de certains lecteurs. L'intrigue et l'analyse psychologique traditionnelle disparaissent et sont remplacées par une **observation du réel** dont la crudité peut choquer.

- Le **naturalisme** prolonge cette démarche. Il s'appuie sur une enquête documentaire permettant l'**étude « scientifique » du milieu** et l'analyse clinique des personnages. Toutefois, le réel observé subit une nécessaire recréation par l'écriture, dont témoigne la recherche stylistique : l'effacement du narrateur et l'impersonnalité.

Gustave CAILLEBOTTE (1848-1894), *Sur le pont de l'Europe*, 1876, 177 × 123 cm (Musée du Petit Palais, Genève).

En 1876, Caillebotte peint *Sur le pont de l'Europe*, surplombant la gare Saint-Lazare. C'est un symbole d'industrialisation et de modernité. L'ouvrier y semble prisonnier d'un univers de poutrelles métalliques.

Le symbolisme

Le symbolisme, entre 1880 et 1890, rompt avec le positivisme scientiste et matérialiste pour réhabiliter une **approche sensible de la réalité**. Dès lors, il veut élucider les mystères du monde à travers un réseau de correspondances, de symboles et d'analogies qui relie le monde sensible à un univers surréel. Le poète symboliste crée un **nouveau langage** fondé sur l'image et la musicalité, engageant son écriture dans la voie de la modernité poétique.

→ **Ex :** *Baudelaire* (> p. 426), *poète des correspondances et des synesthésies, est considéré comme le père du symbolisme.*

Repères historiques
Le XXᵉ et le XXIᵉ siècle

Inaugurés par la Belle Époque, les XXᵉ et XXIᵉ siècles sont marqués par l'horreur des deux guerres mondiales, des guerres de décolonisation et les nombreux bouleversements consécutifs aux crises socio-économiques.

Le XXᵉ siècle

Le temps des crises (1914-1945)

● « **La Belle Époque** » (1890-1914) correspond à une période de progrès scientifiques, de développement industriel et de goût pour la fête. L'enthousiasme ambiant prend fin avec la **Première Guerre mondiale** (1914-1918). Marquée par la défaite et la perte de l'Alsace-Lorraine en 1870, la France s'engage unie dans le conflit. Mais alors qu'elle attendait une guerre-éclair, les combats s'enlisent dans une guerre de position. Les **crises de 1917** témoignent de la démoralisation des poilus et des souffrances de leurs familles.

Le pays, en partie occupé, connaît des pertes humaines énormes, aggravées par le déficit des naissances. À l'armistice, le bilan est désastreux : zones ravagées par les combats, endettement, vieillissement de la population.

→ **Ex** : *Du malaise provoqué par le conflit naît la poésie surréaliste* (Éluard > p. 465).

Pierre ROY (1880-1950), *Adrienne pêcheuse*, vers 1919, huile sur toile, 52 x 35 cm (Musée des Beaux-Arts, Nantes).

Dans *Adrienne pêcheuse* (1919), Pierre Roy rejoint le surréalisme pour évoquer son amour disparu.

● **L'entre-deux-guerres** est marqué par une relative prospérité, mais aussi par la montée d'**idéologies extrémistes**. L'antiparlementarisme se développe dans un climat néfaste de corruption et d'instabilité. La crise de 1929 s'ajoute à la crise politique. La Gauche s'unit dans le Front populaire (1936) pour résister à l'extrême-droite. Elle ouvre de nouveaux droits sociaux (congés payés, semaine de quarante heures…).

La France divisée doit affronter l'Allemagne nazie en **1939-1940**. La défaite entraîne l'**effondrement de la IIIᵉ République**. La France connaît l'**Occupation**, tandis qu'en zone libre, un gouvernement de collaboration se rassemble derrière le maréchal Pétain qui prétend accomplir une œuvre de rénovation morale et patriotique, « la révolution nationale ».

→ **Ex** : *Crise de conscience devant les atrocités de la Seconde Guerre mondiale, la littérature dénonce le non-sens de la condition humaine, comme l'illustre Camus* (> p. 170) *ou le théâtre de l'absurde* (Beckett > p. 342).

● La **Résistance** et la **France libre** incarnent les espoirs d'une partie de la population. L'appel à Londres du général de Gaulle, le 18 juin 1940, encourage et soutient les Forces Françaises Libres. Rejointes par les communistes et les maquisards, elles participent à la libération du territoire avec les forces alliées.

La reconstruction (1945-1958)

● À la Libération, un gouvernement provisoire présidé par le général de Gaulle dirige un pays en ruines et encore occupé. Des mesures sont prises : création de la sécurité sociale, nationalisation de grandes entreprises. Les Français choisissent par référendum de passer à la **IVᵉ République** en 1946. La prospérité revient grâce au plan Marshall et au développement de la **coopération européenne**. Cet essor s'accélère entre 1953 et 1957, quand la production énergétique se développe et que les transports s'améliorent. Ce sont les « Trente Glorieuses ».

● Sur le plan international, les **accords de Bretton Woods** signés en 1944, aux États-Unis, garantissent la mise en place d'une organisation monétaire mondiale facilitant la reconstruction et le développement économique des pays touchés par la guerre. Le **Fonds monétaire international** (FMI) et la **Banque mondiale** sont nés. Parallèlement, dès 1946, certains États, comme l'URSS, réitèrent les plans quinquennaux pour planifier leurs objectifs de production. Ils tentent ainsi de dynamiser une économie meurtrie, tout en rivalisant avec les principaux États capitalistes. Cette rivalité idéologique et politique trouve sa traduction, dès 1947, par l'éclosion de la **Guerre froide**, qui cristallise les tensions entre les deux superpuissances américaine et soviétique. Le monde devient bipolaire.

- En France, sans majorité stable, les gouvernements se succèdent. La faiblesse des institutions, les problèmes financiers et l'agitation sociale entraînent une grave crise politique alors que l'**insurrection algérienne**, déclenchée en 1954, menace de devenir une guerre civile. Le **général de Gaulle** est rappelé pour former un gouvernement.

La république gaullienne et ses prolongements (1958-1981)

- Une **nouvelle constitution** est promulguée par le président et adoptée par référendum en 1958. C'est le texte fondateur de la **Vᵉ République** : le président de la République est élu pour sept ans par les représentants du peuple avec de plus larges pouvoirs. Il nomme le Premier ministre et préside le Conseil des ministres. En 1962, une modification de la constitution le fait élire au **suffrage universel**. La même année, les **accords d'Évian** mettent fin à la guerre d'Algérie.

- La France poursuit son essor : Antoine Pinay entre au ministère des Finances en 1958, lance un nouvel emprunt national et préside le passage au nouveau franc. Le pays entre dans le **Marché commun** en 1959. L'ère de la **consommation de masse** voit le jour, la télévision bouleverse la vie quotidienne. Parallèlement, les loisirs et le goût pour les vacances tendent à se démocratiser, même s'ils laissent de côté les personnes âgées, les jeunes et certains ouvriers. En **mai 68**, les enfants du *baby-boom* expriment leur refus du consumérisme et veulent « changer le monde ». Les manifestations étudiantes sont ensuite relayées par la contestation des salariés, débouchant sur les accords de Grenelle (larges augmentations de salaire). Les mentalités sont changées, les valeurs transformées.

→ **Ex** : Les Choses *de Perec* (> p. 176) montrent le triomphe et la vacuité de la société de consommation.

Raymond SAVIGNAC (1907-2002), affiche publicitaire pour la SNCF, 1961.

- Sur le plan international, la **guerre du Vietnam**, qui oppose depuis 1959 le nord et le sud du pays, soutenus respectivement par le bloc de l'Est et la Chine d'une part, les États-Unis et leurs alliés australiens et coréens d'autre part, ravage les populations et marque les mentalités de manière indélébile.

- Sous **Georges Pompidou (1969-1974)**, un projet de « nouvelle société » est présenté : humanisation des rapports entre les citoyens et l'État, dialogue social, instauration du **SMIC**, partage de l'autorité parentale entre père et mère.

Le **premier choc pétrolier** de 1973 met fin à la croissance et provoque une crise monétaire et politique.

- **Les réformes votées sous Valéry Giscard d'Estaing (1974-1981)** témoignent de l'évolution des mentalités : secrétariat à la condition féminine, majorité civique à dix-huit ans, divorce par consentement mutuel, interruption volontaire de grossesse. La crise se poursuit malgré les plans de relance ou de rigueur, entraînant le chômage de masse.

De l'alternance à la mondialisation (1981-2002)

- Élu en 1981, **François Mitterrand** forme un gouvernement de gauche où siègent quatre ministres communistes. Des réformes sont engagées : abolition de la peine de mort, nationalisations, décentralisation, durée du travail limitée à 39 heures. Le chômage de masse n'est pas résorbé. À partir de 1985 s'ouvre une **période de cohabitation** avec des Premiers ministres de droite (Jacques Chirac, 1986-1988 ; Édouard Balladur, 1993-1995).

→ **Ex** : Dans Extension du domaine de la lutte *de M. Houellebecq*, le héros évolue dans un monde désenchanté sur fond de chômage et de crise économique.

- Sous **Jacques Chirac (1995-2002)**, une nouvelle cohabitation a lieu avec Lionel Jospin (1997-2002). Pour bloquer ce processus répété, la durée du mandat présidentiel est ramenée à cinq ans.

Le XXIᵉ siècle : un pays à la recherche de son avenir

- La confiance des Français dans une classe politique peinant à traiter des **problèmes économiques et sociaux mondialisés** s'érode. L'élection présidentielle de 2002 est marquée par un taux record d'abstention et la présence de l'extrême-droite au second tour. Jacques Chirac, réélu, est confronté à des difficultés croissantes : émeutes des banlieues, lutte contre le chômage.

- **Nicolas Sarkozy,** élu en 2007, lance un **nouveau style politique**. Président omniprésent, il privilégie la communication directe sans hésiter à mettre en scène sa vie privée.

Chapitre 1
Le roman et la nouvelle

Le roman englobe tous les genres, les met en dialogue et anime un débat permanent sur les points de vue à adopter qui permettraient de comprendre l'identité d'un personnage ou les situations dans lesquelles il se trouve. La fiction ne peut donc être figée : le roman est toujours à la recherche de sa forme.

Séquence 1 *XVIIe-XVIIIe siècle : Naissance du roman moderne* 40

Séquence 2 *XIXe siècle : L'âge d'or du roman et de la nouvelle* ... 64

Séquence 3 *XXe-XXIe siècle : Le roman en question* 154

Les clés du genre

Les genres du roman	198
Le personnage de roman	200
Le point de vue	202
La construction du récit	203
La parole du personnage	205
La description	206

Vers le bac, 2nde : « Chefs de file et manifestes » 207

Vers le bac, 1re : « Le roman et l'Histoire » 210

Pistes de lecture : Le réalisme et le naturalisme 214
   Lire l'*incipit*

Pistes de lecture : Le personnage de roman, du XVIIe siècle à nos jours 215
   Lire l'*incipit*

1. XVIIᵉ-XVIIIᵉ siècle : Naissance du roman moderne

À l'aube du Grand Siècle, le roman est un genre mineur. Il est l'objet d'une condamnation régulière de la part de l'Église. Pourtant, il va gagner ses lettres de noblesse : nouvelles mœurs, esprit critique, plaisir de l'imagination vont le propulser à la première place.

Littérature et société
La mode du roman au XVIIᵉ et au XVIIIᵉ siècle 42

Histoire littéraire
La fabrique du roman et du personnage 44

Histoire des arts
G. de La Tour, *La Madeleine pénitente*, XVIIᵉ siècle 46

1. **P. Scarron**, *Le Roman comique*, 1651 48
2. **Madame de La Fayette**, *La Princesse de Clèves*, 1678 50
3. **Ch. de Montesquieu**, *Lettres persanes*, 1721 52
4. **Abbé Prévost**, *Manon Lescaut*, 1731 Œuvre intégrale 54
5. **Marivaux**, *Le Paysan parvenu*, 1734-1735 58
6. **D. Diderot**, *Jacques le fataliste et son maître*, 1796 60
7. **P. Choderlos de Laclos**, *Les Liaisons dangereuses*, 1782 62

Littérature et société
La mode du roman au XVIIe et au XVIIIe siècle

Les romans de l'aristocratie

Sous le règne de Louis XIII (1610-1643), la noblesse est riche et puissante. La vie de cour ne s'impose pas encore et les nobles vivent dans une certaine indépendance d'esprit, loin du roi. Ils cherchent dans le roman d'agréables divertissements et apprécient le **roman pastoral** ou le **roman héroïque**.

→ *Ex :* L'Astrée *(1607-1627) d'Honoré d'Urfé est un roman pastoral. Ce « roman-fleuve » mêle les récits d'aventures et les scènes amoureuses. Les personnages de bergers et de bergères transportent le lecteur dans un monde irréel.*

→ *Ex :* Artamène ou le grand Cyrus *(1649-1653), de Madeleine de Scudéry, est un roman héroïque qui transpose la vie mondaine du XVIIe siècle dans l'Antiquité. Elle donne à ses personnages les qualités des grands héros antiques.*

Pierre Paul RUBENS (1577-1640), *Paysage à l'arc-en-ciel*, huile sur toile, 123 × 172 cm (Musée du Louvre, Paris).

Les aristocrates amateurs de littérature se réunissent dans les **salons littéraires** : des femmes cultivées accueillent dans leur demeure les artistes, les écrivains et le débat s'engage sur la poésie, le roman, mais aussi sur l'amour. Ces petits cercles élitistes développent le goût de la conversation et se passionnent pour le beau langage. Ce sont des « précieux » soucieux de raffinement (Molière fera la caricature de la préciosité dans sa première grande comédie, *Les Précieuses ridicules*, en 1659). Ces lecteurs mondains et cultivés ne cherchent pas dans le roman la représentation de la réalité. C'est pourquoi le **roman galant**, dans lequel s'exprime l'imagination, est également en vogue. Il fait une place de choix aux femmes et présente des mœurs raffinées.

→ *Ex : Le plus grand succès de la deuxième moitié du XVIIe siècle est* La Princesse de Clèves *(1678). Le roman décrit une vie de cour codifiée, une relation amoureuse idéalisée, l'œuvre témoigne également de l'émergence de l'individu.*

Le roman, miroir critique de la société

D'autres genres romanesques apparaissent. Le **roman comique** (« comique » s'oppose à « héroïque ») remet en question les valeurs morales. Il fait la caricature des mœurs de l'époque, déforme la réalité pour la tourner en ridicule. Il porte sur l'humanité **un regard désabusé**. Ce sous-genre du roman fait un tableau vivant de son temps : toutes les catégories sociales s'y rencontrent. Le roman comique dépeint la vie dans les campagnes et les relations entre les classes sociales. Le héros ressemble au « picaro » du roman espagnol, un aventurier qui vit d'expédients.

→ *Ex : Dans* Le Roman comique *(1651-1659), Scarron fait le récit des aventures d'une troupe de comédiens itinérants dans un registre burlesque.*

Jean-Baptiste COULOM, scène du *Roman comique* de Paul SCARRON, 1714-1716 (Musée de Tessé, Le Mans).

Cette lecture donne particulièrement à rire à la noblesse de robe nouvellement constituée par l'achat des charges (emplois publics). Elle souffre d'un manque de reconnaissance et apprécie cette forme de **critique sociale**.

L'individu au cœur du roman

Sous la Régence de Philippe d'Orléans (1715-1723), **la Cour se libère**, l'époque s'ouvre, au contact des autres civilisations. L'affirmation de l'individu transparaît dans l'emploi de la première personne, de plus en plus fréquent. L'espace n'est plus idéalisé, les personnages sont incarnés, animés de sentiments et de jugements personnels.

La mode est aussi à **l'orientalisme**. Les contes des *Mille et une nuits* viennent d'être traduits en français par Antoine Galland de 1704 à 1717. Le roman épistolaire, qui connaît un succès durable, favorise le développement d'un point de vue plus subjectif.

→ **Ex :** *Dans les* Lettres persanes, *de Montesquieu (1721), la critique des mœurs et des institutions passe par les constats d'un personnage, un Persan qui écrit à ses proches pour leur dire son étonnement. L'œuvre rencontre un si grand succès que bien des auteurs s'essaieront à le copier avec des lettres péruviennes ou chinoises. Montesquieu ouvre la voie au conte philosophique.*

Le **roman-mémoires**, rédigé à la première personne, témoigne aussi de l'autonomie gagnée par l'individu dans la société de la France de Louis XV. Il porte sur le monde un regard personnel par le recours à l'introspection et au monologue intérieur. Les lecteurs s'enthousiasment : près d'une centaine de romans-mémoires sont publiés de 1730 à 1740, ce qui représente presque la moitié de la production de cette période.

→ **Ex :** Manon Lescaut *(titre complet :* Histoire du chevalier Des Grieux et de Manon Lescaut, *1731) s'inscrit dans ce sous-genre romanesque. Le roman plaît parce qu'il est plein d'aventures, mais aussi par la manière dont Prévost d'Exiles, dit l'abbé Prévost, y intègre sa peinture de la société. L'auteur introduit son lecteur par le biais d'un personnage dans le milieu qu'il décrit.*

Le roman au service des Lumières

La société du XVIIIe siècle est plus mobile, l'essor de la bourgeoisie marque l'évolution de la hiérarchie sociale. Le roman offre un cadre propice à la description de personnages qui se jouent des **règles sociales**. La forme du roman-mémoires donne des exemples de ces parcours sociaux encore atypiques.

→ **Ex :** La Vie de Marianne *(1731-1734) et* Le Paysan parvenu *(1734-1735), de Marivaux, montrent des personnages aux prises avec les pesanteurs sociales et le conformisme qui apparaissent aussi dans les comédies de cet auteur.*

Les écrivains des Lumières sont avant tout des philosophes sensibles aux débats d'idées qui agitent la société. Ils mettent la fiction au service de ce débat. Leur grand œuvre reste l'*Encyclopédie* ; mais la fiction apparaît aussi comme un bon moyen de diffuser les **idées nouvelles**. Diderot écrit des romans qui bousculent le genre et renvoient le lecteur à des questions de société comme la relation entre maître et serviteur.

→ **Ex :** *Diderot écrit et retravaille pendant vingt ans un roman à la forme déroutante, dans lequel le narrateur instaure un dialogue avec le lecteur,* Jacques le fataliste et son maître *(publié à titre posthume en 1796). Ce roman fait le récit du voyage d'un valet et de son capitaine ; chacun d'eux mène successivement le jeu.*

Le **roman épistolaire**, par sa forme polyphonique, permet de faire entendre la voix d'individus en rupture avec les valeurs et les institutions sociales. Il trouve à se renouveler avec le courant philosophique du **libertinage**. Les libertins ne se plient pas au dogme religieux et s'affranchissent des conventions sociales. Ce sont des libres penseurs qui refusent la morale et les préjugés.

→ **Ex :** *Dans* Les Liaisons dangereuses *(1782), l'échange des lettres permet de montrer la duplicité et le goût du pouvoir des libertins auxquels Molière avait consacré* Dom Juan *un siècle plus tôt.*

Le roman et l'expression du sentiment individuel

Dans la deuxième moitié du XVIIIe siècle apparaît un courant qui se développera au siècle suivant, avec le **romantisme**. Il donne la primauté à l'expression de la sensibilité personnelle. C'est alors l'expression des émotions qui touche le lecteur.

→ **Ex :** *Jean-Jacques Rousseau publie un roman épistolaire qui rencontre un très grand succès,* La Nouvelle Héloïse *(1761). C'est l'histoire d'un amour impossible.*

→ **Ex :** *Bernardin de Saint-Pierre, dans* Paul et Virginie *(1788), offre le récit d'une passion tragique dans le cadre exotique de l'île Maurice.*

Antoine WATTEAU (1694-1721), *Gamme d'amour*, vers 1717, huile sur toile, 51,3 cm × 59,4 cm (National Gallery, Londres).

Histoire littéraire

La fabrique du roman et du personnage

Les origines du roman

Un nouvel usage de la langue

Au Moyen Âge, le mot « roman » désigne d'abord toute œuvre littéraire écrite **en langue « romane »**, c'est-à-dire en langue populaire et non en latin, d'un usage plus savant. C'est au XIIe siècle que le « roman » désigne plus spécifiquement **un récit en vers écrit en français** (en « roman »). Il s'agit, la plupart du temps, de récits inspirés par les mythologies latine, celtique ou germanique. Jusqu'au XVIIe siècle, le terme générique de « roman » désigne ainsi un **poème en français**, narrant une histoire de chevalerie. Ainsi, dans le prologue du *Chevalier à la charrette* (1176-1181), Chrétien de Troyes dit « entreprendre un roman » : son œuvre est une épopée en vers.

Il existe des textes antiques qui préfigurent nettement le genre, mais **Don Quichotte** de Cervantès (1605-1615) est considéré comme le **premier roman moderne**. Se distinguant du théâtre, où les personnages jouent et parlent directement sur la scène, ces récits sont contés par un **narrateur**. Ils s'ouvrent volontiers à la **vie quotidienne**, aux personnages de **condition modeste**, alors que le théâtre tragique convoque des personnages de rois, de reines ou encore de dieux pour embrasser les grandes questions métaphysiques et politiques.

→ **Ex :** *Le Satiricon* de Pétrone (Ier siècle ap. J.-C.) comporte déjà tous les ingrédients du genre romanesque, et, plus précisément, picaresque. Deux marginaux errant dans le sud de l'Italie traversent toutes les catégories sociales et ouvrent ainsi la littérature au peuple. Le texte mêle différents genres, ce qui est aussi une marque de fabrique du roman.

Ainsi, les **personnages** qu'on y croise, même s'ils peuvent connaître des aventures extraordinaires, sont avant tout très **ordinaires**. Le roman est donc par tradition le genre de l'**antihéros**, ou encore du **héros déceptif**. Il est aussi le genre du quotidien, du banal, voire de l'échec. Il donne à voir le monde tel qu'il est, par opposition à la poésie lyrique ou au théâtre tragique, autres genres qui l'idéalisent pour le mettre en scène tel qu'il devrait être.

→ **Ex :** Scarron, dans *Le Roman comique*, *décrit le quotidien d'une troupe de comédiens du Mans, dans la Sarthe du XVIIe siècle. Marivaux romance les ambitions d'un « paysan » de 1734. De la même façon, le vrai héros de* Jacques le fataliste *de Diderot est un modeste valet, tandis que Flaubert, avec* Bouvard et Pécuchet, *crée la*

Jean-Baptiste COULOM, *Arrivée des Comédiens au Mans*, 1712-1716 (Musée de Tessé, Le Mans).

rencontre improbable de deux copistes médiocres qui se mettent en tête d'embrasser tout le savoir du monde).

Pour ces raisons, le roman a longtemps été **déclassé** dans la **hiérarchie des genres littéraires**, par opposition à l'épopée ou à la tragédie, par exemple.

Émergence du roman

Parce qu'il regarde **le monde réel tel qu'il est**, sans concession, le roman peut l'interroger et le critiquer.

→ **Ex :** *Le roman de Cervantès,* Don Quichotte *(1605-1615), montre que les valeurs chevaleresques sont devenues grotesques dans un monde qui ne reconnaît plus pour seule valeur que l'argent.*

Ainsi, la naissance du roman peut être mise en correspondance avec l'**émergence de l'individu**, d'une part, et celle d'un **regard critique et satirique** sur la société et ses travers. C'est pourquoi héros et personnages de roman sont volontiers **en quête** ou **en errance**, alors même que le héros épique dirigeait la communauté et savait où il allait.

Le roman porte aussi en lui la **critique des autres genres**, estimés trop éloignés du monde. En effet, par réaction aux romans précieux, composés d'interminables récits galants, le roman satirique porte dès le XVIIe siècle un **regard corrosif sur la société**.

→ **Ex :** *Dans* Le Roman comique, *Scarron, en 1651, dénonce la comédie sociale et critique la société de son temps.*

Gustave DORÉ (1833-1883), illustration pour *Don Quichotte* de Cervantès, 1863 (Bibliothèque de l'INHA, Paris).

Le roman est aussi capable d'**assurer sa propre critique**. *Jacques le fataliste*, publié à titre posthume en 1796, ouvre la voie à un roman qui **brise l'illusion romanesque** et donc introduit une distanciation. En mettant en scène un duo de personnages accompagné d'un narrateur facétieux, Diderot affirme la toute-puissance de l'écrivain sur ses personnages. Ce faisant, il montre quelles recettes de la **création romanesque** amènent le lecteur à ne plus distinguer le vrai du romanesque. Après Diderot et avec ses héritiers, le lecteur ne peut plus ignorer que le roman nous raconte une histoire, mais aussi qu'il se met en scène en nous la racontant.

→ **Ex** : *L'incipit de* Jacques le fataliste *est un texte fondateur. Dès les premières lignes, le narrateur s'adresse au lecteur pour lui rappeler que c'est bien lui qui tient les ficelles du récit. Partant, c'est toute l'illusion réaliste qui s'écroule. Mais le lecteur y gagne en connivence avec le narrateur et l'auteur.*

Ce rapport distancié à l'illusion réaliste se prolonge au XXe siècle avec le **Nouveau Roman**. Si au XIXe siècle, on ne prend pas encore en compte le regard critique de Diderot, les Nouveaux Romanciers, jetant le doute sur l'histoire et le personnage, se concentrent essentiellement sur **l'écriture**. Pour reprendre une phrase célèbre d'un des théoriciens du mouvement, Jean Ricardou, « le roman n'est plus l'écriture d'une aventure, mais l'aventure d'une écriture ».

→ **Ex** : *Le Nouveau Roman peut revendiquer quelques œuvres remarquables. Ainsi, en 1957, Michel Butor écrit* La Modification, *un roman totalement à la deuxième personne du pluriel. Les membres de l'OULIPO (OUvroir de LIttérature POtentielle) ont tenté des expériences très riches dans les années 1960. Georges Perec, par exemple, a écrit tout un roman sans utiliser un seul mot avec la lettre* **e** *(*La Disparition, *1969), absence qui renvoie à la disparition du personnage.*

Le personnage au cœur du roman

Individualisation du personnage

C'est au XVIe siècle que le roman adopte les caractéristiques que nous connaissons encore aujourd'hui : une œuvre en **prose** assez **longue** qui met en scène des personnages ancrés dans le **réel** et dont le lecteur suit le **parcours**. Mais le genre évolue encore jusqu'au XIXe siècle. En effet, le roman du XVIIe siècle est toujours enclin à mettre en scène des personnages idéalisés et éloignés du réel, sous l'influence des romans du Moyen Âge.

→ **Ex** : *Les romans précieux, dont ceux de Mme de Scudéry (*Clélie, *1654-1660).*

Au XVIIe siècle, le genre connaît une **évolution** capitale qui ouvre la voie aux fondements du roman moderne. Dans *La Princesse de Clèves* en 1678, Madame de La Fayette met au point la technique du **monologue intérieur**. La narration retrace les mouvements de conscience du personnage au plus intime : c'est un « je » qui exprime ses pensées dans le roman sans pour autant prendre la parole. *La Princesse de Clèves* ouvre la voie à un genre plus riche et, surtout, singulier. Alors que le théâtre doit mettre en place des stratégies artificielles pour que le personnage ouvre son cœur (recours aux confidents, aux apartés ou au monologue), le roman invente une technique, plus naturelle, amenant le lecteur à adhérer massivement à l'histoire qu'on lui raconte et **à s'identifier au personnage**.

→ **Ex** : *Flaubert utilise le point de vue interne, centré sur le personnage d'Emma Bovary, pour rendre compte des tourments de la jeune épouse déçue. Le narrateur de* À la Recherche du temps perdu *plonge dans ses sensations pour comprendre le souvenir. Des auteurs anglo-saxons comme* **James Joyce, Virginia Woolf ou Katherine Mansfield** *amplifient le monologue intérieur jusqu'au* « **Stream of consciousness** » *(flot ininterrompu de pensées). Nathalie Sarraute va plus loin dans le jeu sur les points de vue et le monologue intérieur : elle révèle les « sous-conversations » antérieures aux paroles des personnages.*

D'autres stratégies peuvent donner accès aux pensées du personnage. C'est le cas notamment du **roman épistolaire**. L'échange des lettres permet de donner libre cours à l'expression des sentiments.

→ **Ex** : *Les Liaisons dangereuses (1782) de Laclos sont basées sur un échange de lettres entre deux libertins qui se jouent de jeunes personnes crédules.*

HISTOIRE DES ARTS

Georges de La Tour,
La Madeleine pénitente, XVIIᵉ siècle

Dans La Madeleine pénitente, dite aux deux flammes, Georges de La Tour traite d'un sujet religieux en vogue au XVIIᵉ siècle : celui de la pécheresse repentie, Marie-Madeleine. Les thèmes de la culpabilité et de la rédemption permettent de créer ce personnage à partir de trois figures des Évangiles : une pécheresse anonyme recueillie par Jésus ; une disciple très présente dans l'entourage de ce dernier, Marie de Béthanie ; la première femme à rencontrer le Christ ressuscité.

Georges DE LA TOUR (1593-1652), *La Madeleine pénitente, dite aux deux flammes*, huile sur toile, 102 × 133 cm (Metropolitan Museum of Art, New York).

Antiquité | Moyen Âge | XVIe | **XVIIe** | XVIIIe | XIXe | XXe | XXIe

Contexte artistique et historique

LE PERSONNAGE EN REPRÉSENTATION : LE PORTRAIT

À partir du XVe siècle, le **portrait** devient un genre majeur, occupant une grande place dans la production artistique. Piero della Francesca **idéalise** toujours ses modèles aristocratiques, peints de profil. Les peintres flamands, comme Jan Van Eyck, les placent de trois-quarts, cadrent le buste plus bas et reproduisent des défauts, ce qui contribue à donner **un effet réaliste**. Au XVIe siècle, le genre du portrait se diversifie. La représentation d'un **personnage officiel** en costume d'apparat (François Ier par les Clouet vers 1525) s'oppose à des images **plus intimes** qui restituent la psychologie du personnage par une représentation fine des traits et des expressions.

Le portrait devient un **genre usuel** au XIXe siècle. De la peinture, il glisse à la photographie qui permet de rendre compte de la vie d'un individu dans les circonstances les plus symboliques ou anecdotiques. Les recherches picturales modernes explorent **la face obscure de l'être**. Les autoportraits de Francis Bacon (1909-1992), par **les déformations** et **le brouillage** imposés au visage, laissent le spectateur sur une interrogation. Les tableaux cubistes anticipaient sur ces **jeux de destructuration du personnage**. La série de portraits que Pablo Picasso livre de sa compagne Dora Maar (*Femme qui pleure*, 1935-1937) montre un visage féminin déconstruit par la douleur de la jalousie amoureuse.

« Vanitas vanitatum... »[1]

Le clair-obscur

La toile de Georges de La Tour se caractérise par un contraste saisissant entre des espaces baignés de lumière et des parties plongées dans l'obscurité. Cette technique du **clair-obscur** a été élaborée par Le Caravage (1573-1610) et immédiatement reprise par des peintres des écoles du Nord (Rembrandt). Elle fonde une peinture de l'expressivité où le personnage est pris dans une tension dramatique entre la noirceur du monde terrestre et la lumière éclatante du monde divin.

LECTURE DE L'IMAGE

La présence intense du personnage

1 Comment le peintre donne-t-il à ce portrait religieux une allure concrète et quotidienne ?

2 Comment le corps s'inscrit-il dans l'espace de la toile ? Caractérisez le traitement pictural des vêtements et de leur matière.

3 Quelles qualités morales et spirituelles l'extrême simplicité de La Madeleine exprime-t-elle ?

L'effacement de Marie-Madeleine

4 @RECHERCHE Cherchez les significations du mot « vanité » dans le langage moral et le domaine de la peinture. (voir p. 501 de ce manuel)

5 Comment le tableau est-il rythmé visuellement par l'alternance d'ombre et de lumière ?

6 Comment interprétez-vous le choix symbolique des objets ici ?

7 Pourquoi le peintre n'a-t-il pas inscrit le reflet de la Madeleine dans la surface du miroir ?

8 SYNTHÈSE En tenant compte de vos interprétations précédentes, que peut symboliser la direction particulière du regard de Madeleine ?

VERS LE BAC

Invention

Dans un discours bref à ses commanditaires religieux, le peintre Georges de La Tour explique l'intérêt de choisir un modèle dans le peuple pour incarner le personnage sacré de Madeleine.
▶ Fiche 11 **Comprendre un sujet d'écriture d'invention**

Dissertation

Selon vous, comment un peintre ou un romancier peut-il donner toute sa force à un personnage, à partir de son mystère ? Vous argumenterez en prenant pour exemples ce tableau et d'autres œuvres vues ou lues.
▶ Fiche 17 **Comprendre un sujet de dissertation**

---

1. « Vanité des vanités, tout est vanité », l'*Ecclésiaste*, XII, 8.

Paul Scarron
Le Roman comique, 1651

Le Roman comique conte les aventures d'une troupe de comédiens (d'où l'emploi du mot « comique »). Cette fiction mêle passages satiriques, nouvelles galantes, scènes burlesques, dans une langue vive et alerte. La page qui suit est l'incipit du roman.

Biographie
p. 671

Histoire littéraire
p. 44

Littérature et société
p. 42

Repères historiques
p. 30

Chapitre premier
UNE TROUPE DE COMÉDIENS ARRIVE DANS LA VILLE DU MANS

Le soleil avait achevé plus de la moitié de sa course et son char, ayant attrapé le penchant du monde[1], roulait plus vite qu'il ne voulait. Si ses chevaux eussent voulu profiter de la pente du chemin, ils eussent achevé ce qui restait du jour en moins d'un demi-quart d'heure ; mais, au lieu de tirer de toute
5 leur force ils ne s'amusaient qu'à faire des courbettes, respirant un air marin qui les faisait hennir et les avertissait que la mer était proche, où l'on dit que leur maître se couche toutes les nuits. Pour parler plus humainement et plus intelligiblement, il était entre cinq et six quand une charrette entra dans les halles du Mans. Cette charrette était attelée de quatre bœufs fort maigres, conduits par une jument pou-
10 linière dont le poulain allait et venait à l'entour de la charrette comme un petit fou qu'il était. La charrette était pleine de coffres, de malles et de gros paquets de toiles peintes qui faisaient comme une pyramide au haut de laquelle paraissait une demoiselle habillée moitié ville, moitié campagne. Un jeune homme, aussi pauvre d'habits que riche de mine, marchait à côté de la charrette. Il avait un
15 grand emplâtre sur le visage[2], qui lui couvrait un œil et la moitié de la joue, et portait un grand fusil sur son épaule, dont il avait assassiné plusieurs pies, geais et corneilles, qui lui faisaient comme une bandoulière au bas de laquelle pendaient par les pieds une poule et un oison qui avaient bien la mine d'avoir été pris à la petite guerre[3]. Au lieu de chapeau, il n'avait qu'un bonnet de nuit entortillé de
20 jarretières de différentes couleurs, et cet habillement de tête était une manière de turban qui n'était encore qu'ébauché et auquel on n'avait pas encore donné la dernière main. Son pourpoint[4] était une casaque de grisette[5] ceinte avec une courroie, laquelle lui servait aussi à soutenir une épée qui était aussi longue qu'on ne s'en pouvait aider adroitement sans fourchette[6]. Il portait des chausses troussées
25 à bas d'attaches, comme celles des comédiens quand ils représentent un héros de l'Antiquité, et il avait, au lieu de souliers, des brodequins à l'antique[7] que les boues avaient gâtés jusqu'à la cheville du pied. Un vieillard vêtu plus régulièrement, quoique très mal, marchait à côté de lui. Il portait sur ses épaules une basse de viole[8] et, parce qu'il se courbait un peu en marchant, on l'eût pris de loin pour
30 une grosse tortue qui marchait sur les jambes de derrière. Quelque critique murmurera de la comparaison, à cause du peu de proportion qu'il y a d'une tortue à un homme ; mais j'entends parler des grandes tortues qui se trouvent dans les Indes et, de plus, je m'en sers de ma seule autorité. Retournons à notre caravane. Elle passa devant le tripot[9] de la Biche, à la porte duquel étaient assemblés quantité des
35 plus gros bourgeois de la ville. La nouveauté de l'attirail et le bruit de la canaille qui s'était assemblée autour de la charrette furent cause que tous ces honorables bourgmestres[10] jetèrent les yeux sur nos inconnus. Un lieutenant de prévôt[11], entre autres, nommé La Rappinière, les vint accoster et leur demanda avec une autorité

---

1. Image précieuse pour signifier que le soleil se couche.
2. Pansement qui sert ici à masquer une partie du visage.
3. Chapardés, volés.
4. Partie de l'habillement qui recouvre le buste.
5. Étoffe commune de teinte grise.
6. Bâton ferré terminé par une fourche, sur laquelle on pose normalement le canon d'une arme à feu.
7. Chaussure couvrant le pied dans le costume des personnages de comédie.
8. Instrument de musique.
9. Maison de jeu, lieu où l'on s'amuse.
10. Bourgeois qui assure les fonctions de maire.
11. Officier de justice.

de magistrat quelles gens ils étaient. Le jeune homme dont
40 je viens de parler prit la parole et, sans mettre les mains au turban, parce que de l'une il tenait son fusil et de l'autre la garde de son épée, de peur qu'elle ne lui battît les jambes, lui dit qu'ils étaient français de naissance, comédiens de profession ; que son nom de théâtre était Le Destin, celui de
45 son vieux camarade, La Rancune, et celui de la demoiselle qui était juchée comme une poule au haut de leur bagage, La Caverne. Ce nom bizarre fit rire quelques-uns de la compagnie […].

P. SCARRON, *Le Roman comique*, 1651.

Gerrit VAN HONTHORST (1590-1656),
Le Joyeux Violoniste, 1623,
huile sur toile, 89 × 108 cm
(Rikjsmuseum, Amsterdam).

« Le monde est un théâtre »

LECTURE

Le monde des comédiens

1 Comment l'arrivée des comédiens au Mans s'apparente-t-elle à une entrée théâtrale ? Délimitez les différentes étapes de l'extrait et indiquez-en la **progression**.

2 Analysez la **figure de style** dans la formule « Le soleil avait achevé plus de la moitié de sa course… ». Quels sont les deux registres de langue que le conteur emploie pour présenter le moment de l'action ?

3 Quels éléments rendent la **description** pittoresque ?

4 Pourquoi le personnage du comédien permet-il au romancier de représenter la réalité ?

5 @RECHERCHE Renseignez-vous sur les origines antiques du roman et particulièrement sur les caractéristiques du *Satiricon* de Pétrone.

6 En quoi Scarron partage-t-il la conception que Pétrone a du monde : « Le monde est un théâtre » ?

Le théâtre du monde

7 Repérez les différentes conditions sociales et montrez que le roman s'annonce comme celui des groupes sociaux.

8 Repérez et délimitez les **interventions du conteur**. Quelles en sont les fonctions ? Sur quel **ton** sont-elles faites ?

9 Comment le public qui assiste à la scène devient-il objet de la représentation ?

10 SYNTHÈSE Commentez le nom des personnages comédiens. Comment Scarron maintient-il une dimension romanesque dans ce texte réaliste ?

HISTOIRE DES ARTS

Comment le peintre a-t-il réussi à mettre en scène la vitalité du personnage ?

VERS LE BAC

Question sur un corpus

Comparez cet *incipit* avec celui de *Jacques le fataliste* (p. 60) : comment le burlesque capte-t-il l'attention du lecteur ?
▶ Fiche 11 **Répondre à une question sur un corpus**

Commentaire

Rédigez un commentaire qui mettra en valeur la dimension théâtrale de la scène puis la présence joyeuse du conteur.
▶ Fiche 13 **Comprendre un sujet de commentaire**

Dissertation

Selon vous, quel intérêt un roman gagne-t-il à représenter des personnages singuliers et originaux plutôt que conformistes ? Vous argumenterez en prenant pour exemples cet extrait et d'autres œuvres vues ou lues.
▶ Fiche 17 **Comprendre un sujet de dissertation**

2. Madame de La Fayette
La Princesse de Clèves, 1678

Biographie p. 671

Histoire littéraire p. 44

Littérature et société p. 42

Repères historiques p. 30

Jacob MARREL (1614-1681), *Vanité*, 1660.

Madame de La Fayette conte une histoire d'amour au temps d'Henri II, au XVIe siècle, entre deux belles personnes, la princesse de Clèves alors mariée et le duc de Nemours. Le récit montre le questionnement de l'héroïne sur la Cour, l'amour et ses cruautés, avant son retrait au couvent.

Il parut alors une beauté à la Cour, qui attira les yeux de tout le monde, et l'on doit croire que c'était une beauté parfaite, puisqu'elle donna de l'admiration dans un lieu où l'on était si accoutumé à voir de belles personnes. Elle était de la même maison que le Vidame[1] de Chartres et une des plus grandes héritières
5 de France. Son père était mort jeune, et l'avait laissée sous la conduite de Madame de Chartres, sa femme, dont le bien, la vertu et le mérite étaient extraordinaires. Après avoir perdu son mari, elle avait passé plusieurs années sans revenir à la

1. Degré de noblesse, tel que « baron » ou « vicomte ».

Cour. Pendant cette absence, elle avait donné ses soins à l'éducation de sa fille ; mais elle ne travailla pas seulement à cultiver son esprit et sa beauté, elle songea aussi à lui donner de la vertu et à la lui rendre aimable. La plupart des mères s'imaginent qu'il suffit de ne parler jamais de galanterie devant les jeunes personnes pour les en éloigner. Madame de Chartres avait une opinion opposée ; elle faisait souvent à sa fille des peintures de l'amour ; elle lui montrait ce qu'il a d'agréable pour la persuader plus aisément sur ce qu'elle lui en apprenait de dangereux ; elle lui contait le peu de sincérité des hommes, leurs tromperies et leur infidélité, les malheurs domestiques où plongent les engagements ; et elle lui faisait voir, d'un autre côté, quelle tranquillité suivait la vie d'une honnête femme, et combien la vertu donnait d'éclat et d'élévation à une personne qui avait de la beauté et de la naissance ; mais elle lui faisait voir aussi combien il était difficile de conserver cette vertu, que par une extrême défiance de soi-même et par un grand soin de s'attacher à ce qui seul peut faire le bonheur d'une femme, qui est d'aimer son mari et d'en être aimée.

Cette héritière était alors un des grands partis[2] qu'il y eût en France, et quoiqu'elle fût dans une extrême jeunesse, l'on avait déjà proposé plusieurs mariages. Madame de Chartres, qui était extrêmement glorieuse, ne trouvait presque rien digne de sa fille ; la voyant dans sa seizième année, elle voulut la mener à la Cour. Lorsqu'elle arriva, le Vidame alla au-devant d'elle ; il fut surpris de la grande beauté de Mademoiselle de Chartres, et il en fut surpris avec raison. La blancheur de son teint et ses cheveux blonds lui donnaient un éclat que l'on n'a jamais vu qu'à elle ; tous ses traits étaient réguliers, et son visage et sa personne étaient pleins de grâce et de charmes.

Madame DE LA FAYETTE, *La Princesse de Clèves*, 1678.

2. Une personne à marier ; un grand parti ou un bon parti a une situation sociale et financière confortable.

Une jeune femme à la Cour

LECTURE

1 Quelle **figure de style** domine ce passage ? Quelles caractéristiques du monde et de la Cour sont ainsi mises en relief ?

2 Analysez le rôle du **portrait** dans cet extrait. Qu'est-ce qui le caractérise ?

3 Le tableau que Mme de Chartres fait de la Cour correspond-il à celui exposé en début d'extrait ? Pourquoi ?

4 Dans l'éducation qu'elle dispense à sa fille, comment Mme de Chartres présente-t-elle la vertu ? Quel destin futur de la princesse un lecteur peut-il deviner à travers cette leçon ?

5 @RECHERCHE Recherchez ce qu'est le jansénisme au XVIIe siècle et son influence à la Cour. En quoi ces informations historiques éclairent-elles le point de vue de Mme de Chartres sur la Cour ?

6 Comment le silence de la princesse peut-il être interprété ? Expliquez.

HISTOIRE DES ARTS

@RECHERCHE Recherchez les caractéristiques du genre pictural de la vanité. Comparez le texte et le tableau : quels tentations et divertissements le tableau met-il en scène ?

VERS LE BAC

Invention

Écrivez le dialogue romanesque dans lequel Mme de Chartres et l'une de ses amies débattent sur la nécessité ou non de prévenir leurs enfants contre les dangers du monde.
▶ Fiche 11 Comprendre un sujet d'écriture d'invention

Dissertation

Selon vous, un roman peut-il délivrer une leçon sur le monde ? Vous argumenterez en prenant pour exemples cet extrait, d'autres textes du manuel et des œuvres que vous avez lues.
▶ Fiche 17 Comprendre un sujet de dissertation

3 Montesquieu
Lettres persanes, 1721

Roman épistolaire, Les Lettres persanes *narrent l'itinéraire d'Usbek, sultan en fuite voyageant en Europe. La fiction exotique met en scène un regard étranger sur les mœurs occidentales : Usbek fait l'éloge de la liberté européenne, mais continue à contrôler son sérail à distance. Pourtant, une de ses femmes lui résiste, jusqu'à la mort.*

Biographie p. 671
Histoire littéraire p. 44
Littérature et société p. 42
Repères historiques p. 32

Lettre LXV

Usbek à ses femmes, au sérail[1] d'Ispahan.

J'apprends que le sérail est dans le désordre, et qu'il est rempli de querelles et de divisions intestines[2]. Que vous recommandai-je en partant, que la paix et la bonne intelligence ? Vous me le promîtes. Était-ce pour me tromper ?

C'est vous qui seriez trompées si je voulais suivre les conseils que me donne le
5 grand eunuque[3], si je voulais employer mon autorité pour vous faire vivre comme mes exhortations[4] le demandaient de vous.

Je ne sais me servir de ces moyens violents que lorsque j'ai tenté tous les autres. Faites donc en votre considération ce que vous n'avez pas voulu faire à la mienne.

Le premier eunuque a grand sujet de se plaindre : il dit que vous n'avez aucun
10 égard pour lui. Comment pouvez-vous accorder cette conduite avec la modestie de votre état ? N'est-ce pas à lui que, pendant mon absence, votre vertu est confiée ? C'est un trésor sacré, dont il est le dépositaire. Mais ces mépris que vous lui témoignez font voir que ceux qui sont chargés de vous faire vivre dans les lois de l'honneur vous sont à charge[5].

15 Changez donc de conduite, je vous prie, et faites en sorte que je puisse, une autre fois, rejeter les propositions que l'on me fait contre votre liberté et votre repos.

Car je voudrais vous faire oublier que je suis votre maître, pour me souvenir seulement que je suis votre époux.

De Paris, le 5 de la lune de Chahban 1714.

MONTESQUIEU, *Lettres persanes*, 1721.

1. Partie du palais du Sultan où vivent les femmes.
2. À l'intérieur même du sérail.
3. Homme châtré, chargé de la garde des femmes dans les harems.
4. Demandes insistantes.
5. Vous gênent, vous pèsent.

Eugène DELACROIX (1798-1863), *La Mort de Sardanapale*, 1827, huile sur toile, 392 × 496 cm (Musée du Louvre, Paris).

Lettre CLXI

Roxane à Usbek, à Paris.

Oui, je t'ai trompé ; j'ai séduit tes eunuques ; je me suis jouée de ta jalousie ; et j'ai su, de ton affreux sérail, faire un lieu de délices et de plaisirs. Je vais mourir ; le poison va couler dans mes veines.

Car que ferais-je ici, puisque le seul homme qui me retenait à la vie n'est plus ? Je meurs ; mais mon ombre s'envole bien accompagnée : je viens d'envoyer devant moi ces gardiens sacrilèges qui ont répandu le plus beau sang du monde.

Comment as-tu pensé que je fusse assez crédule[6] pour m'imaginer que je ne fusse dans le monde que pour adorer tes caprices ? que, pendant que tu te permets tout, tu eusses le droit d'affliger tous mes désirs ?

Non : j'ai pu vivre dans la servitude, mais j'ai toujours été libre : j'ai réformé tes lois sur celles de la nature, et mon esprit s'est toujours tenu dans l'indépendance.

Tu devrais me rendre grâces encore du sacrifice que je t'ai fait ; de ce que je me suis abaissée jusqu'à te paraître fidèle ; de ce que j'ai lâchement gardé dans mon cœur ce que j'aurais dû faire paraître à toute la terre ; enfin, de ce que j'ai profané[7] la vertu, en souffrant qu'on appelât de ce nom ma soumission à tes fantaisies.

Tu étais étonné de ne point trouver en moi les transports de l'amour. Si tu m'avais bien connue, tu y aurais trouvé toute la violence de la haine.

Mais tu as eu longtemps l'avantage de croire qu'un cœur comme le mien t'était soumis. Nous étions tous deux heureux : tu me croyais trompée, et je te trompais.

Ce langage, sans doute, te paraît nouveau. Serait-il possible qu'après t'avoir accablé de douleurs, je te forçasse encore d'admirer mon courage ? Mais c'en est fait : le poison me consume ; ma force m'abandonne ; la plume me tombe des mains ; je sens affaiblir jusqu'à ma haine ; je me meurs.

Du sérail d'Ispahan, le 8 de la lune de Rébiab 1, 1720.

MONTESQUIEU, *Lettres persanes*, 1721.

6. Naïve.
7. Porté atteinte à.

Un cri de révolte

LECTURE

Résister par les mots

1 Dans la lettre LXV, comment Usbek tente-t-il d'imposer son autorité ?

2 Comment la lettre CLXI implique-t-elle le lecteur dans le drame du sérail ? Quels registres sont utilisés ?

3 Dans la lettre CLXI, quels arguments oppose Roxane à Usbek, prétendument ouvert aux idées progressistes ?

Une mort subversive

4 En quoi Roxane annonce-t-elle la subversion des philosophes des Lumières ?

5 Comment Roxane fait-elle du mensonge et du suicide une arme pour conquérir dignité et liberté ? Vous étudierez la théâtralité de ses ultimes paroles.

HISTOIRE DES ARTS

Comparez la représentation du despote dans son sérail dans le tableau de Delacroix et dans le texte.

VERS LE BAC

Commentaire

Rédigez un commentaire des deux lettres : vous montrerez comment s'expriment et s'opposent ici deux caractères, puis vous analyserez l'aspect polémique de ces deux textes.

▶ Fiche 13 Comprendre un sujet de commentaire

Oral (entretien)

Pensez-vous que le genre du roman épistolaire donne plus d'existence et de présence au personnage ?

▶ Fiche 16 Réussir l'épreuve orale du baccalauréat

4 Abbé Prévost
Manon Lescaut, 1731

ŒUVRE INTÉGRALE

❝ Entrée dans l'œuvre : frivole Manon !

Jean-Honoré FRAGONARD (1732-1806),
L'Escarpolette, XVIIIe siècle,
huile sur toile, 56 × 46 cm
(Musée Lambinet, Versailles).

1 En quoi l'attitude et l'expression de la jeune fille sur « l'escarpolette » sont-elles frivoles ?

2 Quels aspects du personnage de Manon le tableau de Fragonard pourrait-il illustrer ? Justifiez.

3 @RECHERCHE Cherchez des reproductions de Watteau, Boucher et Fragonard qui pourraient servir de couverture au roman. Laquelle retiendriez-vous si vous étiez éditeur ? Justifiez votre choix.

❝ L'œuvre et son contexte

Manon Lescaut est le septième tome des *Mémoires d'un homme de qualité*. En présentant son œuvre comme un témoignage authentique, Prévost s'inscrit dans une volonté de légitimation du roman, considéré comme un genre peu sérieux au début du XVIIIe siècle. L'action du roman se déroule entre 1712 et 1717. La jeune fille présentée des pages 15 à 17 (éd. Classiques Hachette) doit embarquer pour l'Amérique avec « une douzaine de filles de joie ».

Le récit enchâssé commence page 26 du roman – c'est en fait le récit principal – et se développe alors que son dénouement tragique a déjà été suggéré. L'essentiel du roman sera donc un retour en arrière par rapport au récit-cadre du mémorialiste. Dès le début de l'ouvrage, le lecteur est ainsi plongé au cœur de l'intrigue : il s'agit d'une ouverture *in medias res*.

1 @RECHERCHE Pourquoi certaines femmes étaient-elles déportées vers les colonies françaises aux XVIIe et XVIIIe siècles ? Vous décrirez en particulier qui étaient les « filles du roy ». Vous devrez utiliser au moins trois sources fiables pour cette recherche et les mentionner dans votre travail.

2 En ce début de roman, que sait-on déjà sur la jeune fille et Des Grieux ? Quel intérêt cette connaissance préalable du sort des personnages peut-elle avoir pour le lecteur ?

Les sources de l'œuvre

1. Le roman d'analyse psychologique

Le roman de Madame de La Fayette, *La Princesse de Clèves* (1678), a marqué la fin du XVIIe siècle par sa finesse d'analyse des sentiments et des mœurs. Ce raffinement appliqué à l'évocation du sentiment amoureux est également présent dans l'œuvre de Prévost.

2. Le roman picaresque

En 1715 paraissent les premiers volumes de l'*Histoire de Gil Blas de Santillane* de Lesage, roman qui a pu inspirer Prévost.

3. Robert Challe, *Les Illustres Françaises* (1713)

Ce recueil de sept récits constitue l'une des sources principales de *Manon Lescaut*. Intégrée au récit-cadre principal, *L'Histoire de M. des Prez et de Mlle de l'Épine* présente un certain nombre de points communs avec le roman de Lescaut : coup de foudre originel, conflit entre l'autorité parentale et l'amour passionné des deux personnages principaux, place accordée à la description des sentiments, mort tragique de l'héroïne.

La réception de l'œuvre

Voici deux jugements sur l'œuvre de Prévost.

Texte 1

Ce livre est écrit avec tant d'art, et d'une façon si intéressante, que l'on voit les honnêtes gens même s'attendrir en faveur d'un escroc et d'une catin. Le même auteur, qui est un bénédictin réfugié en Hollande, fait un petit ouvrage intitulé *Le Pour et le contre*, dont la première brochure se débite actuellement.

Journal de la Cour et de la Ville, 21 juin 1733.

Texte 2

J'ai lu, ce 6 avril 1734, *Manon Lescaut*, roman composé par le Père Prévost. Je ne suis pas étonné que ce roman, dont le héros est un fripon, et l'héroïne une catin qui est menée à la Salpêtrière, plaise ; parce que toutes les mauvaises actions du héros, le chevalier des Grieux, ont pour motif l'amour, qui est toujours un motif noble, quoique la conduite soit basse. Manon aime aussi ; ce qui lui fait pardonner le reste de son caractère.

MONTESQUIEU, *Pensées et fragments inédits*, 1899.

LECTURE

1 Montrez que la condition sociale de Manon, les tromperies des personnages, le thème du voyage, ainsi que les multiples péripéties de *Manon Lescaut* correspondent à l'esprit du roman picaresque

2 Relevez dans le texte 1 la volonté polémique du critique. Montrez que cette critique traduit cependant une position ambiguë.

3 Quel est le point commun des deux jugements sur *Manon Lescaut* ? Votre lecture personnelle de l'œuvre les confirme-t-elle ? Argumentez.

ÉDUCATION AUX MÉDIAS

« Quoique [Manon et Des Grieux] soient très libertins, on les plaint, parce que l'on voit que leurs dérèglements viennent de leurs faiblesses et de l'ardeur de leurs passions [...] De cette manière, l'auteur, en représentant le vice, ne l'enseigne point. »

Abbé PRÉVOST[1], *Pour et Contre*, 1734.

1. On ne sait avec certitude si Prévost est l'auteur de ce texte.

4 Ce texte est un article du journal le *Pour et Contre*, fondé par Prévost. La critique littéraire a-t-elle sa place dans un journal ? Pourquoi ?

5 Cherchez dans votre C.D.I. une critique littéraire dans un quotidien national. Observez la place de cette critique dans la hiérarchie du journal. Expliquez cette hiérarchisation.

ÉCRITURE

Vers la dissertation

« Ce qu'il y a de fort dans *Manon Lescaut*, c'est le souffle sentimental, la naïveté de la passion qui rend les deux héros si vrais, si sympathiques, si honorables, quoiqu'ils soient des fripons. »

G. FLAUBERT, *Correspondance*, 1861.

Pensez-vous comme Flaubert que des personnages romanesques puissent captiver le lecteur tout en ayant une attitude immorale ?

VERS LE BAC

Invention

Vous écrirez une lettre à l'Abbé Prévost pour lui faire part de vos sentiments sur les personnages de son roman. Votre critique devra être argumentée et illustrée d'exemples choisis dans son œuvre.

▶ Fiche 11 Comprendre un sujet d'écriture d'invention

1 XVIIe-XVIIIe siècle : Naissance du roman moderne | **55**

EXTRAIT 1

La rencontre

Le Chevalier Des Grieux vient de terminer ses études de philosophie à Amiens. Il s'apprête à occuper une fonction ecclésiastique très honorable, lorsqu'une rencontre va bouleverser le cours d'une vie déjà toute tracée par sa famille et par les conventions sociales.

J'avais marqué le temps de mon départ d'Amiens. Hélas ! que ne le marquais-je un jour plus tôt ! j'aurais porté chez mon père toute mon innocence. La veille même de celui que je devais quitter cette ville, étant à me promener avec mon ami, qui s'appelait Tiberge, nous vîmes arriver le coche[1] d'Arras
5 […]. Il en sortit quelques femmes, qui se retirèrent aussitôt. Mais il en resta une, fort jeune, qui s'arrêta seule dans la cour, pendant qu'un homme d'un âge avancé, qui paraissait lui servir de conducteur, s'empressait pour faire tirer son équipage des paniers. Elle me parut si charmante que moi, qui n'avais jamais pensé à la différence des sexes, ni regardé une fille avec un peu d'attention, moi, dis-je, dont
10 tout le monde admirait la sagesse et la retenue, je me trouvai enflammé tout d'un coup jusqu'au transport. J'avais le défaut d'être excessivement timide et facile à déconcerter ; mais loin d'être arrêté alors par cette faiblesse, je m'avançai vers la maîtresse de mon cœur. Quoiqu'elle fût encore moins âgée que moi, elle reçut mes politesses sans paraître embarrassée. Je lui demandai ce qui l'amenait à Amiens, et
15 si elle y avait quelques personnes de connaissance. Elle me répondit ingénument[2], qu'elle y était envoyée par ses parents, pour être religieuse. L'amour me rendait déjà si éclairé, depuis un moment qu'il était dans mon cœur, que je regardai ce dessein comme un coup mortel pour mes désirs. Je lui parlai d'une manière qui lui fit comprendre mes sentiments, car elle était bien plus expérimentée que moi :
20 c'était malgré elle qu'on l'envoyait au couvent, pour arrêter sans doute son penchant au plaisir, qui s'était déjà déclaré, et qui a causé dans la suite tous ses malheurs et les miens. Je combattis la cruelle intention de ses parents, par toutes les raisons que mon amour naissant et mon éloquence scolastique[3] purent me suggérer. Elle n'affecta ni rigueur ni dédain. Elle me dit, après un
25 moment de silence, qu'elle ne prévoyait que trop qu'elle allait être malheureuse, mais que c'était apparemment la volonté du Ciel puisqu'il ne lui laissait nul moyen de l'éviter. La douceur de ses regards, un air charmant de tristesse en
30 prononçant ces paroles, ou plutôt l'ascendant[4] de ma destinée, qui m'entraînait à ma perte, ne me permirent pas de balancer un moment sur ma réponse. Je l'assurai que si elle voulait faire quelque fond sur mon honneur, et sur
35 la tendresse infinie qu'elle m'inspirait déjà, j'emploierais ma vie pour la délivrer de la tyrannie de ses parents, et pour la rendre heureuse.

Abbé PRÉVOST, *Manon Lescaut*, 1731,
Les Classiques Hachette, 2008, p. 27.

> • Quel registre domine cette scène de rencontre ?
>
> • Que laisse présager ce choix pour la suite du roman ?

1. Voiture tirée par des chevaux.
2. Innocemment.
3. Issue des études religieuses.
4. Le pouvoir.

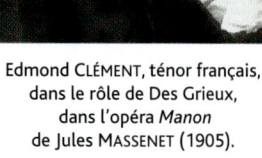

Edmond CLÉMENT, ténor français, dans le rôle de Des Grieux, dans l'opéra *Manon* de Jules MASSENET (1905).

EXTRAIT 2

Une libertine ingénue

Peu avant la chute et l'exil, Des Grieux retrouve Manon qui justifie son libertinage au nom même de son amour pour lui. Face à ce curieux mélange d'audace, de vénalité, de dépravation et de sentiments sincères, Des Grieux semble désarmé.

Elle m'apprit alors tout ce qui lui était arrivé, depuis qu'elle avait trouvé G… M…, qui l'attendait dans le lieu où nous étions. Il l'avait reçue effectivement comme la première Princesse du monde. Il lui avait montré tous les appartements, qui étaient d'un goût et d'une propreté admirables. Il lui avait compté dix mille livres dans son cabinet, et il y avait ajouté quelques bijoux, parmi lesquels étaient le collier et les bracelets de perles qu'elle avait déjà eus de son père. Il l'avait menée de là dans un salon qu'elle n'avait pas encore vu, où elle avait trouvé une collation exquise. Il l'avait fait servir par les nouveaux domestiques qu'il avait pris pour elle, en leur ordonnant de la regarder désormais comme leur maîtresse […] Je vous avoue, continua-t-elle, que j'ai été frappée de cette magnificence. J'ai fait réflexion que ce serait dommage de nous priver tout d'un coup de tant de biens, en me contentant d'emporter les dix mille francs et les bijoux ; que c'était une fortune toute faite pour vous et pour moi, et que nous pourrions vivre agréablement aux dépens de G… M…[…]

J'écoutai ce discours avec beaucoup de patience. J'y trouvais assurément quantité de traits cruels et mortifiants[1] pour moi, car le dessein[2] de son infidélité était si clair qu'elle n'avait pas même eu le soin de me le déguiser. Elle ne pouvait espérer que G… M… la laissât, toute la nuit, comme une vestale[3]. C'était donc avec lui qu'elle comptait de la passer. Quel aveu pour un amant ! Cependant je considérai que j'étais cause en partie de sa faute, par la connaissance que je lui avais donnée d'abord des sentiments que G… M… avait pour elle, et par la complaisance que j'avais eue d'entrer aveuglément dans le plan téméraire de son aventure. D'ailleurs, par un tour naturel de génie qui m'est particulier, je fus touché de l'ingénuité de son récit, et de cette manière bonne et ouverte avec laquelle elle me racontait jusqu'aux circonstances dont j'étais le plus offensé. Elle pèche sans malice, disais-je en moi-même. Elle est légère et imprudente ; mais elle est droite et sincère. Ajoutez que l'amour suffisait seul pour me fermer les yeux sur toutes ses fautes. J'étais trop satisfait de l'espérance de l'enlever le soir même à mon rival. Je lui dis néanmoins : Et la nuit, avec qui l'auriez-vous passée ? Cette question, que je lui fis tristement, l'embarrassa. Elle ne me répondit que par des mais et des si interrompus. J'eus pitié de sa peine ; et rompant ce discours, je lui déclarai naturellement que j'attendais d'elle qu'elle me suivît à l'heure même.

Abbé PRÉVOST, *Manon Lescaut*, 1731,
Les Classiques Hachette, 2008, p. 164.

1. Blessants.
2. Projet.
3. Femme parfaitement chaste.

🔹 « Elle est légère et imprudente ; mais elle est droite et sincère » : montrez en quoi ce paradoxe caractérise le personnage de Manon, dans cet extrait et dans l'ensemble de l'œuvre.

La soprano russe Anna NETREBKO incarne Manon Lescaut dans l'opéra *Manon* de Jules Massenet (Staatsoper Berlin, 2007).

1 XVIIe-XVIIIe siècle : Naissance du roman moderne | 57

5 Marivaux
Le Paysan parvenu, 1734-1735

Biographie
p. 671

Histoire littéraire
p. 44

Littérature et société
p. 42

Repères historiques
p. 32

Pierre CHARDIN (1699-1779), *Raisins et grenades*, 1763, huile sur toile, 47 × 57 cm (Musée du Louvre, Paris).

Un jeune paysan, Jacob, monte à Paris. Picaro[1] d'un nouveau genre, il porte un regard critique sur les mœurs, avant d'endosser lui-même l'habit d'honnête homme. Au hasard des rencontres, Jacob est accueilli et hébergé, notamment par deux dévotes, les sœurs Habert et leur servante Catherine.

Revenons à Catherine, à l'occasion de qui j'ai dit tout cela.

Catherine donc avait un trousseau de clefs à sa ceinture, comme une tourière de couvent[2]. Apportez des œufs frais à ma sœur, qui est à jeun à l'heure qu'il est, lui dit Mlle Habert, sœur aînée de celle avec qui j'étais venu ; et menez ce garçon
5 dans votre cuisine pour lui faire boire un coup. Un coup ? répondit Catherine d'un ton brusque et pourtant de bonne humeur, il en boira bien deux à cause de sa taille. Et tous les deux à votre santé, madame Catherine, lui dis-je. Bon, reprit-elle, tant que je me porterai bien, ils ne me feront pas de mal. Allons, venez, vous m'aiderez à faire cuire mes œufs.

10 Eh ! non, Catherine, ce n'est pas la peine, dit Mlle Habert la cadette ; donnez-moi le pot de confiture, ce sera assez. Mais, ma sœur, cela ne nourrit point, dit l'aînée. Les œufs me gonfleraient, dit la cadette ; et puis ma sœur par-ci, ma sœur par-là. Catherine, d'un geste sans appel, décida pour les œufs en s'en allant ; à cause, dit-elle, qu'un déjeuner n'était pas un dessert.

15 Pour moi, je la suivis dans sa cuisine, où elle me mit aux mains avec un reste de ragoût de la veille et des volailles froides, une bouteille de vin presque pleine, et du pain à discrétion.

Ah ! le bon pain ! Je n'en ai jamais mangé de meilleur, de plus blanc, de plus ragoûtant ; il faut bien des attentions pour faire un pain comme celui-là ;
20 il n'y avait qu'une main dévote qui pût l'avoir pétri ; aussi était-il de la façon de Catherine. Oh ! l'excellent repas que je fis ! La vue seule de la cuisine donnait appétit de manger ; tout y faisait entrer en goût.

---

1. Personnage d'aventurier marginal et cynique des romans espagnols du XVIIe siècle, repris en France au XVIIIe siècle.
2. Religieuse chargée de parler avec les gens extérieurs au couvent, à une ouverture percée dans un mur qu'on appelle « tour ».

Mangez, me dit Catherine, en se mettant après ses œufs frais, Dieu veut qu'on vive. Voilà de quoi faire sa volonté, lui dis-je, et par-dessus le marché j'ai grande faim. Tant mieux, reprit-elle ; mais dites-moi, êtes-vous retenu ? Restez-vous avec nous ? Je l'espère ainsi, répondis-je, et je serais bien fâché que cela ne fût pas ; car je m'imagine qu'il fait bon sous votre direction, madame Catherine ; vous avez l'air si avenant[3], si raisonnable ! […] Je suis bien aise que nos demoiselles vous prennent, car vous me paraissez de bonne amitié. Hélas ! tenez, vous ressemblez comme deux gouttes d'eau à défunt Baptiste, que j'ai pensé épouser, qui était bien le meilleur enfant, et beau garçon comme vous ; mais ce n'est pas là ce que j'y regardais, quoique cela fasse toujours plaisir. Dieu nous l'a ôté, il est le maître, il n'y a point à le contrôler ; mais vous avez toute son apparence ; vous parlez tout comme lui : mon Dieu, qu'il m'aimait ! Je suis bien changée depuis, sans ce que je changerai encore ; je m'appelle toujours Catherine, mais ce n'est plus de même.

Ma foi ! lui dis-je, si Baptiste n'était pas mort, il vous aimerait encore ; car moi qui lui ressemble, je n'en ferais pas à deux fois[4]. Bon ! bon ! me dit-elle en riant, je suis encore un bel objet ; mangez, mon fils, mangez ; vous direz mieux quand vous m'aurez regardée de plus près ; je ne vaux plus rien qu'à faire mon salut, et c'est bien de la besogne : Dieu veuille que je l'achève !

En disant ces mots, elle tira[5] ses œufs, que je voulus porter en haut : Non, non, me dit-elle ; déjeunez en repos, afin que cela vous profite ; je vais voir un peu ce qu'on pense de vous là-haut ; je crois que vous êtes notre fait[6], et j'en dirai mon avis : nos demoiselles ordinairement sont dix ans à savoir ce qu'elles veulent, et c'est moi qui ai la peine de vouloir pour elles. Mais ne vous embarrassez pas, j'aurai soin de tout ; je me plais à servir mon prochain, et c'est ce qu'on nous recommande au prône[7].

Pierre CARLET DE CHAMBLAIN DE MARIVAUX, *Le Paysan parvenu*, 1734-1735.

3. Qui plaît par son bon air, agréable.
4. Je n'hésiterais pas.
5. Retira.
6. L'objet du débat entre les deux sœurs qui doivent décider si elles emploient Jacob.
7. Discours moralisateur tenu par le prêtre lors d'une messe.

La comédie des appétits

LECTURE

1 Comment la scène de repas révèle-t-elle l'identité et la vraie nature des personnages ?

2 Étudiez la part du discours et de la conversation dans ce passage romanesque. Que constatez-vous ?

3 Comment comprenez-vous les références à la religion dans le discours de Jacob et de Catherine ? Gardent-elles une dimension sérieuse ?

4 Quel est le registre employé ?

5 Expliquez les raisons pour lesquelles Jacob prend si facilement la place du mort, Baptiste.

HISTOIRE DES ARTS

À quel genre pictural le tableau de Chardin appartient-il ? Comment traduit-il la gourmandise de ce peintre du XVIIIe siècle pour le monde réel ?

VERS LE BAC

Invention

Vous adaptez ce passage au théâtre. Rédigez le dialogue comportant des didascalies (attitudes et intentions des personnages). Puis justifiez vos choix devant la classe.
▶ Fiche 11 Comprendre un sujet d'écriture d'invention

Dissertation

Selon vous, les objets décrits dans un roman n'ont-ils pour fonction que de représenter le réel ? Vous argumenterez en prenant pour exemples cet extrait et d'autres œuvres vues ou lues.
▶ Fiche 17 Comprendre un sujet de dissertation

Oral (analyse)

Comment le romancier construit-il un récit subjectif ?
▶ Fiche 16 Réussir l'épreuve orale du baccalauréat

6 Denis Diderot
Jacques le fataliste et son maître, 1796

S'inspirant du romancier anglais Sterne, Diderot invente un roman qui renouvelle en profondeur les codes du genre. Aux longueurs de l'analyse psychologique, l'auteur préfère le dialogue et l'action. Dès l'incipit, le lecteur vit une expérience de lecture surprenante.

Biographie p. 671
Histoire littéraire p. 44
Littérature et société p. 42
Repères historiques p. 32

1 Comment s'étaient-ils rencontrés ? Par hasard, comme tout le monde. Comment s'appelaient-ils ? Que vous importe ? D'où venaient-ils ? Du lieu le plus prochain. Où allaient-ils ? Est-ce que l'on sait où l'on va ? Que disaient-ils ? Le maître ne disait rien ; et Jacques disait que son capitaine disait que tout ce
5 qui nous arrive de bien et de mal ici-bas était écrit là-haut.

LE MAÎTRE. – C'est un grand mot que cela.

JACQUES. – Mon capitaine ajoutait que chaque balle qui partait d'un fusil avait son billet[1].

LE MAÎTRE. – Et il avait raison…

10 Après une courte pause, Jacques s'écria : Que le diable emporte le cabaretier et son cabaret !

LE MAÎTRE. – Pourquoi donner au diable son prochain ? Cela n'est pas chrétien.

JACQUES. – C'est que, tandis que je m'enivre de son mauvais vin, j'oublie de mener nos chevaux à l'abreuvoir. Mon père s'en aperçoit ; il se fâche. Je hoche
15 de la tête ; il prend un bâton et m'en frotte un peu durement les épaules. Un régiment passait pour aller au camp devant Fontenoy[2] ; de dépit je m'enrôle. Nous arrivons ; la bataille se donne.

LE MAÎTRE. – Et tu reçois la balle à ton adresse.

JACQUES. – Vous l'avez deviné ; un coup de feu au genou ; et Dieu sait les bonnes
20 et mauvaises aventures amenées par ce coup de feu. Elles se tiennent ni plus ni moins que les chaînons d'une gourmette[3]. Sans ce coup de feu, par exemple, je crois que je n'aurais été amoureux de ma vie, ni boiteux.

LE MAÎTRE. – Tu as donc été amoureux ?

JACQUES. – Si je l'ai été !

25 **LE MAÎTRE.** – Et cela par un coup de feu ?

JACQUES. – Par un coup de feu.

LE MAÎTRE. – Tu ne m'en as jamais dit un mot.

JACQUES. – Je le crois bien.

LE MAÎTRE. – Et pourquoi cela ?

30 **JACQUES.** – C'est que cela ne pouvait être dit ni plus tôt ni plus tard.

LE MAÎTRE. – Et le moment d'apprendre ces amours est-il venu ?

JACQUES. – Qui le sait ?

LE MAÎTRE. – À tout hasard, commence toujours…

Jacques commença l'histoire de ses amours. C'était l'après-dîner : il faisait un
35 temps lourd ; son maître s'endormit. La nuit les surprit au milieu des champs ; les voilà fourvoyés[4]. Voilà le maître dans une colère terrible et tombant à grands coups

---

1. Son destinataire.
2. La bataille de Fontenoy (aujourd'hui en Belgique) mit un terme à la Succession d'Espagne. Elle opposa le Maréchal de Saxe pour Louis XV à la coalition réunissant l'Angleterre, la Hollande et l'Autriche.
3. Chaînette qui fixe le mors dans la bouche du cheval.
4. Perdus.

À gauche, le Maître (Yves Pignot) et Jacques (Nicolas Briançon), dans la pièce de Milan KUNDERA, *Jacques et son maître*, mise en scène de Nicolas Briançon (Théâtre 14, 1998).

de fouet sur son valet, et le pauvre diable disant à chaque coup : « Celui-là était apparemment encore écrit là-haut… »

Vous voyez, lecteur, que je suis en beau chemin, et qu'il ne tiendrait qu'à moi de vous faire attendre un an, deux ans, trois ans, le récit des amours de Jacques, en le séparant de son maître et en leur faisant courir à chacun tous les hasards qu'il me plairait. Qu'est-ce qui m'empêcherait de marier le maître et de le faire cocu ? d'embarquer Jacques pour les îles ? d'y conduire son maître ? de les ramener tous les deux en France sur le même vaisseau ? Qu'il est facile de faire des contes !

D. DIDEROT, *Jacques le fataliste et son maître*, rédigé de 1771 à 1783, édition posthume, 1796.

« Comment s'étaient-ils rencontrés ? »

LECTURE

Un incipit déroutant

1 Analysez l'**énonciation** du premier paragraphe : quelle originalité relevez-vous ? Quel autre passage du texte renforce cette originalité ?

2 Observez la mise en page des **dialogues** : de quel genre pourriez-vous la rapprocher ? Quel effet de lecture cela produit-il ?

3 Qu'apportent au dialogue les ruptures et les digressions ?

4 Dans quelle mesure cet *incipit* remplit-il ses fonctions ?

Un valet et son maître

5 À la lumière de ce qu'il raconte à son maître, retracez le passé de Jacques. En quoi ce parcours est-il original et romanesque ?

6 @RECHERCHE Qu'est-ce que le déterminisme ? Comment Jacques reprend-il cette doctrine philosophique ?

7 Pourquoi ce dialogue change-t-il les relations traditionnelles entre maître et valet ?

8 SYNTHÈSE Pourquoi peut-on dire que le texte rompt l'« illusion romanesque » ? Quel pacte de lecture cet *incipit* propose-t-il ?

HISTOIRE DES ARTS

Comment la mise en scène de *Jacques et son maître*, adaptation de *Jacques le fataliste* au théâtre par Milan Kundera, traduit-elle la relation entre les personnages ?

VERS LE BAC

Commentaire

Rédigez un commentaire de cet extrait en étudiant le jeu avec les codes de l'*incipit* romanesque, puis la mise en place d'un débat sur la liberté de l'individu.
▶ Fiche 13 Comprendre un sujet de commentaire

Oral (analyse)

Pourquoi ce début de roman peut-il déstabiliser le lecteur ?
▶ Fiche 16 Réussir l'épreuve orale du baccalauréat

La Marquise de Merteuil (Glenn Close) dans l'adaptation des *Liaisons dangereuses* par Stephen FREARS, 1988.

Biographie
p. 671

Histoire littéraire
p. 44

Littérature et société
p. 42

Repères historiques
p. 32

Pierre Choderlos de Laclos
Les Liaisons dangereuses, 1782

Les Liaisons dangereuses mettent en scène la correspondance entre deux libertins, la Marquise de Merteuil et le Vicomte de Valmont. Leurs intrigues pour corrompre des innocents dévoilent les faux-semblants de la société ainsi que l'ambiguïté des sentiments et des valeurs. Dans la lettre LXXXI, la Marquise retrace avec théâtralité son parcours et sa « carrière » de libertine.

Lettre LXXXI
La Marquise de Merteuil au Vicomte de Valmont

Entrée dans le monde dans le temps où, fille encore, j'étais vouée par état au silence et à l'inaction, j'ai su en profiter pour observer et réfléchir. Tandis qu'on me croyait étourdie ou distraite, écoutant peu à la vérité les discours qu'on s'empressait à me tenir, je recueillais avec soin ceux qu'on cherchait à me cacher.
5   Cette utile curiosité, en servant à m'instruire, m'apprit encore à dissimuler ; forcée souvent de cacher les objets de mon attention aux yeux qui m'entouraient, j'essayai de guider les miens à mon gré ; j'obtins dès lors de prendre à volonté ce regard distrait que depuis vous avez loué si souvent. Encouragée par ce premier succès, je tâchai de régler de même les divers mouvements de ma figure. Ressentais-je quelque
10 chagrin, je m'étudiais à prendre l'air de la sérénité, même celui de la joie ; j'ai porté le zèle jusqu'à me causer des douleurs volontaires, pour chercher pendant ce temps l'expression du plaisir. Je me suis travaillée avec le même soin et plus de peine, pour réprimer les symptômes d'une joie inattendue. C'est ainsi que j'ai su prendre sur ma physionomie cette puissance dont je vous ai vu quelquefois si étonné.
15 J'étais bien jeune encore, et presque sans intérêt : mais je n'avais à moi que ma pensée, et je m'indignais qu'on pût me la ravir ou me la surprendre contre ma volonté. Munie de ces premières armes, j'en essayai l'usage : non contente de ne plus me laisser pénétrer, je m'amusais à me montrer sous des formes différentes ; sûre de mes gestes, j'observais mes discours ; je réglais les uns et les autres, suivant
20 les circonstances, ou même seulement suivant mes fantaisies : dès ce moment, ma façon de penser fut pour moi seule, et je ne montrai plus que celle qu'il m'était utile de laisser voir.

Ce travail sur moi-même avait fixé mon attention sur l'expression des figures et le caractère des physionomies ; et j'y gagnai ce coup d'œil pénétrant, auquel l'expérience m'a pourtant appris à ne pas me fier entièrement ; mais qui, en tout, m'a rarement trompée.

Je n'avais pas quinze ans, je possédais déjà les talents auxquels la plus grande partie de nos politiques doivent leur réputation, et je ne me trouvais encore qu'aux premiers éléments de la science que je voulais acquérir.

[...]

Cependant, je l'avouerai, je me laissai d'abord entraîner par le tourbillon du monde, et me livrai tout entière à ses distractions futiles. Mais au bout de quelques mois, M. de Merteuil m'ayant menée à sa triste campagne, la crainte de l'ennui fit revenir le goût de l'étude ; et ne m'y trouvant entourée que de gens dont la distance avec moi me mettait à l'abri du soupçon, j'en profitai pour donner un champ plus vaste à mes expériences. Ce fut là, surtout, que je m'assurai que l'amour que l'on nous vante comme la cause de nos plaisirs, n'en est au plus que le prétexte.

La maladie de M. de Merteuil vint interrompre de si douces occupations ; il fallut le suivre à la ville où il revenait chercher des secours. Il mourut, comme vous savez, peu de temps après ; et quoique à tout prendre, je n'eusse pas à me plaindre de lui, je n'en sentis pas moins vivement le prix de la liberté qu'allait me donner mon veuvage, et je me promis bien d'en profiter.

Ma mère comptait que j'entrerais au couvent, ou reviendrais vivre avec elle. Je refusai l'un et l'autre parti ; et tout ce que j'accordai à la décence fut de retourner dans cette même campagne où il me restait bien encore quelques observations à faire.

P. CHODERLOS DE LACLOS, *Les Liaisons dangereuses*, 1782.

La revanche d'une libertine

LECTURE

Sur la grande scène du monde
1 Analysez la progression du discours dans cette lettre. Comment l'analepse éclaire-t-elle sur la femme qu'est devenue la marquise ?
2 Montrez que Mme de Merteuil est une remarquable actrice. Quel pouvoir cet art lui confère-t-il ?
3 Comment le discours traduit-il l'orgueil du personnage ? Pourquoi peut-on dire qu'il s'agit d'une revanche ?

L'envers des Lumières
4 Pour atteindre à la maîtrise de soi, à quels domaines du savoir le personnage recourt-il ?
5 Comment le goût de l'étude se manifeste-t-il chez cette femme ? Pourquoi ? Précisez les différentes significations d'« observer ».
6 Par quels aspects la marquise apparaît-elle comme une femme des Lumières qui en pervertit les idéaux ?

HISTOIRE DES ARTS
Dans quelle mesure cette photographie du film de Frears traduit-elle la dualité de la marquise de Merteuil, entre être et paraître ?

VERS LE BAC

Question sur un corpus
Comment les deux lettres chez Montesquieu (p. 52) et celle de Laclos permettent-elles de révéler des personnalités féminines puissantes et subversives ?
▶ Fiche 9 **Répondre à une question sur un corpus**

Commentaire
Vous montrerez comment cette page inverse la représentation traditionnelle du libertin qui s'adonne à la futilité et au plaisir. Vous analyserez comment Laclos construit un personnage complexe.
▶ Fiche 13 **Comprendre un sujet de commentaire**

Dissertation
En quoi des personnages sans morale permettent-ils de nouer des intrigues de roman passionnantes ? Vous argumenterez en prenant pour exemples cet extrait et d'autres œuvres du manuel.
▶ Fiche 17 **Comprendre un sujet de dissertation**

2. XIXᵉ siècle : L'âge d'or du roman et de la nouvelle

Au XIXᵉ siècle, le roman et la nouvelle acquièrent une place déterminante. Tout en débordant les territoires traditionnels du genre, la fiction fait l'objet de nouveaux codes et de nouvelles normes.

Littérature et société La presse au XIXᵉ siècle 66
Histoire littéraire L'âge d'or du roman 67

🔴 Le romantisme
Histoire des arts E. Delacroix, *La Liberté guidant le peuple*, 1830 68
1. F. R. de Chateaubriand, *René*, 1802 70
2. G. de Staël, *Delphine*, 1802 72
3. B. Constant, *Adolphe*, 1816 74
4. E.T.A. Hoffmann, *Les Mines de Falun*, 1819 76
5. T. Gautier, *Omphale, histoire rococo*, 1834 78
6. A. Dumas, *Les Trois Mousquetaires*, 1844 80
7. G. de Nerval, *Sylvie*, 1853 82
8. V. Hugo, *Les Misérables*, 1862 84

🔴 Le réalisme
Histoire littéraire Le réalisme 86
Histoire des arts G. Courbet, *Un enterrement à Ornans*, 1850 88

H. de Balzac
9. *La Femme de trente ans*, 1831-1833 90
10. *Eugénie Grandet*, 1833 92
11. *Le Père Goriot*, 1835 94
12. *Le Cabinet des Antiques*, 1839 96
13. *Illusions perdues*, 1839 98
14. *Une ténébreuse affaire*, 1841 99

Stendhal
15. *Chroniques italiennes*, « Vanina Vanini », 1829 100
16. *Le Rouge et le Noir*, 1830 102

G. Flaubert
17. *Madame Bovary*, 1857 104
18. *Madame Bovary*, 1857 106
19. Posy Simmonds, *Gemma Bovery*, 2000 [Réécriture] 107
20. *L'Éducation sentimentale*, 1869 108
21. *Trois contes*, « Un cœur simple », 1875 110
22. *Bouvard et Pécuchet*, 1881 112

🔴 Le naturalisme
Histoire littéraire Le naturalisme 114
Histoire des arts G. Caillebotte, *Les Raboteurs de parquet*, 1875 116
23. Les frères Goncourt, *Germinie Lacerteux*, 1865 118

É. Zola
24. *Thérèse Raquin*, 1868 [Œuvre intégrale] 120
25. *La Curée*, 1871-1872 124
26. *L'Assommoir*, 1877 126
27. *Germinal*, 1885 128
28. *L'Œuvre*, 1886 130

J.-K. Huysmans
29. *Les Soirées de Médan*, « Sac au dos », 1880 [Nouvelle] 132
30. *À Rebours*, 1884 134

G. de Maupassant
31. « Boule de Suif », 1883 [Nouvelle] 136
32. « L'aveugle », 1882 [Nouvelle] 138
33. *Bel-Ami*, 1885 142
34. Préface de *Pierre et Jean*, 1888 [Théorie] 144
35. *Pierre et Jean*, 1888 145

Histoire des arts 36. Maupassant et les impressionnistes, artistes de la lumière 146
37. Le bonheur des impressionnistes « peintres du plein air » 148
C. Monet, A. Renoir, C. Pissarro

Histoire littéraire Le XIXᵉ siècle, l'âge d'or de la nouvelle 151
Histoire littéraire Le fantastique 153

Littérature et société
La presse au XIXᵉ siècle

La presse : histoire d'une liberté

« La libre communication des pensées et des opinions est un des droits les plus précieux de l'homme ; tout citoyen peut donc parler, écrire, imprimer librement. » L'application de cet article 11 de *La Déclaration des droits de l'homme et du citoyen* est une bataille du XIXᵉ siècle. Dès 1805, **Napoléon interdit les journaux** « contraires au respect du pacte social, à la souveraineté du peuple et à la gloire des armées ». Sous la Restauration, Charles X (1824-1830) muselle la presse d'opposition.

→ **Ex :** *Les presses du quotidien* Le National *sont saisies, ce qui concourt aux émeutes des Trois Glorieuses (27-29 juillet 1830).*

Victor-Jean ADAM (1801-1886), *Saisie des presses au* National, 1830, lithographie (BNF).

Louis-Philippe, son successeur, rétablit la censure de 1835 à 1848. Le Second Empire (1852-1870) **contrôle la presse** par des « avertissements » : au troisième, le titre est supprimé. Seule la victoire des républicains (1877) amène des lois garantissant la liberté de publication et de diffusion (loi du 29 juillet 1881).

1836, l'an I du pouvoir médiatique

1836 : **Émile de Girardin** lance *La Presse*. Pour vendre son journal deux fois moins cher, il introduit massivement **la publicité** et lance **le roman-feuilleton**, qui fidélise le lectorat populaire. Dumas maîtrise ainsi le découpage en épisodes romanesques dont le suspense oblige le lecteur à acheter « la suite au prochain numéro ». De nouvelles rubriques apparaissent : souvenirs d'écrivains voyageurs, faits divers, critique politique et économique, « potins » mondains, ciselés dans une prose incisive.

→ **Ex :** *Bel-Ami illustre l'inventivité de la presse et son succès auprès d'un lectorat que l'École de Jules Ferry a rendu plus étoffé.*

Vendu à un million d'exemplaires, ce quotidien façonne l'opinion publique. La presse devient **un pouvoir**. Zola, dans *L'Argent*, montre comment les journaux du Second Empire font ou défont la cote des ministres comme celle des actions en Bourse. Enfin, l'**Affaire Dreyfus** prouve le pouvoir de la presse à partir de 1895.

Des **périodiques satiriques** (*La Caricature* ou *Le Charivari*, créés en 1832) deviennent le moyen de communication de l'opposition.

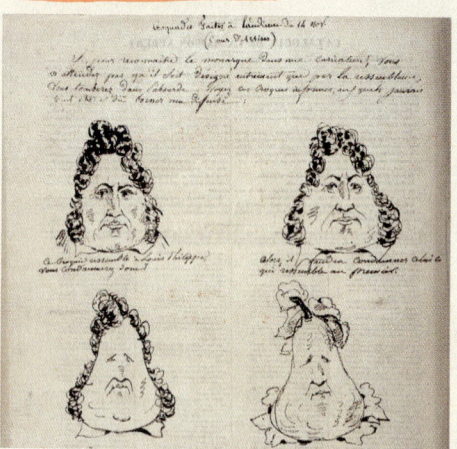

Charles PHILIPPON (1800-1862), *Portrait de Louis-Philippe en poire*, qui vaut à *La Caricature* un procès en novembre 1831.

Les liaisons dangereuses de la presse et de la publicité

La *Société générale des annonces* (gérée par Havas) achète en gros des espaces publicitaires aux journaux et les revend au détail aux annonceurs. En échange de sa manne financière, elle propose aux journaux des « correspondants de presse » rédigeant des articles orientés. Elle exerce *de facto* un certain contrôle sur le contenu éditorial.

Le rôle de l'illustration

Grâce au **progrès de l'impression couleur**, les quotidiens peuvent publier des suppléments, illustrés de **gravures pittoresques** : charges de zouaves et missionnaires dans des marmites cannibales enchantent le lectorat. Dans les années 1880-1890, *Le Petit Journal, Le Petit Parisien, Le Matin, Le Journal* tirent à plus d'un million d'exemplaires, ils influencent l'**opinion publique** et l'avènement de la **démocratie**.

Histoire littéraire
L'âge d'or du roman

Le roman, miroir des bouleversements sociaux

Après la période des Lumières, centrée sur le débat et sur la promotion des idées, l'expérience individuelle et l'analyse des sentiments s'imposent. Le **« mal du siècle »** atteint les jeunes gens : la tourmente de la Révolution, les conquêtes napoléoniennes et leur échec laissent cette nouvelle génération sans repères.

→ **Ex :** Dans *René* (1802-1805), Chateaubriand dépeint la mélancolie de toute une génération. *Delphine* de Mme de Staël (1802) et *Adolphe* de Benjamin Constant (1916) analysent la passion amoureuse.

Les auteurs romantiques se font l'écho des évolutions sociales. Victor Hugo s'engage en politique. Il est élu député en 1848 et connaît l'exil pour s'être opposé à Napoléon III. Il utilise aussi la fiction pour défendre la cause du peuple.

→ **Ex :** *Les Misérables* de Victor Hugo (1862) mettent en scène les conditions de vie terribles du peuple à travers le destin de la jeune Cosette.

GEOFFROY, *Jean Valjean et Cosette*, 1862, huile sur bois (Maison de Victor Hugo, Paris).

Les nouveaux modes de diffusion du roman

Le roman s'impose par sa **diffusion massive**. Grâce au développement de l'instruction et aux progrès techniques (fabrication du livre à moindre coût), une littérature populaire apparaît. Le roman rencontre alors un public plus large et s'adapte aux attentes de celui-ci. La publication de romans en **feuilletons dans la presse** est un véritable phénomène de société : le premier roman d'Alexandre Dumas, publié ainsi dans le journal *Le Siècle* en mai et juin 1840, rapporte 5 000 nouveaux abonnés au journal.

→ **Ex :** *Les Trois Mousquetaires* (1844) d'Alexandre Dumas, *Les Mystères de Paris* (1842-1843) d'Eugène Sue paraissent en feuilletons dans des quotidiens à grand tirage avant d'être publiés en volume.

Le roman au cœur du débat

La révolution industrielle et les progrès technologiques modèlent une société nouvelle. **La bourgeoisie d'affaires** s'enrichit. Les villes se modernisent par de grands travaux. La classe ouvrière se constitue. Cette évolution impose une nouvelle vision de l'Homme et du monde dont le roman se fait l'écho. À partir de 1850, le réalisme cherche à représenter cette nouvelle réalité fidèlement.

→ **Ex :** Balzac, dans *La Comédie humaine*, analyse la période de la Restauration à travers des personnages typiques. *Eugénie Grandet* (1833), *Le Père Goriot* (1835) ; *Illusions perdues* (1839) sont des « études de mœurs ».

Mais cette représentation réaliste fait débat : certains de ces romans heurtent les **valeurs morales**. Un retentissant procès est fait à Flaubert pour immoralité à la parution de *Madame Bovary* (1857). Le sujet lui a été inspiré par un fait divers. Flaubert dans ce roman a pour objectif de « fouiller le vrai ».

Le naturalisme prolonge l'expérience réaliste en lui donnant une **ambition scientifique**. Émile Zola fait école et réunit autour de lui, à Médan, de jeunes auteurs comme Maupassant et Huysmans. Il entend dépasser l'observation réaliste, appliquer la **méthode expérimentale** au roman pour montrer le poids de l'hérédité et l'influence de la société sur l'individu.

→ **Ex :** *La Curée* (1872) place l'action dans le monde de la finance et des spéculations, *L'Assommoir* (1877) témoigne des ravages de l'alcoolisme.

Flaubert dissèque Madame Bovary, caricature de A. LERNOT parue dans *La Parolie*, 1869, gravure sur bois (BNF, Paris).

HISTOIRE DES ARTS

Eugène Delacroix,
La Liberté guidant le peuple, 1830

Au Salon de 1831, Delacroix, chef de file de la peinture romantique, s'impose comme le peintre de l'Histoire en marche. Quand, du 27 au 30 juillet 1830, le peuple de Paris se soulève contre Charles X, il est dans la rue et réalise des croquis sur le vif. C'est dans son atelier qu'il transforme ces instantanés en tableau allégorique.

Eugène DELACROIX (1798-1863), *La Liberté guidant le peuple*, 1830, huile sur toile, 259 × 325 cm (Musée du Louvre, Paris).

Le mot « romantique »

L'adjectif « romantique », apparu dans la langue française en 1776, est popularisé par Rousseau. Ce néologisme, fabriqué sur l'adjectif anglais *romantic*, est un terme de peinture qualifiant un paysage qui touche et enflamme son imagination.

Puis, des écrivains comme madame de Staël (1800), Chateaubriand (1801) ou Lamartine (1820) s'emparent du mot « romantique » pour exprimer le débordement des sentiments, face à une situation historique bouleversée.

Le romantisme en peinture

La peinture romantique se développe **en réaction à la peinture classique ou néoclassique**. Le classicisme prône une beauté parfaite, bien proportionnée, dominée par la ligne droite. L'ensemble est stable. À l'inverse, le romantisme considère comme beau, voire « sublime » ce qui inspire des **émotions intenses**, excessives.

Pour exprimer l'exaltation des sentiments et le **débordement de l'imagination**, les peintres, comme **Delacroix** ou **Géricault**, délaissent l'Antiquité classique, considérée comme froide et figée, et s'inspirent de la nature sauvage ou des tourments de l'histoire contemporaine. **Ils privilégient les couleurs variées, le mouvement et les formes tourbillonnantes**, créant ainsi une atmosphère chargée de tension ou de profonde mélancolie. L'instabilité et le mouvement émanent en effet de l'image, laissant pressentir les troubles de l'histoire, qui laissent parfois les contemporains hésiter entre regret d'un monde enfui et aspiration au renouveau. Le monde représenté par les peintres romantiques n'est plus chargé de stabilité mais présenté comme mouvant, chargé d'incertitudes : le bouillonnement des formes et le dynamisme de la composition laissent prévoir des transformations indéfinies, que l'artiste entrevoit et perçoit.

Ainsi, **la peinture des événements historiques évolue**. Elle n'est plus au service d'un pouvoir dont elle commémore les dates clés. Elle exprime une vision singulière, prophétique parfois. Charles Baudelaire l'affirme : « Le romantisme n'est précisément ni dans le choix des sujets ni dans la vérité exacte, mais dans la manière de sentir. Pour moi, le romantisme est l'expression la plus récente, la plus actuelle du beau. **Qui dit romantisme, dit "art moderne"**, c'est-à-dire intimité, spiritualité, couleur, aspiration vers l'infini, exprimés par tous les moyens que contiennent les arts » (Salon de 1846).

Le choc de l'histoire

LECTURE

L'intensité de la bataille

1 Décrivez la scène comme si vous en étiez témoin. Évoquez l'atmosphère puis précisez le lieu, le moment et les couches sociales présentes.

2 Au premier plan, quelle zone est éclairée ? Pourquoi ? Quelle atmosphère la fumée du second plan crée-t-elle ?

La liberté en marche

3 RECHERCHE Que signifie le mot « **allégorie** » ? Quels éléments font de la femme une allégorie de la Liberté ?

4 Le tableau est construit comme une pyramide. Qui est au sommet et à la base ? Que fait la Liberté pour avancer ? Comment Delacroix donne-t-il l'impression du mouvement ?

Romantisme et révolutions

5 RECHERCHE Qu'est-ce que la **Restauration**, régime sous lequel vécurent de nombreux romantiques ? Pourquoi la Révolution de 1830 éclate-t-elle ?

6 Que signifient le bonnet rouge et le drapeau ? Qu'évoque leur couleur ?

ÉCRITURE

Vers la dissertation

« J'ai entrepris un sujet moderne, une barricade, et si je n'ai pas vaincu pour la patrie, au moins peindrai-je pour elle », confie Delacroix.
Artistes et écrivains doivent-ils mettre leur art au service de leurs idées ?

Invention

Victor Hugo s'est inspiré du garçon aux pistolets pour créer Gavroche, enfant du peuple tué sur la barricade par un soldat du roi. Faites le récit de ses derniers instants. Insistez, comme Delacroix, sur le mouvement, la couleur rouge et l'exaltation des sentiments. Employez le **registre épique**.

▶ Fiche 11 Comprendre un sujet d'écriture d'invention

Eugène DELACROIX (1798-1863), *Autoportrait*, vers 1816, huile sur toile, 60,5 × 50,5 cm (Musée des Beaux-Arts, Rouen). Ce tableau est aussi attribué à Théodore GÉRICAULT (1791-1824), sous le titre *Portrait de Delacroix*.

1 François René de Chateaubriand
René, 1802

Biographie p. 671

Histoire littéraire p. 67

Repères historiques p. 34

Initiateur du mouvement romantique, le personnage de René exprime un malaise, « le vague des passions », dans lequel toute une génération s'est reconnue. Il est marqué par la perte de ses parents et cherche dans le voyage un soulagement aux maux qui le rongent. En vain. Pendant son séjour en Amérique, il raconte ses tourments à un prêtre.

1 [René], calmé par ces paroles, reprit ainsi l'histoire de son cœur :
« Hélas ! mon père, je ne pourrai t'entretenir de ce grand siècle[1] dont je n'ai vu que la fin dans mon enfance, et qui n'était plus lorsque je rentrai dans ma patrie. Jamais un changement plus étonnant et plus soudain ne s'est opéré chez un peuple.
5 De la hauteur du génie, du respect pour la religion, de la gravité des mœurs, tout était subitement descendu à la souplesse de l'esprit, à l'impiété, à la corruption.
« C'était donc bien vainement que j'avais espéré retrouver dans mon pays de quoi calmer cette inquiétude, cette ardeur de désir qui me suit partout. L'étude du monde ne m'avait rien appris, et pourtant je n'avais plus la douceur de l'ignorance.
10 [...]
« Je me trouvai bientôt plus isolé dans ma patrie, que je l'avais été sur une terre étrangère. Je voulus me jeter pendant quelque temps dans un monde qui ne me disait rien et qui ne m'entendait pas. Mon âme, qu'aucune passion n'avait encore usée, cherchait un objet qui pût l'attacher ; mais je m'aperçus que je donnais
15 plus que je ne recevais. Ce n'était ni un langage élevé, ni un sentiment profond qu'on demandait de moi. Je n'étais occupé qu'à rapetisser ma vie, pour la mettre

1. L'action de *René* se situe à la fin du règne de Louis XIV et au début de la Régence (1715-1723).

au niveau de la société. Traité partout d'esprit romanesque, honteux du rôle que je jouais, dégoûté de plus en plus des choses et des hommes, je pris le parti de me retirer dans un faubourg[2] pour y vivre totalement ignoré.

20 « Je trouvai d'abord assez de plaisir dans cette vie obscure et indépendante. Inconnu, je me mêlais à la foule : vaste désert d'hommes !

« Souvent assis dans une église peu fréquentée, je passais des heures entières en méditation. Je voyais de pauvres femmes venir se prosterner devant le Très-Haut, ou des pécheurs s'agenouiller au tribunal de la pénitence[3]. Nul ne sortait de ces 25 lieux sans un visage plus serein, et les sourdes clameurs qu'on entendait au-dehors semblaient être les flots des passions et les orages du monde qui venaient expirer au pied du temple du Seigneur. Grand Dieu, qui vit en secret couler mes larmes dans ces retraites sacrées, tu sais combien de fois je me jetai à tes pieds, pour te supplier de me décharger du poids de l'existence, ou changer en moi le vieil 30 homme ! Ah ! qui n'a senti quelquefois le besoin de se régénérer, de se rajeunir aux eaux du torrent, de retremper son âme à la fontaine de la vie ? Qui ne se trouve quelquefois accablé du fardeau de sa propre corruption, et incapable de rien faire de grand, de noble, de juste ?

« Quand le soir était venu, reprenant le chemin de ma retraite, je m'arrêtais 35 sur les ponts, pour voir se coucher le soleil. L'astre, enflammant les vapeurs de la cité, semblait osciller lentement dans un fluide d'or, comme le pendule de l'horloge des siècles. Je me retirais ensuite avec la nuit, à travers un labyrinthe de rues solitaires. En regardant les lumières qui brillaient dans les demeures des hommes, je me transportais par la pensée au milieu des scènes de douleur et de joie qu'elles 40 éclairaient ; et je songeais que sous tant de toits habités, je n'avais pas un ami. Au milieu de mes réflexions, l'heure venait frapper à coups mesurés dans la tour de la cathédrale gothique ; elle allait se répéter sur tous les tons et à toutes les distances d'église en église. Hélas ! chaque heure dans la société ouvre un tombeau, et fait couler des larmes.

F.-R. DE CHATEAUBRIAND, *René*, 1802.

6. Naïve.
7. Porté atteinte à.

« Le vague des passions »

LECTURE

1 @RECHERCHE Que signifie la formule « le vague des passions » au XIXe siècle ? Dans quelle œuvre apparaît-elle ?

2. De quoi le personnage souffre-t-il ? Quel regard porte-t-il sur la société de son temps ? Comment la société le perçoit-elle en retour ?

3. Observez les repères spatiaux : quelles sont les étapes qui marquent la **progression** de René dans la solitude et le malaise ?

4. Après avoir expliqué l'expression « vaste désert des hommes », analysez la dimension **lyrique** du texte : comment traduit-elle la complexité de ce que ressent René ?

5 SYNTHÈSE Pourquoi peut-on dire du personnage de René qu'il est emblématique du mouvement romantique ? Justifiez en caractérisant sa personnalité.

HISTOIRE DES ARTS

Analysez l'autoportrait de Delacroix : comment le peintre traduit-il sa propre mélancolie ?

VERS LE BAC

Invention

Dans une lettre à sa sœur, René fait part de sa déception face à la société et du malaise qu'il éprouve. Rédigez également la réponse d'Amélie, qui le met en garde contre les dangers de la mélancolie.
▶ **Fiche 11** Comprendre un sujet d'écriture d'invention

Commentaire

Rédigez le commentaire du dernier paragraphe, de « Quand le soir était venu » à « fait couler des larmes ». Vous analyserez le rôle de la description dans l'expression du malaise.
▶ **Fiche 13** Comprendre un sujet de commentaire

Germaine de Staël
Delphine, 1802

Biographie
p. 671

Histoire littéraire
p. 67

Repères historiques
p. 34

L'héroïne, Delphine, évolue dans la société parisienne de l'Ancien Régime. Elle s'éprend de Léonce. Victime de malveillances, la jeune fille perd l'amour de celui-ci. Convaincu de l'infidélité de son amie, il épouse Mathilde. Delphine se retire du monde dans un couvent. Léonce, qui découvre enfin la méprise, ne se résout pas au divorce et choisit de mourir à la guerre.

La longueur et la fatigue de la route faisaient disparaître la pâleur de Delphine, ses yeux avaient une expression dont rien ne peut donner l'idée, les sentiments les plus passionnés et les plus sombres s'y peignaient à la fois ; et malgré les douleurs cruelles qu'elle commençait à sentir, et qu'elle tâchait
5 de surmonter, sa figure était encore si ravissante, que les soldats eux-mêmes, frappés de tant d'éclat, s'écriaient : *Qu'elle est belle !* et baissaient sans y songer leurs armes vers la terre en la regardant. Léonce entendit ce concert de louanges, et lui-même enivré d'amour, il prononça ces mots à voix basse : « Ah Dieu ! que vous ai-je fait pour m'ôter la vie, la vie, le plus grand des biens avec elle ? » Delphine
10 l'entendit. « Mon ami, reprit-elle, ne nous trompons pas sur le prix que nous attacherions maintenant à l'existence ; nous ne voyons plus que des biens dans ce que nous perdons, et nous oublions, hélas ! combien nous avons souffert ! Léonce, je t'aimais avec idolâtrie, et cependant du jour où l'ingratitude de l'amitié me fut révélée, je reçus une blessure qui ne s'est point fermée. Léonce, des êtres tels que
15 nous auraient toujours été malheureux dans le monde, notre nature sensible et fière ne s'accorde point avec la destinée ; depuis que la fatalité empêcha notre mariage, depuis que nous avons été privés du bonheur de la vertu, je n'ai pas passé un jour sans éprouver au cœur, je ne sais quelle gêne, je ne sais quelle douleur qui m'oppressait sans cesse.
20 […] Vois, dans quel temps nous étions appelés à vivre, au milieu d'une révolution sanglante, qui va flétrir pour longtemps la vertu, la liberté, la patrie ! mon

William HAMILTON, *Marie-Antoinette conduite à son exécution, le 16 octobre 1793*, 1794, huile sur toile, 152 × 197 cm (Musée de la Révolution Française, Vizille).

ami, c'est un bienfait du ciel qui marque à ce moment le terme de notre vie. Un obstacle nous séparait, tu n'y songes plus maintenant, il renaîtrait si nous étions sauvés ; tu ne sais pas de combien de manières le bonheur est impossible. Ah !
25 n'accusons pas la Providence[1], nous ignorons ses secrets ; mais ils ne sont pas les plus malheureux de ses enfants, ceux qui s'endorment ensemble sans avoir rien fait de criminel, et vers cette époque de la vie où le cœur encore pur, encore sensible, est un hommage digne du ciel. »

Ces douces paroles avaient attendri Léonce, et pendant quelques moments
30 il parut plongé dans une religieuse méditation. Tout à coup en approchant de la plaine, la musique se fit entendre, et joua une marche, hélas ! bien connue de Léonce et de Delphine. Léonce frémit en la reconnaissant : « Oh ! mon amie ! dit-il, cet air, c'est le même qui fut exécuté le jour où j'entrai dans l'église pour me marier avec Mathilde. Ce jour ressemblait à celui-ci. Je suis bien aise que cet
35 air annonce ma mort. Mon âme a ressenti dans ces deux situations presque les mêmes peines ; néanmoins je te le jure, je souffre moins aujourd'hui. » Comme il achevait ces mots, la voiture s'arrêta devant la place où il devait être fusillé. Il ne voulut plus alors s'abandonner à des sentiments qui pouvaient affaiblir son cœur. Il descendit rapidement du char, et s'avança en faisant signe à M. de Serbellane[2] de
40 veiller sur Delphine. Se retournant alors vers la troupe dont il était entouré, il dit, avec ce regard qui avait toujours commandé le respect : « Soldats, vous ne banderez pas les yeux à un brave homme, indiquez-moi seulement à quelle distance de vous il faut que je me place, et visez-moi au cœur ; il est innocent et fier ce cœur, et ses battements ne seront point hâtés par l'effroi de la mort. Allons. » Avant de
45 s'avancer à la place marquée, il se retourna encore une fois vers Delphine, elle était tombée dans les bras de M. de Serbellane, il se précipita vers elle, et entendit M. de Serbellane qui s'écriait : « Malheureuse ! elle a pris le poison qu'elle m'avait demandé pour Léonce ; c'en est fait, elle va mourir ! »

G. DE STAËL, *Delphine*, 1802.

1. Dieu, le Ciel.
2. M. de Serbellane incarne le type de l'ami généreux et compatissant. C'est lui qui a aidé Delphine à rejoindre Léonce.

Accepter son destin

LECTURE

1 Comment ce passage romanesque présente-t-il les héros comme deux victimes de l'Histoire ?

2 Quelles attitudes et quelles valeurs les deux personnages opposent-ils à la mort ? Peut-on les qualifier de victimes ? de héros ? Expliquez.

3 Quels arguments l'héroïne développe-t-elle dans son discours ? Quelle fonction ce passage remplit-il dans la narration ?

4 Définissez le rôle de Delphine dans cet extrait. Quelle importance le personnage féminin prend-il ?

5 Comment le drame atteint-il à la grandeur d'une tragédie ? Quel rapport au destin s'y trouve proposé ?

6 @RECHERCHE Trouvez les noms de héros et d'héroïnes romantiques qui meurent tragiquement. Pourquoi peut-on parler d'un *topos* romantique ?

7 Comment et pourquoi les personnages, victimes de la Révolution, deviennent-ils de grands héros romantiques ?

HISTOIRE DES ARTS

Comment cette toile représentant l'exécution de Marie-Antoinette réinterprète-t-elle l'événement ?

VERS LE BAC

Invention

Rédigez le discours dans lequel un témoin de la scène rend compte de l'attitude exemplaire des deux héros et s'interroge sur la conduite à adopter face aux violences de l'Histoire. Ce témoin s'adresse aux proches et aux amis de Delphine.

▶ Fiche 11 Comprendre un sujet d'écriture d'invention

Oral (entretien)

Quelle utilité les personnages exemplaires de roman peuvent-ils avoir pour le lecteur ?

▶ Fiche 16 Réussir l'épreuve orale du baccalauréat

Benjamin Constant
Adolphe, 1816

Biographie
p. 671

Histoire littéraire
p. 67

Repères historiques
p. 34

Le narrateur a provoqué une passion fulgurante chez Ellénore. Mais au moment où celle-ci abandonne tout pour le suivre, le jeune homme ne ressent plus d'amour pour elle. Son récit est l'analyse inexorable des tourments qu'il inflige et d'une passion qui s'achève par la mort de l'héroïne.

À dater de ce jour, je vis Ellénore s'affaiblir et dépérir. Je rassemblai de toutes parts des médecins autour d'elle : les uns m'annoncèrent un mal sans remède, d'autres me bercèrent d'espérances vaines ; mais la nature sombre et silencieuse poursuivait d'un bras invisible son travail impitoyable […] Je vis se graver sur cette figure si noble et si expressive les signes avant-coureurs de la mort. Je vis, spectacle humiliant et déplorable, ce caractère énergique et fier recevoir de la souffrance physique mille impressions confuses et incohérentes, comme si, dans ces instants terribles, l'âme, froissée par le corps, se métamorphosait en tous sens pour se plier avec moins de peine à la dégradation des organes.

Un seul sentiment ne varia jamais dans le cœur d'Ellénore : ce fut sa tendresse pour moi. Sa faiblesse lui permettait rarement de me parler ; mais elle fixait sur moi ses yeux en silence, et il me semblait alors que ses regards me demandaient la vie que je ne pouvais lui donner. Je craignais de lui causer une violente émotion ; j'inventais des prétextes pour sortir je parcourais au hasard tous les lieux où je m'étais trouvé avec elle ; j'arrosais de mes pleurs les pierres, le pied des arbres, tous les objets qui me retraçaient son souvenir.

Ce n'était pas les regrets de l'amour, c'était un sentiment plus sombre et plus triste ; l'amour s'identifie tellement à l'objet aimé que dans son désespoir même il y a quelque charme. Il lutte contre la réalité, contre la destinée ; l'ardeur de son désir le trompe sur ses forces, et l'exalte au milieu de sa douleur. La mienne était morne et solitaire ; je n'espérais point mourir avec Ellénore ; j'allais vivre avec elle dans ce désert du monde, que j'avais souhaité tant de fois de traverser indépendant. J'avais brisé l'être qui m'aimait ; j'avais brisé ce cœur, compagnon du mien, qui avait persisté à se dévouer à moi, dans sa tendresse infatigable ; déjà l'isolement m'atteignait. Ellénore respirait encore, mais je ne pouvais déjà plus lui confier mes pensées ; j'étais déjà seul sur la terre ; je ne vivais plus dans cette atmosphère d'amour qu'elle répandait autour de moi ; l'air que je respirais me paraissait plus rude, les visages des hommes que je rencontrais plus indifférents ; toute la nature semblait me dire que j'allais à jamais cesser d'être aimé.

Le danger d'Ellénore devint tout à coup plus imminent ; des symptômes qu'on ne pouvait méconnaître annoncèrent sa fin prochaine : un prêtre de sa religion l'en avertit. Elle me pria de lui apporter une cassette qui contenait beaucoup de papiers ; elle en fit brûler plusieurs devant elle, mais elle paraissait en chercher un qu'elle ne trouvait point, et son inquiétude était extrême. Je la suppliai de cesser cette recherche qui l'agitait, et pendant laquelle, deux fois, elle s'était évanouie. « J'y consens, me répondit-elle ; mais, cher Adolphe, ne me refusez pas une prière. Vous trouverez parmi mes papiers, je ne sais où, une lettre qui vous est adressée ; brûlez-la sans la lire, je vous en conjure au nom de notre amour, au nom de ces derniers moments que vous avez adoucis. » Je le lui promis ; elle fut plus tranquille.

Stanislas Merhar et Isabelle Adjani dans *Adolphe* de Benoît Jacquot, 2002.

« Laissez-moi me livrer à présent, me dit-elle, aux devoirs de ma religion ; j'ai bien des fautes à expier : mon amour pour vous fut peut-être une faute ; je ne le croirais pourtant pas, si cet amour avait pu vous rendre heureux. »

Je la quittai : je ne rentrai qu'avec tous ses gens pour assister aux dernières et 45 solennelles prières.

B. CONSTANT, *Adolphe*, 1816.

Contempler sa douleur

LECTURE

Une mort romantique

1 Analysez la progression du récit. Comment le narrateur rend-il compte de l'entrée dans la mort ?

2 Comment Ellénore apparaît-elle comme un personnage victime des cruautés de l'amour ?

3 @RECHERCHE Recherchez sur internet ou dans une encyclopédie ce qu'est le mal du siècle à l'époque romantique. Ellénore et le narrateur sont-ils atteints du même malaise ?

4 Étudiez les moyens auxquels le narrateur recourt pour construire un tableau pathétique.

5 ORAL Faites une lecture à haute voix et identifiez des procédés ou des formules qui rendent cette page lyrique.

Une conscience déchirée

6 Comment le narrateur analyse-t-il le sentiment qu'il éprouve ?

7 Les deux amants ressentent-ils la passion amoureuse avec la même intensité ? Relevez des énoncés qui éclairent leurs attitudes respectives.

HISTOIRE DES ARTS

Comment la mise en scène de Benoît Jacquot, par la position des personnages et leurs regards, restitue-t-elle la complexité des rapports entre les deux amants ?

VERS LE BAC

Invention

Imaginez le dialogue entre deux lecteurs de romans. Le premier avoue son plaisir à ressentir des émotions fortes. Le second dénonce les dangers et la facilité du registre pathétique. Vous veillerez à présenter ce dialogue en variant les techniques du discours rapporté. Vous organiserez l'exposition et la confrontation des arguments.

▶ Fiche 11 Comprendre un sujet d'écriture d'invention

Dissertation

Être capable d'aimer jusqu'à en mourir, en quoi est-ce, selon vous, une idée intéressante pour créer un personnage de roman ?
Vous argumenterez à l'appui de ce texte et de vos lectures faites dans l'année.

▶ Fiche 17 Comprendre un sujet de dissertation

4 Ernest Theodore Amadeus Hoffmann
Les Mines de Falun, 1819

Biographie
p. 671

Histoire littéraire
p. 67

Repères historiques
p. 34

Elis Fröbom, mineur avide de tout connaître, aime explorer les sombres profondeurs de la mine. Il veut arracher à la terre ses secrets les mieux enfouis : ces métaux resplendissants gardés par une reine inquiétante et merveilleuse. Cette quête le hante même dans ses rêves.

1   « À peine s'était-il étendu sur sa couche, recru de fatigue comme il l'était, que le rêve agita sur lui ses ailes. Il voguait à toutes voiles, à bord d'un beau navire, sur une mer brillante comme un miroir, sous la voûte d'un sombre ciel de nuages. Mais en plongeant son regard sous les vagues, il reconnut bientôt
5 que ce qu'il avait pris pour la mer était une masse étincelante, solide et transparente, dans le miroitement de laquelle le navire tout entier vint merveilleusement se dissoudre, de sorte qu'Elis se trouva finalement sur le sol de cristal et aperçut au-dessus de lui une voûte de roche aux reflets noirs. Car ce qu'il avait pris d'abord pour un ciel de nuages, c'étaient des roches. Poussé par une puissance inconnue,
10 il avança, mais au même instant tout s'agita autour de lui, et, comme dans un déferlement de vagues, il s'éleva du sol des plantes et des fleurs merveilleuses et d'un métal éblouissant, et leurs fleurs et leurs feuilles montaient en festons des profondeurs de l'abîme et s'enlaçaient gracieusement. Le sol était si limpide qu'Elis pouvait reconnaître distinctement les racines des plantes, mais bientôt,
15 faisant pénétrer de plus en plus profondément son regard, il aperçut, tout au fond... d'innombrables et charmantes silhouettes virginales qui se tenaient enlacées de leurs bras blancs et brillants ; et dans leurs cœurs germaient ces racines, ces fleurs et ces plantes ; et quand les vierges souriaient, une douce harmonie traversait la voûte immense, et les fleurs métalliques merveilleuses s'élançaient plus hautes
20 et plus joyeuses. Un indescriptible sentiment de douleur et de volupté s'empara du jeune homme, un monde d'amour, de nostalgie, de brûlant désir s'ouvrit au fond de son âme. « Ah ! plonger... plonger jusqu'à
25 vous !... » s'écria-t-il en se précipitant, les bras tendus, sur le sol de cristal. Mais celui-ci céda sous lui, et il plana comme au milieu d'un éther miroitant. « Eh bien ! Elis Fröbom, te plais-tu parmi ces splendeurs ? » cria une voix puissante. Elis aperçut à côté de lui le vieux mineur, mais à force de le regarder, il le vit se transformer en colosse d'airain embrasé.

Gustave COURBET (1819-1877),
Le Désespéré, 1841,
huile sur toile, 45 × 54 cm
(Collection privée).

30 L'épouvante allait le saisir, quand au même moment s'éleva du fond de l'abîme comme la lueur d'un brusque éclair, et le visage austère d'une femme géante se fit apercevoir. Elis sentit que le ravissement de son cœur, grandissant et grandissant sans cesse, se changeait en une angoisse qui le broyait. Le vieillard l'avait entouré de ses bras et lui cria : « Prends garde, Elis Fröbom ! C'est la Reine ; tu peux encore
35 lever les yeux là-haut... »

Involontairement, il tourna la tête et s'aperçut que les étoiles du ciel nocturne brillaient à travers une fente de la voûte. Une douce voix cria son nom, comme dans une inconcevable douleur. C'était la voix de sa mère. Il crut voir sa silhouette là-haut, près de la fente. Mais c'était une charmante jeune femme, qui
40 lui tendait la main bien bas, sous la voûte, et l'appelait par son nom. « Porte-moi là-haut ! cria-t-il au vieillard, j'appartiens, après tout, au monde d'en haut et à son doux firmament. » – « Prends garde, dit le vieux d'une vois sourde, prends garde, Fröbom ! ... Sois fidèle à la Reine, à laquelle tu t'es donné. » Mais quand le jeune homme baissa de nouveau les yeux vers le visage figé de la géante, il sentit que son
45 moi se dissolvait dans les roches étincelantes. Dans une angoisse indicible il poussa un cri suraigu, et s'éveilla du rêve merveilleux dont les délices et les épouvantes résonnaient au fond même de son être.

« Il ne pouvait guère en être autrement, se dit Elis à lui-même, quand il eut avec peine rassemblé ses idées, il fallait bien en venir à un rêve aussi bizarre. Avec
50 tous ces récits que le vieux m'a faits sur la splendeur du monde souterrain, j'ai la tête toute farcie ; jamais encore, de toute ma vie, je ne me suis senti comme aujourd'hui... Peut-être que je rêve encore... »

E. T. A. HOFFMANN, *Les Mines de Falun*, Aubier, domaine allemand bilingue, texte original et traduction française de Paul Sucher, 1992.

Le monde des profondeurs

LECTURE

Les forces du monde souterrain

1 Comment la nature vue en rêve se transforme-t-elle ? Relevez et commentez l'inversion du haut et du bas, le champ lexical de la profusion, le changement de luminosité.

2 Caractérisez le monde souterrain, où tous les éléments de la nature semblent liés et confondus.

3 Comment la vie souterraine des forces naturelles se manifeste-t-elle ?

La vision d'Elis

4 Qui voit la scène ? Qu'apporte ce choix de point de vue ?

5 Montrez que le personnage est aussi fasciné qu'horrifié par ce qu'il voit. Comment expliquer l'ambivalence de ses sentiments ?

L'autre femme

6 La fiancée d'Elis est jeune, gaie, naïve, blonde. Comment la reine des métaux apparaît-elle ?

7 Comment interpréter la mise en garde du vieux mineur ?

ÉCRITURE

Argumentation

Hoffmann compare l'imagination et le rêve « à une inépuisable mine de diamants ». Vous préciserez dans quelle mesure vous partagez son point de vue. Vous donnerez des exemples tirés de vos lectures.

VERS LE BAC

Invention

En vous appuyant sur l'image, vous achèverez la description du rêve d'Elis puis vous écrirez la fin du conte. Le dénouement prendra en compte l'avertissement du vieux mineur.

▸ **Fiche 11** Comprendre un sujet d'écriture d'invention

Théophile Gautier
Omphale, histoire rococo, 1834

Biographie
p. 671

Histoire littéraire
p. 67

Littérature et société
p. 66

Repères historiques
p. 34

Un soir, dans la maison abandonnée où il loge, un jeune homme voit la tapisserie s'animer. Elle représente l'ancienne maîtresse des lieux, la marquise de T***, vêtue d'une peau de lion, comme la reine Omphale, personnage de la mythologie grecque ayant soumis l'indomptable Hercule aux lois de l'amour. Elle sort du décor et parle.

« Tu es venu, cela m'a réjouie, cette chambre morte s'est ranimée, j'ai eu à m'occuper de quelqu'un. Je te regardais aller et venir, je t'écoutais dormir et rêver ; je suivais tes lectures. Je te trouvais bonne grâce, un air avenant, quelque chose qui me plaisait : je t'aimais enfin. Je tâchai de te le faire
5 comprendre ; je poussais des soupirs, tu les prenais pour ceux du vent ; je te faisais des signes, je te lançais des œillades langoureuses, je ne réussissais qu'à te causer des frayeurs horribles. En désespoir de cause, je me suis décidée à la démarche inconvenante que je fais, et à te dire franchement ce que tu ne pouvais entendre à demi-mot. Maintenant que tu sais que je t'aime, j'espère que… » La conversation
10 en était là, lorsqu'un bruit de clef se fit entendre dans la serrure. Omphale tressaillit et rougit jusque dans le blanc des yeux. « Adieu ! dit-elle, à demain. » Et elle retourna à sa muraille à reculons ; de peur sans doute de me laisser voir son envers. C'était Baptiste qui venait chercher mes habits pour les brosser. « Vous avez tort, monsieur, me dit-il, de dormir les rideaux ouverts. Vous pourriez vous enrhumer
15 du cerveau ; cette chambre est si froide ! » En effet, les rideaux étaient ouverts ; moi qui croyais n'avoir fait qu'un rêve, je fus très étonné, car j'étais sûr qu'on les avait fermés le soir. Aussitôt que Baptiste fut parti, je courus à la tapisserie. Je la palpai dans tous les sens ; c'était bien une vraie tapisserie de laine, raboteuse au toucher comme toutes les tapisseries possibles. Omphale ressemblait au charmant
20 fantôme de la nuit comme un mort ressemble à un vivant. Je relevai le pan ; le mur était plein ; il n'y avait ni panneau masqué ni porte dérobée. Je fis seulement cette remarque, que plusieurs fils étaient rompus dans le morceau de terrain où portaient les pieds d'Omphale. Cela me donna à penser. Je fus toute la journée d'une distraction sans pareille ; j'attendais le soir avec inquiétude et impatience
25 tout ensemble. Je me retirai de bonne heure, décidé à voir comment tout cela finirait. Je me couchai ; la marquise ne se fit pas attendre ; elle sauta à bas du trumeau[1] et vint tomber droit à mon lit ; elle s'assit à mon chevet, et la conversation commença. Comme la veille, je lui fis des questions, je lui demandai des explications. Elle éludait[2] les unes, répondait aux autres d'une manière évasive, mais avec tant
30 d'esprit qu'au bout d'une heure je n'avais pas le moindre scrupule sur ma liaison avec elle. Tout en parlant, elle passait ses doigts dans mes cheveux, me donnait de petits coups sur les joues et de légers baisers sur le front. Elle babillait, elle babillait

1. Partie de mur ou panneau de bois entre deux fenêtres.
2. Évitait.

Fernand KHNOPFF (1858-1921), *Des caresses*, 1896, 50,5 × 150 cm, huile sur toile (Musées royaux des Beaux-Arts, Bruxelles).

d'une manière moqueuse et mignarde, dans un style à la fois élégant et familier, et tout à fait grande dame, que je n'ai jamais retrouvé depuis dans personne. Elle était assise d'abord sur la bergère à côté du lit ; bientôt elle passa un de ses bras autour de mon cou, je sentais son cœur battre avec force contre moi. C'était bien une belle et charmante femme réelle, une véritable marquise, qui se trouvait à côté de moi. Pauvre écolier de dix-sept ans ! Il y avait de quoi en perdre la tête ; aussi je la perdis. Je ne savais pas trop ce qui allait se passer, mais je pressentais vaguement que cela ne pouvait plaire au marquis. « Et monsieur le marquis, que va-t-il dire là-bas sur son mur ? » La peau du lion était tombée à terre, et les cothurnes[3] lilas tendre glacé d'argent gisaient à côté de mes pantoufles. « Il ne dira rien, reprit la marquise en riant de tout son cœur. Est-ce qu'il voit quelque chose ? D'ailleurs, quand il verrait, c'est le mari le plus philosophe et le plus inoffensif du monde ; il est habitué à cela.

– M'aimes-tu, enfant ?
– Oui, beaucoup, beaucoup... »

Le jour vint ; ma maîtresse s'esquiva. La journée me parut d'une longueur effroyable. Le soir arriva enfin. Les choses se passèrent comme la veille, et la seconde nuit n'eut rien à envier à la première. La marquise était de plus en plus adorable. Ce manège se répéta pendant assez longtemps encore. Comme je ne dormais pas la nuit, j'avais tout le jour une espèce de somnolence qui ne parut pas de bon augure à mon oncle. Il se douta de quelque chose ; il écouta probablement à la porte, et entendit tout ; car un beau matin il entra dans ma chambre si brusquement, qu'Antoinette eut à peine le temps de remonter à sa place. Il était suivi d'un ouvrier tapissier avec des tenailles et une échelle. Il me regarda d'un air rogue et sévère qui me fit voir qu'il savait tout.

« Cette marquise de T*** est vraiment folle ; où diable avait-elle la tête de s'éprendre d'un morveux de cette espèce ? fit mon oncle entre ses dents ; elle avait pourtant promis d'être sage ! Jean, décrochez cette tapisserie, roulez-la et portez-la au grenier. » [...]

T. GAUTIER, *Omphale, histoire rococo*,
Première prépublication par *Le Journal des gens du monde*, février 1834.

3. Chaussures à hauts talons portées par les acteurs grecs.

Le récit d'une séduction

LECTURE

Une véritable enquête

1 À quel genre de récit ce texte appartient-il ?
2 Quels indices plaident pour une explication rationnelle de la scène, et lesquels entretiennent le doute, suggérant l'intrusion d'une « morte qui revient » ?
3 L'irruption d'éléments étranges fait-elle peur ? Pourquoi ?

Une femme fantastique

4 Par quels moyens le narrateur souligne-t-il le charme de la séductrice ? Étudiez particulièrement le rôle de la focalisation.
5 Recherchez qui est Omphale. Pourquoi la marquise en est-elle la réincarnation ?
6 Quels indices suggèrent que ce n'est pas la première fois qu'elle revient séduire les vivants ?

Un récit nostalgique

7 Montrez que le temps s'est écoulé entre l'aventure et son récit. Que révèle ce décalage ?
8 D'où viennent la force et l'intérêt de ce récit fantastique ?

VERS LE BAC

Invention

Choisissez un tableau où figure un personnage. Celui-ci s'anime et s'adresse à une personne qui regarde ce tableau. Imaginez le discours qu'il tient et le dialogue qui s'en dégage.

▶ Fiche 11 Comprendre un sujet d'écriture d'invention

6 Alexandre Dumas
Les Trois Mousquetaires, 1844

Biographie
p. 671

Histoire littéraire
p. 67

Littérature et société
p. 66

Repères historiques
p. 34

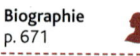

1 « C'est avec Monsieur que je me bats, dit Athos en montrant de la main d'Artagnan, et en le saluant du même geste.
– C'est avec lui que je me bats aussi, dit Porthos.
– Mais à une heure seulement, répondit d'Artagnan.
5 – Et moi aussi, c'est avec Monsieur que je me bats, dit Aramis en arrivant à son tour sur le terrain.
– Mais à deux heures seulement, fit d'Artagnan avec le même calme.
– Mais à propos de quoi te bats-tu, toi, Athos ? demanda Aramis.
– Ma foi, je ne sais pas trop, il m'a fait mal à l'épaule ; et toi, Porthos ?
10 – Ma foi, je me bats parce que je me bats », répondit Porthos en rougissant.
Athos, qui ne perdait rien, vit passer un fin sourire sur les lèvres du Gascon.
« Nous avons eu une discussion sur la toilette[1], dit le jeune homme.
– Et toi, Aramis ? demanda Athos.
– Moi, je me bats pour cause de théologie », répondit Aramis tout en faisant
15 signe à d'Artagnan qu'il le priait de tenir secrète la cause de son duel.
Athos vit passer un second sourire sur les lèvres de d'Artagnan.
« Vraiment, dit Athos.
– Oui, un point de saint Augustin[2] sur lequel nous ne sommes pas d'accord, dit le Gascon.
20 – Décidément c'est un homme d'esprit, murmura Athos.
– Et maintenant que vous êtes rassemblés, Messieurs, dit d'Artagnan, permettez-moi de vous faire mes excuses. »
À ce mot d'*excuses*, un nuage passa sur le front d'Athos, un sourire hautain glissa sur les lèvres de Porthos, et un signe négatif fut la réponse d'Aramis.
25 « Vous ne me comprenez pas, Messieurs, dit d'Artagnan en relevant sa tête, sur laquelle jouait en ce moment un rayon de soleil qui en dorait les lignes fines et hardies : je vous demande excuse dans le cas où je ne pourrais vous payer ma dette à tous trois, car Monsieur Athos a le droit de me tuer le premier, ce qui ôte beaucoup de sa valeur à votre créance, Monsieur Porthos, et ce qui rend la vôtre
30 à peu près nulle, Monsieur Aramis. Et maintenant, Messieurs, je vous le répète, excusez-moi, mais de cela seulement, et en garde ! »
À ces mots, du geste le plus cavalier qui se puisse voir, d'Artagnan tira son épée.
Le sang était monté à la tête de d'Artagnan, et dans ce moment il eût tiré son
35 épée contre tous les mousquetaires du royaume, comme il venait de faire contre Athos, Porthos et Aramis.

Il était midi et un quart. Le soleil était à son zénith, et l'emplacement choisi pour être le théâtre du duel se trouvait exposé à toute son ardeur.
« Il fait très chaud, dit Athos en tirant son épée à son tour, et cependant je
40 ne saurais ôter mon pourpoint ; car, tout à l'heure encore, j'ai senti que ma blessure saignait, et je craindrais de gêner Monsieur en lui montrant du sang qu'il ne m'aurait pas tiré lui-même.
– C'est vrai, Monsieur, dit d'Artagnan, et tiré par un autre ou par moi, je vous assure que je verrai toujours avec bien du regret le sang d'un aussi brave gentil-
45 homme ; je me battrai donc en pourpoint comme vous.

---

1. D'Artagnan a découvert que le luxueux baudrier qu'exhibe Porthos n'est d'or que devant, et de simple buffle par-derrière.

2. En réalité, d'Artagnan a découvert qu'Aramis, alors qu'il prétend vouloir devenir abbé, nourrit une intrigue amoureuse avec une dame de la cour.

Harvey Keitel dans *Les Duellistes* de Ridley Scott, 1977.

— Voyons, voyons, dit Porthos, assez de compliments comme cela, et songez que nous attendons notre tour.
— Parlez pour vous seul, Porthos,
50 quand vous aurez à dire de pareilles incongruités, interrompit Aramis. Quant à moi, je trouve les choses que ces Messieurs se disent fort bien dites et tout à fait dignes de deux gentilshommes.
55 — Quand vous voudrez, Monsieur, dit Athos en se mettant en garde.
— J'attendais vos ordres », dit d'Artagnan en croisant le fer.

Mais les deux rapières avaient à peine
60 résonné en se touchant qu'une escouade des gardes de son Éminence, commandées par Monsieur de Jussac, se montra à l'angle du couvent.
« Les gardes du cardinal ! s'écrièrent à
65 la fois Porthos et Aramis. L'épée au fourreau, Messieurs ! l'épée au fourreau ! »

A. DUMAS, *Les Trois Mousquetaires*, 1844.

L'art du dialogue au service du roman historique

LECTURE

L'honneur des mousquetaires

1 Les mousquetaires savent-ils exactement pourquoi ils veulent en découdre ? Quel est le véritable enjeu du duel ?

2 @RECHERCHE Quel ministre du roi a interdit les duels ? Pourquoi Athos et d'Artagnan doivent-ils rapidement remettre l'épée au fourreau ?

Un héroïsme très théâtral

3 Quels éléments théâtraux (répliques, décors, costumes, didascalies) Dumas transpose-t-il dans l'écriture romanesque ?

4 Montrez que l'action ne cesse de rebondir et que Dumas multiplie les coups de théâtre.

5 Montrez que les personnages allient panache héroïque et cabotinage comique.

Du duel à la joute oratoire

6 Au lieu du duel à l'épée, montrez que c'est un duel langagier qui s'engage entre les personnages.

7 En quoi cette démonstration d'art oratoire fait-elle partie de l'apprentissage de d'Artagnan ?

ÉCRITURE

Vers le commentaire

Rédigez un axe de commentaire dans lequel vous montrerez que les valeurs des mousquetaires sont « romanesques », c'est-à-dire à la fois source d'inspiration pour le romancier et de plaisir pour le lecteur.
Rédigez la conclusion du commentaire de ce texte, dans laquelle vous montrerez que cet épisode, à la fois théâtral et romanesque, illustre les deux qualités que revendique Dumas : « Le dialogue qui est le fait du drame ; le récit qui est le fait du roman. »

VERS LE BAC

Invention

Inspirez-vous de l'image pour raconter un duel. Narration et dialogues exprimeront le code d'honneur des duellistes.
▶ **Fiche 11** Comprendre un sujet d'écriture d'invention

7 Gérard de Nerval
Sylvie, 1853

Biographie
p. 671

Histoire littéraire
p. 67

Repères historiques
p. 34

Le narrateur de « Sylvie » vient d'assister à un spectacle de théâtre. Dans un monde irrémédiablement dominé par l'argent, il éprouve le regret d'une période idéale. Son regard tombe alors sur l'annonce d'une fête dans un journal. Au moment de s'endormir, surgit une vision.

Je regagnai mon lit et je ne pus y trouver le repos. Plongé dans une demi-somnolence, toute ma jeunesse repassait en mes souvenirs. Cet état, où l'esprit résiste encore aux bizarres combinaisons du songe, permet souvent de voir se presser en quelques minutes les tableaux les plus saillants d'une longue période
5 de la vie.

Je me représentais un château du temps de Henri IV avec ses toits pointus couverts d'ardoises et sa face rougeâtre aux encoignures dentelées de pierres jaunies, une grande place verte encadrée d'ormes et de tilleuls, dont le soleil couchant perçait le feuillage de ses traits enflammés. Des jeunes filles dansaient en rond sur
10 la pelouse en chantant de vieux airs transmis par leurs mères, et d'un français si naturellement pur que l'on se sentait bien exister dans ce vieux pays du Valois[1], où, pendant plus de mille ans, a battu le cœur de la France.

J'étais le seul garçon dans cette ronde, où j'avais amené ma compagne toute jeune encore, Sylvie, une petite fille du hameau voisin, si vive et si fraîche, avec
15 ses yeux noirs, son profil régulier et sa peau légèrement hâlée !... Je n'aimais qu'elle, je ne voyais qu'elle, – jusque-là ! À peine avais-je remarqué, dans la ronde où nous dansions, une blonde, grande et belle, qu'on appelait Adrienne. Tout d'un coup, suivant les règles de la danse, Adrienne se trouva placée seule avec moi au milieu du cercle. Nos tailles étaient pareilles. On nous dit de nous embrasser, et
20 la danse et le chœur tournaient plus vivement que jamais. En lui donnant ce baiser, je ne pus m'empêcher de lui presser la main. Les longs anneaux roulés de ses

1. Valois : branche de la dynastie capétienne qui régna du XIVe au XVIe siècle. Ils édifièrent les châteaux situés le long de la Loire.

Louis JANMOT (1814-1892), *Rayons de soleil*, 1854 (Musée des Beaux-Arts, Lyon)

cheveux d'or effleuraient mes joues. De ce moment, un trouble inconnu s'empara de moi. – La belle devait chanter pour avoir le droit de rentrer dans la danse. On s'assit autour d'elle, et aussitôt, d'une voix fraîche et pénétrante, légèrement voi-
25 lée, comme celle des filles de ce pays brumeux, elle chanta une de ces anciennes romances pleines de mélancolie et d'amour, qui racontent toujours les malheurs d'une princesse enfermée dans sa tour par la volonté d'un père qui la punit d'avoir aimé. La mélodie se terminait à chaque stance par ces trilles chevrotants[2] que font valoir si bien les voix jeunes, quand elles imitent par un frisson modulé la voix
30 tremblante des aïeules.

À mesure qu'elle chantait, l'ombre descendait des grands arbres, et le clair de lune naissant tombait sur elle seule, isolée de notre cercle attentif. – Elle se tut, et personne n'osa rompre le silence. La pelouse était couverte de faibles vapeurs condensées, qui déroulaient leurs blancs flocons sur les pointes des herbes. Nous
35 pensions être en paradis. – Je me levai enfin, courant au parterre du château, où se trouvaient des lauriers, plantés dans de grands vases de faïence peints en camaïeu[3]. Je rapportai deux branches, qui furent tressées en couronne et nouées d'un ruban. Je posai sur la tête d'Adrienne cet ornement, dont les feuilles lustrées[4] éclataient sur ses cheveux blonds aux rayons pâles de la lune. Elle ressemblait à la Béatrice
40 de Dante[5] qui sourit au poète errant sur la lisière des saintes demeures.

Adrienne se leva. Développant sa taille élancée, elle nous fit un salut gracieux, et rentra en courant dans le château. – C'était, nous dit-on, la petite-fille de l'un des descendants d'une famille alliée aux anciens rois de France ; le sang des Valois coulait dans ses veines. Pour ce jour de fête, on lui avait permis de se mêler à nos
45 jeux ; nous ne devions plus la revoir, car le lendemain elle repartit pour un couvent où elle était pensionnaire.

G. DE NERVAL, *Les Filles du feu*, « Sylvie, souvenirs du Valois », 1853.

2. Chevrotant : qui tremble.
3. Camaïeu : genre de peinture ou de décoration où l'on n'emploie que les nuances d'une seule couleur.
4. Lustré : qui brille.
5. La Béatrice de Dante : jeune femme dont fut épris le poète italien Dante (1265-1321), qui la représenta dans plusieurs de ses œuvres, comme par exemple lorsqu'elle guide le poète vers le paradis dans *La Divine Comédie*.

Le cercle magique du souvenir

LECTURE

1 Qui prend en charge la narration ? En quoi ce choix permet-il d'ouvrir le récit à la dimension du rêve ?

2 Relevez les indices qui confèrent à la scène l'atmosphère d'un tableau onirique.

3 Quelle signification prend la ronde aux différentes étapes du texte ? Que symbolise-t-elle ?

4 Comment le texte se construit-il sur l'opposition de deux figures féminines, Sylvie et Adrienne ? Analysez les éléments qui contribuent à faire d'Adrienne une figure idéalisée et poétique de la femme.

5 Dans ce récit du passé, comment la période des Valois est-elle évoquée ? Quel rôle tient-elle dans l'imaginaire du narrateur ?

6 Comment interprétez-vous le geste par lequel le narrateur dépose une couronne sur la tête d'Adrienne ?

7 RECHERCHE Recherchez sur Internet ou dans une encyclopédie une information plus approfondie sur la Béatrice de Dante. Pourquoi le narrateur établit-il un parallèle avec Dante ?

HISTOIRE DES ARTS

Comment le tableau du peintre lyonnais L. Janmot met-il en valeur des symboles que l'on retrouve chez Nerval ?

VERS LE BAC

Commentaire

Rédigez le commentaire littéraire de cet extrait de Nerval, en vous attachant à montrer dans un premier temps la dimension onirique puis en traitant de l'enjeu amoureux qui se joue entre les trois personnages.
▶ Fiche 13 **Comprendre un sujet de commentaire**

Invention

Dans un court dialogue avec Sylvie, le narrateur évoque les pouvoirs du rêve. Vous construirez son argumentation qui vise à valoriser les apports du songe. À travers les exemples, vous évoquerez le monde du rêve de façon poétique ou en recourant au genre du fantastique.
▶ Fiche 11 **Comprendre un sujet d'écriture d'invention**

Victor Hugo
Les Misérables, 1862

Les Misérables, vaste fresque romanesque commencée en 1845 et publiée en 1862, forme un tableau poignant de la misère à Paris au XIXᵉ siècle. La petite Cosette, recueillie par les Thénardier, un couple d'aubergistes tyranniques, doit se rendre en pleine nuit seule dans la forêt pour aller chercher de l'eau.

Biographie p. 671
Histoire littéraire p. 67
Repères historiques p. 34

L'enfant regardait d'un œil égaré cette grosse étoile qu'elle ne connaissait pas et qui lui faisait peur. La planète, en effet, était en ce moment très près de l'horizon et traversait une épaisse couche de brume qui lui donnait une rougeur horrible. La brume, lugubrement[1] empourprée, élargissait l'astre. On eût dit une 5 plaie lumineuse.

Un vent froid soufflait de la plaine. Le bois était ténébreux, sans aucun froissement de feuilles, sans aucune de ces vagues et fraîches lueurs de l'été. De grands branchages s'y dressaient affreusement. Des buissons chétifs et difformes sifflaient dans les clairières. Les hautes herbes fourmillaient sous la bise comme des 10 anguilles. Les ronces se tordaient comme de longs bras armés de griffes cherchant à prendre des proies. Quelques bruyères sèches, chassées par le vent, passaient rapidement et avaient l'air de s'enfuir avec épouvante devant quelque chose qui arrivait. De tous les côtés il y avait des étendues lugubres.

L'obscurité est vertigineuse. Il faut à l'homme de la clarté. Quiconque s'en-15 fonce dans le contraire du jour se sent le cœur serré. Quand l'œil voit noir, l'esprit voit trouble. Dans l'éclipse, dans la nuit, dans l'opacité fuligineuse[2], il y a de l'anxiété, même pour les plus forts. Nul ne marche seul la nuit dans la forêt sans tremblement. Ombres et arbres, deux épaisseurs redoutables. Une réalité chimérique[3] apparaît dans la profondeur indistincte. L'inconcevable s'ébauche à quelques 20 pas de vous avec une netteté spectrale. On voit flotter, dans l'espace ou dans son propre cerveau, on ne sait quoi de vague et d'insaisissable comme les rêves des fleurs endormies. Il y a des attitudes farouches sur l'horizon. On aspire les effluves[4] du grand vide noir. On a peur et envie de regarder derrière soi. Les cavités de la nuit, les choses devenues hagardes[5], des profils taciturnes[6] qui se dissipent quand 25 on avance, des échevellements obscurs, des touffes irritées, des flaques livides, le lugubre reflété dans le funèbre, l'immensité sépulcrale[7] du silence, les êtres inconnus possibles, des penchements de branches mystérieux, d'effrayants torses d'arbres, de longues poignées d'herbes frémissantes, on est sans défense contre tout cela. Pas de hardiesse qui ne tressaille et qui ne sente le voisinage de l'angoisse. On 30 éprouve quelque chose de hideux comme si l'âme s'amalgamait à l'ombre. Cette pénétration des ténèbres est inexprimablement sinistre dans un enfant.

Les forêts sont des apocalypses[8] ; et le battement d'ailes d'une petite âme fait un bruit d'agonie sous leur voûte monstrueuse.

Sans se rendre compte de ce qu'elle éprouvait, Cosette se sentait saisir par 35 cette énormité noire de la nature. Ce n'était plus seulement de la terreur qui la gagnait, c'était quelque chose de plus terrible même que la terreur. Elle frissonnait. Les expressions manquent pour dire ce qu'avait d'étrange ce frisson qui la glaçait jusqu'au fond du cœur. Son œil était devenu farouche. Elle croyait sentir qu'elle ne pourrait peut-être pas s'empêcher de revenir là à la même heure le lendemain.

40 Alors, par une sorte d'instinct, pour sortir de cet état singulier qu'elle ne comprenait pas, mais qui l'effrayait, elle se mit à compter à haute voix un, deux, trois,

---

1. Relatif à la mort, aux funérailles.
2. Noirâtre comme la suie.
3. Imaginaire.
4. Émanations qui se dégagent d'un corps organique.
5. Dans un état d'égarement, de désarroi.
6. Qui gardent le silence, qui n'expriment rien.
7. Qui évoque le tombeau, la mort.
8. Renvoi au dernier livre du *Nouveau Testament* qui fait le récit de la fin du monde.

Photographie du film *Les Misérables*, de Raymond BERNARD, 1933.

quatre, jusqu'à dix, et, quand elle eut fini, elle recommença. Cela lui rendit la perception vraie des choses qui l'entouraient. Elle sentit le froid à ses mains qu'elle avait mouillées en puisant de l'eau. Elle se leva. La peur lui était revenue, une peur naturelle et insurmontable. Elle n'eut plus qu'une pensée, s'enfuir ; s'enfuir à toutes jambes, à travers bois, à travers champs, jusqu'aux maisons, jusqu'aux fenêtres, jusqu'aux chandelles allumées.

V. HUGO, *Les Misérables*, 1862.

L'enfant en enfer

LECTURE

1 Étudiez la construction de cet extrait afin d'en délimiter les principaux mouvements. Titrez-les.

2 Analysez les choix narratifs : quel est le **point de vue** adopté dans ce passage ? Quel intérêt ce choix présente-t-il ? Appuyez-vous sur des exemples précis.

3 Comment l'auteur joue-t-il avec les couleurs ? Comment installe-t-il progressivement une nuit angoissante ?

4 En quoi le passage relève-t-il du fantastique ? Vous pourrez notamment vous appuyer sur la figure de style du paragraphe 3, caractéristique de ce registre.

5 Comparez le paragraphe 1 et le paragraphe 3 : en quoi peut-on parler d'élargissement de la vision ?

6 Relevez le champ lexical de la nuit. Quel est le double sens de la « nuit » dans le texte ?

7 SYNTHÈSE Pourquoi peut-on dire de ce passage qu'il peint une enfant en enfer ?

HISTOIRE DES ARTS

Comment le cinéaste rend-il l'atmosphère fantastique du texte de Victor Hugo ?

VERS LE BAC

Commentaire

Rédigez un commentaire où vous analyserez les procédés d'écriture propres au fantastique, avant de réfléchir aux enjeux de cette page romanesque.
▶ Fiche 13 Comprendre un sujet de commentaire

Dissertation

Hugo, dans la préface des *Misérables*, écrit : « tant qu'il existera, par le fait des lois et des mœurs une damnation sociale créant artificiellement, en pleine civilisation, des enfers […] des livres de la nature de celui-ci pourront ne pas être inutiles ». Pensez-vous que l'écriture romanesque permette de lutter contre l'injustice sociale ? Vous argumenterez en prenant pour exemples cet extrait et d'autres œuvres du manuel.
▶ Fiche 17 Comprendre un sujet de dissertation

Histoire littéraire
Le réalisme

Gustave COURBET (1819-1877), *Les Casseurs de pierre*, 1849, huile sur toile, 159 × 259 cm, tableau détruit pendant la Seconde Guerre mondiale (anciennement au musée de Dresde).

Le terme « réalisme » apparaît en 1826 dans la revue *Le Mercure de France*. Il désigne la **volonté de reproduire le réel sans jamais l'idéaliser**. Ce courant rassemble les écrivains et artistes soucieux de **« faire vrai »**. Certes, la volonté de représenter la réalité a toujours existé. Toutefois, les peintres et les écrivains ralliant le mouvement passent un « pacte de vérité » avec le lecteur : « le Réalisme conclut à la reproduction exacte, sincère, du milieu social, de l'époque où on vit » (Revue *Le Réalisme*, 1860). Les auteurs refusent désormais les sujets académiques et les conventions classiques qui constituaient jusqu'alors le modèle artistique référent.

Les romanciers comme Balzac ou Stendhal se veulent **des témoins du présent, des historiens du quotidien**. Ils privilégient les **« petits faits vrais »** n'ayant d'autre fonction narrative que celle de donner l'illusion de la réalité.

Le réalisme, un terme connoté et un mouvement engagé

Le mot « réalisme » s'utilise d'abord en peinture et a une **connotation péjorative** : certains critiques déplorent que l'art représente désormais la banalité, la laideur du quotidien. À leurs yeux, la peinture du réel ne mérite pas de figurer sur la toile.

→ **Ex** : *Un enterrement à Ornans* de Courbet représente, **sans les embellir**, notables et petites gens d'une bourgade franc-comtoise sur un panneau immense, comme s'il s'agissait d'un grand événement historique. Ses *Casseurs de pierre* sont saisis en plein effort. Esthétiquement et moralement, ses tableaux sont jugés « ignobles ». Politiquement, l'artiste est considéré comme « socialiste ».

Voici, sur le livre d'or de l'Exposition universelle (1855), le mot d'un visiteur : « On prie monsieur Courbet de vouloir bien faire raccommoder la chemise et laver les pieds à ses casseurs de pierre. »

Le mouvement trouve vite ses théoriciens, comme **Duranty** ou **Champfleury**. Dans la préface de son ouvrage *Le Réalisme* (1857), Champfleury défend Courbet et, plus largement, tout le mouvement artistique et littéraire fondé sur l'observation : « La pensée » et « la plume » des réalistes « sont **dirigées vers l'observation** par une sorte de fatalité à laquelle les écrivains pas plus que les hommes n'échappent ici bas ».

Courbet complète la mission de l'artiste ou écrivain réaliste : « Être à même de traduire les mœurs, les idées, l'aspect de mon époque, selon mon appréciation, être non seulement un peintre mais encore un homme, en un mot, **faire de l'art vivant**, tel est mon but. »

Dès lors, le réalisme est considéré comme une **école artistique et littéraire**, dont les chefs de file sont les romanciers **Balzac**, **Flaubert** ou les peintres **Courbet**, **Millet** et **Bastien-Lepage**.

Auguste Rodin (1840-1917), célèbre sculpteur français, s'inscrit lui aussi dans cette dynamique de simplicité et d'exhaustivité, comme il le revendique : « En art, les choses les plus difficiles s'expliquent avec des mots de concierge. [...] Il n'y a ni lois ni mots farouches : il y a un homme qui fait une statue, un point c'est tout. » (A. Rodin, *Éclairs de pensée, Écrits et entretiens sur l'art*)

Les grands thèmes du réalisme

Romanciers et peintres réalistes puisent leur inspiration parmi les **sujets les plus banals de la vie quotidienne** : ils s'intéressent aux gens, aux objets ou encore à toute situation qui n'étaient pas considérés auparavant comme « artistiques ».

→ **Ex** : *Flaubert décrit l'ennui de la vie provinciale dans* Madame Bovary. *Il s'attache aux personnages comme aux détails susceptibles de retranscrire « les mœurs de province » évoquées dans le sous-titre de son roman.*

La religion, la vie politique ou militaire, les sujets

Honoré DAUMIER (1808-1879), *Le Wagon de troisième classe*, v. 1863-1865, huile sur toile, 65,4 × 90,2 cm (Musée des Beaux-Arts du Canada).

tabous deviennent autant de thèmes possibles. Les sujets choquants, comme la mort, la sexualité ou la maladie, renvoient le lecteur à ses propres inquiétudes.
→ **Ex :** *Évoquer l'adultère d'Emma Bovary vaut à Flaubert un procès retentissant en 1857.*

Toutes les **catégories sociales** sont représentées : le monde ouvrier, les employés de maison, la petite bourgeoisie de province.
→ **Ex :** *Millet (*L'Angélus *ou* Les Glaneuses*) et Bastien-Lepage (*Les Foins*) célèbrent l'humilité du monde paysan.*

Genres et traits stylistiques propres au réalisme

Romans et nouvelles

Le roman triomphe. Il permet en effet de déployer le parcours d'un personnage et d'en étudier les méandres. Il offre en même temps un cadre spatio-temporel propice à la **peinture sociale** qui devient une chronique du temps présent.
→ **Ex :** La Femme de trente ans *retrace l'existence de Julie d'Aiglemont, de ses émois adolescents à ses désillusions d'épouse et de mère. Sa vie provinciale est le cadre de l'action et un objet d'étude.*

Les recueils de nouvelles permettent d'observer des personnages appartenant à des milieux sociaux divers.
→ **Ex :** *Dans « Boule de Suif », les personnages enfermés dans la diligence représentent toutes les catégories sociales ; dans* Le Wagon de troisième classe, *Daumier représente le peuple en voyage.*

Traits stylistiques au service du réalisme

L'écriture réaliste multiplie les **effets de réel**, donnant ainsi au lecteur l'illusion d'approcher la réalité au plus près.

L'énonciation privilégie la troisième personne du singulier. Le romancier, refusant l'épanchement personnel, se veut observateur « objectif » de la société.

Les personnages, choisis pour le type qu'ils incarnent, font l'objet de **portraits fouillés**. Les **champs lexicaux** du corps, du caractère apportent des précisions physiques et psychologiques.

Le discours descriptif donne l'illusion de voir un lieu, un objet ou un personnage. Les champs lexicaux des couleurs, formes et matières contribuent à cette fonction « mimétique ». La description, documentaire, fait voir le contexte d'une scène.

Les verbes d'état *sembler, paraître, devenir, rester* rendent la description « objective » : ils marquent la distance critique de l'observateur ou son incapacité à donner un sens au monde.

Jules BASTIEN-LEPAGE (1848-1884), *Les Foins*, 1877, huile sur toile, 181 × 199 cm (Musée d'Orsay, Paris).

La variété des points de vue crée la vraisemblance, le lecteur connaissant tour à tour les pensées et sentiments de chaque personnage.
→ **Ex :** *L'extrait de* Madame Bovary *présente deux points de vue : celui d'Emma, prête à succomber, et celui de son séducteur Rodolphe, stratège et calculateur.*

Les limites de l'objectivité : les **expansions du nom** révèlent souvent l'opinion du narrateur. Les auteurs s'autorisent un jugement critique sur leurs héros ou sur la société dans laquelle ils évoluent.
→ **Ex :** *Flaubert se moque avec ironie des discours creux et fleuris des notables provinciaux dans* Madame Bovary.

La postérité du roman réaliste

Les auteurs naturalistes continuent et **radicalisent le projet réaliste**. Ils ajoutent à la prise en compte du réel un intérêt pour **le fonctionnement biologique de la nature**.

De nombreux romans français et étrangers écrits à la fin du XIXe et au début du XXe siècle relèvent toujours du mouvement réaliste.
→ **Ex :** *Malraux, avec* La Condition humaine, *retrace le soulèvement de la ville de Shanghai par un groupe de révolutionnaires communistes. Aragon, dans son cycle romanesque « Le Monde réel », brosse une fresque sociale.*
→ **Ex :** *À l'étranger, l'écrivain de langue anglaise Ernest Hemingway s'intéresse à la Première Guerre mondiale dans son célèbre roman* L'Adieu aux armes *(1929).*

Aujourd'hui encore, des écrivains célèbres, comme le Prix Nobel de littérature **J.-M. G. Le Clézio** s'inscrivent dans cette mouvance réaliste.

HISTOIRE DES ARTS

Gustave Courbet,
Un enterrement à Ornans, 1850

Contexte artistique et historique

« FAIRE DE L'ART VIVANT », LA GRANDE EXPOSITION RÉALISTE DE 1855

Si *Un enterrement à Ornans* fait scandale, c'est parce qu'il enterre la peinture ancienne et la perfection formelle prônée par les peintres académiques. En effet, Courbet est le fossoyeur de tous les héritages : la beauté idéale du **néoclassicisme** cède la place à la beauté vivante, imparfaite, et donc « laide » pour un public habitué à voir peints des corps parfaits. De même, le bouillonnement **romantique**, qui magnifie la mort, se fige ici dans une scène dont le mouvement s'est absenté afin d'être plus **vraie**.

On retrouve le même parti pris dans l'immense *Atelier du peintre* (1854-1855), apogée de son œuvre. Véritable manifeste, la toile mêle le nu à la scène de groupe, refusant une fois de plus la hiérarchie des genres. « En un mot, c'est ma manière de voir la société dans ses intérêts et ses passions. C'est le monde qui vient se faire peindre chez moi. » Comme on reproche à Courbet d'**accorder les mêmes égards à la peinture de simples réalités qu'aux grands sujets historiques**, le peintre se décide à organiser sa propre exposition au sein du « pavillon du réalisme », bâtiment édifié à cette intention. Dans la préface du catalogue, il affirme « être à même de traduire les mœurs, les idées, l'aspect de son époque [...] en un mot **faire de l'art vivant** ».

Densité et pesanteur

La lecture du tableau de Courbet arrête le regard dès le premier plan. Les yeux balayent la scène de gauche à droite pour découvrir les différents personnages. C'est la **société ornanaise** dans son ensemble qui apparaît ici : les fossoyeurs et les hommes d'Église occupent essentiellement la partie gauche du tableau. Les femmes, en habit noir, ont la tête baissée pour la plupart et portent la coiffe des paysannes. La **composition monumentale** du tableau est organisée en **frise**. Elle est statique et sans perspective, comme les portraits des confréries de peintres hollandais. Ce choix souligne **le refus de toute idéalisation** : **la hiérarchie sociale est gommée** puisque planifiée, **la laideur** se montre telle qu'elle, avec une palette de couleurs teintée de pâle et de sombre, en accord avec la cérémonie.

Gustave COURBET (1819-1877), *Un enterrement à Ornans*, 1850, huile sur toile, 668 × 315 cm (Musée d'Orsay, Paris).

L'affaire Courbet ou le scandale du réalisme

LECTURE DE L'IMAGE

Toute la réalité, rien que la réalité

1 @RECHERCHE Comparez *Le Sacre de Napoléon*, grand moment historique peint par David, et le tableau de Courbet. Pourquoi le choix d'un grand format pour une scène ordinaire a-t-il fait scandale ?

2 Quelles classes sociales sont ici rassemblées ? Pourquoi méritent-elles l'épithète ignoble ou laid ?

3 Repérez et nommez les menus détails : en quoi participent-ils du réalisme de cette scène ?

Ni plus ni moins qu'un enterrement

4 Regardez le trou au premier plan : comment la mort est-elle représentée ?

5 Étudiez la composition du tableau et la répartition des personnages. Quelles informations offrent-elles aux spectateurs sur les rites funéraires à la campagne ?

VERS LE BAC

Invention

Vous êtes guide au musée d'Orsay. Rédigez la présentation que vous feriez aux visiteurs découvrant ce tableau de Courbet. Structurez votre propos.

▶ Fiche 11 **Comprendre un sujet d'écriture d'invention**

Dissertation

L'art et la littérature doivent-ils représenter la vie telle qu'elle est ou en sélectionner les éléments les plus beaux pour créer le « beau » idéal ?
Vous utiliserez les arguments de Courbet ou de ses détracteurs pour justifier vos propos.

▶ Fiche 17 **Comprendre un sujet de dissertation**

9 Honoré de Balzac
La Femme de trente ans, 1831-1833

Biographie
p. 671

Histoire littéraire
p. 67, 86

Repères historiques
p. 34

Cette nouvelle, écrite en 1832, deviendra le roman d'un personnage type : la femme mûre, asservie dans une existence trop étroite. Le jeune diplomate Charles de Vandenesse observe Julie, mal mariée à M. d'Aiglemont.

À un certain âge seulement, certaines femmes choisies savent seules donner un langage à leur attitude. Est-ce le chagrin, est-ce le bonheur qui prête à la femme de trente ans, à la femme heureuse ou malheureuse, le secret de cette contenance éloquente ? Ce sera toujours une vivante énigme que chacun inter-
5 prète au gré de ses désirs, de ses espérances ou de son système. La manière dont la marquise tenait ses deux coudes appuyés sur les bras de son fauteuil, et joignait les extrémités des doigts de chaque main en ayant l'air de jouer ; la courbure de son cou, le laisser-aller de son corps fatigué mais souple, qui paraissait élégamment brisé dans le fauteuil, l'abandon de ses jambes, l'insouciance de sa pose, ses mou-
10 vements pleins de lassitude, tout révélait une femme sans intérêt dans la vie, qui n'a point connu les plaisirs de l'amour, mais qui les a rêvés, et qui se courbe sous les fardeaux dont l'accable sa mémoire ; une femme qui depuis longtemps a désespéré de l'avenir ou d'elle-même ; une femme inoccupée qui prend
15 le vide pour le néant. Charles de Vandenesse admira ce magnifique tableau, mais comme le produit d'un *faire*[1] plus habile que ne l'est celui des femmes ordinaires. Il
20 connaissait d'Aiglemont. Au premier regard jeté sur cette femme, qu'il n'avait pas encore vue, le jeune diplomate reconnut alors des disproportions, des incompatibili-
25 tés, employons le mot légal, trop fortes entre ces deux personnes pour qu'il fût possible à la marquise d'aimer son mari. Cependant Mme d'Aiglemont tenait une conduite
30 irréprochable, et sa vertu donnait encore un plus haut prix à tous les mystères qu'un observateur pouvait pressentir en elle. Lorsque son premier mouvement de surprise
35 fut passé, Vandenesse chercha la meilleure manière d'aborder Mme d'Aiglemont, et, par une ruse de

1. Savoir-faire.

Adèle ROMANY (1769-1846), *Jeune Femme*, huile sur toile (Musée Marmottan, Paris).

diplomatie assez vulgaire, il se proposa de l'embarrasser pour savoir comment elle accueillerait une sottise.

40 – Madame, dit-il en s'asseyant près d'elle, une heureuse indiscrétion m'a fait savoir que j'ai, je ne sais à quel titre, le bonheur d'être distingué par vous. Je vous dois d'autant plus de remerciements que je n'ai jamais été l'objet d'une semblable faveur. Aussi serez-vous comptable[2] de l'un de mes défauts. Désormais, je ne veux plus être modeste…

45 – Vous aurez tort, monsieur, dit-elle en riant, il faut laisser la vanité à ceux qui n'ont pas autre chose à mettre en avant.

Une conversation s'établit alors entre la marquise et le jeune homme, qui, suivant l'usage, abordèrent en un moment une multitude de sujets : la peinture, la musique, la littérature, la politique, les hommes, les événements et les choses. 50 Puis ils arrivèrent par une pente insensible au sujet éternel des causeries françaises et étrangères, à l'amour, aux sentiments et aux femmes.

– Nous sommes esclaves.
– Vous êtes reines.

Les phrases plus ou moins spirituelles dites par Charles et la marquise pou-55 vaient se réduire à cette simple expression de tous les discours présents et à venir tenus sur cette matière. Ces deux phrases ne voudront-elles pas toujours dire dans un temps donné : – Aimez-moi. – Je vous aimerai.

– Madame, s'écria doucement Charles de Vandenesse, vous me faites bien vivement regretter de quitter Paris. Je ne retrouverai certes pas en Italie des heures 60 aussi spirituelles que l'a été celle-ci.

– Vous rencontrerez peut-être le bonheur, monsieur, et il vaut mieux que toutes les pensées brillantes, vraies ou fausses, qui se disent chaque soir à Paris.

Avant de saluer la marquise, Charles obtint la permission d'aller lui faire ses adieux. Il s'estima très heureux d'avoir donné à sa requête les formes de la sincé-65 rité, lorsque le soir, en se couchant, et le lendemain, pendant toute la journée, il lui fut impossible de chasser le souvenir de cette femme.

H. DE BALZAC, *La Femme de trente ans*, Chapitre III, « À trente ans », 1831-1833.

2. Responsable.

Une vivante énigme

LECTURE

Portrait de femme
1 À travers quel(s) sens le narrateur décrit-il Julie d'Aiglemont ? Étudiez la progression du regard. En quoi cette technique sert-elle le réalisme du portrait ?
2 LITTÉRATURE ET SOCIÉTÉ Qu'apprend-on sur la condition féminine au XIXe siècle ? Hommes et femmes ont-ils le même point de vue à ce sujet ? Justifiez.

La condition féminine : une vivante énigme
3 Julie est-elle heureuse ? Étudiez le lexique des sentiments pour étayer votre réponse.
4 Quelles forces divisent la jeune femme ? Quels procédés soulignent sa dualité ?

VERS LE BAC

Question sur un corpus
En vous appuyant sur ce texte et sur celui de Flaubert (p. 104), vous définirez ce qu'est une héroïne de roman réaliste.
▶ Fiche 9 Répondre à une question sur un corpus

Commentaire
Rédigez un commentaire destiné à présenter Julie comme une « vivante énigme ». Vous pourrez vous appuyer sur le parcours de lecture suivant : A/ Julie et ses rôles (femme mûre, épouse éteinte et résignée, amante) ; B/ un regard indécis.
▶ Fiche 13 Comprendre un sujet de commentaire

10 Honoré de Balzac
Eugénie Grandet, 1833

Biographie p. 671
Histoire littéraire p. 67, 86
Repères historiques p. 34

Eugénie Grandet appartient aux « Scènes de la vie de province » dans le projet romanesque de Balzac de peindre « La Comédie humaine ». À Saumur, la jeune Eugénie subit l'avarice de son père alors qu'elle aime son cousin Charles auquel elle a donné tout son argent. Un conflit éclate entre le père et la fille.

1 — Ma fille, lui dit Grandet, vous allez me dire où est votre trésor.
— Mon père, si vous me faites des présents dont je ne sois pas entièrement maîtresse, reprenez-les, répondit froidement Eugénie en cherchant le napoléon[1] sur la cheminée et le lui présentant.
5 Grandet saisit vivement le napoléon et le coula dans son gousset[2].
— Je crois bien que je ne te donnerai plus rien. Pas seulement ça ! dit-il en faisant claquer l'ongle de son pouce sous sa maîtresse dent. Vous méprisez donc votre père, vous n'avez donc pas confiance en lui, vous ne savez donc pas ce que c'est qu'un père. S'il n'est pas tout pour vous, il n'est rien. Où est votre or ?
10 — Mon père, je vous aime et vous respecte, malgré votre colère ; mais je vous ferai fort humblement observer que j'ai vingt-deux ans. Vous m'avez assez souvent dit que je suis majeure, pour que je le sache. J'ai fait de mon argent ce qu'il m'a plu d'en faire, et soyez sûr qu'il est bien placé…
— Où ?
15 — C'est un secret inviolable, dit-elle. N'avez-vous pas vos secrets ?
— Ne suis-je pas le chef de ma famille, ne puis-je avoir mes affaires ?
— C'est aussi mon affaire.
— Cette affaire doit être mauvaise, si vous ne pouvez pas la dire à votre père, mademoiselle Grandet.
20 — Elle est excellente, et je ne puis pas la dire à mon père.
— Au moins quand avez-vous donné votre or ? Eugénie fit un signe de tête négatif. — Vous l'aviez encore le jour de votre fête, hein ? Eugénie, devenue aussi rusée par amour que son père l'était par avarice, réi-
25 téra le même signe de tête.
— Mais l'on n'a jamais vu pareil entêtement, ni vol pareil, dit Grandet d'une voix qui alla *crescendo*
30 et qui fit graduellement retentir la maison. Comment ! Ici, dans ma propre maison, chez moi, quelqu'un aura pris ton or !

1. Monnaie frappée à l'effigie de l'empereur Napoléon Ier.
2. Petite poche de la ceinture du pantalon, du gilet ou de la veste

Alida Valli (Eugénie Grandet) dans le film *Eugénie Grandet* de Mario SOLDATI, 1946.

35 Le seul or qu'il y avait ! Et je ne saurai pas qui ? L'or est une chose chère. Les plus honnêtes filles peuvent faire des fautes, donner je ne sais quoi, cela se voit chez les grands seigneurs et même chez les bourgeois, mais donner de l'or, car vous l'avez donné à quelqu'un, hein ? Eugénie fut impassible. A-t-on vu pareille fille ! Est-ce moi qui suis votre père ? Si vous l'avez placé, vous en avez un reçu…

40 – Étais-je libre, oui ou non, d'en faire ce que bon me semblait ? Était-ce à moi ?
– Mais tu es un enfant.
– Majeure.

Abasourdi par la logique de sa fille, Grandet pâlit, trépigna, jura ; puis trou-
45 vant enfin des paroles, il cria : « Maudit serpent de fille ! ah ! mauvaise graine, tu sais bien que je t'aime, et tu en abuses. Elle égorge son père ! Pardieu, tu auras jeté notre fortune aux pieds de ce va-nu-pieds qui a des bottes de maroquin[3]. Par la serpette[4] de mon père, je ne peux pas te déshériter, nom d'un tonneau ! Mais je te maudis, toi, ton cousin, et tes enfants ! Tu ne verras rien arriver de bon de
50 tout cela, entends-tu ? Si c'était à Charles que… Mais, non, ce n'est pas possible. Quoi ! Ce méchant mirliflor[5] m'aurait dévalisé… » Il regarda sa fille qui restait muette et froide. « Elle ne bougera pas, elle ne sourcillera pas, elle est plus Grandet que je ne suis Grandet. Tu n'as pas donné ton or pour rien, au moins. Voyons, dis ? » Eugénie regarda son père, en lui jetant un regard ironique qui l'offensa.
55 « Eugénie, vous êtes chez moi, chez votre père. Vous devez, pour y rester, vous soumettre à ses ordres. Les prêtres vous ordonnent de m'obéir. » Eugénie baissa la tête. Vous m'offensez dans ce que j'ai de plus cher, reprit-il, je ne veux vous voir que soumise. Allez dans votre chambre. Vous y demeurerez jusqu'à ce que je vous permette d'en sortir. »

H. DE BALZAC, *Eugénie Grandet*, 1833.

3. Cuir.
4. Juron inventé par Balzac.
5. Familier, pour désigner un jeune homme vaniteux, qui se pique d'élégance.

L'argent roi

LECTURE

1 Quel est l'objet du conflit entre les personnages ? À quel moment du texte est-il explicite ?

2 Sur quelles valeurs le père et la fille s'opposent-ils ? Quelles sont leurs visions du monde respectives ?

3 Comment ce texte devient-il révélateur du point de vue du romancier sur un monde en mutation ?

4 Comment les excès du père Grandet se traduisent-ils dans le dialogue ?

5 @RECHERCHE Cherchez les significations du terme « grotesque ». Pourquoi peut-on dire que le père est à la fois terrible et grotesque ?

6 Analysez le choix d'un traitement théâtral de la scène dans le cadre d'un roman.

7 Quelles sont les autorités que le père Grandet incarne ? Sont-elles légitimes ?

HISTOIRE DES ARTS

Analysez la composition de l'image extraite d'une transposition filmique d'*Eugénie Grandet*. Par son cadrage et les jeux de lumière, que met-elle en valeur ?

VERS LE BAC

Invention

Enfermée dans sa chambre, Eugénie écrit à son cousin Charles pour dénoncer les méfaits possibles de l'argent et le discours caricatural de son père.
▶ Fiche 11 Comprendre un sujet d'écriture d'invention

Commentaire

Rédigez le commentaire de cet extrait d'*Eugénie Grandet* en montrant tout d'abord que l'obsession de l'argent fait du père un personnage délirant, puis en analysant les réactions de la jeune femme.
▶ Fiche 13 Comprendre un sujet de commentaire

Oral (entretien)

À partir des œuvres étudiées en classe et de vos lectures personnelles, montrez que le personnage en crise peut être lié à la crise d'un monde ou d'une société.
▶ Fiche 16 Réussir l'épreuve orale du baccalauréat

11 Honoré de Balzac
Le Père Goriot, 1835

« À nous deux maintenant ! » Cette formule emblématique est prononcée par le plus célèbre personnage de La Comédie humaine : Eugène de Rastignac, lançant un défi à la capitale qu'il veut conquérir. Son ambition et son parcours constituent la ligne directrice du Père Goriot.

Texte 1

Rastignac, arrivé à Paris en 1819, a appris à connaître la capitale. Cet apprentissage l'a fait évoluer.

Ses illusions d'enfance, ses idées de province avaient disparu. Son intelligence modifiée, son ambition exaltée lui firent voir juste au milieu du manoir paternel, au sein de la famille. Son père, sa mère, ses deux frères, ses deux sœurs, et une tante dont la fortune consistait en pensions, vivaient sur la petite
5 terre de Rastignac. Ce domaine d'un revenu d'environ trois mille francs était soumis à l'incertitude que régit le produit de tout industriel de la vigne, et néanmoins il fallait en extraire chaque année douze cents francs pour lui. [...]
   Comme il arrive aux âmes grandes, il voulut ne rien devoir qu'à son mérite. Mais son esprit était éminemment méridional ; à l'exécution, ses déterminations
10 devaient donc être frappées de ces hésitations qui saisissent les jeunes gens quand ils se trouvent en pleine mer, sans savoir ni de quel côté diriger leurs forces, ni sous quel angle enfler leur voile. Si d'abord il voulut se jeter à corps perdu dans le travail, séduit bientôt par la nécessité de se créer des relations, il remarqua combien les femmes ont d'influence sur la vie sociale, et avisa soudain à se lancer
15 dans le monde, afin d'y conquérir des protectrices : devaient-elles manquer à un jeune homme ardent et spirituel dont l'esprit et l'ardeur étaient rehaussés par une tournure élégante et par une sorte de beauté nerveuse à laquelle les femmes se laissent prendre volontiers ? Ces idées l'assaillirent au milieu des champs,
20 pendant les promenades que jadis il faisait gaiement avec ses sœurs, qui le trouvèrent bien changé. Sa tante, madame de Marcillac, autrefois présentée à la cour, y avait connu les sommités[1] aristocratiques. [...] Après avoir secoué les branches de l'arbre généalo-
25 gique, la vieille dame estima que, de toutes les personnes qui pouvaient servir son neveu parmi la gent[2] égoïste des parents riches, madame la vicomtesse de Beauséant serait la moins récalcitrante. Elle écrivit à cette jeune femme une lettre dans l'ancien style, et
30 la remit à Eugène, en lui disant que s'il réussissait auprès de la vicomtesse, elle lui ferait retrouver ses autres parents. Quelques jours après son arrivée, Rastignac envoya la lettre de sa tante à madame de Beauséant. La vicomtesse répondit par une
35 invitation de bal pour le lendemain.

H. DE BALZAC,
Le Père Goriot, Partie I,
« Une pension bourgeoise », 1835.

1. Personnes éminentes, au-dessus du commun.
2. L'espèce.

Rastignac, gravure de Charles HUARD (1874-1965).

Texte 2

Rastignac a rencontré le père Goriot à la pension Vauquer, lequel est devenu son père de substitution. À l'annonce de la ruine de ses deux filles, le père Goriot est pris d'une crise d'apoplexie. Le vieil homme décède deux jours plus tard. La quatrième partie du roman sonne comme un nouveau départ pour le jeune conquérant.

1. Seuls les domestiques des deux filles du père Goriot assistent à l'enterrement.

Louise Joséphine SARAZIN DE BELMONT (1790-1870), *Paris vu des hauteurs du Père Lachaise*, entre 1842 et 1859, huile sur toile, 140 × 198 cm (Musée des Augustins, Toulouse).

À six heures, le corps du père Goriot fut descendu dans sa fosse, autour de laquelle étaient les gens[1] de ses filles, qui disparurent avec le clergé aussitôt que fut dite la courte prière due au bonhomme pour l'argent de l'étudiant. Quand les deux fossoyeurs eurent jeté quelques pelletées de terre sur la bière pour
5 la cacher, ils se relevèrent, et l'un d'eux, s'adressant à Rastignac, lui demanda leur pourboire. Eugène fouilla dans sa poche et n'y trouva rien, il fut forcé d'emprunter vingt sous à Christophe. Ce fait, si léger en lui-même, détermina chez Rastignac un accès d'horrible tristesse. Le jour tombait, un humide crépuscule agaçait les nerfs, il regarda la tombe et y ensevelit sa dernière larme de jeune homme, cette
10 larme arrachée par les saintes émotions d'un cœur pur, une de ces larmes qui, de la terre où elles tombent, rejaillissent jusque dans les cieux. Il se croisa les bras, contempla les nuages, et, le voyant ainsi, Christophe le quitta.

Rastignac, resté seul, fit quelques pas vers le haut du cimetière et vit Paris tortueuse-
15 ment couché le long des deux rives de la Seine où commençaient à briller les lumières. Ses yeux s'attachèrent presque avidement entre la colonne de la place Vendôme et le dôme des Invalides, là où vivait ce beau monde dans
20 lequel il avait voulu pénétrer. Il lança sur cette ruche bourdonnante un regard qui semblait par avance en pomper le miel, et dit ces mots grandioses :
– À nous deux maintenant !

H. DE BALZAC, *Le Père Goriot*, Partie IV, « La mort du Père Goriot », 1835.

Portrait d'un conquérant

LECTURE

Portrait réaliste

1 Pour chaque texte, délimitez les passages consacrés au portrait de Rastignac et donnez-leur un titre.

2 Balzac ose parler d'argent avec réalisme. Quelles notations descriptives font un gros plan sur la situation économique des parents (texte 1) ? sur le pourboire (texte 2) ? Pourquoi évoquer ces faits est-il intéressant ?

L'évolution d'un ambitieux

3 Relevez les expressions employées pour qualifier le personnage et sa stratégie de conquête. Comment compte-t-il se servir des femmes pour réussir ?

4 Par quels procédés lexicaux, syntaxiques et grammaticaux, l'ambition du jeune homme est-elle soulignée ?

5 Par quels moyens la ville de Paris apparaît-elle comme un personnage à part entière, adversaire à la mesure du héros ?

VERS LE BAC

Commentaire

Proposez un commentaire du premier extrait dans lequel vous étudierez d'abord le portrait du jeune Rastignac avant de vous interroger sur les manifestations et les limites du romanesque.

▶ Fiche 13 **Comprendre un sujet de commentaire**

12 Honoré de Balzac
Le Cabinet des Antiques, 1839

Biographie p. 671
Histoire littéraire p. 67, 86
Repères historiques p. 34

Le Cabinet des Antiques fait partie des Scènes de la vie de Province. *Le romancier y décrit le monde de l'aristocratie sous la Restauration, tel qu'il s'est reconstitué à Alençon après la Révolution et l'Empire. L'un des personnages, Émile Blondet, devenu un journaliste ambitieux à Paris, raconte comment, dans son enfance, l'hôtel d'Esgrignon a pu le fasciner.*

Quant à moi, disait Émile Blondet, si je veux rassembler mes souvenirs d'enfance, j'avouerai que le mot Cabinet des Antiques[1] me faisait toujours rire, malgré mon respect, dois-je dire mon amour pour mademoiselle Armande. L'hôtel d'Esgrignon donnait sur deux rues à l'angle desquelles elle était
5 située, en sorte que le salon avait deux fenêtres sur l'une et deux fenêtres sur l'autre de ces rues, les plus passantes de la ville. La Place du Marché se trouvait à cinq cents pas de l'hôtel. Ce salon était alors comme une cage de verre, et personne n'allait ou venait dans la ville sans y jeter un coup d'œil. Cette pièce me sembla toujours, à moi, bambin de douze ans, être une de ces curiosités rares qui
10 se trouvent plus tard, quand on y songe, sur les limites du réel et du fantastique, sans qu'on puisse savoir si elles sont plus d'un côté que de l'autre. [...] Sous ces vieux lambris, oripeaux[2] d'un temps qui n'était plus, s'agitaient en première ligne huit ou dix douairières[3], les unes au chef branlant, les autres desséchées et noires comme des momies ; celles-ci roides, celles-là inclinées, toutes encaparaçonnées[4]
15 d'habits plus ou moins fantasques en opposition avec la mode ; des têtes poudrées à cheveux bouclés, des bonnets à coques, des dentelles rousses. Les peintures les plus bouffonnes ou les plus sérieuses n'ont jamais atteint à la poésie divagante de ces femmes, qui reviennent dans mes rêves et grimacent dans mes souvenirs aussitôt que je rencontre une vieille femme dont la figure ou la toilette me rappelment
20 quelques-uns de leurs traits. Mais, soit que le malheur m'ait initié aux secrets des infortunes, soit que j'aie compris tous les sentiments humains, surtout les regrets et le vieil âge, je n'ai jamais pu retrouver nulle part, ni chez les mourants, ni chez les vivants, la pâleur de certains yeux gris, l'effrayante vivacité de quelques yeux noirs. Enfin ni Maturin ni Hoffmann[5], les deux plus sinistres imaginations de ce temps,
25 ne m'ont causé l'épouvante que me causèrent les mouvements automatiques de ces corps busqués[6]. Le rouge des acteurs[7] ne m'a point surpris, j'avais vu là du rouge invétéré[8], du rouge de naissance, disait un de mes camarades au moins aussi espiègle que je pouvais l'être. Il s'agissait là des figures aplaties, mais creusées par des rides qui ressemblaient aux têtes de casse-noisettes[9] sculptées en Allemagne. Je
30 voyais à travers les carreaux des corps bossués, des membres mal attachés dont je n'ai jamais tenté d'expliquer l'économie ni la contexture[10] ; des mâchoires carrées et très apparentes, des os exorbitants, des hanches luxuriantes. Quand ces femmes allaient et venaient, elles ne me semblaient pas moins extraordinaires que quand elles gardaient leur immobilité mortuaire, alors qu'elles jouaient aux cartes. Les
35 hommes de ce salon offraient les couleurs grises et fanées des vieilles tapisseries, leur vie était frappée d'indécision ; mais leur costume se rapprochait beaucoup des costumes alors en usage, seulement leurs cheveux blancs, leurs visages flétris, leur teint de cire, leurs fronts ruinés, la pâleur des yeux leur donnaient à tous une ressemblance avec les femmes qui détruisait la réalité de leur costume. La
40 certitude de trouver ces personnages invariablement attablés ou assis aux mêmes

---

1. Lieu où l'on expose des objets rares, notamment des bustes antiques.
2. Ornements usés.
3. Femme de la haute société, veuve, qui bénéficie des biens de son mari.
4. Néologisme balzacien, dérivé de *caparaçonner*, « recouvrir un cheval d'un manteau décoré ».
5. Deux auteurs célèbres de littérature fantastique au début du XIXᵉ siècle.
6. Fortement courbés.
7. Fard rouge auquel les acteurs recourent pour se maquiller.
8. Enraciné chez quelqu'un avec le temps.
9. Figures dont le menton et le nez sont rapprochés comme les branches d'un casse-noisettes.
10. Composition.

heures achevait de leur prêter à mes yeux je ne sais quoi de théâtral, de pompeux, de surnaturel. Jamais je ne suis entré depuis dans ces garde-meubles célèbres, à Paris, à
45 Londres, à Vienne, à Munich, où de vieux gardiens vous montrent les splendeurs des temps passés, sans que je les peuplasse des figures du Cabinet des Antiques. Nous nous proposions souvent entre nous, écoliers de huit à dix ans, comme une partie de plaisir d'aller voir ces rare-
50 tés sous leur cage de verre. Mais aussitôt que je voyais la suave mademoiselle Armande, je tressaillais, puis j'admirais avec un sentiment de jalousie ce délicieux enfant, Victurnien, chez lequel nous pressentions tous une nature supérieure à la nôtre. Cette jeune et fraîche créa-
55 ture, au milieu de ce cimetière réveillé avant le temps, nous frappait par je ne sais quoi d'étrange. Sans nous rendre un compte exact de nos idées, nous nous sentions bourgeois et petits devant cette cour orgueilleuse.

H. DE BALZAC,
Le Cabinet des Antiques, 1839.

Francisco DE GOYA (1756-1828), *Le Temps ou Les Vieilles*, vers 1808-1812, huile sur toile, 180 × 125 cm (Palais des Beaux-Arts de Lille).

Une vision grotesque

LECTURE

1 « Ce salon était alors comme une cage de verre » : expliquez la comparaison et sa force. À partir d'indices précis, étudiez la mise en scène du regard réaliste.

2 @RECHERCHE Que signifie le mot « grotesque » ? Quel sens et quelle importance prend-il chez les auteurs romantiques ?

3 Relevez les indices qui transforment ces personnages en des silhouettes grotesques. Quelles **figures de style** dominent ?

4 Pourquoi l'emploi du terme « garde-meubles » (l. 44) forme-t-il la chute de ce passage ?

5 SYNTHÈSE Mettez en relation la déformation monstrueuse des corps et le milieu social auquel ces personnages appartiennent. Que tend à suggérer cet extrait sur le plan politique et historique ?

HISTOIRE DES ARTS

Que représentent selon vous les trois personnages dans la vision grotesque et hallucinée de Goya ?

VERS LE BAC

Invention

Dans une lettre à son éditeur, Honoré de Balzac justifie son choix de vouloir illustrer son roman par le tableau de Goya. Il y explique l'intérêt que le lecteur pourra y trouver. Rédigez les arguments qu'il développe.
▶ Fiche 11 **Comprendre un sujet d'écriture d'invention**

Dissertation

« Cette pièce me sembla toujours, à moi, bambin de douze ans, être une de ces curiosités rares qui se trouvent plus tard, quand on y songe, sur les limites du réel et du fantastique, sans qu'on puisse savoir si elles sont plus d'un côté que de l'autre. » Quel intérêt le romancier peut-il trouver à représenter ses personnages « sur les limites du réel et du fantastique » ? Vous argumenterez en prenant pour exemples cet extrait et d'autres œuvres vues ou lues.
▶ Fiche 17 **Comprendre un sujet de dissertation**

13 Honoré de Balzac
Illusions perdues, 1839

Biographie p. 671
Histoire littéraire p. 67, 86
Repères historiques p. 34

Les Illusions perdues raconte le parcours de Lucien de Rubempré, jeune poète de province, qu'une femme aristocrate qui se pique de littérature, Mme de Bargeton, va emmener avec elle à Paris. À travers les infortunes du héros, le romancier livre la peinture du monde impitoyable du journalisme et une méditation désenchantée sur le monde moderne.

Pendant sa première promenade vagabonde à travers les Boulevards et la rue de la Paix, Lucien, comme tous les nouveaux venus, s'occupa beaucoup des choses plus que des personnes. À Paris, les masses s'emparent tout d'abord de l'attention : le luxe des boutiques, la hauteur des maisons, l'affluence des voitures,
5 les constantes oppositions que présentent un extrême luxe et une extrême misère saisissent avant tout. Surpris de cette foule à laquelle il était étranger, cet homme d'imagination éprouva comme une immense diminution de lui-même. Les personnes qui jouissent en province d'une considération quelconque, et qui y rencontrent à chaque pas une preuve de leur importance, ne s'accoutument point à cette perte
10 totale et subite de leur valeur. Être quelque chose dans son pays et n'être rien à Paris, sont deux états qui veulent des transitions ; et ceux qui passent trop brusquement de l'un à l'autre, tombent dans une espèce d'anéantissement. Pour un jeune poète qui trouvait un écho à tous ses sentiments, un confident pour toutes ses idées, une âme pour partager ses moindres sensations, Paris allait être un affreux désert. Lucien
15 n'était pas allé chercher son bel habit bleu, en sorte qu'il fut gêné par la mesqui-nerie, pour ne pas dire le délabrement de son costume en se rendant chez Mme de Bargeton à l'heure où elle devait être rentrée ; il y trouva le baron du Châtelet[1], qui les emmena tous deux dîner au Rocher de Cancale[2]. Lucien, étourdi de la rapidité du tournoiement parisien, ne pouvait rien dire à Louise, ils étaient tous les trois
20 dans la voiture ; mais il lui pressa la main, elle répondit amicalement à toutes les pensées qu'il exprimait ainsi. Après le dîner, Châtelet conduisit ses deux convives au Vaudeville. Lucien éprouvait un secret mécontentement à l'aspect de du Châtelet…

H. DE BALZAC, *Illusions perdues*, deuxième partie, « Un grand homme de province à Paris », 1839.

1. Le baron du Châtelet : Sixte du Châtelet, amant de Madame de Bargeton.
2. Le Rocher de Cancale : restaurant parisien qui connut un grand succès de fréquentation au XIXe siècle.

Une déception capitale

LECTURE

1 À travers les indices descriptifs, montrez la représentation qui est donnée de la capitale.

2 Quels sont les sentiments que Lucien éprouve ? Caractérisez son état d'esprit.

3 Repérez dans l'extrait les interventions du narrateur. Sur quoi portent-elles ? Quelles dimensions donnent-elles au roman ?

4 Quel traitement Balzac donne-t-il du trio de personnages ? Montrez comment les enjeux amoureux et sociaux se croisent.

VERS LE BAC

Invention
Dans une lettre à sa mère, Lucien de Rubempré expose ses premières impressions sur la capitale, entre séductions et dangers. Inscrivez son propos dans une argumentation.
▶ Fiche 11 Comprendre un sujet d'écriture d'invention

Dissertation
Pensez-vous qu'un roman puisse restituer l'expérience d'une vie à travers le parcours d'un personnage ? Vous appuierez votre réponse sur le texte de Balzac, ainsi que sur d'autres œuvres que vous avez lues.
▶ Fiche 17 Comprendre un sujet de dissertation

14 Honoré de Balzac
Une ténébreuse affaire, 1841

Un complot contre Bonaparte est découvert. Corentin et Peyrade, deux enquêteurs parisiens, sont envoyés chez la jeune aristocrate Laurence de Cinq-Cygne, soupçonnée d'y avoir participé. Trouveront-ils des preuves contre elle ou parviendra-t-elle à leur échapper ?

Biographie p. 671
Histoire littéraire p. 67, 86
Littérature et société p. 66
Repères historiques p. 34

Peyrade descendit et vint au salon en tenant à la main une cassette en bois de santal sculpté, qui devait avoir été jadis rapportée de la Chine par l'amiral de Simeuse[1]. Cette jolie boîte était plate et de la dimension d'un volume in-quarto[2] [...]

5 Tous les habitants du château [...] avaient les yeux sur la précieuse cassette. Tout en causant, les deux agents épiaient le langage de ces regards flamboyants. Une sorte de rage froide remuait le cœur insensible de ces deux êtres qui savouraient la terreur générale. L'homme de police a toutes les émotions du chasseur ; mais en déployant les forces du corps et de l'intelligence, là où l'un cherche à tuer un lièvre, une per-
10 drix ou un chevreuil, il s'agit pour l'autre de sauver l'État ou le prince, de gagner une large gratification. Ainsi la chasse à l'homme est supérieure à l'autre chasse de toute la distance qui existe entre les hommes et les animaux. D'ailleurs, l'espion a besoin d'élever son rôle à toute la grandeur et à l'importance des intérêts auxquels il se dévoue. Sans tremper dans ce métier, chacun peut donc concevoir que l'âme
15 y dépense autant de passion que le chasseur en met à poursuivre le gibier. Ainsi, plus ils avançaient vers la lumière, plus ces deux hommes étaient ardents ; mais leur contenance, leurs yeux restaient calmes et froids, de même que leurs soupçons, leurs idées, leur plan restaient impénétrables. Mais, pour qui eût suivi les effets du flair moral de ces deux limiers à la piste des faits inconnus et cachés, pour qui eût compris
20 les mouvements d'agilité canine qui les portaient à trouver le vrai par le rapide examen des probabilités, il y avait de quoi frémir ! Comment et pourquoi ces hommes de génie étaient-ils si bas quand ils pouvaient être si haut ? Quelle imperfection, quel vice, quelle passion les ravalait ainsi ? Est-on homme de police comme on est penseur, écrivain, homme d'État, peintre, général, à la condition de ne savoir
25 faire qu'espionner, comme ceux-là parlent, écrivent, administrent, peignent ou se battent ? Les gens du château n'avaient dans le cœur qu'un même souhait : le tonnerre ne tombera-t-il pas sur ces infâmes ? Ils avaient tous soif de vengeance. Aussi, sans la présence des gendarmes, y aurait-il eu révolte.

— Personne n'a la clef du coffret ? demanda le cynique Peyrade en interrogeant
30 l'assemblée autant par le mouvement de son gros nez rouge que par sa parole.

H. DE BALZAC, *Une ténébreuse affaire*, 1841.

1. Grand-oncle de Laurence.
2. Format d'un livre.

Chasse à l'homme

LECTURE

1 Identifiez les procédés par lesquels le narrateur donne un rythme haletant à son récit.

2 Repérez l'intervention du narrateur. Délimitez le passage et indiquez la fonction de ce commentaire.

3 Expliquez le parallèle établi entre l'homme de police et le chasseur. Pourquoi ce rapprochement ? Quelle image en ressort-il de l'homme de police ?

VERS LE BAC

Commentaire

Rédigez le commentaire de cet extrait en étudiant tout d'abord les techniques romanesques qui permettent de créer le suspense, puis en analysant l'intervention du narrateur et ses fonctions.

▶ Fiche 13 **Comprendre un sujet de commentaire**

15 Stendhal
Chroniques italiennes, 1829

Biographie
p. 671

Histoire littéraire
p. 67

Repères historiques
p. 34

Pietro Missirilli, prisonnier carbonaro[1] en fuite, s'est réfugié chez le père de Vanina Vanini. La jeune femme impulsive en tombe passionnément amoureuse. Mais, pour le garder près d'elle, elle trahit les dix-neuf révolutionnaires sous les ordres de son amant, espérant que ce dernier, seul rescapé, renoncera à la lutte. Hélas ! Pietro préfère se rendre et mourir aux côtés de ses hommes. Elle va le voir en prison avant l'exécution.

Vanina Vanini

Le fait est qu'à l'approche de la mort, tous les principes religieux qui pouvaient s'accorder avec la passion pour la liberté de l'Italie avaient reparu dans le cœur du jeune carbonaro. Peu à peu Vanina s'aperçut que le changement étonnant qu'elle remarquait chez son amant était tout moral, et nullement l'effet
5 de mauvais traitements physiques. Sa douleur, qu'elle croyait au comble, en fut encore augmentée.

Missirilli se taisait ; Vanina semblait sur le point d'être étouffée par les sanglots. Il ajouta d'un air un peu ému lui-même :

— Si j'aimais quelque chose sur la terre, ce serait vous, Vanina ; mais grâce
10 à Dieu, je n'ai plus qu'un seul but dans ma vie : je mourrai en prison, ou en cherchant à donner la liberté à l'Italie.

Il y eut encore un silence ; évidemment Vanina ne pou-
15 vait parler : elle l'essayait en vain. Missirilli ajouta :

— Le devoir est cruel, mon amie ; mais s'il n'y avait pas un peu de peine à l'accomplir,
20 où serait l'héroïsme ? Donnez-moi votre parole que vous ne chercherez plus à me voir.

Autant que sa chaîne assez serrée le lui permettait,
25 il fit un petit mouvement du poignet, et tendit les doigts à Vanina.

1. Membre d'une société secrète dont le but était de libérer l'Italie de la domination étrangère. Elle se réunissait dans la forêt, près des cabanes des charbonniers (*carbonari*) et en prit le nom.

Affiche du film de Roberto ROSSELLINI, 1961.

2. Vanina a donné mille sequins à la « vente », groupe de vingt hommes dont Pietro est le chef, pour financer une conspiration.

3. Au congrès de Vienne (1814-1815), des régions italiennes autonomes tombent sous le contrôle de l'Autriche, la France ou le Vatican. Seule la seconde guerre d'indépendance (1861) permettra à l'Italie de se réunifier.

4. Pendant la Révolution française, les révolutionnaires nationalisèrent et revendirent les biens du clergé et des aristocrates. Les *carbonari* souhaitent s'inspirer de cette démarche.

5. Consternée.

6. Château de Romagne appartenant à la famille Vanini. Pietro et Vanina s'y sont cachés pour échapper aux poursuites.

7. Représentant du pape, auprès duquel Missirilli s'est constitué prisonnier.

— Si vous permettez un conseil à un homme qui vous fut cher, mariez-vous sagement à l'homme de mérite que votre père vous destine. Ne lui faites aucune confidence fâcheuse ; mais, d'un autre côté, ne cherchez jamais à me revoir ; soyons désormais étrangers l'un à l'autre. Vous avez avancé une somme considérable pour le service de la patrie[2] ; si jamais elle est délivrée de ses tyrans[3], cette somme vous sera fidèlement payée en biens nationaux[4].

Vanina était atterrée[5]. En lui parlant, l'œil de Pietro n'avait brillé qu'au moment où il avait nommé la patrie. Enfin l'orgueil vint au secours de la jeune princesse ; elle s'était munie de diamants et de petites limes. Sans répondre à Missirilli, elle les lui offrit.

— J'accepte par devoir, lui dit-il, car je dois chercher à m'échapper ; mais je ne vous reverrai jamais, je le jure en présence de vos nouveaux bienfaits. Adieu, Vanina ; promettez-moi de ne jamais m'écrire, de ne jamais chercher à me voir ; laissez-moi tout à la patrie, je suis mort pour vous : adieu.

— Non, reprit Vanina furieuse, je veux que tu saches ce que j'ai fait, guidée par l'amour que j'avais pour toi.

Alors elle lui raconta toutes les démarches depuis le moment où Missirilli avait quitté le château de San Nicolô[6], pour aller se rendre au légat[7]. Quand ce récit fut terminé :

— Tout cela n'est rien, dit Vanina : j'ai fait plus, par amour pour toi.

Alors elle lui dit sa trahison.

— Ah ! Monstre, s'écria Pietro furieux, en se jetant sur elle, et il cherchait à l'assommer avec ses chaînes. Il y serait parvenu sans le geôlier qui accourut aux premiers cris. Il saisit Missirilli.

— Tiens, monstre, je ne veux rien te devoir, dit Missirilli à Vanina, en lui jetant, autant que ses chaînes le lui permettaient, les limes et les diamants, et il s'éloigna rapidement.

Vanina resta anéantie. Elle revint à Rome ; et le journal annonce qu'elle vient d'épouser le prince don Livio Savelli.

STENDHAL, *Chroniques italiennes*, « Vanina Vanini ou Particularités sur la dernière vente de Carbonari découverte dans les États du pape », 1829.

Violence et passion

LECTURE

1 Quel type de passion exaltée anime chacun des deux personnages ? Argumentez en analysant la gradation et le lexique de l'excès.

2 Stendhal passe sous silence la trahison. Nommez cette **figure de style** et précisez pourquoi elle est propre à la nouvelle.

3 Quelles notations ancrent le récit dans une réalité géographique et historique donnée ? Pourquoi l'allusion au journal accentue-t-elle ce **réalisme** ?

4 Pietro veut assommer sa maîtresse. À quel **registre** ce jeu de scène appartient-il ? En quoi brise-t-il son image de héros romanesque ?

5 Quand et sur quel rythme le journal annonce-t-il le mariage réaliste de Vanina ? Pourquoi cette « chute » brutale résume-t-elle aussi la naissance du réalisme, synonyme de mise à mort des rêves romantiques et de chute dans la réalité ?

VERS LE BAC

Dissertation

« Les gens ne s'intéressent pas aux héros heureux. Il leur faut du tragique, du mythique, du monstrueux, du terrifiant. », constate J. Lacarrière. Expliquez et discutez ce propos. Vous trouverez des exemples dans les textes et tableaux de la séquence.

▶ Fiche 17 **Comprendre un sujet de dissertation**

16 Stendhal
Le Rouge et le Noir, 1830

Biographie p. 671

Histoire littéraire p. 67

Repères historiques p. 34

Le Rouge et le Noir, roman de l'ambition et de l'énergie, retrace le parcours de Julien Sorel, héros en rupture avec son milieu modeste. Le titre annonce son ascension et sa chute : la formation au séminaire (habit noir), la carrière militaire (habit rouge) et la mort violente sur l'échafaud. Le lecteur le découvre dans la scierie paternelle.

En approchant de son usine, le père Sorel appela Julien de sa voix de stentor[1] ; personne ne répondit. Il ne vit que ses fils aînés, espèces de géants qui, armés de lourdes haches, équarrissaient[2] les troncs de sapin, qu'ils allaient porter à la scie. Tout occupés à suivre exactement la marque noire tracée sur la pièce
5 de bois, chaque coup de leur hache en séparait des copeaux énormes. Ils n'entendirent pas la voix de leur père. Celui-ci se dirigea vers le hangar ; en y entrant, il chercha vainement Julien à la place qu'il aurait dû occuper, à côté de la scie. Il l'aperçut à cinq ou six pieds de haut, à cheval sur l'une des pièces de la toiture. Au lieu de surveiller attentivement l'action de tout le mécanisme, Julien lisait. Rien
10 n'était plus antipathique au vieux Sorel ; il eût peut-être pardonné à Julien sa taille mince, peu propre aux travaux de force, et si différente de celle de ses aînés ; mais cette manie de lecture lui était odieuse, il ne savait pas lire lui-même.

Ce fut en vain qu'il appela Julien deux ou trois fois. L'attention que le jeune homme donnait à son livre, bien plus que le bruit de la scie, l'empêcha d'entendre
15 la terrible voix de son père. Enfin, malgré son âge, celui-ci sauta lestement sur l'arbre soumis à l'action de la scie, et de là sur la poutre transversale qui soutenait le toit. Un coup violent fit voler dans le ruisseau le livre que tenait Julien ; un second coup aussi violent, donné sur la tête, en forme de calotte, lui fit perdre l'équilibre. Il allait tomber à douze ou quinze pieds plus bas, au milieu des leviers
20 de la machine en action, qui l'eussent brisé, mais son père le retint de la main gauche, comme il tombait.

– Eh bien, paresseux ! tu liras
25 donc toujours tes maudits livres, pendant que tu es de garde à la scie ? Lis-les le soir, quand tu vas perdre ton temps chez le curé, à la bonne heure.

1. Voix forte et puissante.
2. Tailler le bois à angles droits.
3. Voir l'encadré « La légende napoléonienne ».
4. Nez fin et busqué en forme de bec d'aigle.

Jacques-Louis DAVID (1748-1825), *Bonaparte, Premier Consul, franchissant les Alpes au Mont Saint-Bernard le 20 mai 1800*, 1803, huile sur toile, 259 × 221 cm (Musée national du château de Malmaison).

La légende napoléonienne

Le Mémorial de Sainte-Hélène est un ouvrage publié en 1822-1823 par Emmanuel de Las Cases et rédigé à la suite d'entretiens avec l'empereur. Il contribue à la légende d'un Napoléon conquérant, apportant l'esprit des Lumières à toute l'Europe. Il devient le livre de chevet de la jeune génération qui a cru en la révolution de 1830 et que déçoit Louis-Philippe, rappelant aux affaires des conservateurs âgés, refusant de céder la place à la génération montante et aux idées nouvelles.

Julien, quoique étourdi par la force du coup, et tout sanglant, se rapprocha de son poste officiel, à côté de la scie. Il avait les larmes aux yeux, moins à cause de la douleur physique, que pour la perte de son livre qu'il adorait.

– Descends, animal, que je te parle. »

Le bruit de la machine empêcha encore Julien d'entendre cet ordre. Son père qui était descendu, ne voulant pas se donner la peine de remonter sur le mécanisme, alla chercher une longue perche pour abattre des noix, et l'en frappa sur l'épaule. À peine Julien fut-il à terre, que le vieux Sorel, le chassant rudement devant lui, le poussa vers la maison. Dieu sait ce qu'il va me faire ! se disait le jeune homme. En passant, il regarda tristement le ruisseau où était tombé son livre ; c'était celui de tous qu'il affectionnait le plus, le *Mémorial de Sainte-Hélène*[3].

Il avait les joues pourpres et les yeux baissés. C'était un petit jeune homme de dix-huit à dix-neuf ans, faible en apparence, avec des traits irréguliers, mais délicats, et un nez aquilin[4]. De grands yeux noirs, qui, dans les moments tranquilles, annonçaient de la réflexion et du feu, étaient animés en cet instant de l'expression de la haine la plus féroce. Des cheveux châtain foncé, plantés fort bas, lui donnaient un petit front, et, dans les moments de colère, un air méchant. Parmi les innombrables variétés de la physionomie humaine, il n'en est peut-être point qui se soit distinguée par une spécialité plus saisissante. Une taille svelte et bien prise annonçait plus de légèreté que de vigueur. Dès sa première jeunesse, son air extrêmement pensif et sa grande pâleur avaient donné l'idée à son père qu'il ne vivrait pas, ou qu'il vivrait pour être une charge à sa famille. Objet des mépris de tous à la maison, il haïssait ses frères et son père ; dans les jeux du dimanche, sur la place publique, il était toujours battu.

STENDHAL, *Le Rouge et le Noir*, 1830.

Un personnage en conflit

LECTURE

1 Caractérisez le milieu social auquel appartient le héros. Quelles valeurs dominent et s'imposent ? Pourquoi Julien apparaît-il comme un étranger ?

2 Dans quelle mesure le réalisme de l'extrait révèle-t-il la personnalité du jeune héros ? Expliquez.

3 Pourquoi la singularité du personnage annonce-t-elle un parcours hors norme ?

4 Quelles contradictions, dans la description, construisent la singularité de ce personnage ? Exprimez votre première impression de lecteur découvrant ce héros hors norme.

5 Pourquoi le livre et la lecture cristallisent-ils la haine du père et du fils ? Analysez la brutalité de la réaction paternelle et la violence des sentiments filiaux.

6 En vous aidant de la note 3, expliquez pourquoi la relation entre le père et le fils est symbolique d'un conflit entre jeune et ancienne génération.

7 *Le Rouge et le Noir* se présente dans le sous-titre comme des « Chroniques de 1830 ». À travers le portrait de Julien, expliquez à quoi les jeunes gens de sa génération sont condamnés.

HISTOIRE DES ARTS

Comment David donne-t-il une dimension mythique à Napoléon ? Essayez en particulier de commenter les gravures sur la roche représentée dans le coin inférieur gauche.

VERS LE BAC

Invention

Vous rédigerez une partie de la préface qu'aurait pu écrire Stendhal pour justifier le choix de son jeune héros. Vous relierez le personnage à la révolte de la génération romantique contre la génération précédente.

▸ Fiche 11 Comprendre un sujet d'écriture d'invention

Commentaire

Rédigez un commentaire montrant le décalage entre le personnage et son milieu d'origine et les enjeux d'une telle présentation dans l'*incipit* du roman.

▸ Fiche 13 Comprendre un sujet de commentaire

17 Gustave Flaubert
Madame Bovary, 1857

Biographie p. 671

Histoire littéraire p. 67, 86

Repères historiques p. 34

Madame Bovary, publié en 1857, provoque le scandale et l'incompréhension à tel point que le livre fait l'objet d'un procès public. Le roman peint le désenchantement qu'éprouve une jeune femme, Emma, mariée à un médecin de la campagne rouennaise un peu fruste.

Elle[1] songeait quelquefois que c'étaient là pourtant les plus beaux jours de sa vie, la lune de miel[2] comme on disait. Pour en goûter la douceur, il eût fallu, sans doute, s'en aller vers ces pays à noms sonores où les lendemains de mariage ont de plus suaves paresses ! Dans des chaises de poste, sous des stores de
5 soie bleue, on monte au pas des routes escarpées, écoutant la chanson du postillon, qui se répète dans la montagne avec les clochettes des chèvres et le bruit sourd de la cascade. Quand le soleil se couche, on respire au bord des golfes le parfum des citronniers ; puis, le soir, sur la terrasse des villas, seuls et les doigts confondus, on regarde les étoiles en faisant des projets. Il lui semblait que certains lieux sur la
10 terre devaient produire du bonheur, comme une plante particulière au sol et qui pousse mal tout autre part.

Que ne pouvait-elle s'accouder sur le balcon des chalets suisses ou enfermer sa tristesse dans un cottage écossais, avec un mari vêtu d'un habit de velours noir à longues basques, et qui porte des bottes molles, un chapeau pointu et des
15 manchettes !

Peut-être aurait-elle souhaité faire à quelqu'un la confidence de toutes ces choses. Mais comment dire un insaisissable malaise, qui change d'aspect comme les
20 nuées, qui tourbillonne comme le vent ? Les mots lui manquaient donc, l'occasion, la hardiesse.

Si Charles l'avait voulu cependant, s'il s'en fût douté, si son regard, une seule fois,
25 fût venu à la rencontre de sa pensée, il lui semblait qu'une abondance subite se serait détachée de son cœur, comme tombe la récolte d'un espalier[3] quand on y porte la main. Mais, à mesure que se serrait davan-
30 tage l'intimité de leur vie, un détachement intérieur se faisait qui la déliait de lui.

1. Il s'agit d'Emma Bovary.
2. Période qui suit le mariage.
3. Arbre fruitier taillé et fixé contre un mur.

Affiche de l'adaptation filmique du roman par Claude CHABROL (1991) avec Isabelle Huppert dans le rôle-titre.

La conversation de Charles était plate comme un trottoir de rue, et les idées de tout le monde y défilaient dans leur costume ordinaire, sans exciter d'émotion, de rire ou de rêverie. Il n'avait jamais été curieux, disait-il, pendant qu'il habitait
35 Rouen, d'aller voir au théâtre les acteurs de Paris. Il ne savait ni nager, ni faire des armes, ni tirer le pistolet, et il ne put, un jour, lui expliquer un terme d'équitation qu'elle avait rencontré dans un roman.

Un homme, au contraire, ne devait-il pas, tout connaître, exceller en des activités multiples, vous initier aux énergies de la passion, aux raffinements de la vie,
40 à tous les mystères ? Mais il n'enseignait rien, celui-là, ne savait rien, ne souhaitait rien. Il la croyait heureuse ; et elle lui en voulait de ce calme si bien assis, de cette pesanteur sereine, du bonheur même qu'il lui donnait.

Elle dessinait quelquefois ; et c'était pour Charles un grand amusement que de rester là, tout debout, à la regarder penchée sur son carton, clignant des yeux
45 afin de mieux voir son ouvrage, ou arrondissant, sur son pouce, des boulettes de mie de pain. Quant au piano, plus les doigts y couraient vite, plus il s'émerveillait. Elle frappait sur les touches avec aplomb, et parcourait du haut en bas tout le clavier sans s'interrompre. Ainsi secoué par elle, le vieil instrument, dont les cordes fusaient, s'entendait jusqu'au bout du village si la fenêtre était ouverte, et souvent
50 le clerc de l'huissier[4] qui passait sur la grande route, nu-tête et en chaussons, s'arrêtait à l'écouter, sa feuille de papier à la main.

[...] Charles finissait par s'estimer davantage de ce qu'il possédait une pareille femme. Il montrait avec orgueil, dans la salle[5], deux petits croquis d'elle, à la mine de plomb, qu'il avait fait encadrer de cadres très larges et suspendus contre
55 le papier de la muraille à de longs cordons verts.

G. FLAUBERT, *Madame Bovary*, 1857.

4. Employé de l'huissier, chargé de mettre à exécution certaines décisions de justice.
5. Salle à manger.

Roman intérieur

LECTURE

Une femme exaltée

1 Étudiez la structure du texte dans son alternance entre rêve et réalité. Délimitez les passages avec précision et donnez-leur un titre.

2 Par quels moyens le narrateur restitue-t-il les **pensées** d'Emma Bovary ?

3. Comment Emma Bovary se représente-t-elle la lune de miel ? Dans quel type de roman pourrait-on retrouver une telle scène ?

4. Lisez de façon expressive le premier paragraphe : quel est le **registre** dominant ? Quels en sont les excès ?

La platitude du réel

5 Relevez dans l'ensemble de l'extrait les formules qui contrastent avec la représentation de la lune de miel. Quel est l'effet produit ?

6 LANGUE Faites l'étude de la négation et de ses formes dans le portrait de Charles. Qu'en concluez-vous ?

7 Quel rapport le romancier adopte-t-il à l'égard de ses personnages ?

8 SYNTHÈSE En quoi ce texte est-il représentatif de ce qu'on appelle le « bovarysme » ?

HISTOIRE DES ARTS

Comment l'affiche du film de Chabrol représente-t-elle l'état d'exaltation du personnage ? Le cinéaste fait-il preuve, comme le romancier, d'ironie ?

VERS LE BAC

Commentaire

Rédigez un commentaire montrant le caractère factice de la représentation qu'Emma se fait de l'amour ainsi que l'ironie du narrateur.

▶ Fiche 13 **Comprendre un sujet de commentaire**

Oral (analyse)

Quelle représentation du couple Flaubert propose-t-il dans ce passage ?

▶ Fiche 16 **Réussir l'épreuve orale du baccalauréat**

18 Gustave Flaubert
Madame Bovary, 1857

La jeune Emma, nourrie de romans d'amour et de rêves exotiques, a épousé Charles Bovary, petit médecin de campagne. Pour tromper son ennui et ses désillusions, elle devient la maîtresse de Rodolphe, un séducteur peu scrupuleux. Pour lui plaire, elle se ruine en cadeaux dispendieux et refait sa garde-robe.

Biographie p. 671
Histoire littéraire p. 67, 86
Repères historiques p. 34

1. Rodolphe, l'amant d'Emma Bovary.
2. Crème adoucissante.

C'était pour lui[1] qu'elle se limait les ongles avec un soin de ciseleur, et qu'il n'y avait jamais assez de *cold-cream*[2] sur sa peau, ni de patchouli dans ses mouchoirs. Elle se chargeait de bracelets, de bagues, de colliers. Quand il devait venir, elle emplissait de roses ses deux grands vases de verre bleu, et disposait son appartement et sa personne comme une courtisane qui attend un prince. […]

Jamais Mme Bovary ne fut aussi belle qu'à cette époque ; elle avait cette indéfinissable beauté qui résulte de la joie, de l'enthousiasme, du succès, et qui n'est que l'harmonie du tempérament avec les circonstances. Ses convoitises, ses chagrins, l'expérience du plaisir et ses illusions toujours jeunes, comme font aux fleurs le fumier, la pluie, les vents et le soleil, l'avaient par gradations développée, et elle s'épanouissait enfin dans la plénitude de sa nature. Ses paupières semblaient taillées tout exprès pour ses longs regards amoureux où la prunelle se perdait, tandis qu'un souffle fort écartait ses narines minces et relevait le coin charnu de ses lèvres, qu'ombrageait à la lumière un peu de duvet noir. On eût dit qu'un artiste habile en corruptions avait disposé sur sa nuque la torsade de ses cheveux : ils s'enroulaient en une masse lourde, négligemment, et selon les hasards de l'adultère, qui les dénouait tous les jours. Sa voix maintenant prenait des inflexions plus molles, sa taille aussi ; quelque chose de subtil qui vous pénétrait se dégageait même des draperies de sa robe et de la cambrure de son pied. Charles, comme aux premiers temps de son mariage, la trouvait délicieuse et tout irrésistible.

G. FLAUBERT, *Madame Bovary*, 1857.

Une élégante

DU TEXTE À L'IMAGE

1 Quelles expressions traduisent l'ironie de Flaubert et celle de Posy Simmonds (p. 107) ?

2 Montrez la transformation d'Emma en sensuelle courtisane. Comment Gemma interprète-t-elle ce rôle déjà écrit ?

3 Sur quels éléments la réécriture s'appuie-t-elle ? Quelle vignette pourrait illustrer la phrase de Flaubert : « elle s'épanouissait dans la plénitude de sa nature » ?

4 Montrez que dans les deux cas, mais différemment, Charles est dupe des actions d'Emma.

ÉCRITURE

Vers le commentaire

Vous commenterez l'extrait de *Madame Bovary* en analysant le regard du narrateur sur la transformation de son héroïne.

VERS LE BAC

Oral (entretien)

Comment expliquez-vous le succès remporté par les adaptations littéraires à la télévision ou au cinéma ?

▶ Fiche 16 Réussir l'épreuve orale du baccalauréat

19 Posy Simmonds
Gemma Bovery, 2000

RÉÉCRITURES

Gemma Bovery paraît d'abord en feuilleton dans le journal The Guardian *dont Posy Simmonds est l'illustratrice vedette. Ce roman graphique, librement adapté du roman réaliste de Gustave Flaubert, a connu un vif succès, tout comme* Tamara Drewe, *réécriture de Thomas Hardy, adapté au cinéma par Stephen Frears, en 2010.*

Biographie
p. 671

Madame Bovery s'est également redécorée. "Mes accessoires", c'est ainsi qu'elle appelle les bottes, les chaussures, les ceintures, les bas, le maquillage, le long manteau de cachemire et la bouillotte. En lisant son journal, on a l'impression qu'elle se prépare pour un rôle, comme une actrice, répétant certains gestes, essayant des *maquillages*, apprenant à se mouvoir dans une robe peu familière.
À se demander si Charlie se rendait compte des après-midi qu'elle passait dans sa chambre "à répéter le coup du manteau". Elle ajoute : "On fait les choses correctement, ou pas."

En public, l'apparence de Gemma semblait inchangée. Quand elle venait à la boutique, elle avait son allure négligée. Puis on était frappé par un détail nouveau et incongru. Un jour, du rouge à lèvres. Le lendemain, du mascara. La fois d'après, des talons hauts — toutes choses que je n'avais jamais vues sur elle.

Posy SIMMONDS, *Gemma Bovery*, traduction de l'anglais par Lili Sztajn et Jean-Luc Fromental, Éd. Denoël, 2000.

William TURNER (1775-1851), *Tempête de neige. Vapeur au large d'un port*, 1842, huile sur toile, 91,5 × 122 cm (Tate Gallery, Londres).

20 Gustave Flaubert
L'Éducation sentimentale, 1869

Texte 1

Centré sur le jeune provincial Frédéric Moreau, ce roman d'apprentissage permet à Flaubert de poursuivre l'étude du réel entreprise avec Madame Bovary. Le monde brûle les illusions du « héros », faible, qui ne parviendra pas à franchir les obstacles et s'enlisera dans une forme de médiocrité.

Biographie
p. 671

Histoire littéraire
p. 67, 86

Repères historiques
p. 34

Incipit

1   Le 15 septembre 1840, vers six heures du matin, la *Ville-de-Montereau*[1], près de partir, fumait à gros tourbillons devant le quai Saint-Bernard.
   Des gens arrivaient hors d'haleine ; des barriques, des câbles, des corbeilles de linge gênaient la circulation ; les matelots ne répondaient à personne ; on se heur-
5 tait ; les colis montaient entre les deux tambours, et le tapage s'absorbait dans le bruissement de la vapeur, qui, s'échappant par des plaques de tôle, enveloppait tout d'une nuée blanchâtre, tandis que la cloche, à l'avant, tintait sans discontinuer.
   Enfin le navire partit ; et les deux berges, peuplées de magasins, de chantiers et d'usines, filèrent comme deux larges rubans que l'on déroule.
10 Un jeune homme de dix-huit ans, à longs cheveux et qui tenait un album sous un bras, restait auprès du gouvernail, immobile. À travers le brouillard, il contemplait des clochers, des édifices dont il ne savait pas les noms ; puis il embrassa, dans un dernier coup d'œil, l'île Saint-Louis, la Cité, Notre-Dame ; et bientôt, Paris disparaissant, il poussa un grand soupir.
15 M. Frédéric Moreau, nouvellement reçu bachelier, s'en retournait à Nogent-sur-Seine, où il devait languir pendant deux mois, avant d'aller faire son droit. Sa mère, avec la somme indispensable, l'avait envoyé au Havre voir un oncle, dont elle espérait, pour lui, l'héritage.

G. FLAUBERT, *L'Éducation sentimentale*, 1869.

Texte 2

De retour à Paris et invité chez Rosanette Bron, une courtisane, Frédéric découvre une soirée déguisée médiocre, qui l'écœure. La société s'y révèle grotesque et pathétique.

Frédéric, s'étant rangé contre le mur, regarda le quadrille[1] devant lui.

Un vieux beau, vêtu, comme un doge vénitien, d'une longue simarre[2] de soie pourpre, dansait avec Mme Rosanette, qui portait un habit vert, une culotte de tricot et des bottes molles à éperons d'or. Le couple en face se composait d'un Arnaute[3] chargé de yatagans[4] et d'une Suissesse aux yeux bleus, blanche comme du lait, potelée comme une caille, en manches de chemise et corset rouge. Pour faire valoir sa chevelure qui lui descendait jusqu'aux jarrets, une grande blonde, marcheuse à l'Opéra, s'était mise en femme sauvage ; et, par-dessus son maillot de couleur brune, n'avait qu'un pagne de cuir, des bracelets de verroterie, et un diadème de clinquant, d'où s'élevait une haute gerbe en plumes de paon. […] Un petit berger Watteau[5], azur et argent comme un clair de lune, choquait sa houlette contre le thyrse[6] d'une bacchante, couronnée de raisins, une peau de léopard sur le flanc gauche et des cothurnes[7] à rubans d'or. De l'autre côté une Polonaise, en spencer de velours nacarat[8], balançait son jupon de gaze sur ses bas de soie gris perle, pris dans des bottines roses cerclées de fourrure blanche. Elle souriait à un quadragénaire ventru, déguisé en enfant de chœur, et qui gambadait très haut, levant d'une main son surplis et retenant de l'autre sa calotte rouge. Mais la reine, l'étoile, c'était Mlle Loulou, célèbre danseuse des bals publics. Comme elle se trouvait riche maintenant, elle portait une large collerette de dentelle sur sa veste de velours uni ; et son large pantalon de soie ponceau[9], collant sur la croupe et serré à la taille par une écharpe de cachemire, avait, tout le long de la couture, des petits camélias blancs naturels. […]

Frédéric, en regardant ces personnes, éprouvait un sentiment d'abandon, un malaise.

G. FLAUBERT, *L'Éducation sentimentale*, Deuxième partie, Chapitre 1, 1869.

1. Nom d'une danse de bal.
2. Soutane ou robe ample.
3. Habitant d'Albanie, dans la péninsule des Balkans.
4. Arme turque à lame recourbée.
5. Peintre rococo (1684-1721) réputé pour ses tableaux de fêtes bucoliques.
6. Bâton entouré de lierre, emblème des femmes qui rendaient un culte à Dionysos.
7. Chaussures portées dans l'Antiquité.
8. Velours de couleur rouge clair nacré.
9. Soie de couleur coquelicot.

Paris : partir, revenir

LECTURE

Un départ teinté de brouillard (texte 1)

1 Observez le glissement de la description du port au portrait du personnage. Comment s'opère-t-il ?

2 Quels détails, dans la présentation du jeune homme, font pressentir une personnalité apathique ? Que laisse présager ce portrait quant à son destin ?

« Les illusions perdues » (texte 2)

3 Caractérisez à l'aide de trois mots-clefs la société que découvre Frédéric chez Rosanette.

4 Relevez et commentez toutes les références au monde animalier. Que traduisent-elles ?

5 Étudiez le champ lexical du luxe d'apparat et de la richesse. Comment le mauvais goût triomphe-t-il ?

HISTOIRE DES ARTS

Dans quelle mesure le tableau de Turner évoque-t-il à la fois le bouillonnement ambitieux et la marche du destin de Frédéric Moreau ? Justifiez.

ÉCRITURE

Vers le commentaire (texte 2)

Rédigez un axe de commentaire destiné à souligner le caractère grotesque et odieux des invités de Rosanette.

VERS LE BAC

Question sur un corpus

Pourquoi les extraits de *Madame Bovary* (p. 104, 106) et de *L'Éducation sentimentale* peuvent-ils être considérés comme des peintures sans concession de la petite bourgeoisie ?

▶ Fiche 9 Répondre à une question sur un corpus

21 Gustave Flaubert
Trois contes, 1875

Biographie
p. 671

Histoire littéraire
p. 67, 86

Repères historiques
p. 34

1. Amie de Flaubert.
2. Tonneau.
3. Bleuets.
4. Petite rivière près de Pont-l'Évêque.

Un cœur simple, film de Marion LAINE, 2008, avec Sandrine Bonnaire (Félicité), Marine Fois (Mme Aubain) et Antoine Olivera (Paul).

« *L'histoire d'*Un cœur simple *est tout bonnement le récit d'une vie obscure, celle d'une pauvre fille de campagne, dévote mais mystique, dévouée sans exaltation et tendre comme du pain frais* », écrit Flaubert à Mme des Genettes[1]. Félicité travaille avec un dévouement sans bornes pour Mme Aubain et ses enfants, Paul et Virginie. Ses seuls loisirs sont les promenades à la ferme de Geffosses.

Un cœur simple

1   Quand le temps était clair, on s'en allait de bonne heure à la ferme de Geffosses.
La cour est en pente, la maison dans le milieu ; et la mer, au loin, apparaît comme une tache grise.
5   Félicité retirait de son cabas des tranches de viande froide, et on déjeunait dans un appartement faisant suite à la laiterie. Il était le seul reste d'une habitation de plaisance maintenant disparue. Le papier de la muraille, en lambeaux, tremblait aux courants d'air. Mme Aubain penchait son front, accablée de souvenirs ; les enfants n'osaient plus parler.
10   – Mais jouez donc ! disait-elle ; ils décampaient.
Paul montait dans la grange, attrapait des oiseaux, faisait des ricochets sur la mare, ou tapait avec un bâton les grosses futailles[2] qui résonnaient comme des tambours.
Virginie donnait à manger aux lapins, se précipitait pour cueillir des bluets[3],
15   et la rapidité de ses jambes découvrait ses petits pantalons brodés.
Un soir d'automne, on s'en retourna par les herbages.
La lune à son premier quartier éclairait une partie du ciel, et un brouillard flottait comme une écharpe sur les sinuosités de la Toucques[4]. Des bœufs, étendus au milieu du gazon, regardaient tranquillement ces quatre personnes passer. Dans
20   la troisième pâture, quelques-uns se levèrent, puis se mirent en rond devant elles.

– Ne craignez rien ! dit Félicité ; et, murmurant une sorte de complainte, elle flatta sur l'échine celui qui se trouvait le plus près ; il fit volte-face, les autres l'imitèrent. Mais quand l'herbage suivant fut traversé, un beuglement formidable s'éleva. C'était un taureau, que cachait le brouillard. Il avança vers les deux femmes. Mme Aubain allait courir.

– Non ! non ! moins vite ! Elles pressaient le pas cependant, et entendaient par-derrière un souffle sonore qui se rapprochait. Ses sabots, comme des marteaux, battaient l'herbe de la prairie ; voilà qu'il galopait maintenant ! Félicité se retourna et elle arrachait à deux mains des plaques de terre qu'elle lui jetait dans les yeux. Il baissait le mufle, secouait les cornes et tremblait de fureur en beuglant horriblement. Mme Aubain, au bout de l'herbage avec ses deux petits, cherchait éperdue comment franchir le haut-bord[5]. Félicité reculait toujours devant le taureau, et continuellement lançait des mottes de gazon qui l'aveuglaient, tandis qu'elle criait :

– Dépêchez-vous ! dépêchez-vous !

Mme Aubain descendit le fossé, poussa Virginie, Paul ensuite, tomba plusieurs fois en tâchant de gravir le talus, et à force de courage y parvint.

Le taureau avait acculé Félicité contre une claire-voie[6] ; sa bave lui rejaillissait à la figure, une seconde de plus il l'éventrait. Elle eut le temps de se couler entre deux barreaux, et la grosse bête, toute surprise, s'arrêta.

Cet événement, pendant bien des années, fut un sujet de conversation à Pont-l'Évêque. Félicité n'en tira aucun orgueil, ne se doutant même pas qu'elle eût rien fait d'héroïque.

G. FLAUBERT, *Trois contes*, « Un cœur simple », 1875.

5. Le haut du fossé.
6. Clôture en bois formée de planches espacées.

L'héroïsme d'un cœur simple

LECTURE

Simplicité de la vie de province

1 @RECHERCHE Donnez toutes les définitions de « simplicité ». Comment Flaubert exprime-t-il la « simplicité » de la servante ?

2 Quels détails du texte, trop précis pour avoir été inventés, provoquent un effet de réel ?

Un exploit épique et comique

3 Délimitez et titrez les cinq épisodes de l'extrait. Quels détails héroïques et comiques ponctuent chacun ?

4 Analysez la monstruosité croissante de l'animal à travers sa description, le propos rapporté au discours indirect libre, l'imparfait.

5 Dans la seconde partie du texte, relevez les propos rapportés au discours direct et précisez qui parle. En quoi prouvent-ils le sang-froid et le courage du locuteur ?

HISTOIRE DES ARTS

Comment la photographie transcrit-elle l'héroïsme de Félicité ? Analysez.

VERS LE BAC

Invention

Écrivez la suite de cet *incipit*. Comme Flaubert, inventez une péripétie révélant l'héroïsme du personnage.

« Bien des années plus tôt, les parents de ma grand-mère avaient demandé que l'assistance publique leur confiât un orphelin pour les aider dans les travaux de la ferme [...]. On leur envoya André Dufourneau. Je me plais à croire qu'il arriva un soir d'octobre ou de décembre, trempé de pluie ou les oreilles rougies par le gel vif. »

Pierre Michon, *Vies minuscules*, 1984 © Éditions Gallimard.

▶ Fiche 11 Comprendre un sujet d'écriture d'invention

ÉDUCATION AUX MÉDIAS

Vous êtes metteur en scène et devez adapter le texte de Flaubert au cinéma. Découpez l'extrait en séquences cinématographiques. Vous utiliserez les termes propres au rythme du récit : « scène », « pause », « ellipse », etc.

22 Gustave Flaubert
Bouvard et Pécuchet, 1881

Biographie p. 671

Histoire littéraire p. 67, 86

Repères historiques p. 34

Lorsqu'il prépare son projet en 1872, Flaubert définit ainsi le roman qu'il imagine déjà : « Je vomirai sur mes contemporains le dégoût qu'ils m'inspirent. Cette chose est Bouvard et Pécuchet, *sorte de roman philosophique d'un comique grinçant. » Pour cela, il lui faut des héros : ce seront Bouvard et Pécuchet, deux médiocres copistes.*

Deux hommes parurent.

L'un venait de la Bastille, l'autre du Jardin des Plantes[1]. Le plus grand, vêtu de toile, marchait le chapeau en arrière, le gilet
5 déboutonné et sa cravate à la main. Le plus petit, dont le corps disparaissait dans une redingote marron, baissait la tête sous une casquette à visière pointue.

Quand ils furent arrivés au
10 milieu du boulevard, ils s'assirent à la même minute, sur le même banc.

Pour s'essuyer le front, ils retirèrent leurs coiffures, que
15 chacun posa près de soi — et le petit homme aperçut écrit dans le chapeau de son voisin : « Bouvard » ; pendant que celui-ci distinguait aisément dans la casquette du particulier
20 en redingote le mot : « Pécuchet ».

– « Tiens », dit-il, « nous avons eu la même idée, celle d'inscrire notre nom dans nos couvre-chefs. »

– « Mon Dieu, oui ! on pourrait prendre le mien à mon bureau ! »
25 – « C'est comme moi, je suis employé. »

Alors ils se considérèrent[2].

L'aspect aimable de Bouvard charma de suite Pécuchet.

Ses yeux bleuâtres, toujours entreclos, souriaient dans son visage coloré. Un pantalon à grand-pont[3], qui godait[4] par le bas sur des souliers de castor, moulait
30 son ventre, faisait bouffer sa chemise à la ceinture ; — et ses cheveux blonds, frisés d'eux-mêmes en boucles légères, lui donnaient quelque chose d'enfantin.

Il poussait du bout des lèvres une espèce de sifflement continu.

L'air sérieux de Pécuchet frappa Bouvard.

On aurait dit qu'il portait une perruque, tant les mèches garnissant son crâne élevé
35 étaient plates et noires. Sa figure semblait tout en profil, à cause du nez qui descendait très bas. Ses jambes prises dans des tuyaux de lasting[5] manquaient de proportion avec la longueur du buste ; et il avait une voix forte, caverneuse.

Cette exclamation lui échappa : – « Comme on serait bien à la campagne ! »

Mais la banlieue, selon Bouvard, était assommante par le tapage des guin-
40 guettes. Pécuchet pensait de même. Il commençait néanmoins à se sentir fatigué de la capitale, Bouvard aussi.

Honoré DAUMIER (1808-1879), *Antoine Maurice Apollinaire, baron d'Argout (1782-1858), ministre et pair de France* (ensemble des Célébrités du Juste Milieu), 1832, terre crue, polychromie, 13 × 16 × 9 cm (Musée d'Orsay, Paris).

1. L'action commence à Paris.
2. Ils se regardèrent.
3. Pantalon assorti d'une pièce qui se rabat sur le ventre.
4. Faisait des plis.
5. Étoffe de laine rase, satinée, unie ou à rayures, et utilisée notamment pour la confection de vêtements masculins.

Et leurs yeux erraient sur des tas de pierres à bâtir, sur l'eau hideuse où une botte de paille flottait, sur la cheminée d'une usine se dressant à l'horizon ; des miasmes[6] d'égout s'exhalaient. Ils se tournèrent de l'autre côté. Alors ils eurent
45 devant eux les murs du Grenier d'abondance[7].

Décidément (et Pécuchet en était surpris) on avait encore plus chaud dans les rues que chez soi !

Bouvard l'engagea à mettre bas sa redingote. Lui, il se moquait du qu'en 50 dira-t-on !

Tout à coup un ivrogne traversa en zigzag le trottoir ; — et à propos des ouvriers, ils entamèrent une conversation politique. Leurs opinions étaient les mêmes, bien que Bouvard fût peut-être plus libéral.

Un bruit de ferrailles sonna sur le pavé, dans un tourbillon de poussière.
55 C'étaient trois calèches de remise[8] qui s'en allaient vers Bercy, promenant une mariée avec son bouquet, des bourgeois en cravate blanche, des dames enfouies jusqu'aux aisselles dans leur jupon, deux ou trois petites filles, un collégien. La vue de cette noce amena Bouvard et Pécuchet à parler des femmes, — qu'ils déclarèrent frivoles, acariâtres, têtues. Malgré cela, elles étaient souvent meilleures que
60 les hommes ; d'autres fois elles étaient pires. Bref, il valait mieux vivre sans elles ; aussi Pécuchet était resté célibataire.

— « Moi je suis veuf », dit Bouvard, « et sans enfants ! »

— « C'est peut-être un bonheur pour vous ? » Mais la solitude à la longue était bien triste.

G. FLAUBERT, *Bouvard et Pécuchet*, 1881.

6. Odeur fétide.
7. Anciens greniers destinés à conserver des réserves alimentaires en cas de disette.
8. Voitures à quatre places qui se louent.

Et leurs yeux se rencontrèrent

LECTURE

Un couple contrasté
1 Observez le cadre spatial : comment Flaubert **construit**-il un récit réaliste ?

2 Analysez la **description** de chacun des personnages : en quoi sont-ils identiques ? En quoi diffèrent-ils ?

3 Analysez le jeu des regards : que se passe-t-il entre les deux personnages ? Pourquoi peut-on parler d'une parodie de rencontre amoureuse ?

L'ironie de Flaubert
4 Pourquoi peut-on dire que Flaubert utilise la parodie dans cette scène de rencontre ?

5 Quels comportements sociaux sont révélés dans ce passage ? Quels caractères se dessinent pour les deux personnages ?

6 Pourquoi peut-on qualifier les deux personnages d'antihéros ?

7 SYNTHÈSE Montrez que Flaubert met en scène deux personnages ridicules.

HISTOIRE DES ARTS
Comment le buste d'Honoré Daumier reflète-t-il un goût pour le personnage grotesque ?

VERS LE BAC

Question sur corpus
Comparez le texte de Flaubert et l'incipit de *Jacques le fataliste* (p. 60) : pourquoi peut-on définir le genre romanesque comme celui de la subversion des codes littéraires ?

▶ Fiche 9 **Répondre à une question sur un corpus**

Commentaire
Rédigez un commentaire de cet extrait de *Bouvard et Pécuchet* en étudiant d'abord le réalisme de la scène, puis en montrant que les deux personnages sont deux antihéros.

▶ Fiche 13 **Comprendre un sujet de commentaire**

Oral (analyse)
En quoi cette scène de rencontre joue-t-elle avec les attentes du lecteur ?

▶ Fiche 16 **Réussir l'épreuve orale du baccalauréat**

Histoire littéraire
Le naturalisme

La seconde moitié du XIXe siècle est marquée par la place accordée aux **images qui captent la réalité de la vie moderne**. Conjointement au travail des peintres réalistes et impressionnistes tels Courbet ou Monet, la photographie, inventée par Nicéphore Niépce en 1822, prend son essor. Elle offre les **instantanés frappants d'une société en pleine mutation**. Le quotidien et la ville inspirent des photographes comme Charles Marville (1816-vers 1878) ou Nadar (1820-1910) qui réalise les premiers portraits des grands personnages de son siècle.

Le mouvement naturaliste, considéré comme **l'héritier du réalisme**, apparaît en France vers 1860 et se nourrit de cette innovation technique. Les écrivains cherchent eux aussi à témoigner le plus fidèlement possible de leur époque et décident d'appliquer une **démarche scientifique** rigoureuse à la création littéraire. L'écrivain, comme le biologiste, devient **celui qui observe et étudie la nature des individus ainsi que l'influence de l'hérédité et du milieu sur leur évolution**. Pour cela, le romancier mène d'abord une véritable **enquête** : il se rend sur les lieux de l'action, prend des notes détaillées, établit des croquis qui serviront ensuite de guides à ses descriptions.

Zola, chef de file des naturalistes

Zola fait du naturalisme une véritable **école littéraire**. Dans la série des *Rougon-Macquart*, il veut raconter « l'Histoire naturelle et sociale d'une famille sous le Second Empire ». Ce projet, tel un laboratoire scientifique, cherche roman après roman à étudier l'itinéraire de personnages influencés par leur hérédité et leur milieu de vie.

→ **Ex :** *En 1867, Thérèse Raquin* marque le début de cette entreprise singulière : « J'ai voulu étudier des tempéraments », affirme Zola dans la préface.

Zola peint par son ami MANET en 1868, huile sur toile, 146,5 × 114 cm (Musée d'Orsay, Paris).

MONET (1840-1926) choisit de représenter *Les Charbonniers*, dit aussi *Les Déchargeurs de charbon,* vers 1875, huile sur toile, 54 × 66 cm (Musée d'Orsay, Paris).

Les grands principes du mouvement

◦ Peindre et représenter la société en explorant tous les milieux

Les ouvriers, les employés de maison, les banquiers, les prostituées : toutes les catégories sociales deviennent des sujets d'étude.

→ **Ex :** Zola décrit la vie des mineurs dans *Germinal*, celles d'une blanchisseuse et d'un ouvrier zingueur dans *L'Assommoir*.

Les naturalistes **refusent d'idéaliser leurs personnages**, qu'ils brossent avec leurs forces et leurs faiblesses.

→ **Ex :** Gervaise, l'héroïne de *L'Assommoir*, boîte. Elle hérite également d'une tare parentale qui accélère sa lente descente vers l'alcoolisme.

◦ Donner l'illusion de la réalité

Les écrivains naturalistes multiplient les **effets de réel** :
Par des **descriptions** minutieuses et documentées : dans ses *Carnets d'enquêtes*, Zola recense tous les détails des lieux qui serviront de cadre au roman.

Par l'emploi d'un **vocabulaire** argotique ou technique propre à tel milieu : dans sa nouvelle « Sac au dos », Huysmans donne à son infirmier une gouaille propre aux militaires.

Par des **portraits** réalistes et psychologiques des personnages : Maupassant décrit minutieusement la soif agressive de Georges Duroy (*Bel-Ami*).

Par l'emploi de **détails** très réalistes : la nouvelle « L'aveugle » (Maupassant) observe avec précision le mécanisme de l'exclusion en reproduisant le patois et les comportements de paysans dans une bourgade de Normandie.

Par le **refus** catégorique de l'**autocensure** : les naturalistes restent indifférents à toute forme de morale idéaliste.

S'appuyer sur une démarche scientifique

Chaque personnage devient, sous la plume des naturalistes, un « cas » ou un cobaye à étudier.

→ **Ex** : *Zola dissèque les crises qui empoisonnent l'existence de Claude Lantier et le rendent incapable de créer.*

Dans Germinie Lacerteux, *les frères Goncourt « étudient » une jeune femme dévorée par la tuberculose et l'hystérie.*

Claude MONET (1840-1926), *Train dans la neige*, 1875, huile sur toile, 59 × 78 cm (Musée Marmottan, Paris).

Les grandes figures du mouvement

Le mouvement naturaliste, mené par **Émile Zola**, compte des écrivains et artistes soucieux de vraisemblance, faisant des réalités quotidiennes le sujet de leur œuvre. Les plus célèbres sont les **frères Goncourt**, **Maupassant**, **Huysmans** ou **Tolstoï**.

— **Le roman** se prête parfaitement à leurs projets parce qu'il permet de suivre l'itinéraire des héros.

— En France, le recueil de **nouvelles** *Les Soirées de Médan* constitue un projet original. **Huysmans**, **Maupassant**, **Hennique**, **Céard** et **Alexis** se réunissent chez Zola, à Médan, pour y écrire chacun une nouvelle conforme aux principes défendus par le groupe.

→ **Ex** : *« Boule de Suif » constitue le chef-d'œuvre de cette aventure collective. Les conventions sociales de 1870 y apparaissent dans toute leur cruauté, sur fond de guerre et de débâcle.*

— **Au théâtre**, le dialogue permet de fouiller le fond de l'âme humaine.

Les peintres et sculpteurs adhèrent au naturalisme en faisant de scènes banales et quotidiennes de véritables chefs-d'œuvre à valeur d'étude. **Le monde des travailleurs** fait aussi son entrée dans celui de l'art.

→ **Ex** : *Caillebotte met en scène des raboteurs de parquet.*

Les limites de l'expérience naturaliste

Malgré leur volonté scientifique, les romanciers ne conservent pas toujours la rigueur et la sécheresse objective nécessaires à leur projet. Mais grâce à ces « entorses » au protocole d'écriture naturaliste, Zola file des métaphores transportant le lecteur dans un univers extraordinaire.

→ **Ex** : *La locomotive de* La Bête humaine *est personnifiée comme un animal puissant et épique.*
L'alambic de L'Assommoir *s'apparente à un monstre ronronnant et dévorateur.*

Zola et ses intellectuels, caricature, collection Larousse.

1887 est une date emblématique : Zola publie *La Terre*, roman consacré à la peinture du monde paysan. La critique conservatrice de l'époque attaque à nouveau le romancier et lui reproche d'aller trop loin dans la bestialité et la vulgarité. Le **Manifeste des cinq** est publié dans *Le Figaro* le 18 août 1887. Ce texte est rédigé sous la forme d'une lettre ouverte adressée à Zola par cinq jeunes écrivains (Bonnetain, Descaves, Guiches, Margueritte et J.-H. Rosny). Il blâme la crudité et « les obsessions morbides » de l'écrivain.

« *La Terre* a paru. La déception a été profonde et douloureuse. Non seulement l'observation est superficielle, les trucs démodés, la narration commune et dépourvue de caractéristiques, mais la note ordurière est exacerbée encore, descendue à des saletés si basses que, par instants, on se croirait devant un recueil de scatologie : le Maître est descendu au fond de l'immondice. »

Rapidement, **certains écrivains comme Huysmans ou Maupassant délaissent l'expérience naturaliste jugée** stérile et se détachent de leur « maître ». Dans la préface d'*À rebours*, Huysmans s'interroge : « Nous autres […] préoccupés d'un art plus subtil et plus vrai, nous devions nous demander si le naturalisme n'aboutissait pas à une impasse. »

HISTOIRE DES ARTS

Gustave Caillebotte,
Les Raboteurs de parquet, 1875

Gustave CAILLEBOTTE (1848-1894), *Les Raboteurs de parquet*, 1875, huile sur toile, 102 × 146,5 cm (Musée d'Orsay, Paris).

La perspective

Cette technique permet de **représenter des volumes** sur un support à **deux dimensions** (une feuille, un carton, une toile, etc.). Si certaines peintures préhistoriques ou fresques romaines de Pompéi employaient déjà une ébauche de perspective, il faut attendre la Renaissance pour que cette technique se développe. En effet, les humanistes placent l'être humain au centre du monde. Son regard, son point de vue aussi. Les artistes veulent donc **représenter le monde comme un homme le voit**, en tenant compte de la position des objets dans l'espace et des effets de l'éloignement (un objet vu de loin paraît plus petit et plus clair).

Les **techniques** de perspectives sont nombreuses et varient en fonction de l'effet à produire (réalisme, symbolisme, cubisme). La perspective la plus simple, ici employée, se nomme « **perspective cavalière** ». Le peintre joue avec le parallélisme des lignes pour renforcer l'impression de profondeur. Ainsi, le monde est peint de manière plus **réaliste** et plus conforme à ce que l'on voit.

Contexte artistique et historique

DÉFENSE ET ILLUSTRATION DES PEINTRES DU RÉEL

Riche héritier, ancien élève des Beaux-Arts de Paris, Caillebotte rencontre Degas, Monet, Renoir et les aide à organiser la **première exposition** impressionniste à Paris, en **1874**. Son souci de la vérité fait de lui un membre du clan des « modernes » que sont en littérature les écrivains réalistes et naturalistes, et, en art, les impressionnistes, adeptes de la peinture de plein air. Caillebotte est proche en cela de Zola qui défend ceux « qui peignent la réalité et qui se piquent de donner l'**impression** même de la nature ».

Refusés au Salon de 1875 parce que son sujet, jugé trop banal et « vulgaire », déplaisait, *Les Raboteurs de parquet* sont l'une des premières œuvres représentant des ouvriers. Caillebotte prend le parti de donner beauté et puissance à sa représentation, en jouant d'une lumière qui met en valeur les travailleurs : ainsi, **un sujet de la vie quotidienne est traité avec noblesse**. Dès 1876, Caillebotte soutient ses amis peintres en achetant leurs toiles à prix d'or. À sa mort, le mécène lègue sa collection personnelle à l'État. Cependant, conscient des critiques qui s'élèveront contre des œuvres jugées vulgaires parce qu'elles sont vraies, Caillebotte stipule : « Je donne à l'État les tableaux que je possède ; seulement, comme je veux que ce don soit accepté et le soit de telle façon que les tableaux n'aillent ni dans un grenier ni dans un musée de province, mais bien au Luxembourg et plus tard au Louvre, il est nécessaire que s'écoule un certain temps avant l'exécution de cette clause jusqu'à ce que le public, je ne dis pas comprenne, mais *admette cette peinture*. »

De fait, les peintres académiques menés par Gérôme refusent que ces œuvres entrent dans le patrimoine français. Après d'âpres négociations, l'État décide de sélectionner trente-huit œuvres du « legs Caillebotte ». Ces tableaux de Cézanne (*L'Estaque*), Manet (*Le Balcon*), Monet (*La Gare Saint-Lazare*), Pissarro, Renoir, Sisley, ainsi que deux tableaux du mécène lui-même, entrent au musée du Luxembourg, alors « **musée de l'art vivant** ». Ce legs a offert à la France des œuvres incontournables de son patrimoine.

Fenêtre sur l'univers naturaliste

1 @RECHERCHE Sur les sites des musées d'Orsay, du Petit Palais et de l'Orangerie, cherchez quels peintres ont mis à l'honneur ouvriers agricoles et urbains.

2 Cherchez ce qu'était « le Salon ».

LECTURE DE L'IMAGE

Noblesse des travailleurs

3 Quel est le point de vue choisi pour cette scène ? Comment interpréter ce choix ?

4 Observez les lignes dominantes structurant l'image. Comment le travail des couleurs souligne-t-il la profondeur du champ ?

5 Quels éléments du tableau sont frappés par la lumière ? Pourquoi ?

Nudité du cadre, nudité des corps

6 Décrivez l'attitude et le corps des raboteurs : que symbolisent-ils ?

7 La pièce est dépouillée : comment interpréter ce choix ? Proposez plusieurs hypothèses.

Au cœur du quotidien

8 En quoi les gestes, les outils et les accessoires font-ils de ce tableau une étude documentaire sur le métier de raboteur ?

9 Quels sont les deux univers qui s'opposent ici ? Quels détails précis symbolisent ce choc des cultures ?

ÉCRITURE

Argumentation

Le cadre et le décor de cette scène de la vie quotidienne peuvent sembler peu importants. Après avoir démontré la réalité et les limites de cette affirmation, vous expliquerez le choix de Caillebotte. Aidez-vous du « Contexte artistique et historique ».

VERS LE BAC

Invention

Suite au refus de son tableau par les critiques du Salon de 1875, Caillebotte écrit une lettre à ses détracteurs pour défendre son œuvre. Rédigez-la.

▶ **Fiche 11** Comprendre un sujet d'écriture d'invention

23 Les frères Goncourt
Germinie Lacerteux, 1865

Biographie
p. 671

Histoire littéraire
p. 67, 114

Repères historiques
p. 34

C'est Rose, une servante des frères Goncourt, qui inspira aux auteurs le personnage de Germinie Lacerteux. Tiraillée entre ses passions amoureuses et sa foi naïve, cette fille-mère mourra dévorée par l'hystérie et la tuberculose. La scène du bal est l'occasion de présenter le Paris populaire des années 1860.

La salle avait le caractère moderne des lieux de plaisir du peuple. Elle était éclatante d'une richesse fausse et d'un luxe pauvre. On y voyait des peintures et des tables de marchands de vin, des appareils de gaz dorés et des verres à boire un poisson¹ d'eau-de-vie, du velours et des bancs en bois, les misères et la
5 rusticité d'une guinguette dans le décor d'un palais de carton.

Des lambrequins de velours grenat avec un galon d'or, pendu aux fenêtres, se répétaient économiquement en peinture sous les glaces éclairées d'un bras à trois lumières. Aux murs, dans de grands panneaux blancs, des pastorales de Boucher², cerclées d'un cadre peint, alternaient avec les saisons de Prud'hon³, étonnées
10 d'être là ; et sur les dessus des fenêtres et des portes, des Amours hydropiques⁴ jouaient entre cinq roses décollées d'un pot de pommade de coiffeur de banlieue. Des poteaux carrés, tachés de maigres arabesques, soutenaient le milieu de la salle, au centre de laquelle une petite tribune octogone portait l'orchestre. Une barrière de chêne à hauteur d'appui et qui servait de dossier à une maigre banquette
15 rouge, enfermait la danse. Et contre cette barrière, en dehors, des tables peintes en vert, avec des bancs de bois, se serraient sur deux rangs, et entouraient le bal avec un café. Dans l'enceinte de la danse, sous le feu aigu et les flammes dardées du gaz, étaient toutes sortes de femmes vêtues de lainages sombres, passés, flétris, des femmes en bonnet de tulle noir, des femmes en paletot noir, des femmes en

1. Ancienne mesure : 1/5ᵉ de litre.
2. Peintre (1703-1770) célèbre pour ses scènes pastorales ou mythologiques.
3. Peintre (1758-1823) connu pour ses portraits et ses peintures allégoriques.
4. Dont le ventre est très charnu.

LEXIQUE : Vêtements et tissus au XIXᵉ siècle

- **Bonnet** : coiffe souple qui emboîte la tête ou le chignon des femmes.
- **Cache-nez** : écharpe grossière.
- **Caraco** : corsage à manches.
- **Crinoline** : armature de cerceaux métalliques attachée à la taille des femmes et portée sous la jupe.
- **Défroque** : vêtement démodé, de récupération.
- **Indienne** : tissu grossier et résistant.
- **Lambrequins** : bandes d'étoffe servant de décor pour les fenêtres.

Pierre-Auguste RENOIR (1841-1919), *Bal du moulin de la Galette, Montmartre*, 1876, huile sur toile, 73 × 92 cm (Musée d'Orsay, Paris).

**LEXIQUE :
Vêtements et tissus au XIXᵉ siècle**

• **Palatine** : tissu en coton.
• **Paletot** : veste qui couvre les vêtements jusqu'à mi-cuisse.
• **Sous-jupe** : jupon de toile porté sous la robe afin de doubler le vêtement.

5. Ici, « pas une trace ».
6. Établissement de prêt sur gages à Paris.
7. L'expression signifie que la vieille femme ne porte pas de chapeau, à la différence des femmes distinguées.
8. Bronzée. À l'époque, la peau blanche et laiteuse était l'apanage de la bourgeoisie et de la noblesse.

caracos élimés et râpés aux coutures, des femmes engoncées dans la palatine en fourrure des marchandes en plein vent et des boutiquières d'allées. Au milieu de cela pas un col qui encadrât la jeunesse des visages, pas un bout de jupon clair s'envolant du tourbillon de la danse, pas un réveillon[5] de blanc dans ces femmes sombres jusqu'au bout de leurs bottines ternes, et tout habillées des couleurs de la misère. Cette absence de linge mettait dans le bal un deuil de pauvreté ; elle donnait à toutes ces figures quelque chose de triste et de sale, d'éteint, de terreux, comme un vague aspect sinistre où se mêlait le retour de l'Hôpital au retour du Mont-de-piété[6] !

Une vieille en cheveux[7], la raie sur le côté, passait devant les tables, une corbeille remplie de morceaux de gâteau de Savoie et de pommes rouges. De temps en temps la danse, dans son branle et son tournoiement, montrait un bas sale, […] des doigts rouges au bout de mitaines noires, une figure bise[8] à moustache, une sous-jupe tachée de la crotte de l'avant-veille, une crinoline d'occasion forcée et toute bossue, de l'indienne de village à fleurs, un morceau de défroque de femme entretenue. Les hommes avaient le paletot, la petite casquette flasque rabattue par-derrière, le cache-nez de laine dénoué et pendant dans le dos. Ils invitaient les femmes en les tirant par les rubans de leurs bonnets, volant derrière elles. Quelques-uns, en chapeaux, en redingotes, en chemises de couleur, avaient un air de domesticité insolente et d'écurie de grande maison.

Tout sautait et s'agitait.

J. et E. DE GONCOURT, *Germinie Lacerteux*, Chapitre XVI, 1865.

Le bal, un plaisir populaire

LECTURE

Une fresque naturaliste

1 Comment la **description** est-elle organisée ? Quels détails dominent ?

2 Quel est le **point de vue** dominant ? Quelle conséquence ce choix a-t-il sur le réalisme de la scène ?

3 Quel regard les auteurs portent-ils sur cet univers ? Leur naturalisme vous semble-t-il objectif ? Justifiez en étudiant les mots et expressions qui traduisent leur opinion.

Les « couleurs de la misère »

4 Relevez et classez les choix lexicaux suggérant la laideur et la pauvreté. Comment le « luxe » de la salle apparaît-il ?

5 Qui sont les danseurs ? Caractérisez leur milieu.

HISTOIRE DES ARTS

Montrez que le regard de Renoir sur les classes populaires est tout autre que celui des frères Goncourt.
Vous analyserez les couleurs, les taches de lumière et la position des corps.

VERS LE BAC

Question sur un corpus

En vous appuyant sur ce texte et sur l'extrait de *L'Assommoir* (p. 126), vous préciserez les différentes fonctions remplies par la description dans un récit naturaliste. Comparez la vision que donne chaque auteur du milieu ouvrier. Lequel des deux textes vous semble transgresser le projet naturaliste ? Pourquoi ?

▶ **Fiche 9** Répondre à une question sur un corpus

Invention

Rédigez, à partir du tableau de Renoir, la description de la salle et des danseurs. Soyez sensible aux couleurs, aux détails et structurez votre texte à la manière des frères Goncourt, ou en respectant les différents plans du tableau.

▶ **Fiche 11** Comprendre un sujet d'écriture d'invention

Commentaire

Vous montrerez que cet extrait est naturaliste à partir du parcours de lecture suivant : A/ la mise en place d'une scène populaire ; B/ où domine le sinistre.

▶ **Fiche 13** Comprendre un sujet de commentaire

24 | Émile Zola
Thérèse Raquin, 1868

ŒUVRE INTÉGRALE

💬 Entrée dans l'œuvre : Une passion criminelle

Claude MONET (1840-1926), *La Barque*, 1887,
huile sur toile, 146 × 163 cm (Musée Marmottan, Paris).

Affiche du film *Thérèse Raquin*, de Marcel CARNÉ,
d'après le roman de Zola, 1953.

1 @RECHERCHE Cherchez d'autres couvertures ainsi qu'une autre affiche de film inspirées du récit de Zola. Quels motifs retrouvez-vous ? Quelles premières hypothèses de lecture se dessinent ?

2 Étudiez la composition et les couleurs choisies pour l'affiche de M. Carné. Quels indices laissent planer une ombre inquiétante ?

3 À présent, regardez le tableau de Monet. Qu'a-t-il bien pu se passer entre ces deux moments de l'intrigue ?

Proposez plusieurs hypothèses en vous aidant du titre de cette page.

👁 VERS LE BAC

Invention

Vous êtes l'éditeur de Zola et avez choisi le tableau de Monet comme visuel de couverture. Dans une lettre à l'auteur, vous légitimez votre choix.
▶ Fiche 11 Comprendre un sujet d'écriture d'invention

💬 La naissance de l'œuvre

1867 signe un tournant décisif dans la vie et l'œuvre du jeune Émile Zola. Abandonnant son emploi au sein de la maison Hachette, l'écrivain publie *Thérèse Raquin*, **son premier roman « physiologique »**, à partir d'une nouvelle (« Un mariage d'amour ») imaginée quelques mois plus tôt. Ce « coup d'essai » est un coup de maître qui offre la notoriété à son auteur et au naturalisme.

Dès sa parution, le roman devient **la cible de nombreux critiques** qui le qualifient de **« littérature putride »**, reprochant au romancier un **goût malsain pour le macabre**. Les premières caricatures de Zola fleurissent dans la presse, tandis que *Le Dictionnaire des contemporains* de Vapereau s'enrichit d'un nouvel article intitulé « Thérèse Raquin » (éd. Classiques Pocket, p. 311). Le projet ambitieux de Zola est en marche : ce premier roman pose les jalons d'une prose se définissant comme **l'enregistrement objectif de la réalité** mais habitée par une **vision mythologique de la société** profondément originale. Cette ambivalence nourrira, par la suite, chaque volume du cycle des Rougon-Macquart.

@RECHERCHE
Retrouvez sur le site de la BNF les caricatures de Zola. Comment résument-elles avec un humour féroce la querelle opposant Zola à ses détracteurs ?

120 | 1 Le roman et la nouvelle

La réception de l'œuvre : Le scandale de « la littérature putride »

1. L'œuvre critiquée

Le 23 janvier 1868 paraissait dans Le Figaro *un article à propos du roman :*

> Ma curiosité a glissé ces jours-ci dans une flaque de boue et de sang qui s'appelle *Thérèse Raquin*, et dont l'auteur, M. Zola, passe pour un jeune homme de talent. Je sais, du moins, qu'il vise avec ardeur à la renommée. [...]
> C'est le résidu de toutes les horreurs [...]. Le sujet est simple, le remords physique de deux amants qui tuent le mari pour être plus libres de le tromper, mais qui, ce mari tué, n'osent plus s'étreindre, car voici le supplice délicat qui les attend : « Ils poussèrent un cri et se pressèrent davantage afin de ne pas laisser entre leur chair de place pour le noyé. » [...]
> Ce livre résume trop fidèlement toutes les putridités de la littérature contemporaine pour ne pas soulever un peu de colère. Je n'aurais rien dit d'une fantaisie individuelle, mais à cause de la contagion il y va de toutes nos lectures. Forçons les romanciers à prouver leur talent autrement que par des emprunts aux tribunaux et à la voirie.
>
> « Ferragus », extrait de l'article[1] paru dans *Le Figaro*, 23 janvier 1868.

1. L'intégralité de l'article se trouve dans l'édition Classiques Pocket (document 2 p. 266).

2. Zola, *caricaturé par ses détracteurs*

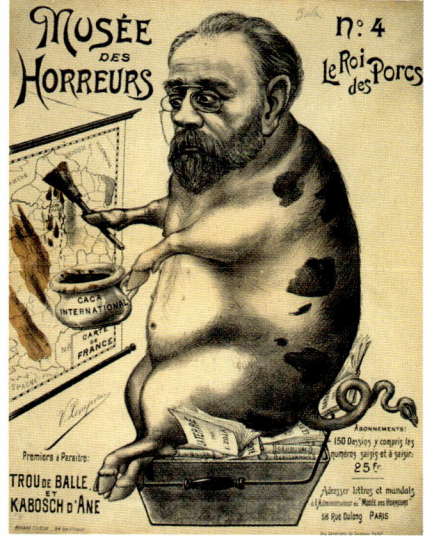

Émile ZOLA dans le *Musée des horreurs*.

3. Réponse de l'auteur

La critique a accueilli ce livre d'une voix brutale et indignée. Certaines gens vertueux, dans des journaux non moins vertueux, ont fait une grimace de dégoût, en le prenant avec des pincettes pour le jeter au feu. Les petites feuilles littéraires elles-mêmes, ces petites feuilles qui donnent chaque soir la gazette des alcôves et des cabinets particuliers, se sont bouché le nez en parlant d'ordure et de puanteur. [...]

Donc il faut que je présente moi-même mon œuvre à mes juges. Je le ferai en quelques lignes, uniquement pour éviter à l'avenir tout malentendu.

Dans *Thérèse Raquin*, j'ai voulu étudier des tempéraments et non des caractères. Là est le livre entier. J'ai choisi des personnages souverainement dominés par leurs nerfs et leur sang, dépourvus de libre arbitre, entraînés à chaque acte de leur vie par les fatalités de leur chair. Thérèse et Laurent sont des brutes humaines, rien de plus. J'ai cherché à suivre pas à pas dans ces brutes le travail sourd des passions, les poussées de l'instinct, les détraquements cérébraux survenus à la suite d'une crise nerveuse. Les amours de mes deux héros sont le contentement d'un besoin ; le meurtre qu'ils commettent est une conséquence de leur adultère, conséquence qu'ils acceptent comme les loups acceptent l'assassinat des moutons ; enfin ce que j'ai été obligé d'appeler leurs remords, consiste en un simple désordre organique, en une rébellion du système nerveux tendu à se rompre. L'âme est parfaitement absente, j'en conviens aisément, puisque je l'ai voulu ainsi.

On commence, j'espère, à comprendre que mon but a été un but scientifique avant tout.

É. ZOLA, Préface de la deuxième édition du roman (éd. Classiques Pocket, p. 261 à 266), 1868.

---

1 @RECHERCHE Qui était Ferragus ? Quel fut l'objet de la querelle qui l'opposa à Zola ?

2 Quel est le registre de son article (document 1) ? Quel est le reproche majeur formulé par le journaliste ? Se contente-t-il de blâmer le roman ?

3 Quels reproches la caricature adresse-t-elle au romancier (document 2) ?

4 Quels arguments Zola oppose-t-il à ses détracteurs dans le document 3 ?

5 LITTÉRATURE ET SOCIÉTÉ
Présentez plusieurs œuvres littéraires, cinématographiques et/ou picturales ayant suscité le débat. Quels types de reproches les critiques ont-ils avancés ? La société contemporaine peut-elle accepter cette forme de censure ?

EXTRAIT 1

L'étude des tempéraments et l'influence du milieu

Au cours du chapitre II, le narrateur revient sur l'enfance de Thérèse…

> ▶ À partir des informations sur les parents de Thérèse, établissez son arbre généalogique. Quelles contradictions façonnent le personnage ?

Thérèse allait avoir dix-huit ans. Un jour, seize années auparavant, lorsque Mme Raquin était encore mercière, son frère, le capitaine Degans, lui apporta une petite fille dans ses bras. Il arrivait d'Algérie.
– Voici une enfant dont tu es la tante, lui dit-il avec un sourire. Sa mère est morte… Moi je ne sais qu'en faire. Je te la donne.

La mercière prit l'enfant, lui sourit, baisa ses joues roses. Degans resta huit jours à Vernon[1]. Sa sœur l'interrogea à peine sur cette fille qu'il lui donnait. Elle sut vaguement que la chère petite était née à Oran[2] et qu'elle avait pour mère une femme indigène d'une grande beauté. Le capitaine, une heure avant son départ, lui remit un acte de naissance dans lequel Thérèse, reconnue par lui, portait son nom. Il partit, et on ne le revit plus ; quelques années plus tard, il se fit tuer en Afrique.

Thérèse grandit, couchée dans le même lit que Camille[3], sous les tièdes tendresses de sa tante. Elle était d'une santé de fer, et elle fut soignée comme une enfant chétive, partageant les médicaments que prenait son cousin, tenue dans l'air chaud de la chambre occupée par le petit malade. Pendant des heures, elle restait accroupie devant le feu, pensive, regardant les flammes en face, sans baisser les paupières. Cette vie forcée de convalescente la replia sur elle-même ; elle prit l'habitude de parler à voix basse, de marcher sans faire de bruit, de rester muette et immobile sur une chaise, les yeux ouverts et vides de regards. Et, lorsqu'elle levait un bras, lorsqu'elle avançait un pied, on sentait en elle des souplesses félines, des muscles courts et puissants, toute une énergie, toute une passion qui dormaient dans sa chair assoupie. Un jour, son cousin était tombé, pris de faiblesse ; elle l'avait soulevé et transporté, d'un geste brusque, et ce déploiement de force avait mis de larges plaques ardentes sur son visage. La vie cloîtrée qu'elle menait, le régime débilitant auquel elle était soumise ne purent affaiblir son corps maigre et robuste ; sa face prit seulement des teintes pâles, légèrement jaunâtres, et elle devint presque laide à l'ombre. Parfois, elle allait à la fenêtre, elle contemplait les maisons d'en face sur lesquelles le soleil jetait des nappes dorées.

Lorsque Mme Raquin vendit son fonds[4] et qu'elle se retira dans la petite maison du bord de l'eau, Thérèse eut de secrets tressaillements de joie. Sa tante lui avait répété si souvent : « Ne fais pas de bruit, reste tranquille », qu'elle tenait soigneusement cachées, au fond d'elle, toutes les fougues de sa nature. Elle possédait un sang-froid suprême, une apparente tranquillité qui cachait des emportements terribles. Elle se croyait toujours dans la chambre de son cousin, auprès d'un enfant moribond ; elle avait des mouvements adoucis, des silences, des placidités[5], des paroles bégayées de vieille femme.

É. ZOLA, *Thérèse Raquin*, Chapitre II (éd. Classiques Pocket, p. 25-26), 1867.

---

1. Petite ville de province, située dans l'Eure, dans laquelle se trouvait la première boutique de Mme Raquin.
2. Ville d'Algérie célèbre pour la beauté de son port sur la Méditerranée.
3. Cousin de Thérèse, fils de Mme Raquin.
4. Fonds de commerce ; ce terme évoque la mercerie.
5. Flegme, décontraction.

EXTRAIT 2

Meurtre et intensité dramatique

Thérèse était demeurée sur la rive, grave et immobile, à côté de son amant qui tenait l'amarre. Il se baissa, et, rapidement, à voix basse :
– Prends garde, murmura-t-il, je vais le jeter à l'eau… Obéis-moi… Je réponds de tout.

5   La jeune femme devint horriblement pâle. Elle resta clouée comme au sol. Elle se roidissait[1], les yeux agrandis.
– Entre donc dans la barque, murmura encore Laurent.
Elle ne bougea pas. Une lutte terrible se passait en elle. Elle tendait sa volonté de toutes ses forces, car elle avait peur d'éclater en sanglots et de tom-
10 ber à terre.
– Ah ! ah ! cria Camille… Laurent, regarde donc Thérèse… C'est elle qui a peur !… Elle entrera, elle n'entrera pas…
Il s'était étalé sur le banc de l'arrière, les deux coudes contre les bords du canot, et se dandinait avec fanfaronnade. Thérèse lui jeta un regard étrange ; les
15 ricanements de ce pauvre homme furent comme un coup de fouet qui la cingla et la poussa. Brusquement, elle sauta dans la barque. […]
Camille, qui avait fini par se coucher à plat ventre, la tête au-dessus de l'eau, trempa ses mains dans la rivière.
– Fichtre ! que c'est froid ! s'écria-t-il. Il ne ferait pas bon de piquer une tête
20 dans ce bouillon-là.
Laurent ne répondit pas. Depuis un instant il regardait les deux rives avec inquiétude ; il avançait ses grosses mains sur ses genoux, en serrant les lèvres. Thérèse, roide[2], immobile, la tête un peu renversée, attendait.
La barque allait s'engager dans un petit bras, sombre et étroit, s'enfonçant
25 entre deux îles. On entendait, derrière l'une des îles, les chants adoucis d'une équipe de canotiers qui devaient remonter la Seine. Au loin, en amont, la rivière était libre.
Alors Laurent se leva et prit Camille à bras-le-corps. Le commis[3] éclata de rire.
30 – Ah ! non, tu me chatouilles, dit-il, pas de ces plaisanteries-là… Voyons, finis : tu vas me faire tomber.
Laurent serra plus fort, donna une secousse. Camille se tourna et vit la figure effrayante de son ami, toute convulsionnée. Il ne comprit pas ; une épouvante vague le saisit. Il voulut crier, et sentit une main rude qui le serrait à la gorge.
35 Avec l'instinct d'une bête qui se défend, il se dressa sur les genoux, se cramponnant au bord de la barque. Il lutta ainsi pendant quelques secondes.
– Thérèse ! Thérèse ! appela-t-il d'une voix étouffée et sifflante.
La jeune femme regardait, se tenant des deux mains à un banc du canot qui craquait et dansait sur la rivière. Elle ne pouvait fermer les yeux ; une effrayante
40 contraction les tenait grands ouverts, fixés sur le spectacle horrible de la lutte. Elle était rigide, muette.
– Thérèse ! Thérèse ! appela de nouveau le malheureux qui râlait.
À ce dernier appel, Thérèse éclata en sanglots. Ses nerfs se détendaient. La crise qu'elle redoutait la jeta toute frémissante au fond de la barque. Elle y resta
45 pliée, pâmée[4], morte.

É. ZOLA, *Thérèse Raquin*, Chapitre XI (éd. Classiques Pocket, p. 86 à 88), 1867.

▸ Lisez le chapitre XXXII (éd. Classiques Pocket, p. 249 à 252). Pourquoi peut-on parler d'intensité dramatique dans ces deux extraits ?

▸ Établissez le schéma narratif de chaque scène en donnant la situation initiale, les péripéties et la situation finale. Quelles ressemblances apparaissent ?

---

1. Se raidissait.
2. Raide.
3. L'employé. Le terme désigne ici Camille.
4. Évanouie.

25 Émile Zola
La Curée, 1871-1872

Deuxième volume du célèbre cycle des Rougon-Macquart, La Curée retrace le parcours d'Aristide Rougon dit « Saccard », journaliste républicain opportuniste et arriviste. Il cherche fortune en spéculant sur les terrains à bâtir d'un Paris en pleine révolution haussmannienne.

Biographie
p. 671

Histoire littéraire
p. 67, 114

Littérature et société
p. 66

Repères historiques
p. 34

1 À cette heure, Paris offrait, pour un homme comme Aristide Saccard, le plus intéressant des spectacles. L'Empire venait d'être proclamé, après ce fameux voyage pendant lequel le prince président avait réussi à chauffer l'enthousiasme de quelques départements bonapartistes. Le silence s'était fait à
5 la tribune et dans les journaux. La société, sauvée encore une fois, se félicitait, se reposait, faisait la grasse matinée, maintenant qu'un gouvernement fort la protégeait et lui ôtait jusqu'au souci de penser et de régler ses affaires. La grande préoccupation de la société était de savoir à quels amusements elle allait tuer le temps. Selon l'heureuse expression d'Eugène Rougon[1], Paris se mettait à table et
10 rêvait gaudriole[2] au dessert. La politique épouvantait, comme une drogue dangereuse. Les esprits lassés se tournaient vers les affaires et les plaisirs. Ceux qui possédaient déterraient leur argent, et ceux qui ne possédaient pas cherchaient dans les coins les trésors oubliés. Il y avait, au fond de la cohue, un frémissement sourd, un bruit naissant de pièces de cent sous, des rires clairs de femmes, des
15 tintements encore affaiblis de vaisselle et de baisers. Dans le grand silence de l'ordre, dans la paix aplatie du nouveau règne, montaient toutes sortes de rumeurs aimables, de promesses dorées et voluptueuses. Il semblait qu'on passât devant une de ces petites maisons dont les rideaux soigneusement tirés ne laissent voir que des ombres de femmes, et où l'on entend l'or sonner sur le marbre des che-
20 minées. L'Empire allait faire de Paris le mauvais lieu de l'Europe. Il fallait à cette poignée d'aventuriers qui venaient de voler un trône, un règne d'aventures, d'affaires véreuses, de consciences vendues, de femmes achetées, de soûlerie furieuse et universelle. Et, dans la ville où le sang de décembre était à peine lavé, grandissait timide encore, cette folie de jouissance qui devait jeter la patrie au cabanon des
25 nations pourries et déshonorées.

Aristide Saccard, depuis les premiers jours, sentait venir ce flot montant de la spéculation, dont l'écume allait couvrir Paris entier. Il en suivit les progrès avec une attention profonde. Il se trouvait au beau milieu de la pluie chaude d'écus tombant drus sur les toits de la cité. Dans ses courses continuelles à travers l'Hôtel
30 de Ville, il avait surpris le vaste projet de la transformation de Paris, le plan de ces démolitions, de ces voies nouvelles, et de ces quartiers improvisés, de cet agio[3] formidable sur la vente des terrains et des immeubles, qui allumait, aux quatre coins de la ville, la bataille des intérêts et le flamboiement du luxe à outrance. Dès lors, son activité eut un but. Ce fut à cette époque qu'il devint bon enfant. Il
35 engraissa même un peu, il cessa de courir les rues comme un chat maigre en quête de proie. Dans son bureau, il était plus causeur, plus obligeant que jamais. Son frère, auquel il allait rendre des visites en quelque sorte officielles, le félicitait de mettre si heureusement ses conseils en pratique. Vers le commencement de 1854, Saccard lui confia qu'il avait en vue plusieurs affaires, mais qu'il lui faudrait d'assez
40 fortes avances.

« On cherche, dit Eugène.

---

1. Frère de Saccard.
2. Grivoiserie ou grossièreté.
3. Rente, revenu ou intérêt produits par un bien.

Gustave CAILLEBOTTE (1848-1894), *La Rue Halévy vue du balcon*, Paris, 1878, huile sur toile, 60 × 73 cm (Collection particulière).

> — Tu as raison, je chercherai », répondit-il sans la moindre mauvaise humeur, sans paraître s'apercevoir que son frère refusait de lui fournir les premiers fonds.
> C'étaient ces premiers fonds dont la pensée le brûlait maintenant. Son plan
> 45 était fait ; il le mûrissait chaque jour.
>
> É. ZOLA, *La Curée*, Chapitre II, 1872.

Pluie d'or sur Paris

LECTURE

1 Quelle vision le romancier donne-t-il de la société du Second Empire ? Relevez des indices précis.

2 Pourquoi recourt-il à l'emploi d'énumérations ? Que signifient celles-ci ?

3 Comment le personnage de Saccard permet-il à l'auteur de mêler l'histoire à la fiction ?

4 @RECHERCHE Recherchez dans le manuel et sur Internet des personnages dans les œuvres de Zola, Maupassant et Balzac, qui s'affrontent à la ville de Paris. Quels rapports entretiennent-ils avec la capitale ?

5 Quelle métaphore résume les ambitions nouvelles de cette société ? Expliquez.

6 Quels procédés soulignent l'animalité instinctive de l'ambitieux ? Classez-les. Quel destin semble s'annoncer pour Saccard ?

HISTOIRE DES ARTS

Quelle vision de la ville Gustave Caillebotte donne-t-il dans son tableau intitulé *La Rue Halévy vue du balcon* ?

ÉCRITURE

Dissertation

« Une société n'est forte que lorsqu'elle met la vérité sous la grande lumière du soleil. » En la décrivant de manière authentique, l'art naturaliste contribue-t-il à soutenir la société ? Rédigez un paragraphe qui exposera le bien-fondé et les limites de cette citation de Zola.

VERS LE BAC

Invention

Rédigez un article de journal daté de l'année 1852, dans lequel la spéculation immobilière dans le nouveau Paris du Second Empire est dénoncée. Vous veillerez à bien réinvestir les informations que Zola expose dans cet extrait. Vous donnerez comme exemple de spéculateur Aristide Saccard, dont vous ferez le portrait.

▶ **Fiche 11** Comprendre un sujet d'écriture d'invention

26 Émile Zola
L'Assommoir, 1877

Biographie
p. 671

Histoire littéraire
p. 67, 114

Littérature et société
p. 66

Repères historiques
p. 34

Gervaise, l'héroïne du roman, pénètre ici, pour la première fois, dans le café nommé « L'Assommoir ».

La fumée des pipes, l'odeur forte de tous ces hommes montaient dans l'air chargé d'alcool ; et elle étouffait, prise d'une petite toux.
— Oh ! c'est vilain de boire ! dit-elle à demi-voix.
Et elle raconta qu'autrefois, avec sa mère, elle buvait de l'anisette, à Plassans[1].
5 Mais elle avait failli en mourir un jour, et ça l'avait dégoûtée ; elle ne pouvait plus voir les liqueurs.
— Tenez, ajouta-t-elle en montrant son verre, j'ai mangé ma prune ; seulement, je laisserai la sauce[2], parce que ça me ferait du mal.
Coupeau[3], lui aussi, ne comprenait pas qu'on pût avaler de pleins verres d'eau-
10 de-vie. Une prune par-ci par-là, ça n'était pas mauvais. Quant au vitriol, à l'absinthe et aux autres cochonneries, bonsoir ! il n'en fallait pas. Les camarades avaient beau le blaguer, il restait à la porte, lorsque ces cheulards[4]-là entraient à la mine au poivre[5]. Le papa Coupeau, qui était zingueur comme lui, s'était écrabouillé la tête sur le pavé de la rue Coquenard, en tombant, un jour de ribote[6], de la gouttière du
15 n° 25 ; et ce souvenir, dans la famille, les rendait tous sages. Mais, lorsqu'il passait rue Coquenard et qu'il voyait la place, il aurait plutôt bu l'eau du ruisseau que d'avaler un canon[7] gratis chez le marchand de vin. Il conclut par cette phrase :
— Dans notre métier, il faut des jambes solides.
Gervaise avait repris son panier. Elle ne se levait pourtant pas, le tenait sur ses
20 genoux, les regards perdus, rêvant, comme si les paroles du jeune ouvrier éveillaient en elle des pensées lointaines d'existence. Et elle dit encore, lentement, sans transition apparente :
— Mon Dieu ! je ne suis pas ambitieuse, je ne demande pas grand-chose… Mon idéal, ce serait de travailler tranquille, de
25 manger toujours du pain, d'avoir un trou un peu propre pour dormir, vous savez, un lit, une table et deux chaises, pas davantage… Ah ! je voudrais aussi élever mes enfants, en faire de bons sujets, si c'était possible… Il y a encore
30 un idéal, ce serait de ne pas être battue, si je me remettais jamais en ménage ; non, ça ne me plairait pas d'être battue… Et c'est tout, vous voyez, c'est tout…
Elle cherchait, interrogeait ses désirs, ne
35 trouvait plus rien de sérieux qui la tenait. Cependant, elle reprit, après avoir hésité :
— Oui, on peut à la fin avoir le désir de mourir dans son lit… Moi, après avoir bien trimé toute ma vie, je mourrais volontiers dans
40 mon lit, chez moi.

1. Ville d'origine de la famille Macquart.
2. Métaphore qui désigne la liqueur dans laquelle trempent les fruits à l'eau-de-vie.
3. Ouvrier. Coupeau est amoureux de Gervaise.
4. Les « soûlards » (argot).
5. Métaphore qui désigne un cabaret où l'on distille l'alcool sur place. Être *poivre* signifie être ivre.
6. Festin, repas arrosé.
7. Verre de vin.

Edgar DEGAS (1834-1917), *Dans un café* ou *L'Absinthe*, 1873, huile sur toile, 92 × 68 cm (Musée d'Orsay, Paris).

Et elle se leva. Coupeau, qui approuvait vivement ses souhaits, était déjà debout, s'inquiétant de l'heure. Mais ils ne sortirent pas tout de suite ; elle eut la curiosité d'aller regarder, au fond, derrière la barrière de chêne, le grand alambic de cuivre rouge, qui fonctionnait sous le vitrage clair de la petite cour ; et le zingueur, qui l'avait suivie, lui expliqua comment ça marchait, indiquant du doigt les différentes pièces de l'appareil, montrant l'énorme cornue[8] d'où tombait un filet limpide d'alcool.

L'alambic, avec ses récipients de forme étrange, ses enroulements sans fin de tuyaux, gardait une mine sombre ; pas une fumée ne s'échappait ; à peine entendait-on un souffle intérieur, un ronflement souterrain ; c'était comme une besogne de nuit faite en plein jour, par un travailleur morne, puissant et muet. Cependant, Mes-Bottes[9], accompagné de ses deux camarades, était venu s'accouder sur la barrière, en attendant qu'un coin du comptoir fût libre. Il avait un rire de poulie mal graissée, hochant la tête, les yeux attendris, fixés sur la machine à soûler. Tonnerre de Dieu ! elle était bien gentille ! Il y avait, dans ce gros bedon de cuivre, de quoi se tenir le gosier au frais pendant huit jours. Lui, aurait voulu qu'on lui soudât le bout du serpentin entre les dents, pour sentir le vitriol encore chaud, l'emplir, lui descendre jusqu'aux talons, toujours, toujours, comme un petit ruisseau. Dame ! il ne se serait plus dérangé, ça aurait joliment remplacé les dés à coudre de ce roussin[10] de père Colombe ! Et les camarades ricanaient, disaient que cet animal de Mes-Bottes avait un fichu grelot[11], tout de même. L'alambic, sourdement, sans une flamme, sans une gaieté dans les reflets éteints de ses cuivres, continuait, laissait couler sa sueur d'alcool, pareil à une source lente et entêtée, qui à la longue devait envahir la salle, se répandre sur les boulevards extérieurs, inonder le trou immense de Paris. Alors, Gervaise, prise d'un frisson, recula ; et elle tâchait de sourire, en murmurant :

– C'est bête, ça me fait froid, cette machine… la boisson me fait froid…

É. ZOLA, *L'Assommoir*, Chapitre II, 1877.

8. Récipient servant à distiller l'alcool et dont le col est étroit.
9. Nom d'un ouvrier.
10. Le patron du café (argot).
11. Une fichue voix (argot).

Le café et la machine à soûler

LECTURE

La peinture du monde ouvrier

1 Quels indices évoquent le monde ouvrier ? Quels mots et expressions reflètent le regard du narrateur ?

2 Relevez les passages rapportant les propos des personnages au discours indirect libre. Quels aspects de leur personnalité ce choix narratif révèle-t-il ?

« La boisson me fait froid… »

3 Quel sens domine dans la perception par Gervaise de l'ambiance du café ? En quoi ce procédé est-il caractéristique de l'écriture naturaliste ?

4 Étudiez le champ lexical de la mort et expliquez la valeur symbolique du nom du café.

L'alchimie du verbe

5 Par quelles figures de style Zola transforme-t-il l'alambic en créature étrange et gigantesque ?

6 @RECHERCHE Quelles créatures mythologiques la description de l'alambic (l. 50 à 53) évoque-t-elle ?

HISTOIRE DES ARTS

Comment le tableau de Degas illustre-t-il la dernière phrase du texte ?

ÉCRITURE

Argumentation

Dans la préface de *L'Assommoir*, Zola affirme que son roman, « c'est de la morale en action ». Dans un paragraphe argumentatif structuré vous direz pourquoi ce passage illustre l'objectif naturaliste du romancier.

VERS LE BAC

Invention

À la manière de Zola, choisissez une machine de la vie contemporaine et proposez-en une description destinée à l'animaliser ou à la rendre « infernale ».

▶ Fiche 11 Comprendre un sujet d'écriture d'invention

27 Émile Zola
Germinal, 1885

1885 : Zola enrichit son projet d'une pièce maîtresse sortie de l'Enfer des mines. C'est la naissance de Germinal, roman témoignage de la difficile condition ouvrière. Les hommes descendent au centre de la terre extraire le charbon, mais la misère est grande. Jusqu'au jour où la grève éclate…

Biographie
p. 671

Histoire littéraire
p. 67, 114

Littérature et société
p. 66

Repères historiques
p. 34

C'était au Plan-des-Dames, dans cette vaste clairière qu'une coupe de bois venait d'ouvrir. Elle s'allongeait en une pente douce, ceinte d'une haute futaie[1], des hêtres superbes, dont les troncs, droits et réguliers, l'entouraient d'une colonnade blanche, verdie de lichens[2] ; et des géants abattus gisaient encore dans
5 l'herbe, tandis que, vers la gauche, un tas de bois débité alignait son cube géométrique. Le froid s'aiguisait avec le crépuscule, les mousses gelées craquaient sous les pas. Il faisait nuit noire à terre, les branches hautes se découpaient sur le ciel pâle, où la lune pleine, montant à l'horizon, allait éteindre les étoiles.

Près de trois mille charbonniers étaient au rendez-vous, une foule grouillante,
10 des hommes, des femmes, des enfants, emplissant peu à peu la clairière, débordant au loin sous les arbres ; et des retardataires arrivaient toujours, le flot des têtes, noyé d'ombre, s'élargissait jusqu'aux taillis voisins. Un grondement en sortait, pareil à un vent d'orage, dans cette forêt immobile et glacée.

En haut, dominant la pente, Étienne se tenait, avec Rasseneur et Maheu[3]. Une
15 querelle s'était élevée, on entendait leurs voix, par éclats brusques. Près d'eux, des hommes les écoutaient : Levaque[3] les poings serrés, Pierron[3] tournant le dos, inquiet de n'avoir pu prétexter des fièvres plus longtemps ; et il y avait aussi le père Bonnemort et le vieux Mouque, côte à côte, sur une souche, l'air profondément réfléchi. Puis, derrière, les blagueurs étaient là, Zacharie, Mouquet[3], d'autres encore,
20 venus pour rire ; tandis que, recueillies au contraire, graves ainsi qu'à l'église, des femmes se mettaient en groupe. La Maheude[4], muette, hochait la tête aux sourds jurons de la Levaque. Philomène[4] toussait, reprise de sa bronchite depuis l'hiver. Seule, la Mouquette[4] riait à belles dents, égayée par la façon dont la mère Brûlé[4] traitait sa fille, une dénaturée qui la renvoyait pour se gaver de lapin, une vendue,
25 engraissée des lâchetés de son homme. Et, sur le tas de bois, Jeanlin s'était planté, hissant Lydie, forçant Bébert à le suivre, tous les trois en l'air, plus haut que tout le monde.

La querelle venait de Rasseneur, qui voulait procéder régulièrement à l'élection d'un bureau. Sa défaite au *Bon-Joyeux*[5], l'enrageait ; et il s'était juré d'avoir sa
30 revanche, car il se flattait de reconquérir son autorité ancienne, lorsqu'on serait en face non plus des délégués, mais du peuple de mineurs. Étienne, révolté, avait trouvé l'idée d'un bureau imbécile, dans cette forêt. Il fallait agir révolutionnairement, en sauvages, puisqu'on les traquait comme des loups.

Voyant la dispute s'éterniser, il s'empara tout d'un coup de la foule, il monta
35 sur un tronc d'arbre, en criant :

– Camarades ! camarades !

La rumeur confuse de ce peuple s'éteignit dans un long soupir tandis que Maheu étouffait les protestations de Rasseneur. Étienne continuait d'une voix éclatante :

40 – Camarades, puisqu'on nous défend de parler, puisqu'on nous envoie les gendarmes, comme si nous étions des brigands, c'est ici qu'il faut nous entendre ! Ici,

---

1. Forêt d'arbres élevés.
2. Végétal qui pousse sur la pierre, les troncs.
3. Noms des mineurs, compagnons d'Étienne Lantier.
4. Compagnes des mineurs.
5. Cabaret.

128 | 1 Le roman et la nouvelle

Affiche du film réalisé par Claude BERRI, 1993.

nous sommes libres, nous sommes chez nous, personne ne viendra nous faire taire, pas plus qu'on ne fait taire les oiseaux et les bêtes !
Un tonnerre lui répondit, des cris, des exclamations.
45 — Oui, oui, la forêt est à nous, on a bien le droit d'y causer… Parle !
Alors, Étienne se tint un instant immobile sur le tronc d'arbre. La lune, trop basse encore à l'horizon, n'éclairait toujours que les branches hautes ; et la foule restait noyée de ténèbres, peu à peu calmée, silencieuse. Lui, noir également, faisait au-dessus d'elle, au haut de la pente, une barre d'ombre.

É. ZOLA, *Germinal*, Partie IV, Chapitre 7, 1885.

La clameur du peuple

LECTURE

Une description impressionniste et symbolique

1 Où le rassemblement a-t-il lieu ? Pourquoi ?

2 Que symbolise la clairière, ses « souches » et ses « troncs » d'arbres en regard de la grève ?

3 Pourquoi le narrateur s'attarde-t-il sur quelques personnages secondaires qu'il met en scène ?

Les voix de la colère

4 Comment la foule s'impose-t-elle au lecteur ? Quel est l'effet produit ?

5 Qui est le meneur d'hommes ? Justifiez.

6 Étudiez l'énonciation et les procédés d'insistance dans les passages au discours direct. Quel message social est transmis ici ?

ÉCRITURE

Vers le commentaire

Rédigez un axe de commentaire pour souligner la valeur poétique de cet extrait.

VERS LE BAC

Invention

Poursuivez le discours d'Étienne à ses camarades pour les exhorter à continuer la grève.

▷ Fiche 11 Comprendre un sujet d'écriture d'invention

28 Émile Zola
L'Œuvre, 1886

Biographie
p. 671

Histoire littéraire
p. 67, 114

Littérature et société
p. 66

Repères historiques
p. 34

Artiste pauvre, incompris et insatisfait, Claude Lantier néglige sa famille pour sa peinture. Il travaille à une immense toile représentant une femme nue et dont le modèle n'est autre que Christine, son épouse.

Pendant des mois, la pose fut ainsi pour elle une torture. La bonne vie à deux avait cessé, un ménage à trois semblait se faire, comme s'il eût introduit dans la maison une maîtresse, cette femme qu'il peignait d'après elle. Le tableau immense se dressait entre eux, les séparait d'une muraille infranchis-
5 sable ; et c'était au-delà qu'il vivait, avec l'autre. Elle en devenait folle, jalouse de ce dédoublement de sa personne, comprenant la misère d'une telle souffrance, n'osant avouer son mal dont il l'aurait plaisantée. Et pourtant elle ne se trompait pas, elle sentait bien qu'il préférait sa copie à elle-même, que cette copie était l'adorée, la préoccupation unique, la tendresse de toutes les heures. Il la tuait à
10 la pose pour embellir l'autre, il ne tenait plus que de l'autre sa joie ou sa tristesse, selon qu'il la voyait vivre ou languir sous son pinceau. N'était-ce donc pas de l'amour, cela ? Et quelle souffrance de prêter sa chair, pour que l'autre naquît, pour que le cauchemar de cette rivale les hantât, fût toujours entre eux, plus puissant que le réel, dans l'atelier, à table, au lit, partout ! Une poussière, un rien, de la
15 couleur sur la toile, une simple apparence qui rompait tout leur bonheur, lui, silencieux, indifférent, brutal parfois, elle, torturée de son abandon, désespérée de ne pouvoir chasser de son ménage cette concubine, si envahissante et si terrible dans son immobilité d'image !

Et ce fut dès lors que Christine, décidément battue, sentit peser sur elle
20 toute la souveraineté de l'art. Cette peinture, qu'elle avait déjà acceptée sans

Édouard MANET (1832-1883), *Olympia*, 1863, huile sur toile, 130,5 × 190 cm (Musée d'Orsay, Paris).

restrictions, elle la haussa encore, au fond d'un tabernacle[1] farouche, devant lequel elle demeurait écrasée, comme devant ces puissants dieux de la colère, que l'on honore, dans l'excès de haine et d'épouvante qu'ils inspirent. C'était une peur sacrée, la certitude qu'elle n'avait plus à lutter, qu'elle serait broyée ainsi qu'une paille, si elle s'entêtait davantage. Les toiles grandissaient comme des blocs, les plus petites lui semblaient triomphales, les moins bonnes l'accablaient de leur victoire ; tandis qu'elle ne les jugeait plus, à terre, tremblante, les trouvant toutes formidables, répondant toujours aux questions de son mari :

– Oh ! très bien !... Oh ! superbe !... Oh ! extraordinaire, extraordinaire, celle-là !

Cependant, elle était sans colère contre lui, elle l'adorait d'une tendresse en pleurs, tellement elle le voyait se dévorer lui-même. Après quelques semaines d'heureux travail, tout s'était gâté, il ne pouvait se sortir de sa grande figure de femme. C'était pourquoi il tuait son modèle de fatigue, s'acharnant pendant des journées, puis lâchant tout pour un mois. À dix reprises, la figure fut commencée, abandonnée, refaite complètement. Une année, deux années s'écoulèrent, sans que le tableau aboutît, presque terminé parfois, et le lendemain gratté[2], entièrement à reprendre.

Ah ! cet effort de création dans l'œuvre d'art, cet effort de sang et de larmes dont il agonisait, pour créer de la chair, souffler de la vie ! Toujours en bataille avec le réel, toujours vaincu, la lutte contre l'Ange[3] ! Il se brisait à cette besogne impossible de faire tenir toute la nature sur une toile, épuisé à la longue dans les perpétuelles douleurs qui tendaient ses muscles, sans qu'il pût jamais accoucher de son génie. Ce dont les autres se satisfaisaient, l'à-peu-près du rendu, les tricheries nécessaires le tracassaient de remords, l'indignaient comme une faiblesse lâche ; et il recommençait, et il gâtait le bien pour le mieux, trouvant que ça ne « parlait » pas, mécontent de ses bonnes femmes, ainsi que le disaient plaisamment les camarades, tant qu'elles ne descendaient pas coucher avec lui. Que lui manquait-il donc, pour les créer vivantes ? Un rien sans doute. Il était un peu en deçà, un peu au-delà peut-être. Un jour, le mot de génie incomplet, entendu derrière son dos, l'avait flatté et épouvanté.

É. ZOLA, *L'Œuvre*, Chapitre IX, 1886.

1. Petite armoire contenant les hosties sacrées dans les églises catholiques.
2. Technique qui consiste à amollir la peinture à l'huile afin de pouvoir la gratter pour la recommencer ou la modifier.
3. Référence à un épisode de la Bible dans lequel le patriarche Jacob combat à mains nues un ange.

Créer à en mourir

LECTURE

Une étrange rivalité

1 Que représente cette toile aux yeux de Christine ? Relevez quelques mots-clés.

2 Par quels indices le narrateur montre-t-il que la vie quitte Christine pour colorer le tableau ? D'après vous, comment la lutte entre l'art et la vie va-t-elle se terminer ?

Peindre la réalité : véritable sacerdoce ou pure folie ?

3 Quel champ lexical préside dans le dernier paragraphe ? Relevez les différents termes. Quelle image de l'art induisent-ils ?

4 Qualifiez l'attitude au travail de Claude Lantier. À quels détails voit-on que reproduire la réalité est un combat ? Zola parle-t-il uniquement du peintre ? En quoi sa manière de travailler le rapproche-t-il de l'écrivain naturaliste ?

VERS LE BAC

Invention

Imaginez le dialogue entre un romancier naturaliste et un peintre tel que Lantier : chacun défend l'idée que c'est son art qui permet de traduire le réel de la manière la plus vraie. Vous argumenterez en vous aidant de références puisées dans les documents du manuel.

▶ Fiche 11 Comprendre un sujet d'écriture d'invention

29 Joris-Karl Huysmans
« Sac au dos », 1880

Biographie p. 671
Histoire littéraire p. 114, 151
Repères historiques p. 34

Opposés à l'institution littéraire et aux mondanités parisiennes, les naturalistes se réunissent chez Zola, à Médan. Ils y composent un recueil de nouvelles qui deviendra un véritable manifeste, Les Soirées de Médan. *« Sac au dos », la nouvelle de Huysmans, raconte le parcours d'Eugène Lejantel, jeune soldat découvrant les affres du front.*

Deux jours après cet épisode, l'eau glaciale du camp me rendit tellement malade que je dus entrer d'urgence à l'hôpital. Je boucle mon sac après la visite du médecin, et sous la garde d'un caporal me voilà parti clopin-clopant, traînant la jambe et suant sous mon harnais[1].

5 L'hôpital regorgeait de monde, on me renvoie. Je vais alors à l'une des ambulances les plus voisines, un lit restait vide, je suis admis. Je dépose enfin mon sac, et en attendant que le major m'interdise de bouger, je vais me promener dans le petit jardin qui relie le corps des bâtiments. Soudain surgit d'une porte un homme à la barbe hérissée et aux yeux glauques. Il plante ses mains dans les poches d'une 10 longue robe couleur de cachou et me crie du plus loin qu'il m'aperçoit :
— Eh ! l'homme ! qu'est-ce que vous foutez là ?
Je m'approche, je lui explique le motif qui m'amène. Il secoue les bras et hurle :
— Rentrez ! Vous n'aurez le droit de vous promener dans le jardin que lorsqu'on vous aura donné un costume.

15 Je rentre dans la salle, un infirmier arrive et m'apporte une capote[2], un pantalon, des savates et un bonnet. Je me regarde ainsi fagoté[3] dans ma petite glace. Quelle figure et quel accoutrement, bon Dieu ! Avec mes yeux culottés et mon teint hâve, avec mes cheveux coupés ras et mon nez dont les bosses luisent, avec ma grande robe gris-souris, ma culotte d'un roux pisseux, mes savates immenses et 20 sans talons, mon bonnet de coton gigantesque, je suis prodigieusement laid. Je ne puis m'empêcher de rire. Je tourne la tête du côté de mon voisin de lit, un grand garçon au type juif, qui crayonne mon portrait sur un calepin. Nous devenons tout de suite amis ; je lui dis m'appeler Eugène Lejantel, il me répond se nommer Francis Émonot. Nous connaissons l'un et l'autre tel et tel peintre, nous entamons 25 des discussions d'esthétique et oublions nos infortunes. Le soir arrive, on nous distribue un plat de bouilli perlé de noir par quelques lentilles, on nous verse à pleins verres du coco clairet[4] et je me déshabille, ravi de m'étendre dans un lit sans garder mes hardes[5] et mes bottes.

Le lendemain matin je suis réveillé vers six heures par un grand fracas de 30 porte et par des éclats de voix. Je me mets sur mon séant, je me frotte les yeux et j'aperçois le monsieur de la veille, toujours vêtu de sa houppelande[6] couleur de cachou, qui s'avance majestueux, suivi d'un cortège d'infirmiers. C'était le major.

À peine entré, il roule de droite à gauche et de gauche à droite ses yeux d'un vert morne, enfonce ses mains dans ses poches et braille :

35 — Numéro 1, montre ta jambe... ta sale jambe. Eh ! elle va mal, cette jambe, cette plaie coule comme une fontaine ; lotion d'eau blanche, charpie, demi-ration, bonne tisane de réglisse.
— Numéro 2, montre ta gorge... ta sale gorge. Elle va de plus en plus mal cette gorge ; on lui coupera demain les amygdales.
40 — Mais, docteur...
— Eh ! je ne te demande rien, à toi ; si tu dis un mot, je te fous à la diète.

---

1. Ensemble de pièces qui servent à équiper un cheval de selle ou de trait. Ici, expression humoristique pour désigner le vêtement du soldat.
2. Manteau porté par les militaires.
3. Mal habillé, à la va-vite et sans goût.
4. Eau-de-vie, vin de médiocre qualité.
5. Ensemble de vêtements de soldats ou de marins.
6. Ample et long vêtement de dessus ouvert par-devant.

Lexique médical du XIXe siècle

- **Ambulance** : hôpital volant qui suivait les troupes lors des campagnes.
- **Cachou** : pastille aromatique noire confectionnée à partir de noix d'arec.
- **Dysentériques** : diarrhéiques.
- **Eau albuminée** : eau enrichie en albumine, protéinée et nutritive.
- **Gargarisme** : médicament liquide, collutoire dont on fait usage pour se gargariser.
- **Hâve** : très pâle, maladif.
- **Major** : médecin militaire.
- **Vénériens** : atteints d'une maladie sexuellement transmissible.

— Mais enfin…
— Vous fouterez cet homme à la diète. Écrivez : diète, gargarisme, bonne tisane de réglisse.

45   Il passa ainsi la revue des malades, prescrivant à tous, vénériens et blessés, fiévreux et dysentériques, sa bonne tisane de réglisse.

Il arriva devant moi, me dévisagea, m'arracha les couvertures, me bourra le ventre de coups de poing, m'ordonna de l'eau albuminée, l'inévitable tisane et sortit, reniflant et traînant les pieds.

J.-K. HUYSMANS, *Les Soirées de Médan*, « Sac au dos », 1880
© Éditions A. Romagnol, Paris, 1913.

Frédéric BAZILLE (1841-1870), *L'Ambulance improvisée*, 1865, huile sur toile, 47 × 62 cm (Musée d'Orsay, Paris).

La guerre vue de l'infirmerie

LECTURE

Une scène naturaliste

1 Étudiez l'énonciation et les temps du récit. En quoi ces choix renforcent-ils l'impression de vérité ?

2 Quels sont les registres de langue dominants ? Pourquoi ce choix traduit-il l'un des principes de l'écriture naturaliste ?

Une scène de comédie (lignes 32 à la fin)

3 Quelle est la profession du narrateur ? Comment cela influence-t-il sa manière de voir et de se voir ?

4 Par quels différents motifs l'arrivée du major est-elle rendue théâtrale ?

5 Quels sont tous les types de comique qui dynamisent cette scène ? Comment ce registre s'oppose-t-il à l'horreur de la guerre ?

ÉCRITURE

Argumentation

Les écrivains naturalistes ont pour projet de reproduire la nature telle qu'elle est. Dans un développement argumentatif de type concessif, vous direz si ce texte de Huysmans vous paraît conforme à cette ambition.

Vers l'invention

Décrivez en quelques lignes le narrateur vu par les yeux du major.

30 Joris-Karl Huysmans
À rebours, 1884

Biographie
p. 671

Histoire littéraire
p. 114, 151

Repères historiques
p. 34

Des Esseintes, personnage esthète et excentrique, expose ses goûts artistiques. Parmi les chefs-d'œuvre qu'il se propose d'étudier figurent les tableaux de Gustave Moreau. Il admire particulièrement sa peinture emblématique de l'esthétique fin du siècle : L'Apparition, *peint en 1874, illustre le mythe de Salomé.*

Dans l'odeur perverse des parfums, dans l'atmosphère surchauffée de cette église, Salomé, le bras gauche étendu, en un geste de commandement, le bras droit replié, tenant, à la hauteur du visage, un grand lotus, s'avance lente-
5 ment sur les pointes, aux accords d'une guitare dont une femme accroupie pince les cordes.

La face recueillie, solennelle, presque auguste, elle commence la lubrique danse qui doit réveiller les sens assoupis du vieil Hérode ; ses seins ondulent et, au frottement de ses colliers qui tourbillonnent, leurs bouts se dressent ; sur la moiteur de sa peau les diamants, attachés, scintillent ; ses bracelets, ses ceintures,
10 ses bagues, crachent des étincelles ; sur sa robe triomphale, couturée de perles, ramagée d'argent, lamée d'or, la cuirasse des orfèvreries dont chaque maille est une pierre, entre en combustion, croise des serpenteaux de feu, grouille sur la chair mate, sur la peau rose thé, ainsi que des insectes splendides aux élytres[1] éblouis-sants, marbrés de carmin[1], ponctués de jaune aurore, diaprés[1] de bleu d'acier, tigrés
15 de vert paon.

1. Voir l'encadré

Lexique décadent

Les écrivains décadents et symbolistes aiment les mots rares et précieux.

• **Couleurs et pierreries**
Calcédoine : pierre semi-précieuse.
Carmin : rouge vif.
Diaprés : de couleur variée et changeante, chatoyants.
Gorge-de-pigeon gris clair.

• **Magies animales et végétales**
Élytres : ailes scintillantes de coléoptère.
Mandragore : plante aux vertus magiques.

• **Instruments de musique orientalisants**
Crotale : castagnettes de la Grèce antique.
Gingras : flûte utilisée pendant les cérémonies funéraires.

Gustave MOREAU (1826-1898), *L'Apparition*, 1874, huile sur toile (Musée Gustave Moreau, Paris).

Lexique décadent

Rhombe : instrument de musique, rituel ou magique.
Tympanon : instrument dont on joue en frappant sur les cordes avec deux petits maillets.

2. Être humain possédant les caractéristiques génitales des deux sexes.
3. Homme castré qui gardait les femmes dans les harems.
4. Castré, émasculé.
5. Désigne Jean-Baptiste, en qui les Évangiles reconnaissent le précurseur du christianisme.
6. Fâché, affligé.
7. Cédée, octroyée.
8. Allusion au texte biblique du *Nouveau Testament*.

Concentrée, les yeux fixes, semblable à une somnambule, elle ne voit ni le Tétrarque qui frémit, ni sa mère, la féroce Hérodias, qui la surveille, ni l'hermaphrodite[2] ou l'eunuque[3] qui se tient, le sabre au poing, en bas du trône, une terrible figure, voilée jusqu'aux joues, et dont la mamelle de châtré[4] pend, de même qu'une
20 gourde, sous sa tunique bariolée d'orange.

Ce type de la Salomé si hantant pour les artistes et pour les poètes, obsédait, depuis des années, des Esseintes. Combien de fois avait-il lu dans la vieille Bible de Pierre Variquet, traduite par les docteurs en théologie de l'université de Louvain, l'évangile de saint Mathieu qui raconte en de naïves et brèves phrases, la décolla-
25 tion du Précurseur[5] ; combien de fois avait-il rêvé, entre ces lignes :

« Au jour du festin de la Nativité d'Hérode, la fille d'Hérodias dansa au milieu et plut à Hérode.

Dont lui promit, avec serment, de lui donner tout ce qu'elle lui demanderait.
30 Elle donc, induite par sa mère, dit : Donne-moi, en un plat, la tête de Jean-Baptiste.

Et le roi fut marri[6], mais à cause du serment et de ceux qui étaient assis à table avec lui, il commanda qu'elle lui fût baillée[7].

Et envoya décapiter Jean, en la prison.
35 Et fut la tête d'icelui apportée dans un plat et donnée à la fille ; et elle la présenta à sa mère ».

Mais ni saint Mathieu, ni saint Marc, ni saint Luc, ni les autres évangélistes ne s'étendaient sur les charmes délirants, sur les actives dépravations de la danseuse. […]
40 Dans l'œuvre de Gustave Moreau, conçue en dehors de toutes les données du Testament[8], des Esseintes voyait enfin réalisée cette Salomé, surhumaine et étrange qu'il avait rêvée.

J.-K. HUYSMANS, *À rebours*, 1884.

Une fatale sensualité

LECTURE

La danse des sept voiles

1 Montrez que l'évocation des couleurs et des matières contribue à la sensualité de Salomé.

2 Étudiez le dévoilement progressif du corps de la danseuse. Comment charge-t-il la scène d'érotisme ?

3 Montrez que le *crescendo* musical accompagne la lascivité grandissante de la danse. Relevez les champs lexicaux et les verbes de mouvement exprimant cette montée en puissance.

4 Analysez le rôle et les réactions du public.

Réécritures de la Bible

5 Relevez les éléments empruntés à la Bible.

6 Quels visages de Salomé présentent le texte ? Pourquoi Des Esseintes dit-il de cette figure qu'elle « hante » les artistes ?

7 Précisez quelle était la visée du texte biblique et ce qu'elle est devenue dans les deux réécritures. Que constatez-vous ?

8 Montrez que, pour Des Esseintes, Salomé devient une figure mythique. Vous analyserez pour cela l'expression de la fascination.

HISTOIRE DES ARTS

Dans quelle mesure le tableau de G. Moreau (p. 134) porte-t-il l'imagination de Des Esseintes vers une réinvention de Salomé ?

VERS LE BAC

Invention

Réécrivez cette scène mythique. Après avoir décrit le décor de la scène en réutilisant le vocabulaire du « Lexique décadent », vous imaginerez le discours prononcé par cette « apparition » et les réactions qu'elle suscite.

▶ Fiche 11 Comprendre un sujet d'écriture d'invention

31 Guy de Maupassant
« *Boule de Suif* », 1883

Biographie
p. 671

Histoire littéraire
p. 114, 151

Littérature et société
p. 66

Repères historiques
p. 34

« Boule de Suif est un chef-d'œuvre », écrit Gustave Flaubert. D'abord parue dans les Soirées de Médan, *cette nouvelle, inspirée d'un fait divers, se déroule pendant la guerre de 1870.*

 Pendant plusieurs jours de suite des lambeaux d'armée en déroute avaient traversé la ville. Ce n'était point de la troupe, mais des hordes débandées. Les hommes avaient la barbe longue et sale, des uniformes en guenilles, et ils avançaient d'une allure molle, sans drapeau, sans régiment. Tous semblaient accablés, éreintés, incapables d'une pensée ou d'une résolution, marchant seulement par habitude, et tombant de fatigue sitôt qu'ils s'arrêtaient. On voyait surtout des mobilisés, gens pacifiques, rentiers tranquilles, pliant sous le poids du fusil ; des petits moblots alertes, faciles à l'épouvante et prompts à l'enthousiasme, prêts à l'attaque comme à la fuite ; puis, au milieu d'eux, quelques culottes rouges, débris d'une division moulue dans une grande bataille ; des artilleurs sombres alignés avec ces fantassins divers ; et, parfois, le casque brillant d'un dragon au pied pesant qui suivait avec peine la marche plus légère des lignards.

« Boule de Suif » de MAUPASSANT, scénario de Li-An © Éditions Delcourt, 2009.

Lexique militaire du XIXᵉ siècle
• **Dragon** : soldat à cheval.
• **Lignard** : soldat à pied.
• **Moblot** : soldat de la garde mobile.

Des légions de francs-tireurs aux appellations héroïques : « les Vengeurs de la défaite – les Citoyens de la tombe – les Partageurs de la mort » passaient à leur
15 tour, avec des airs de bandits.

Leurs chefs, anciens commerçants en drap ou en graines, ex-marchands de suif ou de savon, guerriers de circonstance, nommés officiers pour leurs écus ou la longueur de leurs moustaches, couverts d'armes, de flanelle et de galons, parlaient d'une voix retentissante, discutaient plans de campagne, et prétendaient soutenir
20 seuls la France agonisante sur leurs épaules de fanfarons ; mais ils redoutaient parfois leurs propres soldats, gens de sac et de corde, souvent braves à outrance, pillards et débauchés.

Les Prussiens allaient entrer dans Rouen, disait-on.

La Garde nationale qui, depuis deux mois, faisait des reconnaissances très pru-
25 dentes dans les bois voisins, fusillant parfois ses propres sentinelles, et se préparant au combat quand un petit lapin remuait sous des broussailles, était rentrée dans ses foyers. Ses armes, ses uniformes, tout son attirail meurtrier, dont elle épouvantait naguère les bornes des routes nationales à trois lieues à la ronde, avaient subitement disparu.

30 Les derniers soldats français venaient enfin de traverser la Seine pour gagner Pont-Audemer par Saint-Sever et Bourg-Achard[1] ; et, marchant après tous, le général désespéré, ne pouvant rien tenter avec ces loques disparates, éperdu lui-même dans la grande débâcle d'un peuple habitué à vaincre et désastreusement battu malgré sa bravoure légendaire, s'en allait à pied, entre deux officiers
35 d'ordonnance.

Puis un calme profond, une attente épouvantée et silencieuse avaient plané sur la cité.

G. DE MAUPASSANT, « Boule de Suif », 1880.

1. Saint-Sever est un faubourg de Rouen, Bourg-Achard est un petit village situé entre Rouen et Pont-Audemer.

Chronique d'une débâcle

LECTURE

La débâcle

1 @RECHERCHE Que fut la guerre de 1870 ? Quels éléments historiques Maupassant a-t-il repris ici pour ancrer sa nouvelle dans un **contexte** réaliste précis ?

2 Donnez trois mots-clés résumant votre première impression de lecture. D'où vient l'intérêt de cet extrait ? Justifiez.

3 Quelle image de l'armée le texte et la BD proposent-ils ? Répondez en étudiant les adjectifs et adverbes riches en connotations et en analysant le **point de vue**.

4 Relevez les **images** et les **effets de rythme** préparant le lecteur au mot « débâcle » (l. 33).

Une guerre tragi-comique

5 Relevez les temps verbaux et les connecteurs temporels. Comment les actions s'enchaînent-elles ? Quelle est la forme du discours ?

6 Quel est le **registre** dominant du texte ? Justifiez.

7 Relevez les commentaires moqueurs du narrateur. Quel autre **registre** identifiez-vous alors ?

ÉCRITURE

Commentaire

Rédigez l'introduction en suivant les étapes suivantes :
– Exprimez en une phrase votre première impression de lecture (question 2).
– Rédigez une présentation du texte en quelques phrases.
– Quels sont les éléments-clés du texte (questions 4, 5) ? Formulez deux axes de lecture se dégageant de ces éléments. Puis reliez-les pour rédiger une problématique.

VERS LE BAC

Question sur un corpus

Quelle image de la guerre Huysmans (p. 132) et Maupassant proposent-ils ? Développez votre réponse dans un développement thématique.

▶ **Fiche 9** Répondre à une question sur un corpus

32 Guy de Maupassant
« *L'aveugle* », 1882

Texte intégral

Biographie
p. 671

Histoire littéraire
p. 114, 151

Littérature et société
p. 66

Repères historiques
p. 34

« L'aveugle », nouvelle réaliste publiée dans le journal Le Gaulois *du 31 mars 1882, révèle la cruauté de la nature humaine avec un pessimisme glacé.*

Qu'est-ce donc que cette joie du premier soleil ? Pourquoi cette lumière tombée sur la terre nous emplit-elle ainsi du bonheur de vivre ? Le ciel est tout bleu, la campagne toute verte, les maisons toutes blanches ; et nos yeux ravis boivent ces couleurs vives dont ils font de l'allégresse pour nos âmes. Et il
5 nous vient des envies de danser, des envies de courir, des envies de chanter, une légèreté heureuse de la pensée, une sorte de tendresse élargie, on voudrait embrasser le soleil.

Les aveugles sous les portes, impassibles en leur éternelle obscurité, restent calmes comme toujours au milieu de cette gaieté nouvelle, et, sans comprendre,
10 ils apaisent à toute minute leur chien qui voudrait gambader.

Quand ils rentrent, le jour fini, au bras d'un jeune frère ou d'une petite sœur, si l'enfant dit : « Il a fait bien beau tantôt ! », l'autre répond : « Je m'en suis bien aperçu, qu'il faisait beau, Loulou ne tenait pas en place. »

J'ai connu un de ces hommes dont la vie fut un des plus cruels martyres qu'on
15 puisse rêver.

C'était un paysan, le fils d'un fermier normand. Tant que le père et la mère vécurent, on eut à peu près soin de lui ; il ne souffrit guère que de son horrible infirmité ; mais dès que les vieux furent partis, l'existence atroce commença. Recueilli par une sœur, tout le monde dans la ferme le traitait comme un gueux
20 qui mange le pain des autres. À chaque repas, on lui reprochait la nourriture ; on l'appelait fainéant, manant[1] ; et bien que son beau-frère se fût emparé de sa part d'héritage, on lui donnait à regret la soupe, juste assez pour qu'il ne mourût point.

Il avait une figure toute pâle, et deux grands yeux blancs comme des pains à cacheter[2] ; et il demeurait impassible sous l'injure, tellement enfermé en lui-même
25 qu'on ignorait s'il la sentait. Jamais d'ailleurs il n'avait connu aucune tendresse, sa mère l'ayant toujours un peu rudoyé, ne l'aimant guère ; car aux champs les inutiles sont des nuisibles, et les paysans feraient volontiers comme les poules qui tuent les infirmes d'entre elles.

Sitôt la soupe avalée, il allait s'asseoir devant la porte en été, contre la che-
30 minée en hiver, et il ne remuait plus jusqu'au soir. Il ne faisait pas un geste, pas un mouvement ; seules ses paupières, qu'agitait une sorte de souffrance nerveuse, retombaient parfois sur la tache blanche de ses yeux. Avait-il un esprit, une pensée, une conscience nette de sa vie ? Personne ne se le demandait.

Pendant quelques années les choses allèrent ainsi. Mais son impuissance à rien
35 faire autant que son impassibilité finirent par exaspérer ses parents, et il devint un souffre-douleur, une sorte de bouffon-martyr, de proie donnée à la férocité native, à la gaieté sauvage des brutes qui l'entouraient.

On imagina toutes les farces cruelles que sa cécité[3] put inspirer. Et, pour se payer de ce qu'il mangeait, on fit de ses repas des heures de plaisir pour les voisins
40 et de supplice pour l'impotent[4].

Les paysans des maisons prochaines s'en venaient à ce divertissement ; on se le disait de porte en porte, et la cuisine de la ferme se trouvait pleine chaque jour. Tantôt on posait sur la table, devant son assiette où il commençait à puiser

---

Lexique du souffre-douleur

• **Bouffon-martyr** : néologisme créé par Maupassant. Le bouffon, personnage grotesque, amusait les rois par ses tours et ses bons mots. Ici, le bouffon-martyr divertit les paysans par sa souffrance.

• **Brute** : de *bruta* l'animal. Personne dont la violence, le manque d'intelligence et de morale font penser à l'animal.

---

1. Paysan.
2. Rondelle de pâte cuite pour cacheter les lettres.
3. Le fait d'être aveugle.
4. Invalide, handicapé.

Lexique du souffre-douleur

- **Goujat** : personne grossière, rustre.
- **Martyre** : du grec « témoignage ». Supplice infligé aux croyants refusant d'abjurer leur foi. L'aveugle devient une sorte de Christ grotesque, témoignant de la cruauté des rustres.
- **Rudoyer** : traiter avec brutalité, malmener.
- **Souffre-douleur** : personne vers qui convergent toutes les moqueries et les brutalités d'un groupe.
- **Supplice** : sévices corporels et souffrance morale infligés à un condamné.

le bouillon, quelque chat ou quelque chien. La bête avec son instinct flairait l'in
45 firmité de l'homme et, tout doucement, s'approchait, mangeait sans bruit, lapant avec délicatesse ; et quand un clapotis de langue un peu bruyant avait éveillé l'attention du pauvre diable, elle s'écartait prudemment pour éviter le coup de cuiller qu'il envoyait au hasard devant lui.

Alors c'étaient des rires, des poussées, des trépignements des spectateurs tassés
50 le long des murs. Et lui, sans jamais dire un mot, se remettait à manger de la main droite, tandis que, de la gauche avancée, il protégeait et défendait son assiette.

Tantôt on lui faisait mâcher des bouchons, du bois, des feuilles ou même des ordures, qu'il ne pouvait distinguer.

Puis on se lassa même des plaisanteries ; et le beau-frère enrageant de le tou-
55 jours nourrir, le frappa, le gifla sans cesse, riant des efforts inutiles de l'autre pour parer les coups ou les rendre. Ce fut alors un jeu nouveau : le jeu des claques. Et les valets de charrue, le goujat, les servantes, lui lançaient à tout moment leur main par la figure, ce qui imprimait à ses paupières un mouvement précipité. Il ne savait où se cacher et demeurait sans cesse les bras étendus pour éviter les approches.

60 Enfin, on le contraignit à mendier. On le portait sur les routes les jours de marché, et dès qu'il entendait un bruit de pas ou le roulement d'une voiture, il tendait son chapeau en balbutiant : « La charité, s'il vous plaît. »

Mais le paysan n'est pas prodigue[5], et, pendant des semaines entières, il ne rapportait pas un sou.

65 Ce fut alors contre lui une haine déchaînée, impitoyable. Et voici comment il mourut.

Un hiver, la terre était couverte de neige, et il gelait horriblement. Or son beau-frère, un matin, le conduisit fort loin sur une grande route pour lui faire demander l'aumône. Il l'y laissa tout le jour, et quand la nuit fut venue, il affirma

5. Généreux.

Charles-François DAUBIGNY (1817-1878), *La Neige*, 1873, huile sur toile, 90 × 120 cm (Musée d'Orsay, Paris).

Cuno AMIET (1868-1961), *Paysage de neige*, huile sur toile, 178 × 235 cm, 1904 (Musée d'Orsay, Paris).

70 devant ses gens qu'il ne l'avait plus retrouvé. Puis il ajouta : « Bast ! faut pas s'en occuper, quelqu'un l'aura emmené parce qu'il avait froid. Pardié ! i n'est pas perdu. I reviendra ben d'main manger la soupe. »

Le lendemain, il ne revint pas.

Après de longues heures d'attente, saisi par le froid, se sentant mourir, 75 l'aveugle s'était mis à marcher. Ne pouvant reconnaître la route ensevelie sous cette écume de glace, il avait erré au hasard, tombant dans les fossés, se relevant, toujours muet, cherchant une maison.

Mais l'engourdissement des neiges l'avait peu à peu envahi, et ses jambes faibles ne le pouvant plus porter, il s'était assis au milieu d'une plaine. Il ne se 80 releva point.

Les blancs flocons qui tombaient toujours l'ensevelirent. Son corps raidi disparut sous l'incessante accumulation de leur foule infinie ; et rien n'indiquait plus la place où le cadavre était couché.

Ses parents firent mine de s'enquérir et de le chercher pendant huit jours. Ils 85 pleurèrent même.

L'hiver était rude et le dégel n'arrivait pas vite. Or, un dimanche, en allant à la messe, les fermiers remarquèrent un grand vol de corbeaux qui tournoyaient sans fin au-dessus de la plaine, puis s'abattaient comme une pluie noire en tas à la même place, repartaient et revenaient toujours.

90 La semaine suivante, ils étaient encore là, les oiseaux sombres. Le ciel en portait un nuage comme s'ils se fussent réunis de tous les coins de l'horizon ; et ils se laissaient tomber avec de grands cris dans la neige éclatante, qu'ils tachaient étrangement et fouillaient avec obstination.

Un gars alla voir ce qu'ils faisaient, et découvrit le corps de l'aveugle, à moitié 95 dévoré déjà, déchiqueté. Ses yeux pâles avaient disparu, piqués par les longs becs voraces.

Et je ne puis jamais ressentir la vive gaieté des jours de soleil, sans un souvenir triste et une pensée mélancolique vers le gueux, si déshérité dans la vie que son horrible mort fut un soulagement pour tous ceux qui l'avaient connu.

G. DE MAUPASSANT, « L'aveugle », 1882.

Charles-François DAUBIGNY (1817-1878), *La Neige* (détail), 1873, huile sur toile, 90 × 120 cm (Musée d'Orsay, Paris).

Petit meurtre en famille

LECTURE

Souffre-douleur

1 @RECHERCHE Que signifie l'expression « bouc émissaire ». Qu'apporte à un groupe de s'en prendre à lui ? Justifiez par des citations du texte.

2 Relevez les propos rapportés au discours direct et indirect. En quoi sont-ils réalistes ? Quel jugement du narrateur sur les « jeux » paysans révèle-t-il ?

3 Établissez le plan du texte en montrant le crescendo tragique de la méchanceté des hommes, des bêtes et de l'univers.

La mort blanche

4 Quels procédés (point de vue, pronoms) font de la vue le moyen de communier avec la nature (l. 1 à 7) ? À l'inverse, quelles descriptions réalistes font de l'aveugle un être coupé du monde et de ses joies ?

5 Le mot « style » désigne un poignard effilé ; puis un art d'écrire bref et tranchant. Comment le rythme de la chute fait-il l'effet d'un poignant coup de « style » ?

HISTOIRE DES ARTS

6 Relevez dans le texte les occurrences de la couleur blanche. Commentez-en les connotations. L'effet produit par les tableaux est-il le même que le texte ?

7 SYNTHÈSE Comment la nouvelle montre-t-elle la négation des valeurs humaines ? Le « réalisme » de Maupassant est-il neutre ou au service de la critique sociale ?

VERS LE BAC

Commentaire (l. 71 à la fin)

Vous suivrez le parcours suivant : A/ la montée du suspense et de la tension dramatique ; B/ la mort blanche.
▶ Fiche 13 **Comprendre un sujet de commentaire**

Invention

Les derniers mots du poète Nerval sont : « La nuit sera blanche et noire. » Inspirez-vous du tableau de C. Amiet pour écrire un conte cruel dont ce sera la première phrase. Vous utiliserez le champ lexical du noir et blanc pour raconter le destin tragique du personnage.
▶ Fiche 11 **Comprendre un sujet d'écriture d'invention**

33 Guy de Maupassant
Bel-Ami, 1885

Biographie
p. 671

Histoire littéraire
p. 114, 151

Littérature et société
p. 66

Repères historiques
p. 34

Alors qu'il déambule dans Paris, Georges Duroy rencontre son vieil ami Forestier. Ce dernier l'emmène à son lieu de travail, le journal La Vie française. À son arrivée, Duroy découvre un univers fourmillant : celui de la presse. C'est l'occasion pour le romancier de décrire un microcosme en plein essor au XIXᵉ siècle.

Ils arrivèrent au boulevard Poissonnière, devant une grande porte vitrée, derrière laquelle un journal ouvert était collé sur ses deux faces. Trois personnes arrêtées le lisaient.

Au-dessus de la porte s'étalait, comme un appel, en grandes lettres de feu
5 dessinées par des flammes de gaz : *La Vie française*. Et les promeneurs passant brusquement dans la clarté que jetaient ces trois mots éclatants apparaissaient tout à coup en pleine lumière, visibles, clairs et nets comme au milieu du jour, puis rentraient aussitôt dans l'ombre.

Forestier poussa cette porte :
10 – Entre, dit-il.

Duroy entra, monta un escalier luxueux et sale que toute la rue voyait, parvint dans une antichambre, dont les deux garçons de bureau saluèrent son camarade, puis s'arrêta dans une sorte de salon d'attente, poussiéreux et fripé, tendu de faux velours d'un vert pisseux, criblé de taches et rongé par endroits, comme si des
15 souris l'eussent grignoté.

– Assieds-toi, dit Forestier, je reviens dans cinq minutes.

Et il disparut par une des trois sorties qui donnaient dans ce cabinet.

Jean BÉRAUD (1848-1935)
La Salle de rédaction du Journal des débats (détail), 1889, huile sur toile, 98 × 151 cm (Musée d'Orsay, Paris).

LEXIQUE : La presse

- **Ouvriers compositeurs :** ouvriers chargés d'assembler un à un des caractères dans le composteur, à la main, afin de former un mot ou un ensemble de mots, puis des lignes, reproduisant ainsi la copie de l'article manuscrit.
- **Reporter :** journaliste qui rapporte des informations sur un événement en se déplaçant sur les lieux des faits.
- **Chroniqueur :** celui qui rédige des articles pour un journal ou une revue. Il est souvent spécialisé dans un domaine particulier.
- **Épreuve :** première impression d'un article, avant le tirage définitif, qui sert à la vérification et aux corrections.

1. Étoffe de coton.
2. Veste élégante portée par les hommes.
3. Qui se bat en duel.

Une odeur étrange, particulière, inexprimable, l'odeur des salles de rédaction, flottait dans ce lieu. Duroy demeurait immobile, un peu intimidé, surpris surtout.
20 De temps en temps des hommes passaient devant lui, en courant, entrés par une porte et partis par l'autre avant qu'il eût le temps de les regarder.

C'étaient tantôt des jeunes gens, très jeunes, l'air affairé, et tenant à la main une feuille de papier qui palpitait au vent de leur course ; tantôt des ouvriers compositeurs, dont la blouse de toile tachée d'encre laissait voir un col de chemise 25 bien blanc, et un pantalon de drap[1] pareil à celui des gens du monde ; et ils portaient avec précaution des bandes de papier imprimé, des épreuves fraîches, tout humides. Quelquefois un petit monsieur entrait, vêtu avec une élégance trop apparente, la taille trop serrée dans la redingote[2], la jambe trop moulée sous l'étoffe, le pied étreint dans un soulier trop pointu, quelque reporter mondain apportant les 30 échos de la soirée.

D'autres encore arrivaient, graves, importants, coiffés de haut chapeau à bords plats, comme si cette forme les eût distingués du reste des hommes.

Forestier reparut tenant par le bras un grand garçon maigre, de trente à quarante ans, en habit noir et en cravate blanche, très brun, la moustache roulée en 35 pointes aiguës, et qui avait l'air insolent et content de lui.

Forestier lui dit :
— Adieu, cher maître.
L'autre lui serra la main :
— Au revoir, mon cher, et il descendit l'escalier en sifflotant, la canne sous le 40 bras.

Duroy demanda :
— Qui est-ce ?
— C'est Jacques Rival, tu sais, le fameux chroniqueur, le duelliste[3]. Il vient de corriger ses épreuves. Garin, Montel et lui sont les trois premiers chroniqueurs 45 d'esprit et d'actualité que nous ayons à Paris. Il gagne ici trente mille francs par an pour deux articles par semaine.

G. DE MAUPASSANT, *Bel-Ami*, Première partie, Chapitre 1, 1885.

Chroniques de la vie parisienne

LECTURE

1 Caractérisez le lieu que découvre Duroy : en quoi se présente-t-il à la fois comme une véritable institution et un espace de vie banal ?

2 Identifiez les métiers peints sur le vif par le romancier. Quelle hiérarchie structure le fonctionnement de *La Vie française* ? Justifiez.

ÉDUCATION AUX MÉDIAS

Imaginer la Une d'un journal

@RECHERCHE Consultez les archives du *Petit Journal*, du *Petit Parisien* et du journal *Le Temps* pour le mois de juin 1880 sur le site www.Gallica.fr. Après vous être renseigné sur l'actualité et avoir sélectionné quelques documents d'époque, imaginez puis concevez « la Une » du journal *La Vie française* telle qu'auraient pu la découvrir les lecteurs de l'époque.

À deux ou trois :
- rédigez l'éditorial du rédacteur en chef se réjouissant de la promulgation de la loi garantissant la liberté de publication ;
- imaginez le billet d'humeur qu'aurait pu écrire le reporter mondain à propos d'un spectacle ou d'une soirée parisienne ;
- rédigez la chronique d'esprit et d'actualité tenue par Jacques Rival ;
- pensez à insérer illustrations légendées et publicités d'époque.

34 Guy de Maupassant — THÉORIE
Préface de *Pierre et Jean*, 1888

Biographie p. 671
Histoire littéraire p. 114, 151
Littérature et société p. 66
Repères historiques p. 34

« Consolez-moi. Amusez-moi. Attristez-moi. Attendrissez-moi », écrit Maupassant, *se faisant porte-parole du lecteur au début de la préface de* Pierre et Jean. *Par la suite, l'écrivain utilise sa plume pour analyser les difficultés auxquelles se heurte tout écrivain cherchant à « faire vrai », à être réaliste.*

Mais en se plaçant au point de vue même de ces artistes réalistes, on doit discuter et contester leur théorie qui semble pouvoir être résumée par ces mots : « Rien que la vérité et toute la vérité. »

Leur intention étant de dégager la philosophie de certains faits constants et 5 courants, ils devront souvent corriger les événements au profit de la vraisemblance et au détriment de la vérité, car

Le vrai peut quelquefois n'être pas vraisemblable[1].

Le réaliste, s'il est artiste, cherchera, non pas à nous montrer la photographie banale de la vie, mais à nous en donner la vision la plus complète, plus saisissante, 10 plus probante que la réalité même.

Raconter tout serait impossible, car il faudrait alors un volume au moins par journée, pour énumérer les multitudes d'incidents insignifiants qui emplissent notre existence.

Un choix s'impose donc, ce qui est une première atteinte à la théorie de toute 15 la vérité.

La vie, en outre, est composée des choses les plus différentes, les plus imprévues, les plus contraires, les plus disparates ; elle est brutale, sans suite, sans chaîne, pleine de catastrophes inexplicables, illogiques et contradictoires qui doivent être classées au chapitre *faits divers*.

20 Voilà pourquoi l'artiste, ayant choisi son thème, ne prendra dans cette vie encombrée de hasards et de futilités que les détails caractéristiques utiles à son sujet, et il rejettera tout le reste, tout l'à-côté. [...]

Faire vrai consiste donc à donner l'illusion complète du vrai, suivant la logique ordinaire des faits, et non à les transcrire servilement[2] dans le pêle-mêle de leur 25 succession.

J'en conclus que les Réalistes de talent devraient s'appeler plutôt des illusionnistes.

G. DE MAUPASSANT, Préface de *Pierre et Jean*, 1888.

1. Citation de Boileau, *Art poétique*, Chant III, vers 48.
2. Obligeamment.

🙞 Recréer le réel 🙜

➤ LECTURE

1 Quelles limites au réalisme Maupassant souligne-t-il ? Comment comprendre alors le terme « illusionnistes » caractérisant les « Réalistes de talent » (l. 26-27) ?

2 Quelle conception de l'écriture Maupassant défend-il ? Pour servir quel projet ?

3 Par quels aspects cette page s'apparente-t-elle à un manifeste littéraire ?

➤ VERS LE BAC

Invention
Deux romanciers opposent leurs points de vue à propos du « faire vrai ». L'un défend une conception chirurgicale de l'écriture qui serait une photographie banale de la vie. L'autre, comme Maupassant, considère qu'il faut faire œuvre d'artiste pour révéler le « vrai ». Cherchez leurs arguments respectifs.

▶ **Fiche 11** Comprendre un sujet d'écriture d'invention

35 Guy de Maupassant
Pierre et Jean, 1888

Pierre et Jean sont deux frères qui vivent en Normandie. Au début du roman, Jean hérite seul de la fortune d'un certain Maréchal, ce qui lève chez l'autre frère, Pierre, un véritable soupçon sur leur mère. À l'annonce de cette nouvelle, ce dernier reste abasourdi.

Biographie
p. 671

Histoire littéraire
p. 114, 151

Littérature et société
p. 66

Repères historiques
p. 34

Dès qu'il fut dehors, Pierre se dirigea vers la rue de Paris, la principale rue du Havre, éclairée, animée, bruyante. L'air un peu frais des bords de mer lui caressait la figure, et il marchait lentement, la canne sous le bras, les mains derrière le dos.

Il se sentait mal à l'aise, alourdi, mécontent comme lorsqu'on a reçu quelque fâcheuse nouvelle. Aucune pensée précise ne l'affligeait et il n'aurait su dire tout d'abord d'où lui venaient cette pesanteur de l'âme et cet engourdissement du corps. Il avait mal quelque part, sans savoir où ; il portait en lui un petit point douloureux, une de ces presque insensibles meurtrissures dont on ne trouve pas la place, mais qui gênent, fatiguent, attristent, irritent, une souffrance inconnue et légère, quelque chose comme une graine de chagrin.

Lorsqu'il arriva place du Théâtre, il se sentit attiré par les lumières du café Tortoni[1], et il s'en vint lentement vers la façade illuminée ; mais au moment d'entrer, il songea qu'il allait trouver là des amis, des connaissances, des gens avec qui il faudrait causer ; et une répugnance brusque l'envahit pour cette banale camaraderie des demi-tasses[2] et des petits verres. Alors, retournant sur ses pas, il revint prendre la rue principale qui le conduisait vers le port.

Il se demandait : « Où irais-je bien ? » cherchant un endroit qui lui plût, qui fût agréable à son état d'esprit. Il n'en trouvait pas, car il s'irritait d'être seul, et il n'aurait voulu rencontrer personne.

En arrivant sur le grand quai, il hésita encore une fois, puis tourna vers la jetée ; il avait choisi la solitude.

Comme il frôlait un banc sur le brise-lames, il s'assit, déjà las de marcher et dégoûté de sa promenade avant même de l'avoir faite.

Il se demanda : « Qu'ai-je donc ce soir ? » Et il se mit à chercher dans son souvenir quelle contrariété avait pu l'atteindre, comme on interroge un malade pour trouver la cause de sa fièvre. […]

Donc il cherchait d'où lui venait cet énervement, ce besoin de mouvement sans avoir envie de rien, ce désir de rencontrer quelqu'un pour n'être pas du même avis, et aussi ce dégoût pour les gens qu'il pourrait voir et pour les choses qu'ils pourraient lui dire.

Et il se posa cette question : « Serait-ce l'héritage de Jean ? »

G. DE MAUPASSANT, *Pierre et Jean*, chapitre II, 1888.

1. Véritable café du Havre, détruit par les bombardements en 1944.
2. Petites tasses, dans lesquelles on sert du café, souvent accompagné d'alcool.

Un roman des origines

LECTURE

1 Quel est l'état d'esprit du personnage dans cet extrait ? Comment l'auteur le met-il en scène ?

2 Par quels choix narratifs Maupassant parvient-il à mettre en scène l'autoanalyse du personnage ?

3 Étudiez la souffrance du personnage et la façon dont Maupassant la donne à lire au lecteur.

4 @RECHERCHE Recherchez sur Internet, dans la littérature ou la mythologie d'autres conflits opposant des frères.

Pourquoi ce thème est-il particulièrement romanesque ?

5 SYNTHÈSE Dans quelle mesure peut-on dire de cette page qu'elle relève d'une esthétique naturaliste ?

VERS LE BAC

Invention
Imaginez la lettre que Pierre écrit à son frère. Il lui confie son trouble et ses doutes sur son origine.
▶ Fiche 11 Comprendre un sujet d'écriture d'invention

36 Maupassant et les impressionnistes, artistes de la lumière

Histoire des arts

1. Eau et lumière

Étretat retient l'attention de Monet dès l'hiver 1868. L'artiste y revient chaque année de 1883 à 1886, séduit par « ces hautes falaises blanches percées de ces trous singuliers qu'on nomme les Portes » (Maupassant, Adieu, 1884). Aussi s'en inspire-t-il pour une cinquantaine de toiles, célébrant la Manneporte, « voûte énorme où passerait un navire » (Maupassant, La Roche aux Guillemots, 1882).

Claude MONET (1840-1926), *La Manneporte près d'Étretat*, 1883, huile sur toile, 65,4 × 81,3 cm (Metropolitan Museum of Art, New York).

Repères esthétiques

Lumière et couleurs

En 1839, **le physicien E. Chevreul** publie un traité sur les contrastes de couleurs qui va influencer les impressionnistes. Il démontre que la couleur n'appartient pas aux choses. C'est une propriété de **la lumière**, dont les ondes colorées sont absorbées ou réverbérées par la matière. Les **« peintres de plein air »** s'intéressent à ce phénomène et donc aux changements du climat, de l'heure, lesquels modifient la luminosité. De même, ils privilégient **les éléments fluides de la nature** : l'air, l'eau floutent le contour des choses et gomment les séparations entre les couleurs.

Étude d'une œuvre

1 Quels rôles jouent la lumière et la couleur dans cette œuvre ?

2 Comment le mouvement de la mer est-il mis en valeur par les coups de pinceau juxtaposés et chargés de peinture ?
Quel est l'effet produit par cette technique propre à l'impressionnisme ?

3 Pourquoi, selon vous, Monet a-t-il peint une série de falaises ?

2. « Le surprenant et fugitif instant »

Monet et Maupassant se sont rencontrés à Étretat en 1886. Ils partagent la même fièvre : dévorer les couleurs, qui font de la réalité un mouvement infini.

Vrai, je ne vis plus que par les yeux […].

Mes yeux ouverts, à la façon d'une bouche affamée, dévorent la terre et le ciel. Oui, j'ai la sensation nette et profonde de manger le monde avec mon regard, et de digérer les couleurs comme on digère les viandes et les fruits.

Et cela est nouveau pour moi. Jusqu'ici je travaillais avec sécurité. Et maintenant je cherche… Ah ! mon vieux, tu ne sais pas, tu ne sauras jamais ce que c'est qu'une motte de terre et ce qu'il y a dans l'ombre courte qu'elle jette sur le sol à côté d'elle. Une feuille, un petit caillou, un rayon, une touffe d'herbe m'arrêtent des temps infinis ; et je les contemple avidement, plus ému qu'un chercheur d'or qui trouve un lingot, savourant un bonheur mystérieux et délicieux à décomposer leurs imperceptibles tons et leurs insaisissables reflets. […]

L'an dernier, en ce même pays, j'ai souvent suivi Claude Monet à la recherche d'impressions. Ce n'était plus un peintre, en vérité, mais un chasseur. Il allait, suivi d'enfants qui portaient ses toiles, cinq ou six toiles représentant le même sujet à des heures diverses et avec des effets différents.

Il les prenait et les quittait tour à tour, suivant les changements du ciel. Et le peintre, en face du sujet, attendait, guettait le soleil et les ombres, cueillait en quelques coups de pinceau le rayon qui tombe ou le nuage qui passe, et, dédaigneux du faux et du convenu, les posait sur la toile avec rapidité.

Je l'ai vu saisir ainsi une tombée étincelante de lumière sur la falaise blanche[1] et la fixer à une coulée de tons jaunes qui rendaient étrangement le surprenant et fugitif effet de cet insaisissable et aveuglant éblouissement.

G. DE MAUPASSANT, *La Vie d'un paysagiste*, 28 septembre 1886, Étretat.

1. Il s'agit des falaises d'Étretat, en Normandie.

Repères esthétiques

Le mouvement impressionniste

L'impressionnisme doit son nom au tableau de Monet : *Impression, soleil levant* (1872). Il est repris en 1874 par de **jeunes peintres dont les œuvres sont refusées au Salon**, l'exposition officielle présentant des milliers d'œuvres nouvelles. Ils organisent alors leur propre exposition chez le photographe Nadar. Comme lui, ils voient en la photographie la fin d'une peinture platement réaliste. Désormais, pour peindre la réalité, il faut en capter le mouvement et les nuances changeantes. Ainsi, les impressionnistes posent sur la toile de **petites touches de couleur, dont la juxtaposition montre les modifications apportées par la lumière**. Ils obéissent ainsi à leurs sensations et leurs impressions fugitives, loin de toute reproduction figée du réel.

Les sujets, souvent modernes, rejettent aussi l'académisme : les gares, les ponts, les fumées d'usines côtoient désormais les paysages ruraux et les portraits. Ces artistes sont ainsi témoins de la reconstruction de Paris, sous l'impulsion du préfet Haussmann.

DE L'IMAGE AU TEXTE

Une impression de bonheur

1 Relevez les expressions de bien-être et de joie. Qu'est-ce qui provoque ces sentiments ? Expliquez.

Un ruissellement de lumière et de couleur

2 Pourquoi la démarche de l'écrivain ressemble-t-elle à celle d'un peintre impressionniste ? Répondez en vous appuyant sur le tableau de Monet et le texte.

DE L'ATELIER DU PEINTRE À L'ATELIER D'ÉCRITURE

Dans une lettre à Geffroy, le 11 août 1908, C. Monet s'exclame, à propos de ses nymphéas : « Les effets varient constamment, non seulement d'une saison à l'autre, mais d'une minute à l'autre […]. L'essentiel du motif est le miroir d'eau dont l'aspect s'altère à chaque moment, à cause des lambeaux de ciel qui s'y reflètent, et qui lui donnent sa lumière et son mouvement. »

1 @RECHERCHE Sur Internet, cherchez les « Nymphéas ». Sélectionnez ceux qui vous semblent en accord avec le texte.

2 Écrivez un poème en prose célébrant la beauté des nymphéas. Vous insisterez sur les jeux de reflets et le scintillement des vapeurs traversées par le soleil.

37. Le bonheur des impressionnistes, « peintres du plein air »

1. Le flamboiement des fleurs

Claude MONET (1840-1926), *Les Coquelicots à Argenteuil*, 1873, huile sur toile, 50 × 65 cm (Musée d'Orsay, Paris).

Étude d'une œuvre

1 Où se situe la ligne d'horizon ? Décrivez rapidement ce que l'on voit dans les deux espaces qu'elle délimite.

2 Comment la lumière se déverse-t-elle ? Quels objets, vivement éclairés, éclatent de couleur ?

3 Comment le rouge et le bleu, couleurs primaires, sont-ils répartis ? Pour quel effet ?

4 Quelle atmosphère le semis de taches colorées crée-t-il ?

Repères esthétiques

La complémentarité des couleurs

Quand elles sont juxtaposées, couleurs primaires (jaune, rouge, bleu) et secondaires (orange, vert, violet) s'exaltent mutuellement. Le bleu vibre auprès de l'orange, sa couleur « complémentaire », le rouge auprès du vert et le jaune, du violet. Les impressionnistes se limitent à ces six couleurs, jouant avec leur complémentarité pour les rendre éclatantes. Ils délaissent la palette romantique, jugée trop riche et trop sombre. Le noir est peu utilisé. Même les ombres, choisies parmi les couleurs complémentaires, sont colorées. Ainsi, explique Renoir, « un matin, l'un de nous manquant de noir, se servit de bleu : l'impressionnisme était né ! »

148 | 1 Le roman et la nouvelle

2. Couleurs mouvantes, couleurs émouvantes

Les employées de Mme Tellier se rendent toutes en train puis en carriole à la communion d'une petite nièce.

Des deux côtés de la route la campagne verte se déroulait. Les colzas en fleur mettaient de place en place une grande nappe jaune ondulante d'où s'élevait une saine et puissante odeur, une odeur pénétrante et douce portée très loin par le vent. Dans les seigles déjà grands, des bleuets montraient leurs petites têtes azurées que les femmes voulaient cueillir, mais M. Rivet refusa d'arrêter. Puis parfois, un champ tout entier semblait arrosé de sang tant les coquelicots l'avaient envahi. Et au milieu de ces plaines colorées ainsi par les fleurs de la terre, la carriole, qui paraissait porter elle-même un bouquet de fleurs[1] aux teintes plus ardentes, passait au trot du cheval blanc, disparaissait derrière les grands arbres d'une ferme, pour reparaître au bout du feuillage et promener de nouveau à travers les récoltes jaunes et vertes, piquées de rouge ou de bleu, cette éclatante charretée de femmes qui fuyait sous le soleil.

G. DE MAUPASSANT, « La Maison Tellier », 1881.

[1]. Les femmes de la carriole portent des robes de couleur vive.

3. Maupassant et la Seine

Maupassant aime passionnément les paysages des bords de Seine. Des dizaines de nouvelles ont pour cadre Argenteuil ou Chatou.

« Ma grande, ma seule, mon absorbante passion, pendant dix ans, ce fut la Seine. Ah ! la belle, calme, variée et puante rivière pleine de mirage et d'immondices. Je l'ai tant aimée ; je crois parce qu'elle m'a donné, me semble-t-il, le sens de la vie. » (*Mouche*, 1890.)

Les textes qu'il lui consacre expriment en effet la vie et l'intensité des impressions, à la manière de ses amis peintres.

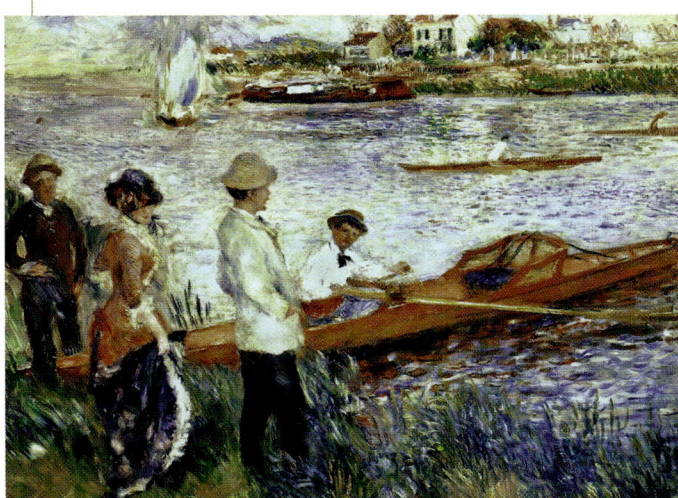

Auguste RENOIR (1841-1919), *Les Canotiers à Chatou*, 1879, huile sur toile, 100,3 × 81,3 cm (National Gallery of Art, Washington).

✍ DES IMAGES AUX TEXTES

L'art du mouvement

1 Pourquoi le texte (document 2) et les deux tableaux sont-ils une fête des sens et une célébration de la nature ? Relevez les notations sensorielles du texte et expliquez leur intensité.

2 Quels verbes du texte évoquent vitesse et mouvement ? Comment l'écrivain donne-t-il vie à ce bouquet de couleurs ?

3 Analysez les lignes de fuite du tableau de Monet et montrez que la coulée de fleurs suit la marche des promeneurs.

Des touches de couleurs

4 Relevez les couleurs dominantes des tableaux et du texte (document 2) et montrez qu'elles sont souvent associées à leur couleur complémentaire. Quel est l'effet produit par leur intensité ? Répondez en vous appuyant sur les « Repères esthétiques », p. 148.

5 Comment Renoir utilise-t-il la juxtaposition de touches de couleurs vives ?

6 Qu'évoque le rouge des coquelicots pour Maupassant ? Quelle figure de style met cette image en valeur ?

4. Derniers feux avant la nuit

Claude MONET (1840-1926), *Soleil couchant sur la Seine à Lavacourt, effet d'hiver*, 1880, huile sur toile, 100 × 150 cm (Musée du Petit-Palais, Paris).

5. Les rivières pourpres

Camille PISSARRO (1830-1903), *Quai de la Bourse à Rouen, soleil*, 1898, huile sur toile (Collection Linda Gale Sampson, Musée des Beaux-Arts, Rouen).

6. « La sensation du bonheur »

Le soir tombait, un de ces soirs calmes du bord de l'eau, colorés et doux, un de ces soirs tranquilles qui donnent la sensation du bonheur. Aucun souffle d'air ne remuait les branches, aucun frisson de vent ne passait sur la surface unie et claire de la Seine. Il ne faisait pas trop chaud cependant, il faisait tiède ; il faisait bon vivre. La fraîcheur bienfaisante des berges de la Seine montait vers le ciel serein.

Le soleil s'en allait derrière les arbres, vers d'autres contrées, et on aspirait, semblait-il, le bien-être de la terre endormie déjà, on aspirait dans la paix de l'espace la vie nonchalante du monde.

G. DE MAUPASSANT, « Yvette », 1884.

DES IMAGES AUX TEXTES

Maupassant et l'art de peindre

1 Dans les tableaux de Pissarro et de Monet (documents 3 et 4), quelles couleurs dominent ?

2 Comment le coucher de soleil est-il évoqué dans les deux textes de Maupassant ? Pourquoi ces descriptions peuvent-elles être qualifiées d'impressionnistes ?

Une beauté poignante

3 Décrire ou peindre un coucher de soleil peut être banal. En quoi chaque œuvre est-elle originale et inoubliable ?

DE L'ATELIER DU PEINTRE À L'ATELIER D'ÉCRITURE

Vous ferez un commentaire du texte de Maupassant (document 2) à partir du parcours de lecture suivant :
A/ l'art de décrire à la manière d'un peintre impressionniste ; B/ l'évocation poignante d'une beauté éternelle et fragile à la fois.

Histoire littéraire
Le XIXᵉ siècle, l'âge d'or de la nouvelle

Définition

La nouvelle est un récit en prose qui se caractérise par sa **brièveté** et sa **densité** : l'histoire est concentrée en quelques lignes, quelques pages ou quelques dizaines de pages. Le nombre de personnages et le cadre spatio-temporel y sont restreints.

→ **Ex** : Dans « Un cœur simple » de Flaubert, l'action se centre sur deux femmes, Félicité et sa patronne. Elle s'inscrit dans un cadre étroit, celui d'un bourg de Normandie et va en se resserrant sur la chambre de l'héroïne.

Caractéristiques

La nouvelle à chute

Le récit s'organise fréquemment autour d'un **moment de crise**, où toutes les tensions se concentrent et constituent alors le point culminant de la narration.

→ **Ex** : Dans « L'aveugle » de Maupassant, les procédés d'écriture convergent pour souligner la montée en puissance de la cruauté du groupe.

Finalement, la nouvelle s'achève généralement de façon inattendue et surprenante. Cette fin laisse un souvenir marquant. C'est l'**effet de chute**.

→ **Ex** : L'auteur de « Vanina Vanini » annonce en deux lignes la mort de la passion et la conversion de l'héroïne aux valeurs matérielles d'un mariage d'argent.

Chaque événement, chaque mot, est délibérément conçu pour aboutir à cet événement final.

→ **Ex** : Cortázar sème des indices qui, à première lecture, semblent fortuits, mais dont l'agencement mène implacablement au renversement final. Après coup, le lecteur admire cet art de la composition.

Contrairement au roman, comme le souligne Baudelaire dans *Notes nouvelles sur Edgar Poe* (1857), la lecture de la nouvelle « peut être accomplie tout d'une haleine ». C'est pourquoi « elle laisse dans l'esprit un souvenir bien plus puissant qu'une lecture brisée, interrompue souvent par les tracas des affaires et le soin des intérêts mondains ». Cette « unité d'impression » donne à ce type de récit une « supériorité tout à fait particulière ».

La nouvelle sans chute

Certaines nouvelles n'ont pas de chute, ni même de fil narratif : ce sont **des instantanés de vie quotidienne, des moments d'émotion, des méditations**.

Histoire de la nouvelle

Origines

Au XIIIᵉ siècle, le **lai** est un conte en vers partageant avec la nouvelle de nombreuses caractéristiques : brièveté de l'intrigue, nombre restreint de personnages et fin étonnante.

L'influence de Boccace : La nouvelle apparaît au milieu du XIVᵉ avec le *Décaméron* de l'Italien Boccace (1313-1375). Ce recueil met en scène dix jeunes Florentins réfugiés dans une villa située à la campagne pour échapper à la peste ravageant la cité. Pour se distraire, chacun d'entre eux invente quotidiennement **une histoire réaliste, drôle, dramatique ou égrillarde**. Chaque récit, en prose, s'enchâsse dans l'histoire principale. Leurs cent récits brefs sont destinés à divertir et à surprendre. Botticelli, marqué comme de nombreux artistes et écrivains par l'œuvre de Boccace, illustre une des nouvelles du *Décaméron*.

Marguerite de Navarre (1492-1549), sœur du roi François Iᵉʳ, reprend cette structure dans l'*Heptaméron* (1559) : dix personnages, cinq hommes et cinq femmes, sont surpris par de violentes intempéries qui font s'écrouler les ponts. Ils trouvent refuge dans un monastère et inventent de **brèves histoires divertissantes**, serties dans le récit-cadre. Marguerite, décédée pendant qu'elle composait la septième journée de récits, n'a pu imiter complètement son modèle.

Au XVIIᵉ siècle, **Segrais**, auteur des *Nouvelles françaises* (1656-1667), reprend cette même structure. Il délègue la parole à six jeunes femmes pendant six jours afin que se succèdent des nouvelles courtes et réalistes.

Sandro BOTTICELLI (1445-1510), illustration d'une nouvelle de Boccace, panneaux d'un coffre de mariage, fin du XVᵉ siècle (Musée du Prado, Madrid).

Dans « La chevelure », Maupassant reprend ainsi la technique d'enchâssement chère à Boccace. Le narrateur insère, à l'intérieur du récit-cadre, une seconde histoire, relatée dans un journal intime.

🍃 Le XIXᵉ, l'âge d'or de la nouvelle

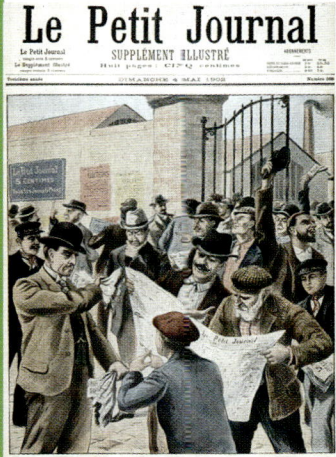

Mai 1902 : résultats des élections législatives, gravure du *Petit Journal*.

La nouvelle, concurrencée et éclipsée au XVIIIᵉ siècle par le conte philosophique et le roman, prend son essor au XIXᵉ grâce à la **presse**. Dès 1836, E. de Girardin invente un quotidien radicalement nouveau : *Le Temps*, vendu un sou, est financé par la réclame, la publicité. Son coût modeste séduit un très vaste **lectorat populaire** : un million d'exemplaires sont vendus chaque jour. Pour fidéliser ses lecteurs, ce patron de presse publie des nouvelles. Il est bientôt suivi par ses concurrents, si bien que presse et nouvelle se développent au même rythme rapide tout au long du XIXᵉ.

→ **Ex** : *Tchekhov fait connaître ses nouvelles réalistes grâce au* Journal de Pétersbourg.

→ **Ex** : *Maupassant publie ses nouvelles dans les quotidiens* Gil Blas *ou* Le Gaulois *avant de les faire paraître en recueils.*

Par ailleurs, de nombreuses nouvelles présentent des **ressemblances de structure avec les faits divers publiés par les journaux**. Comme eux, elles sont ancrées dans une époque donnée et savent capter l'esprit du temps en quelques pages, afin de l'offrir à des lecteurs pressés.

→ **Ex** : *L'Incipit de « Boule de Suif » peut se lire comme la chronique d'une défaite annoncée : celle de la France, en guerre contre la Prusse en 1870. Maupassant observe et sélectionne des faits vrais, des « choses vues » qui résument toute l'atmosphère d'une époque.*

Au XXᵉ siècle, le lien entre la nouvelle et le fait divers est à nouveau exploré.

→ **Ex** : *J.-M. G. Le Clézio bâtit sa nouvelle à la manière d'un fait divers révélateur des malaises de notre époque contemporaine.*

Le genre se diversifie. La nouvelle réaliste de **Huysmans**, **Maupassant**, **Tchekhov** ou des **frères Goncourt** a le souci de la représentation sociale exacte. Paysannerie, bourgeoisie provinciale, aristocratie parisienne, armée ou domesticité : tous les milieux sont croqués sur le vif.

La maison d'Émile ZOLA à Médan.

En même temps, **la nouvelle fantastique** séduit en mettant en scène un univers parfaitement vraisemblable, bientôt traversé d'événements d'autant plus effrayants qu'ils sont incompréhensibles et mystérieux. **Edgar Poe**, **Maupassant** ou **Villiers de l'Isle-Adam** en sont les représentants incontestés.

Une aventure collective : les Soirées de Médan

En 1878, **Zola** achète une maison de campagne située à Médan, près de Poissy. Il invite à dîner de jeunes écrivains qu'il souhaite aider, soit financièrement, soit en se servant de sa notoriété pour les faire éditer. Germe alors **l'idée d'un recueil collectif, faisant office de manifeste du naturalisme**.

Maupassant en conte ainsi les circonstances : « Pendant les longues digestions des longs repas (car nous sommes tous gourmands et gourmets, et Zola mange à lui seul comme trois romanciers ordinaires), nous causions. Il nous racontait ses futurs romans, ses idées littéraires, ses opinions sur toutes choses. Certains jours on pêchait à la ligne. Hennique alors se distinguait, au grand désespoir de Zola, qui n'attrapait que des savates. [...] Comme les nuits étaient magnifiques, chaudes, pleines d'odeurs de feuilles, nous allions chaque soir nous promener dans la grande île en face. Je passais tout le monde dans la Nana[1]. On en vint à parcourir tous les conteurs célèbres et à vanter les raconteurs de vive voix dont le plus merveilleux, à notre connaissance, est le grand Russe **Tourguenieff** ce maître presque français ; Paul Alexis prétendait qu'un conte écrit est très difficile à faire. Mais Zola trouva que c'était une idée, qu'il fallait se dire des histoires. » (Paru dans *Le Gaulois*)

1. Nom de la barque.

Le thème choisi est la guerre de 1870. Zola expose avec un vrai talent de conteur « L'attaque du moulin ». Puis, **J.-K. Huysmans** propose « Sac au dos », Henri Céard, « La saignée », Léon Hennique, « L'affaire du Grand 7 » et Paul Alexis, « Après la bataille ». Maupassant se distingue avec un chef-d'œuvre, « Boule de suif ».

Histoire littéraire
Le fantastique

Définition

Le terme « fantastique » désigne une œuvre où le **surnaturel fait irruption dans une réalité banale**. Contrairement au récit merveilleux, où le surnaturel est accepté, ce dernier « manifeste un scandale, une déchirure, une irruption insolite, presque insupportable dans le monde réel ». (R. Caillois, *Au cœur du fantastique*, Éd. Gallimard, 1965)

Johann Heinrich FÜSSLI (1741-1825), *Le Cauchemar*, 1781, huile sur toile, 101,6 × 127 cm (Detroit Institute of Arts).

L'hésitation du lecteur

Ni le personnage ni le lecteur ne pouvant trouver d'explication, l'incertitude s'installe. **Todorov** insiste : le texte oblige le lecteur « à **hésiter** entre une explication naturelle et une explication surnaturelle […]. Ensuite, cette hésitation peut être ressentie également par un personnage ; ainsi le rôle de lecteur est pour ainsi dire confié à un personnage. » Enfin, le lecteur refuse l'interprétation poétique ou symbolique des phénomènes.

Brève histoire du genre

Le genre naît au XVIIIe siècle, avec les romans gothiques anglais de **Walpole** ou **Lewis**. En France, **Cazotte** publie *Le Diable amoureux* (1772), récit illuministe rejetant le rationalisme des Lumières. Vers 1830, le succès du fantastique repose aussi sur le refus romantique d'une rationalité jugée trop rigide. Ainsi, **Hoffmann** en Allemagne ou **Nodier** en France s'emparent du genre et en exaltent la sombre poésie. Leur conviction qu'un monde « sur-réel » communique avec le nôtre s'exprime dans des contes hérités du folklore ou des poèmes très modernes.

→ **Ex** : *Aloysius Bertrand invente le poème en prose, écrin de visions où se confondent veille et cauchemar.*

Toutefois, l'**apogée du fantastique** coïncide avec celui de la **nouvelle**, dont la densité et l'art de la chute rendent spectaculaire l'irruption du surnaturel. Il privilégie alors des thèmes, comme la vie cachée des forces naturelles ou surnaturelles, les échanges entre vie et mort, fiction et réalité.

→ **Ex** : *Le héros de Cortázar, dans* Continuité des parcs, *bascule du monde réel à l'univers imaginaire du livre.*

Certains personnages deviennent récurrents : la femme maléfique, le vampire, la morte qui revient ou le héros diabolique.

Réalisme et fantastique

À force de scruter le monde comme un scientifique ou un policier, les écrivains réalistes et naturalistes voient les **réalités banales** se teinter d'étrangeté.

→ **Ex** : *Dans l'église pavoisée de rouge, Julien Sorel croit lire dans l'article de journal déchiré l'énigme de sa destinée sanglante.*

De même, les **enquêtes policières**, en observant les détails du réel à la loupe, en font des signes troublants, résistant au déchiffrement.

→ **Ex** : *Balzac, dans* Une ténébreuse affaire, *décrit le coffre, objet ordinaire, comme s'il recelait un mystère surréel. Poe met en exergue des détails vrais mais incongrus et nous entraîne aux lisières du fantastique le plus noir.* Ainsi, la veine fantastique trouve place au sein même des romans réalistes.

● Les réalistes inventent donc un fantastique nouveau : refusant la présence de tout objet ou personnage magique, il tient au regard grossissant porté sur des détails, des lieux et des personnages. Il ouvre les yeux du lecteur sur un monde qu'il croyait simple et l'invite à en percevoir l'étrange complexité.

Le fantastique et les énigmes du moi

Maupassant porte à son comble l'**hésitation fantastique**, « la confusion pénible et enfiévrante ».

→ **Ex** : *Dans « La chevelure », on ne sait qui a raison, de l'aliéné ou du médecin. De même, on ignore si le personnage de Villiers de l'Isle-Adam est fou ou si la maison est hantée.*

Constatant que la science explique désormais des phénomènes naturels attribués autrefois aux puissances occultes, Maupassant en conclut que le lecteur moderne ne croit plus aux histoires de fantômes. Le genre fantastique doit devenir « plus subtil » et jouer avec la peur et la folie tapies dans le cœur humain : « en demeurant sur la limite du possible, [il jette] les âmes dans l'hésitation, dans l'effarement ». (*Le Gaulois*, 7 octobre 1883) Le texte fantastique pousse alors à s'interroger sur les énigmes du moi. Le lecteur est renvoyé à ses démons intérieurs. Comme l'écrit S. King : « Les fantômes existent, ils sont en moi. »

3. XXᵉ-XXIᵉ siècle : Le roman en question

Le roman remet en question la représentation de l'homme suite aux crises historiques et aux évolutions sociales. Les structures traditionnelles du récit éclatent et cèdent la place à des explorations audacieuses de la narration et des thèmes. Il s'agit moins de plaire au lecteur que de le faire s'affronter à une nouvelle vision du monde.

Littérature et société
Le roman et la conscience humaine 156

Histoire littéraire
Le personnage de roman et ses visions du monde 158

Histoire des arts
O. Dix, *La rue de Prague*, 1920 160

Le roman en quête de renouvellement
1. **M. Proust**, *Du côté de chez Swann*, 1913 162
2. **R. Radiguet**, *Le Bal du comte d'Orgel*, 1924 164
3. **A. Cohen**, *Solal*, 1930 166
4. **L.-F. Céline**, *Voyage au bout de la nuit*, 1932 168
5. **A. Camus**, *L'Étranger*, 1942 170
6. **J. Giono**, *Un roi sans divertissement*, 1948 172
7. **M. Butor**, *La Modification*, 1957 174
8. **A. Robbe-Grillet**, *Pour un nouveau roman*, 1963 ⟦Théorie⟧ 175
9. **G. Perec**, *Les Choses*, 1965 176
10. **M. Yourcenar**, *L'Œuvre au noir*, 1968 177

Production romanesque contemporaine
11. **J. Cortázar**, *Les Armes secrètes*, « Continuité des parcs », 1963 *Nouvelle intégrale* 178
12. **J.-M. G. Le Clézio**, *Désert*, 1980 180
13. **J.-M. G. Le Clézio**, *La Ronde et autres faits divers*, 1982 182
14. **F. Vargas**, *Debout les morts*, 1995 186
15. **Ph. Roth**, *La Tache*, 2002 188
16. **F. Bon**, *Daewoo*, 2004 190
17. **S. Germain**, *Magnus*, 2005 192
18. **S. Germain**, *Les Personnages*, 2004 193
19. **L. Gaudé**, *La Mort du roi Tsongor*, 2002 ⟦Œuvre intégrale⟧ 194

Littérature et société

Le roman et la conscience humaine

Le roman et la subjectivité

Au début du XXe siècle, certains auteurs continuent à observer les règles du réalisme. L'influence des Rougon-Macquart de Zola demeure sensible. Dans *Les Hommes de bonne volonté* (paru entre 1932 et 1947), Jules Romains raconte l'histoire d'une famille sur fond d'histoire mondiale. Le cadre réaliste reste encore bien présent par la suite.

→ **Ex :** *Le monde de Zénon, dans* L'Œuvre au noir *(1968) de Marguerite Yourcenar, est structuré de manière réaliste, de même que celui d'*Un roi sans divertissement *(1947).*

Pourtant, la représentation du monde et de l'homme évolue. Des avancées scientifiques comme la théorie de la relativité remettent en question l'universalité de la science pour laisser davantage de place à **la subjectivité**. Freud met au jour le concept d'inconscient et invente la **psychanalyse**. Le roman s'empare alors du phénomène psychologique qui passionne toute l'époque.

P. A. BROUILLET (1857-1914), *Une leçon clinique à la Salpêtrière*, 1887, huile sur toile, 300 × 425 cm (Musée d'Histoire de la médecine).

Bergson fait évoluer la temporalité. Il distingue temps mesurable et durée perçue. Le roman tire parti de ces découvertes : il s'éloigne des prétentions scientifiques du naturalisme et s'intéresse davantage à la subjectivité.

→ **Ex :** *En jouant sur la mémoire, sur le temps vécu et le temps perçu, Marcel Proust se lance* À la recherche du temps perdu *(titre de l'ensemble de ses sept romans, 1913-1927).*

Le temps des crises

Le choc des **deux guerres mondiales** provoque une remise en cause de la société. Les romans intègrent des formes variées de contestation.

Les surréalistes rejettent les formes traditionnelles du récit établies au XIXe siècle et cherchent un nouveau langage libéré des contraintes de la Raison. Ils sollicitent le hasard comme moteur de la création littéraire et artistique dès 1920. Le roman surréaliste, comme la poésie, est sensible aux signes que la **conscience** ne peut décrypter.

→ **Ex :** *André Breton met à profit, dans* Nadja *(1928), le fortuit et l'inconscient. Il intègre à son roman autobiographique des photographies qui saisissent le réel en se substituant à la description.*

Après la Première Guerre mondiale, des romanciers comme Blaise Cendrars, Maurice Genevoix, Jean Giono, et bien d'autres qui ont fait l'expérience du carnage des tranchées, dénoncent la guerre et ses atrocités. Par l'écriture, ils transforment leur expérience traumatisante en **littérature de révolte**.

→ **Ex :** *Céline, dans* Voyage au bout de la nuit *(1932), relate sa propre expérience dans un style qui cherche à reproduire le jaillissement de la langue orale. Le personnage de Bardamu condamne sans appel l'engagement dans la guerre.*

Vingt ans après celle que l'on pensait être la « der des der », la Seconde Guerre mondiale fait à nouveau des millions de victimes. Le monde a découvert horrifié la réalité des **camps d'extermination** et la puissance de la **bombe atomique**.
Cette épreuve impose une réflexion sur la nature humaine : que dire, que penser de l'Homme dès lors qu'il a permis de telles horreurs ?

→ **Ex :** *Le personnage d'*Un roi sans divertissement *déconcerte le lecteur par le mélange de légèreté et de monstruosité dont il fait preuve.*

L'écrivain au cœur du débat

La figure de l'intellectuel engagé s'impose. Sa participation à la guerre comme combattant (André Malraux, Antoine de Saint-Exupéry), comme Résistant (Aragon, Albert Camus) au cours de la Seconde Guerre mondiale lui a donné une **autorité politique et morale** pour débattre de la place de l'Homme dans la société. Certains auteurs ont pris des risques pour exprimer leurs idées dans une presse surveillée par la censure (Albert Camus est le rédacteur en chef de *Combat*, journal clan-

René MAGRITTE (1898-1967), *La Lectrice soumise*, 1928, huile sur toile, 92 × 73 cm (Collection particulière).

destin). Les thèmes de la liberté, de l'action combattante sont au cœur des romans de cette génération.

→ **Ex :** *Jean-Paul Sartre développe sa philosophie de l'existentialisme dans sa trilogie romanesque,* Les Chemins de la liberté *(1945-1949).*

→ **Ex :** *Albert Camus place l'absurdité de l'existence au centre de son roman* L'Étranger *(1942).*

Les écrivains qui ont publié dans des journaux collaborationnistes sont interdits de publication en France par le Comité national des écrivains issu de la Résistance à la Libération. Jean Giono, Louis-Ferdinand Céline, Henry de Montherlant sont parmi les plus célèbres. Certains sont emprisonnés ; d'autres choisissent l'exil.

Une nouvelle manière d'approcher la réalité

Dans les années 1950 et 1960, un groupe de romanciers se réclame du **« Nouveau Roman »**.

Le Nouveau Roman s'éloigne radicalement de la fiction du XIXᵉ siècle. Alain Robbe-Grillet (> p. 175) et Nathalie Sarraute sont les théoriciens de ce mouvement. Les auteurs cherchent chacun à leur manière à se libérer des conventions du récit réaliste. L'écriture se veut innovante : **de nouvelles formes déstabilisent** les habitudes de lecture.

→ **Ex :** La Modification, *de Michel Butor (1957), sollicite le lecteur par l'emploi constant de la deuxième personne.*

La psychologie du personnage a perdu son intérêt pour le Nouveau Roman. Les personnages sont davantage marqués par **l'anonymat**. Le statut des objets dans la littérature évolue : le roman leur accorde la place importante qu'ils ont acquise dans la société de consommation.

→ **Ex :** *Les personnages des* Choses *(1965) sont submergés par l'importance qu'ils accordent aux objets.*

Le roman postmoderne

La fin du XXᵉ et le début du XXIᵉ siècle poursuivent la déconstruction du roman traditionnel. Le roman se détache en partie de la fiction, les genres échappent à la classification traditionnelle.

L'individualisme s'accroît à mesure que la mondialisation se développe. Le roman exprime la difficulté pour l'homme, et plus encore pour les marginaux et les exclus, de trouver sa place dans ce monde déshumanisé. Il s'attache à révéler ces souffrances et rend aux personnages pris dans cette nouvelle configuration sociale sa dignité.

→ **Ex :** *Le Clézio, dans* La Ronde et autres faits divers *(1992), aborde les thèmes de la solitude, de la répression et de l'injustice.* Désert *(1980) fait le portrait d'une jeune Marocaine fière de ses racines et qui connaît l'exil en France.*

Le roman prend la **réalité quotidienne** pour sujet. L'écrivain est aussi concerné par les questions qui s'imposent au citoyen devant la difficile mutation du monde industriel.

→ **Ex :** *François Bon travaille sur la parole des salariés qui ont perdu leur emploi dans* Daewoo *(2004).*

La forme du roman se renouvelle : pour certains écrivains, la fiction linéaire, le découpage en chapitres ne peuvent plus porter le projet de l'auteur ni sa vision. Une plus grande **souplesse des formes** est requise pour rendre compte du monde postmoderne.

→ **Ex :** *Sylvie Germain, dans* Magnus *(2005), emploie des « fragments » pour rendre compte de la mémoire morcelée de son personnage.*

L'écriture évolue aussi grâce à Internet. Les blogs d'écrivains, devenus « geekrivains », sont apparus dans les années 1990. Ils permettent aux auteurs de dialoguer avec leurs lecteurs, de s'imprégner de l'air du temps et cette proximité avec le monde influe sur leur écriture.

Francis BACON (1909-1992), *Autoportrait*, 1971, huile sur toile, 35,5 × 30,5 cm (Centre Pompidou, Paris).

Histoire littéraire
Le personnage de roman et ses visions du monde

Naissance d'un genre critique

Du Moyen Âge à la Renaissance, les textes de fiction offrent **une représentation idéalisée du monde**. Ainsi, les héros des romans de chevalerie de Chrétien de Troyes servent d'**exemples** pour l'amour, la vie en société et la guerre. Au XVIIe siècle, le roman pastoral (*L'Astrée*, d'Honoré d'Urfé) transfère les **valeurs aristocratiques** au pays de bergers discutant sur l'art d'aimer.

Mais avec *Don Quichotte*, Cervantès invente le **roman moderne** : il refuse l'idéalisation et confronte les fausses représentations (du lecteur ou du héros) à la réalité.

→ **Ex** : *L'idéal chevaleresque de Don Quichotte devient ridicule dans une société qui délaisse la vertu guerrière pour le sens des affaires.*

L'écart avec l'idéal, créant la **dimension critique** du roman, est une constante du genre.

→ **Ex** : *En 1857, Madame Bovary de Flaubert reprend ce schéma : les rêves de l'héroïne contrastent avec sa vie réelle de femme mariée à un médecin sans culture.*

Le lecteur découvre alors des individus mis à nu dans leurs conditions, leurs mensonges. Le **roman picaresque**, en premier, montre le monde à travers le regard du *picaro*, type du marginal voyageant à l'aventure. Son point de vue contredit discours officiels et vérités établies. Ainsi naît le **réalisme satirique**, dénonçant les défauts et ridicules de la société. Ce regard « démystifiant » est à l'œuvre chez Lesage (*Histoire de Gil Blas de Santillane*, 1715-1735), Marivaux (*La Vie de Marianne*, 1731-1742, *Le Paysan parvenu*, 1734-1735) ou Montesquieu (*Lettres Persanes*, 1721).

Le roman au XVIIIe siècle

Les lecteurs du XVIIIe siècle se passionnent pour des **personnages à la sensibilité tourmentée**, dont le naturel se heurte à l'artifice social.

→ **Ex** : *Les personnages de l'abbé Prévost adoptent un ton pathétique pour décrire les chocs affectifs d'une sensibilité extraordinaire. La Nouvelle Héloïse (1761), de Rousseau, racontant un amour socialement impossible entre Saint-Preux et Julie, expose avec lyrisme le tragique de l'existence.*

Les **excès du pathos** menacent d'envahir le roman : malédiction, déluge de larmes, attitudes excessives. Le roman épistolaire, en croisant plusieurs points de vue, permet de ne pas s'enfermer dans la vision d'un seul personnage.

Illustration de Tony JOHANNOT pour *Les Souffrances du jeune Werther* de GOETHE (1749-1832), 1845.

→ **Ex** : *Dans Les Liaisons dangereuses (1782), Laclos oppose libertinage cynique et sensibilité trop naïve.*

Affrontements et révoltes romantiques

René (Chateaubriand, 1802) Octave (Musset, *La Confession d'un enfant du siècle*, 1836), Delphine (Mme de Staël, 1802) donnent une grandeur à la **sensibilité douloureuse** : ils vivent dans l'insatisfaction de leurs rêves et la déception que la vie réelle leur inflige. Le ton employé va **du pathétique au lyrisme tragique**. Il caractérise une vision du monde qui devient un rapport au destin.

La seconde génération romantique (Balzac, Hugo) propose des **personnages héroïques** tranchant avec la médiocrité bourgeoise. Ils choisissent de vivre à travers les **mythes de la démesure** : Napoléon, Faust...

→ **Ex** : *Stendhal donne à Julien Sorel la force de la révolte.* Dans *La Comédie humaine*, les héros recherchent, par la philosophie, l'art voire l'alchimie, le pouvoir de **dominer le monde**.

→ **Ex** : *Raphaël de Valentin accède à la richesse grâce à un talisman, la peau de chagrin. Rastignac (Le Père Goriot, 1835) part à la conquête de Paris, comme Napoléon.*

Le **roman social** adopte le point de vue des milieux marginaux.

→ **Ex** : *Dans Les Misérables (1862), la misère de Jean Valjean ou de Cosette est une traversée de la nuit, une descente aux Enfers suivies d'une rédemption.*

Cette vision singulière du monde, en rupture avec l'idéologie bourgeoise dominante, veut être partagée. Dans *Germinal* (1885), Zola transforme la colère des mineurs en révolte des opprimés.

La fête du roman

Les horreurs de la Première Guerre mondiale ont mis à mal les valeurs traditionnelles. Les romanciers des années

1920-1930 **libèrent leurs personnages** des préjugés sociaux, moraux et artistiques. Le personnage de l'adolescent, s'opposant au monde des adultes, entre en scène grâce à Radiguet (*Le Diable au corps*, 1923, *Le Bal du comte d'Orgel*, 1924), Colette (*Le Blé en herbe*, 1923) et Aragon (*Les Beaux Quartiers*, 1936). Gide prolonge cette faille : *Les Faux Monnayeurs* (1925) dénoncent les **fausses valeurs** de la société et font découvrir la **libre détermination** de la pensée, du corps et de la sexualité.

En s'opposant à la morale bourgeoise, certains romans **réenchantent la vision du monde** : du roman surréaliste (Aragon) jusqu'aux récits de Boris Vian (*L'Écume des jours*, 1947), la **fantaisie** et le **goût de la fête** l'emportent sur les conventions sociales.

→ **Ex :** Le Diable au corps (1923) présente la guerre des adultes comme « quatre ans de grandes vacances » pour les plus jeunes.

Une **vision poétique du monde** s'affirme aussi. Le personnage se confond avec une poésie de la ville, désolée chez Céline, ou merveilleuse chez Aragon. Le héros surréaliste accède à un monde tissé **de rêve, d'insolite, de bizarre**. Aussi, le roman autobiographique *Nadja* (1928) suit-il le délire poétique de son personnage principal.

Affiche du film *Fantômas*, 1913.

Le **roman populaire**, comme *Fantômas* (1909), exploite cette poésie de l'espace urbain, traversé par la lutte fantastique entre l'homme aux mille masques et les représentants du pouvoir.

→ **Ex :** *La Métamorphose* (1915) de Kafka, traduite par A. Vialatte, révèle l'univers absurde d'un personnage dont on devine sans en avoir la certitude qu'il est un cafard.

Couverture pour l'édition de *La Métamorphose* de Franz KAFKA, 1915, © Éditions Gallimard, 2008.

Les auteurs emblématiques de l'après-guerre (Malraux, Sartre, Camus) font évoluer leur personnage : conscient de l'**absurdité du monde**, il choisit néanmoins de **se révolter** et de **s'engager**. Sa vie retrouve alors un sens. Les héros de Malraux (*La Condition humaine*, *L'Espoir*, 1937) trouvent ainsi les chemins de la **fraternité**.

→ **Ex :** *Dans* La Peste, Albert Camus délivre un message humaniste par l'intermédiaire de son héros confronté à l'absurdité de la mort massive causée par l'épidémie de peste.

La nature constitue aussi une voie d'accomplissement. Les romans de Giono substituent au monde urbain une nature puissante, parfois inquiétante. Albert Camus soulage son inquiétude en peignant avec **sensualité** le monde méditerranéen.

Nouveaux horizons

Le personnage du **Nouveau Roman** (années 1950) n'est qu'un regard enregistrant les faits de façon neutre, en se focalisant sur certains objets (*La Jalousie* d'Alain Robbe-Grillet, en 1957, est une « fenêtre »). **Dépouillé de toute psychologie**, l'univers est révélé dans son insignifiance.
Le roman approfondit la **rupture** avec les valeurs traditionnelles.

→ **Ex :** *Contre l'idéologie du progrès, Michel Tournier fait régresser son Robinson jusqu'à l'enfance* (Vendredi ou les limbes du Pacifique, 1967). Aux valeurs occidentales, J.-M. G. Le Clézio oppose un ailleurs, celui des civilisations sud-américaines et africaines (Désert, 1980).

À partir des années 1980, la chute de l'Union soviétique et la dureté du modèle capitaliste distillent le **doute sur les grandes idéologies**, motivant une vision du monde moins dogmatique, plus distanciée. On parle de « littérature post-moderne ». Le récit devient souvent celui d'une **conscience ironique** (Jean Echenoz).
L'essor des nouvelles technologies et de l'individualisme appelle à interroger l'envahissement de l'économie dans la vie quotidienne. C'est ce que fait Michel Houellebecq dans *Les Particules élémentaires* (1998) ou *La Carte et le territoire* (2010).

De l'absurde à l'engagement

La **crise des valeurs sociales et politiques** de 1914 aux années 1930 favorise cette interrogation.

→ **Ex :** *Le texte le plus emblématique de l'absurdité existentielle est* L'Étranger *de Camus (1942). Le point de vue de Meursault, antihéros hors des codes et valeurs de la société, questionne le lecteur. La crise existentielle du personnage donne naissance à des visions du monde contrastées : traversée du dégoût chez Céline (*Voyage au bout de la nuit*, 1932), tragique chez Malraux (*La Condition humaine*, 1933), univers absurdes chez Sartre et Camus.*

HISTOIRE DES ARTS

Otto Dix, La Rue de Prague, 1920

Otto Dix (1891-1969),
*La Rue de Prague
à Dresde*, 1920,
huile et collage sur toile
(Staatsgalerie, Stuttgart).

La peinture expressionniste

Né pendant la Première Guerre mondiale en Allemagne, **l'expressionnisme** est un courant artistique exprimant, par le **paroxysme de l'émotion** et une **expressivité extrême**, les oppositions, les conflits et les ruptures d'un monde en crise. L'artiste, par **l'éclatement** des formes et **le violent contraste des couleurs**, traduit avec violence et ironie la perte fondamentale de l'harmonie. Le cadrage des tableaux est souvent **décentré**. La saturation de l'image par des personnages vise à faire perdre l'unité de son organisation.

Contexte artistique et historique

L'EXPRESSIONNISME AU DÉBUT DU XXᵉ SIÈCLE

Les peintres Otto Dix (1891-1969), Ludwig Meidner, Alfons Walde ou Emil Nolde livrent un tableau sans concession de la société allemande des années 1920. Les crises sociale, économique, historique et politique (première guerre mondiale) ont ravagé les consciences et les identités. Otto Dix peint des **individus désarticulés, grotesques**. Sa peinture foisonnante où il représente des scènes de la vie des rues propose une **caricature excessive** et esquisse des scènes inquiétantes.

Les tableaux d'Otto Dix expriment **une révolte**. Ils dévoilent la décadence d'une société, la décomposition d'une collectivité. Ils renvoient l'humanité à sa propre laideur : femmes immondes et difformes, visages désespérés, personnages qui errent dans le monde de la misère. Les productions de Dix sont **une condamnation du monde** qu'il représente à travers des visions apocalyptiques.

Le peintre propose une vision subjective du monde, proche de l'hallucination et du délire. Ainsi, il prend une grande liberté avec le réel et ne s'interdit aucun excès dans la **déformation**. La représentation expressionniste traduit la perception d'une **anarchie** insurmontable, souvent cauchemardesque, proche d'un onirisme, d'une rêverie sauvage. L'imagerie expressionniste dévoile **les bas-fonds et les univers en marge** de la société. Elle met à nu le désir et son obscénité qui bouscule la morale. L'image est envahie par la présence de la mort et de la maladie.

Aussi peut-on voir dans l'expressionnisme un constat amer de la défaite de l'Allemagne, du déclin des valeurs humanistes chères à l'Europe ainsi que la préfiguration de la **montée des nationalismes**.

Précédant l'expressionnisme, le mouvement Dada manifeste une insurrection contre les valeurs bourgeoises et une représentation positive des progrès de l'Histoire. Les poètes Tristan Tzara, Hugo Ball ainsi que des peintres et des artistes comme Hannah Höch, Marcel Duchamp **débrident les formes et les règles de la création** par des collages délirants ou le choix d'objets absurdes ou provocateurs.

Un monde en morceaux

LECTURE DE L'IMAGE

Parade cruelle

1 @RECHERCHE À quel événement historique Otto Dix renvoie-t-il ? Que symbolisent les deux culs-de-jatte ?

2. Repérez les mutilations, greffes, cicatrices et prothèses rendant les corps grotesques : comment la mise en scène d'un corps en morceaux suggère-t-elle le malaise social ?

3 Commentez le contenu varié des vitrines à l'arrière-plan : que symbolise-t-il ?

4 Comment et pourquoi le peintre remet-il en question la conception traditionnelle de l'*espace* ?

La mort des valeurs

5 Autour des deux mutilés figurent de nombreux personnages humains et animaux : que représentent-ils, les uns et les autres ?

6 @RECHERCHE Que signifie l'affichette de propagande « *Juden raus !* » ? De quoi ce tableau semble-t-il être la préfiguration sinistre ?

7 SYNTHÈSE Quelle vision du monde l'artiste propose-t-il ici ? Quelle place l'individu y occupe-t-il ?

VERS LE BAC

Invention / Éducation aux médias

En 1920, un critique d'art rend compte du choc qu'il a ressenti à la découverte d'Otto Dix, *La Rue de Prague*. Il rédige un article de presse d'environ une page.

▶ **Fiche 11** Comprendre un sujet d'écriture d'invention

Dissertation

Pourquoi un artiste peut-il vouloir proposer une vision déformée du monde ?
Vous argumenterez en prenant pour exemples ce tableau et d'autres œuvres vues ou lues.

▶ **Fiche 17** Comprendre un sujet de dissertation

Marcel Proust
Du côté de chez Swann, 1913

Le narrateur Marcel vit la résurgence involontaire du souvenir en dégustant une madeleine. Proust s'inspire du lieu où lui et sa famille ont passé de nombreuses vacances : Illiers, qui se situe aux portes de Chartres, renommé officiellement en 1971 « Illiers-Combray » en hommage à Proust.

Biographie p. 671
Histoire littéraire p. 158
Littérature et société p. 156
Repères historiques p. 36

1   Il y avait déjà bien des années que, de Combray, tout ce qui n'était pas le théâtre et le drame de mon coucher, n'existait plus pour moi, quand un jour d'hiver, comme je rentrais à la maison, ma mère, voyant que j'avais froid, me proposa de me faire prendre, contre mon habitude, un peu de thé. Je refusai d'abord
5   et, je ne sais pourquoi, me ravisai. Elle envoya chercher un de ces gâteaux courts et dodus appelés Petites Madeleines qui semblent avoir été moulés dans la valve rainurée d'une coquille de Saint-Jacques. Et bientôt, machinalement, accablé par la morne journée et la perspective d'un triste lendemain, je portai à mes lèvres une cuillerée du thé où j'avais laissé s'amollir un morceau de madeleine. Mais à
10 l'instant même où la gorgée mêlée des miettes du gâteau toucha mon palais, je tressaillis, attentif à ce qui se passait d'extraordinaire en moi.
    […]
    Et tout d'un coup le souvenir m'est apparu. Ce goût, c'était celui du petit morceau de madeleine que le dimanche matin à Combray (parce que ce jour-là
15 je ne sortais pas avant l'heure de la messe), quand j'allais lui dire bonjour dans sa chambre, ma tante Léonie m'offrait après l'avoir trempé dans son infusion de thé ou de tilleul. La vue de la petite madeleine ne m'avait rien rappelé avant que je n'y eusse goûté ; peut-être parce que, en ayant souvent aperçu depuis, sans en manger, sur les tablettes des pâtissiers, leur image avait quitté ces jours de Combray pour
20 se lier à d'autres plus récents ; peut-être parce que, de ces souvenirs abandonnés si longtemps hors de la mémoire, rien ne survivait, tout s'était désagrégé ; les formes – et celle aussi du petit coquillage de pâtisserie, si grassement sensuel sous son plissage sévère et dévot – s'étaient abolies, ou, ensommeillées, avaient perdu la force d'expansion qui leur eût permis de rejoindre la conscience. Mais, quand

Édouard VUILLARD (1868-1940), *Les nourrices, La conversation* et *L'ombrelle rouge*, 1894, triptyque destiné à la décoration de l'hôtel particulier d'Alexandre Natanson, détrempe sur toile (Musée d'Orsay, Paris).

d'un passé ancien rien ne subsiste, après la mort des êtres, après la destruction des choses, seules, plus frêles mais plus vivaces, plus immatérielles, plus persistantes, plus fidèles, l'odeur et la saveur restent encore longtemps, comme des âmes, à se rappeler, à attendre, à espérer, sur la ruine de tout le reste, à porter sans fléchir, sur leur gouttelette presque impalpable, l'édifice immense du souvenir.

Et dès que j'eus reconnu le goût du morceau de madeleine trempé dans le tilleul que me donnait ma tante (quoique je ne susse pas encore et dusse remettre à bien plus tard de découvrir pourquoi ce souvenir me rendait si heureux), aussitôt la vieille maison grise sur la rue, où était sa chambre, vint comme un décor de théâtre s'appliquer au petit pavillon, donnant sur le jardin, qu'on avait construit pour mes parents sur ses derrières (ce pan tronqué que seul j'avais revu jusque-là) ; et avec la maison, la ville, depuis le matin jusqu'au soir et par tous les temps, la Place où on m'envoyait avant déjeuner, les rues où j'allais faire des courses, les chemins qu'on prenait si le temps était beau. Et comme dans ce jeu où les Japonais s'amusent à tremper dans un bol de porcelaine rempli d'eau, de petits morceaux de papier jusque-là indistincts qui, à peine y sont-ils plongés s'étirent, se contournent, se colorent, se différencient, deviennent des fleurs, des maisons, des personnages consistants et reconnaissables, de même maintenant toutes les fleurs de notre jardin et celles du parc de M. Swann, et les nymphéas de la Vivonne, et les bonnes gens du village et leurs petits logis et l'église et tout Combray et ses environs, tout cela qui prend forme et solidité, est sorti, ville et jardins, de ma tasse de thé.

M. PROUST, *Du côté de chez Swann*, 1913.

Résurrection du monde de l'enfance

LECTURE

Retrouver le décor de Combray

1 Relevez les indices qui mettent en scène le surgissement inattendu de l'événement. Quel rôle joue la perception sensorielle ?

2 Analysez la description minutieuse de la madeleine. Quel indice montre que ce gâteau acquiert une dimension sacrée ?

Le déploiement de l'espace

3 Comment la reconstitution du monde de Combray traduit-elle le pouvoir de la mémoire ? Quelle est la progression de la **description** ?

4 Repérez les références au monde théâtral. Expliquez ces images et leur importance.

5 LANGUE « Et dès que j'eus reconnu le goût... » : délimitez les **phrases** et lisez-les à haute voix. En quoi leur longueur s'accorde-t-elle au phénomène décrit ?

6 Identifiez les souvenirs qui accompagnent l'apparition de Combray. Comment l'épisode reprend-il le mythe de l'accès au monde des morts ?

7 SYNTHÈSE Comment Proust exprime-t-il la capacité du souvenir à rendre présent un monde passé ?

HISTOIRE DES ARTS

Qu'apporte la structure en triptyque à l'univers représenté par le peintre ?

VERS LE BAC

Invention

À la manière de Proust, mettez en scène l'irruption soudaine d'un souvenir, une réminiscence. Vous veillerez à bien exposer la nature de l'événement déclencheur, à construire correctement la progression du texte ainsi qu'à enrichir la description au fur et à mesure de l'évocation.

▶ **Fiche 11** Comprendre un sujet d'écriture d'invention

Dissertation

Quels personnages de roman préférez-vous : ceux qui proposent un voyage intérieur ou ceux qui s'accomplissent dans le monde extérieur ? Vous argumenterez en prenant pour exemples cet extrait et d'autres œuvres vues ou lues.

▶ **Fiche 17** Comprendre un sujet de dissertation

Raymond Radiguet
Le Bal du comte d'Orgel, 1924

Biographie
p. 671

Histoire littéraire
p. 158

Littérature et société
p. 156

Repères historiques
p. 36

François retrouve son ami Paul d'Orgel marié à Mahaut. En fréquentant ce couple, il participe à une vie mondaine brillante. Raymond Radiguet réécrit La Princesse de Clèves *: entre les trois personnages vont se tisser progressivement et insensiblement des relations complexes où l'amour révèle ses ambiguïtés et ses dangers. L'intrigue se déroule dans le climat festif des années folles.*

1   L'année qui suivit l'armistice[1], la mode fut de danser en banlieue. Toute mode est délicieuse qui répond à une nécessité, non à une bizarrerie. La sévérité de la police réduisait à cette extrémité ceux qui ne savent se coucher tôt. Les parties de campagne se faisaient la nuit. On soupait sur l'herbe ou presque.

5   C'était vraiment avec un bandeau sur les yeux que François faisait ce voyage. Il eût été bien embarrassé de dire quel chemin ils prenaient. La voiture s'arrêtant :
— Sommes-nous arrivés ? demanda-t-il.
Or, on n'était qu'à la porte d'Orléans. Un cortège d'automobiles attendait de repartir ; la foule lui faisait une haie d'honneur. Depuis qu'on dansait à Robinson[2],
10 les rôdeurs de barrières et les braves gens de Montrouge venaient à cette porte admirer le beau monde.

Les badauds qui composaient cette haie effrontée collaient leur nez contre les vitres des véhicules, pour mieux en voir les propriétaires. Les femmes feignaient de trouver ce supplice charmant. La lenteur de l'employé d'octroi[3] le prolongeait trop.

15 D'être ainsi inspectées, convoitées, comme derrière une vitrine, des peureuses retrouvaient la petite syncope du Grand Guignol[4]. Cette populace, c'était la révolution inoffensive. Une parvenue sent son collier à son
20 cou ; mais il fallait ces regards pour que les élégantes sentissent leurs perles auxquelles un poids nouveau ajoutait de la valeur. À côté d'imprudentes, des timides remontaient frileusement leurs cols de zibeline[5].

25 D'ailleurs, on pensait plus à la révolution dans les voitures que dehors. Le peuple était trop friand d'un spectacle gratuit, donné chaque soir. Et ce soir-là il y avait foule. Le public des cinémas de Montrouge, après le
30 programme du samedi, s'était offert un supplément facultatif. Il lui semblait que les films luxueux continuassent.

Marcel GROMAIRE (1892-1971),
Place blanche, 1928,
huile sur toile, 96 × 130 cm
(Musée Carnavalet, Paris).

Il y avait dans la foule bien peu de haine contre ces heureux du jour. Paul se retournait inquiet, souriant, vers ses amis. Comme au bout de quelques minutes les voitures ne repartaient pas, Anne d'Orgel se pencha.

– Hortense ! dit-il à Mahaut, nous ne pouvons laisser Hortense ainsi ! C'est sa voiture qui est en panne.

Sous le bec de gaz, en robe du soir, un diadème sur la tête, la princesse d'Austerlitz dirigeait les travaux de son mécanicien, riait, apostrophait la foule.
[…]

Gérard, ancien croupier[6], était un des deux ou trois hommes qui pendant la guerre organisèrent les divertissements des Parisiens. Il fut un des premiers à installer les dancings clandestins. Traqué par la police, et la redoutant davantage pour des affaires antérieures que pour son insoumission présente aux ordonnances, il changeait de local tous les quinze jours.

Une fois fait le tour de Paris, ce fut lui enfin qui remplaça le dancing en chambre par la petite maison de banlieue. La plus célèbre fut celle de Neuilly. Pendant plusieurs mois, les couples élégants polirent le carrelage de cette maison de crimes, se reposant entre deux danses sur des chaises de fer.

Gérard, grisé par le succès, voulut alors étendre son entreprise. Il loua, un prix absurde, l'immense château de Robinson, construit vers la fin du siècle dernier sur les ordres d'une folle, la fille du célèbre parfumeur Duc, celui-là même dont les prospectus, les étiquettes, jouant sur les mots, s'ornent d'une couronne ducale.

Cette couronne apparaissait aussi à la grille et au fronton du manoir où Mlle Duc consacra sa vie à l'attente d'un Tzigane infidèle.

À quelques kilomètres de la porte d'Orléans, des hommes munis de lampes de poche indiquaient le chemin du château aux automobilistes.

R. RADIGUET, *Le Bal du comte d'Orgel*, 1924.

1. L'armistice de 1918.
2. Lieu de divertissement et guinguettes des faubourgs populaires à l'époque.
3. Employé chargé de percevoir les taxes communales.
4. Le Grand Guignol est un théâtre privilégiant les pièces sanglantes, l'horreur et le crime : ses spectatrices en avaient souvent de « petite(s) syncope(s) ».
5. Fourrure.
6. Employé de casino.

La fuite dans la fête

LECTURE

1 Comment le texte traduit-il la fascination qu'éprouvent les gens riches pour les classes populaires, et réciproquement ?

2 Comment le texte installe-t-il les personnages dans un climat d'irréalité ? Observez les éléments qui renvoient à la fête.

3 Commentez la manière dont Radiguet désigne les personnages : quel regard le romancier porte-t-il sur eux ? Quelle fonction semble-t-il leur attribuer ?

4 Étudiez comment s'enchaînent les phrases de cette description, et expliquez l'effet produit.

5 À travers la représentation du peuple, quelle critique de la société se trouve exprimée ?

HISTOIRE DES ARTS

Comment le tableau de Marcel Gromaire donne-t-il une image ambivalente de la fête ?

VERS LE BAC

Question sur un corpus

Établissez un rapprochement entre le texte de Mme de La Fayette (p. 50) et celui de Radiguet : à travers la description de l'univers mondain, comment les signes de la beauté et du luxe sont-ils mis en valeur ? Pourquoi ?
▶ **Fiche 9** Répondre à une question sur un corpus

Invention

Un témoin qui assiste à la scène critique ces badauds pour lesquels le spectacle des riches semble continuer « les films luxueux ». Vous imaginerez le discours qu'il tient à François.
▶ **Fiche 11** Comprendre un sujet d'écriture d'invention

Dissertation

Un romancier a-t-il besoin d'imaginer un monde pour faire naître un sentiment d'évasion chez le lecteur ? Vous argumenterez en prenant pour exemples cet extrait et d'autres œuvres du manuel.
▶ **Fiche 17** Comprendre un sujet de dissertation

Albert Cohen
Solal, 1930

Biographie
p. 671

Histoire littéraire
p. 158

Littérature et société
p. 156

Repères historiques
p. 36

Tout juste sorti de l'adolescence, Solal séduit Adrienne, une femme mariée de dix ans son aînée, et s'enfuit avec elle. Retrouvé par son oncle, il la quitte pour continuer ses études en France. Les années passent, Solal a désormais vingt ans. Il retrouve Adrienne qu'il aime toujours et tente de la séduire à nouveau.

Il la prit sans délicatesse par les épaules. D'une voix rude, il lui ordonna de ne pas faire la duègne[1] et de s'asseoir. Elle obéit, craignant une fois de plus le scandale. Il sourit.

— Je vais te montrer comment on séduit une femme. Prestidigitation[2]. Rien dans les mains, rien dans les poches. Rien dans les poches surtout. Je commence.

Elle se disposa à écouter, presque intéressée. Mais sur les lèvres de Solal le sourire extasié, menaçant, enfantin, cessa d'errer. Il se promena, puis s'abattit lourdement sur le fauteuil et songea. Sous une gaieté qui lui apparaissait soudain ridicule et pitoyable, il avait caché son trouble. En réalité, il avait eu si peur en venant. Elle était la seule femme qu'il eût aimée. Depuis si longtemps elle était sur tous les chemins de sa pensée.

Adrienne ne cessait de le regarder, sentait la sincérité de ce silence, n'osait parler, était en proie au remords. Comment avait-elle pu être si dure avec lui ? Quels yeux ! Et il était grand comme un demi-dieu.

Il parla avec la gravité d'une douleur véridique qui osait enfin surgir. Elle était son seul pays. Il avait tellement attendu, toujours espéré. Tous les matins, il avait attendu à Aix la lettre de miracle. Tous les soirs, il pressait son cœur et il en sortait du sang noir. Toutes les nuits, il se disait qu'elle vivait et qu'il ne voyait pas ses yeux. Il n'avait pas oublié un seul mot, un seul geste d'elle. Les trois merveilleuses années de Céphalonie[3]. Elle était la seule, elle était ce qu'il avait connu de plus doux, de plus vivant et de plus noble. Et cætera, la vieille ferblanterie[4] inusable.

— Ma vie est entre tes mains. Si tu me repousses, je meurs. Je t'aime, moi, je t'aime, j'ai tant souffert.

Ému par toutes ces images douloureuses, il pleura sincèrement. Elle fondait de pitié devant cette jeune souffrance.

— Adrienne, une seule fois vous revoir. Nous revoir seuls. Entre les murs de la chambre, je marchais et j'attendais. Dans la solitude, les larmes sur mes doigts étaient mes seules compagnes.

Ses yeux étaient embués de vraie douleur mais la joie d'avoir réussi la dernière phrase le fit respirer largement. Il baissa les franges recourbées où perlaient encore des larmes et médita. « Un : déclaration d'amour. Bon. Fait. Assez bien. Ceci donc pour éveiller intérêt ; pour que j'existe de nouveau à ses yeux. Maintenant voyons le deux et le trois qui restent à faire. Deux : suggérer que je suis aimé ; inventer histoire. On le fera en parlant ; j'ai plus d'idées à haute voix. Donc l'intérêt qu'elle éprouve pour moi est justifié. Bon. Trois : suggérer que la femme qui m'adore est digne d'être aimée par moi. Tout en me défendant très sincèrement d'aimer cette belle mystérieuse, en parler de telle sorte qu'Adrienne soit persuadée que je ne peux pas ne pas commencer bientôt à aimer – quel mot ! – l'extraordinaire concurrente si elle n'y prend garde. Sans le un, impossible d'obtenir jalousie avec deux et trois. Sans deux et trois, un perd valeur. Je fais tout marcher : tendresse maternelle, fierté satisfaite, orgueil en éveil, inquiétude. Ça va. Allons-y. Quels trois serpents je suis. »

A. COHEN, *Solal*, Gallimard, Folio, 1930.

---

1. Vieille femme, en général peu aimable, chargée de surveiller les jeunes filles.
2. Tour de magie, illusion.
3. Île grecque d'où Solal est originaire et où il a connu Adrienne.
4. Objets en fer-blanc, sans valeur.

Gustave COURBET, *Les Amants dans la campagne*, 1846, huile sur toile, 77 × 60 cm (Musée des Beaux-Arts, Lyon).

Une conquête amoureuse

🌿 LECTURE

Une leçon de séduction

1 Solal va « montrer comment on séduit une femme ». Relevez, des lignes 29 à 39, les trois étapes de sa stratégie.

2 Relevez les verbes dont Adrienne est le sujet et analysez leur progression : la méthode de séduction est-elle efficace ?

Le discours du séducteur

3 Relevez le champ lexical de la sincérité et celui de la dissimulation. Quand Solal est-il sincère ? Quand ment-il ?

4 Quelles formes de discours rapporté (discours direct, discours indirect, discours indirect libre, discours narrativité) Albert Cohen emploie-t-il dans la déclaration d'amour de Solal, des lignes 13 à 21 ? Quel est l'effet produit ?

Le narrateur et ses personnages

5 Comment expliquez-vous l'expression « vieille ferblanterie inusable » (l. 19) ?

6 Le narrateur porte-t-il un jugement moral sur le personnage de Solal ? Répondez en un paragraphe argumenté.

🌿 HISTOIRE DES ARTS

Confrontez la représentation que le texte et le tableau donnent du couple des amants.

🌿 VERS LE BAC

Invention

Solal a donné rendez-vous à Adrienne, mais la jeune femme hésite à s'y rendre. Rédigez son dilemme.

▶ **Fiche 11** Comprendre un sujet d'écriture d'invention

Commentaire

Vous ferez un commentaire de texte en montrant comment le narrateur évoque la conquête amoureuse : A/ une stratégie cynique ; B/ un discours efficace ; C/ un lecteur conquis.

▶ **Fiche 13** Comprendre un sujet de commentaire

4 Louis-Ferdinand Céline
Voyage au bout de la nuit, 1932

Biographie
p. 671

Histoire littéraire
p. 158

Littérature
et société
p. 156

Repères historiques
p. 36

Ferdinand Bardamu, le héros du Voyage au bout de la nuit *de Céline, dit ici sa haine du patriotisme, à l'origine d'une guerre monstrueuse et absurde.*

1   Tenez, je la vois d'ici, ma famille, les choses de la guerre passées... Comme tout passe... Joyeusement alors gambadante ma famille sur les gazons de l'été revenu, je la vois d'ici par les beaux dimanches... Cependant qu'à trois pieds dessous, moi papa, ruisselant d'asticots et bien plus infect qu'un kilo d'étrons de 14
5   juillet pourrira fantastiquement de toute sa viande déçue... Engraisser les sillons du laboureur anonyme c'est le véritable avenir du véritable soldat ! Ah ! camarade ! Ce monde n'est, je vous l'assure, qu'une immense entreprise à se foutre du monde ! Vous êtes jeune. Que ces minutes sagaces vous comptent pour des années ! Écoutez-moi bien, camarade, et ne le laissez plus passer sans bien vous pénétrer
10 de son importance, ce signe capital dont resplendissent toutes les hypocrisies meurtrières de notre Société : « L'attendrissement sur le sort, sur la condition du miteux... » Je vous le dis, petits bonshommes, couillons de la vie, battus, rançonnés, transpirants de toujours, je vous préviens, quand les grands de ce monde se mettent à vous aimer, c'est qu'ils vont vous tourner en saucissons de bataille...
15 C'est le signe... Il est infaillible. C'est par l'affection que ça commence. Louis XIV lui au moins, qu'on se souvienne, s'en foutait à tout rompre du bon peuple. Quant à Louis XV, du même. Il s'en barbouillait le pourtour anal. On ne vivait pas bien en ce temps-là, certes, les pauvres n'ont jamais bien vécu, mais on ne mettait pas à

Jacques TARDI, illustration pour *Voyage au bout de la nuit*, de Louis-Ferdinand CÉLINE, © Éditions Gallimard/ Fonds Futuropolis, 1988.

les étriper l'entêtement et l'acharnement qu'on trouve à nos tyrans d'aujourd'hui.
20 Il n'y a de repos, vous dis-je, pour les petits, que dans le mépris des grands qui ne peuvent penser au peuple que par intérêt ou sadisme… Les philosophes, ce sont eux, notez-le encore pendant que nous y sommes, qui ont commencé par raconter des histoires au bon peuple… Lui qui ne connaissait que le catéchisme ! Ils se sont mis, proclamèrent-ils, à l'éduquer… Ah ! ils en avaient des vérités à lui révéler !
25 Et des belles ! Et des pas fatiguées ! Qui brillaient ! Qu'on en restait tout ébloui ! C'est ça ! qu'il a commencé par dire, le bon peuple, c'est bien ça ! C'est tout à fait ça ! Mourons tous pour ça ! Il ne demande jamais qu'à mourir le peuple ! Il est ainsi. « Vive Diderot ! » qu'ils ont gueulé et puis « Bravo Voltaire ! » En voilà au moins des philosophes ! Et vive aussi Carnot qui organise si bien les victoires !
30 Et vive tout le monde ! Voilà au moins des gars qui ne le laissent pas crever dans l'ignorance et le fétichisme le bon peuple ! Ils lui montrent eux les routes de la Liberté ! Ils l'émancipent ! Ça n'a pas traîné ! Que tout le monde d'abord sache lire les journaux ! C'est le salut ! Nom de Dieu ! Et en vitesse ! Plus d'illettrés ! Il en faut plus ! Rien que des soldats citoyens ! Qui votent ! Qui lisent ! Et qui se
35 battent ! Et qui marchent ! Et qui envoient des baisers ! À ce régime-là, bientôt il fut fin mûr le bon peuple. Alors n'est-ce pas, l'enthousiasme d'être libéré il faut bien que ça serve à quelque chose ? […] Les hommes qui ne veulent ni découdre, ni assassiner personne, les Pacifiques puants, qu'on s'en empare et qu'on les écartèle ! Et les trucide aussi de treize façons et bien fadées[1] ! Qu'on leur arrache
40 pour leur apprendre à vivre les tripes du corps d'abord, les yeux des orbites, et les années de leur sale vie baveuse ! Qu'on les fasse par légions et légions encore, crever, tourner en mirlitons[2], saigner, fumer dans les acides, et tout ça pour que la Patrie en devienne plus aimée, plus joyeuse et plus douce ! Et s'il y a là-dedans des immondes qui se refusent à comprendre ces choses sublimes, ils n'ont qu'à aller
45 s'enterrer tout de suite avec les autres, pas tout à fait cependant, mais au fin bout du cimetière, sous l'épitaphe infamante des lâches sans idéal, car ils auront perdu, ces ignobles, le droit magnifique à un petit bout d'ombre du monument adjudicataire[3] et communal[4] élevé pour les morts convenables dans l'allée du centre, et puis aussi perdu le droit de recueillir un peu de l'écho du Ministre qui viendra ce
50 dimanche encore uriner chez le Préfet et frémir de la gueule au-dessus des tombes après le déjeuner…

L.-F. CÉLINE, *Voyage au bout de la nuit*, © Éditions Gallimard, 1932.

1. Fadé (argot) : réussi dans son genre.
2. Serpentins qui se déroulent en émettant un son.
3. Qui a été adjugé.
4. Le monument aux morts.

Chair à canon

LECTURE

1 Quelle image de la guerre le personnage de Bardamu donne-t-il ?

2 Montrez que cet extrait est une charge violente contre le patriotisme.

3 @RECHERCHE Faites une recherche sur les personnages historiques évoqués. À quelles guerres, à quels massacres peuvent-ils être associés ?

4 En vous appuyant sur l'analyse du lexique et de la syntaxe, caractérisez le style du passage.

5 SYNTHÈSE Montrez que Céline fait de Bardamu, dans cet extrait, le représentant du peuple manipulé pendant la guerre.

HISTOIRE DES ARTS

En vous appuyant sur le texte de Céline, expliquez ce que Tardi a voulu illustrer par son dessin. Ce qu'il cherche à montrer est-il représentable de façon réaliste ? Pourquoi ? En quoi peut-on dire que l'illustrateur se livre, au moyen de l'image, à une interprétation du texte ? Justifiez.

ÉCRITURE

Argumentation

En vous appuyant sur l'exemple de Céline et Tardi, vous montrerez en quoi le dialogue entre les arts peut être fructueux.

Albert Camus
L'Étranger, 1942

La deuxième partie du roman L'Étranger est consacrée au procès du narrateur personnage, Meursault, qui a tué un homme sur une plage. Le meurtre repose sur une querelle absurde liée au soleil, mais c'est toute l'attitude du narrateur depuis la mort de sa mère, au début du roman, qui est jugée.

Biographie
p. 671

Histoire littéraire
p. 158

Littérature et société
p. 156

Repères historiques
p. 36

Même sur un banc d'accusé, il est toujours intéressant d'entendre parler de soi. Pendant les plaidoiries du procureur et de mon avocat, je peux dire qu'on a beaucoup parlé de moi et peut-être plus de moi que de mon crime. Étaient-elles si différentes, d'ailleurs, ces plaidoiries ? L'avocat levait les bras et
5 plaidait coupable, mais avec excuses. Le procureur tendait ses mains et dénonçait la culpabilité, mais sans excuses. Une chose pourtant me gênait vaguement. Malgré mes préoccupations, j'étais parfois tenté d'intervenir et mon avocat me disait alors : « Taisez-vous, cela vaut mieux pour votre affaire. » En quelque sorte, on avait l'air de traiter cette affaire en dehors de moi. Tout se déroulait sans mon
10 intervention. Mon sort se réglait sans qu'on prenne mon avis. De temps en temps, j'avais envie d'interrompre tout le monde et de dire : « Mais tout de même, qui est l'accusé ? C'est important d'être l'accusé. Et j'ai quelque chose à dire. » Mais réflexion faite, je n'avais rien à dire. D'ailleurs, je dois reconnaître que l'intérêt qu'on trouve à occuper les gens ne dure pas longtemps. Par exemple, la plaidoirie
15 du procureur m'a très vite lassé. Ce sont seulement des fragments, des gestes ou des tirades entières, mais détachées de l'ensemble, qui m'ont frappé ou ont éveillé mon intérêt.

Le fond de sa pensée, si j'ai bien compris, c'est que j'avais prémédité mon crime. Du moins, il a essayé de le démontrer. Comme il le disait lui-même : « J'en
20 ferai la preuve, messieurs, et je la ferai doublement. Sous l'aveuglante clarté des faits d'abord et ensuite dans l'éclairage sombre que me fournira la psychologie de cette âme criminelle. » Il a résumé les faits à partir de la mort de maman. Il a rappelé mon insensibilité, l'ignorance où j'étais de l'âge de maman, mon bain du lendemain, avec une femme, le cinéma, Fernandel et enfin la rentrée avec Marie.
25 J'ai mis du temps à le comprendre, à ce moment, parce qu'il disait « sa maîtresse » et pour moi, elle était Marie. Ensuite, il en est venu à l'histoire de Raymond[1]. J'ai trouvé que sa façon de voir les événements ne manquait pas de clarté. Ce qu'il disait était plausible. J'avais écrit la lettre d'accord avec Raymond pour attirer sa maîtresse et la livrer aux mauvais traitements d'un homme « de moralité dou-
30 teuse ». J'avais provoqué sur la plage les adversaires de Raymond. Celui-ci avait été blessé. Je lui avais demandé son revolver. J'étais revenu seul pour m'en servir. J'avais abattu l'Arabe comme je le projetais. J'avais attendu. Et « pour être sûr que la besogne était bien faite », j'avais tiré encore quatre balles, posément, à coup sûr, d'une façon réfléchie en quelque sorte.

35 « Et voilà, messieurs, a dit l'avocat général. J'ai retracé devant vous le fil d'événements qui a conduit cet homme à tuer en pleine connaissance de cause. J'insiste là-dessus, a-t-il dit. Car il ne s'agit pas d'un assassinat ordinaire, d'un acte irréfléchi que vous pourriez estimer atténué par les circonstances. Cet homme, messieurs, cet homme est intelligent. Vous l'avez entendu, n'est-ce pas ? Il sait
40 répondre. Il connaît la valeur des mots. Et l'on ne peut pas dire qu'il a agi sans se rendre compte de ce qu'il faisait. »

---
1. Personnage dont le narrateur a fait la connaissance peu de temps avant le meurtre.

Meursault (Marcello Mastroianni) dans l'adaptation de *L'Étranger* par Luchino VISCONTI (1967).

> Moi j'écoutais et j'entendais qu'on me jugeait intelligent. Mais je ne comprenais pas bien comment les qualités d'un homme ordinaire pouvaient devenir des charges écrasantes contre un coupable.
>
> A. CAMUS, *L'Étranger*, © Éditions Gallimard, 1942.

Un monstre moral

LECTURE

1 Suivant quel point de vue, propre à exprimer l'isolement de l'accusé, l'histoire est-elle racontée ?

2 Commentez et interprétez l'emploi du mot « clarté », lignes 20 et 27.

3 Quels reproches fait-on à Meursault ?

4 Pourquoi peut-on dire qu'il s'agit du procès d'un homme en rupture avec la morale conventionnelle ? Appuyez-vous sur des exemples concrets.

5 Comment comprenez-vous la remarque finale de Meursault sur le discours du juge ?

HISTOIRE DES ARTS

L'image extraite du film de Luchino Visconti vous semble-t-elle rendre fidèlement la mise en accusation du personnage imaginé par Camus ? Pourquoi ?

ÉCRITURE

Vers le commentaire

Rédigez un axe de commentaire qui montrera comment Meursault demeure étranger à son propre procès.

Vers la dissertation

Pour quelles raisons les personnages de roman ayant un caractère étrange ou déroutant sont-ils particulièrement intéressants ? Vous argumenterez en prenant pour exemples cet extrait, d'autres œuvres du manuel ou que vous avez lues.

6 Jean Giono
Un roi sans divertissement, 1948

Biographie
p. 671

Histoire littéraire
p. 158

Littérature et société
p. 156

Repères historiques
p. 36

Après avoir élucidé une série de meurtres dans un village des Alpes, le capitaine de gendarmerie Langlois s'y installe et s'y marie. Comme l'assassin qu'il a abattu, il semble fasciné par la présence de sang sur la neige. À la fin du roman, la vieille paysanne Anselmie est interrogée par les autres villageois à propos du curieux échange qu'elle a eu avec Langlois.

1 – Bien, qu'est-ce que vous voulez que je vous dise, dit Anselmie, il[1] était en colère, quoi !
– Langlois ?
– Oui, c'était une voix en colère.
5 – Bon. Alors, tu es venue et, est-ce qu'il était en colère ?
– Oh ! pas du tout.
– Comment était-il ?
– Comme d'habitude ?
– Pas plus ?
10 – Pas plus quoi ? Non, comme d'habitude.
– Il n'avait pas l'air fou ?
– Lui ? Ah ! bien alors, vous autres ! Fou ? Vous n'y êtes plus ! Pas du tout, il était comme d'habitude.
– Il n'avait pas l'air méchant ?
15 – Mais non. Puisque je vous dis qu'il était comme d'habitude. Vous savez qu'il n'était pas très rigolo ; bien, il continuait à n'être pas très rigolo, mais tout juste. Bien gentil, quoi !
– Bon. Alors, qu'est-ce qu'il t'a dit ?
– Il m'a dit : « Est-ce que tu as des oies ? » J'y ai dit : « Oui, j'ai des oies ; ça
20 dépend. » – « Va m'en chercher une. » J'y dis : « Sont pas très grasses », mais il a insisté, alors j'y ai dit : « Eh bien, venez. » On a fait le tour du hangar et j'y ai attrapé une oie.
Comme elle s'arrête, on lui dit un peu rudement :
– Eh bien, parle.
25 – Bien, voilà, dit Anselmie… c'est tout.
– Comment, c'est tout ?
– Bien oui, c'est tout. Il me dit : « Coupe-lui la tête ». J'ai pris le couperet[2], j'ai coupé la tête à l'oie.
30 – Où ?
– Où quoi, dit-elle, sur le billot[3], parbleu.
– Où qu'il était ce billot ?
– Sous le hangar, pardi.
– Et Langlois, qu'est-ce qu'il faisait ?
35 – Se tenait à l'écart.
– Où ?
– Dehors le hangar.
– Dans la neige ?
– Oh ! il y en avait si peu.
40 – Mais parle. Et on la bouscule.

1. Langlois.
2. Gros couteau à lame large et courte, utilisé pour la viande.
3. Gros tronçon de bois dur utilisé pour couper la viande. Désigne aussi le bloc de bois utilisé pour couper la tête des condamnés à mort.
4. Reprise du motif médiéval des trois gouttes de sang dans la neige qui fascinent Perceval, héros du *Conte du Graal*.

Photogramme du film *Un roi sans divertissement*, de François LETERRIER, 1963.

8 Alain Robbe-Grillet
Pour un nouveau roman, 1963

THÉORIE

Dans son essai Pour un nouveau roman, *Alain Robbe-Grillet réfléchit à une nouvelle conception du roman et du personnage. Son texte devient le manifeste d'une esthétique et d'une école littéraire nouvelles.*

Biographie p. 671
Histoire littéraire p. 158
Littérature et société p. 156
Repères historiques p. 36

   Nous en a-t-on assez parlé, du « personnage » ! Et ça ne semble, hélas, pas près de finir. Cinquante années de maladie, le constat de son décès enregistré à maintes reprises par les plus sérieux essayistes, rien n'a encore réussi à le faire tomber du piédestal où l'avait placé le XIXe siècle. C'est une momie à présent,
5 mais qui trône toujours avec la même majesté — quoique postiche — au milieu des valeurs que révère la critique traditionnelle. C'est même là qu'elle reconnaît le « vrai » romancier : « il crée des personnages »…
   Pour justifier le bien-fondé de ce point de vue, on utilise le raisonnement habituel : Balzac nous a laissé *Le Père Goriot*, Dostoïevski a donné le jour aux
10 *Karamazov*, écrire des romans ne peut plus donc être que cela : ajouter quelques figures modernes à la galerie de portraits que constitue notre histoire littéraire.
   Un personnage, tout le monde sait ce que le mot signifie. Ce n'est pas un *il* quelconque, anonyme et translucide, simple sujet de l'action exprimée par le verbe. Un personnage doit avoir un nom propre, double si possible : nom de
15 famille et prénom. Il doit avoir des parents, une hérédité. Il doit avoir une profession. S'il a des biens, cela n'en vaudra que mieux. Enfin il doit posséder un « caractère », un visage qui le reflète, un passé qui a modelé celui-ci et celui-là. Son caractère dicte ses actions, le fait réagir de façon déterminée à chaque événement. Son caractère permet au lecteur de le juger, de l'aimer, de le haïr. C'est
20 grâce à ce caractère qu'il léguera un jour son nom à un type humain, qui attendait, dirait-on, la consécration de ce baptême.

A. ROBBE-GRILLET, *Pour un nouveau roman*, © Les Éditions de Minuit, 1963.

« Nous en a-t-on assez parlé du "personnage" ! »

LECTURE

1 Quel est le point de vue d'Alain Robbe-Grillet sur le personnage ? À quoi s'oppose-t-il ?

2 Quel est le **registre** utilisé ? Justifiez votre réponse par un relevé précis de formules ou d'expressions.

3 @RECHERCHE Documentez-vous sur les projets romanesques de Balzac et Dostoïevski. Pourquoi A. Robbe-Grillet se réfère-t-il à ces auteurs ?

4 Dans le dernier paragraphe, quelles dimensions du personnage Robbe-Grillet aborde-t-il ? Quelle valeur l'**énumération** prend-elle ?

VERS LE BAC

Invention
Vous répondez à Alain Robbe-Grillet pour défendre le personnage de roman traditionnel. Rédigez un article qui pourrait paraître dans un magazine littéraire, à la rubrique « Nos lecteurs ont la parole ». Vous prendrez appui sur des exemples précis de personnages.
▶ **Fiche 11** Comprendre un sujet d'écriture d'invention

Dissertation
Selon vous, le « vrai romancier » est-il celui qui remet en question la notion de personnage ? Vous argumenterez en prenant pour exemples cet extrait et d'autres œuvres vues ou lues.
▶ **Fiche 17** Comprendre un sujet de dissertation

9 Georges Perec
Les Choses, 1965

Les Choses décrit la société de consommation des années 1960 avec une précision sociologique. Un couple de jeunes Parisiens, Jérôme et Sylvie, rêve de confort matériel. Leur goût pour les objets et la consommation devient quasiment obsessionnel.

Biographie p. 671
Histoire littéraire p. 158
Repères historiques p. 36

1. Treizième arrondissement.
2. Élégante.

Ils ne méprisaient pas l'argent. Peut-être, au contraire, l'aimaient-ils trop : ils auraient aimé la solidité, la certitude, la voie limpide vers le futur. Ils étaient attentifs à tous les signes de la permanence : ils voulaient être riches. Et s'ils refusaient encore à s'enrichir, c'est qu'ils n'avaient pas besoin de salaire : leur
5 imagination, leur culture ne les autorisaient qu'à penser en millions.

Ils se promenaient souvent le soir, humaient le vent, léchaient les vitrines. Ils laissaient derrière eux le Treizième[1] tout proche, dont ils ne connaissaient guère que la rue des Gobelins, à cause de ses quatre cinémas, évitaient la sinistre rue Cuvier, qui ne les eût conduits qu'aux abords plus sinistres encore de la gare d'Aus-
10 terlitz, et empruntaient, presque invariablement, la rue Monge, puis la rue des Écoles, gagnaient Saint-Michel, Saint-Germain, et, de là, selon les jours ou les saisons, le Palais-Royal, l'Opéra, ou la gare Montparnasse, Vavin, la rue d'Assas, Saint-Sulpice, le Luxembourg. Ils marchaient lentement. Ils s'arrêtaient devant chaque antiquaire, collaient leurs yeux aux devan-
15 tures obscures, distinguaient, à travers les grilles, les reflets rougeâtres d'un canapé cuir, le décor de feuillage d'une assiette ou d'un plat en faïence, la luisance d'un verre taillé ou d'un bougeoir de cuivre, la finesse galbée d'une chaise cannée[2].

De station en station, antiquaires, libraires, marchands de disques,
20 cartes des restaurants, agences de voyages, chemisiers, tailleurs, fromagers, chausseurs, confiseurs, charcuteries de luxe, papetiers, leurs itinéraires composaient leur véritable univers : là reposaient leurs ambitions, leurs espoirs.

G. PEREC, *Les Choses*, © Éditions Julliard, 1965.

Andy WARHOL (1928-1987), *Four Colored Campbell's Soup Can*, I, 1965, acrylique sur toile, 92 × 61 cm (New York).

Avoir

LECTURE

1 Que représente l'argent pour ce jeune couple ?
2 Étudiez le rôle de l'énumération et des séries de mots dans le texte.
3 Analysez la caractérisation des objets, des lieux et des commerces.
4 Comment l'ironie du narrateur s'exprime-t-elle ? Que dénonce-t-elle ?

HISTOIRE DES ARTS

Comment et pourquoi Andy Warhol a-t-il transformé les boîtes de conserve en icônes modernes ?

VERS LE BAC

Question sur un corpus
Analysez l'idéal d'Emma Bovary (p. 104) et celui du couple mis en scène dans cet extrait : en quoi les rêves de ces personnages sont-ils révélateurs d'eux-mêmes et de l'époque à laquelle ils appartiennent ?
▶ **Fiche 9** Répondre à une question sur un corpus

Invention
En reprenant la contrainte que Georges Perec se donne (l'énumération de lieux ou d'objets), composez un texte qui dénonce la place et l'exhibition des objets de marque dans notre société.
▶ **Fiche 11** Comprendre un sujet d'écriture d'invention

10 Marguerite Yourcenar
L'Œuvre au noir, 1968

L'Œuvre au noir met en scène un esprit libre du XVIe siècle, Zénon Ligre, dont les savoirs traversent les domaines de la philosophie, de la médecine et de l'alchimie. Le héros défie donc les pouvoirs en place, en particulier l'Inquisition. Il épouse le statut d'un héros marginal et en fuite, qui finira pourtant emprisonné.

Biographie p. 671
Histoire littéraire p. 158
Littérature et société p. 156
Repères historiques p. 36

Il avançait déjà moins rapidement sur le sol plus meuble. La route montait et redescendait à travers des dunes, marquée seulement par des ornières sur le sable. Il croisa deux soldats qui sans doute faisaient partie de la garnison de Sluys[1], et se félicita d'être armé, car tout soldat rencontré dans un lieu désert
5 tourne aisément au bandit. Mais ils se contentèrent de grommeler une salutation tudesque, et parurent tout réjouis quand il leur répondit dans la même langue. Au haut d'une éminence, Zénon aperçut enfin le village de Heyst[2], avec son estacade[3] à l'abri de laquelle reposaient quatre ou cinq barques. D'autres se balançaient en mer. Ce hameau au bord de l'immensité possédait en petit toutes
10 les commodités essentielles des villes : une halle, qui servait sans doute à la criée du poisson, une église, un moulin, une esplanade avec une potence, des maisons basses et de hauts greniers. L'auberge de *La Belle Colombelle* que Josse[4] lui avait indiquée comme servant de point de ralliement aux fugitifs était une masure au pied de la dune, avec un colombier dans lequel on avait fiché un balai en guise
15 d'enseigne, ce qui signifiait que cette pauvre hôtellerie était aussi un rustique bourdeau[5]. Il faudrait dans un pareil endroit veiller à son bagage et à l'argent qu'il avait sur soi.

   Dans les houblons[6] du jardinet, un client trop bien abreuvé dégorgeait sa bière. Une femme cria quelque chose à l'ivrogne par une lucarne du premier étage, puis
20 retira sa tête ébouriffée et retourna sans doute faire seule un bon somme. Josse avait donné à Zénon le mot de passe, qu'il tenait lui-même d'un ami. Le philosophe entra et salua son monde.

   La salle commune était enfumée et noire comme une cave. La patronne accroupie devant la cheminée fabriquait une omelette, aidée par un jeune garçon
25 qui tenait les soufflets. Zénon s'assit à une table et dit, gêné d'avoir à débiter cette phrase toute faite, comme un acteur sur les tréteaux de la foire :
   – Qui veut la fin…
   – … veut les moyens, dit la femme en se retournant. D'où venez-vous ?
   – C'est Josse qui m'envoie.
30 – Il nous envoie pas mal de monde, fit la patronne avec un énorme clin d'œil.

M. YOURCENAR, *L'Œuvre au noir*, deuxième partie, © Folio Gallimard, 1968.

1. Signifie « écluse ». Sluys est une ville de la Flandre occidentale.
2. Port situé en Belgique.
3. Digue faite avec des pieux.
4. Josse Cassel, fils de forgeron, dont Zénon a fait la connaissance lorsqu'il a soigné l'un de ses cousins, blessé gravement.
5. Lieu de rencontre qui est aussi une maison de prostitution.
6. Plante utilisée dans la fabrication de la bière.

Un tableau flamand

LECTURE

1 Montrez comment le mouvement de fuite de Zénon structure la description.

2 Relevez les identités des personnes que Zénon croise sur son chemin. Comment le personnage principal permet-il de les rassembler ?

3 Comment Zénon incarne-t-il la figure de l'errant ?

VERS LE BAC

Invention

En reprenant le parcours du personnage décrit dans cet extrait, vous imaginerez les pensées de Zénon et vous veillerez à inscrire ce monologue intérieur dans la trame du récit et de la description.
▶ Fiche 11 Comprendre un sujet d'écriture d'invention

Julio Cortázar
Les Armes secrètes, 1963

Texte intégral

Continuité des parcs

Il avait commencé à lire le roman quelques jours auparavant. Il l'abandonna à cause d'affaires urgentes et l'ouvrit de nouveau dans le train, en retournant à sa propriété. Il se laissait lentement intéresser par l'intrigue et le caractère des personnages. Ce soir-là, après avoir écrit une lettre à son fondé de pouvoir[1] et discuté avec l'intendant une question de métayage[2], il reprit sa lecture dans la tranquillité du studio, d'où la vue s'étendait sur le parc planté de chênes. Installé dans son fauteuil favori, le dos à la porte pour ne pas être gêné par une irritante possibilité de dérangements divers, il laissait sa main gauche caresser de temps en temps le velours vert. Il se mit à lire les derniers chapitres. Sa mémoire retenait sans effort les noms et l'apparence des héros. L'illusion romanesque le prit presque aussitôt. Il jouissait du plaisir presque pervers de s'éloigner petit à petit, ligne après ligne, de ce qui l'entourait, tout en demeurant conscient que sa tête reposait commodément sur le velours du dossier élevé, que les cigarettes restaient à portée de sa main et qu'au-delà des grandes fenêtres le souffle du crépuscule semblait danser sous les chênes.

Phrase après phrase, absorbé par la sordide alternative où se débattaient les protagonistes, il se laissait prendre aux images qui s'organisaient et acquéraient progressivement couleur et vie. Il fut ainsi témoin de la dernière rencontre dans la cabane parmi la broussaille. La femme entra la première, méfiante. Puis vint l'homme, le visage griffé par les épines d'une branche.

Admirablement, elle étanchait[3] de ses baisers le sang des égratignures. Lui, se dérobait aux caresses. Il n'était pas venu pour répéter le cérémonial d'une passion clandestine protégée par un monde de feuilles sèches et de sentiers furtifs. Le poignard devenait tiède au contact de sa poitrine. Dessous, au rythme du cœur,

Biographie p. 671
Histoire littéraire p. 158
Littérature et société p. 156
Repères historiques p. 36

1. Personne chargée d'agir en son nom.
2. Forme de bail où le propriétaire et l'exploitant se partagent les produits du domaine agricole.
3. Arrêtait l'écoulement d'un liquide.

Anthony GREEN (1939-),
Les Secrets du confessionnal, 1957
(Collection privée).

25 battait la liberté convoitée. Un dialogue haletant se déroulait au long des pages comme un fleuve de reptiles, et l'on sentait que tout était décidé depuis toujours. Jusqu'à ces caresses qui enveloppaient le corps de l'amant comme pour le retenir et le dissuader, dessinaient abominablement les contours de l'autre corps, qu'il était nécessaire d'abattre. Rien n'avait été oublié : alibis, hasards, erreurs possibles. À
30 partir de cette heure, chaque instant avait son usage minutieusement calculé. La double et implacable répétition était à peine interrompue le temps qu'une main frôle une joue. Il commençait à faire nuit.

Sans se regarder, étroitement liés à la tâche qui les attendait, ils se séparèrent à la porte de la cabane. Elle devait suivre le sentier qui allait vers le nord. Sur le sentier
35 opposé, il se retourna un instant pour la voir courir, les cheveux dénoués. À son tour, il se mit à courir, se courbant sous les arbres et les haies. À la fin, il distingua dans la brume mauve du crépuscule l'allée qui conduisait à la maison. Les chiens ne devaient pas aboyer et ils n'aboyèrent pas.

À cette heure, l'intendant ne devait pas être là et il n'était pas là. Il monta
40 les trois marches du perron et entra. À travers le sang qui bourdonnait dans ses oreilles, lui parvenaient encore les paroles de la femme. D'abord une salle bleue, puis un corridor, puis un escalier avec un tapis. En haut, deux portes. Personne dans la première pièce, personne dans la seconde. La porte du salon, et alors, le poignard en main, les lumières des grandes baies, le dossier élevé du fauteuil de
45 velours vert et, dépassant le fauteuil, la tête de l'homme en train de lire un roman.

J. CORTÁZAR, *Les Armes secrètes*, « Continuité des parcs », traduit par Laure Bataillon © Éditions Gallimard, 1963.

Aux frontières du réel et de la fiction

LECTURE

Meurtre mystérieux dans un fauteuil

1 Notez vos premières impressions de lecture et précisez en une phrase ce qui fait l'intérêt de la nouvelle.

2 Relevez les indices spatiaux et temporels réalistes. Comment rendent-ils progressivement inquiétant ce rendez-vous des amants ?

3 Relevez les allusions au fauteuil vert. Que permet de comprendre la dernière occurrence ? Pourquoi ce petit détail vrai est-il troublant ?

Une lecture captivante

4 Par quels procédés lexicaux, grammaticaux et stylistiques le pouvoir captivant de la lecture est-il souligné des lignes 1 à 19 ?

5 À quel moment le personnage est-il happé par sa lecture et passe-t-il du monde réel à celui de la fiction ?

La mise en abyme

6 Relisez le début (l. 4 à 9) et la fin (l. 41 à 49) du texte. Quels détails font comprendre qu'il s'agit d'un même lieu ? Expliquez le titre de la nouvelle.

7 Quelle histoire le personnage principal croit-il lire ? Quel récit est-il en train de lire en fait ?

HISTOIRE DES ARTS

Quels sont les points communs entre l'œuvre d'Anthony Green et la nouvelle ? En quoi réside leur étrangeté ?

ÉCRITURE

Vers la dissertation

Dans *Encres vagabondes* (1997), Châteaureynaud précise que le fantastique repose sur la confusion « entre le passé et le présent, l'imaginaire et le réel, l'intérieur de la tête et l'extérieur, la veille et le sommeil ». Expliquez puis nuancez cette thèse par des arguments et exemples tirés de vos lectures.

VERS LE BAC

Invention

« C'était écrit. » Voilà le titre de la nouvelle en une page que *La Revue des deux Mondes fantastiques* vous demande d'écrire. Imaginez un scénario reposant sur la confusion du rêve et de la réalité.

▶ Fiche 11 Comprendre un sujet d'écriture d'invention

12 J.-M. G. Le Clézio
Désert, 1980

Biographie p. 671

Histoire littéraire p. 158

Littérature et société p. 156

Repères historiques p. 36

Désert est un roman construit en deux temps. La première partie se passe en Afrique au début du XXᵉ siècle, la seconde à Marseille de nos jours. Dans les premières pages du roman, Le Clézio peint un monde africain, celui des Touaregs, aux valeurs éloignées de celles du monde occidental.

1   Le ciel était sans limites, d'un bleu si dur qu'il brûlait la face. Plus loin encore, les hommes marchaient dans le réseau des dunes, dans un monde étranger.
    Mais c'était leur vrai monde. Ce sable, ces pierres, ce ciel, ce soleil, ce silence,
5   cette douleur, et non pas les villes de métal et de ciment, où l'on entendait le bruit des fontaines et des voix humaines. C'était ici, l'ordre vide du désert, où tout était possible, où l'on marchait sans ombre au bord de sa propre mort. Les hommes bleus avançaient sur la piste invisible, vers Smara, libres comme nul être au monde ne pouvait l'être. Autour d'eux, à perte de vue, c'étaient les crêtes mouvantes des
10 dunes, les vagues de l'espace qu'on ne pouvait pas connaître. Les pieds nus des femmes et des enfants se posaient sur le sable, laissant une trace légère que le vent effaçait aussitôt. Au loin, les mirages flottaient entre terre et ciel, villes blanches, foires, caravanes de chameaux et d'ânes chargés de vivres, rêves affairés. Et les hommes étaient eux-mêmes semblables à des mirages, que la faim, la soif et la
15 fatigue avaient fait naître sur la terre déserte.
    Les routes étaient circulaires, elles conduisaient toujours au point de départ, traçant des cercles de plus en plus étroits autour de la Saguiet el Hamra[1]. Mais c'était une route qui n'avait pas de fin, car elle était plus longue que la vie humaine.
20 Les hommes venaient de l'est, au-delà des montagnes de l'Aadme Rieh, au-delà du Yetti, de Tabelbala. D'autres venaient du sud, de l'oasis d'el Haricha, du puits d'Abd el Malek. Ils avaient marché vers l'ouest, vers le nord, jusqu'aux rivages de la mer, ou bien à travers les grandes mines de sel de Teghaza. Ils étaient revenus, chargés de vivres et de munitions, jusqu'à la terre sainte, la grande vallée
25 de la Saguiet el Hamra, sans savoir vers où ils allaient repartir. Ils avaient voyagé en regardant les chemins des étoiles, fuyant les vents de sable quand le ciel devient rouge et que les dunes commencent à bouger.
    Les hommes, les femmes vivaient ainsi, en marchant, sans trouver de repos. Ils mouraient un jour, surpris par la lumière du soleil, frappés par une balle enne-
30 mie, ou bien rongés par la fièvre. Les femmes mettaient les enfants au monde, simplement accroupies dans l'ombre de la tente, soutenues par deux femmes, le ventre serré par la grande ceinture de toile. Dès la première minute de leur vie, les hommes appartenaient à l'étendue sans limites, au sable, aux chardons, aux serpents, aux rats, au vent surtout, car c'était leur véritable famille. Les petites filles
35 aux cheveux cuivrés grandissaient, apprenaient les gestes sans fin de la vie. Elles n'avaient pas d'autre miroir que l'étendue fascinante des plaines de gypse[2], sous le ciel uni. Les garçons apprenaient à marcher, à parler, à chasser et à combattre, simplement pour apprendre à mourir sur le sable.

J.-M. G. LE CLÉZIO, *Désert*, © Éditions Gallimard, 1980.

1. Partie nord du Sahara occidental.
2. Minéral blanc.

Eugène Alexis GIRARDET (1853-1907), *Caravanes dans les dunes de Bou-Saada*, 1895, huile sur toile, 66 × 108 cm (Musée des Beaux-Arts, Nantes).

Un homme différent

LECTURE

1 Comment le texte dépayse-t-il le lecteur : analysez la description d'un espace sans limite.

2 Montrez, par des relevés lexicaux, que les Touaregs arpentent le monde et qu'ils en éprouvent la rudesse.

3 Comment la dimension **lyrique** du texte contribue-t-elle à construire une image fascinante de l'ailleurs ?

4 Montrez que le voyage des Touaregs est une métaphore de la vie humaine.

5 Pourquoi peut-on dire cependant que la mort domine ici ?

6 SYNTHÈSE Quelle vision du monde et des hommes le texte donne-t-il ?

HISTOIRE DES ARTS

Le tableau de Girardet vous semble-t-il rendre l'atmosphère de paix et de communion avec le désert créée par le texte ? Expliquez.

VERS LE BAC

Dissertation

L'écrivain et critique Jean-Michel Maulpoix écrit : « Le désert des Touaregs devient par contraste avec celui de la ville un lieu vital, exemplaire, car la liberté humaine y est aussi vaste que l'espace, aussi simple que le sable. » Pensez-vous que le roman ait pour fonction d'opposer aux valeurs du lecteur d'autres mondes ?

▶ Fiche 17 Comprendre un sujet de dissertation

Oral (analyse)

Peut-on dire que le texte de Le Clézio remet en cause notre vision du monde ? Nuancez votre propos.

▶ Fiche 16 Réussir l'épreuve orale du baccalauréat

Oral (entretien)

Le roman peut-il satisfaire le goût d'évasion chez le lecteur et surtout lui donner sens ?

▶ Fiche 16 Réussir l'épreuve orale du baccalauréat

13 J.-M. G. Le Clézio
La Ronde et autres faits divers, 1982

Biographie
p. 671

Histoire littéraire
p. 158

Littérature et société
p. 156

Repères historiques
p. 36

La Ronde et autres faits divers est un recueil composé de onze nouvelles dont l'écriture, d'une apparente simplicité, rappelle la sécheresse des faits divers journalistiques. Chaque récit se lit comme une chronique contemporaine du malaise, de la solitude, ou de la misère centrée autour de personnages marginaux.

La ronde

Comment tout peut-il être si calme, si lointain ? Martine pense aux moteurs des motos qui peuvent éclater comme le bruit du tonnerre, et elle voit un instant la rue s'ouvrir, se précipiter sous les pneus qui la dévorent, tandis que les fenêtres explosent en mille miettes qui jonchent l'asphalte
5 de petits triangles de verre.

Tout cela est à cause d'elle, d'elle seule : la dame en tailleur bleu attend l'autobus, sans regarder les jeunes filles, un peu comme si elle dormait. Elle a un visage rouge parce qu'elle a marché au soleil, et sous la veste de son tailleur bleu, son chemisier blanc colle à sa peau. Ses petits yeux sont enfoncés dans ses orbites, ils
10 ne voient rien, ou à peine, furtivement, vers le bout de la rue où doit venir le bus. Au bout de son bras droit, elle balance un peu son sac à main de cuir noir, marqué d'un fermoir en métal doré qui envoie des éclats de lumière. Ses chaussures sont noires également, un peu arquées sous le poids du corps, usées en dedans.

Martine regarde la dame en tailleur bleu avec tellement d'insistance que
15 celle-ci tourne la tête. Mais ses yeux petits sont cachés par l'ombre de ses arcades sourcilières, et Martine ne peut pas rencontrer son regard. Pourquoi chercher à saisir son regard ? Martine ne sait pas ce qui est en elle, ce qui la trouble, ce qui l'inquiète et l'irrite à la fois. C'est peut-
20 être parce qu'il y a trop de lumière ici, cruelle et dure, qui alourdit le visage de cette femme, qui fait transpirer sa peau, qui fait briller les rayons aigus sur le fermoir doré de son sac à main ?

Tout d'un coup, Martine donne un coup d'accéléra-
25 teur, et le vélomoteur bondit sur la chaussée. Aussitôt elle sent l'air sur son visage, et la stupeur s'efface. Elle roule vite, suivie de Titi[1]. Les deux vélomoteurs avancent avec fracas sur la chaussée déserte, s'éloignent. La dame en bleu les suit un instant du regard, elle voit les vélomo-
30 teurs tourner deux rues plus loin, à droite. Le bruit aigu des moteurs s'éteint soudain.

1. Amie de Martine.

Couverture de *La Ronde et autres faits divers*, de J.-M. G. LE CLÉZIO, illustrée par Izhar Cohen © Éditions Gallimard.

À quelques pâtés de maisons, pas très loin de la gare, le camion bleu de déménagement démarre lentement, chargé de meubles et de cartons. C'est un camion ancien, haut sur roues, peint en vilain bleu, et que les chauffeurs successifs ont brutalisé depuis un million de kilomètres, à grands coups de frein et en cognant sur le levier de vitesses. Devant le camion bleu, la rue étroite est encombrée de voitures arrêtées. En passant près des bars, le chauffeur se penche, mais il n'aperçoit que l'ombre au fond des salles. Il sent la fatigue et la faim, ou bien c'est une lumière trop dure qui se réverbère sur le goudron de la chaussée. Il plisse les yeux, il grimace. Le camion bleu va vite le long de la rue étroite, et le grondement de son moteur s'amplifie dans les portes cochères. Sur la plate-forme arrière, les meubles grincent, des objets s'entrechoquent dans les cartons d'emballage. L'odeur lourde du gasoil emplit la cabine, se répand au-dehors, dans une fumée bleue qui traîne le long de la rue. Le vieux camion tangue et roule sur les cahots[2], il fonce droit devant lui, un peu semblable à un animal en colère. Les pigeons s'envolent devant son capot. Il traverse une rue, une autre rue, presque sans ralentir, peut-être que le million de kilomètres qu'il a parcourus à travers les rues de la ville lui donne le droit de passage.

Seconde, troisième, seconde. Les vitesses grincent, le moteur cogne, fait des ratés. Sur les vitres des magasins la silhouette bleue passe vite, un peu semblable à un animal furieux.

2. Ornières.

HISTOIRE DES ARTS

J. Pollock a inventé le *dripping*, technique consistant à laisser couler la peinture du pinceau ou de la boîte.

1 Pourquoi coulures, giclures et éclaboussures illustrent-elles et renforcent-elles la chute tragique de la nouvelle ?

2 Pourquoi cette peinture abstraite est-elle autant, voire plus réaliste qu'une photographie ?

Jackson POLLOCK (1912-1956), *Peinture A*, 1950 (Galleria d'Arte Moderna, Milan).

Là-bas, au bord du trottoir, la dame en tailleur bleu attend toujours. Elle vient de consulter sa montre pour la troisième fois, mais les aiguilles semblent s'être bloquées sur cette insignifiance : une heure vingt-cinq. À quoi pense-t-elle ? Son visage rouge est impassible, la lumière du soleil marque à peine les ombres de ses orbites, de son nez, de son menton. Éclairée bien en face, elle ressemble à une statue de plâtre, immobile au bord du trottoir. Seule la peau noire de son sac à main et de ses chaussures semble vivante, jetant des éclats de lumière. À ses pieds, son ombre est tassée comme une dépouille, un peu rejetée en arrière. Peut-être qu'elle ne pense à rien, pas même à l'autobus numéro sept qui doit bien venir, qui roule le long des trottoirs vides, quelque part, qui s'arrête pour ramasser deux enfants qui vont au lycée, puis, plus loin, un vieil homme en complet gris. Mais ses pensées sont arrêtées, elles attendent, comme elle, en silence. Elle regarde simplement, parfois un vélomoteur qui passe en faisant son bruit de chaîne, parfois une auto qui glisse sur l'asphalte, avec ce bruit chaud de rue mouillée.

Tout est si lent, et pourtant, il y a comme des éclairs qui frappent le monde, des signes qui fulgurent à travers la ville, des éclats de lumière fous. Tout est si calme, au bord du sommeil, dirait-on, et pourtant il y a cette rumeur et ces cris rentrés, cette violence.

Martine roule devant Titi, elle fonce à travers les rues vides, elle penche tellement son vélomoteur dans les virages que le pédalier racle le sol en envoyant des gerbes d'étincelles. L'air chaud met des larmes dans ses yeux, appuie sur sa bouche et sur ses narines, et elle doit tourner un peu la tête pour respirer. Titi suit à quelques mètres, ses cheveux rouges tirés par le vent, ivre, elle aussi, de vitesse et de l'odeur de gaz. La ronde les emmène loin à travers la ville, puis les ramène lentement, rue par rue, vers l'arrêt d'autobus où attend la dame au sac noir. C'est le mouvement circulaire qui les enivre aussi, le mouvement qui se fait contre le vide des rues, contre le silence des immeubles blancs, contre le lumière cruelle qui les éblouit. La ronde des vélomoteurs creuse un sillon dans le sol indifférent, creuse un appel, et c'est pour cela aussi, pour combler ce vertige, que roulent le long des rues le camion bleu et l'autobus vert, afin que s'achève le cercle. […]

Maintenant les vélomoteurs vont tout droit, en jetant vite en arrière tous ces immeubles, ces arbres, ces squares, ces carrefours. La dame en tailleur bleu est seule, au bord du trottoir, comme si elle dormait. Les vélomoteurs roulent tout près du trottoir, dans le ruisseau. Le cœur ne bat plus la chamade. Il est calme au contraire, et les jambes ne sont plus faibles, les mains ne sont plus moites. Les vélomoteurs roulent au même rythme, l'un à côté de l'autre, et leur bruit est tellement à l'unisson qu'il pourrait faire crouler les ponts et les murs des maisons. Il y a les hommes dans la rue, embusqués dans leurs autos arrêtées, cachés derrière les rideaux de leurs chambres. Ils peuvent espionner avec leurs yeux étrécis[3], qu'est-ce que ça peut faire ?

Presque sans ralentir, le premier vélomoteur est monté sur le trottoir, il s'approche de la dame en bleu. Quand cela se passe, et juste avant de tomber, la dame regarde Martine qui roule devant elle dans le ruisseau, elle la regarde enfin, ses yeux grands ouverts qui montrent la couleur de ses iris, qui donne la lumière de son regard. Mais cela ne dure qu'un centième de seconde, et ensuite il y a ce cri qui résonne dans la rue vide, ce cri de souffrance et de surprise, tandis que les deux vélomoteurs s'enfuient vers le carrefour.

Il y a à nouveau le vent chaud qui souffle, le cœur qui bondit dans la cage
100 thoracique, et dans la main de Martine serrée sur le sac à main noir, il y a la sueur. Le vide, surtout, au fond d'elle, car la ronde est finie, l'ivresse ne peut plus venir. Loin devant, Titi s'échappe, ses cheveux rouges flottant dans le vent. Son vélomoteur est plus rapide, et elle passe le carrefour, elle s'en va. Mais à l'instant où le deuxième vélomoteur franchit le carrefour, le camion de déménagement bleu
105 sort de la rue, tout à fait semblable à un animal, son capot happe le vélomoteur et l'écrase contre le sol avec un bruit terrible de métal et de verre. Les pneus freinent en hurlant.

Le silence revient dans la rue, au centre du carrefour. Sur la chaussée, derrière le camion bleu, le corps de Martine est étendu, tourné sur lui-même comme un
110 linge. Il n'y a pas de douleur, pas encore, tandis qu'elle regarde vers le ciel, les yeux grands ouverts, la bouche tremblant un peu. Mais un vide intense, insoutenable, qui l'envahit lentement, tandis que le sang coule en méandres noirs de ses jambes broyées. Pas très loin de son bras, sur la chaussée, il y a le sac de cuir noir, comme s'il avait été bêtement oublié par terre, et son fermoir de métal doré jette aux yeux des éclats meurtriers.

J.-M. G. LE CLÉZIO, *La Ronde et autres faits divers*, « La ronde », 1982 © Éditions Gallimard.

Chronique de l'asphalte

LECTURE

Simplicité, brièveté, intensité

1 Établissez le schéma narratif de cet extrait et dressez la liste des principaux actants. En quoi ces choix sont-ils caractéristiques de la nouvelle ?

2 Étudiez les notations descriptives de la ville. Quelle image l'auteur privilégie-t-il ?

3 En vous appuyant sur la fonction dramatique de la lumière, montrez que la narration peut se lire comme une succession de scènes cinématographiques très réalistes.

L'instant fatidique

4 Quel temps verbal rythme le récit ? Quelle en est la valeur dramatique ?

5 Relevez tous les bruits perçus. Comment le crescendo sonore sert-il le tragique de cette « ronde » ? Expliquez.

6 Par quelle comparaison récurrente le camion bleu est-il présenté ? En quoi ce choix révèle-t-il déjà l'issue fatale ?

7 Le Clézio refuse toute dramatisation excessive des faits : quels détails l'attestent ?

VERS LE BAC

Invention

Inspirez-vous de la couverture du recueil pour imaginer à votre tour une nouvelle urbaine bâtie autour d'un instant essentiel où tout bascule.
▶ Fiche 11 Comprendre un sujet d'écriture d'invention

Commentaire

Vous proposerez un commentaire de la fin du texte (l. 82 à la fin) montrant le réalisme visuel de la scène puis le saisissement de l'instant fatal.
▶ Fiche 13 Comprendre un sujet de commentaire

Fred Vargas
Debout les morts, 1995

Biographie p. 671

Histoire littéraire p. 158

Littérature et société p. 156

Repères historiques p. 36

Un matin, Sophia découvre dans son jardin un hêtre qui n'y était pas la veille. Ses voisins, Marc l'historien et Mathias l'archéologue, l'aident à vérifier que ses racines ne cachent rien. Plus tard, Sophia disparaît et la police vérifie qu'elle n'a pas été enterrée sous l'arbre. Sans succès. Pourtant, Marc a la certitude que cet arbre est lié au crime.

1   Marc posa sa main sur le tronc frais, puis son autre main. L'arbre était encore assez jeune pour qu'il puisse en faire le tour avec ses doigts. Comme ça, il eut envie de l'étrangler, de lui serrer le cou jusqu'à ce qu'il raconte entre deux hoquets ce qu'il était venu faire dans ce jardin. Il laissa retomber
5   ses bras, découragé. On n'étrangle pas un arbre. Un arbre, ça ferme sa gueule, c'est muet, c'est pire qu'une carpe, ça ne fait même pas de bulles. Ça ne fait que des feuilles, du bois, des racines. Si, ça fait de l'oxygène aussi, ce qui est assez pratique. À part ça, rien. Muet. Muet comme Mathias qui tentait de faire parler ses tas de silex et d'ossements : un type muet conversant avec des objets muets.
10 C'était complet. Mathias assurait qu'il savait les entendre, qu'il suffisait de connaître leur langue et de les écouter. Marc, qui n'aimait que le bavardage des textes, de lui-même et des autres, ne pouvait pas comprendre ce genre de conversation du silence. Pourtant, Mathias finissait par trouver des trucs, c'était indéniable.

15   Il s'assit aux côtés de l'arbre. L'herbe n'avait pas encore bien repoussé autour de lui depuis qu'on l'avait déraciné deux fois. Ça faisait un petit duvet d'herbe clairsemée qu'il caressa avec sa paume. Bientôt, elle serait forte et grande et on n'y verrait plus rien. On oublierait l'arbre et sa terre. Mécontent, Marc arracha par touffes l'herbe neuve. Quelque chose n'allait pas. La terre était sombre, grasse, presque
20 noire. Il se souvenait bien des deux jours où ils avaient ouvert et fermé cette tranchée stérile. Il revoyait Mathias, enfoncé dans la tranchée jusqu'à mi-cuisses, disant que ça suffisait, qu'on s'arrêtait, que les niveaux étaient en place, intacts. Il revoyait ses pieds nus dans ses sandales, couverts de terre. Mais d'une terre limoneuse, brun-jaune, légère. Il y en avait dans le fourneau de la pipe blanche
25 qu'il avait ramassée en marmonnant « XVIIIe siècle ». Une terre claire, friable. Et quand ils avaient rebouché, ils avaient mélangé l'humus et la terre claire. Claire, pas du tout comme celle-ci qu'il était en train de pétrir entre ses doigts. Du nouvel humus[1], déjà ? Marc gratta plus profondément. De la terre noire, toujours. Il fit le tour de l'arbre et examina le sédiment[2] sur tout son pourtour. Aucun doute,
30 on avait touché au sous-sol. Les couches de terrain n'étaient plus telles qu'ils les avaient laissées. Mais les flics avaient creusé après eux. Peut-être étaient-ils descendus plus profondément, peut-être avaient-ils entamé une couche de terre noire sous-jacente. Ça devait être ça. Ils n'avaient pas su distinguer les niveaux intacts et s'étaient enfoncés largement dans une terre noire qu'ils avaient répandue en
35 surface en rebouchant. Pas d'autre explication. Aucun intérêt.

    Marc resta assis là un moment en laissant ses doigts sillonner le sol. Il ramassa un petit tesson de grès[3], qui lui parut plus XVIe que XVIIIe. Mais il ne connaissait pas grand-chose à ça et il le fourra dans sa poche. Il se releva, tapota le tronc de l'arbre pour le prévenir qu'il s'en allait et reprit l'ascension de la grille. Il touchait
40 des pieds la poubelle quand il vit le parrain arriver.

---

1. Terre noire issue de la décomposition des matières végétales.
2. Dépôt laissé par la désagrégation de matières organiques.
3. Morceau de céramique.

Les Autres, film d'Alejandro AMENABAR, 2001.

4. Le parrain de Marc, propriétaire de la maison où logent ce dernier et son ami Mathias.

5. L'inspecteur chargé d'enquêter sur la disparition de Sophia.

— Très discret, dit Vandoosler⁴.

— Et alors ? dit Marc en frottant ses mains sur son pantalon. J'ai juste été voir l'arbre.

— Et qu'est-ce qu'il t'a dit ?

45 — Que les flics de Leguennec⁵ avaient creusé beaucoup plus profond que nous, jusqu'au XVIIIᵉ siècle. Mathias n'a pas tout à fait tort, la terre peut parler.

F. VARGAS, *Debout les morts*, 1995 © Viviane Hamy.

Un étrange suspect

LECTURE

Un arbre inquiétant

1 Quels détails insistent sur la banalité de l'arbre ? À quel moment le regard porté sur lui évolue-t-il ? Établissez le plan du texte en vous appuyant sur vos réponses.

2 Quels éléments soulignent le caractère énigmatique du décor ?

3 Quels procédés montrent l'arbre comme un suspect ou un complice du crime ? Pourquoi ce traitement crée-t-il le suspense ?

Enquête et archéologie

4 Comment l'observation archéologique s'unit-elle à l'enquête policière ? Étudiez l'entrelacement des champs lexicaux.

5 SYNTHÈSE Montrez que le texte joue sur le sens propre et figuré du verbe « creuser » pour définir l'enquête et la lecture policières.

ÉCRITURE

Argumentation

Alain Demouzon, auteur de romans policiers, a écrit : « Il y a, au cœur de chaque énigme, les moyens de trouver la solution. Comment mener l'enquête ? La procédure est simple : [...] lire. Attentivement. Très attentivement. On vous l'a dit, la vérité est dissimulée dans le texte ! Sans tricherie. »

a Défendez cette thèse en montrant que la description policière est un défi pour le lecteur.

b Que lit Marc ? Que lui révèle sa lecture sur le monde familier qui l'entoure ?

VERS LE BAC

Invention

Vargas décrit l'arbre comme un suspect. Inspirez-vous de l'image du film *Les Autres* pour décrire un arbre assassin. Le premier paragraphe insistera sur sa banalité ; le second sur ses éléments intrigants.

▶ Fiche 11 Comprendre un sujet d'écriture d'invention

15 Philip Roth
La Tache, 2002

Biographie
p. 671

Histoire littéraire
p. 158

Littérature et société
p. 156

Repères historiques
p. 36

Afin d'échapper aux humiliations et aux ségrégations dont les Noirs américains sont victimes dans les années 1940, Coleman Silk, auquel la nature a donné une peau très pâle, se construit une nouvelle identité de Blanc, juif américain. C'est en tant que Blanc qu'il participe à un combat de boxe universitaire à West Point.

Ainsi, à West Point[1] même, lieu magique, lieu mythique (ce jour-là le drapeau flottant au bout de sa hampe lui paraissait concentrer plus d'Amérique dans le moindre de ses centimètres carrés que tous les drapeaux qu'il avait jamais vus, et le visage d'acier des cadets se parait d'une aura héroïque toute-
5 puissante), ici même, au centre de gravité patriotique du pays, moelle épinière de la colonne vertébrale infrangible[2] de son pays, en ce lieu que ses seize ans investissaient de fantasmes correspondant aux fantasmes officiels, où tout ce qu'il voyait l'emplissait d'une frénésie d'amour, pas seulement pour lui-même mais pour tout le monde visible – à croire que les phénomènes naturels étaient une amplification
10 de son être, le soleil, le ciel, les montagnes, la rivière, les arbres, Coleman Brutus Silky Silk[3] puissance un million –, ici même personne ne connaissait son secret. Alors il s'élança dans le premier round, et, contrairement à l'élève défensif qui avait quitté Machrone sur une victoire, il se mit à cogner son adversaire avec toutes ses tripes. Quand
15 il était face à un type de même force que lui, il lui fallait se servir de ses méninges ; mais quand il tombait sur un type
20 facile à battre et qu'il s'en apercevait assez tôt, il pouvait toujours être plus offensif et le pilonner[4]. C'est exactement ce
25 qui se passa à West Point. En moins de temps qu'il n'en faut pour le dire, il lui avait entaillé la paupière, l'avait fait saigner
30 du nez, et il le cognait dans tous les sens. Et puis il arriva ce qui n'était jamais arrivé. Coleman

1. La plus prestigieuse école militaire américaine, dont tous les cadets participent à des compétitions de sport.
2. Que l'on ne peut briser.
3. Silk le Styliste est son surnom de boxeur amateur.
4. Multiplier les coups.

Hilary Swank dans *Million Dollar Baby* de Clint EASTWOOD, 2004.

lança un crochet[5], et son avant-bras lui parut s'enfoncer aux trois quarts dans le corps de son adversaire, si profond qu'il en fut stupéfait – mais pas autant que l'autre. Avec ses cinquante-huit kilos, Coleman n'était pas du genre à chercher le knock-out[6]. Il ne se plantait jamais vraiment sur ses pieds pour balancer le coup qui tue, ce n'était pas son style, et pourtant ce punch[7] au corps alla si profond que le jeune boxeur universitaire de vingt ans se plia en avant et qu'il le cueillit dans cette partie du corps que Doc Chizner appelait le labonz. En plein dans le labonz, le gars se plia en deux, et pendant un instant Coleman crut qu'il allait vomir ; alors, avant qu'il vomisse et s'écroule, il se prépara à lui porter un autre coup – tout ce qu'il voyait dans ce Blanc qui s'écroulait, c'était un adversaire qu'il voulait laisser sur le carreau –, mais en cet instant, l'entraîneur de Pittsburgh, qui arbitrait le match, lui cria : « Non, Silky, arrête ! » et comme il portait son dernier droit, l'entraîneur le saisit et arrêta le combat.

« Et avec ça, lui dit Doc sur le chemin du retour, ce petit gars, c'était un sacré boxeur. Mais quand on l'a traîné dans son coin du ring[8], il a fallu lui dire que le combat était fini. Il était dans ses cordes[9], mais il avait pas vu venir le coup ! »

Nimbé dans sa victoire, dans la magie, l'extase de ce punch ultime et cette éruption spectaculaire de fureur délicieuse qui l'avait pris de court tout autant que sa victime, Coleman déclara – une fois en voiture il repassait le match dans sa tête, mais on aurait plutôt cru qu'il parlait dans son sommeil : « Il faut croire que j'ai été trop rapide pour lui, Doc.

« Rapide, oui, bien sûr. Rapide, je le savais. Mais fort aussi. C'est le meilleur crochet que je t'aie vu porter, Silky. Tu as été trop fort pour lui, mon petit. »

Trop fort ? Vraiment fort ?

P. Roth, *La Tache*, traduction Josée Kamoun, Gallimard, 2002.

5. Coup de poing circulaire.
6. KO, mise hors de combat d'un boxeur suite à un coup violent.
7. Coup décisif.
8. Espace carré, délimité par des cordes, où se déroulent les combats de boxe.
9. C'est-à-dire le ring où il a l'habitude de combattre, son terrain.

Dans la peau d'un boxeur

LECTURE

Le récit du combat

1 Quel type de narrateur et quel point de vue Philip Roth adopte-t-il ?

2 Le texte est structuré en deux parties stylistiquement différentes. Lesquelles ?

3 Dans le premier paragraphe, relevez les connecteurs temporels et le champ lexical de la boxe. Quelles sont les étapes du combat ?

4 Des lignes 12 à 46, relevez les verbes d'action. À quel temps sont-ils et quelles sont leurs valeurs ?

Un combat épique

5 Relevez le champ lexical du corps. Par quels procédés Philip Roth souligne-t-il la violence extrême du combat ?

6 Des lignes 1 à 11, montrez que Philip Roth fait de West Point un décor épique.

7 Comment interprétez-vous la phrase entre tirets des lignes 8 et 9 ? Relevez dans le texte d'autres indices du grandissement épique du héros.

La question de la ségrégation

8 Comment expliquez-vous la fureur que Coleman ressent face au « Blanc », lignes 43 et 44 ? Quelle lecture politique du combat pouvez-vous faire ?

ÉCRITURE

Argumentation

Le sport permet-il selon vous d'exprimer une forme de revendication politique ? Développez au moins un argument et un contre-argument en vous inspirant du texte et d'autres sports que vous connaissez.

VERS LE BAC

Écriture d'invention

Coleman a décidé de se faire passer pour Blanc pour échapper aux ségrégations. Son frère lui reproche ce choix qui, selon lui, ne permet pas de défendre la cause des Noirs. Écrivez leur dialogue en développant au moins deux arguments pour chacun.

▶ Fiche 11 Comprendre un sujet d'écriture d'invention

16 François Bon
Daewoo, 2004

François Bon s'est rendu en Lorraine où trois usines du groupe coréen Daewoo ont été fermées. Les ouvrières, exsangues, ont lutté avec l'énergie du désespoir. Il décide alors d'écrire pour témoigner. « Si les ouvrières n'ont de place nulle part, confie-t-il, que le roman soit mémoire. »

Extrait 1

Et là, devant le portail, entre les deux guérites[1] de gardiens (on voyait par une vitre sale l'intérieur, complètement vidé sauf une table de métal, et la commande pour la vieille barrière blanc et rouge maintenant derrière la grille), le bitume fondu dessinait encore le pourtour d'un large cercle noir : le feu que les
5 ouvriers avaient entretenu treize jours devant leur usine.

1. Postes d'observation.

Extrait 2

« Vous me dites : – Pourquoi le feu ? Le feu c'est la vie, non ? Nous aussi, dès lors qu'on s'était mises devant l'usine, on avait allumé un feu.
« Et quand il y avait eu la grève des routiers, qu'ils avaient bouclé l'autoroute, eux aussi ils avaient fait un feu. C'est symbolique le feu. Puis quoi, on est mises dehors,
5 on n'a plus de travail, on devrait se taire et remercier ?
« Des hommes préhistoriques, voilà comme on nous traite. Partir à la chasse pour survivre, c'est ce qu'ils voudraient de nous ? Plus de travail, qu'on se débrouille.
« Peut-être que ça dit ça le feu. Moi j'en sais rien : le feu, ça veut dire être ensemble, et la flamme qu'au-dedans on porte.
10 « Ça veut dire une arme.
« On a été trois jours et deux nuits devant l'usine, pendant trois jours et deux nuits on a eu le feu. Et les gens, qu'est-ce qu'ils nous apportaient : des cageots, des vieilles palettes, des rondins. Les gens, pour dire qu'ils étaient avec nous, eux qui partaient le matin au travail, ils nous laissaient quelque chose pour le feu. On ne
15 demandait pas d'argent, ni rien d'autre, que notre dû.
« Alors ils nous laissaient du bois pour le feu, et la grève a tenu.
« C'est ça aussi le symbole du feu : un partage. »

F. BON, *Daewoo* © Librairie Arthème Fayard, 2004.

Biographie p. 671
Histoire littéraire p. 158
Littérature et société p. 156
Repères historiques p. 36

Salariés de Daewoo en grève, Mont-Saint-Martin.

Célébrer la condition ouvrière aujourd'hui

LECTURE

Plaidoyer pour un dû

1 Quels éléments grammaticaux concourent à faire de cet extrait un témoignage ?

2 Étudiez l'énonciation : comment le clivage entre ouvriers et dirigeants est-il souligné ?

3 Par quels arguments les grévistes justifient-ils leur action ?

« Ça veut dire une arme. »

4 Relevez toutes les occurrences du mot « feu ». Quels sens prend-il au fil des témoignages ?

5 L'attitude des ouvrières est-elle offensive ? Justifiez.

6 Dans quelle mesure cet extrait peut-il toucher et émouvoir le lecteur ?

ÉCRITURE

Argumentation

« Et là je commençai à penser qu'il est bien vrai que la moitié du monde ne sait comment l'autre vit », écrivait déjà Rabelais au XVIe siècle.
Pensez-vous que cette opposition puisse caractériser notre société contemporaine ? Développez votre point de vue dans un paragraphe argumentatif étayé d'exemples et nourri de plusieurs citations.

VERS LE BAC

Question sur un corpus

LITTÉRATURE ET SOCIÉTÉ Le travail de François Bon vous semble-t-il un héritage de Zola ? Quelle fonction le romancier contemporain se donne-t-il ?

▶ Fiche 9 Répondre à une question sur un corpus

ÉDUCATION AUX MÉDIAS

De l'interview à la page de roman

Anne Despagne, chef d'édition au quotidien *Le Courrier picard*, à Péronne (Somme) rappelle quelques principes fondamentaux pour réussir une interview :

1. Préparer l'entrevue : se documenter sur la personne, son actualité, ses propos récents et anciens, son parcours.

2. Réfléchir à ses questions : où veut-on emmener son interlocuteur ? Qu'espère-t-on lui faire dire ? Pourquoi l'interroge-t-on lui et pas un autre ? En quoi ses propos vont-ils intéresser le lecteur ? Le but d'une interview est d'informer, éclairer, surprendre et/ou émouvoir le lecteur.

3. Rédiger ses questions afin de ne pas perdre le fil conducteur de l'entretien. Les questions doivent être ouvertes : à l'interlocuteur d'aller plus loin.

4. Réagir et interagir : pendant l'interview elle-même, ne pas hésiter à rebondir sur les événements ou les propos imprévus. Il se peut que l'idée de départ ou l'angle choisi se révèlent inappropriés et qu'un sujet beaucoup plus pertinent se présente au fil de l'entretien. Laisser la place aux silences, aux hésitations. Le journaliste ne doit pas se mettre en scène mais seulement montrer, laisser comprendre qu'il maîtrise son sujet. Ce n'est pas l'avis de l'interviewer qui importe. (Défaut souvent constaté à la télévision, voire à la radio.)

5. Finaliser en soignant l'expression : mettre en situation l'interview et l'interviewé (où la rencontre a-t-elle eu lieu ? Comment l'interlocuteur s'est-il présenté ? Quelle est son actualité et la justification de l'entretien ?). Rédiger des questions percutantes et courtes ; ne pas multiplier les relances ; avoir recours aux didascalies.

6. Vérifier la fluidité de l'ensemble et sa progression. D'où l'interview part-elle ? À quel résultat mène-t-elle ? Qu'a-t-on transmis : émotion, analyse, réaction, commentaire, polémique, annonce ?

a En vous inspirant de ces conseils, préparez l'interview d'un ouvrier ou d'un artisan que vous questionnerez sur son activité.

b Transformez ensuite, à la manière de François Bon, les propos recueillis en une page de roman nourrie de poésie et de symboles.

c SYNTHÈSE Comment le romancier peut-il parvenir à magnifier un témoignage « brut » ?

17 Sylvie Germain
Magnus, 2005

Biographie p. 671

Histoire littéraire p. 158

Littérature et société p. 156

Repères historiques p. 36

Magnus est l'ours en peluche d'un héros de roman au parcours singulier, Franz-Georg, né avant la guerre en Allemagne. Individu perturbé par ses origines, le personnage doit, après la guerre, supporter et comprendre son passé. Au début du roman, la narratrice précise son projet littéraire et évoque son travail d'écriture.

D'un éclat de météorite, on peut extraire quelques menus secrets concernant l'état originel de l'univers. D'un fragment d'os, on peut déduire la structure et l'aspect d'un animal préhistorique, d'un fossile végétal, l'ancienne présence d'une flore luxuriante dans une région à présent désertique. L'immémorial
5 est pailleté de traces, infimes et têtues.

D'un lambeau de papyrus ou d'un morceau de poterie, on peut remonter vers une civilisation disparue depuis des millénaires. À partir de la racine d'un mot, on peut rayonner à travers une constellation de vocables et de sens. Les restes, les noyaux gardent toujours un infrangible[1] grain de vigueur.

10 Dans tous les cas, l'imagination et l'intuition sont requises pour aider à dénouer les énigmes.

D'un homme à la mémoire lacunaire, longtemps plombée de mensonges puis gauchie par le temps, hantée d'incertitudes, et un jour soudainement portée à incandescence, quelle histoire peut-on écrire ?

15 Une esquisse de portrait, un récit en désordre, ponctué de blancs, de trous, scandé d'échos, et à la fin s'effrangeant[2].

Tant pis pour le désordre, la chronologie d'une vie humaine n'est jamais aussi linéaire qu'on le croit. Quant aux blancs, aux creux, aux échos et aux franges, cela fait partie intégrante de toute écriture, car de toute mémoire. Les mots d'un
20 livre ne forment pas davantage un bloc que les jours d'une vie humaine, aussi abondants soient ces mots et ces jours, ils dessinent juste un archipel de phrases, de suggestions, de possibilités inépuisées sur un vaste fond de silence. Et ce silence n'est ni pur ni paisible, une rumeur y chuchote tout bas, continûment. Une
25 rumeur montée des confins du passé pour se mêler à celle affluant de toutes parts du présent. Un vent de voix, une polyphonie de souffles.

En chacun la voix d'un souffleur murmure en sourdine, incognito — voix apocryphe[3] qui peut apporter
30 des nouvelles insoupçonnées du monde, des autres et de soi-même, pour peu qu'on tende l'oreille.

Écrire, c'est descendre dans la fosse du souffleur pour apprendre à écouter la langue respirer là où elle se tait, entre les mots, autour des mots, parfois au cœur
35 des mots.

S. GERMAIN, *Magnus*, Éditions Albin Michel, 2005.

1. Qui ne peut être détruit.
2. Se déchiquetant.
3. Qui n'est pas authentique.

Pablo PICASSO (1881-1973), *Portrait de Daniel-Henry Kahnweiler*, 1910, huile sur toile, 101 × 73 cm (The Art Institute of Chicago, États-Unis).

18 Sylvie Germain
Les Personnages, 2004

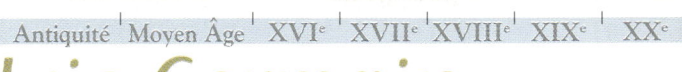

Biographie p. 671
Histoire littéraire p. 158
Littérature et société p. 156
Repères historiques p. 36

Dans un texte qui se présente sous forme de tableaux et de deux nouvelles, Sylvie Germain tente de cerner la genèse des personnages, la mystérieuse relation qui se noue entre l'auteur et eux. Elle les appelle les « suppliants muets ».

Un jour, ils sont là. Un jour, sans aucun souci de l'heure.
On ne sait pas d'où ils viennent, ni pourquoi ni comment ils sont entrés. Ils entrent toujours ainsi, à l'improviste et par effraction. Et cela sans faire de bruit, sans dégâts apparents. Ils ont une stupéfiante discrétion de passe-muraille.

5 Ils : les personnages.

On ignore tout d'eux, mais d'emblée on sent qu'ils vont durablement imposer leur présence. Et on aura beau feindre n'avoir rien remarqué, tenter de les décourager en les négligeant, voire en se moquant d'eux, ils resteront là.
Là, en nous, derrière l'os du front, ainsi qu'une peinture rupestre au fond d'une
10 grotte, nimbée d'obscurité. Une peinture en grisaille, mais bientôt obsédante.

Là, à la frontière entre le rêve et la veille, au seuil de la conscience. Et ils brouillent cette mince frontière, la traversent continuellement avec l'agilité d'un contrebandier, la déplaçant, la distordant.
Là, plantés sur ce seuil mouvant avec la violence immobile et mutique d'un
15 mendiant qui a jeté sur vous son dévolu et qui ne partira pas avant d'avoir obtenu ce qu'il veut.

S. GERMAIN, *Les Personnages,* © Éditions Gallimard, 2004.

Personnage en fragments

LECTURE DU TEXTE 17

1 Quelles méthodes pour accéder au passé le texte propose-t-il ?

2 Pourquoi peut-on comparer la mémoire et l'écriture, d'après le narrateur ?

3 Expliquez **la phrase nominale** « Un vent de voix, une polyphonie de souffles ». Quelle conception du livre définit-elle ?

4 Quelle **figure de style** peut-on relever dans le dernier paragraphe ? Quelle conception de l'écriture ressort de cette phrase ?

5 Quel pacte de lecture cet *incipit* propose-t-il au lecteur ?

LECTURE DU TEXTE 18

6 Comment les personnages s'imposent-ils à l'auteur selon Sylvie Germain ?

7 SYNTHÈSE Comment les deux textes de Sylvie Germain rendent-ils compte d'une même vision sur la naissance d'un roman ?

HISTOIRE DES ARTS

Pourquoi ce tableau cubiste illustre-t-il bien les textes de Sylvie Germain ?

VERS LE BAC

Question sur un corpus
Comparez l'*incipit* de *Magnus* avec celui de *Jacques le fataliste* (p. 60) : en quoi bousculent-ils les formes traditionnelles du roman ?

Invention
À la manière de Sylvie Germain, imaginez le portrait du personnage principal Franz-Georg. Le texte présentera un personnage énigmatique, portant physiquement les traces d'un passé douloureux.
▶ Fiche 11 Comprendre un sujet d'écriture d'invention

19 Laurent Gaudé — ŒUVRE INTÉGRALE
La Mort du roi Tsongor, 2002

❥ Entrée dans l'œuvre : l'épopée au cœur du roman

Photogramme du film italien *Scipion l'Africain* de Carmine GALLONE (1937).

> Analysez la construction de l'image extraite du film de Carmine Gallone. Comment met-elle en scène la grandeur héroïque de l'Antiquité dont rêve Laurent Gaudé dans son roman ?

❥ L'œuvre et son contexte

Interrogé sur son écriture à l'occasion de la sortie de son roman *La Porte des Enfers* en 2008, Laurent Gaudé revendique une inspiration marquée par « l'énergie de l'épopée ou de la tragédie ». Les deux genres remontent à l'Antiquité. L'épopée est avant tout le récit d'**exploits guerriers** et exalte les valeurs d'un peuple à travers ses héros tout-puissants. Elle est composée en vers bien scandés, traversée d'images et de rythmes obsédants pour mieux être retenue et devenir ainsi la mémoire d'un peuple.

La tragédie est la mise en scène d'une parole singulière qui déploie la **violence des passions** humaines pour provoquer chez le spectateur la « terreur et la pitié », selon Aristote (IVe siècle av. J.-C.).

1 RECHERCHE Cherchez une définition de l'épopée, puis de la tragédie. Quelles sont leurs caractéristiques essentielles ?

2 Aux origines, les épopées étaient récitées, psalmodiées avec énergie pour que les exploits héroïques marquent les mémoires. Comment L. Gaudé travaille-t-il ses monologues pour leur donner cette même force ? Vous vous appuierez, par exemple, sur les monologues du roi Tsongor (p. 21, 39 et 50, éd. Livre de Poche).

3 SYNTHÈSE Pourquoi *La Mort du roi Tsongor* peut-il provoquer la « terreur et la pitié » chez le lecteur ?

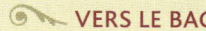 VERS LE BAC

Dissertation

Selon vous, pour quelles raisons le thème de la vengeance est-il romanesque ? Vous appuierez votre réponse sur la lecture de *La Mort du roi Tsongor*, ainsi que sur d'autres œuvres que vous avez lues.

▶ **Fiche 17** Comprendre un sujet de dissertation

EXTRAIT 1

Le souffle épique

Après la mort du roi, ses fils jumeaux se déchirent. L'aîné, Sako, décide de rallier Kouame avec un autre de ses frères, Liboko. Le second jumeau, Danga, rejoint Sango Kerim avec sa sœur Samilia. Dès lors, les deux camps se livrent une guerre sans merci.

> ● Analysez les procédés propres au registre épique dans ce passage. Quelle valeur symbolique la porte prend-elle (lignes 5 à 9) ?
>
> ● En quoi le personnage de Liboko est-il un héros tragique ? Argumentez.

1   La bataille s'engagea et à nouveau, ce furent les cris d'hommes blessés, les hurlements poussés pour se donner du courage, les appels à l'aide, les insultes et le cliquetis des armes. À nouveau la sueur perla sur les fronts. L'huile ruissela sur les corps. Des cadavres cloqués gisaient au pied des murailles.

5   Les cendrés[1] se ruèrent sur la porte de la Chouette[2] comme des ogres. Ils étaient une cinquantaine mais rien ne semblait pouvoir leur résister. Ils éventrèrent les tenants de la porte cloutée et écrasèrent les gardes surpris de se trouver face à de tels géants. Pour la seconde fois, les nomades pénétrèrent dans Massaba, et pour la seconde fois la panique gagna les rues de la ville. La nouvelle courut
10 de maison en maison. Que les cendrés avançaient. Qu'ils tuaient tout sur leur passage. Lorsqu'elle parvint jusqu'à lui, le jeune Liboko se précipita au-devant des ennemis. Une poignée d'hommes de la garde spéciale de Tsongor le suivit. La rage illuminait son visage. Ils tombèrent sur la troupe des cendrés au moment où ces derniers envahissaient la place de la Lune – une petite place où se réu-
15 nissaient autrefois les diseurs de bonne aventure et où bruissait, les nuits d'été, le doux murmure des fontaines. Liboko, comme un démon, se rua sur l'ennemi. Il perça des ventres, sectionna des membres. Il transperça des torses et défigura des hommes. Liboko se battait sur son sol, pour défendre sa ville et l'ardeur qui l'animait semblait ne jamais devoir le quitter. Il frappait sans cesse. Éventrant
20 les lignes ennemies de toute sa fureur. Les ennemis tombaient à la renverse sous la force de ses charges. Soudain, il suspendit son bras. Un homme était à ses pieds. Là. À sa merci. Il pouvait lui fendre le crâne mais ne le faisait pas. Il resta ainsi. Le bras suspendu. Un temps infini. Il avait reconnu son ennemi. C'était Sango Kerim. Leurs yeux se croisèrent. Liboko regardait le visage de cet homme
25 qui, pendant si longtemps, avait été son ami. Il ne pouvait se résoudre à frapper. Il sourit doucement. C'est alors qu'Orios s'élança. Il avait vu toute la scène. Il voyait que Sango Kerim pouvait mourir à tout moment. Il n'hésita pas et de tout le poids de sa masse, écrasa le visage de Liboko. Son corps s'affaissa. La vie, déjà, l'avait quitté. Un puissant grognement de satisfaction sortit de la poitrine d'Orios.
30 Sango Kerim, abattu, s'effondra à genoux. Il lâcha ses armes, enleva son casque et prit dans ses bras le corps de celui qui n'avait pas voulu le tuer. Son visage était un cratère de chair. Et c'est en vain que Sango Kerim y cherchait le regard qu'il avait croisé quelques secondes auparavant. Il pleurait sur Liboko tandis que la bataille faisait rage autour de lui. La garde spéciale avait assisté à la scène et une fureur
35 profonde souleva les hommes. Ils poussèrent de toutes leurs forces les cendrés. Ils voulaient récupérer le corps de leur chef. Ne pas l'abandonner à l'ennemi. Ils voulaient l'enterrer avec ses armes auprès de son père.

L. GAUDÉ, *La Mort du roi Tsongor*, Chapitre IV,
© Actes Sud, 2002 / Le Livre de Poche, p. 134-136.

---

1. Troupe d'hommes issus d'un peuple sauvage. Ils sont dévoués à Sango Kerim.
2. Une des portes de la ville.

EXTRAIT 2

Une Antiquité imaginaire

Le roman s'ouvre sur une journée de liesse : les préparatifs s'accélèrent dans la ville de Massaba pour préparer le mariage de la fille du roi Tsongor.

- Analysez les procédés propres à la description : pourquoi le jour qui s'annonce est-il extraordinaire ?
- Comment le texte exprime-t-il la liesse qui touche Massaba ?
- Comment cet *incipit* met-il en place un décor antique, digne de *Salammbô* adapté par Druillet ?

D'ordinaire, Katabolonga était le premier à se lever dans le palais. Il arpentait les couloirs vides tandis qu'au-dehors la nuit pesait encore de tout son poids sur les collines. Pas un bruit n'accompagnait sa marche. Il avançait sans croiser personne, de sa chambre à la salle du tabouret d'or[1]. Sa silhouette était 5 celle d'un être vaporeux qui glissait le long des murs. C'était ainsi. Il s'acquittait de sa tâche, en silence, avant que le jour ne se lève.

Mais ce matin-là, il n'était pas seul. Ce matin-là, une agitation fiévreuse régnait dans les couloirs. Des dizaines et des dizaines d'ouvriers et de porteurs allaient et venaient avec précaution, parlant à voix basse pour ne réveiller personne. 10 C'était comme un grand navire de contrebandiers qui déchargeait sa cargaison dans le secret de la nuit. Tout le monde s'affairait en silence. Au palais de Massaba, il n'y avait pas eu de nuit. Le travail n'avait pas cessé.

Depuis plusieurs semaines, Massaba était devenue le cœur anxieux d'une activité de fourmis. Le roi Tsongor allait marier sa fille avec le prince des terres du 15 sel. Des caravanes entières venaient des contrées les plus éloignées pour apporter épices, bétail et tissus. Des architectes avaient été diligentés[2] pour élargir la grande place qui s'étendait devant la porte du palais. Chaque fontaine avait été décorée. De longues colonnes marchandes venaient apporter des sacs innombrables de fleurs. Massaba vivait à un rythme qu'elle n'avait jamais connu. Au fil des jours, 20 sa population avait grossi. Des milliers de tentes, maintenant, se tenaient serrées le long des remparts, dessinant d'immenses faubourgs de tissu multicolores où se mêlaient le cri des enfants qui jouaient dans le sable et les braiments du bétail. Des nomades étaient venus de loin pour être présents en ce jour. Il en arrivait de partout. Ils venaient voir Massaba. Ils venaient assister aux noces de Samilia, la 25 fille du roi Tsongor.

L. GAUDÉ, *La Mort du roi Tsongor*, Chapitre I,
© Actes Sud, 2002 / Le Livre de Poche, p. 11-12.

1. Katabolonga est le plus proche serviteur du roi. Dernier des guerriers à l'avoir affronté, Tsongor lui a accordé sa confiance en lui confiant la charge du tabouret d'or, trône du roi.
2. Missionnés.

Illustration de Philippe DRUILLET pour *Salammbô*, de Gustave FLAUBERT, Éd. Glénat, 2010.

EXTRAIT 3

La mort d'un roi

Le roi Tsongor et Katabolonga sont liés par un serment ancien : le fidèle serviteur, dernier guerrier à avoir affronté le roi alors jeune et conquérant, pourra disposer de sa vie quand il le voudra. Désespéré par l'affrontement qui se prépare entre Kouame, à qui il a promis sa fille, et Sango Kerim, à qui celle-ci a promis fidélité dans l'enfance, Tsongor demande à son ami de le tuer. Celui-ci n'y parvient pas.

- Comment l'auteur donne-t-il à voir la violence de la scène ?
- Analysez les réactions de Katabolonga. Pourquoi est-il victime d'un dilemme ?
- Pourquoi peut-on qualifier ce passage de tragique ? Justifiez.

1   [Katabolonga] laissa tomber le poignard à ses pieds. Il se tenait là, les bras ballants, incapable de rien faire. Le roi Tsongor aurait voulu étreindre son vieil ami, mais il ne le fit pas. Il se baissa, rapidement, prit le couteau et, sans que Katabolonga ait le temps de comprendre, il s'entailla les veines de deux gestes
5   coupants. Des poignets du roi coulait un sang sombre qui se mêlait à la nuit. La voix du roi Tsongor retentit à nouveau. Calme et douce.
    « Voilà. Je meurs. Tu vois. Cela mettra un peu de temps. Le sang s'écoulera hors de moi. Je resterai ici jusqu'à la fin. Je meurs. Tu n'as rien fait. Maintenant, je te demande un service. » Tandis qu'il parlait, son sang continuait à se répandre.
10 Une flaque, déjà, coulait à ses pieds. « Le jour va se lever. Regarde. Il ne tardera pas. La lumière paraîtra sur la cime des collines avant que je sois mort. Car il faut du temps pour que mon sang coule hors de moi. Des gens accourront. On se précipitera sur moi. J'entendrai, dans mon agonie, les cris de mes proches et le vacarme lointain des armées impatientes. Je ne veux pas cela. La nuit va finir. Et je ne veux
15 pas aller au-delà. Mais le sang coule lentement. Tu es le seul, Katabolonga. Le seul à pouvoir faire cela. Il ne s'agit plus de me tuer. Je l'ai fait pour toi. Il s'agit de m'épargner ce nouveau jour qui se lève et dont je ne veux pas. Aide-moi. »
    Katabolonga pleurait toujours. Il ne comprenait pas. Il n'avait plus le temps de penser. Tout se bousculait en lui. Il sentait le sang du roi lui baigner les pieds.
20 Il entendait sa voix douce couler en lui. Il entendait un homme qu'il aimait le supplier de l'aider. Il prit délicatement le poignard des mains du roi. La lune brillait de ses dernières lueurs. D'un geste brusque, il planta le poignard dans le ventre du vieillard. Il retira son arme. Et porta un nouveau coup. Le roi Tsongor eut un hoquet et s'affaissa. Le sang, maintenant, s'échappait de son ventre. Il était cou-
25 ché dans une flaque noire qui inondait la terrasse. Katabolonga s'agenouilla, prit la tête du roi sur ses genoux. Dans un dernier moment de lucidité, le roi Tsongor contempla le visage de son ami. Mais il n'eut pas le temps de dire merci. La mort, d'un coup, lui fit chavirer les yeux. Il se figea dans une dernière contraction des muscles et resta ainsi, la tête renversée, comme s'il voulait boire l'immensité. Le
30 roi Tsongor était mort. Katabolonga entendit, dans le trouble de son esprit, des voix lointaines rire en lui. C'étaient les voix vengeresses de la vie d'autrefois. Elles lui murmuraient dans sa langue maternelle qu'il avait vengé ses morts et qu'il pouvait être fier de cela. Le corps du roi était sur ses genoux. Raidi dans la mort. Alors, dans les dernières minutes de cette grande nuit de Massaba, Katabolonga hurla.

L. GAUDÉ, *La Mort du roi Tsongor*, Chapitre I,
© Actes Sud, 2002 / Le Livre de Poche, p. 50-52.

Les clés du genre
Les genres du roman

Le roman est un genre littéraire qui a connu de multiples formes du XVIIe siècle à nos jours. Alors que la tragédie ou l'épopée se sont imposées dès l'Antiquité, le roman ne s'est véritablement développé qu'à partir du XVIIe siècle. L'absence de définition théorique rigide a permis l'éclosion de sous-genres multiples

❶ Le roman et la représentation de la société

Les romanciers interrogent le rapport entretenu entre un héros et une société donnée, qu'elle soit imaginaire (idéalisée ou non) ou la plus vraisemblable possible.

➤ **Le roman pastoral :**

Inspiré par les œuvres antiques de Virgile, le roman pastoral raconte l'histoire de bergers amoureux fuyant la ville – symbole de corruption – pour vivre un amour idéal dans un cadre bucolique. Ce genre de roman permet au lecteur de **s'extraire de la société de son temps** et d'imaginer un lieu imaginaire et féerique.

Ex : L'Astrée (1607-1627) d'Honoré d'Urfé est un roman-fleuve racontant les amours d'Astrée et de Céladon. Les deux amants se déclarent leur flamme dans un cadre merveilleux.

➤ **Le roman social :**

Au XVIIIe siècle, les romanciers mettent la fiction au service d'une argumentation. Le roman permet de **dénoncer les pouvoirs politiques** et les vices du siècle. En déléguant la parole à un personnage, le roman se révèle une arme de choix contre les censeurs.

Ex : Les Lettres persanes de Montesquieu (1721) sont un roman épistolaire (par lettres) dans lequel deux Persans racontent leur voyage en France. Rica et Uzbek dénoncent le pouvoir royal et d'autres institutions de la France du XVIIIe siècle.

➤ **Le roman réaliste :**

Ce n'est qu'au XIXe siècle que le genre romanesque triomphe. Le réalisme devient alors une esthétique dominante. Dans cette perspective, le roman réaliste correspond au **reflet exact de la société**, « l'illusion du vrai » comme le dira Maupassant dans la préface de Pierre et Jean.

Toutes les composantes de la société doivent être représentées au sein du roman : ouvriers, paysans, bourgeois, aristocrates… Les romans **réalistes** – et **naturalistes** – proposent ainsi une représentation **objective** de la réalité.

Cependant, ce souci de « faire vrai » se double d'une intention **critique** : les romanciers prennent ainsi pour cible les mœurs bourgeoises ou les notables de province.

Ex : Dans La Curée (1872), Zola dénonce l'opportunisme de toute une catégorie de personnes attirées par l'argent. Ce vice du siècle s'incarne dans la figure d'Aristide Saccard, héros peu fréquentable du roman.

➤ **Le roman existentiel :**

Au XXe siècle, le « roman existentiel » interroge la relation entre un protagoniste et une société qu'il juge absurde. Le romancier propose alors des **œuvres engagées** pour dénoncer la condition de l'homme moderne.

L'étiquette de « roman existentiel » est accolée aux récits de Malraux, de Sartre ou de Camus qui mêlent la matière romanesque à un questionnement philosophique. Ils transposent leur pensée dans le roman et emploient ainsi un **discours philosophique**.

Ex : Dans La Nausée de Sartre (1938), le narrateur-personnage, Roquentin, découvre la vanité de toute action. Cette révélation l'amène à s'interroger sur sa propre situation : « Je me tais, je souris d'un air contraint. La bonne pose devant moi une assiette avec un bout de camembert crayeux. Je parcours la salle du regard et un violent dégoût m'envahit. Que fais-je ici ? Qu'ai-je été me mêler de discourir sur l'humanisme ? Pourquoi ces gens sont-ils là ? Pourquoi mangent-ils ? »

❷ Le roman à la première personne

Depuis le XVIIe siècle, le roman a revêtu les apparences du genre autobiographique. En introduisant un narrateur-personnage, les romanciers ont donné un gage d'authenticité à leurs œuvres.

➤ **Le roman-mémoire :**

Au XVIIIe siècle, le roman à la première personne connaît un grand succès. Ce genre de roman, couramment nommé **« roman-mémoire »**, fait entendre les **confessions d'un narrateur**. L'auteur renforce ainsi l'illusion d'un discours authentique prononcé par une personne réelle.

Il arrive même que le romancier fasse précéder son récit d'un avis au lecteur pour donner plus de crédit au témoignage.

Ex : *Marivaux fait précéder* La Vie de Marianne *(1742) d'un « avertissement » censé donner plus de vraisemblance au récit :* « Comme on pourrait soupçonner cette histoire-ci d'avoir été faite exprès pour amuser le public, je crois devoir avertir que je la tiens moi-même d'un ami qui l'a réellement trouvée, comme il le dit ci-après, et que je n'y ai point d'autre part que d'en avoir retouché quelques endroits trop confus et trop négligés. »

Le roman-mémoire raconte le plus souvent les aventures d'un personnage aux prises avec une société hostile à son bonheur. Il reprend le **modèle** du **roman picaresque***.

Ex : *Dans* Gil Blas de Santillane *(1735), Lesage raconte l'histoire de Gil Blas en débutant par sa naissance. Le narrateur-personnage relate ses différentes aventures au sein de la société espagnole. Chaque chapitre a pour titre un épisode de la vie du héros.*

➡ **Le roman romantique :**

Dans la première moitié du XIXᵉ siècle, le mouvement romantique influence des romanciers tels que Chateaubriand, Lamartine ou Constant. Ceux-ci écrivent des romans à la première personne dans lesquels un personnage confie **ses tourments et ses états d'âme**.

Ces récits accordent une large place à l'**introspection** et à la plainte d'un narrateur subissant **« le mal du siècle »**.

Ex : « *[La société] pèse tellement sur nous, son influence sourde est tellement puissante, qu'elle ne tarde pas à nous façonner d'après le moule universel.* » (*B. Constant,* Adolphe, *1816*)

➡ **Vers l'autofiction :**

Le XXᵉ siècle voit émerger de nouvelles formes romanesques. Le roman se confond de plus en plus avec le **genre autobiographique** : le narrateur-personnage s'identifie alors plus ou moins à l'auteur en fonction des circonstances évoquées par le récit. Le terme d'« autofiction » inventé par Serge Doubrovsky répond à ce désir des écrivains contemporains de transposer leurs **fantasmes** à l'intérieur de la fiction.

Ex : *Dans* Le livre brisé *(1989), Serge Doubrovsky constate l'échec de toute entreprise autobiographique et, partant, la nécessité de l'autofiction :* « *JE ME MANQUE TOUT AU LONG... De MOI, je ne peux rien apercevoir. À MA PLACE NÉANT... un moi en toc, un trompe-l'œil... Si j'essaie de me remémorer, je m'invente... JE SUIS UN ÊTRE FICTIF... Moi, suis orphelin de MOI-MÊME.* »

❸ Le genre romanesque en question

Le roman est le lieu même d'une interrogation sur ses propres fins et ses limites. Les écrivains mettent alors à nu les procédés d'écriture et jouent avec les codes du genre.

➡ **Le roman burlesque :**

Le roman burlesque est un genre de roman **parodique** du XVIIᵉ siècle : il peut se lire comme un détournement des romans nobles de l'époque (héroïque, pastoral). Dans ces récits, les personnages évoluent dans un **univers prosaïque**, loin du cadre idyllique du roman pastoral.

Ex : *L'incipit du* Roman comique *(1651-1657) de Scarron est une réécriture burlesque du mythe d'Apollon :* « *Le soleil avait achevé plus de la moitié de sa course et son char, ayant attrapé le penchant du monde, roulait plus vite qu'il ne voulait. Si ses chevaux eussent voulu profiter de la pente du chemin, ils eussent achevé ce qui restait du jour en moins d'un demi-quart d'heure ; mais, au lieu de tirer de toute leur force, ils ne s'amusaient qu'à faire des courbettes.* »

➡ **Le roman réflexif :**

Au XVIIIᵉ siècle, le roman demeure un genre problématique. Diderot s'en amuse en publiant *Jacques le fataliste et son maître* (1792), roman qui met en valeur les pouvoirs du narrateur, sa capacité à construire un univers factice. Le narrateur exhibe ses pouvoirs et le romancier met ainsi en valeur le **caractère artificiel** de son récit.

Ex : « *Comment s'étaient-ils rencontrés ? Par hasard, comme tout le monde. Comment s'appelaient-ils ? Que vous importe ? D'où venaient-ils ? Du lieu le plus prochain. Où allaient-ils ? Est-ce que l'on sait où l'on va ?* » (*Diderot,* Jacques le fataliste et son maître, *Incipit*)

➡ **Le Nouveau Roman :**

Autour des années 1950, plusieurs romanciers, parmi lesquels Alain Robbe-Grillet, Michel Butor et Nathalie Sarraute, réfléchissent à un « nouveau roman » en **rupture avec le roman traditionnel** du XIXᵉ siècle. L'intrigue se trouve déconstruite et le personnage s'apparente à un figurant anonyme sans aucune profondeur psychologique.

Ex : *Tropismes de Nathalie Sarraute (1939) juxtapose des saynètes où des personnages anonymes livrent leurs états d'âme : un vieil homme rêvant en promenant son enfant, une jeune femme réfléchissant à un moyen de fuir la compagnie des autres...*

Les clés du genre
Le personnage de roman

❶ La fabrique du personnage

➤ L'invention d'un personnage :

Le propre du romancier est d'inventer des personnages susceptibles d'évoluer dans un univers de fiction. Ces personnages peuvent être inspirés de personnes réelles : du XVIIe siècle au XIXe siècle, les romans intègrent des **personnages historiques** (rois, noblesse de sang au XVIIe siècle, Napoléon dans les romans de Stendhal au XIXe siècle).

Ex : Dans La Princesse de Clèves (1678), Madame de La Fayette raconte l'histoire d'un amour impossible entre le Duc de Nemours et la Princesse de Clèves. En parallèle de cette intrigue, le narrateur décrit Henri II et sa cour. Les cinquante premières pages du roman sont constituées de portraits de « la magnificence et de la galanterie » de cette cour.

Un personnage n'est pas nécessairement l'équivalent d'une personne réelle. La plupart des romans ont pour protagoniste un **personnage inventé**. Le narrateur établit dès les premières pages son **portrait physique et moral**.

➤ Le personnage-type :

Le héros peut s'identifier à un **type** de personnage : le *picaro* dans les romans du XVIIIe siècle, le jeune homme opportuniste dans les romans du XIXe siècle, l'antihéros dans les romans du XXe siècle... Le **portrait** permet alors de rappeler au lecteur que le héros est l'incarnation d'un type.

Ex : Dans les romans de Balzac, l'expression « un de ces » signale un personnage-type : « Eugène de Rastignac, ainsi se nommait-il, était un de ces jeunes gens façonnés au travail par le malheur » (Le Père Goriot, 1834).

➤ L'itinéraire du personnage :

Traditionnellement, le héros d'un roman est toujours en quête d'un objet (amour, gloire, fortune, justice...). Si les épreuves qu'il subit l'amènent à évoluer moralement, on parlera d'un **roman de formation**. Ce modèle de roman triomphe au XIXe siècle : les héros des romans de Stendhal et de Balzac s'initient au monde par une série d'apprentissages. La vie parisienne offre alors au personnage le moyen de s'épanouir ou de perdre ses « illusions » comme le suggère le titre d'un des romans de Balzac (Illusions perdues).

Ex : L'Éducation sentimentale de Flaubert (1869) ouvre la voie à un nouveau modèle de personnage : **l'antihéros**. Le protagoniste ne parvient plus à gravir les échelons de la société et devient le spectateur de ses propres échecs. Les romans de Sartre et de Camus explorent cette thématique en imaginant des personnages impuissants face au monde dans lequel ils évoluent.

➤ Les sentiments du lecteur :

En prenant part à l'action romanesque, le personnage inspire des sentiments au lecteur :

• La **connivence** : dans les romans à la première personne une complicité naît entre le narrateur et le lecteur. Celui-ci tend en effet à s'identifier à celui qui raconte son histoire. Il arrive que le narrateur éprouve une telle connivence pour son personnage, à la manière de Stendhal employant la périphrase « notre héros » pour désigner Fabrice Del Dongo dans La Chartreuse de Parme (1839). Ce procédé amène le lecteur à ressentir une même affection.

• La **distance/la répulsion** : lorsque le personnage accomplit un geste condamnable, le lecteur prend du recul par rapport au protagoniste. Le narrateur crée lui-même cette distance lorsqu'il décrit la scène au point de vue externe : dans L'Étranger de Camus (1942), le lecteur ne peut s'identifier à Meursault qui tue un Arabe sur une plage à Alger.

• La **pitié** : le personnage peut éveiller la compassion du lecteur. Dans Les Misérables de Victor Hugo, le lecteur est attendri par le discours tenu par Jean Valjean à l'évêque Monseigneur Myriel au début du roman.

Ex : « Personne n'a voulu de moi. J'ai été à la prison, le guichetier n'a pas ouvert. J'ai été dans la niche d'un chien. Ce chien m'a mordu et m'a chassé, comme s'il avait été un homme. On aurait dit qu'il savait qui j'étais. » (Hugo, Les Misérables, 1862)

❷ Le personnage en situation

➤ Le schéma actantiel

Au sein du récit, chaque personnage joue un rôle précis dans le déroulement de l'intrigue. Cette répartition des fonctions correspond au **schéma actantiel** : un héros (**sujet de la quête**) poursuit un objectif (**objet de la quête**) et reçoit l'aide de personnages secondaires qui l'aident (**adjuvants**) ou lui font obstacle (**opposants**).

Ex : L'intrigue des Trois Mousquetaires d'Alexandre Dumas (1844) peut être lue à la lumière de ce schéma : D'Artagnan (sujet) cherche à devenir mousquetaire (objet) et bénéficie du soutien d'Athos, Porthos et Aramis (adjuvants) tandis qu'il doit se protéger de Milady, Richelieu et Rochefort (opposants).

➡️ **Le personnage face à la société :**
Les romans interrogent souvent le rapport entre un personnage et une société donnée. Cette relation est souvent fondée sur le **conflit**.
Le roman du XVIIIe siècle fait entendre la voix de personnages incompris par la société, voire opprimés : le chevalier des Grieux dans *Manon Lescaut* de l'Abbé Prévost, Suzanne Simonin dans *La Religieuse* de Diderot ou encore Roxane dans les *Lettres persanes* de Montesquieu.

Ex : *La dernière lettre des* Lettres persanes *est un discours de Roxane à l'attention d'Usbek qui l'a enfermée dans son sérail. Elle écrit ces derniers mots avant de se donner la mort :* « Non : j'ai pu vivre dans la servitude, mais j'ai toujours été libre : j'ai réformé tes lois sur celles de la nature, et mon esprit s'est toujours tenu dans l'indépendance. »

• Au XIXe siècle, **le héros subvertit les codes de la société** en faisant preuve de ruse et d'opportunisme.

Ex : *Julien Sorel dans* Le Rouge et le Noir *(1830) ; Rastignac dans les romans de* La Comédie humaine *de Balzac.*

• Au XXe siècle, le personnage tente de **trouver des repères au sein d'une société** qui lui apparaît étrangère et absurde. Il fait alors preuve de **cynisme** pour témoigner son refus de cautionner un système (la guerre, la vie en société...).

➡️ **Le personnage dans l'Histoire :**
Au XXe siècle, les événements historiques sont d'une telle violence que les romanciers s'en emparent et en font la matière de leurs récits. Le personnage se retrouve au cœur de l'action, contraint de **s'engager** ou de déserter.

Ex : *Dans les romans de Malraux (*L'Espoir*, 1937,* La Condition humaine*, 1933), le personnage se révèle au contact de la guerre : celle-ci l'amène à faire preuve de courage et d'abnégation. Dans les romans de Céline, le personnage assume son statut de « lâche », incapable de se comporter en héros. Dans* Voyage au bout de la nuit *(1932), Bardamu pose un regard satirique sur le cours des événements historiques.*

3 Le personnage en crise

Plusieurs romanciers du XXe siècle remettent en cause le statut du personnage. De Gide aux théoriciens du Nouveau Roman, nombreux sont ceux qui militent pour un personnage débarrassé de toute envergure.

➡️ **Un personnage « sans qualité » :**
Les personnages des romans du XXe siècle n'ont plus le même pouvoir d'action que ceux du XIXe siècle. Les romanciers substituent au héros plein d'entrain de Stendhal un **personnage faible** et incapable de donner un sens à son action.
Des romanciers tels que Gide ou Camus privent leurs personnages de toute **intention** : ceux-ci accomplissent des actions qui ne sont pas préméditées, ni même pensées.

Ex : *Dans* L'Étranger *de Camus (1942), Meursault tue un « Arabe » sur la plage sans raison particulière. Il se contente de déclarer :* « J'ai compris que j'avais détruit l'équilibre du jour, le silence exceptionnel d'une plage où j'avais été heureux. »

Ces situations fondent le **tragique** du roman du XXe siècle. Les personnages comprennent l'absurdité de leur condition : ils n'obéissent pas à leur propre volonté mais semblent guidés par une force qui les dépasse.

➡️ **L'effacement du personnage :**
Au XXe siècle, le narrateur ne décrit plus un personnage vraisemblable : son identité même est remise en cause. Prenant exemple sur les techniques picturales de l'abstraction, les romanciers brouillent la représentation du personnage.

• Les **romans surréalistes** donnent une **représentation poétique** des personnages. Dans *L'Amour fou* d'André Breton, le narrateur part à la poursuite d'une femme dont les traits finissent par se confondre avec le paysage.

• Les personnages du **Nouveau Roman** ont tendance à se déréaliser, plus précisément à **se mêler aux objets du monde**.

Ex : *Dans le prologue des* Gommes *d'Alain Robbe-Grillet (1953), le narrateur décrit un patron de café qui finit par disparaître :* « De l'autre côté, derrière la vitre, le patron encore qui se dissout lentement dans le petit jour de la rue. C'est cette silhouette sans doute qui vient de mettre la salle en ordre. »

Les clés du genre
Le point de vue

Dans un roman, le narrateur présente les événements et les personnages selon un certain angle, appelé **point de vue**. Celui-ci varie en fonction des informations que le narrateur veut communiquer au lecteur. Un romancier peut avoir recours à plusieurs points de vue dans un même roman pour produire différents effets.

Trois types de points de vue peuvent être distingués :

❶ Le point de vue omniscient

▸ **Le narrateur connaît tout sur les personnages et la situation :** il possède un savoir supérieur à celui de ses personnages. Ce point de vue est utilisé par les romanciers pour **apporter des informations au lecteur** sur les intentions des personnages, le cadre spatio-temporel...
Du XVIIe au XIXe siècle, les romanciers utilisent souvent ce point de vue pour donner l'illusion d'un récit narré par un historien.

Ex : « La Grande Nanon, ainsi nommée à cause de sa taille haute de cinq pieds huit pouces, appartenait à Grandet depuis trente-cinq ans. Quoiqu'elle n'eût que soixante livres de gages, elle passait pour une des plus riches servantes de Saumur. Ces soixante livres, accumulées depuis trente-cinq ans, lui avaient permis de placer récemment quatre mille livres en viager chez maître Cruchot. » (Balzac, Eugénie Grandet, 1833)

Dans ce portrait de la servante de Monsieur Grandet, le narrateur donne des informations précises sur le personnage : il explique l'origine de son surnom, fait référence à son passé (« soixante livres accumulées depuis trente-cinq ans ») et à la situation présente.

❷ Le point de vue externe

▸ **L'action semble perçue par un témoin extérieur** et le narrateur ne donne aucune information sur l'intériorité des personnages, leurs intentions ou les éléments d'une intrigue à venir. Le récit se limite à une saisie des apparences et **le narrateur en dit moins que n'en savent les personnages**.
Le point de vue externe se reconnaît à la présence de verbes de mouvement et de termes **modalisateurs*** qui signalent une tentative d'interprétation de la part du narrateur (verbes *sembler*, *paraître*, adverbes *peut-être*, *sans doute*, emploi modal du conditionnel...).

▸ Ce point de vue est très souvent utilisé dans les romans américains (Steinbeck, Faulkner) et dans le Nouveau Roman au XXe siècle. Robbe-Grillet dénonce en effet l'omniscience d'un narrateur qui saurait tout sur ses personnages.

Ex : *Dans Des souris et des hommes* (1937), *Steinbeck ne donne aucune information sur la psychologie des personnages. Le récit est constitué essentiellement de dialogues.*

Le point de vue externe est cependant rarement utilisé tout le long d'un récit : les romanciers choisissent souvent de débuter leur roman ainsi pour créer un **effet de suspense**.

❸ Le point de vue interne

▸ **Le narrateur ne dévoile que ce qu'un personnage voit d'une scène.** Même si le récit est à la troisième personne, la scène est perçue par celui-ci. Le narrateur limite les informations à ce que ce personnage comprend et connaît. Présent dès le XVIIe siècle dans les récits de Madame de La Fayette, le point de vue interne devient dominant au XIXe siècle dans ce qu'il est courant de nommer le « **roman subjectif** » (romans de Flaubert notamment).

Ex : *Dans* L'Éducation sentimentale *de Flaubert (1869) le narrateur choisit souvent de ne montrer que ce que le héros, Frédéric Moreau, voit :* « [Frédéric Moreau] ne rencontra personne dans l'escalier. Au premier étage, il avança la tête dans une pièce vide ; c'était le salon. Il appela très haut. On ne répondit pas ; sans doute, la cuisinière était sortie ; enfin, parvenu au second étage, il poussa une porte. Madame Arnoux était seule, devant une armoire à glace. La ceinture de sa robe de chambre entr'ouverte pendait le long de ses hanches. »

Dans cet extrait, le lecteur découvre la scène en même temps que le personnage. Les lieux sont nommés au moment où le personnage les découvre. Le lecteur accède également aux réflexions que le personnage se fait à lui-même par le biais du **discours indirect libre** : « *sans doute, la cuisinière était sortie* ». Enfin, la dernière phrase montre que le personnage organise la vision de la scène (le lecteur comprend son attirance pour les hanches de Madame Arnoux).

Les clés du genre
La construction du récit

L'enchaînement des épisodes ne constitue pas le seul élément signifiant du roman. L'auteur structure son récit par un travail sur les temps et les rythmes de la narration qui influence la perception des événements par le lecteur.

1 La narration d'une histoire

➡ Les temps du récit
Le narrateur utilise les temps du passé pour construire son récit.

- **Le passé simple :**
Il est utilisé par le narrateur pour narrer des actions qui se succèdent, bornées dans le temps. Il permet de représenter les événements de **premier plan**.

- **L'imparfait :**
Il sert le plus souvent à décrire le décor, **l'arrière-plan** sur lequel se détachent les actions racontées au passé simple. Il est néanmoins utilisé dans certains cas pour caractériser une action étendue dans le temps (**aspect duratif**) ou qui se répète (**aspect itératif**).

➡ Le moment du récit :
Le récit met en relation une **histoire** (faits racontés) et une **narration** (action de raconter). Plusieurs types de narration sont envisageables :

- La narration est **ultérieure** :
Elle se situe après l'histoire. Le récit est donc rétrospectif.

Ex : *Les romans réalistes du XIXe siècle obéissent tous à ce modèle narratif.*

- La narration est **simultanée** :
Le temps de la narration correspond au temps du récit. Le narrateur relate des faits qui se déroulent au même moment. Ce type de narration se rencontre notamment dans les monologues intérieurs.

- La narration est **antérieure** :
Le récit précède alors les faits. Ce type de narration n'est possible que ponctuellement au sein du récit.

- La narration est **intercalée** :
Le récit rétrospectif alterne avec le commentaire au présent d'énonciation.

Ex : *Les romans mémoires du XVIIIe siècle sont construits sur ce modèle : le narrateur ne cesse de commenter les épisodes de sa vie passée qu'il narre.*

➡ Le rythme du récit :
Plusieurs procédés permettent de varier le rapport entre le temps de la narration et le temps du récit.

- **La scène :**
Le temps de la narration et le temps du récit sont équivalents. Le lecteur croit suivre les événements en temps réel. Les moments de **dialogue** sont des scènes à part entière.

Ex : *Dans* La Princesse de Clèves *(Madame de La Fayette, 1678), le lecteur assiste à l'intégralité des entrevues entre le duc de Nemours et la princesse de Clèves. Leurs paroles sont alors rapportées au discours direct.*

- **La pause :**
Le temps de l'histoire est suspendu pour permettre au narrateur de décrire un lieu ou de proposer une réflexion générale. La **description** est un exemple canonique de pause. Balzac est l'un des maîtres de la pause : ses récits sont souvent ponctués de commentaires détachés du récit, de longs développements qui ne font pas progresser l'histoire mais apportent un éclairage culturel.

Ex : *Dans* Illusions perdues, *le narrateur interrompt ainsi l'histoire de Lucien pour décrire la ville d'Angoulême : « Angoulême est une vieille ville, bâtie au sommet d'une roche en pain de sucre qui domine les prairies où se roule la Charente.... » (Balzac,* Illusions perdues, *I)*

- **Le ralenti :**
Le narrateur développe longuement un moment bref du récit. Ce procédé narratif est souvent utilisé dans les scènes dramatiques (meurtre, révélation d'un secret...).

- **Le sommaire :**
Le narrateur condense en quelques lignes des actions étendues dans le temps. Ce procédé permet d'accélérer le récit et de passer sous silence certains événements de moindre importance.

Ex : *« Au début, elle était encore toute marquée par le soleil brûlant du désert, et ses cheveux longs, noirs et bouclés, étaient tout pleins d'étincelles de soleil. [...] Mais maintenant les mois ont passé, et Lalla s'est transformée. Elle a coupé ses cheveux court, ils sont ternes, presque gris » (J.-M.G. Le Clézio,* Désert, *1980).*

- **L'ellipse :**
Le narrateur ne raconte pas un fait de l'histoire et opère ainsi un saut dans le temps. Ce procédé entraîne ainsi une accélération maximale. Le lecteur doit alors comprendre que le narrateur a passé sous silence plusieurs années.

❷ L'ordre du récit

➔ Le récit linéaire :

Le narrateur peut choisir de raconter les événements dans **l'ordre chronologique**. Dans ce cas, le récit est construit sur un **schéma narratif** simple : situation initiale – élément déclencheur – péripéties – éléments de résolution – situation finale.
Dans cette perspective, deux moments clefs structurent le récit :

• L'**incipit** correspond au moment où le récit se met en place : le narrateur donne des informations sur le personnage principal et l'intrigue à venir. Le début de roman peut être **statique** (description du cadre, analyse d'un fait de société) ou en mouvement lorsque le lecteur saisit le personnage au cœur d'une action (**début *in medias res***). Les romanciers existentiels du xxe siècle ouvrent parfois leur récit en faisant entendre l'univers intérieur du personnage principal.

Ex : « Tchen tenterait-il de lever la moustiquaire ? Frapperait-il au travers ? L'angoisse lui tordait l'estomac ; il connaissait sa propre fermeté, mais n'était capable en cet instant que d'y songer avec hébétude. »
(André Malraux, La Condition humaine, 1933)

• L'**excipit** (dernière page) clôt le roman en mettant un terme aux aventures du héros. Dans les romans-mémoires, l'*excipit* correspond au moment où le temps de l'histoire rejoint le temps de la narration.

Ex : La Religieuse de Diderot (1780) se termine par un post-scriptum où la narratrice commente le récit au présent d'énonciation : « Ces mémoires que j'écrivais à la hâte je viens de les relire à tête reposée, et je me suis aperçue que sans en avoir eu le moindre projet, je m'étais montrée à chaque ligne aussi malheureuse à la vérité que je l'étais, mais beaucoup plus aimable que je ne le suis ».

➔ Les ruptures dans l'ordre chronologique :

Le narrateur ne présente pas toujours les événements dans l'ordre où ils se sont produits.

• L'**analepse** est un procédé consistant à raconter après coup un événement antérieur. Cette rupture dans l'ordre du récit donne des informations sur le passé d'un personnage, son origine sociale ou géographique. Dans certains romans, l'analepse donne un sens au récit entier.

Ex : Dans L'Éducation sentimentale *(Flaubert, 1869)*, *Frédéric Moreau et Deslauriers racontent un épisode de leur jeunesse : la visite d'une maison close (« La Turque »). Cet épisode ne se situe pas dans le récit mais correspond, selon leurs dires, à « ce qu'[ils ont] eu de meilleur ».*

• La **prolepse** consiste à raconter à l'avance un événement ultérieur. Ce procédé permet d'éveiller la curiosité du lecteur. En annonçant un événement à venir (disparition, mariage, aventures diverses...), le narrateur tient en haleine un lecteur curieux de savoir comment cet épisode a pu avoir lieu.

➔ La technique du montage :

La structure du récit est fortement bouleversée au xxe siècle. Reniant le schéma narratif traditionnel, certains romanciers ont tenté de contester les normes de mise en intrigue en prônant d'autres montages.
Trois manières de « déconstruire » l'intrigue classique apparaissent au xxe siècle :

• **Le détournement de l'intrigue classique** : le récit reprend le schéma traditionnel en le vidant de tout contenu événementiel et de toute progression dramatique.

Ex : Dans Moderato Cantabile *(Duras, 1958) deux personnages sont témoins par hasard d'un crime passionnel. Le roman est constitué de leur conversation autour de ce fait divers. L'insignifiance de leurs paroles les amène à décider d'un commun accord de ne plus se voir.*

• **Le brouillage** de l'intrigue : l'ordre du récit est rendu confus par l'absence d'indications spatio-temporelles. Le récit progresse alors par plans successifs sans véritable lien entre eux. La progression du **roman surréaliste** obéit ainsi aux **« hasards »** de circonstances mystérieuses et l'ordre du récit se trouve alors fortement remis en cause.

• **Le roman composite** : certains romanciers refusent de suivre une progression linéaire au profit de **structures complexes** (narrations emboîtées, montage parallèle, technique d'alternance...).

Ex : Dans W ou le souvenir d'enfance *(1975), Georges Perec mêle deux histoires : le récit autobiographique de son enfance alterne avec une description de l'île de W, lieu mystérieux où s'entraînent des sportifs de haut niveau. Le lecteur doit faire l'effort de trouver un lien entre ces deux narrations.*

Les clés du genre
La parole du personnage

Le dialogue et le monologue constituent les deux formes de discours qui peuvent être empruntées par le héros dans le roman.

❶ Les discours rapportés

Le narrateur peut rapporter les paroles des personnages par le biais de trois discours rapportés : **direct**, **indirect**, **indirect libre**, auxquels il est possible d'ajouter le **discours narrativisé**.

▶ **Le discours direct :**
Le narrateur rapporte fidèlement les paroles du personnage. Il peut préciser dans l'incise* le ton employé par le personnage ou un geste qui accompagnerait la parole. La plupart du temps **le discours direct est introduit par des guillemets ou des tirets**.
Attention, dans les romans-mémoires du XVIIIe siècle, le narrateur-personnage ne distingue pas toujours clairement la présence du discours direct (absence de tirets ou de guillemets).

▶ **Le discours indirect :**
Le narrateur introduit les paroles au moyen d'un verbe de parole ou de pensée (dire, penser). Le discours du personnage n'est donc pas reproduit textuellement : **le narrateur traduit le discours** et le lecteur n'entend pas les intonations de la parole. Le choix du verbe de parole peut cependant donner des indications de ton.

▶ **Le discours indirect libre :**
Au discours indirect libre, les paroles et les pensées du personnage sont rapportées indirectement mais **le narrateur fait entendre la voix du personnage**, ses sentiments sur la situation à travers une **ponctuation expressive** ou un **vocabulaire** propre au personnage. Ce type de discours est le plus souvent associé au **point de vue interne** étant donné que le lecteur voit ainsi la scène par l'intermédiaire du personnage.

Ex : « [Gervaise] perdait la boule, parce qu'il y avait des siècles qu'elle ne s'était rien mis de chaud dans le ventre. Ah ! quelle semaine infernale ! un ratissage complet, deux pains de quatre livres le mardi qui avaient duré jusqu'au jeudi, puis une croûte sèche retrouvée la veille, et pas une miette depuis trente-six heures, une vraie danse devant le buffet ! » Émile Zola, L'Assommoir, chapitre 12, 1877.

Dans cet extrait, le discours indirect libre est identifiable du fait de la présence des **points d'exclamation** qui traduisent le dépit de Gervaise. De plus, les expressions populaires : « perdait la boule » et « une vraie danse devant le buffet » sont des mots empruntés au personnage lui-même.

▶ **Le discours narrativisé :**
Ce discours traduit en récit les paroles des personnages. **Le narrateur transforme le discours du personnage en action.** Cette manière de rapporter le discours induit une intervention du narrateur.

Ex : « Alors je ne sais pas pourquoi, il y a quelque chose qui a crevé en moi. Je me suis mis à crier à plein gosier et je l'ai insulté et je lui ai dit de ne pas prier. Je l'avais pris par le collet de sa soutane. Je déversais sur lui tout le fond de mon cœur avec des bondissements mêlés de joie et de colère. » (Albert Camus, L'Étranger, 1942, II, 5)

❷ Le monologue du personnage

▶ **Le personnage dialogue parfois avec lui-même.** Le lecteur accède alors à ses réflexions. Ses paroles peuvent être rapportées au discours direct et par le biais du discours indirect libre. Ces deux discours se trouvent souvent combinés comme dans l'extrait suivant :

Ex : « Non certes il n'aurait pas peur puisqu'il était résolu à aller jusqu'au bout [...]. Mais il se sentait si profondément ému qu'il se demanda : « Peut-on avoir peur malgré soi ? » Et ce doute l'envahit, cette inquiétude, cette épouvante ! Si une force plus puissante que sa volonté, dominatrice, irrésistible, le domptait, qu'arriverait-il ? Oui, que pouvait-il arriver ? » (Maupassant, Bel-Ami, 1885, I, 7)

▶ **Le monologue intérieur :**
Certains romans du XXe siècle ne sont constitués que d'un long monologue intérieur où **le narrateur-personnage confie le déroulement ininterrompu de sa pensée**. Claude Simon reprend en France le principe d'écriture du romancier James Joyce en livrant une vision éclatée du flux de sa conscience.

Ex : Il tenait une lettre à la main, il leva les yeux me regarda puis de nouveau la lettre puis de nouveau moi, derrière lui je pouvais voir aller et venir passer les taches rouges acajou ocre des chevaux qu'on menait à l'abreuvoir, la boue était si profonde qu'on enfonçait dedans jusqu'aux chevilles mais je me rappelle que pendant la nuit il avait brusquement gelé et Wack entra dans la chambre en portant le café disant Les chiens ont mangé la boue [...] (Claude Simon, La Route des Flandres, Incipit)

Les clés du genre
La description

La description situe le lieu dans lequel se déroule l'action romanesque. À la différence du **portrait** qui saisit un personnage, elle est alors la représentation d'un paysage ou d'un objet.

❶ L'insertion de la description

➡ **Une pause dans le récit :**
Le discours descriptif se distingue du discours narratif dans la mesure où **il introduit une pause dans le récit**. La description ne permet pas à l'intrigue de progresser mais fournit un cadre spatial aux actions des personnages. Il arrive que le narrateur intervienne au sein du récit pour signaler un passage descriptif.

Ex : Dans *Splendeurs et misères des courtisanes* de Balzac, le narrateur intervient explicitement dans le récit pour motiver la description de la Conciergerie : « Quoique la plupart des livres soient écrits uniquement pour les Parisiens, les Étrangers seront sans doute satisfaits de trouver ici la description de ce formidable appareil de notre justice criminelle. »

➡ **Description et point de vue :**
- Au **point de vue omniscient**, la description apparaît objective et complète. Le narrateur la détache alors du récit.
- Au **point de vue interne**, le narrateur donne à voir l'espace tel qu'il est perçu par un personnage. Ce procédé permet de fondre le discours descriptif au sein du récit. L'espace décrit prend alors une dimension **symbolique** et devient le reflet de l'état d'âme du personnage.

❷ La construction de la description

➡ **Le lexique de la perception :**
Les verbes de perception signalent le passage de la narration à la description. Le lexique des cinq sens (vue, ouïe, goût, toucher, odorat) permet au narrateur d'insister sur **les sensations éprouvées** par un personnage ou un spectateur anonyme devant un paysage. L'utilisation d'un pronom (« on », « il », « je ») indique alors le foyer de la perception.

Ex : Les romans-mémoires du XVIIIe siècle et les romans romantiques du XIXe siècle prennent parfois pour cadre un paysage naturel dans lequel le narrateur donne libre cours à ses méditations. La description se trouve alors orientée par le regard du personnage qui met en avant les sensations qu'il éprouve devant le spectacle de la nature.

➡ **Structure de la description :**
Les romanciers organisent souvent leur description comme un **tableau**. L'espace représenté est ainsi composé : l'arrière-plan se distingue du premier plan, différents adverbes de lieu ou groupes prépositionnels structurent le plan d'ensemble (« à gauche », « à droite »).

Au XXe siècle, certains auteurs refusent de donner une telle structure à leurs descriptions préférant présenter une vision discontinue de l'espace.

❸ Les fonctions de la description

➡ **Fonction informative :**
La description possède une visée documentaire. Le narrateur cherche à dispenser un savoir sur un espace géographique peu connu du lecteur, une institution hautement symbolique ou un objet. Au XIXe siècle, **la visée didactique** du roman est indéniable. Des romanciers tels Balzac ou Jules Verne ponctuent ainsi leurs récits de descriptions visant à informer le lecteur sur un régionalisme ou sur le fonctionnement d'une machine.

➡ **Fonction symbolique :**
La description n'est pas toujours une représentation fidèle de la réalité. Elle devient symbolique lorsque le narrateur met en valeur une vision poétique qui domine. Les **comparaisons*** et les **métaphores*** permettent alors de donner une vision symbolique du lieu ou de l'objet décrit.

Ex : Dans *Germinal* de Zola (1885), la fosse que voit Étienne à son arrivée n'est pas un simple élément de décor. Elle devient un endroit menaçant, « une bête goulue, accroupie là pour manger le monde ».

➡ **Fonction narrative :**
Dans les romans du XXe siècle, la description se substitue à la narration. Elle devient **le moteur d'une action**. Le roman surréaliste (Aragon, *Le Paysan de Paris*, 1926) et le Nouveau Roman sont ainsi construits autour de descriptions qui donnent à voir l'itinéraire du personnage.

Vers le bac — 2de

Corpus : « Chefs de file et manifestes »

1. **Honoré de Balzac**, Avant-propos de *La Comédie humaine*, 1842
2. **Pierre Larousse**, *Grand Dictionnaire universel du XIXᵉ siècle*, article « Réalisme », 1864-1876
3. **Émile Zola**, Préface de *L'Assommoir*, 1877

1 Honoré de Balzac, Avant-propos de *La Comédie humaine*, 1842

Le hasard est le plus grand romancier du monde : pour être fécond, il n'y a qu'à l'étudier. La société française allait être l'historien, je ne devais être que le secrétaire. En dressant l'inventaire des vices et des vertus, en rassemblant les principaux faits des passions, en peignant les caractères, en choisissant les événements principaux de la société, en composant des types par la réunion des traits de plusieurs caractères homogènes, peut-être pouvais-je arriver à écrire l'histoire oubliée par tant d'historiens, celle des mœurs. Avec beaucoup de patience et de courage, je réaliserais, sur la France, au XIXᵉ siècle, ce livre que nous regrettons tous, que Rome, Athènes, Tyr, Memphis, la Perse, l'Inde, ne nous ont malheureusement pas laissé sur leurs civilisations et qu'à l'instar de l'abbé Barthélémy[1], le courageux et patient Monteil[2] avait essayé pour le Moyen Âge, mais sous une forme peu attrayante.

Ce travail n'était rien encore. S'en tenant à cette reproduction rigoureuse, un écrivain pouvait devenir un peintre plus ou moins fidèle, plus ou moins heureux, patient ou courageux des types humains, le conteur des drames de la vie intime, l'archéologue du mobilier social, le nomenclateur des professions, l'enregistreur du bien et du mal ; mais pour mériter les éloges que doit ambitionner tout artiste, ne devais-je pas étudier les raisons ou la raison de ces effets sociaux, surprendre le sens caché dans cet immense assemblage de figures, de passions et d'événements. Enfin, après avoir cherché, je ne dis pas trouvé, cette raison, ce moteur social, ne fallait-il pas méditer sur les principes naturels et voir en quoi les Sociétés s'écartent ou se rapprochent de la règle éternelle, du vrai, du beau ?

H. de Balzac, Avant-propos de *La Comédie humaine*, 1842.

---

1. Érudit et écrivain (1716-1795), auteur du *Voyage du jeune Anacharsis en Grèce*, qui privilégie la description des lieux et des personnages à l'analyse historique dans ses récits.
2. Historien (1769-1850) qui mena combat pour alerter l'opinion sur la disparition du patrimoine écrit.

Vers le bac

2 Pierre LAROUSSE, *Grand Dictionnaire universel du XIXe siècle*, article « Réalisme », 1864-1876

« Celui donc qui entreprendra de peindre la vie dans ses livres, s'il est équitable, s'il est habile, la peindra telle qu'elle est, avec son éternel antagonisme ; et c'est par cela seul qu'il touchera, car c'est par cela seul qu'il sera vrai. » (Feydeau)

Ainsi ont toujours agi les maîtres, ceux dont les œuvres empreintes d'un *réalisme* puissant méritent d'être étudiées et approfondies. Ils n'ont fait en cela qu'appliquer avec plus de force des procédés communs à toutes les littératures anciennes et modernes, sauf à la littérature française du XVIIe siècle, en les relevant par cette précision dans l'observation, cette exactitude dans la recherche des détails qui est le caractère littéraire de notre époque. Victor Hugo, si neuf dans l'invention, si réaliste, car il l'est parfois jusqu'à la brutalité dans l'expression, reste un idéaliste dans la conception de ses types principaux, qu'il crée Esméralda ou Quasimodo, les Thénardier, Fantine, Javert[1]. Balzac est tantôt d'un *réalisme* effrayant, tantôt d'un idéalisme effréné ; à la fois mystique, sensuel, matérialiste, plastique, tantôt il étudie les objets à la loupe et tantôt il se perd dans le monde de la pensée, de l'hallucination et du rêve ; il va de Swedenborg[2] et de Saint-Martin[3] à Rétif de La Bretonne[4] et reflète avec la même vérité l'homme physique et l'homme moral. À leur suite, Champfleury[5], Gustave Flaubert, les frères Goncourt, E. Feydeau[6], É. Zola et quelques autres ont, il est vrai, moins cherché à enseigner qu'à peindre ; ce sont eux que l'on accuse plus spécialement de *réalisme*, en prenant le mot de mauvaise part et en leur reprochant de faire trop prédominer le laid réel sur le beau idéal. Qu'importe, si à force de vérité dans l'observation ils parviennent à intéresser ?

P. LAROUSSE, article « Réalisme » (extrait),
Grand Dictionnaire universel du XIXe siècle, 1864-1876.

1. Personnages célèbres des romans de Victor Hugo.
2. Scientifique et théologien suédois du XVIIIe siècle.
3. Philosophe encyclopédiste du XVIIIe siècle, surnommé « le philosophe inconnu ».
4. Écrivain du XVIIIe siècle.
5. Romancier et essayiste qui publia une célèbre préface au *Réalisme*.
6. Écrivain et archéologue. Père de Georges Feydeau, auteur de théâtre.

3 Émile ZOLA, Préface de *L'Assommoir*, 1877

L'Assommoir est venu à son heure, je l'ai écrit, comme j'écrirai les autres, sans me déranger une seconde de ma ligne droite. C'est ce qui fait ma force. J'ai un but auquel je vais.

Lorsque *L'Assommoir* a paru dans un journal, il a été attaqué avec une brutalité sans exemple, dénoncé, chargé de tous les crimes. Est-il bien nécessaire d'expliquer ici, en quelques lignes, mes intentions d'écrivain ? J'ai voulu peindre la déchéance fatale d'une famille ouvrière, dans le milieu empesté de nos faubourgs. Au bout de l'ivrognerie et de la fainéantise, il y a le relâchement des liens de la famille, les ordures de la promiscuité, l'oubli progressif des sentiments honnêtes, puis comme dénouement la honte et la mort. C'est de la morale en action, simplement.

L'Assommoir est à coup sûr le plus chaste de mes livres. Souvent j'ai dû toucher à des plaies autrement épouvantables. La forme seule a effaré. On s'est fâché contre les mots. Mon crime est d'avoir eu la curiosité littéraire de ramasser et de couler dans un moule très travaillé la langue du peuple. Ah ! la forme, là est le grand crime ! Des dictionnaires de cette langue existent pourtant, des lettrés l'étudient et jouissent de sa verdeur, de l'imprévu et de la force de ses images. Elle est un régal pour les grammairiens fureteurs. N'importe, personne n'a entrevu que ma volonté était de faire un travail purement philologique[1], que je crois d'un vif intérêt historique et social.

Je ne me défends pas, d'ailleurs. Mon œuvre me défendra. C'est une œuvre de vérité, le premier roman sur le peuple, qui ne mente pas et qui ait l'odeur du peuple. Et il ne faut point conclure que le peuple tout entier est mauvais, car mes personnages ne sont pas mauvais, ils ne sont qu'ignorants et gâtés par le milieu de rude besogne et de misère où ils vivent.

É. Zola, Préface de *L'Assommoir*, 1877.

1. Qui étudie l'histoire de la langue.

Questions sur un corpus

1 Expliquez puis justifiez le titre de ce corpus. Déterminez le genre et l'objectif de chaque document.
▶ Fiche 9 **Répondre à une question sur un corpus**

2 À quelles difficultés se heurtent les écrivains qui innovent ? Structurez votre réponse thématiquement.

3 Comment définir un « chef de file » ? Répondez en vous appuyant sur les textes et l'image.

Travaux d'écriture

Commentaire
Vous proposerez un commentaire du texte de Zola en montrant comment la force épidictique de la préface engage l'écrivain dans un double projet : convaincre et persuader.
▶ Fiche 13 **Comprendre un sujet de commentaire**

Dissertation
Quels grands principes ont en commun les écrivains réalistes et naturalistes ? Vous répondrez dans un développement argumentatif structuré en différents paragraphes.
▶ Fiche 17 **Comprendre un sujet de dissertation**

Écriture d'invention
Dans l'avant-propos de *La Comédie humaine*, Balzac écrit : « Le hasard est le plus grand romancier du monde. » Écrivez un dialogue théâtral dans lequel l'écrivain précise à Zola son point de vue sur le récit romanesque. Les deux auteurs confronteront nécessairement leurs points de vue sur les enjeux du roman.
▶ Fiche 11 **Comprendre un sujet d'écriture d'invention**

Vers le bac

1re

Corpus : « Le personnage de roman au cœur de l'Histoire »

1. **Alfred DE VIGNY**, « Réflexions sur la vérité dans l'art », 1826
2. **STENDHAL**, *La Chartreuse de Parme*, 1839
3. **Victor HUGO**, *Les Misérables*, 1862
4. **Clément-Auguste ANDRIEUX**, *La Bataille de Waterloo*, 1852

---

1 Alfred DE VIGNY, « Réflexions sur la vérité dans l'art », 1826

Cinq-Mars est un roman inspiré d'un complot réel, fomenté sous Louis XIII pour destituer Richelieu. La préface est l'occasion, pour Vigny, de s'interroger sur les relations entre Histoire et Roman.

Dans ces dernières années (et c'est peut-être une suite de nos mouvements politiques), l'Art s'est empreint d'histoire plus fortement que jamais. Nous avons tous les yeux attachés sur nos Chroniques[1], comme si, parvenus à la virilité en marchant vers de plus grandes choses, nous nous arrêtions un moment pour nous rendre compte de notre jeunesse et de ses erreurs. Il a donc fallu doubler l'INTÉRÊT en y ajoutant le SOUVENIR.

Comme la France allait plus loin que les autres nations dans cet amour des faits et que j'avais choisi une époque récente et connue, je crus aussi ne pas devoir imiter les étrangers, qui, dans leurs tableaux, montrent à peine à l'horizon les hommes dominants de leur histoire ; je plaçai les nôtres sur le devant de la scène, je les fis principaux acteurs de cette tragédie dans laquelle j'avais dessein[2] de peindre les trois sortes d'ambition qui nous peuvent remuer et, à côté d'elles, la beauté du sacrifice de soi-même à une généreuse pensée. Un traité sur la chute de la féodalité, sur la position extérieure et intérieure de la France au XVIIe siècle, sur la question des alliances avec les armes étrangères, sur la justice aux mains des parlements ou des commissions secrètes et sur les accusations de sorcellerie, n'eût pas été lu peut-être ; le roman le fut.

[...]

De même que l'on descend dans sa conscience pour juger des actions qui sont douteuses pour l'esprit, ne pourrions-nous pas aussi chercher en nous-mêmes le sentiment primitif qui donne naissance aux formes de la pensée, toujours indécises et flottantes ? Nous trouverions dans notre cœur plein de trouble, où rien n'est d'accord, deux besoins qui semblent opposés, mais qui se confondent, à mon sens, dans une source commune : l'un est l'amour du VRAI, l'autre l'amour du FABULEUX. Le jour où l'homme a raconté sa vie à l'Homme, l'Histoire est née. Mais à quoi bon la mémoire des faits véritables, si ce n'est à servir d'exemple de bien ou de mal ? Or les exemples que présente la succession lente des événements sont épars et incomplets ; il leur manque toujours un enchaînement palpable et visible, qui puisse amener sans divergence à une conclusion morale ; les actes de la famille humaine sur le théâtre du monde ont sans doute un ensemble, mais le sens de cette vaste tragédie qu'elle y joue ne sera visible qu'à l'œil de Dieu, jusqu'au dénouement qui le révélera peut-être au dernier homme. Toutes les philosophies se sont en vain épuisées à l'expliquer, roulant sans cesse leur rocher, qui n'arrive

---

1. Genre littéraire qui consiste à rapporter dans l'ordre chronologique des faits historiques.
2. Intention, projet.

jamais et retombe sur elles, chacune élevant son frêle édifice sur la ruine des autres et le voyant crouler à son tour. Il me semble donc que l'homme, après avoir satisfait à cette première curiosité des faits, désira quelque chose de plus complet, quelque groupe, quelque réduction à sa portée et à son usage des anneaux de cette vaste chaîne d'événements que sa vue ne pouvait embrasser ; car il voulait aussi trouver, dans les récits, des exemples qui pussent servir aux vérités morales dont il avait la conscience ; peu de destinées particulières suffisaient à ce désir, n'étant que les parties incomplètes du TOUT insaisissable de l'histoire du monde ; l'une était pour ainsi dire un quart, l'autre une moitié de preuve ; l'imagination fit le reste et les compléta. De là, sans doute, sortit la fable. — L'homme la créa vraie, parce qu'il ne lui est pas donné de voir autre chose que lui-même et la nature qui l'entoure ; mais il la créa VRAIE d'une VÉRITÉ toute particulière.

Alfred DE VIGNY, « Réflexions sur la vérité dans l'art », préface à *Cinq-Mars*, 1826.

2 STENDHAL, *La Chartreuse de Parme*, 1839

Plusieurs événements lient le héros Fabrice del Dongo, à l'épopée napoléonienne : sa ville natale, Milan, où les troupes de Bonaparte entrent triomphalement en 1796, l'idylle de sa mère avec un lieutenant français dont il est probablement le fils illégitime, une tante enthousiaste de Napoléon. Tout contribue à jeter le héros sur la route de Waterloo.

Tout à coup on partit au grand galop. Quelques instants après, Fabrice vit, à vingt pas en avant, une terre labourée qui était remuée d'une façon singulière. Le fond des sillons était plein d'eau, et la terre fort humide, qui formait la crête de ces sillons, volait en petits fragments noirs lancés à trois ou quatre pieds de haut. Fabrice remarqua en passant cet effet singulier ; puis sa pensée se remit à songer à la gloire du maréchal. Il entendit un cri sec auprès de lui : c'étaient deux hussards qui tombaient atteints par des boulets ; et, lorsqu'il les regarda, ils étaient déjà à vingt pas de l'escorte. Ce qui lui sembla horrible, ce fut un cheval tout sanglant qui se débattait sur la terre labourée, en engageant ses pieds dans ses propres entrailles ; il voulait suivre les autres : le sang coulait dans la boue.

Ah ! m'y voilà donc enfin au feu ! se dit-il. J'ai vu le feu ! se répétait-il avec satisfaction. Me voici un vrai militaire. À ce moment, l'escorte allait ventre à terre, et notre héros comprit que c'étaient des boulets qui faisaient voler la terre de toutes parts. Il avait beau regarder du côté d'où venaient les boulets, il voyait la fumée blanche de la batterie à une distance énorme, et, au milieu du ronflement égal et continu produit par les coups de canon, il lui semblait entendre des décharges beaucoup plus voisines ; il n'y comprenait rien du tout.

À ce moment, les généraux et l'escorte descendirent dans un petit chemin plein d'eau, qui était à cinq pieds en contre-bas.

Le maréchal s'arrêta, et regarda de nouveau avec sa lorgnette[1]. Fabrice, cette fois, put le voir tout à son aise ; il le trouva très blond, avec une grosse tête rouge. Nous n'avons point des figures comme celle-là en Italie, se dit-il. Jamais, moi qui suis si pâle et qui ai des cheveux châtains, je ne serai comme ça, ajoutait-il avec tristesse. Pour lui ces paroles voulaient dire : Jamais je ne serai un héros.

STENDHAL, *La Chartreuse de Parme*, 1839.

1. Petite lunette grossissante.

Vers le bac

3 Victor HUGO, *Les Misérables*, 1862

Dans Les Misérables, *le romancier mêle le destin de ses personnages à la grande Histoire, notamment à la bataille de Waterloo. Il consacre un livre entier à la narration de cet événement majeur qui signe la défaite de Napoléon face à la coalition européenne.*

Ils étaient trois mille cinq cents. Ils faisaient un front d'un quart de lieue. C'étaient des hommes géants sur des chevaux colosses. Ils étaient vingt-six escadrons ; et ils avaient derrière eux, pour les appuyer, la division de Lefebvre-Desnouettes, les cent six gendarmes d'élite, les chasseurs de la garde, onze cent quatre-vingt-dix-sept hommes, et les lanciers de la garde, huit cent quatre-vingts lances. Ils portaient le casque sans crins et la cuirasse de fer battu, avec les pistolets d'arçon[1] dans les fontes et le long sabre-épée. Le matin toute l'armée les avait admirés, quand, à neuf heures, les clairons sonnant, toutes les musiques chantant *veillons au salut de l'empire*, ils étaient venus, colonne épaisse, une de leurs batteries à leur flanc, l'autre à leur centre, se déployer sur deux rangs entre la chaussée de Genappe et Frischemont, et prendre leur place de bataille dans cette puissante deuxième ligne, si savamment composée par Napoléon, laquelle, ayant à son extrémité de gauche les cuirassiers de Kellermann et à son extrémité de droite les cuirassiers de Milhaud, avait, pour ainsi dire, deux ailes de fer.

L'aide de camp Bernard leur porta l'ordre de l'empereur. Ney tira son épée et prit la tête. Les escadrons énormes s'ébranlèrent.

Alors on vit un spectacle formidable.

Toute cette cavalerie, sabres levés, étendards et trompettes au vent, formée en colonne par division, descendit d'un même mouvement et comme un seul homme, avec la précision d'un bélier de bronze qui ouvre une brèche, la colline de la Belle-Alliance, s'enfonça dans le fond redoutable où tant d'hommes déjà étaient tombés, y disparut dans la fumée, puis, sortant de cette ombre, reparut de l'autre côté du vallon, toujours compacte et serrée, montant au grand trot, à travers un nuage de mitraille crevant sur elle, l'épouvantable pente de boue du plateau de Mont-Saint-Jean. Ils montaient, graves, menaçants, imperturbables ; dans les intervalles de la mousqueterie et de l'artillerie, on entendait ce piétinement colossal. Étant deux divisions, ils étaient deux colonnes ; la division Wathier avait la droite, la division Delors avait la gauche. On croyait voir de loin s'allonger vers la crête du plateau deux immenses couleuvres d'acier. Cela traversa la bataille comme un prodige.

Rien de semblable ne s'était vu depuis la prise de la grande redoute de la Moskowa[2] par la grosse cavalerie ; Murat y manquait, mais Ney s'y retrouvait. Il semblait que cette masse était devenue monstre et n'eût qu'une âme. Chaque escadron ondulait et se gonflait comme un anneau du polype[3]. On les apercevait à travers une vaste fumée déchirée çà et là. Pêle-mêle de casques, de cris, de sabres, bondissement orageux des croupes des chevaux dans le canon et la fanfare, tumulte discipliné et terrible ; là-dessus les cuirasses, comme les écailles sur l'hydre[4].

Victor HUGO, *Les Misérables*, 1862.

1. Arme alors récente, destinée à la cavalerie légère.
2. Référence à la bataille de la Moskowa, conduite par Napoléon en 1812 près de Moscou. La redoute est un fort construit à la hâte hors du front principal et est destinée à recevoir l'artillerie. Elle permet de protéger les soldats de la ligne principale.
3. Synonyme ancien de « poulpe ».
4. Dans la mythologie, serpent monstrueux à sept têtes qui repoussaient, à raison de deux pour une, à mesure qu'on les tranchait. L'image est récurrente chez Hugo.

4 Clément-Auguste ANDRIEUX, *La Bataille de Waterloo*, 1852

Clément-Auguste ANDRIEUX (1829-1880), *La Bataille de Waterloo le 18 juin 1815*, 1852, huile sur toile, 110 × 193 cm (Musée national du château de Versailles).

Questions sur un corpus

1 Quel est le point de vue adopté dans les textes de Stendhal et de Hugo, ainsi que pour le tableau d'Andrieux ? Quels sont les effets produits par ces choix ?

2 Quelle vision du roman Vigny propose-t-il ? En quoi les deux textes de Stendhal et de Hugo illustrent-ils cette vision ?

▶ Fiche 9 **Répondre à une question sur un corpus**

Travaux d'écriture

Commentaire
Commentez l'extrait de *La Chartreuse de Parme* de Stendhal. Vous pourrez, par exemple, analyser d'abord la représentation que l'extrait donne de la guerre, puis étudier le portrait du personnage de Fabrice.
▶ Fiche 13 **Comprendre un sujet de commentaire**

Dissertation
Selon vous, dans quelle mesure le roman et l'Histoire peuvent-ils se mêler ? Vous répondrez à cette question en prenant appui sur les textes du corpus, les lectures faites en classe et vos connaissances personnelles.
▶ Fiche 17 **Comprendre un sujet de dissertation**

Écriture d'invention
Rédigez un dialogue entre deux personnages qui participent à la bataille de Waterloo. L'un en exalte le caractère admirable, l'autre en dénonce l'horreur.
▶ Fiche 11 **Comprendre un sujet d'écriture d'invention**

Pistes de lecture — Le réalisme et le naturalisme

À lire

Lire l'*incipit*

1. Honoré de Balzac, *Splendeurs et Misères des courtisanes*, 1838-1847

Publié entre 1838 et 1847, ce roman succède aux *Illusions perdues*. Une partie du récit, *La Dernière Incarnation de Vautrin*, paraît dans *La Presse*, l'un des premiers grands quotidiens populaires français.

1. Plaisanteries, moqueries.
2. Univers de la spéculation.

Une vue du bal de l'Opéra

En 1824, au dernier bal de l'opéra, plusieurs masques furent frappés de la beauté d'un jeune homme qui se promenait dans les corridors et dans le foyer, avec l'allure des gens en quête d'une femme retenue au logis par des circonstances imprévues. Le secret de cette démarche, tour à tour indolente et pressée, n'est connu que des vieilles femmes et de quelques flâneurs émérites. Dans cet immense rendez-vous, la foule observe peu la foule, les intérêts sont passionnés, le Désœuvrement lui-même est préoccupé. Le jeune dandy était si bien absorbé par son inquiète recherche qu'il ne s'apercevait pas de son succès : les exclamations railleusement admiratives de certains masques, les étonnements sérieux, les mordants lazzis[1], les plus douces paroles, il ne les entendait pas, il ne les voyait point. Quoique sa beauté le classât parmi ces personnages exceptionnels qui viennent au bal de l'Opéra pour y avoir une aventure, et qui l'attendent comme on attendait un coup heureux à la roulette quand Frascati vivait, il paraissait bourgeoisement sûr de sa soirée ; il devait être le héros d'un de ces mystères à trois personnages qui composent tout le bal masqué de l'Opéra, et connus seulement de ceux qui y jouent leur rôle ; car, pour les jeunes femmes qui viennent afin de pouvoir dire : J'ai vu ; pour les gens de province, pour les jeunes gens inexpérimentés, pour les étrangers, l'Opéra doit être alors le palais de la fatigue et de l'ennui.

H. DE BALZAC, *Splendeurs et Misères des courtisanes*, Première partie, Chapitre 1, 1838-1847.

2. STENDHAL, *Le Rouge et le Noir*, 1830
Le parcours de Julien Sorel, jeune provincial dévoré entre son ambition et ses passions amoureuses.
© Le Livre de Poche.

3. Charles DICKENS, *Les Aventures d'Oliver Twist*, 1837-1839
Ce roman évoque la vie d'un jeune orphelin à Londres.
© Le Livre de Poche.

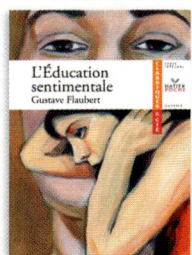

4. Gustave FLAUBERT, *L'Éducation sentimentale*, 1869
Ce roman d'apprentissage raconte le parcours jalonné de rencontres amoureuses de Frédéric Moreau.

@ consulter

- **www.cahiers-naturalistes.com** : le site des *Cahiers naturalistes*, une revue littéraire consacrée aux études sur Zola et le naturalisme.
- **MaisondeBalzac-Paris.fr** : pour découvrir la maison de l'écrivain, située au cœur de l'ancien village de Passy, à l'ouest de Paris. Balzac y vécut de 1840 à 1847 et y conçut *La Comédie humaine*.
- **www.alalettre.com** : un site dédié à la littérature : biographie, œuvres, auteurs…

À voir

Le Quai des brumes, film de Marcel Carné, 1938
Jean, un déserteur de l'armée coloniale, veut quitter la France. Il rencontre Nelly, jeune fille terrorisée par Zabel, son tuteur, qu'elle soupçonne du meurtre de Maurice, son amant. Pour défendre Nelly, Jean tue Zabel.

Pistes de lecture — Le personnage de roman, du XVIIᵉ siècle à nos jours

À lire

1. H. DE BALZAC, *Le Père Goriot*, 183
Rastignac est un jeune provincial ambitieux. Arrivé à Paris, il prend pension à la maison Vauquer, où il fera la connaissance du père Goriot. Ce dernier, follement épris de ses deux filles, n'hésite pas à se ruiner pour leur permettre de mener grand train dans le monde.

2. Albert CAMUS, *L'Étranger*, 1942
Le récit commence au moment où le narrateur apprend la mort de sa mère, qui ne provoque aucune émotion particulière chez lui. Impassible, il fait d'autres rencontres jusqu'à un incident tragique : il tue un homme sur la plage. Son procès analysera méthodiquement son rapport particulier au monde.

3. Philippe CLAUDEL, *Le Rapport de Brodeck*, 2008
Rescapé d'un camp d'extermination, Brodeck tente de réapprendre à vivre jusqu'au jour où, parce qu'il sait écrire, les autres habitants lui demandent de rédiger un « rapport ». Il doit expliquer la mort d'un étranger, venu perturber la vie du village.

Lire l'*incipit*

4. Louis ARAGON, *Aurélien*, 1944
Publié en 1944, *Aurélien* raconte les amours tumultueuses d'Aurélien et Bérénice pendant l'entre-deux-guerres. L'incipit du roman relate de façon originale leur première rencontre.

1   La première fois qu'Aurélien vit Bérénice, il la trouva franchement laide. Elle lui déplut, enfin. Il n'aima pas comment elle était habillée. Une étoffe qu'il n'aurait pas choisie. Il avait des idées sur les étoffes. Une étoffe qu'il avait vue sur plusieurs
5   femmes. Cela lui fit mal augurer de celle-ci qui portait un nom de princesse d'Orient sans avoir l'air de se considérer dans l'obligation d'avoir du goût. Ses cheveux étaient ternes ce jour-là, mal tenus. Les cheveux coupés, ça demande des soins constants. Aurélien n'aurait pas pu dire si elle était blonde ou brune. Il
10   l'avait mal regardée. Il lui en demeurait une impression vague, générale, d'ennui et d'irritation. Il se demanda même pourquoi. C'était disproportionné. Plutôt petite, pâle, je crois… Qu'elle se fût appelée Jeanne ou Marie, il n'y aurait pas repensé, après coup. Mais Bérénice. Drôle de superstition. Voilà bien ce qui l'irritait.

Louis ARAGON, *Aurélien*, © Éditions Gallimard, 1944.

À voir

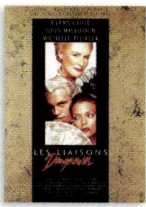

Les Liaisons dangereuses, film de Stephen Frears, 1988
Le film met en scène deux aristocrates libertins, la marquise de Merteuil et le vicomte de Valmont. Au fil de leurs aventures, le spectateur découvrira deux personnages qui se livrent à une guerre des sexes sans merci.

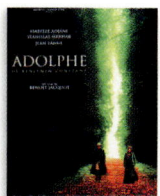

Adolphe, film de Benoît Jacquot, 2002
Adolphe, jeune homme froid et lucide, séduit Ellénore, issue de la noblesse polonaise, puis tente de prendre ses distances avec elle jusqu'à provoquer sa mort. Le film, adapté d'un des grands textes du romantisme, exalte les passions et en analyse froidement les ambiguïtés.

La Belle Personne, film de Christophe Honoré, 2008
Adaptation du roman de Marie-Madeleine de La Fayette, *La Princesse de Clèves* (1678). Junie, seize ans, change de lycée en cours d'année. Elle devient la fiancée d'Otto. Mais bientôt, elle conçoit une passion forte et irrépressible pour Nemours, son professeur d'italien.

Madame Bovary, film de Claude Chabrol, 1991
Inspiré du roman éponyme de Flaubert.

The Van, film britannico-irlandais de Stephen Frears, 1996
Dans le sillage de l'exaltation engendrée par le parcours de l'équipe d'Irlande de football lors de la Coupe du monde de 1990, des chômeurs de Dublin mettent en place un commerce itinérant de sandwiches dans une camionnette.

Chapitre 2
Théâtre et sa représentation

Le texte théâtral prend toute sa dimension sur scène. Incarné par les acteurs, il prend vie à travers le décor, l'éclairage et les costumes. Les mots des dramaturges prennent vie grâce aux metteurs en scène qui sont sans cesse confrontés aux mêmes problèmes : faire voir ou ne pas faire voir, faire entendre la parole et les silences, donner sa place au corps, travailler sur la présence et l'absence des personnages.

Séquence 4 Le théâtre antique 218

Séquence 5 Le XVIIe siècle, Grand Siècle du théâtre 238

Séquence 6 XVIIIe siècle : La fête théâtrale 294

Séquence 7 XIXe siècle : Le triomphe du drame 310

Séquence 8 XXe siècle : Le théâtre en quête de sens 328

Les clés du genre

Histoire du théâtre et de sa représentation 360
L'action 362
La parole 363
Le personnage et son évolution 364
Texte et représentation 365

Vers le bac 2nde : « Mourir sur scène » 366

Vers le bac 1re : « Monologue et solitude dans le théâtre contemporain » ... 370

Pistes de lecture : Le théâtre du XVIIe siècle à nos jours 374
Lire une scène d'exposition

Pistes de lecture : Le texte théâtral et sa représentation,
du XVIIe siècle à nos jours 375
Lire l'*incipit*

4. Le théâtre antique

Le théâtre antique est aux origines du théâtre occidental. Il invente les grands genres, la comédie et la tragédie, mais aussi des personnages-types et des intrigues. À diverses époques et pour de nombreux auteurs, il constitue une source d'inspiration majeure. Par sa dimension sacrée et politique, il met le théâtre au centre de la cité.

Histoire littéraire
Le théâtre antique 220

Histoire des arts
E. Delacroix, *Médée furieuse*, 1838 222

◓ Tragédie
1. **Eschyle**, *Agamemnon*, 458 av. J.-C. 224
2. **Sophocle**, *Antigone*, 442 av. J.-C. 226
3. **Euripide**, *Les Troyennes*, 415 av J.-C. 228
4. **Euripide**, *Médée*, 431 av J.-C. 230

Histoire des arts
Sénèque, *Médée*, Ier siècle ap. J.-C. Réécritures 232
Mises en scène : D. Warner, L. Frécuret, Z. Gouram

◓ Comédie
5. **Aristophane**, *Les Cavaliers*, 424 av. J.-C. 233
6. **Aristophane**, *L'Assemblée des femmes*, 393 av. J.-C. 234
7. **Plaute**, *Le Soldat fanfaron*, vers 200 av. J.-C. 235
8. **Plaute**, *La Marmite*, vers 194 av. J.-C. Réécritures 236

Histoire littéraire
Le théâtre antique

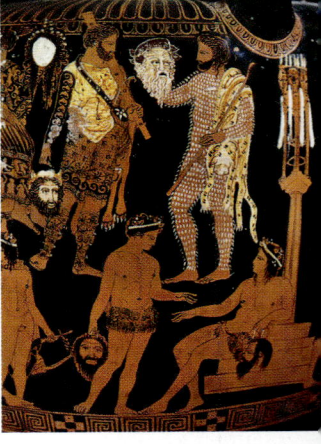

Vase de Pronomos (détail). Préparatifs d'un drame satyrique : les acteurs tiennent des masques (400 av. J.-C., Naples).

Origines religieuses

Dans l'Antiquité, les représentations théâtrales ont toujours lieu lors de **fêtes religieuses**. Elles commencent par une procession traversant la cité et s'achèvent par des sacrifices d'animaux dont la viande est partagée entre tous.

À Athènes, le théâtre naît à la fin du VIe siècle av. J.-C. associé au **culte de Dionysos**. Deux fois par an, l'État organise des festivals. Les **chœurs rituels** chantant et dansant en l'honneur du dieu sont les premiers éléments du spectacle.

À Rome, en 364 av. J.-C., pour mettre fin à une peste, on fait venir d'Étrurie (nord de l'Italie) des danseurs et des musiciens qui se produisent devant un mur de scène. C'est le début des « **jeux scéniques** », rituels rassemblant les dieux et les hommes dans le plaisir du spectacle. Ils célèbrent une divinité ou un événement particulier (par exemple, une victoire).

Conditions de représentation

Le lieu théâtral

À Athènes, le premier lieu théâtral est une aire de terre battue où danse le chœur. À l'époque de Périclès, le public est assis sur des gradins en pierre, construits sur les flancs de l'Acropole, face à l'**orchestra** ronde et à la **skènè**, d'abord simple baraque en bois puis bâtiment en pierre dès 330 av. J.-C. Le théâtre grec, dont la visibilité et l'acoustique sont excellentes, est ouvert sur le monde extérieur.

→ **Ex :** Eschyle, dans Les Euménides, montre son héros trouvant refuge sur l'Acropole. Ainsi, les auteurs et les spectateurs peuvent faire des liens entre réalité politique et fiction tragique.

Les Romains améliorent l'acoustique des gradins en hémicycle en plaçant sous les sièges des vases de bronze faisant office de micros. Un **monumental mur de scène** décoré de marbre, d'ivoire et d'or, orné de toiles en trompe-l'œil ainsi qu'un voile tendu isolent le public du monde extérieur. Le spectacle les transporte dans un univers de fiction.

L'acteur

Tous les rôles sont joués par des hommes portant des **masques**. Leur jeu est codifié : à chaque personnage, son masque, son costume, sa gestuelle et son type de voix. Un acteur joue les mêmes rôles comiques ou tragiques toute sa vie.

→ **Ex :** Les gestes, peu nombreux, sont tous significatifs. Ainsi, quand Oreste entoure la statue d'Athéna, cela veut dire qu'il demande aide et protection.

En Grèce, à partir du IVe siècle av. J.-C., un concours couronne le meilleur acteur. À Rome au contraire, les acteurs, considérés comme des prostitués, sont à la fois adulés pour leur performance et rejetés socialement.

Le théâtre grec

Un théâtre civique

Dans les festivals théâtraux, la démocratie athénienne se met en scène. Les citoyens sont en effet spectateurs, juges ou choreutes, et les alliés étrangers viennent déposer leur impôt dans le théâtre avant d'assister au spectacle où Athènes est le lieu de refuge des héros malheureux.

→ **Ex :** Œdipe trouve refuge dans un bois sacré près d'Athènes dans Œdipe à Colone de Sophocle.

Les auteurs interrogent ainsi le fonctionnement de la démocratie, le rapport entre l'individu et l'État.

→ **Ex :** Antigone oppose les devoirs familiaux aux règles instituées par la cité.

Aristophane dénonce les démagogues dans Les Cavaliers. Selon le philosophe **Aristote** (La Poétique, IVe siècle av. J.-C.), le théâtre permet, par la **catharsis** (purgation des passions) de maintenir la cohésion du corps social.

La tragédie

Premier genre théâtral créé en Grèce, la tragédie repose sur l'alternance entre parties chantées et dansées par le chœur et parties dialoguées. Les intrigues reprennent les **mythes** connus du public, que les auteurs peuvent modifier pour s'interroger sur le pouvoir, la responsabilité humaine ou le rôle des dieux.

Eschyle (526-456), ce poète admiré du public athénien, a remporté presque chaque année de sa carrière le concours de tragédies. Son théâtre se caractérise par la simplicité de l'action et le rôle prépondérant du chœur.

→ **Ex :** *Dans l'Orestie, seule trilogie conservée, le meurtre du roi Agamemnon est dramatisé par la présence du chœur de citoyens.*

Le chœur des Érinyes persécute Oreste qui vient de tuer sa mère Clytemnestre dans Les Euménides.

Sophocle (496-406) a assumé des charges politiques et a connu un succès constant au théâtre. Ses héros sont voués à la solitude morale. Leur grandeur réside dans l'aptitude à endurer et à sublimer la douleur.

→ **Ex :** *Œdipe est un aveugle pitoyable dans* Œdipe à Colone. *Antigone vit dans le deuil éternel de toute sa famille.*

Euripide (484-406), ce novateur peu apprécié du public, ne remporte que quatre victoires. Pourtant, son théâtre, marqué par les guerres qui déchirent Athènes de 431 à 411 av. J.-C., donne une grande humanité aux personnages.

→ **Ex :** Les Troyennes *et* Hécube *multiplient les effets pathétiques, exprimant ainsi avec pessimisme la cruauté des hommes et l'indifférence des dieux.*

La comédie

Elle concurrence la tragédie, qu'elle parodie souvent. **La comédie ancienne** (Vᵉ siècle av. J.-C.), **à sujets politiques**, allie chant du chœur et texte parlé. Elle joue sur la farce, l'obscénité et se réfère au corps de façon grotesque. La comédie nouvelle (IVᵉ siècle av. J.-C.) respecte la décence et la vraisemblance. Elle supprime le chœur et propose des intrigues familiales autour de personnages types comme l'esclave fourbe. Elle comporte coups de théâtre et quiproquos.

Aristophane (445-385 environ) met en scène un monde à l'envers où règnent les plaisirs du ventre et du sexe. Ses héros inventent une ruse comique invraisemblable pour atteindre leurs objectifs.

Ex. : *Dans* Lysistrata, *les femmes ont pris le pouvoir : elles font la grève de l'amour pour contraindre les hommes à arrêter la guerre.*

Lysistrata d'ARISTOPHANE, mise en scène de R. Bianciotto (Théâtre 13, 2005).

Il critique ainsi de façon détournée les dérives de la démocratie.

→ **Ex :** *Dans* Les Cavaliers, *Le Peuple se laisse berner par l'intendant qui vit chez lui en parasite.*

Le théâtre romain

Un théâtre ludique

Le théâtre romain appartient au temps de loisir et se démarque de toute activité civique ou politique. Les **« jeux scéniques »** (*ludi scaenici*) ne visent que le plaisir du public plongé, grâce à la musique, au décor et aux costumes somptueux, dans une atmosphère irréelle sans hiérarchie sociale. Un tel relâchement paraît moralement dangereux à la noblesse qui interdit pendant trois siècles les théâtres permanents. C'est seulement à la fin de la République que Pompée, adversaire de Jules César, construit un théâtre en pierre (55 av. J.-C.). Sous l'Empire, théâtres et jours de jeux se multiplient. Ils deviennent le lieu privilégié de rencontres entre le prince et son peuple.

Une transposition du monde grec

En 240 av. J.-C., un affranchi d'origine grecque, Livius Andronicus, adapte les pièces grecques à la culture romaine : il n'y a plus de chœur mais un chanteur psalmodiant le texte et un acteur qui danse. L'action se passe en Grèce, pour mieux dépayser les spectateurs.

La comédie

Plaute (254-184 av. J.-C.), d'abord comédien, introduit des chorégraphies et développe les parties chantées.

→ **Ex :** *Ses intrigues suivent toujours le même canevas : un esclave fourbe (comme Pseudolus) aide des jeunes gens désargentés à voler des vieillards pour accéder aux plaisirs amoureux.*

Pseudolus de PLAUTE, mise en scène de B. Jaques-Wajeman (Comédie de Reims, 2003).

Ses personnages types ont inspiré les auteurs classiques comme **Molière** (*Les Fourberies de Scapin, L'Avare*) ou **Corneille** (*L'Illusion comique*).

La tragédie

Sénèque (début du Iᵉʳ siècle ap. J.-C.- 64 ap. J.-C.), philosophe et précepteur de l'empereur Néron, a composé des tragédies inspirées de Sophocle et Euripide. Il transforme les héros grecs en **monstres inhumains**, capables de crimes abominables.

→ **Ex :** *Dans* Les Troyennes, *sous l'emprise des fantômes d'Hector et Achille, les Grecs sacrifient deux enfants.*

HISTOIRE DES ARTS

Eugène Delacroix,
Médée furieuse, 1838

Présenté au Salon de 1838, *Médée furieuse* de Delacroix (1798-1863) reprend la composition pyramidale des Madones peintes à la Renaissance. Ce schéma traditionnel se trouve néanmoins subverti par le choix du sujet : désireuse de se venger de Jason qui l'a répudiée, Médée tue sa progéniture. Delacroix, en « fameux barbouilleur » (George Sand), donne à voir la folie instinctive de la magicienne.

Eugène DELACROIX, *Femme nue tenant deux enfants dans ses bras* : étude pour Médée.

Eugène DELACROIX, *Médée furieuse*, 1838, huile sur toile, 122,5 × 84,5 cm (Palais des Beaux-Arts de Lille).

| Antiquité | Moyen Âge | XVIe | XVIIe | XVIIIe | **XIXe** | XXe | XXIe |

La peinture mythologique

Les fables contenues dans les **recueils mythologiques** ont de tous temps constitué une source d'inspiration pour les peintres. Du Moyen Âge au XIXe siècle, les artistes puisent dans cette matière féconde les sujets de leurs œuvres, plus précisément dans *Les Métamorphoses* d'Ovide, qui deviennent dès l'époque romaine la « bible des poètes » (Marc Fumaroli).

Parmi les divinités les plus présentes dans l'histoire des arts figure à l'évidence Vénus, qui incarne un **idéal de beauté** à la Renaissance : les tableaux de Botticelli (*La Naissance de Vénus*, 1484-1486) ou de Titien (*La Vénus d'Urbin*, 1538) donnent à voir le corps nu de la déesse, symbole de perfection.

Les récits mythologiques fournissent surtout aux artistes un inventaire de **situations dramatiques** : le châtiment d'Atlas, l'enlèvement d'Europe ou les douleurs de Latone sont des lieux communs permettant à l'artiste de suggérer l'intensité des sentiments humains.

Au XIXe siècle, les peintres néoclassiques, tels David et Ingres, perpétuent la tradition de la peinture mythologique. En parallèle à ce courant académique, de nombreux artistes s'inspirent des **mythes** pour donner libre cours à leur imaginaire. Gustave Moreau peint ainsi une *Léda* symboliste (1875-1880), loin de la représentation canonique héritée de la Renaissance.

L'esquisse

Avant d'aboutir à l'œuvre définitive, Eugène Delacroix a réalisé une série de **travaux préparatoires** au graphite, à la plume et au pinceau. Ces différents croquis mis bout à bout forment la genèse du tableau. L'esquisse désigne ainsi ces notations premières qui donnent un aperçu de **l'œuvre à venir**. Rubens (1577-1640) a donné ses lettres de noblesse à ce travail artistique en réalisant le premier ses esquisses au pinceau.

Un mythe à visage humain

LECTURE DE L'IMAGE

Une héroïne tragique

1 Recherche : que désignent les Furies dans la mythologie grecque ? Quel sens peut-on alors donner à l'adjectif « furieuse » ?

2 Montrez que la Médée de Delacroix est une figure à la fois terrifiante et douce. Justifiez votre réponse en interprétant le choix des couleurs et des lumières.

3 À quels signes reconnaît-on que Médée est une princesse ? Relevez des détails précis.

L'instant fatal

4 Comment Delacroix met-il en valeur l'intensité dramatique du rapt commis par Médée ?

5 D'après l'esquisse, quel aspect formel Delacroix a-t-il travaillé en vue de la réalisation de son tableau ? Quelles différences constatez-vous du travail préparatoire à l'œuvre finale ?

Un acte barbare

6 Prosper Haussard, chroniqueur du Salon de 1838, évoque en ces termes le tableau de Delacroix : « On n'échappe pas à la fascination de ce drame terrible : la lionne est dans l'antre avec ses petits qu'elle va déchirer. » Quelle image de Médée le critique d'art cherche-t-il à faire ressortir ? Appuyez-vous sur des détails du tableau pour justifier cette assertion.

7 Quels attributs de la féminité retrouve-t-on dans cette représentation de Médée ? Vous veillerez à montrer les ambivalences de ce personnage.

VERS LE BAC

Sujet d'invention

Quelques instants avant de commettre le matricide, Médée adresse un discours à ses enfants apeurés. Elle exprime sa furie tout en prenant conscience à certains moments de la folie de son acte.

▶ Fiche 11 **Comprendre un sujet d'écriture d'invention**

4 Le théâtre antique

LA TRAGÉDIE

1 Eschyle
Agamemnon, 458 av. J.-C.

Biographie p. 671

De retour de Troie après dix ans de guerre, le roi Agamemnon retrouve son épouse Clytemnestre. Il ignore qu'avec son amant Égisthe, elle veut venger la mort de sa fille Iphigénie sacrifiée par son père. Le chœur de vieux citoyens d'Argos vient de voir le roi et sa prisonnière Cassandre entrer dans le palais. Ils attendent inquiets devant la porte.

1 **LA VOIX D'AGAMEMNON.** – Hélas ! un coup mortel a déchiré ma chair !

LE CORYPHÉE. – Écoutez ! Qui crie là, atteint d'un coup mortel ?

LA VOIX D'AGAMEMNON. – Hélas ! deux fois hélas ! encore un autre coup !

LE CORYPHÉE. – Le crime est accompli : croyez-en les plaintes du roi ! Allons,
5 amis, réunissons ici de sûrs conseils.

2ᵉ CHOREUTE. – Mon avis, le voici : crier aux citoyens : « À l'aide ! ici, tous ! au palais ! ».

3ᵉ CHOREUTE. – Et le mien : bondir nous-mêmes au plus vite et surprendre le crime l'épée sanglante encore.

10 **4ᵉ CHOREUTE.** – Oui, je partagerai tout avis de ce genre : agir d'abord, ce n'est plus l'heure d'hésiter.

5ᵉ CHOREUTE. – On peut attendre et voir ; ce n'est là qu'un début, l'annonce de la tyrannie qu'ils préparent à la cité.

Agamemnon d'ESCHYLE, mise en scène de Peter Stein (Maison des arts de Créteil, 1994).

6ᵉ CHOREUTE. – Parce que nous balançons ! Eux, foulent aux pieds la gloire d'hésiter et ne laissent pas s'endormir leurs bras.

7ᵉ CHOREUTE. – Je ne sais vraiment pas quel conseil formuler ; même à qui veut agir il appartient de consulter d'abord.

8ᵉ CHOREUTE. – C'est aussi mon avis : car je ne crois pas que des mots puissent ressusciter un mort.

9ᵉ CHOREUTE. – Quoi donc ! uniquement pour prolonger nos jours, plier devant des maîtres qui souillent ce palais !

10ᵉ CHOREUTE. – Intolérable honte ! mourir vaut encore mieux ; la mort est plus douce que la tyrannie.

11ᵉ CHOREUTE. – Oui, mais pourquoi, sans autre indice qu'une plainte, vouloir prophétiser la mort de notre roi !

12ᵉ CHOREUTE. – Ce n'est que lorsqu'on sait que l'on doit s'indigner : conjecturer n'est pas savoir.

LE CORYPHÉE. – Ma voix donne du moins le nombre à cet avis : savoir exactement le sort fait à l'Atride.

La porte centrale s'ouvre. On aperçoit Agamemnon, nu, étendu sur un large voile ensanglanté. Cassandre est couchée à ses côtés. Près des deux cadavres, Clytemnestre est debout, une épée à la main.

ESCHYLE, *Agamemnon*, 458 av. J.-C., traduit du grec par Paul Mazon, Édition des Belles Lettres, 1993.

Témoins du meurtre d'un roi

LECTURE

1 @RECHERCHE Cherchez comment est constitué un chœur antique et quelle est la fonction du coryphée. Comment s'expriment-ils traditionnellement sur scène ?

2 En quoi la distribution de la parole est-elle ici originale ? Identifiez les registres de ce dialogue.

3 @RECHERCHE Cherchez la définition de ce que le philosophe grec Aristote appelle la catharsis. Dans quelle mesure le chœur exhibe-t-il ici cette fonction de la tragédie ?

4 Analysez l'*énonciation* et les avis exprimés : comment le chœur est-il le représentant de l'humanité ordinaire et de ses contradictions ?

ÉDUCATION AUX MÉDIAS

Sur le site http://crdp.ac-paris.fr/piece-demontee, trouvez le dossier consacré à la mise en scène de *L'Orestie* par Olivier Py en 2008. En vous appuyant sur les images données dans le dossier p. 11, 16, 19 et l'interview des p. 28-29, écrivez un article de critique théâtrale sur la représentation d'*Agamemnon*.

HISTOIRE DES ARTS

MISE EN SCÈNE Quel effet produit l'apparition finale après ce dialogue ? Comment Peter Stein rend-il cette scène frappante ?

VERS LE BAC

Question sur un corpus

Comparez cette scène avec *Le Roi se meurt* (p. 344). Quelles réactions la mort d'un roi provoque-t-elle chez les personnages secondaires ?
▶ **Fiche 9** Répondre à une question sur un corpus

Invention

Ajoutez des didascalies au dialogue mettant en évidence la tension à la porte du palais.
▶ **Fiche 11** Comprendre un sujet d'écriture d'invention

Oral (analyse)

Comment le chœur joue-t-il, dans cette scène, un rôle d'intermédiaire entre l'action et le public ?
▶ **Fiche 16** Réussir l'épreuve orale du baccalauréat

Océane Mozas dans le rôle de l'Antigone de SOPHOCLE, mise en scène de Jacques NICHET (Théâtre de l'Odéon Berthier, Paris, 2004).

XC 2

Sophocle
Antigone, 442 av. J.-C.

Biographie p. 671

Les jumeaux Étéocle et Polynice, fils d'Œdipe, se sont entretués pour le trône de Thèbes. Pour mettre fin à la guerre civile, leur oncle Créon, régent, fait enterrer Étéocle avec les honneurs et laisse Polynice aux corbeaux. Leur sœur Antigone refuse et répand une poignée de terre symbolique sur le corps. Elle est condamnée à être emmurée vivante dans une grotte.

QUATRIÈME ÉPISODE

1 **ANTIGONE.** – Ô tombeau, chambre nuptiale ! retraite souterraine, ma prison à jamais ! En m'en allant vers vous, je m'en vais vers les miens, qui, déjà morts pour la plupart, sont les hôtes de Perséphone[1], et vers qui je descends, la dernière de toutes et la plus misérable, avant d'avoir usé jusqu'à son dernier terme ma portion
5 de vie. Tout au moins, en partant, gardé-je l'espérance d'arriver là-bas chérie de mon père, chérie de toi, mère, chérie de toi aussi, frère bien-aimé[2], puisque c'est moi qui de mes mains ai lavé, paré vos corps ; c'est moi qui vous ai offert les libations funéraires[3]. Et voilà comment aujourd'hui, pour avoir, Polynice, pris soin de ton cadavre, voilà comment je suis payée ! Ces honneurs funèbres pourtant,
10 j'avais raison de te les rendre, aux yeux de tous les gens de sens. Si j'avais eu des enfants, si c'était mon mari qui se fût trouvé là à pourrir sur le sol, je n'eusse certes pas assuré cette charge contre le gré de ma cité. Quel est donc le principe auquel je prétends avoir obéi ? Comprends-le bien : un mari mort, je pouvais en trouver un autre et avoir de lui un enfant, si j'avais perdu mon premier époux ; mais mon père
15 et ma mère une fois dans la tombe, nul autre frère ne me fût jamais né. Le voilà, le principe pour lequel je t'ai fait passer avant tout autre. Et c'est ce qui me vaut de

1. Perséphone est l'épouse d'Hadès, le dieu des Enfers.
2. Ici, il s'agit d'Étéocle.
3. Offrandes d'eau, de lait, de miel ou de vin que l'on verse sur la tombe d'un mort.

paraître à Créon coupable, rebelle, frère bien-aimé ! Et à cette heure je suis entre ses mains ; il m'a saisie, il m'emmène – et je n'aurai connu ni le lit nuptial ni le chant d'hyménée[4] ; je n'aurai pas eu, comme une autre, un mari, des enfants gran-
20 dissant sous mes yeux ; mais, sans égards, abandonnée des miens, misérablement, je descends, vivante, au séjour souterrain des morts ! Quel droit divin pourtant ai-je offensé ?... Allons ! à quoi bon, malheureuse, porter mes regards vers les dieux ? Je n'ai point d'allié à qui faire appel : ma piété m'a valu le renom d'une impie. Eh bien, soit ! si c'est cela vraiment qui est beau chez les dieux, je veux bien, la
25 peine soufferte, reconnaître mon erreur. Mais, si l'erreur est des autres, je ne leur souhaite qu'une chose : qu'ils ne souffrent pas de peine plus lourde que celle qu'ils m'infligent aujourd'hui, à moi-même, contre toute équité !

LE CORYPHÉE[5]. – Ah ! Ce sont bien toujours les mêmes vents, et par mêmes rafales, qui règnent sur son âme !

30 **CRÉON**. – Et c'est pourquoi ceux qui l'emmènent vont me payer cher leurs lenteurs.

ANTIGONE. – Hélas ! Voilà un mot qui annonce une mort bien proche !

CRÉON. – Je ne t'engage pas à reprendre assurance et à t'imaginer un autre dénouement.

35 **ANTIGONE**. – Ô pays de Thèbes, cité de mes pères ! dieux auteurs de ma race ! on m'entraîne, plus de délai ! Voyez, ô fils des chefs de Thèbes, la seule qui survive des filles de vos rois, voyez ce qu'elle souffre – et par qui ! – pour avoir rendu hommage, pieuse, à la piété !
(On l'emmène.)

SOPHOCLE, *Antigone*, 442 av. J.-C., Quatrième épisode, traduit du grec par Paul Mazon, Les Belles Lettres, 1955.

4. Chant de mariage.
5. Chef du chœur constitué de douze vieillards thébains.

Mourir en héroïne exemplaire

LECTURE

1 @RECHERCHE Sur le site www.ac-nice.fr/segurane/grec/Labdacides.htm, cherchez quelles fautes ont été commises dans la famille d'Antigone.

2 À quelles valeurs Antigone est-elle attachée chez Sophocle ? Reformulez ses arguments.

3 Analysez le niveau de langue et la tonalité des répliques d'Antigone. Analysez le rôle et les réactions des différents personnages à son égard.

4 MISE EN VOIX À trois ou quatre, mettez en voix la tirade d'Antigone pour faire entendre à la fois sa plainte et sa détermination. Variez les intonations, la hauteur de voix, le rythme.

VERS LE BAC

Oral (analyse)
En quoi la figure d'Antigone incarne-t-elle la force du tragique ?
▶ Fiche 16 Réussir l'épreuve orale du baccalauréat

Dissertation
Pour J. Nichet, Antigone et Créon « sont deux figures qui se font face, se renforcent en s'opposant ». Un dramaturge doit-il placer son personnage dans une situation de conflit avec l'autorité pour qu'il prenne une dimension tragique ? Argumentez en illustrant avec les textes de cette séquence ou d'autres pièces de théâtre.
▶ Fiche 17 Comprendre un sujet de dissertation

3 Euripide
Les Troyennes, 415 av. J.-C.

Biographie p. 671

Les Grecs ont détruit Troie et massacré tous les hommes. Les Troyennes, assemblées autour de la reine Hécube, vont partir en esclavage. Arrive Talthybios, le messager des Grecs : il vient chercher le petit Astyanax, fils d'Hector et d'Andromaque, et annonce qu'il sera jeté du haut des murs de la ville.

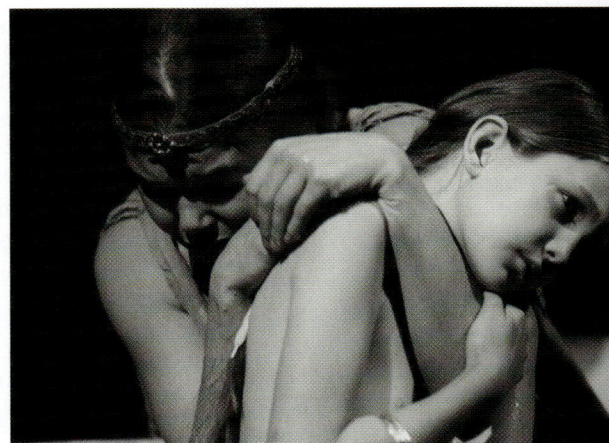

Les Troyennes, mise en scène d'Andrei Serban (Théâtre des Bouffes du Nord, Paris, 1975).

DEUXIÈME ÉPISODE

ANDROMAQUE, HÉCUBE, TALTHYBIOS, LE CORYPHÉE

1 **ANDROMAQUE.** – Ô mon enfant, mon unique trésor,
Tu vas mourir de la main de nos ennemis,
abandonnant ta mère infortunée.
Ce qui te fait périr, c'est l'héroïsme de ton père
5 qui fut le salut de tant d'autres, non le tien !
Infortuné, l'hymen[1] qui me fit entrer au palais d'Hector !
Était-ce pour fournir une victime aux Grecs
que je souhaitais mettre au monde un fils ?
C'était pour qu'il régnât sur l'Asie et ses belles moissons.
10 Tu pleures, mon enfant ? Comprends-tu ton malheur ?
À quoi bon m'enserrer de tes bras, te suspendre à ma robe ?
Comme un oiseau te blottir sous mes ailes ?
Hector ne viendra pas avec sa glorieuse lance,
ressuscitant du sol pour te sauver,
15 pas plus que ceux de ton lignage, ou la puissance des Phrygiens[2].
Lancé d'en haut, impitoyablement, pour une chute affreuse
qui brisera ta nuque, tu rendras le dernier soupir.
Ô corps de mon enfant, si doux à étreindre,
Ô suave odeur de ta peau ! C'est donc en vain
20 que mon sein t'a nourri lorsque tu étais dans tes langes !
En vain je me suis épuisée de peine et de tourment.
Donne ce baiser à ta mère ; ce sera le dernier.
Contre elle serre-toi, passe tes bras
Autour de mon cou, pose ta bouche sur ma bouche.
25 C'est vous, les Grecs, qui inventez des supplices barbares !
De quel droit tuez-vous cet enfant innocent ?
Hélène, la Tyndaride[3], ce n'est pas de Zeus que tu es la fille,
Nombreux sont tes parents : Fléau, Haine, Meurtre, Mort,

1. Mariage.
2. Région d'Asie où se trouve Troie.
3. La fille de Tyndare : Hélène, conçue par Zeus, a été élevée par Tyndare.

et tous les monstres issus de la terre.
30 Non, je n'oserais te donner Zeus pour père,
À toi, mauvais génie pour tant de Grecs et de Barbares[4] !
Sois maudite ! Les champs fameux de la Phrygie,
tes beaux yeux en ont fait une hideuse solitude !
Voilà mon fils, vous pouvez l'emmener, l'emporter,
35 Le précipiter, si tel est votre bon plaisir
Ou faire repas de sa chair. Les dieux ont voulu notre perte.
Comment pourrai-je empêcher mon fils de mourir ?
Recouvrez mon malheureux corps[5] et jetez-le dans le bateau.
Bel hymen[6] où je vais, après avoir dû livrer mon enfant !

40 **LE CORYPHÉE**[7]. – Ô Troie infortunée, que de victimes,
pour une seule femme et son coupable amour !

TALTHYBIOS. – Viens, mon enfant, romps la tendre étreinte de ta pauvre mère !
Il te faut marcher vers les hautes couronnes
des créneaux de tes aïeux, où l'on a décidé
45 que tu devras mourir.
Vous, emportez-le.
Pour donner de tels ordres, il faudrait un héraut[8]
au cœur plus dur, au front moins honteux que le mien.

HÉCUBE. – Ô mon enfant, fils de mon fils infortuné,
50 l'iniquité[9] nous arrache ta vie, à ta mère et à moi.
Que faire ? Que puis-je pour toi, malheureuse ?
Me frapper la tête, me battre la poitrine[10] ?
Je n'ai rien d'autre à te donner.
Ô ma cité, mon fils ! Que manque-t-il à cet écroulement
55 pour que notre désastre soit complet ?

EURIPIDE, *Les Troyennes*, 415 av. J.-C., traduction de Marie Delcourt-Cuvers,
Tragédies complètes, © Éditions Gallimard.

4. Tous ceux qui ne sont pas Grecs, comme ici les Troyens.
5. En Grèce antique, garder la tête et le visage couverts est un signe de deuil.
6. Andromaque est livrée à Pyrrhus, fils d'Achille.
7. Chef du chœur.
8. Messager.
9. Injustice.
10. En Grèce, pour accomplir le rituel de deuil, les femmes se frappent la poitrine, la tête et se griffent le visage.

La tirade d'une héroïne pathétique

LECTURE

Le spectacle de la souffrance

1 Quels gestes et quels mots font ressentir le **désespoir** grandissant de la mère ? Relevez-les.

2 MISE EN SCÈNE Dans la **tirade** d'Andromaque et la mise en scène d'A. Serban, quels **procédés** soulignent le sort de l'enfant ? Quel est l'effet produit ?

Un enchaînement tragique

3 Analysez la tirade d'Andromaque à partir du vers 25. À qui s'adresse-t-elle successivement ?

4 Quelle progression remarquez-vous dans la désignation des responsabilités ?

L'effet d'une tragédie

5 Quels sentiments Talthybios exprime-t-il ? Justifiez par le lexique appréciatif.

6 Quels **sentiments** le spectateur peut-il éprouver face aux propos d'Hécube et du Coryphée ?

ÉCRITURE

Vers le commentaire

Rédigez un axe du commentaire des vers 1 à 42 en montrant que le couple mère/fils présente un spectacle pathétique.

VERS LE BAC

Question sur un corpus

Lisez l'extrait d'*Andromaque* de Racine (p. 286). Par quels moyens le registre pathétique s'exprime-t-il dans les deux textes ? Analysez les procédés stylistiques et lexicaux communs aux deux extraits.

▶ **Fiche 9 Répondre à une question sur un corpus**

4 | Euripide
Médée, 431 av. J.-C.

RÉÉCRITURES

1. L'effrayante

Fiona Shaw dans *Médée* d'EURIDIPE, mise en scène de Deborah Warner, 2003.

🎭 Repères esthétiques

Fureur et jeu de l'acteur

Dans l'Antiquité, tous les personnages étaient joués par des hommes portant un masque, qui travaillaient leur voix pour déclamer le texte de façon musicale. Le masque de Médée exprimait sa colère et sa férocité. À chaque émotion correspondait un jeu conventionnel : ainsi la fureur se manifestait-elle par une voix suraiguë, des mouvements saccadés de la tête, et une danse sans doute désarticulée. Aujourd'hui deux types de jeu coexistent : soit l'acteur s'identifie au personnage et propose un jeu réaliste et psychologique avec des marques de souffrance et de rage vraisemblables ; soit il reste à distance de son personnage par un jeu artificiel et exagéré. Dans le premier cas, c'est l'humanité de Médée qui sera soulignée. Dans le deuxième, c'est davantage sa dimension mythique. Mais il s'agit toujours d'un travail maîtrisé de la voix et du corps comme l'explique Jean Vilar, metteur en scène : « Composer un personnage, cela implique choix, observation, recherche, inspiration contrôle. »

2. Comment jouer Médée

C'est impossible à représenter une femme pareille ; on ressemble à quelqu'un qui est perdu, qui va faire de cette perdition son cheval de bataille, qui va s'incarner dans le « plus rien ». Si elle fait, c'est parce qu'elle est morte ; c'est parce qu'elle est anéantie, qu'elle a une seconde vie. On part d'un vide de soi, et elle ne sait pas comment mettre en œuvre cette chose. [...] Je n'ai pas besoin de tuer des enfants pour jouer Médée, ce qui m'intéresse c'est de voir comment je pourrais me rappeler, moi, physiquement, quelque chose qui daterait de cette époque, de mythes qui sont nés à cette époque, qui raconteraient une vie que je n'ai pas (je n'ai pas d'enfant), mais qui me diraient que je porte en moi des choses que tout le monde possède.

Entretien avec l'actrice Catherine GERMAIN, dossier établi par le Sceren à l'occasion de la mise en scène de L. Fréchuret, CRDP Académie de Versailles, octobre 2009.

3. L'insondable

Catherine Germain dans *Médée* d'EURIDIPE, mise en scène de Laurent Fréchuret, 2009.

Étude de mises en scène

1 Quelles émotions les quatre actrices expriment-elles ? Observez notamment la portée de leur regard.

2 Analysez et interprétez la gestuelle de chacune : Médée s'adresse-t-elle ou non à quelqu'un ?

3 Analysez les costumes : font-ils référence à l'Antiquité ? Comment couvrent-ils leur corps ?

4 Le metteur en scène C. Schiaretti dit de Médée qu'elle est « le mystère accompli. [...] l'être scandaleux par excellence ». Comment la dimension mythique, mystérieuse et effrayante du personnage est-elle différemment jouée ?

4. La dernière hésitation

Les enfants de Médée ont apporté le voile empoisonné à Créüse. Médée leur fait ses adieux avant de les envoyer à l'intérieur de la maison pour les assassiner.

MÉDÉE. – Je ne le ferai pas. Mes desseins, adieu.
Mais quoi, me résigner à être celle dont on rit,
abandonnant mes ennemis à leur impunité ?
Non, il faut aller de l'avant. Honte à ma lâcheté
qui fait entrer dans mon esprit ces pensées de faiblesse.
Allez, enfants, dans la maison.
(Ils s'écartent sans quitter la scène.)
Que celui qui n'a pas le droit d'assister à mes sacrifices
prenne garde et s'écarte[1]. Car ma main ne faiblira pas.
Non, mon cœur, non pas toi, tu n'iras pas jusque-là !
Laisse ces enfants, criminel, épargne-les,
ils vivront là-bas avec moi et pour te rendre heureux.
Mais quoi ? Par les démons vengeurs envoyés de l'Hadès
je ne puis pas livrer mes fils
pour que mes ennemis à leur gré les outragent.
Puisqu'à tout prix il faut qu'ils meurent,
c'est moi qui vais les tuer, moi qui leur ai donné la vie.
Tout est accompli. Trop tard pour un revirement.
Déjà la couronne est posée, le voile revêt la princesse,
et la dévore, je le sais.
À moi de suivre le chemin du suprême malheur,
d'en ouvrir à mes fils un plus funeste encore.
Je veux leur dire adieu.

EURIPIDE, *Médée*, 431 av. J.-C., traduction Marie Delcourt-Cuvers, *Tragédies complètes*, © Éditions Gallimard.

1. Médée présente le meurtre de ses enfants comme un sacrifice rituel.

5. La tragique

Maria Callas incarnant Médée dans le film de Pasolini, 1969.

DU TEXTE À LA SCÈNE

Alimenter la fureur

1 Dans le texte d'Euripide, à qui Médée s'adresse-t-elle ? Quels sentiments contradictoires exprime-t-elle ?

2 Comment Médée justifie-t-elle son crime ? L'actrice C. Germain explique-t-elle ce passage à l'acte de la même façon (document 2) ? Justifiez.

Représenter la fureur

3 Comparez le texte d'Euripide et les images des actrices incarnant Médée. Laquelle correspond le mieux à votre vision du personnage ? Argumentez.

4 Comment l'actrice C. Germain a-t-elle travaillé son personnage ?

5 LITTÉRATURE ET SOCIÉTÉ Images et langages : Comment les metteurs en scène transposent-ils la figure mythique de Médée ?

ATELIER THÉÂTRE

Faire entendre la fureur

MISE EN VOIX À trois ou quatre, proposez une lecture expressive du texte d'Euripide : répartissez-vous la parole pour faire entendre, par des changements de rythme ou de puissance de voix, la voix de la douleur et de la fureur, nourrie par ses hésitations et exhortations.
Imaginez un lieu et disposez-vous dans l'espace : un lieu clos et intime ou un lieu public (parc, quai de gare) dans lequel vous pouvez vous déplacer en parlant. Devant la classe, vous expliquerez quel lieu vous avez choisi en argumentant, puis vous mettrez en voix votre texte.

6. Le sang de la colère

Marie Payen dans *Médée* de SÉNÈQUE, mise en scène de Zakariya Gouram, 2008 (Théâtre des Amandiers, Nanterre).

7. Ultime vengeance

Médée est sur le toit du palais, elle montre à Jason le cadavre du premier enfant et s'apprête à tuer l'autre.

JASON. – Un seul suffit à la justice
MÉDÉE. – Si un seul meurtre suffisait à la vengeance
　Je n'en aurais commis aucun
　Je vais les égorger tous les deux
　Mais cela ne suffira pas à ma douleur
　Elle est trop grande
　Si dans mon ventre peut se trouver quelque fœtus
　Je m'ouvrirai le corps d'un coup d'épée
　Et j'arracherai l'embryon
JASON. – Va
　Achève ton entreprise criminelle
　Je cesse mes prières
　Évite seulement de prolonger mon supplice
MÉDÉE. – Douleur
　Jouis lentement du crime
　Ne te presse pas
　ce jour est le mien
　J'utilise le temps accordé

SÉNÈQUE, *Médée*, Ier siècle ap. J.-C., traduit du latin par Florence Dupont, *Théâtre complet* de Sénèque, II, *Le Spectateur français*, Imprimerie nationale Éditions, 1992.

 Le mythe

Ce récit légendaire mettant en scène des héros et des dieux a souvent une signification symbolique religieuse. Il explique l'origine du monde, les relations entre les hommes et les dieux, les principes de l'organisation sociale et familiale. La tragédie grecque a ainsi exploré les mythes et la violence qu'ils recèlent, les tabous que les héros transgressent : l'inceste d'Œdipe, le matricide d'Oreste, l'infanticide de Médée. Ils approchent de cette façon la part obscure, inconsciente de l'homme et ont servi pour cette raison de fondement à la psychanalyse de Freud.

Étude de mises en scène

1 Comment les meurtres des enfants sont-ils représentés dans chaque mise en scène ? Médée garde-t-elle sa dimension mythique ? Justifiez.

2 Quels sentiments chaque actrice manifeste-t-elle par sa gestuelle, son regard et l'expression de son visage ?

3 SYNTHÈSE Quel parti pris face à la violence chaque mise en scène choisit-elle ? L'objectivité ? La critique ? Le pathos ? Expliquez.

DU TEXTE À LA SCÈNE

De l'humanité à l'inhumanité

1 Par quelles **figures de style** et types de phrases la violence monstrueuse de Médée s'exprime-t-elle dans les deux textes ?

2 Confrontez textes et images (documents 6 et 7) : quelle est la part de création du metteur en scène ? Qu'apportent ses choix à la représentation du mythe ?

Tragédie et catharsis

3 Les deux effets attendus de la **catharsis** tragique sont la terreur et la pitié. Les textes et les mises en scène produisent-ils ces deux effets ? Par quels moyens ? Argumentez

LA COMÉDIE

5 Aristophane
Les Cavaliers, 424 av. J.-C.

Biographie p. 671

Lepeuple, vieillard personnifiant Athènes, a pris comme intendant un Paphlagonien, habitant d'un pays imaginaire. Ses deux fidèles serviteurs se plaignent, auprès du public et du chœur, du pouvoir qu'il a pris dans la maison. Le chœur est constitué des Cavaliers, jeunes aristocrates athéniens, élite de l'armée.

PREMIER SERVITEUR

Le patron que nous avons est un rustre d'humeur, croqueur de fèves[1], quinteux[2]. C'est Lepeuple, de Pnyx, un petit vieux acariâtre et dur d'oreille. À la dernière foire, le voilà qui achète un esclave, un tanneur paphlagonien, fieffé[3] canaille, fieffé menteur. Le temps pour notre homme d'avoir débrouillé les
5 ressorts du vieux, et le voilà à plat ventre devant le patron, et je te chatouille, et je te cajole, et je te paphlagorne[4], et je te berne à force de rognures de bouif[5] ! Il lui dit : « Lepeuple, tu as jugé une seule affaire, c'est suffisant : va d'abord prendre ton bain, et puis empiffre-toi, bouffe, bâfre : voilà ton allocation. Veux-tu que je te serve à dîner ? » Alors il rafle quelque chose que l'un de nous a préparé, et ça y
10 est, c'est au Paphlagonien que le patron doit cette gentillesse. L'autre jour, à Pylos, j'avais préparé des œufs de Sparte pour une omelette : comme une fieffée canaille qu'il est, il rôde autour, les chipe – et c'est lui qui les a servis ! C'est pourtant moi qui les avais battus ! Il nous tient à distance du patron, ne le laisse soigner par personne d'autre, et pendant ses repas, un chasse-mouche à neuf queues en main,
15 il balaie… les orateurs. Il lui chante des oracles, le vieux en devient… sibyllique[6].

ARISTOPHANE, *Les Cavaliers*, 424 av. J.-C., traduit du grec par V.-H. Debidour, © Éditions Gallimard, 1965.

1. On votait à l'aide de fèves jetées dans un vase.
2. Qui tousse.
3. Sacrée.
4. Jeu de mots avec le verbe « flagorner » qui signifie « flatter ».
5. En argot, vieux restes de semelle.
6. Prophétique. La sibylle est une prophétesse.

La démocratie athénienne

La Pnyx est la colline d'Athènes où se tient l'assemblée du peuple. Aristophane montre la dégradation de la démocratie en **démagogie**. Les fidèles serviteurs figurent deux généraux, Nicias et Démosthène, vrais démocrates, tandis que le Paphlagonien est la caricature de Cléon, orateur violent et démagogue.

Jouer les dérives de la démocratie

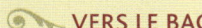 LECTURE

1 Rappelez qui est « Lepeuple ». Puis, montrez que son portrait, présenté par le serviteur, est une charge virulente contre la démocratie athénienne. Vous prêterez attention aux effets de style, des plus transparents aux plus subtils.

2 Par quels **procédés de style** le serviteur fait-il la satire du Paphlagonien ?

VERS LE BAC

Oral (analyse)

Dans quelle mesure ce texte antique constitue-t-il une satire très actuelle de la démocratie ?
▶ Fiche 16 **Réussir l'épreuve orale du baccalauréat**

Commentaire

Vous ferez le commentaire de cet extrait en montrant comment la métaphore de la maison permet la critique politique.
▶ Fiche 13 **Comprendre le sujet de commentaire**

Dissertation

Dans quelle mesure le comique permet-il une critique de la politique d'hier et d'aujourd'hui ? Vous prendrez appui sur le texte d'Aristophane, ainsi que sur une autre forme théâtrale comme les « Guignols de l'info ».
▶ Fiche 17 **Comprendre le sujet de dissertation**

Aristophane
L'Assemblée des femmes, 393 av. J.-C.

Biographie p. 671

Juste avant l'aube, les Athéniennes se rassemblent. Elles se sont déguisées en hommes pour pénétrer dans l'assemblée du peuple, interdite aux femmes. Elles veulent obtenir le pouvoir pour mettre un terme à la guerre. Leur chef Gaillardine répète le discours viril qu'elle tiendra devant les citoyens.

1 **GAILLARDINE.** — Elles savent mieux se conduire que nous, et je vais le prouver. Pour commencer, elles essorent leurs laines à l'eau tiède[1], selon l'antique usage, toutes, tant qu'elles sont. On ne les voit pas risquer des innovations. Et ce qu'il pourrait y avoir qui marche bien à Athènes, ne serait-ce pas le salut pour la Cité que de ne pas s'éver-
5 tuer à fabriquer de l'inédit pour le changer ? Elles s'accroupissent devant leur gril, comme dans le temps ; elles portent des fardeaux sur la tête, comme dans le temps ; elles célèbrent les Thesmophories[2], comme dans le temps ; elles font cuire leurs gâteaux, comme dans le temps ; elles font la vie intenable à leurs maris, comme dans le temps ; elles ont des amants chez elles, comme dans le temps ; elles s'achètent des
10 friandises en cachette, comme dans le temps ; elles aiment le vin bien corsé, comme dans le temps ; elles ont le plaisir de se faire tisonner, comme dans le temps. Allons, Messieurs, remettons l'État entre leurs mains à elles ; inutile de palabrer[3] et de nous demander ce qu'elles vont faire : laissons-leur tout bonnement le pouvoir. Songeons seulement qu'elles ont des fils, et que, *primo*, leur grand désir sera de ménager la vie
15 de nos soldats ; *secundo*, pour les vivres, qui mieux qu'une mère de famille en hâterait l'acheminement ? Pour faire venir l'argent, il n'y a pas plus ingénieux qu'une femme : si elle est au pouvoir, elle ne se laissera jamais flouer[4] (c'est elles plutôt qui s'y connaissent pour flouer les autres !). Je n'en dirai pas plus. Si vous suivez l'avis que je vous donne, quelle heureuse existence vous allez couler !
20 **LA PREMIÈRE FEMME.** — Bravo, Gaillardine, ma cocotte en sucre ! Quelle maîtrise !

ARISTOPHANE, *L'Assemblée des femmes*, vers 393 av. J.-C.,
traduction Victor-Henry Debidour, © Éditions Gallimard.

---

1. Il vaut mieux en réalité rincer la laine à l'eau froide si on ne veut pas l'abîmer. C'est donc une critique implicite.
2. Fête religieuse réservée aux femmes à Athènes.
3. Discuter à n'en plus finir.
4. Escroquer.

Rire des travers politiques

LECTURE

1 Gaillardine vous semble-t-elle bien porter son nom ? Commentez les choix d'**énonciation**, les sujets abordés et le lexique choisi pour justifier votre réponse.

2 Schématisez l'argumentation de Gaillardine : à quelle conclusion parvient-elle ?

3 Montrez que Gaillardine fait preuve d'autodérision dans ce passage.

4 Relevez et reformulez la phrase exposant le principal travers de la politique athénienne. Déduisez-en l'enjeu sérieux de ce texte comique.

5 **MISE EN VOIX** Jouez votre discours en variant les intonations pour persuader votre auditoire.

ÉCRITURE

Argumentation

D'après vous, une démocratie a-t-elle besoin d'auteurs comiques ou d'humoristes pour fonctionner ? Argumentez avec des exemples précis.

VERS LE BAC

Invention

Écrivez la scène finale montrant la victoire ou la défaite des femmes. Imaginez le discours de Gaillardine ou d'un homme, et les réactions du public.

▶ **Fiche 11** Comprendre un sujet d'écriture d'invention

7 Plaute
Le Soldat fanfaron, vers 200 av. J.-C.

Biographie p. 671

Voici le soldat Pyrgopolinice, servi par Artotrogus, un flatteur vivant à ses dépens. Cet extrait est le début de la pièce.

1 **PYRGOPOLINICE**, *à la cantonade.* – Veillez à ce que l'éclat de mon bouclier soit plus vif que les rayons du soleil dans un ciel serein ! De telle façon que, le moment venu, une fois la mêlée engagée, il éblouisse dans la ligne de bataille les yeux des ennemis. Et sur ce, je veux consoler mon épée que voici, qu'elle ne gémisse pas,
5 qu'elle ne se désole pas, si je la porte depuis longtemps déjà sans qu'elle ait rien à faire, elle qui est malheureuse et a grande envie de transformer les ennemis en chair à pâté. Mais où est Artotrogus ?

ARTOTROGUS. – Il est là, près d'un héros vaillant et chéri de la Fortune, et d'une beauté royale. Et puis, un guerrier tel que Mars n'oserait se dire lui-même ni
10 comparer ses vertus aux tiennes !

PYRGOPOLINICE. – Celui que j'ai sauvé dans les champs Charançonniens, où Bombomachidès Clutumistharidysarchidès, petit-fils de Neptune, commandait en chef ?

ARTOTROGUS. – Je m'en souviens ; tu veux dire celui qui avait des armes d'or et
15 dont tu dispersas les légions d'un souffle, comme le vent disperse les feuilles ou le jonc des toits !

PYRGOPOLINICE. – Tout cela, par Pollux[1], ce n'est rien.

ARTOTROGUS. – Ce n'est rien, sans doute, au prix de ce que je pourrais dire… *(à part)* et que tu n'as jamais fait ! *(Au public)* Si quelqu'un a vu plus grand
20 menteur, ou plus vantard que cet homme-ci, je consens à devenir son esclave, je me remettrai à lui en pleine propriété. Mais il y a une chose : les olives confites qu'on mange, chez lui, sont extraordinaires !

PLAUTE, *Le Soldat fanfaron*, vers 200 av. J.-C., traduction Pierre Grimal, *Théâtre complet*, © Éditions Gallimard.

1. Demi-dieu, fils de Jupiter et Léda, et frère d'Hélène de Troie.

LEXIQUE : Le comique des noms
- **Pyrgopolinice** signifie « le vainqueur de tours ».
- **Artotrogus** signifie « ronge-pain ».
- Les ennemis sont des **charançons**, insectes nuisibles des céréales.
- Le général ennemi s'appelle « le guerrier bourdonnant, l'illustre mauvais payeur ».

Deux caractères comiques

LECTURE

1 Comment la première apparition du soldat met-elle en valeur son type comique ? Appuyez-vous sur l'**énonciation**, le jeu avec les accessoires, le champ lexical dominant et la **didascalie**.

2 Quel rôle Artotrogus joue-t-il auprès du soldat ? Du public ? Analysez l'enchaînement des **répliques**, la fonction comique des **apartés** et de la **double énonciation**.

3 Faites une lecture à haute voix de cet extrait. Montrez comment le dramaturge donne au langage une dimension ludique.

ÉCRITURE

Vers le commentaire

Développez un axe de commentaire montrant que Pyrgopolinice est une caricature de soldat.

VERS LE BAC

Question sur un corpus

Comparez le type du soldat fanfaron dans cet extrait et dans *L'Illusion comique* (p. 250). Quelles sont les ressemblances et les différences ? Corneille imite-t-il ou innove-t-il ?

▶ Fiche 9 Répondre à une question sur un corpus

8 Plaute
La Marmite,
vers 194 av. J.-C.

RÉÉCRITURES

Biographie
p. 671

Le vieux Mégadore accepte d'épouser sans dot la fille de son voisin avare, Euclion.

Mégadore fait une entrée parlée où il présente des idées convenues sur les épouses. Euclion écoute ce discours qui lui plaît.

MÉGADORE (*au public*)

1. J'ai confié à mes nombreux amis la décision que j'avais prise
   Je leur ai dit que j'allais me marier et que ma fiancée était la fille d'Euclion
   Ils m'approuvèrent chaleureusement
   « Ce mariage était une preuve de ma sagesse
5. J'avais su prendre la bonne décision »
   C'est aussi mon avis
   Et si tout le monde faisait comme moi
   Si les citoyens riches épousaient sans dot les filles des citoyens pauvres
   C'en serait fini de la lutte des classes
10. Nous les riches cesserions de nous jalouser entre nous
    Nos épouses commenceraient à nous respecter
    Et enfin nous ferions des économies.
    Mon projet profiterait à la majorité du peuple
    L'opposition viendrait seulement d'une minorité d'ambitieux
15. De ceux qui en veulent toujours plus
    Plus d'argent, plus de pouvoir
    Ceux-là la loi ne peut pas plus leur inculquer le sens de la démocratie
    Que leur cordonnier les chausser en dessous de leur pointure.

    Bien sûr il y en aura toujours pour dire : « Avec qui se marieront les filles des riches
20. si ta loi ordonne aux riches d'épouser les filles pauvres ? »
    Qu'elles épousent qui elles veulent pourvu qu'elles laissent leur dot chez papa.
    Cette mesure leur améliorerait le caractère, car leurs bonnes manières seraient leur seule dot.

    Je vous parie qu'un mulet qui aujourd'hui coûte plus cher qu'un pur-sang
25. vaudra alors moins qu'une rosse gauloise[1].

EUCLION (*au public*)

Bonté divine ? C'est un bonheur de l'entendre discourir
Il a eu une jolie formule sur l'économie.

MÉGADORE (*au public*)

Votre épouse ne vous dira plus :
« Je t'ai apporté une dot qui dépasse largement tout ce que tu possédais
30. Il est donc normal que tu me fasses des cadeaux

---

1. Dans sa traduction Florence Dupont explique que « le métissage social est comparé au métissage animal. Un mulet coûte cher car il est stérile. Si tous les enfants sont socialement métissés, ils ne vaudront plus rien. »

Tu dois m'offrir de la pourpre et de l'or
Tu dois m'acheter des servantes, des mulets, des muletiers, des valets de pied, des grooms
Et une voiture pour me promener. »

EUCLION (*au public*)
35 Il les connaît nos dames de la haute avec leurs façons de faire
Je le verrais bien en censeur des mœurs féminines.

MÉGADORE (*au public*)
De nos jours où que tu ailles tu compteras plus de voitures par maison qu'il n'y a de charrettes dans une cour de ferme à la campagne
Mais c'est une peccadille à côté des autres dépenses.

40 *La liste qui suit est aussi un exercice de prononciation*[2].
On les voit debout dans la cour
Le blanchisseur, le brodeur, le bijoutier, la lingère
Les repasseurs de rubans et les rapetasseurs de caleçons
Les teinturiers roses, les teinturiers violets et les teinturiers jaunes
45 Les couturiers et les tailleurs
Les colporteurs de linge et les revendeurs de chaussures
Les bottiers à façon, les fabricants de sandales
Tous sont devant la porte, réclamant leur dû
Les cordonniers avec les teinturiers mauves
50 Les décrotteurs au coude à coude avec les dégraisseurs
Les corsetiers à côté des marchands de ceintures
Et quand tu penses en avoir fini avec ceux-là
Il en arrive d'autres par dizaines
Agitant des factures

PLAUTE, *La Marmite*, Scène 7, vers 194 av. J.-C.,
traduction Florence Dupont © Actes Sud Babel, 2001.

[2]. Note de la traductrice.

Un mariage calculé

LECTURE

1 @RECHERCHE Qu'est-ce qu'une dot ?
2 Pourquoi Mégadore veut-il épouser une jeune fille sans dot ?
3 Quelle vision du mariage le personnage a-t-il ?
4 Quelle image de la femme le texte propose-t-il ?
5 Comment le personnage envisage-t-il le mélange des classes sociales ?
6 Pourquoi cette intrigue matrimoniale est-elle particulièrement adaptée aux comédies ? Quels en sont les ressorts comiques ?

ÉCRITURE

Argumentation
Le thème de la pièce de Plaute pourrait-il aujourd'hui encore servir à l'écriture d'une comédie ? Argumentez.

VERS LE BAC

Question sur un corpus
Comparez ce passage avec sa réécriture par Molière (p. 268) : quels éléments Plaute a-t-il fournis à l'intrigue et aux personnages de *L'Avare* ?
▶ Fiche 9 Répondre à une question sur un corpus

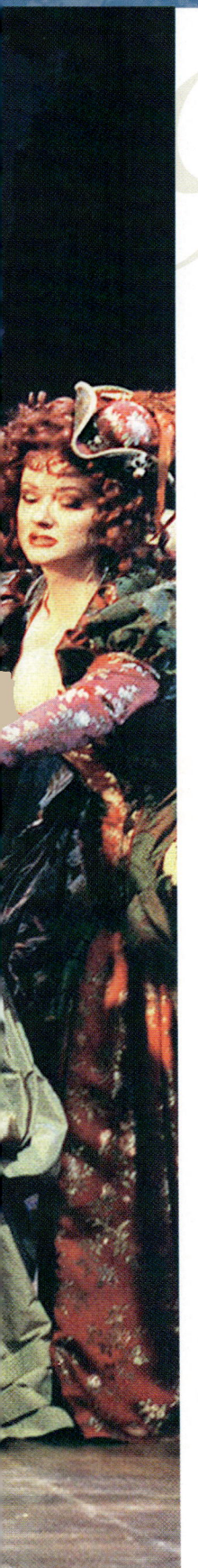

5. Le XVIIe siècle, Grand Siècle du théâtre

Au début du XVIIe siècle, le théâtre est encore considéré comme un genre mineur. En quelques décennies, il évolue considérablement. Des auteurs de génie, des comédiens talentueux et des salles de spectacle de plus en plus élaborées font du théâtre un lieu artistique et social incontournable sous Louis XIV.

Littérature et société
Le classicisme et son rapport au pouvoir 240

Histoire littéraire
Les règles du théâtre classique 242

Histoire des arts
Photogramme du film *Molière*, **A. Mnouchkine**, 1978 246
Molière, *L'Avare*, mise en scène de C. Hiegel, 2009 248

🎭 Comédie
1. **P. Corneille**, *L'Illusion comique*, 1635 250

Molière
2. *Les Précieuses ridicules*, 1659 253
3. *Sganarelle*, 1660 254
4. *L'École des femmes*, 1663   `Œuvre intégrale` 255
5. *Tartuffe*, 1664 259
6. Premier placet sur *Tartuffe*   `Théorie` 262
7. *Dom Juan*, 1665 263
8. *Le Misanthrope*, 1666 265
9. *L'Avare*, 1668 268
10. *George Dandin*, 1669 269

11. **J. Racine**, *Les Plaideurs*, 1668 270

Histoire littéraire
La comédie 272

🎭 Tragédie
12. **W. Shakespeare**, *Macbeth*, 1606 274

P. Corneille
13. *Médée*, 1635   `Réécritures` 276
14. *Le Cid*, 1637 278
15. *Horace*, 1640 280
16. *Cinna*, 1643 283

J. Racine
17. *Andromaque*, 1667 286
18. *Bérénice*, 1670 288
19. *Phèdre*, 1677 290

Histoire littéraire
La tragédie 292

Littérature et société
Le classicisme et son rapport au pouvoir

La réflexion sur le pouvoir sous Louis XIII

Les théoriciens du classicisme, s'appuyant sur Aristote, recommandent aux tragédiens le choix de **grands sujets historiques**, rendant le message moral crédible. La tragédie classique de la première moitié du XVIIe siècle fait ainsi majoritairement référence à l'histoire romaine. Deux raisons à cela : les auteurs ne peuvent ni mettre en scène la famille royale régnante, ni prendre des libertés avec des événements historiques récents. **Rome** est aussi un bon modèle de réflexion politique car elle a connu différentes formes de régimes, de la République à l'Empire. Dans les années 1630-1640, Corneille fait de ses pièces romaines un miroir où se reflète et se réfléchit la monarchie de droit divin incarnée par Louis XIII et son ministre Richelieu. **Le théâtre accompagne les grandes évolutions du pouvoir**, voire favorise leur accomplissement en les donnant à voir et à comprendre de manière claire, concentrée.

→ **Ex** : *Cinna* montre un conspirateur qui doute du bien-fondé de sa violence et un empereur Auguste autrefois tyran tout puissant, se convertissant à la grandeur de la clémence.

Ainsi, il ne faudrait pas voir dans ces tragédies un discours contestataire. Les héros cornéliens romains mettent en scène les **tensions tragiques** entre la liberté individuelle et l'allégeance au pouvoir, ce qui crée des effets pathétiques spectaculaires.

→ **Ex** : Camille préfère être tuée par son frère plutôt que d'obéir aux lois romaines.

Louis XIV et la mise en scène du pouvoir

À la mort de Louis XIII en 1643, Louis XIV n'a que 5 ans. Sa mère, la reine Anne d'Autriche, régente, confie le pouvoir à Mazarin. Et même si le jeune roi est couronné en 1654, c'est seulement à la mort de Mazarin, en 1661, que commence son règne personnel. D'emblée, il affirme son **absolutisme** et sa volonté de régner seul. Pour avoir une demeure à son image, il décide d'agrandir et de transformer le château de Versailles,

Mise en scène de *Britannicus* par Gildas Bourdet, 1981.

ancien pavillon de chasse de Louis XIII : entre 1661 et 1668, les premiers travaux sont confiés à des artistes qui célèbrent les règles classiques en architecture (Le Vau), en peinture (Le Brun), et dans l'aménagement des jardins (Le Nôtre). Perspective, symétrie, ordre et harmonie sont les caractéristiques de ce palais, où chaque pièce, chaque allée chante la gloire du Roi-Soleil.

→ **Ex** : Gildas Bourdet, en mettant en scène *Britannicus* de Racine dans un décor versaillais, rappelle cette auto-célébration constante de Louis XIV. Il montre le lien entre l'intrigue, qui se passe au début du règne de Néron, et l'univers du Roi-Soleil : la peinture derrière les personnages est une copie d'un tableau de Le Brun présent dans la Galeries des Glaces, intitulé *Le Roi gouverne par lui-même*, tandis que derrière la porte se trouve une statue de Louis XIV en empereur romain.

Pierre PATEL (le Père), *Vue du château de Versailles en 1668*.

LE BRUN, *Le roi gouverne par lui-même* (détail), 1661.

Un roi danseur et organisateur de spectacles

Louis XIV célèbre la puissance monarchique lors de somptueuses **fêtes à Versailles**. Il divertit la Cour et la subjugue par son faste, sa générosité et l'image de sa grandeur. Ces fêtes doivent éblouir tous les sens. Danseur accompli, Louis XIV danse dans des ballets composés par Lully, musicien et maître de ballet d'origine italienne.

À la recherche d'**un spectacle total à sa gloire**, le Roi fait collaborer Molière et Lully à la création d'un nouveau genre, la comédie-ballet, ou comédie mêlée, associant théâtre et intermèdes chantés et dansés (*Le Sicilien*, *L'Amour médecin*, *Le Bourgeois gentilhomme*, *Le Malade imaginaire*).

→ **Ex** : *Le Malade imaginaire* est célèbre pour la sarabande finale, faisant danser tous les médecins de manière bouffonne et farcesque.

Véritables stratégies politiques, ces fêtes sont toujours données lors d'événements extraordinaires, et sont relatées dans des gazettes magnifiquement imprimées, en vue de convaincre le peuple et les capitales européennes que Louis XIV est « le plus grand roi du monde ». Ainsi, en 1668, les succès militaires du roi et le traité d'Aix-la-Chapelle sont l'occasion d'inviter plus de 1 000 personnes entraînées à travers les jardins vers un théâtre éphémère où Molière et Lully présentent une pastorale, comédie musicale montrant les amours de bergers, dans laquelle est enchâssée *George Dandin*. Puis les invités se retrouvent dans une salle de bal.

→ **Ex** : *George Dandin*, qui raconte les désagréments d'un mari cocu, apporte un contre-point réaliste à l'univers idyllique des bergers amoureux de la pastorale, ce qui en renforce les effets comiques.

En 1674, ce sont ses conquêtes de Franche-Comté que Louis XIV veut célébrer. Six jours de fête permettent de mettre en valeur les nouveaux embellissements apportés aux jardins. Lully et Quinault présentent leur opéra, *Alceste*, la troupe de Molière (mort en février 1673) joue *Le Malade imaginaire* avec des ballets de Charpentier, et Racine présente *Iphigénie* qui comporte aussi des chœurs chantés. Enfin, les festivités se terminent par des feux d'artifice en musique.

Ces divertissements royaux engagent les artistes dans un véritable **travail collectif** réunissant auteurs, acteurs, musiciens, danseurs, chanteurs, et faisant évoluer le classicisme. En effet, les œuvres réalisées s'éloignent des règles classiques et s'ouvrent sur de nouveaux genres comme la comédie-ballet ou la tragédie lyrique, héritières de la richesse des grands ballets de cour : splendeur des décors et costumes, nombre d'interprètes, ampleur de l'orchestre. Molière devient ainsi, à la fin de sa vie, en collaboration avec Lully, un entrepreneur de spectacles royaux qu'il est autorisé à reprendre ensuite dans son théâtre du Palais-Royal où le public parisien découvre, en version réduite, les comédies dont le Roi a réjoui la Cour. Molière, explique, dans le prologue au *Malade imaginaire*, comment il envisage son travail : « Après les glorieuses fatigues, et les Exploits victorieux de notre Auguste Monarque ; il est juste que tous ceux qui se mêlent d'écrire, travaillent ou à ses louanges, ou à son divertissement. C'est ce qu'ici l'on a voulu faire et ce Prologue est un essai des Louanges à ce grand Prince. » Le prologue qui suit est en effet un ballet de bergers et bergères chantant la gloire de Louis XIV.

J. LE PAUTRE, représentation du *Malade imaginaire* donnée dans les jardins de Versailles durant les divertissements de l'été 1674, 1676.

Histoire littéraire
Les règles du théâtre classique

Le contexte de la doctrine classique

Le XVIIe siècle, poursuivant le travail amorcé par les poètes de la Pléiade au siècle précédent, veut **défendre et développer le français**, toujours concurrencé par la langue savante par excellence qu'est le latin.

En 1634, la création de l'**Académie française** par Richelieu encourage les efforts de nombreux grammairiens et gens de lettres, comme Vaugelas, Ménage ou Guez de Balzac qui s'attachent à définir le modèle d'une langue claire, nette et élégante. La seconde moitié du siècle, dominée par le règne autoritaire de Louis XIV en matière de vie artistique, assure le triomphe de la **règle**. Les ouvrages d'analyse de la langue, de rhétorique, se multiplient et l'Académie publie la première édition de son *Dictionnaire* en 1694, qui fixe le bon usage du français. Sur le frontispice, Louis XIV apparaît en défenseur des belles lettres. Le français est ainsi codifié, anobli et devient la **langue de référence** de tous les lettrés en Europe.

Jean MARIETTE, Fronstispice du *Dictionnaire de l'Académie*, 1694. Louis XIV apparaît en défenseur des belles-lettres.

Les origines du classicisme

À partir de 1630, des théoriciens et écrivains entreprennent d'édicter les **règles d'écriture** permettant de créer des chefs-d'œuvre. Ils s'appuient sur des modèles antiques : *La Poétique* du grec Aristote (IVe siècle av. J.-C.) qui définit le genre tragique et *L'Art poétique* du latin Horace (Ier siècle av. J.-C.) qui assigne une **fonction morale à l'art**.

Un des principaux artisans de la doctrine en France est Jean Chapelain, conseiller littéraire de Richelieu et membre très actif de l'Académie. En 1630, il écrit la *Lettre sur la règle des vingt-quatre heures* prônant l'imitation parfaite du réel au théâtre.

Après lui, paraissent de nombreux textes théoriques dont le plus suivi est la *Pratique du théâtre* de l'abbé d'Aubignac (1657), sans compter les préfaces ou examens d'auteurs comme Corneille qui fait précéder la réédition de ses œuvres de trois *Discours* sur l'art dramatique (1660). Enfin, en 1674, Boileau résume les principes établis dans son *Art poétique*.

Si le début du XVIIe siècle montre encore son goût pour la liberté, la seconde moitié voit le triomphe incontesté de la doctrine, en particulier avec Racine.

Les principes du classicisme

A. Plaire et instruire

L'art doit plaire et instruire. Ainsi, le théâtre permet, selon la théorie aristotélicienne de la *catharsis*, la **purgation des passions** : en vivant par procuration des émotions fortes, comme la terreur ou la pitié, le spectateur apprivoise et maîtrise les passions dangereuses. De plus, les dénouements châtiant les méchants sont de véritables leçons morales.

→ **Ex :** *Molière, dans le Placet sur* Tartuffe, *défend la portée morale de son œuvre. En montrant combien le défaut d'Orgon le rend ridicule, la pièce invite les spectateurs à éviter ce travers.*

B. Maîtriser son art

Les classiques sont persuadés que la beauté ne peut être le fruit du désordre ou du libre jaillissement créatif. Un chef-d'œuvre naît du travail, de la méthode et des règles que l'artiste s'impose. Il s'agit avant tout de se conformer à la **raison**. Ce rationalisme s'inspire du *Discours de la méthode* publié par Descartes en 1637, qui connaît un grand retentissement parmi tous les intellectuels.

Pierre Louis DUMESNIL, *Descartes à la Cour de la Reine Christine de Suède*, Musée National de Versailles.

C. Imiter le réel

Ce qui est invraisemblable étant synonyme d'irrationalité, la raison commande à l'art d'**imiter la nature**, ou plutôt de donner une image du réel mettant en relief ses caractéristiques essentielles et permanentes. L'imitation débouche ainsi sur une idéalisation.

→ **Ex** : *Molière dans* L'Impromptu de Versailles *explique à ses comédiens comment imiter avec naturel les caractères représentés, c'est-à-dire les comportements.*

Les règles du théâtre classique

C'est d'abord pour la tragédie, genre noble et sérieux, que les théoriciens définissent des règles. Mais les autres genres, sur lesquels ne pesaient pas le poids des traditions antiques, comme la tragi-comédie et la comédie, finissent par s'y conformer et adoptent les principes de **l'illusion théâtrale ou scénique**, et l'accord du beau et du bien.

A. La vraisemblance

Le déroulement et le contenu de la pièce doivent être crédibles. On recherche **l'adhésion** du spectateur à l'histoire et son **identification** à des personnages mus par des sentiments vraisemblables. Ainsi, on est convaincu que les héros de tragédie, agités par de grandes passions, sont nécessairement nobles. Les intrigues sont choisies dans la mythologie ou l'histoire des rois. Au contraire, la comédie met en scène des personnages de basse ou moyenne condition sociale, supposés préoccupés par les problèmes triviaux du quotidien. Ils sont contemporains de l'époque d'écriture et évoluent dans un monde semblable à celui du spectateur. Enfin, un personnage ne peut pas changer de façon radicale et contradictoire. C'est ce qu'on appelle la constance des caractères.

→ **Ex** : Horace, Cinna *de Corneille,* Andromaque, Bérénice *de Racine présentent de nobles Romains ou Grecs agités par des passions héroïques et sublimes.* Tartuffe *de Molière se passe dans un milieu bourgeois préoccupé par l'argent et les problèmes d'intendance.*

Nicolas MIGNARD, *Portrait de Molière dans le rôle de César* (*La Mort de Pompée* de Corneille), XVIIe siècle.

Jean DE SAINT-IGNY, *Représentation de* Mirame *au Palais-Cardinal devant Anne d'Autriche, Louis XIII et Richelieu*, 1641.

B. La règle des trois unités

Elle renforce la vraisemblance en concentrant les effets spectaculaires.

– **L'unité d'action** : l'intrigue est constituée d'une seule action principale. Les sujets secondaires doivent être liés au sujet principal. Ainsi, la pièce, bien construite, forme un tout cohérent. **L'exposition** met en place l'intrigue, les obstacles et les **péripéties** constituent **le nœud**, et le **dénouement** résout, de façon rapide et complète, les problèmes.

Ex : *La scène où Orgon est caché par Elmire est une péripétie qui accélère le dénouement de* Tartuffe *en dénonçant l'hypocrite.*

– **L'unité de temps** : le déroulement de l'intrigue ne peut excéder 24 heures. En concentrant les faits en **un seul jour tragique**, en ne retenant que les événements d'une portée fatale, les dramaturges font de la tragédie classique une crise violente et essentielle. Les comédies de Molière s'organisent aussi autour d'une crise qui se résout en un jour.

→ Ex : *L'empereur Titus a une journée pour décider s'il épouse Bérénice ou la quitte. La tragédie se concentre sur les aspects les plus importants de la réalité.*

– **L'unité de lieu** : l'unité de temps et la vraisemblance limitent les déplacements des personnages à un lieu dramatique unique, à une seule scène et un seul décor. Il s'agit d'une salle de palais pour la tragédie et, pour la comédie, d'une rue ou d'une pièce de maison bourgeoise.

→ Ex : *Le* Misanthrope *se passe dans le salon de Célimène.*

La place devant la maison d'Arnolphe. Frontispice de *L'École des femmes*, gravure tirée des *Œuvres* de Molière, 1682.

C. La bienséance

Cette exigence morale consiste à **ne pas choquer le public**. Pour la tragédie, certains sujets, comme les fonctions du corps ou la sexualité, sont bannis. Ils sont tolérés dans la comédie à condition ne pas être abordés crûment : le langage et les gestes, policés, évitent la grossièreté. Enfin, le théâtre doit exclure les spectacles sanglants, la violence et les morts sur scène.

→ Ex : *dans* Horace, *Corneille fait mourir Camille dans la coulisse.*
Dans Tartuffe, *Elmire fait sortir Tartuffe pour ne pas lui céder.*

Les grandes figures du théâtre classique

Pierre Corneille

Au début de sa carrière, Corneille appartient encore à la génération pré-classique. Ses premières œuvres entre 1630 et 1637, comédies (*Le Menteur*) ou tragi-comédies (*Le Cid, L'Illusion comique*) montrent son goût baroque pour le **mélange des genres** et les **effets spectaculaires**. Même si, avec ses dix-sept tragédies régulières (*Horace, Cinna, Polyeucte*) il devient, à partir de 1640, le modèle des écrivains de son époque, il a une conception souple des règles classique, et refuse d'être soumis aveuglément à la doctrine. C'est pourquoi il écrit aussi des « pièces à machines », c'est-à-dire avec des machineries assurant des effets spéciaux extraordinaires, comme *Andromède* (1650) et *La Conquête de la toison d'or* (1660).

Molière

Il commence sa carrière d'acteur en jouant des tragédies de Corneille et c'est aussi sa troupe qui montera les premières œuvres de Racine. Comme auteur, il renouvelle d'abord le genre de **la farce** en accentuant son caractère satirique (*Les Précieuses ridicules*). Il devient ensuite le maître incontesté de la comédie de caractère.

→ Ex : *Le Misanthrope, L'Avare mettent en scène, pour la première pièce, un personnage qui entretient des relations difficiles avec la société qui l'entoure, et, pour la seconde, un homme incapable de donner à ses enfants le moindre sou.*

Enfin, avec le musicien Lully, il invente pour **les divertissements royaux** de Louis XIV et la comédie-ballet (*Le Bourgeois gentilhomme, Le Malade imaginaire*).

Racine et la fin du siècle

Il détrône Corneille vieillissant avec le succès d'*Andromaque* (1667). Ses tragédies, conçues comme d'impitoyables huis-clos destinés à broyer les héros, sont considérées comme les chefs-d'œuvre du théâtre classique (*Britannicus, Bérénice, Bajazet, Phèdre*).

J. D. COURT, *Corneille accueilli au théâtre par le Grand Condé* (esquisse), 1828-29, Musée Pierre Corneille, Rouen.

Ses rivaux de la fin du siècle créent des œuvres qui privilégient le grand spectacle : le public aime les tragédies « à machines », avec des décors fastueux et des effets visuels, comme *Circé* de **Thomas Corneille**, frère de Pierre Corneille ou les premiers opéras français comme *Alceste*, *Thésée* ou *Armide* fruits d'une collaboration entre **Philippe Quinault et Lully**. Ces nouveaux genres influencent Racine qui introduit des chœurs chantés dans *Esther* (1689) et *Athalie* (1691).

Les querelles autour des règles

Si les théoriciens édictent des règles strictes, c'est aussi pour canaliser le théâtre, divertissement considéré comme moralement dangereux par **l'Église**. En effet, rire ou pleurer le temps d'un spectacle détourne, selon eux, les foules de la vraie vie et de Dieu. Toutefois, les auteurs ne poursuivent pas ce but en priorité. Qu'ils soient, comme Molière, acteur et chef de troupe ou, comme Racine, écrivain attitré d'une troupe célèbre, il leur faut d'abord **séduire un public averti**, avide de nouveauté. Ils doivent aussi s'assurer la protection des hommes de pouvoir qui leur commandent des œuvres, comme Richelieu et Louis XIV. Ces objectifs divergents engendrent des tensions et donnent lieu à des querelles retentissantes autour d'œuvres qui connaissent pourtant de véritables triomphes.

Le Cid (1637)

La création de cette tragi-comédie permet à Corneille d'être reconnu comme le maître incontesté de la scène. Pendant près d'un an pourtant, il subit des **attaques**, principalement d'auteurs dramatiques qui se voient éclipsés, comme Mairet et Scudéry. Ils lui reprochent de ne respecter qu'imparfaitement les trois unités : en effet, l'action se passe dans quatre lieux bien distincts. Ensuite, Corneille va à l'encontre des bienséances : l'héroïne, Chimène, accepte à la fin d'épouser Rodrigue, le meurtrier de son père. La pièce contrevient donc aussi à la règle de la constance des caractères. Richelieu lui-même pousse l'Académie à rédiger un texte critique, puis finit par ordonner à Mairet et Corneille de se réconcilier : il ne peut aller à contre-courant du succès du *Cid*.

L'École des femmes (1662)

Les attaques contre la pièce de Molière, qui connaît aussi un grand succès, viennent d'une part de la troupe concurrente de l'Hôtel de Bourgogne et de ses auteurs attitrés, les deux frères Corneille, et d'autre part des dévots et moralistes. Ils prétendent que la pièce, contenant des obscénités, contrevient à la règle de la **bienséance**. En se moquant du sacrement du mariage, Molière compromettrait la visée moralisatrice du genre comique. Les deux camps s'affrontent pendant un an avec des comédies, des essais critiques, des lettres, des stances comme celles écrites par Boileau en faveur du dramaturge. Celui-ci répond à ses détracteurs par deux courtes pièces en 1663, *La Critique de l'École des femmes* et *L'Impromptu de Versailles* où il se met en scène comme auteur et chef de troupe pour défendre la dignité de la comédie : « Bien des gens ont frondé cette comédie ; mais les rieurs ont été pour elle » dit-il dans la préface de l'édition, rappelant ainsi que le succès d'une comédie tient surtout... à sa force comique.

Molière fait répéter ses comédiens. Frontispice de *L'Impromptu de Versailles*, édition de 1682.

Contexte artistique et historique

LE THÉÂTRE DE FOIRE ET LA FARCE

Dès le Moyen Âge, des comédiens, jongleurs, acrobates s'installent sur les **places publiques** et dans les rues lors des **grandes foires annuelles**. À Paris, le Pont-Neuf et la place Dauphine deviennent vers 1620-1630 des lieux de promenade et de commerce permanents où des troupes dressent leurs tréteaux avec des décors de toiles peintes, ils donnent en plein air leurs farces. Turlupin, Gros-Guillaume et Gaultier-Garguille, aux costumes grotesques, constituent un trio comique appelé aussi **les «enfarinés»** à cause de leur maquillage blanc clownesque. Le premier est un valet rusé et acrobate tandis le deuxième est gros et balourd. Tous deux trompent le troisième, maigre vieillard pédant. Mondor et Tabarin forment un autre couple, celui du faux savant et du naïf, un peu sot. Leurs saynètes grossières sont aussi des satires de la médecine ou des hommes de loi. À côté de ces farceurs français qui s'inspirent des intrigues comiques des fabliaux du Moyen Âge, **les Italiens** apportent en France dès la fin du XVIe siècle un nouveau genre de farce, la *commedia dell'arte*, où ils utilisent un jeu masqué, improvisé, autour de quelques personnages-types. Les scénarios de *commedia* sont de simples canevas sur lesquels chaque acteur donne, à un moment ou un autre, libre cours à sa créativité avec des acrobaties, des grimaces, des bouffonneries, appelés *lazzi* dont voici des exemples : « pleurer et rire », « le suicide comique », « faire l'arbre », « le trop lourd fardeau ». Le théâtre de Molière, qui a été l'élève de Scaramouche, célèbre pour ses qualités de mime et d'acrobate, est très imprégné de ces *lazzi*.

HISTOIRE DES ARTS

Photogramme du film *Molière* d'Ariane Mnouchkine, 1978

Une farce de tréteaux sur le Pont-Neuf.

Le masque

D'origine religieuse et magique, le masque est utilisé dans le théâtre grec antique, puis à Rome, pour donner aux personnages une **identité visuelle** : à chaque type, son visage. Les masques tragiques exagèrent la souffrance des héros. Les masques comiques cultivent des expressions grotesques soulignant les défauts. La comédie italienne apparue au XVᵉ siècle suit le même principe avec des demi-masques ne couvrant que le haut du visage. D'origine religieuse et magique, le masque est utilisé dans le théâtre grec antique.

Le rire de la farce, antidote à la peur

ANALYSE DE L'IMAGE

1 @RECHERCHE Cherchez le sens du mot « tréteau » au théâtre. Décrivez puis caractérisez le décor en étudiant le choix du mobilier et des accessoires.

2 Quel type de relation ce théâtre en plein air crée-t-il avec le public ?

3 @RECHERCHE Lisez l'encadré et recherchez sur internet les deux types de la *commedia dell'arte* auxquels le personnage de droite peut correspondre. Quelles en sont les caractéristiques ? Que peut représenter le personnage de gauche ? Justifiez.

4 Décrivez la posture, les gestes et les costumes des deux personnages : quelle histoire sont-ils en train de jouer selon vous ? Vous paraissent-ils *comiques* ?

ÉCRITURE

Argumentation

Peut-on rire de tout ? Argumentez en vous appuyant sur des exemples de comédies ou d'humoristes contemporains.

VERS LE BAC

Invention

Imaginez un dialogue comique d'une douzaine de répliques s'inspirant des deux personnages. Pour chacun d'eux, inventez des *didascalies* (gestes, déplacements, *apartés*) à partir des *lazzi* (voir encadré) qu'ils pourraient créer sur scène.

▶ **Fiche 11** Comprendre un sujet d'écriture d'invention

HISTOIRE DES ARTS

Molière, L'Avare, 1668
Mise en scène de Catherine Hiegel, 2009

Frosine (D. Constanza), Harpagon (D. Podalydès), Cléante (B. Jungers), Mariane (M.-S. Ferdane), mise en scène de Catherine Hiegel (Comédie-Française, Paris, 2009).

Costume de théâtre et personnages

Dans le théâtre antique, le costume sert à **identifier chaque personnage comique** : tunique courte de l'esclave courant à ses fourberies, robe chatoyante de la courtisane, tunique et manteau de laine du riche vieillard, etc. Les comédiens italiens du XVIIe gardent cette tradition : l'habit multicolore d'Arlequin le distingue du Docteur, qui porte un habit noir et une fraise. Les costumes du théâtre classique français, en revanche, répondent à des impératifs techniques et économiques : ils doivent briller dans la faible lumière des chandelles de la rampe, mais dépendent des moyens financiers de chaque acteur responsable de ses propres costumes. Les troupes héritent souvent des habits de cour de leurs protecteurs, qui ne correspondent pas toujours à leurs rôles. La **vraisemblance** est cependant plus facile à atteindre pour la comédie où les milieux représentés sont contemporains des auteurs, que pour la tragédie dont l'action est située dans l'Antiquité. Ainsi, Molière incite ses acteurs à prêter davantage attention à la crédibilité de leur costume.

Au XVIIIe siècle, l'acteur de la Comédie-Française Talma, les écrivains Diderot et Voltaire prônent des **costumes réalistes** permettant l'identification de l'acteur à son rôle et celle du spectateur au personnage.

Aujourd'hui, le costume est un élément fondamental de la mise en scène. Il est en harmonie avec le décor et situe les personnages, non seulement dans leur époque, leur milieu, mais aussi les uns par rapport aux autres : maîtres et valets, riches et pauvres, jeunes et vieux sont ainsi visuellement repérables et caractérisés symboliquement par les couleurs, les matériaux et les formes de leurs costumes.

Les costumes dans *L'Avare*

Molière utilise le costume pour opposer de façon comique ses personnages. Harpagon critique les fanfreluches coûteuses de son fils, à la mode à la Cour de Louis XIV : « À quoi servent tous ces rubans dont vous voilà lardé depuis les pieds jusqu'à la tête ? » Au contraire, Frosine flatte ironiquement le vieillard en décrivant sa tenue datant de l'époque d'Henri IV : « Votre fraise[1] à l'antique fera sur son esprit un effet admirable. Mais surtout elle sera charmée de votre haut-de-chausses[2], attaché au pourpoint avec des aiguillettes[3]. »

1. Collerette.
2. Culotte bouffante.
3. Lacets servant à tenir la culotte, remplacés par des rubans à l'époque de Louis XIV.

Le mariage arrangé, entre intérêts et rivalités

LECTURE DE L'IMAGE

Un conflit de générations

1 @RECHERCHE Cherchez sur le site www.toutmoliere.net la liste des personnages de *L'Avare* et un résumé de l'intrigue. Schématisez les liens entre Frosine, Harpagon, Cléante et Mariane.

2 Analysez la position des **personnages**, leurs attitudes et le jeu des regards.

3 Après avoir lu « Costume de théâtre et personnages », décrivez les costumes. Montrez qu'ils symbolisent la rivalité des générations et le rapport de chaque personnage à l'argent.

L'argent, nerf de la guerre

4 Quel milieu social le décor suggère-t-il ? Justifiez en analysant l'architecture, les matériaux et la décoration.

5 MISE EN VOIX À quatre, lisez la scène 7 de l'acte III. Choisissez un passage et jouez un « arrêt sur image », sans dire le texte. La classe doit deviner quel personnage est incarné par chacun.

ÉCRITURE

Invention

Proposez une adaptation moderne de *L'Avare*. Décrivez le décor puis les costumes que vous donneriez aux quatre personnages. Argumentez.

LA COMÉDIE

Pierre Corneille
L'Illusion comique, 1635

Clindor a fui un père tyrannique et est devenu le serviteur de Matamore, un capitaine. Ce dernier se vante de conquêtes militaires et amoureuses, mais est en fait très peureux. Clindor lui fait croire qu'il l'aide à séduire Isabelle dont il est en réalité lui-même amoureux.

Biographie p. 671
Histoire littéraire p. 242, 272
Littérature et société p. 240
Repères historiques p. 30

ACTE II, SCÈNE 2

CLINDOR
1 Quoi ! Monsieur, vous rêvez ! Et cette âme hautaine,
Après tant de beaux faits, semble être encore en peine !
N'êtes-vous point lassé d'abattre des guerriers ?
Et vous faut-il encor de nouveaux lauriers ?

MATAMORE
5 Il est vrai que je rêve, et ne saurais résoudre
Lequel je dois des deux le premier mettre en poudre,
Du grand sophi[1] de Perse, ou bien du grand mogor[2].

CLINDOR
Eh ! de grâce, monsieur, laissez-les vivre encor.
Qu'ajouterait leur perte à votre renommée ?
10 D'ailleurs, quand auriez-vous rassemblé votre armée ?

MATAMORE
Mon armée ? Ah, poltron ! ah, traître ! pour leur mort
Tu crois donc que ce bras ne soit pas assez fort ?
Le seul bruit de mon nom renverse les murailles,
Défait les escadrons, et gagne les batailles.
15 Mon courage invaincu contre les empereurs
N'arme que la moitié de ses moindres fureurs ;
D'un seul commandement que je fais aux trois Parques[3],
Je dépeuple l'État des plus heureux monarques ;
La foudre est mon canon, les Destins mes soldats :
20 Je couche d'un revers mille ennemis à bas.
D'un souffle je réduis leurs projets en fumée ;
Et tu m'oses parler cependant d'une armée !
Tu n'auras pas l'honneur de voir un second Mars[4] ;
Je vais t'assassiner d'un seul de mes regards,
25 Veillaque[5] : toutefois, je songe à ma maîtresse ;
Ce penser m'adoucit : Va, ma colère cesse,
Et ce petit archer[6] qui dompte tous les Dieux
Vient de chasser la mort qui logeait dans mes yeux.
Regarde, j'ai quitté cette effroyable mine
30 Qui massacre, détruit, brise, brûle, extermine ;
Et pensant au bel œil qui tient ma liberté,
Je ne suis plus qu'amour, que grâce, que beauté.

Costume de capitaine Matamore, gravure en couleurs, 1882.

1. Roi de Perse.
2. Souverain de l'Empire mongol.
3. Les Parques sont les trois divinités qui, dans la mythologie grecque, décident de la durée de la vie humaine.
4. Mars est le dieu grec de la guerre.
5. Lâche.
6. Cupidon, le dieu de l'Amour.

Georges Wilson joue Matamore, dans sa propre mise en scène, 1966.

CLINDOR
Ô Dieux ! en un moment que tout vous est possible !
Je vous vois aussi beau que vous étiez terrible,
35 Et ne crois point d'objet si ferme en sa rigueur,
Qu'il puisse constamment vous refuser son cœur.

MATAMORE
Je te le dis encor, ne sois plus en alarme :
Quand je veux, j'épouvante ; et quand je veux, je charme ;
Et, selon qu'il me plaît, je remplis tour à tour
40 Les hommes de terreur, et les femmes d'amour.
Du temps que ma beauté m'était inséparable,
Leurs persécutions me rendaient misérable ;
Je ne pouvais sortir sans les faire pâmer[7] ;
Mille mouraient par jour à force de m'aimer :
45 J'avais des rendez-vous de toutes les princesses ;
Les reines, à l'envi[8], mendiaient mes caresses ;
Celle d'Éthiopie, et celle du Japon,
Dans leurs soupirs d'amour ne mêlaient que mon nom.
De passion pour moi deux sultanes troublèrent[9] ;
50 Deux autres, pour me voir, du sérail[10] s'échappèrent :
J'en fus mal quelque temps avec le Grand Seigneur.

CLINDOR
Son mécontentement n'allait qu'à votre honneur.

7. S'évanouir.
8. À qui mieux mieux.
9. Perdre la raison.
10. Lieu où sont enfermées les femmes du Grand Turc.

11. Les passions amoureuses.
12. Se résoudre.
13. Lettres d'amour.

Matamore dans *L'Illusion comique*, dessin de GEOFFROY, 1884.

MATAMORE

Ces pratiques nuisaient à mes desseins de guerre,
Et pouvaient m'empêcher de conquérir la terre.
55 D'ailleurs, j'en devins las ; et pour les arrêter,
J'envoyai le Destin dire à son Jupiter
Qu'il trouvât un moyen qui fît cesser les flammes[11]
Et l'importunité dont m'accablaient les dames :
Qu'autrement ma colère irait dedans les cieux
60 Le dégrader soudain de l'empire des Dieux,
Et donnerait à Mars à gouverner sa foudre.
La frayeur qu'il en eut le fit bientôt résoudre[12] :
Ce que je demandais fut prêt en un moment ;
Et depuis je suis beau quand je veux seulement.

CLINDOR

65 Que j'aurais, sans cela, de poulets[13] à vous rendre !

MATAMORE

De quelle que ce soit, garde-toi bien d'en prendre,
Sinon de... Tu m'entends ? Que dit-elle de moi ?

CLINDOR

Que vous êtes des cœurs et le charme et l'effroi ;
Et que si quelque effet peut suivre vos promesses,
70 Son sort est plus heureux que celui des Déesses

MATAMORE

Écoute, en ce temps-là, dont tantôt je parlais,
Les déesses aussi se rangeaient sous mes lois.

P. CORNEILLE, *L'Illusion comique*, Acte II, scène 2, 1635.

La tirade du fanfaron mégalomane

LECTURE

1 Dans quels domaines Matamore prétend-il exceller ? Analysez les champs **lexicaux** et l'effet produit par les **allitérations** (v. 11 à 16 et v. 44).

2 Quelle figure de style Matamore affectionne-t-il ? Pourquoi ce choix d'écriture est-il propre à faire rire le spectateur ?

3 Quelles relations Matamore entretient-il avec son valet ? Appuyez-vous sur les **apostrophes** et les adjectifs.

4 Comment Matamore se donne-t-il en spectacle ? Relevez les indices suggérant des gestes ou des jeux de scène.

HISTOIRE DES ARTS

Pourquoi les deux costumes soulignent-ils l'identité comique du personnage ?
Comment le jeu de l'acteur renforce-t-il le ridicule ?

RESTITUTION Après le visionnage de *L'Illusion comique*, rédigez une critique dans laquelle vous expliquez les choix de mise en scène. Vous direz ensuite si les choix correspondent à votre lecture de la pièce.

VERS LE BAC

Invention

En vous aidant des images et de la question 2, ajoutez des **didascalies** au dialogue indiquant le jeu des deux personnages.
▶ Fiche 11 Comprendre un sujet d'écriture d'invention

Commentaire

Vous montrerez le **comique** des v. 1 à 36 : expliquez d'abord comment fonctionne le couple maître/valet, puis analysez les procédés rendant Matamore ridicule.
▶ Fiche 13 Comprendre un sujet de commentaire

Molière
Les Précieuses ridicules, 1659

Biographie
p. 671

Histoire littéraire
p. 242, 272

Littérature et société
p. 240

Repères historiques
p. 30

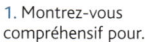

Cathos et Magdelon reçoivent Mascarille qu'elles prennent pour un marquis, alors que c'est un valet déguisé.

SCÈNE 9

CATHOS. – Mais de grâce, Monsieur, ne soyez pas inexorable[1] à ce fauteuil qui vous tend les bras il y a un quart d'heure, contentez un peu l'envie qu'il a de vous embrasser.

MASCARILLE, *après s'être peigné et avoir ajusté ses canons*[2]. – Eh bien, Mesdames, que dites-vous de Paris ?

MAGDELON. – Hélas ! qu'en pourrions-nous dire ? Il faudrait être l'antipode de la raison, pour ne pas confesser que Paris est le grand Bureau des merveilles, le centre du bon goût, du bel esprit et de la galanterie.

MASCARILLE. – Pour moi, je tiens que hors de Paris, il n'y a point de salut pour les honnêtes gens.

CATHOS. – C'est une vérité incontestable.

MASCARILLE. – Il y fait un peu crotté[3], mais nous avons la chaise[4].

MAGDELON. – Il est vrai que la chaise est un retranchement merveilleux contre les insultes de la boue, et du mauvais temps.

MOLIÈRE, *Les Précieuses ridicules*, Scène 9, 1659.

1. Montrez-vous compréhensif pour.
2. Ornements de dentelles entre le haut-de-chausses et les bas.
3. Se crotter : se salir.
4. Chaise à porteurs.

Catherine Ferran (Cathos), Andrzej Seweryn (Mascarille) et Catherine Hiegel (Magdelon), mise en scène de Dan Jemmett (Théâtre du Vieux Colombier, 2007).

Une galanterie ridicule

LECTURE

1 @RECHERCHE Expliquez le titre de la pièce : qu'est-ce qu'une précieuse ?

2 Quels types de personnages et quels défauts l'extrait tourne-t-il en ridicule ? Classez vos éléments de réponse.

3 À quel type de comique a-t-on affaire dans ce passage ?

4 Quelle fonction acquiert l'objet dans cette scène ?

HISTOIRE DES ARTS

Dans la mise en scène de Dan Jemmett, comment le jeu des acteurs et le choix des costumes renforcent-ils le comique ?

ÉCRITURE

Argumentation

Pourquoi le personnage de la précieuse est-il particulièrement théâtral ?

3 Molière
Sganarelle, 1660

Sganarelle ou le Cocu imaginaire est la pièce la plus jouée du vivant de Molière. Dans la scène 17, le personnage principal Sganarelle, convaincu de l'infidélité de sa femme, délibère sur la conduite à tenir.

SCÈNE 17

SGANARELLE, seul.

[…] Voyez quelle bonté de vouloir me venger :
En effet, son courroux[1] qu'excite ma disgrâce
M'enseigne hautement ce qu'il faut que je fasse,
Et l'on ne doit jamais souffrir sans dire mot
5 De semblables affronts à moins qu'être un vrai sot.
Courons donc le chercher cependant qui m'affronte,
Montrons notre courage à venger notre honte.
Vous apprendrez, maroufle[2], à rire à nos dépens
Et sans aucun respect faire cocus les gens.
(Il se retourne ayant fait trois ou quatre pas.)
10 Doucement, s'il vous plaît, cet homme a bien la mine
D'avoir le sang bouillant et l'âme un peu mutine[3],
Il pourrait bien mettant affront dessus affront
Charger de bois mon dos, comme il a fait mon front.
Je hais de tout mon cœur les esprits colériques,
15 Et porte grand amour aux hommes pacifiques :
Je ne suis point battant de peur d'être battu
Et l'humeur débonnaire est ma grande vertu.
Mais mon honneur me dit que d'une telle offense
Il faut absolument que je prenne vengeance.
20 Ma foi, laissons-le dire autant qu'il lui plaira,
Au diantre[4] qui pourtant rien du tout en fera :
Quand j'aurai fait le brave, et qu'un fer pour ma peine
M'aura d'un vilain coup transpercé la bedaine,
Que par la ville ira le bruit de mon trépas,
25 Dites-moi mon honneur en serez-vous plus gras ?

MOLIÈRE, *Sganarelle*, Scène 17, 1660.

1. Colère.
2. Personnage grossier, synonyme de fripon.
3. Rebelle.
4. Au diable.

Le dilemme du cocu tragique

LECTURE

1 @RECHERCHE En vous aidant du site www.toutmoliere.net, cherchez les pièces dans lesquelles apparaît le personnage de Sganarelle. Notez ses différentes conditions sociales et son évolution.

2 Qu'est-ce qui, dans le langage de Sganarelle, dénote une attitude aristocratique ?

3 Pourquoi Sganarelle renonce-t-il à son projet de vengeance ?

4 En quoi ce passage est-il particulièrement théâtral ?

ÉCRITURE

Commentaire

Rédigez un axe de commentaire montrant que le comique naît du mélange des registres dans ce monologue.

VERS LE BAC

Question sur corpus

Comparez cet extrait avec celui de *George Dandin*, autre personnage de « cocu » (p. 269). Pourquoi ces deux monologues sont-ils particulièrement comiques ?

▶ Fiche 9 **Répondre à une question sur un corpus**

4 Molière
L'École des femmes, 1663

ŒUVRE INTÉGRALE

❝ Entrée dans l'œuvre : Mettre en scène une ingénue

Isabelle Adjani dans le rôle d'Agnès, mise en scène de Jean-Paul Roussillon (Comédie-Française, Paris, 1973).

Agnès (Johanna Korthals Altes), mise en scène d'Éric Vigner (Comédie-Française, Paris, 1999).

❝ La naissance du personnage d'Agnès

L'*École des femmes* fait écho à *L'École des maris*, farce en trois actes écrite par Molière en 1661. On y retrouve Arnolphe, personnage masculin que ses opinions rétrogrades sur le mariage et les relations entre hommes et femmes rendent ridicule. Dans les deux pièces, Arnolphe devient un fiancé ou un mari trompé, malgré toutes ses précautions.

En revanche, le personnage d'Agnès est nouveau : ignorante et soumise, la jeune fille, grâce à l'amour, s'éveille à l'intelligence et acquiert une épaisseur psychologique. C'est l'« inconstance », l'évolution de son caractère, contraire aux conventions classiques, qui a déchaîné les critiques. Molière met ainsi à profit des thèmes à la mode dans les salons mondains qu'il fréquente, où l'on débat de la puissance de l'amour et de son rapport avec l'esprit. Il se moque également des préjugés bourgeois sur le rôle des femmes que les milieux aristocratiques critiquaient : les précieuses, femmes de lettres et intellectuelles, voyaient dans l'institution du mariage le principal lieu d'oppression des femmes.

Mlle de Brie avait déjà trente-deux ans quand elle créa le rôle en 1663. Pourtant, son succès fut tel que, lorsqu'elle voulut se faire remplacer en 1685, le parterre protesta. Mlle de Brie dut se précipiter au théâtre et jouer en costume de ville !

Mlle de Brie à la création du rôle en 1662.

La réception de l'œuvre : Des personnages vraisemblables ?

1. Molière, *La Critique de l'École des femmes*

Uranie réunit dans son salon des amis et connaissances. La conversation s'oriente sur la pièce de Molière que tous ont vue. Uranie et Dorante s'y sont amusés, les autres sont très critiques.

SCÈNE VI

URANIE. – Pour moi, je trouve que la beauté du sujet de *L'École des femmes* consiste dans cette confidence perpétuelle ; et ce qui me paraît assez plaisant, c'est qu'un homme qui a de l'esprit, et qui est averti de tout par une innocente qui est sa maîtresse, et par un étourdi qui est son rival, ne puisse avec cela éviter ce qui lui arrive.

LE MARQUIS. – Bagatelle, bagatelle.

CLIMÈNE. – Faible réponse.

ÉLISE. – Mauvaises raisons.

DORANTE. – Pour ce qui est des enfants par l'oreille, ils ne sont plaisants que par réflexion à Arnolphe[1] ; et l'auteur n'a pas mis cela pour être de soi un bon mot, mais seulement pour une chose qui caractérise l'homme, et peint d'autant mieux son extravagance, puisqu'il rapporte une sottise triviale qu'a dite Agnès comme la chose la plus belle du monde, et qui lui donne une joie inconcevable.

LE MARQUIS. – C'est mal répondre.

CLIMÈNE. – Cela ne satisfait point.

ÉLISE. – C'est ne rien dire.

DORANTE. – Quant à l'argent qu'il donne librement, outre que la lettre de son meilleur ami lui est une caution suffisante, il n'est pas incompatible qu'une personne soit ridicule en de certaines choses et honnête homme en d'autres.

MOLIÈRE, *La Critique de l'École des femmes*, Scène VI, 1663.

[1]. Si on les rapporte au personnage d'Arnolphe.

Olivier Ythier (Horace) et Pierre Arditi (Arnolphe), mise en scène de Didier Bezace
(Théâtre de la Commune, Aubervilliers, 2001).

2. Didier Bezace, metteur en scène

Ainsi *L'École* s'inverse : elle devait être celle d'un magister[1] tyrannique à l'égard d'une jeune conscience brimée, celle de l'appropriation, de la bêtise et de la cruauté, celle que l'on subit encore tout près de chez nous sous certains voiles, elle devient l'apprentissage forcé de l'humain par un homme solitaire et têtu. Si le combat de la vie semble gagné d'avance, celui de la lucidité apparaît comme perdu : Arnolphe restera jusqu'au bout un mauvais élève et la fin de la pièce le met au piquet pour toujours.

Est-ce cette fin sans appel qui fait de *L'École* une tragédie autant qu'une farce ?

D. BEZACE, Extrait du programme du spectacle (Théâtre de la Commune, Aubervilliers, 2001-2002).

[1]. Maître d'école.

3. Jean-Pierre Vincent, metteur en scène

Oh, nos jeunes amis ne sont pas des génies, pas des surdoués, non ! Agnès et Horace sont des personnes très ordinaires, loin du luxe baroque de Roméo et Juliette : une naïve et un gaffeur, comme on en voit dans les feuilletons, des ados comme il peut y en avoir tant.

J.-P. VINCENT, Dossier de l'Odéon (Théâtre de l'Europe, Paris, 2008).

1 Quelles invraisemblances dans les caractères les trois textes relèvent-ils ? Comment sont-elles expliquées ? Classez vos éléments de réponse.

2 Expliquez, en vous appuyant sur le texte 2 et les monologues d'Arnolphe (éd. Classiques Hachette, p. 77, 81-82, 91-92), pourquoi des metteurs en scène font souvent d'Arnolphe un personnage tragique.
MISE EN SCÈNE Comment le jeu de Pierre Arditi traduit-il cette idée ?

3 Horace et Agnès sont-ils pour vous « des ados comme il peut y en avoir tant » ? Argumentez.

EXTRAIT 1

L'ingénue « torture » le barbon

Arnolphe a appris par Horace, qui ignore sa véritable identité, sa rencontre avec Agnès. Il cherche à savoir ce qui s'est vraiment passé.

ACTE II, SCÈNE 5
ARNOLPHE, AGNÈS

1 **ARNOLPHE.** – Oui, mais que faisait-il étant seul avec vous ?
AGNÈS. – Il jurait qu'il m'aimait d'une amour sans seconde,
   Et me disait des mots les plus gentils du monde,
   Des choses que jamais rien ne peut égaler,
5 Et dont, toutes les fois que je l'entends parler,
   La douceur me chatouille et là-dedans remue
   Certain je ne sais quoi dont je suis tout émue.
ARNOLPHE, *à part.* – Ô fâcheux examen d'un mystère fatal,
   Où l'examinateur souffre seul tout le mal !
   (*À Agnès.*)
10 Outre tous ces discours, toutes ces gentillesses,
   Ne vous faisait-il point aussi quelques caresses ?
AGNÈS. – Oh tant ! Il me prenait et les mains et les bras,
   Et de me les baiser il n'était jamais las.
ARNOLPHE. – Ne vous a-t-il point pris, Agnès, quelqu'autre chose ?
   (*La voyant interdite.*)
15 Ouf !

EXTRAIT 2

L'École des femmes

Riche bourgeois de 42 ans, Arnolphe est le tuteur d'une fillette pauvre qu'il a élevée dans l'ignorance des choses de la vie pour l'épouser sans risque qu'elle le trompe. Mais la jeune Agnès a rencontré Horace qui s'est fait aimer d'elle et organise son enlèvement. Arnolphe vient de le découvrir.

ACTE V, SCÈNE 4

1 **ARNOLPHE.** – Vous ne m'aimez donc pas, à ce compte ?
AGNÈS. – Vous ?
ARNOLPHE. – Oui.
AGNÈS. – Hélas ! non.
5 **ARNOLPHE.** – Comment, non !
AGNÈS. – Voulez-vous que je mente ?
ARNOLPHE. – Pourquoi ne m'aimer pas, Madame l'impudente ?
AGNÈS. – Mon Dieu ! ce n'est pas moi que vous devez blâmer ;
   Que ne vous êtes-vous, comme lui, fait aimer ?
10 Je ne vous en ai pas empêché, que je pense.

ARNOLPHE. – Je m'y suis efforcé de toute ma puissance ;
   Mais les soins que j'ai pris, je les ai perdus tous.

AGNÈS. – Vraiment, il en sait donc là-dessus plus que vous ;
   Car à se faire aimer il n'a point eu de peine.

15 **ARNOLPHE.** – Voyez comme raisonne et répond la vilaine.
   Peste ! une Précieuse[1] en dirait-elle plus ?
   Ah ! je l'ai mal connue, ou, ma foi là-dessus
   Une sotte en sait plus que le plus habile homme ;
   Puisque en raisonnement votre esprit se consomme[2],
20 La belle raisonneuse, est-ce qu'un si long temps
   Je vous aurai pour lui nourrie à mes dépens ?

AGNÈS. – Non, il vous rendra tout jusques au dernier double.

ARNOLPHE. – Elle a de certains mots où mon dépit redouble.
   Me rendra-t-il, coquine, avec tout son pouvoir,
25 Les obligations que vous pouvez m'avoir ?

AGNÈS. – Je ne vous en ai pas d'aussi grandes qu'on pense.

ARNOLPHE. – N'est-ce rien que les soins d'élever votre enfance ?

AGNÈS. – Vous avez là dedans bien opéré vraiment,
   Et m'avez fait en tout instruire joliment,
30 Croit-on que je me flatte, et qu'enfin dans ma tête
   Je ne juge pas bien que je suis une bête ?
   Moi-même, j'en ai honte, et, dans l'âge où je suis
   Je ne veux plus passer pour sotte, si je puis.

MOLIÈRE, *L'École des femmes*, Acte V, scène 4
(éd. Classiques Hachette, p. 113-114), 1662.

1. Les Précieuses sont des intellectuelles au XVIIe siècle.
2. Excelle.

Isabelle Adjani et Michel Aumont,
mise en scène de Jean-Paul Roussillon
(Comédie-Française, Paris, 1973).

LECTURE

1 Pourquoi peut-on dire qu'Arnolphe est brutal avec Agnès ?
2 Comment Arnolphe tente-t-il d'imposer son autorité ?
3 Quelle image du personnage d'Arnolphe ce passage donne-t-il ?
4 Comment l'assurance d'Agnès s'exprime-t-elle ?

HISTOIRE DES ARTS

MISE EN SCÈNE Analysez la façon dont la mise en scène traduit le rapport de force.

ÉCRITURE

Commentaire
Rédigez un axe de commentaire qui analysera la complexité du personnage d'Arnolphe.

VERS LE BAC

Question sur corpus
Comparez cet extrait avec celui de *George Dandin* p. 269 : qu'est-ce qui rend le personnage du mari trompé à la fois comique et pathétique ?

▸ **Fiche 9** Répondre à une question sur un corpus

Molière
Tartuffe, 1664

Tartuffe, le faux dévot, s'est introduit chez Orgon. Il veut épouser sa fille mais convoite aussi sa femme Elmire et sa fortune. Elmire, pour démasquer l'imposteur, donne rendez-vous à Tartuffe et lui fait des avances pour qu'il dévoile ses sentiments. Le mari est caché sous la table.

Biographie p. 671
Histoire littéraire p. 242, 272
Littérature et société p. 240
Repères historiques p. 30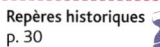

ACTE IV, SCÈNE 5

TARTUFFE, ELMIRE, ORGON

1 **TARTUFFE.** — Moins on mérite un bien, moins on l'ose espérer.
Nos vœux sur des discours ont peine à s'assurer.
On soupçonne aisément un sort tout plein de gloire,
Et l'on veut en jouir avant que de le croire.
5 Pour moi, qui crois si peu mériter vos bontés,
Je doute du bonheur de mes témérités ;
Et je ne croirai rien, que vous n'ayez, madame,
Par des réalités su convaincre ma flamme.

ELMIRE. — Mon Dieu, que votre amour en vrai tyran agit,
10 Et qu'en un trouble étrange il me jette l'esprit !
Que sur les cœurs il prend un furieux empire,
Et qu'avec violence il veut ce qu'il désire !
Quoi ? de votre poursuite on ne peut se parer,
Et vous ne donnez pas le temps de respirer ?
15 Sied-il bien de tenir une rigueur si grande,
De vouloir sans quartier les choses qu'on demande,
Et d'abuser ainsi par vos efforts pressants
Du faible que vous vous voyez qu'ont les gens ?

TARTUFFE. — Mais si d'un œil bénin[1] vous voyez mes hommages,
20 Pourquoi m'en refuser d'assurés témoignages ?

ELMIRE. — Mais comment consentir à ce que vous voulez,
Sans offenser le Ciel, dont toujours vous parlez ?

TARTUFFE. — Si ce n'est que le Ciel qu'à mes vœux on oppose,
Lever un tel obstacle est à moi peu de choses,
25 Et cela ne doit pas retenir votre cœur.

ELMIRE. — Mais des arrêts du Ciel on nous fait tant de peur !

TARTUFFE. — Je puis vous dissiper ces craintes ridicules,
Madame, et je sais l'art de lever les scrupules.
Le Ciel défend, de vrai, certains contentements ;
(C'est un scélérat qui parle.)
30 Mais on trouve avec lui des accommodements ;
Selon divers besoins, il est une science
D'étendre les liens de notre conscience,
Et de rectifier le mal de l'action

1. bienveillant.

Mise en scène de Stéphane Braunschweig, 2008.

    Avec la pureté de notre intention.
35 De ces secrets, madame, on saura vous instruire ;
    Vous n'avez seulement qu'à vous laisser conduire.
    Contentez mon désir, et n'ayez point d'effroi :
    Je vous réponds de tout, et prends le mal sur moi.
    (Elmire tousse plus fort.)
    Vous toussez fort, madame.

ELMIRE. — Oui, je suis au supplice.

TARTUFFE, *présentant à Elmire un cornet de papier.*
40 — Vous plaît-il un morceau de ce jus de réglisse ?

ELMIRE. — C'est un rhume obstiné, sans doute ; et je vois bien
    Que tous les jus du monde ici ne feront rien.

TARTUFFE. — Cela certes est fâcheux.

ELMIRE. — Oui, plus qu'on ne peut dire.

TARTUFFE. — Enfin votre scrupule est facile à détruire :
45 Vous êtes assurée ici d'un plein secret,
    Et le mal n'est jamais que dans l'éclat qu'on fait ;
    Le scandale du monde est ce qui fait l'offense,
    Et ce n'est pas pécher que pécher en silence.

ELMIRE, *après avoir encore toussé.*
    — Enfin je vois qu'il faut se résoudre à céder,
50 Qu'il faut que je consente à vous tout accorder,
    Et qu'à moins de cela je ne dois point prétendre
    Qu'on puisse être content, et qu'on veuille se rendre.
    Sans doute il est fâcheux d'en venir jusque-là,
    Et c'est bien malgré moi que je franchis cela ;
55 Mais puisque l'on s'obstine à m'y vouloir réduire,
    Puisqu'on ne veut point croire à tout ce qu'on peut dire,
    Et qu'on veut des témoins qui soient plus convaincants,
    Il faut bien s'y résoudre et contenter les gens.
    Si ce consentement porte en soi quelque offense,
60 Tant pis pour qui me force à cette violence
    La faute assurément n'en doit pas être à moi.

TARTUFFE. — Oui, madame, on s'en charge, et la chose de soi....

ELMIRE. — Ouvrez un peu la porte, et voyez, je vous prie,
Si mon mari n'est point dans cette galerie.

65 **TARTUFFE.** — Qu'est-il besoin pour lui du soin que vous prenez ?
C'est un homme, entre nous, à mener par le nez ;
De tous nos entretiens il est pour faire gloire,
Et je l'ai mis au point de voir tout sans rien croire.

ELMIRE. — Il n'importe : sortez, je vous prie, un moment,
70 Et partout, là dehors, voyez exactement.

MOLIÈRE, *Tartuffe*, Acte IV, scène 5, 1664.

Tartuffe de MOLIÈRE, mise en scène d'Anthony Magnier, 2010.

Arracher le masque de l'hypocrisie

LECTURE

1 Résumez les étapes de la scène 5 et les jeux de scène qui la rythment. Pourquoi Elmire est-elle prise à son piège ?

2 Comment Molière tire-t-il parti de la **double énonciation** ? Analysez les sens possibles du pronom « on » (v. 49 à 61).

3 Comment Tartuffe tente-t-il de séduire Elmire ? Analysez le lexique amoureux, les figures de style de chaque réplique.

4 Relevez le **champ lexical** de la religion : dans quel objectif chacun l'utilise-t-il ? Comment les mots les plus importants sont-ils mis en valeur ?

5 Que propose Tartuffe à Elmire ? En quoi ses propos sont-ils choquants ?

HISTOIRE DES ARTS

Décrivez le décor des deux **mises en scène** : quelles sont les différentes fonctions de la table ? Quelle image des personnages chaque **metteur en scène** construit-il ?

ÉCRITURE

Commentaire

Rédigez un axe de commentaire qui expliquerait la visée critique de Molière dans cet extrait.

VERS LE BAC

Invention

Louis Jouvet, metteur en scène, écrit : « Elmire provoque Tartuffe. [...] Je sais bien que c'est pour démasquer l'imposteur, mais qui ne se laisserait prendre à ce jeu lorsqu'il est amoureux ? »

Tartuffe a-t-il des circonstances atténuantes ? Rédigez la **tirade** qu'il prononcerait face à Orgon.

▶ **Fiche 11** Comprendre un sujet d'écriture d'invention

6. Molière
Premier placet sur Tartuffe, 1664

THÉORIE

Biographie p. 671

Histoire littéraire p. 242, 272

Littérature et société p. 240

Repères historiques p. 30

Dès la première représentation, Tartuffe *fait scandale. Une cabale, organisée par les dévots, groupe religieux régentant les esprits et les mœurs et influençant Louis XIV, obtient l'interdiction. Molière multiplie les placets au roi, des requêtes pour lever l'interdiction. Il attendra cinq ans.*

Sire,

Le devoir de la comédie étant de corriger les hommes en les divertissant[1], j'ai cru que, dans l'emploi où je me trouve, je n'avais rien de mieux à faire que d'attaquer par des peintures ridicules les vices de mon siècle ; et comme l'hypocrisie sans doute
5 en est un des plus en usage, des plus incommodes et des plus dangereux, j'avais eu, Sire, la pensée que je ne rendrais pas un petit service à tous les honnêtes gens de votre royaume, si je faisais une comédie qui décriât les hypocrites et mît en vue, comme il faut, toutes les grimaces étudiées de ces gens de bien à outrance, toutes les friponneries couvertes de ces faux-monnayeurs en dévotion, qui veulent attraper
10 les hommes avec un zèle contrefait et une charité sophistique[2].

Cependant toutes mes précautions ont été inutiles. On a profité, Sire, de la délicatesse de votre âme sur les matières de religion, et l'on a su vous prendre par l'endroit seul que vous êtes prenable, je veux dire par le respect des choses saintes.
15 Les tartuffes[3], sous main, ont eu l'adresse de trouver grâce auprès de Votre Majesté ; et les originaux enfin ont fait supprimer la copie, quelque innocente qu'elle fût, et quelque res-
20 semblante qu'on la trouvât.

MOLIÈRE, *Premier placet sur* Tartuffe, 1664.

Edmond GEFFROY (1804-1895), *Molière et les caractères de ses comédies*, 1857, huile sur toile, 158 × 170 cm (Comédie-Française, Paris).

1. « *Castigat ridendo mores* » [La comédie] corrige les mœurs en faisant rire : citation latine, attribuée à Horace, qui était la devise de la troupe des comédiens italiens avec qui Molière partageait une salle de théâtre.

2. Trompeuse.

3. Le nom propre devient ici nom substantif et désigne les hypocrites.

Défendre la comédie

LECTURE

1 Pourquoi Molière s'adresse-t-il au roi ?

2 De quoi Molière s'estime-t-il victime ?

3 Relevez les expressions désignant les faux dévots critiqués par Molière dans *Tartuffe*. Pourquoi sont-ils dangereux ?

4 @RECHERCHE Recherchez des informations sur les relations qui opposent Molière et les dévots. En quoi ont-elles marqué son parcours ?

5 Comment la comédie joue-t-elle un rôle moral selon Molière ?

VERS LE BAC

Dissertation

Pourquoi une leçon passe-t-elle mieux par le rire ? Vous argumenterez en prenant pour exemples des textes du manuel ou d'autres œuvres que vous avez lues.
▶ Fiche 17 Comprendre un sujet de dissertation

Invention

Imaginez le dialogue possible entre un dévot sincèrement choqué et un spectateur séduit à la sortie d'une représentation de *Tartuffe*. La question débattue est : peut-on rire de tout ? Votre argumentation s'appuiera sur des éléments précis (personnages, intrigue).
▶ Fiche 11 Comprendre un sujet d'écriture d'invention

7 Molière
Dom Juan, 1665

Biographie
p. 671

Histoire littéraire
p. 242, 272

Littérature et société
p. 240

Repères historiques
p. 30

Dom Juan est un noble libertin : il ne respecte aucun principe moral et promet le mariage aux femmes pour mieux les séduire puis les abandonner. Devant son valet Sganarelle, il charme deux jeunes paysannes à qui il a proposé tour à tour le mariage.

ACTE II, SCÈNE 4

DOM JUAN, SGANARELLE, CHARLOTTE, MATHURINE

1   **DOM JUAN**, *embarrassé, leur dit à toutes deux*. — Que voulez-vous que je dise ? Vous soutenez également toutes deux que je vous ai promis de vous prendre pour femmes. Est-ce que chacune de vous ne sait pas ce qui en est, sans qu'il soit nécessaire que je m'explique davantage ? Pourquoi m'obliger là-dessus à des
5   redites ? Celle à qui j'ai promis effectivement n'a-t-elle pas en elle-même de quoi se moquer des discours de l'autre, et doit-elle se mettre en peine, pourvu que j'accomplisse ma promesse ? Tous les discours n'avancent point les choses ; il faut faire et non pas dire, et les effets décident mieux que les paroles. Aussi n'est-ce rien que par là que je vous veux mettre d'accord, et l'on verra, quand je
10 me marierai, laquelle des deux a mon cœur. *(Bas, à Mathurine)* Laissez-lui croire ce qu'elle voudra. *(Bas, à Charlotte)* Laissez-la se flatter dans son imagination. *(Bas, à Mathurine)* Je vous adore. *(Bas, à Charlotte)* Je suis tout à vous. *(Bas, à Mathurine)* Tous les visages sont laids auprès du vôtre. *(Bas, à Charlotte)* On ne peut plus souffrir les autres quand on vous a vue. J'ai un petit ordre à donner ; je
15 viens vous retrouver dans un quart d'heure.

Dom Juan de MOLIÈRE, mise en scène de Bernard Sobel, 1973.

CHARLOTTE, *à Mathurine*. — Je suis celle qu'il aime, au moins.

MATHURINE. — C'est moi qu'il épousera.

SGANARELLE. — Ah ! pauvres filles que vous êtes, j'ai pitié de votre innocence, et je ne puis souffrir de vous voir courir à votre malheur. Croyez-moi l'une et l'autre : ne vous amusez point à tous les contes qu'on vous fait, et demeurez dans votre village.

DOM JUAN, *revenant*. — Je voudrais bien savoir pourquoi Sganarelle ne me suit pas.

SGANARELLE. — Mon maître est un fourbe ; il n'a dessein que de vous abuser, et en a bien abusé d'autres ; c'est l'épouseur du genre humain, et... *(Il aperçoit Dom Juan.)* Cela est faux ; et quiconque vous dira cela, vous lui devez dire qu'il en a menti. Mon maître n'est point l'épouseur du genre humain, il n'est point fourbe, il n'a pas dessein de vous tromper, et n'en a point abusé d'autres. Ah ! tenez, le voilà ; demandez le plutôt à lui-même.

DOM JUAN. — Oui.

SGANARELLE. — Monsieur, comme le monde est plein de médisants, je vais au-devant des choses ; et je leur disais que, si quelqu'un leur venait dire du mal de vous, elles se gardassent bien de le croire, et ne manquassent pas de lui dire qu'il en aurait menti.

DOM JUAN. — Sganarelle.

SGANARELLE. — Oui, Monsieur est homme d'honneur, je le garantis tel.

DOM JUAN. — Hon !

SGANARELLE. — Ce sont des impertinents.

MOLIÈRE, *Dom Juan*, Acte II, scène 4, 1665.

Le mariage comme un jeu

LECTURE

1 Quelles sont les différentes stratégies de Dom Juan pour garder la mainmise ? Analysez les types de phrases et la progression logique. Que traduit le subterfuge qu'il emploie pour clore le dialogue ?

2 Pourquoi Sganarelle intervient-il ? Quel est le registre de sa réplique (l. 18-25) ? Analysez le lexique, les figures de style, les modes verbaux.

3 Comment la naïveté des paysannes est-elle tournée en ridicule ?

4 Que se passe-t-il dès que Dom Juan réapparaît ? Quel procédé syntaxique achève de ridiculiser le valet ?

HISTOIRE DES ARTS

MISE EN SCÈNE Comment B. Sobel souligne-t-il le **comique de situation** et de **caractère** ?

ÉCRITURE

Commentaire
Rédigez un axe du commentaire analysant le **comique de caractère** ainsi que sa portée.

VERS LE BAC

Invention
Sganarelle écrit à un autre valet. Rédigez la lettre dans laquelle il fait le portrait de son maître à partir de cet épisode.

▶ Fiche 11 Comprendre un sujet d'écriture d'invention

Molière
Le Misanthrope, 1666

Alceste le misanthrope aime Célimène, jeune veuve très courtisée. Celle-ci reçoit dans son salon deux marquis amoureux d'elle, Acaste et Clitandre, sa cousine Éliante et un ami, Philinte. Ils dressent le portrait de courtisans connus d'eux. Alceste assiste, malgré lui, à l'entretien.

Biographie
p. 671

Histoire littéraire
p. 242, 272

Littérature et société
p. 240

Repères historiques
p. 30

ACTE II, SCÈNE 4

ÉLIANTE, PHILINTE, ACASTE, CLITANDRE, ALCESTE, CÉLIMÈNE

1 **ACASTE**. — Parbleu ! s'il faut parler de gens extravagants,
Je viens d'en essuyer un des plus fatigants ;
Damon, le raisonneur, qui m'a, ne vous déplaise,
Une heure, au grand soleil, tenu hors de ma chaise[1].

5 **CÉLIMÈNE**. — C'est un parleur étrange, et qui trouve toujours
L'art de ne vous rien dire avec de grands discours ;
Dans les propos qu'il tient, on ne voit jamais goutte,
Et ce n'est que du bruit que tout ce qu'on écoute.

ÉLIANTE, *à Philinte* — Ce début n'est pas mal ; et contre le prochain
10 La conversation prend un assez bon train.

CLITANDRE. — Timante encor, madame, est un bon caractère.

CÉLIMÈNE. — C'est de la tête aux pieds un homme tout mystère,
Qui vous jette en passant un coup d'œil égaré,
Et, sans aucune affaire, est toujours affairé.
15 Tout ce qu'il vous débite en grimaces abonde ;
À force de façon, il assomme le monde ;
Sans cesse il a, tout bas, pour rompre l'entretien,
Un secret à vous dire, et ce secret n'est rien ;
De la moindre vétille[2] il fait une merveille,
20 Et jusques au bonjour, il dit tout à l'oreille.

ACASTE. — Et Géralde, madame ?

CÉLIMÈNE. — Ô l'ennuyeux conteur !
Jamais on ne le voit sortir du grand seigneur[3] ;
Dans le brillant commerce il se mêle sans cesse,
Et ne cite jamais que duc, prince ou princesse :
25 La qualité l'entête[4] ; et tous ses entretiens
Ne sont que de chevaux, d'équipage et de chiens ;
Il tutaye[5] en parlant ceux du plus haut étage,
Et le nom de monsieur est chez lui hors d'usage.

CLITANDRE. — On dit qu'avec Bélise il est du dernier bien.

30 **CÉLIMÈNE**. — Le pauvre esprit de femme, et le sec entretien[6] !
Lorsqu'elle vient me voir, je souffre le martyre :
Il faut suer sans cesse à chercher que lui dire,

---

1. Chaise à porteurs.
2. Futilité.
3. Avoir d'autres sujets de conversation que des personnes de la haute noblesse.
4. Il est obsédé par le rang social.
5. Tutoie.
6. Manque de conversation.

Le Misanthrope de MOLIÈRE, mise en scène de Stéphane Braunschweig, 2003.

    Et la stérilité de son expression
    Fait mourir à tous coups la conversation.
35 En vain, pour attaquer son stupide silence,
    De tous les lieux communs vous prenez l'assistance :
    Le beau temps et la pluie, et le froid et le chaud
    Sont des fonds qu'avec elle on épuise bientôt.
    Cependant sa visite, assez insupportable,
40 Traîne en une longueur encore épouvantable ;
    Et l'on demande l'heure, et l'on bâille vingt fois,
    Qu'elle grouille[7] aussi peu qu'une pièce de bois.

ACASTE. — Que vous semble d'Adraste ?

CÉLIMÈNE. — Ah ! quel orgueil extrême !
    C'est un homme gonflé de l'amour de soi-même.
45 Son mérite jamais n'est content de la Cour :
    Contre elle il fait métier[8] de pester chaque jour,
    Et l'on ne donne emploi, charge ni bénéfice[9],
    Qu'à tout ce qu'il se croit on ne fasse injustice.

CLITANDRE. — Mais le jeune Cléon, chez qui vont aujourd'hui
50 Nos plus honnêtes gens, que dites-vous de lui ?

CÉLIMÈNE. — Que de son cuisinier il s'est fait un mérite,
    Et que c'est à sa table à qui l'on rend visite.

ÉLIANTE. — Il prend soin d'y servir des mets fort délicats.

CÉLIMÈNE. — Oui, mais je voudrais bien qu'il ne s'y servît pas :
55 C'est un fort méchant plat que sa sotte personne,
    Et qui gâte, à mon goût, tous les repas qu'il donne.

PHILINTE. — On fait assez de cas de son oncle Damis :
    Qu'en dites-vous, madame ?

7. Remue.
8. Principale occupation.
9. L'emploi est une charge temporaire, la charge est permanente ; le bénéfice est un titre ecclésiastique.

CÉLIMÈNE. — Il est de mes amis.

PHILINTE. — Je le trouve honnête homme, et d'un air assez sage.

60 **CÉLIMÈNE.** — Oui; mais il veut avoir trop d'esprit, dont j'enrage ;
Il est guindé sans cesse, et dans tous ses propos,
On voit qu'il se travaille à dire de bons mots.
Depuis que dans la tête il s'est mis d'être habile[10],
Rien ne touche son goût, tant il est difficile.
65 Il veut voir des défauts à tout ce qu'on écrit,
Et pense que louer n'est pas d'un bel esprit,
Que c'est être savant que trouver à redire,
Qu'il n'appartient qu'aux sots d'admirer et de rire,
Et qu'en n'approuvant rien des ouvrages du temps,
70 Il se met au-dessus de tous les autres gens ;
Aux conversations même il trouve à reprendre :
Ce sont propos trop bas pour y daigner descendre ;
Et les deux bras croisés, du haut de son esprit
Il regarde en pitié tout ce que chacun dit.

75 **ACASTE.** — Dieu me damne, voilà son portrait véritable.

CLITANDRE. — Pour bien peindre les gens vous êtes admirable.

ALCESTE. — Allons, ferme, poussez[11], mes bons amis de cour,
Vous n'en épargnez point, et chacun a son tour :
Cependant aucun d'eux à vos yeux ne se montre,
80 Qu'on ne vous voie, en hâte, aller à sa rencontre,
Lui présenter la main, et d'un baiser flatteur
Appuyer les serments d'être son serviteur.

MOLIÈRE, *Le Misanthrope*, Acte II, scène 4, 1666.

10. « Habile » veut dire « qui a de l'esprit » au XVIIe siècle.

11. Pousser : terme emprunté à l'escrime qui veut dire « continuer ».

Le rire acide de la médisance

LECTURE

1 Comment le dialogue progresse-t-il ? Déterminez qui mène le débat et quels rôles jouent tous les personnages présents.

2 Quels différents procédés rendent les portraits brossés par Célimène vivants ou drôles ?

3 Quelle figure de style Célimène utilise-t-elle le plus ? Pour quel effet *comique* ?

4 Quel personnage vous semble incarner la voix de la clairvoyance ? Justifiez.

5 SYNTHÈSE En vous appuyant sur l'ensemble des textes de Molière (p. 253 à 269), rédigez une synthèse des cibles de l'auteur.

HISTOIRE DES ARTS

MISE EN SCÈNE S. Braunschweig a installé le groupe sur le lit de Célimène. Tentez d'identifier les différents personnages à leur position. Comment se justifie cette interprétation moderne de la situation ?

ÉCRITURE

Commentaire

Rédigez un axe de commentaire montrant comment cette scène des portraits met en valeur le personnage de Célimène.

VERS LE BAC

Dissertation

Le comique d'une pièce de théâtre ne sert-il qu'à divertir et amuser ? Vous argumenterez en prenant pour exemples cet extrait et d'autres œuvres du manuel ou que vous avez lues.

▶ Fiche 11 Comprendre un sujet d'écriture d'invention

9 Molière
L'Avare, 1668

Biographie p. 671
Histoire littéraire p. 242, 272
Littérature et société p. 240
Repères historiques p. 30

Élise refuse d'épouser le seigneur Anselme que son père, Harpagon, lui destine. Il demande à Valère, son intendant, son avis sur le sujet, sans savoir que le jeune homme est amoureux d'Élise. Valère n'ose contredire son maître.

ACTE I, SCÈNE 5
HARPAGON, VALÈRE, ÉLISE

1 **HARPAGON.** – C'est une occasion qu'il faut prendre vite aux cheveux[1]. Je trouve ici un avantage, qu'ailleurs je ne trouverais pas ; et il s'engage à la prendre sans dot.

VALÈRE. – Sans dot ?

HARPAGON. – Oui.

5 **VALÈRE.** – Ah ! je ne dis plus rien. Voyez-vous, voilà une raison tout à fait convaincante ; il se faut rendre à cela.

HARPAGON. – C'est pour moi une épargne considérable.

VALÈRE. – Assurément, cela ne reçoit point de contradiction. Il est vrai que votre fille peut vous représenter que le mariage est une plus grande affaire qu'on
10 ne peut croire ; qu'il y va d'être heureux ou malheureux toute sa vie ; et qu'un engagement qui doit durer jusqu'à la mort, ne se doit jamais faire qu'avec de grandes précautions.

HARPAGON. – Sans dot.

VALÈRE. – Vous avez raison. Voilà qui décide tout, cela s'entend. Il y a des gens
15 qui pourraient vous dire qu'en de telles occasions l'inclination d'une fille est un chose sans doute où l'on doit avoir de l'égard ; et que cette grande inégalité d'âge, d'humeur et de sentiments, rend un mariage sujet à des accidents très fâcheux.

HARPAGON. – Sans dot.

VALÈRE. – Ah ! Il n'y a pas de réplique à cela. On le sait bien. Qui diantre peut
20 aller là-contre ?

MOLIÈRE, *L'Avare*, Acte I, scène 5, 1668.

1. Qu'il ne faut pas manquer.

Avec ou sans dot ?

LECTURE
1 Quels inconvénients Valère oppose-t-il à Harpagon ?
2 Quelle vision du mariage propose-t-il ?
3 Qu'est-ce qui rend Valère comique ? Analysez l'énonciation et la modalisation dans ses propos.
4 **MISE EN ESPACE** Imaginez à trois une mise en espace pour le dialogue de Molière : où placer Élise, Harpagon et Valère ? Élise se déplace-t-elle ? Les deux hommes la regardent-ils ? Testez plusieurs possibilités et justifiez-les devant la classe.

VERS LE BAC

Invention
En vous aidant de votre mise en espace, ajoutez des didascalies au dialogue de Molière pour souligner les relations entre les personnages.
▶ Fiche 11 Comprendre un sujet d'écriture d'invention

Question sur un corpus
Comparez Valère à Clindor dans *L'Illusion comique* (p. 250) : comment la comédie utilise-t-elle le personnage du jeune homme désargenté ?
▶ Fiche 9 Répondre à une question sur un corpus

10 Molière
George Dandin, 1668

George Dandin, paysan enrichi, a épousé une jeune fille de la noblesse pauvre, Angélique, mais il est méprisé de sa femme comme de ses beaux-parents. Il vient de découvrir qu'Angélique accepte les avances d'un gentilhomme.

Biographie p. 671
Histoire littéraire p. 242, 272
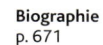
Littérature et société p. 240

Repères historiques p. 30

ACTE I, SCÈNE 3
GEORGE DANDIN

1 Hé bien ! George Dandin, vous voyez de quel air votre femme vous traite. Voilà ce que c'est d'avoir voulu épouser une demoiselle[1] : l'on vous accommode de toutes pièces[2], sans que vous puissiez vous
5 venger, et la gentilhommerie vous tient les bras liés. L'égalité des conditions laisse du moins à l'honneur d'un mari liberté de ressentiment ; et si c'était une paysanne, vous auriez maintenant toutes vos coudées franches[3] à vous en faire la justice à bons coups
10 de bâton. Mais vous avez voulu tâter de la noblesse, et il vous ennuyait d'être maître chez vous. Ah ! j'enrage de tout mon cœur, et je me donnerais volontiers des soufflets. Quoi ? écouter impudemment l'amour d'un damoiseau, et y promettre en
15 même temps de la correspondance[4] ! Morbleu ! je ne veux point laisser passer une occasion de la sorte. Il me faut de ce pas aller faire mes plaintes au père et à la mère, et les rendre témoins, à telle fin que de raison[5], des sujets de chagrin et de ressentiment que leur fille me donne. Mais les voici l'un et l'autre fort à propos.

MOLIÈRE, *George Dandin*, Acte I, scène 3, 1668.

George Dandin de MOLIÈRE, mise en scène de Mario Gonzalès, 2009.

1. Jeune fille de la noblesse.
2. On vous maltraite.
3. Vous auriez toute liberté d'agir.
4. De la réciprocité.
5. À toutes fins utiles.

Le monologue du mari trompé

LECTURE
1 Délimitez les trois étapes de ce monologue. Justifiez par le relevé des marques de personne, des interjections, des types de phrases.
2 Ce mariage est-il voué à l'échec ? Justifiez votre propos.
3 En quoi Dandin est-il à la fois **comique** et **pathétique** ? Quels aspects moins sympathiques révèle-t-il également ?

HISTOIRE DES ARTS
MISE EN SCÈNE Analysez, dans la mise en scène de M. Gonzalès, les choix de costume, de posture pour cette scène. Correspondent-ils à votre vision de la scène ? Quel est l'intérêt du masque ?

ÉCRITURE

Commentaire
Rédigez un axe de commentaire expliquant les contradictions du personnage de George Dandin.

VERS LE BAC

Invention
Écrivez le monologue d'Angélique, mécontente elle aussi de ce mariage. Elle exprimera ses sentiments et cherchera des solutions **comiques** pour améliorer sa situation. Le monologue se terminera par l'arrivée d'un personnage.
▶ **Fiche 11** Comprendre un sujet d'écriture d'invention

5 Le XVIIᵉ siècle, Grand Siècle du théâtre | **269**

11 Jean Racine
Les Plaideurs, 1668

Les Plaideurs est l'unique comédie de Racine. La satire porte sur les gens de loi (appelés, au XVIe siècle, gens de robe ou encore « robins »). Dans l'extrait qui suit, Dandin, un juge à moitié fou, organise le procès d'un chien, Citron. Il est entouré de son secrétaire l'Intimé, de son fils Léandre et de son portier Petit Jean.

Biographie p. 671
Histoire littéraire p. 242, 272
Littérature et société p. 240
Repères historiques p. 30

ACTE III, SCÈNE 3

1 L'INTIMÉ[1]. —   Ho ! vous êtes si prompt !
                (Vite)
   Voici le fait. Un chien vient dans une cuisine ;
   Il y trouve un chapon, lequel a bonne mine.
   Or celui pour lequel je parle est affamé,
5 Celui contre lequel je parle *autem*[2] plumé ;
   Et celui pour lequel je suis prend en cachette
   Celui contre lequel je parle. L'on décrète[3] :
   On le prend. Avocat pour et contre appelé ;
   Jour pris. Je dois parler, je parle, j'ai parlé.
10 DANDIN. — Ta, ta, ta, ta. Voilà bien instruire une affaire !
   Il dit fort posément ce dont on n'a que faire […]
   L'INTIMÉ, *d'un ton véhément*[4]. —
   Qu'arrive-t-il, Messieurs ? On vient. Comment vient-on ?
   On poursuit ma partie. On force une maison.
   Quelle maison ? Maison de notre propre juge !
15 On brise le cellier[5] qui nous sert de refuge !
   De vol, de brigandage on nous déclare auteurs !
   On nous traîne, on nous livre à nos accusateurs.
   À maître Petit Jean, Messieurs. Je vous atteste :
   Qui ne sait que la loi *Si quis canis*, Digeste[6],
20 *De Vi*, paragrapho, Messieurs, *Caponibus*[7],
   Est manifestement contraire à cet abus ?
   Et quand il serait vrai que Citron, ma partie,
   Aurait mangé, Messieurs, le tout, ou bien partie
   Dudit chapon[8] : qu'on mette en compensation
25 Ce que nous avons fait avant cette action.
   Quand ma partie a-t-elle été réprimandée ?
   Par qui votre maison a-t-elle été gardée ?
   Quand avons-nous manqué d'aboyer au larron ?
   Témoin trois procureurs, dont icelui[9] Citron
30 A déchiré la robe. On en verra les pièces.
   Pour nous justifier, voulez-vous d'autres pièces ?
   PETIT JEAN. — Maître Adam...
   L'INTIMÉ. —   Laissez-nous.
   PETIT JEAN. —   L'Intimé...
   L'INTIMÉ. —   Laissez-nous.

---

1. Dans le jargon judiciaire, personne assignée en justice. Ici, le secrétaire de Dandin.
2. En latin, pour sa part, de son côté.
3. On donne l'ordre de se saisir de la personne (prise de corps).
4. Qui exprime la colère.
5. Cave.
6. Il s'agit du Digeste de Justinien, un recueil méthodique de lois. L'article *Si quis canis* (« Si quelque chien ») est une pure invention de Racine.
7. En latin : de la violence, paragraphe « Des chapons ».
8. Jeune coq châtré que l'on engraisse.
9. Celui (archaïsme).

10. Prononciation archaïque pour « omettre ».
11. S'écarter de son sujet.
12. En abrégé.

PETIT JEAN. — S'enroue.

L'INTIMÉ. — Hé laissez-nous. Euh ! euh !

DANDIN. — Reposez-vous, Et concluez.

L'INTIMÉ, *d'un ton pesant*. —
Puis donc, qu'on nous, permet, de prendre,
35 Haleine, et que l'on nous défend, de nous, étendre,
Je vais, sans rien obmettre[10], et sans prévariquer[11],
Compendieusement[12] énoncer, expliquer,
Exposer, à vos yeux, l'idée universelle
De ma cause, et des faits, renfermés, en icelle.

40 DANDIN. — Il aurait plus tôt fait de dire tout vingt fois,
Que de l'abréger une. Homme, ou qui que tu sois,
Diable, conclus ; ou bien que le ciel te confonde.

L'INTIMÉ. — Je finis.

DANDIN. — Ah !

L'INTIMÉ. — Avant la naissance du monde...

DANDIN, *bâillant*. — Avocat, ah ! passons au déluge.

J. RACINE, *Les Plaideurs*, acte III, scène 3, 1668.

Les Plaideurs de Jean RACINE (1639-1699).
Acte III, scène 3 : Dandin, l'Intimé et Léandre.
Illustration de J. GERLIER, 1880.

Nom d'un chien !

LECTURE

1 Identifiez l'objet du procès et les rôles que tiennent les différents personnages dans cette cour de justice improvisée.

2 Quels sont les tours de langage qui rendent peu compréhensible le discours de l'Intimé ? Faites un relevé précis des expressions spécifiques au langage judiciaire.

3 Quels sont les éléments propres au jeu théâtral et à la mise en scène qui ont pour fonction de rendre ridicule l'orateur ?

4 ORAL Préparez une lecture expressive du passage qui mettra en valeur l'éloquence ridicule de l'Intimé.

5 @RECHERCHE Recherchez sur Internet ou dans des encyclopédies des informations sur *Les Guêpes* d'Aristophane. Comment expliquez-vous qu'un auteur du XVIIe siècle comme Racine s'en inspire ?

VERS LE BAC

Invention

Imaginez le dialogue dans lequel un magistrat s'oppose à Jean Racine pour débattre de la grandeur ou des ridicules du pouvoir judiciaire. Vous veillerez à équilibrer les arguments en faveur et défaveur de la justice.

▶ Fiche 11 Comprendre un sujet d'écriture d'invention

Histoire littéraire
La comédie

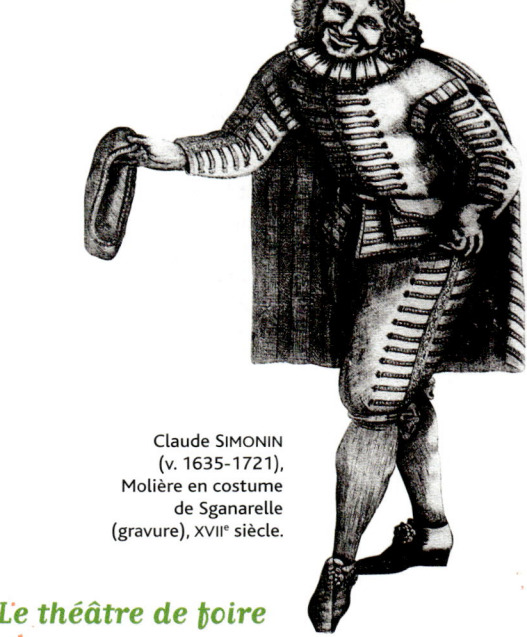

Claude SIMONIN (v. 1635-1721), Molière en costume de Sganarelle (gravure), XVIIe siècle.

Les origines antiques

La comédie, née à Athènes au Ve siècle av. J.-C, aurait pour origine le *cômos*, procession en l'honneur du **dieu Dionysos** où des personnages déguisés se moquaient de la foule. Sa forme théâtrale s'élabore en concurrence avec la tragédie, considérée comme plus noble : ainsi, lors des concours de théâtre aux Grandes Dionysies, un seul jour est réservé aux comédies alors qu'on en accorde trois aux tragédies. Cette **hiérarchie** entre les deux genres, l'un « élevé » et l'autre « bas », est justifiée et théorisée par Aristote au IVe siècle dans sa *Poétique*. Elle est reprise par les auteurs classiques français et, dans une certaine mesure, elle existe encore aujourd'hui.

De cette Comédie Ancienne, seule l'œuvre d'Aristophane, satirique et politique, nous est restée.

→ **Ex** : Dans *L'Assemblée des femmes*, Aristophane critique le manque de rigueur de la politique athénienne.

Les auteurs latins, comme Plaute et Térence, au IIe siècle av. J.-C., adaptent les auteurs grecs du IVe siècle comme Ménandre pour inventer une comédie qui met en scène un esclave fourbe, un père avare, un proxénète cupide, un soldat fanfaron. Comme chez les Grecs, tous les rôles sont joués par des hommes affublés de masques grotesques et d'accessoires ridicules.

→ **Ex** : Le *Soldat fanfaron* de Plaute montre un soldat ridicule dupé par un parasite. À Rome, l'un portait un couteau de boucher, l'autre de grandes oreilles.

Le soldat et le proxénète dans *Pseudolus* de PLAUTE, mis en scène par Brigitte Jaques-Wajeman, 2003.

Le théâtre de foire

Au Moyen Âge se développe le **théâtre de foire**, mettant en scène des farces sur de simples tréteaux, installés sur des champs de foire ou sur le Pont Neuf à Paris.

→ **Ex** : Le théâtre de foire dans le film *Molière* d'Ariane Mnouchkine).

La farce est stylisée en Italie au XVIe siècle avec la ***commedia dell'arte*** qui survivra jusqu'au XVIIIe siècle. Sur des scénarios très simples, les acteurs, jouant des **types définis par avance** (Arlequin, le Docteur, Matamore, etc.), improvisent et montrent leur virtuosité par des *lazzis*, gestes et mimiques burlesques. La troupe des Italiens s'installe à Paris au XVIIe siècle et inspire auteurs et acteurs français comme Molière qui partage plusieurs années une salle de théâtre avec la troupe de Scaramouche.

Ex : Matamore, de *L'Illusion comique* de Corneille, est hérité de Plaute et des comédiens italiens.

La comédie classique

Sous l'impulsion de Richelieu, le théâtre classique naît en France à partir de 1635. Les théoriciens, comme l'abbé d'Aubignac, définissent les règles qui le rendent efficace, pour émouvoir et instruire le spectateur. La comédie, **en dénonçant les travers humains**, n'est pas un simple divertissement : elle a une visée morale. Elle échappe alors partiellement aux critiques des religieux et des moralistes, l'accusant de détourner les hommes de leurs occupations sérieuses et honnêtes. Elle acquiert ainsi ses lettres de noblesse, surtout grâce à Molière, le plus important et le plus reconnu des auteurs comiques de cette époque.

→ **Ex** : dans le placet sur Tartuffe, Molière insiste sur la valeur didactique de ses comédies de caractère. Il apprend à se méfier des courtisans hypocrites dans Le Misanthrope ou des faux dévots dans Tartuffe.

Au XVIIIe siècle, le genre subit les critiques de Diderot ou Rousseau qui le veulent plus didactique. Cependant, Marivaux et Beaumarchais triomphent, le premier en revisitant la commedia avec une analyse fine des jeux de l'amour et des conventions sociales, le second en introduisant une contestation sociale dans ses comédies d'intrigue.

→ **Ex** : Dans La Fausse Suivante de Marivaux, une jeune fille se déguise pour faire obstacle à un coureur de dot à qui elle est promise.

Évolution de la comédie

Le XIXe siècle voit naître en France de nouvelles écritures comiques. **Le vaudeville**, au départ spectacle musical et chanté, connaît un succès croissant. Les auteurs réputés, Feydeau et Labiche, créent des spectacles remplis de quiproquos et de rebondissements, sans souci de vraisemblance.
Au contraire, en Russie, des auteurs comme Gogol et Tchekhov écrivent des comédies réalistes dans lesquelles la médiocrité et la cupidité des milieux bourgeois sont tournées en dérision de façon féroce.

→ **Ex** : Dans Le Mariage de Gogol, une jeune fille riche se voit proposer quatre prétendants tous plus ridicules les uns que les autres.

Honoré DAUMIER (1808-1879), *Croquis pris au théâtre*, 1864.

Cette satire sociale se retrouve en 1920-1930 chez l'auteur allemand Bertolt Brecht.

→ **Ex** : *Dans* La Noce chez les petits bourgeois, *Brecht montre la violence des relations sociales quand la fête et l'ivresse font oublier toute retenue.*

Dans le théâtre d'aujourd'hui, des auteurs comme J.-L. Lagarce ou Y. Reza révèlent dans des comédies grinçantes la dimension absurde de la vie quotidienne.

→ **Ex** : *Les règles du savoir-vivre dans la société moderne de Lagarce ou* Le Dieu du carnage *de Y. Réza tournent en ridicule la raideur et l'hypocrisie des conventions sociales.*

Les recettes d'une comédie classique

Des personnages ordinaires

Elle met en scène des personnages de basse ou moyenne condition, contemporains de l'époque d'écriture. Le monde réel et les préoccupations du spectateur servent de référence.

→ **Ex** : *Problèmes domestiques et mariage sont les thèmes de* George Dandin, Tartuffe *ou* L'Illusion comique.

Un conflit

Le mariage arrangé est au cœur de l'intrigue comique : un couple d'amoureux rencontre des obstacles, le plus souvent un père tyrannique qui oppose au jeune homme un rival plus riche, ou plus à son goût.

→ **Ex** : *Dans* L'Illusion comique, *Clindor a deux rivaux : le ridicule Matamore et Adraste, à qui Géronte veut marier Isabelle.*

Une comédie comporte des péripéties où l'on voit des valets rusés apporter leur aide à leur jeune maître en difficulté.

Une fin heureuse

Le dénouement est toujours heureux : les amoureux finissent par se marier, le plus souvent avec l'accord du père.
Les méchants sont punis, ainsi la morale est sauve.

→ **Ex** : *Dans* Tartuffe, *l'imposteur est dévoilé et emprisonné à la fin sur ordre du Roi.*

Plaire et émouvoir

Même si les théoriciens classiques donnent une visée morale à la comédie, le but premier des auteurs est de **faire rire**, comme l'explique un des personnages de *La Critique de l'École des femmes* de Molière : « Pour moi, quand je vois une Comédie, je regarde seulement si les choses me touchent, et lorsque je m'y suis bien divertie, je ne vais point demander si j'ai eu tort, et si les règles d'Aristote défendaient de rire. »

12 LA TRAGÉDIE
William Shakespeare
Macbeth, 1606

Biographie
p. 671

Histoire littéraire
p. 242, 292

Littérature et société
p. 240

Repères historiques
p. 30

1. Macbeth a poignardé le roi Duncan dans son lit.
2. Les milans sont des oiseaux de proie. Macbeth envisage de ne pas donner de sépulture à ses ennemis.

Macbeth de W. SHAKESPEARE, mise en scène du Footsbarn Travelling Theatre, 2009.

Des sorcières ont prédit au général Macbeth qu'il serait roi et à Banquo que sa lignée serait royale. Pour qu'il règne sans partage, lady Macbeth pousse son mari à tuer le roi Duncan et Banquo. Lors d'un banquet, Macbeth voit le fantôme de Banquo s'asseoir à sa place. Les invités ne voient rien et s'inquiètent de ses réactions.

ACTE III, SCÈNE 4

Ross, lady Macbeth, Macbeth, le Spectre, les seigneurs

1 **Ross.** – Messieurs, levez-vous ; Son Altesse n'est pas bien.

LADY MACBETH. – Non, dignes amis, asseyez-vous. Mon seigneur est souvent ainsi, et cela depuis sa jeunesse. De grâce, restez assis ! C'est un accès momentané : rien que le temps d'y songer, il sera remis. Si vous faites trop attention à
5 lui, vous l'offenserez, et vous augmenterez son mal ; mangez, et ne le regardez pas. Êtes-vous un homme ?

MACBETH. – Oui, et un homme hardi à oser regarder en face ce qui épouvanterait le démon.

LADY MACBETH. – Imaginations ! C'est encore une image créée par votre
10 frayeur, comme ce poignard aérien qui, disiez-vous, vous guidait vers Duncan[1] ! Oh ! Ces effarements et ces tressaillements, singeries de la terreur, conviendraient bien à un conte de bonne femme débité au coin d'un feu d'hiver sous l'autorité d'une grand-mère. C'est la honte même ! Pourquoi faites-vous toutes ces mines-là ? Après tout, vous ne regardez qu'un tabouret.

15 **MACBETH.** – Je t'en prie, vois ! Examine ! Regarde ! Là... Eh bien ! Que dis-tu ? Bah ! Qu'est-ce que cela me fait ? Puisque tu peux secouer la tête, parle... Ah ! Si les cimetières et les tombeaux doivent nous renvoyer ainsi ceux que nous enterrons, pour sépulture nous leur donnerons la panse des milans[2] !

(Le Spectre disparaît.)

LADY MACBETH. – Quoi ! La folie
20 n'a rien laissé de l'homme ?

MACBETH. – Aussi vrai que je suis ici, je l'ai vu.

LADY MACBETH. – Fi ! Quelle honte !

25 **MACBETH.** – Ce n'est pas d'aujourd'hui que le sang a été versé : dans les temps anciens, avant que la loi humaine eût purifié la société adoucie, oui, et depuis lors, il a été
30 commis des meurtres trop terribles pour l'oreille. Il fut un temps où, quand la cervelle avait jailli, l'homme mourait, et tout était fini. Mais

aujourd'hui on ressuscite, avec vingt blessures mortelles dans le crâne, et on
35 nous chasse de nos sièges. Voilà qui est plus étrange que le meurtre lui-même.
LADY MACBETH. – Mon digne seigneur, vos nobles amis ont besoin de vous.
MACBETH. – J'oubliais. Ne vous étonnez pas, mes très dignes amis : j'ai une
étrange infirmité qui n'est rien pour ceux qui me connaissent. Allons ! Amitié
et santé à tous ! Maintenant je vais m'asseoir. Donnez-moi du vin ; remplissez
40 jusqu'au bord !

(Le Spectre reparaît.)

Je bois à la joie de toute la table, et à notre cher ami Banquo qui nous manque.
Que n'est-il ici ! À lui et à tous, notre soif ! Buvons tous à tous !
LES SEIGNEURS. – Nous vous rendons hommage en vous faisant raison.
MACBETH, *se retournant vers le siège.* – Arrière ! Ôte-toi de ma vue ! Que la
45 terre te cache ! Tes os sont sans moelle ; ton sang est glacé ; tu n'as pas de regard
dans ces yeux qui éblouissent.
LADY MACBETH. – Ne voyez là, nobles pairs[3], qu'un fait habituel. Ce n'est pas
autre chose. Seulement cela gâte le plaisir du moment.
MACBETH. – Tout ce qu'ose un homme, je l'ose. Approche sous la figure de l'ours
50 velu de Russie, du rhinocéros armé ou du tigre d'Hyrcanie, prends toute autre
forme que celle-ci, et mes nerfs impassibles ne trembleront pas. Ou bien redeviens
vivant, et provoque-moi au désert avec ton épée ; si alors je m'enferme en tremblant, déclare-moi la poupée d'une petite fille. Hors d'ici, ombre horrible !

(Le Spectre disparaît.)

W. SHAKESPEARE, *Macbeth*, traduction de F.-V. Hugo,
révisée par Y. Florenne et E. Duret, © Hachette, 1991.

3. Pair est synonyme de lord, de seigneur, en anglais.

Faire face au spectre de la mauvaise conscience

LECTURE

La montée de la folie
1 Précisez, en trois mots-clés, l'attitude de Macbeth face aux apparitions du spectre.
2 Pourquoi le retour des morts effraie-t-il Macbeth au point de le rendre fou ?

Des témoins embarrassés
3 Que cherche à faire lady Macbeth avec les invités, puis avec son époux ? Justifiez votre réponse en vous appuyant sur la ponctuation et le type de phrase qu'elle utilise fréquemment.
4 Quels sentiments les invités expriment-ils à l'égard de Macbeth ? Étudiez puis expliquez leur façon de s'adresser à lui.

Un spectacle tragique
5 Que symbolise le spectre ? En quoi cette apparition peut-elle éveiller la « terreur » du roi et la « pitié » du lecteur ?

Du texte à la représentation
6 Décrivez, dans la mise en scène du Footsbarn Travelling Theatre, les costumes, maquillages et expressions des personnages : quelle impression donnent-ils ? Cela vous paraît-il une interprétation intéressante de *Macbeth* ? Pourquoi ?

ÉCRITURE

Argumentation
Macbeth est seul à voir le spectre. Pensez-vous qu'un metteur en scène doive le montrer au public ? Si oui, sous quelle forme ? Argumentez.

VERS LE BAC

Invention
Le spectre de Banquo réapparaît à Macbeth après le départ des invités. Imaginez un dialogue d'une quinzaine de répliques entre le roi et sa victime. Insérez des didascalies.

▶ **Fiche 11** Comprendre un sujet d'écriture d'invention

13 Pierre Corneille
Médée, 1634

Médée a été répudiée par son mari Jason. Elle vient d'envoyer à Créon, roi de Corinthe, et à Créuse sa fille, nouvelle femme de Jason, la robe empoisonnée par laquelle ils seront brûlés vifs.

ACTE V, SCÈNE 2

MÉDÉE

1 Est-ce assez[1], ma vengeance, est-ce assez de deux morts ?
Consulte avec loisir tes plus ardents transports.
Des bras de mon perfide arracher une femme,
Est-ce pour assouvir les fureurs de mon âme ?
5 Que n'a-t-elle déjà des enfants de Jason,
Sur qui plus pleinement venger sa trahison !
Suppléons-y des miens ; immolons avec joie
Ceux qu'à me dire adieu Créuse me renvoie :
Nature, je le puis sans violer ta loi ;
10 Ils viennent de sa part, et ne sont plus à moi.
Mais ils sont innocents ; aussi l'était mon frère[2] ;
Ils sont trop criminels d'avoir Jason pour père ;
Il faut que leur trépas redouble son tourment ;
Il faut qu'il souffre en père aussi bien qu'en amant.
15 Mais quoi ! j'ai beau contre eux animer mon audace,
La pitié la combat, et se met en sa place :
Puis, cédant tout à coup la place à ma fureur,
J'adore les projets qui me faisaient horreur :
De l'amour aussitôt je passe à la colère,
20 Des sentiments de femme aux tendresses de mère.
Cessez dorénavant, pensers[3] irrésolus,
D'épargner des enfants que je ne verrai plus.
Chers fruits de mon amour, si je vous ai fait naître,
Ce n'est pas seulement pour caresser un traître :
25 Il me prive de vous, et je l'en vais priver.
Mais ma pitié renaît, et revient me braver ;
Je n'exécute rien, et mon âme éperdue
Entre deux passions demeure suspendue.
N'en délibérons plus, mon bras en résoudra.
30 Je vous perds, mes enfants ; mais Jason vous perdra ;
Il ne vous verra plus… Créon sort tout en rage ;
Allons à son trépas joindre ce triste ouvrage.

P. CORNEILLE, *Médée*, 1634.

1. Est-ce assez pour.
2. Pour sauver Jason, Médée a autrefois assassiné son propre frère.
3. Pensées.

Charles-André VAN LOO, *Mademoiselle Clairon jouant Médée*, peinture sur toile, 79 × 59 cm, 1760 (Neues Palais, Berlin).

Une mère tragique

LECTURE

Une mère monstrueuse

1 @RECHERCHE Dans quelles circonstances Médée est-elle devenue la compagne de Jason ? Quels pouvoirs effrayants a-t-elle ?

2 À quel choix tragique Médée est-elle conduite ? Comment justifie-t-elle cet acte monstrueux ?

Une mère tourmentée

3 Par quels différents procédés Corneille rend-il Médée pathétique ? Analysez les différentes adresses, le rythme des vers et les sonorités.

4 Quels sentiments contradictoires exprime-t-elle ? Appuyez-vous sur les champs lexicaux.

ÉCRITURE

Argumentation

ORAL En groupe de deux, imaginez qu'après le meurtre des enfants, on fasse le procès de Médée. Écrivez le discours du procureur qui la charge, puis celui de l'avocat qui la défend. Chaque discours, que vous présenterez oralement, comprendra un portrait psychologique de Médée qui s'appuiera sur des éléments du mythe depuis sa rencontre avec Jason.

Vers l'écriture d'invention

@RECHERCHE Comment le mythe finit-il ? Écrivez le monologue pathétique de Jason qui terminerait une adaptation moderne de *Médée*.

14 Pierre Corneille
Le Cid, 1637

Biographie p. 671

Histoire littéraire p. 242, 292

Littérature et société p. 240

Repères historiques p. 30

Rodrigue est amoureux de Chimène, mais leur amour est contrarié par l'offense que le père de la jeune femme a faite à celui du jeune homme. Dès lors, Rodrigue est pris au piège : comment concilier une vengeance que l'honneur réclame et l'amour de sa belle ?

ACTE I, SCÈNE 6

DON RODRIGUE.

1 Percé jusques[1] au fond du cœur
D'une atteinte imprévue aussi bien que mortelle,
Misérable vengeur d'une juste querelle
Et malheureux objet d'une injuste rigueur,
5 Je demeure immobile, et mon âme abattue
    Cède au coup qui me tue.
  Si près de voir mon feu récompensé,
    Ô Dieu, l'étrange peine !
  En cet affront mon père est l'offensé,
10 Et l'offenseur le père de Chimène !

    Que je sens de rudes combats !
  Contre mon propre honneur mon amour s'intéresse[2] :
  Il faut venger un père, et perdre une maîtresse :
  L'un m'anime le cœur, l'autre retient mon bras.
15 Réduit au triste choix ou de trahir ma flamme
    Ou de vivre en infâme[3],
  Des deux côtés mon mal est infini.
    Ô Dieu, l'étrange peine !
  Faut-il laisser un affront impuni ?
20 Faut-il punir le père de Chimène ?

    Père, maîtresse, honneur, amour,
  Noble et dure contrainte, aimable tyrannie,
  Tous mes plaisirs sont morts, ou ma gloire ternie.
  L'un me rend malheureux, l'autre indigne du jour.
25 Cher et cruel espoir d'une âme généreuse,
    Mais ensemble amoureuse,
  Digne ennemi de mon plus grand bonheur,
    Fer qui causes ma peine,
  M'es-tu[4] donné pour venger mon honneur ?

30   Il vaut mieux courir au trépas[5].
  Je dois à ma maîtresse aussi bien qu'à mon père :
  J'attire en me vengeant sa haine et sa colère,
  J'attire ses mépris en ne me vengeant pas.
  À mon plus doux espoir l'un me rend infidèle
35 Et l'autre indigne d'elle.

1. Licence poétique qui permet de construire l'octosyllabe.
2. Prend parti.
3. Personnage méprisable.
4. Il s'adresse à son épée.
5. La mort.

Le Cid de Pierre CORNEILLE, mise en scène de Thomas Le Douarec, 2009, Théâtre Comedia, avec Clio van de Walle (Chimène), Olivier Bénard (Dom Rodrigue).

Mon mal augmente à le voir guérir,
Tout redouble ma peine.
Allons, mon âme, et puisqu'il faut mourir,
Mourons du moins sans offenser Chimène.

40 Mourir sans tirer ma raison[6] !
Rechercher un trépas si mortel à ma gloire !
Endurer que l'Espagne impute à ma mémoire
D'avoir mal soutenu l'honneur de ma maison !
Respecter un amour dont mon âme égarée
45 Voit la perte assurée !
N'écoutons plus ce penser suborneur,
Qui ne sert qu'à ma peine.
Allons, mon bras, sauvons du moins l'honneur,
Puisqu'après tout il faut perdre Chimène.

50 Oui, mon esprit s'était déçu[7].
Je dois tout à mon père avant qu'à ma maîtresse :
Que je meure au combat ou meure de tristesse,
Je rendrai mon sang pur comme je l'ai reçu.
Je m'accuse déjà de trop de négligence :
55 Courons à la vengeance,
Et tout honteux d'avoir tant balancé,
Ne soyons plus en peine,
Puisqu'aujourd'hui mon père est l'offensé,
Si l'offenseur est père de Chimène.

P. CORNEILLE, *Le Cid*, Acte I, scène 6, 1637.

6. Sans obtenir satisfaction.
7. Trompé.

Le dilemme de Rodrigue

LECTURE

1 Quels sont les deux attitudes possibles entre lesquelles Rodrigue doit choisir ? Pourquoi peut-on parler de dilemme ?

2 Par quelle figure de style Corneille traduit-il ses hésitations ?

3 Analysez la structure du monologue et de l'argumentation : comment Rodrigue arrive-t-il à prendre une décision ?

4 Quelles valeurs contradictoires animent Rodrigue ?

5 @RECHERCHE Recherchez une définition des « stances ». Quelles sont les caractéristiques du genre ? Quelles autres pièces de l'époque utilisent ce procédé ?

6 SYNTHÈSE Montrez que ce passage est une pause lyrique au cœur de la tragédie de Rodrigue.

HISTOIRE DES ARTS

Comment l'image de la mise en scène de Thomas Le Douarec traduit-elle la situation de Rodrigue ?

VERS LE BAC

Commentaire

Vous rédigerez un commentaire des stances qui montrera comment Rodrigue entre dans un processus qui l'élèvera au rang de héros. Vous analyserez la structure du monologue délibératif, puis le registre lyrique.

▶ Fiche 13 Comprendre un sujet de commentaire

15 Pierre Corneille
Horace, 1640

La guerre entre Rome et Albe s'éternise. Pour en finir, chaque cité désigne ses héros. Trois frères romains, les Horaces, affrontent trois frères albains, les Curiaces. Par malheur, ils sont amis et beaux-frères. L'unique survivant, Horace, a tué le fiancé de sa sœur Camille. Elle lui fait d'amers reproches.

Biographie p. 671
Histoire littéraire p. 242, 292
Littérature et société p. 240
Repères historiques p. 30

Guillaume LETHIÈRE (1760-1832), *La Mort de Camille*, 1785 (Australian National Gallery).

ACTE IV, SCÈNE 5

Horace, Camille, Procule[1]
(Procule porte en sa main les trois épées des Curiaces.)

HORACE. — Ma sœur, voici le bras qui venge nos deux frères,
Le bras qui rompt le cours de nos Destins contraires,
Qui nous rend maîtres d'Albe ; enfin voici le bras
Qui seul fait aujourd'hui le sort de deux États ;
5 Vois ces marques d'honneur, ces témoins de ma gloire,
Et rends ce que tu dois à l'heur[2] de ma victoire.

CAMILLE. — Recevez donc mes pleurs, c'est ce que je lui dois.

HORACE. — Rome n'en veut point voir après de tels exploits,
Et nos deux frères morts dans le malheur des armes
10 Sont trop payés de sang pour exiger des larmes.
Quand la perte est vengée on n'a plus rien perdu.

CAMILLE. — Puisqu'ils sont satisfaits par le sang épandu,
Je cesserai pour eux de paraître affligée,
Et j'oublierai leur mort que vous avez vengée.
15 Mais qui me vengera de celle d'un Amant,
Pour me faire oublier sa perte en un moment ?

1. Procule est un soldat de l'armée romaine.
2. Bonheur.

Lexique de l'honneur

- **Honneur** : respect de soi-même qui pousse à mériter et préserver la considération d'autrui pour sa conduite irréprochable.
- **Vertu** : courage, force d'âme qui permet de préserver son honneur.
- **Avoir un grand cœur** : être courageux, faire preuve de vertu.
- **Gloire** : renommée obtenue grâce à son mérite, aux actions d'éclat accomplies.
- **Foi** : engagement, fidélité.
- **Déshonneur** : infamie, ignominie, toute action contraire au sens de l'honneur.
- **Infâme** : bas, vil, indigne de la considération d'autrui et de l'amour de ses proches.
- **Offense** : outrage, parole ou action qui blesse quelqu'un dans son honneur.

HORACE. — Que dis-tu, malheureuse ?

CAMILLE. — Ô mon cher Curiace !

HORACE. — Ô d'une indigne sœur insupportable audace !
   D'un ennemi public[3] dont je reviens vainqueur
20 Le nom est dans ta bouche et l'amour dans ton cœur !
   Ton ardeur criminelle à la vengeance aspire !
   Ta bouche le demande, et ton cœur la respire !
   Suis moins ta passion, règle mieux tes désirs,
   Ne me fais plus rougir d'entendre tes soupirs ;
25 Tes flammes désormais doivent être étouffées,
   Bannis-les de ton âme, et songe à mes trophées[4] :
   Qu'ils soient dorénavant ton unique entretien.

CAMILLE. — Donne-moi donc, barbare, un cœur comme le tien,
   Et si tu veux enfin que je t'ouvre mon âme,
30 Rends-moi mon Curiace ou laisse agir ma flamme :
   Ma joie et mes douleurs dépendaient de son sort ;
   Je l'adorais vivant, et je le pleure mort.
   Ne cherche plus ta sœur où tu l'avais laissée,
   Tu ne revois en moi qu'une Amante offensée,
35 Qui, comme une Furie[5] attachée à tes pas,
   Te veut incessamment reprocher son trépas.
   Tigre altéré de sang, qui me défends les larmes,
   Qui veux que dans sa mort, je trouve encor des charmes,
   Et que jusques au Ciel élevant tes exploits,
40 Moi-même je le tue une seconde fois !
   Puissent tant de malheurs accompagner ta vie
   Que tu tombes au point de me porter envie,
   Et toi, bientôt souiller par quelque lâcheté
   Cette gloire si chère à ta brutalité.

45 **HORACE.** — Ô Ciel ! Qui vit jamais une pareille rage !
   Crois-tu donc que je sois insensible à l'outrage,
   Que je souffre en mon sang ce mortel déshonneur ?
   Aime, aime cette mort qui fait notre bonheur,
   Et préfère du moins au souvenir d'un homme
50 Ce que doit ta naissance aux intérêts de Rome.

CAMILLE. — Rome, l'unique objet de mon ressentiment !
   Rome, à qui vient ton bras d'immoler mon Amant !
   Rome qui t'a vu naître, et que ton cœur adore !
   Rome enfin que je hais parce qu'elle t'honore !
55 Puissent tous ses voisins ensemble conjurés
   Saper ses fondements encor mal assurés !
   Et si ce n'est assez de toute l'Italie,
   Que l'Orient contre elle à l'Occident s'allie,
   Que cent Peuples unis des bouts de l'Univers
60 Passent pour la détruire, et les monts, et les mers !
   Qu'elle-même sur soi renverse ses murailles,
   Et de ses propres mains déchire ses entrailles :

---

3. Ennemi de la patrie.
4. Les trophées sont les épées et les insignes militaires dont Horace a dépouillé le corps des Curiace et qu'il rapporte.
5. Personnage mythologique chargé de poursuivre les criminels en leur rappelant la mort de leurs victimes.

Horace de Pierre CORNEILLE, mise en scène de Naidra Ayadi (Théâtre de la Tempête, Paris, 2009).

Que le courroux du Ciel allumé par mes vœux
Fasse pleuvoir sur elle un déluge de feux.
65 Puissé-je de mes yeux y voir tomber ce foudre,
Voir ses maisons en cendre, et tes lauriers en poudre :
Voir le dernier Romain à son dernier soupir,
Moi seule en être cause, et mourir de plaisir !

HORACE, *mettant l'épée à la main et poursuivant sa sœur qui s'enfuit.* —
C'est trop, ma patience à la raison fait place.
70 Va dedans les Enfers plaindre ton Curiace !

CAMILLE, *blessée derrière le théâtre*. — Ah, traître !

HORACE, *revenant sur le théâtre*. — Ainsi reçoive un châtiment soudain
Quiconque ose pleurer un ennemi romain !

P. CORNEILLE, *Horace*, Acte IV, scène 5, 1640.

Frère et sœur de sang

LECTURE

1 En vous aidant de la fiche lexicale p. 281, définissez ce que sont pour Horace l'honneur et le déshonneur.

2 Pourquoi Camille juge-t-elle inacceptable la demande d'héroïsme de son frère ? Quels différents procédés en témoignent, des vers 7 à 44 ?

3 Quel dénouement s'annonce à partir du vers 51 ? Analysez les *hyperboles* et les procédés d'insistance.

4 Quelles différentes facettes du héros *tragique* cette scène oppose-t-elle ? Répondez dans un développement thématique.

HISTOIRE DES ARTS

MISE EN SCÈNE Dans la mise en scène de N. Ayadi correspondant à la dernière réplique de Camille, que révèlent la gestuelle, l'attitude et le visage des deux acteurs ? Expliquez ce qui fait l'intérêt de cette *proposition de jeu*.

ÉCRITURE

Commentaire

Rédigez un axe du commentaire des vers 51 à la fin en analysant la montée de la violence tragique.

VERS LE BAC

Invention

IMAGE Écrivez le dialogue des personnages peints par Lethière autour de Camille. Imaginez les propos d'Horace justifiant son geste et les réactions des femmes présentes, à qui vous donnerez un nom et une fonction : mère, servante, etc.

▶ **Fiche 11 Comprendre un sujet d'écriture d'invention**

Pierre Corneille
Cinna, 1642

Émilie a vu son père assassiné par l'empereur Auguste et rêve de vengeance. Elle pousse son fiancé Cinna à tuer l'empereur. Mais Auguste annonce qu'il est lassé du pouvoir. Cinna lui conseille de rester sur le trône et reçoit en récompense la main d'Émilie. Il tente ici de faire renoncer Émilie à son désir de vengeance.

Biographie
p. 671

Histoire littéraire
p. 242, 292

Littérature et société
p. 240

Repères historiques
p. 30

ACTE III, SCÈNE 4

CINNA, ÉMILIE, FULVIE[1]

ÉMILIE
1 Que puis-je ? et que crains-tu ?

CINNA
Je tremble, je soupire,
Et vois que si nos cœurs avaient mêmes désirs,
Je n'aurais pas besoin d'expliquer mes soupirs.
Ainsi je suis trop sûr que je vais vous déplaire ;
5 Mais je n'ose parler, et je ne puis me taire.

ÉMILIE
C'est trop me gêner, parle.

CINNA
Il faut vous obéir :
Je vais donc vous déplaire, et vous m'allez haïr.
Je vous aime, Émilie, et le Ciel me foudroie
Si cette passion ne fait toute ma joie,
10 Et si je ne vous aime avec toute l'ardeur
Que peut un digne objet[2] attendre d'un grand cœur !
Mais voyez à quel prix vous me donnez votre âme :
En me rendant heureux vous me rendez infâme :
Cette bonté d'Auguste…

ÉMILIE
Il suffit, je t'entends,
15 Je vois ton repentir et tes vœux inconstants,
Les faveurs du Tyran emportent tes promesses,
Tes feux et tes serments cèdent à ses caresses,
Et ton esprit crédule ose s'imaginer
Qu'Auguste pouvant tout, peut aussi me donner,
20 Tu me veux de sa main, plutôt que de la mienne ;
Mais ne crois pas qu'ainsi jamais je t'appartienne,
Il peut faire trembler la terre sous ses pas,
Mettre un Roi hors du Trône et donner ses États,
De ses proscriptions[3] rougir la Terre et l'Onde,
25 Et changer à son gré l'ordre de tout le Monde ;
Mais le cœur d'Émilie est hors de son pouvoir.

---

1. Confidente d'Émilie.
2. Femme aimée, digne d'amour.
3. Condamnation prononcée sans jugement contre des adversaires politiques.

CINNA
Aussi n'est-ce qu'à vous que je veux le devoir ;
Je suis toujours moi-même, et ma foi toujours pure,
La pitié que je sens ne me rend point parjure,
30 J'obéis sans réserve à tous vos sentiments,
Et prends vos intérêts par-delà mes serments.
J'ai pu[4], vous le savez, sans parjure et sans crime
Vous laisser échapper cette illustre victime ;
César[5] se dépouillant du pouvoir souverain
35 Nous ôtait tout prétexte à lui percer le sein,
La conjuration s'en allait dissipée,
Vos desseins avortés, votre haine trompée :
Moi seul j'ai raffermi son esprit étonné[6],
Et pour vous l'immoler, ma main l'a couronné.

ÉMILIE
40 Pour me l'immoler, traître ! Et tu veux que moi-même
Je retienne ta main ! Qu'il vive, et que je l'aime !
Que je sois le butin de qui l'ose épargner,
Et le prix du conseil qui le force à régner !

CINNA
Ne me condamnez point quand je vous ai servie.
45 Sans moi, vous n'auriez plus de pouvoir sur sa vie,
Et malgré ses bienfaits je rends tout à l'amour
Quand je veux qu'il périsse, ou vous doive le jour.
Avec les premiers vœux de mon obéissance
Souffrez ce faible effort de ma reconnaissance,
50 Que je tâche de vaincre un indigne courroux,
Et vous donner pour lui l'amour qu'il a pour vous.
Une âme généreuse et que la vertu guide
Fuit la honte des noms d'ingrate, et de perfide,
Elle en hait l'infamie attachée au bonheur,
55 Et n'accepte aucun bien aux dépens de l'honneur.

ÉMILIE
Je fais gloire pour moi de cette ignominie,
La perfidie est noble envers la Tyrannie,
Et quand on rompt le cours d'un sort si malheureux,
Les cœurs les plus ingrats sont les plus généreux.

CINNA
60 Vous faites des vertus au gré de votre haine.

ÉMILIE
Je me fais des vertus dignes d'une Romaine.

4. J'aurais pu.
5. César est le titre donné à l'empereur.
6. Stupéfait.

Talma, dans le rôle de Cinna (estampe du XIXe siècle).
François-Joseph TALMA (1763-1826), vedette de la Comédie-Française, a rendu plus réalistes le jeu, la diction, les costumes.

CINNA
Un cœur vraiment Romain...

ÉMILIE
Ose tout pour ravir
Une odieuse vie à qui le fait servir,
Il fuit plus que la mort la honte d'être esclave.

P. CORNEILLE, *Cinna*, Acte III scène 4, 1642.

Thibault Perrenoud et Catherine Berriane, mise en scène de Daniel Mesguich, 2006.

Un dilemme cornélien

LECTURE

1 Qui domine dans ce dialogue ? Appuyez-vous sur les pronoms personnels, les types de phrases, les enchaînements de répliques.

2 Quelles phrases expriment les contradictions intérieures de Cinna. Pourquoi ce **dilemme** est-il insoluble ?

3 Comment Émilie juge-t-elle l'attitude de Cinna ? Analysez le **champ lexical** dominant.

4 En vous aidant de la fiche lexicale p. 281, expliquez la conception de l'honneur d'Émilie. Relevez et analysez les phrases à valeur de vérité générale, du v. 56 à la fin.

HISTOIRE DES ARTS

MISE EN SCÈNE Dans la mise en scène de D. Mesguich, décrivez le décor, la posture des personnages et leurs costumes : cette interprétation traduit-elle la tension de la scène ? Argumentez.

VERS LE BAC

Invention

IMAGE Imaginez le dialogue entre deux acteurs devant jouer Cinna. L'un, comme Talma, veut un costume romain vraisemblable ; l'autre, comme D. Mesguish, un costume moins marqué historiquement. Chacun justifie son choix par des arguments.
▶ Fiche 11 Comprendre un sujet d'écriture d'invention

Commentaire

Rédigez le commentaire des vers 27-55. Analysez d'abord comment s'exprime le **dilemme** cornélien, puis la **tension tragique** entre Cinna et Émilie.
▶ Fiche 13 Comprendre un sujet de commentaire

17 Jean Racine
Andromaque, 1667

RÉÉCRITURES

Biographie p. 671

Histoire littéraire p. 242, 292

Littérature et société p. 240

Repères historiques p. 30

Andromaque, veuve du héros troyen Hector, est captive du roi d'Épire, Pyrrhus, fils d'Achille. Les Grecs réclament la mort d'Astyanax, le fils qu'elle a eu d'Hector. Pyrrhus, amoureux d'Andromaque, menace de tuer l'enfant si elle refuse de l'épouser. Mais elle veut rester fidèle à la mémoire de son époux.

ACTE III, SCÈNE 6

PYRRHUS, ANDROMAQUE, PHOENIX, CÉPHISE[1]

1 **PYRRHUS.** — Que dit-elle[2], Phoenix ?
ANDROMAQUE. — Hélas ! Tout m'abandonne.
PHOENIX. — Allons, Seigneur, marchons sur les pas d'Hermione.
CEPHISE. — Qu'attendez-vous ? Rompez ce silence obstiné.
ANDROMAQUE. — Il a promis mon fils.
CÉPHISE. — Il ne l'a pas donné.
5 **ANDROMAQUE.** — Non, non, j'ai beau pleurer, sa mort est résolue.
PYRRHUS. — Daigne-t-elle sur nous au moins tourner la vue ?
  Quel orgueil !
ANDROMAQUE. — Je ne fais que l'irriter encor.
  Sortons.
PYRRHUS. — Allons aux Grecs livrer le fils d'Hector.
ANDROMAQUE. — Ah ! Seigneur, arrêtez ! Que prétendez-vous faire ?
10 Si vous livrez le fils, livrez-leur donc la mère.
  Vos serments m'ont tantôt juré tant d'amitié !
  Dieux ! Ne pourrai-je au moins toucher votre pitié ?
  Sans espoir de pardon m'avez-vous condamnée ?
PYRRHUS. — Phoenix vous le dira, ma parole est donnée.
15 **ANDROMAQUE.** — Vous qui braviez pour moi tant de périls divers !
PYRRHUS. — J'étais aveugle alors : mes yeux se sont ouverts.
  Sa grâce à vos désirs pouvait être accordée ;
  Mais vous ne l'avez pas seulement demandée.
  C'en est fait.
ANDROMAQUE. — Ah ! Seigneur, vous entendiez assez
20 Des soupirs qui craignaient de se voir repoussés.
  Pardonnez à l'éclat d'une illustre fortune
  Ce reste de fierté qui craint d'être importune.
  Vous ne l'ignorez pas : Andromaque sans vous
  N'aurait jamais d'un maître embrassé les genoux[3].
25 **PYRRHUS.** — Non, vous me haïssez ; et dans le fond de l'âme
  Vous craignez de devoir quelque chose à ma flamme.
  Ce fils même, ce fils, l'objet de tant de soins,
  Si je l'avais sauvé, vous l'en aimeriez moins.

François MILHOMME (1758-1823), sculpture d'Andromaque, vers 1800 (Musée du Louvre).

1. Phoenix est le gouverneur de Pyrrhus et Céphise, la confidente d'Andromaque.
2. Hermione, fille d'Hélène et promise de Pyrrhus. C'est la rivale d'Andromaque.
3. Dans l'Antiquité, on touche ou embrasse les genoux de la personne que l'on supplie.

Andromaque de RACINE, mise en scène de Roger Planchon (Théâtre national populaire de Lyon, 1989).

La haine, le mépris, contre moi tout s'assemble ;
30 Vous me haïssez plus que tous les Grecs ensemble.
Jouissez à loisir d'un si noble courroux.
Allons, Phoenix.

ANDROMAQUE. — Allons rejoindre mon époux.

CÉPHISE. — Madame...

ANDROMAQUE. — Et que veux-tu que je lui dise encore ?
Auteur de tous mes maux, crois-tu qu'il les ignore ?
35 Seigneur, voyez l'état où vous me réduisez.
J'ai vu mon père mort, et nos murs embrasés ;
J'ai vu trancher les jours de ma famille entière,
Et mon époux sanglant traîné sur la poussière,
Son fils, seul avec moi, réservé pour les fers.
40 Mais que ne peut un fils ? Je respire, je sers.
J'ai fait plus : je me suis quelquefois consolée
Qu'ici, plutôt qu'ailleurs, le sort m'eût exilée ;
Qu'heureux dans son malheur, le fils de tant de rois,
Puisqu'il devait servir, fût tombé sous vos lois.
45 J'ai cru que sa prison deviendrait son asile.

J. RACINE, *Andromaque*, Acte III scène 6, 1667.

Le conflit de la colère et de la pitié

LECTURE

1 Qui prend l'initiative du dialogue ? Comment ? Pourquoi ?

2 Expliquez quelle situation se joue au début du dialogue. Quel rôle Céphise et Phoenix tiennent-ils ?

3 Comment le chantage de Pyrrhus s'exprime-t-il ? Analysez le **champ lexical** des sentiments.

4 Quels sentiments Andromaque veut-elle susciter chez Pyrrhus ? Quels procédés rhétoriques et stylistiques utilise-t-elle à ce dessein ?

VERS LE BAC

Question sur un corpus
Comparez cet extrait avec celui des *Troyennes* (p. 228) : Pourquoi Andromaque est-elle une figure **tragique** ? Appuyez-vous sur des relevés précis et organisés.
▶ Fiche 9 **Répondre à une question sur un corpus**

Dissertation
Les héros de Racine sont adeptes du « tout ou rien », a dit un critique. En quoi Andromaque et Pyrrhus illustrent-ils cette idée ? Vous argumenterez en prenant pour exemples cet extrait et d'autres œuvres du manuel ou que vous avez lues.
▶ Fiche 17 **Comprendre un sujet de dissertation**

18 Jean Racine
Bérénice, 1670

Biographie
p. 671

Histoire littéraire
p. 242, 292

Littérature et société
p. 240

Repères historiques
p. 30

À la mort de son père, Titus devient empereur. Rome ne pouvant être gouvernée par une reine orientale, il doit se séparer de sa fiancée étrangère, Bérénice. Pendant trois actes, Titus la fuit, incapable de lui parler. Bérénice, ayant appris la nouvelle par Antiochus, oblige Titus à s'expliquer.

ACTE IV, SCÈNE 5

BÉRÉNICE, TITUS

BÉRÉNICE. — Eh bien ! régnez, cruel ; contentez votre gloire :
Je ne dispute plus. J'attendais, pour vous croire,
Que cette même bouche, après mille serments
D'un amour qui devait unir tous nos moments,
5 Cette bouche, à mes yeux s'avouant infidèle,
M'ordonnât elle-même une absence éternelle.
Moi-même j'ai voulu vous entendre en ce lieu.
Je n'écoute plus rien ; et pour jamais, adieu.
Pour jamais ! Ah, Seigneur, songez-vous en vous-même
10 Combien ce mot cruel est affreux quand on aime ?
Dans un mois, dans un an, comment souffrirons-nous,
Seigneur, que tant de mers me séparent de vous ?
Que le jour recommence et que le jour finisse,
Sans que jamais Titus puisse voir Bérénice,
15 Sans que de tout le jour je puisse voir Titus ?
Mais quelle est mon erreur, et que de soins perdus !
L'ingrat, de mon départ consolé par avance,
Daignera-t-il compter les jours de mon absence ?
Ces jours si longs pour moi lui sembleront trop courts.
20 TITUS. — Je n'aurai pas, Madame, à compter tant de jours.
J'espère que bientôt la triste Renommée
Vous fera confesser que vous étiez aimée.
Vous verrez que Titus n'a pu, sans expirer...

BÉRÉNICE. — Ah ! Seigneur, s'il est vrai, pourquoi nous séparer ?
25 Je ne vous parle point d'un heureux hyménée :
Rome à ne plus vous voir m'a-t-elle condamnée ?
Pourquoi m'enviez-vous l'air que vous respirez ?

TITUS. — Hélas ! vous pouvez tout, Madame. Demeurez :
Je n'y résiste point. Mais je sens ma faiblesse :
30 Il faudra vous combattre et vous craindre sans cesse,
Et sans cesse veiller à retenir mes pas,
Que vers vous à toute heure entraînent vos appas.
Que dis-je ? En ce moment mon coeur, hors de lui-même,
S'oublie, et se souvient seulement qu'il vous aime.

35 BÉRÉNICE. — Eh bien, Seigneur, eh bien ! qu'en peut-il arriver ?
Voyez-vous les Romains prêts à se soulever ?

Ludmila Mikael (Bérénice) et Richard Fontana (Titus) mise en scène de Klaus Michael Grüber (Comédie-Française, Paris, 1984).

TITUS. — Et qui sait de quel œil ils prendront cette injure ?
S'ils parlent, si les cris succèdent au murmure,
Faudra-t-il par le sang justifier mon choix ?
40 S'ils se taisent, Madame, et me vendent leurs lois,
À quoi m'exposez-vous ? Par quelle complaisance
Faudra-t-il quelque jour payer leur patience ?
Que n'oseront-ils point alors me demander ?
Maintiendrai-je des lois que je ne puis garder ?
45 BÉRÉNICE. — Vous ne comptez pour rien les pleurs de Bérénice !
TITUS. — Je les compte pour rien ? Ah ciel ! quelle injustice !
BÉRÉNICE. — Quoi ? pour d'injustes lois que vous pouvez changer,
En d'éternels chagrins vous-même vous plonger ?
Rome a ses droits, Seigneur. N'avez-vous pas les vôtres ?
50 Ses intérêts sont-ils plus sacrés que les nôtres ?
Dites, parlez.
TITUS. —   Hélas ! Que vous me déchirez !
BÉRÉNICE. — Vous êtes empereur, Seigneur, et vous pleurez !

J. RACINE, *Bérénice*, Acte IV scène 5, 1670.

La confrontation de l'amour et du pouvoir

LECTURE

1 En quoi Titus et Bérénice sont-ils pathétiques ? Analysez le **champ lexical** de la douleur et les procédés d'insistance.

2 Quels sentiments Bérénice veut-elle susciter chez Titus ? Justifiez par l'analyse des apostrophes, types de phrases et rythme des vers 1-19.

3 Quelle solution Bérénice propose-t-elle ? Titus peut-il s'y résoudre ? Relevez ses arguments.

4 Analysez l'alexandrin final. Pourquoi sa construction et son lexique résument-ils bien le **dilemme** de Titus ?

HISTOIRE DES ARTS

MISE EN SCÈNE Décrivez la place et l'attitude des deux personnages principaux, situés à droite : comment la mise en scène de Grüber souligne-t-elle la cruauté de la situation ?

VERS LE BAC

Invention

Rédigez la dernière tirade de Bérénice quittant Titus : utilisez des procédés rhétoriques variés pour rendre ses propos **pathétiques** et exprimer le tragique de la situation.
▶ Fiche 11 Comprendre un sujet d'écriture d'invention

Dissertation

Bérénice se termine sans qu'aucun des personnages ne meure. Cela empêche-t-il la pièce d'être tragique ? Selon vous, le dramaturge doit-il mettre à mort ses personnages pour créer une pièce **tragique** ?
▶ Fiche 17 Comprendre un sujet de dissertation

19 Jean Racine
Phèdre, 1677

Phèdre est éprise d'Hippolyte, le fils de son époux Thésée. Rejetée par le jeune homme, elle se venge en l'accusant de viol. Thésée obtient alors du Dieu Neptune qu'il envoie un monstre tuer son fils. L'irréparable a lieu. Phèdre et sa suivante Panope arrivent alors.

Biographie p. 671
Histoire littéraire p. 242, 292
Littérature et société p. 240
Repères historiques p. 30

ACTE V, SCÈNE 7

THÉSÉE, PHÈDRE, THÉRAMÈNE, PANOPE, GARDES

THÉSÉE. — Eh bien ! vous triomphez, et mon fils est sans vie.
Ah ! que j'ai lieu de craindre, et qu'un cruel soupçon,
L'excusant dans mon cœur, m'alarme avec raison !
Mais, Madame, il est mort, prenez votre victime :
5 Jouissez de sa perte, injuste ou légitime.
Je consens que mes yeux soient toujours abusés
Je le crois criminel, puisque vous l'accusez.
Son trépas à mes pleurs offre assez de matières,
Sans que j'aille chercher d'odieuses lumières[1],
10 Qui ne pouvant le rendre à ma juste douleur,
Peut-être ne feraient qu'accroître mon malheur.
Laissez-moi, loin de vous, et loin de ce rivage,
De mon fils déchiré fuir la sanglante image.
Confus, persécuté d'un mortel souvenir,
15 De l'univers entier, je voudrais me bannir.
Tout semble s'élever contre mon injustice.
L'éclat de mon nom même augmente mon supplice.
Moins connu des mortels, je me cacherais mieux.
Je hais jusques aux soins dont m'honorent les dieux ;
20 Et je m'en vais pleurer leurs faveurs meurtrières,
Sans plus les fatiguer d'inutiles prières.
Quoi qu'ils fissent pour moi, leur funeste bonté
Ne me saurait payer de ce qu'ils m'ont ôté.

PHÈDRE. — Non, Thésée, il faut rompre un injuste silence ;
25 Il faut à votre fils rendre son innocence.
Il n'était point coupable.

THÉSÉE. — Ah ! père infortuné !
Et c'est sur votre foi que je l'ai condamné !
Cruelle, pensez-vous être assez excusée...

PHÈDRE. — Les moments me sont chers, écoutez-moi, Thésée.
30 C'est moi qui sur ce fils chaste et respectueux
Osai jeter un œil profane, incestueux.
Le ciel mit dans mon sein une flamme[2] funeste ;
La détestable Œnone a conduit tout le reste.
Elle a craint qu'Hippolyte, instruit de ma fureur[3],
35 Ne découvrît un feu qui lui faisait horreur.
La perfide, abusant de ma faiblesse extrême,

Thésée (Pascal Greggory) et Phèdre (Dominique Blanc), mise en scène de Patrice Chéreau (Théâtre de l'Odéon Berthier, Paris, 2003).

1. Explications.
2. Flamme et feu sont les métaphores de la passion amoureuse.
3. Folie.

Thésée (Marc Zammit)
et Phèdre (Natacha Amal),
mise en scène de Jean-Marie VILLÉGIER
(Théâtre d'Évreux, 1991).

S'est hâtée à vos yeux de l'accuser lui-même.
Elle s'en est punie, et fuyant mon courroux,
A cherché dans les flots un supplice trop doux.
40 Le fer aurait déjà tranché ma destinée ;
Mais je laissais gémir la vertu soupçonnée.
J'ai voulu, devant vous exposant mes remords,
Par un chemin plus lent descendre chez les morts.
J'ai pris, j'ai fait couler dans mes brûlantes veines
45 Un poison que Médée apporta dans Athènes.
Déjà jusqu'à mon cœur le venin parvenu
Dans ce cœur expirant jette un froid inconnu ;
Déjà je ne vois plus qu'à travers un nuage
Et le ciel et l'époux que ma présence outrage ;
50 Et la mort, à mes yeux dérobant la clarté,
Rend au jour qu'ils souillaient toute sa pureté.

PANOPE. — Elle expire, Seigneur !

THÉSÉE. — D'une action si noire
Que ne peut avec elle expirer la mémoire !
Allons, de mon erreur, hélas ! trop éclaircis,
55 Mêler nos pleurs au sang de mon malheureux fils.
Allons de ce cher fils embrasser ce qui reste,
Expier la fureur d'un vœu[4] que je déteste.
Rendons-lui les honneurs qu'il a trop mérités ;
Et pour mieux apaiser ses mânes irrités,
60 Que malgré les complots d'une injuste famille,
Son amante[5] aujourd'hui me tienne lieu de fille !

J. RACINE, *Phèdre*, Acte V, scène 7, 1677.

4. Le dieu Neptune lui avait promis son aide.
5. Aricie, la jeune fille aimée d'Hippolyte.

Mettre en scène sa mort

LECTURE

1 Quels sentiments Thésée exprime-t-il v. 1 à 23 ? Pourquoi accentuent-ils l'humanité tragique du héros ?

2 Comment Phèdre met-elle en scène ses aveux ? Expliquez en analysant la progression des v. 24-51. Comment l'actrice peut-elle jouer les derniers vers ?

3 Phèdre se sent-elle coupable ? Que révèlent d'elle les procédés d'insistance employés dans sa dernière tirade ?

4 Dans quelle mesure la dernière réplique de Thésée sert-elle de morale à la tragédie ?

5 SYNTHÈSE En vous appuyant sur l'extrait et les textes 12 à 19, définissez ce qu'est un personnage tragique.

HISTOIRE DES ARTS

MISE EN SCÈNE Analysez les partis pris de chaque mise en scène : décor, costumes, places des personnages, lumière. Comment P. Chéreau et J.M. Villégier rendent-ils l'atmosphère tragique ? Quelle mise en scène correspond le mieux à votre conception de ce dénouement ? Argumentez.

VERS LE BAC

Commentaire
Vous rédigerez le commentaire complet de l'extrait de *Phèdre* de Racine.
▶ Fiche 13 Comprendre un sujet de commentaire

Dissertation
Quel intérêt, selon vous, un auteur dramatique trouve-t-il à adapter un mythe au théâtre ? Vous répondrez par un développement argumenté illustré d'exemples tirés du manuel ou d'œuvres de votre choix.
▶ Fiche 17 Comprendre un sujet de dissertation

Histoire littéraire
La tragédie

Histoire de la tragédie

Les origines antiques

La tragédie naît **à Athènes au Vᵉ siècle av. J.-C.** Les représentations ont lieu deux fois par an dans le cadre de fêtes religieuses nommées « **dionysies** », car données en l'honneur de Dionysos. Et c'est à côté de son temple, sous Périclès, qu'est construit le premier théâtre en pierre avec son *orchestra* ronde (espace réservé au chœur et aux danseurs) et son *theatron* en demi-cercle.

Au IVᵉ siècle, de nombreuses villes grecques se dotent de théâtres dont le plus célèbre est Épidaure. C'est à cette époque aussi qu'Aristote définit les règles de la tragédie dans sa *Poétique* : elle doit mettre en scène les héros des légendes, des grands mythes et des épopées d'Homère pour susciter **la crainte et la pitié** des spectateurs.

→ **Ex :** *Le sort atroce d'Astyanax, le fils d'Hector précipité du haut des murailles de Troie, horrifie le spectateur dans* Les Troyennes *d'Euripide.*

Théâtre d'Épidaure, IVᵉ siècle av. J.-C.

Dans la tragédie antique, tous les rôles sont joués par des **hommes portant un masque** et les dialogues alternent avec les **chants et danses du chœur**, groupe de personnages anonymes qui commentent l'histoire et soulignent le sort tragique des héros. Si les rôles principaux sont tenus par des acteurs professionnels, les choreutes (acteurs du chœur) sont des citoyens athéniens tirés au sort. Les auteurs dramatiques comme Eschyle, Sophocle et Euripide concourent pour le prix du plus beau spectacle.

Les héros tragiques grecs sont écrasés par des malheurs qu'ils subissent ou provoquent. Ils posent le problème de la responsabilité humaine.

→ **Ex :** Les Troyennes *et* Médée *d'Euripide sont deux types d'héroïnes tragiques. Les unes subissent la violence des Grecs ; l'autre, mère meurtrière, se venge de la trahison de son mari.*

Les Romains transposent les tragédies grecques pour les adapter à leur culture. Ainsi, le chœur perd de son importance au profit du héros à la **monstruosité** fascinante. Le seul auteur tragique latin dont les œuvres nous soient parvenues est Sénèque (Iᵉʳ siècle ap. J.-C.). Les auteurs classiques considèrent les auteurs antiques comme des modèles. Ils leur font par conséquent des emprunts.

→ **Ex :** Médée *de Sénèque, héroïne dont le meurtre monstrueux suscite horreur et pitié, a inspiré la* Médée *de Corneille.*

La tragédie classique en France

Le théâtre classique naît en France à partir de 1635, sous l'impulsion de Richelieu. Les grands auteurs, comme Corneille et Racine, et les théoriciens, comme Boileau, retournent aux sources aristotéliciennes et définissent les règles rendant le théâtre propre à émouvoir et instruire le spectateur. L'action, resserrée en un lieu et un jour, comme l'exige la **règle des trois unités**, doit conduire inexorablement le héros à sa perte. Les **valeurs héroïques** entrent en conflit avec la violence des tyrans.

La tragédie au XXᵉ siècle

Au XXᵉ siècle, une nouvelle forme de tragédie apparaît : les héros sont des hommes et des femmes ordinaires, victimes de l'Histoire, des guerres ou de la société. Les mythes antiques sont actualisés et révèlent leur portée universelle.

→ **Ex :** *Anouilh réécrit une* Antigone *sur le modèle de Sophocle pour évoquer la Résistance française sous l'Occupation.*

→ **Ex :** *Sartre propose une adaptation des* Troyennes *d'Euripide peu après la guerre d'Algérie.*

Les recettes d'une tragédie classique

Des héros

La tragédie met en scène des **personnages nobles**, légendaires ou historiques, conduits à leur perte. Racine définit ainsi le héros tragique : « Il faut que ce soit un homme qui par sa faute devienne malheureux, et tombe d'une grande félicité et d'un rang très considérable dans une grande misère. » (*Œuvres complètes*)

Valérie Dréville (Phèdre) dans une mise en scène de Luc Bondy (Odéon – théâtre de l'Europe, Paris, 1998).

Soit le héros est victime de **forces supérieures** : un dieu vengeur ou le plus souvent un tyran.

→ **Ex** : *Les Troyennes* d'Euripide ou *Andromaque* de Racine sont des prisonnières de guerre qui subissent leur sort.

Soit il est victime de ses propres **excès** : ambition, sens de l'honneur, passion amoureuse, jalousie, etc.

→ **Ex** : *Dans* Horace *de Corneille, Horace comme Camille sont aveuglés par des conceptions différentes de l'honneur.*

Un conflit

L'action est centrée sur le conflit tragique, opposant bonheur personnel et intérêt général. Le héros, confronté à des exigences contradictoires, peut être plongé dans un **dilemme**.

→ **Ex** : *Dans* Cinna *de Corneille et* Bérénice *de Racine, Cinna et Titus sont confrontés à un choix impossible : leur amour personnel ou l'intérêt de Rome.*

→ **Ex** : *Dans* Andromaque *de Racine, Pyrrhus est pris entre sa fidélité aux Grecs qui exigent la mort d'Astyanax et son amour pour Andromaque qui le pousse à la pitié.*

Le temps tragique

L'action tragique se passe en un seul jour de **crise** au cours duquel des menaces accumulées deviennent réelles, où toute parole devient fatale. Le temps de la représentation, environ deux heures, condense cette journée décisive qui conduit nécessairement à la catastrophe.

→ **Ex** : *Dans* Bérénice, *Titus tente d'éviter un entretien avec Bérénice au cours duquel il sait qu'il va devoir se prononcer entre elle et le trône de Rome.*

Une fin inexorable

Des **péripéties**, mettant le héros en danger, créent du suspens et des effets de surprise. Leur enchaînement entraîne les personnages vers un dénouement souvent fatal.

→ **Ex** : *Dans* Horace *de Corneille, Camille, par ses provocations, pousse son frère au meurtre fratricide.*

→ **Ex** : *Dans* Le Cid *de Corneille, la gifle reçue par Don Diègue, le vieux père de Rodrigue, précipite l'action vers un dénouement fatal pour le couple d'amoureux.*

La *catharsis*

Le but d'une tragédie est la *catharsis*, terme médical, inventé par le philosophe grec Aristote, qui signifie « **purgation** ». Le spectateur de tragédie vit par procuration des émotions violentes qui le purgent de ses passions, lui servent d'**exutoire**. Ainsi, le théâtre doit rendre les hommes meilleurs.

→ **Ex** : *Sur le frontispice de l'édition des œuvres de Racine, on voit la muse de la tragédie, Melpomène, entourée de deux angelots : celui de gauche montre son effroi devant la lutte à mort de deux héros, celui de droite pleure au malheur d'une héroïne affligée.*

Gravure de Sébastien LECLERC (1637-1714), exécutée d'après Charles LEBRUN, qui a servi de frontispice à l'édition collective des tragédies de Racine en 1676 (BNF).

6. XVIIIe siècle : La fête théâtrale

La mort de Louis XIV met fin à une période austère. Avec la Régence et le retour de comédiens italiens à Paris, de nouvelles comédies voient le jour. Elles enrichissent les trames habituelles et deviennent plus critiques, mais aussi plus festives. Elles jouent un rôle actif dans l'évolution des mœurs et des mentalités.

Littérature et société
Le divertissement théâtral et la Régence (1715-1723) 296

Histoire littéraire
Marivaudage et drame bourgeois 297

Histoire des arts
Marivaux, *L'Île des esclaves*, 1725, mise en scène de P. Correia, 2004 299

1. **Lesage**, *Turcaret*, 1709 300
2. **Marivaux**, *L'Île des esclaves*, 1725 301
3. **Marivaux**, *Le Jeu de l'amour et du hasard*, 1730 304
4. **Beaumarchais**, *Le Barbier de Séville*, 1775 306
5. **Beaumarchais**, *Le Mariage de Figaro*, 1775 308

Littérature et société
Le divertissement théâtral et la Régence (1715-1723)

Jean-Baptiste SANTERRE
(1651-1717),
*Portrait de Philippe II,
Duc d'Orléans*, 117 × 89 cm
(Collection Calmann).

De l'austérité à la libéralité

La fin du règne de Louis XIV est marquée par l'**austérité**. La guerre de succession d'Espagne épuise l'économie et le « grand hyver » de 1704 installe la famine dans le pays. Les attaques contre le théâtre se multiplient. Les Comédiens-Italiens sont chassés en 1697. Dès lors, les Parisiens ne disposent plus que de deux grands théâtres, l'Opéra et la Comédie-Française. La créativité des auteurs est soumise à des règles strictes et à la censure, instaurée officiellement en 1701.
À la mort de Louis XIV, en 1715, son arrière-petit-fils Louis XV est proclamé roi, et le **duc d'Orléans** assure la Régence. Ce dernier mène une politique plus libérale. Afin de redresser l'économie du pays, il fait confiance à l'audacieux banquier écossais John Law, inventeur du billet de banque. Il augmente aussi le pouvoir du Parlement et tolère un certain **relâchement des mœurs**. Il s'installe à Paris, au Palais-Royal. La cour voit alors son influence diminuer. C'est désormais le public parisien qui devient l'arbitre en matière de spectacles.

La démultiplication des lieux théâtraux

En 1716, le Régent rappelle les Comédiens-Italiens. À côté des trois salles officielles que sont alors la Comédie-Française, la Comédie-Italienne et l'Opéra, de nombreuses salles de théâtre sont créées. Ce phénomène répond à un désir profond de la société et est soutenu par une **politique culturelle et théâtrale active**.
Mais le « divertissement » n'est pas la seule raison de cette démultiplication des théâtres. Sur le plan politique, l'idée que **le théâtre sert le prestige de la monarchie**, héritée de Louis XIV, perdure et s'affirme. De plus, les spectacles transforment la foule en public, plus facile à contenir. Sur le plan économique, la présence d'une salle de théâtre dans un quartier augmente son activité. Après l'avoir combattue, le pouvoir royal est amené peu à peu à laisser agir la concurrence. **Le théâtre fait ainsi son entrée dans le domaine de l'exploitation commerciale**.

La comédie à l'honneur

La Régence est une période de légèreté que ni la banqueroute de Law (1720) ni la peste de Marseille (1721) ne parviennent à assombrir. C'est donc tout naturellement vers **la comédie** que le public se tourne. Les théâtres forains, en particulier ceux des Foires Saint-Laurent et Saint-Germain, se développent et font preuve d'une grande inventivité. L'Opéra a su négocier son privilège sur le théâtre chanté : l'opéra-comique rencontre un vif succès. Les salles des Boulevards mettent le vaudeville à l'honneur.
Les Comédiens-Italiens renouvellent leur répertoire et intègrent peu à peu des dialogues et des bouts de scènes en français. En 1718, ils jouent leur première pièce intégralement en français. **Marivaux** notamment s'épanouit à leur contact et écrit pour eux de nombreuses comédies à partir de 1722.

→ **Ex** : *L'Île des esclaves* de Marivaux est représentée pour la première fois le 5 mars 1725 à l'hôtel de Bourgogne par les Comédiens-Italiens.

Nicolas LANCRET, *Les Acteurs de la comédie italienne* ou *Le Théâtre italien*, huile sur bois, 25,5 × 22 cm, 1re moitié du XVIIIe siècle (Musée du Louvre, Paris).

Histoire littéraire

Marivaudage et drame bourgeois

La querelle des Anciens et des Modernes, virulente dans les années 1690, perdure au début du XVIIIe siècle. Les « Modernes », Racine par exemple, sont enseignés à l'école et accèdent au statut de « classiques français ». Les auteurs du XVIIIe siècle vont les imiter tout en développant des formes nouvelles. La **tragédie** connaît encore un grand succès au début du siècle. Dans le même temps, de nouveaux genres émergent, comme le **drame**. La **comédie** prend son essor et devient un genre à la fois distrayant et sérieux. De deux genres théâtraux majeurs, on passe ainsi à trois. Les Lumières développent l'idée, répandue par L'Encyclopédie, d'un théâtre qui serait une « **école du peuple** ».

Derniers feux de la tragédie classique

Dans la première partie du siècle, la création de tragédies est très active. **Voltaire** connaît un vif succès avec ses tragédies classiques, comme Zaïre (1732), jouée à la Comédie-Française. Il présente aussi parfois des tragédies plus proches des préoccupations de son temps, comme Mahomet (1741), qui traite du fanatisme religieux. **Crébillon père** est l'autre grand dramaturge tragique de l'époque.

À la recherche de l'émotion : le drame

L'expulsion des grands de la scène, où ils avaient leur siège, permet aux acteurs de développer un jeu plus « naturel ». **Diderot**, s'inspirant du peintre Greuze, développe sa théorie du « **tableau** », qui veut que la disposition des acteurs sur scène frappe et touche le spectateur, même sans mots.

La réflexion sur l'illusion théâtrale est reprise au nom de la sensibilité. On cherche à toucher le spectateur en lui présentant des scènes proches de son quotidien, mais d'où peut naître l'émotion. Ainsi naît un genre intermédiaire, entre comédie et tragédie, le **drame bourgeois**, qui combine une fin heureuse à des moments pathétiques forts, comme par exemple Le Fils naturel (1757) de Diderot. Mais, s'il est longuement théorisé, ce genre ne rencontre qu'un succès mitigé. Il influencera néanmoins fortement l'art théâtral du XIXe siècle.

Le renouveau de la comédie

Dans la lignée de Molière, **Regnard** et **Lesage** font jouer des comédies de critique sociale.

→ **Ex :** Dans son Turcaret (1709), Lesage critique de manière virulente le milieu financier.

Marivaux crée lui aussi des comédies de critique sociale « philosophiques » (par exemple L'Île des esclaves, mais il privilégie les intrigues sentimentales fondées sur des jeux de quiproquos, déguisements et inversions des rôles qui donneront naissance à un mot : le **marivaudage**.

→ **Ex :** Le Jeu de l'amour et du hasard (1730) étudie la naissance et le développement du sentiment amoureux à travers un jeu de travestissement des maîtres en valets.

Beaumarchais par la suite crée des comédies dont la force satirique et subversive est portée par un personnage célèbre, Figaro, et annonce la Révolution.

→ **Ex :** Le Barbier de Séville en 1775, puis le Mariage de Figaro en 1778, sous des airs de spectacles drôles et tourbillonnants, contiennent de virulentes attaques contre les tares de la société.

Jean-Baptiste GREUZE (1725-1805), Le Fils ingrat, 1777, huile sur toile, 120 × 162 cm (Musée du Louvre, Paris).

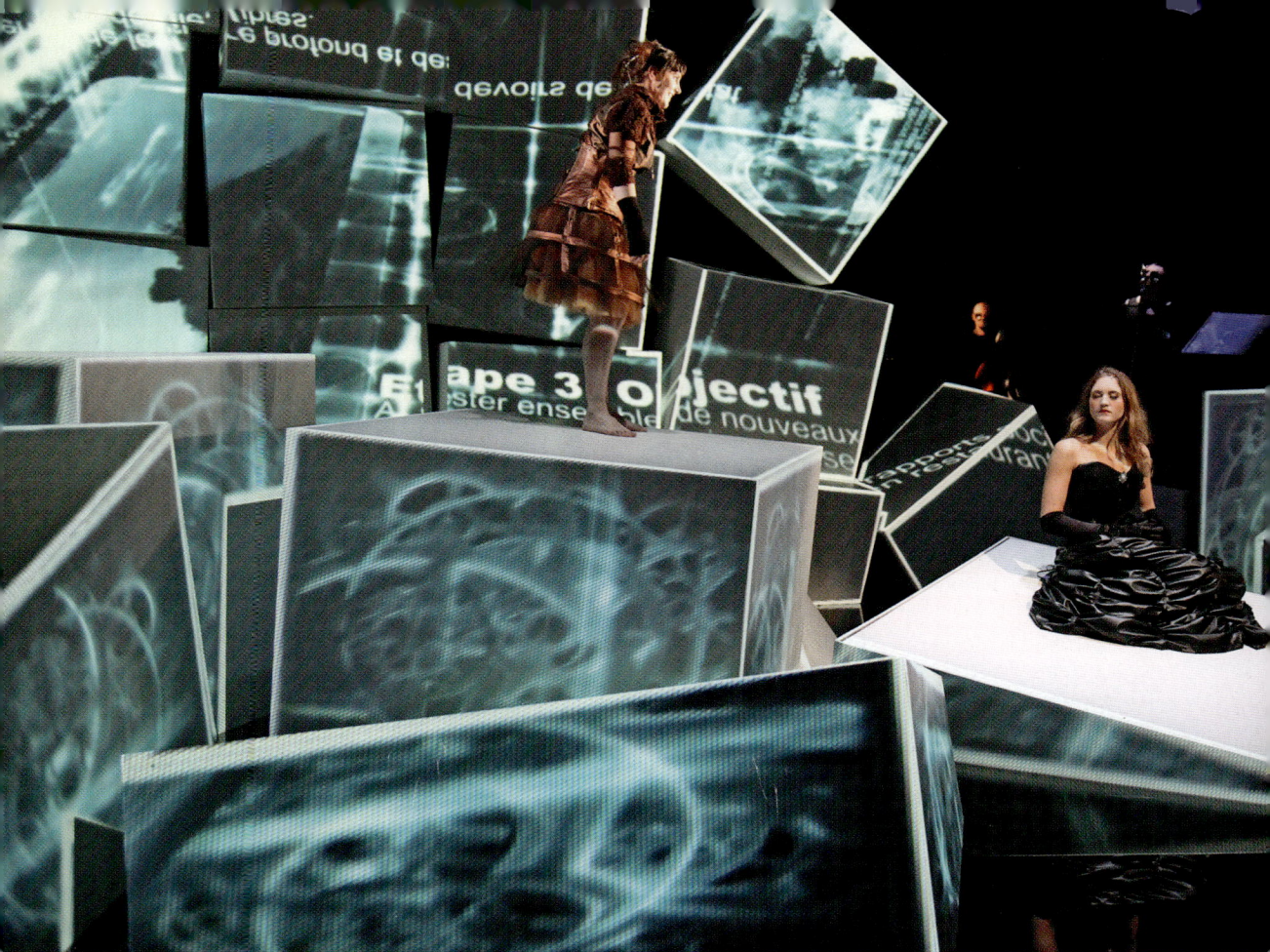

Décor et illusion théâtrale

Le décor fait partie intégrante de l'illusion théâtrale. Il peut être réaliste ou symbolique, imposant ou tout juste suggéré. Dans l'Antiquité, les pièces se jouaient **en plein air** dans des théâtres en pierre dont le fond représentait une sorte de palais devant lequel les comédiens évoluaient. Au Moyen Âge, les acteurs jouaient **sur des tréteaux**. Des sortes de petites cabanes, les *mansions*, étaient disposées en ligne, fermées par de simples rideaux derrière lesquels les acteurs pouvaient disparaître, et qui servaient aussi de coulisses. Les acteurs jouaient devant l'une ou l'autre de ces *mansions* selon le lieu où leurs personnages étaient censés se trouver. Avec le développement des salles de théâtre, notamment les salles dites à l'italienne, apparaît **le décor unique**, jouant sur la perspective, et représentant des lieux types, comme les façades ou les antichambres de palais, ou des intérieurs bourgeois. Au XXe siècle, l'invention de l'électricité révolutionne le théâtre : la salle est plongée dans l'obscurité et la scène dotée d'un éclairage complexe. Le décor devient essentiel ; c'est la naissance de la **scénographie**.

De nos jours, avec l'évolution des **nouvelles technologies**, le décor peut être virtuel. De nombreux metteurs en scène exploitent les possibilités de la vidéo et de l'image de synthèse. Le jeu sur l'illusion est ainsi renforcé et il peut même parfois devenir difficile de déterminer, depuis la salle, ce qui est réel, concret et ce qui est seulement projeté, par exemple. L'acteur évolue dans un univers aux limites floues, et l'espace théâtral s'élargit à l'infini. Les possibilités de représentation scénique sont démultipliées et les metteurs en scène peuvent de plus en plus laisser libre cours à leur imagination.

HISTOIRE DES ARTS

Marivaux,
L'Île des esclaves, 1725
Mise en scène de Paulo Correia, 2004

L'Île des esclaves de MARIVAUX. Cléanthis (Gaële Boghossian) et Euphrosine (Ingrid Donnadieu). Au fond, Jacqueline Scalabrini dans le rôle adapté de Trivelin (Théâtre national de Nice, 2004).

Le théâtre comme miroir de la réalité

LECTURE DE L'IMAGE

Un lieu hors du monde

1 Relisez l'extrait de *L'Île des esclaves* dans votre manuel, auquel correspond cette image, et identifiez la situation et les personnages.

2 Trivelin est ici interprété par une femme. Comment expliquez-vous ce choix ? Y auriez-vous pensé ?

3 Comment l'« île » est-elle ici représentée ? S'agit-il d'une représentation réaliste ? Expliquez.

Illusion et jeu théâtral

4 Quel est l'intérêt, selon vous, de projeter des images sur le décor plutôt que de le peindre ?

5 Observez la disposition des acteurs dans l'espace : que remarquez-vous ? Peut-on ici parler d'une « scène » pour dire où ils se trouvent ?

6 En quoi l'utilisation de vidéos projetées en 3D influe-t-elle sur le jeu des acteurs ?

Un miroir de la réalité

7 En quoi l'utilisation de technologies virtuelles peut-elle renvoyer à notre réalité ? Comment interprétez-vous ce choix du metteur en scène ?

8 Quel lien faites-vous entre sa démarche et la démarche de Marivaux ?

VERS LE BAC

Oral (entretien)

Que pensez-vous de l'utilisation des nouvelles technologies au théâtre ? Pensez-vous que cela enrichit ou au contraire dénature l'expression dramatique ?

▶ **Fiche 16** Réussir l'épreuve orale du baccalauréat

Dissertation

Eugène Ionesco écrit dans *Notes et contre-notes* : « Le théâtre est le lieu de la plus grande liberté, de l'imagination la plus folle. » Selon vous, quelle est la part de liberté du metteur en scène dans la création d'une pièce de théâtre ?

▶ **Fiche 17** Comprendre un sujet de dissertation

Éclairage

La lumière est essentielle au théâtre. À l'origine, les salles étaient éclairées à la **bougie**, ce qui limitait les possibilités de déplacement des acteurs sur la scène. À partir de 1820, l'éclairage se fait au **gaz** puis, vers 1890, à l'**électricité**, ce qui transforme fondamentalement la scène, les décors et le jeu des acteurs. De nos jours, la lumière permet de structurer l'espace et de créer des atmosphères particulières.

Lesage
Turcaret, 1709

Biographie p. 671
Histoire littéraire p. 297
Littérature et société p. 296
Repères historiques p. 32

Un chevalier pauvre courtise une Baronne, jeune veuve entretenue par le financier Turcaret. Son valet Frontin veut faire croire que le chevalier est prêt à se suicider à cause d'une dette de jeu. Marine, servante de la Baronne, tente de retenir sa naïve maîtresse.

ACTE I, SCÈNE 2

LA BARONNE. – Tu lui diras, Frontin, qu'il peut toujours faire fonds sur moi[1], et que n'étant point en argent comptant…

Elle veut retirer son diamant.

MARINE, *la retenant*. – Hé, Madame, y songez-vous ?

LA BARONNE, *remettant son diamant*. – Tu lui diras que je suis touchée de son malheur.

MARINE. – Et que je suis de mon côté très fâchée de son infortune.

FRONTIN. – Ah ! qu'il sera fâché lui… (*bas*) Maugrebleu de la soubrette[2].

LA BARONNE. – Dis-lui bien, Frontin, que je suis sensible à ses peines.

MARINE. – Que je sens vivement son affliction, Frontin.

FRONTIN. – C'en est donc fait, Madame, vous ne verrez plus Monsieur le Chevalier : la honte de ne pouvoir payer ses dettes va l'écarter de vous pour jamais ; car rien n'est plus sensible pour un enfant de famille[3]. Nous allons tout à l'heure prendre la poste[4].

LA BARONNE. – Prendre la poste, Marine !

MARINE. – Ils n'ont pas de quoi la payer.

FRONTIN. – Adieu, Madame.

LA BARONNE, *tirant son diamant*. – Attends, Frontin.

MARINE. – Non, non, va-t'en vite lui faire réponse.

LA BARONNE, *donnant le diamant à Frontin*. – Oh je ne puis me résoudre à l'abandonner. Tiens, voilà un diamant de cinq cents pistoles que Monsieur Turcaret m'a donné ; va le mettre en gage[5], et tire ton maître de l'affreuse situation où il se trouve.

FRONTIN. – Je vais le rappeler à la vie. Je lui rendrai compte, Marine, de l'excès de ton affliction.

Il sort.

MARINE. – Ah ! que vous êtes tous deux bien ensemble, messieurs les fripons !

LESAGE, *Turcaret*, Acte I, scène 2, 1709.

1. Me prendre pour caution. – 2. Servante. – 3. De famille noble. – 4. La poste : moyen de transport des voyageurs. – 5. Déposer un objet chez un prêteur pour obtenir de l'argent.

Jeu de dupes autour d'un diamant

LECTURE

1 Repérez les étapes du texte : comment la tension entre les trois personnages s'exprime-t-elle ?

2 Quels sont les différents procédés comiques utilisés dans cet extrait ? Ont-ils pour seule fonction de divertir le spectateur ?

3 Que montre Lesage des rapports entre les personnages ? Quelle vision de l'aristocratie la Baronne et le Chevalier donnent-ils ?

VERS LE BAC

Oral (entretien)

Pourquoi le comique de situation permet-il une critique efficace des relations sociales ?

▶ Fiche 16 Réussir l'épreuve orale du baccalauréat

Marivaux
L'Île des esclaves, 1725

Biographie p. 671
Histoire littéraire p. 297
Littérature et société p. 296
Repères historiques p. 32

Iphicrate et Euphrosine, aristocrates athéniens, et leurs esclaves, Arlequin et Cléanthis, ont échoué sur l'« île des esclaves », où les esclaves sont maîtres. Trivelin, le chef de l'île, leur apprend qu'ils devront passer des épreuves, la première pour Euphrosine consistant à écouter son esclave faire son portrait.

SCÈNE III

TRIVELIN, CLÉANTHIS, esclave, EUPHROSINE, sa maîtresse.

1 **TRIVELIN.** – Venons maintenant à l'examen[1] de son caractère : il est nécessaire que vous m'en donniez un portrait, qui se doit faire devant la personne qu'on peint, afin qu'elle se connaisse, qu'elle rougisse de ses ridicules, si elle en a, et qu'elle se corrige. Nous avons là de bonnes intentions, comme vous voyez.
5 Allons, commençons.

CLÉANTHIS. – Oh ! que cela est bien inventé ! Allons, me voilà prête ; interrogez-moi, je suis dans mon fort[2].

EUPHROSINE, *doucement.* – Je vous prie, Monsieur, que je me retire, et que je n'entende point ce qu'elle va dire.

10 **TRIVELIN.** – Hélas ! ma chère Dame, cela n'est fait que pour vous ; il faut que vous soyez présente.

1. Observation.
2. Je me sens inspirée.

L'Île des esclaves de MARIVAUX, mise en scène d'Irina Brook (Théâtre de l'Atelier, Paris, 2005). Avec Lubana Azabal (Cléanthis), Alex Descas (Trivelin) et Stéphanie Lagarde (Euphrosine).

Le Jeu de l'île d'après *L'Île des esclaves*, *L'Île de la raison* et *La Colonie* de MARIVAUX, mise en scène de Gilberte Tsaï, avec Mathilde Monjanel et Aurore James (Nouveau Théâtre de Montreuil, CDN), 2011.

CLÉANTHIS. – Restez, restez, un peu de honte est bientôt passé.

TRIVELIN. – Vaine, minaudière[3] et coquette, voilà d'abord à peu près sur quoi je vais vous interroger au hasard. Cela la regarde-t-il ?

CLÉANTHIS. – Vaine, minaudière et coquette ; si cela la regarde ? Eh ! voilà ma chère maîtresse ! Cela lui ressemble comme son visage.

EUPHROSINE. – N'en voilà-t-il pas assez, Monsieur ?

TRIVELIN. – Ah ! je vous félicite du petit embarras que cela vous donne ; vous sentez, c'est bon signe, et j'en augure bien pour l'avenir : mais ce ne sont encore là que les grands traits ; détaillons un peu cela. En quoi donc, par exemple, lui trouvez-vous les défauts dont nous parlons ?

CLÉANTHIS. – En quoi ? Partout, à toute heure, en tous lieux ; je vous ai dit de m'interroger ; mais par où commencer, je n'en sais rien, je m'y perds ; il y a tant de choses, j'en ai tant vu, tant remarqué de toutes les espèces, que cela me brouille. Madame se tait, Madame parle ; elle regarde, elle est triste, elle est gaie : silence, discours, regards, tristesse et joie, c'est tout un, il n'y a que la couleur de différente ; c'est vanité muette contente ou fâchée ; c'est coquetterie babillarde, jalouse ou curieuse ; c'est Madame, toujours vaine ou coquette l'un après l'autre, ou tous les deux à la fois : voilà ce que c'est, voilà par où je débute, rien que cela.

EUPHROSINE. – Je n'y saurais tenir.

TRIVELIN. – Attendez donc, ce n'est qu'un début.

CLÉANTHIS. – Madame se lève ; a-t-elle bien dormi, le sommeil l'a-t-il rendue belle, se sent-elle du vif, du sémillant[4] dans les yeux ? Vite sur les armes, la journée sera glorieuse : qu'on m'habille ! Madame verra du monde aujourd'hui ; elle ira aux spectacles, aux promenades, aux assemblées ; son visage peut se manifester, peut soutenir le grand jour, il fera plaisir à voir, il n'y a qu'à le promener hardiment, il est en état, il n'y a rien à craindre.

TRIVELIN, *à Euphrosine.* – Elle développe assez bien cela.

CLÉANTHIS. – Madame, au contraire, a-t-elle mal reposé ? Ah ! qu'on m'apporte un miroir ! Comme me voilà faite ! Que je suis mal bâtie ! Cependant on se mire[5], on éprouve[6] son visage de toutes les façons, rien ne réussit ; des yeux battus, un teint fatigué ; voilà qui est fini, il faut envelopper ce visage-là, nous n'aurons que du négligé[7], Madame ne verra personne aujourd'hui, pas même le jour, si elle peut ; du moins fera-t-il sombre dans la chambre. Cependant il vient compagnie[8], on entre : que va-t-on penser du visage de Madame ? On croira qu'elle enlaidit : donnera-t-elle ce plaisir-là à ses bonnes amies ? Non, il y a remède à tout : vous allez voir. Comment vous portez-vous, Madame ? Très mal,

3. Qui fait des manières.
4. De la vivacité dans le regard.
5. Se regarder.
6. Essayer. Ici, il s'agit d'essayer de se donner bonne figure.
7. Nous ne nous habillerons pas, nous ne nous préparerons pas.
8. Quelqu'un arrive pour rendre visite.

Madame : j'ai perdu le sommeil ; il y a huit jours que je n'ai fermé l'œil ; je n'ose pas me montrer, je fais peur. Et cela veut dire : Messieurs, figurez-vous que ce n'est point moi, au moins ; ne me regardez pas ; remettez à me voir ; ne me jugez pas aujourd'hui ; attendez que j'aie dormi. J'entendais tout cela, moi ; car nous autres esclaves, nous sommes doués contre nos maîtres d'une pénétration... Oh ! ce sont de pauvres gens pour nous.

TRIVELIN, *à Euphrosine*. – Courage, Madame, profitez de cette peinture-là, car elle me paraît fidèle.

EUPHROSINE. – Je ne sais où j'en suis.

CLÉANTHIS. – Vous en êtes aux deux tiers, et j'achèverai, pourvu que cela ne vous ennuie pas.

TRIVELIN. – Achevez, achevez ; Madame soutiendra bien le reste.

CLÉANTHIS. – Vous souvenez-vous d'un soir où vous étiez avec ce cavalier si bien fait ? J'étais dans la chambre ; vous vous entreteniez bas ; mais j'ai l'oreille fine : vous vouliez lui plaire sans faire semblant de rien ; vous parliez d'une femme qu'il voyait souvent. Cette femme-là est aimable, disiez-vous ; elle a les yeux petits, mais très doux ; et là-dessus vous ouvriez les vôtres, vous vous donniez des tons, des gestes de tête, de petites contorsions, des vivacités. Je riais. Vous réussîtes pourtant, le cavalier s'y prit ; il vous offrit son cœur. À moi ? lui dîtes-vous. Oui, Madame, à vous-même, à tout ce qu'il y a de plus aimable au monde. Continuez, folâtre[9], continuez, dîtes-vous, en ôtant vos gants sous prétexte de m'en demander d'autres. Mais vous avez la main belle, il la vit, il la prit, il la baisa, cela anima sa déclaration ; et c'était là les gants que vous demandiez. Eh bien, y suis-je ?

TRIVELIN, *à Euphrosine*. – En vérité, elle a raison.

MARIVAUX, *L'Île des esclaves*, scène III, 1725.

9. Se dit d'une personne qui aime plaisanter.

Le jeu des portraits

LECTURE

1 @RECHERCHE Résumez l'intrigue de la pièce de Marivaux et recherchez la définition du mot « utopie ». Dans quelle mesure peut-on qualifier *L'Île des esclaves* d'utopie ?

2 En quoi ce portrait est-il un portrait moral ? Quelles sont les caractéristiques du caractère d'Euphrosine ici décrites ?

3 Comment ce portrait est-il théâtralisé ? Appuyez-vous notamment sur les indices d'énonciation et le rôle de chaque personnage.

4 En quoi cette scène constitue-t-elle une critique de la noblesse ?

HISTOIRE DES ARTS

COMPARER DES MISES EN SCÈNE Observez les photos de mises en scène : quels sont les types de rapports entre maître et valet mis en évidence dans chacune ?

VERS LE BAC

Commentaire
Vous rédigerez un commentaire de ce texte selon le parcours de lecture suivant : A/ un portrait vivant ; B/ la critique sociale : un miroir tendu aux maîtres.

Oral (entretien)
En quoi le théâtre peut-il constituer une arme privilégiée pour la dénonciation des vices de la société ?

3 Marivaux
Le Jeu de l'amour et du hasard, 1730

Biographie p. 671

Histoire littéraire p. 297

Littérature et société p. 296

Repères historiques p. 32

Un mariage de convenance est prévu entre Dorante et Silvia. L'un et l'autre décident d'échanger leur rôle avec leurs domestiques pour découvrir *incognito* leur fiancé(e) : Dorante se fait passer pour Bourguignon et Silvia pour Lisette. Après les présentations, les jeunes gens se retrouvent seuls.

ACTE I, SCÈNE 7

DORANTE, SILVIA

1   SILVIA, *à part.* — Ils se donnent la comédie[1] ; n'importe, mettons tout à profit, ce garçon-ci n'est pas sot, et je ne plains pas la soubrette qui l'aura. Il va m'en conter, laissons-le dire, pourvu qu'il m'instruise.

DORANTE, *à part.* — Cette fille-ci m'étonne ! Il n'y a point de femme au monde
5   à qui sa physionomie ne fît honneur : lions connaissance avec elle. (*Haut*) Puisque nous sommes dans le style amical et que nous avons abjuré les façons, dis-moi, Lisette, ta maîtresse te vaut-elle ? Elle est bien hardie d'oser avoir une femme de chambre comme toi !

SILVIA. — Bourguignon, cette question-là m'annonce que, suivant la coutume, tu
10 arrives avec l'intention de me dire des douceurs : n'est-il pas vrai ?

DORANTE. — Ma foi, je n'étais pas venu dans ce dessein-là, je te l'avoue. Tout valet que je suis, je n'ai jamais eu de grandes liaisons avec les soubrettes ; je n'aime pas l'esprit domestique ; mais à ton égard, c'est une autre affaire. Comment donc ! tu me soumets ; je suis presque timide ; ma familiarité n'ose-
15 rait s'apprivoiser avec toi ; j'ai toujours envie d'ôter mon chapeau de dessus ma tête, et quand je te tutoie, il me semble que je jure ! enfin, j'ai un penchant à te traiter avec des respects qui te feraient rire. Quelle espèce de suivante es-tu donc avec ton air de princesse ?

1. Silvia parle ici de son frère et de son père au courant de toute l'intrigue et qui se sont amusés du quiproquo.

Silvia (Mariu Marini) et Dorante (Facundo Bo), mise en scène d'Alfredo ARIAS (Théâtre de la Commune, 1987).

304

Antiquité | Moyen Âge | XVIe | XVIIe | **XVIIIe** | XIXe | XXe | XXIe

Dorante (J. Mompart) et Silvia (A. Tiedermann), mise en scène de Jean Liermier (2009).

SILVIA. – Tiens, tout ce que tu dis avoir senti en me voyant, est précisément l'histoire de tous les valets qui m'ont vue.

DORANTE. – Ma foi, je ne serais pas surpris quand ce serait aussi l'histoire de tous les maîtres.

SILVIA. – Le trait[2] est joli assurément ; mais, je te le répète encore, je ne suis point faite aux cajoleries de ceux dont la garde-robe ressemble à la tienne.

DORANTE. – C'est-à-dire que ma parure ne te plaît pas ?

SILVIA. – Non, Bourguignon ; laissons là l'amour, et soyons bons amis.

DORANTE. – Rien que cela ? Ton petit traité n'est composé que de deux clauses[3] impossibles.

SILVIA, à part. – Quel homme pour un valet ! (Haut) Il faut pourtant qu'il[4] s'exécute ; on m'a prédit que je n'épouserais jamais qu'un homme de condition[5], et j'ai juré depuis de n'en écouter jamais d'autres.

DORANTE. – Parbleu ! cela est plaisant ; ce que tu as juré pour homme, je l'ai juré pour femme, moi ; j'ai fait serment de n'aimer sérieusement qu'une fille de condition.

SILVIA. – Ne t'écarte pas de ton projet.

DORANTE. – Je ne m'en écarte peut-être pas tant que nous le croyons ; tu as l'air bien distingué, et l'on est quelquefois fille de condition sans le savoir.

SILVIA. – Ah ! ah ! ah ! je te remercierais de ton éloge, si ma mère n'en faisait pas les frais.

DORANTE. – Eh bien, venge-t'en sur la mienne, si tu me trouves assez bonne mine[6] pour cela.

MARIVAUX, *Le Jeu de l'amour et du hasard*, Acte I, scène 7, 1730.

2. Mot d'esprit.
3. Dispositions particulières dans un acte juridique.
4. Que le traité s'exécute.
5. Appartenant à la noblesse.
6. Une bonne mine serait une apparence physique montrant qu'on appartient à la noblesse.

Jeu de rôles révélateur

LECTURE

1 @RECHERCHE Définissez les termes « marivaudage » et « badinage ». En quoi cette scène en est-elle un exemple ? Justifiez par l'analyse de l'énonciation et du champ lexical dominant.

2 Pourquoi cette scène 7 peut-elle se lire comme un piège se refermant sur les personnages ?

3 Que signifie le mot « condition » ? Pourquoi cette scène est-elle la critique d'une société où changer de condition est pratiquement impossible ?

HISTOIRE DES ARTS

COMPARER DES MISES EN SCÈNE Décrivez les décors, costumes et jeux des comédiens dans les deux mises en scène et expliquez les partis pris de chacune.

ÉCRITURE

Vers le commentaire

Rédigez deux paragraphes de commentaire sur le comique de cette scène. Vous vous appuierez sur le rôle des apartés, le comique de situation et de caractère.

VERS LE BAC

Oral (analyse)

Comment Marivaux critique-t-il la société de son temps dans ce texte ?
▶ Fiche 16 Réussir l'épreuve orale du baccalauréat

Invention

Imaginez un dialogue argumentatif entre Alfredo Arias et Jean Liermier à propos de la mise en scène de cette pièce. Chacun justifiera son choix de décor, de costumes et d'interprétation des personnages.
▶ Fiche 11 Comprendre un sujet d'écriture d'invention

6 XVIIIe siècle : La fête théâtrale | **305**

4 Beaumarchais
Le Barbier de Séville, 1775

Le docteur Bartholo compte épouser Rosine dont il est le tuteur. Mais elle est amoureuse du comte Almaviva. Bartholo a surpris une remise de lettre entre les jeunes gens et exige de voir la missive.

SCÈNE XV
BARTHOLO, ROSINE

Biographie p. 671
Histoire littéraire p. 297
Littérature et société p. 296
Repères historiques p. 32

1 **BARTHOLO.** – De quelle offense parlez-vous ?

ROSINE. – C'est qu'il est inouï qu'on se permette d'ouvrir les lettres de quelqu'un.

BARTHOLO. – De sa femme ?

ROSINE. – Je ne la suis pas encore. Mais pourquoi lui donnerait-on la préférence
5 d'une indignité qu'on ne fait à personne ?

BARTHOLO. – Vous voulez me faire prendre le change, et détourner mon attention du billet qui, sans doute, est une missive de quelque amant ! Mais je le verrai, je vous assure.

ROSINE. – Vous ne le verrez pas. Si vous m'approchez, je m'enfuis de cette
10 maison, et je demande retraite au premier venu.

BARTHOLO. – Qui ne vous recevra point.

ROSINE. – C'est ce qu'il faudra voir.

BARTHOLO. – Nous ne sommes pas ici en France, où l'on donne toujours raison aux femmes ; mais, pour vous en ôter la fantaisie, je vais fermer la porte.

15 **ROSINE,** *pendant qu'il y va*. – Ah, Ciel ! que faire ?… Mettons vite à la place la lettre de mon cousin, et donnons-lui beau jeu de la prendre. (*Elle fait l'échange, et met la lettre du cousin dans sa pochette, de façon qu'elle sorte un peu.*)

BARTHOLO, *revenant*. – Ah ! j'espère maintenant la voir.

ROSINE. – De quel droit, s'il vous plaît ?

20 **BARTHOLO.** – Du droit le plus universellement reconnu, celui du plus fort.

ROSINE. – On me tuera plutôt que de l'obtenir de moi.

BARTHOLO, *frappant du pied*. – Madame ! Madame !…

ROSINE *tombe sur un fauteuil, et feint de se trouver mal*. – Ah ! quelle indignité !…

BARTHOLO. – Donnez cette lettre, ou craignez ma colère.

25 **ROSINE,** *renversée*. – Malheureuse Rosine !

BARTHOLO. – Qu'avez-vous donc ?

ROSINE. – Quel avenir affreux !

BARTHOLO. – Rosine !

ROSINE. – J'étouffe de fureur.

30 **BARTHOLO.** – Elle se trouve mal.

ROSINE. – Je m'affaiblis, je meurs.

BARTHOLO, *à part*. – Dieux ! la lettre ! Lisons-la sans qu'elle en soit instruite. (*Il lui tâte le pouls et prend la lettre, qu'il tâche de lire en se tournant un peu.*)

ROSINE, *toujours renversée.* – Infortunée ! ah !

35 BARTHOLO *lui quitte le bras, et dit à part.* – Quelle rage a-t-on d'apprendre ce qu'on craint toujours de savoir !

ROSINE. – Ah ! pauvre Rosine !

BARTHOLO. – L'usage des odeurs... produit ces affections spasmodiques[1]. (*Il lit par-derrière le fauteuil, en lui tâtant le pouls. Rosine se relève un peu, le regarde 40 finement, fait un geste de tête, et se remet sans parler.*)

BARTHOLO, *à part.* – Ô Ciel ! c'est la lettre de son cousin. Maudite inquiétude ! Comment l'apaiser maintenant ? Qu'elle ignore au moins que je l'ai lue ! (*Il fait semblant de la soutenir, et remet la lettre dans la pochette.*)

ROSINE *soupire.* – Ah !...

45 BARTHOLO. – Eh bien ! ce n'est rien, mon enfant ; un petit mouvement de vapeurs[2], voilà tout ; car ton pouls n'a seulement pas varié. (*Il va prendre un flacon sur la console.*)

ROSINE, *à part.* – Il a remis la lettre ! Fort bien !

50 BARTHOLO. – Ma chère Rosine, un peu de cette eau spiritueuse.

ROSINE. – Je ne veux rien de vous : laissez-moi.

Pierre Augustin CARON DE BEAUMARCHAIS, *Le Barbier de Séville*, acte II, scène 15, 1775.

1. Terme médical qui désigne des convulsions.
2. Avoir des vapeurs : avoir un malaise.

Mise en scène de Gérard Gelas, Théâtre du Chêne noir, Avignon, 2006.

La lettre volée

LECTURE

1 Comment et pourquoi la lettre génère-t-elle un conflit entre les personnages ? Quels sont les lieux communs que le dramaturge reprend ?

2 Analysez la longueur et l'enchaînement des répliques. Qu'en concluez-vous ?

3 Comment la lettre en tant qu'objet organise-t-elle le mouvement scénique et la gestuelle ? au service de quel type d'intrigue ?

4 Comment le dialogue dépasse-t-il la simple querelle pour toucher à des valeurs ? Lesquelles ? Mettez celles-ci en perspective avec le mouvement des Lumières.

5 Jusqu'où Rosine pousse-t-elle la comédie qu'elle joue à Bartholo ?

HISTOIRE DES ARTS

Comment la relation entre le tuteur Bartholo et sa pupille Rosine est-elle mise en scène ?

VERS LE BAC

Invention

Rédigez la lettre que Rosine adresse à l'une de ses amies pour se plaindre du comportement de son tuteur Bartholo et pour revendiquer ses droits en tant que femme. Vous veillerez à structurer ce propos en deux temps : les constats que Rosine tire de la situation qu'elle vient de vivre, la formulation de ses revendications. Vous pourrez varier les registres.

▶ Fiche 11 **Comprendre un sujet d'écriture d'invention**

5 Beaumarchais
Le Mariage de Figaro, 1775

Le Comte Almaviva a épousé Rosine grâce aux ruses de Figaro. Infidèle depuis son mariage, il convoite Suzanne, femme de chambre de la Comtesse et fiancée de Figaro. Désirant envoyer Figaro à Londres pour l'éloigner, il l'a convoqué pour sonder le valet sur ce qu'il devine de ses intentions. Figaro s'est allié avec la Comtesse pour se venger du Comte.

Biographie p. 671
Histoire littéraire p. 297
Littérature et société p. 296
Repères historiques p. 32

Le Comte (M. Vuillermoz) et Figaro (L. Stocker), mise en scène de Christophe Rauck (Comédie-Française, 2007).

ACTE III, SCÈNE 5

LE COMTE, FIGARO

1 **LE COMTE.** – ... Autrefois tu me disais tout.

FIGARO. – Et maintenant je ne vous cache rien.

LE COMTE. – Combien la Comtesse t'a-t-elle donné pour cette belle association ?

FIGARO. – Combien me donnâtes-vous pour la tirer des mains du docteur ? Tenez,
5 Monseigneur, n'humilions pas l'homme qui nous sert bien, crainte d'en faire un mauvais valet.

LE COMTE. – Pourquoi faut-il qu'il y ait toujours du louche en ce que tu fais ?

FIGARO. – C'est qu'on en voit partout quand on cherche des torts.

LE COMTE. – Une réputation détestable !

10 **FIGARO.** – Et si je vaux mieux qu'elle ? y a-t-il beaucoup de seigneurs qui puissent en dire autant ?

LE COMTE. – Cent fois je t'ai vu marcher à la fortune et jamais aller droit.

FIGARO. – Comment voulez-vous ? la foule est là : chacun veut courir, on se presse, on pousse, on coudoie, on renverse, arrive qui peut ; le reste est écrasé.
15 Aussi c'est fait ; pour moi j'y renonce.

LE COMTE. – À la fortune ? (À part.) Voici du neuf.

FIGARO, à part. – À mon tour maintenant. (Haut.) Votre Excellence m'a gratifié de la conciergerie du château ; c'est un fort joli sort ; à la vérité je ne serai pas le courrier étrenné des nouvelles intéressantes ; mais en revanche, heureux avec ma femme au fond de l'Andalousie...

LE COMTE. – Qui t'empêcherait de l'emmener à Londres ?

FIGARO. – Il faudrait la quitter si souvent que j'aurais bientôt du mariage par-dessus la tête.

LE COMTE. – Avec du caractère et de l'esprit, tu pourrais un jour t'avancer dans les bureaux.

FIGARO. – De l'esprit pour s'avancer ? Monseigneur se rit du mien. Médiocre et rampant ; et l'on arrive à tout.

LE COMTE. – ... Il ne faudrait qu'étudier un peu sous moi la politique.

FIGARO. – Je la sais.

LE COMTE. – Comme l'anglais, le fond de la langue !

FIGARO. – Oui, s'il y avait de quoi se vanter. Mais, feindre d'ignorer ce qu'on sait, de savoir tout ce qu'on ignore ; d'entendre ce qu'on ne comprend pas, de ne point ouïr ce qu'on entend ; surtout de pouvoir au-delà de ses forces ; avoir souvent pour grand secret de cacher qu'il n'y en a point ; s'enfermer pour tailler des plumes, et paraître profond, quand on n'est, comme on dit, que vide et creux ; jouer bien ou mal un personnage ; répandre des espions et pensionner des traîtres ; amollir des cachets ; intercepter des lettres ; et tâcher d'ennoblir la pauvreté des moyens par l'importance des objets : voilà toute la politique, ou je meure !

LE COMTE. – Eh ! c'est l'intrigue que tu définis !

BEAUMARCHAIS, *Le Mariage de Figaro*, Acte III, scène 5, 1778.

Le duel du valet et du maître

LECTURE

1 @RECHERCHE Résumez l'intrigue du *Barbier de Séville* puis expliquez la l. 5. En quoi les relations entre Figaro et le Comte ont-elles changé ?

2 Quels indices rendent perceptible la tension entre les deux hommes ? Analysez énonciation et jeux de scène.

3 Quels reproches chacun fait-il à l'autre ? Quels sentiments expriment-ils ?

4. Quel registre Figaro utilise-t-il (l. 10 à 29) ? Quels aspects de la société Beaumarchais dénonce-t-il ainsi ?

HISTOIRE DES ARTS

MISE EN SCÈNE Comment C. Rauck met-il en scène le rapport maître/valet ? Comparez ce parti pris avec ce qu'avait prévu Beaumarchais dans ses *Caractères et habillements de la pièce*, que vous trouverez sur le site http://www.archithea.org/.

VERS LE BAC

Question sur un corpus
Comparez Figaro et Sganarelle (*Dom Juan*, p. 263) : quelles similitudes et différences voyez-vous dans les relations maître/valet ? Y a-t-il une évolution ?

▶ Fiche 46 **Répondre à une question sur un corpus**

Invention
Un metteur en scène annonce aux acteurs son choix d'interprétation. Il donne des consignes pour faire de l'extrait une scène d'affrontement. Rédigez le dialogue avec ses comédiens comportant des indications de jeu, de déplacements et d'intonations.

▶ Fiche 11 **Comprendre un sujet d'écriture d'invention**

7. XIXᵉ siècle : Le triomphe du drame

Les influences étrangères et une nouvelle vision de l'Homme, partagé entre des aspirations contraires, renouvellent les formes théâtrales. Ce changement passe par le rejet des codes et des règles hérités du classicisme et par le triomphe du drame. Ouvert et créatif, il permet le mélange des genres et des registres.

Histoire littéraire
Le drame romantique 312

Histoire des arts
V. Hugo, *Le Roi s'amuse*, 1832, mise en scène de F. Rancillac, 2010 314

1. **A. de Musset**, *On ne badine pas avec l'amour*, 1834 316
2. **A. de Musset**, *Lorenzaccio*, 1834 Œuvre intégrale 318
3. **V. Hugo**, *Hernani*, 1830 322
4. **V. Hugo**, *Ruy Blas*, 1838 324
5. **A. Jarry**, *Ubu roi*, 1896 326
6. **E. Rostand**, *Cyrano de Bergerac*, 1897 327

Histoire littéraire
Le drame romantique

Les origines du drame romantique

Encouragé par **le drame bourgeois** qui marque une première prise de distance avec le classicisme, séduit par la dimension populaire du **mélodrame** et influencé par la **redécouverte des pièces de Shakespeare**, jouées en version originale, le drame romantique naît au début du XIXe siècle sous l'impulsion de Victor Hugo et de son cénacle. Le modèle shakespearien est déterminant car la violence du drame élisabéthain, le mélange du tragique et du comique sont les bases du nouveau genre que les romantiques entendent fonder. L'étude de Stendhal, *Racine et Shakespeare* (1823), pose les bases de cette **révolution dramatique** dont les principes seront théorisés par Victor Hugo.

→ **Ex :** *Alfred de Vigny adapte* Othello *de Shakespeare dans* Le More de Venise *(1829).*

Le contexte politique

Alphonse MUCHA (1860-1939), affiche pour *Lorenzaccio* d'Alfred DE MUSSET avec Sarah Bernhardt, 1894.

La première moitié du XIXe siècle, pendant laquelle s'épanouit le drame romantique, est caractérisée par la **mutation**, l'**incertitude** et les **désillusions** : les **ultra-royalistes**, partisans d'un retour à l'Ancien Régime, sont déçus de Louis-Philippe qui a remplacé Charles X, chassé du trône en 1830 ; les **bonapartistes** regrettent l'empereur mort exilé à Sainte-Hélène en 1821 et les **républicains** vivent mal le retour à la monarchie. Les jeunes romantiques se sentent « né[s] trop tard dans un monde trop vieux », comme l'écrit Musset en 1836 dans *La Confession d'un enfant du siècle*. Portés par le vent de liberté né de la révolution de juillet 1830, les héros romantiques veulent intervenir dans le cours de l'Histoire, ils rêvent d'une destinée individuelle qui rejoigne une destinée collective.

→ **Ex :** *Dans* Lorenzaccio *(1834) d'Alfred de Musset, Lorenzo est un jeune libertin florentin en pleine Renaissance, il rêve de tuer le duc de Médicis pour délivrer le peuple de la tyrannie.* Ainsi, le drame romantique devient-il le lieu d'une réflexion politique, il s'inspire de l'Histoire pour évoquer les troubles contemporains – le retour à l'ordre imposé par Louis-Philippe dès 1835 et le rétablissement de la censure.

Le contexte social

La révolution industrielle, qui crée des espoirs, des attentes et des désirs de changement, s'accompagne aussi de revendications sociales parfois violentes tant dans leur manifestation que dans leur répression. La valorisation de l'argent et du travail par les bourgeois laisse peu de place à celle de l'artiste, dont le travail n'est pas considéré comme « rentable ». **Mal dans leur siècle, les romantiques expriment dans le drame leur difficulté à trouver leur place dans une société sclérosée.**

→ **Ex :** *Dans* Les Caprices de Marianne *(1832) d'Alfred de Musset, Octave, libertin ténébreux, exprime ce mal-être et ce désir d'évasion :* « Figure-toi un danseur de corde, en brodequins d'argent, le balancier au poing, suspendu entre le ciel et la terre ; à droite et à gauche, de vieilles petites figures racornies, de maigres et pâles fantômes, des créanciers agiles, des parents et des courtisans ; toute une légion de monstres se suspendent à son manteau et le tiraillent de tous côtés pour lui faire perdre l'équilibre ; des phrases redondantes, de grands mots enchâssés cavalcadent autour de lui ; une nuée de prédictions sinistres l'aveugle de ses ailes noires. »

Le drame romantique entend également donner une vision plus réaliste du monde et des individus, en présentant des personnages de toutes conditions sociales.

→ **Ex :** *Dans* Ruy Blas *(1838) de Victor Hugo, le personnage éponyme connaît une ascension sociale fulgurante : ancien laquais, il devient Premier ministre d'Espagne :* « Ver de terre amoureux d'une étoile. »

Le manifeste du drame romantique : une esthétique nouvelle

Le refus des règles classiques

La *Préface de Cromwell*, publiée par Hugo en 1827 – préambule à la pièce historique *Cromwell* –, apparaît comme le **texte théorique fondateur du drame**

romantique. Le dramaturge remet en cause les règles classiques et prône une liberté créatrice : lieux multiples, actions qui peuvent s'étendre sur des mois, intrigues secondaires. **Hugo se rebelle avec fougue contre les carcans théâtraux** du classicisme.

Extrait : « L'unité de temps n'est pas plus solide que l'unité de lieu. L'action encadrée de force dans les vingt-quatre heures est aussi ridicule qu'encadrée dans le vestibule. Toute action a sa durée propre comme son lieu particulier. Verser la même dose de temps à tous les événements ! Appliquer la même mesure sur tout ! On rirait d'un cordonnier qui voudrait mettre le même soulier à tous les pieds. Croiser l'unité de temps à l'unité de lieu comme les barreaux d'une cage, et y faire pédantesquement entrer, de par Aristote, tous ces faits, tous ces peuples, toutes ces figures que la providence déroule à si grandes masses dans la réalité ! C'est mutiler hommes et choses, c'est faire grimacer l'histoire. »

Les bienséances sont malmenées et la violence quitte les coulisses. Le goût du spectaculaire multiplie les morts sur scène : suicides, meurtres ou exécutions répondent aux attentes du public populaire. Le drame est ainsi fidèle à son étymologie grecque : *drama*, qui signifie « action ».

→ **Ex** : *Dans* Ruy Blas, *après le meurtre de dom Salluste, on assiste au suicide du héros.*

La vérité des sentiments

Il s'agit d'**exprimer toutes les émotions au mépris de l'unité de ton.** Le drame romantique traduit le bouillonnement des sentiments et l'effervescence d'une Histoire en plein bouleversement. Hugo prône de « parcourir toute la gamme poétique, aller de haut en bas, des idées les plus élevées aux plus vulgaires, des plus bouffonnes aux plus graves » (*Préface de Cromwell*).

→ **Ex** : *Un même personnage pouvant être capable de grandeur « sublime » et de lâcheté « grotesque », comme le noble roi don Carlos qui se cache vulgairement dans une armoire pour surprendre le rendez-vous d'Hernani et de doña Sol.*

Le personnage laisse libre cours à son introspection dans des **monologues lyriques** où il interroge son humanité et, souvent, ses sentiments amoureux.

→ **Ex** : *Lorenzo* : « Sont-ce bien les battements d'un cœur humain que je sens là, sous les os de ma poitrine ? » (*Musset*, Lorenzaccio, *IV, 3*).

→ **Ex** : *Coelio* : « Malheur à celui qui, au milieu de la jeunesse, s'abandonne à un amour sans espoir ! Malheur à celui qui se livre à une douce rêverie avant de savoir où sa chimère le mène et s'il peut être payé de retour ! » (*Musset*, Les Caprices de Marianne, *I, 1*).

Le vers romantique

Le drame romantique, suivant son principe de liberté, bouscule la versification traditionnelle, et **Hugo recommande au dramaturge de savoir « briser à propos et déplacer la césure pour déguiser sa monotonie d'alexandrin** ; plus ami de l'enjambement qui l'allonge que de l'inversion qui l'embrouille ; fidèle à la rime, cette esclave reine, cette suprême grâce de la poésie » (*Préface de Cromwell*).

La bataille d'Hernani

La première représentation d'*Hernani* de Victor Hugo (25 février 1830) est la première représentation d'un drame romantique, elle fait exploser la querelle déjà attisée par la lecture de la *Préface de Cromwell*. Dans la salle, les « classiques », politiquement conservateurs, affrontent violemment les jeunes romantiques. Tandis que les premiers sifflent toute audace de versification, les autres l'applaudissent ! Les insultes fusent, des coups s'échangent même, et la polémique fait la une des journaux le lendemain. Le succès de la pièce, certainement favorisé par le scandale, devient l'acte de naissance d'un nouveau genre dramatique.

Monté sur le Pégase romantique, Victor Hugo entraîne à sa suite Théophile Gautier, Cassagnac, Francis Wey et Paul Fouché, Eugène Sue, Alexandre Dumas. Alphonse de Lamartine, dans les nuages, se « livre à ses méditations politiques, poétiques et religieuses ». Suivent Honoré de Balzac et Alfred de Vigny.

Benjamin ROUBAUD, *La Grande Chevauchée de la postérité*, 1842 (Musée Balzac, Paris).

HISTOIRE DES ARTS

Victor Hugo,
Le Roi s'amuse, 1832
Mise en scène de François Rancillac, 2010

Le Roi s'amuse de Victor HUGO. Le bouffon Triboulet (Denis Lavant) dans la mise en scène de François Rancillac (château de Grignan, 2010).

La figure du bouffon au théâtre

Le personnage du bouffon au théâtre trouve ses origines dans les comédies antiques, les fous des farces médiévales et les personnages comiques de la *commedia dell'arte*. La plupart du temps, il est un personnage secondaire dont la fonction est de faire rire. Il accompagne le héros, roi ou prince, qu'il amuse par ses facéties, et dont il est une sorte de **faire-valoir**. Mais il est aussi celui qui se moque de la cour et des grands. Il est celui qui ose dire tout haut ce que d'autres pensent tout bas, prétextant la **folie** pour mieux dévoiler sa sagesse.

Le rôle du bouffon était à l'origine un rôle reposant principalement sur le mime : ses grimaces faisaient rire. Avec Molière, le bouffon se fait valet et prend en envergure. Il demeure toutefois un personnage drôle avant tout. Au XVIIIe siècle, le bouffon en tant que tel tend à disparaître, mais le valet demeure et se fait le porte-parole du philosophe. Diderot toutefois réactualise la figure du bouffon dans *Le Neveu de Rameau*.

Le drame romantique, au XIXe siècle, renoue pleinement avec la tradition du personnage du bouffon. Victor Hugo, notamment, s'inspire de la tradition médiévale et des pièces de William Shakespeare. Alliant le **grotesque** et le **sublime**, il utilise la figure du bouffon pour diffuser ses idées : c'est dans la folie du sot que réside la vérité. Au XXe siècle, Alfred Jarry transforme le bouffon en roi à travers le personnage d'Ubu. Le théâtre de l'absurde, celui de Samuel Beckett par exemple, achève l'évolution du personnage en lui conférant une dimension tragique. Personnage éminemment théâtral, le bouffon invite à s'interroger sur le sens de ce qui est représenté. Il peut apparaître comme une image de ce qui fait l'une des caractéristiques du théâtre : une illusion qui révèle, sous des airs de divertissement, une vérité sur le monde.

Le costume de théâtre

Le costume permet, en général, d'identifier immédiatement le personnage. Souvent, les costumes sont **réalistes** et renvoient à une époque, une appartenance sociale, etc. Il arrive toutefois que, tout comme les décors, ils soient plus **symboliques** que réalistes. Ils participent de la transformation de l'acteur, qui parfois devient méconnaissable. Quoi qu'il en soit, le costume fait toujours signe et correspond à un choix précis du metteur en scène.

Du grotesque au sublime

LECTURE DE L'IMAGE

Le fou du roi

1 @RECHERCHE Faites des recherches sur le personnage du bouffon de théâtre et cherchez des représentations de bouffons célèbres. La représentation du bouffon Triboulet dans la mise en scène de François Rancillac vous semble-t-elle conforme à la tradition ?

2 Quels sont les éléments grotesques qui caractérisent le personnage interprété par Denis Lavant ?

Déformer pour mieux révéler

3 Quels sont les éléments renvoyant à l'idée de la difformité et de l'infirmité ? Pourquoi ce choix ?

4 Le bouffon ici représenté vous semble-t-il exclusivement comique ? Expliquez.

5 @RECHERCHE Résumez l'intrigue du drame de Victor Hugo, *Le Roi s'amuse*, et expliquez le titre. En quoi Triboulet peut-il être qualifié de personnage tragique ?

Illusion et réalité

6 Comment interprétez-vous la présence de la boule à facettes à côté du personnage ?

7 Quelle est la fonction du personnage de Triboulet dans la pièce de Hugo, suggérée par cette mise en scène ?

VERS LE BAC

Oral (entretien)

Quelles sont les fonctions des costumes au théâtre, selon vous ?
▶ Fiche 16 **Réussir l'épreuve orale du baccalauréat**

Invention

Vous êtes chargé de créer des costumes pour une mise en scène du *Roi s'amuse* de Victor Hugo. Vous expliquez votre projet de costume pour le personnage de Triboulet au metteur en scène et vous justifiez vos choix.
▶ Fiche 11 **Comprendre un sujet d'écriture d'invention**

1 Alfred de Musset
On ne badine pas avec l'amour, 1834

Biographie p. 671
Histoire littéraire p. 312
Repères historiques p. 34

Perdican et Camille sont promis l'un à l'autre, mais la jeune fille, par crainte d'une déception amoureuse, veut entrer au couvent. Pour la rendre jalouse, Perdican lui a donné rendez-vous près d'une fontaine et y vient avec une jeune paysanne, Rosette, qu'il s'est amusé à séduire. Camille s'est cachée derrière un arbre pour les observer.

ACTE III, SCÈNE 3

1 **CAMILLE**, *lisant*. – Perdican me demande de lui dire adieu, avant de partir, près de la petite fontaine où je l'ai fait venir hier. Que peut-il avoir à me dire ? Voilà justement la fontaine, et je suis toute portée[1]. Dois-je accorder ce second rendez-vous ? Ah ! *(Elle se cache derrière un arbre.)* Voilà Perdican qui approche avec
5 Rosette, ma sœur de lait. Je suppose qu'il va la quitter ; je suis bien aise de ne pas avoir l'air d'arriver la première. *(Entrent Perdican et Rosette, qui s'assoient.)*

CAMILLE, *cachée, à part*. – Que veut dire cela ? Il la fait asseoir près de lui ? Me demande-t-il un rendez-vous pour y venir causer avec une autre ? Je suis curieuse de savoir ce qu'il lui dit.

10 **PERDICAN**, *à haute voix, de manière que Camille l'entende*. – Je t'aime, Rosette ! Toi seule au monde tu n'as rien oublié de nos beaux jours passés ; toi seule tu te souviens de la vie qui n'est plus ; prends ta part de ma vie nouvelle ; donne-moi ton cœur, chère enfant ; voilà le gage de notre amour. *(Il lui pose sa chaîne sur le cou.)*

15 **ROSETTE.** – Vous me donnez votre chaîne d'or ?

1. Arrivée.

Camille (C. Charreyre), Perdican (M. Voisin) et Rosette (A. Comte), mise en scène de Philippe Faure (Théâtre de la Croix-Rousse 2008).

PERDICAN. – Regarde à présent cette bague. Lève-toi, et approchons-nous de cette fontaine. Nous vois-tu tous les deux, dans la source, appuyés l'un sur l'autre ? Vois-tu tes beaux yeux près des miens, ta main dans la mienne ? Regarde tout cela s'effacer. *(Il jette sa bague dans l'eau.)* Regarde comme notre image a disparu ; la voilà qui revient peu à peu ; l'eau qui s'était troublée reprend son équilibre ; elle tremble encore ; de grands cercles noirs courent à sa surface ; patience, nous reparaissons ; déjà je distingue de nouveau tes bras enlacés dans les miens ; encore une minute, et il n'y aura plus une ride sur ton joli visage ; regarde ! c'était une bague que m'avait donnée Camille.

CAMILLE, *à part*. – Il a jeté ma bague dans l'eau.

PERDICAN. – Sais-tu ce que c'est que l'amour, Rosette ? Écoute ! Le vent se tait ; la pluie du matin roule en perles sur les feuilles séchées que le soleil ranime. Par la lumière du ciel, par le soleil que voilà, je t'aime ! Tu veux bien de moi, n'est-ce pas ? On n'a pas flétri ta jeunesse ; on n'a pas infiltré dans ton sang vermeil les restes d'un sang affadi ? Tu ne veux pas te faire religieuse ; te voilà jeune et belle dans les bras d'un jeune homme. Ô Rosette, Rosette ! sais-tu ce que c'est que l'amour ?

ROSETTE. – Hélas ! monsieur le docteur, je vous aimerai comme je pourrai.

PERDICAN. – Oui, comme tu pourras ; et tu m'aimeras mieux, tout docteur que je suis et toute paysanne que tu es, que ces pâles statues fabriquées par les nonnes, qui ont la tête à la place du cœur, et qui sortent des cloîtres pour venir répandre dans la vie l'atmosphère humide de leurs cellules ; tu ne sais rien ; tu ne lirais pas dans un livre la prière que ta mère t'apprend, comme elle l'a apprise de sa mère ; tu ne comprends même pas le sens des paroles que tu répètes, quand tu t'agenouilles au pied de ton lit ; mais tu comprends bien que tu pries, et c'est tout ce qu'il faut à Dieu.

ROSETTE.. – Comme vous me parlez, monseigneur !

A. DE MUSSET, *On ne badine pas avec l'amour*, Acte III, scène 3, 1834.

Double jeu amoureux

LECTURE

1 Comment Perdican manipule-t-il les deux jeunes filles ?
2 Pourquoi peut-on parler ici de triple énonciation ?
3 Comment la scène illustre-t-elle le proverbe servant de titre à la pièce ? Quel en est **le registre** ?
4 *MISE EN VOIX* À trois, mettez en voix deux interprétations différentes des personnages : Perdican sincère ou non, Camille désespérée ou dépitée, Rosette troublée ou inquiète… Proposez pour chacune une mise en espace différente.

HISTOIRE DES ARTS

MISE EN SCÈNE Le décor et les costumes choisis par P. Faure correspondent-ils à la situation ? Argumentez.

VERS LE BAC

Invention
Rédigez en une page le monologue de Camille qui suit cette scène. Donnez-lui une fonction à la fois lyrique et délibérative.
▶ **Fiche 11** Comprendre un sujet d'écriture d'invention

Oral (entretien)
Comment Marivaux utilise-t-il les possibilités offertes par le théâtre pour faire participer son public ?
▶ **Fiche 16** Réussir l'épreuve orale du baccalauréat

2 | Alfred de Musset
Lorenzaccio, 1834

ŒUVRE INTÉGRALE

❥ Entrée dans l'œuvre : Florence, la ville du carnaval

Mise en scène de Franco Zeffirelli (Comédie-Française, Paris, 1976).

Mise en scène d'O. Krejca (Avignon, 1979).

Du texte à la scène

1 Lisez l'Acte I, scène 2 (p. 15 à 22, éd. Bibliolycée). Comment didascalies et dialogues créent-ils l'illusion que l'action se passe à Florence, en 1537 ? Comment les étudiants et le peuple occupent-ils leur temps libre ? Quelle image de Florence se dessine peu à peu ?

2 MISE EN SCÈNE Comment l'ambiance de cette scène est-elle rendue par F. Zeffirelli, par O. Krejca ? Analysez les décors, les couleurs, les lumières, le nombre de personnages sur scène, leur occupation de l'espace.

3 MISE EN SCÈNE Les costumes correspondent-ils à la Renaissance italienne ? Expliquez le parti pris de F. Zeffirelli et celui d'O. Krejca.

❥ L'œuvre et son contexte

George Sand a écrit une « scène historique » inspirée par Varchi et a offert le scénario à Musset. Ce dernier, séduit par l'atmosphère d'une Florence corrompue, transforme Lorenzo en héros romantique à son image. Le personnage de 1537 est aussi l'enfant du XIXe siècle, marqué par les chagrins d'amour – G. Sand l'abandonne – et une situation politique désespérante. En effet, Musset a assisté à la Révolution des Trois Glorieuses (1830), faisant rêver toute une jeunesse de liberté. Le roi Charles X, très conservateur, doit abdiquer et son cousin Louis-Philippe, réputé plus ouvert, monte sur le trône mais il ne tient pas ses promesses de modernisation. Les enfants de la Révolution et de Napoléon, comme Musset, sont rongés par le « mal du siècle ».

Dissertation

J.-M. Thomasseau, déclare : « Florence n'est pas un décor. Elle est présente dans la pièce comme un personnage vivant » (*Lorenzaccio*, PUF, 1986). Que peut symboliser la ville de Florence pour le dramaturge ? Vous répondrez en proposant plusieurs arguments.

Don Carlos de Verdi, mis en scène par Willy Decker, Amsterdam, 2004.

> HERNANI, *lui présentant le cor qu'il ôte de sa ceinture*
> Écoute, prends ce cor. – Quoi qu'il puisse advenir,
> Quand tu voudras, seigneur, quel que soit le lieu, l'heure,
> S'il te passe à l'esprit qu'il est temps que je meure,
> Viens, sonne de ce cor, et ne prends d'autres soins ;
> 20 Tout sera fait !
> DON RUY GOMEZ, *lui tendant la main*
>   Ta main ?
> *Tous deux se serrent la main.* – *Aux portraits.*
>   Vous tous, soyez témoins !
>
> V. HUGO, *Hernani ou l'Honneur castillan*, Acte III, scène 7, 1830.

Un duel qui tourne au pacte

LECTURE

1 Pourquoi les deux personnages passent-ils du duel au pacte ?

2 Quelles sont les fatalités à l'œuvre contre lesquelles Hernani doit lutter ?

3 Comment le traitement du vers renforce-t-il l'expressivité des personnages ? Observez les faits majeurs au niveau des choix de la ponctuation.

HISTOIRE DES ARTS

Dans la mise en scène que propose Willy Decker de *Don Carlos* de Verdi, analysez le traitement de l'espace. En quoi retrouve-t-on une dimension propre au théâtre romantique dans ce décor ?

ÉCRITURE

Dissertation
Le théâtre vous semble-t-il le lieu approprié pour traiter des questions politiques et sociales ? Vous appuierez votre réponse sur le texte de Hugo, ainsi que sur d'autres œuvres que vous avez lues.
▶ **Fiche 17** Comprendre un sujet de dissertation

Invention
Imaginez un monologue où Hernani se plaint d'une jeunesse frustrée et écrasée par la génération précédente. Rédigez ce discours en veillant à organiser une argumentation sur le thème de la génération perdue et en adoptant les registres adaptés.
▶ **Fiche 11** Comprendre un sujet d'écriture d'invention

4 Victor Hugo
Ruy Blas, 1838

Dans l'Espagne du XVIIᵉ siècle, Dom Salluste est condamné à l'exil pour avoir séduit une dame de la reine et refusé de l'épouser. Il envoie à la Cour son valet Ruy Blas pour qu'il joue le rôle d'un gentilhomme, Dom César, qu'il séduise et déshonore la reine. Mais, amoureux, Ruy Blas tue Dom Salluste et avoue tout à la reine.

Biographie p. 671
Histoire littéraire p. 312
Repères historiques p. 34

ACTE V, SCÈNE 4

LA REINE, RUY BLAS

1   **RUY BLAS**, *d'une voix grave et basse.* – […] Je ne suis point coupable autant que vous croyez.
   Je sens, ma trahison, comme vous la voyez,
   Doit vous paraître horrible. Oh ! ce n'est pas facile
   À raconter. Pourtant je n'ai pas l'âme vile,
5 Je suis honnête au fond. — Cet amour m'a perdu. —
   Je ne me défends pas ; je sais bien, j'aurais dû
   Trouver quelque moyen. La faute est consommée !
   — C'est égal, voyez-vous, je vous ai bien aimée.

LA REINE. – Monsieur…

RUY BLAS, *toujours à genoux.* – N'ayez pas peur. Je n'approcherai point.
10 À votre majesté je vais de point en point
   Tout dire. Oh ! croyez-moi, je n'ai pas l'âme vile ! —
   Aujourd'hui tout le jour j'ai couru par la ville
   Comme un fou. Bien souvent même on m'a regardé.
   Auprès de l'hôpital que vous avez fondé,
15 J'ai senti vaguement, à travers mon délire,
   Une femme du peuple essuyer sans rien dire
   Les gouttes de sueur qui tombaient de mon front.
   Ayez pitié de moi, mon Dieu ! mon cœur se rompt !

LA REINE. – Que voulez-vous ?

RUY BLAS, *joignant les mains.* – Que vous me pardonniez, madame !

20 **LA REINE.** – Jamais.

RUY BLAS.   – Jamais ! *Il se lève et marche lentement vers la table.*
                Bien sûr ?

LA REINE.   – Non, jamais !

RUY BLAS. *Il prend la fiole posée sur la table, la porte à ses lèvres et la vide d'un trait.*   – Triste flamme,
Éteins-toi !

LA REINE, *se levant et courant à lui.* – Que fait-il ?

RUY BLAS, *posant la fiole.*   – Rien. Mes maux sont finis.
Rien. Vous me maudissez, et moi je vous bénis.
Voilà tout.

LA REINE, *éperdue.* – Don César !

Ruy Blas (T. Hancisse) et la reine (R. Brakn), mise en scène de B. Jaques-Wajeman (Comédie-Française 2002).

RUY BLAS. – Quand je pense, pauvre ange,
Que vous m'avez aimé !
LA REINE. – Quel est ce philtre étrange ?
25 Qu'avez-vous fait ? Dis-moi ! réponds-moi ! parle-moi !
César ! je te pardonne et t'aime, et je te crois !
RUY BLAS. – Je m'appelle Ruy Blas.
LA REINE, *l'entourant de ses bras.* – Ruy Blas, je vous pardonne !
Mais qu'avez-vous fait là ? Parle, je te l'ordonne !
Ce n'est pas du poison, cette affreuse liqueur ?
30 Dis ?
RUY BLAS. – Si ! C'est du poison. Mais j'ai la joie au cœur.
Tenant la reine embrassée et levant les yeux au ciel.
Permettez, ô mon Dieu, justice souveraine,
Que ce pauvre laquais bénisse cette reine,
Car elle a consolé mon cœur crucifié,
Vivant, par son amour, mourant, par sa pitié !
35 **LA REINE.** – Du poison ! Dieu ! c'est moi qui l'ai tué ! — Je t'aime !
Si j'avais pardonné ?...
RUY BLAS, *défaillant.* – J'aurais agi de même.
Sa voix s'éteint. La reine le soutient dans ses bras.
Je ne pouvais plus vivre. Adieu !
            Montrant la porte.   Fuyez d'ici !
— Tout restera secret. — Je meurs.   *Il tombe.*
LA REINE, *se jetant sur son corps.* – Ruy Blas !
RUY BLAS, *qui allait mourir, se réveille à son nom prononcé par la reine.*
                                – Merci !

V. HUGO, *Ruy Blas*, Acte V, scène 4, 1838.

Offrir sa vie en sacrifice

LECTURE

1 Établissez le plan du texte, titrez chaque partie, puis précisez quel en est le **registre** dominant.

2 RECHERCHE Cherchez ce qu'est la Passion du Christ, puis relevez dans cette scène les allusions à ses différentes étapes. Pour quelles raisons Ruy Blas se sacrifie-t-il ? Qu'obtient-il ?

3 Par quels procédés poétiques et théâtraux le refus de pardonner de la reine est-il mis en valeur ? Quels **indices** révèlent un changement d'attitude ? Comment expliquer ce revirement ?

HISTOIRE DES ARTS

MISE EN SCÈNE À quel moment correspond, à votre avis, l'image de la mise en scène de B. Jacques-Wajeman ? Justifiez par l'analyse du jeu des comédiens. Commentez la valeur symbolique des costumes.

VERS LE BAC

Invention
Imaginez l'interview de l'acteur qui doit jouer Ruy Blas : il explique la conception qu'il a du personnage et de son interprétation en faisant des références précises à cette scène. Il donnera aussi des indications sur son costume.
▶ Fiche 11 **Comprendre un sujet d'écriture d'invention**

Commentaire
Vous rédigerez le commentaire de cette scène en vous aidant du parcours suivant :
a) Une mort théâtralisée et pathétique
b) Rachat et salut d'un héros romantique
▶ Fiche 13 **Comprendre un sujet de commentaire**

Oral (analyse)
À quoi reconnaissez-vous dans cette scène la forme et les thèmes d'un drame romantique ?
▶ Fiche 16 **Réussir l'épreuve orale du baccalauréat**

5 Alfred Jarry
Ubu roi, 1896

Biographie
p. 671

Histoire littéraire
p. 312

Repères historiques
p. 34

En Pologne, Ubu, poussé par sa femme la Mère Ubu, s'est emparé du pouvoir en assassinant le roi Venceslas. Ce tyran bouffon et terrifiant vient d'exécuter des nobles en les faisant « passer à la trappe » pour récupérer leurs biens.

ACTE III, SCÈNE 2

La grande salle du palais
PÈRE UBU, MÈRE UBU, OFFICIERS et SOLDATS, GIRON, PILE, COTICE, NOBLES *enchaînés*, FINANCIERS, MAGISTRATS, GREFFIERS

1   **PÈRE UBU.** – Eh ! je m'enrichis. Je vais faire MA liste de MES biens. Greffier, lisez MA liste de MES biens.

   LE GREFFIER. – Comté de Sandomir.

   PÈRE UBU. – Commence par les principautés, stupide bougre !

5 **LE GREFFIER.** – Principauté de Podolie, grand-duché de Posen, duché de Courlande, comté de Sandomir, comté de Vitepsk, palatinat de Polock, margraviat de Thorn.

   PÈRE UBU. – Et puis après ?

   LE GREFFIER. – C'est tout.

10 **PÈRE UBU.** – Comment, c'est tout ! Oh bien alors, en avant les Nobles, et comme je ne finirai pas de m'enrichir je vais faire exécuter tous les Nobles, et ainsi j'aurai tous les biens vacants. Allez, passez les Nobles dans la trappe. (*On empile les Nobles dans la trappe.*) Dépêchez-vous plus vite, je veux faire des lois maintenant.

   PLUSIEURS. – On va voir ça.

15 **PÈRE UBU.** – Je vais d'abord réformer la justice, après quoi nous procéderons aux finances.

   PLUSIEURS MAGISTRATS. – Nous nous opposons à tout changement.

   PÈRE UBU. – Merdre. D'abord les magistrats ne seront plus payés.

   MAGISTRATS. – Et de quoi vivrons-nous ? Nous sommes pauvres.

20 **PÈRE UBU.** – Vous aurez les amendes que vous prononcerez et les biens des condamnés à mort.

A. JARRY, *Ubu roi*, Acte III, scène 2, 1896.

1. Pleurnicher.

Une parodie de roi

LECTURE

1 @RECHERCHE Cherchez ce qu'est un « jeu de massacre ». Pourquoi l'expression peut-elle s'appliquer à cette scène ?

2 En quoi Ubu est-il un roi burlesque ? Analysez ses ruptures de ton et ses inventions verbales.

3 Pourquoi ce dialogue constitue-t-il une parodie de pouvoir ? Analysez les **manifestations verbales et physiques** de violence.

4 Que veut Ubu ? Pourquoi sa politique est-elle absurde ?

VERS LE BAC

Question sur un corpus
Comparez cet extrait à celui de *Caligula* (p. 340) : quelles similitudes rapprochent les deux rois ? Pourquoi l'un est-il comique et l'autre tragique ?

▶ Fiche 9 Répondre à une question sur un corpus

6 Edmond Rostand
Cyrano de Bergerac, 1897

Le beau Christian est amoureux de Roxane, mais incapable d'exprimer sa flamme. Cyrano, lui aussi amoureux de la belle sans en être aimé en retour, va lui prêter ses mots. Ils sont tous les deux sous le balcon : Roxane s'adresse à Christian, qui fait parler Cyrano à sa place.

Biographie p. 671
Histoire littéraire p. 312
Repères historiques p. 34

ROXANE
1 Eh bien ! si ce moment est venu pour nous deux,
Quels mots me direz-vous ?

CYRANO
            Tous ceux, tous ceux, tous ceux
Qui me viendront, je vais vous les jeter, en touffe,
Sans les mettre en bouquets : je vous aime, j'étouffe,
5 Je t'aime, je suis fou, je n'en peux plus, c'est trop ;
Ton nom est dans mon cœur comme dans un grelot,
Et comme tout le temps, Roxane, je frissonne,
Tout le temps, le grelot s'agite, et le nom sonne !
De toi, je me souviens de tout, j'ai tout aimé :
10 Je sais que l'an dernier, un jour, le douze mai,
Pour sortir le matin tu changeas de coiffure !
J'ai tellement pris pour clarté ta chevelure
Que, comme lorsqu'on a trop fixé le soleil,
On voit sur toute chose ensuite un rond vermeil,
15 Sur tout, quand j'ai quitté les feux dont tu m'inondes,
Mon regard ébloui pose des taches blondes !

ROXANE, *d'une voix troublée*
Oui, c'est bien de l'amour...

E. ROSTAND, *Cyrano de Bergerac*, Acte III, scène 7, 1897.

Cyrano de Bergerac, dans une mise en scène de Gilles Bouillon, avec Christophe Brault (Cyrano), Emmanuelle Wion (Roxane), Thibaut Corrion (Christian Neuvillette) La Cartoucherie, Paris, 2011.

Déclarer sa flamme

LECTURE
1 En quoi la scène joue-t-elle sur la double énonciation ?
2 Quelles sont les images utilisées par Cyrano. Comment exprime-t-il le sentiment amoureux ?
3 Pourquoi peut-on dire que la situation est ambiguë pour Cyrano ?
4 Quel est le vrai sujet de la tirade de Cyrano : l'amour ou les mots ?
5 @RECHERCHE Recherchez la scène du balcon dans *Roméo et Juliette* de Shakespeare. Montrez que Rostand en propose une réécriture décalée.

HISTOIRE DES ARTS
Étudiez la mise en scène du passage du balcon : comment le subterfuge de Christian et la double énonciation propre au théâtre sont-ils exploités ?

ÉCRITURE
Invention
Écrivez la suite de la scène : soudain, Roxane s'aperçoit que ce n'est pas Christian qui lui parle. Elle est choquée.

8. XXᵉ siècle : Le théâtre en quête de sens

Le XXᵉ siècle interroge le théâtre sur son propre sens. Qu'est-ce que la représentation ? Qu'est-ce que l'écriture dramatique ? Le langage a-t-il une signification ? Que nous dit l'acteur sur la scène ? Influencées par les événements historiques majeurs, les pièces de théâtre ouvrent une réflexion fondamentale sur l'Homme et sa place dans le monde.

Histoire littéraire
L'évolution du tragique : des héros mythiques aux figures ordinaires 330

Histoire des arts
E. **Ionesco**, *La Cantatrice chauve*, 1950, mise en scène de J.-L. Lagarce, 1992 332

1. B. **Brecht**, *La Noce chez les petits-bourgeois*, 1926 334

◉ Le retour du mythe
2. J. **Cocteau**, *La Machine infernale*, 1934 336
3. J.-P. **Sartre**, *Les Mouches*, 1943 Réécritures 338
4. J. **Anouilh**, *Antigone*, 1944 339

◉ La mise en scène de l'absurdité
5. A. **Camus**, *Caligula*, 1945 340

◉ La crise
6. S. **Beckett**, *En attendant Godot*, 1953 342
7. E. **Ionesco**, *Le Roi se meurt*, 1962 344
8. E. **Ionesco**, *Notes et contre-notes*, 1962 Théorie 346

◉ Le théâtre contemporain entre comique et tragique
9. B.-M. **Koltès**, *Combat de nègre et de chiens*, 1983 347
10. J.-L. **Lagarce**, *Juste la fin du monde*, 1990 350
11. É.-E. **Schmitt**, *La Nuit de Valognes*, 1991 352
12. Y. **Reza**, *Art*, 1994 354
13. Ph. **Minyana**, *Drames brefs (1)*, 1995 356
14. J.-M. **Ribes**, *Théâtre sans animaux*, « Musée », 2001 358

Histoire littéraire

L'évolution du tragique : des héros mythiques aux figures ordinaires

Le renouveau du tragique

Si le mot « tragédie » n'apparaît plus après le drame romantique, les auteurs du XXe siècle, traumatisés par les deux guerres mondiales, se réapproprient le genre, dans leurs **pièces « noires »** (Anouilh) ou leurs **farces tragiques** (Ionesco). Le tragique explore les horreurs de l'histoire et questionne le sens de l'existence, à travers des personnages qui, même s'ils s'engagent politiquement, n'ont pourtant plus la force d'agir sur les événements.

Le retour des mythes

Les dramaturges adaptent les mythes aux questionnements modernes : **Giraudoux**, dans *La Guerre de Troie n'aura pas lieu* (1935) et *Électre* (1937), montre que leur destin échappe aux hommes.

→ **Ex :** *Anouilh* crée en pleine Occupation (1944) Antigone, héroïne résistante incarnant la soif d'absolu et de liberté. Créon est lui-même un personnage tragique déchiré entre son affection pour Antigone et ses devoirs de roi.

Le théâtre engagé

Installé en Allemagne de l'Est après la guerre, **Bertolt Brecht (1898-1956)** défend un théâtre social et marxiste, poussant à la réflexion par l'effet de distanciation. Il fonde ainsi le théâtre épique qui met en scène des personnages ordinaires, soumis aux rapports de force sociaux.

Sartre (1905-1980), philosophe existentialiste, s'interroge sur la liberté de l'homme sans Dieu : l'homme n'existe que dans la mesure où il se fera lui-même un destin. Mais cette liberté est difficile d'accès pour des personnages qui ne sont plus des héros.

→ **Ex :** Dans *Les Mouches*, il montre Électre doutant de la nécessité du meurtre et se méprisant elle-même.

Charles Berling dans sa mise en scène de *Caligula* (Théâtre de l'Atelier, 2006).

→ **Ex :** *Le héros des* Mains sales *(1948), bourgeois converti au marxisme, est chargé d'exécuter son chef. Mais il le tue par jalousie et non par conviction.*

Pour **Camus (1913-1960)**, prendre conscience de l'absurde est une condition préalable à la liberté, comme le montre son personnage d'empereur romain.

→ **Ex :** *Caligula (1945) se livre à la démesure de l'absurde, mais prend conscience qu'on ne peut tout détruire sans se détruire soi-même.*

Le théâtre de l'absurde

Dans les années 1950, l'absurdité de la condition humaine devient l'objet d'un tragique dérisoire. L'homme combat vainement ce qu'il ne peut maîtriser et perd tout repère. On assiste ainsi à la **déchéance des personnages** devenus de grotesques pantins, représentants d'une humanité souffrante.

Beckett (1906-1989) invente un univers sans repères temporels ni spatiaux où rien ne se passe, où le langage perd sa cohérence et sa fonction de communication.

Les Mouches, de Jean-Paul SARTRE, mise en scène de Charles Dullin, 1943. Égisthe et Clytemnestre (en haut) organisent un rituel pour évoquer les morts. En bas, un prêtre et des Argiens.

Fin de partie, de Samuel BECKETT, mise en scène par B. Levy, 2008.

→ **Ex** : *Dans* Oh les beaux jours *(1963), Winnie, enfoncée dans le sable, discourt sans fin devant Willie muet.*

Le corps souffrant de personnages diminués, infirmes a une place grandissante.

→ **Ex** : *Dans* Fin de partie, *le personnage principal est paralysé et aveugle.*

Le personnage devient une figure dérisoire, sans identité, répétant des rituels absurdes dans un monde envahi d'objets hétéroclites. Il est réduit à sa seule parole.

→ **Ex** : *Dans* En attendant Godot, *les personnages retournent sans cesse leur chaussure ou leur chapeau.*

Les personnages de **Ionesco (1912-1994)** tentent vainement de résister à ce qui les accable : les objets prolifèrent de façon cauchemardesque dans *Les Chaises*, Bérenger reste le seul humain parmi ses concitoyens transformés en *Rhinocéros* (1960).

→ **Ex** : *Bérenger Ier du* Roi se meurt *(1962) voit son palais s'écrouler en même temps que ses facultés. Il symbolise l'angoisse de chaque individu face à la mort.*

Une cérémonie tragique

Délinquant devenu dramaturge, **Jean Genet (1910-1986)** dénonce tout ordre ou normalité sociale. Par la théâtralité, l'artifice, il met en scène la lutte des classes dans *Le Balcon* (1956), le racisme quotidien dans *Les Nègres* (1958) ou le colonialisme dans *Les Paravents* (1961).

→ **Ex** : *Les deux* Bonnes *(1947) imitent « Madame » pour préparer son meurtre.*

Le tragique aujourd'hui

Les auteurs contemporains, héritiers du théâtre de l'absurde, explorent **le rapport tragique de l'homme au monde**, son impuissance face aux événements historiques comme les guerres, à la maladie et à la mort, à la solitude. Les personnages sont de simples figures. Sans véritable psychologie, ils n'existent qu'à travers une parole qu'ils ne maîtrisent pas.

Le théâtre contemporain exploite particulièrement le **monologue** pour exprimer la solitude de ses antihéros : il devient l'espace d'une **parole en quête d'interlocuteur** ou la marque d'une communication impossible.

→ **Ex** : *L'héroïne de* Papa doit manger *de M. N'Diaye s'explique douloureusement devant un juge dont les questions sont omises, ce qui renforce le tragique de sa solitude.*

Le théâtre du quotidien

Michel Vinaver (né en 1927) filtre les grands événements politiques à travers l'expérience de gens ordinaires, sans pouvoir. *Les Coréens* (1956) met en scène de simples soldats, tous victimes de la guerre d'Indochine.

→ **Ex** : *Dans* Par-dessus bord *(1973) ou* Les Travaux et les jours *(1979), l'auteur fait le procès du capitalisme broyant les salariés.*

Réalisme et poésie

Bernard-Marie Koltès (1948-1989) revient à des personnages bien définis, pris dans des conflits sociaux, familiaux ou économiques, dans des lieux en marge. Ils doivent alors négocier un « deal » : jeu de séduction (*Quai Ouest*, 1986 ou *Roberto Zucco*, 1988) ou achat de drogue (*Dans la solitude des champs de coton,* 1986*).*

→ **Ex** : *Combat de nègre et de chiens (1979) se situe sur un chantier en Afrique où Alboury réclame à Horn le corps de son frère.*

Les personnages existent à travers de longs monologues poétiques leur insufflant complexité et épaisseur psychologique.

Le théâtre de la parole

Jean-Luc Lagarce (1957-1995), admirateur de Ionesco (voir mise en scène de *La Cantatrice chauve*), met en scène des personnages aux identités déterminées, qui semblent proches des personnages classiques, mais qui sont en réalité dépassés par les mots qu'ils emploient, incapables de trouver la parole juste et soumis à une mécanique verbale vaine.

→ **Ex** : *Dans* Juste la fin du monde *(1990), Antoine tente vainement de se justifier et Louis ne peut dire sa mort prochaine. Prendre la parole devient une véritable mise à l'épreuve.*

Mme et M. Smith (à gauche) reçoivent M. et Mme Martin (à droite).
Mise en scène de J.-L. Lagarce (Théâtre de la Roulotte, 1992).

L'espace théâtral

L'espace théâtral est à la fois un lieu physique, comprenant les acteurs et les spectateurs, et un lieu de fiction : le **décor** avec ses formes, objets, lumières, couleurs et sons. Le **scénographe**, en accord avec le metteur en scène, organise et agence cet espace, décide de la place des spectateurs par rapport à la scène et construit le décor. Le résultat de ce travail s'appelle la scénographie.

L'espace théâtral a une triple fonction :
– il est un **espace de jeu** : c'est le lieu où le corps des comédiens agit, se déplace, joue ;

– il donne une représentation bien imitée d'un **espace concret** reconnaissable : on y trouve des murs, des portes, des meubles, des objets existant dans la vie réelle, ou des copies (un poulet en carton) ;
– il peut également avoir une **fonction symbolique** en proposant une vision abstraite de l'œuvre représentée (univers loufoque ou oppressant, par exemple).

HISTOIRE DES ARTS

Eugène Ionesco,
La Cantatrice chauve, 1950
Mise en scène de Jean-Luc Lagarce, 1992

Mettre en scène un univers absurde

LECTURE DE L'IMAGE

1 Décrivez la scénographie en vous aidant de la rubrique « L'espace théâtral ». Quelles en sont les caractéristiques ? Dans quel univers le metteur en scène nous emmène-t-il ?

2 Ionesco, dans la didascalie initiale de *La Cantatrice chauve*, mentionne : « Intérieur bourgeois anglais avec des fauteuils anglais. Soirée anglaise. » J.-L. Lagarce a-t-il respecté cette didascalie ?

3 Après avoir observé les acteurs et leurs costumes, précisez ce qui rend l'ensemble parfaitement kitsch.

4 La communication semble-t-elle possible ? Expliquez.

ÉDUCATION AUX MÉDIAS

@ RECHERCHE Sur le site www.lagarce.net, consultez le dossier consacré à cette mise en scène de *La Cantatrice chauve*, en particulier les interviews de J.-L. Lagarce. Puis écrivez un article de critique théâtrale où vous ferez un compte-rendu du spectacle et donnerez votre avis.

VERS LE BAC

Invention
Imaginez un dialogue entre les Smith et les Martin qui dériverait peu à peu des banalités mondaines vers une conversation absurde. Variez les types de comique et insérez des didascalies soulignant le caractère loufoque de la situation. Puis, à quatre, mettez en voix votre dialogue en variant les intonations burlesques.

Oral (entretien)
Comment la mise en scène de J.-L. Lagarce rend-elle cette réception comique ?

Le kitsch

Ce terme désigne des objets issus de la production de masse, inauthentiques, lourds, criards, démodés et de mauvais goût. Ainsi, le nain de jardin est l'objet kitsch par excellence. Il exprime aussi un certain refus de la réalité au profit d'un monde enfantin, fait de rêves colorés et de clichés pris au second degré.

Bertolt Brecht
La Noce chez les petits-bourgeois, 1926

Biographie p. 671
Histoire littéraire p. 330
Repères historiques p. 36

Le marié et la mariée se retrouvent seuls après le départ des invités. Tout s'est mal passé : les meubles fabriqués maladroitement par le marié se sont cassés, certains invités se sont mal comportés.

1 LE MARIÉ. – J'ai récupéré mes pantoufles et toi tu vas mettre de l'ordre. Est-ce que je vais patauger longtemps dans cette porcherie ? *(La mariée se lève et commence à débarrasser la table. Debout près de l'armoire, les pantoufles aux pieds, le marié fait ses comptes.)* Ce n'était pas donné. Je n'aurais pas dû aller chercher
5 les bouteilles à la cave !

LA MARIÉE. – La table boite, il manque un pied.

LE MARIÉ. – Le punch ! le repas ! et maintenant les réparations !

LA MARIÉE. – Les chaises, l'armoire, le canapé !

LE MARIÉ. – Les salauds !

10 LA MARIÉE. – Tes meubles !

LE MARIÉ. – Qu'on avait fait nous-mêmes !

LA MARIÉE. – Au moins, on sait ce qu'on a !

LE MARIÉ. – On y fait plus attention !

LA MARIÉE *s'assied, le front entre les mains.* – Et avec ça, la honte !

15 LE MARIÉ. – Fallait vraiment que tu gardes ta robe pour débarrasser ? Elle va être fichue. Il y a déjà une grosse tache.

LA MARIÉE. – Ce que tu as l'air minable dans tes pantoufles ! Ton visage est tout changé. Pas en bien !

LE MARIÉ. – Tu fais vieille ! Et quand tu chiales, ça se remarque !

20 LA MARIÉE. – Tu ne respectes plus rien !

Guillaume Dollinger et Maïté Schan dans une mise en scène d'Anthony Binet et Laura Mariani, création à l'Artéon Théâtre en 2010.

LE MARIÉ. – C'est ça, la nuit de noces ! (*Un silence, puis il s'approche de la table.*) Ils ont tout bu. La nappe en a pris plus que moi. Ils ont vidé les bouteilles et laissé les verres à moitié pleins ! Il va falloir faire des économies !

LA MARIÉE. – Qu'est-ce que tu fais ?

25 LE MARIÉ. – Je bois ce qui reste ! Tiens, un verre encore plein !

LA MARIÉE. – Je n'ai pas le cœur à boire.

LE MARIÉ. – Bah, c'est notre nuit de noces !

La mariée prend un verre et boit en détournant les yeux.

LE MARIÉ. – Bien sûr, on ne peut pas dire qu'on arrose ta virginité, puisque tu es
30 enceinte…

LA MARIÉE. – C'est la plus ignoble de la soirée ! Vraiment, tu t'es surpassé ! À qui la faute ? Je dois dire que tu y allais…

LE MARIÉ, *imperturbable*. – Ainsi donc, nous avons devant nous cette nuit où, sous les yeux de toute la famille, entre nos quatre murs… (*La mariée rit d'un rire
35 amer*) nous allons multiplier… Quasiment un acte sacré.

LA MARIÉE. – Tu causes, tu causes…

LE MARIÉ. – Je bois donc à ta santé, chère épouse, et à notre prospérité.

Ils boivent.

LA MARIÉE. – Je n'approuve pas tout ce que tu as dit, mais au fond tu as raison :
40 aujourd'hui c'est la noce, on ne va pas y regarder de si près !

LE MARIÉ. – Ça aurait pu être pire.

LA MARIÉE. – Avec l'ami que tu nous as amené…

LE MARIÉ. – Et toi, avec ta tribu.

LA MARIÉE. – Faut-il vraiment qu'on se dispute toujours ?

45 LE MARIÉ. – Non ! Après tout, c'est notre nuit de noces !

Ils boivent abondamment.

LA MARIÉE. – Notre nuit de noces ! (*Elle avale de travers et part d'un grand éclat de rire.*) Elle est bien bonne. Notre nuit de noces !

LE MARIÉ. – Toujours ça de pris, pourquoi pas ? À la tienne !

B. BRECHT, *La Noce chez les petits-bourgeois*, 1926,
L'Arche, traduction Edouard Pfrimmer, 1968.

Nuit de noces dans un champ de ruines

LECTURE

1 Cette scène est-elle comique ? Nuancez votre réponse.
2 Quels sentiments Brecht fait-il exprimer haut et fort à sa mariée ? Qu'est-ce qui vous semble réaliste ? Analysez la modalisation, les types de phrases.
3 Comment la violence et la vulgarité du marié se manifestent-elles ? Justifiez par des relevés commentés.

HISTOIRE DES ARTS

Comment la compagnie « La Pièce montée » rend-elle l'atmosphère chaotique de la fin de la pièce ?

ÉCRITURE

Vers la dissertation

Selon P. Pineau, metteur en scène, Brecht « dénonce des valeurs autour desquelles on peut faire semblant de vivre *normalement* ». Quels aspects de la société le mariage permet-il de critiquer dans les comédies ? Vous rédigerez une argumentation illustrée d'exemples tirés de la séquence ou d'autres pièces que vous avez lues.

▶ Fiche 17 Comprendre un sujet de dissertation

Jean Cocteau
La Machine infernale, 1934

Biographie p. 671
Histoire littéraire p. 330
Repères historiques p. 36

La Machine infernale est représentée la première fois en 1934. Cocteau entreprend la réécriture de la tragédie de Sophocle, Œdipe roi. Le retour aux grands mythes caractérise la production de l'époque (Giraudoux, Camus, Anouilh). L'acte II met en scène la rencontre d'Œdipe avec le sphinx.

1 **LE SPHINX.** – Inutile de fermer les yeux, de détourner la tête. Car ce n'est ni par le chant, ni par le regard que j'opère. Mais, plus adroit qu'un aveugle, plus rapide que le filet des gladiateurs, plus subtil que la foudre, plus raide qu'un cocher, plus lourd qu'une vache, plus sage qu'un élève tirant la langue sur des
5 chiffres, plus gréé, plus voilé, plus ancré, plus bercé qu'un navire, plus incorruptible qu'un juge, plus vorace que les insectes, plus sanguinaire que les oiseaux, plus nocturne que l'œuf, plus ingénieux que les bourreaux d'Asie, plus fourbe que le cœur, plus désinvolte qu'une main qui triche, plus fatal que les astres, plus attentif que le serpent qui humecte sa proie de salive ; je secrète, je tire de moi,
10 je lâche, je dévide, je déroule, j'enroule de telle sorte qu'il me suffira de vouloir ces nœuds pour les faire et d'y penser pour les tendre ou les détendre ; si mince qu'il t'échappe, si souple que tu t'imagineras être victime de quelque poison, si dur qu'une maladresse de ma part t'amputerait, si tendu qu'un archet obtiendrait entre nous une plainte céleste ; bouclé comme la mer, la colonne, la rose,
15 musclé comme la pieuvre, machiné comme un décor du rêve, invisible surtout, invisible et majestueux comme la circulation du sang des statues, un fil qui te ligote avec la volubilité des arabesques folles du miel qui tombe sur du miel.

ŒDIPE. – Lâchez-moi !

LE SPHINX. – Et je parle, je travaille, je dévide, je déroule, je calcule, je médite,
20 je tresse, je vanne, je tricote, je natte, je croise, je passe, je repasse, je noue et dénoue et renoue, retenant les moindres nœuds qu'il me faudra te dénouer ensuite sous peine de mort ; et je serre, je desserre, je me trompe, je reviens sur mes pas, j'hésite, je corrige, enchevêtre, désenchevêtre, délace, entrelace, j'accumule, jusqu'à ce que tu te sentes, de la pointe des pieds à la racine des che-
25 veux, vêtu de toutes les boucles d'un seul reptile dont la moindre respiration coupe la tienne et te rende pareil au bras inerte sur lequel un dormeur s'est endormi.

ŒDIPE, *d'une voix faible*. – Laissez-moi ! Grâce…

LE SPHINX. – Et tu demanderais grâce et tu n'aurais pas à en avoir honte, car tu
30 ne serais pas le premier, et j'en ai entendu de plus superbes appeler leur mère, et j'en ai vu de plus insolents fondre en larmes, et les moins démonstratifs étaient encore les plus faibles, car ils s'évanouissaient en route, et il me fallait imiter les embaumeurs entre les mains desquels les morts sont des ivrognes qui ne savent même plus se tenir debout !

35 **ŒDIPE.** – Mérope !… Maman !

J. COCTEAU, *La Machine infernale*, 1934.

Jeanne Moreau dans une mise en scène de Jean Cocteau, 1954.

Le fil rouge de la tragédie[1]

LECTURE

1 Quelles sont les figures de style à partir desquelles le discours du sphinx se déploie et se structure ?

2 Identifiez des thèmes qui rendent le sphinx inquiétant et étrange.

3 En réalisant une lecture à haute voix des répliques du sphinx, commentez-en le rythme et la vitesse. Que concluez-vous ?

4 Quels sont les registres en présence ? Qu'apportent-ils au traitement de la scène ?

5 Étudiez la métaphore filée du fil. En quoi peut-elle se rapporter à la notion même du tragique ainsi qu'au genre de la pièce ?

6 Quelle image le dramaturge donne-t-il d'Œdipe ?

HISTOIRE DES ARTS

Comment le choix du costume et l'attitude de l'actrice parviennent-ils à traduire la dimension fascinante et inquiétante du personnage du Sphinx ?

VERS LE BAC

Invention

Inventez un dialogue entre le sphinx et un personnage qui, contrairement à Œdipe, se révolte contre toute forme de destin et revendique sa liberté. Vous veillerez à construire les répliques de ce héros à partir de l'énumération et de l'accumulation.

▶ **Fiche 11** Comprendre un sujet d'écriture d'invention

1. Image et expression que Cocteau aime employer pour décrire le mécanisme de la tragédie.

3 Jean-Paul Sartre
Les Mouches, 1943

RÉÉCRITURES

Biographie p. 671

Histoire littéraire p. 330

Repères historiques p. 36

Depuis l'assassinat du roi Agamemnon par Clytemnestre et Égisthe son amant, la cité d'Argos est assaillie par des mouches, métaphore du remords qui hante les esprits. Oreste et sa sœur Électre veulent venger leur père. Oreste vient de tuer Égisthe et il est entré dans la chambre de sa mère. Électre est restée dans la salle du trône avec le cadavre d'Égisthe.

ACTE II, SCÈNE 7

ÉLECTRE, *seule*

1 Est-ce qu'elle va crier ? (*Un temps. Elle prête l'oreille.*) Il marche dans le couloir. Quand il aura ouvert la quatrième porte… Ah ! je l'ai voulu ! Je le veux, il *faut* que je le veuille encore (*Elle regarde Égisthe*). Celui-ci est mort. C'est donc ça que je voulais. Je ne m'en rendais pas compte. (*Elle s'approche de lui*). Cent fois je l'ai
5 vu en songe, étendu à cette même place, une épée dans le cœur. Ses yeux étaient clos, il avait l'air de dormir. Comme je le haïssais, comme j'étais joyeuse de le haïr. Il n'a pas l'air de dormir, et ses yeux sont ouverts, il me regarde. Il est mort – et ma haine est morte avec lui. Et je suis là ; et j'attends, et l'autre est vivante encore, au fond de sa chambre, et tout à l'heure elle va crier. Elle va crier comme une bête.
10 Ah ! je ne peux plus supporter ce regard. (*Elle s'agenouille et jette un manteau sur le visage d'Égisthe.*) Qu'est-ce que je voulais donc ? (*Silence. Puis cris de Clytemnestre.*) Il l'a frappée. C'était notre mère, et il l'a frappée. (*Elle se relève.*) Voici : mes ennemis sont morts. Pendant des années, j'ai joui de cette mort par avance, et, à présent, mon cœur est serré dans un étau. Est-ce que je me suis menti pendant
15 quinze ans ? Ça n'est pas vrai ! Ça n'est pas vrai ! Ça ne peut pas être vrai : je ne suis pas lâche ! Cette minute-ci, je l'ai voulue et je la veux encore. J'ai voulu voir ce porc immonde couché à mes pieds. (*Elle arrache le manteau.*) Que m'importe ton regard de poisson mort. Je l'ai voulu, ce regard, et j'en jouis. (*Cris plus faibles de Clytemnestre.*) Qu'elle crie ! Qu'elle crie ! Je veux ses cris d'horreur et je veux
20 ses souffrances. (*Les cris cessent.*) Joie ! Joie ! Je pleure de joie : mes ennemis sont morts, et mon père est vengé.

Oreste rentre, une épée sanglante à la main. Elle court à lui.

J.-P. SARTRE, *Les Mouches*, Acte II, scène 7, 1943, © Éditions Gallimard.

Tuer sa mère par procuration

LECTURE

1 Identifiez les étapes de ce monologue et dites quelles sont ses différentes fonctions.

2 Quels sentiments contradictoires Électre exprime-t-elle ? Quels procédés stylistiques les mettent en valeur ?

3 @RECHERCHE Sur le site www.maremurex.net/les mouches.html, cherchez dans quelles conditions cette pièce a été jouée en 1943. Quel message Sartre voulait-il faire passer ?

VERS LE BAC

Question sur un corpus
Comparez cette scène avec celle d'*Agamemnon* (p. 224). Comment le crime commis hors scène communique-t-il sa part de terreur à la tragédie ?
▶ Fiche 9 Répondre à une question sur un corpus

Oral (entretien)
Pour quelles raisons les mythes soulèvent-ils toujours des questions actuelles ?
▶ Fiche 16 Réussir l'épreuve orale du baccalauréat

4 Jean Anouilh
Antigone, 1944

RÉÉCRITURES

Biographie p. 671
Histoire littéraire p. 330
Repères historiques p. 36

Étéocle et Polynice, fils d'Œdipe, se sont entre-tués pour le trône de Thèbes. Leur oncle Créon fait enterrer Étéocle avec les honneurs et abandonne Polynice aux corbeaux. Leur sœur Antigone a répandu une poignée de terre symbolique sur le corps. Elle risque la peine de mort.

CRÉON. – Écoute-moi.

ANTIGONE. – Si je veux, moi, je peux ne pas vous écouter. Vous avez dit « oui ». Je n'ai plus rien à apprendre de vous. Pas 5 vous. Vous êtes là à boire mes paroles. Et, si vous n'appelez pas vos gardes, c'est pour m'écouter jusqu'au bout.

CRÉON. – Tu m'amuses !

ANTIGONE. – Non. Je vous fais peur. C'est 10 pour cela que vous essayez de me sauver. Ce serait tout de même plus commode de garder une petite Antigone vivante et muette dans ce palais. Vous êtes trop sensible pour faire un bon tyran, voilà tout. Mais vous allez tout de même me faire mourir tout à l'heure, vous le savez, et 15 c'est pour cela que vous avez peur. C'est laid un homme qui a peur.

CRÉON, *sourdement*. – Eh bien, oui, j'ai peur d'être obligé de te faire tuer si tu t'obstines. Et je ne le voudrais pas.

ANTIGONE. – Moi, je ne suis pas obligée de faire ce que je ne voudrais pas ! Vous n'auriez pas voulu non plus, peut-être, refuser une tombe à mon frère ? 20 Dites-le donc, que vous ne l'auriez pas voulu ?

CRÉON. – Je te l'ai dit.

ANTIGONE. – Et vous l'avez fait tout de même. Et maintenant vous allez me faire tuer sans le vouloir. Et c'est cela, être roi !

CRÉON. – Oui, c'est cela !

25 ANTIGONE. – Pauvre Créon ! Avec mes ongles cassés et pleins de terre et les bleus que tes gardes m'ont faits aux bras, avec ma peur qui me tord le ventre, moi je suis reine.

Barbara Schultz (Antigone) et Robert Hossein (Créon), mise en scène de R. Hossein, 2003.

J. ANOUILH, *Antigone*, 1944, © Éditions de La Table ronde.

Tenir tête à un roi

LECTURE

1 MISE EN SCÈNE Comment la mise en scène de R. Hossein traduit-elle ici la relation entre les personnages ?

2 Quels sentiments Créon exprime-t-il vis-à-vis d'Antigone ? Que cherche-t-il à faire ?

3 Expliquez le paradoxe des lignes 25 à 27. Quels **sentiments** Antigone suscite-t-elle chez le spectateur ?

VERS LE BAC

Question sur un corpus
Comparez cet extrait avec celui d'*Horace* (p. 280). Quelles similitudes voyez-vous entre Antigone et Camille ? Pourquoi sont-elles des héroïnes tragiques ?

▶ **Fiche 9** Répondre à une question sur un corpus

5 Albert Camus
Caligula, 1945

À Rome, en 37 ap. J.-C., Caligula, jeune empereur, change de personnalité après la mort de sa sœur Drusilla : « Obsédé d'impossible, emprisonné de mépris et d'horreur, il tente d'exercer, par le meurtre et la perversion systématique de toutes les valeurs, une liberté dont il découvrira pour finir qu'elle n'est pas la bonne. » (Camus)

Biographie p. 671
Histoire littéraire p. 330
Repères historiques p. 36

ACTE I, SCÈNE 8

Caligula s'assied près de Cæsonia[1].

CALIGULA. – Écoute bien. Premier temps : tous les patriciens, toutes les personnes de l'empire qui disposent de quelque fortune – petite ou grande, c'est exactement la même chose – doivent obligatoirement déshériter leurs enfants et tester[2] sur l'heure en faveur de l'État.

L'INTENDANT. – Mais, César[3]…

CALIGULA. – Je ne t'ai pas encore donné la parole. À raison de nos besoins, nous ferons mourir ces personnages dans l'ordre d'une liste établie arbitrairement. À l'occasion, nous pourrons modifier cet ordre, toujours arbitrairement. Et nous hériterons.

CÆSONIA, *se dégageant.* – Qu'est-ce qui te prend ?

CALIGULA, *imperturbable.* – L'ordre des exécutions n'a, en effet, aucune importance. Ou plutôt ces exécutions ont une importance égale, ce qui entraîne qu'elles n'en ont point. D'ailleurs, ils sont aussi coupables les uns que les autres. Notez d'ailleurs qu'il n'est pas plus immoral de voler directement les citoyens que de glisser des taxes indirectes dans le prix de denrées dont ils ne peuvent se passer. Gouverner, c'est voler, tout le monde sait ça. Mais il y a la manière. Pour moi, je volerai franchement. Ça vous changera des gagne-petit. *(Rudement, à l'intendant)* Tu exécuteras ces ordres sans délai. Les testaments seront signés dans la soirée par tous les habitants de Rome, dans un mois au plus tard par tous les provinciaux. Envoie des courriers.

1. Maîtresse de Caligula.
2. Établir un testament.
3. Titre qui désigne l'empereur à Rome.

Mise en scène de Stéphane-Olivier Bisson (Théâtre de l'Athénée, Paris, 2011).

L'INTENDANT. – César, tu ne te rends pas compte...

CALIGULA. – Écoute-moi bien, imbécile. Si le Trésor a de l'importance, alors la vie humaine n'en a pas. Cela est clair. Tous ceux qui pensent comme toi doi-
25 vent admettre ce raisonnement et compter leur vie pour rien puisqu'ils tiennent l'argent pour tout. Au demeurant, moi, j'ai décidé d'être logique et puisque j'ai le pouvoir, vous allez voir ce que la logique va vous coûter. J'exterminerai les contradicteurs et les contradictions. S'il le faut, je commencerai par toi.

L'INTENDANT. – César, ma bonne volonté n'est pas en question, je te le jure.

30 CALIGULA. – Ni la mienne, tu peux m'en croire. La preuve, c'est que je consens à épouser ton point de vue et à tenir le Trésor public pour un objet de médita-tions. En somme, remercie-moi, puisque je rentre dans ton jeu et que je joue avec tes cartes. *(Un temps et avec calme.)* D'ailleurs, mon plan, par sa simplicité, est génial, ce qui clôt le débat. Tu as trois secondes pour disparaître. Je compte :
35 un…

L'intendant disparaît.

ACTE I, SCÈNE 9

CÆSONIA – Je te reconnais mal ! C'est une plaisanterie, n'est-ce pas ?

CALIGULA. – Pas exactement, Caesonia. C'est de la pédagogie.

SCIPION. – Ce n'est pas possible, Caïus !

40 CALIGULA. – Justement !

SCIPION. – Je ne te comprends pas.

CALIGULA. – Justement ! il s'agit de ce qui n'est pas possible, ou plutôt il s'agit de rendre possible ce qui ne l'est pas.

SCIPION. – Mais c'est un jeu qui n'a pas de limites. C'est la récréation d'un fou.

A. CAMUS, *Caligula*, Acte I, scènes 8 et 9, 1945 © Éditions Gallimard, coll. Pléiade, Théâtre, p. 21-24..

Caligula (Bruno Putzulu), mise en scène de Stéphane Olivié-Bisson, 2010.

Le jeu cruel du tyran

LECTURE

1 Comment la violence de Caligula s'exprime-t-elle ? Quel rôle les autres personnages tiennent-ils ?

2 Reformulez la logique implacable du raisonnement de Caligula : sur quels faits incontestables repose-t-elle ? Qu'est-ce qui la rend monstrueuse ? Argumentez.

3 @RECHERCHE Recherchez dans la préface de *Britannicus* de Racine la formule qui pourrait correspondre à l'évolution du personnage de Caligula. Quel rapport peut être établi entre ces deux pièces ?

4 Déterminez la nature et la fonction des indications scéniques.

5 Comment le thème de la folie finit-il par émerger ?

HISTOIRE DES ARTS

Comment Stéphane-Olivié Bisson met-il en scène la démesure de Caligula ?

VERS LE BAC

Invention

Scipion décide de contredire Caligula et de le convaincre d'exercer raisonnablement son pouvoir. Rédigez le dialogue entre les deux personnages en l'inscrivant dans le genre théâtral. Vous veillerez à produire un premier échange rapide et vif entre les deux hommes pour ensuite développer les répliques de Scipion où il évoque l'homme d'État idéal.

▶ Fiche 11 Comprendre un sujet d'écriture d'invention

 Samuel Beckett
En attendant Godot, 1952

Il s'agit de la scène d'exposition.

ACTE PREMIER

Biographie p. 671
Histoire littéraire p. 330
Repères historiques p. 36

Route à la campagne, avec arbre.
Soir.
Estragon, assis sur une pierre, essaie d'enlever sa chaussure. Il s'y acharne des deux mains, en ahanant[1]. Il s'arrête, à bout de forces, se repose en haletant, recommence.
5 *Même jeu.*
Entre Vladimir.

ESTRAGON (*renonçant à nouveau*). – Rien à faire.

VLADIMIR (*s'approchant à petits pas raides, les jambes écartées*). – Je commence à le croire. (*Il s'immobilise.*) J'ai longtemps résisté à cette pensée, en me disant, Vladimir, sois raisonnable. Tu n'as pas encore tout essayé. Et je reprenais le combat. (*Il se recueille, songeant au combat. À Estragon.*) – Alors, te revoilà, toi.

ESTRAGON. – Tu crois ?

VLADIMIR. – Je suis content de te revoir. Je te croyais parti pour toujours.

ESTRAGON. – Moi aussi.

15 **VLADIMIR.** – Que faire pour fêter cette réunion ? (*Il réfléchit.*) Lève-toi que je t'embrasse. (*Il tend la main à Estragon.*)

ESTRAGON (*avec irritation*). – Tout à l'heure, tout à l'heure.

Silence

VLADIMIR (*froissé, froidement*). – Peut-on savoir où monsieur a passé la nuit ?

20 **ESTRAGON.** – Dans un fossé.

VLADIMIR (*épaté*). – Un fossé! Où ça ?

ESTRAGON (*sans geste*). – Par là.

VLADIMIR. – Et on ne t'a pas battu ?

ESTRAGON. – Si... Pas trop.

25 **VLADIMIR.** – Toujours les mêmes ?

ESTRAGON. – Les mêmes ? Je ne sais pas.

Silence

VLADIMIR. – Quand j'y pense... depuis le temps... je me demande... ce que tu serais devenu... sans moi... (*avec décision*) Tu ne serais plus qu'un petit tas d'os-
30 sements à l'heure qu'il est, pas d'erreur.

ESTRAGON (*piqué au vif*). – Et après ?

VLADIMIR (*accablé*). – C'est trop pour un seul homme. (*Un temps. Avec vivacité.*) D'un autre côté, à quoi bon se décourager à présent, voilà ce que je me dis. Il fallait y penser il y a une éternité, vers 1900.

35 **ESTRAGON.** – Assez. Aide-moi à enlever cette saloperie.

VLADIMIR. – La main dans la main on se serait jeté en bas de la tour Eiffel, parmi les premiers. On portait beau[2] alors. Maintenant il est trop tard. On ne nous laisserait même pas monter. (*Estragon s'acharne sur sa chaussure.*) Qu'est-ce que tu fais ?

1. Ahaner : respirer bruyamment en faisant un effort.
2. Avait belle allure.

ESTRAGON. – Je me déchausse. Ça ne t'est jamais arrivé, à toi ?

VLADIMIR. – Depuis le temps que je te dis qu'il faut les enlever tous les jours. Tu ferais mieux de m'écouter.

ESTRAGON (*faiblement*). – Aide-moi !

VLADIMIR. – Tu as mal ?

ESTRAGON. – Mal ! Il me demande si j'ai mal !

VLADIMIR (*avec emportement*). – Il n'y a jamais que toi qui souffres ! Moi je ne compte pas. Je voudrais pourtant te voir à ma place. Tu m'en dirais des nouvelles.

ESTRAGON. – Tu as eu mal ?

VLADIMIR. – Mal ! Il me demande si j'ai eu mal !

ESTRAGON (*pointant l'index*). – Ce n'est pas une raison pour ne pas te boutonner.

VLADIMIR (*se penchant*). – C'est vrai. (*Il se boutonne.*) Pas de laisser-aller dans les petites choses.

ESTRAGON. – Qu'est-ce que tu veux que je te dise, tu attends toujours le dernier moment.

S. BECKETT,
En attendant Godot, Acte premier,
© Les Éditions de Minuit, 1952.

Estragon (Philippe Faure) et Vladimir (Daniel Znyk), dans la mise en scène de Bernard Sobel (Théâtre de Gennevilliers, 2002).

Le jeu absurde de l'existence

LECTURE

1 Relevez les informations propres à une scène d'exposition. Quelle impression **les personnages** font-ils à leur entrée en scène ?

2 Quelles relations entretiennent-ils ? Analysez l. 41-52 **le ton** sur lequel chacun s'exprime.

3 Dans quel **registre** le jeu autour des accessoires et costumes plonge-t-il cette scène ? Que traduit-il pourtant de l'existence des personnages ?

HISTOIRE DES ARTS

MISE EN SCÈNE Dans la mise en scène de B. Sobel, les costumes et le jeu des acteurs correspondent-ils à ce que vous imaginiez des personnages ? Argumentez.

VERS LE BAC

Question sur un corpus
Comparez cet extrait à celui du *Roi se meurt*, p. 344 : comment les défaillances du corps rendent-elles les personnages pathétiques ?
▶ Fiche 9 **Répondre à une question sur un corpus**

Commentaire
Rédigez le commentaire de ce texte en vous aidant du parcours suivant : A/ l'entrée en scène de deux personnages pathétiques ; B/ une existence absurde et tragique
▶ Fiche 13 **Comprendre un sujet de commentaire**

Oral (analyse)
Quelle est l'originalité de cette scène d'exposition ?
▶ Fiche 16 **Réussir l'épreuve orale du baccalauréat**

7 Eugène Ionesco
Le Roi se meurt, 1962

Biographie p. 671

Histoire littéraire p. 330

Repères historiques p. 36

*Le médecin et la Reine Marguerite annoncent au roi Bérenger I*er *qu'il va mourir dans une heure et demie. Il refuse de les croire. Pourtant, malgré le soutien de sa plus jeune épouse, Marie, ses forces lui échappent peu à peu et son royaume s'écroule autour de lui.*

1   **LE ROI.** – Nous verrons bien si je n'ai plus le pouvoir.
    MARIE, *au Roi*. – Prouve que tu en as. Tu peux si tu veux.
    LE ROI. – Je prouve que je veux, je prouve que je peux.
    MARIE. – D'abord, lève-toi.
5   **LE ROI.** – Je me lève.
    Il fait un grand effort en grimaçant.
    MARIE. – Tu vois comme c'est simple.
    LE ROI. – Vous voyez comme c'est simple. Vous êtes des farceurs. Des conjurés, des bolcheviques[1]. (*Il marche. À Marie qui veut l'aider.*) Non, non, tout seul...
10 puisque je peux tout seul. (*Il tombe. Juliette*[2] *se précipite pour le relever.*) Je me relève tout seul.
    Il se relève tout seul, en effet, mais péniblement.
    LE GARDE. – Vive le Roi ! (*Le Roi retombe.*) Le Roi se meurt.
    MARIE. – Vive le Roi !
15 *Le Roi se relève péniblement, s'aidant de son sceptre.*
    LE GARDE. – Vive le Roi ! (*Le Roi retombe.*) Le Roi est mort.
    MARIE. – Vive le Roi ! Vive le Roi !
    MARGUERITE. – Quelle comédie.
    Le Roi se relève péniblement. Juliette, qui avait disparu, réapparaît.
20 **JULIETTE.** – Vive le Roi !
    Elle disparaît de nouveau.
    Le Roi retombe.
    LE GARDE. – Le Roi se meurt.
    MARIE. – Non. Vive le Roi ! Relève-toi. Vive le Roi !
25 **JULIETTE**, *apparaissant puis disparaissant tandis que le Roi se relève*. – Vive le Roi !
    LE GARDE. – Vive le Roi !
    Cette scène doit être jouée en guignol tragique.
    MARIE. – Vous voyez bien, cela va mieux.
30 **MARGUERITE.** – C'est le mieux de la fin, n'est-ce pas, Docteur ?
    LE MÉDECIN, *à Marguerite*. – C'est évident, ce n'est que le mieux de la fin.
    LE ROI. – J'avais glissé, tout simplement. Cela peut arriver. Cela arrive. Ma couronne ! (*La couronne était tombée par terre pendant la chute. Marie
35 remet la couronne sur la tête du Roi.*) C'est mauvais signe.
    MARIE. – N'y crois pas.
    Le sceptre du Roi tombe.

Michel Bouquet dans le rôle de Bérenger, mise en scène de Georges WERLER (Théâtre de l'Atelier, 1994).

1. Un bolchevique est un communiste de la révolution russe.
2. Juliette est femme de ménage et infirmière.

De gauche à droite, Marie, le Médecin, le Roi et Marguerite, mise en scène de Georges Werler (Comédie des Champs-Élysées, 2010).

LE ROI. – C'est mauvais signe.

MARIE. – N'y crois pas. (*Elle lui donne son sceptre.*) Tiens-le bien dans ta main.
40 Ferme le poing.

LE GARDE. – Vive, vive… (*puis il se tait*).

LE MÉDECIN, *au Roi*. – Majesté…

MARGUERITE, *au Médecin, montrant Marie*. – Il faut la calmer, celle-là ; elle prend la parole à tort et à travers. Elle ne doit plus parler sans notre permission.

45 *Marie s'immobilise.*

MARGUERITE, *au Médecin, montrant le Roi*. – Essayez, maintenant, de lui faire comprendre.

LE MÉDECIN, *au Roi*. – Majesté, il y a des dizaines d'années ou bien il y a trois jours, votre empire était florissant. En trois jours, vous avez perdu les guerres
50 que vous aviez gagnées. Celles que vous aviez perdues, vous les avez reperdues. Depuis que les récoltes ont pourri et que le désert a envahi notre continent, la végétation est allée reverdir les pays voisins qui étaient déserts jeudi dernier. Les fusées que vous voulez envoyer ne partent plus. Ou bien, elles décrochent, retombent avec un bruit mouillé.

55 LE ROI. – Accident technique.

E. IONESCO, *Le Roi se meurt*, 1962 © Éditions Gallimard, 1963.

Le corps diminué d'un roi

LECTURE

1 @RECHERCHE Qu'est-ce que le théâtre de guignol ? Pourquoi cette scène s'y apparente-t-elle ? Expliquez le paradoxe de la didascalie, l. 28.

2 Analysez l'évolution des sentiments du roi en vous appuyant sur l'énonciation et la modalisation.

3 Comment les objets symboliques de la royauté sont-ils utilisés ? Quelle force dramatique revêtent-ils ?

4 En quoi les personnages de Marie et Marguerite s'opposent-ils ?

HISTOIRE DES ARTS

COMPARER DES MISES EN SCÈNE Comparez les décors et costumes des deux mises en scène de G. Werler. Laquelle rend le mieux compte du tragique de la situation ? Argumentez.

ÉCRITURE

Argumentation
Dans une interview, Ionesco déclare : « [Bérenger] c'est l'homme universel. Tout homme est une sorte de roi au centre de l'univers qui lui appartient. » Pensez-vous que chacun puisse s'identifier à ce personnage ? Argumentez.

Eugène Ionesco
Notes et contrenotes, 1962

THÉORIE

Biographie p. 671

Histoire littéraire p. 330

Repères historiques p. 36

Notes et contrenotes regroupe une série d'articles et conférences dans lesquels Ionesco explique ses idées paradoxales sur le théâtre : « Je me suis mis à écrire du théâtre parce que je le détestais », dit-il. À l'inverse, il affirme sa fascination pour le spectacle de guignol où sa mère l'emmenait enfant.

Je n'ai jamais compris, pour ma part, la différence que l'on fait entre comique et tragique. Le comique étant intuition de l'absurde, il me semble plus désespérant que le tragique. Le comique n'offre pas d'issue. Je dis « désespérant », mais, en réalité, il est au-delà ou en-deçà du désespoir ou de l'espoir.

5 Pour certains, le tragique peut paraître, en un sens, réconfortant, car, s'il veut exprimer l'impuissance de l'homme vaincu, brisé par la fatalité par exemple, le tragique reconnaît par là même, la réalité d'une fatalité, d'un destin, de lois régissant l'Univers, incompréhensibles parfois, mais objectives. Et cette impuissance humaine, cette inutilité de nos efforts peut aussi, en un sens, paraître comique.

10 J'ai intitulé mes comédies « anti-pièces », « drames comiques », car, me semble-t-il, le comique est tragique, et la tragédie de l'homme, dérisoire. Pour l'esprit critique moderne, rien ne peut être pris tout à fait au sérieux, rien tout à fait à la légère.

E. IONESCO, *Notes et contrenotes* © Éditions Gallimard, 1962.

Fin de partie de Samuel Beckett, mise en scène de Bernard Levy (Théâtre de l'Athénée, 2006).

Paradoxes de la comédie et de la tragédie

LECTURE

1 Reformulez la définition du tragique selon Ionesco.

2 Quelle conception plus ancienne du tragique Ionesco évoque-t-il ? Qu'est-ce qui a changé à l'époque moderne ?

3 MISE EN SCÈNE Dans *Fin de partie*, Beckett imagine deux vieillards vivant dans des poubelles. Dans quelle mesure cette situation et sa mise en scène par B. Levy illustrent-elles les idées de Ionesco ?

VERS LE BAC

Oral (entretien)

Par quels moyens un texte de théâtre et sa représentation peuvent-ils produire des effets à la fois comiques et tragiques ? Cherchez des arguments dans les textes et images de la séquence.

▶ Fiche 16 Réussir l'épreuve orale du baccalauréat

Combat de nègre et de chiens, de B.-M. KOLTÈS, mise en scène de Patrice Chéreau (Théâtre des Amandiers, Nanterre, 1983).

B.-M. Koltès
Combat de nègre et de chiens, 1983

Biographie
p. 671

Histoire littéraire
p. 330

Repères historiques
p. 36

Horn est un Blanc dirigeant un chantier de travaux en Afrique de l'Ouest. L'un de ses ouvriers noirs a été tué par un ingénieur et son corps jeté dans un égout. Alboury, le frère du mort, veut récupérer le corps devenu introuvable. Horn, pour protéger son ingénieur, cache la vérité. Tout se passe la nuit.

IV

1 **ALBOURY.** — Moi, j'attends qu'on me rende mon frère ; c'est pour cela que je suis là.

HORN. — Enfin, expliquez-moi. Pourquoi tenez-vous tant à le récupérer ? Rappelez-moi le nom de cet homme ?

ALBOURY. — Nouofia, c'était son nom connu ; et il avait un nom secret.

5 **HORN.** — Enfin, son corps, que vous importe son corps ? C'est la première fois que je vois cela ; pourtant, je croyais bien connaître les Africains, cette absence de valeur qu'ils donnent à la vie et à la mort. Je veux bien croire que vous soyez particulièrement sensible ; mais enfin, ce n'est pas l'amour, hein, qui rend si têtu ? C'est une affaire d'Européen, l'amour ?

Combat de nègre et de chiens, de B.-M. KOLTÈS, mise en scène de Jacques Nichet (Théâtre de la Ville, 2001).

10 **ALBOURY.** – Non, ce n'est pas l'amour.

HORN. – Je le savais, je le savais. J'ai souvent remarqué cette insensibilité. Notez qu'elle choque beaucoup d'Européens, d'ailleurs ; moi, je ne condamne pas ; notez aussi que les Asiatiques sont pires encore. Mais bon, pourquoi alors êtes-vous si têtu pour une si petite chose, hein ? Je vous ai dit que je dédommagerai.

15 **ALBOURY.** – Souvent, les petites gens veulent une petite chose, très simple ; mais cette petite chose, ils la veulent ; rien ne les détournera de leur idée ; et ils se feraient tuer pour elle ; et même quand on les aurait tués, même morts, ils la voudraient encore.

HORN. – Qui était-il, Alboury, et vous, qui êtes-vous ?

20 **ALBOURY.** – Il y a très longtemps, je dis à mon frère : je sens que j'ai froid ; il me dit : c'est qu'il y a un petit nuage entre le soleil et toi ; je lui dis : est-ce possible que ce petit nuage me fasse geler alors que tout autour de moi, les gens transpirent et le soleil les brûle ? Mon frère me dit : moi aussi, je gèle ; nous nous sommes donc réchauffés ensemble. Je dis ensuite à mon frère : quand donc dispa-
25 raîtra ce nuage, que le soleil puisse nous chauffer nous aussi ? Il m'a dit : il ne disparaîtra pas, c'est un petit nuage qui nous suivra partout, toujours entre le soleil

et nous. Et je sentais qu'il nous suivait partout, et qu'au milieu des gens riant tout nus dans la chaleur, mon frère et moi nous gelions et nous nous réchauffions ensemble. Alors mon frère et moi, sous ce petit nuage qui nous privait de chaleur, nous nous sommes habitués l'un à l'autre, à force de nous réchauffer. Si le dos me démangeait, j'avais mon frère pour le gratter ; et je grattais le sien lorsqu'il le démangeait ; l'inquiétude me faisait ronger les ongles de ses mains et, dans son sommeil, il suçait le pouce de ma main. Les femmes que l'on eut s'accrochèrent à nous et se mirent à geler à leur tour ; mais on se réchauffait tant on était serrés sous le petit nuage, on s'habituait les uns aux autres et le frisson qui saisissait un homme se répercutait d'un bord à l'autre du groupe. Les mères vinrent nous rejoindre, et les mères des mères et leurs enfants et nos enfants, une innombrable famille dont même les morts n'étaient pas arrachés, mais gardés serrés au milieu de nous, à cause du froid sous le nuage. Le petit nuage avait monté, monté vers le soleil, privant de chaleur une famille de plus en plus grande, de plus en plus habituée chacun à chacun, une famille innombrable faite de corps morts, vivants et à venir, indispensables chacun à chacun à mesure que nous voyions reculer les limites des terres encore chaudes sous le soleil. C'est pourquoi je viens réclamer le corps de mon frère que l'on nous a arraché, parce que son absence a brisé cette proximité qui nous permet de nous tenir chaud, parce que même mort, nous avons besoin de sa chaleur pour nous réchauffer, et il a besoin de la nôtre pour lui garder la sienne.

HORN. – Il est difficile de se comprendre, monsieur. (*Ils se regardent*) Je crois que, quelque effort que l'on fasse, il sera toujours difficile de cohabiter. (*Silence*)

B.-M. KOLTÈS, *Combat de nègre et de chiens*,
© 1983-1990, Les Éditions de Minuit.

Proximité des corps et humaine condition

LECTURE

1 Quelle impression la relation entre Alboury et Horn donne-t-elle au spectateur ? Étudiez le jeu des questions-réponses et le registre dominant de leur dialogue.

2 Relevez deux métaphores filées dans la tirade d'Alboury et expliquez leur rôle dans son argumentation.

3 Peut-on dire de la tirade d'Alboury qu'elle est une sorte de fable ? Justifiez.

4 SYNTHÈSE Koltès dit de sa pièce :
« Elle parle simplement d'un lieu du monde. On rencontre parfois des lieux qui sont […] des sortes de métaphores de la vie ou d'un aspect de la vie, ou de quelque chose qui me paraît grave et évident. »
De quoi un chantier en Afrique et les rapports entre Noirs et Blancs peuvent-ils être la métaphore ? Quel autre lieu, quelle situation serait, pour vous, une métaphore frappante d'un aspect tragique de la vie ? Décrivez, puis justifiez ce choix.

HISTOIRE DES ARTS

COMPARER DES MISES EN SCÈNE Comparez les costumes, postures et accessoires des personnages dans les deux mises en scène. Que traduisent-ils des situations sociales et rapports des personnages ? Laquelle préférez-vous ? Justifiez.

VERS LE BAC

Question sur un corpus
Rapprochez ce texte d'*Antigone*, p. 226. Pourquoi ces deux scènes constituent-elles une réflexion sur la condition humaine centrée sur l'amour et le devoir ?
▶ **Fiche 9 Répondre à une question sur un corpus**

Commentaire
Rédigez le commentaire de la tirade d'Alboury en montrant qu'elle est poétique et tragique.
▶ **Fiche 13 Comprendre un sujet de commentaire**

Oral (entretien)
Comment la mise en scène permet-elle de comprendre le tragique de l'existence ? Argumentez.
▶ **Fiche 16 Réussir l'épreuve orale du baccalauréat**

10 Jean-Luc Lagarce
Juste la fin du monde, 1990

Biographie
p. 671

Histoire littéraire
p. 330

Repères historiques
p. 36

À 34 ans, Louis, aîné de trois enfants, revient après une longue absence pour annoncer aux siens sa mort prochaine. Incapable de parler, il écoute chacun lui reprocher ses années de silence. Il s'apprête à reprendre son train. Son frère et sa sœur se disputent pour savoir qui va le raccompagner.

2ᵉ PARTIE, SCÈNE 2

LOUIS, sa sœur SUZANNE, son frère ANTOINE,
CATHERINE, la femme d'Antoine, LA MÈRE

1   **ANTOINE.** – […] Catherine, aide-moi,
    je ne disais rien,
    on règle le départ de Louis,
    il veut partir,
5   je l'accompagne, je dis qu'on l'accompagne, je n'ai rien dit de plus,
    qu'est-ce que j'ai dit de plus ?
    je n'ai rien dit de désagréable,
    pourquoi est-ce que je dirais quelque chose de désagréable,
    qu'est-ce qu'il y a de désagréable à cela,
10 y a-t-il quelque chose de désagréable à ce que je dis ?
    Louis ! Ce que tu en penses,
    j'ai dit quelque chose de désagréable ?

    Ne me regardez pas comme ça !

    CATHERINE. – Elle[1] ne te dit rien de mal,
15 tu es un peu brutal, on ne peut rien te dire,
    tu ne te rends pas compte,
    parfois tu es un peu brutal,
    elle voulait juste te faire remarquer.

1. Suzanne, la sœur d'Antoine.

De gauche à droite Catherine, Antoine, Suzanne, Louis, La Mère, mise en scène de Bernard Lévy (La Coupole Scène Nationale de Sénart, 2003).

ANTOINE. – Je suis un peu brutal ?
20 Pourquoi tu dis ça ?
Non.
Je ne suis pas brutal.
Vous êtes terribles, tous, avec moi.

LOUIS. – Non, il n'a pas été brutal, je ne comprends pas
25 ce que vous voulez dire.

ANTOINE. – Oh, toi, ça va, la « Bonté même » !

CATHERINE. – Antoine.

ANTOINE. – Je n'ai rien, ne me touche pas !
Faites comme vous voulez, je ne voulais rien de mal, je ne voulais rien faire de mal,
30 il faut toujours que je fasse mal,
je disais seulement,
cela me semblait bien, ce que je voulais juste dire
– toi, non plus, ne me touche pas ! –
je n'ai rien dit de mal,
35 je disais juste qu'on pouvait l'accompagner, et là, maintenant,
vous en êtes à me regarder comme une bête curieuse,
il n'y avait rien de mauvais dans ce que j'ai dit, ce n'est pas bien, ce n'est pas juste, ce n'est pas bien d'oser penser cela,

arrêtez tout le temps de me prendre pour un imbécile !
40 Il fait comme il veut, je ne veux plus rien,
je voulais rendre service, mais je me suis trompé,
il dit qu'il veut partir et cela va être de ma faute,
cela va encore être de ma faute,
ce ne peut pas toujours être comme ça,
45 ce n'est pas une chose juste,
vous ne pouvez pas toujours avoir raison contre moi,
[…]

J.-L. LAGARCE, *Juste la fin du monde*, 1990, Éditions Les Solitaires intempestifs, 2005.

Le duel ordinaire de deux frères

LECTURE

1 RECHERCHE Résumez l'histoire biblique d'Abel et Caïn. Quels rapports voyez-vous entre ce récit et la pièce ? Caractérisez les relations au sein de cette fratrie. Justifiez avec des éléments précis.

2 Établissez le plan de la scène en montrant comment la tension va *crescendo*. Quels mots provoquent la colère d'Antoine ? Pourquoi ?

3 Relevez le lexique de la faute. Quels sont les implicites de cette dispute ?

HISTOIRE DES ARTS

COMPARER DES MISES EN SCÈNE Analysez le décor, les lumières et l'utilisation de l'espace dans la mise en scène de Bernard Lévy. Comment rend-elle compte de la tension sur la scène ? Justifiez.

ÉDUCATION AUX MÉDIAS

« Cela se passe dans la maison de la Mère et Suzanne, un dimanche », précise la didascalie initiale.
@ RECHERCHE Sur le site www.lagarce.net, cherchez d'autres mises en scène de cet extrait.
Choisissez une scénographie qui vous paraît intéressante, puis rédigez un article de journal où, en qualité de critique, vous décrirez et plaiderez le choix de ce décor.

VERS LE BAC

Oral (analyse)
Montrez que cette scène offre une vision tragique des relations familiales.
▶ Fiche 16 **Réussir l'épreuve orale du baccalauréat**

Éric-Emmanuel Schmitt
La Nuit de Valognes, 1991

Dans La Nuit de Valognes, *Éric-Emmanuel donne une nouvelle issue au Don Juan de Molière qui réservait une fin funeste au personnage mythique. Schmitt imagine une suite : cinq de ses anciennes victimes le convoquent pour le juger. La Duchesse, à l'origine de cette initiative, explique son projet aux autres femmes.*

Biographie p. 671
Histoire littéraire p. 330
Repères historiques p. 36

ACTE I, SCÈNE 5

1 **LA DUCHESSE.** Il va venir. Je le tiens. Il doit être là ce soir. *L'orage redouble dans la nuit noire.*

LA COMTESSE (*pense avoir compris et demande avec espoir*). Mais qui ?

LA DUCHESSE. Celui qui est là, peint sur ce portrait, que vous avez toutes vu en
5 entrant et que vous évitez de regarder depuis que je vous parle, celui auquel vous pensez sans cesse pendant que je débite mes sottises : Don Juan.

LA COMTESSE. Don Juan !

MADAME CASSIN. Mon Dieu !...

LA RELIGIEUSE. Mais madame la Duchesse…

10 **LA DUCHESSE.** C'est pour cela que nous sommes ici, comme l'a compris tout de suite notre chère Aglaé. Car voici celles que j'ai convoquées ici ce soir : les victimes de Don Juan.

MADEMOISELLE DE LA TRINGLE, LA RELIGIEUSE, MADAME CASSIN
(*toutes trois ensemble*). Quoi ? Mais pas du tout ! De quoi parlez-vous ? C'est une
15 honte. Je n'ai rien à voir avec…

LA DUCHESSE. Ne caquetez pas, je vous en prie. Les lois de la nature humaine, je le sais, exigent que pendant quelques instants vous niiez mais s'il vous plaît, soyez fortes, évitez-moi les protestations, les grands dénis, et passez directement à l'assentiment. (*Changeant de ton.*) Ce soir, Don Juan va venir. Il ne sait
20 rien, il croit se rendre à un bal, mais nous, cinq femmes défaites que la mémoire torture, que le passé supplicie, cinq femmes ici ce soir le jugeront et le condamneront. (*Ferme.*) Cette nuit nous ferons le procès de Don Juan.

25 **LA RELIGIEUSE.** Nous le jugerons ?

MADAME CASSIN. Et le condamnerons ?

LA COMTESSE. À quoi ?

30 **LA DUCHESSE.** À réparer.

LA COMTESSE. Comment ?

LA DUCHESSE. En épousant une de ses victimes, en lui étant fidèle, et en la rendant
35 heureuse.

Camille Cottin, Marie-France Saton, Mélaine, Anne Jacquemin, Caroline Alaoui et Stéphanie Lanier dans une mise en scène de Régis Santon au théâtre Silvia Monfort, Paris, 2007.

LA COMTESSE. Ridicule ! Il ne voudra jamais.

LA DUCHESSE. Il acceptera.

LA COMTESSE. Vous rêvez.

LA DUCHESSE. J'ai ici une lettre de cachet[1] en blanc – le Roy me devait bien cela – où il me suffirait d'inscrire son nom. Voilà le marché que nous proposerons à Don Juan tout à l'heure : la réparation ou la prison.

LA COMTESSE. Bravo Duchesse, c'est de la belle œuvre. Et qui épouse-t-il ? J'imagine que cela aussi, vous l'avez prévu ?

LA DUCHESSE. Aucune d'entre nous, soyez rassurées…

LA RELIGIEUSE (*hypocritement*). Plutôt mourir !

LA DUCHESSE. C'est ce que je pensais. Nous sommes des victimes anciennes de Don Juan, tout l'amour s'est éteint en nous, seule la haine reste vivace. (*Changeant de ton.*) Il y a là, au-dessus de nos têtes, une jeune fille dont les vingt ans veulent mourir. Vingt ans, il n'y a qu'à vingt ans que l'on est assez vivant pour vouloir mourir, il y faut une chair fraîche, des muscles fermes, des os durs. Lorsque les forces décroissent, lorsque le corps esquisse toujours plus précisément son cadavre, croyez-moi, on ne veut pas mourir, on s'y accroche, à cette vie qu'on a tellement maudite lorsqu'on en avait tant. Elle a vingt ans, c'est une histoire banale pour nous : elle a connu Don Juan, il l'a séduite puis abandonnée… comme les autres. C'est ma filleule. Il l'épousera.

LA RELIGIEUSE (*un peu sèchement*). Elle bénéficie d'une chance que nous n'avons pas eue.

LA DUCHESSE. Je sais, sœur Bertille, je sais l'amertume de donner ce que l'on a voulu recevoir. La bonté est dure. (*Angoissée.*) Nous ? Personne ne peut plus nous sauver… Mais nous allons sauver ma petite, et sauver Don Juan du même coup.

É.-E SCHMITT, *La Nuit de Valognes*, Acte I, scène 4, 1991, © Actes Sud.

1. Lettre scellée du sceau royal. Elle permettait d'emprisonner ou d'envoyer en exil n'importe quel sujet.

Vengeance de femmes

LECTURE

1 Quel est le projet de la Duchesse ? À quoi voit-on sa détermination ?

2 Les autres femmes adhèrent-elles spontanément au projet ? Pourquoi, selon vous ?

3 Quel portrait de Don Juan cet extrait propose-t-il ? Est-il en accord avec son mythe ?

4 Quel portrait de la jeune fille la Duchesse fait-elle ?

5 Comment comprenez-vous l'expression « sauver Don Juan » ?

6 En quoi cette présentation de l'intrigue de la pièce en l'absence du personnage principal est-elle particulièrement intéressante pour le spectateur ?

7 SYNTHÈSE Montrez que Don Juan, malgré ses crimes, séduit encore ses victimes.

HISTOIRE DES ARTS

Observez les costumes et les postures des comédiens : comment Régis Santon a-t-il mis en scène la détermination des anciennes maîtresses de Don Juan ?

VERS LE BAC

Invention

Imaginez la suite du texte. Don Juan entre en scène : la Duchesse lui présente son projet. Il résiste : épouser une femme lui est impossible.

▶ Fiche 11 **Comprendre un sujet d'écriture d'invention**

Dissertation

Selon vous, dans quelle mesure les auteurs contemporains peuvent-ils se réapproprier les mythes anciens ? Vous vous appuierez sur l'exemple de Don Juan et sur d'autres textes que vous avez lus.

▶ Fiche 17 **Comprendre un sujet de dissertation**

12 Yasmina Reza
Art, 1994

Biographie p. 671
Histoire littéraire p. 330
Repères historiques p. 36

Il s'agit de la scène d'exposition.

1 *Le salon d'un appartement.*
Un seul décor. Le plus dépouillé, le plus neutre possible.
Les scènes se dérouleront successivement
5 *chez Serge, Yvan et Marc.*
Rien ne change, sauf l'œuvre de peinture exposée.

Marc, seul.

MARC. – Mon ami Serge a acheté un tableau.
10 C'est une toile d'environ un mètre soixante sur un mètre vingt, peinte en blanc.
Le fond est blanc et si on cligne des yeux, on peut apercevoir de fins liserés blancs transversaux.
Mon ami Serge est un ami depuis longtemps.
C'est un garçon qui a bien réussi, il est médecin dermatologue et il aime l'*art*.
15 Lundi, je suis allé voir le tableau que Serge avait acquis samedi mais qu'il convoitait depuis plusieurs mois.
Un tableau blanc, avec des liserés blancs.

*

Chez Serge.
Posée à même le sol, une toile blanche, avec de fins liserés blancs transversaux.
20 *Serge regarde, réjoui, son tableau.*
Marc regarde le tableau.
Serge regarde Marc qui regarde le tableau.
Un long temps où tous les sentiments se traduisent sans mot.

MARC. – Cher ?
25 **SERGE.** – Deux cent mille.
MARC. – Deux cent mille ?...
SERGE. – Handtington me le reprend à vingt-deux.
MARC. – Qui est-ce ?
SERGE. – Handtington ?!
30 **MARC.** – Connais pas.
SERGE. – Handtington ! La galerie Handtington !
MARC. – La galerie Handtington te le reprend à vingt-deux ?...
SERGE. – Non, pas la galerie. Lui. Handtington lui-même. Pour lui.
MARC. – Et pourquoi ce n'est pas Handtington qui l'a acheté ?
35 **SERGE.** – Parce que tous ces gens ont intérêt à vendre à des particuliers. Il faut que le marché circule.
MARC. – Ouais...
SERGE. – Alors ?
MARC. – ...

Marc (Pierre Vaneck), Serge (Fabrice Luchini) et Yvan (Pierre Arditi) mise en scène de Patrice Kerbrat (Comédie des Champs-Élysées, 1994).

SERGE. – Tu n'es pas bien là. Regarde-le d'ici. Tu aperçois les lignes ?
MARC. – Comment s'appelle le...
SERGE. – Peintre. Antrios.
MARC. – Connu ?
45 **SERGE.** – Très. Très !
Un temps.
MARC. – Serge, tu n'as pas acheté ce tableau deux cent mille francs ?
SERGE. – Mais mon vieux, c'est le prix. 50 C'est un ANTRIOS !
MARC. – Tu n'as pas acheté ce tableau deux cent mille francs !
SERGE. – J'étais sûr que tu passerais à côté.
MARC. – Tu as acheté cette merde deux cent mille francs ? !

*

55 *Serge, comme seul.*
SERGE. – Mon ami Marc, qui est un garçon intelligent, garçon que j'estime depuis longtemps, belle situation, ingénieur dans l'aéronautique, fait partie de ces intellectuels, nouveaux, qui, non contents d'être ennemis de la modernité, en tirent une vanité incompréhensible. Il y a depuis peu, chez l'adepte du bon 60 vieux temps, une arrogance vraiment stupéfiante.

Y. REZA, *Art*, © 1998, Y. Reza / Albin Michel.

Exposer la prétention culturelle

LECTURE
1 Pourquoi ce texte est-il une scène d'exposition ?
2 Indiquez les étapes du dialogue et analysez l'évolution de la relation entre Marc et Serge. Quel problème constitue le nœud de l'intrigue ? Qu'attend Serge de Marc ?
3 @RECHERCHE Cherchez *Carré blanc sur fond blanc* de K. Malévitch. Qu'a pu représenter cette œuvre en 1917 ? A-t-elle la même portée transposée dans un intérieur bourgeois de 2002 ?

HISTOIRE DES ARTS
MISE EN SCÈNE Décrivez les éléments de décor et le costume de Serge dans la mise en scène de P. Kerbrat : cela correspond-il à l'idée que vous vous faites du personnage ?

VERS LE BAC
Question sur un corpus
Comparez ce texte avec l'extrait de *Théâtre sans animaux* (p. 358) : comment les œuvres d'art sont-elles prétexte à une réflexion plus sociale ? Argumentez.
▶ Fiche 9 **Répondre à une question sur un corpus**

Dissertation
Le monologue n'existe pas dans la réalité. Le théâtre est-il seulement un art de l'artifice ou arrache-t-il le masque du mensonge et de l'hypocrisie ? Votre développement argumenté s'appuiera sur des textes et des éléments de mise en scène.
▶ Fiche 17 **Comprendre un sujet de dissertation**

Oral (analyse)
Comment Y. Reza fait-elle la satire d'un milieu parisien aisé et cultivé, de sa prétention intellectuelle ?
▶ Fiche 16 **Réussir l'épreuve orale du baccalauréat**

13 Philippe Minyana
Drames brefs (1), 1995

Biographie p. 671
Histoire littéraire p. 330
Repères historiques p. 36

Quatre fils sont réunis devant la porte d'une pièce où l'on devine que leur mère vient de mourir.

UN

FILS 2.
La reine dans toutes les pièces principales
ses buffets ses vitrines le bazar
les guéridons
5 les colifichets

FILS 3.
Et nous ses fils
sous les combles
à nous marcher dessus
10 et elle règne dans toutes les pièces principales
avec ses buffets
ses colifichets
son style

FILS 4.
15 Et l'odeur de ses cheveux

FILS 3.
Elle régnait aussi sur la boutique
tailleur et mocassins
trop de hanches mais tailleur
20 nous foutait son rouge sur la figure
ses baisers et son rouge

Petite pause
à Cavalaire
chemisier et short
25 et petite casquette
son genre
trop de hanches mais short

FILS 1.
Donc elle allait venait
30 dans les pièces principales
dans la boutique aussi
et tapant le talon
elle tapait le talon
elle zieutait tout
35 tout
son installation
ses rayons
et disait
c'est pas de la gnognotte
40 c'est pas de la gnognotte

Alberto GIACOMETTI (1901-1966), *La Mère de l'artiste*, 1950 (Museum of Modern Art, New York).

Fou rire du Fils 4. Deux des fils, le regardant sans rire ; l'autre, en souriant.

FILS 3.
Et on le voyait poindre
son sourire
45 son contentement secret
un sourire qu'on fait pour soi
un sourire de toute la face
un sourire qui rend visible
ce qui est invisible

50 *Tous, regard sur une porte ; porte de la chambre ; on entend des bruits de voix, dans la chambre.*

FILS 2.
Et un beau jour
drame

55 **FILS 4.**
On enterre son chien Tiphon
et drame

FILS 3.
Et elle dit qu'elle veut être comme son chien Tiphon
60 morte

FILS 1.
Et elle meurt

Un des fils ouvre volets et fenêtres. Lumière morne. Ferme volets et fenêtres.

P. MINYANA, *Drames brefs (1)*, 1995, Éditions théâtrales.

Une mère encombrante

LECTURE

1 Listez et classez tous les défauts physiques et moraux que les fils reprochent à la mère. Méritait-elle son titre de « reine » ? Justifiez.

2 Pourquoi les fils n'ont-ils pas de nom, selon vous, alors que le chien en a un ?

3 Pour quelle raison les fils sont-ils réunis ? Quel comportement sont-ils censés adopter en ces circonstances ? Quelle attitude entre en rupture avec toute bienséance ?

4 Par quels éléments du dialogue ou des didascalies l'atmosphère tragique est-elle soulignée ?

5 Sur quels décalages comiques les fils insistent-ils dans le portrait de leur mère ?

6 Le « drame » est un genre théâtral mêlant différents registres. Relevez les occurrences du terme dans le texte. Pourquoi correspond-il bien au souvenir évoqué à ce moment-là par les personnages ? Et, plus largement, à cette pièce en un acte ?

VERS LE BAC

Invention
Dans un entretien avec un journaliste, Minyana explique l'intérêt d'aborder un sujet douloureux, comme la mort d'une mère, par le biais de la dérision. Rédigez ce dialogue.
▶ Fiche 11 **Comprendre un sujet d'écriture d'invention**

Dissertation
Peut-on rire de tout et de n'importe quelle façon ? Vous répondrez à ces deux questions par un développement organisé, en vous appuyant sur ce texte et d'autres œuvres que vous connaissez.
▶ Fiche 17 **Comprendre un sujet de dissertation**

14 Jean-Michel Ribes
Théâtre sans animaux, 2001

MUSÉE

Biographie p. 671

Histoire littéraire p. 330

Repères historiques p. 36

1 *Une grande salle de musée. Faisceau de lumières qui éclairent les œuvres qu'on ne voit pas. Des visiteurs déambulent. Les pas résonnent. De temps en temps on saisit ce qu'ils disent.*
– On dirait papa.
5 – Papa ?
– Oui avec son gros œil.
– Pauvre papa !
– Pourquoi pauvre papa ?
– Quand même…
10 – C'est un Picasso, tu sais combien ça coûte un Picasso ?!

– C'est le premier qui a vraiment compris la perspective… Tu vois ?
– Pas bien.
– Faut regarder de loin.

– Si tu plisses les yeux devant un Ingres ça fait comme un Monet.
15 – Oui ça je le savais.

[…]

– Avant Poussin, les peintres, c'était pas un métier.
– Ah bon, c'était quoi ?
– Un peu comme les chirurgiens qui étaient coiffeurs, tu vois ?
– Putain !

20 – Apollon c'était le premier naturiste… Quoi, on n'a plus le droit de rigoler ?

– Sublime, ce portrait, c'est sa femme ?
– Non, sa maîtresse.
– Ça m'aurait étonné aussi.

– J'aime que les impressionnistes aient été des incompris.

25 – Tout ce qui est rouge sur le plan, c'est précolombien, en vert c'est les arts primitifs, en jaune la vallée de l'Indus et en bleu c'est la Chine des Tang.
– Et la cafétéria c'est quelle couleur ?

– J'en peux plus !
– Assieds-toi une seconde.
30 – Je suis épuisé.
– Il y a une banquette, profites-en.
– Incroyable… et pourtant le dimanche au bois, je tiens des kilomètres.
– Là c'est pas pareil, tu marches avec les yeux.

– On sent beaucoup plus l'influence de l'Inde ici qu'au sous-sol.

35 – Matisse c'est juif, comme nom ?
– Je crois…

– Dis donc Laurence, elle est toute petite la *Vénus de Milo*… C'était qui Milo, un nain ? Ah je suis déçue, Laurence, déçue… Je vais quand même faire une photo pour Jacques, mais on la fera agrandir… si, on est obligé, elle est trop minus…Ah
40 merde, je suis déçue !

J.-M. RIBES, *Théâtre sans animaux*, Éditions Actes Sud, 2001.

Mise en scène de Jean-Michel Ribes (Théâtre Tristan Bernard, 2002).

Théâtre sans animaux

LECTURE
1 Pourquoi les personnages n'ont-ils pas de nom ? Essayez de classer les types de visiteurs suivant leurs réactions.
2 Quels sont les différents procédés comiques utilisés dans le dialogue ?
3 Que veut montrer ici J.-M. Ribes de notre rapport à la culture ?

HISTOIRE DES ARTS
Observez les postures des visiteurs dans la mise en scène de Jean-Michel Ribes : que traduisent-elles du rapport des personnages au musée ?

VERS LE BAC

Dissertation
E. Ionesco écrit : « Le théâtre est dans l'exagération [...] qui disloque la plate réalité quotidienne. » Discutez ce jugement en vous appuyant sur des exemples précis.
▶ Fiche 17 Comprendre un sujet de dissertation

Écriture d'invention
Choisissez une œuvre d'art dont vous donnerez une reproduction. Vous imaginerez le dialogue de théâtre comique entre deux ou trois personnages devant ce tableau, dans un musée ou une exposition.
▶ Fiche 11 Comprendre un sujet d'écriture d'invention

Oral (entretien)
Le théâtre est-il un moyen efficace pour s'interroger sur la société ?
▶ Fiche 16 Réussir l'épreuve orale du baccalauréat

Les clés du genre

Histoire du théâtre et de sa représentation

❶ Le modèle grec

Le théâtre occidental naît à Athènes au Vᵉ siècle av. J.-C. Théâtre à la fois religieux et politique, il se joue lors des **Grandes Dionysies**. Les représentations ont lieu de jour, en plein air, dans un édifice en demi-cercle ouvert sur la cité athénienne et situé au flanc de l'Acropole et dans le périmètre du temple de Dionysos. Le **chœur**, élément spectaculaire originel, chante et danse à l'unisson au son de la flûte. Il est composé de citoyens. Il dialogue avec les personnages principaux joués uniquement par des hommes, **acteurs professionnels masqués**.

Ex : Dans Les Cavaliers d'Aristophane, le chœur représente les jeunes soldats envoyés à la guerre par le démagogue.

❷ Le théâtre romain

Le théâtre romain s'inscrit également dans une pratique religieuse, mais il a exclusivement une fonction ludique. Pendant ce que les Romains appellent les « **jeux scéniques** », toute activité sérieuse est suspendue. Les spectacles se déroulent dans des théâtres fermés d'un **haut mur** décoré d'or et de marbre. Les masques et costumes sont aussi somptueux. Les modèles des tragédies et comédies sont grecs mais adaptés au goût romain pour la virtuosité musicale des acteurs, tous des hommes, à la fois chanteurs et danseurs. Dans la comédie, les esclaves rusés favorisent les amours des jeunes gens par le mensonge et le déguisement.

Ex : Dans Amphitryon de Plaute, même les dieux se déguisent pour tromper les humains.

❸ La scène médiévale

Au Moyen Âge, les « **mystères** » rejouent, lors des fêtes chrétiennes, la Passion du Christ depuis le péché d'Adam et Ève. Les rôles sont tenus jusqu'au XVᵉ siècle par des amateurs, bourgeois et étudiants dirigés par le « meneur de jeu ». Une estrade est installée sur la place de l'église. Les spectateurs, pour suivre le déroulement de l'action, déambulent autour des décors. Ce dispositif sert aussi pour le **théâtre de foire** où des acteurs professionnels jouent des farces profanes.

Ex : Le spectacle L'Âge d'or, d'A. Mnouchkine, expérimente ce modèle médiéval en créant un espace multiple qui rapproche acteurs et spectateurs et oblige ceux-ci à se déplacer.

❹ Le théâtre à l'italienne (XVIᵉ-XVIIIᵉ siècle)

La perspective, utilisée dans la peinture depuis la Renaissance, fait son apparition au théâtre et permet l'invention, en Italie, de la **scénographie** : des décors peints sur une toile sont accrochés au fond de la scène et donnent une impression de profondeur. En effet, la **perspective** ordonne les éléments du décor en fonction du « point de fuite », point vers lequel convergent les lignes, ainsi que du « point de vue », place centrale d'où l'on voit le mieux. Dès lors, le cadre de la scène semble délimiter les contours d'une boîte en **trompe-l'œil**, recréant, le temps de la représentation, **l'illusion** de la vie.

Le théâtre à l'italienne est un **espace clos**, hiérarchisé, tributaire de l'éclairage aux bougies. Les théâtres français construits dans des jeux de paume, longues salles rectangulaires, adoptent cette architecture. Les spectateurs sont soit debout au parterre, soit assis dans l'amphithéâtre placé au fond, en face de la scène, soit dans les galeries de loges autour de la salle, soit sur la scène même.

Ex : Les pièces à machines comme Andromède de Corneille ou Dom Juan de Molière réclament des décors sophistiqués emmenant le spectateur dans un monde merveilleux.

❺ L'illusion parfaite (XIXᵉ siècle)

• Jusqu'à la fin du XIXᵉ siècle, le metteur en scène n'existe pas. Décorateur, costumier, éclairagiste, acteurs collaborent sans projet d'ensemble. Seuls le directeur du théâtre ou l'acteur principal coordonnent les efforts. Les conditions de représentation évoluent cependant sous l'impulsion de nouveaux genres qui nécessitent de nombreux effets et trucages, comme le **drame romantique**, le **vaudeville** ou l'**opéra comique**. Les auteurs comme **Hugo**, **Feydeau**, **Labiche** écrivent des didascalies très précises pour les décors, et les auteurs du théâtre de boulevard tiennent à l'exactitude de la représentation des milieux.

Ex : L'espace et les accessoires jouent un grand rôle dans Ruy Blas de Hugo et Le Dindon de Feydeau.

• En 1820, l'apparition du gaz permet de nouveaux effets d'éclairage, du noir complet à la pleine clarté, renforçant l'illusion d'une boîte fermée : un **quatrième mur** invisible sépare les spectateurs d'une scène qui reproduit un fragment du monde réel. Le public s'identifie ainsi aux personnages incarnés par des acteurs charismatiques comme **Sarah Bernhardt**.

Ex : *Sarah Bernhardt est célèbre pour ses rôles masculins, Hamlet ou Lorenzaccio, joués avec grandiloquence.*

Pourtant, dès la fin du XIXe siècle, des dramaturges critiquent la mauvaise visibilité du théâtre à l'italienne. Et si l'apparition de l'électricité (1880-1890) offre un meilleur éclairage, sa lumière sans nuance détruit l'illusion du trompe-l'œil.

Ex : *A. Jarry rejette tout réalisme pour la mise en scène d'Ubu Roi en 1896 : il en dessine le costume grotesque et imagine, par exemple, « une tête de cheval qu'il se pendrait au cou ».*

6 L'invention de la mise en scène

➡ Réunifier le lieu théâtral

En France, **Jacques Copeau (1879-1949)** est le premier à réformer le théâtre. Il commence par transformer la salle à l'italienne en scène ouverte avec un **proscenium** (ou avant-scène) pour établir un contact direct entre acteurs et spectateurs.

Copeau offre une scène nue avec très peu de décors et d'effets lumineux. Le spectacle repose sur le jeu de l'acteur servant le texte sobrement sans jouer les vedettes : « Pas d'affectation d'aucune sorte, ni du corps ni de l'esprit, ni de la voix. » (extrait d'un texte rédigé pour la 1re saison du Vieux Colombier, 1920-21, in J. Jomaron, *Le Théâtre en France*).

➡ Les héritiers de Copeau

Des metteurs en scène poursuivent l'idée de Copeau d'un théâtre populaire de qualité dans le respect du texte.

• **Charles Dullin (1885-1949)** a le goût du spectacle. Il s'entoure de peintres et de musiciens célèbres, d'acteurs capables de danser, chanter. Il adapte les textes de Shakespeare ou Aristophane pour les rendre actuels et fait découvrir de nouveaux auteurs.

Ex : *Il monte* Les Mouches *de Sartre en 1943 dans une mise en scène qui évite tout réalisme psychologique.*

• Poète et acteur chez Dullin, **Antonin Artaud (1896-1948)** appartient au mouvement surréaliste. Ses écrits théoriques regroupés dans *Le Théâtre et son double* (1931) ont une influence considérable. Ses modèles sont orientaux, antiques et élisabéthains, là où musique, danse, masques, jeu outré créent des effets à grand spectacle.

Ex : *Il prône un théâtre où le texte a moins d'importance que la mise en scène.*

• Professeur au Conservatoire, **Louis Jouvet (1887-1951)** pense que l'acteur n'incarne pas le personnage mais l'approche par un travail minutieux de longues répétitions.

Ex : *Il fait redécouvrir* Dom Juan *ou* L'École des femmes *de Molière dans les décors et costumes somptueux du peintre Bérard.*

➡ La distanciation brechtienne

Le dramaturge et metteur en scène allemand **Bertolt Brecht (1898-1956)** assigne au théâtre une fonction didactique et politique. Pour détruire l'illusion théâtrale qui empêche le spectateur de réfléchir, il crée **l'effet de distanciation** : le spectateur doit toujours se rappeler qu'il est au théâtre. Brecht supprime donc le 4e mur, un récitant commente l'action, les décors sont visiblement faux, on fait des changements à vue, on projette des images sur un fond blanc.

Ex : *Les mises en scène récentes respectent l'esthétique de Brecht comme* Mère Courage et ses enfants *par G. Sallin.*

7 L'ère des metteurs en scène

À partir des années 1940, la mise en scène oscille entre ces grandes tendances ou les associe : l'interprétation fondée sur une analyse rigoureuse des textes, la théâtralité exacerbée, la distanciation brechtienne et la réflexion politique. Mais tous pensent que chaque mise en scène est une nouvelle lecture du texte.

Ex : *Jean Vilar (1912-1971) crée le Théâtre National Populaire et, en 1948, le festival d'Avignon. Dans la cour du Palais des Papes, il installe un plateau nu qui plonge vers le public. Ses mises en scène se déroulent comme des rituels.*

Les clés du genre

L'action

① Les étapes de l'action

▶ La structure classique :

Du XVIIᵉ au XIXᵉ siècle, les pièces sont toujours structurées autour d'une action unique. Plusieurs temps rythment alors la progression de l'intrigue :

- **La scène d'exposition** : la première scène fournit des informations sur l'action à venir et les personnages. L'exposition est dynamique lorsque les informations sont transmises dans le feu de l'action.
- **Le nœud dramatique** : une fois que les relations entre les personnages sont connues, la situation dramatique peut se nouer. Le personnage principal doit alors affronter un obstacle.
- **Les péripéties** : différents événements se produisent qui permettent de modifier le cours de l'action : coups de théâtre, retournements de situation.
- **Le dénouement**. La scène finale constitue à la fois un bilan et un moment de tension dramatique : la **mort** d'un personnage dans la tragédie ou le drame, le **mariage** dans la comédie du XVIIᵉ siècle.

▶ L'impossible action :

La structure linéaire est fortement remise en cause dans les pièces de théâtre du XXᵉ siècle. L'œuvre n'est plus nécessairement divisée en **actes**, ni même en **scènes**. **La progression dramatique est quasiment nulle** : dans le théâtre de l'absurde, il arrive même que l'action se réduise à la seule présence des personnages.

Ex : *Dans* En attendant Godot *de Samuel Beckett (1948), Vladimir et Estragon demeurent au même endroit tout au long de la pièce : ils réitèrent leur espoir de voir un jour arriver Godot.*

② L'espace dramatique

▶ Le lieu unique :
dans les pièces classiques, l'action se déroule dans un seul et même espace en vertu de **l'unité de lieu**. L'espace représenté diffère d'un genre dramatique à un autre :

- **Dans la tragédie,** les personnages évoluent le plus souvent dans un **palais royal** antique : le palais de Titus dans *Bérénice* (Racine) ou celui de Pyrrhus dans *Andromaque* (Racine).
- **Dans la comédie,** l'action a lieu dans un **cadre domestique** (la maison d'Orgon dans *Tartuffe* de Molière) ou dans un **espace public** (la rue dans certaines comédies de Corneille, telles que *La Place royale*).

▶ L'espace symbolique :

Dans le drame romantique, les **didascalies** concernant le décor sont plus nombreuses que dans le théâtre classique. Ces indications scéniques placées en début d'acte donnent des informations sur les lieux représentés successivement.

Ex : *Dans ses pièces, Victor Hugo construit des espaces symboliques : « le salon de Danaé » dans lequel entre Don Salluste au premier acte de* Ruy Blas *est un lieu de pouvoir comme le signale la longue didascalie qui ouvre la pièce : « Ameublement magnifique dans le goût demi-flamand du temps de Philippe IV ».*

▶ Le non-lieu :

Dans le théâtre du XXᵉ siècle, la scène ne représente plus nécessairement un lieu précis. Refusant de représenter un espace réaliste, les dramaturges donnent volontairement des indications scéniques très vagues. Les personnages évoquent parfois **un espace rêvé**, celui de l'enfance ou de l'avenir, tout en demeurant sur place.

Ex : *Dans ses pièces, Samuel Beckett imagine des espaces aux décors minimalistes. Dans* Fin de partie, *la didascalie d'ouverture précise simplement : « Intérieur sans meuble. Lumière grisâtre. Aux murs de droite et de gauche, vers le fond, deux petites fenêtres haut perchées, rideaux fermés ».*

③ Le temps de l'action

▶ La contrainte des vingt-quatre heures :

Dans les pièces du XVIIᵉ siècle, l'action doit se dérouler en une journée (**unité de temps**). Par souci de vraisemblance, le théâtre classique impose une **liaison des scènes** : le temps de la représentation semble ainsi se confondre avec le temps de la fiction. Les différents langages dramatiques (dialogue, monologue, récit...) permettent par ailleurs de produire des effets d'accélération ou de ralentissement de l'action.

Au XIXᵉ siècle, les dramaturges remettent en cause cette règle en multipliant les lieux de l'action.

▶ Le temps déréglé :

Au XXᵉ siècle, l'absence de contrainte temporelle conduit les dramaturges à entretenir la confusion sur le temps dramatique. Parfois des séquences sont juxtaposées sans souci de la chronologie. Cette **absence de repères** peut devenir la source d'une **angoisse** comme dans les pièces d'Eugène Ionesco (*Le Roi se meurt*) ou de Jean-Paul Sartre (*Huis clos*).

Les clés du genre
La parole

1 L'énonciation théâtrale

Le texte théâtral repose sur une énonciation complexe : les paroles des personnages sont entrecoupées d'indications scéniques nommées didascalies.

La parole du personnage :

- Dans la tragédie classique, le personnage révèle son identité sociale par la parole. Le jeu de parole est ainsi codifié : les personnages de rang noble ont le pouvoir de la parole tandis que les personnages de rang inférieur ne sont là que pour donner un écho à ce discours.
- De la comédie classique au drame romantique, les valets s'émancipent de leur condition grâce au pouvoir de la parole. Ils parviennent à déstabiliser les ordres établis par leur discours.

Les didascalies :

- Au XVIIe siècle, les didascalies sont rares : elles ne précisent que les déplacements des personnages.
- Dès le XVIIIe siècle, les indications scéniques se font plus nombreuses.
- Dans le drame romantique, les didascalies informent le lecteur sur l'intériorité du personnage : ses pensées, ses illusions ou ses rêves.
- Dans le théâtre contemporain, les didascalies prennent parfois le pas sur la parole du personnage. Le dramaturge insiste sur l'expression d'un malaise physique qui entrave le discours.

2 La parole et l'action

Le monologue délibératif :

- Dans le théâtre classique, le monologue délibératif est un **moment dramatique essentiel**. Le personnage examine une situation, dévoile son dilemme* et finit par délibérer. Ce discours prend parfois la forme de stances* lyriques.
- Dans le drame romantique, le monologue délibératif apparaît moins construit et plus à même de traduire les mouvements de pensée du personnage.

Ex : *Ruy Blas exprime sa crainte de ne plus voir la Reine au début de l'acte IV :*
« RUY BLAS, *à part, et se parlant à lui-même :*
Que faire ? – Elle d'abord ! elle avant tout ! – rien qu'elle !
[...] Il faut que je la sauve ! – oui ! mais y réussir ? Comment faire ? »

Le dialogue miroir de l'action :

La progression dramatique est établie au moyen de plusieurs modalités :

- **L'échange de répliques courtes**, notamment la stichomythie, correspond à un moment de tension comique ou tragique.
- Le **débat argumenté** introduit un moment de pause dans l'action. Les personnages analysent leur comportement. Dans le drame romantique, ce genre de dialogue permet aux protagonistes de faire entendre leur intériorité.
- Le **récit** permet l'évocation d'un événement extérieur à la scène. Les dramaturges classiques recourent à ce type de discours par souci de bienséance. Certains auteurs du XXe siècle continuent d'utiliser le récit pour faire entendre la voix des acteurs de l'histoire (Camus, Sartre).

3 L'impossible communication

Le théâtre du XXe siècle met à mal l'efficacité même de la parole théâtrale.

Le dérèglement de la parole :

Certains dramaturges jouent sur la **transposition parodique** de scènes traditionnelles :
Dans le théâtre de l'absurde, Ionesco subvertit les lieux communs de la conversation bourgeoise en créant des dialogues sans lien logique.
Dans les pièces de Jean Tardieu ou de Roland Dubillard, les personnages reprennent un schéma de scène conventionnel mais déforment la syntaxe et le vocabulaire.

Ex : LA BONNE, *annonçant* : Madame la comtesse de Perleminouze !
MADAME, *fermant le piano et allant au devant de son amie* : Chère, très chère peluche ! Depuis combien de trous, depuis combien de galets n'avais-je pas eu le mitron de vous sucrer !
(Jean Tardieu, *Un mot pour un autre*, 1951)

Une parole hantée par le silence :

Soucieux de faire entendre le flux de conscience d'un personnage, les dramaturges du XXe siècle entrecoupent les paroles des personnages de **silences**, marqués par des points de suspension dans certains cas. Le discours ne constitue plus un ensemble cohérent mais **une suite de pensées décousues**.

Ex : *Dans* Pas moi *(1973), Beckett met en scène deux personnages, Bouche et Auditeur :*
« BOUCHE : – monde... mis au monde... ce monde... petit bout de rien... avant l'heure... loin de –... quoi ?... femelle ?... oui... petit bout de femelle ?... oui... petit bout de femelle... au monde... avant l'heure [...] »

Les clés du genre
Le personnage et son évolution

❶ L'identité du personnage

▶ **Le nom des personnages :**

Le personnage porte un nom qui lui confère une première identité.

- **Dans le théâtre classique,** les noms renvoient à une tradition : les héros tragiques sont empruntés à l'histoire antique ou à la mythologie et leur nom est l'indicateur du rang qu'ils occupent.
- **Dans la comédie classique,** le nom du personnage apporte souvent une information sur le type d'individu représenté : un personnage comme Géronte incarne nécessairement un père âgé (Géronte : du grec « gerôn » signifiant vieux).
- **Dans les pièces contemporaines,** de nombreux personnages ne portent pas de nom : cet anonymat signale un refus de toute illusion réaliste. Le personnage ne représente plus forcément une personne.

▶ **Les caractéristiques du héros :**

Le personnage principal de l'histoire attire l'attention du spectateur dans la mesure où sa parole domine celle des autres.

- **Dans la tragédie classique,** le héros présente des caractéristiques hors du commun : son discours suscite la pitié et l'effroi du spectateur, sentiments propres au registre tragique.

Ex : *Dans* Phèdre *de Racine (1677), l'héroïne avoue sa passion pour son beau-fils Hippolyte. Cet aveu amène le personnage à se laisser aller à une sorte de démence incontrôlée.*

Dans le drame romantique, le héros cherche à s'émanciper de sa condition en dénonçant les codes de la société. Souvent idéaliste, le personnage romantique affiche un orgueil démesuré.

Ex : *Dans* Lorenzaccio *de Musset (1834), Lorenzo avoue que son désir de tuer Alexandre de Médicis n'est pas seulement un acte politique mais un geste pour la postérité : « Qu'ils m'appellent comme ils voudront, Brutus ou Érostrate, il ne me plaît pas qu'ils m'oublient » (III, 3).*

❷ Les relations entre les personnages

▶ **Le couple du maître et du valet :**

Le couple du maître et du valet domine le paysage théâtral du XVIIe au XIXe siècle. La domination sociale exercée par le maître se trouve contrebalancée par le pouvoir verbal dont use le valet. Au fil du temps, le valet acquiert davantage de liberté : son discours remet en cause les ordres établis et ce sous le regard interdit du maître.

Ex : *Dans* Le Mariage de Figaro, *le héros pourfend une société fondée sur l'inégalité sociale et les privilèges. Son monologue à l'acte V scène 3 constitue le plus long discours de valet de la comédie d'Ancien Régime.*

Dans le théâtre contemporain, les avatars de ce couple-type sont fréquents. Les pièces de Beckett sont ainsi souvent construites autour d'un couple : Vladimir et Estragon dans *En attendant Godot*, Hamm et Clov dans *Fin de partie* ou encore Winnie et Willie dans *Oh les beaux jours*.

▶ **L'aliénation des personnages :**

Dans le théâtre contemporain, les personnages apparaissent néanmoins seuls, abandonnés. Ils tentent de communiquer et de rétablir les liens du passé mais **leur parole n'a aucune efficacité**. Dans le drame existentiel ou le théâtre de l'absurde, les personnages dépendent les uns des autres sans pour autant pouvoir communiquer.

Ex : *Dans* Huis clos *de Sartre (1943), Garcin, Inès et Estelle se trouvent enfermés dans un « salon ». Garcin analyse ainsi les relations entre eux trois : « Aucun de nous ne peut se trouver seul : il faut que nous nous perdions ensemble ou que nous nous tirions d'affaire ensemble. » (scène 5)*

❸ La déconstruction du personnage

Le théâtre contemporain remet en question la notion même de personnage.

▶ **Le personnage comme champ de force :**

Constatant l'impossibilité d'agir, le héros du drame existentiel ne cesse de fléchir et d'analyser son manque de détermination. Ses hésitations et son malaise à l'idée d'agir constituent l'essentiel de la pièce.

Ex : *Les pièces de Camus montrent la difficulté des personnages à assumer les conséquences de leur acte. Dans* Le Malentendu, *(1958), Martha et sa mère Maria projettent de tuer un homme. Le premier acte montre les doutes de la mère qui ne croit plus totalement en cette solution.*

▶ **Le personnage comme voix :**

Dans certaines pièces, il ne reste du personnage qu'une voix. Le corps exprime une souffrance dans un discours qui perd toute unité et toute cohérence.

Les clés du genre
Texte et représentation

❶ Du texte à la scène

➡ **Le texte comme partition :**
Le texte de théâtre doit être lu comme une « partition » pour le metteur en scène et les comédiens. Hormis quelques pièces, tels les « spectacles dans un fauteuil » d'Alfred de Musset, rares sont les œuvres théâtrales qui ne se destinent pas à la représentation.

➡ **La contrainte du texte :**
En créant une pièce de théâtre, le dramaturge ne se contente pas d'écrire un dialogue : il indique au lecteur, par le biais des didascalies, une série d'informations qui l'amènent à visualiser la scène. Deux types de didascalies se distinguent :

• Les **didascalies externes** :
Elles apparaissent en italique dans le texte et précisent la situation d'énonciation et les mouvements des personnages.

• Les **didascalies internes** :
Elles figurent dans les discours des personnages et donnent des informations indirectes sur les mouvements et la gestuelle des personnages.

❷ Les conditions de la représentation

➡ **Le lieu de la représentation :**
Depuis le XVIIe siècle, les représentations ont le plus souvent lieu dans des bâtiments construits spécialement à cet effet. Les metteurs en scène contemporains investissent parfois des lieux atypiques pour manifester un refus de ce cadre traditionnel : usines désaffectées, espaces ouverts au public comme les gares.

➡ **La scénographie :**
La scénographie est l'art de disposer un espace théâtral, aussi bien le décor que le rapport au public ou les lumières. L'aménagement de l'espace théâtral oriente l'interprétation du texte théâtral. Plusieurs types de décor peuvent être choisis :

• **Un décor réaliste :** le metteur en scène cherche à recréer un lieu historique avec minutie. Ce parti pris est celui des metteurs en scène du début du XXe siècle.

• **Un décor symbolique :** la scène ne reproduit pas un lieu vraisemblable mais figure un univers imaginaire en étroite relation avec une thématique de l'œuvre.

❸ L'art de la mise en scène

L'essor de la pratique dramatique dès la fin du XIXe siècle encourage l'avènement de la mise en scène.

➡ **Le jeu des comédiens :**
• **L'acteur et son personnage** :
Le jeu de l'acteur est loin d'être une pratique naturelle et spontanée. Deux conceptions s'affrontent à ce sujet : certains pensent qu'il faut s'identifier au rôle que l'on joue pour pouvoir incarner un personnage ; d'autres suivent la théorie du « paradoxe du comédien » chère à Diderot et insistent sur la nécessité de se mettre à distance du personnage.

Ex : *« Tout le talent [du comédien] consiste non pas à sentir, comme vous le supposez, mais à rendre si scrupuleusement les signes extérieurs du sentiment, que vous vous y trompiez »* (Diderot, *Le Paradoxe du comédien*).

• **La maîtrise du langage dramatique** :
L'acteur ne se contente pas de déclamer un texte comme au XIXe siècle. Son jeu oriente la compréhension du texte.

➡ **L'interprétation du texte :** le metteur en scène interprète le texte du dramaturge en adaptant l'œuvre d'origine.

• **La fidélité au texte** :
Certains metteurs en scène limitent la représentation au minimum pour faire entendre le texte littéraire. La scénographie est dans ce cas le plus souvent minimale, l'enjeu étant de ne pas créer d'obstacle entre le spectateur et l'œuvre.

• **La création d'une nouvelle œuvre** :
Les metteurs en scène contemporains se libèrent parfois du texte pour proposer des **performances** où se mêlent arts visuels et théâtre. L'attention du spectateur se trouve alors mobilisée à plusieurs endroits.

Ex : *Le metteur en scène allemand Frank Castorf a coutume de filmer ses acteurs durant la représentation. Leur image apparaît en arrière-plan, comme pour suggérer un jeu de dédoublement.*
Romeo Castellucci monte des spectacles sans texte, reposant sur l'acteur, la lumière, le son, les objets.

Vers le bac — 2de

« Mourir sur scène »

1. **William SHAKESPEARE**, *Roméo et Juliette*, V, 3, 1595
2. **MOLIÈRE**, *Dom Juan*, V, 5 et 6, 1665
3. **Victor HUGO**, *Ruy Blas*, V, 4, 1838
4. **Edmond ROSTAND**, *Cyrano de Bergerac*, mise en scène de Jérôme Savary, 1997

1 William SHAKESPEARE, *Roméo et Juliette*, 1595

Roméo, croyant Juliette morte, alors qu'elle n'est qu'endormie, s'est empoisonné après avoir tué en duel son rival, Pâris. Frère Laurence découvre les cadavres dans le tombeau de Juliette.

Acte V, scène 3

LAURENCE, *allant vers le tombeau.* – Roméo ! *(Dirigeant la lumière de sa lanterne sur l'entrée du tombeau.)* Hélas ! hélas ! quel est ce sang qui tache le seuil de pierre de ce sépulcre[1] ? Pourquoi ces épées abandonnées et sanglantes projettent-elles leur sinistre lueur sur ce lieu de paix ? *(Il entre dans le monument.)* Roméo ! Oh ! qu'il est pâle !... Quel est cet autre ? Quoi, Pâris aussi ! baigné dans son sang ! Oh ! quelle heure cruelle est donc coupable de cette lamentable catastrophe ?... *(Éclairant Juliette.)* Elle remue ! *(Juliette s'éveille et se soulève.)*

JULIETTE. – Ô frère charitable, où est mon seigneur ? Je me rappelle bien en quel lieu je dois être : m'y voici... Mais où est Roméo ? *(Rumeur au loin.)*

LAURENCE. – J'entends du bruit... Ma fille, quitte ce nid de mort, de contagion, de sommeil contre nature. Un pouvoir au-dessus de nos contradictions a déconcerté nos plans. Viens, viens, partons ! Ton mari est là gisant sur ton sein, et voici Pâris. Viens, je te placerai dans une communauté de saintes religieuses ; pas de questions ! le guet arrive... Allons, viens, chère Juliette. *(La rumeur se rapproche.)* Je n'ose rester plus longtemps. *(Il sort du tombeau et disparaît.)*

JULIETTE. – Va, sors d'ici, car je ne m'en irai pas, mais qu'est ceci ? Une coupe qu'étreint la main de mon bien-aimé ? C'est le poison, je le vois, qui a causé sa fin prématurée. L'égoïste ! il a tout bu ! il n'a pas laissé une goutte amie pour m'aider à le rejoindre ! Je veux baiser tes lèvres : peut-être y trouverai-je un reste de poison dont le baume me fera mourir... *(Elle l'embrasse.)* Tes lèvres sont chaudes !

PREMIER GARDE, *derrière le théâtre.* – Conduis-nous, page... De quel côté ?

JULIETTE. – Oui, du bruit ! Hâtons-nous donc ! *(Saisissant le poignard de Roméo.)* Ô heureux poignard ! voici ton fourreau... *(Elle se frappe.)* Rouille-toi là et laisse-moi mourir ! *(Elle tombe sur le corps de Roméo et expire.)*

W. SHAKESPEARE, *Roméo et Juliette*, Acte V, scène 3, 1595,
traduit de l'anglais par François-Victor Hugo.

1. Tombeau.

2 MOLIÈRE, *Dom Juan,* 1665

Dom Juan est un noble libertin[1] sans morale. La statue du Commandeur qu'il a tué l'a invité à dîner.

Acte V, scène 5
DOM JUAN, UN SPECTRE, *en femme voilée,* SGANARELLE

1 **LE SPECTRE.** – Dom Juan n'a plus qu'un moment à pouvoir profiter de la miséricorde du Ciel ; et s'il ne se repent ici, sa perte est résolue.

SGANARELLE. – Entendez-vous, Monsieur ?

DOM JUAN. – Qui ose tenir ces paroles ? Je crois connaître cette voix.

5 **SGANARELLE.** – Ah ! Monsieur, c'est un spectre : je le reconnais au marcher.

DOM JUAN. – Spectre, fantôme ; ou Diable, je veux voir ce que c'est.
(Le Spectre change de figure et représente le Temps avec sa faux à la main.)

SGANARELLE. – Ô ciel ! voyez-vous, Monsieur, ce changement de figure ?

DOM JUAN. – Non, non, rien n'est capable de m'imprimer de la terreur,
10 et je veux éprouver avec mon épée si c'est un corps ou un esprit.
(Le Spectre s'envole dans le temps que Dom Juan le veut frapper.)

SGANARELLE. – Ah ! Monsieur, rendez-vous à tant de preuves, et jetez-vous vite dans le repentir.

DOM JUAN. – Non, non, il ne sera pas dit que quoi qu'il arrive je sois
15 capable de me repentir. Allons, suis-moi.

Acte V, scène 6
LA STATUE, DOM JUAN, SGANARELLE

1 **LA STATUE.** – Arrêtez, Dom Juan : vous m'avez hier donné parole de venir manger avec moi.

DOM JUAN. – Oui. Où faut-il aller ?

LA STATUE. – Donnez-moi la main.

5 **DOM JUAN.** – La voilà.

LA STATUE. – Dom Juan, l'endurcissement au péché traîne[2] une mort funeste, et les grâces du Ciel que l'on renvoie ouvrent un chemin à sa foudre.

DOM JUAN. – Ô Ciel ! que sens-je ? un feu invisible me brûle, je n'en puis
10 plus, et tout mon corps devient un brasier ardent. Ah !
(Le tonnerre tombe avec un grand bruit et de grands éclairs sur dom Juan ; la terre s'ouvre et l'abîme[3] ; et il sort de grands feux de l'endroit où il est tombé.)

SGANARELLE. – Ah ! mes gages ! mes gages ! Voilà par sa mort un chacun satisfait : Ciel offensé, lois violées, filles séduites, familles déshonorées,
15 parents outragés, femmes mises à mal[4], maris poussés à bout, tout le monde est content. Il n'y a que moi seul de malheureux. Mes gages, mes gages, mes gages !

MOLIÈRE, *Dom Juan,* Acte V, scènes 5 et 6, 1665.

---

1. Affranchi des lois religieuses.
2. Entraîne.
3. Précipiter dans un abîme.
4. Débauchées.

Vers le bac

3 Victor HUGO, *Ruy Blas,* 1838

Ruy Blas, simple valet, a été introduit par son maître Don Salluste à la cour d'Espagne sous le nom de Don César, pour séduire la reine et la déshonorer. Mais il est tombé amoureux d'elle. Il vient d'assassiner Don Salluste et de tout révéler à la reine.

Acte V, scène 4

1 **LA REINE.** – Que voulez-vous ?

RUY BLAS, *joignant les mains.* – Que vous me pardonniez, madame !

LA REINE. – Jamais.

RUY BLAS. –   Jamais ! *(Il se lève et marche lentement vers la table.)*
Bien sûr ?

LA REINE. –   Non, jamais !

RUY BLAS. – *(Il prend la fiole posée sur la table, la porte à ses lèvres et la vide d'un trait.)*   Triste flamme,
Éteins-toi !

LA REINE, *se levant et courant à lui.* – Que fait-il ?

RUY BLAS, *posant la fiole.* –   Rien. Mes maux sont finis.
Rien. Vous me maudissez, et moi je vous bénis.
5 Voilà tout.

LA REINE, *éperdue.* – Don César !

RUY BLAS. –   Quand je pense, pauvre ange,
Que vous m'avez aimé !

LA REINE. –   Quel est ce philtre étrange ?
Qu'avez-vous fait ? Dis-moi ! réponds-moi ! parle-moi !
César ! je te pardonne et t'aime, et je te crois !

RUY BLAS. – Je m'appelle Ruy Blas.

LA REINE, *l'entourant de ses bras.* – Ruy Blas, je vous pardonne !
10 Mais qu'avez-vous fait là ? Parle, je te l'ordonne !
Ce n'est pas du poison, cette affreuse liqueur ?
Dis ?

RUY BLAS. – Si ! c'est du poison. Mais j'ai la joie au cœur.
(Tenant la reine embrassée et levant les yeux au ciel.)
Permettez, ô mon Dieu, justice souveraine,
Que ce pauvre laquais bénisse cette reine,
15 Car elle a consolé mon cœur crucifié,
Vivant, par son amour, mourant, par sa pitié !

LA REINE. – Du poison ! Dieu ! c'est moi qui l'ai tué ! – Je t'aime !
Si j'avais pardonné ?...

RUY BLAS, *défaillant.* –   J'aurais agi de même.
(Sa voix s'éteint. La reine le soutient dans ses bras.)
Je ne pouvais plus vivre. Adieu !
(Montrant la porte.)   Fuyez d'ici !
20 – Tout restera secret. – Je meurs. *(Il tombe.)*

LA REINE, *se jetant sur son corps.* – Ruy Blas !

RUY BLAS, *qui allait mourir, se réveille à son nom prononcé par la reine.* – Merci !

V. HUGO, *Ruy Blas*, Acte V, scène 4, 1838.

Vers le bac

4 *Cyrano de Bergerac,* mise en scène de Jérôme Savary, 1997

Cyrano de Bergerac (1897) d'Edmond ROSTAND. Francis Huster (Cyrano) et Cristiana Reali (Roxane), mise en scène de Jérôme Savary (Théâtre national de Chaillot, Paris, 1997).

Questions sur un corpus

1 Comment la mort est-elle mise en scène dans chaque document ? Analysez l'utilisation de l'espace, des objets ou d'autres éléments visuels et sonores.

2 Quel est le rôle des personnages secondaires ? Repérez leurs similitudes et différences.

▶ **Fiche 9** Répondre à une question sur un corpus

Travaux d'écriture

Commentaire
Proposez le commentaire littéraire des deux scènes de *Dom Juan*. Vous montrerez qu'il s'agit d'un dénouement à la fois spectaculaire et moral.

▶ **Fiche 13** Comprendre un sujet de commentaire

Dissertation
Quelles sont les différentes fonctions de la représentation de la mort du héros au théâtre ? Vous répondrez par une argumentation structurée et illustrée d'exemples pris dans ce corpus ou dans la séquence.

▶ **Fiche 17** Comprendre un sujet de dissertation

Écriture d'invention
En vous appuyant sur l'image de la mort de Cyrano, rédigez le dialogue entre les deux personnages. Vous utiliserez un registre pathétique et insérerez des didascalies.

▶ **Fiche 11** Comprendre un sujet d'écriture d'invention

Vers le bac 1re

Monologue et solitude dans le théâtre contemporain

1. **Samuel BECKETT,** *Oh les beaux jours,* 1963
2. **Bernard-Marie KOLTÈS,** *Sallinger,* 1987
3. **Marie N'DIAYE,** *Papa doit manger,* 2003
4. Mise en scène de *Oh les beaux jours* par **Jean-Louis BARRAULT,** 1963

1 Samuel BECKETT, *Oh les beaux jours,* 1963

Acte I

[…] Étendue d'herbe brûlée s'enflant au centre en petit mamelon. Pentes douces à gauche et à droite et côté avant-scène. […]
Enterrée jusqu'au-dessus de la taille dans le mamelon, au centre précis de celui-ci, WINNIE. La cinquantaine, de beaux restes, blonde de préférence, grassouillette, bras et épaules nus, corsage très décolleté, poitrine plantureuse, collier de perles. […]
À sa droite et derrière elle, allongé par terre, endormi, caché par le mamelon, WILLIE.

WINNIE. – Ah oui, si seulement je pouvais supporter d'être seule, je veux dire d'y aller de mon babil sans âme qui vive qui entende. (*Un temps.*) Non pas que je me fasse des illusions, tu n'entends pas grand'chose, Willie, à Dieu ne plaise. (*Un temps.*) Des jours peut-être où tu n'entends rien. (*Un temps.*) Mais d'autres où tu réponds. (*Un temps.*) De sorte que je peux me dire à chaque moment, même lorsque tu ne réponds pas et n'entends peut-être rien, Winnie, il est des moments où tu te fais entendre, tu ne parles pas toute seule tout à fait, c'est-à-dire dans le désert, chose que je n'ai jamais pu supporter – à la longue. (*Un temps.*) C'est ce qui permet de continuer, de continuer à parler s'entend. Tandis que si tu venais à mourir – (*sourire*) – le vieux style ! – (*fin du sourire*) – ou à t'en aller en m'abandonnant, qu'est-ce que je ferais alors, qu'est-ce que je pourrais bien faire, toute la journée, je veux dire depuis le moment où ça sonne, pour le réveil, jusqu'au moment où ça sonne, pour le sommeil ? (*Un temps.*) Simplement regarder droit devant moi, les lèvres rentrées ? (*Temps long pendant qu'elle le fait. Elle s'arrête de tirer sur l'herbe.*) Plus un mot jusqu'au dernier soupir, plus rien qui rompe le silence de ces lieux. (*Un temps.*) De loin en loin un soupir dans la glace. (*Un temps.*) Ou un bref… chapelet de rires, des fois que d'aventure je la trouverais encore bonne. (*Un temps. Elle a un sourire qui semble devoir culminer en rire lorsque soudain il cède à une expression d'inquiétude.*) Mes cheveux ! (*Un temps.*) Me suis-je coiffée ? (*Un temps.*) Je l'ai fait peut-être. (*Un temps.*) Normalement je le fais. (*Un temps.*) Il y a si peu qu'on puisse faire. (*Un temps.*) On fait tout. (*Un temps.*) Tout ce qu'on peut. (*Un temps.*) Ce n'est qu'humain. (*Elle commence à inspecter le mamelon, lève la tête.*) Que nature humaine. (*Elle se remet à inspecter le mamelon, lève la tête.*) Que faiblesse humaine. (*Elle se remet à inspecter le mamelon, lève la tête.*) Que faiblesse naturelle. (*Elle se remet à inspecter le mamelon*) Pas trace de peigne. (*Elle inspecte.*) Pas trace de brosse. (*Elle lève la tête. Expression perplexe. Elle se tourne vers le sac, farfouille dedans.*) Le peigne est là. (*Elle revient de face.*

Expression perplexe. Elle se tourne vers le sac, farfouille.) La brosse est là. (*Elle revient de face. Expression perplexe*) J'ai pu les rentrer, après m'en être servie. (*Un temps. De même.*) Mais normalement je ne rentre pas mes choses, après m'en être servie, non, je les laisse traîner là, çà et là, et les rentre toutes ensemble, en fin de journée. (*Sourire.*) Le vieux style ! (*Un temps.*) Le doux vieux style ! (*Fin du sourire.*) Et pourtant… il me semble… me rappeler… (*Soudain insouciante.*) Oh tant pis, quelle importance, voilà ce que je dis toujours, c'est très simple, je me coifferai plus tard, très simple, le temps est à Dieu et à moi. (*Un temps.*) À Dieu et à moi… (*Un temps.*) Drôle de tournure. (*Un temps.*) Est-ce que ça se dit ? (*Se tournant un peu vers Willie.*) Est-ce que ça peut se dire, Willie, que son temps est à Dieu et à soi ? (*Un temps. Se tournant un peu plus, plus fort.*) Est-ce que tu dirais ça, Willie, que ton temps est à Dieu et à toi ?

Un temps long.

WILLIE. – Dors.

Samuel BECKETT, *Oh les beaux jours*, © Les Éditions de Minuit, 1963.

2 Bernard-Marie KOLTÈS, *Sallinger,* 1987

À New York, dans les années 1960, le Rouquin vient de se suicider. Tandis que sa veuve, ses parents, sa sœur Anna et son frère Leslie tentent de mettre des mots sur leur désarroi, son fantôme vient les hanter.

Acte II

ANNA, *à la fenêtre, soulevant le rideau.* – Une voiture éteint ses phares. Il pleut, dirait-on. Cela dort, dans les maisons. (*Temps*) Tous ces ronflements, dans les chambres, autour de nous, me font pitié. (*Elle laisse retomber le rideau.*)

LESLIE, *s'arrêtant brusquement de marcher.* – Parfois, il me vient l'envie d'aboyer, de sortir mon flingue et de tirer là-dedans, il me vient l'envie bizarre de casser les vitres, de sauter par la fenêtre, et de courir dehors jusqu'à ce qu'il se trouve quelqu'un sur mon chemin, quelqu'un que je prendrais par le bras, que je secouerais un peu pour lui faire perdre son air ahuri ; quelqu'un que je m'approprierais pour toute la soirée ; quelqu'un à toucher (*il palpe*), à sentir (*il renifle*) ; quelqu'un à qui dire : « Ne craignez rien, laissez-vous faire ; vous avez en face de vous un être qui veut seulement entendre une autre respiration, écouter un autre cœur qui bat ; j'ai cassé toutes les vitres et sauté par la fenêtre pour pouvoir toucher un autre être ; c'est un désir qui me prend certains soirs comme ce soir. Vous n'avez en face de vous qu'un esprit trop profond pour rester seul et enfermé. » (*Temps*) Ainsi quand le Rouquin est mort. Prenez votre frère préféré, enfin le préféré de tous parce qu'il est supérieur à tous ; pas supérieur parce qu'il est mort – ne nous croyez pas si naïfs –, supérieur comme il sera difficile de vous le faire comprendre. En un mot – comprenez si vous le pouvez, comprenez si vous le voulez –, le Rouquin, c'était la tête la plus étrangement faite, la plus particulière que l'on a jamais connue.

Bernard-Marie KOLTÈS, *Sallinger*, Les Éditions de Minuit, 1977.

Vers le bac

3 Marie N'DIAYE, *Papa doit manger,* 2003

Un homme noir, a abandonné sa femme blanche et ses deux petites filles, Mina et Ami, pendant dix ans. Il revient en leur faisant croire qu'il était parti s'enrichir. En réalité, il est dans la misère et leur vole leurs économies. À la fin de la pièce, Mina, adulte et mariée, explique, devant un tribunal, pourquoi elle refuse d'assister son père.

X

MINA. – Peut-on nous reprocher de vouloir nous décharger de lui ? Nous semblons froids et égoïstes. Il faudrait faire des sacrifices, aider son vieux père indigent. Et, oui, pourquoi pas ? Mais qu'ai-je à faire avec cet homme-là ?

…

Mon père est maintenant un homme sans âge à la face détruite. Il est encore grand, mais voûté. Mon père n'est plus svelte, il est maigre, d'une maigreur de pauvre, raide, mal répartie, sans élégance.

Mon père a encore la peau noire.

Certes, il a encore la peau noire, mais la couleur de sa peau est devenue terne, douteuse, et qu'il ait la peau noire semble être maintenant une sorte d'infirmité et non plus l'écrasant apanage du temps de sa splendeur.

Mon père est à plaindre.

…

Oui, Zelner[1] a bien senti que mon père pouvait être plaint à présent. Il ne s'en prive pas, machinalement, sans malice ni compassion. Ce pauvre vieux Ahmed, dit Zelner qui plus jamais n'appelle mon père Aimé comme mon père le souhaiterait. Il semble qu'aux yeux de Zelner mon père ne mérite plus de s'appeler Aimé, et cela non parce que mon père s'est mal comporté il y a trente ans mais parce qu'il n'a pas su demeurer en haut de la montagne de mensonges et d'illusions depuis laquelle il dominait Zelner.

Zelner suppose que mon père est ainsi ramené à sa personnalité véritable.

Il suppose que la vérité de mon père est toute contenue dans l'être insignifiant, morne, taciturne et sans manières qui prend place à son côté dans le canapé orange.

…

Le plus étrange ? C'est-à-dire ?

Oh oui, oui.

Maman est toujours émue et troublée de voir mon père.

Zelner est un homme correct et bon. Il a fait preuve d'honnêteté en toutes circonstances. Mon père n'a jamais été correct ni bon ni honnête.

Il n'y a rien là d'étrange.

Mais nous sommes de tout petits fonctionnaires. Nous ne pouvons plus supporter de l'héberger, de le nourrir, de travailler pour lui. N'est-ce pas de la vertu, plus que de l'égoïsme ?

M. N'DIAYE, *Papa doit manger,* © Les Éditions de Minuit, 2003.

---

1. Le second mari de la mère de Mina. Il est professeur de lycée.

4 Mise en scène de *Oh les beaux jours* par Jean-Louis BARRAULT, 1963

Madeleine Renaud dans *Oh les beaux jours* de Samuel BECKETT (1963), mise en scène de Jean-Louis Barrault, 1963.

Questions sur un corpus

1. Comparez la situation d'énonciation dans ces trois scènes. Quels éléments communs permettent de reconnaître une même forme théâtrale ?
2. Identifiez les registres de ces scènes. Appuyez-vous sur les textes et l'image.
3. Que cherche à montrer le théâtre contemporain de la condition humaine en utilisant le monologue ?

▶ Fiche 9 **Répondre à une question sur un corpus**

Travaux d'écriture

Commentaire
Vous rédigerez le commentaire du texte de Beckett, en analysant la vision qu'il donne de la condition humaine.

▶ Fiche 13 **Comprendre un sujet de commentaire**

Dissertation
Après vous être demandé quelles formes peut prendre le monologue, vous vous interrogerez sur ses diverses fonctions, notamment symboliques, dans une œuvre théâtrale. Vous appuierez votre réflexion sur les textes du corpus et les pièces que vous connaissez.

▶ Fiche 17 **Comprendre un sujet de dissertation**

Écriture d'invention
Imaginez que vous êtes metteur en scène et que vous montez l'une de ces scènes. Expliquez à l'acteur ou l'actrice comment jouer le monologue, avec quelles intonations, gestes, mouvements qui permettent de faire comprendre les émotions du personnage. Vous justifierez vos partis pris.

▶ Fiche 11 **Comprendre un sujet d'écriture d'invention**

Pistes de lecture — Le théâtre du XVIIᵉ siècle à nos jours

À lire

1. W. Shakespeare, *Roméo et Juliette*, 1595
Un couple mythique d'amoureux voués à un amour impossible.

2. Colin Higgins, *Harold et Maude*, 1971
Une vieille femme de 80 ans apprend le sens de la vie à un jeune homme suicidaire de 20 ans. Scénario du film adapté par Jean-Claude Carrière pour le théâtre.

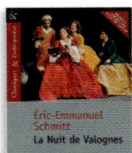

3. Éric-Emmanuel Schmitt, *La Nuit de Valognes*, 1991
Quatre femmes, autrefois bafouées par Don Juan, se retrouvent pour le juger et lui faire réparer ses torts.

Lire une scène d'exposition

4. Anton Tchekhov, *Une demande en mariage*, 1888
Tchekhov (1860-1904), auteur russe de nouvelles et de pièces de théâtre, a écrit neuf farces en un seul acte, qui mettent en scène des personnages de sa société contemporaine, petits bourgeois, fonctionnaires pauvres et aristocrates ruinés. Dans *Une demande en mariage*, il montre l'importance de l'argent dans les tractations autour des mariages. Lomov, timide et malade, craint de demander la main de la fille de Tchouboukov.

Scène première
Un salon dans la maison de Tchouboukov
TCHOUBOUKOV, LOMOV, *ce dernier en habit et gants blancs*

1 TCHOUBOUKOV, *venant à la rencontre de Lomov*. – Mon mignon, que vois-je ? Ivan Vassilievitch ! Tout à fait heureux ! *(Il lui serre la main.)* En voilà vraiment une surprise, mon vieux !… Comment allez-vous ?

5 LOMOV. – Je vous remercie. Et vous, comment vous portez-vous ?

TCHOUBOUKOV. – Nous allons tout doucement, mon ange, grâce à vos prières, et ainsi de suite. Asseyez-vous, je vous en prie de la façon la plus instante. C'est mal, vraiment, d'oublier ses voisins. Mon mignon, mais pourquoi venez-vous si officiellement ? En
10 habit ? Gants blancs et ainsi de suite. Vous allez quelque part, mon bijou ?

LOMOV. – Non, je ne viens que chez vous, estimable Stepan Stepanovitch…

TCHOUBOUKOV. – Alors pourquoi en habit, mon charmant ? Tout
15 comme au jour de l'an, pour les visites !

LOMOV. – Voilà ce qu'il y a. *(Il le prend sous le bras.)* Je viens chez vous, estimable Stepan Stepanovitch, pour vous importuner d'une demande. J'ai eu l'honneur plus d'une fois de faire appel à votre aide, et toujours vous… comment dire… mais excusez-moi,
20 je suis agité… je vais boire un verre d'eau, estimable Stepan Stepanovitch.

A. Tchekhov, *Une demande en mariage et autres pièces en un acte*, traduction Denis Roche © Étonnants Classiques, Flammarion 2006.

@ consulter

- www.toutmoliere.net : un site incontournable sur Molière.
- 17esiecle.free.fr/Theatre.php : un site pour trouver des informations sur le théâtre classique, les auteurs, les troupes, les lieux.
- www.comedie-francaise.fr/ : le site de la Comédie-Française comporte également une partie historique.

À voir

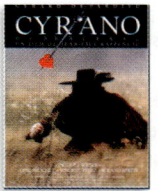

Cyrano de Bergerac, film de Jean-Paul Rappeneau, 1990
Trois hommes cherchent les faveurs de la belle Roxane. Une adaptation de la pièce en vers d'Edmond Rostand.

Pistes de lecture — Le texte théâtral et sa représentation, du XVIIe siècle à nos jours

À lire

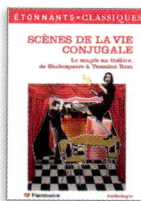

1. *Scènes de la vie conjugale*, 2008
Traversée chronologique de l'histoire du théâtre avec des scènes de couple du Moyen Âge à Y. Reza.

2. Jean GENET, *Les Bonnes*, 1947
Genet montre la fascination de Solange et Claire pour Madame à travers un jeu de rôles pervers et tragique.

3. GRUMBERG / MINYANA / RENAUDE, *Trois pièces contemporaines*, 2009
Recueil de trois courtes pièces permettant de découvrir l'originalité de l'écriture contemporaine.

Lire l'*incipit*

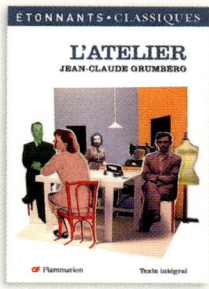

4. Jean-Claude GRUMBERG, *L'Atelier*, 1985
J.-C. Grumberg évoque sa mère qui attend vainement son mari emmené en camp de concentration. L'action se passe entre 1945 et 1952 dans l'atelier de couture d'un couple juif. Les ouvrières racontent avec humour ou désespoir la difficulté de réapprendre à vivre après une guerre.

Scène première
L'Essai

Un matin très tôt de l'année 1945. Simone assise en bout de table, dos au public, travaille. Debout près d'une autre table, Hélène, la patronne, travaille également. De temps en temps elle jette un œil sur Simone.

1 HÉLÈNE. – Ma sœur aussi ils l'ont prise en quarante-trois...
SIMONE. – Elle est revenue ?
HÉLÈNE. – Non... Elle avait vingt-deux ans. (*Silence*) Vous étiez à votre compte ?
5 SIMONE. – Oui, juste mon mari et moi, en saison on prenait une ouvrière... J'ai dû vendre la machine le mois dernier, il pourra même pas se remettre à travailler... J'aurais pas dû la vendre mais...
HÉLÈNE. – Une machine ça se trouve...
SIMONE *approuve de la tête*. – J'aurais pas dû la vendre... On m'a proposé du
10 charbon et...
Silence.
HÉLÈNE. – Vous avez des enfants ?
SIMONE. – Oui, deux garçons...
HÉLÈNE. – Quel âge ?
15 SIMONE. – Dix et six.
HÉLÈNE. – C'est bien comme écart... Enfin c'est ce qu'on dit... J'ai pas d'enfants...
SIMONE. – Ils se débrouillent bien, l'aîné s'occupe du petit. Ils étaient à la campagne en zone libre, quand ils sont revenus, le grand a dû expliquer au
20 petit qui j'étais, le petit se cachait derrière le grand il voulait pas me voir, il m'appelait Madame...
Elle rit.

J.-C. GRUMBERG, *L'Atelier*, 1979 © Actes Sud.

@ consulter

- **www.archithea.org** : des documents, textes et images, sur la représentation, les décors, les costumes, les métiers du spectacle, et des articles sur le rapport entre texte et représentation. Très utile pour les dissertations.
- **www.theatre-contemporain.net** : tout sur les auteurs contemporains et leurs mises en scène récentes.
- **www.educnet.education.fr/theatre** : plusieurs sitographies pour des œuvres classiques comme *Dom Juan* ou *Lorenzaccio*.

À voir

L'Esquive, film d'Abdellatif KECHICHE, 2004.
Des adolescents dans une cité de banlieue répètent *Le Jeu de l'amour et du hasard* de Marivaux.

Captation de mise en scène : *Phèdre* de J. Racine, mis en scène par P. Chéreau, Théâtre de l'Odéon. DVD, 2004.

Chapitre 3
La poésie

Par sa dimension musicale, la poésie est le genre par lequel l'Homme renoue avec l'harmonie du monde. Qu'elle soit enserrée dans des formes fixes ou totalement libre, la poésie est toujours un rapport privilégié au mot, dans ses dimensions sonores, visuelles et signifiantes. Elle s'affronte aussi à ce qui ne peut pas être nommé.

Séquence 9   XIVe-XVIe siècle : *Triomphe des formes fixes* 378

Séquence 10 XVIIe et XVIIIe siècles : *Une poésie en mouvement* 392

Séquence 11 XIXe siècle : *Poésie et modernité* 406

Séquence 12 XXe-XXIe siècle : *Nouveaux territoires poétiques* 446

Les clés du genre
La versification du XVIe siècle à nos jours 478
Évolution du vers 479
Le langage poétique 480
Poèmes en prose et prose poétique 482

Vers le bac 2nde : « Poètes maudits et parias de la société » 483

Vers le bac 1re : « Chanter la révolte » 486

Pistes de lecture : La poésie du XIXe au XXe siècle 490
   Lire le premier poème d'un recueil

Pistes de lecture : Écriture poétique et quête du sens,
   du Moyen Âge à nos jours 491
   Lire un poème

9. XIVᵉ-XVIᵉ siècles : Triomphe des formes fixes

Inspirée des auteurs antiques et de la Renaissance italienne, la poésie se renouvelle par l'emploi de la langue française et les formes fixes. Les poètes ne se contentent pas d'imiter des modèles : ils s'en nourrissent pour créer de nouvelles formes.

Histoire littéraire
La Pléiade 380
Histoire des arts
Raphaël, *Le Parnasse*, 1511 382

1. **C. de Pisan**, « Je ne sais comment je dure », *Rondeaux*, 1390-1400 384
2. **Cl. Marot**, « D'Anne qui lui jeta de la neige », *Épigrammes*, 1538 385
3. **L. Labé**, « Je vis je meurs », 1555 386
4. **J. du Bellay**, *Défense et illustration de la langue française*, 1549 388
5. **J. du Bellay**, « Heureux qui, comme Ulysse... », *Les Regrets*, 1558 389
6. **Ph. Desportes**, *Les Amours de Diane*, « Celui que l'Amour range à son commandement », 1573 390
7. **P. de Ronsard**, « Madrigal », *Sonnets pour Hélène*, 1578 391

Histoire littéraire
La Pléiade

De la brigade à la Pléiade

Au départ, il s'agit d'un groupe de jeunes gens nourris de culture humaniste, instruits par l'illustre helléniste **Jean Dorat**. Ces étudiants parisiens de la montagne Sainte-Geneviève – inscrits aux collèges Coqueret et Boncourt – se présentent comme la **nouvelle génération poétique**. Ils forment une **« brigade »** : un petit groupe de lettrés guidés par un chef de file, Pierre de Ronsard. De cette unité d'intellectuels se détache un groupe de sept poètes unis par la **volonté de donner à la littérature française ses lettres de noblesse**.

Le choix d'un nom

À l'origine, la Pléiade désigne une **constellation** nommée ainsi par allusion aux sept filles d'Atlas – géant qui supporte le Ciel –, les **Pléiades**, qui ont été métamorphosées en étoiles. Cet amas stellaire a d'abord donné son nom à sept poètes anciens d'Alexandrie, qui vivaient au IIIe siècle av. J.-C. C'est dans leur illustre lignée que les plus ambitieux de la brigade s'inscrivent. **Ronsard choisira cette appellation en 1556.**

Les membres de la Pléiade

La composition du groupe fluctue au fil des années et des orientations de chacun, mais on peut distinguer néanmoins :
– **Ronsard (1524-1585)**, surnommé le **« prince des poètes »**. Il s'illustre tant dans la poésie lyrique amoureuse que dans l'engagement au service d'une France catholique malmenée par les guerres de religion.
– **Joachim Du Bellay (1522-1560)**, partageant la ferveur humaniste de Ronsard, inspiré par Pétrarque. Il écrit de nombreux sonnets satiriques ou lyriques et rédige en 1549 *Défense et Illustration de la langue française*.
– **Pontus de Tyard (1521-1605)**, très inspiré par la poésie amoureuse de Pétrarque. Il devient néanmoins évêque en 1578 et se consacre alors à la littérature religieuse.
– **Jean Antoine de Baïf (1532-1589)**, un des plus brillants élèves de Jean Dorat, dont la poésie exigeante déroute ses contemporains. Il préconise l'adoption d'une orthographe phonétique mais échoue dans son entreprise de réforme.
– **Étienne Jodelle (1532-1573)**, poète, dramaturge dans la tradition de Sénèque, peintre également.
– **Rémi Belleau (1528-1577)**, ami intime de Ronsard, brillant traducteur de grec, auteur d'une poésie amoureuse et sensuelle.
– **Jacques Peletier du Mans (1517-1582)**, chercheur de renom : mathématicien, médecin et grammairien érudit, poète et traducteur d'Horace.
(Ces deux derniers ont remplacé respectivement **Jean Bastier de La Péruse** en 1554 et **Guillaume des Autels** en 1555, qui n'approuvent pas la doctrine de l'imitation et prône l'originalité.)

Pierre DE RONSARD.

Un texte manifeste

Alors que Thomas Sébillet, dans son *Art poétique français pour l'instruction des jeunes étudiants*, valorise la langue latine, porte aux nues la poésie des siècles passés et encense les ballades de François Villon et le « divin Marot », le jeune **Joachim Du Bellay va s'engager avec fougue dans une bataille pour le renouveau littéraire**. « Renouveau » ne signifie pas reniement du passé. Bien au contraire, il faut prendre dans l'Antiquité ce qu'il y a de meilleur, le transposer dans le présent et se tourner vers l'avenir : une **poésie française brillante et vivante**. En avril 1549, le « brigadiste » signe *Défense et illustration de la langue française*, qui devient un **texte emblématique du mouvement de la Pléiade**. Néologismes, emprunts au latin et aux langues régionales, archaïsmes, figures de style variées sont envisagés pour enrichir la langue française et augmenter son expressivité : « Ne crains doncques, Poëte futur, d'innover quelques termes, en long poëme principalement, avec modestie toutefois, analogie et jugement de l'oreille. » **L'œuvre de Du Bellay se pose comme une nouvelle poétique.**

De nouvelles formes

L'abandon des formes jugées médiévales

Les poètes de la Pléiade proposent de délaisser le rondeau, la ballade, le lai au profit de l'ode, de l'épopée et du sonnet ; l'alexandrin est préféré aux vers plus courts, et l'influence de Pétrarque, poète italien du XIVe siècle, est déterminante.

Sandro BOTTICELLI, *Portrait d'une jeune femme*, 1480, 82 × 54 cm (Stadelsches Kunstinstitut, Francfort).

🌀 Une forme poétique de prédilection : le sonnet

Né en Sicile, au début du XIIIe siècle, d'une poésie populaire chantée, le sonnet vient de l'italien *sonetto*, « petit son ». Il se répand en Italie grâce à Pétrarque, est initié en français par Marot, mais ce sont les auteurs de la Pléiade qui l'imposent et assurent sa gloire.

🌀 Les registres de prédilection

Les thèmes lyriques et élégiaques traditionnels sont repris par les poètes de la Pléiade : la nature, l'amour, la mort, la fuite du temps. À l'instar de Pétrarque, les poètes de la Pléiade écrivent leur recueil de sonnets élégiaques : leur *canzoniere*.

→ **Ex** : *Du Bellay*, L'Olive (1549) ; *Pontus de Tyard*, Les Erreurs amoureuses (1549-1550) ; *Ronsard*, Les Amours (1552) ; *de Baïf*, Les Amours de Méline.

Néanmoins, la poésie engagée recourt également aux registres satiriques ou polémiques.

Les principes fondateurs

🌀 L'imitation des lettres antiques

La réécriture des auteurs de l'Antiquité, érigés en modèles absolus, est l'un des objectifs de la Pléiade. Il s'agit de faire perdurer une tradition littéraire, figure de l'excellence, en imitant les modèles pour faire reculer le « Monstre Ignorance ». Ovide, Tibulle, Properce, Horace sont considérés comme des maîtres. Cette filiation s'exprime aussi dans l'imitation des Italiens de la Renaissance, comme Dante, Boccace ou Pétrarque, eux-mêmes nourris des grands auteurs antiques.

La démarche d'imitation n'est pas servile mais créatrice : les modèles sont source d'inspiration.

→ **Ex** : « *Si, par la lecture des bons livres, je me suis imprimé quelques traits en la fantaisie, qui, après [...] me coulent beaucoup plus facilement en la plume qu'ils ne me reviennent en la mémoire, doit-on pour cette raison les appeler pièces rapportées ?* » déclare Du Bellay dans la Seconde Préface de L'Olive en 1550, définissant parfaitement ce que nous appelons aujourd'hui l'**intertextualité** ou l'**« innutrition »**.

🌀 Une grande ambition pour la langue française

Il faut préciser que l'**édit de Villers-Cotterêts** impose en 1539 l'utilisation de la langue française seulement pour tous les actes administratifs ; le français a donc encore besoin de s'imposer comme langue littéraire et **Du Bellay nourrit pour sa langue maternelle de grandes ambitions** : « *Quant à moi, telle superstition ne m'a point retiré de mon entreprise, pour ce que j'ai toujours estimé notre poésie française être capable de quelque plus haut et meilleur style que celui dont nous nous sommes si longuement contentés* » (*Défense et Illustration de la langue française*, II, 1, « De l'intention de l'auteur »). Le français doit imposer ses qualités littéraires et surpasser la langue latine, il doit devenir « illustre » grâce au talent de ses poètes.

→ **Ex** : Ronsard renchérira dans la Préface de La Franciade en écrivant : « *Les ornant et enrichissant de Figures, Schèmes, Tropes, Métaphores, Phrases et Périphrases eslongnées presque du tout, ou pour le moins séparées, de la prose triviale et vulgaire (car le style prosaïque est ennemy capital de l'éloquence poétique), et les illustrant de comparaisons bien adaptées de descriptions florides, c'est-à-dire enrichies de passements, broderies, tapisseries et entrelacements de fleurs poétiques, tant pour représenter la chose que pour l'ornement et splendeur des vers.* »

🌀 Être au monde

Tantôt lyrique, tantôt engagée, la poésie est un rapport au monde et à l'humanité. Le poète ne doit pas être enfermé dans sa tour d'ivoire à ciseler des vers, il doit être dans son temps, témoin et acteur de son pays.

→ **Ex** : *Ronsard*, Discours sur les misères de ce temps, 1562.

🌀 En quête d'immortalité

En renouvelant les formes antiques et en cherchant à atteindre la perfection dans leur art, les poètes de la Renaissance recherchent, pour les Anciens comme pour eux-mêmes, à gagner l'éternité. Seule la parole poétique peut approcher du divin et permettre d'accéder à la vie éternelle par la postérité de l'œuvre et la force du langage.

RAPHAËL, *Le Parnasse*, 1509-1511, fresque, diam. 670 cm (Palais du Vatican, Rome).

Contexte culturel

ROME, CAPITALE DE LA RENAISSANCE

Si Florence fut le premier centre de la Renaissance au XVe siècle, Rome prend la tête du mouvement au siècle suivant. L'impulsion est donnée par les papes Jules II puis Léon X. Entre 1506 et 1511 est lancé le nouveau chantier de la basilique Saint-Pierre, **Michel Ange** travaille aux fresques de la Sixtine, Raphaël exécute de 1509 à 1511 les fresques de la chambre de la Signature. Le Vatican devient un manifeste de la réconciliation entre **l'Antiquité païenne et la spiritualité chrétienne**. La chambre de la Signature en est le meilleur exemple. C'est une salle de travail et de réception. Le pape s'y montrait au milieu de quatre grandes fresques : face à face dialoguaient **théologie** et **philosophie** (dans *L'École d'Athènes*), sur les deux autres murs étaient représentées la **justice** et la **poésie**. Partout se mêlent figures antiques et contemporaines. La Rome des papes s'affirme ainsi comme l'héritière de la Rome antique. Humanistes, les penseurs, les poètes et les peintres qui l'inspirent sont néoplatoniciens : **l'amour de la Beauté** conduit l'âme à la découverte de la **Vérité**. Pour les papes, cette renaissance devait unifier le monde. Mais dès 1517, la Réforme protestante divise profondément l'Europe.

HISTOIRE DES ARTS

Raphaël, *Le Parnasse*, 1511

Dans la principale pièce des appartements du pape, au Vatican, Raphaël a peint le programme de la Renaissance romaine. Sur l'un des murs figure Apollon, entouré des muses et des poètes, en conversation au sommet du mont Parnasse.

Un hommage à l'Antiquité

LECTURE

Apollon et les Muses

1 @RECHERCHE Comment reconnaît-on Apollon ? Qu'est-ce que le Parnasse, qu'est-ce que l'Hippocrène ? Que symbolisent les lauriers ?

2 Apollon joue de la *lira d'abbracio*, instrument de la Renaissance, inconnu des Anciens. Pourquoi, selon vous, le peintre lui a-t-il mis entre les mains cet instrument moderne ?

3 À quels détails ou attributs les muses sont-elles reconnaissables ?

Les poètes illustres

4 Homère, aveugle, déclame des vers. Identifiez-le et décrivez son visage. Pourquoi Virgile est-il placé à sa droite ?

5 @RECHERCHE Pourquoi Virgile regarde-t-il Dante (placé à gauche d'Homère) ?

6 Que peut signifier le geste du poète représenté tout contre la fenêtre, à droite ?

Une inspiration harmonieuse

7 Observez la disposition des groupes, l'attitude des personnages et la couleur de leurs vêtements pour caractériser l'impression d'harmonie sereine qui se dégage de la fresque.

8 Par quels éléments Raphaël fait-il voir l'inspiration ?

9 SYNTHÈSE Comment la disposition et l'attitude des personnages traduisent-elles la transmission de l'inspiration, du ciel vers le spectateur ?

VERS LE BAC

Le peintre Raphaël doit présenter sa fresque à quelques poètes réunis par le pape. Imaginez son discours.

La fresque, peinture dans l'architecture

Peindre « à fresque » (*affresco*) consiste **à disposer la couleur sur un enduit frais**. On a préalablement dessiné un programme et l'on peut utiliser des poncifs pour reproduire des formes ou des visages. Raphaël a dû composer avec **l'architecture**. Le paysage couronne l'encadrement d'une fenêtre ; les personnages se répartissent comme sur les flancs d'une montagne. À travers la fenêtre ouverte, le pape et ses visiteurs pouvaient voir le palais du Belvédère, où se trouvait la plus célèbre statue antique d'Apollon.

1 Christine de Pisan
Rondeaux, 1390-1400

Biographie p. 671
Histoire littéraire p. 380
Repères historiques p. 28

Le rondeau, poème à forme fixe comportant deux rimes, repose sur la répétition d'un vers, dès lors mis en valeur. Ainsi s'exprime la lancinante plainte amoureuse, que R. Barthes commente en ces termes : « Il n'y a plus de place pour moi nulle part, même pas dans la mort. » (Fragments d'un discours amoureux, 1977)

« Je ne sais comment je dure »

1 Je ne sais comment je dure,
   Car mon dolent[1] cœur fond d'ire[2]
   Et plaindre n'ose, ni dire
   Ma doleureuse[3] aventure,

5 Ma dolente vie obscure[4].
   Rien, hors la mort ne désire :
   Je ne sais comment je dure.

   Et me faut, par couverture[5],
   Chanter que[6] mon cœur soupire
10 Et faire semblant de rire ;
   Mais Dieu sait ce que j'endure.
   Je ne sais comment je dure.

C. DE PISAN,
« Je ne sais comment je dure »,
orthographe modernisée,
Rondeaux, 1390-1400.

1. Souffrant.
2. De chagrin.
3. Douloureuse (du latin *dolor*, « douleur »).
4. Triste, sombre.
5. Pour donner le change.
6. Ce que.

Christine de Pisan dans son atelier, miniature, 1410-1411.

L'impossible deuil

LECTURE

1 Relevez le champ lexical de la souffrance et caractérisez la douleur à la lumière de ce repérage. Quelle importance prend alors le jeu de reprise propre au **rondeau** ?

2 En quoi l'**énonciation** exalte-t-elle le lyrisme du poème ? Quelle valeur le présent prend-il au cœur de l'aveu ?

3 Que fait entendre le rythme saccadé de l'**heptasyllabe** ? Choisissez et commentez le vers dont la musique vous semble particulièrement expressive.

4 Montrez que la vie en société est comparée à un jeu aux règles hypocrites.

5 Pourquoi, à l'inverse, la poésie exprime-t-elle une parole sincère ?

HISTOIRE DES ARTS

Comment la miniature met-elle en valeur l'écriture et le livre, gardiens de la parole ?

VERS LE BAC

Invention

L'écriture poétique fondée sur le respect des règles métriques enrichit-elle l'expression du chagrin amoureux ou en étouffe-t-elle la sincérité ? Deux amoureux débattent et expriment leur désaccord.

▶ Fiche 11 Comprendre un sujet d'écriture d'invention

Clément Marot
Épigrammes, 1538

À l'origine, **une épigramme** est une inscription sur un monument avant de devenir, au IIIe siècle av. J.-C., un genre poétique à part entière. Constituée de huit à dix vers, elle s'achève sur une « pointe », un « effet », tendre parfois, piquant souvent. Marot dédie cette épigramme à Anne d'Alençon, qu'il aime.

Biographie p. 671
Histoire littéraire p. 380
Repères historiques p. 28

Macrino D'ALBA (vers 1460-1520), *Portrait d'Anne d'Alençon*, vers 1520, tempera sur panneau, 15 × 19 cm (Santuaro dell'Assunta, Guardia Sanframondi).

D'Anne qui lui jeta de la neige

1   Anne (par jeu) me jeta de la neige,
   Que je cuidais[1] froide certainement ;
   Mais c'était feu ; l'expérience en ai-je,
   Car embrasé je fus soudainement.
5   Puisque le feu loge secrètement
   Dedans la neige, où trouverai-je place
   Pour n'ardre[2] point ? Anne, ta seule grâce
   Éteindre peut le feu que je sens bien,
   Non point par eau, par neige, ni par glace,
10 Mais par sentir un feu pareil au mien.

C. MAROT, *Épigrammes*, I, 24, 1538.

1. Prononcer « cuidais ». Croyais.
2. Brûler. « Où trouverai-je un endroit où je ne brûle pas ? »

Jouer avec la neige, jouer avec le feu

LECTURE

1 À quel jeu Anne s'est-elle livrée ? Montrez que le poète répond à sa plaisanterie par un **jeu littéraire** dont il maîtrise les codes.

2 L'aspect ludique du **dizain** interdit-il l'intensité de l'amour ? Répondez en commentant le vers que vous jugez le plus expressif.

3 Quels vers donnent au feu et à la neige leur sens propre ? À quel moment glisse-t-on vers un sens **métonymique** ? Quel est l'effet produit ?

4 Sur quel paradoxe la **pointe** de ce dizain repose-t-elle ?

VERS LE BAC

Question sur un corpus
Comment Marot et Louise Labé (p. 386) établissent-ils un parallèle entre le feu et l'amour ?
▶ Fiche 9 Répondre à une question sur un corpus

Louise Labé
Œuvres, 1555

*Très à la mode à la Renaissance, **le sonnet** est un poème de quatorze vers, avec des rimes obéissant au schéma ABBA, ABBA, CCD, EED. Il demande de la virtuosité, que Louise Labé convertit en intensité. Son amour pour Olivier de Magny lui inspire alors un langage que chacun comprend : celui de **la passion**.*

Biographie p. 671
Histoire littéraire p. 380
Repères historiques p. 28

Sonnet II

1 Ô beaux yeux bruns, ô regards détournés,
  Ô chauds soupirs, ô larmes épandues,
  Ô noires nuits vainement attendues,
  Ô jours luisants vainement retournés !

5 Ô tristes plaints[1], ô désirs obstinés,
  Ô temps perdu, ô peines dépendues[2],
  Ô mille morts en mille rets[3] tendues,
  Ô pires maux contre moi destinés !

  Ô ris[4], ô front, cheveux, bras, mains et doigts :
10 Ô luth plaintif, viole, archet et voix !
  Tant de flambeaux pour ardre[5] une femelle !

  De toi me plains, que tant de feux portant,
  En tant d'endroits d'iceux mon cœur tâtant,
  N'en est sur toi volé quelque étincelle[6].

L. LABÉ, Sonnet II, Œuvres, 1555.

1. Plaintes.
2. Dépensées.
3. Filets, pièges.
4. Rire, sourire.
5. Brûler.
6. « Je regrette que, alors que tu lançais tant de feux, que tu touchais mon cœur à tant d'endroits, aucune étincelle n'en ait volé sur toi. »

« Je vis, je meurs ; je me brûle et me noie »

1 Je vis, je meurs ; je me brûle et me noie ;
  J'ai chaud extrême en endurant froidure :
  La vie m'est et trop molle et trop dure.
  J'ai grands ennuis entremêlés de joie.

5 Tout à un coup je ris et je larmoie,
  Et en plaisir maint grief[1] j'endure ;
  Mon bien s'en va, et à jamais il dure ;
  Tout en un coup je sèche et je verdoie[2].

  Ainsi Amour inconstamment[3] me mène ;
10 Et, quand je pense avoir plus de douleur,
  Sans y penser je me trouve hors de peine.

  Puis, quand je crois ma joie être certaine,
  Et être au haut de mon désiré heur,
  Il me remet en mon premier malheur.

L. LABÉ, « Je vis, je meurs... », Œuvres, 1555.

1. Tourment.
2. Je dessèche et reverdis, comme une plante soumise à de brusques changements de temps.
3. Avec inconstance.

| Antiquité | Moyen Âge | **XVIᵉ** | XVIIᵉ | XVIIIᵉ | XIXᵉ | XXᵉ | XXIᵉ |

Biographie
p. 671

Histoire littéraire
p. 380

Repères historiques
p. 28

Andrea DEL SARTO
(1486-1531),
Portrait d'un jeune homme,
1517, huile sur toile,
71 × 55 cm
(National Gallery, Londres).

Crier son ravissement

LECTURE

Un cri, une plainte

1 Lisez le Sonnet II à voix haute : quelle **figure de style** organise les deux quatrains et le premier tercet ? Quels autres éléments font du poème un jeu avec le langage et un cri sincère ?

2 Relevez, dans le Sonnet II, une **métaphore** et une **hyperbole**. Puis, dans « Je vis, je meurs… », plusieurs antithèses : qu'exprime ce langage figuré ? Montrez que la langue traduit l'intensité de la passion.

3 Ces poèmes sont-ils une célébration de l'amour ou une plainte contre sa dureté ? Argumentez.

Fragments d'un discours amoureux

4 @RECHERCHE Comment nomme-t-on un poème célébrant une ou plusieurs parties du corps aimé ? Qu'apporte dans le Sonnet II l'évocation de différents fragments du corps ?

5 Expliquez la **pointe** du Sonnet II et, plus précisément, le dernier mot. Quelle vision de l'amour s'y concentre ?

6 Comment les deux tercets de « Je vis, je meurs… » expriment-ils l'instabilité du cœur subissant la passion ?

HISTOIRE DES ARTS

Comment le tableau d'A. del Sarto exprime-t-il le pouvoir d'un regard ?

ÉCRITURE

Vers le commentaire

Vous développerez un axe de commentaire montrant comment, du jeu avec les conventions poétiques et les figures de style, naît la sincérité criante de l'aveu.

VERS LE BAC

Dissertation

« Rien de plus affreux qu'un poème poétisé, où les mots s'ajoutent aux mots pour diluer l'effet de surprise, pour atténuer l'audace de la simplicité, la vision crue de la réalité inspirante et inspirée, élémentaire. »

P. ÉLUARD, *Aujourd'hui la poésie*, 1946.

Le respect des règles poétiques est-il un frein aux élans du cœur ? Discutez ce point de vue en l'étayant d'exemples et de citations empruntés à la séquence.

▶ Fiche 17 Comprendre un sujet de dissertation

9 XIVᵉ-XVIᵉ siècle : Triomphe des formes fixes | **387**

4. Joachim du Bellay
Défense et illustration de la langue française, 1549

Biographie p. 671
Histoire littéraire p. 380
Repères historiques p. 28

En 1539, avec l'ordonnance de Villers-Cotterêts, François Ier impose l'usage du français dans l'administration. Dix ans plus tard, le manifeste de Du Bellay défend la langue française dans la littérature.

Qui oserait dire que les langues grecque et romaine ont toujours été dans la perfection qu'on leur a vue du temps d'Homère et de Démosthène, de Virgile et de Cicéron[1] ? [...] Ainsi puis-je dire de notre langue, qui commence à peine à fleurir sans fructifier, ou plutôt, comme une plante et vergette[2], n'a
5 point encore fleuri : il s'en faut de beaucoup qu'elle ait apporté tout le fruit qu'elle pourrait bien produire. Cela, certainement, non à cause de défauts de nature, car elle est aussi apte à engendrer que les autres, mais par la faute de ceux qui l'ont eue en garde, et ne l'ont pas suffisamment cultivée [...]. Si les anciens Romains avaient été aussi négligents à la culture de leur langue quand elle commença tout
10 juste à prospérer, il est certain qu'elle ne serait pas devenue si grande en si peu de temps. Mais eux, en bons agriculteurs, l'ont premièrement transplantée d'un lieu sauvage en un lieu familier ; puis, afin qu'elle puisse mieux fructifier et plus tôt, ils l'ont fortifiée de rameaux solides et fertiles, magistralement tirés de la langue grecque, lesquels se sont immédiatement si bien greffés et faits semblables au tronc
15 de la langue romaine que désormais ils n'apparaissent plus adoptifs, mais naturels. De là sont nées en la langue latine ces fleurs et ces fruits colorés de cette grande éloquence, avec ces nombres et cette liaison si artificielle, choses que toute langue a coutume de produire, non pas tant de sa propre nature que par artifice.

J. DU BELLAY, *Défense et illustration de la langue française*, 1549 (texte modernisé).

1. Respectivement poètes et orateurs, grecs et romains.
2. Petite tige.

L'humaniste, jardinier des langues

LECTURE

1 Quels sont les grands modèles antiques de l'humaniste selon Du Bellay ?

2. Étudiez la construction et le développement de la **métaphore filée** de la culture des langues. Quelle fonction remplit-elle dans l'argumentation ?

3 Selon Du Bellay, comment les auteurs latins ont-ils cultivé leur langue pour en faire l'égale de la grecque ? Quelle conséquence tirer de cette démonstration en ce qui concerne la langue française ?

4 SYNTHÈSE Dans quelle mesure la démarche préconisée par Du Bellay est-elle **humaniste** ?

5 RECHERCHE Comme toutes les langues vivantes, le français compte de nouvelles « boutures » empruntées à des langues étrangères. Est-ce un enrichissement ? Argumentez et donnez des exemples variés.

VERS LE BAC

Question sur un corpus
Pourquoi le sonnet 31 (p. 389) des *Regrets* vous semble-t-il une défense et illustration de la langue française ?
▶ Fiche 9 Répondre à une question sur un corpus

Oral (analyse)
Comment comprendre le titre de cet ouvrage ?
▶ Fiche 16 Réussir l'épreuve orale du baccalauréat

Joachim du Bellay
Les Regrets, 1558

Secrétaire de l'ambassadeur de France à Rome entre 1555 et 1558, Du Bellay se sent exilé loin de France. Il regrette surtout de ne pas trouver à Rome la capitale antique qu'il a rêvée pendant ses études.

Biographie p. 671
Histoire littéraire p. 380
Repères historiques p. 28

« Heureux qui comme Ulysse… »

Heureux qui, comme Ulysse, a fait un beau voyage,
Ou comme cestuy là, qui conquit la toison[1],
Et puis est retourné, plein d'usage et raison,
Vivre entre ses parents le reste de son âge !

5 Quand reverrai-je, hélas, de mon petit village
Fumer la cheminée, et en quelle saison,
Reverrai-je le clos de ma pauvre maison,
Qui m'est une province, et beaucoup davantage ?

Plus me plaît le séjour qu'ont bâti mes aïeux,
10 Que des palais romains le front audacieux,
Plus que le marbre dur me plaît l'ardoise fine ;

Plus mon Loire gaulois[2], que le Tibre latin[3],
Plus mon petit Liré[4], que le mont Palatin[5],
Et plus que l'air marin, la douceur angevine[6].

J. DU BELLAY,
Les Regrets, extrait, XXXI, 1558.

1. Jason, qui conquit la Toison d'or.
2. La Loire, fleuve qui passe à Angers.
3. Fleuve italien.
4. Village natal de Du Bellay.
5. Une des sept collines de Rome.
6. Douceur de la région d'Angers.

Jan Ier BRUEGEL, dit Bruegel de Velours, *Paysage avec le temple de Vesta à Tivoli*, vers 1595, huile sur toile, diam. 20,8 cm (Museumslandschaft Hessen Kassel, Gemäldegalerie, Kassel).

Les doutes de l'humaniste face à l'idéal antique

LECTURE

Un poème humaniste

1 Par quelles références littéraires et culturelles Du Bellay exprime-t-il ses regrets du pays natal ?

2 Dans quelle mesure ce poème vous semble-t-il refléter la pensée humaniste ?

L'évocation des lieux : entre éloge et blâme

3 Comment Du Bellay évoque-t-il Rome et la France ? De quoi fait-il l'**éloge** ? le **blâme** ? Est-ce ce à quoi l'on s'attendrait ?

4 Quels procédés emploie-t-il pour l'éloge et le blâme ?

L'écriture poétique de la nostalgie

5 Étudiez les procédés de la nostalgie : vocabulaire affectif, figures de style, etc.

6 Montrez que la mélancolie du poète se traduit par une écriture lyrique. Soyez attentif en particulier à l'architecture musicale du poème.

ÉCRITURE

Invention

À la manière de Du Bellay, faites l'éloge d'un paysage aimé. Avant de rédiger votre poème, cherchez les idées et les mots que vous évoquent ce lieu (champs lexicaux, adjectifs mélioratifs). Si vous le souhaitez, vous pouvez également, comme le fait Du Bellay, opposer ce paysage à un lieu qui vous a déçu.

▶ **Fiche 11** Comprendre un sujet d'écriture d'invention

6. Philippe Desportes
Les Amours de Diane, 1573

Biographie p. 671
Histoire littéraire p. 380
Repères historiques p. 28

Surprise nue au bain, la déesse Diane transforme le chasseur Actéon en cerf, bientôt mis à mort par ses propres chiens. Un mythe cher aux artistes renaissants, puis baroques, qu'ils soient peintres ou poètes.

Giuseppe CESARI, dit le Cavalier d'Arpin, *Diane et Actéon*, vers 1600, huile sur bois, 47 × 66 cm (Musée du Louvre, Paris).

« Celui que l'Amour range à son commandement »

1 Celui que l'Amour range à son commandement
Change de jour en jour de façon différente.
Hélas ! j'en ai bien fait mainte[1] preuve apparente,
Ayant été par lui changé diversement.

5 Je me suis vu muer[2], pour le commencement,
En cerf[3] qui porte au flanc une flèche sanglante,
Depuis je devins cygne[4], et d'une voix dolente[5]
Je présageais ma mort, me plaignant doucement.

Après, je devins fleur[6] languissante et penchée,
10 Puis je fus fait fontaine aussi soudain séchée,
Épuisant par mes yeux toute l'eau que j'avais.

Or je suis salamandre[7] et vis dedans la flamme,
Mais j'espère bientôt me voir changer en voix[8],
Pour dire incessamment les beautés de Madame.

P. DESPORTES, *Les Amours de Diane*, 1573.

1. Nombreuse.
2. Changer.
3. Allusion à Actéon.
4. La légende dit que le cygne chante à l'approche de la mort.
5. Plaintive.
6. Allusion aux amants métamorphosés en fleur, comme Narcisse ou Adonis.
7. Animal mythique réputé vivre dans le feu.
8. Allusion à la nymphe Écho que son désespoir amoureux transforme en voix.

Les métamorphoses de l'amour

LECTURE

Métamorphoses du poète amoureux

1 Relevez et expliquez toutes les métamorphoses auxquelles Philippe Desportes fait allusion. En quoi manifestent-elles l'admiration des poètes de la Renaissance pour l'Antiquité ?

2 Comment la structure du poème et le jeu des pronoms personnels montrent-ils que l'amoureux est impuissant face aux pouvoirs de la femme, inaccessible et souveraine ?

De la Renaissance au baroque

3 Quelle conception de l'amour ce poème développe-t-il ? En quoi Philippe Desportes est-il précurseur du baroque ?

HISTOIRE DES ARTS

Quel moment de la légende d'Actéon le Cavalier d'Arpin a-t-il choisi de représenter dans ce tableau baroque ? Quels points communs percevez-vous avec les métamorphoses du poème de Desportes ?

ÉCRITURE

Argumentation

Choisissez un récit des *Métamorphoses* d'Ovide. Cherchez et présentez plusieurs tableaux qui l'illustrent.

7 Pierre de Ronsard
Sonnets pour Hélène, 1578

Biographie p. 671
Histoire littéraire p. 380
Repères historiques p. 28

Petit poème lyrique, le madrigal cherche, comme un billet doux, à formuler avec esprit un compliment amoureux, avant de clore sur une pointe. C'est un amusement raffiné auquel se livrent les aristocrates lettrés. Ronsard reprend ce divertissement sophistiqué pour lui donner une profondeur douloureuse.

1 Si c'est aimer, Madame, et de jour, et de nuit
Rêver, songer, penser le moyen de vous plaire,
Oublier toute chose, et ne vouloir rien faire
Qu'adorer et servir la beauté qui me nuit :

5 Si c'est aimer que de suivre un bonheur qui me fuit,
De me perdre moi même et d'être solitaire,
Souffrir beaucoup de mal, beaucoup craindre et me taire,
Pleurer, crier merci[1], et m'en voir éconduit :

Si c'est aimer que de vivre en vous plus qu'en moi-même,
10 Cacher d'un front joyeux, une langueur extrême,
Sentir au fond de l'âme un combat inégal,
Chaud, froid, comme la fièvre amoureuse me traite :

Honteux, parlant à vous de confesser mon mal !
Si cela est aimer : furieux je vous aime :
15 Je vous aime et sais bien que mon mal est fatal :
Le cœur le dit assez, mais la langue est muette.

P. DE RONSARD, « Madrigal »,
Sonnets pour Hélène, 1578.

1. Demander grâce.

Le mal d'amour

LECTURE

1 Analysez la situation d'énonciation du poème et montrez que le poète idéalise la femme à laquelle il s'adresse.
2 Quels procédés stylistiques et poétiques renforcent le lyrisme du texte ?
3 Quels sont les symptômes du mal d'amour ? Analysez leur gravité et précisez pourquoi ils font de l'amour une quête dangereuse.
4 Comment l'incapacité à s'exprimer est-elle mise en valeur dans le dernier tercet de Ronsard ? Pourquoi le dernier vers est-il paradoxal ?

5 SYNTHÈSE Montrez que Ronsard utilise une forme légère mais exprime des sentiments profonds.

VERS LE BAC

Commentaire
Vous ferez un commentaire du madrigal de Ronsard montrant que l'amour est excès. Vous analyserez le lyrisme de la souffrance, puis l'incapacité d'exprimer ce sentiment violent.
▶ Fiche 13 Comprendre un sujet de commentaire

9 XIVe-XVIe siècle : Triomphe des formes fixes

10. XVIIe et XVIIIe siècles : Une poésie en mouvement

Aux XVIIe et XVIIIe siècles, la poésie se métamorphose sous l'influence des formes et des thématiques baroques. Plus libre, elle met en scène les variations du sentiment amoureux, du doute à la galanterie. Face aux inquiétudes du monde, elle garde un pouvoir de séduction avant que l'Histoire ne lui redonne un tour plus grave.

Histoire littéraire
L'esprit baroque 394
Histoire des arts
P. P. Rubens, *L'Enlèvement des filles de Leucippe*, 1618 396

1. **Th. de Viau**, *Sonnet, Second recueil des œuvres poétiques*, 1623 398
2. **P. de Marbeuf**, *Recueil de Vers*, « Je disais l'autre jour ma peine et ma tristesse », 1628 399
3. **P. de Marbeuf**, « Et la mer et l'amour », *Recueil de vers*, 1628 400
4. **G. de Scudéry**, *Poésies diverses*, « Pour une inconstante », 1649 401
5. **V. Voiture**, « Ma foi, c'est fait de moi », *Poésies*, 1649 402
6. **J.-P. Claris de Florian**, *Fables*, « La fable et la vérité », 1792 403
7. **A. Chénier**, *Dernières poésies. Saint-Lazare*, 1794 (éd. Posthume 1819) 405

Histoire littéraire
L'esprit baroque

Les origines du baroque

Issu du portugais *barroco* signifiant « perle de forme irrégulière », le mot « baroque » est à l'origine synonyme de **bizarre, extravagant**, et n'est employé qu'*a posteriori* pour qualifier l'art qui émerge à la fin du XVIe siècle et se répand dans toute l'Europe au cours du XVIIe siècle. On appelle baroque ce qui ne correspond pas au goût classique.

Ce mouvement artistique et culturel (1580-1670) est lié à la **Contre-Réforme catholique** qui fait suite au concile de Trente de 1563 en Italie : dans sa lutte contre la Réforme protestante qui prône l'austérité et la simplicité, l'art baroque veut faire du catholicisme la religion du **sentiment** et des **émotions triomphantes**, qui bouleverse le croyant jusqu'au vertige par des effets de **mouvement**, d'**emphase**, de **théâtralisation**, de **profusion** et de **confusion**.

Le Bernin (1598-1680), *L'Extase de sainte Thérèse*, vers 1647-1652, sculpture, bronze et marbre, hauteur 350 cm (Santa Maria della Vittoria, Rome).

Un baroque ou des baroques ?

Le baroque se répand d'abord en Italie, autour de quelques grandes figures, comme **le sculpteur le Bernin**, **l'architecte Borromini** et **le peintre le Caravage**, qui invente le **clair-obscur** et construit ses tableaux sur un violent contraste entre ombre et lumière : la lumière acquiert une force dramatique et expressive inégalée.

Ce bouleversement pictural influence de nombreux peintres européens au gré des voyages d'études qu'ils font en Italie. Le baroque se répand ainsi depuis l'Espagne, avec **Vélasquez**, jusqu'à l'Europe du Nord, avec **Rubens** et **Rembrandt**.

→ **Ex :** *Dans* L'Enlèvement des filles de Leucippe, *Rubens dramatise la violence du mouvement par une composition toute baroque, faite de lignes courbes et diagonales.*

Chaque pays développe cependant **son propre baroque**, en fonction de sa situation politique et religieuse. Il n'y a donc pas un baroque, mais des baroques. **La France est un cas particulier.** Dominée par le baroque durant la première moitié du XVIIe siècle, avec des peintres comme **Simon Vouet**, **Philippe de Champaigne** et **Georges de La Tour**, la France de Louis XIV s'oriente dès 1660 vers une création plus classique, portée notamment par le peintre Poussin. Mais la frontière reste ténue : si l'architecture de Versailles est manifestement classique, avec ses lignes droites et ses jeux de symétrie, nombreuses sont **les œuvres baroques qui ornent ses jardins** : fontaines, grottes, etc.

La définition difficile de l'esprit baroque

Pour autant, la définition du baroque est difficile et se fait surtout par la négative : pendant longtemps, **on appellera baroque ce qui ne correspond pas au bon goût classique**. Ainsi, au XVIIIe siècle, baroque devient synonyme de « bizarre », « grotesque », « extravagant », dans la droite ligne de la condamnation qu'en fait Boileau dans son *Art poétique* en 1674 :

La plupart, emportés d'une fougue insensée,
Toujours loin du droit sens vont chercher leur pensée :
Ils croiraient s'abaisser, dans leurs vers monstrueux,
S'ils pensaient ce qu'un autre a pu penser comme eux.
Évitons ces excès : laissons à l'Italie
De tous ces faux brillants l'éclatante folie.

Progressivement cependant, l'art de la première moitié du XVIIe siècle est réhabilité, et émerge l'idée d'un esprit baroque qui traduit **une vision du monde particulière**, et que Gomberville définit dans son « Avertissement aux honnêtes gens » de la *Suite de la quatrième et dernière partie de Polexandre* en 1637 :

L'irrégularité de mon esprit ne peut souffrir ces importunes et perpétuelles justesses. Il se plaît en la confusion. Il aime les dérèglements. Il condamne l'opinion de ceux qui croient que le monde a été fait poids, nombre et mesure ; et aimerait moins la musique qu'il ne le fait, si elle n'était éternellement inégale, et ne formait son tout de parties non seulement différentes, mais diamétralement opposées. Étant de cette folie, je vous laisse à juger si vous deviez rien attendre de moi, qui fut ni régulier, ni achevé.

→ **Ex :** *La scène ne cesse de se déplacer et de se modifier dans* L'Illusion comique *de Corneille ou dans* Dom Juan *de Molière.*

Circé et les métamorphoses

Le poète Voiture place sous l'égide de la magicienne Circé les métamorphoses caractéristiques du baroque :
Quelle docte Circé, quelle nouvelle Armide
Fait paraître à nos yeux ces miracles divers ?
Les *Métamorphoses* d'Ovide deviennent une source d'inspiration inépuisable pour les artistes et les poètes.

→ **Ex :** *La métamorphose d'Actéon inspire aussi bien un tableau au Cavalier d'Arpin qu'un poème à Philippe Desportes, qui multiplie dans son sonnet les références à Ovide : à la transformation d'Actéon en cerf s'ajoute celle de Narcisse ou d'Adonis en fleur, et celle d'Écho en voix. Quant à la métamorphose de Daphné, elle est à l'origine d'une des sculptures les plus célèbres du Bernin.*

Cette obsession baroque pour la métamorphose se traduit par la prédilection pour les symboles de la mobilité, de l'instabilité perpétuelle que sont le vent et l'eau.

→ **Ex :** *En même temps que les fontaines, cascades et grottes artificielles deviennent les ornements favoris des jardins baroques comme, par bien des aspects, le jardin de Versailles, l'élément liquide acquiert un statut privilégié dans la poésie baroque : ainsi la mer et la rivière, symboles de l'inconstance dans les poèmes de Marbeuf.*

Jean-Baptiste TUBY, *Apollon sur son char*, d'après un dessin de Charles LE BRUN, plomb, feuille d'or, 1668-1670 (Château de Versailles).

La nature humaine est aussi précaire et instable que ce monde est inconstant et changeant : **tout se transforme et entre en mouvement, les paysages comme les sentiments.** L'homme lui-même est protéiforme dans un monde en métamorphose. Honoré d'Urfé proclame ainsi dans *L'Astrée* :
Rien n'est constant que l'inconstance, durable même en son changement.

À l'instabilité du monde répond **l'instabilité du cœur humain** : le thème de **l'inconstance amoureuse** domine la littérature baroque, qu'il s'agisse de poésie ou de théâtre, avec le *Dom Juan* de Molière.

→ **Ex :** *Les plaintes du poète face à l'inconstance amoureuse de la femme aimée sont un motif récurrent de la poésie baroque, que l'on retrouve chez Marbeuf ou Scudéry.*

L'illusion baroque

Non seulement le monde baroque est fait de confusion et mouvement, mais il porte **masque sur masque**, si bien que la réalité semble inaccessible. **Cette illusion se traduit par le goût du théâtre dans le théâtre, de la mise en abyme généralisée et du trompe-l'œil.**
Le monde n'est finalement qu'un miroir déformé et fallacieux de l'autre monde : le monde de la vie éternelle, le monde de Dieu. Comme **Calderón** le fait dire à son personnage Sigismond :
La vie est un songe dont la mort est le réveil.

→ **Ex :** *Le baroque fait du rêve, source d'illusions, un de ses motifs privilégiés, qu'il s'agisse d'extase, comme dans le sonnet de Théophile de Viau ou de cauchemar, comme dans cette ode célèbre du poète :*
Un corbeau devant moi croasse,
Une ombre offusque mes regards,
Deux belettes et deux renards
Traversent l'endroit où je passe :
Les pieds faillent à mon cheval,
Mon laquais tombe du haut mal,
J'entends craqueter le tonnerre,
Un esprit se présente à moi,
J'ois Charon qui m'appelle à soi,
Je vois le centre de la terre.

Ce faisant, le baroque est porteur d'une vision du monde et d'une philosophie de la vie : dans ce monde illusoire, **seule la transcendance divine et l'accès au royaume de Dieu après la mort permettent à l'homme d'atteindre un havre ferme et immuable.**

REMBRANDT, *Le Festin de Balthazar*, vers 1636-1638, 167,6 × 209,2 cm, huile sur toile (National Gallery, Londres).

HISTOIRE DES ARTS

Pierre Paul Rubens,
L'Enlèvement des filles de Leucippe, vers 1618

Guidés par deux amours, les jumeaux Castor et Pollux enlèvent les deux sœurs, dont ils sont tombés amoureux, alors qu'elles étaient sur le point de se marier.

Pierre Paul RUBENS, *L'Enlèvement des filles de Leucippe*, vers 1618, 224 × 210,5 cm, peinture (Bayerische Staatsgemäldesammlungen, Alte Pinakothek, Munich).

Contexte artistique et historique

LIGNES ET COMPOSITION BAROQUES

La composition d'un tableau repose sur l'agencement de **lignes de force** qui parcourent l'image : courbes d'un corps, horizon, arbre, mur… Ces lignes construisent l'image, guident le trajet du regard et favorisent l'émergence de l'**émotion du spectateur** face à la scène représentée.

L'art baroque, qu'il s'agisse de peinture, de sculpture ou d'architecture, cherche à frapper l'imagination du spectateur en privilégiant les **compositions dynamiques**, construites autour de lignes qui induisent un vigoureux mouvement : lignes diagonales, compositions circulaires, en ellipses ou en hélices, multiplication des courbes et des contre-courbes. Par ces compositions tourmentées, l'artiste cherche à rendre le **mouvement des corps** spectaculaire et violent ou à faire ressentir l'élan vital.

C'est ainsi que Rubens, dans *L'Enlèvement des filles de Leucippe*, multiplie les effets de composition baroque afin d'exalter le **dynamisme et la violence de la scène.** Aux diagonales que crée le jeu des regards se mêlent les courbes qui dessinent plusieurs compositions : spirale des corps imbriqués, explosion en bouquet ou comme en jet d'eau des membres qui tentent de s'arracher les uns aux autres, courbes et contre-courbes des corps en lutte. Autant d'effets de tension qui soulignent la **violence de l'enlèvement**. Au contraire, le classicisme, qui s'installe en France à partir des années 1660, prône, en réaction aux exubérances du baroque, la ligne droite et la symétrie des formes. L'équilibre des lignes horizontales et verticales place les personnages dans des attitudes posées, et manifeste visuellement un idéal de rigueur et de raison.

Le drapé baroque

Le drapé désigne **l'étoffe** qui recouvre tout ou partie d'un corps peint ou sculpté, et surtout **l'art des plis** par lesquels le peintre ou le sculpteur indique les **volumes** et les **mouvements**. Le baroque se caractérise par le refus des plis sobres et statiques, et l'exaltation de drapés complexes qui tiennent un discours symbolique : un **vent céleste** qui soulève le vêtement du saint, un mouvement du corps qui trahit un sentiment secret. Le pli théâtralise et dramatise la scène, tout en permettant des jeux de **reflets** par lesquels le peintre exprime son talent de coloriste : effets de matière, scintillement de la soie, contraste avec la carnation de la peau, etc.

Fascination baroque pour le mouvement

LECTURE DE L'IMAGE

La violence de l'enlèvement

1 Quelle est l'attitude des personnages ? et celle des chevaux ? Quelle impression se dégage de cette gestuelle ?

2 Observez le jeu des regards. Comment l'interprétez-vous ?

3 Quel est le rôle des deux amours ? Dans quelle mesure ce tableau met-il en scène la violence et la brutalité du sentiment amoureux ?

Une scène en mouvement

4 Observez la construction du tableau. Les lignes principales sont-elles droites ou courbes ? Quel est l'effet produit ?

5 Comment les contrastes des corps et des couleurs parviennent-ils à dynamiser et dramatiser l'image ?

6 @RECHERCHE Cherchez une représentation de *L'Enlèvement d'Europe* par Louis Boullogne le Jeune. Quelles différences voyez-vous entre ce tableau, qui appartient au classicisme, et celui de Rubens ? Quels moments les peintres ont-ils choisi de représenter ? Quelles compositions ont-ils adoptées ? Selon vous, lequel frappe davantage le spectateur ? Expliquez.

ÉCRITURE

Argumentation

Montrez que la description que Pierre Le Moyne fait de son « Palais de la Fortune » est également une métaphore de l'art baroque :

« Dans une île branlante, et de sable mouvant,
Qui suit le cours des flots, et roule au gré du vent,
Il se voit un Palais, sans règle et sans mesure,
Mais d'une extravagante et bizarre structure,
Dont l'ouvrage subit, sans le secours de l'art,
S'éleva de morceaux assemblés au hasard. »

1. Théophile de Viau
Second recueil des Œuvres poétiques, 1623

Biographie p. 671
Histoire littéraire p. 394
Repères historiques p. 30

Le baroque, qui proclame avec Calderón que « la vie est un songe », fait du rêve, source d'illusions, un de ses motifs privilégiés.

1 Ministre du repos, Sommeil père des songes,
  Pourquoi t'a-t-on nommé l'image de la mort ?
  Que ces faiseurs de vers t'ont jadis fait de tort,
  De le persuader avecque leurs mensonges !

5 Faut-il pas confesser qu'en l'aise où tu nous plonges,
  Nos esprits sont ravis[1] par un si doux transport[2],
  Qu'au lieu de raccourcir, à la faveur du sort,
  Les plaisirs de nos jours, Sommeil, tu les allonges.

  Dans ce petit moment, ô songes ravissants !
10 Qu'Amour vous a permis d'entretenir mes sens,
  J'ai tenu dans mon lit Élise toute nue.

  Sommeil, ceux qui t'ont fait l'image du trépas,
  Quand ils ont peint la mort ils ne l'ont point connue,
  Car vraiment son portrait ne lui ressemble pas.

T. DE VIAU,
Second recueil des Œuvres poétiques, 1623.

1. Enlevés, emportés.
2. Enthousiasme, extase.

Georges DE LA TOUR (1593-1652), *L'apparition de l'ange à Saint-Joseph*, XVIIᵉ siècle, huile sur toile, 93 × 81 cm (musée des Beaux-Arts, Nantes).

« Ô songes ravissants ! »

LECTURE

Dans les bras de Morphée

1 Relevez le lexique de l'enlèvement dans le poème. Que traduit-il ?

2 Montrez que Théophile de Viau s'inscrit dans une tradition poétique du rêve, mais qu'il la renouvelle.

Éloge du rêve et de l'illusion

3 En quoi le songe se révèle-t-il une expérience physique ? Montrez que ce poème fait l'éloge du plaisir des sens.

4 Étudiez la chute du sonnet. Le poète préfère-t-il la vérité du réveil ou l'illusion du rêve ?

ÉCRITURE

Argumentation

En 1834, Théophile Gautier consacre un article à Théophile de Viau pour faire redécouvrir la sensualité et la profondeur mélancolique de sa poésie : « Et s'il revenait au monde maintenant, nul doute qu'il ne fût une des plus lumineuses étoiles de la nouvelle pléiade. » Certains artistes de notre époque, comme le musicien William Christie qui dirige l'orchestre des **Arts florissants**, font partager cette redécouverte des œuvres artistiques baroques.
À votre tour, expliquez l'intérêt et le plaisir qu'un lecteur d'aujourd'hui peut trouver dans la poésie de Théophile de Viau et plus largement dans celle de l'âge baroque. Vous structurez votre propos en formulant des arguments précis.

Pierre de Marbeuf
Sonnet, 1628

L'inconstance est au cœur de la vision du monde baroque et domine aussi bien la nature que la psychologie humaine : comme l'eau, l'amour baroque est en perpétuelle métamorphose.

Je disais l'autre jour ma peine et ma tristesse
   Sur le bord sablonneux d'un ruisseau, dont le cours
   Murmurant, s'accordait au langoureux[1] discours
   Que je faisais assis proche de ma maîtresse.

5 L'occasion lui fit trouver une finesse[2] ;
   Silvandre (me dit-elle) objet de mes amours,
   Afin de t'assurer que j'aimerai toujours,
   Ma main dessus cette eau t'en signe la promesse.

Je crus tout aussitôt que ces divins serments,
10 Commençant mon bonheur, finiraient mes tourments,
   Et qu'enfin je serais le plus heureux des hommes.

Mais, ô pauvre innocent, de quoi faisais-je cas,
   Étant dessus le sable[3] elle écrivait sur l'onde[4],
   Afin que ses serments ne l'obligeassent[5] pas.

P. DE MARBEUF,
Sonnet, Recueil de vers, 1628.

1. Amoureux.
2. Ruse.
3. Matière mobile et instable, à l'inverse du rocher.
4. Eau.
5. Au sens de contraindre.

Caprices de la nature, caprices de l'amour

LECTURE

L'eau en mouvement

1 Le sonnet s'ouvre et se clôt sur l'allusion à deux matières mouvantes. Lesquelles ? En quoi symbolisent-elles l'amour baroque ?

2 Par quels procédés Marbeuf imite-t-il dans le **rythme** du premier quatrain le mouvement du ruisseau ?

De l'inconstance de la nature à l'inconstance amoureuse

3 Montrez que Marbeuf insiste sur la fragilité et l'inconstance des sentiments humains. Étudiez en particulier le jeu des rimes.

4 Quelle image de la femme baroque Marbeuf construit-il en mêlant cruauté et humour dans son poème ?

ÉCRITURE

Argumentation

En prenant appui sur ces vers de Pierre de Marbeuf extraits du « Solitaire », vous vous demanderez si la poésie baroque est un jeu ou si elle propose une leçon sévère sur la vie. À laquelle de ces deux dimensions êtes-vous le plus sensible ?

« ... Ô plaisirs passagers de notre vanité !
Êtes-vous donc suivis de quelque éternité ?
Éternité de bien, éternité de peine,
Lorsque je pense à toi tu m'assèches la veine ;
Ma plume ni mes vers ne peuvent plus couler. »

3 Pierre de Marbeuf
Recueil de vers, 1628

Biographie p. 671
Histoire littéraire p. 394
Repères historiques p. 30

Le sonnet baroque développe le thème de l'amour malheureux. Si cet exercice de virtuosité met en valeur l'habileté de l'artiste, il exacerbe autant qu'il canalise les souffrances de la passion.

1 Et la mer et l'amour ont l'amer pour partage,
Et la mer est amère, et l'amour est amer,
L'on s'abîme en l'amour aussi bien qu'en la mer,
Car la mer et l'amour ne sont point sans orage.

5 Celui qui craint les eaux, qu'il demeure au rivage,
Celui qui craint les maux qu'on souffre pour aimer,
Qu'il ne se laisse pas à l'amour enflammer,
Et tous deux ils seront sans hasard de naufrage.

La mère de l'amour[1] eut la mer pour berceau,
10 Le feu sort de l'amour, sa mère sort de l'eau
Mais l'eau contre ce feu ne peut fournir des armes.

Si l'eau pouvait éteindre un brasier amoureux,
Ton amour qui me brûle est si fort douloureux,
Que j'eusse éteint son feu de la mer de mes larmes.

P. DE MARBEUF,
« Sonnet », *Recueil de vers*, 1628.

1. Vénus, mère d'Éros, est née de l'écume de l'océan.

Les mots de l'amour, l'amour des mots

LECTURE

1 Comment les **paronomases** renforcent-elles la similitude entre la mer et le sentiment amoureux ?

2 ORAL Oralisez le poème en vous efforçant de rendre le travail du poète sur les **sonorités**.

3 Quels procédés stylistiques et poétiques renforcent le **lyrisme** du poème ?

4. Quels sont les symptômes du mal d'amour ? Analysez leur gravité et précisez pourquoi ils font de l'amour une quête dangereuse.

VERS LE BAC

Question sur un corpus

Comparez le poème de Marbeuf avec celui de Ronsard (p. 391) : comment idéalisent-ils la femme aimée ?
▶ Fiche 9 Répondre à une question sur un corpus

Oral (entretien)

Le poète amoureux aime-t-il la femme ou se laisse-t-il séduire par le plaisir d'écrire ?
▶ Fiche 16 Réussir l'épreuve orale du baccalauréat

Georges de Scudéry
Poésies diverses, 1649

Biographie p. 671
Histoire littéraire p. 394
Repères historiques p. 30

L'inconstance est une image récurrente pour qualifier l'amour baroque. Elle souligne ses métamorphoses permanentes.

« Pour une inconstante »

1 Elle aime, et n'aime plus, et puis elle aime encore,
   La volage[1] beauté que je sers constamment ;
   L'on voit ma fermeté ; l'on voit son changement ;
   Et nous aurions besoin, elle et moi, d'ellébore[2].

5 Cent fois elle brûla du feu qui me dévore ;
   Cent fois elle éteignit ce faible embrasement ;
   Et semblable à l'Égypte[3], en mon aveuglement,
   C'est un caméléon que mon esprit adore.

   Puissant maître des sens, écoute un malheureux ;
10 Amour, sois alchimiste, et sers-toi de tes feux[4],
   À faire que son cœur prenne une autre nature ;

   Comme ce cœur constant me serait un trésor,
   Je ne demande point que tu fasses de l'or[5],
   Travaille seulement à fixer ce mercure[6].

   G. DE SCUDÉRY, *Poésies diverses*,
   « Pour une inconstante », 1649.

LE BERNIN (1598-1680), *Apollon et Daphné*, 1623-1624, sculpture de marbre, 243 cm (Galleria Borghese, Rome).

1. Inconstante, à l'opposé de la constance de son amoureux.
2. Remède d'autrefois pour guérir la folie.
3. Où les divinités étaient mi-animales mi-humaines.
4. Passion amoureuse et brasier des expériences alchimistes.
5. Le rêve de l'alchimiste était de changer le plomb en or.
6. Métal liquide.

Amour fuyant

LECTURE

Les métamorphoses du cœur humain

1 Relevez et expliquez les symboles de l'inconstance et de la métamorphose que Scudéry développe dans son poème.
2 Par quels procédés poétiques Scudéry manifeste-t-il la métamorphose et l'inconstance perpétuelle de l'amour ?

L'alchimie des sentiments

3 Étudiez le jeu des pronoms personnels et montrez que l'amoureux est soumis aux cruautés de la femme inconstante.
4 À quoi le poète assimile-t-il l'Amour ? En quoi cette symbolique est-elle baroque ?
5 Quel registre domine dans le second tercet ?

HISTOIRE DES ARTS

Quel moment de la légende d'Apollon et Daphné le sculpteur a-t-il choisi de représenter ? Relevez l'ensemble des détails par lesquels le Bernin manifeste la transition entre l'humain et le végétal. Dans quelle mesure l'expression des visages et la forme des corps participent-elles à la dramatisation de l'instant ?

VERS LE BAC

Dissertation

Selon vous, la poésie doit-elle être sérieuse ou légère ? Vous argumenterez en prenant pour exemples cet extrait et d'autres œuvres lues.
▶ Fiche 17 Comprendre un sujet de dissertation

5 Vincent Voiture
Poésies, 1649

Biographie p. 671
Histoire littéraire p. 394
Repères historiques p. 30

Le rondeau requiert une grande habileté technique comme le rappelle ici Voiture, avec ironie et talent.

« Ma foi, c'est fait de moi… »

Ma foi, c'est fait de moi, car Isabeau
M'a conjuré de lui faire un rondeau.
Cela me met en une peine extrême.
Quoi ! Treize vers, huit en *eau*, cinq en *ême* !
5 Je lui ferais aussitôt[1] un bateau !

En voila cinq pourtant en un monceau.
Faisons-en sept en invoquant Brodeau[2],
Et puis mettons, par quelque stratagème :
    Ma foi, c'est fait.

10 Si je pouvais encor de mon cerveau
Tirer cinq vers, l'ouvrage serait beau.
Mais cependant je suis dedans l'onzième,
Et si[3] je crois que je fais le douzième.
En voilà treize ajustés au niveau.
15   Ma foi, c'est fait !

V. VOITURE, « Ma foi, c'est fait de moi… », *Poésies*, 1649.

1. Aussi vite.
2. Poète du XVIᵉ siècle, ami de Marot, doué pour les genres poétiques mineurs.
3. Et pourtant.

Jean RAOUX (1677-1734), *Jeune fille lisant une lettre*, huile sur toile, 99 × 81 cm (Musée du Louvre, Paris).

La recette de l'amour

LECTURE

1 Retrouvez, en analysant des vers précis, la recette du **rondeau** donnée par Voiture.

2 Pourquoi s'agit-il, en même temps, d'une leçon de séduction, révélant aux hommes comment conquérir les belles ?

3 Établissez le plan du rondeau et montrez son **principe de progression**.

4 Comment la difficulté de l'écriture est-elle mise en exergue ? Analysez, pour répondre, l'humour du poème.

VERS LE BAC

Invention

Imaginez la réponse ironique d'Isabeau, dans une lettre pleine d'humour. Votre texte se finira par la pointe : « Ma foi, ce n'est pas fait ».

▶ **Fiche 11** Comprendre un sujet d'écriture d'invention

Jean-Pierre Claris de Florian
Fables, 1792

Texte 1

Biographie p. 671
Histoire littéraire p. 394
Repères historiques p. 32

Avec La Fontaine, la fable est sortie d'un rôle simplement didactique pour redevenir une poésie suscitant plaisir et émotion. Elle est aussi un divertissement de société dans les salons, au même titre que le théâtre, genre de prédilection de Florian.

La Fable et la Vérité

1. La Vérité, toute nue,
Sortit un jour de son puits[1].
Ses attraits par le temps étaient un peu détruits ;
Jeunes et vieux s'enfuyaient à sa vue.
5. La pauvre Vérité restait là morfondue,
Sans trouver un asile[2] où pouvoir habiter.
À ses yeux vient se présenter
La Fable, richement vêtue,
Portant plumes et diamants,
10. La plupart faux, mais très brillants.
« Eh ! Vous voilà ! Bonjour, dit-elle :
Que faites-vous ici seule sur un chemin ? »
La Vérité répond : « Vous le voyez, je gèle ;
Aux passants je demande en vain
15. De me donner une retraite,
Je leur fais peur à tous : hélas ! Je le vois bien,
Vieille femme n'obtient plus rien.
– Vous êtes pourtant ma cadette,
Dit la Fable, et, sans vanité,
20. Partout je suis fort bien reçue :
Mais aussi, dame Vérité,
Pourquoi vous montrer toute nue ?
Cela n'est pas adroit : tenez, arrangeons-nous ;
Qu'un même intérêt nous rassemble :
25. Venez sous mon manteau, nous marcherons ensemble.
Chez le sage, à cause de vous,
Je ne serai point rebutée ;
À cause de moi, chez les fous
Vous ne serez point maltraitée :
30. Servant, par ce moyen, chacun selon son goût,
Grâce à votre raison, et grâce à ma folie,
Vous verrez, ma sœur, que partout
Nous passerons de compagnie. »

J.-P. CLARIS DE FLORIAN, *Fables*,
« La fable et la vérité », I, 2, 1792.

---

1. Lieu commun satirique, repris à Démocrite, désignant « l'abîme » de la vérité que les hommes s'acharnent vainement à maîtriser.
2. Refuge.

Texte 2

Voici un passage tiré des conseils d'un vieillard au fabuliste, qui ouvrent le recueil des Fables.

Lorenzo LIPPI (1606-1664), *Allégorie de la simulation*, vers 1640, huile sur toile, 73 × 89 cm (Musée des Beaux-Arts, Angers).

> **LEXIQUE :**
> **Une parole naturelle**
>
> • **Grâce** : dans le caractère et l'être, c'est un agrément, un charme puissant et souvent mystérieux.
>
> • **Naïveté** : au XVIIIe siècle, ingénuité, simplicité dans l'attitude, l'expression. Le terme commence à désigner la « simplicité niaise » (*Dictionnaire de l'Académie française*, 1762), mais n'a pas ce sens ici.
>
> • **Naturel** : conforme à la nature, qui n'est pas contraint mais aisé, franc. C'est une qualité essentielle du style classique.

[…] comme le fabuliste ne peut être aidé par de véritables acteurs, par le prestige du théâtre, et qu'il doit cependant me donner la comédie, il s'ensuit que son premier besoin, son talent le plus nécessaire, doit être celui de peindre : car il faut qu'il montre aux regards ce théâtre, ces acteurs qui lui manquent ; il faut qu'il fasse lui-même ses décorations, ses habits ; que non seulement il écrive ses rôles, mais qu'il les joue en les écrivant ; et qu'il exprime à la fois les gestes, les attitudes, les mines, les jeux de visage, qui ajoutent tant à l'effet des scènes.

Mais ce talent de peindre ne suffirait pas pour le genre de la fable, s'il ne se trouvait réuni avec celui de conter gaiement ; art difficile et peu commun ; car la gaieté que j'entends[1] est à la fois celle de l'esprit et celle du caractère. C'est ce don, le plus désirable sans doute puisqu'il vient presque toujours de l'innocence, qui nous fait aimer des autres parce que nous pouvons nous aimer nous-mêmes ; change en plaisir toutes nos actions, et souvent tous nos devoirs ; nous délivre, sans nous donner la peine de l'attention, d'une foule de défauts pénibles, pour nous orner de mille qualités qui ne coûtent jamais d'efforts. Enfin cette gaieté, selon moi, est la véritable philosophie, qui se contente de peu sans savoir que c'est un mérite, supporte avec résignation les maux inévitables de la vie sans avoir besoin de se dire que l'impatience n'y changerait rien, et sait encore faire le bonheur de ceux qui nous environnent du seul supplément de notre propre bonheur.

Voilà la gaieté que je veux dans l'écrivain qui raconte : elle entraîne avec elle le naturel, la grâce, la naïveté.

J.-P. CLARIS DE FLORIAN, *Fables*, « De la fable », I, 1, 1792.

1. Dont je veux parler.

Le manteau de la vérité

🖙 LECTURE

Des idées bien en chair

1 Par quelles figures et procédés la Vérité et la Fable deviennent-elles des personnages ?

2 Précisez les traits physiques et moraux attribués à chacune. Que symbolise la nudité ?

3 Indiquez à chaque fois le sens littéral et le sens figuré des propos que tiennent la Vérité et la Fable.

4 Comment le lien de symétrie et de complémentarité entre les deux sœurs est-il rendu ?

Les joyaux de la fable

5 Montrez que la Fable n'est pas nue, en faisant ressortir la vivacité du style de ce texte, sur les plans de l'oralité, du rythme et des figures.

6 Les « sages » et les « fous » sont-ils deux espèces d'hommes distinctes ? Justifiez votre réponse.

🖙 ÉCRITURE

RECHERCHE Lisez *Les Fées* de C. Perrault. Quelles qualités attribuer au langage des pierres précieuses ? Comment le couple des sœurs est-il traité par le conteur ?

Vers la dissertation

Dans l'*Hymne de l'automne*, Ronsard caractérise la « poésie » comme « une fable » consistant à « bien déguiser la vérité des choses / D'un fabuleux manteau dont elles sont encloses ». Développez cette thèse et nuancez-la par une autre définition de la poésie.

▶ **Fiche 17** Comprendre un sujet de dissertation

7 André Chénier
Dernières poésies, 1794

Dans les dernières poésies de Chénier, l'événement historique de la Terreur occupe une place centrale. L'expression de la mélancolie n'est plus vague ou formelle. Elle se nourrit de l'infortune et du malheur de prisonniers qui vont être guillotinés.

Saint-Lazare, « Quand au mouton bêlant la sombre boucherie »

IV

1 Quand au mouton bêlant la sombre boucherie
Ouvre ses cavernes de mort,
Pâtres[1], chiens et moutons, toute la bergerie
Ne s'informe plus de son sort.
5 Les enfants qui suivaient ses ébats dans la plaine,
Les vierges aux belles couleurs
Qui le baisaient en foule, et sur sa blanche laine
Entrelaçaient rubans et fleurs,
Sans plus penser à lui, le mangent s'il est tendre.
10 Dans cet abîme enseveli,
J'ai le même destin. Je m'y devais attendre.
Accoutumons-nous à l'oubli.
Oubliés comme moi dans cet affreux repaire,
Mille autres moutons, comme moi,
15 Pendus aux crocs sanglants du charnier populaire,
Seront servis au peuple-roi.
Que pouvaient mes amis ? Oui, de leur main chérie
Un mot à travers ces barreaux
Eût versé quelque baume en mon âme flétrie ;
20 De l'or peut-être à mes bourreaux...
Mais tout est précipice. Ils ont eu droit de vivre.
Vivez, amis ; vivez contents.
En dépit de Bavus[2], soyez lents à me suivre ;
Peut-être en de plus heureux temps
25 J'ai moi-même, à l'aspect des pleurs de l'infortune,
Détourné mes regards distraits ;
À mon tour, aujourd'hui ; mon malheur importune :
Vivez, amis, vivez en paix.

A. CHÉNIER, *Dernières poésies. Saint-Lazare*, « Quand au mouton bêlant la sombre boucherie », 1794, édition posthume, 1819.

1. Berger, pasteur, celui qui garde les troupeaux.
2. Faux nom latin, inventé par Chénier pour désigner Fouquier-Tinville, accusateur public du Tribunal révolutionnaire.

Le chant du cygne

LECTURE

1 @RECHERCHE Recherchez sur Internet et dans des encyclopédies les informations nécessaires pour comprendre les références à la Terreur dans ce poème. Comment le discours d'André Chénier naît-il des circonstances historiques ?

2 Identifiez et commentez les **comparaisons** et les **métaphores** tragiques. Comment le poète construit-il son identité d'innocent sacrifié ?

3 Quelle vision de l'histoire ce poème donne-t-il ?

4 Commentez l'adresse finale aux amis : quelle leçon le poète donne-t-il ?

5 Quels sont les vers utilisés ? Expliquez l'effet produit par leur alternance régulière ?

ÉCRITURE

Vers le commentaire

Vous rédigez le commentaire de ces derniers vers d'André Chénier. Montrez tout d'abord qu'une vision tragique de l'histoire se dégage du poème, puis analysez l'attitude que le poète adopte dans ces circonstances.

VERS LE BAC

Dissertation

Les poèmes les plus désespérés vous semblent-ils les plus beaux ? Discutez la place que la souffrance peut tenir dans la création poétique. Vous appuierez votre réponse sur le texte de Chénier, ainsi que sur d'autres œuvres que vous avez lues.

▶ Fiche 17 Comprendre un sujet de dissertation

11. XIXᵉ siècle : Poésie et modernité

La poésie vit une véritable révolution au XIXᵉ siècle. Sous l'influence du romantisme et de Victor Hugo, elle se libère des carcans formels. Tous les mots, mais aussi tous les maux trouvent leur place dans des poèmes qui bouleversent les codes poétiques, mais aussi les codes sociaux.

Littérature et société
L'artiste romantique dans la société 408

Histoire littéraire
Le romantisme 409

Histoire des arts
C. D. Friedrich, *Le Voyageur contemplant une mer de nuages*, 1817-1818 410

● Le romantisme
1. A. de Lamartine, « Le Lac », *Les Méditations*, 1820 412

V. Hugo
2. Préface de *Cromwell*, 1827 414
3. « L'enfant », *Les Orientales*, 1829 415
4. « Souvenir de la Nuit du 4 », *Les Châtiments*, 1853 416
5. « Ce que dit la bouche d'ombre », *Les Contemplations*, 1856 417
6. A. de Musset, « Ode à la lune », *Contes d'Espagne et d'Italie*, 1830 418
7. A. Bertrand, « Un rêve », *Gaspard de la Nuit*, 1842 419
8. A. de Vigny, « La maison du berger », *Les Destinées*, 1844 420
9. G. de Nerval, « Fantaisie », *Odelettes*, 1852 421

● Le symbolisme

Histoire littéraire
Le symbolisme 422

Histoire des arts
G. Moreau, *Orphée*, 1865 424

10. Ch. Baudelaire, *Les Fleurs du Mal*, 1857 [Œuvre intégrale] 426
« Correspondances » 428
« Parfum exotique » 428
« Le serpent qui danse » 429
« À une passante » 430
11. Ch. Baudelaire, « Le désir de peindre », *Petits poèmes en prose*, 1869 431
12. P. Verlaine, *Poèmes saturniens*, « Chanson d'automne », 1866 432
13. S. Gainsbourg, « Je suis venu te dire que je m'en vais », 1974 [Réécriture] 433

P. Verlaine
14. *Poèmes saturniens*, « Mon rêve familier », 1866 434
15. *Romances sans paroles*, « Ariettes oubliées », 1874 435
16. *Parallèlement*, « À la manière de Paul Verlaine », 1874 436
17. *Jadis et Naguère*, « Sonnet boiteux », 1884 437

A. Rimbaud
18. Lettre dite du voyant 438
19. *Poésies*, « Ma Bohème », 1870-1871 440
20. *Poésies*, « Le mal », 1870-1871 441
21. *Poésies*, « Le bateau ivre », 1871 442

S. Mallarmé
22. *Poésies*, « Ses purs ongles très haut… », 1868 444
23. *Poésies*, « Le vierge, le vivace et le bel aujourd'hui », 1870-1898 445

Littérature et société
L'artiste romantique dans la société

Du repli sur soi…

Les romantiques revendiquent l'héritage d'**Orphée**, dont la poésie lyrique apaise la souffrance du cœur endeuillé. Comme lui, ils sont sensibles à l'harmonie consolatrice de la nature.

→ **Ex** : Lamartine fait du « Lac » une élégie : la douceur du rythme et des sonorités calme la douleur.

En poésie, le « je » domine. Pourtant, romantisme ne rime pas avec narcissisme. Quand le poète dit « je », il énonce **une expérience humaine vraie, à la fois intime et universelle.**

→ **Ex** : Dans « Melancholia » de Hugo, la prière est récitée par les enfants mais écrite par l'auteur. Les deux voix se mêlent. Le poète devient **« prophète »** au sens étymologique : il parle pour tous.

Le roman romantique est à l'unisson. Se multiplient les récits **à la première personne**, ou les fictions **sentimentales**, dont les rebondissements épousent la violence de l'histoire (Indiana).

En musique, le piano de **Beethoven** (1770-1827) ou **Liszt** (1811-1886) exprime toute la gamme des **sentiments dans une écriture variée** : le concerto fait dialoguer un soliste et l'orchestre ; le nocturne, privilégié par **Chopin** (1810-1849), est plus intime. Le lied, inspiré par la poésie, charge la voix d'émotion.

En peinture, le paysage, exotique ou familier, est aussi source d'émotion. L'artiste projette ses sentiments sur la toile blanche et ces **« paysages d'âme »** expriment les variations de l'intériorité.

→ **Ex** : La peinture de C. D. Friedrich exalte le sentiment religieux de l'homme face à la nature.

… à l'engagement pour les autres

En poésie

Le poète romantique veut restaurer l'harmonie sociale et politique, brisée par la violence des révolutions. Il veut être le **guide** de l'humanité vers le progrès et la liberté.

→ **Ex** : Hugo, après le massacre de Chio, invite ses contemporains à défendre le peuple hellène opprimé.

L'engagement est une parole vive, suivie d'actions.

→ **Ex** : Lord Byron écrit et s'engage militairement aux côtés des rebelles grecs. Il meurt lors du siège de Missolonghi.

Hugo dénonce le pouvoir et ses injustices. Malgré la censure, les procès et l'exil, Les Châtiments (1853) manient **ironie, satire et parodie** pour fustiger Napoléon le Petit, indigne héritier de Napoléon Ier. Cependant, marquée par la mort de Léopoldine, l'écriture des Contemplations (1856) s'approfondit en méditation sur la souffrance des créatures mal aimées.

En musique, Beethoven célèbre le progrès. La symphonie n° 3, dite « héroïque », est dédiée au jeune Bonaparte, épris de liberté. Dans sa Neuvième symphonie, « L'hymne à la joie », signé de Schiller, est un appel à la paix future.

L'engagement au théâtre : les planches brûlantes

En réaction à la dramaturgie classique et aux idées conservatrices, émerge un genre nouveau : le drame romantique. Il est le « miroir de concentration » de l'histoire contemporaine.

→ **Ex** : Lorenzaccio se déroule à Florence, en 1536. Mais la pièce évoque aussi la France de 1830 et le sentiment d'impasse où est plongée la jeunesse.

Montrer l'histoire fait évoluer l'écriture théâtrale : s'imposent découpage en tableaux, choix d'une temporalité et d'une action éclatées, multiplicité de personnages. C'est la fin des **trois unités**.

La peinture

Avec **Géricault** ou **Delacroix**, la peinture montre les révolutions. « J'ai entrepris un sujet moderne, une barricade », confie Delacroix en 1831. La liberté guidant le peuple montre que le sacrifice de ceux qui sont morts pour la patrie n'est pas vain : la liberté s'appuie sur eux pour avancer. La société tout entière suit.

Théodore GÉRICAULT (1791-1824), Le Radeau de la Méduse, 1818, huile sur toile, 491 × 716 cm (Musée du Louvre).

Histoire littéraire
Le romantisme

Définition

Mouvement littéraire et culturel européen dominant la première moitié du XIXe siècle, **le romantisme exalte la puissance de l'imagination et l'expression de la sensibilité.** Fortement marqué par la Révolution, il exprime le lien entre violence historique et destinée individuelle.

Francisco DE GOYA (1746-1828), *Tres de Mayo*, 1814, huile sur toile, 266 × 345 cm (Musée du Prado, Madrid).

Histoire du romantisme

En Angleterre, l'adjectif *romantic*, d'abord employé en peinture, désigne un **état d'âme en accord avec la nature**. Paysages intérieurs et extérieurs se répondent. Les artistes français émigrés en Angleterre pendant la Révolution feront connaître **en France** cette vision du monde.

→ **Ex :** *Pour Byron, déchaînement des vagues et colère du prisonnier se répondent. Chateaubriand s'en inspire pour ses* Mémoires d'outre-tombe.

En Allemagne, Goethe et les artistes du *Sturm und Drang* (XVIIIe), célèbrent aussi l'osmose de l'homme et de la nature.

Au début du XIXe siècle, s'ajoute une **dimension politique**. En Allemagne, artistes et écrivains refusent le classicisme, associé à Napoléon Ier, l'occupant français. Ils inventent une écriture nouvelle, inspirée des légendes nationales teintées de brume et de mélancolie. En Espagne, le peintre **Goya** dénonce avec flamboyance l'avancée des troupes napoléoniennes.

En France, le premier romantisme (1800-1820) est lié à la Révolution et à la disparition de l'Ancien Régime. Ainsi, à la mort de son frère aîné, guillotiné, le jeune Chateaubriand se retrouve en position d'héritier. Mais quel titre, quel monde peut-il bien se voir léguer ? Comme ce cadet de famille, les romantiques doivent se forger une identité nouvelle sur les ruines du passé. **L'expression lyrique du « moi »** devient un enjeu vital. Elle nécessite l'invention d'une poésie nouvelle, née de l'énergie du désespoir et du vague des passions, **sentiment de mélancolie** diffuse et indicible.

Joseph VERNET (1714-1789), *Marine, Le Soir ou La Tempête*, entre 1734 et 1753, huile sur toile, 2034 × 972 cm (Musée national de la Marine, Paris).

→ **Ex :** *Le succès des* Méditations *tient à l'expression* **élégiaque** *de la fuite du temps et de l'effondrement du passé. Cela correspond à la situation des jeunes gens nés pendant la Révolution, qui doivent forger une langue inédite, raccordée aux temps nouveaux.*

La deuxième génération romantique (1820-1830) hérite du « mal du siècle ».
Pour les héros de *La Chartreuse de Parme* de Stendhal, devenir général était à la portée des braves, même issus du peuple. Ce rêve, partagé par toute une génération, se brise à Waterloo en 1815. Dans *La Confession d'un enfant du siècle* (1836), Musset analyse le désarroi des jeunes gens nés sous l'Empire, qui rêvaient liberté et ascension sociale : la chute de Napoléon et le retour de la monarchie ruinent leurs espoirs. En effet, le règne de Charles X se révèle ultraconservateur. Quant à son successeur, Louis-Philippe, « roi des Français » porté au pouvoir par les Trois Glorieuses, il incarne brièvement les espoirs de progrès de la jeune génération avant de représenter l'ennui et la désillusion.

— **La recherche d'un ailleurs** est la conséquence de ce désenchantement.

→ **Ex :** *Dans* Les Destinées *de Vigny, le poète fuit la ville, vulgaire et matérialiste, et se réfugie dans* **la nature** *et* **l'amour**.

→ **Ex :** *Les* Orientales *de V. Hugo et la peinture de Delacroix soulignent une prédilection pour* **l'exotisme et le voyage**, *à la fois ouverture sur autrui et rejet du présent*.

— **L'état de rêve** permet de fuir la réalité.

→ **Ex :** *A. Bertrand, s'inspirant du romantisme allemand et anglais le plus noir, invente le* **poème en prose**, *cadre d'un monde* **fantastique** *rêvé.*

→ **Ex :** *Nerval, quittant la conscience immédiate du réel, rêve et se « souvient » d'une femme idéale.*

— **La mort** peut être une solution radicale. Le suicide romanesque de Werther a inspiré de nombreux héros romantiques, comme René (Chateaubriand), Chatterton (Vigny) ou Ruy Blas (Hugo).

HISTOIRE DES ARTS

Caspar David Friedrich, *Le voyageur contemplant une mer de nuages*, 1817-1818

C. D. FRIEDRICH (1774-1840), *Le voyageur contemplant une mer de nuages*, 1817-1818, huile sur toile, 95 × 75 cm (Kunsthalle de Hambourg).

Antiquité | Moyen Âge | XVIᵉ | XVIIᵉ | XVIIIᵉ | **XIXᵉ** | XXᵉ | XXIᵉ

Contexte artistique et historique

LE PAYSAGE « ROMANTIQUE », MIROIR DE L'ÂME

L'adjectif « romantique », apparu dans la langue française en 1776, est popularisé par Rousseau. Ce néologisme, dérivé de l'adjectif anglais *romantic*, est un terme de **peinture** qualifiant un paysage qui captive **l'imagination, la rêverie** et touche profondément le promeneur sensible aux beautés de la nature. Toutefois, le paysage romantique est souvent en partie imaginaire : **miroir de la sensibilité**, il exprime davantage les émotions du peintre que la réalité observée. Dès lors, **la peinture de paysage, considérée auparavant comme un art mineur, est promue au rang de grande peinture**. Des artistes de génie, comme Delacroix, s'y consacrent et innovent : ils osent le grand format, la peinture « sur le motif » (en **plein air**), les couleurs riches, afin d'exalter les harmonies entre l'homme et la nature ainsi que l'expression de sentiments profonds.

Les **poètes** romantiques, comme Lamartine ou Vigny, s'inspirent de leur démarche et, à leur tour, évoquent la nature pour mieux exprimer leurs états d'âme. C'est la naissance du **lyrisme romantique**. Le paysage est alors une image exprimant métaphoriquement une vision singulière du monde et les émotions du poète. C'est un « **paysage d'âme** ».

Le beau et le sublime

La peinture romantique rejette le beau classique, harmonieux, bien proportionné. Elle cherche **le « sublime », l'exaltation des sentiments et de l'imagination**. Les peintres s'inspirent de la nature infinie ou des tourments de l'histoire contemporaine. Privilégiant la couleur et le mouvement, ils créent une atmosphère chargée de **tension** ou de profonde **mélancolie**. Baudelaire l'affirme : « Le romantisme n'est précisément ni dans le choix des sujets ni dans la vérité exacte, mais dans la manière de sentir. Pour moi, le romantisme est l'expression la plus récente, la plus actuelle du beau. » (*Salon de 1846*)

Paysage romantique

LECTURE DE L'IMAGE

L'homme face à l'infini

1 Décrivez rapidement le tableau. Quelles lignes et formes dominantes expriment l'immensité de la nature ?

2 Comment la plongée dans l'infini est-elle suggérée ?

3 Regardez la position du voyageur : comment Friedrich fait-il comprendre que le tableau représente sa vision ? Quel intérêt ce parti pris peut-il révéler ?

Un paysage symbolique

4 Quel est l'effet produit par le contraste entre zones nuageuses et pointes montagneuses dessinées avec netteté ? Pourquoi ce paysage a-t-il une force évocatrice indéniable ?

5 Que dire du jeu des couleurs choisies par le peintre dans l'ensemble de la toile ? Commentez leur complémentarité et leur valeur symbolique.

6 Comment la solitude et l'immobilité du voyageur confèrent-elles à cette scène une expression de profonde mélancolie ?

VERS LE BAC

Dissertation

Pensez-vous, comme Mme de Staël, que parler de soi, ce soit « l'alliance secrète de notre être avec les merveilles de l'univers qui donne à la poésie sa véritable grandeur » ? (*De l'Allemagne*, IIᵉ partie, « De la littérature et des arts », 1810-1813)

▶ **Fiche 17 Comprendre un sujet de dissertation**

Invention

Choisissez un tableau ou une photographie d'un paysage en correspondance avec un sentiment, comme la tristesse ou la nostalgie. Décrivez-le en une quinzaine de lignes, en utilisant des figures de style propres au registre lyrique.

▶ **Fiche 11 Comprendre un sujet d'écriture d'invention**

Alphonse de Lamartine
Les Méditations, 1820

Biographie
p. 671

Histoire littéraire
p. 409

Littérature et société
p. 408

Repères historiques
p. 34

Le poème est dédié à « Elvire », nom poétique de Julie Charles, dont le poète est épris. Tandis qu'elle est à Paris, frappée d'une maladie qui va l'emporter en 1817, il contemple pensivement les rives du lac du Bourget qu'ils ont parcourues ensemble, l'année précédente, quand ils étaient heureux.

Le Lac

[…]

1 Un soir, t'en souvient-il ? nous voguions en silence ;
On n'entendait au loin, sur l'onde et sous les cieux,
Que le bruit des rameurs qui frappaient en cadence
Tes flots harmonieux.

5 Tout à coup des accents inconnus à la terre
Du rivage charmé frappèrent les échos ;
Le flot fut attentif, et la voix qui m'est chère
Laissa tomber ces mots :

« Ô temps ! suspends ton vol, et vous, heures propices !
10 Suspendez votre cours :
Laissez-nous savourer les rapides délices
Des plus beaux de nos jours !

« Assez de malheureux ici-bas vous implorent,
Coulez, coulez pour eux ;
15 Prenez avec leurs jours les soins[1] qui les dévorent ;
Oubliez les heureux.

« Mais je demande en vain quelques moments encore,
Le temps m'échappe et fuit ;
Je dis à cette nuit : Sois plus lente ; et l'aurore
20 Va dissiper la nuit.

« Aimons donc, aimons donc ! De l'heure fugitive,
Hâtons-nous, jouissons !
L'homme n'a point de port, le temps n'a point de rive ;
Il coule, et nous passons ! »

25 Temps jaloux, se peut-il que ces moments d'ivresse,
Où l'amour à longs flots nous verse le bonheur,
S'envolent loin de nous de la même vitesse
Que les jours de malheur ?

Eh quoi ! n'en pourrons-nous fixer au moins la trace ?
30 Quoi ! passés pour jamais ! quoi ! tout entiers perdus !
Ce temps qui les donna, ce temps qui les efface,
Ne nous les rendra plus !

[…]

A. DE LAMARTINE, Les Méditations, « Le Lac », 1820.

1. Soucis.

William TURNER (1775-1851), *Lac Buttermere avec une partie de Cromackwater, Cumberland, une ondée*, 1798, huile sur toile, 89 × 120 cm (Tate Gallery, Londres).

L'expression d'une sensibilité nouvelle

LECTURE

Un chant d'amour et de mort

1 Précisez quelles voix s'expriment et quels sont leurs destinataires.

2 Comment interpellations, invocations et ponctuation émotive renforcent-elles la mélancolie du poème ? Quel est le motif de la plainte ?

3 Quelles strophes présentent un changement métrique ? Quel est l'effet produit ?

La fuite du temps

4 Relevez et expliquez les deux métaphores rendant sensibles la fuite du temps et l'implacable loi du devenir.

Au rythme de l'eau

5 Dans la strophe 1, montrez que le rythme des vers, tout en balancements et symétries, imite la cadence des rameurs et le ressac.

6 Repérez des allitérations en « l » et précisez quel élément naturel est ainsi évoqué. Qu'apporte ce travail sur la musique du vers ?

7 ORAL À plusieurs, répartissez-vous la lecture du poème pour faire entendre les voix qui résonnent ici et la variété de leurs émotions. Plusieurs lectures sont-elles possibles ?

HISTOIRE DES ARTS

Comment Turner exprime-t-il la solitude du batelier ? Quel effet produit le jeu de lumière créé par les rayons et les ombres ?

VERS LE BAC

Commentaire

Vous ferez un commentaire montrant que le poème est une élégie. Vous suivrez le parcours de lecture suivant : A/ un chant d'amour et de mort exprimé avec musicalité ; B/ marqué par la fuite du temps.

▶ Fiche 13 **Comprendre un sujet de commentaire**

Oral (entretien)

Cherchez des poèmes de Ronsard et Du Bellay et comparez-les avec le poème de Lamartine. Comment le lyrisme des auteurs exprime-t-il la fuite du temps ?

▶ Fiche 16 **Réussir l'épreuve orale du baccalauréat**

2 Victor Hugo
Préface de Cromwell, 1827

Victor Hugo fait précéder son drame historique, Cromwell, d'un grand texte théorique qui devient le manifeste de l'art romantique. Pour justifier la rupture avec l'esthétique classique et l'évolution nécessaire de la littérature, l'auteur entreprend de réinscrire celle-ci dans le mouvement de l'histoire et des sociétés.

Biographie p. 671
Histoire littéraire p. 409
Littérature et société p. 408
Repères historiques p. 34

1. Genèse : référence au livre de la Bible qui raconte la Création du monde par Dieu.

Aux temps primitifs, quand l'homme s'éveille dans un monde qui vient de naître, la poésie s'éveille avec lui. En présence des merveilles qui l'éblouissent et qui l'enivrent, sa première parole n'est qu'un hymne. Il touche encore de si près à Dieu que toutes ses méditations sont des extases, tous ses rêves des visions. Il
5 s'épanche, il chante comme il respire. Sa lyre n'a que trois cordes : Dieu, l'âme, la création ; mais ce triple mystère enveloppe tout, mais cette triple idée comprend tout. La terre est encore à peu près déserte. Il y a des familles, et pas de peuples ; des pères, et pas de rois. Chaque race existe à l'aise ; point de propriété, point de lois, point de froissements, point de guerres. Tout est à chacun et à tous. La société est
10 une communauté. Rien n'y gêne l'homme. Il mène cette vie pastorale et nomade par laquelle commencent toutes les civilisations, et qui est si propice aux contemplations solitaires, aux capricieuses rêveries. Il se laisse faire, il se laisse aller. Sa pensée, comme sa vie, ressemble au nuage qui change de forme et de route, selon le vent qui le pousse. Voilà le premier homme, voilà le premier poète. Il est jeune, il est lyrique.
15 La prière est toute sa religion : l'Ode est toute sa poésie.

Ce poème, cette ode des temps primitifs, c'est la Genèse[1].

Peu à peu cependant cette adolescence du monde s'en va. Toutes les sphères s'agrandissent ; la famille devient tribu, la tribu devient nation. [...] Les nations commencent à être trop serrées sur le globe : elles se gênent et se froissent ; de
20 là les chocs d'empires, la guerre. Elles débordent les unes sur les autres ; de là les migrations de peuples, les voyages. La poésie reflète ces grands événements ; des idées elle passe aux choses. Elle chante les siècles, les peuples, les empires. Elle devient épique, elle enfante Homère.

V. HUGO, préface de *Cromwell*, 1827.

Le poète historien

LECTURE

1 Comment Victor Hugo explique-t-il le passage de la poésie **lyrique** à la poésie **épique** ?

2 Comment poésie et histoire deviennent-elles inséparables ? Reformulez les fonctions de la poésie pour chaque âge de l'humanité.

3 Par quels moyens expressifs ce texte d'historien devient-il lui-même un poème ?

4 Lisez ce texte à haute voix et identifiez les techniques utilisées par Victor Hugo pour donner à son propos les dimensions d'un discours **éloquent**.

5 @RECHERCHE Recherchez sur Internet des images représentant le poète romantique dans sa relation aux événements historiques. Vous pourrez vous intéresser à Hugo et Lamartine.

VERS LE BAC

Invention

À votre tour, écrivez le manifeste de la poésie qui vous semblerait le mieux répondre aux aspirations de notre époque.
▶ Fiche 11 Comprendre un sujet d'écriture d'invention

Dissertation

Selon vous, la poésie a-t-elle vocation à exprimer des sentiments intimes ou bien des émotions collectives ? Vous appuierez votre réponse sur des œuvres poétiques que vous avez lues.
▶ Fiche 17 Comprendre un sujet de dissertation

Victor Hugo
Les Orientales, 1829

En 1822 la Grèce, alors sous domination ottomane, proclame son indépendance. La réaction des Turcs est sanglante. L'Europe entière est émue par les massacres de populations civiles. Hugo évoque celui des habitants de l'île de Chio (Scio).

Biographie p. 671

L'enfant

1 Les Turcs ont passé là. Tout est ruine et deuil.
  Chio, l'île des vins, n'est plus qu'un sombre écueil,
    Chio, qu'ombrageaient les charmilles[1],
  Chio, qui dans les flots reflétait ses grands bois,
5 Ses coteaux, ses palais, et le soir quelquefois
    Un chœur dansant de jeunes filles.

Tout est désert. Mais non ; seul près des murs noircis,
  Un enfant aux yeux bleus, un enfant grec, assis,
    Courbait sa tête humiliée ;
10 Il avait pour asile, il avait pour appui
  Une blanche aubépine, une fleur, comme lui
    Dans le grand ravage oubliée.

Ah ! pauvre enfant, pieds nus sur les rocs anguleux !
Hélas ! pour essuyer les pleurs de tes yeux bleus
15   Comme le ciel et comme l'onde,
Pour que dans leur azur, de larmes orageux,
Passe le vif éclair de la joie et des jeux,
    Pour relever ta tête blonde,

Que veux-tu ? Bel enfant, que te faut-il donner
20 Pour rattacher gaîment et gaîment ramener
    En boucles sur ta blanche épaule
Ces cheveux, qui du fer[2] n'ont pas subi l'affront,
Et qui pleurent épars autour de ton beau front,
    Comme les feuilles sur le saule ?

25 Qui pourrait dissiper tes chagrins nébuleux[3] ?
Est-ce d'avoir ce lys, bleu comme tes yeux bleus,
    Qui d'Iran borde le puits sombre ?
Ou le fruit du tuba, de cet arbre si grand,
Qu'un cheval au galop met, toujours en courant,
30   Cent ans à sortir de son ombre ?

Veux-tu, pour me sourire, un bel oiseau des bois,
Qui chante avec un chant plus doux que le hautbois,
    Plus éclatant que les cymbales ?
Que veux-tu ? fleur, beau fruit, ou l'oiseau merveilleux ?
35 — Ami, dit l'enfant grec, dit l'enfant aux yeux bleus,
    Je veux de la poudre et des balles.

8-10 juillet 1828.

V. HUGO, *Les Orientales*, « L'enfant », 1829.

1. Haies de charmes.
2. Qui n'ont jamais connu le fer des ciseaux ; qui n'ont jamais été coupés.
3. Assombris par la tristesse.

Fonctions de la poésie

LECTURE

La tragédie de l'histoire

1 Quels éléments permettent de situer la scène ? Analysez les **indices spatio-temporels** et la situation des personnages.

2 Quelles **émotions** Hugo veut-il susciter ? Pourquoi ? Appuyez-vous sur le lexique et la ponctuation émotive pour argumenter.

3 Montrez que les premières strophes opposent tragiquement Chio avant et après le massacre.

Le poète prophète

4 Comment la compassion du poète s'exprime-t-elle ? Analysez questions rhétoriques et enjambements.

5 Où commence le **discours direct** ? Quel rôle le poète cherche-t-il à tenir auprès de l'enfant et des hommes ?

6 Que propose le poète au rescapé pour le consoler ? Quelle est la réaction de l'enfant ? Comment la fin du poème la met-elle en valeur ?

ÉCRITURE

Vers le commentaire

Vous rédigerez une partie de commentaire montrant comment le poète suscite l'émotion du lecteur pour le pousser à réagir.

4 Victor Hugo
Les Châtiments, 1853

Le recueil des Châtiments *rassemble des poèmes politiques qui s'attaquent violemment à Napoléon III et au régime du Second Empire. Victor Hugo est alors en exil à Jersey. Un an jour pour jour après le coup d'État (2 décembre 1851), le poète commémore ses victimes.*

Biographie p. 671

Histoire littéraire p. 409

Littérature et société p. 408

Repères historiques p. 34

1 L'enfant avait reçu deux balles dans la tête.
Le logis était propre, humble, paisible, honnête ;
On voyait un rameau bénit[1] sur un portrait.
Une vieille grand'mère était là qui pleurait.
5 Nous le déshabillions en silence. Sa bouche
Pâle s'ouvrait ; la mort noyait son œil farouche ;
Ses bras pendants semblaient demander des appuis.
Il avait dans sa poche une toupie en buis.
On pouvait mettre un doigt dans les trous de ses plaies.
10 Avez-vous vu saigner la mûre dans les haies ?
Son crâne était ouvert comme un bois qui se fend.
L'aïeule[2] regarda déshabiller l'enfant,
Disant : – Comme il est blanc ! approchez donc la lampe !
Dieu ! ses pauvres cheveux sont collés sur la tempe ! –
15 Et quand ce fut fini, le prit sur ses genoux.
La nuit était lugubre ; on entendait des coups
De fusil dans la rue où l'on en tuait d'autres.
– Il faut ensevelir l'enfant, dirent les nôtres.
Et l'on prit un drap blanc dans l'armoire en noyer.
20 L'aïeule cependant l'approchait du foyer,
Comme pour réchauffer ses membres déjà roides.
Hélas ! ce que la mort touche de ses mains froides
Ne se réchauffe plus aux foyers d'ici-bas !
Elle pencha la tête et lui tira ses bas,
25 Et dans ses vieilles mains prit les pieds du cadavre.
– Est-ce que ce n'est pas une chose qui navre !
Cria-t-elle. Monsieur, il n'avait pas huit ans !

V. HUGO, *Les Châtiments*, extrait du « Souvenir de la nuit du 4 », 1853.

1. Référence à la fête chrétienne des Rameaux avant Pâques : Jésus est accueilli à Jérusalem. Au passage, la foule des fidèles brandit des rameaux. Cette fête précède son dernier repas et son sacrifice. La liturgie veut qu'on accroche un rameau bénit au crucifix.
2. la grand-mère.

Une pietà moderne

LECTURE

1 @RECHERCHE Recherchez sur Internet des informations éclairant le contexte historique de cette scène : nom de la victime, lieu du drame, circonstances qui rendent Hugo témoin de la scène.

2 Comment le poème permet-il d'exprimer le **pathétique** de la situation ?

3 Repérez les références religieuses. À quelle grande figure sacrée la petite victime peut-elle être identifiée ?

HISTOIRE DES ARTS

@RECHERCHE Recherchez sur Internet la définition de *pietà* et des exemples de représentation.

ÉCRITURE

Invention

En reprenant les derniers vers, rédigez la suite du discours de l'aïeule qui s'insurge contre un pouvoir criminel. Vous veillerez à ce que son mouvement d'indignation s'amplifie de la situation qu'elle vit à l'ensemble des pouvoirs autoritaires.

5. Victor Hugo
Les Contemplations, 1855

Exilé à Jersey après le coup d'État de 1851, accablé par la noyade de sa fille Léopoldine, Hugo est hanté par la mort. Les Contemplations s'achèvent par un poème de 786 vers où l'homme, infime créature, est perdu entre deux infinis : le gouffre et le ciel. Autour de lui, tout vit. Même dans les pierres, pleurent des âmes prisonnières. C'est ce que l'on appelle une vision panthéiste du monde.

Biographie p. 671
Histoire littéraire p. 409
Littérature et société p. 408
Repères historiques p. 34

Ce que dit la Bouche d'Ombre

1 L'homme en songeant descend au gouffre universel.
J'errais près du dolmen qui domine Rozel[1],
À l'endroit où le cap se prolonge en presqu'île.
Le spectre m'attendait ; l'être sombre et tranquille
5 Me prit par les cheveux dans sa main qui grandit,
M'emporta sur le haut du rocher, et me dit :

[…] Tout parle ; l'air qui passe et l'alcyon[2] qui vogue,
Le brin d'herbe, la fleur, le germe, l'élément.
T'imaginais-tu donc l'univers autrement ?
10 Crois-tu que Dieu, par qui la forme sort du nombre[3],
Aurait fait à jamais sonner la forêt sombre,
L'orage, le torrent roulant de noirs limons,
Le rocher dans les flots, la bête dans les monts,
La mouche, le buisson, la ronce où croît la mûre,
15 Et qu'il n'aurait rien mis dans l'éternel murmure ?
Crois-tu que l'eau du fleuve et les arbres des bois,
S'ils n'avaient rien à dire, élèveraient la voix ?
Prends-tu le vent des mers pour un joueur de flûte ?
Crois-tu que l'océan, qui se gonfle et qui lutte,
20 Serait content d'ouvrir sa gueule jour et nuit
Pour souffler dans le vide une vapeur de bruit,
Et qu'il voudrait rugir, sous l'ouragan qui vole,
Si son rugissement n'était une parole ? […]

V. HUGO, « Ce que dit la Bouche d'Ombre », *Les Contemplations*, Livre 6, *Au bord de l'infini*, XXVI, vers 1 à 46, 1855.

---

1. Commune anglo-normande. Le rocher devient le paysage symbolique de l'exil et de la solitude.
2. Oiseau maritime. On fait la diérèse et prononce : al-cy-ion.
3. Qui crée des formes et des êtres à partir des grandes lois physiques de l'univers.

Le poète visionnaire

LECTURE

1 Qui est « la bouche d'ombre » ? Quelles expressions la désignent ?

2 Nommez **le procédé** consistant à faire parler un mort ou une idée. Quel effet produit-il ?

3 Le poète est-il maître de sa parole ou est-ce « la bouche d'ombre » qui s'empare de lui ? Expliquez.

4 À quoi comprenez-vous que le poète est capable d'écouter l'ensemble de la création ?

5 Relevez les verbes de parole et montrez que toutes les créatures et éléments de la nature ne forment plus qu'un concert de voix. Que peuvent-elles exprimer ?

VERS LE BAC

Commentaire
Vous ferez de ce poème un commentaire montrant que la nature est une manifestation de la grandeur divine. Vous suivrez le parcours de lecture suivant : A/ un dialogue instructif avec la mort ; B/ « Tout est plein d'âmes ».

▶ Fiche 13 Comprendre un sujet de commentaire

Alfred de Musset
Contes d'Espagne et d'Italie, 1830

Biographie
p. 671

Histoire littéraire
p. 409

Littérature et société
p. 408

Repères historiques
p. 34

Musset, qui juge ridicules les « pleurards à nacelle », les poètes romantiques s'abandonnant à un lyrisme excessif, préfère exprimer sa souffrance avec humour noir et dérision subtile.

Ballade à la lune

1 C'était, dans la nuit brune,
Sur le clocher jauni,
La lune
Comme un point sur un i.

5 Lune, quel esprit sombre
Promène au bout d'un fil,
Dans l'ombre,
Ta face et ton profil ?

Es-tu l'œil du ciel borgne ?
10 Quel chérubin cafard[1]
Nous lorgne
Sous ton masque blafard ?

N'es-tu rien qu'une boule,
Qu'un grand faucheux[2] bien gras
15 Qui roule
Sans pattes et sans bras ?

Es-tu, je t'en soupçonne,
Le vieux cadran de fer
Qui sonne
20 L'heure aux damnés d'enfer ?

Sur ton front qui voyage,
Ce soir ont-ils compté
Quel âge
A leur éternité ?

25 Est-ce un ver qui te ronge
Quand ton disque noirci
S'allonge
En croissant rétréci ? [...]

Qui t'avait éborgnée,
30 L'autre nuit ? T'étais-tu
Cognée
À quelque arbre pointu ?

Car tu viens, pâle et morne
Coller sur mes carreaux
35 Ta corne
À travers les barreaux. [...]

A. DE MUSSET,
Contes d'Espagne et d'Italie,
« Ballade à la lune », 1830.

1. Sournois.
2. Insecte qui ressemble à une araignée.

William TURNER (1775-1851), *Clair de lune, étude à Millbank*, 1797, huile sur panneau, 31,5 × 40,5 cm (Tate Gallery, Londres).

7 Aloysius Bertrand
Gaspard de la Nuit, 1842

Biographie p. 671
Histoire littéraire p. 409
Littérature et société p. 408
Repères historiques p. 34

1. C'est à Dijon, de temps immémorial, la place aux exécutions. (Note de l'auteur.)
2. Moine franciscain.

Gaspard de la Nuit ou Fantaisies à la manière de Rembrandt et de Callot, publié après la mort de son auteur, est le premier recueil de poèmes en prose. Cette œuvre originale, s'inspirant des gothiques anglais et des romantiques allemands, est restée méconnue jusqu'à ce que Baudelaire voie dans ce recueil l'invention de la modernité littéraire.

Un rêve

> J'ai rêvé tant et plus, mais je n'y entends note.
> *Pantagruel*, Livre III.

Il était nuit. Ce furent d'abord, – ainsi j'ai vu, ainsi je raconte, – une abbaye aux murailles lézardées par la lune, – une forêt percée de sentiers tortueux, – et le Morimont[1] grouillant de capes et de chapeaux.

Ce furent ensuite, – ainsi j'ai entendu, ainsi je raconte, – le glas funèbre d'une cloche auquel répondaient les sanglots funèbres d'une cellule, – des cris plaintifs et des rires féroces dont frissonnait chaque feuille le long d'une ramée, – et les prières bourdonnantes des pénitents noirs qui accompagnent un criminel au supplice.

Ce furent enfin, – ainsi s'acheva le rêve, ainsi je raconte, – un moine qui expirait couché dans la cendre des agonisants, – une jeune fille qui se débattait pendue aux branches d'un chêne, – et moi que le bourreau liait échevelé sur les rayons de la roue.

Dom Augustin, le prieur défunt, aura, en habit de cordelier[2], les honneurs de la chapelle ardente ; et Marguerite, que son amant a tuée, sera ensevelie dans sa blanche robe d'innocence, entre quatre cierges de cire.

Mais moi, la barre du bourreau s'était, au premier coup, brisée comme un verre, les torches des pénitents noirs s'étaient éteintes sous des torrents de pluie, la foule s'était écoulée avec les ruisseaux débordés et rapides, – et je poursuivais d'autres songes vers le réveil.

A. BERTRAND, *Gaspard de la Nuit*, Troisième livre, « La Nuit et ses prestiges », « Un rêve », écrit vers 1833, publié en 1842.

Dessin d'A. BERTRAND.

Romantiques de la nuit

LECTURE (Textes 6 et 7)

Aux sources noires du romantisme

1 Quels thèmes les deux poètes empruntent-ils au fantastique ?

2 Relevez les images de blessure et de mutilation. Quelle atmosphère est ainsi créée ?

3 Quelles anaphores et allitérations propagent le bruit du frisson au long du poème d'A. Bertrand ?

4 On dit de l'humour noir qu'il est « la politesse du désespoir ». Pourquoi l'expression caractérise-t-elle le poème de Musset ?

Poésie en liberté

5 Quel type de vers Musset a-t-il choisi, et pour quels effets ? Faites le lien entre la forme des strophes et celle de la lune.

6 Dans le poème d'A. Bertrand, quels indices annoncent une fin catastrophique ? Le dénouement est-il conforme aux attentes ? Quel effet cette chute produit-elle ?

HISTOIRE DES ARTS

Décrivez le tableau de Turner en utilisant le lexique des émotions.

ÉCRITURE

Argumentation

Pourquoi écrivains et artistes romantiques explorent-ils l'univers nocturne ? Quel aspect de l'âme humaine dévoilent-ils ? Argumentez.

Alfred de Vigny
Les Destinées, 1844

Biographie p. 671
Histoire littéraire p. 409
Littérature et société p. 408
Repères historiques p. 34

1. Caravane que les bergers utilisaient pour suivre les troupeaux
2. On imprimait sur l'épaule des galériens une lettre au fer rouge. Ici, cela désigne les marques et cicatrices morales que laisse la vie en société.
3. Poussière.

Le poème d'amour « La Maison du Berger »[1] invite la femme aimée à venir partager sa vie, loin de la ville où il se sent incompris. En voici le début :

« La Maison du Berger »

Si ton cœur, gémissant du poids de notre vie,
Se traîne et se débat comme un aigle blessé,
Portant comme le mien, sur son aile asservie,
Tout un monde fatal, écrasant et glacé ;
5 S'il ne bat qu'en saignant par sa plaie immortelle,
S'il ne voit plus l'amour, son étoile fidèle,
Éclairer pour lui seul l'horizon effacé ;

Si ton âme enchaînée, ainsi que l'est mon âme,
Lasse de son boulet et de son pain amer,
10 Sur sa galère en deuil laisse tomber la rame,
Penche sa tête pâle et pleure sur la mer,
Et, cherchant dans les flots une route inconnue,
Y voit, en frissonnant, sur son épaule nue
La lettre sociale écrite avec le fer[2] ;

15 Si ton corps frémissant des passions secrètes,
S'indigne des regards, timide et palpitant ;
S'il cherche à sa beauté de profondes retraites
Pour la mieux dérober au profane insultant ;

Si ta lèvre se sèche au poison des mensonges,
20 Si ton beau front rougit de passer dans les songes
D'un impur inconnu qui te voit et t'entend ;

Pars courageusement, laisse toutes les villes ;
Ne ternis plus tes pieds aux poudres[3] du chemin.
Du haut de nos pensers vois les cités serviles
25 Comme les rocs fatals de l'esclavage humain.
Les grands bois et les champs sont de vastes asiles,
Libres comme la mer autour des sombres îles.
Marche à travers les champs une fleur à la main. […]

A. DE VIGNY, « La Maison du Berger », *Les Destinées*, 1844.

Thomas COLE (1801-1848), *Evening in Arcadia*, 1843, huile sur toile, 82,9 × 122,9 cm (Collection particulière).

À l'écart du monde

LECTURE

1 Dans les premières strophes, quelles caractéristiques font du poète et de sa compagne des êtres souffrants ?
2 Pourquoi le poème peut-il se lire comme une invitation (v. 22 à 28) ?
3 Montrez que la Maison du Berger est à la fois le refuge de la poésie maudite et l'abri offert aux étreintes.

ÉCRITURE

Argumentation

V. Hugo écrit dans la préface des *Contemplations* : « Quand je vous parle de moi, je vous parle de vous. » Expliquez en deux paragraphes argumentatifs comment ce poème peut être l'écho de votre désir de rompre avec le quotidien.

Gérard de Nerval
Petits Châteaux de Bohême, 1853

Biographie p. 671
Histoire littéraire p. 409
Littérature et société p. 408
Repères historiques p. 34

En 1853, Nerval insère dans ses Petits Châteaux de Bohême *une quinzaine de poèmes lyriques et intimistes écrits vers 1830 sous le titre d'« odelettes ». C'est une forme poétique qu'il avoue emprunter à Ronsard. Par là, Nerval se rattache à la tradition poétique antérieure et fait du passé le lieu de sa rêverie.*

Victor HUGO (1802-1885), *Le Gai Château*, 1897, encre, lavis et crayon sur carton, 15,8 × 22,2 cm (Maison de Victor Hugo, Paris).

Fantaisie

Il est un air pour qui je donnerais
Tout Rossini, tout Mozart et tout Weber[1],
Un air très vieux, languissant et funèbre,
Qui pour moi seul a des charmes[2] secrets.

5 Or, chaque fois que je viens à l'entendre,
De deux cents ans mon âme rajeunit :
C'est sous Louis treize ; et je crois voir s'étendre
Un coteau vert, que le couchant jaunit,

Puis un château de brique à coins de pierre,
10 Aux vitraux teints de rougeâtres couleurs,
Ceint de grands parcs, avec une rivière,
Baignant ses pieds, qui coule entre des fleurs ;

Puis une dame, à sa haute fenêtre,
Blonde aux yeux noirs, en ses habits anciens,
15 Que, dans une autre existence peut-être,
J'ai déjà vue... – et dont je me souviens !

G. DE NERVAL, *Petits Châteaux de Bohême, Odelettes*, « Fantaisie », 1853.

1. On prononce « Wèbre ». Rossini, Mozart et Weber sont des compositeurs très célèbres, contrairement à cet « air » dont on ignore même le titre.
2. Étymologiquement, « charme » vient du nom latin *carmen*, désignant à la fois un poème et une incantation magique. Les « carmina » sont des chants qui subjuguent et transportent l'auditoire.

L'âme romantique et le rêve

LECTURE

1 RECHERCHE Quels sont les deux sens du mot « fantaisie » ? Montrez que les deux significations structurent le poème.

2 Quel élément déclenche le souvenir ? Quels pronoms et adjectifs insistent sur le caractère intime et nostalgique du passé ?

3 Repérez, des vers 1 à 6, les groupes ternaires, **répétitions** et effets de **sonorités**. Comment la musique du vers imite-t-elle l'air ancien et ses « charmes » ?

4 Relevez les **modalisateurs** : que suggèrent-ils ?

5 Nommez et commentez l'effet produit par le dernier vers. En quoi s'oppose-t-il aux précédents ?

VERS LE BAC

Oral/lecture analytique
Préparez une lecture analytique montrant comment ce texte donne vie au rêve.
▶ Fiche 16 Réussir l'épreuve orale du baccalauréat

HISTOIRE DES ARTS

Gustave Moreau, *Orphée*, 1865

Gustave MOREAU (1826-1898), *Orphée*, 1865, huile sur bois, 154 × 23,5 cm (Musée d'Orsay, Paris).

Contexte artistique et historique

LE RENOUVEAU DU MYTHE ORPHIQUE

Anéanti par la perte définitive de son épouse Eurydice, Orphée sombre dans la douleur et néglige les autres femmes. Se sentant dédaignées, les Ménades, nymphes au service de Dionysos, le décapitent, et mettent son corps en pièces. La tête d'Orphée, jetée dans un fleuve, continue pourtant à chanter douloureusement la perte d'Eurydice. Elle est ensuite déposée dans une caverne où elle rend des oracles nuit et jour.

La permanence du chant après la mort, et l'idée que le poète puisse accéder à la connaissance de **correspondances** liant le ciel et la terre, à des **mystères** qui dépassent le monde des vivants, ont particulièrement inspiré les artistes de la seconde moitié du XIXᵉ siècle.

Cet intérêt renouvelé pour le mythe d'Orphée coïncide avec un désir d'absolu poétique. Baudelaire, Verlaine, Rimbaud ou Mallarmé ont cherché dans leurs œuvres à saisir, au-delà des apparences, une **réalité inconnue**, *inouïe*. Par son lien avec la musique et sa remise en cause de l'usage ordinaire du langage, la poésie peut faire entrevoir le mystère du monde. Elle devient alors un moyen d'accéder à une connaissance qui n'est plus uniquement rationnelle, mais également sensible et spirituelle.

Le symbolisme à l'œuvre

La diagonale qui part du sommet du rocher et rejoint les deux tortues délimite un espace intime d'échange silencieux et de méditation au sein du paysage. Cette composition met en valeur le triangle constitué par le visage de la femme, la tête d'Orphée, et la lyre. La lumière qui illumine les deux visages, dont on ne peut identifier la source, suggère le pouvoir de la poésie qui survit à la mort. Les éléments réalistes du tableau constituent donc un moyen pour l'artiste de représenter une **abstraction** : **l'idée même de la poésie**.

La démarche du peintre rejoint la finalité des écrivains symbolistes : accéder, par des moyens sensibles, au « sens mystérieux des aspects de l'existence » (Mallarmé, *Lettre à Léo d'Orfer*, 1884), « vêtir l'Idée d'une forme sensible » (Moréas, *Manifeste du symbolisme*, 1886).

Peindre le symbole

LECTURE DE L'IMAGE

Du mythe au symbole

1 Quels éléments du mythe d'Orphée cette scène reprend-elle ?

2 Décrivez le paysage (couleurs, formes, organisation des plans). Quelle impression suscite-t-il ? Pourquoi ?

3 @RECHERCHE Sur le site du Trésor de la langue française informatisé (TLFI), http://atilf.atilf.fr, cherchez le mot « lyre » et expliquez à partir de cette définition ce que signifie la présence des deux tortues.

Une invitation à la méditation

4 Pourquoi la tête d'Orphée est-elle posée sur sa lyre ?

5 Comparez le visage d'Orphée et celui de la jeune femme. Que constatez-vous ?

6 Quelle image d'Orphée le peintre cherche-t-il à donner dans ce tableau ? Pourquoi choisit-il de représenter le personnage après sa mort ?

ÉCRITURE

Invention

Selon Proust, « un tableau est une sorte d'apparition d'un coin d'un monde mystérieux ». Décrivez un tableau du XIXᵉ siècle mettant en valeur le « monde mystérieux » qu'il exalte et fait apparaître. Vous choisirez une œuvre de Redon, Khnopff, Rossetti ou Böcklin.

ORAL

@RECHERCHE Cherchez la représentation d'Orphée par Jean Delville et comparez-la à celle de Gustave Moreau. Choisissez celle qui vous touche le plus et justifiez votre choix au moyen de trois arguments portant sur la technique du peintre et sur la composition.

Quel aspect du mythe le peintre retenu met-il en valeur ? Pour quelles raisons, selon vous ?

10 | Charles Baudelaire
Les Fleurs du Mal, 1857

ŒUVRE INTÉGRALE

🔖 Entrée dans l'œuvre : Glorifier le culte des images

C'est en commentant Delacroix que Baudelaire invente la poésie moderne : « Le vrai artiste, le vrai poète, ne doit peindre que selon ce qu'il voit. » (*Salon de 1859*)
« Voir », c'est observer la réalité, même la plus triviale.
Mais voir, c'est aussi imaginer. L'imagination, « reine des facultés », exprime la beauté secrète (les fleurs) d'un monde déchu (le mal). Grâce à elle, le poète dit au monde « Tu m'as donné ta boue et j'en ai fait de l'or. »

Eugène DELACROIX (1798-1863), *Dante et Virgile aux enfers*, 1822, huile sur toile, 189 × 246 cm (Musée du Louvre).

1 RECHERCHE Qui sont Dante et Virgile ? Résumez leur parcours aux enfers.

🎨 HISTOIRE DES ARTS

2 Comment Delacroix représente-t-il la beauté sombre et tourmentée des enfers ? Vous serez sensible, comme Baudelaire, à l'« explosion des couleurs » et à la représentation des corps. (*Curiosités esthétiques*)

3 Lisez « Les Phares » (éd. Classiques Hachette, p. 30). Comment Baudelaire évoque-t-il Delacroix ? Dans les trois dernières strophes, en quoi la « dignité » de l'artiste consiste-t-elle ?

4 Comparez les enfers de Delacroix et « Don Juan aux enfers » de Baudelaire (éd. Classiques Hachette p. 43).

5 SYNTHÈSE Lisez « Au lecteur » (éd. Classiques Hachette, p. 13), faisant office de préface. Comment le titre du recueil s'éclaire-t-il ?

🔖 L'œuvre et son contexte

La révolution de 1848, signant la chute de Louis-Philippe et l'avènement de la IIe République, laisse Baudelaire indifférent. Il méprise aussi la bourgeoisie « abrutie et goulue », rassurée par le Second Empire (1852). « Dépolitiqué », il refuse l'engagement en poésie qu'avaient instauré les romantiques comme Hugo. C'est en dandy distant qu'il flâne dans les rues, en quête des tableaux changeants qu'offre la ville moderne. Il rêve même de fuir « ailleurs ».

Baudelaire photographié par NADAR en 1856.

1 RECHERCHE Qu'est-ce qu'un dandy ?

🎨 HISTOIRE DES ARTS

2 Comment le photographe Nadar capte-t-il l'élégance dandy de Baudelaire ?
▶ Fiche 5 Lecture de l'image fixe : La peinture et le dessin

3 Dans « Le cygne » (éd. Classiques Hachette, p. 193), comment Baudelaire évoque-t-il le Paris moderne, reconstruit par le préfet Haussmann ?

4 Comment l'évocation d'un paradis rêvé, loin du monde réel, vient-elle s'opposer à cette peinture de la ville moderne ? Vous pourrez vous appuyer sur « Parfum exotique » ou « La vie antérieure » (éd. Classiques Hachette, p. 40).

Les sources de l'œuvre : Lecteur et traducteur d'Edgar Poe

1. Un même culte de la sensation

Baudelaire traduit Edgar Allan Poe, son « frère » : ils partagent un même destin solitaire, une même confiance dans l'art, capable par les correspondances de donner une unité supérieure au monde.

Edgar Poe dit, je ne sais plus où, que le résultat de l'opium pour les sens est de revêtir la nature entière d'un intérêt surnaturel qui donne à chaque objet un sens plus profond, plus volontaire, plus despotique. Sans avoir recours à l'opium, qui n'a connu ces admirables heures, véritables fêtes du cerveau, où les sens plus attentifs perçoivent des sensations plus retentissantes, où le ciel d'un azur plus transparent s'enfonce comme un abîme plus infini, où les sons tintent musicalement, où les couleurs parlent, où les parfums racontent des mondes d'idées ?

C. BAUDELAIRE, *Carnets esthétiques*, 1855.

Gustave COURBET (1819-1887), *Portrait de Baudelaire*, 1847 (Musée Fabre, Montpellier).

HISTOIRE DES ARTS

1 Quelle image le peintre donne-t-il de Baudelaire ?

2 Quel rôle les sensations jouent-elles pour Baudelaire ? Pourquoi la transformation de ce ressenti en création poétique reste-t-elle mystérieuse ?

3 « Les sons ont une couleur, les couleurs ont une musique », dit Baudelaire dans *Les Paradis artificiels*. En quoi cette citation et le texte 1 illustrent-ils cette théorie des correspondances ?

2. La poésie : le pur plaisir d'écrire

Traduire Poe permet de se déchiffrer soi-même, de comprendre quelle poésie on veut composer.

La poésie, pour peu qu'on veuille descendre en soi-même, interroger son âme, rappeler ses souvenirs d'enthousiasme, n'a pas d'autre but qu'elle-même ; elle ne peut en avoir d'autre, et aucun poème ne sera si grand, si noble, si véritablement digne du nom de poème, que celui qui aura été écrit uniquement pour le plaisir d'écrire un poème.

C. BAUDELAIRE, *Notes nouvelles sur Edgar Allan Poe*, IV.

1 RECHERCHE Lisez la dédicace des *Fleurs du Mal*. Cherchez qui est Théophile Gautier, ce qu'est le Parnasse. Quelle image de la poésie ce texte offre-t-il ?

2 Lisez « La beauté » (éd. Classiques Hachette, p. 44) : quelles influences parnassiennes peuvent s'y lire ?

La réception de l'œuvre : le procès des *Fleurs du Mal*

Deux procès marquent 1857, ceux de Flaubert et Baudelaire. Le procureur E. Pinard prononce contre eux un réquisitoire les accusant d'« offense à la morale publique et aux bonnes mœurs ». Baudelaire est condamné à une amende et six poèmes sont censurés.

Baudelaire n'appartient pas à une école. Il ne relève que de lui-même. Son principe, sa théorie, c'est de tout peindre, de tout mettre à nu. Il fouillera la nature humaine dans ses replis les plus intimes ; il aura, pour la rendre, des tons vigoureux et saisissants, il l'exagérera surtout dans ses côtés hideux ; il la grossira outre mesure, afin de créer l'impression, la sensation. Il fait ainsi, peut-il dire, la contrepartie du classique, du convenu, qui est singulièrement monotone et qui n'obéit qu'à des règles artificielles.

Réquisitoire d'Ernest PINARD, *Revue des grands procès contemporains*, 1885.

1 Que reproche E. Pinard à Baudelaire ?

2 RECHERCHE Quels poèmes Baudelaire a-t-il retirés ? Pour quelles raisons, selon vous ?

3 Pourquoi ce réquisitoire, manifestant une grande intelligence des textes, peut-il être lu aujourd'hui comme un éloge, célébrant l'originalité et la vérité de Baudelaire ?

EXTRAITS 1 & 2

Naissance d'un art poétique

Baudelaire est fidèle sur un point aux théories romantiques : le poète dévoile les liens entre les choses, leurs correspondances. Il en existe deux sortes : les premières (encore appelées « synesthésies ») mettent en relation les différentes sensations ; les secondes relient mondes terrestre et surnaturel.

Correspondances

1 La Nature est un temple où de vivants piliers
Laissent parfois sortir de confuses paroles ;
L'homme y passe à travers des forêts de symboles
Qui l'observent avec des regards familiers.

5 Comme de longs échos qui de loin se confondent,
Dans une ténébreuse et profonde unité,
Vaste comme la nuit et comme la clarté,
Les parfums, les couleurs et les sons se répondent.

Il est des parfums frais comme des chairs d'enfants,
10 Doux comme les hautbois, verts comme les prairies,
— Et d'autres, corrompus, riches et triomphants.

Ayant l'expansion des choses infinies,
Comme l'ambre, le musc, le benjoin[1] et l'encens,
Qui chantent les transports de l'esprit et des sens.

C. BAUDELAIRE, *Les Fleurs du Mal*, « Spleen et idéal », IV
(éd. Classiques Hachette, p. 27), 1857.

1. Substance aromatique, comme l'ambre, le musc et l'encens.

- Quel rôle le parfum joue-t-il dans les deux poèmes ?
- Étudiez l'expression des réminiscences et des correspondances entre les différentes perceptions. Comment le jeu des sensations permet-il au poète d'oublier le spleen et de s'élancer vers l'idéal ?
- Expliquez l'expression « forêts de symboles » (extrait 1, vers 3).

La femme aimée favorise l'établissement des analogies. Présente ici et maintenant, sa beauté fait songer à la perfection du monde idéal, situé ailleurs, dans le rêve et le souvenir.

Parfum exotique

1 Quand, les deux yeux fermés, en un soir chaud d'automne,
Je respire l'odeur de ton sein chaleureux,
Je vois se dérouler des rivages heureux
Qu'éblouissent les feux d'un soleil monotone :

5 Une île paresseuse où la nature donne
Des arbres singuliers et des fruits savoureux ;
Des hommes dont le corps est mince et vigoureux,
Et des femmes dont l'œil par sa franchise étonne.

Guidé par ton odeur vers de charmants climats,
10 Je vois un port rempli de voiles et de mâts
Encor tout fatigués par la vague marine,

Pendant que le parfum des verts tamariniers[1],
Qui circule dans l'air et m'enfle la narine,
Se mêle dans mon âme au chant des mariniers.

C. BAUDELAIRE, *Les Fleurs du Mal*, « Spleen et idéal », XXI
(éd. Classiques Hachette, p. 49), 1857.

1. Arbres exotiques à fleurs en grappe.

EXTRAIT 3

Le serpent qui danse

De la grâce féminine, Baudelaire offre une vision aux analogies inattendues et révélatrices.

Que j'aime voir, chère indolente,
    De ton corps si beau,
Comme une étoffe vacillante,
    Miroiter la peau !

5 Sur ta chevelure profonde
    Aux âcres parfums,
Mer odorante et vagabonde
    Aux flots bleus et bruns,

Comme un navire qui s'éveille
10   Au vent du matin,
Mon âme rêveuse appareille
    Pour un ciel lointain.

Tes yeux, où rien ne se révèle
    De doux ni d'amer,
15 Sont deux bijoux froids où se mêle
    L'or avec le fer.

À te voir marcher en cadence,
    Belle d'abandon,
On dirait un serpent qui danse
20   Au bout d'un bâton,

Sous le fardeau de ta paresse
    Ta tête d'enfant
Se balance avec la mollesse
    D'un jeune éléphant,

25 Et ton corps se penche et s'allonge
    Comme un fin vaisseau
Qui roule bord sur bord, et plonge
    Ses vergues[1] dans l'eau.

Comme un flot grossi par la fonte
30   Des glaciers grondants,
Quand ta salive exquise monte
    Au bord de tes dents,

Je crois boire un vin de Bohême,
    Amer et vainqueur,
35 Un ciel liquide qui parsème
    D'étoiles mon cœur !

C. BAUDELAIRE, *Les Fleurs du Mal*,
« Spleen et idéal », XXVI
(éd. Classiques Hachette, p. 52), 1857.

- Comment la grâce de la jeune femme est-elle évoquée ? Vous serez sensible aux images dansantes, aux **rythmes** du poème et à la forme des **strophes**.
- Définissez la beauté selon Baudelaire. Vous pourrez comparer ce poème à « La beauté » (éd. Classiques Hachette, p. 44).

HISTOIRE DES ARTS
- Comment, dans l'estampe d'Hokusai, la chevelure de la femme se fait-elle serpent ?

1. Pièces de bois sur l'avant d'un mât de bateau, servant à porter la voile.

HOKUSAI KATSUSHIKA (1760-1849), *Tête de femme au serpent*, estampe.

EXTRAIT 4 — À une passante

Huitième poème des Tableaux parisiens, « À une passante » est d'abord publié dans la revue L'Artiste en 1860, puis, l'année suivante, dans la seconde édition des Fleurs du Mal. Baudelaire joue avec la forme du sonnet pour dire la beauté moderne : un éclair avant la nuit, une brève rencontre et puis l'absence.

Gustav KLIMT (1862-1918), *Femme au chapeau et boa de plumes,* 1909, huile sur toile, 69 × 75 cm (Österreichische Galerie Belvedere, Vienne).

LECTURE

1 Donnez un titre à chaque strophe. Vos intitulés traduiront l'opposition entre les **quatrains** et les **tercets**.

2 Montrez que le sonnet fait de l'apparition féminine un coup de théâtre. Vous analyserez le passé simple, les **enjambements** et **diérèses** des vers 2 à 5.

3 Quelles images traduisent l'intensité et la fugacité de la rencontre précédant l'absence ?

4 Où le poète et la femme se reverront-ils ? Commentez le vers 11.

HISTOIRE DES ARTS

Comparez l'image de la femme dans le tableau de Klimt et les poèmes de Baudelaire.

1. Broderie.
2. De la couleur du plomb, entre le bleu et le noir.

1 La rue assourdissante autour de moi hurlait.
Longue, mince, en grand deuil, douleur majestueuse,
Une femme passa, d'une main fastueuse
Soulevant, balançant le feston[1] et l'ourlet ;

5 Agile et noble, avec sa jambe de statue.
Moi, je buvais, crispé comme un extravagant,
Dans son œil, ciel livide[2] où germe l'ouragan,
La douceur qui fascine et le plaisir qui tue.

Un éclair… puis la nuit ! — Fugitive beauté
10 Dont le regard m'a fait soudainement renaître,
Ne te verrai-je plus que dans l'éternité ?

Ailleurs, bien loin d'ici ! trop tard ! *jamais* peut-être !
Car j'ignore où tu fuis, tu ne sais où je vais,
Ô toi que j'eusse aimée, ô toi qui le savais !

C. BAUDELAIRE, « À une passante »,
Les Fleurs du Mal, seconde édition, 1861.

Charles Baudelaire
Petits Poèmes en prose, 1863

« Quel est celui d'entre nous qui n'a pas, dans ses jours d'ambition, rêvé le miracle d'une prose poétique, musicale sans rythme et sans rime […] ? », demande Baudelaire à son ami A. Houssaye.
Ce bref poème en prose, paru dans la Revue nationale du 10 décembre 1863, est la forme idéale pour capter la beauté.

Biographie p. 671
Histoire littéraire p. 422

Repères historiques p. 34
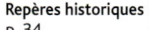

Le désir de peindre

1   Malheureux peut-être l'homme, mais heureux l'artiste que le désir déchire !

Je brûle de peindre celle qui m'est apparue si rarement et qui a fui si vite, comme une belle chose regrettable derrière le voyageur emporté dans la nuit. Comme il y a longtemps déjà qu'elle a disparu !

5   Elle est belle, et plus que belle ; elle est surprenante. En elle le noir abonde ; et tout ce qu'elle inspire est nocturne et profond. Ses yeux sont deux antres où scintille vaguement le mystère, et son regard illumine comme l'éclair : c'est une explosion dans les ténèbres.

Je la comparerais à un soleil noir, si l'on pouvait concevoir un astre noir versant 10 la lumière et le bonheur. Mais elle fait plus volontiers penser à la lune, qui sans doute l'a marquée de sa redoutable influence; non pas la lune blanche des idylles, qui ressemble à une froide mariée, mais la lune sinistre et enivrante, suspendue au fond d'une nuit orageuse et bousculée par les nuées qui courent; non pas la lune paisible et discrète visitant le sommeil des hommes purs, mais la lune arrachée du 15 ciel, vaincue et révoltée, que les Sorcières thessaliennes[1] contraignent durement à danser sur l'herbe terrifiée ! […]

C. BAUDELAIRE, « Le désir de peindre », *Petits Poèmes en prose*, 1863.

1. De Thessalie, province grecque.

Beauté en fuite

LECTURE

Une femme étrange
1 Montrez que la femme est à la fois glaciale et sensuelle ; attirante et cruelle.
2 L'évocation de la femme désirée se condense dans l'image du soleil noir. Nommez cette figure de style. Montrez qu'elle est développée dans le poème en prose.
3 Selon vous, est-ce le sonnet ou le poème en prose qui rend avec le plus d'intensité l'éclat de la rencontre ? Justifiez en vous appuyant sur vos émotions.

VERS LE BAC

Invention
Transposez le sonnet p. 430 en un **poème en prose** dramatisant la fugacité de l'apparition et l'intensité du coup de foudre.
▶ Fiche 11 Comprendre un sujet d'écriture d'invention

Oral (entretien)
Pourquoi la femme baudelairienne guide-t-elle le poète vers « l'ailleurs » ?
▶ Fiche 16 Réussir l'épreuve orale du baccalauréat

12 Paul Verlaine
Poèmes saturniens, 1866

Biographie p. 671

Histoire littéraire p. 422

Repères historiques p. 34

Les *Poèmes saturniens* constituent le premier recueil du poète de vingt-deux ans. Les amours malheureuses et la langueur de vivre s'y expriment avec une extraordinaire musicalité. Son lyrisme ne « recherche pas la couleur, rien que la nuance » et la subtilité musicale de sa « Chanson d'automne » a inspiré de nombreux compositeurs.

Chanson d'automne

1 Les sanglots longs
   Des violons
   De l'automne
   Blessent mon cœur
5 D'une langueur
   Monotone.

   Tout suffocant
   Et blême, quand
   Sonne l'heure,
10 Je me souviens
   Des jours anciens
   Et je pleure ;

   Et je m'en vais
   Au vent mauvais
15 Qui m'emporte
   Deçà, delà,
   Pareil à la
   Feuille morte.

   P. VERLAINE, « Chanson d'automne »,
   Poèmes saturniens, 1866.

Alphonse MUCHA (1860-1939), *L'Automne*, 1896 (détail de *Les quatre saisons*), 55,5 × 72,4 cm.

Mélancolie automnale

LECTURE

1 Justifiez le titre du poème en rendant sensible sa **musicalité**.

2 Quels effets la dislocation des vers provoque-t-elle ? Empêche-t-elle ou renforce-t-elle l'harmonie ?

3 Quelle image du poète ressort de la comparaison (vers 17) ?

4 LEXIQUE Expliquez le mot « langueur ».

5 @RECHERCHE Quels compositeurs et chanteurs, séduits par cette langueur, ont revisité le poème ? Quels sentiments personnels leur recréation exprime-t-elle ?

HISTOIRE DES ARTS

Observez la lumière et les couleurs dans le tableau. Quelle image de l'automne nous est ainsi donnée ?

VERS LE BAC

Invention
À la manière de Verlaine ou Baudelaire, écrivez un poème sur une saison qui exprimera vos états d'âme.
▶ Fiche 11 Comprendre un sujet d'écriture d'invention

Oral (analyse)
Quelle vision de l'automne Verlaine propose-t-il ?
▶ Fiche 16 Réussir l'épreuve orale du baccalauréat

13 Serge Gainsbourg

RÉÉCRITURES

Je suis venu te dire que je m'en vais, 1973

Biographie p. 671

Gainsbourg s'est nourri de Baudelaire, de Nerval ou de compositeurs comme Chopin. « Je suis venu te dire que je m'en vais » est inspiré par la « Chanson d'automne » de Verlaine.

Affiche du film *Gainsbourg, une vie héroïque* de Joann SFAR, 2010.

Je suis venu te dire que je m'en vais

1 Je suis venu te dire que je m'en vais
Et tes larmes n'y pourront rien changer.
Comme dit si bien Verlaine, « au vent mauvais »
Je suis venu te dire que je m'en vais.
5 Tu te souviens de jours anciens et tu pleures,
Tu suffoques, tu blêmis à présent qu'a sonné l'heure.
Des adieux à jamais,
Ouais, je suis au regret
De te dire que je m'en vais.
10 Oui je t'aimais, oui mais.

Je suis venu te dire que je m'en vais,
Tes sanglots longs n'y pourront rien changer.
Comme dit si bien Verlaine, « au vent mauvais »
Je suis venu te dire que je m'en vais.
15 Tu te souviens des jours heureux et tu pleures,
Tu sanglotes, tu gémis à présent qu'a sonné l'heure.
Des adieux à jamais,
Ouais, je suis au regret
De te dire que je m'en vais,
20 Car tu m'en as trop fait.

Je suis venu te dire que je m'en vais
Et tes larmes n'y pourront rien changer.
Comme dit si bien Verlaine, « au vent mauvais »
Je suis venu te dire que je m'en vais.
25 Tu te souviens de jours anciens et tu pleures,
Tu suffoques, tu blêmis à présent qu'a sonné l'heure.
Des adieux à jamais,
Ouais, je suis au regret
De te dire que je m'en vais,
30 Oui je t'aimais, oui mais.

Je suis venu te dire que je m'en vais
Tes sanglots longs n'y pourront rien changer.
Comme dit si bien Verlaine, « au vent mauvais »
Je suis venu te dire que je m'en vais.
35 Tu te souviens des jours heureux et tu pleures,
Tu sanglotes, tu gémis à présent qu'a sonné l'heure.
Des adieux à jamais,
Ouais, je suis au regret
De te dire que je m'en vais.
40 Car tu m'en as trop fait.

« Je suis venu te dire que je m'en vais », paroles et musique de S. GAINSBOURG,
© 1974 by Melody Nelson Publishing.

Gainsbourg revisite Verlaine

LECTURE

1 Pourquoi cette chanson est-elle une référence explicite au poème de Verlaine, p. 432 ? S'agit-il d'un hommage ou d'une parodie ?

2 Étudiez la présence d'une *interlocutrice*. En quoi modifie-t-elle le sens du texte source ?

3 Analysez les procédés stylistiques de cette chanson : peut-on la considérer comme un poème au même titre que « Chanson d'automne » (p. 432) ?

VERS LE BAC

Oral (entretien)

Selon vous, pourquoi un chanteur peut-il vouloir adapter en chanson un poème ? Explorez des univers musicaux variés (Léo Ferré, Ridan, Grand Corps Malade, Marc Lavoine…).
▶ **Fiche 16 Réussir l'épreuve orale du baccalauréat**

14 Paul Verlaine
Poèmes Saturniens, 1866

Biographie p. 671

Histoire littéraire p. 422

Repères historiques p. 34

Les premiers poèmes de Verlaine sont placés sous le signe de Saturne, dieu sombre et mélancolique. Verlaine, encore marqué par le désir de beauté formelle du Parnasse, fait de ce poème un chant nostalgique, pleurant un passé sans doute plus rêvé que vécu.

Mon rêve familier

1 Je fais souvent ce rêve étrange et pénétrant
D'une femme inconnue, et que j'aime, et qui m'aime,
Et qui n'est, chaque fois, ni tout à fait la même
Ni tout à fait une autre, et m'aime et me comprend.

5 Car elle me comprend, et mon cœur transparent
Pour elle seule, hélas ! cesse d'être un problème
Pour elle seule, et les moiteurs de mon front blême,
Elle seule les sait rafraîchir, en pleurant.

Est-elle brune, blonde ou rousse ? Je l'ignore.
10 Son nom ? Je me souviens qu'il est doux et sonore
Comme ceux des aimés que la vie exila.

Son regard est pareil au regard des statues,
Et, pour sa voix, lointaine, et calme, et grave, elle a
L'inflexion des voix chères qui se sont tues.

P. VERLAINE, « Mon rêve familier », *Poèmes Saturniens*, 1866.

Constantin BRANCUSI (1876-1957), *Muse endormie*, 1910, bronze, 16 × 25 × 18 cm (Musée national d'Art moderne, Paris).

Entre présence et absence

LECTURE

Entre présence et absence

1 Commentez le titre et le premier vers : dans quel univers le poète nous emmène-t-il ?

2 Quels rôles traditionnellement dévolus à la Muse trouvez-vous dans ce sonnet ?

3 Analysez la ponctuation et les assonances du vers 13 : comment le souvenir de la voix revient-il peu à peu ?

4 Expliquez les comparaisons des quatre derniers vers. Cette femme est-elle présente ou absente ? Argumentez.

5 Comment la répétition du verbe « aimer », dans le premier quatrain, souligne-t-elle la réciprocité de l'amour ?

6 Lisez le poème à haute voix, sans oublier les liaisons, la diérèse et le rythme irrégulier du vers 7 : comment la poésie sublime-t-elle la douceur féminine ?

7 RECHERCHE Quel est le sens premier du mot « charme » ? En vous appuyant sur les questions 5 et 6, expliquez, en une brève synthèse, ce qui confère au poème son pouvoir d'incantation.

HISTOIRE DES ARTS

La muse de Brancusi représente le visage d'une femme plongée dans le sommeil, aux traits à demi effacés. Pourquoi cette statue est-elle en accord avec le poème ?

ÉCRITURE

Vers le commentaire

« De la musique avant toute chose » (Verlaine, *Art poétique*) : écrivez l'introduction du commentaire en y intégrant cette citation. Puis élaborez un plan tenant compte de la musicalité du poème.

VERS LE BAC

Invention

Choisissez dans la séquence un tableau représentant un portrait de femme. Écrivez un poème en prose célébrant sa beauté ou son mystère.

▶ **Fiche 11** Comprendre un sujet d'écriture d'invention

15 Paul Verlaine
Romances sans paroles, 1874

Biographie
p. 671
Histoire littéraire
p. 422
Repères historiques
p. 34
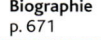

III

Il pleut doucement sur la ville.
  (Arthur Rimbaud)

1 Il pleure dans mon cœur
Comme il pleut sur la ville ;
Quelle est cette langueur
Qui pénètre mon cœur ?

5 Ô bruit doux de la pluie
Par terre et sur les toits !
Pour un cœur qui s'ennuie
Ô le chant de la pluie !

Il pleure sans raison
10 Dans ce cœur qui s'écœure.
Quoi ! Nulle trahison ?...
Ce deuil est sans raison.

C'est bien la pire peine
De ne savoir pourquoi,
15 Sans amour et sans haine,
Mon cœur a tant de peine !

VII

1 Ô triste, triste était mon âme
À cause, à cause d'une femme.

Je ne me suis pas consolé
Bien que mon cœur s'en soit allé,

5 Bien que mon cœur, bien que mon âme
Eussent fui loin de cette femme.

Je ne me suis pas consolé,
Bien que mon cœur s'en soit allé.

Et mon cœur, mon cœur trop sensible
10 Dit à mon âme : Est-il possible,

Est-il possible, — le fût-il, —
Ce fier exil, ce triste exil ?

Mon âme dit à mon cœur : Sais-je
Moi-même, que nous veut ce piège

15 D'être présents bien qu'exilés,
Encore que loin en allés ?

P. VERLAINE, *Romances sans paroles*, « Ariettes oubliées », 1874.

Pluie mélancolique

LECTURE

« Il pleure dans mon cœur »

1 Montrez comment les motifs de la pluie et la douleur sentimentale entrent en correspondance et structurent le poème.

2 Analysez comment les jeux d'échos et de répétition construisent le **lyrisme**.

3 Quelle voix le lecteur peut-il entendre ? Repérez la part du **monologue intérieur** et étudiez-en la progression.

4 En quoi la chute du poème marque-t-elle l'hésitation entre ironie et pitié ?

« Ô triste, triste était mon âme »

5 Analysez les **effets de reprise** et la mise en place du thème de l'exil.

6 Relevez les termes et les expressions qui marquent l'incertitude.

VERS LE BAC

Commentaire

Rédigez le commentaire du poème de Verlaine « Il pleure dans mon cœur », en analysant d'abord l'expression lyrique de la plainte, puis en étudiant les contradictions du poète.
▶ **Fiche 13** Comprendre un sujet de commentaire

Invention

Rédigez le dialogue qui oppose deux poètes. Le premier soutient qu'il faut recourir à un lyrisme flamboyant pour émouvoir le lecteur. Le second prône un lyrisme plus discret et intime. Vous veillerez à produire les arguments de chacun et à les présenter sous la forme d'un débat, à l'appui d'exemples de poèmes.
▶ **Fiche 11** Comprendre un sujet d'écriture d'invention

16 Paul Verlaine
Parallèlement, 1889

RÉÉCRITURES

Biographie p. 671

Histoire littéraire p. 422

Repères historiques p. 34

Verlaine, expert en contrefaçon, tente de se comprendre en reprenant tous les thèmes poétiques qui lui sont chers mais qui sont devenus des clichés un peu usés et faciles. Cet autopastiche brillant mêle amour du jeu et jeux de l'amour.

À la manière de Paul Verlaine

1 C'est à cause du clair de la lune
  Que j'assume ce masque nocturne
  Et de Saturne penchant son urne
  Et de ces lunes l'une après l'une.

5 Des romances sans paroles ont,
  D'un accord discord ensemble et frais,
  Agacé ce cœur fadasse exprès,
  Ô le son, le frisson qu'elles ont !

  Il n'est pas que vous n'ayez fait grâce
10 A quelqu'un qui vous jetait l'offense :
   Or, moi, je pardonne à mon enfance
   Revenant fardée et non sans grâce.

   Je pardonne à ce mensonge-là
   En faveur en somme du plaisir
15 Très banal drôlement qu'un loisir
   Douloureux un peu m'inocula.

P. VERLAINE, « À la manière de Paul Verlaine », *Parallèlement*, 1889.

Entre présence et absence

LECTURE

1 Quels champs lexicaux, allitérations et effets de rythme Verlaine a-t-il empruntés à Verlaine dans *Romances sans paroles* ?

2 @RECHERCHE Cherchez ce qu'est un « tombeau » en littérature. Pourquoi ce poème est-il un tombeau à sa propre mémoire ?

ÉCRITURE

Vers l'invention

À votre tour, choisissez un poème que vous pourriez parodier. Vous reprenez le même thème. Vous devez imiter le style, tout en appuyant sur les effets d'écriture pour les souligner.

VERS LE BAC

Invention

Choisissez dans la séquence un tableau représentant un portrait de femme. Écrivez un poème en prose célébrant sa beauté ou son mystère.

Argumentation

Peut-on parodier un texte ? Vous organiserez un débat en classe. Une partie des élèves sera chargée de défendre la parodie en montrant qu'il s'agit avant tout d'un hommage. L'autre partie défendra le respect des œuvres et des auteurs. Vous vous appuierez sur des exemples précis d'œuvres littéraires et de parodies. Vous pouvez élargir votre corpus à d'autres formes artistiques comme la chanson.

17 Paul Verlaine
Jadis et Naguère, 1884

Ce poème a probablement été écrit fin 1872, après une première rupture avec Arthur Rimbaud, à Londres. Les deux hommes ont entretenu une relation tumultueuse.

Sonnet boiteux

Biographie p. 671
Histoire littéraire p. 422
Repères historiques p. 34

1 Ah ! vraiment c'est triste, ah ! vraiment ça finit trop mal.
Il n'est pas permis d'être à ce point infortuné.
Ah ! vraiment c'est trop la mort du naïf animal
Qui voit tout son sang couler sous son regard fané.

5 Londres fume et crie. Ô quelle ville de la Bible !
Le gaz flambe et nage et les enseignes sont vermeilles[1].
Et les maisons dans leur ratatinement terrible
Épouvantent comme un sénat[2] de petites vieilles.

Tout l'affreux passé saute, piaule, miaule et glapit[3]
10 Dans le brouillard rose et jaune et sale des Sohos[4]
Avec des *indeeds* et des *all rights*[5] et des *haôs*[6].

Non vraiment c'est trop un martyre sans espérance,
Non vraiment cela finit trop mal, vraiment c'est triste :
Ô le feu du ciel sur cette ville de la Bible[7] !

P. VERLAINE, *Jadis et Naguère*, « Sonnet boiteux », 1884.

1. Rouge vif.
2. Assemblée législative, souvent caractérisée par l'âge avancé de ses membres.
3. Crie comme un animal.
4. Quartier de Londres où la vie nocturne est très animée.
5. Expressions anglaises courantes signifiant « en effet » et « d'accord ».
6. Il s'agit peut-être d'une graphie fantaisiste pour l'interjection anglaise « ho ».
7. Référence à l'Ancien Testament : les villes de Sodome et Gomorrhe furent détruites par Dieu pour punir leurs habitants de leurs mœurs dépravées.

Éclipse totale, film d'Agnieszka HOLLAND, 1995, avec Leonardo DiCaprio (Rimbaud) et Daniel Thewlis (Verlaine).

À cœur brisé, rythme rompu

LECTURE

1 Justifiez, du point de vue de la **versification** particulière du texte, son titre.
2 Relevez les **anaphores**. Quel rythme et quel ton confèrent-elles au poème ?
3 Quel **registre** domine dans la première strophe ?
4 Commentez les **propos rapportés**, le champ lexical du cri animal et la crudité des couleurs.
5 Pourquoi peut-on dire que le dernier vers est injonctif ? Interprétez.

6 @RECHERCHE Sur le site http://www.interbible.org/interBible/ecritures/bu/index.php, entrez « Sodome et Gomorrhe » dans le champ de recherche par mot. Quel a été le sort de la femme de Loth ? Que cherche à traduire le poète par cette comparaison implicite ?

VERS LE BAC

Commentaire
Rédigez l'introduction d'un commentaire du « Sonnet boiteux » en retenant les deux axes d'analyse : A/ un poème tourmenté ; B/ une vision allégorique de la déchéance.
▶ Fiche 13 Comprendre un sujet de commentaire

18 Arthur Rimbaud
Lettre dite du voyant, 1871

Biographie
p. 671

Histoire littéraire
p. 422

Repères historiques
p. 34

Tout juste âgé de 17 ans, Arthur Rimbaud a déjà écrit quelques-uns de ses plus grands poèmes. Il adresse à Paul Demeny une lettre datée du 15 mai 1871 dans laquelle il expose sa conception de la poésie qu'il illustre par un choix de ses propres œuvres.

1   — Voici de la prose sur l'avenir de la poésie -
    Toute poésie antique aboutit à la poésie grecque ; Vie harmonieuse.
— De la Grèce au mouvement romantique, — Moyen Âge, — il y a des lettrés, des versificateurs. D'Ennius[1] à Théroldus[2], de Théroldus à Casimir Delavigne[3],
5   tout est prose rimée, un jeu, avachissement et gloire d'innombrables générations idiotes : Racine est le pur, le fort, le grand. — On eût soufflé sur ses rimes, brouillé ses hémistiches, que le Divin Sot[4] serait aujourd'hui aussi ignoré que le premier venu auteur d'*Origines*[5]. — Après Racine, le jeu moisit. Il a duré deux mille ans !
    Ni plaisanterie, ni paradoxe. La raison m'inspire plus de certitudes sur le sujet
10 que n'aurait jamais eu de colères un Jeune-France[6]. Du reste, libre aux *nouveaux* ! d'exécrer les ancêtres : on est chez soi et l'on a le temps.
    On n'a jamais bien jugé le romantisme ; qui l'aurait jugé ? Les critiques !! Les romantiques, qui prouvent si bien que la chanson est si peu souvent l'œuvre, c'est-à-dire la pensée chantée *et comprise* du chanteur ?
15 Car Je est un autre. Si le cuivre s'éveille clairon, il n'y a rien de sa faute. Cela m'est évident : j'assiste à l'éclosion de ma pensée : je la regarde, je l'écoute : je lance un coup d'archet : la symphonie fait son remuement dans les profondeurs, ou vient d'un bond sur la scène.
    Si les vieux imbéciles n'avaient pas trouvé du Moi que la signification fausse,
20 nous n'aurions pas à balayer ces millions de squelettes qui, depuis un temps infini, ! ont accumulé les produits de leur intelligence borgnesse[7], en s'en clamant les auteurs !
    En Grèce, ai-je dit, vers et lyres *rhythment*[8] l'Action. Après, musique et rimes sont jeux, délassements. L'étude de ce passé charme les curieux : plusieurs s'éjouis-
25 sent[9] à renouveler ces antiquités : – c'est pour eux. L'intelligence universelle a toujours jeté ses idées, naturellement ; les hommes ramassaient une partie de ces fruits du cerveau : on agissait par, on en écrivait des livres : telle allait la marche,

1. Premier poète latin qui a utilisé l'hexamètre.
2. Pour Turoldus, nom qui apparaît à la fin de la *Chanson de Roland* et qui en désignerait l'auteur.
3. Représentant de l'art académique au théâtre et en poésie.
4. Désigne Racine
5. Premiers poètes de l'Antiquité qui disent les origines du monde.
6. Cénacle qui soutient les romantiques.
7. S'oppose à « voyant ».
8. Orthographe du verbe « rythmer » courante à l'époque. La poésie grecque accompagne harmonieusement l'action.
9. Éprouvent de la joie.

Edvard MUNCH (1863-1944), *Moonlight*, 1895, huile sur toile, 93 × 110 cm (Musée national, Oslo)

l'homme ne se travaillant pas, n'étant pas encore éveillé, ou pas encore dans la plénitude du grand songe. Des fonctionnaires, des écrivains : auteur, créateur,
30 poète, cet homme n'a jamais existé !

La première étude de l'homme qui veut être poète est sa propre connaissance, entière ; il cherche son âme, l'inspecte, la tente, l'apprend. Dès qu'il la sait, il doit la cultiver ; cela semble simple : en tout cerveau s'accomplit un développement naturel ; tant d'égoïstes se proclament auteurs ; il en est bien d'autres qui
35 s'attribuent leur progrès intellectuel ! — Mais il s'agit de faire l'âme monstrueuse : à l'instar des comprachicos[10], quoi ! Imaginez un homme s'implantant et se cultivant des verrues sur le visage.

Je dis qu'il faut être *voyant*, se faire voyant.

Le Poète se fait *voyant* par un long, immense et raisonné *dérèglement* de *tous*
40 *les sens*. Toutes les formes d'amour, de souffrance, de folie ; il cherche lui-même, il épuise en lui tous les poisons, pour n'en garder que les quintessences[11]. Ineffable torture où il a besoin de toute la foi, de toute la force surhumaine, où il devient entre tous le grand malade, le grand criminel, le grand maudit, — et le suprême Savant ! — Car il arrive à l'*inconnu* ! Puisqu'il a cultivé son âme, déjà riche, plus
45 qu'aucun ! Il arrive à l'*inconnu*, et quand, affolé, il finirait par perdre l'intelligence de ses visions, il les a vues ! Qu'il crève dans son bondissement par les choses inouïes et innombrables : viendront d'autres horribles travailleurs ; ils commenceront par les horizons où l'autre s'est affaissé !

A. RIMBAUD, « Lettre dite du voyant », à Paul Demeny, 15 mai 1871,
GF Poésie, Éd. Steinmetz, 1989, p. 141-142.

10. Bohémiens qui font le commerce des enfants et les transforment en monstres de foire. Victor Hugo les évoque dans *L'Homme qui rit* (1869).

11. L'essentiel.

Une vision de la poésie

LECTURE

Un poète lucide et critique

1 Relevez les références littéraires que Rimbaud convoque. Quel champ chronologique couvrent-elles ?

2 Quelle évolution le poète retrace-t-il de la poésie ? Quelles en sont les causes ?

3 « Ni plaisanterie, ni paradoxe. La raison m'inspire... » : peut-on tenir cette lettre de Rimbaud pour un simple mouvement d'humeur ? Quel rôle le poète se donne-t-il ?

4 Quel reproche Arthur Rimbaud formule-t-il à l'encontre du romantisme ?

5 Relevez des formules et des expressions où Rimbaud montre que le poète doit comprendre le mouvement de sa création.

Une inspiration renouvelée

6 Dans la chronologie que Rimbaud établit, à quel moment la poésie s'est-elle séparée de la vie ?

7 Comment comprenez-vous le procès que Rimbaud fait au « Moi » social ?

8 D'où le poète tire-t-il la puissance de sa création poétique ? Quelle part y jouent la souffrance et la transgression ?

9 RECHERCHE Recherchez sur Internet et dans des encyclopédies des poètes qui se veulent visionnaires et voyants au XIXᵉ siècle. Comment Arthur Rimbaud s'inscrit-il dans cette lignée ?

10 SYNTHÈSE Reformulez en un paragraphe l'ambition et les raisons de Rimbaud d'être un poète à la fois lucide et inspiré.

HISTOIRE DES ARTS

Comment ce tableau d'Edvard Munch livre-t-il une vision du monde qui marque un dépassement du réel ?

VERS LE BAC

Invention

Dans une lettre à votre professeur de français, vous expliquerez à votre tour pourquoi la poésie et la vie ne peuvent être séparées. Vous pourrez convoquer des auteurs qui vous semblent incarner cette façon de vivre la poésie.
▶ Fiche 11 Comprendre un sujet d'écriture d'invention

Dissertation

Selon vous, est-il nécessaire que le poète justifie sa création par des théories sur la poésie ? Vous appuierez votre réponse sur le texte de Rimbaud, ainsi que sur d'autres œuvres que vous avez lues.
▶ Fiche 17 Comprendre un sujet de dissertation

19 Arthur Rimbaud
Poésies, 1870

Biographie p. 671

Histoire littéraire p. 422

Repères historiques p. 34

Âgé de seize ans, Rimbaud fugue à plusieurs reprises. C'est dans la liberté de cette bohème poétique qu'il trouve l'inspiration.

Zsolt ZSIGMOND, *On the road again*, photographie, 2008.

Ma bohème

1 Je m'en allais, les poings dans mes poches crevées ;
Mon paletot[1] aussi devenait idéal[2] ;
J'allais sous le ciel, Muse ! et j'étais ton féal[3] ;
Oh ! là ! là ! que d'amours splendides j'ai rêvées !

5 Mon unique culotte[4] avait un large trou.
– Petit-Poucet rêveur, j'égrenais dans ma course
Des rimes. Mon auberge était à la Grande-Ourse[5].
– Mes étoiles au ciel avaient un doux frou-frou[6]

Et je les écoutais, assis au bord des routes,
10 Ces bons soirs de septembre où je sentais des gouttes
De rosée à mon front, comme un vin de vigueur ;

Où, rimant au milieu des ombres fantastiques,
Comme des lyres, je tirais les élastiques
De mes souliers blessés, un pied près de mon cœur !

A. RIMBAUD, *Poésies*, « Ma bohème », 1870.

1. Manteau.
2. Réduit par l'usure au point de n'être plus qu'une « idée ».
3. Fidèle partisan.
4. Pantalon court.
5. À la belle étoile.
6. Léger bruit de frottement.

Les harmonies du ciel et de la terre

LECTURE

Éloge de l'errance

1 Relevez le champ lexical de la marche. Quelles sensations se dégagent de l'errance du poète ?

2 Expliquez la métaphore du Petit Poucet. Montrez que la quête de sensations s'apparente à une quête poétique.

3 Quelles connotations positives sont associées aux termes de « bohème » et de « bohémien » dans les deux poèmes ?

4 Montrez que dans l'ultime strophe de « Ma bohème », le poète se définit avec un humour teinté d'autodérision comme un nouvel Orphée.

VERS LE BAC

Dissertation

Les artistes doivent-ils s'affranchir des règles pour créer, ou se contenter d'imiter les formes artistiques existantes ? Vous vous inspirerez des textes de Rimbaud et élargirez votre réflexion à d'autres genres que la poésie.
▶ Fiche 17 Comprendre un sujet de dissertation

20 Arthur Rimbaud
Poésies, 1870-1871

Rimbaud évoque la guerre de 1870 entre la France et la Prusse.

Le mal

Biographie p. 671
Histoire littéraire p. 422
Repères historiques p. 34

1 Tandis que les crachats rouges de la mitraille
Sifflent tout le jour par l'infini du ciel bleu ;
Qu'écarlates[1] ou verts[1], près du Roi qui les raille[2],
Croulent les bataillons en masse dans le feu ;

5 Tandis qu'une folie épouvantable, broie
Et fait de cent milliers d'hommes un tas fumant ;
– Pauvres morts ! dans l'été, dans l'herbe, dans ta joie,
Nature ! ô toi qui fis ces hommes saintement !... –

– Il est un Dieu, qui rit aux nappes damassées[3]
10 Des autels[4], à l'encens, aux grands calices[5] d'or ;
Qui dans le bercement des hosannah[6] s'endort,

Et se réveille, quand des mères, ramassées
Dans l'angoisse, et pleurant sous leur vieux bonnet noir,
Lui donnent un gros sou lié dans leur mouchoir !

A. RIMBAUD, *Poésies*, « Le mal », 1870-1871.

1. Allusion à la couleur rouge de l'uniforme des soldats français. Le vert caractérise l'uniforme des Prussiens.
2. Qui se moque d'eux.
3. Tissées selon une technique très raffinée.
4. Dans une église, table servant à la messe.
5. Vase servant à consacrer le vin pour la messe.
6. Expression prononcée en chœur par les fidèles pendant la messe.

Henri ROUSSEAU (1844-1910), dit LE DOUANIER, *La Guerre*, vers 1894, huile sur toile, 114 × 195 cm (Musée d'Orsay, Paris).

Beauté crachée

LECTURE

1 Commentez l'organisation du poème : que symbolise-t-elle ?

2 Comment les sonorités des deux quatrains (rimes, **assonances**, **allitérations**) expriment-elles l'horreur de la guerre ?

3 Analysez le champ lexical et les **connotations** du luxe et de l'argent. Quelle image de Dieu le poème dessine-t-il ? Montrez que ce sonnet est **polémique**.

VERS LE BAC

Question sur un corpus

Vous montrerez, à partir des textes de la séquence, que la recherche de la beauté s'accompagne souvent d'une volonté de provocation, par les sujets abordés ou par les choix formels des poètes.

▶ Fiche 9 Répondre à une question sur un corpus

11 XIXᵉ siècle : Poésie et modernité | 441

Ivan Konstantinovitch AIVAZOVSKI (1817-1900), *La vague (Dernière minute sur l'océan)*, 1889, huile sur toile, 304 × 505 cm (Musée National Russe, Saint-Petersbourg).

N° 21 Arthur Rimbaud
Poésies, 1871

Biographie
p. 671

Histoire littéraire
p. 422

Repères historiques
p. 34

1. Personne ou animal qui remorque un bateau, le long des quais.
2. Lanternes.

Le Bateau ivre

1 Comme je descendais des Fleuves impassibles,
  Je ne me sentis plus guidé par les haleurs[1] :
  Des Peaux-rouges criards les avaient pris pour cibles
  Les ayant cloués nus aux poteaux de couleurs.

5 J'étais insoucieux de tous les équipages,
  Porteur de blés flamands ou de cotons anglais.
  Quand avec mes haleurs ont fini ces tapages
  Les Fleuves m'ont laissé descendre où je voulais.

  Dans les clapotements furieux des marées,
10 Moi, l'autre hiver, plus sourd que les cerveaux d'enfants,
  Je courus ! Et les Péninsules démarrées
  N'ont pas subi tohu-bohus plus triomphants.

  La tempête a béni mes éveils maritimes.
  Plus léger qu'un bouchon j'ai dansé sur les flots
15 Qu'on appelle rouleurs éternels de victimes,
  Dix nuits, sans regretter l'œil niais des falots[2] !

Antiquité | Moyen Âge | XVIe | XVIIe | XVIIIe | **XIXe** | XXe | XXIe

> Plus douce qu'aux enfants la chair des pommes sures[3],
> L'eau verte pénétra ma coque de sapin
> Et des taches de vins bleus et des vomissures
> 20 Me lava, dispersant gouvernail et grappin.
>
> Et dès lors, je me suis baigné dans le Poème
> De la Mer, infusé d'astres[4], et lactescent[5],
> Dévorant les azurs verts[6] ; où, flottaison blême
> Et ravie, un noyé pensif parfois descend ;
>
> 25 Où, teignant tout à coup les bleuités[7], délires
> Et rhythmes[8] lents sous les rutilements du jour,
> Plus fortes que l'alcool, plus vastes que nos lyres,
> Fermentent les rousseurs amères de l'amour !
>
> Je sais les cieux crevant en éclairs, et les trombes,
> 30 Et les ressacs et les courants : je sais le soir,
> L'Aube exaltée ainsi qu'un peuple de colombes,
> Et j'ai vu quelquefois ce que l'homme a cru voir.
>
> J'ai vu le soleil bas, taché d'horreurs mystiques,
> Illuminant de longs figements violets,
> 35 Pareils à des acteurs de drames très antiques,
> Les flots roulant au loin leurs frissons de volets !
>
> A. RIMBAUD, « Le Bateau ivre » (extrait), *Poésies*, 1871.

3. Acides.
4. Les étoiles se reflétant dans la mer ressemblent à des végétaux plongés dans l'eau.
5. D'apparence laiteuse.
6. Antoine Adam comprend ce vers de la façon suivante : « L'océan *dévore* l'azur en ce sens qu'il absorbe sa couleur. Il va de soi que l'antécédent de *où* n'est pas *les azurs verts* mais le *Poème de la Mer.* »
7. Nom inventé par Rimbaud à partir de l'adjectif « bleu ».
8. L'orthographe est de Rimbaud.

L'ivresse de l'inconnu

LECTURE

Langage, tangage

1 Montrez comment bateau et poète rompent les amarres. Avec quel vieux monde sont-ils en rupture ?

2 Comment les **enjambements** et **césure** (v. 11-12) bouleversent-ils le rythme du vers ? Quelles autres **ressources** le poète convoque-t-il pour faire rugir la tempête et tanguer le bateau ?

3 Par quels moyens (vocabulaire, **métrique**, **rythmes**) les strophes 6 et suivantes évoquent-elles les dérives étourdissantes de l'épave ? Vous argumenterez par des relevés précis.

Le poème de la mer

4 Pourquoi naufrage et noyade sont-ils une délivrance ? Analysez le jeu des couleurs, les **métaphores** étranges et les **synesthésies**.

5 [SYNTHÈSE] « je me suis baigné dans le Poème de la Mer » (vers 21) : expliquez cette expression. En quoi le voyage est-il la métaphore d'une écriture rejetant les contraintes ?

VERS LE BAC

Invention

René Char s'exclame : « Tu as bien fait de partir Arthur Rimbaud ! ». Cette phrase ouvrira une nouvelle en une page narrant les aventures d'un « poète » délaissant l'écriture pour le voyage. Elle justifiera sa soif de rupture.
▶ **Fiche 11** Comprendre un sujet d'écriture d'invention

Dissertation

Rimbaud écrit à P. Demeny : « Le poète se fait voyant par un long, immense et raisonné dérèglement de tous les sens ». Ainsi, « il arrive à l'inconnu ». Pensez-vous que découvrir l'inconnu soit une fonction essentielle de la poésie ?
▶ **Fiche 17** Comprendre un sujet de dissertation

22 Stéphane Mallarmé
Poésies, 1868

Biographie p. 671

1. Pierre semi-précieuse, variété d'agate.
2. Nom donné aux personnes qui portaient les lumières dans les cérémonies religieuses.
3. Du soir.
4. Oiseau fabuleux qui renaît de ses cendres.
5. Qui contient les cendres d'un mort.
6. Buffet de salle à manger où l'on dépose les verres et la vaisselle ; meuble destiné à contenir des bibelots.
7. Nom énigmatique qui apparaît en 1859 dans *Le Satyre* de Hugo (« Sylvain du Ptyx »).
8. Vide, vain.
9. Dans la mythologie germanique, nymphe, génie des eaux, ondine.

Poète majeur du mouvement symboliste, Stéphane Mallarmé se donne le défi d'élaborer un sonnet dont « le sens, s'il en est un […], est évoqué par un mirage interne des mots mêmes ». Les associations de sons et de mots conduisent le lecteur aux portes d'un monde étrange.

« Ses purs ongles très haut… »

1 Ses purs ongles très haut dédiant leur onyx[1],
L'Angoisse, ce minuit, soutient, lampadophore[2],
Maint rêve vespéral[3] brûlé par le Phénix[4]
Que ne recueille pas de cinéraire[5] amphore

5 Sur les crédences[6], au salon vide : nul ptyx[7]
Aboli bibelot d'inanité[8] sonore,
(Car le Maître est allé puiser ses pleurs au Styx
Avec ce seul objet dont le Néant s'honore.)

10 Mais proche la croisée au nord vacante, un or
Agonise selon peut-être le décor
Des licornes ruant du feu contre une nixe[9],

Elle, défunte nue en le miroir, encor
Que, dans l'oubli formé par le cadre, se fixe
15 De scintillations sitôt le septuor.

S. Mallarmé, *Poésies*, « Ses purs ongles très haut… », 1868.

Auguste RODIN (1840-1917), *La Pensée*, vers 1895, tête en marbre, 74,2 × 43,5 × 46,1 cm (Musée d'Orsay, Paris).

La chimère du poète

◆ LECTURE

1 Quelle forme fixe poétique reconnaissez-vous ? Comment Stéphane Mallarmé en intègre-t-il les contraintes et les caractéristiques ?

2 Identifiez les **rimes**. Pour chacune d'elles, observez les termes qui se trouvent convoqués et associés. Que connotent-ils ? Quels éléments symboliques mettent-ils en valeur ?

3 Comment le poème suggère-t-il le vide et l'absence par les sons et les images ?

4 Analysez dans la troisième strophe les moyens poétiques par lesquels des éléments du réel ouvrent sur un monde imaginaire.

5 Quelle représentation le poète donne-t-il de la femme ?

6 Relevez le vocabulaire lié à l'éclat de la lumière. Pourquoi devient-il emblématique du poème lui-même ?

◆ HISTOIRE DES ARTS

Comment la sculpture d'Auguste Rodin fait-elle émerger la figure tout en lui laissant une part de mystère ? Que peut-on ressentir devant cette œuvre ?

◆ VERS LE BAC

Dissertation

Selon vous, la poésie a-t-elle pour fonction d'être un langage clair ou de suggérer un monde mystérieux et énigmatique ? Vous appuierez votre réponse sur le texte de Mallarmé, ainsi que sur d'autres œuvres que vous avez lues.
▶ Fiche 17 Comprendre un sujet de dissertation

Oral (entretien)

Selon vous, le sens d'un texte doit-il être immédiatement accessible ? Êtes-vous sensible aux textes qui résistent au lecteur ? Argumentez.
▶ Fiche 16 Réussir l'épreuve orale au baccalauréat

23 Stéphane Mallarmé
Poésies, 1870-1898

Biographie p. 671
Histoire littéraire p. 422
Repères historiques p. 34

Mallarmé développe une poésie ésotérique[1], souvent difficile d'accès, mais qui se révèle fascinante pour le lecteur qui tente d'en déchiffrer le mystère. Le poète symboliste parvient, par un jeu savant d'analogies, à suggérer des idées qui échappent à la réflexion rationnelle.

Le vierge, le vivace et le bel aujourd'hui

1 Le vierge, le vivace et le bel aujourd'hui
Va-t-il nous déchirer avec un coup d'aile ivre
Ce lac dur oublié que hante sous le givre
Le transparent glacier des vols qui n'ont pas fui !

5 Un cygne d'autrefois se souvient que c'est lui
Magnifique mais qui sans espoir se délivre
Pour n'avoir pas chanté la région où vivre
Quand du stérile hiver a resplendi l'ennui.

Tout son col secouera cette blanche agonie
10 Par l'espace infligée à l'oiseau qui le nie,
Mais non l'horreur du sol où le plumage est pris.

Fantôme qu'à ce lieu son pur éclat assigne,
Il s'immobilise au songe froid de mépris
Que vêt parmi l'exil inutile le Cygne.

S. MALLARMÉ, *Poésies*,
« Le vierge, le vivace et le bel aujourd'hui », 1870-1898.

1. Réservée aux initiés.

Johann Heinrich FÜSSLI (1741-1825), *Le Silence*, 1799-1801, huile sur toile, 63,5 × 51,5 cm (Musée des Beaux-Arts, Zürich).

L'éclat du signe

LECTURE

1 Comment la tentative d'envol est-elle suggérée dans les quatrains ? Commentez l'**allitération** en [v], la ponctuation, la rime.

2 Comment le regret s'exprime-t-il des vers 4 à 8 ? Quel en est l'objet ?

3 La **rime** « assigne »/« cygne » (v. 12 et 14) établit une correspondance sonore. Si vous remplacez « cygne » par son homonyme, comment comprenez-vous le poème ?

4 Dès lors, que symbolise la surface blanche du lac gelé ? Quelle plume rêve de s'envoler ?

HISTOIRE DES ARTS

Cherchez et résumez l'argument du ballet *Le Lac des cygnes*. Comment la danse classique, la poésie de Mallarmé, le tableau expriment-ils l'idée d'un épanouissement douloureux, voire impossible ?

VERS LE BAC

Dissertation

La difficulté d'un poème peut-elle constituer un tremplin au plaisir de lire ? Vous justifierez votre réponse par des exemples de la séquence et des poèmes que vous aimez.

▶ Fiche 17 Comprendre un sujet de dissertation

12. XXᵉ-XXIᵉ siècle : Nouveaux territoires poétiques

Les poètes investissent le monde moderne de leur regard singulier et ne s'interdisent plus rien : l'écriture poétique investit le langage dans toutes ses dimensions jusqu'au silence. La poésie devient le laboratoire de la création littéraire.

1. **G. Apollinaire,** *Alcools,* 1913 **Œuvre intégrale** 448
   « Zone » 450
   « Crépuscule » 451
   « Le pont Mirabeau » 452
2. **G. Apollinaire,** *Poèmes à Lou,* 1955 453

Histoire littéraire
Le surréalisme 454

Histoire des arts
R. Magritte, *La Clef des songes* (II), 1930 et *Ceci n'est pas une pomme,* 1964 456

● Le surréalisme
3. **A. Breton,** *Manifeste du surréalisme,* 1924 458
4. **L. Aragon,** *Une vague de rêves,* « Une vague de rêves », 1924 459
5. **L. Aragon,** *Le Mouvement perpétuel,* « Sommeil de plomb », 1925 460
6. **R. Desnos,** *À la mystérieuse,* « Les Espaces du sommeil », 1926 462
7. **Ph. Soupault,** *Georgia,* « Le nageur », 1926 464
8. **P. Éluard,** *Capitale de la douleur,* « La courbe de tes yeux », 1947 465

● Explorations singulières
9. **Saint-John Perse,** *Vents,* 1946 466
10. **E. Guillevic,** *Gagner,* 1949 467
11. **E. Guillevic,** *Terre à bonheur,* 1952 468
12. **R. Char,** *Lettera amorosa,* « Sur le franc-bord », 1953 469
13. **Saint-John Perse,** discours de réception du prix Nobel de Littérature, 1960 ... 470
14. **F. Ponge,** *Pièces,* « La valise », 1961 471
15. **J. Prévert et Izis,** *Grand Bal du Printemps,* 1976 472
16. **Ph. Jaccottet,** *Paysages avec figures absentes,* 1970 474
17. **G. Ortlieb,** *Poste restante,* « 3 h 56 », 1997 476
18. **F. Cheng,** *À l'Orient de tout,* « Pierres », 2006 477

1 Guillaume Apollinaire
Alcools, 1913

ŒUVRE INTÉGRALE

❢ Entrée dans l'œuvre : l'influence des peintres cubistes

Robert DELAUNAY, *Champ de Mars. La Tour Rouge*, 1911, huile sur toile (Art Institute of Chicago).

L'éclatement des images

Reprenant l'héritage de Cézanne, les inventeurs du **cubisme**, comme Picasso ou Braque, représentent les objets sous plusieurs angles simultanément. Ils transposent ainsi les trois dimensions de la réalité dans les deux dimensions de la toile. La décomposition des objets provoque une impression d'éclatement mais aussi de richesse puisque plusieurs facettes de la réalité sont perçues et synthétisées. Apollinaire, qui a de nombreux amis artistes, analyse leur démarche dans *Les peintres cubistes,* puis s'en inspire.

> **1** Relevez, dans « Zone » (p. 450), une réalité évoquée simultanément par plusieurs images emmêlées. Pourquoi cette superposition d'images, placée au seuil du recueil, nous fait-elle entrer dans un univers cubiste ?
>
> **2** Pourquoi le tableau de Delaunay illustre-t-il « Zone » ? Argumentez.
>
> **3** @RECHERCHE Cherchez trois ou quatre autres tableaux cubistes pour illustrer « Zone » (p. 450) et « Vendémiaire » (p. 136, éd. Gallimard). Justifiez vos choix.

❢ L'œuvre et son contexte : Apollinaire, d'un siècle à l'autre

Apollinaire est, selon Pierre Brunel, « entre deux mondes ». Ses connaissances en littérature médiévale, en histoire et en mythologie font en effet de lui l'héritier d'une culture ancienne. En même temps, le temps présent le séduit et l'inquiète. Ainsi, s'il célèbre les audaces des artistes modernes dans sa revue *Les Soirées de Paris*, sa poésie évoque parfois la guerre qui vient. En 1913, en Lorraine, les premiers incidents franco-allemands troublent la paix.

> **1** Comment la menace de la guerre se profile-t-elle dans « La maison des morts » (p. 39, éd. Gallimard) ?
>
> **2** Lisez le titre du tableau de Delaunay et retrouvez dans sa toile les éléments qu'il évoque. Lequel est moderne ? Comment Apollinaire le célèbre-t-il dans « Zone » (p. 450) ?
>
> **3** « Je déteste les artistes qui ne sont pas de leur époque », écrit Apollinaire en 1913. Pourquoi, selon vous, la poésie et la peinture doivent-elles s'intéresser au monde contemporain ? Vous illustrerez votre propos par des vers d'Apollinaire.

Les sources de l'œuvre

1. Puiser l'inspiration à la source des mythes

En latin, le mot « carmen » signifie « vers » mais aussi « enchantement », « charme magique ». Ainsi, dans les légendes et les mythes, la poésie a une portée magique. La voix d'Orphée fait pleurer les pierres et reculer la mort. Le chant envoûtant des sirènes a un pouvoir quasi surnaturel : il « incante », dit Apollinaire. Enfin, la musique d'Apollon et des muses fait danser les planètes et maintient ainsi l'harmonie du cosmos.

1 @RECHERCHE Qui sont Apollon et Orphée ? Pourquoi Apollinaire en fait-il ses sources d'inspiration ?
2 Proposez deux explications pour la métaphore clôturant « Zone » (p. 14, éd. Gallimard) : « soleil cou coupé ». La première évoquera le flamboiement du crépuscule ; la deuxième, la mise à mort du poète, héritier d'Orphée et d'Apollon.
3 Relisez « La Loreley », « Nuit Rhénane » et « Crépuscule » : quelles figures légendaires s'y trouvent ? Pourquoi font-elles penser au pouvoir ensorcelant de la voix du poète ?

2. Inventer un rythme nouveau

Apollinaire est inspiré par les trépidations de la ville et le rythme syncopé du jazz. Pour le donner à entendre dans un lyrisme très personnel, il décide, au moment d'imprimer *Alcools*, de supprimer toute ponctuation : « *le rythme même et la coupe des vers, voilà la véritable ponctuation et il n'en est point besoin d'une autre* ».

1 Expliquez ce propos et illustrez-le par des vers témoignant de ce travail rythmique et métrique.
2 Dans « La Loreley », en l'absence de ponctuation, est-il aisé de savoir qui parle ? Qu'apporte la confusion des voix narratives ?

ÉDUCATION AUX MÉDIAS

Sur le site « Vive voix » www.vivevoix.com, écoutez les poèmes dits par Apollinaire : quelles nuances sa voix donne-t-elle aux textes ? Proposez à votre tour une lecture faisant entendre le rythme du poème.

La réception de l'œuvre : « la ferraille du bric-à-brac » (Duhamel)

G. Duhamel compare Alcools à une « boutique de brocanteur ». Il en déteste les images étranges, faites d'un mélange d'images ancestrales et futuristes.

« Je dis : boutique de brocanteur parce qu'il est venu échouer dans ce taudis une foule d'objets hétéroclites dont certains ont de la valeur, mais dont aucun n'est le produit de l'industrie du marchand même. C'est bien là une des caractéristiques de la brocante : elle revend, elle ne fabrique pas. Elle revend parfois de curieuses choses ; il se peut qu'on trouve, dans ses étalages crasseux, une pierre de prix montée sur un clou. Tout cela vient de loin ; mais la pierre est agréable à voir. Pour le reste, c'est un assemblage de faux tableaux, de vêtements exotiques et rapiécés »

Georges DUHAMEL, article paru dans le *Mercure de France*, 16 juin 1913.

ÉCRITURE

Invention

a) Comprendre le sujet
– Expliquez ce que Duhamel reproche à Apollinaire.
– Relevez dans « Zone » (p. 7, éd. Gallimard) et « La Chanson du Mal-Aimé » des images héritées du passé et glanées dans l'actualité. Quel est l'effet produit par ce mélange ?
b) Inventer
Dans une lettre argumentative, inventez la réponse d'un amateur montrant que cet assemblage d'éléments apparemment « hétéroclite » est profondément riche.

EXTRAIT 1

Le lyrisme de la modernité

Le recueil s'ouvre sur « Zone », manifeste de la modernité poétique selon Apollinaire, et s'achève avec « Vendémiaire », ode au Paris futuriste. S'inspirant des peintres cubistes comme Picasso, Apollinaire décompose la réalité temporelle et spatiale et la recompose en éléments juxtaposés et simultanés.

Zone

1 À la fin tu es las de ce monde ancien

Bergère ô tour Eiffel[1] le troupeau des ponts bêle ce matin

Tu en as assez de vivre dans l'antiquité grecque et romaine

Ici même les automobiles ont l'air d'être anciennes
5 La religion seule est restée toute neuve la religion
Est restée simple comme les hangars de Port-Aviation[2]

Seul en Europe tu n'es pas antique ô Christianisme
L'Européen le plus moderne c'est vous Pape Pie X[3]
Et toi que les fenêtres observent la honte te retient
10 D'entrer dans une église et de t'y confesser ce matin
Tu lis les prospectus les catalogues les affiches qui chantent tout haut
Voilà la poésie ce matin et pour la prose il y a les journaux
Il y a la livraison à 25 centimes pleine d'aventures policières
Portraits des grands hommes et mille titres divers

15 J'ai vu ce matin une jolie rue dont j'ai oublié le nom
Neuve et propre du soleil elle était le clairon
Les directeurs les ouvriers et les belles sténodactylographes
Du lundi matin au samedi soir quatre fois par jour y passent
Le matin par trois fois la sirène y gémit
20 Une cloche rageuse y aboie vers midi
Les inscriptions des enseignes et des murailles
Les plaques les avis à la façon des perroquets criaillent

J'aime la grâce de cette rue industrielle
Située à Paris entre la rue Aumont-Thiéville et l'avenue des Ternes[4]
[…]

G. APOLLINAIRE, « Zone » (extrait), *Alcools*, 1913,
© Éditions Gallimard, NRF, 2010, p. 7.

---

1. La tour Eiffel fut achevée en 1889.

2. Aérodrome de la région parisienne d'où partit en 1911 la course Paris-Rome.

3. Pie X, pape de 1903 à 1914, fut un adversaire du modernisme dans l'Église ; mais il donna sa bénédiction à l'aviateur vainqueur de la course Paris-Rome... d'où ce qualificatif de moderne.

4. Rue et avenue situées dans la zone nord-ouest de Paris, près de la Porte de Champerret (XVIIe arrondissement).

Diego RIVERA, *La Tour Eiffel*, 1914, huile sur toile, 115 × 92 cm (Collection privée).

> **LECTURE**
> ▸ Expliquez le titre « Zone » et ses connotations.
> ▸ Comment, dans ce poème, arpenter le monde permet-il de voir la beauté de la ville moderne ?

EXTRAIT 2

Le manteau d'Arlequin

Une troupe de saltimbanques se prépare pour une représentation aux couleurs fantastiques.

Crépuscule

À Mademoiselle Marie Laurencin[1].

1 Frôlée par les ombres des morts
Sur l'herbe où le jour s'exténue[2]
L'arlequine s'est mise nue
Et dans l'étang mire son corps

5 Un charlatan crépusculaire
Vante les tours que l'on va faire
Le ciel sans teinte est constellé
D'astres pâles comme du lait

Sur les tréteaux l'arlequin blême
10 Salue d'abord les spectateurs
Des sorciers venus de Bohême
Quelques fées et les enchanteurs

Ayant décroché une étoile
Il la manie à bras tendu
15 Tandis que des pieds un pendu
Sonne en mesure les cymbales

L'aveugle berce un bel enfant
La biche passe avec ses faons
Le nain regarde d'un air triste
20 Grandir l'arlequin trismégiste[3]

G. APOLLINAIRE,
« Crépuscule », *Alcools*, 1913,
© Éditions Gallimard, NRF, 2010, p. 37.

Marie LAURENCIN, *La Femme au singe*, (coloré par Jacques Villon), 1926.

1. Peintre proche des cubistes, maîtresse d'Apollinaire.
2. Le jour tombe et semble mourir d'épuisement.
3. Mot d'origine grecque signifiant « trois fois grand ». Cet adjectif est réservé à Hermès, dieu des joueurs et des voleurs, inventeur de l'écriture.

> **@ RECHERCHE** Qui est Arlequin dans la *Commedia dell'arte* ?
>
> Apollinaire s'est souvent comparé à Arlequin. Relisez « Saltimbanques » (p. 68, éd. Gallimard) et « Crépuscule » : comment l'Arlequin-poète apparaît-il ? Sur Internet, regardez des tableaux (de Picasso, par exemple) représentant Arlequin en costume pour nourrir votre réflexion.
>
> **IMAGE** Décrivez l'écharpe d'Arlequine et le costume d'Arlequin. Pourquoi Apollinaire a-t-il comparé son recueil à leur costume composé de lambeaux et de fragments rapiécés ?

EXTRAIT 3

Le pont Mirabeau

Alcools réunit des poèmes rédigés entre 1898 et 1913. « Le Pont Mirabeau » participe d'un ensemble de poèmes qui, dans le recueil, évoquent la relation amoureuse du poète avec le peintre Marie Laurencin. Apollinaire évoque sa souffrance à l'issue d'une relation amoureuse difficile et son expérience de la rupture.

1 Sous le pont Mirabeau coule la Seine
        Et nos amours
      Faut-il qu'il m'en souvienne
La joie venait toujours après la peine

5   Vienne la nuit sonne l'heure
      Les jours s'en vont je demeure

Les mains dans les mains restons face à face
        Tandis que sous
     Le pont de nos bras passe
10 Des éternels regards l'onde si lasse

      Vienne la nuit sonne l'heure
      Les jours s'en vont je demeure

L'amour s'en va comme cette eau courante
       L'amour s'en va
15   Comme la vie est lente
Et comme l'Espérance est violente

      Vienne la nuit sonne l'heure
      Les jours s'en vont je demeure

Passent les jours et passent les semaines
20   Ni temps passé
     Ni les amours reviennent
Sous le pont Mirabeau coule la Seine

      Vienne la nuit sonne l'heure
      Les jours s'en vont je demeure

G. APOLLINAIRE, *Alcools*, « Le Pont Mirabeau », 1913.

La complainte du poète

LECTURE

1 Observez les répétitions dans le poème : quels sont les éléments qui reviennent et quels sont les effets produits ?

2 Apollinaire n'utilise pas de ponctuation. Quels sont les effets produits ?

3 @RECHERCHE Recherchez une définition de l'**élégie**. Pourquoi peut-on dire que le poème d'Apollinaire en est une ?

4 SYNTHÈSE Comment Apollinaire actualise-t-il les thèmes de la fuite du temps et de la déception amoureuse, classiques dans la poésie **lyrique** ?

5 ORAL Lisez à haute voix ce poème en vous efforçant d'en rendre la circularité et de souligner la douleur du poète.

VERS LE BAC

Dissertation

Selon vous, la poésie a-t-elle uniquement pour vocation d'exprimer des émotions ? Vous vous appuierez sur le texte d'Apollinaire et sur d'autres poèmes que vous avez lus.

▶ **Fiche 17 Comprendre un sujet de dissertation**

Guillaume Apollinaire
Poèmes à Lou, 1955

Texte 1

Les Poèmes à Lou, écrits pendant la première guerre mondiale, furent publiés en 1955. Ils célèbrent le nom de l'absente avec une grande inventivité.

La nuit descend
On y pressent
Un long destin de sang

Guillaume APOLLINAIRE, extrait de « Si je mourais là-bas… », 1915, dans *Poèmes à Lou*, © Éditions Gallimard, 1955.

Texte 2

Le mot « calligramme » est un néologisme, forgé par Apollinaire à partir des mots « calligraphie » et « idéogramme ». Il désigne un poème dont les mots forment un dessin, ici en lien intime avec Lou, trop loin de lui.

Guillaume APOLLINAIRE,
Poème du 9 février 1915, *Poèmes à Lou*,
© Éditions Gallimard, 1955.

Louise de Coligny, dite « Lou ».

1 Reconnais-toi
   Cette adorable personne c'est toi
   Sous le grand chapeau canotier
   Œil
5 Nez
   La bouche
   Voici l'ovale de ta figure
   Ton cou exquis
   Voici enfin l'imparfaite image de ton buste adoré
                vu comme à travers un nuage
10 Un peu plus bas c'est ton cœur qui bat

G. APOLLINAIRE, « Reconnais-toi », Poème du 9 février 1915, *Poèmes à Lou*, © Éditions Gallimard, 1955.

Poésie simultanée

LECTURE

1 Caractérisez l'écriture qu'Apollinaire invente pour donner à ses poèmes la forme et le nom de l'aimée. Vous commenterez la multiplicité des sens de lecture.

2 TEXTE 2 Quelles parties du corps les mots-images célèbrent-ils avec netteté ? Avec flou ? Comment les mots de l'amour font-ils apparaître le visage de l'aimée ?

3 TEXTE 1 Comment le nom de Lou est-il lié à la violence du monde ? Pourquoi l'amour et la mort sont-ils réunis dans ce jeu littéraire ? Vous lirez la biographie du poète pour répondre.

VERS LE BAC

Dissertation
La poésie amoureuse a-t-elle uniquement pour fonction de magnifier et réinventer la femme aimée ? Vous illustrerez votre propos avec des textes de la séquence.
▶ **Fiche 17** Comprendre un sujet de dissertation

Histoire littéraire
Le surréalisme

Un mouvement artistique et culturel

Né en France dans les années 1920, le mouvement surréaliste réunit écrivains et artistes qui adhèrent, pour de brèves ou longues périodes, au groupe fondé par **André Breton**. Parmi les écrivains, les **poètes** dominent : Louis Aragon, André Breton, Robert Desnos, Paul Eluard, Michel Leiris, Benjamin Péret, Raymond Queneau et Philippe Soupault. Les **peintres** témoignent de l'influence grandissante du mouvement, qui dépasse rapidement les frontières françaises : aux Français André Masson et Yves Tanguy se joignent le Belge René Magritte, les Espagnols Salvador Dalí et Joan Miró, l'Italien Giorgio de Chirico, l'Allemand Max Ernst. L'œuvre de la Mexicaine Frida Kahlo suscite également l'admiration d'André Breton. Le surréalisme investit peu à peu toutes les formes d'art, qu'il s'agisse de la **sculpture** avec Jean Arp, Victor Brauner, Alberto Giacometti ou Meret Oppenheim, la **photographie** avec Man Ray ou le **cinéma** autour de Luis Buñuel.

Ce qui unit ces artistes et ces personnalités si diverses, c'est une même recherche artistique, qu'André Breton définit dans le premier *Manifeste du surréalisme* en 1924 :

Surréalisme, n. m. Automatisme psychique pur par lequel on se propose d'exprimer, soit verbalement, soit par écrit, soit de toute autre manière, le fonctionnement réel de la pensée. Dictée de la pensée, en l'absence de tout contrôle exercé par la raison, en dehors de toute préoccupation esthétique ou morale.

André Breton, *Premier Manifeste du surréalisme*, 1924.

Giorgio DE CHIRICO (1888-1978), *Portrait prémonitoire de Guillaume Apollinaire*, 1914, huile sur toile, 81,5 × 65 cm (Centre Georges-Pompidou, musée national d'Art moderne, Paris).

L'origine du mot et l'hommage à Guillaume Apollinaire

C'est Guillaume Apollinaire qui invente le mot « **surréalisme** » en 1917 en sous-titrant sa pièce de théâtre *Les Mamelles de Tirésias* « drame surréaliste », et ce mot est choisi par André Breton et ses amis en hommage au poète, précurseur de leur mouvement et qui venait juste de mourir, en 1918.

C'est pour rendre hommage à Guillaume Apollinaire, dont nous avions admiré un texte onirocritique qui « ressemblait » aux Champs magnétiques que nous adoptâmes le mot surréaliste. […] Ainsi, ce mot, en 1919, n'avait été choisi que pour honorer la mémoire d'un poète qu'André Breton et moi avions aimé.

Philippe SOUPAULT, revue *Europe*, novembre-décembre 1968.

L'hommage des surréalistes à Apollinaire ne s'arrête pas au choix du nom du mouvement. Ainsi, l'un des tableaux les plus célèbres du mouvement, peint par Giorgio de Chirico en 1914 et intitulé à l'origine *L'Homme-cible*, est renommé en 1916 *Portrait prémonitoire de Guillaume Apollinaire*, car le poète est blessé à la tempe par un éclat d'obus dans les tranchées de la Première Guerre mondiale.

Libérer l'inconscient

Fascinés par **la découverte de l'inconscient**[1] **par Freud**[2], les surréalistes cherchent à **libérer l'écriture du joug de la raison** et à laisser à l'inconscient le pouvoir créateur. Les démarches pour y parvenir sont nombreuses et se complètent : **rêves éveillés, écriture automatique, jeux tels les cadavres exquis**, autant de pratiques qui provoquent des rencontres explosives

René MAGRITTE (1898-1967), *Je ne vois pas la (femme) cachée dans la forêt*, 1929, collage reproduit dans *La Révolution surréaliste*, numéro du 15 décembre 1929.

[1]. Ensemble des idées et des émotions maintenues hors de la conscience, parfois refoulées, mais qui selon Freud influencent la plupart des phénomènes conscients.

[2]. Médecin autrichien, il découvre l'inconscient au début du XXe siècle et fonde de la psychanalyse.

entre les mots et les images, et qui, en dynamitant le langage, renouvellent l'approche artistique.

Le rêve, porte vers le merveilleux surréaliste

Inspirés par *L'Interprétation des rêves* que Freud publie en 1900 et où il interprète le rêve comme l'accomplissement, parfois déformé ou figuré, d'un désir inconscient, les surréalistes plongent dans ce que Louis Aragon appelle en 1924 une « vague de rêves ». Ils cherchent à **provoquer le sommeil, notamment par l'hypnose**, et les éveillés notent attentivement les paroles prononcées par les rêveurs.

→ **Ex** : Dans *Les Espaces du sommeil*, Robert Desnos explore le rêve à la manière d'un espace intérieur.

L'écriture automatique et la fulgurance de la pensée

L'**écriture automatique** pratiquée par Breton et Soupault est également une forme d'expression surréaliste libre et spontanée, qui touche à l'inconscient, et une des innovations majeures des surréalistes. Elle permet de créer des images nouvelles, aussi éblouissantes qu'insolites, telles celles que l'on découvre dans l'œuvre phare de l'écriture automatique, publiée par André Breton et Philippe Soupault en 1920 :

Prisonniers des gouttes d'eau, nous ne sommes que des animaux perpétuels.
André BRETON et Philippe SOUPAULT, *La Glace sans tain*, 1920.

Cadavres exquis et autres jeux surréalistes

Pour provoquer ces rencontres insolites, ces associations de mots ou d'idées que Freud a découvertes

Jacques PRÉVERT (1900-1977), *Le Règne animal*, 1974, collage sur page de magazine (BNF).

au cœur de l'activité inconsciente, les surréalistes inventent également toutes sortes de jeux, littéraires et artistiques. Le plus célèbre d'entre eux est le **cadavre exquis**, dont André Breton et Paul Eluard donnent la définition suivante :

Jeu qui consiste à faire composer une phrase, ou un dessin, par plusieurs personnes sans qu'aucune d'elles ne puisse tenir compte de la collaboration ou des collaborations précédentes. L'exemple devenu classique, qui a donné son nom au jeu, tient dans la première phrase obtenue de cette manière : « Le cadavre – exquis – boira – le vin – nouveau. »
André BRETON et Paul ELUARD, *Dictionnaire abrégé du surréalisme*, 1938.

Dans l'art, c'est grâce aux **collages** que le quotidien acquiert une dimension insolite, comme l'explique Max Ernst :

Quelle est la plus noble conquête du collage ? C'est l'irrationnel.
Max ERNST, « Au-delà de la peinture », *Cahiers d'art*, 1937.

L'image surréaliste : le langage libéré des contraintes de la raison

Tandis que des peintres comme **René Magritte** cherchent à libérer le mot de la référence au réel à travers des tableaux comme *La Clef des songes* ou *Ceci n'est pas une pomme,* les poètes surréalistes mettent au jour un nouveau langage, fait d'images surprenantes dont l'une des plus célèbres est sans doute ce vers de Paul Eluard :

La terre est bleue comme une orange
Jamais une erreur les mots ne mentent pas.
Paul ELUARD, *L'Amour la poésie*, 1929.

→ **Ex** : *Les images qui émergent sous la plume de Paul Eluard dans* Capitale de la douleur *symbolisent cette pratique de la métaphore surprenante chère aux surréalistes.*

Poétique ou artistique, l'image surréaliste est un être hybride qui provient du croisement d'espèces différentes, doit **provoquer la surprise du spectateur** et être « beau comme la rencontre fortuite, sur une table de dissection, d'une machine à coudre et d'un parapluie » (Lautréamont).

André BRETON (1896-1966), Tristan TZARA (1896-1963), Valentine HUGO (1887-1968), Greta KNUTSON (1899-1983), *Cadavre exquis*, 1933 (Museum of Modern Art, New York).

5 Louis Aragon
Le mouvement perpétuel, 1925

Biographie
p. 671

Histoire littéraire
p. 454

Repères historiques
p. 36

« Sommeil de plomb »

Ami d'André Breton, Louis Aragon participe à l'élaboration du surréalisme et s'interroge, tant dans ses textes critiques, comme Une Vague de rêves, que dans son œuvre poétique, sur ce nouveau territoire littéraire que révèle l'écriture du songe.

À *Philippe Soupault*

1 Le dormeur éveillé regarde la vie avec des yeux de petit enfant
  Dormeur quel nuage obscurcit l'azur de ton front
  L'homme secoue une tête plus pesante que l'orage
  Il voudrait jouer aux quatre coins mais il ne peut Il est tout seul
5 La balle du soleil en vain s'offre à lui
  En vain les cerceaux des ponts
  En vain
  Henri IV l'invite à chat perché
  Le monde coule à ses pieds et les passants ont toujours le même visage
10 Les plus pressés paraissent plus jeunes et les plus vieux paressent
  À la voir on ne croirait pas la ville en carton ni le soir
  Faux comme les prunelles des femmes et des amis les meilleurs
  Quel danger je cours Immobile contre le parapet[1] de l'univers
  Si j'allais me prendre à ce chromo l'aspect des maisons à huit heures d'été
15 Vertige le décor devient le visage de la vie
  La face de cette fille que j'ai tant aimée
  Pour ses mains ses yeux faits et sa stupidité[2]
  Comme tu mentais bien paysage de l'amour
  Il y avait cette place au creux de ton épaule
20 Et les frissons qui glissaient comme une eau sur ma figure
  Courroux courroux mais tu chantais à voix basse comme la plus innocente

---

1. Mur de protection établi le long d'un pont, d'un balcon.
2. À l'origine, engourdissement, paralysie.

Salvador DALÍ (1904-1989), *Le Sommeil*, 1974, huile sur toile, 51 × 78 cm (Collection particulière).

460 | 3 La poésie

Et tu ne trouvais que des consonnes sourdes
Des sons issus du sang pour nommer les lèvres les caresses
Tout ce qui dansait entre deux corps comme la flamme du désir
25 Un bourdonnement de mouches sur les fruits signifiait moi-même
Et quand j'étais trop las tu laissais avec à-propos pendre un bras mûr
Il peut sans peine sommeiller
Il n'est pas mort Il bouge dans un monde plus mou
Ne me parlez pas de la lumière du soleil
30 J'attends que renaisse la dame du souvenir
Un grand trou s'est fait dans ma mémoire
Un lac où l'on peut se noyer mais non pas boire
Aucun remords ne t'éveille et tu sens le lit sous tes reins
Jusqu'à ce que ce dernier appui s'affaisse et que tu t'enfonces dans le vide
35 Au pays souterrain du songe
Alors je retombe en enfance
Les livres sont rouges et dorés sur tranche
Il n'y a qu'un avenir tout simple
Là-bas entre les lianes des forêts bien connues
40 On fait du feu avec des morceaux de bois sec et la boussole permet de s'orienter
Pourvu que les porteurs ne se révoltent pas
Pourvu que les dormeurs ne se réveillent pas
Mon corps je t'appelle du nom que les bouches ont perdu depuis la création du monde
Mon corps mon corps c'est une danse rouge c'est un mausolée un tir aux pigeons un geyser
45 Plus jamais je ne tirerai ce jeune homme des bras des forêts.

L. ARAGON, « Sommeil de plomb », *Le Mouvement perpétuel*, 1925.

La poésie émerge des profondeurs du rêve

LECTURE

Les étapes de l'endormissement

1 Des vers 1 à 14, quels champs lexicaux indiquent l'engourdissement des muscles et de la conscience. D'où vient l'angoisse ?

2 Des vers 15 à 30, quels éléments évoquent un rituel d'endormissement dans les bras d'une femme aimée ?

3 Des vers 31 à 45, montrez que le poète plonge dans le sommeil paradoxal, caractérisé par le rêve.

La chute dans la mémoire

4 Montrez que le sommeil est une expérience corporelle (champs lexicaux, verbes d'action).

5 Relevez le champ lexical de la chute. Comment le poème réactive-t-il la métaphore figée du titre ?

6 Montrez que le rêveur retrouve des souvenirs de plus en plus lointains.

Le poète, un rêveur éveillé

7 Étudiez l'énonciation. Le poète n'emploie-t-il que le « je » pour se désigner ? Montrez que le rêve est une expérience de l'altérité de soi à soi.

8 Quelle image du poète le premier et le dernier vers définissent-ils ?

ÉCRITURE

Vers l'invention

Proust écrit à propos du sommeil de plomb :
« Il semble qu'on soit devenu, soi-même, pendant quelques instants, après qu'un tel sommeil a cessé, un simple bonhomme de plomb. » (*Le Côté de Guermantes*, 1921-1922)
À votre tour, décrivez les sensations que vous éprouvez lors de l'endormissement.

Argumentation

André Breton écrit :
« Je crois à la résolution future de ces deux états, en apparence si contradictoires, que sont les rêves et la réalité, en une sorte de réalité absolue, de surréalité, si l'on peut ainsi dire. »
En quoi le rêve d'Aragon permet-il l'émergence du surréalisme ?

Robert Desnos
À la mystérieuse, 1926

Biographie p. 671

Histoire littéraire p. 454

Repères historiques p. 36

« Les espaces du sommeil »

« Ce dormeur formidable » qu'est Robert Desnos, selon Louis Aragon, consacre à Yvonne Georges, chanteuse de music-hall à laquelle il voue une passion sans retour, tout un recueil poétique. Il y chante son amour pour la « mystérieuse » qui hante ses rêves.

1 Dans la nuit il y a naturellement les sept merveilles du monde et la grandeur et le tragique et le charme.
Les forêts s'y heurtent confusément avec des créatures de légendes et cachées dans les fourrés.
5 Il y a toi.
Dans la nuit il y a le pas du promeneur et celui de l'assassin et celui du sergent de ville et la lumière du réverbère et celle de la lanterne du chiffonnier.
Il y a toi.
Dans la nuit passent les trains et les bateaux et le mirage des pays où il fait jour.
10 Les derniers souffles du crépuscule et les premiers frissons de l'aube.
Il y a toi.
Un air de piano, un éclat de voix.
Une porte claque. Une horloge.
Et pas seulement les êtres et les choses et les bruits matériels.
15 Mais encore moi qui me poursuis ou sans cesse me dépasse.
Il y a toi l'immolée[1], toi que j'attends.
Parfois d'étranges figures naissent à l'instant du sommeil et disparaissent.
Quand je ferme les yeux, des floraisons phosphorescentes apparaissent et se fanent et renaissent comme des feux d'artifice charnus.
20 Des pays inconnus que je parcours en compagnie de créatures.
Il y a toi sans doute, ô belle et discrète espionne.
Et l'âme palpable de l'étendue.
Et les parfums du ciel et des étoiles et le chant du coq d'il y a 2 000 ans et le cri du paon dans des parcs en flammes et des baisers.
25 Des mains qui se serrent sinistrement dans une lumière blafarde et des essieux qui grincent sur des routes médusantes[2].
Il y a toi sans doute que je ne connais pas, que je connais au contraire.
Mais qui, présente dans mes rêves, t'obstines à s'y laisser deviner sans y paraître.
Toi qui restes insaisissable dans la réalité et dans le rêve.
30 Toi qui m'appartiens de par ma volonté de te posséder en illusion mais qui n'approches ton visage du mien que mes yeux clos aussi bien au rêve qu'à la réalité.
Toi qu'en dépit d'une rhétorique facile où le flot meurt sur les plages, où la corneille vole dans les usines en ruines, où le bois pourrit en craquant sous
35 un soleil de plomb.
Toi qui es la base de mes rêves et qui secoue mon esprit plein de métamorphoses et qui me laisses ton gant quand je baise ta main.
Dans la nuit, il y a les étoiles et le mouvement ténébreux de la mer, des fleuves, des forêts, des villes, des herbes, des poumons de millions et millions
40 d'êtres.

---

1. Sacrifiée à une divinité
2. Qui frappent de stupeur, pétrifient.

Max ERNST (1891-1976), *Le Jardin de la France*, 1962, huile sur toile, 114 × 168 cm (Centre Pompidou, musée national d'Art moderne, Paris).

> Dans la nuit il y a les merveilles du monde.
> Dans la nuit, il n'y a pas d'anges gardiens mais il y a le sommeil.
> Dans la nuit il y a toi.
> Dans le jour aussi.
>
> <div align="right">R. DESNOS, « Les Espaces du sommeil », <i>À la mystérieuse</i>, 1926.</div>

L'exploration poétique d'un espace intérieur

LECTURE

Voyage au pays du sommeil

1 Relevez les allusions au sommeil. Comment le rêve métamorphose-t-il l'environnement immédiat du dormeur (bruits et lumières de la rue) ?

2 Grâce à quels champs lexicaux la nuit devient-elle un espace à explorer qui s'étend à l'univers entier ?

3 En quoi ces paysages sont-ils merveilleux et surréalistes ?

Dialogue avec l'absente

4 À qui le poète s'adresse-t-il ?

5 Étudiez les déguisements de la femme aimée. Quel est l'effet produit ?

6 Quelles antithèses évoquent la femme aimée ? Comment les interprétez-vous ?

Une nouvelle écriture poétique

7 Paul Éluard écrit : « Deux sortes de vers : les vers et les opérations arithmétiques. […] La rime a ce grand succès de mettre en joie les gens simples qui croient naïvement qu'il n'y a rien sous le ciel de plus important qu'une convention. »
Par quels procédés Robert Desnos remplace-t-il cette « rhétorique facile » que condamnent les surréalistes ?
Étudiez en particulier le rythme des vers et les anaphores.

ÉCRITURE

Argumentation

Louis Aragon écrit : « Robert Desnos n'a qu'à fermer les yeux, et il parle, et au milieu des bocks, des soucoupes, tout l'Océan s'écroule avec ses fracas prophétiques et ses vapeurs ornés de longues oriflammes. »
Dans quelle mesure ce poème révèle-t-il le travail de Desnos sur le rêve ?

7 Philippe Soupault
Georgia, 1926

Biographie p. 671

Joan MIRÓ, *La Sieste*, juillet 1925, 1,130 m × 1,460 m (Centre Georges-Pompidou, musée national d'Art moderne, Paris).

« Le nageur »

Mille cris oiseaux
l'horizon trace une ligne de vie
Et les vagues visages perdus chuchotent
dans les golfes tendus comme des bras ouverts
5 Je suis sûr enfin d'être seul
est-ce le Nord est-ce l'Ouest
le soleil bourdonnant de lumière
rue du ciel et de la terre
je m'arrête pour savoir encore si l'été est rouge
10 dans mes veines
et mon ombre tourne autour de moi
dans le sens des aiguilles d'une montre
Le sommeil m'apporte les insectes et les reptiles
la douleur une grimace et le mensonge
15 le réveil
je flotte visage perdu au milieu d'une heure
sans secours sans appel
je descends sans conviction des marches sans but
et je continue sans regret jusqu'au sommeil
20 dans les yeux des miroirs et dans le rire du vent
je reconnais un inconnu qui est moi
je ne bouge plus
j'attends
et je ferme les yeux comme un verrou
25 Nous ne saurons jamais quand la nuit commence
et où elle finit
mais cela en somme n'a pas beaucoup d'importance
les nègres du Kamtchatka[1]
s'endormiront ce soir près de moi
30 lorsque la fatigue se posera sur ma tête
comme une couronne

P. SOUPAULT, *Georgia*, 1926.

1. Péninsule située en Sibérie qui s'avance dans l'océan Pacifique Nord.

Dans les vagues du sommeil

LECTURE

Le dormeur-nageur

1 Grâce à quels **champs lexicaux** le poète apparaît-il comme un marin ?

2 Montrez qu'une **métaphore filée** assimile l'endormissement à la nage.

Le sommeil : une expérience corporelle

3 Des vers 1 à 24, relevez les verbes d'action. Quelles étapes de l'endormissement définissent-ils ?

4 Cherchez les allusions au temps qui passe. Par quels procédés le poète lui donne-t-il une dimension spatiale ?

5 Étudiez le champ lexical du corps et montrez que le sommeil est d'abord une expérience corporelle.

Un autre monde et un autre moi

6 Comment le poète évoque-t-il la perte des repères géographiques du dormeur ?

7 Comment interprétez-vous les paradoxes des vers 21 et 28 ?

8 Étudiez le dernier vers. Quelle conception de la poésie défend-il ?

VERS LE BAC

Commentaire

Vous ferez de ce poème un commentaire centré sur l'évocation poétique du sommeil : A) la métaphore filée de la nage ; B) l'exploration du pays des rêves ; C) la rencontre avec le dormeur.

▶ Fiche 13 **Comprendre un sujet de commentaire**

8 Paul Éluard
Capitale de la douleur, 1926

Au XVIᵉ siècle, le blason, poème rimé célébrant une partie du corps aimé, devient très à la mode. Ce jeu littéraire et amoureux peut être élogieux, érotique ou humoristique. Quand il se fait moqueur, il devient contre-blason. Éluard le réinvente pour évoquer sa muse, sa femme, Helena Diakonova, qu'il surnomme Gala.

Biographie p. 671

Histoire littéraire p. 454

Repères historiques p. 36

La courbe de tes yeux…

1 La courbe de tes yeux fait le tour de mon cœur,
Un rond de danse et de douceur,
Auréole du temps, berceau nocturne et sûr,
Et si je ne sais plus tout ce que j'ai vécu
5 C'est que tes yeux ne m'ont pas toujours vu.

Feuilles de jour et mousse de rosée,
Roseaux du vent, sourires parfumés,
Ailes couvrant le monde de lumière,
Bateaux chargés du ciel et de la mer,
10 Chasseurs des bruits et sources des couleurs

Parfums éclos d'une couvée d'aurores
Qui gît toujours sur la paille des astres,
Comme le jour dépend de l'innocence
Le monde entier dépend de tes yeux purs
15 Et tout mon sang coule dans leurs regards.

P. ÉLUARD, « La courbe de tes yeux »,
Capitale de la douleur,
© Éditions Poésie Gallimard, 1926.

Wanda WULZ (1903-1984),
Io + Gatto, 1932, photographie
(Museo di Storia della Fotografia
Fratelli Alinari, Florence).

Un blason de l'œil surréaliste

LECTURE

La courbe de tes yeux

1 Montrez que le premier poème est un **blason** de l'œil (lexique de l'œil, formes circulaires).

2 Étudiez comment la courbe des yeux devient progressivement une ronde faisant le tour du monde.

3 Comment la description **métaphorique** de l'œil s'élargit-elle au cosmos ? Pourquoi peut-on parler d'écriture surréaliste ?

VERS LE BAC

Invention

Écrivez le blason métaphorique d'une autre partie du visage (poème en vers ou en prose).
▶ Fiche 11 Comprendre un sujet d'écriture d'invention

Oral (analyse)

Préparez la lecture analytique du texte en répondant à la question suivante : Qu'est-ce qui fait la force et la beauté de ce poème surréaliste ?
▶ Fiche 16 Réussir l'épreuve orale du baccalauréat

Saint-John Perse
Vents, 1946

Biographie p. 671
Repères historiques p. 36

Les poèmes publiés dans le recueil Vents *sont caractéristiques de l'utilisation du verset par Saint-John Perse. Cette forme poétique donne à la fois un cadre (tous les versets commencent par un alinéa) et une souplesse (la longueur n'est pas contrainte comme pour le vers). L'ensemble reste d'une facture classique.*

    C'étaient de très grands vents sur toutes les faces de ce monde,
    De très grands vents en liesse[1] par le monde, qui n'avaient d'aire[2] ni de gîte[3],
    Qui n'avaient gardé ni mesure, et nous laissaient, hommes de paille,
    En l'an de paille sur leur erre[4]. Ah ! oui, de très grands vents sur toutes faces
5 de vivants !

    Flairant la pourpre[5], le cilice[6], flairant l'ivoire et le tesson[7], flairant le monde entier des choses,
    Et qui couraient à leur office sur nos plus grands versets d'athlètes, de poètes,
    C'étaient de très grands vents en quête sur toutes pistes de ce monde,
10   Sur toutes choses périssables, sur toutes choses saisissables, parmi le monde entier des choses
    Et d'éventrer l'usure et la sécheresse au cœur des hommes investis,
    Voici qu'ils produisaient ce goût de paille et d'aromates, sur toutes places de nos villes,
15   Comme au soulèvement des grandes dalles publiques. Et le cœur nous levait
    Aux bouches mortes des Offices. Et le dieu refluait des grands ouvrages de l'esprit.

    Car tout un siècle s'ébruitait dans la sécheresse de sa paille, parmi d'étranges désinences[8] : à bout de cosses[9], de siliques[10], à bout de choses frémissantes,
    Comme un grand arbre sous ses hardes[11] et ses haillons de l'autre hiver,
20 portant livrée de l'année morte ;
    Comme un grand arbre tressaillant dans ses crécelles[12] de bois mort et ses corolles[13] de terre cuite –
    Très grand arbre mendiant qui a fripé son patrimoine, face brûlée d'amour et de violence où le désir encore va chanter.

    Saint-John PERSE, « C'étaient de très grands vents » (extrait), *Vents*, 1946, coll. Poésie, Gallimard, 1960.

1. Joie collective intense.
2. Surface plane où l'on bat le blé.
3. Logement.
4. Sur leur lancée.
5. Substance colorante d'un rouge vif et soutenu, extraite d'un coquillage, et étoffe vêtement teint avec de la pourpre.
6. Tunique, ceinture de crin ou d'étoffe rude.
7. Morceau de verre.
8. Inflexions, nuances.
9. Sacs de graines.
10. Fruits secs.
11. Lambeaux.
12. Jouet en bois.
13. Partie de la fleur formée par l'ensemble de ses pétales, par opposition au calice.

Un souffle poétique

LECTURE

1 Observez le **lexique** associé au vent : comment Saint-John Perse tente-t-il de le rendre concret ?

2 Analysez la cadence du **verset** : montrez qu'elle traduit le souffle permanent du vent.

3 @RECHERCHE En vous appuyant sur l'analyse lexicale des mots « pourpre », « cilice », « ivoire » et « tesson », montrez que Saint-John Perse joue avec différentes significations.

4 Quel rapport au monde le poème suggère-t-il ?

5 Dans quelle mesure peut-on associer cet extrait au registre épique ?

6 En quoi le souffle du vent peut-il rappeler celui de la poésie ?

VERS LE BAC

Dissertation

Pour apprécier la poésie, avez-vous besoin d'en avoir une compréhension immédiate ?
Vous vous appuierez sur le texte de Saint-John Perse et sur d'autres poèmes que vous avez lus.

▶ Fiche 17 **Comprendre un sujet de dissertation**

Nicolas DE STAËL, (1914-1955) *Nu couché bleu*, 1955, huile sur toile, 114 × 162 cm (Collection privée).

10 Eugène Guillevic
Gagner, 1949

Biographie p. 671

Repères historiques p. 36

Le poète s'exprime dans un langage concis, réduit à l'essentiel, frémissant de chaleur humaine. Il fait entendre une voix impersonnelle, qui s'efface devant la beauté de la création et se laisse envahir par son intensité vivante.

Art poétique

1 Je ne parle pas pour moi,
Je ne parle pas en mon nom,
Ce n'est pas de moi qu'il s'agit.

Je ne suis rien
5 Qu'un peu de vie, beaucoup d'orgueil.

Je parle pour tout ce qui est,
Au nom de ce qui a forme et pas de forme.
Il s'agit de tout ce qui pèse,
De tout ce qui n'a pas de poids.

10 Je sais que tout a volonté, autour de moi,
D'aller plus loin, de vivre plus,
De mieux mourir aussi longtemps
Qu'il faut mourir.

Ne croyez pas entendre en vous
15 Les mots, la voix de Guillevic.

C'est la voix du présent allant vers l'avenir
Qui vient de lui sous votre peau.

GUILLEVIC, « Art poétique », *Gagner,* © Éditions Gallimard, 1949.

11 Eugène Guillevic
Terre à bonheur, 1952

Biographie
p. 671

Repères historiques
p. 36

Douceur

1 Douceur,
Je dis : douceur.

Je dis : douceur des mots
Quand tu rentres le soir du travail harassant
5 Et que des mots t'accueillent
Qui te donnent du temps.

Car on tue dans le monde
Et tout massacre nous vieillit.

Je dis : douceur,
10 Pensant aussi
À des feuilles en voie de sortir du bourgeon,
À des cieux, à de l'eau dans les journées d'été,
À des poignées de main.

Je dis : douceur, pensant aux heures d'amitié,
15 À des moments qui disent
Le temps de la douceur venant pour tout de bon,

Cet air tout neuf,
Qui pour durer s'installera.

GUILLEVIC, « Douceur », *Terre à bonheur*, © Seghers, Paris, 1952.

Prêter sa voix à la beauté et à la douceur

LECTURE

1 Quand le poète s'exprime, qui parle ? À qui ? Justifiez votre propos.

2 Dans le texte 10, montrez que le poète prête sa voix à l'ensemble des créatures et des choses. Quelle fonction est ainsi donnée au poète ? Justifiez.

3 Dans les deux poèmes, quels verbes sont repris en anaphore ? Pourquoi s'agit-il de verbes importants ?

4 Dans le texte 11, comment l'alexandrin du vers 4 exprime-t-il la dureté du monde extérieur ? Quels autres vers déplorent la violence du réel ? Par quels procédés poétiques ?

5 Dans le texte 11, quand le poète prononce le mot « douceur », quels types d'images se lèvent aux vers 4-6, 9-12, 13-16 ?

6 Caractérisez le vocabulaire utilisé par l'auteur dans les deux poèmes : quel effet est ainsi produit ?

7 SYNTHÈSE Quel pouvoir le poète accorde-t-il aux mots ?

ÉCRITURE

Vers l'écriture d'invention

À la manière de Guillevic, écrivez un poème pour alléger l'un des maux du monde commençant par « je dis : ... ». Vous vous inspirerez du tableau de N. de Staël.

VERS LE BAC

Dissertation

Dans *Terraqué*, le poète croit que la caresse des mots peut adoucir le monde. Avec eux :
« *Nous construirons. /Nous liquiderons la peur /De la nuit / Nous ferons du jour plus tendre.* »
Partagez-vous sa confiance dans le pouvoir des mots tendres ? Répondez dans un développement argumenté et étayé par des exemples.
▶ Fiche 17 **Comprendre un sujet de dissertation**

René Char
Lettera amorosa, 1953

Biographie p. 671
Repères historiques p. 36

Le franc-bord est le terrain, libre de propriété, situé en bordure de rivière. Là, poussent les iris, fleurs jaunes dont Char fait l'emblème de la poésie.

Sur le franc-bord

I. Iris. 1° Nom d'une divinité de la mythologie grecque, qui était la messagère des dieux. Déployant son écharpe, elle produisait l'arc-en-ciel.

2° Nom propre de femme, dont les poètes se servent pour désigner une femme aimée et même quelques dames lorsqu'on veut taire le nom.

5   3° Petite planète.

II. Iris. Nom spécifique d'un papillon, le nymphal gris, dit le grand mars changeant. Prévient du visiteur funèbre.

III. Iris. Les yeux bleus, les yeux noirs, les yeux verts sont ceux dont l'iris est bleu, est noir, est vert.

10 IV. Iris. Plante. Iris jaune des rivières.

…Iris plural, iris d'Éros, iris de *Lettera amorosa*[1].

R. CHAR, « Sur le franc-bord », *Lettera amorosa*,
© Éditions Poésie Gallimard, 1953.

1. « Lettre d'amour » : titre du recueil qui fait écho à un madrigal du compositeur Monteverdi ainsi intitulé (1619).

Dérouler l'écharpe d'Iris

LECTURE

1 RECHERCHE Qui était la déesse Iris ? Comment René Char s'inspire-t-il de cette figure mythologique ?

2 À quel genre de texte le poème emprunte-t-il ses règles d'écriture ? Pourquoi est-ce à la fois une contrainte et une source de création ?

3 Quelles significations différentes le nom « Iris » a-t-il ? Quelle vision d'ensemble de la femme ressort de ces multiples entrées ?

4 Dans *La Princesse de Clèves*, la maîtresse dont on tait le nom est désignée par une couleur. À quoi voit-on que Char s'inscrit dans cette tradition littéraire ?

5 Quelles couleurs sont associées au nom aimé ? Pourquoi le papillon et l'arc-en-ciel en sont-ils la synthèse achevée ? Quelle ombre menaçante se glisse dans leur évocation irisée ?

VERS LE BAC

Invention
Après avoir choisi une couleur évocatrice, vous écrirez un poème d'amour à la manière de René Char. Vous jouerez avec les connotations associées à la couleur.
▶ Fiche 11 **Comprendre un sujet d'écriture d'invention**

Oral (analyse)
Proposez une lecture analytique de ce poème ayant pour axe directeur la richesse poétique du nom.
▶ Fiche 16 **Réussir l'épreuve orale du baccalauréat**

13 Saint-John Perse
Discours de réception du prix Nobel de Littérature, 1960

Lors de son allocution, Saint-John Perse définit la poésie comme une parole vive, célébrant le mystère du monde, quitte à se teinter elle-même d'ombre et de mystère.

Biographie p. 671

Repères historiques p. 36

Fidèle à son office, qui est l'approfondissement même du mystère de l'homme, la poésie moderne s'engage dans une entreprise dont la poursuite intéresse la pleine intégration de l'homme. Il n'est rien de pythique[1] dans une telle poésie. Rien non plus de purement esthétique. Elle n'est point art d'embaumeur ni de décorateur. Elle n'élève point des perles de culture, ne trafique[2] point de simulacres ni d'emblèmes, et d'aucune fête musicale elle ne saurait se contenter. Elle s'allie, dans ses voies, la Beauté, suprême alliance, mais n'en fait point sa fin ni sa seule pâture. Se refusant à dissocier l'art de la vie, ni de l'amour la connaissance, elle est action, elle est passion, elle est puissance, et novation toujours qui déplace les bornes. L'amour est son foyer, l'insoumission sa loi, et son lieu est partout, dans l'anticipation. Elle ne se veut jamais absence ni refus. Elle n'attend rien pourtant des avantages du siècle. Attachée à son propre destin, et libre de toute idéologie, elle se connaît égale à la vie même, qui n'a d'elle-même à justifier. Et c'est d'une même étreinte, comme une seule grande strophe vivante, qu'elle embrasse au présent tout le passé et l'avenir, l'humain avec le surhumain, et tout l'espace planétaire avec l'espace universel. L'obscurité qu'on lui reproche ne tient pas à sa nature propre, qui est d'éclairer, mais à la nuit même qu'elle explore ; celle de l'âme elle-même et du mystère où baigne l'être humain. […] L'inertie seule est menaçante. Poète est celui-là qui rompt pour nous l'accoutumance.

Et c'est ainsi que le poète se trouve aussi lié, malgré lui, à l'événement historique. Et rien du drame de son temps ne lui est étranger. Qu'à tous il dise clairement le goût de vivre ce temps fort ! Car l'heure est grande et neuve, où se saisir à neuf. Et à qui donc céderions-nous l'honneur de notre temps ?

Les Prix Nobel en 1960, éd. Göran Liljestrand, Stockholm, Nobel Foundation, 1961.

1. Inspiré par les dieux, dans un état de transe.
2. Ne fait pas le commerce.

La poésie, splendeur et mystère

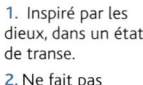

LECTURE

1 Faites l'inventaire des fonctions de la poésie que rejette Saint-John Perse. Que lui objecterait un poète engagé ?

2 Quelles expressions font de la belle poésie un langage artificiel et mort ? Que répondrait un tenant du Parnasse ?

Les formes poétiques du XVIe siècle à nos jours

3 Montrez que le poète explore la totalité du monde (présent et passé, réel et surréel).

4 Pourquoi, selon l'auteur, la poésie est-elle parfois obscure ?

VERS LE BAC

Dissertation

« Se refusant à dissocier l'art de la vie, [la poésie] est action, elle est passion, elle est puissance, et novation. » À partir des textes de la séquence et de vos lectures, vous illustrerez cette affirmation sur la poésie avant de la nuancer.

▶ **Fiche 17** Comprendre un sujet de dissertation

14 Francis Ponge
Pièces, 1961

Biographie p. 671

Repères historiques p. 36

Francis Ponge, refusant tout lyrisme, part en quête de la matérialité des choses, de leur « profondeur substantielle ». Chaque objet observé est source de rêverie et de jeu avec le langage. Il devient alors un « objeu », mot-valise fabriqué avec les mots « objet » et « jeu », invitant au voyage en territoire poétique.

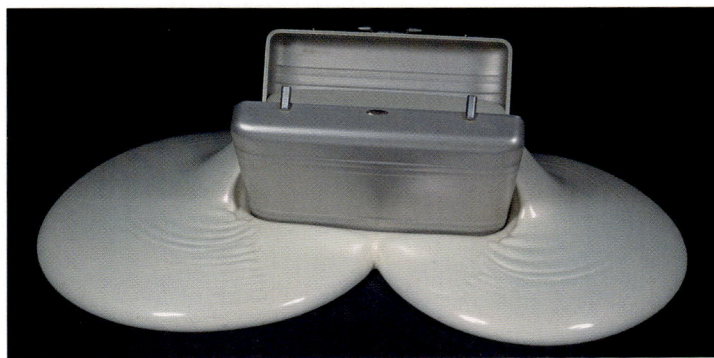

CÉSAR (1921-1998), *Valise-expansion*, 1970 (Musée d'art contemporain de Dunkerque).

La valise

1 Ma valise m'accompagne au massif de la Vanoise, et déjà ses nickels brillent et son cuir épais embaume. Je l'empaume, je lui flatte le dos, l'encolure et le plat. Car ce coffre comme un livre plein d'un trésor de plis blancs : ma vêture singulière, ma lecture familière et mon plus simple attirail, oui, ce coffre
5 comme un livre est aussi comme un cheval, fidèle contre mes jambes, que je selle, je harnache, pose sur un petit banc, selle et bride, bride et sangle ou dessangle dans la chambre de l'hôtel proverbial.

Oui, au voyageur moderne sa valise en somme reste comme un reste de cheval.

F. PONGE, « La valise », 1947, *Pièces*, © Éditions Gallimard, 1961.

En selle

LECTURE

1 « Embaume »/« empaume » : commentez la **paronomase**. Comment traduit-elle le passage d'une description réaliste à une rêverie poétique ?

2 Étudiez la **métaphore filée** employée par F. Ponge pour évoquer sa valise (l. 2).

3 Montrez que l'image du cheval est liée à un mouvement qu'il faut maîtriser. Quelle définition du travail poétique en résulte ?

HISTOIRE DES ARTS

Expliquez l'expression : « ce coffre comme un livre plein d'un trésor de plis blancs ». Inspirez-vous de la *Valise-expansion* de César.

VERS LE BAC

Invention
À la manière de F. Ponge, composez un poème en prose prenant le parti pris d'une chose banale et familière. Vous utiliserez une **personnification** et une **métaphore filée** pour en révéler la secrète poésie.
▶ Fiche 11 **Comprendre un sujet d'écriture d'invention**

Oral (entretien)
Comment l'écriture poétique de Ponge transfigure-t-elle les objets du quotidien en déclencheurs de voyage imaginaire ?
▶ Fiche 16 **Réussir l'épreuve orale du baccalauréat**

15 Jacques Prévert
Grand Bal du Printemps, 1951

En plein hiver, un homme arpente les rues de Paris. Il s'arrête un moment pour regarder un réverbère ou un arbre, pour déchiffrer une affiche annonçant gaiement « le grand bal du printemps ». Cet homme, c'est Izis le photographe.

Biographie
p. 671

Repères historiques
p. 36

Grand Bal du Printemps

Pour Izis

1 Sur une palissade
dans un pauvre quartier
des affiches mal collées
Grand Bal du Printemps
5 illuminent
l'ombre d'un arbre décharné
et celle d'un réverbère pas encore allumé

Devant ces petites annonces de la vie
un passant s'est arrêté
10 émerveillé

C'est un colporteur d'images
et même sans le savoir
un musicien ambulant
qui joue à sa manière
15 surtout en hiver
le Sacre du Printemps[1]
Et c'est toujours le même air
intense et bouleversant
pour tempérer l'espace
20 pour espacer le temps
Toujours le portrait des choses et des êtres
qui l'ont touché

Ces choses et ces êtres
ont été touchés eux aussi
25 Et malgré sa misère
ce petit monde
avec toute sa lumière
s'est fait une beauté pour lui.

Jacques Prévert

J. PRÉVERT,
« Grand Bal du Printemps »,
Grand Bal du Printemps,
© Éditions Gallimard, 1976.

---

1. Ballet de 1913 dont la musique est d'Igor Stravinsky.

IZIS, *Grand bal du printemps*, vers 1945-1950.

Faire apparaître le printemps

LECTURE

Des signes sur les murs de la ville

1 Dans la strophe 1 et sur la photographie, quelle est la caractéristique essentielle des éléments du décor ?

2 Quel pouvoir de métamorphose l'affiche publicitaire détient-elle sur ces éléments urbains ? Commentez la métrique du vers 5.

3 ORAL Proposez une lecture éloquente de la strophe 2. Comment et pourquoi mettre en valeur son dernier mot ?

La puissance de l'art et de la poésie

4 Au vers 11, relevez et commentez la périphrase désignant Izis.

5 Relevez le champ lexical de la musique. Montrez qu'il exprime la métamorphose du quartier populaire, touché par le regard artiste du photographe humaniste.

6 Commentez la figure de style des vers 19 et 20.

ÉDUCATION AUX MÉDIAS

Relisez le titre de l'affiche et imaginez son visuel en quelques phrases. Pour quelles raisons, selon vous, cette annonce fait-elle rêver ?

VERS LE BAC

Dissertation

Pensez-vous que le poète, en travaillant les mots, puisse renouveler notre vision du monde ? Vous songerez à prendre appui sur des vers que vous citerez.
▶ **Fiche 17** Comprendre un sujet de dissertation

Oral (analyse)

Votre lecture du texte et de l'image montrera que le poète sait voir, enchanter et transfigurer le quotidien.
▶ **Fiche 16** Réussir l'épreuve orale du baccalauréat

16 Philippe Jaccottet
Paysages avec figures absentes, 1970

Biographie p. 671

Repères historiques p. 36

Pour Philippe Jaccottet, l'évocation du paysage s'accompagne d'une réflexion sur l'image. La peinture figurative, comme les figures poétiques, a en effet le pouvoir de rendre visible la grâce d'un moment, dont le souvenir à demi effacé a gardé la saveur.

TITIEN, *Le Concert champêtre*, vers 1509, 110 × 138 cm, huile sur toile (Musée du Louvre, Paris).

[...] Que la terre labourée soit rose… Que l'étendue soit verte et rose… Je ne sais à quoi ces deux mots me font penser, ils luisent comme un fil au bout duquel on devrait trouver je ne sais quoi d'agréable, de bienfaisant. Ce rose n'est pas celui des fleurs, ni d'un corps surpris dans son sommeil, ni d'un pelage
5 de gibier ; plutôt celui d'un ciel d'hiver, celui d'une lampe dans son manteau de soie, d'un feu de braise que l'on verrait à travers une vitre épaisse, enfumée ; et ce vert tout à côté, c'est l'herbe dont se repaissent encore une fois mes yeux, l'herbe nouvelle bien que l'on soit au déclin de l'année, c'est l'herbe grave et gaie, rieuse et taciturne, tendre et drue, éternelle et vivante comme les sources, c'est l'herbe,
10 la ressuscitée. Là où j'avais vu au plein de l'été côte à côte la nuit et le jour, est-ce

que je ne découvre pas à présent le matin et le soir ? Vert et rose… j'ai beau chercher, je n'ai pas encore le mot. Vert et rose… Seraient-ce les armes de l'enfance, du premier amour ? Tout au fond de ma rêverie, est-ce une idylle qui tremble et le déforme comme ce qu'on devine au fond de l'eau, rubans et feuillages, une fête
15 rustique comme il n'en fêtera plus ? Je rouvre les yeux, pour retrouver les labours et l'herbe ensoleillée. […]

P. JACCOTTET, « Même lieu, autre moment », *Paysages avec figures absentes*, Gallimard, coll. Poésie, 1970

TEXTE ÉCHO

1 Longer le pré aujourd'hui m'encourage, m'égaie. C'est plein de coquelicots parmi les herbes folles.

Rouge, rouge ! Ce n'est pas du feu, encor moins du sang. C'est bien trop gai, trop léger pour cela.

5 Ne dirait-on pas autant de petits drapeaux à peine attachés à leur hampe, de cocardes que peu de vent suffirait à faire envoler ? Ou de bouts de papier de soie jetés au vent pour vous convier à une fête, à la fête de mai ?

Fête de l'herbe, fête des prés.

Mille rouges, dix mille et du plus vif, tant ils sont brefs ! Gaspillés pour la
10 gloire de mai.

Toutes ces robes transparentes ou presque, mal agrafées, vite, vite ! Dimanche est court…

P. JACCOTTET, « Le pré de mai », *Paysages avec figures absentes*, Gallimard, coll. Poésie, 1970.

Images d'un paysage

LECTURE

Au fil de la rêverie

1 Dans les deux textes, quelles couleurs le poète cherche-t-il à saisir et décrire ? Pourquoi sa démarche s'apparente-t-elle à celle d'un peintre ?

2 Faites la liste des images que le poète associe aux couleurs dominantes du premier poème. Lesquelles écarte-t-il, lesquelles retient-il ? À quoi voyez-vous qu'il tâtonne, attendant la résurgence du bon souvenir ?

3 Quelle image vient clore chacun des deux poèmes ? Analysez leur caractère insaisissable et fuyant.

4 SYNTHÈSE Comment chaque poème suit-il le « fil » (ligne 2) de la rêverie ? Vous analyserez leur composition en vous appuyant sur les questions précédentes.

Une idylle nostalgique (texte 1)

5 Quelle phrase évoque le vert paradis des amours enfantines ?

6 RECHERCHE Qu'est-ce qu'une **idylle** en poésie ? Montrez que Jaccottet en retrouve les principales composantes : paysage pastoral, amours de bergers et nostalgie d'un bonheur enfui. Appuyez-vous sur le tableau pour répondre.

7 Donnez tous les sens possibles du mot « figure » et précisez ce qui a bien pu, ici, s'absenter et disparaître.

VERS LE BAC

Dissertation

« Il se peut que la beauté naisse quand la limite et l'illimité deviennent visibles en même temps, c'est-à-dire quand on voit des formes tout en devinant qu'elles ne disent pas tout, qu'elles ne sont pas réduites à elles-mêmes, qu'elles laissent à l'insaisissable sa part. » (Philippe Jaccottet)
Vous vous appuierez sur les textes de la séquence pour expliquer et nuancer cette conception de la poésie.

▶ Fiche 17 Comprendre un sujet de dissertation

17 Gilles Ortlieb
Poste restante, 1997

Biographie p. 671

Repères historiques p. 36

3 h 56

1 Dans le bruyant convoi de Porto à Salamanca,
Traverser[1] à la sauvette un chapelet de gares
En veilleuse, et trop promptes à nommer
La campagne accroupie dans l'obscurité ;
5 Puis le paysage ralentit avant la frontière,
S'immobilise en grinçant pour laisser monter
L'éternel passager, à l'arcade sourcilière
Béante sous le sang séché, qui se cherchera
Longtemps une place parmi les corps endormis
10 Et bien décidés à le rester. Et le wagon
Tout entier sent l'oignon entamé, le tabac
Refroidi et les conversations inachevées
Cependant que nul ne voit, dans le jour
Débutant, le relief lentement changer
15 La bruyère supplanter la vigne, et les bordées
D'eucalyptus se raréfier sur les côtés.
Et l'on devient soi-même, encore une fois,
Un autre – à quoi bon, sinon, voyager ? –
Et celui qui déjà nous attend à l'arrivée

G. ORTLIEB, « 3 h 56 », *Poste restante*, Éditions La Dogana, 1997.

1. Le sujet de ce verbe est le poète, qui voit défiler le paysage.

Nage est un autre

► LECTURE

1 Quelle atmosphère règne dans le train de nuit ? Appuyez-vous sur le champ lexical des sensations et l'évocation du voyageur blessé pour répondre.

2 Comment, des vers 1 à 6, les changements de vitesse du train sont-ils donnés à ressentir ?

3 Analysez la personnification de la campagne (v. 4). Montrez que le paysage est en correspondance avec l'état physique des voyageurs.

4 Analysez l'évolution du paysage des vers 14 à 16. Quelle mutation du moi annonce-t-elle ?

5 SYNTHÈSE Appuyez-vous sur ce texte et ceux de la séquence pour expliquer l'image du poète arpenteur.

► VERS LE BAC

Oral (entretien)
Vous ferez une explication du poème avec pour axe directeur cette phrase de Rimbaud : « je est un autre ».
▶ Fiche 16 Réussir l'épreuve orale du baccalauréat

Edward HOPPER (1882-1967), *Compartment C, Car 293*, 1938.

18 François Cheng
À l'Orient de tout, 2005

Biographie p. 671
Repères historiques p. 36

Le poète célèbre la vie qui palpite à la faveur de thèmes récurrents, bien connus en Chine, comme le mouvement animal ou l'alliance entre roc et racine, c'est-à-dire entre minéral immobile et végétal vivant.

Texte 1

Suivre le poisson, suivre l'oiseau.
Si tu envies leur erre[1], suis-les
Jusqu'au bout. Suivre leur vol, suivre
Leur nage, jusqu'à devenir
5 Rien. Rien que le bleu d'où un jour
A surgi l'ardente métamorphose,

Le désir même de nage, de vol.

À l'Orient de tout, Cantos Toscans,
Œuvres poétiques, p. 147,
préface d'André Velter, Gallimard,
NRF François Cheng, et Poésie Gallimard
pour la présente anthologie, 2005.

1. Allure, manière d'avancer.

Texte 2

1 un jour, les pierres
    l'arbre en nous a parlé

Survivre au désir
Porter la Soif
5   plus loin que l'oasis

À l'orée de l'ombrage
    et du bruissement
Céder à l'âpre ivresse
    De l'immense

10 Là-bas
L'orage qui s'annonce
    plus ardent que la mort
Rompt le vol des migrateurs
Brise les arabesques du temps

15 Restitue à l'horizon
Son irrépressible senteur
    de mousse et d'algue

p. 86 ibidem, section « double chant »

Jean LURÇAT (1872-1966), *Poissons lunes* (Collection particulière).

Désir de nage, désir d'ancrage

LECTURE

1 F. Cheng, poète et **calligraphe**, porte grand soin à la mise en pages. Comment celle-ci illustre-t-elle ici le désir de partir ?

2 Texte 1. Commentez l'emploi du verbe « suivre » : comment sa **répétition** confère-t-elle au poème le **rythme** d'une course légère et rapide ?

3 Comment les deux poèmes suggèrent-ils l'envie d'aller plus loin puis de s'arrêter ? Quels mots-clés sont mis en valeur (majuscules, place dans le vers, ponctuation) ?

4 Relevez, dans les deux poèmes, les vers évoquant le désir de se dissoudre dans l'univers infini. Pourquoi souhaiter s'évanouir dans la nature ?

5 Texte 2. Relevez les **allitérations** et expliquez comment elles imitent le murmure du monde. Pourquoi faire entendre le chant du monde est-il une fonction primordiale de la poésie ?

VERS LE BAC

Question sur un corpus

Comment les poèmes de Baudelaire et de F. Cheng évoquent-ils un lieu nommé « Là-bas ». De quoi ce hors-monde est-il la promesse ?

▶ Fiche 9 Répondre à une question sur un corpus

12 XXᵉ-XXIᵉ siècle : Nouveaux territoires poétiques | 477

Les clés du genre

La versification du XVIᵉ siècle à nos jours

❶ Poésie et vers

Le langage poétique se caractérise par sa volonté d'expressivité, il cherche à créer une relation entre le son et le sens.

➤ **Les poèmes en vers s'identifient à première vue par leur disposition graphique.** Les poèmes en prose n'ont pas recours à la forme versifiée, mais sollicitent la langue de la même manière que les poèmes versifiés.

➤ Le vers est également employé par les auteurs de théâtre de l'époque classique et de l'époque romantique. Certains des éléments présents dans cette fiche peuvent s'appliquer à l'étude de textes théâtraux.

➤ **Une strophe est une unité de sens** qui regroupe plusieurs vers, souvent liés par des rimes. Les strophes sont séparées par un espace sur la page. Un sizain comporte 6 vers, un quatrain 4, un tercet 3, un distique 2.

➤ Des pauses appelées **coupes** donnent leur **rythme** au vers. Leur but est de mettre en valeur un mot ou un son, de produire des effets de rythme et de provoquer une émotion chez le lecteur. La césure* est la coupe la plus forte du vers, elle sépare le vers de douze syllabes appelé alexandrin en deux hémistiches* distincts.

Ex :
« J'aime la fleur de mars, j'aime la belle rose » (Ronsard)
« Avant donc que d'écrire, apprenez à penser » (Boileau)
  {   6   }   {   6   }

Dans le décasyllabe, la césure se trouve, le plus souvent, après la quatrième syllabe.

Ex :
« Ô beaux yeux bruns, ô regards détournés » (L. Labé)
   {   4   }   {   6   }

❷ Variété et diversité du vers

➤ Le vers français se mesure en syllabes. **Le mètre*** d'un vers est le nombre de syllabes prononcées dans celui-ci.

Les vers les plus fréquemment utilisés sont l'alexandrin (12 syllabes), le décasyllabe (10), l'octosyllabe (8). Les vers impairs moins fréquents sont appelés hendécasyllabe (11 syllabes), et heptasyllabe (7).

➤ **Le « e muet »** ne se prononce pas en fin de vers. À l'intérieur du vers, il peut être prononcé lorsqu'il est suivi d'une consonne.

Ex :
« La fem[me est] au logis, cousant les vieilles toiles » (Hugo)
    1   2   3   4 5 6   7   8 9 10 11 12

➤ **La diérèse*** consiste à séparer une syllabe comportant deux sons vocaliques en deux syllabes distinctes. Elle crée une insistance sur le mot ainsi allongé. L'inverse de la diérèse est appelé **synérèse** et correspond le plus souvent à la prononciation habituelle du mot.

Ex : « C'était l'heure tranquille où les li-ons vont boire. » (Hugo)

La diérèse permet de mettre un mot en relief et de souligner un effet de sens.

➤ **Le poème en prose** peut comporter des effets métriques : on reconnaît alors, au sein d'une phrase ou d'une partie de phrase, un rythme traditionnellement associé au vers.

Ex : « Un soir, j'ai assis la Beauté sur mes genoux. – Et je l'ai trouvée amère. – Et je l'ai injuriée. » (Rimbaud)

❸ Musicalité du vers

➤ À l'origine, la poésie est destinée à être chantée, elle se caractérise donc par une attention particulière donnée **au rythme et au son**.

➤ Les sons et leur répétition forment un élément essentiel de la musicalité d'un poème. Ces sons répétés en fin de vers constituent la rime.

• Les rimes **féminines** se terminent par un « e » muet, les rimes **masculines** constituent toutes les autres rimes.

• Une rime est dite **riche** lorsqu'elle comporte trois ou plus de trois sons communs ; **suffisante** pour deux sons communs ; **pauvre**, lorsque les deux mots n'ont qu'un son commun.

Ex : venir/souvenir (riche) ; flamme/femme (suffisante) ; sourit/finit (pauvre)

La musicalité du poème est produite par la répétition de sons internes au vers ou au poème. On parle alors d'assonances (pour les sons vocaliques) ou d'allitérations (pour les sons consonantiques).

Ex : « - Qu'il était bleu, le ciel, et grand l'espoir !
- L'espoir a fui vaincu vers le ciel noir. » (Verlaine)

Les clés du genre
Évolution du vers

Un poème est écrit en vers réguliers lorsque l'on peut reconnaître une utilisation systématique de la métrique et le respect de règles prosodiques concernant le rythme, la rime, et une concordance entre découpage rythmique et organisation grammaticale. Plusieurs types de vers peuvent coexister au sein d'un même poème.

Le **mètre impair** constitue chez Verlaine par exemple un **premier affranchissement du carcan du mètre pair**. Le but du poète est de créer une musique plus légère, plus subtile, plus fluide.

Ex : « *Tout à l'heure déferlait*
L'onde roulée en volutes,
Des cloches comme des flûtes
Dans le ciel comme du lait. » (Verlaine, « L'échelonnement des haies », 1875)

❶ Déstructuration du vers

➡ Au XIXᵉ siècle, le vers évolue progressivement vers une déstructuration, car certains poètes le ressentent comme un carcan contraignant.

➡ Des formes diverses de poésie se développent alors. Le vers régulier est conservé mais **les enjambements** sont de plus en plus fréquents et créent des déséquilibres dans la longueur des phrases.

➡ Lorsque des mots syntaxiquement liés sont séparés en fin de vers, on parle d'**enjambement***, de **rejet*** ou de **contre-rejet***. L'effet est en général de mettre en valeur les mots ainsi isolés, ou de créer un effet (de lenteur, d'attente, de surprise).
Dans **le rejet**, la phrase se poursuit d'un vers sur le vers suivant mais une pause dans le second vers avant l'hémistiche permet de mettre en valeur le mot ainsi isolé.

Ex : « *Comment vous nommez-vous ?*
Il me dit : Je me nomme
Le pauvre. » (Hugo, « Le mendiant », 1856)

Pour **le contre-rejet**, la pause intervient *a contrario* dans le premier vers et la phrase se poursuit alors sur le vers suivant.

Ex : « *Ils atteindront le fond de l'Asturie, avant*
Que la nuit ait couvert la sierra de ses ombres. »
(Victor Hugo, *La Légende des siècles*, 1859)

➡ Un vers est marqué par **plusieurs accents** qui impriment un rythme. L'alexandrin classique est divisé en deux hémistiches contenant le même nombre de syllabes. Chacun de ces deux hémistiches, contient deux accents. Dans l'alexandrin classique, on dénombre donc quatre accents.

Ex : *Vers classiques :*
La poussière du soir y volait de la terre (4 2 // 3 3)
L'écume à blancs flocons sur la vague y flottait (4 2 // 3 3)
(Lamartine, « L'Occident », 1830)
Vers romantiques :
Et dès lors, je me suis baigné dans le Poème (3 / 5 / 4)
De la mer, infusé d'astres, et lactescent (3/ 5/ 4)
(Rimbaud, « Le bateau ivre », 1871)

Dans le premier exemple, les accents **respectent l'organisation classique de l'alexandrin**, l'organisation rythmique suit l'organisation grammaticale. Dans le second exemple, les accents réguliers de l'alexandrin **entrent en concurrence avec le rythme imprimé par la structure grammaticale**.

➡ De manière plus radicale, les règles de la versification sont remises en cause et font naître des formes poétiques nouvelles.
Le vers est toujours présent en tant qu'organisation graphique sur la page, mais la rime disparaît. On parle alors de **vers libre**. Le vers libre peut parfois se définir par sa longueur qui peut dépasser douze syllabes. La ponctuation est de plus en plus souvent absente, le lecteur trouve dans **le processus même de lecture et de diction** l'organisation rythmique du poème.

❷ Éclatement du vers et expérimentation

➡ **Le poème en prose** dont le poète Aloysius Bertrand est l'inventeur, et que Baudelaire est le premier à faire connaître, constitue une véritable révolution poétique : **la frontière entre prose et poésie est abolie**.

➡ **La page** devient un espace d'expérimentation graphique et **l'éclatement du vers y est mis en scène**. La page est identifiée comme espace littéraire dans lequel la poésie trouve une respiration particulière.
Le poème remet en question les règles de lecture linéaire de gauche à droite. Dans le calligramme, cette règle s'associe avec la volonté de **donner à voir** autant que de donner à lire.
Le jeu avec et sur les mots, en liaison avec l'intérêt porté aux phénomènes inconscients, est développé par les surréalistes.

Les clés du genre

Le langage poétique
Rythmes et images, effets sonores

Créer des images, établir des liens entre les mots et les choses est une des fonctions de la poésie. Il s'agit alors de modifier et de **renouveler notre perception du réel**.

Les figures d'analogie permettent d'associer des éléments de la réalité parfois très éloignés. Le lecteur se réapproprie ces rapprochements et construit, à la lecture, sa propre image.

1 Rythmes

La musicalité d'un poème tient en partie au rythme imprimé à la phrase. Divers éléments permettent de l'apprécier :

➡ **Les accents** à l'intérieur des vers se distribuent de manière diverse suivant la taille du vers. Ils sont fréquemment liés à une pause syntaxique mais ils peuvent aussi se trouver sur un mot de manière inattendue et créer ainsi un effet de surprise.

Ex : « Icare est chu ici, le jeune audacieux » (Desportes)
   /   4   //2// 2 // 4   /

Dans ce vers, les syllabes accentuées mettent en valeur « chu » et « ici », faisant du poème le lieu de la chute. De plus, la diérèse « c-i-eux » permet de créer un écho sonore avec le mot « ici » accentué précédemment. L'exemple montre comment accentuation du vers et sonorités contribuent ensemble à créer des effets de sens.

➡ **L'organisation du vers entre en concurrence avec la longueur de la phrase**. Ainsi, lorsque des mots syntaxiquement liés sont séparés en fin de vers, on parle d'**enjambement, de rejet ou de contre-rejet**.

- L'enjambement consiste à développer une phrase sur plusieurs vers.

Ex : « *Des crépuscules blancs tiédissent sur mon crâne
Qu'un cercle de fer serre ainsi qu'un vieux tombeau
Et triste, j'erre après un rêve vague et beau,* »
(Mallarmé, Poésies, 1887)

« sur mon crâne/Qu'un cercle de fer serre ainsi qu'un vieux tombeau » forme un groupe syntaxique distribué sur deux vers, il y a donc enjambement.

➡ **Le rejet et le contre-rejet** ont tous deux pour effet de mettre en valeur le mot ainsi isolé ou de créer un effet (de lenteur, d'attente, de surprise).

• **Le rejet** consiste à placer un mot appartenant à un groupe syntaxique d'un vers donné au début du vers suivant.

Ex : « *Lors sire Rat va commencer à mordre
Ce gros lien* » (Marot, L'Adolescence clémentine, 1532)

• **Le contre-rejet** isole à l'inverse un mot à la fin du premier vers, le groupe syntaxique se développe alors sur le vers suivant.

Ex : « *La pâle nuit revient, ils combattent ; l'***aurore**
Reparaît dans les cieux, ils combattent encore. »
(Hugo, La Légende des siècles, 1859)

Le contre-rejet met en valeur le mot « aurore » qui annonce au sein du poème le début du vers suivant.

2 La comparaison et la métaphore

➡ **La comparaison** est une figure qui fait apparaître de manière explicite les relations entre les termes formant l'image. L'analogie est indiquée par des outils de comparaison qui peuvent être :
- des prépositions et locutions : comme, tel, pareil à...
- des verbes : sembler, ressembler, simuler, être...

Dans une comparaison, on distingue « le comparé », l'outil de comparaison et le « comparant » : ce à quoi l'objet est comparé.

Ex : « Son regard   est pareil   au regard des statues »
       comparé   outil de   comparant
                  comparaison

Le regard de la femme, comparé à une statue, annonce la chute du sonnet : la femme aimée a disparu.

➡ **La métaphore** est une figure dans laquelle on emploie un terme à la place d'un autre afin de créer une image. On ne retrouve plus les structures de la comparaison : ni l'outil de comparaison, ni le comparé. Le lecteur doit alors interpréter cette image dans le contexte du poème.

Ex : « *Le Papillon
Ce billet doux plié en deux cherche une adresse de fleur* » (Jules Renard, Histoires naturelles, 1896)

➡ **Une métaphore ou une comparaison filée** est une analogie qui se poursuit sur plusieurs vers ou phrases :

Ex : « *Voilà la girouette où tournent nos désirs,
Le sable où nous jetons l'ancre de nos plaisirs,
L'onde où nous bâtissons nos folles espérances,
L'air où nos écrivons l'orgueil de nos puissances.* »
(Jean Auvray, 1622)

L'ensemble du poème se construit sur une métaphore qui met en parallèle la vie de l'homme et les éléments.

3 L'allégorie et la personnification

➥ **L'allégorie** est une analogie (comparaison ou métaphore) qui évoque une idée, une notion, un sentiment (concepts abstraits) de manière concrète, c'est-à-dire en l'assimilant à un objet, un animal, une personne. Elle est présente dans la littérature mais se trouve fréquemment dans les arts visuels.

Ex : « *Mon beau navire ô ma mémoire* » *(Apollinaire)*

➥ **La personnification** consiste à attribuer des caractéristiques humaines à un thème qui n'est pas humain (végétal, animal, objet...). Elle est très souvent utilisée dans le cadre de l'allégorie : on parlera alors de personnification allégorique.

Ex : « *Qui donc a fait pleurer les saules riverains ?* » *(Apollinaire)*
La personnification est ici une façon de remotiver le terme de « saule pleureur ».

4 La métonymie et la synecdoque

➥ **La métonymie** est la figure par laquelle un mot en remplace un autre auquel il est lié par une relation logique (contenant mis pour le contenu, cause mise pour l'effet).

Ex : « *Babylone, Seigneur, à son Prince fidèle,*
Voyait sans s'étonner notre armée autour d'elle » *(Racine)*
Babylone est mis à la place de « peuple de Babylone » : il s'agit d'une métonymie, à laquelle se combine de ce fait une personnification (« Babylone voyait »).

➥ **La synecdoque** est un cas particulier de métonymie. L'élément est remplacé par un de ses composants (une partie de l'objet ou la matière dont est constitué l'objet mis pour l'objet lui-même).

Ex : « *Je ne regarderai ni l'or du soir qui tombe*
*Ni les **voiles** au loin descendant vers Harfleur* » *(Hugo)*
« voile » est ici mis à la place de « bateau ».

5 Nature de l'analogie : du cliché à la surprise

➥ Lorsque l'analogie entre deux termes est banale, on parle de **cliché** ou de **lieu commun**.

Ex : *Des cheveux d'or, un teint de lait.*

➥ Le travail poétique consiste parfois à déplacer le cliché. La force de l'image vient de l'identification préalable qu'elle implique et de la manière dont le cliché est retravaillé, et produit alors un effet de surprise.

➥ **Les figures d'analogie** permettent de remotiver le langage c'est-à-dire de recréer un lien entre les mots et les choses qui nécessite un travail d'imagination de la part du lecteur.

Ex : « *La terre est bleue comme une orange* » *(Éluard)*
L'image « la terre est bleue » est remotivée par une comparaison qui relie les deux couleurs alors que c'est la forme de la terre qui motive la comparaison avec l'orange.

6 Effets sonores

➥ La rime est un des éléments d'organisation sonore du poème. On distingue trois types de disposition pour les rimes :

• **Les rimes plates** ou suivies qui se succèdent sur des vers consécutifs.
Ex : « *Ah ! Fallait-il croire une amante insensée ?*   a
      Ne devais-je pas lire au fond de ma pensée ? »   a
(*Racine*, Andromaque)

• **Les rimes croisées** qui alternent d'un vers sur l'autre
Ex : *Ses purs ongles très haut dédiant leur onyx*   a
L'Angoisse, ce minuit, soutient, lampadophore,   b
Maint rêve vespéral brûlé par le Phénix   a
Que ne recueille pas de cinéraire amphore   b
(*Mallarmé*, Poésies)

• **Les rimes embrassées** où deux rimes identiques sont encadrées par deux autres rimes.
Ex : « *Je suis la plaie et le couteau !*   a
Je suis le soufflet et la joue !   b
Je suis les membres et la roue,   b
Et la victime et le bourreau ! »   a
(*Baudelaire*, Les Fleurs du mal)

➥ La rime en fin de vers trouve des échos dans les sonorités à l'intérieur des vers eux-mêmes ou de la strophe. On parle alors de rime intérieure.

Les clés du genre

Poèmes en prose et prose poétique

❶ Le poème en prose

▶ **L'origine** du poème en prose est fréquemment associée au nom d'Aloysius Bertrand avec son recueil *Gaspard de la Nuit* publié en 1842. Baudelaire est cependant celui qui développe cette forme dans *Le Spleen de Paris*, il y voit une forme « assez souple et assez heurtée pour s'adapter aux mouvements lyriques de l'âme, aux ondulations de la rêverie, aux soubresauts de la conscience » (Préface du *Spleen de Paris*, 1869). Ce nouvel art poétique se fonde d'abord sur **un refus de la contrainte** imposée par le vers et les formes de poésie fixes qui lui sont associées (voir fiche précédente). La frontière entre prose et poésie se trouve alors remise en question. Mallarmé, Claudel, Ponge sont des figures emblématiques de cette nouvelle poétique.

▶ **Forme :**
Le poème en prose est une **forme close**, il se suffit à lui-même. Il peut être de longueur diverse mais sa caractéristique essentielle est de se présenter comme un texte ayant une cohérence interne. Comme dans tout poème, le jeu sur les sonorités, le rythme, les images y sont prépondérants.

▶ **Visée :**
La fonction de la poésie (questionner le langage, comprendre la relation entre les mots et les choses, expérimenter d'autres modes de représentation) demeure fondamentale dans le poème en prose aussi bien que dans les autres formes poétiques.

> **Ex :** « *Le soleil accable la ville de sa lumière droite et terrible ; le sable est éblouissant et la mer miroite. Le monde stupéfié s'affaisse lâchement et fait la sieste, une sieste qui est une espèce de mort savoureuse, où le dormeur, à demi-éveillé, goûte les voluptés de son anéantissement.* » (Baudelaire, *Le Spleen de Paris*, 1869, « La Belle Dorothée »)

Cet extrait de poème s'élabore autour d'une personnification des éléments naturels : le soleil « accable », le monde est « stupéfié », et « s'affaisse lâchement ». L'espace, grâce à ces **images**, semble donc animé. Le travail sur le **rythme** se fait sentir avec la phrase « le sable est éblouissant et la mer miroite ». Enfin les **échos sonores** entre « affaisse » et « fait », les **allitérations** et **assonances** qui lient les mots « mort », « savoureuse » et « dormeur » rendent compte d'un travail spécifiquement poétique sur le matériau sonore.

❷ La prose poétique

▶ **La prose poétique ne correspond pas à une époque littéraire particulière.** Elle existe à tous les siècles, du XVIᵉ à l'époque contemporaine. La prose poétique n'est donc pas liée à un genre particulier comme l'est le poème en prose.

▶ **Forme :**
Elle s'identifie au sein d'œuvres aussi diverses que des romans, des pièces de théâtre ou des œuvres plus philosophiques. Elle est perceptible à certains moments particuliers d'un texte où l'attention de l'auteur au langage est sensible mais s'intègre à un ensemble plus vaste.
Un passage de prose poétique s'identifie néanmoins grâce aux **mêmes procédés stylistiques qu'un poème en prose** : images, comparaisons, jeu sur le rythme de la phrase, échos sonores.

▶ **Visée :**
Ce sont souvent des descriptions ou l'expression de sentiments liés à un registre lyrique du passage qui donnent lieu à des moments de « prose poétique ». Il s'agit fréquemment d'émouvoir le lecteur, ou de traduire un élan lyrique qui concerne aussi bien un paysage, qu'une émotion ou une idée.

> **Ex :** « *Et l'atelier d'Elstir m'apparut comme le laboratoire d'une sorte de nouvelle création du monde, où, du chaos que sont toutes choses que nous voyons, il avait tiré, en les peignant sur divers rectangles de toile qui étaient posés dans tous les sens, ici une vague de la mer écrasant avec colère sur le sable son écume lilas, là un jeune homme en coutil blanc accoudé sur le pont d'un bateau. Le veston du jeune homme et la vague éclaboussante avaient repris une dignité nouvelle du fait qu'ils continuaient à être, encore que dépourvus de ce en quoi ils passaient pour consister, la vague ne pouvant plus mouiller, ni le veston habiller personne.* »
> (Proust, *À la Recherche du temps perdu*, 1913-1927)

La vision de l'atelier d'Elstir, peintre, donne lieu à une description particulièrement évocatrice où se combinent personnifications et images inattendues (« la vague écrasant avec colère son écume lilas »). Ce passage permet également au narrateur une réflexion sur la peinture et les effets de la représentation.

Vers le bac — 2de

« Poètes maudits et parias de la société »

1. **Edgar Allan POE**, *Poésies*, « Le corbeau », 1845
2. **Charles BAUDELAIRE**, *Les Fleurs du Mal*, « L'albatros », 1861
3. **LAUTRÉAMONT**, *Les Chants de Maldoror*, « Le fils de la femelle du requin », 1869
4. **Tristan CORBIÈRE**, *Les Amours jaunes*, « Le crapaud », 1873

1 Edgar Allan POE, *Poésies*, 1845

Dans ce long poème narratif, dont voici les dernières strophes, le poète a ouvert sa fenêtre à un corbeau qui lui ressemble. Il lui demande s'il reverra Lénore, sa fiancée disparue.

Le corbeau

« Prophète ! dis-je, être de malheur ! oiseau ou démon ! toujours prophète ! par ce ciel tendu sur nos têtes, par ce Dieu que tous deux nous adorons, dis à cette âme chargée de douleur[1] si, dans le Paradis lointain, elle pourra embrasser une fille sainte que les anges nom-
5 ment Lénore, embrasser une précieuse et rayonnante fille que les anges nomment Lénore. » Le corbeau dit : « Jamais plus ! »

« Que cette parole soit le signal de notre séparation, oiseau ou démon ! – hurlai-je en me redressant. – Rentre dans la tempête, retourne au rivage de la Nuit plutonienne[2] ; ne laisse pas ici une seule plume noire comme souve-
10 nir du mensonge que ton âme a proféré ; laisse ma solitude inviolée ; quitte ce buste au-dessus de ma porte ; arrache ton bec de mon cœur et précipite ton spectre loin de ma porte ! » Le corbeau dit : « Jamais plus ! »

Et le corbeau, immuable[3], est toujours installé, toujours installé sur le buste pâle de Pallas[4], juste au-dessus de la porte de ma chambre ; et ses yeux
15 ont toute la semblance des yeux d'un démon qui rêve ; et la lumière de la lampe, en ruisselant sur lui, projette son ombre sur le plancher ; et mon âme, hors du cercle de cette ombre qui gît flottante sur le plancher, ne pourra plus s'élever, – jamais plus !

E. A. POE, *Poésies*, « Le corbeau », 1845, traduction de Charles Baudelaire.

1. Il s'agit du poète, portant le deuil de Lénore.
2. Qui a un rapport avec Pluton, le dieu des enfers ; qui évoque les enfers.
3. Qui ne change pas, qui ne bouge pas.
4. Athéna, déesse de la justice et de la raison.

Odilon REDON (1840-1916), *L'Homme ailé ou L'Ange déchu*, 1890-1895, huile sur carton, 24 × 33,5 cm (Musée des Beaux-Arts de Bordeaux).

Vers le bac

2 Charles BAUDELAIRE, *Les Fleurs du Mal,* 1861

L'albatros

Souvent, pour s'amuser, les hommes d'équipage
Prennent des albatros, vastes oiseaux des mers,
Qui suivent, indolents[1] compagnons de voyage,
Le navire glissant sur les gouffres amers.

À peine les ont-ils déposés sur les planches
Que ces rois de l'azur, maladroits et honteux,
Laissent piteusement leurs grandes ailes blanches
Comme des avirons traîner à côté d'eux.

Ce voyageur ailé, comme il est gauche et veule[2] !
Lui, naguère si beau, qu'il est comique et laid !
L'un agace son bec avec un brûle-gueule[3],
L'autre mime, en boitant, l'infirme qui volait !

Le Poète est semblable au prince des nuées
Qui hante la tempête et se rit de l'archer ;
Exilé sur un sol au milieu des huées,
Ses aile de géant l'empêchent de marcher.

C. BAUDELAIRE, *Les Fleurs du Mal*, « Spleen et idéal », II, « L'albatros », 1861.

1. Nonchalants.
2. Qui manque de courage, d'énergie.
3. Pipe.

3 LAUTRÉAMONT, *Les Chants de Maldoror,* 1869

Isidore Ducasse publie, sous le nom de Lautréamont, Les Chants de Maldoror, long poème en prose. Effrayé par la violence de sa révolte, l'éditeur refuse de vendre ce recueil. Au XXᵉ siècle, les surréalistes réhabiliteront cette œuvre fiévreuse.

Moi, comme les chiens, j'éprouve le besoin de l'infini… Je ne puis contenter ce besoin ! Je suis le fils de l'homme et de la femme, d'après ce qu'on m'a dit. Ça m'étonne… Je croyais être davantage ! Au reste, que m'importe d'où je viens ? Moi, si cela avait pu dépendre de ma volonté, j'aurais voulu être plutôt le fils de la femelle du requin dont la faim est amie des tempêtes, et du tigre, à la cruauté reconnue : je ne serais pas si méchant. Vous qui me regardez, éloignez-vous de moi, car mon haleine exhale un souffle empoisonné. Nul n'a encore vu les rides vertes de mon front ; ni les os en saillie de ma figure maigre, pareils aux arêtes de quelque grand poisson, ou aux rochers couvrant les rivages de la mer, ou aux abruptes montagnes alpestres, que je parcourus souvent, quand j'avais sur ma tête des cheveux d'une autre couleur. Et, quand je rôde autour des habitations des hommes, pendant les nuits orageuses, les yeux ardents, les cheveux flagellés[1] par le vent des tempêtes, isolé comme une pierre au milieu du chemin, je couvre ma face flétrie avec un morceau de velours, noir comme la suie qui remplit l'intérieur des cheminées : il ne faut pas que les yeux soient témoins de la laideur que l'Être suprême, avec un sourire de haine puissante, a mise sur moi.

LAUTRÉAMONT, *Les Chants de Maldoror*, Chant 1, « Le fils de la femelle du requin » (extrait), 1869.

1. Fouettés.

4 Tristan CORBIÈRE, *Les Amours jaunes,* 1873

Placé par Verlaine au panthéon des « poètes maudits », Corbière compose ici un cruel autoportrait.

Le crapaud

Un chant dans une nuit sans air…
– La lune plaque en métal clair
Les découpures du vert sombre.

… Un chant, comme un écho ; tout vif
5   Enterré, là, sous le massif…
– Ça se tait : Viens, c'est là, dans l'ombre…

– Un crapaud ! – Pourquoi cette peur,
Près de moi, ton soldat fidèle !
Vois-le, poète tondu, sans aile,
10   Rossignol de la boue… – Horreur ! –

… Il chante. – Horreur !! – Horreur pourquoi ?
Vois-tu pas son œil de lumière…
Non : il s'en va, froid, sous sa pierre
....
15   Bonsoir – ce crapaud-là, c'est moi

T. CORBIÈRE, *Les Amours jaunes*, « Le crapaud », 1873.

Questions sur un corpus

1 À quels animaux les poètes se comparent-ils ? Déduisez ce qu'est un « poète maudit ».
▶ Fiche 9 **Répondre à une question sur un corpus**

HISTOIRE DES ARTS
2 Cherchez qui est Lucifer et en quoi consista sa révolte, suivie d'une malédiction. En quoi le tableau de Redon illustre-t-il le thème poétique du poète maudit ?

Travaux d'écriture

Commentaire
Vous ferez un commentaire du poème de Baudelaire, en suivant ce parcours de lecture :
A/ une conscience douloureuse de la marginalité ; B/ un éloge des pouvoirs de la poésie.
▶ Fiche 13 **Comprendre un sujet de commentaire**

Dissertation
« Quant au bonheur établi, domestique ou non… non, je ne veux pas », écrit Rimbaud. Les poètes maudits souffrent-ils de leur différence ou la revendiquent-ils ? Vous vous appuierez sur les poèmes du corpus et de la séquence pour discuter ce propos.
▶ Fiche 17 **Comprendre un sujet de dissertation**

Écriture d'invention
Choisissez un animal incarnant la révolte de l'artiste. Puis composez un poème en prose commençant par : « J'ai reçu la vie comme une blessure » (Lautréamont). Votre premier paragraphe racontera une anecdote animalière cruelle. Le second établira un parallèle entre la bête et l'artiste.
▶ Fiche 11 **Comprendre un sujet d'écriture d'invention**

Vers le bac

1re

« Chanter la révolte »

1. **Victor HUGO,** *Les Misérables,* 1862
2. **Jean-Baptiste CLÉMENT,** « *Le Temps des cerises* », 1866-1868
3. **Louis ARAGON,** « *C* », 1942
4. **Jean CASSOU,** « *La plaie que, depuis le temps des cerises …* », 1944
5. **René MAGRITTE,** *La Mémoire,* 1948

1 Victor HUGO, *Les Misérables,* 1862

Gavroche, l'enfant des rues, participe à la barricade du 6 juin 1832 aux côtés des révolutionnaires : il se faufile jusqu'aux cadavres et récupère leurs munitions. Voilà que la Garde Nationale le prend pour cible.

Il se dressa tout droit, debout, les cheveux au vent, les mains sur les hanches, l'œil fixé sur les gardes nationaux qui tiraient, et il chanta :

> On est laid à Nanterre,
> C'est la faute à Voltaire,
> 5 Et bête à Palaiseau,
> C'est la faute à Rousseau.[1]

Puis il ramassa son panier, y remit, sans en perdre une seule, les cartouches qui en étaient tombées, et, avançant vers la fusillade, alla dépouiller une autre giberne. Là une quatrième balle le manqua encore. Gavroche chanta :

> 10 Je ne suis pas notaire,
> C'est la faute à Voltaire ;
> Je suis petit oiseau,
> C'est la faute à Rousseau.

Une cinquième balle ne réussit qu'à tirer de lui un troisième couplet :

> 15 Joie est mon caractère,
> C'est la faute à Voltaire ;
> Misère est mon trousseau,
> C'est la faute à Rousseau.

Cela continua ainsi quelque temps.
[…]
20 Une balle pourtant, mieux ajustée ou plus traître que les autres, finit par atteindre l'enfant feu follet. On vit Gavroche chanceler, puis il s'affaissa. Toute la barricade poussa un cri ; mais il y avait de l'Antée[2] dans ce pygmée ; pour le gamin toucher le pavé, c'est comme pour le géant toucher la terre ; Gavroche n'était tombé que pour se redresser ; il resta assis sur son séant, un 25 long filet de sang rayait son visage, il éleva ses deux bras en l'air, regarda du côté d'où était venu le coup, et se mit à chanter :

> Je suis tombé par terre,
> C'est la faute à Voltaire,
> Le nez dans le ruisseau,
> 30 C'est la faute à…

Il n'acheva point. Une seconde balle du même tireur l'arrêta court. Cette fois il s'abattit la face contre le pavé, et ne remua plus. Cette petite grande âme venait de s'envoler.

Victor HUGO, *Les Misérables*, Cinquième partie, Livre I,
« La guerre entre quatre murs », Chapitre XV « Gavroche dehors », 1862.

---

1. Ce chant, inspiré d'une chanson de Béranger, évoque en Rousseau et Voltaire deux philosophes des Lumières qui, au siècle suivant, sont devenus les maîtres à penser de la bourgeoisie enrichie, nommée « la banlieue ». Certains de ses membres composent la Garde Nationale, qui tire sur les révolutionnaires parisiens.

2. Géant mythique, qui reprenait des forces chaque fois qu'il touchait la terre, sa mère.

2 Jean-Baptiste CLÉMENT, « *Le Temps des cerises* », 1866-1868

« Le Temps des cerises » n'est pas, à l'origine, une chanson engagée. Mais après le massacre, en 1871, des révoltés de la Commune, ses paroles sentimentales et populaires prennent un double sens tragique et révolutionnaire.

Le Temps des cerises

1 Quand nous chanterons le temps des cerises,
Et gai rossignol et merle moqueur
Seront tous en fête.
Les belles auront la folie en tête
5 Et les amoureux du soleil au cœur.
Quand nous chanterons le temps des cerises,
Sifflera bien mieux le merle moqueur.

Mais il est bien court le temps des cerises,
Où l'on s'en va deux cueillir en rêvant
10 Des pendants d'oreille.
Cerises d'amour aux robes pareilles,
Tombant sous la feuille en gouttes de sang.
Mais il est bien court le temps des cerises
Pendants de corail qu'on cueille en rêvant.

15 Quand vous en serez au temps des cerises,
Si vous avez peur des chagrins d'amour,
Évitez les belles !
Moi qui ne crains pas les peines cruelles,
Je ne vivrai point sans souffrir un jour.
20 Quand vous en serez au temps de cerises
Vous aurez aussi des peines d'amour.

J'aimerai toujours le temps des cerises,
C'est de ce temps-là que je garde au cœur
Une plaie ouverte.
25 Et Dame Fortune en m'étant offerte
Ne pourra jamais fermer ma douleur.
J'aimerai toujours le temps des cerises
Et le souvenir que je garde au cœur.

Paroles et musique : Jean-Baptiste CLÉMENT et Antoine RENARD (1866-1868).

Vers le bac

3 Louis ARAGON, « C », 1942

Aragon convoque lui aussi les chansons anciennes pour se remémorer la liberté d'avant la seconde guerre mondiale.

C

1 J'ai traversé les ponts de Cé[1]
C'est là que tout a commencé

Une chanson des temps passés
Parle d'un chevalier blessé

5 D'une rose sur la chaussée
Et d'un corsage délacé

Du château d'un duc insensé
Et des cygnes dans les fossés

De la prairie où vient danser
10 Une éternelle fiancée

Et j'ai bu comme un lait glacé
Le long lai[2] des gloires faussées

La Loire emporte mes pensées
Avec les voitures versées

15 Et les armes désamorcées
Et les larmes mal effacées

Ô ma France, ô ma délaissée
J'ai traversé les ponts de Cé

Louis ARAGON, « C », *Les Yeux d'Elsa*, 1942, Éditions Seghers.

1. Petite ville d'Anjou, située à une vingtaine de kilomètres de la Loire.
2. Poème en octosyllabes en rimes suivies, évoquant une aventure merveilleuse, inspirée généralement de légendes arthuriennes ou de la Table Ronde.

4 Jean CASSOU, « La plaie que, depuis le temps des cerises… », 1944

Emprisonné, le résistant Jean Cassou se souvient de la chanson des cerises.

« La plaie que, depuis le temps des cerises… »

1 La plaie que, depuis le temps des cerises,
je garde en mon cœur s'ouvre chaque jour.
En vain les lilas, les soleils, les brises
viennent caresser les murs des faubourgs.

5 Pays des toits bleus et des chansons grises,
qui saignes sans cesse en robe d'amour,
explique pourquoi ma vie s'est éprise
du sanglot rouillé de tes vieilles cours.

Aux fées rencontrées le long du chemin
10 je vais racontant Fantine et Cosette[1]
L'arbre de l'école, à son tour, répète

une belle histoire où l'on dit : demain…
Ah ! jaillisse enfin le matin de fête
où sur les fusils s'abattront les poings !

Jean CASSOU, publié sous le pseudonyme de Jean NOIR in *Trente-trois sonnets composés au secret*, © Éditions Gallimard, 1944.

1. Héroïnes des *Misérables*, de V. Hugo, elles incarnent l'innocence et la fragilité des pauvres.

5 René MAGRITTE, *La Mémoire,* 1948

René MAGRITTE, *La Mémoire*,
1948, huile sur toile, 60 × 50 cm
(Musée d'Ixelles, Bruxelles).

Questions sur un corpus

1 De quelles images, de quels messages les chansons anciennes sont-elles les gardiennes ? Pourquoi les poésies nouvelles s'en souviennent-elles en temps de guerre ?

2 Pourquoi ces quatre textes, faits de chansons et poèmes, sont-ils des chants de révoltés et de résistants ? Vous serez sensible au lexique de la blessure, notamment quand les mots sont allusifs ou ont un double sens.

3 PREMIÈRE L   En prison, Jean Cassou s'est récité les poésies et chansons qu'il savait par cœur. Dans quelle mesure son poème est-il une variation sur « Le Temps des cerises » ? Quel est l'enjeu d'une telle « réécriture », composée au secret sans papier, ni crayon ?

▶ **Fiche 9 Répondre à une question sur un corpus**

Travaux d'écriture

Commentaire
Vous ferez un commentaire du poème d'Aragon montrant sa force pathétique. Vous évoquerez le poids des images médiévales, référence secrète à la France de 1940, puis montrerez que la musicalité du texte en fait une déploration poignante.

▶ **Fiche 13 Comprendre un sujet de commentaire**

Dissertation
Lisez le début de ce poème d'Aragon :

Trouver des mots forts comme la folie
Trouver des mots couleur de tous les jours
Trouver des mots que personne n'oublie

Louis ARAGON, « Je ne connais pas cet homme », *La Diane française*, © Éditions Seghers, 1945.

À quoi sert-il de chercher des mots chantant la révolte ? Dans quelles circonstances cela peut-il être ressenti comme une impérieuse nécessité ?
Vous répondrez à ces questions et illustrerez votre propos par des exemples tirés de textes engagés.

▶ **Fiche 17 Comprendre un sujet de dissertation**

Écriture d'invention
Le 14 juillet 1943, les Éditions de Minuit clandestines publient *L'Honneur des poètes*, recueil collectif regroupant les œuvres de vingt-deux auteurs appelant à la révolte.
Rédigez la préface de l'éditeur. Elle expliquera l'enjeu d'un tel projet.

▶ **Fiche 11 Comprendre un sujet d'écriture d'invention**

Vers le bac

Pistes de lecture La poésie du XIXᵉ au XXᵉ siècle

À lire

1. Victor HUGO, *Les Contemplations*, « Pauca meae », 1856
Les Contemplations comportent deux parties, séparées par la date du 4 septembre 1843, où la fille du poète, Léopoldine, se noie. « Autrefois » chante le bonheur familial enfui ; « Aujourd'hui » est une méditation sur la mort. « Pauca meae » – quelques vers pour ma fille – en fait partie.

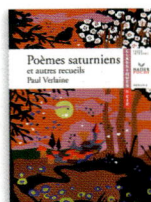

2. Paul VERLAINE, *Poèmes saturniens et autres recueils*, 1866
Ces trois recueils – *Poèmes saturniens*, *Fêtes galantes*, *Romances sans paroles* – mettent en scène des paysages intérieurs heureux ou mélancoliques.

3. Arthur RIMBAUD, *Une saison en enfer et autres poèmes*, 1870
En quatre ans, le poète rédige une œuvre fiévreuse, qui s'essaie à tous les mouvements littéraires contemporains, du Parnasse au symbolisme, pour les dépasser.

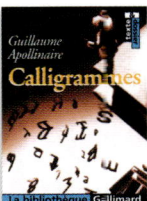

4. Guillaume APOLLINAIRE, *Calligrammes*, 1916
Apollinaire invente le calligramme. Étymologiquement : les belles lettres. Se rencontrent ainsi le plaisir de voir et le plaisir de lire, tandis que résonne le bruit de la guerre.

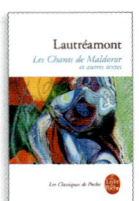

5. LAUTRÉAMONT, *Les Chants de Maldoror*, 1869
Au début des *Chants*, Maldoror, le héros, incarne les misères et les angoissantes questions de son créateur. Il apparaît « pâle, livide, le sang appauvri, la bouche livide, fiévreux ». Impuissant devant la tragédie humaine, il sombre dans un désespoir violent et cruel. Le fantastique se mêle au lyrisme pour exprimer sa fureur.

Lire le premier poème d'un recueil

Chant 1, strophe 1

Plût au ciel que le lecteur, enhardi et devenu momentanément féroce comme ce qu'il lit, trouve, sans se désorienter, son chemin abrupt et sauvage, à travers les marécages désolés de ces pages sombres et pleines de poison; car, à moins qu'il n'apporte dans sa lecture une logique rigoureuse et une tension d'esprit égale au moins à sa défiance, les émanations mortelles de ce livre imbiberont son âme comme l'eau le sucre. Il n'est pas bon que tout le monde lise les pages qui vont suivre ; quelques-uns seuls savoureront ce fruit amer sans danger. Par conséquent, âme timide, avant de pénétrer plus loin dans de pareilles landes inexplorées, dirige tes talons en arrière et non en avant.

LAUTRÉAMONT, *Les Chants de Maldoror*, Chant 1 (extrait), 1869.

@ consulter

- **http://expositions.bnf.fr/hugo** : À l'occasion du bicentenaire de la naissance de Victor Hugo, la BNF propose de découvrir tous les talents du poète, romancier, dramaturge, essayiste, homme politique et aussi dessinateur de génie.
- **http://poesie.webnet.fr/home** offre à la lecture des centaines de poèmes du Moyen Âge au XIXᵉ siècle, avec des onglets de recherche.
- **http://www.ffdsp.com** : Le slam est un spectacle sous forme de rencontres et de tournois de poésie. Créé à Chicago dans les années 1980, il a suscité un engouement populaire et médiatique qui lui permet de se propager dans le monde entier. Le slam est ainsi un outil de démocratisation et un art de la performance poétique.

À entendre

- **Jean-Louis MURAT** chante « Réversibilité » sur son disque *Dolorès* (1996). En 2007, il consacre à Baudelaire un album entier, intitulé *Charles et Léo*, dans lequel il reprend onze des poèmes mis en musique par Léo Ferré sur l'album *Les Fleurs du Mal (suite et fin)* (1977-2008).
- **Serge GAINSBOURG** a aussi mis en musique le « Serpent qui danse ».

Pistes de lecture Écriture poétique et quête du sens, du Moyen Âge à nos jours

À lire

1. Joachim du Bellay, *Les Regrets*, 1558
Son voyage à Rome aurait dû être source de joie et d'enthousiasme ; il se révèle, certains jours, synonyme de regrets et de nostalgie.

2. Victor Hugo, *Les Châtiments*, 1853
Napoléon III a été rebaptisé par Hugo « Napoléon le petit » et cette épithète ridicule n'est pas sortie de nos mémoires. Pourquoi ? Parce que l'ironie et la satire hugoliennes sont terriblement efficaces pour dénoncer les dérives autoritaires du Second Empire.

3. Charles Baudelaire, *Les Fleurs du mal*, 1857
Le recueil est publié le 23 juin 1857 et est réédité en 1861, après un procès retentissant. Empreint d'une esthétique où la beauté et le sublime surgissent de la réalité triviale, il exerce une influence considérable sur la poésie moderne.

Lire un poème

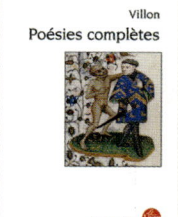

4. François Villon, *Poésies complètes*, 1991
François Villon est le poète français du Moyen Âge le plus célèbre. La légende raconte qu'il a écrit « La Ballade des pendus » en prison juste avant d'être gracié, alors qu'il se voyait déjà mort.

La Ballade des pendus

1 Frères humains qui après nous vivez
N'ayez les cœurs contre nous endurciz,
Car, ce pitié de nous pauvres avez,
Dieu en aura plus tost de vous merciz.
5 Vous nous voyez ci attachez cinq, six
Quant de la chair, que trop avons nourrie,
Elle est piéca devorée et pourrie,
Et nous les os, devenons cendre et pouldre.
De nostre mal personne ne s'en rie :
10 Mais priez Dieu que tous nous veuille absouldre ! […]

Traduction :
1 Frères humains qui après nous vivez,
N'ayez pas les cœurs durcis contre nous
Car si vous avez pitié de nous, pauvres,
Dieu éprouvera plus tôt de la miséricorde à votre égard.
5 Vous nous voyez attachés ici, par cinq, par six :
Quant à notre chair, que nous avons trop nourrie,
Elle est depuis longtemps dévorée et pourrie,
Et nous, les os, devenons cendre et poussière.
De notre malheur, que personne ne se moque,
10 Mais priez Dieu que tous nous veuille absoudre ! […]

François VILLON, « La Ballade des pendus », 1462.

À écouter

- La musique de Janequin sur les mots de Ronsard.
- http://www.vivevoix.com
Écouter et voir de la poésie sur Internet ? C'est possible avec le site « Vive voix ».

À voir

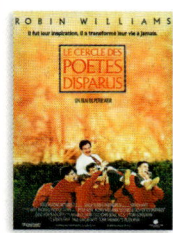

Le Cercle des poètes disparus, film de Peter Weir, 1989
Todd est envoyé à Welton, école réputée pour être l'une des plus austères des États-Unis. Il rencontre un professeur de lettres (de l'être ?), M. Keating, qui refuse le conformisme et encourage l'originalité la plus poétique.

Chapitre 4
Formes et genres de l'argumentation

L'argumentation fonde une littérature où les idées sont mises en discours, exposées et débattues. L'interrogation sur l'Homme accompagne son évolution. La contestation du modèle européen amène à la variation des points de vue favorisant le débat sur les valeurs. Le questionnement sur l'humain se joue aussi dans le dialogue de l'auteur avec lui-même.

Séquence 13 XVIe siècle : **Humanisme et humanités** 494

Séquence 14 XVIIe siècle : **Plaire et instruire** 520

Séquence 15 XVIIIe siècle : **Les Lumières, une littérature de combat** 542

Séquence 16 XIXe-XXIe siècle : **S'engager pour l'humanité** 574

Les clés du genre
Stratégies argumentatives et modes de raisonnement 622
Brève histoire de l'éloquence 623
L'essai 624
La littérature morale 625
L'apologue 626
La variété des registres dans l'argumentation 627

Vers le bac 2nde : « Plaider pour une justice plus juste » 628

Vers le bac 1re : « La Condition féminine »

Pistes de lecture : L'argumentation 636
      Lire un discours marquant :

Pistes de lecture : Les cités imaginaires 637
      Lire l'*incipit*

13. XVIe siècle : Humanisme et humanités

Définir l'Homme dans son identité et ses valeurs est au cœur des grands textes de la Renaissance. Pour conduire l'Homme à son humanité, les auteurs vont avoir recours à la fiction, au dialogue, au traité, à l'essai et aux récits de voyage qui font se rencontrer les hommes pour débattre de l'humaine condition.

Littérature et société
La réflexion sur l'Homme du XVIe siècle à nos jours 496

Histoire littéraire
La Renaissance et l'humanisme 498

Histoire des arts
H. Holbein le Jeune, *Les Ambassadeurs*, 1533 500

Histoire des arts
L'exaltation du corps humain 502
Peinture : L. de Vinci

1. J. Boccace, *Le Décaméron*, 1353 504
2. Th. More, *L'Utopie*, 1516 506
3. F. Rabelais, *Pantagruel*, chapitre 8, 1532 508
4. F. Rabelais, *Gargantua*, « L'abbaye de Thélème », 1534 510
5. P. de Ronsard, *Discours des misères de ce temps*, 1562 512
6. A. Paré, *Des monstres et prodiges*, 1573 513
7. J. de Léry, *Histoire d'un voyage fait en la terre de Brésil*, 1578 514

M. de Montaigne
8. *Les Essais*, « Des Cannibales », 1580 516
9. *Les Essais*, « D'un enfant monstrueux », 1582 518
10. *Les Essais*, « Du démentir », chapitre 18, livre III, 1595 519

Littérature et société
La réflexion sur l'Homme du XVIe siècle à nos jours

La littérature n'a eu de cesse de s'interroger sur l'Homme du XVIe siècle à nos jours. En explorant la complexité de l'espèce humaine, les écrivains ont pu s'interroger sur son essence même et **définir un idéal vers lequel l'Homme doit tendre**.

L'idéal humaniste

À la Renaissance, une **nouvelle vision de l'Homme** apparaît. S'appuyant sur une connaissance des philosophes antiques, les humanistes valorisent le savoir de l'être humain et diffusent ainsi un idéal de perfection. Reprenant les thèses d'Aristote (IVe siècle avant J.-C.), les penseurs du XVIe siècle établissent la supériorité de l'homme sur l'animal. L'Homme se distingue par sa capacité à acquérir « vertu et connaissance » comme le préconise Dante (*La Divine Comédie*).

→ **Ex :** Dans son *Discours sur la dignité de l'homme* (vers 1488), l'humaniste Pic de la Mirandole s'émerveille devant les pouvoirs de l'homme : « Ô très haute et très merveilleuse félicité de l'homme ! À lui seul est accordé le pouvoir de posséder ce qui lui plaît, d'être ce qui lui semble bon. »

De nombreux auteurs insistent sur la nécessité d'**acquérir de solides connaissances** lui permettant d'être à l'image de Dieu et de s'affranchir de toutes sortes de frayeurs. L'homme idéal de la Renaissance apparaît donc sage et avide de savoir.

→ **Ex :** La célèbre lettre de Gargantua à son fils Pantagruel rappelle cette exigence humaniste en définissant un véritable programme d'enseignement : « C'est pourquoi, mon fils, je t'engage à employer ta jeunesse à bien progresser en savoir et en vertu. Tu es à Paris, tu as ton précepteur Épistémon [« savant » en grec] : l'homme par un enseignement direct et de vive voix, la ville par de louables exemples, ont le pouvoir de te former. »

« Misère de l'homme »

Les **guerres de religion** qui agitent la France de 1562 à 1598 remettent en cause l'idéal promu par les humanistes. L'Homme étant capable de tuer son voisin, il n'apparaît plus comme une valeur suprême. De la période baroque (1560-1640) à l'âge classique (1640-1715), les écrivains relativisent la notion de perfection humaine. Ce moment de « crise de la conscience européenne » (P. Hazard) voit la naissance de diverses formes artistiques en lien avec cette nouvelle représentation de l'homme.

Adriaen VERDOEL (vers 1620-après 1695), *Vanité*, 1692, huile sur bois, 32 × 37 cm (Musée Charles de Bruyères, Remiremont).

Le genre des **vanités** se développe en Europe : la peinture des natures mortes s'accompagne d'une vision sombre de la destinée humaine comme le suggère la présence marquée d'un sablier ou d'une tête de mort.

La **littérature morale** connaît alors un renouvellement au XVIIe siècle. Des formes fragmentaires voient le jour comme les **maximes**, **sentences** ou autres **réflexions**.

→ **Ex :** La Rochefoucauld écrit les *Maximes* en 1664 et Pascal les *Pensées* en 1670. Ces **moralistes** révèlent la vanité de toute action humaine et la misère de celui qui ne se conduit pas en suivant le chemin tracé par Dieu.
« Que le cœur de l'homme est creux et plein d'ordure. » (Pascal, *Pensées*, IX, « Divertissement »)
« L'homme croit souvent se conduire lorsqu'il est conduit ; et pendant que par son esprit il tend à un but, son cœur l'entraîne insensiblement à un autre. » (La Rochefoucauld, *Réflexions morales*, 43)

Deuil et renaissances

La notion d'humanité se trouve fortement ébranlée au XXe siècle : les guerres mondiales, la guerre d'Espagne ou encore les luttes postcoloniales inspirent les artistes.

Le **théâtre de l'absurde** met en scène des personnages en quête perpétuelle de sens. Incapables de raisonner et d'expliquer leur raison d'exister, ils se contentent de subir les événements.

→ **Ex** : *Dans* Rhinocéro, *le phénomène de la « rhinocérite » advient sans préavis. L'Homme est une idée vide de sens dès lors que les hommes deviennent rhinocéros. « L'humanisme est périmé », dit Jean.*

Certains écrivains choisissent néanmoins de redonner une vitalité à la notion d'**humanisme**. Primo Levi et Robert Antelme refusent de subir la logique de déshumanisation des camps de concentration. Dans cette perspective, l'écrivain devient une figure de résistant : « Il n'y a pas d'ambiguïté, nous restons des hommes, nous ne finirons qu'en hommes. La distance qui nous sépare d'une autre espèce reste intacte, elle n'est pas historique » (Robert Antelme).

→ **Ex** : *Redonnant sens à l'engagement de l'homme, le* XXe *siècle se définit comme* « **le siècle des intellectuels** » *(M. Winock). Les combats en faveur de l'humanité se multiplient, qu'il s'agisse de la reconnaissance des droits des femmes par Simone de Beauvoir ou de la défense d'une identité par Aimé Césaire.*

Manifestes pour l'Homme

L e XXe siècle apparaît à plus d'un titre comme le siècle de la **littérature engagée**. Plusieurs facteurs expliquent l'essor d'une littérature en prise avec les combats sociopolitiques de son temps. Avec l'émergence de nouveaux médias (journal, cinéma, télévision, Internet), les écrivains sont plus en prise avec la réalité et contribuent à des manifestes à l'attention du grand public. L'enjeu consiste alors à **défendre les droits de l'homme en mettant sa plume au service de valeurs essentielles**.

À la fin du XIXe siècle, l'affaire Dreyfus marque la naissance de la figure de l'intellectuel. En 1898, l'écrivain Émile Zola publie une **lettre ouverte** au président de la République (« J'accuse ») pour dénoncer le sort réservé au capitaine Dreyfus, accusé à tort d'espionnage. Zola profite de sa notoriété et des gros tirages de *L'Aurore* pour donner une publicité à son message.

Au XXe siècle, les écrivains participent à de nombreux manifestes visant à défendre une cause. En 1960, plusieurs intellectuels français donnent naissance au « **manifeste des 121** », déclaration écrite pour exprimer une opposition à la guerre d'Algérie. Parmi les signataires figurent Marguerite Duras, Maurice Blanchot ou encore Robert Antelme. Le manifeste se termine par trois formules demeurées célèbres :
« – *Nous respectons et jugeons justifié le refus de prendre les armes contre le peuple algérien.*
– *Nous respectons et jugeons justifiée la conduite des Français qui estiment de leur devoir d'apporter aide et protection aux Algériens opprimés au nom du peuple français.*
– *La cause du peuple algérien, qui contribue de façon décisive à ruiner le système colonial, est la cause de tous les hommes libres.* »

Réconciliant la parole et l'action, les intellectuels n'hésitent pas à participer à toutes sortes de **manifestations** de soutien à une population opprimée. Après les événements de mai 1968, **Jean-Paul Sartre (1905-1980)** entame une période d'action en faveur de la gauche prolétarienne, allant jusqu'à participer aux grèves aux côtés des ouvriers de Renault à Boulogne-Billancourt.

J.-P. Sartre à la sortie de l'usine Renault de Boulogne-Billancourt (21/10/1970).

Au XXIe siècle, malgré un net recul de la figure de l'intellectuel, quelques artistes (écrivains, dramaturges, metteurs en scène) continuent de participer à des rassemblements ou à publier des tribunes dans des quotidiens ou des magazines pour défendre la dignité humaine. Des écrivains ou des dramaturges **se mobilisent pour de nombreuses causes** dans le cadre de manifestations en soutien à des victimes. L'intellectuel devient alors la caution morale d'un mouvement d'indignation populaire.

Le philosophe Bernard-Henri Lévy et la chanteuse Jane Birkin lors d'une manifestation en soutien à l'Iranienne Sakineh Mohammadi-Ashtiani, condamnée à mort par lapidation dans son pays.

Histoire littéraire
La Renaissance et l'humanisme

Les grandes découvertes de la Renaissance

L'invention de l'imprimerie et la diffusion de l'écrit

En 1450, l'Allemand Gutenberg crée la première imprimerie. D'abord consacrée aux livres religieux en latin et en particulier la Bible, l'impression s'étend ensuite aux ouvrages antiques, qui deviennent largement accessibles, puis aux œuvres nouvelles des humanistes.

Les progrès scientifiques

Les humanistes cherchent à comprendre le monde qui les entoure et établissent les bases de la démarche scientifique et de l'observation de la nature.

→ **Ex :** *Gargantua engage son fils Pantagruel à étudier aussi bien les langues, les lettres que les sciences.*

L'expérimentation scientifique permet des progrès décisifs : Vésale pratique la dissection, longtemps interdite par l'Église, et permet de dépasser les connaissances anatomiques de l'Antiquité. Michel Servet découvre la circulation sanguine et Ambroise Paré fait progresser la chirurgie. Les progrès mathématiques, et en particulier dans la géométrie, révolutionnent l'architecture (étude des proportions) et la peinture (invention de la perspective). L'algèbre et les calculs progressent également, et sont à l'origine de la révolution copernicienne : contrairement à la pensée médiévale, héritée des Grecs Aristote et Ptolémée, selon laquelle l'univers est un monde clos, enfermé dans une sphère qui porte les étoiles, et dont le centre est la Terre, Copernic affirme que c'est la Terre qui tourne autour du Soleil, suivi bientôt par Galilée.

L'élargissement du monde

Inspiré par Ptolémée qui reconnaît la rotondité de la Terre, mais sous-estime largement sa circonférence, Christophe Colomb découvre les Antilles en 1492, alors qu'il tente d'ouvrir une nouvelle route vers les Indes et ne se rend pas compte immédiatement qu'il s'agit d'un continent jusque-là inconnu.

Les voyages de découverte deviennent rapidement des voyages de conquête et, pour exploiter ces nouveaux territoires, l'importation d'esclaves noirs se systématise. Le contact avec ces civilisations différentes, leurs richesses, et les massacres commis par les Européens provoquent un véritable choc culturel, philosophique et religieux.

Sandro BOTTICELLI, *La Naissance de Vénus*, 1485, 172 × 278,9 cm (Florence, Galleria degli Uffizi).

→ **Ex :** *La réflexion sur l'altérité de Montaigne se nourrit des récits des cosmographes.*

L'idéal humaniste : l'éducation d'un homme nouveau

La redécouverte de l'Antiquité

Les humanistes se consacrent à l'étude des langues anciennes : le latin, mais aussi le grec et l'hébreu. L'essor des langues bénéficie de soutiens politiques, comme celui de François Ier qui rétribue des maîtres chargés d'enseigner le grec, l'hébreu et d'autres langues orientales, comme l'araméen et l'arabe.

L'approche des humanistes diffère de l'approche médiévale par l'attitude critique qu'ils adoptent face aux textes et par la diversification de leurs centres d'intérêt. À la pensée d'Aristote[1], exaltée par l'Église médiévale, ils préfèrent la philosophie de Platon[2], jusque-là négligée. Ils redécouvrent également les ouvrages scientifiques et techniques de l'Antiquité, qu'ils étudient afin de les dépasser.

C'est un nouveau mode de pensée et une nouvelle éducation qui se mettent en place : alors que l'enseignement traditionnel médiéval était fondé sur la mémoire, les humanistes préconisent plutôt la réflexion. L'humaniste doit être un homme complet, et les programmes d'éducation se font encyclopédiques, fondés sur la lecture et l'observation de la nature.

→ **Ex :** *S'il leur faut lire les grands auteurs grecs et latins, les enfants doivent surtout développer leur esprit critique et apprendre à penser par eux-mêmes, selon Montaigne.*

Une réflexion centrée sur l'homme

À la différence du Moyen Âge pessimiste, pour lequel les hommes étaient avant tout déchus par le péché originel, l'humanisme valorise leur dignité d'êtres créés par Dieu à son image, et parmi lesquels Jésus a choisi de s'incarner.

---

1. Philosophe grec du IVe siècle avant J.-C.
2. Philosophe grec des Ve et IVe siècles avant J.-C.

La vision humaniste de l'homme est positive et optimiste. Être intelligent, libre, il est capable de progrès. La beauté du corps humain, exaltée par la sculpture antique, irrigue également la pensée et l'art humanistes.

→ **Ex** : *La naissance du genre de l'utopie, préparé par l'heureuse société des conteurs de Boccace, et inventé par Thomas More puis repris par Rabelais dans l'abbaye de Thélème, révèle la confiance humaniste en l'être humain. Certes l'utopie n'est pas réelle, ni réalisable, mais elle est un horizon politique vers lequel l'homme doit tendre.*

Alors que, au Moyen Âge, les liens sociaux (féodaux, corporatifs et religieux) encadraient l'individu, la société renaissante se transforme rapidement et permet l'affirmation de la notion d'individu. Cette idée nouvelle se traduit par la naissance du portrait réaliste, chargé de perpétuer la renommée après la mort. L'artiste lui-même devient un personnage hors du commun, susceptible de se représenter dans des autoportraits.

◎ La « République des Lettres » européenne

Les idées humanistes se répandent grâce à la diffusion du latin, qui permet des correspondances entre des philosophes de tous les pays européens, et aux voyages d'étude. Une communauté humaniste se crée, indépendamment des frontières politiques, et favorise l'émergence d'une conscience européenne qu'on appelle alors la « République des Lettres ».

→ **Ex** : *C'est un voyage humaniste qu'espère faire Du Bellay en allant à Rome* (> p. 389).

Combats et crises de l'humanisme

◎ L'émergence des langues nationales aux dépens du latin

L'imprimerie, avec la multiplication des traductions des textes antiques et de la Bible, contribue à fixer les langues nationales, dont les littératures se développent, aux dépens du latin. Avec l'éclosion des littératures nationales disparaît l'idéal de la « République des Lettres ».

→ **Ex** : *Même s'il met progressivement fin à la « République des Lettres », l'essor des langues nationales est revendiqué par des humanistes comme Du Bellay et les poètes de la Pléiade* (> p. 388).

◎ La contestation de l'autorité de l'Église

En revendiquant la liberté et la faculté d'exercer l'esprit critique dont l'homme dispose, l'humanisme ouvre la voie à la contestation de l'Église et de son autorité. Au nom de leurs idéaux moraux, religieux et politiques, les humanistes critiquent l'ambition des papes, la vie de cour des prélats, ou l'ignorance des curés. L'application aux textes sacrés de la Bible des mêmes méthodes philologiques et critiques qu'aux textes profanes antiques débouche sur une contestation du christianisme traditionnel. La lecture de la Bible, qui autrefois n'était pas accessible, devient centrale dans la vie spirituelle des chrétiens. En cela, la pensée humaniste rend possible et prépare la Réforme.

→ **Ex** : *Érasme défend ainsi la traduction du Nouveau Testament afin de promouvoir le christianisme.*

◎ La remise en cause de l'humanisme, confronté aux guerres de religion

En 1517, le moine allemand Luther dénonce des pratiques de l'Église qui lui semblent trop éloignées du christianisme primitif. Malgré sa condamnation par le pape, il propose une nouvelle doctrine qui connaît un grand retentissement grâce à l'imprimerie et se diffuse largement en Allemagne, en Suisse et dans les pays scandinaves. En 1530, Calvin se rallie aux idées de Luther. Les guerres de religion éclatent alors et s'étendent de 1562 à 1598. Elles débutent par le massacre de Wassy. Le massacre de la Saint-Barthélemy, qui fait près de trois mille morts à Paris dans la nuit du 23 au 24 août 1572, est le plus célèbre d'une série de massacres de protestants, appelés huguenots en France. L'édit de Nantes en 1598 met fin à ces guerres.

Face à ce dévoiement des idées humanistes, l'optimisme initial s'estompe et laisse la place à une vision de l'homme plus pessimiste, marquée par le doute et l'idée que la vie n'est qu'illusion et l'homme inconstance. À l'aube du XVIIe siècle, l'humanisme cède ainsi peu à peu la place au baroque.

→ **Ex** : *Face aux guerres civiles qui déchirent la France, les humanistes Pierre de Ronsard et Agrippa d'Aubigné s'engagent, le premier du côté catholique et le second du côté huguenot.*

Antoine CARON, *Les Massacres du Triumvirat*, 1566, huile sur toile, 116 × 195 cm (Musée du Louvre, Paris).

HISTOIRE DES ARTS

Hans Holbein le Jeune,
Les Ambassadeurs, 1535

Envoyé par François Ier auprès d'Henri VIII, l'ambassadeur de France Jean de Dinteville, à gauche, se fait peindre en compagnie de son ami Georges de Selve, évêque de Lavaur, également ambassadeur de France.

Hans HOLBEIN LE JEUNE (1497-1543), *Jean de Dinteville et Georges de Selve*, dit *Les Ambassadeurs*, 1533, huile sur bois, 207 × 209 cm (National Gallery, Londres).

Contexte artistique et historique

NATURES MORTES ET VANITÉS

La **nature morte** est la représentation picturale d'**objets inanimés** (table, fruits, fleurs, instruments de musique) ou d'**animaux morts** (tableau de chasse, plats cuisinés).

C'est à la fin de la Renaissance qu'apparaît le plaisir de peindre des objets qui, auparavant, n'étaient que des éléments de décor d'un tableau plus vaste dont l'être humain était le sujet central. Cela manifeste le désir de rivaliser avec la nature : le peintre se fait **illusionniste** et tente de faire oublier qu'on n'est pas devant la réalité mais devant une toile. Il montre sa virtuosité dans le rendu des couleurs, des textures, des transparences.

La nature morte connaît un essor fulgurant au XVIIe siècle dans les écoles du Nord, puis au XVIIIe siècle en Europe, et notamment en France avec Chardin. Derrière la volonté de réalisme, **le peintre cache souvent un message secret**. Certaines natures mortes exaltent les cinq sens, que chacun des objets de la toile symbolise. D'autres glissent vers une réflexion philosophique sur la fuite du temps et la mort. La nature morte devient alors une **vanité**, inspirée par la citation de la Bible (*Ancien Testament, L'Ecclésiaste*, I, v1) : « vanité des vanités, tout est vanité ». Elle introduit un crâne, un ossement parmi les objets représentés (voir p. 47 du manuel). D'autres objets allégoriques complètent cette **méditation** : chandelle, horloge ou sablier symbolisent le temps qui passe, tandis qu'une fleur fanée ou la corde brisée d'un instrument de musique (comme le luth d'Holbein) représentent la fragilité de l'existence.

L'anamorphose

Inventée au XVIe siècle, l'**anamorphose** est un procédé de déformation de l'image qui s'appuie sur la perspective que viennent de découvrir et de théoriser les artistes de la Renaissance. Cette technique, que Dürer nomme « art de la perspective secrète », impose au spectateur d'adopter un angle de vue particulier ou, parfois, de s'aider d'un miroir cylindrique ou conique, afin de rétablir l'aspect figuratif et reconnaissable du dessin.

Portrait de deux humanistes

LECTURE DE L'IMAGE

Deux ambassadeurs clairement identifiables

1 À quel genre pictural ce tableau appartient-il ?

2 Décrivez les vêtements et les attributs des personnages (c'est-à-dire les objets qui leur sont associés). Quels indices donnent-ils sur leur identité et leur caractère ?

Des objets symboliques

3 Identifiez les objets figurant sur le meuble central. À quels domaines appartiennent-ils ? En quoi symbolisent-ils l'**humanisme** et la soif de connaissance ?

4 Qu'y a-t-il en haut à gauche du tableau ? Comment interprétez-vous ce signe, ainsi que le fait qu'une des cordes du luth soit cassée ?

Une anamorphose mystérieuse

5 Collez votre œil contre la page droite du manuel et observez d'un regard rasant la forme étrange en bas du tableau. Que représente-t-elle ?

6 Que symbolise cette anamorphose selon vous ? Expliquez à l'aide de vos réponses précédentes.

7 SYNTHÈSE Pourquoi ce tableau est-il une vanité ?

ÉCRITURE

Vers l'écriture d'invention

Vous êtes l'auteur d'un ouvrage consacré aux tableaux mystérieux. Présentez en une page (que vous titrerez) celui d'Holbein, en vantant sa valeur dans le contexte humaniste et la force évocatrice de son anamorphose.

HISTOIRE DES ARTS

L'exaltation du corps humain

La représentation de l'homme est au cœur de la peinture renaissante : c'est une célébration de la beauté du corps et de la sensibilité humaine.

1. Un tableau renaissant

2. Un tableau médiéval, influencé par la tradition des icônes byzantines

CIMABUE (vers 1240-1302), *Maestà di Santa Trinita*, 1280, tempera sur bois, 385 × 223 cm (Musée des Offices, Florence).

Léonard DE VINCI (1452-1519), *La Vierge, l'Enfant Jésus et Sainte Anne*, 1508-1510, huile sur bois, 168 × 13 cm (Musée du Louvre, Paris).

✣ Étude de deux œuvres

1 @RECHERCHE Quels sont les personnages peints sur le tableau de Vinci ? Et sur celui de Cimabue ? Comment sont-ils représentés ? Appartiennent-ils au monde humain ou divin ?

2 Quelles sont les couleurs dominantes des deux tableaux ? Y a-t-il une profondeur ? Quel est l'effet produit sur le spectateur ?

3 Comparez les proportions, la position du corps, l'attitude, l'expression des visages, les jeux de regards, la gestuelle des personnages de Vinci et de Cimabue. Que remarquez-vous ?

3. Les divines proportions de l'homme

Le XVIe siècle redécouvre la géométrie, et y voit une preuve de la noblesse du corps humain.

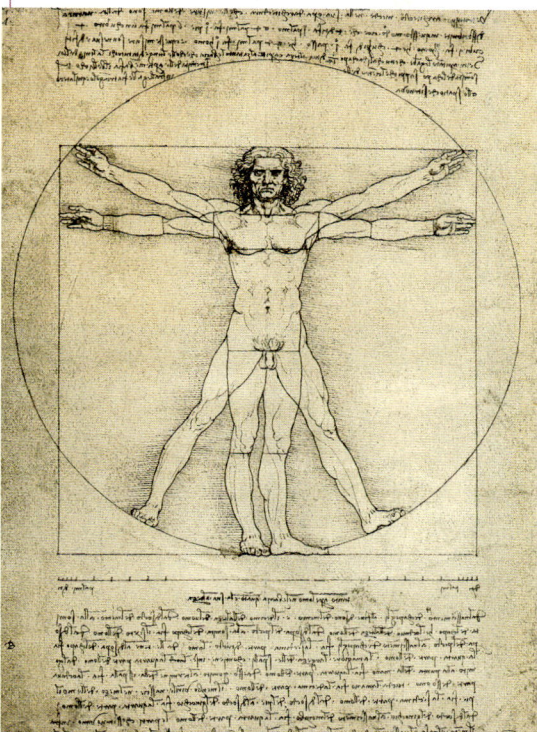

Léonard DE VINCI (1452-1519), *Proportions du corps humain*, schéma inspiré du *De Architectura* de Vitruve, notes manuscrites de Léonard de Vinci, vers 1492, dessin à l'encre noire (Galleria dell'Accademia, Florence).

DES IMAGES AUX TEXTES

Éloge de la géométrie

1 Dans quelles figures géométriques l'homme est-il dessiné ? Pourquoi est-ce un éloge du corps humain ?

2 Quelle figure géométrique préside à la composition de *La Vierge, l'Enfant Jésus et Sainte Anne* peints par Vinci ?

La célébration du corps humain

3 Observez *La Naissance de Vénus* de Botticelli (p. 498). En quoi peut-on dire que le corps humain y est célébré à travers le personnage de Vénus ?

Repères esthétiques

Du scalpel au pinceau

Le peintre médiéval représentait le corps humain comme un support symbolique, signe de sainteté ou de mal dépourvu de réalisme.

Avec la diffusion des idées humanistes, la Renaissance voit en l'homme un individu dont le corps est célébré et représenté avec réalisme. Parmi les découvertes scientifiques, la pratique de la dissection, longtemps interdite par l'Église, permet de faire progresser la connaissance de l'anatomie, de la médecine… et de la peinture. D'ailleurs, Léonard de Vinci, Raphaël ou Michel-Ange n'hésitent pas à pratiquer eux-mêmes des dissections pour parfaire leur connaissance du corps humain et en améliorer la représentation picturale.

4. Réunir l'âme et le corps

La beauté est un élément de grande importance dans les relations entre les hommes ; c'est le premier moyen de conciliation des uns avec les autres et il n'y a pas d'homme si barbare et si hargneux qui ne se sente en quelque façon frappé par sa douceur. Le corps a une grande part dans notre être, il y tient un grand rang ; aussi sa structure et la façon dont il est fait méritent-elles une très légitime considération. Ceux qui veulent séparer nos deux parties principales et les isoler l'une de l'autre ont tort. Au contraire, il faut les remettre ensemble et les unir. Il faut ordonner à l'âme non de se retirer dans ses quartiers, de s'occuper elle-même à part, de mépriser et abandonner le corps (aussi bien ne saurait-elle le faire que par quelque artificielle simagrée[1]), mais de se rallier à lui, de l'embrasser, le chérir, l'assister, le contrôler, le conseiller, le remettre dans le bon chemin et le ramener quand il en sort, l'épouser en somme et lui servir de mari, afin que leurs actions ne paraissent pas différentes et contraires mais en bon accord et uniformes.

M. DE MONTAIGNE, *Les Essais*, Livre II, chap. 17, « Sur la présomption », 1595, trad. André Lanly, © Éditions Champion, Paris, 1989 / © Éditions Gallimard, Quarto, 2009.

1. Tromperie.

Jean Boccace
Le Décaméron, 1353

Dix jeunes nobles florentins décident de fuir la peste qui ravage leur ville et de se réfugier en petite société à la campagne, afin de retrouver une vie agréable et de s'égayer mutuellement en contant des nouvelles.

Ce lieu était situé sur une montagnette, de tous côtés à l'écart de nos routes ; ses divers arbrisseaux, ses plantes toutes garnies de verts feuillages y charmaient le regard ; en haut de la colline s'élevait un palais, il y avait en son milieu une cour belle et grande, et puis des galeries, des salles et des chambres ;
5 chacune en elle-même était très belle et décorée d'admirables peintures qui les égayaient toutes ; il y avait de petits prés alentour, des jardins merveilleux, des puits aux eaux très fraîches et des caves voûtées pleines de vins de prix : choses plutôt faites pour des gourmets curieux que pour des femmes sobres et honnêtes. On avait balayé partout, dans les chambres les lits étaient faits, les fleurs que pou-
10 vait prodiguer la saison garnissaient tous les lieux ainsi que des joncs par jonchées : voilà ce qu'à son arrivée la troupe découvrit non sans un grand plaisir.

Sitôt venus ils s'assirent, et Dionée[1], qui plus que tout autre était un jeune homme plaisant et plein d'esprit, déclara :

« Dames, c'est votre sagesse[2] plutôt que notre prévoyance qui a guidé nos pas.
15 Je ne sais pas, moi, ce que vous comptez faire de vos soucis ; pour les miens, je les ai laissés derrière la porte de la cité quand j'en suis sorti avec vous tout à l'heure ; aussi, ou bien vous vous apprêtez à vous distraire, à rire et à chanter avec moi (dans la mesure, s'entend, où cela sied à votre dignité), ou bien vous me donnez licence de m'en retourner à mes soucis et de me tenir dans la ville affligée. »

20 Et Pampinée, comme si elle avait pareillement chassé les siens, lui répondit gaiement :

« Dionée, voilà qui est parfaitement dit : c'est dans la joie qu'il nous faut vivre, aussi bien c'est la seule raison qui nous ait fait fuir les tristesses de la ville. Mais puisque les choses qui ne se soumettent pas à des règles ne peuvent longtemps
25 se maintenir, moi, qui ai pris l'initiative des entretiens à l'issue desquels cette si belle compagnie s'est constituée, et qui ne songe qu'au moyen de prolonger notre liesse[3], j'estime nécessaire que nous convenions de la présence parmi nous d'un principal[4] ; nous lui porterons honneur et lui obéirons comme à un supérieur, et son unique souci, son unique devoir, sera de nous disposer à vivre en gaieté. Et
30 pour que chacun éprouve le poids de cette préoccupation ainsi que le plaisir de cette supériorité, qu'il participe par conséquent à l'une et à l'autre, et que personne ainsi ne conçoive d'envie pour en avoir été privé, je propose que chacun se voie attribuer pendant un jour ce poids et cet honneur ; et que le premier à qui cela reviendrait soit élu de nous tous ; quant aux suivants, lorsque approchera l'heure
35 de vêpres, laissons au bon plaisir de celui ou celle qui aura eu la seigneurie ce jour-là le choix de tel ou telle ; la personne choisie, tant que dure sa seigneurie, n'aura qu'à ordonner et à disposer selon son gré en quel lieu et de quelle manière il nous faudra vivre. »

Ces paroles plurent infiniment et, d'une voix unanime, c'est elle qui fut élue
40 reine du premier jour.

J. BOCCACE, *Le Décaméron*, 1353, trad. de Giovanni Clerico,
© Éditions Gallimard, Folio, 2006.

Biographie p. 671
Histoire littéraire p. 498
Littérature et société p. 496
Repères historiques p. 28

1. Un des jeunes hommes du groupe.
2. La jeune Pampinée a eu, la première, l'idée de se réfugier à la campagne pour quitter la morosité florentine. Elle et ses compagnes ont ensuite proposé à quelques jeunes hommes de les accompagner.
3. Joie.
4. Ce sera le roi ou la reine de la journée.

BOCCACE (auteur), Maître de l'Échevinage (enlumineur), Laurent DE PREMIERFAIT (traducteur), *Épidémie de peste à Florence (1348) et entretien des conteurs du Décaméron*, vers 1450-1457, parchemin (Échevinage de Rouen, BNF).

Un nouvel optimisme

LECTURE

Un regard positif sur l'homme

1 Comment les personnages de Boccace dépassent-ils le pessimisme consécutif à l'épidémie de peste à Florence ?

2 De quels plaisirs entendent-ils égayer leur séjour ?

Les promesses d'un nouvel humanisme

3 Quels éléments apparentent cette petite société à un idéal ?

4 En quoi cette démarche est-elle selon vous caractéristique de la Renaissance et rompt-elle avec la philosophie médiévale ?

Une nouvelle conception de la société

5 Sur quelles règles cette petite société à l'écart de la ville repose-t-elle ? En quoi sont-elles caractéristiques de l'émergence de l'humanisme ?

6 Montrez que, sans abolir la notion d'autorité, Boccace libère l'individu renaissant du poids de la hiérarchie féodale.

ÉCRITURE

Vers l'invention

• Pampinée expose à ses amis la journée idéale qu'elle a imaginée pour la petite troupe. Rédigez son discours, sous forme de monologue, en vous inspirant des préoccupations et des aspirations des humanistes.

• Inspirez-vous du texte et de l'enluminure pour dresser le portrait idéal d'une petite société d'humanistes.

Argumentation

Un humaniste peut-il, par ses œuvres littéraires ou artistiques, contribuer à l'amélioration de la société ? Répondez en un paragraphe argumenté.

Thomas More
L'Utopie, 1516

L'auteur présente un territoire imaginaire, où les hommes ont bâti une ville à l'organisation sociale et politique parfaite. Ce modèle est proposé comme un idéal humaniste.

La principale et presque la seule fonction des syphograntes[1] est de veiller que personne ne demeure inactif, mais s'adonne activement à son métier, non pas cependant jusqu'à s'y épuiser du point du jour à la nuit tombante, comme une bête de somme, existence pire que celle des esclaves, et qui est cependant celle
5 des ouvriers dans presque tous les pays, sauf en Utopie.

Le jour solaire y est divisé en vingt-quatre heures d'égale durée dont six sont consacrées au travail : trois avant le repas du midi, suivies de deux heures de repos, puis de trois autres heures de travail terminées par le repas du soir. À la huitième heure, qu'ils comptent à partir de midi, ils vont se coucher et accordent huit
10 heures au sommeil.

Chacun est libre d'occuper à sa guise les heures comprises entre le travail, le sommeil et les repas – non pour les gâcher dans les excès et la paresse, mais afin que tous, libérés de leur métier, puissent s'adonner à quelque bonne occupation de leur choix. La plupart consacrent ces heures de loisir à l'étude. Chaque jour
15 en effet des leçons accessibles à tous ont lieu avant le début du jour, obligatoires pour ceux-là seulement qui ont été personnellement destinés aux lettres. Mais, venus de toutes les professions, hommes et femmes y affluent librement, chacun choisissant la branche d'enseignement qui convient le mieux à sa forme d'esprit. Si quelqu'un préfère consacrer ses heures libres, de surcroît, à son métier, comme
20 c'est le cas pour beaucoup d'hommes qui ne sont tentés par aucune science, par aucune spéculation, on ne l'en détourne pas. Bien au contraire, on le félicite de son zèle à servir l'État.

Après le repas du soir, on passe une heure à jouer, l'été dans les jardins, l'hiver dans les salles communes qui servent aussi de réfectoire. On y fait de la musique,
25 on se distrait en causant. Les Utopiens ignorent complètement les dés et tous les jeux de ce genre, absurdes et dangereux. Mais ils pratiquent deux divertissements qui ne sont pas sans ressemblance avec les échecs. L'une est une bataille de nombres où la somme la plus élevée est victorieuse ; dans l'autre, les vices et les vertus s'affrontent en ordre de bataille. Ce jeu montre fort habilement comment
30 les vices se font la guerre les uns aux autres, tandis que la concorde règne entre les vertus ; quels vices s'opposent à quelles vertus ; quelles forces peuvent les attaquer de front, par quelles ruses on peut les prendre de biais, sous quelle protection les vertus brisent l'assaut des vices, par quels arts elles déjouent leurs efforts, comment enfin un des deux partis établit la victoire.

Biographie p. 671
Histoire littéraire p. 498
Littérature et société p. 496
Repères historiques p. 28

1. Magistrats élus. Étymologiquement, signifie « sages d'âge mûr ».

Luciano LAURANA (1420-1479), *La Cité idéale*, vers 1470, détrempe, peinture sur bois, 60 × 200 cm (Galleria Nazionale delle Marche, Urbino).

35 Chez les Utopiens au contraire, depuis que la Constitution a été acceptée définitivement, il arrive rarement que l'on choisisse un nouvel emplacement pour y bâtir. On répare sur-le-champ les édifices qui se dégradent ; on prévient même les dégradations imminentes, de telle sorte qu'avec un minimum de travail les constructions subsistent très longtemps et que les entrepreneurs manquent
40 quelquefois d'ouvrage. On les charge alors de façonner des poutres à domicile, d'équarrir et de préparer des pierres afin qu'en cas de nécessité une bâtisse puisse s'élever plus rapidement.

Voyez encore combien leurs vêtements demandent peu de façon. Un simple vêtement de cuir qui peut durer jusqu'à sept ans leur suffit pour aller au travail.
45 Pour paraître en public, ils portent par-dessus une sorte de caban qui couvre les vêtements les plus grossiers. Ces cabans ont partout dans l'île une seule et même couleur, celle de la laine naturelle. On consomme donc beaucoup moins d'étoffe que partout ailleurs, et de plus cette étoffe coûte beaucoup moins cher. Le travail du lin est encore plus simplifié et son usage d'autant plus répandu. Ils ne consi-
50 dèrent dans la toile que la blancheur, dans la laine que la propreté, sans accorder le moindre prix à la finesse du fil. Il en résulte que chacun se contente d'un habit qui lui dure le plus souvent deux ans, alors qu'ailleurs on ne se juge pas satisfait avec quatre ou cinq vêtements de laine de diverses couleurs, autant de vêtements de soie et qu'il en faut au moins dix aux plus raffinés. Pourquoi un Utopien sou-
55 haiterait-il en avoir plusieurs ? Il ne serait pas mieux protégé contre le froid et sa toilette ne paraîtrait pas d'un cheveu plus élégante.

La Constitution vise uniquement, dans la mesure où les nécessités publiques le permettent, à assurer à chaque personne, pour la libération et la culture de son âme, le plus de temps possible et un loisir affranchi de tout assujettissement[2] phy-
60 sique. En cela réside pour eux le bonheur véritable.

T. MORE, *L'Utopie*, 1516, traduction de Marie Delcourt, Flammarion, Collection GF, 1987.

2. Soumission.

La cité idéale

LECTURE

1 Étudiez la structure du texte. Comment ce discours énonce-t-il de nouvelles règles pour vivre ensemble ?

2 En suivant l'ordre des paragraphes, identifiez les thèmes et les contenus abordés.

3 Comment retrouve-t-on, à travers ce texte, les valeurs de l'Humanisme ?

4 Comment la fiction s'organise-t-elle à partir du programme de l'idéal humaniste ? Quel intérêt y a-t-il à passer par la fiction ?

5 Montrez comment l'Utopie propose une critique du monde réel. Relevez les passages qui exposent cette critique de la société à travers la description d'un monde idéal.

6 @RECHERCHE Recherchez des informations sur la biographie de Thomas More. Comment comprenez-vous la réception de son œuvre par les institutions en place ?

HISTOIRE DES ARTS

La représentation par Luciano Laurana de la Cité idéale correspond-elle à celle de Thomas More ? Établissez les points communs et les divergences.

VERS LE BAC

Invention

À la manière de Thomas More, proposez à votre tour une utopie. Vous veillerez à la présenter comme dans cet extrait et à exposer une critique de la société contemporaine.

▸ **Fiche 11** Comprendre un sujet d'écriture d'invention

Dissertation

Pensez-vous que le genre de l'utopie soit utile pour changer le monde ?
Vous argumenterez en prenant comme exemples cet extrait et vos lectures faites dans l'année.

▸ **Fiche 17** Comprendre un sujet de dissertation

Oral (analyse)

Comment la fiction propre à l'utopie acquiert-elle dans ce texte une dimension politique ?

▸ **Fiche 16** Réussir l'épreuve orale du baccalauréat

François Rabelais
Pantagruel, 1532

Biographie p. 671

Histoire littéraire p. 498

Littérature et société p. 496

Repères historiques p. 28

C'est d'Utopie que Gargantua envoie à son fils, parti étudier à Paris, ses recommandations pour ses études.

Maintenant toutes les disciplines sont restituées[1], les langues établies. Le grec, sans lequel c'est une honte de se dire savant, l'hébreu, le chaldéen, le latin. Des impressions[2] si élégantes et si correctes sont en usage, elles qui ont été inventées de mon temps par inspiration divine, comme, à l'inverse, l'artillerie
5 l'a été par suggestion diabolique. Le monde entier est plein de gens savants, de précepteurs très doctes, de bibliothèques très amples, si bien que je crois que ni au temps de Platon, ni de Cicéron, ni de Papinien, il n'était aussi facile d'étudier que maintenant. Et dorénavant, celui qui ne sera pas bien poli en l'officine[3] de Minerve ne pourra plus se trouver nulle part en société. Je vois les brigands, bourreaux, aven-
10 turiers, palefreniers de maintenant plus doctes que les docteurs et prédicateurs[4] mon temps. [...]

Mon fils, je t'admoneste[5] d'employer ta jeunesse à bien profiter de tes études. Tu es à Paris, tu as ton précepteur Épistémon[6] : l'un peut te donner de la doctrine par ses instructions vivantes et vocales, l'autre par des exemples louables. J'entends
15 et veux que tu apprennes les langues parfaitement : d'abord la grecque, comme le veut Quintilien. Puis la latine. Puis l'hébraïque pour l'Écriture sainte, ainsi que la chaldaïque et l'arabe. Et que tu formes ton style, pour la grecque à l'imitation de Platon, et pour la latine, de Cicéron. Qu'il n'y ait d'histoire que tu n'aies présente à la mémoire, à quoi t'aidera la cosmographie[7]. Les arts libéraux, géométrie, arith-
20 métique, musique, je t'en ai donné quelque goût quand tu étais encore petit, vers tes cinq six ans. Continue le reste ; et sache tous les canons d'astronomie ; laisse l'astrologie divinatrice et l'art de Lulle, abus et vanités. Du droit civil, je veux que tu saches par cœur les beaux textes, et que tu les rapproches de la philosophie.

1. Par rapport au Moyen Âge, pendant lequel de nombreuses connaissances antiques avaient disparu.
2. Livres imprimés.
3. Atelier.
4. Orateurs, prêcheurs.
5. Avertis.
6. Du grec « epistèmè », science.
7. Histoire universelle.

RAPHAËL (1483-1520), *L'École d'Athènes*, 1512, fresque (Vatican).

Champ lexical du savoir à la Renaissance
• **Art de Lulle** : alchimie.
• **Arts libéraux** : arts intellectuels.
• **Chaldéen** : langue du Proche-Orient antique.
• **Docte** : savant.
• **Docteur** : qui a obtenu un doctorat de l'université.
• **Doctrine** : théorie.
• **Impression** : livre imprimé.
• **Minerve** : déesse, entre autres, de la sagesse et des sciences.
• **Papinien** : juriste de la Rome antique.

Quant à la connaissance des sciences naturelles, je veux que tu t'y adonnes avec zèle ; qu'il n'y ait mer, rivière, ni fontaine dont tu ne connaisses les poissons ; tous les oiseaux de l'air ; tous les arbres, arbustes, et fruitiers des forêts, toutes les herbes de la terre ; tous les métaux cachés au ventre des abîmes, les pierreries de l'Orient et de l'Afrique : que rien ne te soit inconnu.

Puis avec soin, relis les livres des médecins : grecs, arabes, latins, sans mépriser les talmudistes et cabalistes[8] ; et, par des fréquentes dissections, acquiers la parfaite connaissance de ce second monde qu'est l'homme. Et, pendant quelques heures chaque jour, commence à apprendre les Saintes Écritures : d'abord le Nouveau Testament en grec, les Épîtres des apôtres, puis en hébreu l'Ancien Testament. En somme, que je voie un abîme de science. Car maintenant que tu te fais grand, et que tu deviens un homme, il te faudra sortir de cette tranquillité et de ce repos consacré aux études, et apprendre la chevalerie et les armes, pour défendre ma maison, et secourir nos amis dans leurs débats contre les assauts des malfaisants. Et je veux que rapidement tu essaies de tester combien tu as profité : ce que tu ne saurais mieux faire qu'en soutenant des thèses publiquement sur toutes choses, envers et contre tous, et en fréquentant les gens lettrés qui sont à Paris et ailleurs.

Mais parce que, selon le sage Salomon, sagesse n'entre dans une âme mauvaise, et que science sans conscience n'est que ruine de l'âme, il te faut servir, aimer et craindre Dieu, et mettre en lui toutes tes pensées et tout ton espoir, et, par une foi orientée par la charité, lui être uni au point que tu n'en sois jamais séparé par le péché. […]

D'Utopie, 17 mars,

ton père,

Gargantua

F. RABELAIS, *Pantagruel*, chap. 8, « Gargantua écrit à son fils Pantagruel une lettre pour l'exhorter à étudier. », © Éditions Pocket, 1992. Traduction en français moderne de Marie-Madeleine Fragonard.

8. Spécialistes de la tradition orale juive.

Les principes de l'éducation humaniste

LECTURE

Une lettre programme

1 Par quels moyens liés à l'**énonciation** et à la **modalisation** la volonté paternelle s'affirme-t-elle ?

2 Comment Rabelais montre-t-il la dimension universelle du savoir **humaniste** ? Classez par domaine les disciplines énumérées par Gargantua.

3 En quoi ce programme révèle-t-il les idées et l'état des connaissances de la Renaissance ?

Une nouvelle image de l'homme

4 L'enseignement du précepteur est-il le seul moyen d'accès à la connaissance ?

5 Montrez que l'enseignement de Pantagruel doit bénéficier à sa vie en société.

6 SYNTHÈSE Expliquez la devise : « Science sans conscience n'est que ruine de l'âme. »

HISTOIRE DES ARTS

@RECHERCHE Quels sages Raphaël a-t-il peints dans *L'École d'Athènes* ? Comparez son programme d'éducation à celui de Rabelais.

ÉCRITURE

Argumentation

Pourquoi ce programme est-il davantage un idéal qu'un programme réaliste ? Développez un paragraphe argumentatif.

VERS LE BAC

Commentaire

Proposez un commentaire du texte en suivant ce parcours : A/ une lettre à valeur éducative ; B/ un projet humaniste ambitieux.

▶ Fiche 13 Comprendre un sujet de commentaire

4 François Rabelais
Gargantua, 1534

Biographie p. 671

Histoire littéraire p. 498

Littérature et société p. 496

Repères historiques p. 28

L'île d'Utopia, illustration pour *L'Utopie*, de Thomas MORE, gravure sur bois, 1516.

Pour le récompenser d'avoir combattu pour sauver son royaume, Gargantua offre à frère Jean des Entommeures une abbaye dont le nom, Thélème, signifie « Désir » en grec.

    Toute leur vie était ordonnée non selon des lois, des statuts ou des règles, mais selon leur bon vouloir et leur libre arbitre. Ils se levaient quand bon leur semblait, buvaient, mangeaient, travaillaient, et dormaient quand le désir leur en venait. Nul ne les réveillait, nul ne les contraignait à boire, à manger, ni à faire
5 quoi que ce soit. Ainsi en avait décidé Gargantua. Pour toute règle, il n'y avait que cette clause, *Fais ce que voudras*, parce que les gens libres, bien nés et bien éduqués, vivant en bonne compagnie, ont par nature un instinct, un aiguillon qui les pousse toujours à la vertu et les éloigne du vice, qu'ils appelaient honneur. Ces gens-là, quand ils sont opprimés et asservis par une honteuse sujétion[1] et par la contrainte,
10 détournent cette noble inclination par laquelle ils tendaient librement à la vertu, vers le rejet et la violation du joug de servitude ; car nous entreprenons toujours ce qui nous est interdit et nous convoitons ce qui nous est refusé.

1. Oppression, servitude.

C'est cette liberté même qui les poussa à une louable émulation[2] : faire tous ce qu'ils voyaient faire plaisir à un seul. Si l'un ou l'une d'entre eux disait :
15 « Buvons », ils buvaient tous ; s'il disait : « Jouons », tous jouaient ; s'il disait : « Allons nous ébattre aux champs », tous y allaient. S'il s'agissait de chasser à courre ou au vol, les dames, montées sur de belles haquenées[3] suivies du palefroi[4] de guerre, portaient sur leur poing joliment ganteló[5] un épervier, un laneret[6] ou un émerillon[7]. Les hommes portaient les autres oiseaux.
20 Ils étaient si bien éduqués qu'il n'y avait parmi eux homme ni femme qui ne sût lire, écrire, chanter, jouer d'instruments de musique, parler cinq ou six langues et y composer, tant en vers qu'en prose. Jamais on ne vit de chevaliers si vaillants, si hardis, si adroits au combat à pied ou à cheval, plus vigoureux, plus agiles, maniant mieux les armes que ceux-là : jamais on ne vit de dames si fraîches, si
25 jolies, moins acariâtres, plus doctes aux travaux d'aiguilles et à toute activité de femme honnête et bien née que celles-là.

C'est pourquoi, quand arrivait le temps où l'un d'entre eux, soit à la requête de ses parents, soit pour d'autres raisons, voulait quitter l'abbaye, il emmenait avec lui une des dames, celle qui l'aurait choisi pour chevalier servant, et ils se mariaient ;
30 et s'ils avaient bien vécu à Thélème en amitié de cœur, ils continuaient encore mieux dans le mariage, et ils s'aimaient autant à la fin de leurs jours qu'au premier jour de leurs noces.

F. RABELAIS, *Gargantua*, chap. 57, « Comment était réglée la vie des Thélémites », 1534, © Éditions Pocket, 1992. Traduction en français moderne de Marie-Madeleine Fragonard.

2. Incitation.
3. Juments montées par les femmes.
4. Cheval de grande valeur monté par les hommes.
5. Recouvert d'un gant.
6. Petit oiseau de proie.
7. Petit faucon.

Deux utopies humanistes

LECTURE

Une société harmonieuse

1 RECHERCHE Quelles sont l'étymologie et la signification du mot « utopie », inventé par Thomas More ?

2 Caractérisez la société décrite par Rabelais. Quels principes fondent son organisation ? En quoi est-ce idéaliste ?

3 Quels indices attestent l'harmonie qui règne en Utopie ?

La vertu, nouvelle règle de vie

4 Quels sont les membres de cette société et quelles sont leurs activités ?

5 Quelle définition du bien et du mal propose-t-elle ?

6 En quoi l'éducation y est-elle humaniste ?

La vocation critique de l'utopie

7 Montrez que ce texte utopique a une dimension argumentative : quels aspects de la société renaissante remet-il en cause ?

HISTOIRE DES ARTS

@RECHERCHE À partir du site http://expositions.bnf.fr/utopie/index.htm, présentez une société utopique ou contre-utopique choisie dans un autre siècle que le XVIe. Comparez-la avec les textes de More (p. 506) et Rabelais afin d'établir les points communs, les différences et l'évolution du genre utopique.

VERS LE BAC

Question sur un corpus

Relevez les points communs entre les textes de Thomas More et Rabelais. En quoi sont-ils humanistes ?
▶ Fiche 9 Répondre à une question sur un corpus

Dissertation

Selon vous, la présentation d'une société utopique dans une œuvre littéraire peut-elle contribuer à améliorer la société réelle ?
Vous argumenterez en prenant pour exemples cet extrait et d'autres œuvres que vous avez lues.
▶ Fiche 17 Comprendre un sujet de dissertation

5 Pierre de Ronsard
Discours des misères de ce temps, 1562

En 1562, le massacre de Wassy, premier massacre de protestants, signe le début de la première guerre de religion en France. Ronsard, catholique et fervent défenseur de la cause royale, prend parti et condamne le protestantisme, source de discorde.

Biographie p. 671
Histoire littéraire p. 498
Littérature et société p. 496
Repères historiques p. 28

De quel front, de quel œil, ô siècles inconstants !
Pourront-ils[1] regarder l'histoire de ce temps !
En lisant que l'honneur, et le sceptre de France
Qui depuis si long âge avait pris accroissance[2],
5 Par une Opinion nourrice des combats,
Comme une grande roche, est bronché contre bas[3].
On dit que Jupiter fâché contre la race
Des hommes, qui voulaient par curieuse audace
Envoyer leurs raisons jusqu'au Ciel pour savoir
10 Les hauts secrets divins que l'homme ne doit voir,
Un jour étant gaillard[4] choisit pour son amie
Dame Présomption[5], la voyant endormie
Au pied du mont Olympe, et la baisant soudain
Conçut l'Opinion, peste du genre humain.
15 Cuider[6] en fut nourrice, et fut mise à l'école
D'orgueil, de fantaisie, et de jeunesse folle.
Elle fut si enflée, et si pleine d'erreur
Que même à ses parents elle faisait horreur.
Elle avait le regard d'une orgueilleuse bête.
20 De vent et de fumée était pleine sa tête.
Son cœur était couvé de vaine[7] affection,
Et sous un pauvre habit cachait l'ambition.
Son visage était beau comme d'une Sirène,
D'une parole douce avait la bouche pleine,
25 Légère elle portait des ailes sur le dos :
Ses jambes et ses pieds n'étaient de chair ni d'os,
Ils étaient faits de laine, et de coton bien tendre
Afin qu'à son marcher on ne la put entendre.
Elle vint se loger par étranges moyens
30 Dedans le cabinet des Théologiens[8]
De ces nouveaux Rabbins[9], et brouilla leurs courages[10]
Par la diversité de cent nouveaux passages,
Afin de les punir d'être trop curieux
Et d'avoir échellé[11] comme Géants les cieux.

P. DE RONSARD, *Discours des misères de ce temps*, 1562.

---

1. Les enfants des générations futures qui liront l'histoire de France.
2. Le pouvoir royal s'est affermi tout au long du XVIe siècle.
3. Tombé à terre.
4. Galant.
5. Préjugé, qui condamne sans preuve.
6. Croyance.
7. Futile, superficielle.
8. En particulier, Luther et Calvin.
9. Prêtres de la religion juive.
10. Découragea.
11. Tenté de monter jusqu'aux cieux.

La France, déchirée par les luttes fratricides

LECTURE

1. @RECHERCHE Qu'est-ce que le massacre de Wassy ?

2. Étudiez l'allégorie de l'Opinion. Quels procédés rendent ce tableau particulièrement vivant et visuel ?

6 Ambroise Paré
Des monstres et prodiges, 1573

Dans Des monstres et prodiges *(1573), le médecin Ambroise Paré étudie scientifiquement le phénomène des monstres. Dans l'extrait suivant, il s'attache à expliquer pourquoi les enfants monstrueux viennent au monde.*

Chapitre III – « De l'ire[1] de Dieu »

Biographie p. 671
Histoire littéraire p. 498
Littérature et société p. 496
Repères historiques p. 28

Il y a d'autres créatures qui nous étonnent doublement, parce qu'elles ne procèdent [pas] des causes susdites[2], mais d'une confusion d'étranges espèces qui rendent la créature non seulement monstrueuse, mais prodigieuse : c'est-à-dire, qui est du tout abhorrente[3] et contre nature, comme pourquoi[4] sont
5 faits ceux qui ont la figure d'un chien et la tête d'une volaille, un autre ayant quatre cornes à la tête, un autre ayant quatre pieds de bœuf et les cuisses déchiquetées, un autre ayant la tête d'un perroquet, et deux panaches sur la tête, et quatre griffes, et autres formes que tu pourras voir par plusieurs et diverses figures ci après dépeintes à leur ressemblance.

10 Il est certain que le plus souvent ces créatures monstrueuses et prodigieuses procèdent du jugement de Dieu, lequel permet que les pères et mères produisent telles abominations au désordre qu'ils font en la copulation comme bêtes brutes[5], où leur appétit les guide, sans respecter le temps ou autres lois ordonnées de Dieu et de Nature, comme il est écrit dans le
15 livre d'Esdras le Prophète[6], que les femmes souillées de sang menstruel engendreront des monstres […]. Les anciens estimaient tels prodiges venir souvent de la pure volonté de Dieu, pour nous avertir des
20 malheurs dont nous sommes menacés de quelque grand désordre, ainsi que le cours ordinaire de Nature semblait être perverti en une si malheureuse engeance[7]. […]
Du temps que le Pape Jules Second[8] suscita tant
25 de malheurs en Italie et qu'il eut la guerre contre le Roi Louis XII (1512), laquelle fut suivie d'une sanglante bataille donnée près de Ravenne, peu de temps après on vit naître en la même ville un monstre ayant une corne à la tête, deux ailes et un seul pied semblable à
30 celui d'un oiseau de proie, à la jointure du genou un œil, et participant de la nature du mâle et de femelle comme tu vois par ce portrait.

A. PARÉ, *Des monstres et prodiges*, 1573.

1. Colère.
2. Causes exposées dans le chapitre I.
3. Repoussante.
4. Comme la raison pour laquelle...
5. Dieu permet que des parents accomplissent un acte si monstrueux lorsqu'ils copulent comme des bêtes brutes.
6. Livre historique de la Bible.
7. Race.
8. Le pape Jules II a surtout mené une activité militaire : il a cherché tout au long de son pontificat à annexer de nouveaux territoires.

Portrait d'un monstre merveilleux.
Illustration extraite des
Monstres et prodiges,
d'Ambroise PARÉ, 1573.

Deux visions de l'homme

LECTURE
Quels types d'arguments A. Paré utilise-t-il pour défendre sa **thèse** ? En quoi sa méthode est-elle discutable ?

13 XVIe siècle : Humanisme et humanités | **513**

7 Jean de Léry
Histoire d'un voyage fait en la terre de Brésil, 1578

*L'*Histoire d'un voyage fait en la terre du Brésil *constitue l'œuvre principale de Jean de Léry. Dans ce tableau du monde sauvage, l'auteur dépeint la nature brésilienne et les coutumes de l'ethnie Tupinamba. Dans ce passage, cet étonnant voyageur décrit le corps du Sauvage.*

- Biographie p. 671
- Histoire littéraire p. 498
- Littérature et société p. 496
- Repères historiques p. 28

Photogramme du film *La Controverse de Valladolid*, réalisé par J.-D. Verhaeghe, 1991 (d'après le roman de J.-C. Carrière).

En premier lieu donc¹ (afin que commençant par le principal je poursuive par ordre) les Sauvages de l'Amérique habitant en la terre du Brésil nommés *Tupinambas*, avec lesquels j'ai demeuré et fréquenté environ un an, n'étant point plus grands, plus gros, ou plus petits de stature que nous sommes en l'Europe, n'ont le corps ni monstrueux, ni prodigieux à notre égard : bien sont-ils² plus forts, plus robustes et replets³, plus dispos, moins sujets à maladie : et même il n'y a presque point de boiteux, de manchots, d'aveugles, de borgnes, contrefaits, ni maléficiés⁴ entre eux. Davantage combien que⁵ plusieurs parviennent jusqu'à l'âge de cent ou cent vingt ans (car ils savent bien ainsi retenir et conter leurs âges par lunes), peu y en a qui en leur vieillesse aient les cheveux ni blancs ni gris. Choses qui pour certains montrent non seulement le bon air et bonne température de leur pays, auquel, comme j'ai dit ailleurs, sans gelées ni grandes froidures les bois et les champs sont toujours verdoyants, mais aussi (eux tous buvant vraiment à la fontaine de Jouvence⁶) le peu de soin et de souci qu'ils ont des choses de ce monde. Et de fait, comme je le montrerai encore plus amplement après, tout ainsi qu'ils ne puisent en façon que ce soit en ces sources fangeuses⁷, ou plutôt pestilentielles, dont découlent tant de ruisseaux qui nous rongent les os, sucent la moelle, atténuent le corps, et consument l'esprit : bref nous empoisonnent et font mourir devant nos jours : à savoir, en la défiance, en l'avarice qui en procède, aux procès et brouilleries, en l'envie et ambition, aussi rien de tout cela ne les tourmente, moins⁸ les domine et passionne.

1. Par conséquent.
2. Au contraire, ils sont.
3. Bien en chair.
4. Frappé par un maléfice.
5. Combien que : même si.
6. Fontaine ramenant à la jeunesse tout vieillard qui s'y plonge.
7. Remplies de boue épaisse.
8. Encore moins.

Quant à leur couleur naturelle, attendu[9] la région chaude où ils habitent, n'étant pas autrement noirs, ils sont seulement basanés, comme vous diriez les Espagnols ou Provençaux.

25 Au reste, chose non moins étrange que difficile à croire à ceux qui ne l'ont vu, tant hommes, femmes, qu'enfants, non seulement sans cacher aucune partie de leurs corps, mais aussi sans montrer aucun signe d'en avoir honte ni vergogne[10], demeurent et vont coutumièrement aussi nus qu'ils sortent du ventre de leur mère. Cependant tant s'en faut, comme aucuns[11] pensent, et d'autres le veulent faire 30 croire, qu'ils soient velus ni couverts de leurs poils, qu'au contraire, n'étant point naturellement plus pelus que nous sommes en ces pays par deçà, encore si tôt que le poil qui croît sur eux, commence à poindre et à sortir de quelque partie que ce soit, voire la barbe et jusques aux paupières et sourcils des yeux (ce qui leur rend la vue louche, bicle, égarée et farouche) ou il est arraché avec les ongles, ou depuis 35 que les chrétiens y fréquentent avec des pincettes qu'ils leur donnent : ce qu'on a aussi écrit que font les habitants de l'Ile de Cumana au Pérou. J'excepte seulement quant à nos *Tupinambas* les cheveux, lesquels encore à tous les mâles dès leur jeune âge, depuis le sommet, et tout le devant de la tête sont tondus fort près, tout ainsi que la couronne d'un moine, et sur le derrière, à la façon de nos majeurs[12] et de 40 ceux qui laissent croître leur perruque, on leur rogne sur le col.

Outreplus[13], ils ont cette coutume, que dès l'enfance de tous les garçons, la lèvre de dessous au dessus du menton, leur étant percée, chacun y porte ordinairement dans le trou un certain os bien poli, aussi blanc qu'ivoire, fait presque de la façon d'une de ces petites quilles de quoi on joue par deçà sur la table avec la 45 pirouette[14].

J. DE LÉRY, *Histoire d'un voyage fait en la terre du Brésil*, 1578.

9. Étant donné.
10. Sans vergogne : sans aucun scrupule.
11. Certains.
12. Aînés.
13. De plus.
14. L'auteur fait référence à un jeu traditionnel de quilles sur table.

Le corps du sauvage

LECTURE

Un témoignage scientifique

1 Pourquoi cette description des Sauvages s'apparente-t-elle à une démonstration ? Appuyez-vous notamment sur la portée argumentative des **connecteurs logiques**.

2 Relevez les passages montrant que Jean de Léry s'appuie sur une expérience vécue. Quelle valeur ce récit prend-il alors ?

Le Sauvage et l'Européen

3 Pourquoi l'auteur insiste-t-il à ce point sur la nudité des Sauvages ?

4 Relevez les idées reçues que Jean de Léry conteste. Quel sens prend alors son entreprise ?

5 @RECHERCHE Réalisez un exposé sur le voyage de Jean de Léry au Brésil. Vous pourrez vous appuyer notamment sur le site de la BnF « La France au Brésil » : http://bndigital.bn.br/projetos/francebr/frances/equinoxiale.htm Vous montrerez dans quelle mesure Jean de Léry peut être considéré comme l'ancêtre de l'anthropologie.

HISTOIRE DES ARTS

Quelle attitude les Indiens ont-ils sur cette image ? Après avoir fait des recherches sur le combat mené par Bartolomé de Las Casas, précisez la relation qu'il pourrait entretenir dans cette scène avec les Indiens.

ÉCRITURE

Vers le commentaire

Rédigez un paragraphe de commentaire qui aurait pour axe directeur : Le Sauvage, miroir inversé de l'Européen.

VERS LE BAC

Question sur un corpus

Comparez ce texte avec l'extrait de Montaigne, p. 516. Quelle image du Sauvage se dessine à la lecture de ces deux extraits ?

▶ Fiche 9 **Répondre à une question sur un corpus**

8 Michel de Montaigne
Les Essais, 1595

Biographie
p. 671

Histoire littéraire
p. 498

Littérature et société
p. 496

Repères historiques
p. 28

En 1562, Montaigne accompagne l'armée royale à Rouen et y rencontre des « cannibales » du Brésil. Ces Indiens fascinent les Européens qui ne se lassent pas de les décrire, non sans s'interroger sur eux-mêmes. Dans ce passage, Montaigne tente de prendre à rebours l'opinion commune qui assimile le sauvage à un barbare.

« Des cannibales »

[Les Cannibales] font des guerres contre les nations qui sont au-delà de leurs montagnes, plus loin sur la terre ferme, guerres où ils vont tous nus, n'ayant d'autres armes que des arcs ou des épées de bois, aiguisées par un bout, à la façon des fers de nos épieux[1]. C'est une chose étonnante que la dureté de leurs combats, car, pour ce qui est
5 des déroutes et de l'effroi, ils ne savent pas ce que c'est[2]. Chacun rapporte, en trophée personnel, la tête de l'ennemi qu'il a tuée et il l'attache à l'entrée de son logis. Après avoir longtemps bien traité leurs prisonniers et avec touts les agréments auxquels ils se peuvent penser, celui qui en est le maître fait une grande assemblée des gens de sa connaissance : il attache une corde à l'un des bras du prisonnier par le bout de laquelle
10 il le tient, éloigné de quelques pas, de peur d'être blessé par lui, et il donne au plus cher de ses amis l'autre bras à tenir de même [façon] ; puis eux deux, en présence de toute l'assemblée, l'assomment à coups d'épée. Cela fait, ils le rôtissent et en mangent en commun ; ils en envoient aussi des morceaux à ceux de leurs amis qui sont absents. Ce n'est pas, comme on pense, pour s'en nourrir, ainsi que faisaient anciennement
15 les Scythes[3] : c'est pour manifester une très grande vengeance. Et pour preuve qu'il en est bien ainsi, [voici un fait] : s'étant aperçu que les Portugais, qui s'étaient alliés à leurs adversaires, usaient contre eux, quand ils les prenaient, d'une autre sorte de mort qui consistait à les enterrer jusqu'à la ceinture et à leur tirer sur le reste du corps force coups de traits[4], puis à les pendre, ils pensèrent que ces gens-ci de l'ancien monde, en

1. À la manière des embouts ferrés.
2. Ils ne savent pas ce que sont la déroute et l'effroi.
3. Peuple antique d'origine iranienne.
4. Flèches.

Gallo GALINA (1796-1874), « Indiens du Pérou faisant un sacrifice », in Jules FERRARIO, *Le Costume ancien et moderne*, vol. I, 1820.

hommes qui avaient semé la connaissance de beaucoup de vices dans leur voisinage et qui étaient beaucoup plus grands maîtres qu'eux en toute sorte de méchanceté, n'adoptaient pas sans cause cette sorte de vengeance et qu'elle devait être plus pénible que la leur ; [alors] ils[5] commencèrent à abandonner leur manière ancienne pour suivre celle-ci. Je ne suis pas fâché que nous soulignions l'horreur barbare qu'il y a dans une telle action, mais plutôt du fait que, jugeant bien de leurs fautes, nous soyons si aveugles à l'égard des nôtres. Je pense qu'il y a plus de barbarie à manger un homme vivant qu'à le manger mort[6], à déchirer par des tortures et des supplices[7] un corps ayant encore toute sa sensibilité, à le faire rôtir petit à petit, à le faire mordre et tuer par les chiens et les pourceaux (comme nous l'avons non seulement lu, mais vu de fraîche date, non entre des ennemis anciens, mais entre des voisins et concitoyens et, qui pis est[8], sous prétexte de piété et de religion) que de le rôtir et manger après qu'il est trépassé.

Chrysippe et Zénon[9], chefs de l'école Stoïque, ont bien pensé qu'il n'y avait aucun mal à se servir de notre chair, à quelque usage que ce fût pour notre besoin, et même d'en tirer de la nourriture, comme [le firent] nos ancêtres [quand], assiégé dans la ville d'Alésia, ils se résolurent à lutter contre la faim due à ce siège en utilisant les corps des vieillards, des femmes et autres personnes inutiles au combat.

Vascones, fama est, alimentis talibus usi
Produxere animas[10]

Les médecins aussi ne craignent pas de s'en servir pour toute sorte d'emploi en faveur de notre santé, soit pour l'appliquer au-dedans ou au dehors ; mais il ne se trouva jamais aucune opinion à ce point déréglée qu'elle excusât la trahison, la déloyauté, la tyrannie, la cruauté, qui sont nos fautes habituelles.

Nous pouvons donc bien appeler ces hommes barbares eu égard aux règles de la raison, mais non pas eu égard à nous, qui les surpassons en toute sorte de barbarie.

M. DE MONTAIGNE, *Les Essais*, Livre I, chap. XXXI, « Sur les Cannibales », 1595, trad. d'André Lanly, © Éditions Champion, Paris 1989/Éditions Gallimard, Quarto, 2009.

---

5. Si bien qu'ils.
6. Montaigne fait ici référence aux guerres civiles et religieuses entre catholiques et protestants (1562-1598).
7. Tortures.
8. Ce qui est pire.
9. Philosophes grecs du IIIe siècle avant J.-C.
10. « Les Gascons, dit-on, en faisant usage de pareils aliments, prolongèrent leur vie ». Propos attribué à Juvénal, poète satirique latin du Ier siècle après J.-C.

Le cannibalisme, entre humanité et inhumanité

LECTURE

Apologie du cannibalisme

1 Quel **type de raisonnement** est utilisé dans cet extrait ? Quelle **thèse** est ainsi défendue ?

2 Dans quel but Montaigne s'appuie-t-il sur Chrysippe et Zénon ? Quel type d'argument utilise-t-il alors ?

3 Identifiez les différentes étapes constitutives de l'acte cannibale. Pourquoi peut-on parler d'un rituel culturel et non de violence animale ?

4 VOCABULAIRE Cherchez l'étymologie du mot « barbare ». Montrez que Montaigne met en doute la pertinence de cette notion.

Interrogations sur l'autre, interrogations sur soi

5 Quel effet le spectacle de la guerre produit-il sur Montaigne ? Relevez des indices faisant de cet extrait une page d'« essai ».

6 Que ressort-il de la comparaison faite par Montaigne entre l'homme européen et l'homme sauvage ? Justifiez par des oppositions lexicales.

HISTOIRE DES ARTS

Pourquoi peut-on comparer l'Indien sacrifié à une figure du Christ ? Appuyez-vous sur une analyse de la composition du tableau.

VERS LE BAC

Dissertation

En quoi le fait d'évoquer la vie des peuples « barbares » nous amène-t-il à réfléchir sur nous, peuples « civilisés » ? Vous construirez un développement proposant deux réponses possibles.
▶ Fiche 17 Comprendre un sujet de dissertation

Oral (analyse)

Comment Montaigne montre-t-il l'humanité du sauvage dans cet extrait des *Essais* ?
▶ Fiche 16 Réussir l'épreuve orale du baccalauréat

9 Michel de Montaigne
Les Essais, 1582

« D'un enfant monstrueux »

Montaigne consacre un court chapitre de ses Essais au phénomène des monstres et apporte ainsi une contribution essentielle à un débat en vogue au XVIe siècle.

Biographie p. 671
Histoire littéraire p. 498
Littérature et société p. 496
Repères historiques p. 28

1. La sagesse absolue de Dieu.
2. Harmonie.
3. Citation de Cicéron, homme d'État et auteur romain du IIe siècle av. J.-C.

Je vis avant-hier un enfant que deux hommes et une nourrice, qui disaient être le père, l'oncle et la tante, conduisaient pour le montrer à cause de son étrangeté et pour tirer de cela quelque sou. Il était pour tout le reste d'une forme ordinaire et il se soutenait sur ses pieds, marchait et gazouillait à peu près comme
5 les autres enfants de même âge […] ; ses cris semblaient bien avoir quelque chose de particulier ; il était âgé de quatorze mois tout juste. Au-dessous de ses tétins, il était attaché et collé à un autre enfant sans tête et qui avait le canal du dos bouché, le reste intact, car s'il avait un bras plus court que l'autre, c'est qu'il lui avait été cassé accidentellement à leur naissance ; ils étaient joints face à face et comme
10 si un plus petit enfant voulait en embrasser un second […].

Les [êtres] que nous appelons monstres ne le sont pas pour Dieu, qui voit dans l'immensité de son ouvrage l'infinité des formes qu'il y a englobées ; et il est à croire que cette forme, qui nous frappe d'étonnement, se rapporte et se rattache à quelque autre forme d'un même genre, inconnu de l'homme. De sa parfaite
15 sagesse[1] il ne vient rien que de bon et d'ordinaire et de régulier ; mais nous n'en voyons pas l'arrangement[2] et les rapports.

« *Quod crebro videt, non miratur, etiam si cur fiat nescit. Quod ante non vidit, id, si evenerit, ostentum esse censet.*[3] » [Ce que (l'homme) voit fréquemment ne l'étonne pas, même s'il en ignore la cause. Mais si ce qu'il n'a jamais vu arrive, il pense que
20 c'est un prodige.]

Nous appelons « contre nature » ce qui arrive contrairement à l'habitude : il n'y a rien, quoi que ce puisse être, qui ne soit pas selon la nature. Que cette raison universelle et naturelle chasse de nous l'erreur et l'étonnement que la nouveauté nous apporte.

M. DE MONTAIGNE, Les Essais, Livre II, chap. 30,
« Au sujet d'un enfant monstrueux », 1595, trad. d'André Lanly,
© Éditions Champion, Paris, 1989 / Éditions Gallimard, Quarto, 2009.

La « norme » humaine

LECTURE

Origine des monstres

1 En quoi le « Dieu » de Montaigne s'oppose-t-il au « Dieu » de Paré (p. 513) ?

2 Comment Montaigne parvient-il à prouver que l'enfant est un être humain ?

Un discours humaniste

3 Montrez que, pour Montaigne, nous appelons aberration de la nature ce qui sort de la coutume.

4 Dans quelle mesure Montaigne défend-il un idéal humaniste ?

VERS LE BAC

Invention

Imaginez un dialogue polémique entre Montaigne et Ambroise Paré (p. 513). Chacun défendra sa vision du monstre et, plus généralement, de l'Homme.
▶ Fiche 11 Comprendre un sujet d'écriture d'invention

Oral (entretien)

Quels sont les points communs entre le monstre et le Sauvage dans le discours de Montaigne ?
▶ Fiche 16 Réussir l'épreuve orale du baccalauréat

10 Michel de Montaigne
Les Essais, 1595

Biographie p. 671

Histoire littéraire p. 498

Littérature et société p. 496

Repères historiques p. 28

« Sur le démenti »

Et si personne ne me lit, ai-je perdu mon temps en occupant mon esprit, pendant tant d'heures oisives[1] de pensées aussi utiles et aussi agréables ? Moulant ce portrait sur moi-même, il a fallu si souvent me façonner et mettre de l'ordre en moi pour extraire cette image que le modèle s'est affermi et, en quelque
5 mesure, formé lui-même. En me peignant pour autrui, je me suis peint intérieurement de couleurs plus nettes que ne l'étaient celles que j'avais d'abord. Je n'ai pas plus fait mon livre que mon livre ne m'a fait, livre consubstantiel à son auteur, qui ne s'occupe que de moi, qui est un membre de ma vie, qui ne s'occupe pas de tiers et n'a pas de fin extérieure à lui
10 comme les autres livres. Ai-je perdu mon temps en faisant pour moi l'inventaire de moi-même si continuellement, si soigneusement ? Car ceux qui s'analysent en pensée seulement,
15 et oralement, une heure en passant, ne s'examinent pas aussi essentiellement et ne se pénètrent pas comme celui qui fait de cela son étude, son ouvrage et son métier, qui s'engage
20 à tenir un registre permanent avec toute sa foi, toute sa force.

Michel de Montaigne, *Les Essais*, « Sur le démenti », livre II chap. 18, 1595

1. Inoccupées.

Albrecht DÜRER (1471-1528), *Autoportrait en manteau de fourrure*, 1500, peinture sur bois, 67,1 cm (Bayerische Staatsgemäldesammlungen, Alte Pinakothek, Munich).

Les Essais et la peinture du moi : un autoportrait littéraire

LECTURE

1 Relevez les métaphores artistiques dans cet extrait. Quelle orientation donnent-elles à la définition du genre de l'essai selon Montaigne ?

2 Que signifie l'expression « livre consubstantiel à son auteur » ? Pourquoi le lien qui unit Montaigne et ses *Essais* est-il original ?

3 Qu'apporte cette pratique de l'introspection à Montaigne ?

4 En quoi l'œuvre de Montaigne, tout en relevant de l'écriture de soi, diffère-t-elle de l'autobiographie, des mémoires, du journal intime ?

HISTOIRE DES ARTS

En quoi peut-on dire que dans ce tableau le peintre se met en valeur ?

ÉCRITURE

Argumentation

Dans quelle mesure la naissance de l'autoportrait et de l'écriture de soi à la Renaissance vous semble-t-elle directement influencée par les idées humanistes ? Vous vous appuierez sur l'extrait de Montaigne et sur d'autres textes que vous avez lus.

13 XVIᵉ siècle : Humanisme et humanités

14. XVIIᵉ siècle : Plaire et instruire

La société aristocratique du XVIIᵉ siècle va lier instruction et plaisir du langage. C'est par le détour de la fiction que les leçons vont être données. Les auteurs se doivent d'avoir de l'esprit. Même l'édification religieuse recourt à la beauté de l'éloquence. Sous cette apparence agréable se cache une critique âpre de l'Homme et d'une époque.

Histoire littéraire
La fable et le conte : une argumentation par l'exemple 522

Histoire des arts
J.-J. Granville, *Les Obsèques de la lionne,* 1838 524
N. Poussin, *Le Jugement de Salomon,* 1649 526

1. **F. de La Rochefoucauld,** *Maximes,* 1664 528
2. **B. Pascal,** *Pensées,* 1670 (posthume) 529

Aux sources des fables de La Fontaine :
3. **Ésope,** *Fables,* VIIᵉ-VIᵉ siècle av. J.-C. 530
4. **Phèdre,** *Fables,* Iᵉʳ siècle ap. J.-C. 530

J. de La Fontaine, 1668-1694
5. *Fables,* « Le Loup et l'Agneau », 1668 [Réécriture] 531
6. *Fables,* « Le pouvoir des fables », 1678 [Réécriture] 532
7. *Fables,* « Les obsèques de la lionne », 1678 534

8. **Fontenelle,** *Histoire des oracles,* « La Dent d'or », 1687 536
9. **J. de La Bruyère,** *Les Caractères,* « De la mode », 1688 537
10. **Ch. Perrault,** *Histoire ou Contes du temps passé,* « La Barbe bleue », 1697 538
11. **Fénelon,** *Les Aventures de Télémaque,* 1699 541

Histoire littéraire
La fable et le conte, une argumentation par l'exemple

Définition

Fable et conte sont deux genres très proches : formes narratives plutôt brèves, délivrant un enseignement ou « moralité », elles peuvent être écrites en vers comme en prose. Mais le **conte** propose en général plus de péripéties que la fable ; en outre, ses valeurs symboliques sont souvent plus nombreuses, moins tranchées et explicites que celles de la fable. Ainsi le conte exerce-t-il un pouvoir de fascination souvent lié aux peurs et aux désirs profonds sur lesquels il joue, par une narration riche en rebondissements. Il vient plus souvent d'un fonds populaire et l'on a plaisir à le raconter lors de veillées ou dans les salons quand il est redevenu à la mode.

La **fable** est héritée d'un modèle antique sans cesse réutilisé dans l'éducation humaniste. À ce titre, elle est plus directement didactique.

Caractéristiques : un récit vivant et instructif

Fables et contes veulent **« instruire et plaire »** : l'histoire palpitante, amusante, pique la curiosité du destinataire. Le moraliste peut délivrer, sans être pesant, une leçon de vie.

→ **Ex :** *Le lecteur de « Barbe bleue », frissonnant du plaisir d'avoir peur, désire savoir ce qui se cache dans la pièce interdite.*

Cette double visée, narrative et argumentative, explique leur organisation en deux parties : le récit et la morale.

→ **Ex :** *La Fontaine précise que l'apologue « est composé de deux parties, dont on peut appeler l'une le corps, l'autre l'âme. Le corps est la fable ; l'âme, la moralité ».*

L'apologue est vivant car il transcrit une **expérience**, réelle ou fictive. Le lecteur est incité, plus ou moins directement, à tisser le lien entre événements racontés et significations morales. Ce raisonnement **inductif** plaît car il s'enracine dans une situation concrète et sollicite l'imagination et la raison du **destinataire**.

→ **Ex :** *Perrault propose plusieurs moralités. Au lecteur, actif, de trouver celle qui convient à sa situation.*

Fables et contes sont destinés prioritairement aux **enfants** : en faisant l'essai de leur jugement, ils grandissent, acquièrent une forme de sagesse. Mais les adultes aussi en profitent : les différentes générations de la famille Perrault tirent plaisir de la composition et de la lecture des contes, ensuite particulièrement appréciés par les honnêtes gens de la Cour. Le « manteau » et les « bijoux » de la fable viennent d'un travail jubilatoire sur la langue, les vers mêlés et les séductions de la narration.

C'est proprement un charme : il rend l'âme attentive,
Ou plutôt il la tient captive,
Nous attachant à des récits
Qui mènent à son gré les cœurs et les esprits.
(Jean DE LA FONTAINE, À *Madame de Montespan*, dédicace du second recueil des *Fables*.)

Brève histoire des fables et des contes

Ces deux genres littéraires remontent à l'**Antiquité gréco-latine**.

→ **Ex :** *La fable d'Ésope (VIe siècle av. J.-C.) montre que la loi du plus fort règne partout. C'est une morale cynique.*

Phèdre, auteur latin du Ier siècle, emprunte ses histoires et en crée de nouvelles.

Au XVIe siècle, l'italien **Abstemius** remet la fable au goût du jour. Au XVIIe siècle, en France, **La Fontaine** donne au genre tout son éclat. Véritables petites comédies allégoriques, ses fables mettent en scène des hommes ou des animaux personnifiés. Les dialogues de bêtes ajoutent au contenu didactique un comique enjoué ou un tragique voilé.

→ **Ex :** *Dans « Le loup et l'agneau », l'agneau a beau démontrer son innocence, son art oratoire ne le sauvera pas, contrairement au cerf (« Les obsèques de la lionne ») qui échappe à la mort grâce à son art du mensonge.*

Robert WILSON, mise en scène des *Fables* de LA FONTAINE, 2004 (Comédie-Française, Paris).

Art de la métamorphose, l'humanisation des animaux révèle l'animalisation des hommes. Fables et contes forment un petit théâtre de la cruauté humaine.

→ **Ex :** *Barbe bleue a un physique inquiétant. Sa barbe monstrueuse révèle sa férocité. Les bêtes humaines de La Fontaine font éclater la cruauté de la Cour).*

Le conte et le roman fabuleux à la fin du XVIIe siècle

Fénelon (1651-1715) est un homme d'Église, grand lettré et érudit. On lui confie en 1689 l'éducation du duc de Bourgogne qui est destiné à régner. L'ecclésiastique recourt à trois types de fictions pour l'instruire tout en le divertissant.

Les fables

Sous l'influence des fabulistes et des conteurs, en particulier La Fontaine, Fénelon reprend des thèmes merveilleux qui mettent en scène les aspirations de l'homme : rajeunir (fontaine de jouvence), se rendre invisible (anneau de Gygès), vivre dans un monde d'abondance (îles fortunées et pays de Cocagne). Mais c'est pour mieux traduire l'insatisfaction des hommes et leurs rêves impossibles.

Les dialogues

Fénelon fait alors renaître des dieux et des héros de tout temps, surtout de l'Antiquité, qu'il imagine aux enfers se rencontrant et dialoguant. C'est *Le Dialogue des morts composés pour l'éducation d'un prince* (1692-1696). Ces fictions permettent d'instruire le futur prince sur des grandes figures de l'histoire et des sujets majeurs : l'éloquence, la politique, la morale…

Un grand roman fabuleux et didactique : *Les Aventures de Télémaque* (1699)

Le précepteur conçoit enfin une troisième œuvre qui englobe fables, contes et dialogues didactiques. Il imagine les aventures de Télémaque à la recherche de son père Ulysse. Ce vaste voyage maritime fait revisiter l'Antiquité, sa géographie et ses mythes fondateurs. Le jeune Télémaque doit surmonter des épreuves (amour, mort, guerre) pour s'accomplir comme homme et prince. La recherche du père ouvre aussi sur une quête d'ordre spirituel : Télémaque doit renoncer à ses passions, à lui-même pour se mettre au service du royaume. La leçon de Fénelon qui met en avant le bonheur des peuples, le retour à la nature et à une intense spiritualité déguise en fait une critique du règne de Louis XIV.
Les philosophes du XVIIIe siècle en retiendront la leçon politique et sociale, en en oubliant la dimension religieuse. Mais c'est le charme poétique qui séduit : les descriptions d'une vie pastorale idéale, le goût pour des tableaux d'une grande poésie. L'instruction chez Fénelon qui touche à une utopie ne peut pas se séparer du rêve et de la fiction.

Frontispice du premier exemplaire des *Aventures de Télémaque*.

Des fables et des contes qui n'ont pas d'âge

Au XVIIIe siècle, Florian glisse le bel esprit des Lumières dans ses fables pleines de finesse.
Au XIXe siècle, des écrivains transcrivent par écrit les contes oraux, avant que ne meurent les « mères l'oye », mémoire vive de la sagesse populaire. Ainsi, les frères Grimm collectionnent ces récits dont la fraîcheur poétique charme un auditoire heureux de retrouver l'esprit de l'enfance.
Au XXe siècle, de nombreux auteurs s'essayent à la fable. Ainsi, Anouilh remporte un vif succès avec ses Fables, drôles et ironiques. Enfin, les contes anciens sont un trésor où puisent romanciers et dramaturges.

→ **Ex :** *Colette déroule les vrilles de la vigne. M. Tournier, dans* Le Roi des Aulnes, *se souvient de l'ogre des contes. A. Saumont et D. Loher parent leur tueur en série d'une barbe aux reflets bleus.*

Le plaisir de ces apologues dépasse leur utilité pédagogique : lirait-on encore La Fontaine, s'il n'avait pour intérêt que de corriger nos défauts ? C'est sa poésie qui captive l'auditoire, comme le déplorent l'ambassadeur du « Pouvoir des fables », et Rousseau, rejetant une éloquence qui touche l'enfant sommeillant en chacun.

J. J. Grandville (1803-1847), gravure pour « Les obsèques de la lionne » de Jean de La Fontaine, 1838 (> texte p. 534)

Contexte artistique et historique

LES IMAGES AU SERVICE DES FABLES

Court **récit imagé**, l'**apologue** comporte une **morale, implicite ou explicite**. La fiction et ses images **séduisent** pour mieux **instruire**. De même, les images didactiques[1], destinées aux enfants comme aux adultes, reprennent cet objectif **classique**. Elles campent un petit monde situé entre les songes de l'enfance et la cruelle réalité. L'illustration séduit par la simplicité des formes bien reconnaissables. Ainsi, inspiré par les talents de naturaliste de La Fontaine, le peintre animalier Oudry donne aux personnages des *Fables* une allure clairement identifiable. Ces images charment aussi par leur **fantaisie** : les saynètes représentées sont invraisemblables. « Une fourmi parlant français [...] ça n'existe pas », dit Desnos dans ses *Chantefables*. Cependant, on est prêt à croire au conflit entre la cigale et la fourmi, car le burin du graveur leur prête vie. Un comique expressif rend la morale plus facile à accepter. Inscrite au cœur de l'image, elle est ainsi rapidement **mémorisée**.

1. Qui sert à l'instruction.

HISTOIRE DES ARTS

J. J. Grandville,
Les obsèques de la lionne, 1838

La gravure

À l'aide d'un burin, outil d'acier pointu, le graveur incise les caractères et les images sur une plaque de bois, de métal ou de pierre. Les traits peuvent être profonds, épais ou croisés (tailles et contre-tailles) pour obtenir des tons noirs. Les traits légers ou en pointillé donnent des tons gris clair. Une fois les incisions recouvertes d'encre, on imprime très fortement cette plaque sur du papier humide. Elle est mise sous presse et peut être tirée à des milliers d'exemplaires. Par métonymie, la *gravure* désigne aussi l'image obtenue, qui peut être retouchée par l'artiste. La popularité des *Fables* et des *Contes* s'est manifestée par l'exceptionnelle richesse de gravures signées Oudry, Gustave Doré ou Grandville, comme ici.

Le pouvoir en image

LECTURE DE L'IMAGE

Anthropomorphisme

1 Quels traits et quels accessoires donnent aux animaux de la gravure un comportement d'apparence humaine ?

2 Quels aspects les maintiennent cependant dans le domaine de l'animalité ?

La comédie des courtisans

3 Décrivez les manifestations de tristesse des animaux et classez-les des plus outrées aux plus simples. Comment naît le registre comique ?

4 Comment la hiérarchie sociale et politique est-elle transposée dans l'espace, les courbes, la position et la nature des personnages ?

5 Observez le cerf par rapport aux autres animaux : que suggèrent sa position, son attitude, son allure ?

Un statut d'illustration

6 Peut-on deviner le sujet de la fable en regardant simplement la gravure ? En est-elle au contraire dépendante ?

7 Quel enrichissement la gravure peut-elle apporter à la fable ?

8 @RECHERCHE Sur le site http://www.la-fontaine-ch-thierry.net/fables.htm trouvez d'autres gravures et résumez les contraintes que les *Fables* peuvent imposer à un illustrateur.

VERS LE BAC

Invention

Composez une fable, en prose ou en vers, que pourrait illustrer une gravure de votre choix (> question 8).

▶ Fiche 11 **Comprendre un sujet d'écriture d'invention**

Nicolas POUSSIN (1594-1655), *Le Jugement de Salomon*, 1649, huile sur toile, 101 × 150 cm (Musée du Louvre).

Contexte artistique et historique

L'ÉLOQUENCE DE LA PEINTURE CLASSIQUE

Comme les poètes, les peintres français du XVIIe siècle se veulent fidèles aux modèles de **beauté de l'Antiquité**, fondés sur l'**équilibre** et la **justesse des proportions**. La peinture, compte tenu de sa **portée morale**, est fortement hiérarchisée. Les scènes de genre en style bas représentent la vie quotidienne dans sa simplicité. Les figures très réalistes, comme *Le Jeune Mendiant* de Murillo, ne sont pas les plus fréquentes. Les sujets les plus prisés, appartenant au « grand genre », sont l'histoire sainte, les mythes ou l'histoire antique et l'histoire de France avec ses grands personnages.

Convaincu de la vocation morale et spirituelle de la peinture, Poussin développe une conception exigeante de son art et imprime pour longtemps son idéal sur la peinture classique.

En effet, la **composition** de ses tableaux garantit une grande lisibilité. Les personnages sont souvent placés dans un décor de pastorale[1], ou dans un espace structuré par les formes de l'architecture antique. Leurs gestes expressifs sont ceux de l'éloquence et du théâtre. Les passions y sont toujours équilibrées entre elles, sans excès, et l'action représentée est orientée vers la révélation du bien, du beau et du vrai.

[1]. Inspirée des prés de l'Arcadie (Grèce), peuplée de bergers heureux, la pastorale est à la fois un lieu et un sujet de méditation, nostalgique de l'Âge d'or.

HISTOIRE DES ARTS

Nicolas Poussin,
Le Jugement de Salomon, 1649

Au début de son règne, Salomon, fils du roi David, émerveilla son peuple par sa sagesse d'inspiration divine. Ainsi, l'épisode du jugement fait de lui un modèle de bon roi. Imitateur des Anciens, préoccupé par la vocation morale et spirituelle de la peinture, Poussin compose ce tableau.

Style bas, style moyen et style élevé

L'orateur s'adapte à l'auditoire et au sujet. L'enseignement implique une langue simple, le style bas des entretiens familiers. Pour plaire, le discours s'orne de figures, avec naturel. Le style moyen convient à la correspondance, à la conversation, aux traités. Pour émouvoir et édifier, le style devient majestueux. Ce style aux figures nobles apparaît dans la tragédie, l'épopée, ou les scènes bibliques. La parole sublime ravit les âmes par la grâce ou l'effroi sacré.

L'éloquence de la peinture

LECTURE DE L'IMAGE

Un exemple illustre

1 @RECHERCHE Quel moment crucial du passage biblique (I, Rois, 3, 16) est représenté ici ? Pourquoi ce choix est-il significatif ?

2 Informez-vous sur la réputation de juge de Salomon. Le tableau est-il anecdotique ou le roi y tient-il un rôle exemplaire ?

La lisibilité des gestes

3 Caractérisez Salomon en décrivant son attitude, ses gestes, l'expression du visage, sa tenue et sa position. Quels aspects du personnage le peintre a-t-il soulignés ?

4 Commentez les gestes, le teint et les expressions des deux femmes. Reconnaît-on spontanément la vraie mère ? Laquelle semble animée d'une passion mauvaise ?

5 Que ressentent manifestement les autres personnages autour de la scène ?

Une composition puissante

6 Où convergent les *lignes de fuite* ? Dessinez les *lignes de force* du tableau. Que mettent-elles en valeur, en opposition ?

7 Décrivez le décor et surtout le trône de Salomon. Pourquoi constitue-t-il un symbole éloquent de la personnalité du roi ?

ÉCRITURE

Argumentation

Le verbe « décider » vient du latin *decaedo* qui signifie, au sens propre, « trancher », « couper en deux ». Juger et décider, est-ce forcément trancher dans le vif ? Comment ce tableau, muet, parle-t-il de la justice en jouant sur la réflexion et les émotions ?

VERS LE BAC

Invention

Imaginez une scène de théâtre à partir de ce tableau, en donnant la parole à cinq personnages différents. Les *répliques* et *didascalies* traduiront l'atmosphère de la scène.

▶ **Fiche 11** Comprendre un sujet d'écriture d'invention

F. de La Rochefoucauld
Maximes, 1664

La maxime est née d'un jeu de société très en vogue dans les salons littéraires. Il s'agissait d'inventer de « belles sentences » à portée morale ou philosophique afin de se divertir. Féru de ce jeu, La Rochefoucauld oriente son propos pour en faire un « portrait du cœur de l'homme ».

Biographie p. 671
Histoire littéraire p. 522
Repères historiques p. 30

68

Il est difficile de définir l'amour. Ce qu'on en peut dire est que dans l'âme c'est une passion de régner, dans les esprits c'est une sympathie[1], et dans le corps ce n'est qu'une envie cachée et délicate de posséder ce que l'on aime après beaucoup de mystères.

69

S'il y a un amour pur et exempt du mélange de nos autres passions, c'est celui qui est caché au fond du cœur, et que nous ignorons nous-mêmes.

70

Il n'y a point de déguisement qui puisse longtemps cacher l'amour où il est, ni le feindre où il n'est pas.

71

Il n'y a guère de gens qui ne soient honteux de s'être aimés quand ils ne s'aiment plus.

72

Si on juge de l'amour par la plupart de ses effets, il ressemble plus à la haine qu'à l'amitié.

73

On peut trouver des femmes qui n'ont jamais eu de galanterie, mais il est rare d'en trouver qui n'en aient jamais eu qu'une.

74

Il n'y a qu'une sorte d'amour, mais il y en a mille différentes copies.

75

L'amour aussi bien que le feu ne peut subsister sans un mouvement continuel ; et il cesse de vivre dès qu'il cesse d'espérer ou de craindre.

76

Il est du véritable amour comme de l'apparition des esprits : tout le monde en parle, mais peu de gens en ont vu.

F. DE LA ROCHEFOUCAULD, *Maximes et sentences morales*, 1664.

1. Concordance des sentiments et des pensées.

Définir l'amour par petites touches

LECTURE

1 @RECHERCHE Recherchez quels sont les différents sens du mot « maxime ». Lequel convient le mieux au travail de La Rochefoucauld ?

2 Analysez l'énonciation des maximes. Quels traits caractéristiques remarquez-vous ?

3 Comment les maximes choisies définissent-elles l'amour ? Montrez que le genre permet d'exprimer des nuances ou des éléments complémentaires.

4 Pourquoi cet extrait permet-il de dire que La Rochefoucauld est pessimiste ?

ÉCRITURE

Vers l'écriture d'invention

À votre tour, rédigez une série de cinq maximes qui permettent de définir par touches successives et nuancées l'amitié.

2 Blaise Pascal
Pensées, 1670

Biographie p. 671
Histoire littéraire p. 522
Repères historiques p. 30

1. Discussion, controverse (sens ancien encore actuel au XVIIᵉ siècle).

Les Pensées *sont un recueil de fragments dont l'agencement n'était pas encore précisément fixé à la mort de Pascal. Il y présente notamment sa hiérarchie des valeurs, fondée sur la Révélation chrétienne. L'ordre de la charité est le plus haut, englobant celui de la chair et de l'esprit. Cette hiérarchie lui permet de porter un regard critique sur l'exercice du pouvoir terrestre.*

Il est juste que ce qui est juste soit suivi. Il est nécessaire que ce qui est le plus fort soit suivi.
La justice sans la force est impuissante. La force sans la justice est tyrannique.
La justice sans force est contredite parce qu'il y aura toujours des méchants.
5 La force sans la justice est accusée. Il faut donc mettre ensemble la justice et la force, et pour cela faire que ce qui est juste soit fort ou que ce qui est fort soit juste.
La justice est sujette à dispute¹. La force est très reconnaissable et sans dispute. Ainsi on n'a pu donner la
10 force à la justice, parce que la force a contredit la justice, et a dit qu'elle était injuste, et a dit que c'était elle qui
15 était juste.
Et ainsi ne pouvant faire que ce qui est juste fût fort, on a fait que ce qui est fort fût juste.

B. PASCAL, *Pensées*, fragment 135, 1670.

Giovanni Francesco ROMANELLI (1610-1662), *La Glorification de la France*, 1656 (Louvre, appartement d'Anne d'Autriche, Paris / Musée des Beaux-Arts, Lille).

Peser les termes d'un raisonnement

LECTURE

1 Par quel synonyme remplaceriez-vous « force » ? Le terme « juste » a-t-il toujours le même sens dans le texte, et pourquoi ?

2 En relevant les connecteurs logiques, expliquez la progression du raisonnement, qui va du simple au complexe.

3 Montrez l'efficacité du raisonnement déductif dans ce fragment.

4 Indiquez les valeurs des temps verbaux des derniers paragraphes. Comparez-les à celle des trois premiers.

5 Relevez les figures de répétition et les parallélismes. Quel est leur fonction?

VERS LE BAC

Question sur un corpus
Comparez les stratégies argumentatives de Pascal et La Fontaine.
▶ Fiche 9 Répondre à une question sur un corpus

AUX SOURCES DES FABLES DE LA FONTAINE

3 Ésope
Fables, VIIᵉ-VIᵉ siècle avant J.-C.

Démade est l'orateur qui a inspiré à La Fontaine « Le Pouvoir des fables » (p. 532)

Biographie
p. 671

Histoire littéraire
p. 522

Repères historiques
p. 30

L'orateur Démade

L'orateur Démade parlait un jour au peuple d'Athènes. Comme on ne prêtait pas beaucoup d'attention à son discours, il demanda qu'on lui permît de conter une fable d'Ésope. La demande accordée, il commença ainsi : « Déméter, l'hirondelle et l'anguille faisaient route ensemble ; elles arrivèrent au bord d'une rivière ; alors l'hirondelle s'éleva dans les airs, l'anguille plongea dans les eaux », et là-dessus il s'arrêta de parler. « Et Déméter, lui cria-t-on, que fit-elle ? — Elle se mit en colère contre vous, répondit-il, qui négligez les affaires de l'État, pour vous attacher à des fables d'Ésope. »

Ainsi parmi les hommes ceux-là sont déraisonnables qui négligent les choses nécessaires et préfèrent celles qui leur font plaisir.

Traduction d'Émile Chambry.

4 Phèdre
Fables, Iᵉʳ siècle ap. J.-C.

Le loup et l'agneau

Un loup et un agneau pressés par la soif étaient venus boire à un même ruisseau. Le loup était au-dessus, et l'agneau beaucoup plus bas. Alors ce voleur, poussé par son avidité et par sa rage, cherchant querelle, dit à l'agneau : « Pourquoi viens-tu ici troubler l'eau que je bois ? » L'agneau lui répondit en tremblant : « Ô loup, comment, je vous prie, puis-je faire ce dont vous vous plaignez, puisque l'eau coule de vous à moi, avant que je la boive ? » Le loup, repoussé par la force de la vérité, lui dit : « Mais il y a près de six mois que tu as médit de moi. – Certes, lui répondit l'agneau, je n'étais pas encore né. – Si ce n'est toi, c'est donc ton père qui a médit de moi. » Et ainsi il se jette sur lui, le déchire, et le tue injustement. Cette fable est faite pour ceux qui, sous de faux prétextes, oppriment les innocents.

PHÈDRE (v. 15 av. J.-C. -v. 50 ap. J.-C.),
traduction de Lemaistre de Sacy
citée par Marc Fumaroli, Fables © Éd. De Fallois.

Marc CHAGALL (1887-1985), illustration pour « Le loup et l'agneau », 1926-1928 (Collection particulière).

5 Jean de La Fontaine
Fables, 1668

Biographie p. 671

Histoire littéraire p. 522

Repères historiques p. 30

Le loup et l'agneau

1 La raison du plus fort est toujours la meilleure :
  Nous l'allons montrer tout à l'heure.

  Un agneau se désaltérait
  Dans le courant d'une onde pure.
5 Un loup survient à jeun qui cherchait aventure,
  Et que la faim en ces lieux attirait.
  « Qui[1] te rend si hardi de troubler mon breuvage ?
  Dit cet animal plein de rage :
  Tu seras châtié de ta témérité.
10 – Sire, répond l'agneau, que Votre Majesté
  Ne se mette pas en colère ;
  Mais plutôt qu'elle considère
  Que je me vas désaltérant
      Dans le courant,
15   Plus de vingt pas au-dessous d'Elle,
  Et que par conséquent, en aucune façon,
  Je ne puis troubler sa boisson.
  – Tu la troubles, reprit cette bête cruelle,
  Et je sais que de moi tu médis l'an passé.
20 – Comment l'aurais-je fait si je n'étais pas né ?
  Reprit l'agneau, je tète encor ma mère.
  – Si ce n'est toi, c'est donc ton frère.
  – Je n'en ai point. – C'est donc quelqu'un des tiens :
  Car vous ne m'épargnez guère,
25   Vous, vos bergers, et vos chiens.
  On me l'a dit : il faut que je me venge. »
  Là-dessus, au fond des forêts
  Le Loup l'emporte, et puis le mange,
  Sans autre forme de procès.

J. DE LA FONTAINE, *Fables*, « Le loup et l'agneau », I, 10, 1668.

Mettre en scène la fable du pouvoir

LECTURE

1 Résumez la thèse de chaque animal en précisant la stratégie de chacun.

2 Par quel biais le loup triomphe-t-il de l'agneau ? Pourquoi peut-il avoir besoin d'argumenter ? Cette fable met-elle en scène un échec de l'argumentation ? Justifiez votre réponse.

3 Proposez plusieurs interprétations possibles des vers 1 et 2. Laquelle a votre préférence, et pourquoi ?

4 Sous la monarchie absolue, comment cette fable peut-elle constituer une critique audacieuse du pouvoir ?

VERS LE BAC

Question sur un corpus

Lisez « Les obsèques de la lionne » (p. 534) et « Le pouvoir des fables » (p. 532) : à quelle stratégie verbale l'agneau aurait-il pu recourir pour, peut-être, sauver sa vie ?

▶ **Fiche 9** Répondre à une question sur un corpus

6 Jean de La Fontaine
Fables, 1678

RÉÉCRITURES

Cette fable est adressée à Paul de Barillon, ambassadeur de France en Angleterre. Il a favorisé de bonnes relations entre les deux États, notamment pendant la guerre qui opposa la France aux Provinces-Unies (Pays-Bas), de 1672 à 1678.

Biographie p. 671
Histoire littéraire p. 522
Repères historiques p. 30

Le pouvoir des fables

À M. de Barillon

1 La qualité d'ambassadeur
Peut-elle s'abaisser à des contes vulgaires[1] ?
Vous puis-je offrir mes vers et leurs grâces légères ?
S'ils osent quelquefois prendre un air de grandeur,
5 Seront-ils point traités par vous de téméraires ?
    Vous avez bien d'autres affaires
    À démêler que les débats
    Du lapin et de la belette.
    Lisez-les, ne les lisez pas ;
10   Mais empêchez qu'on ne nous mette
    Toute l'Europe sur les bras.
    Que de mille endroits de la terre
    Il nous vienne des ennemis,
    J'y consens ; mais que l'Angleterre
15 Veuille que nos deux Rois se lassent d'être amis,
    J'ai peine à digérer la chose.
N'est-il point encor temps que Louis se repose ?
Quel autre Hercule enfin ne se trouverait las
De combattre cette hydre[2] ? et faut-il qu'elle oppose
20 Une nouvelle tête aux efforts de son bras[3] ?
    Si votre esprit plein de souplesse,
    Par éloquence et par adresse,
    Peut adoucir les cœurs, et détourner ce coup,
Je vous sacrifierai cent moutons ; c'est beaucoup
25   Pour un habitant du Parnasse[4].
    Cependant faites-moi la grâce
    De prendre en don ce peu d'encens[5] :
    Prenez en gré mes vœux ardents,
Et le récit en vers qu'ici je vous dédie.
30 Son sujet vous convient ; je n'en dirai pas plus :
    Sur les éloges que l'envie
    Doit avouer qui vous sont dus,
    Vous ne voulez pas qu'on appuie.

Dans Athène autrefois, peuple vain[6] et léger,
35 Un orateur, voyant sa patrie en danger[7],
Courut à la tribune ; et d'un art tyrannique,
Voulant forcer les cœurs dans une république[8],
Il parla fortement sur le commun salut.
On ne l'écoutait pas. L'orateur recourut

---

1. Simples, naïfs convenant au peuple.
2. Dragon aquatique à plusieurs têtes.
3. Le combat contre l'Hydre de Lerne fait partie des douze travaux d'Hercule.
4. Montagne d'Apollon et des Muses, symbolisant l'inspiration poétique de La Fontaine.
5. Parfum brûlé en offrande aux dieux. Sens métaphorique ici : présent de la fable.
6. Frivole.
7. Il s'agit de Démosthène, qui haranguait les Athéniens contre les menées de Philippe de Macédoine.
8. Voulant tyranniser les cœurs dans un régime républicain.
9. Il s'agit d'une prosopopée, figure de la rhétorique classique.

10. D'après Horace, qui utilise cette métaphore pour désigner le peuple romain.

11. Déesse latine de l'agriculture et de la fécondité.

J. J. GRANDVILLE (1803-1847), gravure pour « Le pouvoir des fables » de Jean DE LA FONTAINE, 1842.

    À ces figures violentes
40 Qui savent exciter les âmes les plus lentes.
Il fit parler les morts[9], tonna, dit ce qu'il put.
Le vent emporta tout ; personne ne s'émut.
    L'animal aux têtes frivoles[10]
45 Étant fait à ces traits, ne daignait l'écouter.
Tous regardaient ailleurs : il en vit s'arrêter
À des combats d'enfants, et point à ses paroles.
Que fit le harangueur ? Il prit un autre tour.
« Cérès[11], commença-t-il, faisait voyage un jour
50   Avec l'anguille et l'hirondelle :
Un fleuve les arrête ; et l'anguille en nageant,
    Comme l'hirondelle en volant,
Le traversa bientôt. » L'assemblée à l'instant
Cria tout d'une voix : « Et Cérès, que fit-elle ? »
55   – Ce qu'elle fit ? un prompt courroux
    L'anima d'abord contre vous.
  Quoi, de contes d'enfants son peuple s'embarrasse !
    Et du péril qui le menace
Lui seul entre les Grecs il néglige l'effet !
60 Que ne demandez-vous ce que Philippe fait ? »
    À ce reproche l'assemblée,
    Par l'apologue réveillée,
    Se donne entière à l'orateur.
    Un trait de fable en eut l'honneur.

65 Nous sommes tous d'Athène en ce point ; et moi-même,
Au moment que je fais cette moralité,
    Si *Peau d'âne* m'était conté,
    J'y prendrais un plaisir extrême.
Le monde est vieux, dit-on, je le crois ; cependant
70 Il le faut amuser encor comme un enfant.

    J. DE LA FONTAINE, *Fables*, « Le pouvoir des fables », VIII, 4, 1678.

Conquérir son public

LECTURE

Conseils à un ambassadeur

1 Quels sont les fonctions de l'art oratoire pour un ambassadeur ? Que dit le fabuliste de sa portée ?

2 Établissez la structure de la fable et le rôle de chacune de ses étapes. Lisez la fable d'Ésope (p. 530) : précisez ce que La Fontaine lui doit.

3 Indiquez les registres qui sont associés à ces étapes, ainsi que leur intérêt pour comprendre la fable.

4 Après avoir lu l'« Histoire littéraire » (p. 522), définissez ce qu'est la parole efficace pour La Fontaine.

L'utile ou l'agréable ?

5 Comment les Athéniens sont-ils décrits ? Qui représentent-ils ?

6 Pourquoi le petit conte obtient-il tant de succès ?

7 Pour les classiques, l'art doit plaire pour mieux instruire. Comment les deux modalités contradictoires de la fable font-elles de ce principe un objet de débat ?

HISTOIRE DES ARTS

Comment le contraste entre la gravité des institutions et l'envie de se divertir est-il rendu dans la gravure de Grandville ? Quel en est le registre ?

VERS LE BAC

Invention

« Et Cérès, que fit-elle ? » (v. 54). Imaginez une suite possible, en vers, avec une morale d'ordre éthique, social ou politique.

▶ Fiche 11 Comprendre un sujet d'écriture d'invention

7 Jean de La Fontaine
Fables, 1678

Inspirée d'Abstémius[1], cette fable fait partie des satires les plus incisives contre le fonctionnement de la cour et les abus du monarque.

Biographie p. 671
Histoire littéraire p. 522
Repères historiques p. 30

Les obsèques de la lionne

1. La femme du Lion mourut :
Aussitôt chacun accourut
Pour s'acquitter envers le prince
De certains compliments de consolation,
5. Qui sont surcroît d'affliction.
Il fit avertir sa province
Que les obsèques se feraient
Un tel jour, en tel lieu ; ses prévôts[2] y seraient
Pour régler la cérémonie,
10. Et pour placer la compagnie.
Jugez si chacun s'y trouva.
Le prince aux cris s'abandonna,
Et tout son antre en résonna :
Les lions n'ont point d'autre temple.
15. On entendit à son exemple
Rugir en leurs patois messieurs les courtisans.
Je définis la cour un pays où les gens
Tristes, gais, prêts à tout, à tout indifférents,
Sont ce qu'il plaît au prince, ou s'ils ne peuvent l'être,
20. Tâchent au moins de le paraître,
Peuple caméléon, peuple singe du maître,
On dirait qu'un esprit anime mille corps ;
C'est bien là que les gens sont de simples ressorts.
Pour revenir à notre affaire,
25. Le cerf ne pleura point. Comment eût-il pu faire ?
Cette mort le vengeait : la reine avait jadis
Étranglé sa femme et son fils.
Bref, il ne pleura point. Un flatteur l'alla dire,
Et soutint qu'il l'avait vu rire.
30. La colère du roi, comme dit Salomon[3],
Est terrible, et surtout celle du roi lion ;
Mais ce cerf n'avait pas accoutumé de lire.
Le Monarque lui dit : « Chétif hôte des bois,
Tu ris ! tu ne suis pas ces gémissantes voix !
35. Nous n'appliquerons point sur tes membres profanes
Nos sacrés ongles. Venez loups,
Vengez la Reine, immolez tous
Ce traître à ses augustes mânes[4]. »
Le cerf reprit alors : « Sire, le temps de pleurs
40. Est passé ; la douleur est ici superflue.

---

1. Auteur italien du XVe siècle dont les fables inspirèrent La Fontaine.
2. Agents de l'administration responsables d'un territoire.
3. Roi célèbre pour sa sagesse, dans l'Ancien Testament.
4. Divinités attachées à l'âme d'un défunt dans l'Antiquité romaine.

5. Séjour des défunts heureux.

Votre digne moitié, couchée entre des fleurs,
Tout près d'ici m'est apparue ;
Et je l'ai d'abord reconnue.
« Ami, m'a-t-elle dit, garde que ce convoi,
45 Quand je vais chez les dieux, ne t'oblige à des larmes.
Aux Champs Élysiens⁵ j'ai goûté mille charmes,
Conversant avec ceux qui sont saints comme moi.
Laisse agir quelque temps le désespoir du roi.
J'y prends plaisir. » À peine on eut ouï la chose,
50 Qu'on se mit à crier : « Miracle ! Apothéose ! »
Le cerf eut un présent, bien loin d'être puni.

Amusez les rois par des songes,
Flattez-les, payez-les d'agréables mensonges :
Quelque indignation dont leur cœur soit rempli,
55 Ils goberont l'appât, vous serez leur ami.

J. DE LA FONTAINE, *Fables*,
« Les obsèques de la lionne », VIII, 14, 1678.

Jean-Baptiste TIEPOLO (1696-1770), *L'Apothéose de la monarchie espagnole*, entre 1762 et 1770, huile sur toile (Metropolitan Museum of Art, New York).

Fabuler pour sauver sa peau

LECTURE

Un récit tendu

1 Distinguez les étapes du récit et leurs **registres**.

2 Comment le lion et la lionne sont-ils désignés et caractérisés au cours de la fable ?

3 À quelle logique obéissent les pleurs des animaux, puis la désignation d'une victime ?

Un récit édifiant

4 Expliquez la stratégie du cerf : quelles qualités politiques manifeste-t-il ? À quel genre oratoire recourt-il ?

5 Comment sont rapportées les **paroles** de la lionne ? En quoi ce procédé est-il efficace ?

Une satire généralisée

6 Les vers 17 à 23 sont-ils une digression ? Justifiez votre réponse.

7 Commentez la question du vers 25 et le point de vue que le lecteur est invité à partager sur le cerf. L'animal lui paraît-il ensuite vertueux ?

8 LITTÉRATURE ET SOCIÉTÉ Quelle fonction, quel pouvoir la morale de cette fable (vers 52 à 55) confère-t-elle à ceux qui savent manier la parole ?
Quel tout autre usage de l'éloquence cette fable propose-t-elle ? Trouvez-en d'autres exemples dans la séquence.

HISTOIRE DES ARTS

Cherchez ce qu'est une « apothéose ». Quels éléments montrent que Tiepolo fait l'éloge du pouvoir monarchique ?

VERS LE BAC

Invention

Inspirez-vous du tableau pour écrire une oraison funèbre de la lionne qui sera en même temps un éloge de la monarchie.

▶ Fiche 11 Comprendre un sujet d'écriture d'invention

8 Fontenelle
Histoire des oracles, 1687

Fontenelle s'attaque aux prétendus « savants », présentant certains phénomènes comme des miracles, sans avoir examiné la question raisonnablement. Se profile une critique de la superstition, ainsi qu'une invitation à réfléchir sur nos croyances et nos préjugés.

Biographie p. 671
Histoire littéraire p. 522
Repères historiques p. 30

La dent d'or

Il serait difficile de rendre raison[1] des histoires et des oracles que nous avons rapportés, sans avoir recours aux Démons[2], mais aussi tout cela[3] est-il bien vrai ? Assurons-nous bien du fait, avant de nous inquiéter de la cause. Il est vrai que cette méthode est bien lente pour la plupart des gens, qui courent naturellement à
5 la cause, et passent par-dessus la vérité du fait ; mais enfin nous éviterons le ridicule d'avoir trouvé la cause de ce qui n'est point.

Ce malheur arriva si plaisamment sur la fin du siècle passé à quelques savants d'Allemagne, que je ne puis m'empêcher d'en parler ici.

En 1593, le bruit courut que les dents étant tombées à un enfant de Silésie[4],
10 âgé de sept ans, il lui en était venu une d'or, à la place d'une de ses grosses dents. Horatius, professeur en médecine à l'université de Helmstad, écrivit, en 1595, l'histoire de cette dent, et prétendit qu'elle était en partie naturelle, en partie miraculeuse, et qu'elle avait été envoyée de Dieu à cet enfant pour consoler les chrétiens affligés par les Turcs[5]. Figurez-vous quelle consolation, et quel rapport
15 de cette dent aux chrétiens, et aux Turcs. En la même année, afin que cette dent d'or ne manquât pas d'historiens, Rullandus en écrit encore l'histoire. Deux ans après, Ingolsteterus, autre savant, écrit contre le sentiment que Rullandus avait de la dent d'or, et Rullandus fait aussitôt une belle et docte réplique. Un autre grand homme, nommé Libavius, ramasse tout ce qui avait été dit sur la dent, et y ajoute
20 son sentiment particulier. Il ne manquait autre chose à tant de beaux ouvrages, sinon qu'il fût vrai que la dent était d'or. Quand un orfèvre l'eût examinée, il se trouva que c'était une feuille d'or appliquée à la dent avec beaucoup d'adresse ; mais on commença par faire des livres, et puis on consulta l'orfèvre.

Rien n'est plus naturel que d'en faire autant sur toutes sortes de matières. Je ne
25 suis pas si convaincu de notre ignorance par les choses qui sont, et dont la raison nous est inconnue, que par celles qui ne sont point, et dont nous trouvons la raison. Cela veut dire que non seulement nous n'avons pas les principes qui mènent au vrai, mais que nous en avons d'autres qui s'accommodent très bien avec le faux.

Bernard LE BOUYER (ou LE BOVIER) DE FONTENELLE, *Histoire des oracles*, « La dent d'or », IV, 1687.

---

1. Expliquer, fournir une explication.
2. Sans les attribuer aux démons.
3. L'expression désigne ici l'ensemble des histoires, des fables étranges et des oracles, dont l'auteur veut vérifier la véracité avant d'entreprendre leur explication.
4. Province polonaise.
5. Les Turcs se sont emparés de Byzance en 1453.

Raison et déraison

LECTURE

Une fable finement ciselée
1 Établissez le plan du texte et donnez un titre à chaque étape du récit. Reformulez la *morale* de la fable.
2 Pourquoi cette *fable* permet-elle de lutter contre les « fables », histoires merveilleuses et fausses ?

La dent dure
3 Montrez que Fontenelle se moque des faux savants. Analysez la sonorité des noms, l'incohérence de leur démarche, les commentaires *ironiques* de l'auteur.

4 Pourquoi ces « savants » cherchent-ils à maintenir le peuple dans les préjugés et les superstitions ?

VERS LE BAC

Invention
Les amis de Fontenelle lisent et commentent son texte. Écrivez leur conversation, où chacun intervient pour se moquer des faux savants et louer l'orfèvre.
▶ Fiche 11 Comprendre un sujet d'écriture d'invention

9 Jean de La Bruyère
Les Caractères, 1688

Biographie p. 671
Histoire littéraire p. 522
Repères historiques p. 30

Prenant la forme de fragments librement enchaînés, Les Caractères *déploient une série d'observations à travers une galerie de portraits des gens du monde et de la Cour.*

13 (VI)
N… est riche, elle mange bien, elle dort bien ; mais les coiffures changent, et lorsqu'elle y pense le moins, et qu'elle se croit heureuse, la sienne est hors de mode.

14 (VI)
Iphis voit à l'église un soulier d'une nouvelle mode ; il regarde le sien et en rougit ; il ne se croit plus habillé : il était venu à la messe pour s'y montrer, et il se cache ; le voilà retenu par le pied dans sa chambre tout le reste du jour : il a la main douce, et il l'entretient avec une pâte de senteur : il a soin de rire pour montrer ses dents ; il fait la petite bouche, et il n'y a guère de moments où il ne veuille sourire ; il regarde ses jambes, il se voit au miroir, l'on ne peut être plus content de personne qu'il l'est de lui-même : il s'est acquis une voix claire et délicate, et heureusement il parle gras[1] : il a un mouvement de tête, et je ne sais quel adoucissement dans les yeux, dont il n'oublie pas de s'embellir ; il a une démarche molle[2] et le plus joli maintien qu'il est capable de se procurer : il met du rouge[3], mais rarement, il n'en fait pas habitude, il est vrai aussi qu'il porte des chausses[4] et un chapeau, et qu'il n'a ni boucles d'oreilles ni collier de perles ; aussi ne l'ai-je pas mis dans le chapitre des femmes.

15 (VI) […]
Une mode a à peine détruit une autre mode, qu'elle est abolie par une plus nouvelle, qui cède elle-même à celle qui la suit, et qui ne sera pas la dernière ; telle est notre légèreté : […]

J. DE LA BRUYÈRE, *Les Caractères*,
« De la mode », 1688, fragments 13 à 15.

1. Grasseyer, prononcer indistinctement les R.
2. Efféminée.
3. Se maquiller.
4. Culotte de tissu, qui couvre de la ceinture aux genoux (hauts-de-chausses) ou jusqu'aux pieds (bas-de-chausses).

Eglon Hendrick VAN DER NEER (1634-1703), *Couple élégant dans scène d'intérieur*, 1678.

Sans fard

LECTURE
1 Analysez l'ordre de ces fragments. Quelle démonstration cet ensemble construit-il ?

2 **LANGUE** Comment la phrase du fragment 14 s'organise-t-elle ? De ce choix syntaxique, quel traitement ressort-il du personnage d'Iphis ?

3 **@RECHERCHE** Rechercher sur Internet les différentes significations du terme « caractère » dans le *Dictionnaire de l'Académie française* ou *Dictionnaire Furetière* en ligne. En quoi ces différents sens peuvent-ils s'appliquer aux fragments de La Bruyère ?

HISTOIRE DES ARTS
Le tableau d'Eglon Hendrick Van der Neer vous semble-t-il mettre en valeur ou critiquer la mode ?

VERS LE BAC
Invention
À votre tour devenez le moraliste de votre époque. Dans une série de cinq fragments, vous dénoncerez les artifices de la mode. Vous veillerez à bien reprendre le genre du caractère et du portrait.
▸ Fiche 11 Comprendre un sujet d'écriture d'invention

10 Charles Perrault
Histoires ou Contes du temps passé, 1697

Le conte est un genre en vogue dans les salons à la fin du règne de Louis XIV. Perrault manifeste son originalité de moderne en s'inspirant du vieux fonds français, et non des modèles de l'Antiquité. Ainsi écrit-il ces Contes, invraisemblables, mais pleins d'esprit.

La Barbe bleue

Extrait 1

Biographie
p. 671

Histoire littéraire
p. 522

Repères historiques
p. 30

1. Il était une fois un homme qui avait de belles maisons à la Ville et à la Campagne, de la vaisselle d'or et d'argent, des meubles en broderie, et des carrosses tout dorés ; mais par malheur cet homme avait la Barbe bleue : cela le rendait si laid et si terrible, qu'il n'était ni femme ni fille qui ne s'enfuît de
5 devant lui.
    Une de ses Voisines, Dame de qualité[1], avait deux filles parfaitement belles. Il lui en demanda une en Mariage, et lui laissa le choix de celle qu'elle voudrait lui donner. Elles n'en voulaient point toutes deux, et se le renvoyaient l'une à l'autre, ne pouvant se résoudre à prendre un homme qui eût la barbe bleue. Ce qui les
10 dégoûtait encore, c'est qu'il avait déjà épousé plusieurs femmes, et qu'on ne savait ce que ces femmes étaient devenues. La Barbe bleue, pour faire connaissance, les mena avec leur Mère, et trois ou quatre de leurs meilleures amies, et quelques jeunes gens du voisinage, à une de ses maisons de Campagne, où on demeura huit jours entiers. Ce n'était que promenades, que parties de chasse et de pêche, que
15 danses et festins, que collations : on ne dormait point, et on passait toute la nuit à se faire des malices[2] les uns aux autres ; enfin tout alla si bien, que la Cadette commença à trouver que le Maître du logis n'avait plus la barbe si bleue, et que c'était un fort honnête homme[3].
    Dès qu'on fut de retour à la Ville, le Mariage se conclut. Au bout d'un mois
20 la Barbe bleue dit à sa femme qu'il était obligé de faire un voyage en Province, de six semaines au moins, pour une affaire de conséquence ; qu'il la priait de se bien divertir
25 pendant son absence, qu'elle fît venir ses bonnes amies, qu'elle les menât à la Campagne si elle voulait, que partout elle fît bonne chère[4].
    « Voilà, lui dit-il, les clefs des
30 deux grands garde-meubles, voilà celles de la vaisselle d'or et d'argent qui ne sert pas tous les jours, voilà celles de mes coffres-forts, où est mon or et mon argent, celles des
35 cassettes où sont mes pierreries, et voilà le passe-partout de tous les

---

1. Noble.
2. Se jouer des tours pour se divertir.
3. Homme de bien qui sait plaire en société, selon l'idéal du XVIIe siècle.
4. Profiter des plaisirs de la table.
5. Les maîtres d'une demeure avaient chacun un appartement, la femme en général au premier étage, le mari en bas. Un « cabinet » est une petite chambre isolée, où l'on peut se retirer pour un travail ou une conversation tranquille. Il peut renfermer des objets précieux.

Gustave DORÉ (1832-1883), *Barbe bleue*, 1862, gravure sur bois, 33 × 27 cm.

appartements. Pour cette petite clef-ci, c'est la clef du cabinet[5] au bout de la grande galerie de l'appartement bas : ouvrez tout, allez partout, mais pour ce petit cabinet, je vous défends d'y entrer, et je vous le défends de telle sorte que s'il vous 40 arrive de l'ouvrir, il n'y a rien que vous ne deviez attendre de ma colère. »

Elle promit d'observer exactement tout ce qui lui venait d'être ordonné ; et lui, après l'avoir embrassée, il monte dans son carrosse, et part pour son voyage.

Extrait 2

1 Elle fut si pressée de sa curiosité, que sans considérer qu'il était malhonnête[1] de quitter sa compagnie, elle y descendit par un petit escalier dérobé, et avec tant de précipitation, qu'elle pensa[2] se rompre le cou deux ou trois fois.

5 Étant arrivée à la porte du cabinet, elle s'y arrêta quelque temps, songeant à la défense que son Mari lui avait faite, et considérant qu'il pourrait lui arriver malheur d'avoir été désobéissante ; mais la tentation était si forte qu'elle ne put la surmonter : elle prit donc la petite clef, et ouvrit en tremblant la porte du cabinet. D'abord elle ne vit rien, parce que les fenêtres étaient fermées ; après 10 quelques moments elle commença à voir que le plancher était tout couvert de sang caillé, et que dans ce sang se miraient les corps de plusieurs femmes mortes et attachées le long des murs (c'était toutes les femmes que la Barbe bleue avait épousées et qu'il avait égorgées 15 l'une après l'autre).

Elle pensa mourir de peur, et la clef du cabinet qu'elle venait de retirer de la serrure lui tomba de la main. Après avoir un peu repris ses 20 esprits, elle ramassa la clef, referma la porte, et monta à sa chambre pour se remettre un peu ; mais elle n'en pouvait venir à bout, tant elle était émue. Ayant remarqué que la clef du cabinet 25 était tachée de sang, elle l'essuya deux ou trois fois, mais le sang ne s'en allait point. Elle eut beau la laver, et même la frotter avec du sablon et avec du grais[3], il y demeura toujours du sang, 30 car la clef était Fée[4] ; et il n'y avait pas moyen de la nettoyer tout à fait : quand on ôtait le sang d'un côté, il revenait de l'autre.

Serrure ancienne avec loquet, église, XIVe et XVIe siècles (Saint-Étienne).

1. Malpoli, discourtois.
2. Faillit.
3. Le sable et le grès servaient de poudre nettoyante.
4. « Fée » s'emploie comme substantif et comme adjectif au XVIIe siècle. Le *Dictionnaire de l'Académie* donne une entrée au participe passé d'un ancien verbe « féer », « vieux mot qui se disait autrefois en parlant de certains enchantements qu'on attribuait aux fées ».

Extrait 3

1 « D'où vient, lui dit-il, que la clef du cabinet n'est point avec les autres ?
— Il faut, dit-elle, que je l'aie laissée là-haut sur ma table.
— Ne manquez pas, dit la Barbe bleue, de me la donner tantôt. »
Après plusieurs remises[1], il fallut apporter la clef. La Barbe bleue, l'ayant 5 considérée, dit à sa femme :
« Pourquoi y a-t-il du sang sur cette clef ?
— Je n'en sais rien, répondit la pauvre femme, plus pâle que la mort.
— Vous n'en savez rien, reprit la Barbe bleue, je le sais bien, moi ; vous avez

1. L'épouse tente de remettre la restitution de la clef à plus tard.

voulu entrer dans le cabinet ! Hé bien, Madame, vous y entrerez, et irez prendre
10 votre place auprès des Dames que vous y avez vues. »
    Elle se jeta aux pieds de son Mari, en pleurant et en lui demandant pardon, avec toutes les marques d'un vrai repentir de n'avoir pas été obéissante.

Extrait 4

Moralité

1 La curiosité malgré tous ses attraits,
       Coûte souvent bien des regrets ;
   On en voit tous les jours mille exemples paraître.
   C'est, n'en déplaise au sexe[1], un plaisir bien léger ;
5 Dès qu'on le prend, il cesse d'être,
   Et toujours il coûte trop cher.

Autres moralités

   Pour peu qu'on ait l'esprit sensé,
       Et que du Monde on sache le grimoire[2],
       On voit bientôt que cette histoire
10   Est un conte du temps passé ;
       Il n'est plus d'époux si terrible,
       Ni qui demande l'impossible,
       Fût-il malcontent et jaloux.
   Près de sa femme on le voit filer doux ;
15 Et de quelque couleur que sa barbe puisse être
   On a peine à juger qui des deux est le maître.

C. PERRAULT, *Histoires ou Contes du temps passé*, « La Barbe bleue », 1697.

1. Aux femmes.
2. Livre de sorcellerie. « Savoir le grimoire » : être habile.

Un conte sanglant

LECTURE

L'entrée dans le conte (Extrait 1)

1 Comment la première phrase nous introduit-elle dans l'univers du conte ?

2 Caractérisez les qualités et défauts de chaque personnage. Le conteur et le lecteur adhèrent-ils au jugement de la cadette sur la Barbe Bleue ?

3 Quelle suite du texte le premier extrait semble-t-il annoncer ?

Les comptes de la Barbe bleue

4 Commentez les caractérisations de la fortune de la Barbe bleue, en observant le registre, le rythme des phrases et les répétitions.

5 Pourquoi la Barbe bleue fournit-elle tous ces détails sur l'emplacement du « cabinet » ?

Pathétique et palpitant

6  Comment la gravure de Doré annonce-t-elle la suite terrible de l'histoire ?

7 Relevez les expressions et les connecteurs éclairant le comportement de l'épouse, dans le deuxième extrait. Qu'en déduire ?

8 Commentez la montée de la tension et les registres du dernier extrait. Comment la réflexion morale se lie-t-elle étroitement au plaisir du suspense ?

9 Comment les deux morales font-elles retomber la tension ? Caractérisez le registre de chacune.

ÉCRITURE

Argumentation

« Le vulgaire appelle *conte au vieux loup, conte de vieille, conte de ma mère l'oye, conte de la cigogne, à la cigogne, conte de peau d'âne, contes à dormir debout, conte jaune, bleu, violet, conte borgne*, des fables ridicules telles que sont celles dont les vieilles gens entretiennent et amusent les enfants. » (*Dictionnaire de l'Académie*, 1694)

Rangeriez-vous « La Barbe bleue » parmi ces contes « à dormir debout », et pourquoi ?

se caractérisent par une **volonté très nette d'élargir le champ de la connaissance et du débat d'idées à l'ensemble de la société**. Cette volonté d'échange et de démocratisation du savoir est tout aussi importante que les idées elles-mêmes.

Bien qu'ils soient privés, les **clubs** contribuent à cette démocratisation. Ils ne sont en effet pas réservés aux aristocrates. Inspirés d'une pratique anglaise, ils apparaissent au début du siècle. Ils permettent à leurs membres de se retrouver régulièrement et d'échanger des idées politiques. L'un des premiers apparus en France, **le club de l'Entresol**, fréquenté par Montesquieu, est interdit en 1731. Les clubs deviendront par la suite des lieux de débat essentiels pendant la Révolution française.

Enseigne du café « Le Procope » aujourd'hui.

L'ouverture à l'espace public se caractérise par le développement des **cafés**, apparus à la fin du XVIIe siècle. Il s'agit de lieux « où l'on apprête le café de telle manière qu'il donne de l'esprit à ceux qui en prennent » (Montesquieu). Dans ces lieux à la mode où l'on joue aux échecs, où l'on peut lire la presse, la conversation est reine. On y discute, on y organise des lectures d'ouvrages récents, on y mène des débats politiques, on y diffuse les idées nouvelles.

→ **Ex** : *Le café Le Procope à Paris, fréquenté notamment par Voltaire et Diderot, est l'un des plus célèbres.*

Le rayonnement intellectuel ne se cantonne pas au milieu parisien. Le déclin de la cour à Versailles a pour conséquence de favoriser la vie intellectuelle provinciale. Le développement des **académies** en témoigne. Ces sociétés savantes, instituées à l'origine par le pouvoir monarchique, se multiplient au XVIIIe siècle.

→ **Ex** : *L'Académie des sciences, arts et belles-lettres de Dijon organise le concours remporté par Rousseau avec le Discours sur l'origine et les fondements de l'inégalité parmi les hommes (1755).*

Certains **châteaux** de province se transforment en petites cours où l'on reçoit de grands esprits. Ces lieux servent également de refuge aux écrivains tourmentés par le pouvoir ou la censure. **Madame d'Épinay** fit ainsi construire l'Ermitage dans sa propriété de Montmorency, où Rousseau trouva refuge. **Madame du Châtelet** accueillit pour sa part Voltaire dans son château de Cirey, en Champagne, pendant plusieurs années.

Dans une société où les écrits sont encore contrôlés et passés au crible de la censure, ce sont néanmoins les **salons** qui jouent le plus grand rôle dans la diffusion des idées.

Les salons du XVIIIe siècle réunissent une grande diversité d'esprits : écrivains, philosophes, scientifiques, artistes font partie des invités privilégiés.

Ils constituent un moyen efficace pour les écrivains de faire connaître leurs textes, leurs idées, mais également de trouver des soutiens politiques et financiers.

→ **Ex** : *Madame Geoffrin, l'une des grandes salonnières au XVIIIe siècle, a soutenu financièrement l'aventure de l'Encyclopédie, de même que Julie de Lespinasse.*

*Le salon de **madame de Tencin**, mère de d'Alembert, reçut nombre de philosophes ou d'écrivains, comme l'abbé Prévost.*

Les conversations littéraires et philosophiques ne constituent qu'une partie de l'activité des salons, qui sont aussi des lieux de mondanités où les invités peuvent manger, écouter de la musique ou se divertir par des jeux de société.

Les salons ont donc joué un rôle essentiel dans la diffusion des idées des Lumières. Les salonnières contribuaient à légitimer socialement les grands esprits en les recevant. La célébrité des hommes était tout aussi importante que celle des idées, et si Voltaire a su s'imposer comme l'un des plus grands esprits de son temps, c'est en partie grâce à sa fréquentation des salons.

Anicet Charles Gabriel LEMONNIER, *Le Salon de Mme Geoffrin en 1755*, 1812, huile sur toile, 129,5 × 196 cm (musée national du château de Malmaison).

Histoire littéraire
Les Lumières

Maurice Quentin DE LA TOUR (1704-1788), *Portrait d'Émilie du Châtelet*, XVIIe siècle.

Définition

Le « siècle des Lumières » est né de l'accélération des découvertes scientifiques et des grands voyages, entraînant une révolution de la pensée et une nouvelle échelle des valeurs. Ce courant culturel et philosophique européen du XVIIIe siècle est fondé sur la foi dans **la raison, le progrès et le bonheur**. Il s'illustre par son combat contre **les préjugés et l'intolérance**.

Le contexte historique et social

Un souffle nouveau

En France, la mort de Louis XIV et la Régence (1715-1723) sont vécues comme une libération : la société a soif d'idées neuves et de nouveaux horizons. Ainsi s'explique le succès des récits de **voyages**, de Cook ou Bougainville, qui enrichissent la connaissance du monde et de soi. Le point de vue des étrangers pousse en effet à la **réflexion critique sur soi-même et sur la société européenne**. De nombreux écrivains inventent alors des récits de voyages fictifs. Par le voyage, le héros se forme, évolue, s'interroge et le lecteur avance avec lui.

→ **Ex** : Dans les *Lettres persanes*, *Montesquieu met en scène des Persans visitant la France. Leur étonnement devant les mœurs et coutumes des Parisiens révèle les dysfonctionnements de notre société.*

Les écrivains voyagent eux aussi. Rousseau se rend chez le philosophe anglais Hume ; Diderot conseille Catherine de Russie, Voltaire est invité à Berlin. Émerge alors une **conscience européenne**, qui **compare, critique, relativise** cultures et régimes politiques. Ainsi, Voltaire constate que l'Angleterre s'attache au mérite de chacun : celui qui travaille et innove peut faire fortune et gagner le respect. Le philosophe souligne alors les paradoxes de la société française : l'aristocratie, oisive, conserve prestige et privilèges quand la bourgeoisie, classe montante aisée et cultivée, pour qui le travail est une valeur, est méprisée.

Un regard neuf sur la science et les arts

Les « gens de lettres » – l'expression est de Voltaire et elle désigne le public cultivé – sont fascinés par la **science et ses progrès** : Émilie du Châtelet, amie de Voltaire, traduit *Les Principes* de Newton et vulgarise sa méthode, fondée sur l'expérience et le raisonnement logique.

→ **Ex** : *Voltaire célèbre Newton : son expérience permet de décomposer et donc de comprendre la lumière. La raison humaine peut rivaliser avec l'intelligence divine, lumière autrefois inaccessible.*

→ **Ex** : *L'orfèvre de Fontenelle observe, fait une expérience, raisonne. Il n'a plus besoin des miracles pour expliquer le monde. Il est le prototype du philosophe.*

La lumière du philosophe

L'image de la lumière renvoie à une coutume consistant à placer une bougie allumée à sa fenêtre pour annoncer un événement. Le voisin « illuminait » à son tour. De fenêtre en fenêtre, les lumières éclairaient la nuit. Les philosophes sont séduits par cette pratique faisant **de la transmission de l'information, de la connaissance, une chaîne de lumière** et s'emparent de l'idée : ils transformeront la nuit de l'ignorance en clarté, guidés par la lumière de leur Raison. Diderot écrit : « Si je renonce à ma raison, je n'ai plus de guide […]. Égaré dans une forêt immense pendant la nuit, je n'ai qu'une petite lumière pour me conduire. » (*Addition aux Pensées*)

Dumarsais va plus loin : **le philosophe, éclairé par la raison, devient un « flambeau »**. Il pense par lui-même et entraîne autrui dans cette voie. Le philosophe allemand E. Kant invite tout homme à la réflexion : « Aie le courage de te servir de ton propre entendement. Voilà la devise des Lumières. »

Pour convertir leurs contemporains, écrivains et philosophes privilégient des **formes littéraires attrayantes**. L'argumentation s'empare de la fiction pour mieux séduire.

→ **Ex** : *Fontenelle, orfèvre en la matière, cisèle une* **fable** *convaincante. Voltaire renouvelle l'apologue avec ses* **contes philosophiques***. Montesquieu choisit le* **roman épistolaire** *pour inviter le lecteur à exercer son esprit critique. Diderot réinvente le* **dialogue** *philosophique.*

Ils rédigent aussi **dictionnaires et encyclopédies**. En 1745, l'imprimeur Le Breton décide de commercialiser la *Cyclopaedia* de Chambers (Londres, 1728). Diderot en assurera la traduction et d'Alembert, mathématicien réputé, contrôlera la validité des articles scientifiques.

Dès 1747, le projet s'élargit : Diderot rêve de « rassembler les connaissances éparses sur la surface de la terre » et de les organiser. En effet, « ce qui distingue ce dictionnaire […], c'est l'**ordre** qui l'a fait appeler *Encyclopédie* », c'est-à-dire « enchaînement des connaissances ».

→ **Ex** : *L'*Encyclopédie, *qui trie et classe les connaissances, peut légitimement « éclairer » les hommes de bonne volonté, comme le montre le frontispice.*

De 1751 à 1772 sont publiés dix-sept volumes de textes, dix-sept de planches illustrant arts mécaniques et techniques industrielles. On compte soixante mille deux cents articles et deux mille neuf cents gravures.

La diffusion du savoir

Dans un premier temps, seul le public aristocrate et bourgeois, instruit et cultivé, a accès aux textes des Lumières et en savoure l'esprit.

→ **Ex** : *Voltaire relate avec humour la séance de lecture de l'article « Poudre » à la cour, dont le mode de vie est pourtant critiqué par les philosophes.*

En effet, jusqu'en 1750, un Français sur deux ne sait pas lire. Pourtant, la Bibliothèque bleue, littérature populaire diffusée par des colporteurs, fait passer quelques idées nouvelles. À la fin du siècle, les orateurs révolutionnaires militeront jusqu'à l'épuisement pour que **le droit aux lumières de l'instruction** s'applique à tous.

→ **Ex** : *Condorcet défend avec fougue son projet de droit à l'éducation.*

Les combats des Lumières

La lumière permet de lutter contre **l'obscurantisme**, c'est-à-dire la bêtise et l'ignorance qui rendent intolérants. C'est un âpre combat : Voltaire connaît l'exil et la prison. Montesquieu doit faire imprimer les *Lettres persanes* en Hollande pour déjouer la censure ; l'*Émile* (1762), de Rousseau, est brûlé en public.
Mais c'est un combat indispensable. Kant nous l'ordonne : **« ose savoir »**. Car seule la connaissance permet de juger d'une situation en adulte, sans obéir aveuglément, comme un enfant, aux tutelles que sont le roi, la religion ou l'armée.

La **monarchie absolue**, légitimant son autorité par son origine divine, devient une cible des Lumières. Dans l'article « Autorité » (*Encyclopédie*), Diderot dénonce là un abus de pouvoir. Voltaire propose d'instaurer en France une monarchie parlementaire sur le modèle anglais. Mais seul Rousseau réclame une république où les citoyens vivraient dans la simplicité et la vertu.

La **religion est elle aussi critiquée**. Peu de philosophes sont athées. Mais, s'ils vénèrent un être supérieur, créateur d'une nature belle et harmonieuse, ils rejettent les rites religieux excessifs, source **d'intolérance et de guerres**. Surtout, les textes sacrés sont soumis à l'examen critique de la raison. Certaines croyances, comme les miracles ou les apparitions surnaturelles, sont alors rejetées comme des **superstitions et des préjugés,** ainsi que l'illustre « La dent d'or ».

Raison et sentiment

La raison des philosophes n'est pas froide. Elle s'allie à la douceur lumineuse du **sentiment**, qui rend sensible au beau et au bien, voire à un certain **sensualisme, qui célèbre le corps et respecte ses plaisirs.**

→ **Ex** : *Dans la « scène des cerises » des* Confessions, *la vie bonne et heureuse suppose, selon Rousseau, le bien-être du corps, en harmonie avec la nature.*

Si chaque homme **comprend et ressent** ce qu'on lui fait, alors le faire souffrir physiquement est intolérable. La **torture** fait horreur et **l'esclavage** est dénoncé avec virulence comme inhumain.

→ **Ex** : *Montesquieu utilise l'ironie comme une arme redoutable pour dénoncer le* Code noir *et le commerce triangulaire.*

→ **Ex** : *Voltaire s'engage dans la défense de Calas et prend position contre l'intolérance religieuse, qui dégénère en fanatisme autorisant la torture.*

Enfin, l'émergence de cette sensibilité nouvelle permet la naissance d'une idée neuve : **le bonheur**. Sa définition suscite un débat passionné : si Rousseau le caractérise comme une simplicité naturelle retrouvée, Voltaire, dans *Le Mondain*, relie progrès technique et développement économique. Les peuples, prospères, font des affaires et non la guerre. Ils cultivent les plaisirs de la vie.

L'histoire des hommes, signifiant avancée scientifique et technique, progrès de la connaissance et pacification des mœurs, n'est plus le récit d'une chute mais une marche collective vers le bonheur.

→ **Ex** : *Mozart, qui synthétise l'*optimisme *des Lumières dans une musique légère et joyeuse, chante la lumière d'une aube nouvelle.*

La Flûte enchantée, de W. A. MOZART (1756-1791), opéra en deux actes (Théâtre royal de la Monnaie, Bruxelles, 2005).

HISTOIRE DES ARTS

Frontispice de l'Encyclopédie,
dessiné par Charles-Nicolas Cochin en 1765, gravé par Benoît-Louis Prévost en 1772

Frontispice de l'*Encyclopédie* de DIDEROT, dessiné par C.-N. COCHIN (1715-1790) en 1765, gravé par B.-L. PRÉVOST (1747-1804) en 1772 (Bibliothèque des Arts Décoratifs, Paris).

Contexte artistique et historique

UNE PRÉSENTATION ALLÉGORIQUE DE L'IDÉAL DES LUMIÈRES

Un **frontispice** désigne, en architecture, la face principale d'un monument. En littérature, il s'agit de la **gravure** en regard du titre de l'œuvre. Placé au seuil du recueil, il oriente la lecture.

Sur son frontispice pour l'*Encyclopédie*, Charles-Nicolas Cochin multiplie les figures **allégoriques**, à tel point qu'une explication accompagnait le dessin, afin d'éclairer le lecteur :

« Sous un temple d'architecture ionique, sanctuaire de la Vérité, on voit la Vérité enveloppée d'un voile, et rayonnante d'une lumière qui écarte les nuages et les disperse.
À droite de la Vérité, la Raison et la Philosophie s'occupent l'une à lever, l'autre à arracher le voile de la Vérité.
À ses pieds, la Théologie agenouillée reçoit la lumière d'en-haut. En suivant la chaîne des figures, on trouve du même côté la Mémoire, l'Histoire Ancienne et Moderne ; l'Histoire écrit les fastes, et le Temps lui sert d'appui.
Au-dessous sont groupées la Géométrie, l'Astronomie et la Physique.
Les figures au-dessous de ce groupe montrent l'Optique, la Botanique, la Chimie et l'Agriculture.
En bas sont plusieurs arts et professions qui émanent des Sciences.
À gauche de la Vérité, on voit l'Imagination, qui se dispose à embellir et couronner la Vérité.
Au-dessous de l'Imagination, le dessinateur a placé les différents genres de Poésie, Épique, Dramatique, Satirique, Pastorale.
Ensuite viennent les autres arts d'imitation, la Musique, la Peinture, la Sculpture et l'Architecture. »

L'allégorie

L'allégorie est la représentation sous une **forme concrète** d'une **idée abstraite**. Cette figure de style littéraire se traduit également dans les arts plastiques, sculpture ou peinture : les notions sont représentées sous forme de **figures** animales ou humaines, reconnaissables grâce à leurs attributs. Ainsi, l'allégorie de la justice est une femme tenant d'une main un glaive, de l'autre une balance, les yeux recouverts d'un bandeau. Autre allégorie célèbre, la mort apparaît comme un squelette armé d'une faux.

Un programme lumineux

LECTURE DE L'IMAGE

Pleins feux sur les Lumières

1 D'où la lumière provient-elle ? Pour quelle raison le graveur lui accorde-t-il autant d'importance ?

2 Étudiez le regard des personnages représentés. Quel élément mettent-ils en valeur ?

3 Étudiez les lignes de force du dessin : vers quelle figure les diagonales convergent-elles ? Pour quel effet ?

Un projet universel

4 À l'aide de leurs attributs, identifiez les allégories et les êtres humains représentés par C.-N. Cochin.

5 RECHERCHE Cherchez la définition du mot « encyclopédie ». En quoi ce frontispice révèle-t-il la dimension encyclopédique de l'ouvrage ?

La pensée des Lumières en image

6 Comment la Vérité est-elle représentée ? Pourquoi sa lumière est-elle à la fois éclairante et voilée ?

7 Décrivez ce que font La Raison et la Philosophie. Proposez une interprétation.

8 Comment interprétez-vous les deux attributs de la Raison, la couronne et le mors, pièce métallique du harnais servant à diriger et freiner un cheval ?

9 RECHERCHE Qu'est-ce que la théologie ? Dans quelle position est-elle représentée ? Quelle conception de la religion les philosophes des Lumières proposent-ils ?

10 SYNTHÈSE Pourquoi traduire le programme des Lumières en image est-il un choix percutant ? Quelle est la fonction de ce frontispice ?

ÉCRITURE

Argumentation

Quelles sont les valeurs des philosophes des Lumières ? Quelle démarche doit être la leur ? Vous répondrez en deux paragraphes argumentatifs.

VERS LE BAC

Invention

Imaginez la prière que les hommes du tableau de Cochin adressent à la déesse Vérité.

▶ Fiche 11 Comprendre un sujet d'écriture d'invention

1 Montesquieu
De l'esprit des lois, 1748

De l'esprit des lois a eu une influence considérable sur la réflexion politique au XVIIIe siècle. Certaines idées modernes, comme la séparation des pouvoirs, ont inspiré les révolutionnaires américains puis français. S'intéressant au commerce et à ses lois, Montesquieu condamne l'esclavage de façon paradoxale. La logique de la traite des noirs est en effet mise à nu et dénoncée à travers les propos d'un esclavagiste.

Biographie p. 671
Histoire littéraire p. 546
Littérature et société p. 544
Repères historiques p. 34

De l'esclavage des nègres[1]

Si j'avais à soutenir le droit que nous avons eu de rendre les nègres esclaves, voici ce que je dirais :

Les peuples d'Europe ayant exterminé ceux de l'Amérique, ils ont dû mettre en esclavage ceux de l'Afrique, pour s'en servir à défricher tant de terres.

5 Le sucre serait trop cher, si l'on ne faisait travailler la plante qui le produit par des esclaves.

Ceux dont il s'agit sont noirs depuis les pieds jusqu'à la tête ; et ils ont le nez si écrasé qu'il est presque impossible de les plaindre.

On ne peut se mettre dans l'esprit que Dieu, qui est un être très sage, ait mis 10 une âme, surtout une âme bonne, dans un corps tout noir. […]

On peut juger de la couleur de la peau par celle des cheveux, qui, chez les Égyptiens, les meilleurs philosophes du monde, était d'une si grande conséquence[2], qu'ils faisaient mourir tous les hommes roux qui leur tombaient entre les mains.

Une preuve que les nègres n'ont pas le sens commun, c'est qu'ils font plus de 15 cas[3] d'un collier de verre que de l'or[4], qui, chez les nations policées[5], est d'une si grande conséquence.

Il est impossible que nous supposions que ces gens-là soient des hommes ; parce que, si nous les supposions des hommes, on commencerait à croire que nous ne sommes pas nous-mêmes chrétiens.

20 De petits esprits exagèrent trop l'injustice que l'on fait aux Africains. Car, si elle était telle qu'ils le disent, ne serait-il pas venu dans la tête des princes d'Europe, qui font entre eux tant de conventions inutiles, d'en faire une générale en faveur de la miséricorde et de la pitié ?

MONTESQUIEU, *De l'esprit des lois*, « De l'esclavage des nègres », 1748.

---

1. Le terme, aujourd'hui très péjoratif, désignait au XVIIIe siècle les Noirs d'origine africaine employés comme esclaves dans les plantations d'Amérique.
2. Importance.
3. Ils se préoccupent davantage.
4. Allusion à la pacotille, marchandises sans grande valeur qui servaient à acheter les esclaves en Afrique.
5. Civilisées.

L'ironie comme arme

LECTURE

Une logique apparente

1 Faites la liste des arguments défendus par les esclavagistes. À quels domaines renvoient-ils ?

2 Quelle est la conclusion implicite de l'argument développé lignes 9-10 ? L'esclavagiste justifie le racisme en le fondant sur la religion. En quoi sa logique est-elle contraire à l'esprit des Lumières ?

3 Les lignes 11 à 13 développent un *argument d'autorité*. Montrez en quoi cet argument est absurde.

Une double argumentation

4 Relevez les *figures de style* et les expressions qui mettent le lecteur sur la piste de l'*ironie*. Quel est l'intérêt de cette stratégie argumentative ?

5 À chaque argument de l'esclavagiste, faites correspondre ce que pourrait être le contre-argument du philosophe des Lumières.

ÉCRITURE

Vers la dissertation

L'emploi de l'ironie est-il efficace pour dénoncer les injustices ? Vous développerez votre réponse dans un paragraphe argumentatif s'appuyant sur les textes de la séquence usant du registre ironique.

Denis Diderot
Avertissement, Encyclopédie, 1765

Biographie p. 671
Histoire littéraire p. 546
Littérature et société p. 544
Repères historiques p. 34

Notre principal objet était de rassembler les découvertes des siècles précédents ; sans avoir négligé cette première vue, nous n'exagérerons point en appréciant à plusieurs volumes *in-folio*[1] ce que nous avons porté de richesses nouvelles au dépôt des connaissances anciennes. Qu'une révolution dont le germe
5 se forme peut-être dans quelque canton ignoré de la terre, ou se couve secrètement au centre même des contrées policées[2], éclate avec le temps, renverse les villes, disperse de nouveau les peuples, et ramène l'ignorance et les ténèbres ; s'il se conserve un seul exemplaire entier de cet Ouvrage, tout ne sera pas perdu.

On ne pourra du moins nous contester, je pense, que notre travail ne soit au
10 niveau de notre siècle, et c'est quelque chose. L'homme le plus éclairé y trouvera des idées qui lui sont inconnues, et des faits qu'il ignore. Puisse l'instruction générale s'avancer d'un pas si rapide que dans vingt ans d'ici il y ait à peine en mille de nos pages une seule ligne qui ne soit populaire ! C'est aux Maîtres du monde à hâter cette heureuse révolution. Ce sont eux qui étendent ou resserrent
15 la sphère des lumières. Heureux le temps où ils auront tous compris que leur sécurité consiste à commander à des hommes instruits ! Les grands attentats n'ont jamais été commis que par des fanatiques aveuglés. Oserions-nous murmurer de nos peines et regretter nos années de travaux, si nous pouvions nous flatter d'avoir affaibli cet esprit de vertige si contraire au repos des sociétés, et d'avoir amené nos
20 semblables à s'aimer, à se tolérer et à reconnaître enfin la supériorité de la Morale universelle sur toutes les morales particulières qui inspirent la haine et le trouble, et qui rompent ou relâchent le lien général et commun ?

D. DIDEROT, *Avertissement du Tome 8 de l'Encyclopédie*, 1765.

1. Livre de taille importante.
2. Civilisées.

Éclairer et instruire

LECTURE

Un souffle nouveau

1 Quel but initial les écrivains des Lumières se sont-ils fixé à travers l'*Encyclopédie* ?

2 Montrez que les encyclopédistes cherchent à rompre avec le passé. Pourquoi est-ce nécessaire ?

3 Repérez le champ lexical de la lumière. Qu'en déduisez-vous sur les objectifs de l'*Encyclopédie* et des philosophes des Lumières ?

Transmettre et instruire

4 Montrez que la notion de transmission est fondamentale dans la démarche des encyclopédistes.

5 Quels effets bénéfiques l'instruction, telle que la conçoit l'*Encyclopédie*, a-t-elle sur la société ?

6 Montrez que la démarche des encyclopédistes se veut universelle.

7 LITTÉRATURE ET SOCIÉTÉ Constituez une anthologie d'une dizaine de textes littéraires traitant de l'instruction.

8 SYNTHÈSE Vous exposerez dans un paragraphe d'une dizaine de lignes ce que sont l'*Encyclopédie*, ses objectifs principaux et son lien avec le mouvement des Lumières.

ÉCRITURE

Argumentation

Pensez-vous, comme Diderot, que l'instruction puisse mettre fin à l'intolérance et au fanatisme qui en découle ? Vous vous appuierez sur les textes de la séquence pour vous forger un avis personnel.

3 Dumarsais
Encyclopédie, 1751-1772

Biographie
p. 671

Histoire littéraire
p. 546

Littérature
et société
p. 544

Repères historiques
p. 34

L'expression « les Lumières » désigne la philosophie de l'Europe au XVIIIe siècle, confiante dans la raison. Grâce à elle, les hommes peuvent être philosophes : penser par eux-mêmes et accéder à la connaissance vraie.

Les autres hommes sont emportés par leurs passions, sans que les actions qu'ils font soient précédées de la réflexion : ce sont des hommes qui marchent dans les ténèbres ; au lieu que le *philosophe*, dans ses passions mêmes, n'agit qu'après la réflexion ; il marche la nuit, mais il est précédé d'un flambeau.
5   La vérité n'est point pour le *philosophe* une maîtresse qui corrompe son imagination, et qu'il croie trouver partout ; il se contente de la pouvoir démêler où il peut l'apercevoir. Il ne la confond point avec la vraisemblance ; il prend pour vrai ce qui est vrai, pour faux ce qui est faux, pour douteux ce qui est douteux, et pour vraisemblance ce qui n'est que vraisemblance. Il fait plus, et c'est ici une grande
10 perfection du *philosophe*, c'est que lorsqu'il n'a point de motif pour juger, il sait demeurer indéterminé.

DUMARSAIS, *Encyclopédie*, article « Philosophe », 1751-1772.

4 W. A. Mozart
La Flûte enchantée, 1771

REMBRANDT (1606-1669), *Le Philosophe en méditation*, 1632, peinture sur bois, 28 × 34 cm (Musée du Louvre).

Tamino, le prince égyptien, et Pamina s'aiment. Mais, pour s'épouser, ils ont dû combattre les forces de la Nuit, aidés de leur foi en l'amour et la raison. Enfin, la lumière triomphe, célébrée par un chœur de trois jeunes garçons.

LES GARÇONS
1   Bientôt, pour annoncer le matin,
    luira le soleil dans sa course dorée –
    bientôt disparaîtra la superstition,
    et la sagesse triomphera ! –
5   Ô douce sérénité, descends en nous,
    reviens dans le cœur des hommes.
    Alors la terre sera un royaume céleste
    et les mortels seront les égaux des dieux !

La Flûte enchantée, opéra de W. A. MOZART, 1791, livret de E. Schikaneder, traduction française de A. de Grouchy © EMI.

Les lumières de l'esprit

LECTURE

1 Relevez, dans le texte 3, l'opposition entre lumière et ténèbres et expliquez pourquoi la raison peut guider l'être humain dans la voie du progrès et de la connaissance.

2 Dans le texte 4, quelle place l'homme acquiert-il grâce aux lumières ?

5 Voltaire
De l'Encyclopédie, 1774

Voltaire participa à l'aventure de l'Encyclopédie pour laquelle il rédigea une vingtaine d'articles. Dans cet apologue, il prend la défense de l'ouvrage, interdit par la censure royale à plusieurs reprises, car il remettait trop ouvertement en cause le pouvoir de l'Église et critiquait le modèle de la monarchie absolue française.

Biographie p. 671
Histoire littéraire p. 546
Littérature et société p. 544
Repères historiques p. 34

Un domestique de Louis XV me contait qu'un jour, le roi son maître soupant à Trianon¹ en petite compagnie, la conversation roula d'abord sur la chasse, et ensuite sur la poudre à tirer. Quelqu'un dit que la meilleure poudre se faisait avec des parties égales de salpêtre, de soufre, et de charbon. Le duc de
5 La Vallière, mieux instruit, soutint que pour faire de la bonne poudre à canon, il fallait une seule partie de soufre et une de charbon, sur cinq parties de salpêtre bien filtré, bien évaporé, bien cristallisé.

— Il est plaisant, dit M. le duc de Nivernois, que nous nous amusions tous les jours à tuer des perdrix dans le parc de Versailles, et quelquefois à tuer des
10 hommes, ou à nous faire tuer sur la frontière, sans savoir précisément avec quoi l'on tue.

— Hélas ! nous en sommes réduits là sur toutes les choses de ce monde, répondit Mme de Pompadour² ; je ne sais de quoi est composé le rouge que je mets sur mes joues, et on m'embarrasserait fort si on me demandait comment on fait les bas
15 de soie dont je suis chaussée.

— C'est dommage, dit alors le duc de La Vallière, que Sa Majesté nous ait confisqué nos *Dictionnaires encyclopédiques*, qui nous ont coûté chacun cent pistoles ; nous y trouverions bientôt la décision de toutes nos questions.

Le roi justifia sa confiscation : il avait été averti que les vingt et un volumes
20 *in-folio*, qu'on trouvait sur la toilette³ de toutes les dames, étaient la chose du monde la plus dangereuse pour le royaume de France ; et il avait voulu savoir par lui-même si la chose était vraie, avant de permettre qu'on lût ce livre. Il envoya sur la fin du souper chercher un exemplaire par trois garçons de sa chambre, qui apportèrent chacun sept volumes avec bien de la peine.

25 On vit à l'article *poudre* que le duc de La Vallière avait raison ; et bientôt Mme de Pompadour apprit la différence entre l'ancien rouge d'Espagne, dont les dames de Madrid coloraient leurs joues, et le rouge des dames de Paris. Elle sut que les dames grecques et romaines étaient peintes avec de la pourpre qui sortait du murex⁴, et que par conséquent notre écarlate était la pourpre des anciens⁵ ; qu'il
30 entrait plus de safran dans le rouge d'Espagne, et plus de cochenille⁶ dans celui de France.

Elle vit comme on lui faisait ses bas au métier⁷ ; et la machine de cette manœuvre⁸ la ravit d'étonnement.

— Ah ! le beau livre ! s'écria-t-elle. Sire, vous avez donc confisqué ce magasin⁹
35 de toutes les choses utiles pour le posséder seul, et pour être le seul savant de votre royaume ?

Chacun se jetait sur les volumes comme les filles de Lycomède¹⁰ sur les bijoux d'Ulysse ; chacun y trouvait à l'instant tout ce qu'il cherchait. Ceux qui avaient des procès étaient surpris d'y voir la décision de leurs affaires. Le roi y lut tous les
40 droits de sa couronne.

— Mais vraiment, dit-il, je ne sais pourquoi on m'avait dit tant de mal de ce livre.

---

1. Petit château construit par Louis XIV non loin de Versailles.
2. Favorite de Louis XV favorable aux idées des Lumières. Son influence a permis la publication de l'*Encyclopédie*.
3. Meuble où l'on range tout ce qui sert à la propreté et à la beauté.
4. Mollusque.
5. Des peuples antiques.
6. Insecte utilisé pour produire un colorant rouge vif.
7. Métier à tisser.
8. Industrie.
9. Cette somme.
10. Ulysse rusa pour reconnaître Achille, déguisé en femme : contrairement aux filles de Lycomède avec qui il vivait, il se désintéressa des bijoux qu'Ulysse leur présenta.

Maurice Quentin DE LA TOUR (1704-1788), Portrait de *La marquise de Pompadour*, entre 1748 et 1755, pastel, 177 × 130 cm (Musée du Louvre).

11. Techniques.
12. Intrigues visant à discréditer quelque chose ou quelqu'un.

– Eh ! ne voyez-vous pas, sire, lui dit le duc de Nivernois, que c'est parce qu'il est fort bon ? On ne se déchaîne contre le médiocre et le plat en aucun genre. Si les femmes cherchent à
45 donner du ridicule à une nouvelle venue, il est sûr qu'elle est plus jolie qu'elles.

Pendant ce temps-là on feuilletait, et le comte de C… dit tout haut :

– Sire, vous êtes trop heureux qu'il se soit trouvé sous votre
50 règne des hommes capables de connaître tous les arts[11], et de les transmettre à la postérité. Tout est ici, depuis la manière de faire une épingle jusqu'à celle de fondre et de pointer vos canons ; depuis l'infiniment petit jusqu'à l'infiniment grand. Remerciez Dieu d'avoir fait naître dans votre royaume ceux
55 qui ont servi ainsi l'univers entier. Il faut que les autres peuples achètent l'*Encyclopédie*, ou qu'ils la contrefassent. Prenez tout mon bien si vous voulez ; mais rendez-moi mon *Encyclopédie*.

– On dit pourtant, repartit le roi, qu'il y a bien des fautes dans cet ouvrage si nécessaire et si admirable.

60 – Sire, reprit le comte de C… , il y avait à votre souper deux ragoûts manqués ; nous n'en avons pas mangé, et nous avons fait très bonne chère. Auriez-vous voulu qu'on jetât tout le souper par la fenêtre, à cause de ces deux ragoûts ?

Le roi sentit la force de la raison ; chacun reprit son bien : ce fut un beau jour.

65 L'envie et l'ignorance ne se tinrent pas pour battues ; ces deux sœurs immortelles continuèrent leurs cris, leurs cabales[12], leurs persécutions : l'ignorance en cela est très savante.

Qu'arriva-t-il ? les étrangers firent quatre éditions de cet ouvrage français proscrit en France, et gagnèrent environ dix-huit cent mille écus.

VOLTAIRE, *De l'Encyclopédie*, 1774.

La bataille de l'Encyclopédie

LECTURE

L'efficacité de l'apologue

1 Retrouvez les étapes de cet apologue et montrez que son organisation le rend efficace.

2 Quels choix stylistiques rendent le récit amusant ?

Une censure paradoxale

3 Comment le roi justifie-t-il l'interdiction de l'*Encyclopédie* ? Quel est l'intérêt des comparaisons du comte et du duc de Nivernois qui balayent ces reproches ?

4 Relevez des expressions montrant l'attitude ambiguë du roi. Comment expliquer cette ambiguïté ?

La célébration du savoir et de la raison

5 Quels domaines de la connaissance – abordés dans l'*Encyclopédie* – sont évoqués dans cet apologue ?

6 « Le roi sentit la force de la raison » (l. 64) : comment se résume le combat des Lumières et son issue rêvée ?

7 Quelles sont les qualités de l'*Encyclopédie* ?

8 @RECHERCHE Sur http://portail.atilf.fr, recherchez « poudre » (à canon), « rouge (*Cosmét.*) », ainsi qu'une planche illustrant le mot « Tisserand ». Qu'en concluez-vous ?

HISTOIRE DES ARTS

Par quels détails le portrait de La Tour fait-il l'éloge de Mme de Pompadour, protectrice des arts et de la littérature, et notamment de l'*Encyclopédie* ?

VERS LE BAC

Invention

À la manière de Voltaire, écrivez un apologue qui valorise la diffusion du savoir et la liberté d'expression.

▶ Fiche 11 Comprendre un sujet d'écriture d'invention

6 Jean-Jacques Rousseau
Discours sur l'origine et les fondements de l'inégalité parmi les hommes, 1755

Biographie
p. 671

Histoire littéraire
p. 546

Littérature
et société
p. 544

Repères historiques
p. 34

Le discours de Rousseau est une œuvre de circonstance. Il répond à une question posée par l'Académie de Dijon en 1753 : « Quelle est l'origine de l'inégalité des conditions parmi les hommes ; et si elle est autorisée par la loi naturelle. » Dans ce passage, il dénonce les méfaits de la propriété privée.

1   Tant que les hommes se contentèrent de leurs cabanes rustiques, tant qu'ils se bornèrent à coudre leurs habits de peaux avec des épines ou des arêtes, à se parer de plumes et de coquillages, à se peindre le corps de diverses couleurs, à perfectionner ou à embellir leurs arcs et leurs flèches, à tailler avec des pierres tran-
5   chantes quelques canots de pêcheurs ou quelques grossiers instruments de musique ; en un mot tant qu'ils ne s'appliquèrent qu'à des ouvrages qu'un seul pouvait faire, et qu'à des arts qui n'avaient pas besoin du concours de plusieurs mains, ils vécurent libres, sains, bons, et heureux autant qu'ils pouvaient l'être par leur nature, et continuèrent à jouir entre eux des douceurs d'un commerce indépendant : mais dès
10   l'instant qu'un homme eut besoin du secours d'un autre ; dès qu'on s'aperçut qu'il était utile à un seul d'avoir des provisions pour deux, l'égalité disparut, la propriété s'introduisit, le travail devint nécessaire, et les vastes forêts se changèrent en des campagnes riantes qu'il fallut arroser de la sueur des hommes, et dans lesquelles on vit bientôt l'esclavage et la misère germer et croître avec les moissons.
15   La métallurgie et l'agriculture furent les deux arts dont l'invention produisit cette grande révolution. Pour le poète, c'est l'or et l'argent, mais pour le philosophe ce sont le fer et le blé qui ont civilisé les hommes, et perdu le genre humain ; aussi l'un et l'autre étaient-ils inconnus aux sauvages de l'Amérique qui pour cela sont toujours demeurés tels ; les autres peuples semblent même être restés barbares
20   tant qu'ils ont pratiqué l'un de ces arts sans l'autre ; et l'une des meilleures raisons peut-être pourquoi l'Europe a été, sinon plus tôt, du moins plus constamment, et mieux policée que les autres parties du monde, c'est qu'elle est à la fois la plus abondante en fer et la plus fertile en blé.

Jean-Jacques ROUSSEAU,
Discours sur l'origine et les fondements de l'inégalité parmi les hommes, 1755

Propriété privée

LECTURE
1 Quelle est la thèse de Rousseau ?
2 Sur quels arguments cette thèse repose-t-elle ? Rousseau s'appuie-t-il sur des preuves ?
3 Décrivez les différentes étapes du processus qui a conduit l'homme à la propriété.
4 Quelle vision du passé Rousseau présente-t-il ?
5 @RECHERCHE Recherchez ce qu'est le mythe du « bon sauvage ». En quoi ce texte y participe-t-il ?

ÉCRITURE
Vers le commentaire
Rédigez un axe de commentaire qui met au jour la structure argumentative du texte. Vous pourrez, par exemple, montrer que Rousseau s'appuie davantage sur une vision idyllique du passé que sur une démonstration rigoureuse.
▶ Fiche 13 **Comprendre un sujet de commentaire**

7. Jean-Jacques Rousseau
Émile ou De l'éducation, 1762

Biographie p. 671

Histoire littéraire p. 546

Littérature et société p. 544

Repères historiques p. 34

Suivez les enfants apprenant leurs fables, et vous verrez que, quand ils sont en train d'en faire l'application, ils en font presque toujours une contraire à l'intention de l'auteur, et qu'au lieu de s'observer sur le défaut dont on les veut guérir ou préserver, ils penchent à aimer le vice avec lequel on tire parti des défauts des autres. Dans la fable précédente les enfants se moquent du corbeau, mais ils s'affectionnent tous au renard. Dans la fable qui suit, vous croyez leur donner la cigale pour exemple ; et point du tout, c'est la fourmi qu'ils choisiront. On n'aime point à s'humilier ; ils prendront toujours le beau rôle, c'est le choix de l'amour-propre, c'est un choix très naturel. Or quelle horrible leçon pour l'enfance ! Le plus odieux de tous les monstres serait un enfant avare et dur, qui saurait ce qu'on lui demande et ce qu'il refuse. La fourmi fait plus encore, elle lui apprend à railler dans ses refus. […]

Dans toutes les fables où le lion est un des personnages, comme c'est d'ordinaire le plus brillant, l'enfant ne manque point de se faire lion, et quand il préside à quelque partage, bien instruit par son modèle, il a grand soin de s'emparer de tout. Mais quand le moucheron terrasse le lion, c'est une autre affaire ; alors l'enfant n'est plus lion, il est moucheron. Il apprend à tuer un jour à coups d'aiguillon ceux qu'il n'oserait attaquer de pied ferme.

Dans la fable du loup maigre et du chien gras, au lieu d'une leçon de modération, qu'on prétend lui donner, il en prend une de licence. Je n'oublierai jamais d'avoir vu beaucoup pleurer une petite fille qu'on avait désolée avec cette fable tout en lui prêchant toujours la docilité. On eut peine à savoir la cause de ses pleurs, on la sut enfin. La pauvre enfant s'ennuyait d'être à la chaîne : elle se sentait le cou pelé ; elle pleurait de n'être pas loup.

Ainsi donc la morale de la première fable citée est pour l'enfant une leçon de la plus basse flatterie, celle de la seconde une leçon d'inhumanité, celle de la troisième une leçon d'injustice, celle de la quatrième une leçon de satire, celle de la cinquième une leçon d'indépendance. Cette dernière leçon, pour être superflue à mon élève, n'en est pas plus convenable aux vôtres. Quand vous leur donnez des préceptes qui se contredisent, quel fruits espérez-vous de vos soins.

J.-J. ROUSSEAU, *Émile ou De l'éducation*, 1762.

Jean-Baptiste OUDRY (1686-1755), *Le loup plaidant contre le renard par-devant le singe*, fable de J. DE LA FONTAINE, 1886.

Le pouvoir des fables

LECTURE

1 Quelle est la thèse défendue par Rousseau ?

2 Montrez que Rousseau construit son raisonnement en pédagogue.

3 Reformulez l'interprétation de chacune des fables célèbres que Rousseau prête à l'enfant, dans l'extrait d'*Émile*.

4 SYNTHÈSE Pourquoi peut-on dire que Rousseau juge les fables selon des critères moraux ?

HISTOIRE DES ARTS

L'univers des fables tel que le représente Jean-Baptiste Oudry vous semble-t-il avoir une dimension didactique ?

ÉCRITURE

@RECHERCHE Recherchez les fables évoquées par Rousseau et lisez-les. Partagez-vous l'analyse de Rousseau ?

Trouvez d'autres arguments pour ou contre l'utilisation des fables dans l'instruction des enfants, et construisez un débat.

VERS LE BAC

Invention

Inventez la réponse de La Fontaine à Rousseau. Il réfute point par point l'argumentation de l'écrivain des Lumières. Il montre que ses fables ne sont pas immorales tout en reconnaissant qu'il existe des ambiguïtés qui font aussi le plaisir de la lecture.

▶ Fiche 11 Comprendre un sujet d'écriture d'invention

Oral (entretien)

Selon vous, peut-on utiliser des exemples moraux complexes pour instruire les enfants ?

▶ Fiche 16 Réussir l'épreuve orale du baccalauréat

Denis Diderot
Le Neveu de Rameau, 1762-1764

Biographie p. 671

Histoire littéraire p. 546

Littérature et société p. 544

Repères historiques p. 34

1. Jean-Georges Noverre (1727-1810), maître de ballet à l'Opéra-Comique et théoricien de la danse et de la pantomime.
2. L'ordre est exécuté.
3. Fernandino Galiani (1728-1787), abbé napolitain qui vit à Paris, économiste et philosophe ami de Diderot.
4. Un des masques de la *commedia dell'arte*, qui représente un vieillard lubrique et idiot.
5. Religieux qui s'est retiré du monde et qui vit en communauté.

Pour créer LUI, Denis Diderot s'est inspiré de Jean-François Rameau, musicien inégal qui mène une vie de bohème. Il le réinvente en personnage de parasite vivant chez de riches parvenus et livre ainsi une vision critique de la société de l'Ancien Régime. On retrouve, dans ce dialogue, la liberté de ton d'une conversation de café.

MOI. – Qu'est-ce que des positions ?

LUI. – Allez le demander à Noverre[1]. Le monde en offre bien plus que son art n'en peut imiter.

MOI. – Et vous voilà, aussi, pour me servir de votre expression, ou de celle de Montaigne, *perché sur l'épicycle de Mercure*, et considérant les différentes pantomimes de l'espèce humaine.

LUI. – Non, non, vous dis-je. Je suis trop lourd pour m'élever si haut. J'abandonne aux grues le séjour des brouillards. Je vais terre à terre. Je regarde autour de moi et je prends mes positions, ou je m'amuse des positions que je vois prendre aux autres. Je suis excellent pantomime comme vous en allez juger.

Puis il se mit à sourire, à contrefaire l'homme admirateur, l'homme suppliant, l'homme complaisant ; il a le pied droit en avant, le gauche en arrière, le dos courbé, la tête relevée, le regard comme attaché sur d'autres yeux, la bouche entrouverte, les bras portés vers quelque objet ; il attend un ordre, il le reçoit, il part comme un trait, il revient, il est exécuté[2], il en rend compte ; il est attentif à tout ; il ramasse ce qui tombe ; il place un oreiller ou un tabouret sous des pieds ; il tient une soucoupe, il approche une chaise, il ouvre une porte ; il ferme une fenêtre, il tire des rideaux ; il observe le maître et la maîtresse ; il est immobile, les bras pendants, les jambes parallèles ; il écoute, il cherche à lire sur les visages, et il ajoute : « Voilà ma pantomime, à peu près la même que celle des flatteurs, des courtisans, des valets et des gueux. »

Les folies de cet homme, les contes de l'abbé Galiani[3], les extravagances de Rabelais m'ont quelquefois fait rêver profondément. Ce sont trois magasins où je me suis pourvu de masques ridicules que je place sur le visage des plus graves personnages ; et je vois Pantalon[4] dans un prélat, un satyre dans un président, un pourceau dans un cénobite[5], une autruche dans un ministre, une oie dans son premier commis.

Nicolas Vaude dans une mise en scène de Jean-Pierre Rumeau (2011).

MOI. – Mais à votre compte, dis-je à mon homme, il y a bien des gueux dans ce monde-ci, et je ne connais personne qui ne sache quelques pas de votre danse.

LUI. – Vous avez raison. Il n'y a dans tout un royaume qu'un homme qui marche, c'est le souverain ; tout le reste prend des positions.

MOI. – Le souverain ? Encore y a-t-il quelque chose à dire ? Et croyez-vous qu'il ne se trouve pas, de temps en temps, à côté de lui, un petit pied, un petit chignon, un petit nez qui lui fasse faire un peu de pantomime ? Quiconque a besoin d'un autre est indigent et prend une position. Le roi prend une position devant sa maîtresse et devant Dieu ; il fait son pas de pantomime. Le ministre fait le pas de courtisan, de flatteur, de valet ou de gueux devant son roi. La foule des ambitieux danse vos positions, en cent manières plus viles les unes que les autres, devant le ministre. L'abbé de condition, en rabat[6], et en manteau long, au moins une fois la semaine, devant le dépositaire de la feuille des bénéfices. Ma foi, ce que vous appelez la pantomime des gueux est le grand branle[7] de la terre. Chacun a sa petite Hus et son Bertin[8].

LUI. – Cela me console. »

Mais tandis que je parlais, il contrefaisait à mourir de rire les positions des personnages que je nommais. Par exemple, pour le petit abbé, il tenait son chapeau sous le bras, et son bréviaire de la main gauche ; de la droite, il relevait la queue de son manteau ; il s'avançait la tête un peu penchée sur l'épaule, les yeux baissés, imitant si parfaitement l'hypocrite que je crus voir l'auteur des *Réfutations*[9] devant l'évêque d'Orléans. Aux flatteurs, aux ambitieux, il était ventre à terre ; c'était Bouret au contrôle général.

MOI. – Cela est supérieurement exécuté...

J.-J. ROUSSEAU, *Le Neveu de Rameau*, composé de 1762 à 1774, éd. posthume 1821, pour l'édition française

6. Pièce d'étoffe qui se rabat du col sur la poitrine des prêtres.
7. Mouvement.
8. Actrice et son riche protecteur, chez qui le neveu a été logé et d'où il a été chassé.
9. L'abbé Gabriel Gauchat (1710-1774), adversaire des philosophes, qui compile leurs écrits pour les réfuter.

Bas les masques !

LECTURE

1 Analysez la progression du dialogue. Évaluez le propos de départ et son aboutissement. Qu'en concluez-vous ?

2 Quel est le registre dominant dans le discours du neveu de Rameau ?

3 Caractérisez les rôles respectifs que chaque locuteur tient. Quel couple forment-ils ?

4 @RECHERCHE Recherchez le sens du mot « pantomime » dans un dictionnaire et une encyclopédie. Pourquoi Diderot s'y intéresse-t-il dans sa réflexion sur le théâtre ?

5 Analysez la dimension théâtrale du dialogue dans sa composition et sa dynamique. Comment s'accorde-t-elle avec le propos même des personnages ?

6 LANGUE Observez la construction des phrases (structure, ponctuation) dans la description de la pantomime. Quel est l'effet produit ?

7 Évaluez la portée subversive du propos du neveu de Rameau. Pourquoi, selon vous, ce texte n'a-t-il pas été publié du vivant de Diderot ?

HISTOIRE DES ARTS

Comment l'interprétation du neveu par cet acteur restitue-t-elle la dimension de pantomime, chère à Diderot ?

VERS LE BAC

Commentaire

Rédigez le commentaire de cet extrait du *Neveu de Rameau*. Vous montrerez d'abord la dimension théâtrale du dialogue, puis vous analyserez la portée subversive de la vision critique que LUI propose de la société.

▶ Fiche 13 Comprendre un sujet de commentaire

Invention

Imaginez le dialogue entre deux personnages qui débattent du rôle que joue la télévision dans la comédie sociale. Le premier critique le jeu des apparences ; le second soutient que la télévision fait tomber les masques. Vous veillerez à inscrire ce dialogue dans une dimension théâtrale, à organiser l'argumentation, à y introduire un moment de pantomime.

▶ Fiche 11 Comprendre un sujet d'écriture d'invention

L. A. de Bougainville
Voyage autour du monde, 1771

Dans *Voyage autour du monde* (1771), Louis Antoine de Bougainville relate son voyage à Tahiti et dans les territoires avoisinants. Après avoir quitté le détroit de Magellan, l'explorateur sillonne des bandes de sable étroites et finit par jeter l'ancre au milieu d'une foule de « sauvages » qui viennent à sa rencontre.

Biographie p. 671
Histoire littéraire p. 546
Littérature et société p. 544
Repères historiques p. 34

1 À mesure que nous avions approché la terre, les insulaires[1] avaient environné les navires. L'affluence des pirogues fut si grande autour des vaisseaux, que nous eûmes beaucoup de peine à nous amarrer au milieu de la foule et du bruit. Tous venaient en criant « tayo », qui veut dire « ami », et en nous donnant mille témoi-
5 gnages d'amitié ; tous demandaient des clous et des pendants d'oreilles. Les pirogues étaient remplies de femmes qui ne le cèdent pas, pour l'agrément de la figure, au plus grand nombre des Européennes et qui, pour la beauté du corps, pourraient le disputer à toutes avec avantage.
    La plupart de ces nymphes étaient nues, car les hommes et les vieilles qui les
10 accompagnaient leur avaient ôté le pagne dont ordinairement elles s'enveloppent. Elles nous firent d'abord, de leurs pirogues, des agaceries[2] où, malgré leur naïveté, on découvrit quelque embarras ; soit que la nature ait partout embelli le sexe d'une timidité ingénue, soit que, même dans les pays où règne encore la franchise de l'âge d'or, les femmes paraissent ne pas vouloir ce qu'elles désirent le plus. Les
15 hommes, plus simples ou plus libres, s'énoncèrent bientôt clairement : ils nous pressaient de choisir une femme, de la suivre à terre, et leurs gestes non équivoques démontraient la manière dont il fallait faire connaissance avec elle. Je le demande : comment retenir au travail, au milieu d'un spectacle pareil, quatre cents Français, jeunes, marins, et qui depuis six mois n'avaient point vu de femmes ?
20 Malgré toutes les précautions que nous pûmes prendre, il entra à bord une jeune fille, qui vint sur le gaillard d'arrière[3] se placer à une des écoutilles[4] qui sont au-dessus du cabestan[5] ; cette écoutille était ouverte pour donner de l'air à ceux qui viraient. La jeune fille laissa tomber négligemment un pagne qui la couvrait, et parut aux yeux de tous telle que Vénus se fit voir au berger phrygien[6] : elle en avait
25 la forme céleste. Matelots et soldats s'empressaient pour parvenir à l'écoutille, et jamais cabestan ne fut viré avec une pareille activité.

L. A. DE BOUGAINVILLE, *Voyage autour du monde*, 1771.

1. Habitants de l'île.
2. Petites mines aguichantes.
3. Pont situé à l'arrière du grand mât.
4. Sur le pont d'un bateau, ouverture permettant d'accéder aux cales.
5. Treuil à axe vertical.
6. Allusion aux aventures de Vénus, déesse romaine de l'amour et de la beauté.

Deux visages du monde sauvage

LECTURE

Paradis perdu
1 Montrez que Bougainville et ses marins voient Tahiti comme un paradis. Justifiez votre réponse par un relevé précis.
2 Comment ce tableau des « sauvages » s'oppose-t-il à celui de la société européenne ?

VERS LE BAC

Invention
On raconte que Diogène, scandalisé par la mollesse de ses concitoyens, se promenait dans Athènes avec une chandelle allumée en pleine journée. Questionné sur son attitude, il répondit : « je cherche un homme ». Inventez le discours argumentatif où il précise son propos.
▶ **Fiche 11** Comprendre un sujet d'écriture d'invention

10 Denis Diderot
Supplément au voyage de Bougainville, 1772

Biographie
p. 671

Histoire littéraire
p. 546

Littérature et société
p. 544

Repères historiques
p. 34

Le récit du voyage de Bougainville à Tahiti (1771) connaît une grande vogue et brosse un tableau édénique de l'île. Diderot s'en inspire pour créer une fiction où il donne la parole aux « sauvages »[1]. Ainsi, un vieillard de l'île adresse cette diatribe[2] aux Occidentaux venus semer le trouble chez les siens.

Puis s'adressant à Bougainville, il ajouta : « Et toi, chef des brigands qui t'obéissent, écarte promptement ton vaisseau de notre rive : nous sommes innocents, nous sommes heureux ; et tu ne peux que nuire à notre bonheur. Nous suivons le pur instinct de la nature ; et tu as tenté d'effacer de nos âmes son carac-
5 tère. Ici tout est à tous ; et tu nous as prêché je ne sais quelle distinction du *tien* et du *mien*. Nos filles et nos femmes nous sont communes ; tu as partagé ce privilège avec nous ; et tu es venu allumer en elles des fureurs inconnues. Elles sont devenues folles dans tes bras ; tu es devenu féroce entre les leurs. Elles ont commencé à se haïr ; vous vous êtes égorgés pour elles ; et elles nous sont revenues teintes de
10 votre sang. Nous sommes libres ; et voilà que tu as enfoui dans notre terre le titre de notre futur esclavage[3]. Tu n'es ni un dieu ni un démon : qui es-tu donc pour faire des esclaves ? Orou[4], toi qui entends la langue de ces hommes-là, dis-nous à tous, comme tu me l'as dit à moi-même, ce qu'ils ont écrit sur cette lame de métal : *Ce pays est à nous.* Ce pays est à toi ! et pourquoi ? parce que tu y as mis le pied ? Si
15 un Otaïtien débarquait un jour sur vos côtes et qu'il gravât sur une de vos pierres ou sur l'écorce d'un de vos arbres : *Ce pays est aux habitants d'Otaïti*, qu'en penserais-tu ? Tu es le plus fort ! Et qu'est-ce que cela fait ? Lorsqu'on t'a enlevé une

---

1. Diderot s'inspire ici d'un dialogue où Jean de Léry faisait intervenir un vieillard dans son *Histoire d'un voyage fait en terre du Brésil* (1557).
2. Critique violente.
3. Les Français ont enfoui dans la terre une plaque commémorative célébrant leur prise de possession de la Polynésie.
4. Tahitien, interprète.

Paul Gauguin (1848-1903), *Nave nave moe (Les Doux Rêves)*, 1894, huile sur toile, 98 × 73 cm (Musée de L'Ermitage, Saint-Pétersbourg).

des méprisables bagatelles[5] dont ton bâtiment est rempli, tu t'es récrié, tu t'es vengé ; et dans le même instant tu as projeté au fond de ton cœur le vol de toute une contrée ! Tu n'es pas esclave : tu souffrirais plutôt la mort que de l'être, et tu veux nous asservir ! Tu crois donc que l'Otaïtien ne sait pas défendre sa liberté et mourir ? Celui dont tu veux t'emparer comme de la brute, l'Otaïtien est ton frère. Vous êtes deux enfants de la nature ; quel droit as-tu sur lui qu'il n'ait pas sur toi ? Tu es venu ; nous sommes-nous jetés sur ta personne ? avons-nous pillé ton vaisseau ? t'avons-nous saisi et exposé aux flèches de nos ennemis ? t'avons-nous associé dans nos champs au travail de nos animaux ? Nous avons respecté notre image en toi. Laisse-nous nos mœurs ; elles sont plus sages et plus honnêtes que les tiennes ; nous ne voulons point troquer ce que tu appelles notre ignorance, contre tes inutiles lumières. Tout ce qui nous est nécessaire et bon, nous le possédons. Sommes-nous dignes de mépris, parce que nous n'avons pas su nous faire des besoins superflus ? Lorsque nous avons faim, nous avons de quoi manger ; lorsque nous avons froid, nous avons de quoi nous vêtir. Tu es entré dans nos cabanes, qu'y manque-t-il à ton avis ? Poursuis jusqu'où tu voudras ce que tu appelles commodités de la vie ; mais permets à des êtres sensés de s'arrêter, lorsqu'ils n'auraient à obtenir de la continuité de leurs pénibles efforts, que des biens imaginaires. Si tu nous persuades de franchir l'étroite limite du besoin, quand finirons-nous de travailler ? Quand jouirons-nous ? Nous avons rendu la somme de nos fatigues annuelles et journalières la moindre qu'il était possible, parce que rien ne nous paraît préférable au repos. Va dans ta contrée t'agiter, te tourmenter tant que tu voudras ; laisse-nous reposer : ne nous entête ni de tes besoins factices[6], ni de tes vertus chimériques. »

D. DIDEROT, *Supplément au voyage de Bougainville*, 1772.

5. Objets de peu de valeur et frivoles.
6. Artificiels.

Le choc des cultures

LECTURE

Un réquisitoire solide

1 Qui désignent les pronoms « je », « tu », « nous » ? Quel rôle le vieillard se donne-t-il ?

2 Reformulez la thèse du vieillard et ses principaux arguments.

3 Comment les Français apparaissent-ils dans les propos du vieillard ? Quelles connotations révèlent leur indignité ?

Les frères ennemis

4 Comment le portrait et le mode de vie des Otaïtiens sont-ils opposés à ceux des Français ? Analysez la syntaxe, le lexique et ses connotations.

5 Qu'est-ce qui devrait pourtant rapprocher les deux peuples ? Relevez trois termes explicites.

L'éloquence du sauvage

6 Qu'est-ce qui donne de la force et de l'autorité au discours du vieillard ? Étudiez les modes verbaux.

7 Commentez l'expression « tes inutiles lumières » (l. 30).

8 Quelles modalités de phrases sont fréquentes et persuasives ?

9 Comment la rareté des connecteurs argumentatifs dans la seconde moitié du texte est-elle compensée ? Pour quel effet ?

HISTOIRE DES ARTS

En vous renseignant sur le rêve paradisiaque de Gauguin, comparez le tableau au texte pour rédiger l'ouverture de votre conclusion.

VERS LE BAC

Commentaire

Rédigez le commentaire de cet extrait. Après avoir expliqué comment le vieillard confronte deux systèmes de valeurs antithétiques, vous montrerez ses qualités d'orateur.

@RECHERCHE Qu'a incarné Bougainville pour les contemporains de Diderot ? À l'aide de ces informations, rédigez l'introduction de votre commentaire.

▶ Fiche 13 Comprendre un sujet de commentaire

11 Voltaire
Candide, 1759

Biographie
p. 671

Histoire littéraire
p. 546

Littérature et société
p. 544

Repères historiques
p. 34

À la fin du conte philosophique, Candide a retrouvé tous les autres personnages, dont son précepteur Pangloss, philosophe qui croit que tout est pour le mieux dans le monde. Tous sont épuisés par leurs aventures. Le parcours initiatique du jeune homme s'achève en Turquie.

Pangloss, Candide, et Martin, en retournant à la petite métairie, rencontrèrent un bon vieillard qui prenait le frais à sa porte sous un berceau d'orangers. Pangloss, qui était aussi curieux que raisonneur, lui demanda comment se nommait le muphti[1] qu'on venait d'étrangler. « Je n'en sais rien, répondit le bonhomme ; et je n'ai jamais su le nom d'aucun muphti ni d'aucun vizir[2]. J'ignore absolument l'aventure dont vous me parlez ; je présume qu'en général ceux qui se mêlent des affaires publiques périssent quelquefois misérablement, et qu'ils le méritent ; mais je ne m'informe jamais de ce qu'on fait à Constantinople ; je me contente d'y envoyer vendre les fruits du jardin que je cultive. » Ayant dit ces mots, il fit entrer les étrangers dans sa maison ; ses deux filles et ses deux fils leur présentèrent plusieurs sortes de sorbets[3] qu'ils faisaient eux-mêmes, du kaïmak[4] piqué d'écorces de cédrat[5] confit, des oranges, des citrons, des limons[6], des ananas, des dattes, des pistaches, du café de Moka qui n'était point mêlé avec le mauvais café de Batavia et des îles. Après quoi les deux filles de ce bon musulman parfumèrent les barbes de Candide, de Pangloss, et de Martin.

« Vous devez avoir, dit Candide au Turc, une vaste et magnifique terre ? – Je n'ai que vingt arpents[7], répondit le Turc ; je les cultive avec mes enfants ; le travail éloigne de nous trois grands maux, l'ennui, le vice, et le besoin. »

1. Jurisconsulte, généralement attaché à une mosquée.
2. Conseiller principal du calife.
3. Boissons rafraîchissantes.
4. Sorte de sorbet.
5. Sorte de citron.
6. Sortes de citrons.
7. Soit 7 à 10 hectares.

Martin ENGELBRECHT (1684-1756), *Ancien métier : un jardinier*, gravure (Arts décoratifs, Paris).

Candide en retournant dans sa métairie fit de profondes réflexions sur le discours du Turc. Il dit à Pangloss et à Martin : « Ce bon vieillard me paraît s'être fait un sort bien préférable à celui des six rois avec qui nous avons eu l'honneur de souper. – Les grandeurs, dit Pangloss, sont fort dangereuses, selon le rapport de tous les philosophes : car enfin Églon[8], roi des Moabites, fut assassiné par Aod ; Absalon fut pendu par les cheveux et percé de trois dards ; le roi Nadab, fils de Jéroboam, fut tué par Baza ; le roi Éla, par Zambri ; Ochosias, par Jéhu ; Athalie, par Joïada ; les rois Joachim, Jéchonias, Sédécias furent esclaves. Vous savez comment périrent Crésus, Astyage, Darius, Denys de Syracuse, Pyrrhus, Persée, Annibal, Jugurtha, Arioviste, César, Pompée, Néron, Othon, Vitellius, Domitien[9], Richard II d'Angleterre[10], Édouard II, Henri VI, Richard III, Marie Stuart, Charles Ier, les trois Henri de France, l'empereur Henri IV ? Vous savez – Je sais aussi, dit Candide, qu'il faut cultiver notre jardin. – Vous avez raison, dit Pangloss ; car, quand l'homme fut mis dans le jardin d'Éden, il y fut mis *ut operaretur eum*[11], pour qu'il travaillât ; ce qui prouve que l'homme n'est pas né pour le repos. – Travaillons sans raisonner, dit Martin, c'est le seul moyen de rendre la vie supportable. »

Toute la petite société entra dans ce louable dessein ; chacun se mit à exercer ses talents. La petite terre rapporta beaucoup. Cunégonde était, à la vérité, bien laide ; mais elle devint une excellente pâtissière ; Paquette broda ; la vieille eut soin du linge. Il n'y eut pas jusqu'à frère Giroflée qui ne rendît service ; il fut un très bon menuisier, et même devint honnête homme ; et Pangloss disait quelquefois à Candide : « Tous les événements sont enchaînés dans le meilleur des mondes possible : car enfin si vous n'aviez pas été chassé d'un beau château à grands coups de pied dans le derrière pour l'amour de Mlle Cunégonde, si vous n'aviez pas été mis à l'Inquisition[12], si vous n'aviez pas couru l'Amérique à pied, si vous n'aviez pas donné un bon coup d'épée au baron, si vous n'aviez pas perdu tous vos moutons du bon pays d'Eldorado, vous ne mangeriez pas ici des cédrats confits et des pistaches. – Cela est bien dit, répondit Candide, mais il faut cultiver notre jardin. »

VOLTAIRE, *Candide*, 1759.

8. D'Églon à Sédécias, il s'agit de personnages bibliques.
9. Depuis le début de la phrase, il s'agit de personnages de l'Antiquité.
10. De Richard III à Henri IV, il s'agit de monarques de l'époque moderne.
11. Pour qu'il travaillât.
12. Tribunal religieux.

Cultiver son jardin

LECTURE

La fin du conte

1 Comment les différents personnages sont-ils caractérisés ? Pourquoi peut-on dire qu'ils sont globalement dégradés ?

2 Observez le contraste entre le Turc et les personnages réunis autour de Candide : qu'est-ce qui les sépare ?

Une leçon philosophique

3 Quelle leçon de vie le Turc donne-t-il ? Sur quels arguments son raisonnement repose-t-il ?

4 Quel impact le personnage du Turc a-t-il sur Pangloss, Martin et Candide ? À quoi voit-on que Candide s'est détaché de son maître Pangloss ?

5 Comment comprenez-vous l'affirmation finale de Candide : « Il faut cultiver notre jardin » ? Donnez deux explications.

ÉCRITURE

Vers le commentaire

Vous rédigerez un axe de commentaire qui analysera la leçon proposée dans cette dernière page de *Candide*.

VERS LE BAC

Oral (analyse)

La fin de *Candide* est-elle optimiste ou pessimiste ?
▶ Fiche 16 Réussir l'épreuve orale du baccalauréat

12 Voltaire
Traité sur la tolérance, 1763

Voltaire a écrit ce traité pour obtenir la révision du procès de Jean Calas[1].

Lettre[2] écrite au Jésuite Le Tellier[3], par un bénéficier[4], le 6 mai 1714

Biographie p. 671
Histoire littéraire p. 546
Littérature et société p. 544
Repères historiques p. 34

1. Protestant torturé et exécuté en 1762 pour avoir assassiné prétendument son fils. Il sera innocenté en 1765.
2. Il s'agit d'une Lettre fictive.
3. Confesseur de Louis XIV, il exerça son influence contre les protestants.
4. Qui tire des bénéfices de sa fonction ecclésiastique.
5. Allusion humoristique à la Compagnie de Jésus, c'est-à-dire aux Jésuites.
6. Protestants.
7. Pasteurs protestants.
8. Imprégnés.
9. Race.
10. Jésuites espagnols.
11. Protestants.
12. Partisans du jansénisme, mouvement religieux et intellectuel apparu au XVIIe siècle et contre lequel les Jésuites ont lutté.
13. Jésuites.

Mon Révérend Père,

J'obéis aux ordres que Votre Révérence m'a donnés de lui présenter les moyens les plus propres de délivrer Jésus et sa Compagnie[5] de leurs ennemis. Je crois qu'il ne reste plus que cinq cent mille huguenots[6] dans le royaume, quelques-uns disent un million, d'autres quinze cent mille ; mais en quelque nombre qu'ils soient, voici mon avis, que je soumets très humblement au vôtre, comme je le dois.

1° Il est aisé d'attraper en un jour tous les prédicants[7] et de les pendre tous à la fois dans une même place, non seulement pour l'édification publique, mais pour la beauté du spectacle.

2° Je ferais assassiner dans leurs lits tous les pères et mères, parce que si on les tuait dans les rues, cela pourrait causer quelque tumulte ; plusieurs même pourraient se sauver, ce qu'il faut éviter sur toute chose. […]

3° Je marierais le lendemain toutes les filles à de bons catholiques, attendu qu'il ne faut pas dépeupler trop l'État après la dernière guerre ; mais à l'égard des garçons de quatorze et quinze ans, déjà imbus[8] de mauvais principes, qu'on ne peut se flatter de détruire, mon opinion est qu'il faut les châtrer tous, afin que cette engeance[9] ne soit jamais reproduite. Pour les autres petits garçons, ils seront élevés dans vos collèges, et on les fouettera jusqu'à ce qu'ils sachent par cœur les ouvrages de Sanchez et de Molina[10]. […]

Nous n'avons rien à nous reprocher : il est démontré que tous les prétendus réformés[11], tous les jansénistes[12], sont dévolus à l'enfer ; ainsi ne faisons que hâter le moment où ils doivent entrer en possession.

Il n'est pas moins clair que le paradis appartient de droit aux molinistes[13] : donc, en les faisant périr par mégarde et sans aucune mauvaise intention, nous accélérons leur joie ; nous sommes dans l'un et l'autre cas les ministres de la Providence.

Quant à ceux qui pourraient être un peu effarouchés du nombre, Votre Paternité pourra leur faire remarquer que depuis les jours florissants de l'Église jusqu'à 1707, c'est-à-dire depuis environ quatorze cents ans, la théologie a procuré le massacre de plus de cinquante millions d'hommes ; et que je ne propose d'en étrangler, ou égorger, ou empoisonner, qu'environ six millions cinq cent mille. […]

VOLTAIRE, *Traité sur la tolérance à l'occasion de la mort de Jean Calas*, 1763.

Plaidoyer pour la tolérance

LECTURE

L'ironie au service de la dénonciation

1 Relevez des **procédés de l'ironie**. Quel en est l'intérêt ?

2 Le décalage entre la violence de la persécution et le ton détaché du jésuite renforce-t-il la volonté de persuader ?

3 Relevez des simplifications et des généralisations aberrantes. Que vise l'auteur à travers ces exagérations ?

4 **RECHERCHE** Cherchez l'étymologie de « religion ». L'Église vue par Voltaire est-elle fidèle à ce sens ?

ÉCRITURE

Vers le commentaire

Rédigez une partie du commentaire de ce texte en analysant comment s'exprime la colère de Voltaire.

564 | 4 Formes et genres de l'argumentation

13 Voltaire
Dictionnaire philosophique, 1764

Biographie p. 671

Histoire littéraire p. 546

Littérature et société p. 544

Repères historiques p. 34

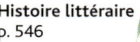

Au début du XVIIIe siècle, un Anglais, dont les libertés sont garanties par l'Habeas Corpus[1], rencontre un Portugais. Un dialogue s'engage sur la liberté de penser.

Article « Liberté de penser »

BOLDMIND. – Il ne tient qu'à vous d'apprendre à penser ; vous êtes né avec de l'esprit ; vous êtes un oiseau dans la cage de l'Inquisition ; le Saint-Office[2] vous a rogné les ailes ; mais elles peuvent revenir. Celui qui ne sait pas la géométrie peut l'apprendre ; tout homme peut s'instruire ; il est honteux de mettre son âme
5   entre les mains de ceux à qui vous ne confieriez pas votre argent : osez penser par vous-même.

MÉDROSO. – On dit que si tout le monde pensait par soi-même, ce serait une étrange confusion.

BOLDMIND. – C'est tout le contraire. Quand on assiste à un spectacle, chacun
10 en dit librement son avis, et la paix n'est point troublée. [...] Nous ne sommes heureux en Angleterre que depuis que chacun jouit librement du droit de dire son avis.

MÉDROSO. – Nous sommes aussi fort tranquilles à Lisbonne où personne ne peut dire le sien.

15 BOLDMIND. – Vous êtes tranquilles, mais vous n'êtes pas heureux ; c'est la tranquillité des galériens, qui rament en cadence et en silence.

MÉDROSO. – Vous croyez donc que mon âme est aux galères ?

BOLDMIND. – Oui ; et je voudrais la délivrer.

MÉDROSO. – Mais si je me trouve bien aux galères ?

20 BOLDMIND. – En ce cas vous méritez d'y être.

VOLTAIRE, *Dictionnaire philosophique*, article « Liberté de penser », 1764.

---

1. Acte ordonnant de faire comparaître un prévenu arrêté pour vérifier la validité de son arrestation.
2. Congrégation de l'Inquisition, chargée de lutter contre les hérésies.

Osez penser par vous-même

LECTURE

1 Pourquoi le dialogue des deux personnages permet-il d'éveiller l'esprit critique du lecteur et l'incite-t-il au débat ?

2 Quels arguments Voltaire développe-t-il en faveur de la liberté de penser ?

3 Quels sont les points communs entre Voltaire et la Déclaration universelle des droits de l'homme ?

VERS LE BAC

Invention

À votre tour, mettez en scène deux personnages qui débattent sur le fait de penser par soi-même dans notre monde moderne. Le premier vante les mérites d'Internet et des médias comme des sources d'opinion et d'information. Le second invite à être prudent et à construire sa propre réflexion critique.

▶ Fiche 11 Comprendre un sujet d'écriture d'invention

14 Voltaire
L'Ingénu, 1767

Biographie
p. 671

Histoire littéraire
p. 546

Littérature et société
p. 544

Repères historiques
p. 34

L'*Ingénu* de Voltaire raconte l'histoire d'un jeune Huron[1], tout juste débarqué en Bretagne, qui découvre la société provinciale française. Cette « histoire véritable » narre les pérégrinations de l'Ingénu à travers la société et donne à entendre le discours d'un sauvage s'étonnant des coutumes françaises.

Ousmane SOW (1935-), statue de bronze, 2001.

L'Ingénu faisait des progrès rapides dans les sciences, et surtout dans la science de l'homme. La cause du développement rapide de son esprit était due à son éducation sauvage presque autant qu'à la trempe de son âme. Car, n'ayant rien appris dans son enfance, il n'avait point appris de préjugés. Son entendement[2], n'ayant
5 point été courbé par l'erreur, était demeuré dans toute sa rectitude. Il voyait les choses comme elles sont, au lieu que les idées qu'on nous donne dans l'enfance nous les font voir toute notre vie comme elles ne sont point. « Vos persécuteurs sont abominables, disait-il à son ami Gordon. Je vous plains d'être opprimé, mais je vous plains d'être janséniste[3]. Toute secte me paraît le ralliement de l'erreur.
10 Dites-moi s'il y a des sectes en géométrie. — Non, mon cher enfant, lui dit en soupirant le bon Gordon ; tous les hommes sont d'accord sur la vérité quand elle est démontrée, mais ils sont trop partagés sur les vérités obscures. — Dites sur les faussetés obscures. S'il y avait eu une seule vérité cachée dans vos amas d'arguments qu'on ressasse depuis tant de siècles, on l'aurait découverte sans doute ; et l'univers
15 aurait été d'accord au moins sur ce point-là. Si cette vérité était nécessaire comme le soleil l'est à la terre, elle serait brillante comme lui. C'est une absurdité, c'est un outrage au genre humain, c'est un attentat contre l'Être infini et suprême de dire : il y a une vérité essentielle à l'homme, et Dieu l'a cachée. »

Tout ce que disait ce jeune ignorant instruit par la nature faisait une impres-
20 sion profonde sur l'esprit du vieux savant infortuné.

VOLTAIRE, *L'Ingénu*, chapitre XIV, 1767.

1. Membre d'un peuple indien d'Amérique du Nord.
2. Esprit.
3. Courant religieux ayant connu son essor au XVIIe siècle attaché à la défense d'une doctrine sévère et rigoureuse.

La sagesse du Huron

LECTURE

Le savoir du Sauvage

1 Lisez les articles « Ingénu » et « Préjugé » de l'*Encyclopédie* de Diderot et D'Alembert : http://www.atilf.fr/encyclopedie/
Quelles attitudes intellectuelles Voltaire oppose-t-il ?

2 Quelle leçon de sagesse le Sauvage donne-t-il dans cet extrait ? Justifiez votre propos.

Un dialogue argumentatif

3 Montrez que le discours du jeune Huron est persuasif. Classez vos éléments de réponse.

4 Renseignez-vous sur le genre du dialogue philosophique. Pourquoi cet échange entre l'Ingénu et Gordon reprend-il le procédé de la maïeutique[1] cher à Socrate ? De quelle vérité le texte accouche-t-il ?

1. Technique consistant à bien interroger une personne pour la faire « accoucher » de connaissances.

ÉCRITURE

Argumentation

« Candide », « L'Ingénu » : en quoi les personnages naïfs de Voltaire sont-ils particulièrement intéressants ?

15 Voltaire
Histoire d'un bon bramin, 1761

Texte intégral

Biographie
p. 671

Histoire littéraire
p. 546

Littérature
et société
p. 544

Repères historiques
p. 34

Le bon bramin est à la fois comblé par la fortune et tourmenté par le mystère de sa condition. Sa voisine, simplette, a trouvé la sérénité. Faut-il préférer la félicité à l'inquiétude philosophique ?

Je rencontrai dans mes voyages un vieux bramin[1], homme fort sage, plein d'esprit, et très savant ; de plus, il était riche, et, partant, il en était plus sage encore : car, ne manquant de rien, il n'avait besoin de tromper personne. Sa famille était très bien gouvernée par trois belles femmes qui s'étu-
5 diaient à lui plaire ; et, quand il ne s'amusait pas avec ses femmes, il s'occupait à philosopher.

Près de sa maison, qui était belle, ornée et accompagnée de jardins charmants, demeurait une vieille Indienne, bigote[2], imbécile, et assez pauvre.

Le bramin me dit un jour : « Je voudrais n'être jamais né. » Je lui demandai
10 pourquoi. Il me répondit : « J'étudie depuis quarante ans, ce sont quarante années de perdues : j'enseigne les autres, et j'ignore tout ; cet état porte dans mon âme tant d'humiliation et de dégoût que la vie m'est insupportable. Je suis né, je vis dans le temps, et je ne sais pas ce que c'est que le temps ; je me trouve dans un point entre deux éternités, comme disent nos sages, et je n'ai nulle idée
15 de l'éternité. Je suis composé de matière ; je pense, je n'ai jamais pu m'instruire de ce qui produit la pensée ; j'ignore si mon entendement est en moi une simple faculté, comme celle de marcher, de digérer, et si je pense avec ma tête comme je prends avec mes mains. Non seulement le principe de ma pensée m'est inconnu, mais le principe de mes mouvements m'est également caché : je ne
20 sais pourquoi j'existe. Cependant on me fait chaque jour des questions sur tous ces points ; il faut répondre ; je n'ai rien de bon à dire ; je parle beaucoup, et je demeure confus et honteux de moi-même après avoir parlé.

« C'est bien pis quand on me demande si Brama[3] a été produit par Vitsnou[3], ou s'ils sont tous deux éternels. Dieu m'est témoin que je n'en sais pas un mot,
25 et il y paraît bien à mes réponses. « Ah ! mon révérend père, me dit-on, apprenez-nous comment le mal inonde toute la terre. » Je suis aussi en peine que ceux qui me font cette question. Je leur dis quelquefois que tout est le mieux du monde ; mais ceux qui ont été ruinés et mutilés à la guerre n'en croient rien, ni moi non plus ; je me retire chez moi accablé de ma curiosité et de mon igno-
30 rance. Je lis nos anciens livres, et ils redoublent mes ténèbres. Je parle à mes compagnons : les uns me répondent qu'il faut jouir de la vie, et se moquer des hommes ; les autres croient savoir quelque chose, et se perdent dans des idées extravagantes ; tout augmente le sentiment douloureux que j'éprouve. Je suis prêt quelquefois de tomber dans le désespoir, quand je songe qu'après toutes
35 mes recherches je ne sais ni d'où je viens, ni ce que je suis, ni où j'irai, ni ce que je deviendrai. »

L'état de ce bon homme me fit une vraie peine : personne n'était ni plus raisonnable ni de meilleure foi que lui. Je conçus que, plus il avait de lumières dans son entendement et de sensibilité dans son cœur, plus il était
40 malheureux.

Je vis le même jour la vieille femme qui demeurait dans son voisinage : je lui demandai si elle avait jamais été affligée de ne savoir pas comment son âme était faite. Elle ne comprit seulement pas ma question : elle n'avait jamais

---

1. Brahmane (en français moderne) : prêtre, membre de la plus haute caste de la religion hindoue.
2. D'une piété ridicule (familier).
3. Divinités de la religion hindoue.

Thomas GAINSBOROUGH (1727-1788), *Conversation dans un parc*, 1745, huile sur toile, 73 × 68 cm (Musée du Louvre).

4. Fleuve sacré dans la religion hindoue.

réfléchi un seul moment de sa vie sur un seul des points qui tourmentaient le bramin ; elle croyait aux métamorphoses de Vitsnou de tout son cœur, et pourvu qu'elle pût avoir quelquefois de l'eau du Gange[4] pour se laver, elle se croyait la plus heureuse des femmes.

Frappé du bonheur de cette pauvre créature, je revins à mon philosophe, et je lui dis : « N'êtes-vous pas honteux d'être malheureux, dans le temps qu'à votre porte il y a un vieil automate qui ne pense à rien, et qui vit content ? – Vous avez raison, me répondit-il ; je me suis dit cent fois que je serais heureux si j'étais aussi sot que ma voisine, et cependant je ne voudrais pas d'un tel bonheur. »

Cette réponse de mon bramin me fit une plus grande impression que tout le reste ; je m'examinai moi-même, et je vis qu'en effet je n'aurais pas voulu être heureux à condition d'être imbécile.

Je proposai la chose à des philosophes, et ils furent de mon avis. « Il y a pourtant, disais-je, une furieuse contradiction dans cette façon de penser : car enfin de quoi s'agit-il ? D'être heureux. Qu'importe d'avoir de l'esprit ou d'être sot ? Il y a bien plus : ceux qui sont contents de leur être sont bien sûrs d'être contents ; ceux qui raisonnent ne sont pas si sûrs de bien raisonner. Il est donc clair, disais-je, qu'il faudrait choisir de n'avoir pas le sens commun, pour peu que ce sens commun contribue à notre mal-être. » Tout le monde fut de mon avis ; et cependant je ne trouvai personne qui voulût accepter le marché de devenir imbécile pour devenir content. De là je conclus que, si nous faisons cas du bonheur, nous faisons encore plus de cas de la raison.

Mais après y avoir réfléchi, il paraît que de préférer la raison à la félicité, c'est être très insensé. Comment donc cette contradiction peut-elle s'expliquer ? Comme toutes les autres. Il y a là de quoi parler beaucoup.

VOLTAIRE, *Histoire d'un bon bramin* (éd. Classiques Pocket, p. 133-135), 1761.

Être ou ne pas être heureux ?

LECTURE

1 Reconstituez le plan du conte. Quel rôle le narrateur y joue-t-il ? Qu'apportent les dialogues ?

2 D'où vient le mal-être du bramin ? Son tourment rejoint-il celui des philosophes des Lumières ? Expliquez.

3 Recensez les différentes voix entendues dans le conte. Quelle impression cette diversité donne-t-elle ?

4 L'étonnement du narrateur devant le refus de devenir bête afin d'être heureux est-il sincère ? Sur quel ton la fin du conte s'entend-elle ?

VERS LE BAC

Invention

Faites intervenir un personnage à la fin du conte. Rédigez son discours dans lequel il soutient que l'appétit de savoir est compatible avec le bonheur.

▶ Fiche 11 Comprendre un sujet d'écriture d'invention

La réception de l'œuvre

1. Échos dans les lettres et les Salons

Salonnière réputée pour sa conversation, Mme Du Deffand fut l'une des plus fidèles correspondantes de Voltaire.

Lettres de Madame la Marquise Du Deffand à M. de Voltaire
Paris, 28 octobre 1739

Votre parabole du Bramin est charmante, c'est le résultat de toute la philosophie. Je ne sais lequel je préférerais, d'être le Bramin, ou d'être la vieille Indienne. Est-ce que vous croyez que les capucins[1] et les religieuses n'aient pas de grands chagrins ? Ils ne s'embarrassent pas, si vous voulez, de ce que c'est que leur âme, mais leur âme les tourmente. Toutes les conditions, toutes les espèces me paraissent également malheureuses, depuis l'ange jusqu'à l'huître ; le fâcheux, c'est d'être né, et l'on peut pourtant dire de ce malheur-là que le remède est pire que le mal.

1. Moines.

Paris, 8 février 1766

J'ai trouvé la petite histoire du Bramin dans une maison ; vous l'avez envoyée ou donnée à d'autres qu'à moi. On m'a parlé aussi d'un dialogue d'un jésuite[1] et d'un bramin ; on m'a promis de me le faire avoir.

Je vous prie, monsieur, de m'accorder toute préférence ; je vous paraîtrai bien vaine, mais je ne puis m'empêcher de vous dire que je la mérite. Je suis accoutumée à votre ton, à votre style, et j'éprouve tous les jours que, quoique fort inférieure en lumière à ceux avec qui je raisonne, j'ai le goût plus sûr qu'eux.

1. Prêtre de la Compagnie de Jésus, expulsée de France en 1764.

Jean-Baptiste Siméon CHARDIN (1699-1779), *Femme occupée à cacheter une lettre*, vers 1732, huile sur toile, 81 × 64 cm (Potsdam, Allemagne).

2. Voltaire : le conte à sens unique ?

[Voltaire] est toujours enclin à simplifier et toujours dans le même sens : la saine raison, la raison pratique et éclairée qui commence à se constituer en son temps et sous son influence, devient l'unique critère du jugement. [...] Une telle attitude est étroitement liée à l'active et courageuse pensée qui anima les « philosophes » du XVIIIe siècle, qui entendaient libérer la société humaine de toutes les entraves qui s'opposaient au progrès. Ces entraves étaient manifestement constituées par des données religieuses, politiques et économiques qui s'étaient développées d'une manière irrationnelle et contraire au bon sens et qui avaient fini par former un écheveau[1] inextricable. Il paraissait nécessaire non pas de les comprendre et de les justifier, mais de les discréditer.

Voltaire arrange la réalité de manière qu'elle se prête à son dessein. Il est incontestable que la réalité quotidienne trouve place dans beaucoup de ses œuvres et qu'elle n'y manque ni de vie ni de couleur. Mais elle est incomplète, volontairement simplifiée et partant[2] ludiquement superficielle, en dépit du sérieux de l'intention didactique.

E. AUERBACH, *Mimésis*, 1946,
traduction Cornélius Heim, © Éditions Gallimard, 1968.

1. Fils repliés et assemblés. 2. Ainsi, donc.

---

1 LITTÉRATURE ET SOCIÉTÉ Comment les lettres de Mme Du Deffand nous renseignent-elles sur la diffusion des contes de Voltaire ? Embrasse-t-elle le rôle de lectrice que l'auteur du *Bon bramin* attendait ?

2 Selon E. Auerbach (texte 2), Voltaire simplifie la réalité pour mieux combattre ses adversaires. Pouvez-vous retrouver cette technique de combat dans les contes étudiés, ainsi que dans d'autres textes de la séquence ?

3 Lisez le début de la préface que Jean Goldzink a écrite pour *Zadig et autres Contes orientaux* (éd. Classiques Pocket, p. 5 à 18). Comment, dans les premières pages, le spécialiste accorde-t-il toute sa place au plaisir de la lecture ? Comment accroît-il ce plaisir par son travail d'histoire littéraire ?

ÉDUCATION AUX MÉDIAS

Composez un argumentaire en faveur de la lecture de l'un des contes de votre choix. Mettez-le en forme d'abord à la manière d'une lettre du XVIIIe siècle. Puis rédigez-le à la manière d'un article critique actuel.

16 Condorcet
Réflexions sur l'esclavage des nègres, 1781

Il est d'usage de placer son œuvre sous la protection d'un grand. Or ici, les réflexions de Condorcet s'ouvrent sur une dédicace à des dominés. Cette épître fait appel aux émotions et aux sentiments. L'auteur s'adresse donc directement aux esclaves, en tant qu'hommes et non en tant que marchandises.

Biographie p. 671
Histoire littéraire p. 546
Littérature et société p. 544
Repères historiques p. 34

1   Mes amis,
Quoique que je ne sois pas de la même couleur que vous, je vous ai toujours regardés comme mes frères. La nature vous a formés pour avoir le même esprit, la même raison, les mêmes vertus que les Blancs. Je ne parle ici que de ceux d'Europe ;
5   car pour les Blancs des colonies, je ne vous fais pas l'injure de les comparer à vous ; je sais combien de fois votre fidélité, votre probité[1], votre courage ont fait rougir vos maîtres. Si on allait chercher un homme dans les îles de l'Amérique, ce ne serait point parmi les gens de chair blanche qu'on le trouverait.
   Votre suffrage[2] ne procure point de places dans les colonies ; votre protection
10 ne fait point obtenir de pensions ; vous n'avez pas de quoi soudoyer[3] les avocats :

1. Honnêteté.
2. Soutien.
3. Séduire en versant de l'argent.

Diego RIVERA (1886-1957), *Esclaves indiens dans une plantation de canne à sucre*, 1930-1931, fresque du palais Cortes (Cuernavaca, Mexique).

il n'est donc pas étonnant que vos maîtres trouvent plus de gens qui se déshonorent en défendant leur cause, que vous n'en avez trouvé qui se soient honorés en défendant la vôtre. Il y a même des pays où ceux qui voudraient écrire en votre faveur n'en auraient point la liberté.

15 Tous ceux qui se sont enrichis dans les îles aux dépens de vos travaux et de vos souffrances, ont, à leur retour, le droit de vous insulter dans des libelles[4] calomnieux ; mais il n'est point permis de leur répondre.

Telle est l'idée que vos maîtres ont de la bonté de leurs droits ; telle est la conscience qu'ils ont de leur humanité à votre égard. Mais cette injustice n'a pas 20 été pour moi qu'une raison de plus pour prendre, dans un pays libre, la défense de la liberté des hommes.

Je sais que vous ne connaîtrez jamais cet ouvrage, et que la douceur d'être béni par vous me sera toujours refusée. Mais j'aurai satisfait mon cœur déchiré par le spectacle de vos maux, soulevé par l'insolence absurde des sophismes[5] de 25 vos tyrans. Je n'emploierai point l'éloquence, mais la raison ; je parlerai, non des intérêts du commerce, mais des lois de la justice.

Vos tyrans me reprocheront de ne dire que des choses communes, et de n'avoir que des idées chimériques : en effet, rien n'est plus commun que les maximes[6] de l'humanité et la justice ; rien n'est plus chimérique que de proposer aux hommes 30 d'y conformer leur conduite.

Jean Antoine Nicolas CARITAT DE CONDORCET,
Réflexions sur l'esclavage des nègres, 1781.

4. Courts écrits diffamatoires (qui visent à déshonorer), pamphlets.
5. Argumentations qui ne sont logiques qu'en apparence, raisonnements faux.
6. Préceptes moraux, règles de conduite.

L'éloquence contre l'esclavage

LECTURE

Une dédicace aux opprimés

1 À quels détails voit-on que le texte est une lettre ? À qui est-elle adressée officiellement ? Quel public plus large en est aussi le destinataire ? Appuyez-vous sur des citations que vous commenterez.

2 Relevez le champ lexical de la vertu et des sentiments, les connotations méliratives et péjoratives. Quelle image l'auteur donne-t-il de son destinataire explicite, et de lui-même ?

Une situation injuste

3 Faites le plan détaillé de l'épître ; donnez un titre à chacun de ses paragraphes. Quelle thèse Condorcet défend-il ?

4 Quelle est la situation des esclaves noirs ? Relevez précisément les oppositions, les concessions, puis les formes négatives.

5 À l'aide d'exemples précis, indiquez le registre dominant. Quelle en est l'efficacité ?

Identité et altérité

6 Pourquoi l'auteur se sent-il proche des esclaves ? Repérez les répétitions et les anaphores du premier paragraphe : quelle est leur fonction ?

7 De qui l'auteur veut-il être moralement différent ? Pourquoi ?

8 RECHERCHE Quel sens l'adjectif « chimérique » prend-il tour à tour, aux lignes 28 et 29 ? Proposez un synonyme pour chaque acception.

HISTOIRE DES ARTS

Observez les lignes du tableau : quelles différentes idées expriment-elles ? D'où vient la force de l'image ?

VERS LE BAC

Commentaire

Rédigez un commentaire du texte. Vous commencerez par montrer comment la « raison » guide Condorcet dans son argumentation, puis vous soulignerez l'efficacité de sa lettre sur le cœur et l'imagination de ses lecteurs.

▶ Fiche 13 **Comprendre un sujet de commentaire**

17 Mirabeau
« *Premier discours sur la déclaration des droits de l'homme* », 17 août 1789

Biographie p. 671
Histoire littéraire p. 546
Littérature et société p. 544
Repères historiques p. 34

Devant l'Assemblée constituante, Mirabeau va lire un projet de Déclaration visant à « rétablir [...] les droits naturels, inaliénables, imprescriptibles et sacrés de l'homme ». Avant de lire ce projet, Mirabeau le défend ainsi :

Messieurs, la Déclaration des droits de l'homme en société n'est sans doute qu'une exposition de quelques principes généraux applicables à toutes les associations politiques et à toutes les formes de gouvernement.

Sous ce point de vue, on croirait un travail de cette nature très simple et peu susceptible de connaître des contestations et des doutes.

Mais le comité que vous avez nommé pour s'en occuper s'est bientôt aperçu qu'un tel exposé, lorsqu'on le destine à un corps politique, vieux et presque caduc[1], est nécessairement subordonné à beaucoup de circonstances locales, et ne peut jamais atteindre qu'à une perfection relative. Sous ce rapport, une déclaration de droits est un ouvrage difficile.

Il l'est davantage, lorsqu'il doit servir de préambule à une Constitution qui n'est pas connue.

Il l'est enfin, lorsqu'il s'agit de le composer en trois jours, d'après vingt projets de déclarations qui, dignes d'estime chacun en leur genre, mais conçus sur des plans divers, n'en sont que plus difficiles à fondre ensemble, pour en extraire un résultat utile à la masse générale d'un peuple préparé à la liberté par l'impression des faits, et non par les raisonnements.

Cependant, Messieurs, il a fallu vous obéir ; heureusement nous étions éclairés par les réflexions de cette Assemblée sur l'esprit d'un tel travail. Nous avons

1. Périmé.

Lexique : Les lumières de la raison

• **Lumières :** au sens métaphorique, clarté donnée par l'exercice de la raison. Au sens métonymique, les « Lumières » désignent le mouvement d'émancipation de la raison, animé par les philosophes.

• **Vertus :** qualités morales obtenues à force d'habitude.

Alexandre Évariste FRAGONARD (1780-1850), *Mirabeau devant Dreux-Brézé*, vers 1830, peinture à l'huile, toile, 71 × 104 cm (Musée du Louvre, Paris).

| Antiquité | Moyen Âge | XVIᵉ | XVIIᵉ | **XVIIIᵉ** | XIXᵉ | XXᵉ | XXIᵉ |

Lexique :
Les lumières de la raison

- **Éclairer** : aider à comprendre, clarifier les idées.
- **Doctrine** : système d'idées fondant une pensée ou une croyance, que leurs adhérents sont censés respecter.
- **Entendre** : comprendre. *Entendement* conserve ce sens d'« intelligence, raison ».
- **Intelligible** : compréhensible
- **Axiome** : principe de base sur lequel on fonde un raisonnement.

20 cherché cette forme populaire qui rappelle au peuple, non ce qu'on a étudié dans les livres ou dans les méditations abstraites, mais ce qu'il a lui-même éprouvé ; en sorte que la Déclaration des droits, dont une association politique ne doit jamais s'écarter, soit plutôt le langage qu'il tiendrait s'il avait l'habitude d'exprimer ses idées, qu'une science qu'on se propose de lui enseigner.

25 Cette différence, Messieurs, est capitale ; et comme la liberté ne fut jamais le fruit d'une doctrine travaillée en déductions philosophiques, mais de l'expérience de tous les jours et de raisonnements simples que les faits excitent[2], il s'ensuit que nous serons mieux entendus[3] à proportion que nous nous rapprocherons davantage de ces raisonnements. S'il faut employer des termes abstraits, nous les rendrons
30 intelligibles, en les liant à tout ce qui peut rappeler les sensations qui ont servi à faire éclore la liberté, et en écartant, autant qu'il est possible, tout ce qui se présente sous l'appareil de l'innovation.

C'est ainsi que les Américains ont fait leurs déclarations de droits[4], ils en ont, à dessein, écarté la science ; ils ont présenté les vérités politiques qu'il s'agissait
35 de fixer, sous une forme qui pût devenir facilement celle du peuple, à qui seul la liberté importe, et qui seul peut la maintenir.

Mais, en nous rapprochant de cette méthode, nous avons éprouvé une grande difficulté, celle de distinguer ce qui appartient à la nature de l'homme des modifications qu'il a reçues dans telle ou telle société ; d'énoncer tous les principes de
40 la liberté, sans entrer dans les détails, et sans prendre la forme des lois ; de ne pas s'abandonner au ressentiment[5] des abus du despotisme, jusqu'à faire moins une déclaration des droits de l'homme qu'une déclaration de guerre aux tyrans.

Une déclaration des droits, si elle pouvait répondre à une perfection idéale, serait celle qui contiendrait des axiomes tellement simples, évidents et féconds
45 en conséquences, qu'il serait impossible de s'en écarter sans être absurde, et qu'on verrait sortir toutes les constitutions.

Mais les hommes et les circonstances n'y sont point assez préparés dans cet empire et nous ne vous offrons qu'un très faible essai que vous améliorerez sans doute, mais sans oublier que le véritable courage de la sagesse consiste à garder,
50 dans le bien même, un juste milieu.

MIRABEAU, « Premier discours sur la déclaration des droits de l'homme », 17 août 1789.

2. Suscitent.
3. Compris.
4. Déclaration d'une nation alors toute récente et populaire en France, elle date de 1776.
5. Rancune.

Défendre un projet politique

LECTURE

Un discours rigoureux

1 Quels obstacles la réalité oppose-t-elle au projet du comité et aux principes (paragraphes 2, 3, 4, 9 et 11) ?

La fiabilité d'un représentant du peuple

2 Quels sentiments l'auditoire peut-il éprouver envers le comité en entendant l'énumération de ses difficultés ? Expliquez.

3 Comment Mirabeau présente-t-il l'action de son comité populaire ? Observez les pronoms personnels et le type de verbes utilisés. Comment le style exalte-t-il sa détermination ?

4 Quel rôle l'exemple des Américains joue-t-il dans le discours ?

ÉCRITURE

Argumentation

Victor Hugo écrit de Mirabeau : « Tout en lui était puissant. Son geste brusque et saccadé était plein d'empire. À la tribune, il avait un colossal mouvement d'épaules comme l'éléphant qui porte sa tour armée en guerre. Lui, il portait sa pensée. Sa voix, lors même qu'il ne jetait qu'un mot de son banc, avait un accent formidable et révolutionnaire qu'on démêlait dans l'assemblée comme le rugissement du lion dans la ménagerie. »

L'action rhétorique concerne la voix et les gestes : justifiez l'importance de cette compétence pour un orateur.

16. XIXᵉ-XXᵉ siècle : S'engager pour l'humanité

La découverte de l'inhumain marque les écrivains du XIXᵉ au XXIᵉ siècle. Il s'agit pour eux de redonner un visage à l'Homme à travers ses droits et sa dignité. La parole de l'intellectuel porte ce débat au niveau de la société. L'écriture a ce pouvoir de rendre compte d'expériences personnelles de perte et de reconquête de l'Humanité.

Littérature et société
Le monde moderne face aux crimes contre l'Homme 576

Histoire littéraire
Les figures de l'engagement 578

Histoire des arts
P. Gauguin, *D'où venons-nous ? Que sommes-nous ? Où allons-nous ?*, 1897 580

🎭 Discours et lettres
1. É. Zola, *Lettre à la jeunesse*, 1897 582
2. É. Zola, « J'accuse ! », article paru dans *L'Aurore*, 1898 584
3. R. Badinter, *Discours à l'Assemblée nationale*, 1981 586
4. A. Césaire, *Discours sur la négritude*, 1987 588

🎭 Essai
5. S. de Beauvoir, *Le Deuxième Sexe*, 1949 590
6. Cl. Lévi-Strauss, *Tristes tropiques*, 1955 592

🎭 Autobiographie
7. P. Nizan, *Aden Arabie*, 1931 594
8. A. de Saint-Exupéry, *Terre des hommes*, 1939 596
9. P. Levi, *Si c'est un homme*, 1947 598
10. R. Antelme, *L'Espèce humaine*, 1947 600
11. J. Semprun, *L'Écriture ou la vie*, 1994 602

🎭 Roman
12. V. Hugo, *L'Homme qui rit*, 1869 604
13. M. Tournier, *Vendredi ou les limbes du Pacifique*, 1967 606
14. A. Camus, *La Peste*, 1947 **Œuvre intégrale** 608

🎭 Théâtre
15. J.-P. Sartre, *Les Mains sales*, 1948 612
16. A. Camus, *Les Justes*, 1949 614
17. E. Ionesco, *Rhinocéros*, 1960 616

🎭 Poésie
18. P. Claudel, « Les Jardins », *Connaissance de l'Est*, 1900 et 1907 618

Histoire littéraire
Les discours des voyageurs 620

Histoire littéraire
Les figures de l'engagement

Qu'est-ce que l'engagement ?

Depuis l'Antiquité, beaucoup d'hommes de lettres ont conseillé des dirigeants, résisté, ou rappelé que la condition de l'homme nécessite que l'on prenne fait et cause pour elle.
La formation du mot « engagement » l'indique : il s'agit d'une « mise en gage » de la vie au service des idées. L'histoire de l'engagement est rythmée par de grandes figures qui voulu **agir par la parole** ou « prendre leur plume pour une épée » (Sartre).

Brève histoire de l'engagement

Max ERNST, *Au rendez-vous des amis*, 1922 (portraits des écrivains et des artistes), 130 × 193 cm (Museum Ludwig, Cologne).

Les Lumières restent fondatrices, avec notamment la naissance de l'opinion publique et l'entreprise de l'*Encyclopédie*, la figure de Voltaire.
Après les bouleversements politiques, moraux, religieux de la Révolution, certains écrivains romantiques investissent le poète d'une mission de guide de l'humanité. Ainsi, Lamartine ou Chateaubriand se sentent aptes à occuper la place autrefois dévolue aux **prophètes** ou aux **prêtres**. Victor Hugo, dans ses engagements au service des « misérables » ou contre la peine de mort, en est la principale figure.

L'**affaire Dreyfus** modèle pour la modernité **la figure de l'« intellectuel »**. Ce terme surgit dans le débat, sous la plume de Clemenceau, puis dans les articles de l'antidreyfusard Barrès. Le mot n'est pas nouveau, mais son emploi fréquent renvoie désormais à une catégorie d'auteurs qui fondent leur action politique sur leurs compétences. Ils peuvent aussi écrire des romans à thèse, nationalistes ou progressistes, ou encore des pièces de théâtre.

Une du Journal *L'Aurore* du 13 janvier 1898.

→ **Ex** : *Voyant l'inefficacité des démonstrations de l'innocence de Dreyfus, Zola se tourne vers l'opinion publique dans une lettre à la jeunesse publiée en 1897.*

Après les horreurs de la Première Guerre mondiale, écrivains et peintres s'interrogent sur l'impuissance des valeurs de lumières et de raison. **Henri Barbusse** dénonce le « feu » de la guerre, tandis que **Louis-Ferdinand Céline** bouleversera l'écriture romanesque en évoquant l'absurdité de la guerre dans *Voyage au bout de la nuit* (1932).

Entre 1916 et les années 1930, **Dada puis le mouvement surréaliste** mettent en cause conventions et contraintes idéologiques, artistiques et politiques. Le poète surréaliste promeut alors une pensée et un mode de vie alternatifs, libérant l'imagination, écoutant ses rêves. Mais faut-il concevoir l'art par analogie avec la révolution politique ? Divisés sur leur mission, beaucoup de surréalistes rompent avec la ligne du mouvement, dirigé par André Breton. Louis Aragon opte pour le communisme.
Max Ernst peint une partie du groupe des surréalistes (parmi lesquels Breton, Aragon et Éluard) en 1922.

André Gide se prononce pour le communisme, avant d'adopter un point de vue critique sur le soviétisme à son retour d'URSS en 1935. Un « comité de vigilance » lutte contre les fascismes allemand ou italien, rapprochant les communistes et leurs compagnons de route. *L'Espoir* d'**André Malraux** est une épopée des républicains espagnols qu'il a soutenus sur le front. Le nationalisme, qui exalte les valeurs traditionnelles de la nation avec xénophobie, s'exprime dans *L'Action française*, de Charles Maurras. Pourtant, le monarchiste Bernanos est révolté par le franquisme (*Les Grands Cimetières sous la lune*, 1938). Les clans se dessinent donc dans une forte complexité.

Mal de vivre et sentiment de l'absurde s'expriment dans des romans sur la liberté et le destin : *La Nausée* (Sartre, 1938), *La Condition humaine* (Malraux, 1936).

Sous l'Occupation, certains écrivains **entrent en résistance**. Après la rupture du Pacte germano-soviétique (1941), les auteurs communistes publient dans la clandestinité. **Louis Aragon** retrouve des rythmes plus traditionnels et populaires dans *La Diane française* (1942). **René Char** rendra compte du maquis dans ses recueils comme *Fureur et mystère* (1946). Les Éditions de Minuit publient clandestinement Vercors. Certains exilés, comme **Bernanos**, tentent de parler malgré tout aux Français.

Frontispice de Fernand LÉGER, pour P. ÉLUARD, « Liberté », *Poésie et vérité*, 1942, éditions clandestines de Minuit.

En 1945, les conflits entre collaborateurs et résistants divisent profondément le monde des lettres : l'exécution de Robert Brasillach suscite des réserves parmi des auteurs qui n'ont guère pactisé avec l'ennemi, comme François Mauriac, mais jugent cette condamnation trop radicale.

L'engagement se polarise ensuite fortement autour de la figure de **Jean-Paul Sartre**. Pour lui, la littérature engagée doit **transformer le monde par ses mots**. Il explique cependant que toutes les formes littéraires n'y sont guère aptes : la poésie qui cultive les mots pour eux-mêmes semble échapper à cette fonction.

L'**existentialisme** cerne la « situation » de l'homme, embarqué dans un monde où il n'a pas choisi de naître, mais où il doit prendre ses responsabilités. D'où un théâtre de « situation » comme *Les Mains sales* ou *Huis clos*.

Des femmes s'engagent, comme Simone de Beauvoir qui réfléchit aux contraintes qui ont modelé la condition féminine dans son célèbre essai *Le Deuxième Sexe* (1949).

Albert Camus pointe les risques d'un engagement qui serait un embrigadement. Son roman *La Peste* (1947) met plusieurs personnages aux prises avec un mal semblable aux idéologies déchaînées et aux totalitarismes. Le communisme, représenté par Louis Aragon, reste très influent. Certains auteurs refusent cette polarisation à gauche. Après avoir fait la guerre dans la Résistance, André Malraux accompagne le général de Gaulle, dont il devient ministre de la Culture. Quelques autres résistants essaient de rester humanistes, sans se ranger explicitement dans un clan, comme le chrétien Emmanuel Mounier qui dirige la revue *Esprit*. D'autres refusent les pressions de l'engagement : on les nommera les « hussards », comme Nimier.

Les troubles de la décolonisation et le drame de la guerre d'Algérie voient aussi des prises de position contre la torture.

Les révoltes à l'Est et la fin de la division en blocs idéologiques semblent avoir périmé la notion d'engagement ; le soulèvement de Mai 1968 n'est pas d'abord une révolution intellectuelle.

Limites de la problématique de l'engagement

Si la figure de l'intellectuel engagé paraît essentielle dans le champ littéraire, on ne peut y réduire l'écrivain moderne. Toute littérature peut-elle se mettre au service d'une cause ? La littérature peut-elle par ses propres moyens susciter des prises de conscience, sans être immédiatement politisée ?

Les écrivains ont apporté plusieurs réponses concrètes et théoriques à ce débat. La **collaboration régulière à des journaux** permet de s'adresser à un large public. Le risque est d'inscrire la parole dans le provisoire et de la réduire à des circonstances.

Pour autant, les écrivains engagés ne renoncent pas. En témoigne la vitalité des genres comme le **drame** ou la **tragédie**, les **recueils poétiques**, qui ont donné lieu à des chansons.

Les imprévus de la fiction romanesque, les rythmes et les images poétiques, l'émotion théâtrale ouvrent surtout vers des questions, un imaginaire et une sensibilité qu'aucune idéologie ne saurait épuiser.

HISTOIRE DES ARTS

Paul Gauguin, *D'où venons-nous ? Que sommes-nous ? Où allons-nous ?*, 1897

Contexte artistique et historique

L'EXOTISME

Un grand nombre de toiles peintes par Paul Gauguin (1848-1903) représentent l'homme au sein de la nature polynésienne. Curieux de découvrir la culture maorie, l'artiste effectue plusieurs séjours en Nouvelle-Calédonie entre 1891 et 1903. Il rêve alors de se « débarrasser de l'influence de la civilisation » pour rencontrer une **humanité idéale**, qu'il suppose demeurée à l'état « sauvage ».

À la fin de sa vie, miné par la maladie, Gauguin livre son **« testament » pictural** avant de se laisser mourir. L'énigmatique fresque intitulée *D'où venons-nous ? Que sommes-nous ? Où allons-nous ?* (1897) en est la pierre angulaire. Cette toile aux dimensions impressionnantes – 3,74 mètres de long – appartient à une série de frises primitives. Gauguin y peint la réalité mais privilégie sa dimension originelle et exotique.

La notion d'**exotisme** est théorisée au début du XXᵉ siècle par le poète breton Victor Segalen qui voit en Gauguin le pionnier de cette esthétique. Dans son *Essai sur l'exotisme*, Segalen la définit comme la capacité d'un individu à se laisser surprendre par « ce qui est en dehors de lui », contraire à ses habitudes.

Ce tableau est l'illustration de ce parti pris. Le spectateur identifie les différents âges de la vie dans un univers **dépaysant** et chatoyant. Interpellé par le **regard captivant** des femmes assises au premier plan, il pénètre au cœur de ce milieu pour mieux s'interroger sur lui-même et sur sa destinée.

Antiquité | Moyen Âge | XVIe | **XVIIe** | XVIIIe | XIXe | XXe | XXIe

La couleur

Les peintres de la fin du XIXe siècle ne cherchent plus à représenter fidèlement les couleurs de la réalité. En employant des palettes expressives et contrastées, ils créent des tableaux où se répondent des aplats aux tons différents. Paul Gauguin inaugure cette esthétique reprise ensuite par les artistes du fauvisme au début du XXe siècle (André Derain, Maurice de Vlaminck).

Paul GAUGUIN (1848-1903), *D'où venons-nous ? Que sommes-nous ? Où allons-nous ?*, 1897, huile sur toile, 139 × 374 cm (Museum of Fine Arts, Boston).

Au miroir de l'autre

LECTURE DE L'IMAGE

Les âges de la vie

1 Observez la toile de droite à gauche. Pourquoi ce tableau est-il une réflexion sur la destinée humaine ?

2 Réfléchissez au titre du tableau. En quoi la toile illustre-t-elle ce questionnement ?

3 Comment interpréter les contrastes de couleurs ? Appuyez-vous sur le titre de l'œuvre.

L'homme naturel

4 Quelle relation l'Homme « primitif » et la nature entretiennent-ils dans cette toile ? Comment un Occidental est-il supposé réagir ?

5 @RECHERCHE En quoi ce tableau ressemble-t-il au « jardin d'Éden » ? Vous répondrez après avoir lu le passage de la *Genèse* décrivant ce jardin.

6 Gauguin entretient-il ou non le mythe du « bon sauvage » à travers cette toile ?

ÉCRITURE

Vers la dissertation

Ce tableau invite-t-il à s'ouvrir aux autres cultures ? Vous répondrez dans un paragraphe argumenté.

Vers l'invention

Vous êtes commissaire d'une exposition intitulée « états de nature ». Imaginez le discours que vous tiendriez au vernissage pour présenter des œuvres peignant l'exotisme. Votre écrit s'appuiera sur des arguments précis et mentionnera des tableaux de Gauguin, Derain ou Vlaminck.

16 XIXe-XXe siècle : S'engager pour l'humanité

DISCOURS ET LETTRES

1 Émile Zola
Lettre à la jeunesse, 1897

Biographie p. 671

Histoire littéraire p. 578

Littérature et société p. 576

Repères historiques p. 34

1. Bases.
2. Justice, respect absolu de ce qui revient à chacun.
3. Gardien de bagnards (très péjoratif).

Cette lettre paraît en brochure le 14 décembre 1897. Devant l'inefficacité des preuves de l'innocence de Dreyfus, Zola se tourne vers l'opinion publique, notamment vers la jeunesse.

Ô jeunesse, jeunesse ! Je t'en supplie, songe à la grande besogne qui t'attend. Tu es l'ouvrière future, tu vas jeter les assises[1] de ce siècle prochain, qui, nous en avons la foi profonde, résoudra les problèmes de vérité et d'équité[2] posés par le siècle finissant. Nous, les vieux, les aînés, nous te laissons le formidable amas de notre enquête, beaucoup de contradictions et d'obscurités peut-être, mais à coup sûr l'effort le plus passionné que jamais siècle ait fait vers la lumière, les documents les plus honnêtes et les plus solides et les fondements mêmes de ce vaste édifice de la science que tu dois continuer à bâtir pour ton honneur et pour ton bonheur.

Et nous ne te demandons que d'être encore plus généreuse, plus libre d'esprit, de nous dépasser par ton amour de la vie normalement vécue, par ton effort mis entier dans le travail, cette fécondité des hommes et de la terre qui saura bien faire enfin pousser la débordante moisson de joie, sous l'éclatant soleil. Et nous te céderons fraternellement la place, heureux de disparaître et de nous reposer de notre part de tâche accomplie, dans le bon sommeil de la mort, si nous savons que tu nous continues et que tu réalises nos rêves.

Jeunesse, jeunesse ! Souviens-toi des souffrances que tes pères ont endurées, des terribles batailles où ils ont dû vaincre, pour conquérir la liberté dont tu jouis à cette heure. Si tu te sens indépendante, si tu peux aller et venir à ton gré, dire dans la presse ce que tu penses, avoir une opinion et l'exprimer publiquement, c'est que tes pères ont donné de leur intelligence et de leur sang. Tu n'es pas née sous la tyrannie, tu ignores ce que c'est que de se réveiller chaque matin avec la botte d'un maître sur la poitrine, tu ne t'es pas battue pour échapper au sabre du dictateur, aux poids faux du mauvais juge. Remercie tes pères, et ne commets pas le crime d'acclamer le mensonge, de faire campagne avec la force brutale, l'intolérance des fanatiques et la voracité des ambitieux. La dictature est au bout.

Félix VALLOTTON (1865-1925), *Le Cri de Paris*, n° 52, 23 janvier 1898.

LEXIQUE :
Le vocabulaire de l'engagement

• **Dictature** : régime où un seul homme use du pouvoir sans rendre de comptes.

• **Justice** : dans le contexte du dreyfusisme, ce terme désigne particulièrement le strict respect des procédures judiciaires.

• **Liberté** : capacité à disposer de soi et de son destin. Zola lie ce terme à l'avènement du régime républicain.

• **Tyrannie** : (péjoratif) pouvoir arbitraire et oppressif. Zola fait allusion aux régimes du passé, mais aussi au Second Empire que les républicains ont combattu.

---

35 Jeunesse, jeunesse ! Sois toujours avec la justice. [...]
Jeunesse, jeunesse ! Sois humaine, sois généreuse. Si même nous nous trompons, sois avec nous, lorsque nous disons qu'un innocent subit une peine incroyable et que notre cœur révolté s'en brise d'angoisse. Que l'on admette un seul instant l'erreur possible, en face d'un châtiment à ce point démesuré, et la
40 poitrine se serre, les larmes coulent des yeux. Certes, les gardes-chiourme[3] restent insensibles, mais toi, toi qui pleures encore, qui dois être acquise à toutes les misères, à toutes les pitiés ! Comment ne fais-tu pas ce rêve chevaleresque, s'il est quelque part un martyr succombant sous la haine, de défendre sa cause et de le délivrer ?
45 Qui donc, si ce n'est toi, tentera la sublime aventure, se lancera dans une cause dangereuse et superbe, tiendra tête à un peuple, au nom de l'idéale justice ? Et n'es-tu pas honteuse, enfin, que ce soient des aînés, des vieux qui se passionnent, qui fassent aujourd'hui ta besogne de généreuse folie ?
Où allez-vous, jeunes gens, où allez-vous, étudiants, qui battez les rues, mani-
45 festant, jetant au milieu de nos discordes la bravoure et l'espoir de nos vingt ans ?
« Nous allons à l'humanité, à la vérité, à la justice ! »

É. ZOLA, *Lettre à la jeunesse*, 1897.

Alerter l'opinion publique

LECTURE

« Tu es l'ouvrière future... »

1 Par quelles expressions Zola désigne-t-il ses destinataires ? Sur quel ton s'adresse-t-il à eux ?

2 Quelles qualités Zola associe-t-il à la jeunesse ? À travers quel lexique et quelles connotations sont-elles mises en valeur ? Dans quel but ?

3 Faites le plan de cet extrait : quelles missions l'auteur confie-t-il à la jeunesse ? Qu'apportent la métaphore de la construction et celle de la croissance végétale (l. 1 à 17) ?

Un enseignement passionné

4 Zola oppose-t-il vraiment deux générations ? À qui ou à quoi oppose-t-il plutôt la jeunesse ? Justifiez votre réponse.

5 Quel rôle jouent les phrases interrogatives dans l'argumentation ?

6 Quel registre Zola exploite-t-il pour toucher ses lecteurs ?

Valeurs républicaines et rôle des journaux

7 Qui le pronom « nous » désigne-t-il ? Pourquoi Zola l'emploie-t-il ?

8 Qui prononce la dernière phrase du texte ? Pourquoi cette conclusion est-elle frappante ?

VERS LE BAC

Commentaire

Rédigez une partie du commentaire de ce texte, en montrant comment Zola s'attache à emporter l'adhésion de son public (jeune et moins jeune).
▶ Fiche 13 Comprendre un sujet de commentaire

Invention

Rédigez un éditorial visant à gagner les lecteurs à une cause qui vous tient à cœur. Vous respecterez la forme et l'écriture journalistique, et donnerez à votre texte une ampleur rhétorique, en réinvestissant les éléments étudiés dans le corpus.
▶ Fiche 11 Comprendre un sujet d'écriture d'invention

ÉDUCATION AUX MÉDIAS

1 Préparez un exposé présentant le rôle des journaux, pendant l'affaire Dreyfus, et notamment de *L'Aurore* où Zola publia « J'accuse ! ».

2 Quelle est la fonction du journalisme d'opinion par rapport à un journalisme d'information ? Cherchez des exemples.

3 Ce journalisme vous paraît-il utile ou dangereux ? Vous préparerez un débat en construisant des argumentaires en groupe.

Émile Zola
« J'accuse ! », article paru dans L'Aurore, 1898

En 1894, le capitaine Alfred Dreyfus est accusé d'avoir livré des secrets aux Allemands, et condamné au bagne à l'issue d'une procédure judiciaire défectueuse et violente. Or il est juif, et l'antisémitisme se déchaîne contre lui dans des campagnes de presse passionnelles. Avec d'autres « dreyfusards », Zola s'engage. Il publie en 1898 cette lettre dans L'Aurore, le quotidien de Clemenceau qui lui trouve le titre de « J'accuse ! » Voici la série finale des accusations qui clôt la lettre.

Mais cette lettre est longue, monsieur le Président, et il est temps de conclure.

J'accuse le lieutenant-colonel du Paty de Clam d'avoir été l'ouvrier diabolique de l'erreur judiciaire, en inconscient, je veux le croire, et d'avoir ensuite défendu son œuvre néfaste, depuis trois ans, par les machinations les plus saugrenues et les plus coupables.

J'accuse le général Mercier de s'être rendu complice, tout au moins par faiblesse d'esprit, d'une des plus grandes iniquités du siècle.

J'accuse le général Billot d'avoir eu entre les mains les preuves certaines de l'innocence de Dreyfus et de les avoir étouffées, de s'être rendu coupable de ce crime de lèse-humanité et de lèse-justice, dans un but politique et pour sauver l'État-major compromis.

J'accuse le général de Boisdeffre et le général Gonse de s'être rendus complices du même crime, l'un sans doute par passion cléricale, l'autre peut-être par cet esprit de corps qui fait des bureaux de la guerre l'arche sainte, inattaquable.

J'accuse le général de Pellieux et le commandant Ravary d'avoir fait une enquête scélérate, j'entends par là une enquête de la plus monstrueuse partialité, dont nous avons, dans le rapport du second, un impérissable monument de naïve audace.

J'accuse les trois experts en écritures, les sieurs Belhomme, Varinard et Couard, d'avoir fait des rapports mensongers et frauduleux, à moins qu'un examen médical ne les déclare atteints d'une maladie de la vue et du jugement.

J'accuse les bureaux de la guerre d'avoir mené dans la presse, particulièrement dans *L'Éclair* et dans *L'Écho de Paris*, une campagne abominable, pour égarer l'opinion et couvrir leur faute.

J'accuse enfin le premier conseil de guerre d'avoir violé le droit, en condamnant un accusé sur une pièce restée secrète, et j'accuse le second conseil de guerre d'avoir couvert cette illégalité, par ordre, en commettant à son tour le crime juridique d'acquitter sciemment un coupable.

En portant ces accusations, je n'ignore pas que je me mets sous le coup des articles 30 et 31 de la loi sur la presse du 29 juillet 1881, qui punit les délits de diffamation. Et c'est volontairement que je m'expose.

Quant aux gens que j'accuse, je ne les connais pas, je ne les ai jamais vus, je n'ai contre eux ni rancune ni haine. Ils ne sont pour moi que des entités, des esprits de malfaisance sociale. Et l'acte que j'accomplis ici n'est qu'un moyen révolutionnaire pour hâter l'explosion de la vérité et de la justice.

Je n'ai qu'une passion, celle de la lumière, au nom de l'humanité qui a tant souffert et qui a droit au bonheur.
40 Ma protestation enflammée n'est que le cri de mon âme. Qu'on ose donc me traduire en cour d'assises et que l'enquête ait lieu au grand jour ! J'attends.
Veuillez agréer, monsieur le 45 Président, l'assurance de mon profond respect.

É. ZOLA, « J'accuse ! », article paru dans *L'Aurore*, 1898.

La dégradation de Dreyfus, le *Petit Journal* du 10 janvier 1895.

Une lettre ouverte

LECTURE

L'auteur et ses destinataires

1 Rappelez quels sont les différents destinataires de cette lettre, puis montrez comment Zola les prend à partie ou à témoin.

2 Quelle image de lui-même Zola construit-il dans sa lettre ? Fondez votre réponse sur des extraits commentés.

Polémique : une passion pour la raison

3 Quelle image est donnée des adversaires, et sur quel ton ? Zola recourt-il à l'insulte personnelle ? Sa colère relève-t-elle de la haine ?

4 Quelle est la thèse de Zola ? Faites le plan de cette fin de lettre, en dégageant les principaux griefs qui y sont rappelés.

5 Sur quelles valeurs fonde-t-il explicitement son argumentation ?

L'engagement en faveur de la justice

6 Comment les rythmes récurrents et les répétitions marquent-ils l'élan oratoire ? Quel en est l'effet ?

7 Quels termes précis (noms, verbes, références) manifestent un engagement concret de la part de Zola ?

8 @RECHERCHE Qu'entraîna la publication de cette lettre, pour l'écrivain ?

ÉCRITURE

Argumentation

@RECHERCHE Comparez le rôle de Voltaire dans l'affaire Calas et celui de Zola dans l'affaire Dreyfus.
Selon vous, un écrivain doit-il, en tant que personnalité publique, prendre parti pour défendre ceux qu'il croit victimes d'injustices ?

3 Robert Badinter
Discours à l'Assemblée nationale, 1981

Biographie p. 671

Histoire littéraire p. 578

Littérature et société p. 576

Repères historiques p. 34

LEXIQUE : Les mots de la justice

• **Crime** : catégorie des infractions les plus graves contre les personnes (crimes, violences, etc.) ou contre la société (terrorisme, corruption, etc.).

• **Garde des Sceaux** : titre donné en France au ministre de la Justice. Autrefois, il conservait les cachets (sceaux) servant aux actes authentiques de l'État.

• **Magistrat** : toute personne chargée d'une fonction de justice : soit d'instruire une affaire (enquêter, réunir les preuves, préparer la procédure...), soit de la juger selon la loi.

En 1981, François Mitterrand est élu président de la République sur un programme comprenant l'abolition de la peine de mort. Le garde des Sceaux Robert Badinter engage ainsi les parlementaires à voter pour ce projet de loi. Il s'adresse aussi à une opinion publique encore partagée.

L'abolition de la peine de mort

[...] Attendre, après deux cents ans !

Attendre, comme si la peine de mort ou la guillotine était un fruit qu'on devrait laisser mûrir avant de le cueillir !

Attendre ? Nous savons bien en vérité que la cause était la crainte de l'opinion 5 publique. D'ailleurs, certains vous diront, mesdames, messieurs les députés, qu'en votant l'abolition vous méconnaîtriez les règles de la démocratie parce que vous ignoreriez l'opinion publique. Il n'en est rien.

Nul plus que vous, à l'instant du vote sur l'abolition, ne respectera la loi fondamentale de la démocratie.

10 Je me réfère non pas seulement à cette conception selon laquelle le Parlement est, suivant l'image employée par un grand Anglais, un phare qui ouvre la voie de l'ombre pour le pays, mais simplement à la loi fondamentale de la démocratie qui est la volonté du 15 suffrage universel et, pour les élus, le respect du suffrage universel.

Or, à deux reprises, la question a été directement – j'y insiste – posée devant l'opinion publique.

20 Le Président de la République a fait connaître à tous, non seulement son sentiment personnel, son aversion pour la peine de mort, mais aussi, très clairement, sa volonté 25 de demander au Gouvernement de saisir le Parlement d'une demande d'abolition, s'il était élu. Le pays lui a répondu : oui. [...]

Le plus haut magistrat de France, 30 M. Aydalot, au terme d'une longue carrière tout entière consacrée à la justice et, pour la plupart de son activité, au parquet, disait qu'à la mesure

Robert BADINTER défendant son projet de loi à la tribune de l'Assemblée nationale, en 1981.

LEXIQUE :
Les mots de la justice

- **Parquet** : les magistrats du « parquet » représentent les intérêts de la collectivité, et ceux du « siège » jugent. Jadis, les accusateurs se tenaient debout, les juges assis.
- **Saisir** : charger une institution, une assemblée ou un tribunal, de traiter, débattre et trancher une question juridique.

de sa hasardeuse[1] application, la peine de mort lui était devenue, à lui magistrat, insupportable. Parce qu'aucun homme n'est totalement responsable, parce qu'aucune justice ne peut être absolument infaillible, la peine de mort est moralement inacceptable. Pour ceux d'entre nous qui croient en Dieu, lui seul a le pouvoir de choisir l'heure de notre mort. Pour tous les abolitionnistes, il est impossible de reconnaître à la justice des hommes ce pouvoir de mort parce qu'ils savent qu'elle est faillible[2].

Le choix qui s'offre à vos consciences est donc clair : ou notre société refuse une justice qui tue et accepte d'assumer, au nom de ses valeurs fondamentales – celles qui l'ont faite grande et respectée entre toutes –, la vie de ceux qui font horreur, déments ou criminels ou les deux à la fois, et c'est le choix de l'abolition ; ou cette société croit, en dépit de l'expérience des siècles, faire disparaître le crime avec le criminel, et c'est l'élimination.

Cette justice d'élimination, cette justice d'angoisse et de mort, décidée avec sa marge de hasard, nous la refusons. Nous la refusons parce qu'elle est pour nous l'anti-justice, parce qu'elle est la passion et la peur triomphant de la raison et de l'humanité. [...]

Demain, grâce à vous, la justice française ne sera plus une justice qui tue. Demain, grâce à vous, il n'y aura plus, pour notre honte commune, d'exécutions furtives, à l'aube, sous le dais[3] noir, dans les prisons françaises. Demain, les pages sanglantes de notre justice seront tournées.

À cet instant plus qu'à aucun autre, j'ai le sentiment d'assumer mon ministère, au sens ancien, au sens noble, le plus noble qui soit, c'est-à-dire au sens de « service ». Demain, vous voterez l'abolition de la peine de mort. Législateurs français, de tout mon cœur, je vous en remercie.

R. BADINTER, *Discours à l'Assemblée nationale*, « L'abolition de la peine de mort » (extraits), 17 septembre 1981.

1. Douteuse, incertaine, donc périlleuse.
2. Sujet à l'erreur.
3. Tenture déployée dans la cour où est dressée la guillotine, pour la cacher aux regards des détenus.

Une question de vie ou de mort

LECTURE

Placer la société face à ses choix

1 Reformulez les **arguments** majeurs de ces extraits : d'où vient leur force ?

2 Précisez les termes de l'alternative opposant deux visions de la société et de la justice.

3 À qui renvoie le pronom « nous » au long du discours ? Inclut-il toujours l'auditoire ?

4 Le nom « justice » a-t-il toujours le même sens dans le texte ? Étudiez les expansions qui peuvent l'accompagner.

Frapper les consciences

5 Quelles expressions marquent l'engagement du garde des Sceaux en faveur de l'abolition de la peine de mort ?

6 Pourquoi l'exemple du magistrat (l. 29-30) introduit-il bien l'appel à la « conscience » de chacun ?

7 Observez le rythme du discours et surtout les **anaphores** : quel est leur effet ?

8 Quelle valeur le futur de l'indicatif prend-il à la fin du discours ?

9 Comment la **péroraison**, la dernière étape du discours, résume-t-elle le but de l'intervention, tout en frappant les consciences ?

ÉCRITURE

Argumentation

@RECHERCHE Sur le site de l'Assemblée nationale http://www.assemblee-nationale.fr/histoire/badinter.asp., écoutez le discours de Robert Badinter, puis présentez le rôle du recours à l'histoire de France et aux exemples de grands écrivains dans son argumentation.

Vers le commentaire

Rédigez un axe de commentaire destiné à souligner toute la force argumentative de ce discours devenu célèbre.

4 Aimé Césaire
Discours sur la négritude, 1987

Ce discours prononcé à l'Université internationale de Floride redéfinit la « négritude ». Créé dans les années 1930, ce terme controversé visait à dénoncer le colonialisme et à revaloriser la culture d'origine africaine.

Biographie p. 671
Histoire littéraire p. 578
Littérature et société p. 576
Repères historiques p. 34

1   La Négritude, à mes yeux, n'est pas une philosophie.
    La Négritude n'est pas une métaphysique.
    La Négritude n'est pas une prétentieuse conception de l'univers.
    C'est une manière de vivre l'histoire dans l'histoire : l'histoire d'une commu-
5   nauté dont l'expérience apparaît, à vrai dire, singulière avec ses déportations de populations, ses transferts d'hommes d'un continent à l'autre, les souvenirs de croyances lointaines, ses débris de cultures assassinées.
    Comment ne pas croire que tout cela qui a sa cohérence constitue un patrimoine ?
10 En faut-il davantage pour fonder une identité ?
    Les chromosomes m'importent peu. Mais je crois aux archétypes[1].
    Je crois à la valeur de tout ce qui est enfoui dans la mémoire collective de nos peuples et même dans l'inconscient collectif[2].
    Je ne crois pas que l'on arrive au monde le cerveau vide comme on y arrive les
15 mains vides.
    Je crois à la vertu plasmatrice[3] des expériences séculaires[4] accumulées et du vécu véhiculé par les cultures.
    Singulièrement, et soit dit en passant, je n'ai jamais pu me faire à l'idée que les milliers d'hommes africains que la traite négrière[5] transporta jadis aux Amériques
20 ont pu n'avoir eu d'importance que celle que pouvait mesurer leur seule force animale – une force animale analogue et pas forcément supérieure à celle du cheval ou du bœuf – et qu'ils n'ont pas fécondé d'un certain nombre de valeurs essentielles, les civilisations naissantes dont ces sociétés nouvelles étaient en puissance les porteuses.

1. Symboles primitifs présents dans l'imaginaire et l'« inconscient collectif » des peuples.
2. Partie de l'inconscient présent chez la plupart des individus d'un groupe.
3. Qui façonne, modèle.
4. Qui durent des siècles.
5. Commerce et déportation de populations africaines réduites en esclavage, surtout au XVIIIe siècle.

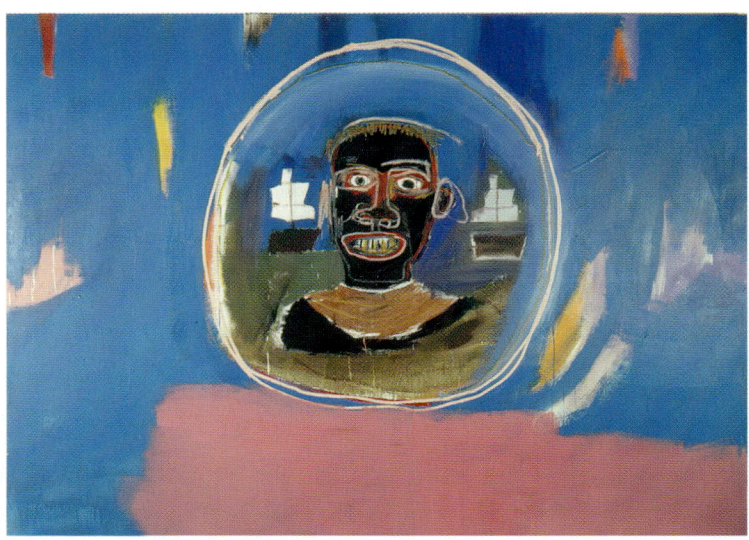

Jean-Michel BASQUIAT (1960-1988), *Slaveships (Tobacco)*, 1984, acrylique et crayon gras sur toile, 183 × 244 cm (Collection privée).

25 C'est dire que la Négritude au premier degré peut se définir d'abord comme prise de conscience de la différence, comme mémoire, comme fidélité et comme solidarité.

Mais la Négritude n'est pas seulement passive. Elle n'est pas de l'ordre du pâtir et du subir.

Ce n'est ni un pathétisme[6] ni un dolorisme[7].

30 La Négritude résulte d'une attitude active et offensive de l'esprit.

Elle est sursaut, et sursaut de dignité.

Elle est refus, je veux dire refus de l'oppression.

Elle est combat, c'est-à-dire combat contre l'inégalité.

Elle est aussi révolte. Mais alors, me direz-vous, révolte contre quoi ? Je n'oublie pas que je suis ici dans un congrès culturel, que c'est ici à Miami que je choisis de le dire. Je crois que l'on peut dire, d'une manière générale, qu'historiquement, la Négritude a été une forme de révolte d'abord contre le système mondial de la culture tel qu'il s'était constitué pendant les derniers siècles et qui se caractérise par un certain nombre de préjugés, de pré-supposés qui aboutissent à une très stricte hiérarchie. Autrement dit, la Négritude a été une révolte contre ce que j'appellerai le réductionnisme européen.

Je veux parler de ce système de pensée ou plutôt de l'instinctive tendance d'une civilisation éminente et prestigieuse à abuser de son prestige même pour faire le vide autour d'elle en ramenant abusivement la notion d'universel, chère à Léopold Sédar Senghor[8], à ses propres dimensions, autrement dit à penser l'universel à partir de ses seuls postulats[9] et à travers ses catégories propres. On voit et on n'a que trop vu les conséquences que cela entraîne : couper l'homme de lui-même, couper l'homme de ses racines, couper l'homme de l'univers, couper l'homme de l'humain, et l'isoler, en définitive, dans un orgueil suicidaire sinon dans une forme rationnelle et scientifique de la barbarie.

A. CÉSAIRE, *Discours sur la Négritude*, dans *Discours sur le colonialisme*, Présence Africaine, 2004.

6. Goût excessif pour le pathétique.
7. Complaisance pour la douleur.
8. (1906-2001) Président de la République du Sénégal de 1960 à 1980, poète et grammairien, membre de l'Académie française.
9. Principes de base d'une pensée.

Affirmer sa valeur

LECTURE

Se définir dans l'histoire

1 Expliquez comment sont évoqués ici trois aspects de la Négritude : un « patrimoine », une « offensive de l'esprit », enfin une reconquête de soi. Puis, reformulez la thèse soutenue par l'écrivain.

2 Quels indices lexicaux, grammaticaux et syntaxiques laissent à penser que définir la Négritude ne va pas de soi et nécessite un travail sur les mots ?

3 Quels enseignements Césaire tire-t-il de l'histoire ?

S'affirmer avec force

4 En quels termes Césaire dénonce-t-il une vision du monde centrée sur l'Europe ? La tonalité est-elle alors polémique ?

5 Comment l'« offensive de l'esprit » se manifeste-t-elle dans le style du discours ?

Une parole entraînante

6 Préparez une lecture à haute voix. Sur quels procédés de style vous appuyez-vous ?

7 À qui réfèrent le « nous » et le « je » employés dans le discours ?

8 Par quels moyens stylistiques l'auditoire est-il impliqué dans le discours ?

HISTOIRE DES ARTS

Comment la souffrance et le besoin de reconnaissance se manifestent-ils dans la force du ton et du trait, chez Basquiat d'une part, et chez Césaire d'autre part ?

VERS LE BAC

Invention

@RECHERCHE D'où vient la puissance du discours de Martin Luther King « *I have a dream* » ?
En vous inspirant de ce modèle d'éloquence, composez un discours définissant un rêve de société.

▸ Fiche 11 Comprendre un sujet d'écriture d'invention

ESSAI

5 Simone de Beauvoir
Le Deuxième Sexe, 1949

Cet ouvrage fut l'un des premiers essais féministes ; il fit grand bruit et suscita des protestations. En montrant comment les femmes ont été préparées à tenir des rôles subalternes, l'auteur veut les encourager à s'accomplir en tant que créatrices et productrices.

Biographie
p. 671

Histoire littéraire
p. 578

Littérature et société
p. 576

Repères historiques
p. 36

Pour changer la face du monde, il faut y être d'abord solidement ancré ; mais les femmes solidement enracinées dans la société sont celles qui lui sont soumises ; à moins d'être désignées pour l'action par droit divin[1] – et en ce cas elles se sont montrées aussi capables que les hommes –, l'ambitieuse, l'héroïne
5 sont des monstres étranges[2]. C'est seulement depuis que les femmes commencent à se sentir chez elles sur cette terre qu'on a vu apparaître une Rosa Luxemburg[3], une Mme Curie. Elles démontrent avec éclat que ce n'est pas l'infériorité des femmes qui a déterminé leur insignifiance historique ; c'est leur insignifiance historique qui les a vouées à l'infériorité[4].

1. Allusion à Jeanne d'Arc que Simone de Beauvoir vient de citer.
2. Simone de Beauvoir vient de citer aussi les exemples de Mme Roland (conseillère des révolutionnaires libéraux, exécutée sous la Terreur) et de Flora Tristan, promotrice de l'émancipation des femmes et du socialisme dans la première moitié du XIXᵉ siècle.
3. Syndicaliste et révolutionnaire allemande, du début du XXᵉ siècle.
4. Ici, l'auteur place une note sur la proportion des statues de Paris représentant des femmes : 10/1 000.

Frida KAHLO, *La Colonne brisée* (autoportrait), 1944, huile sur toile marouflée, 40 × 30,7 cm (Fondation Dolores Olmedo Patino, Mexico).

10   Le fait est flagrant dans le domaine où elles ont le mieux réussi à s'affirmer, c'est-à-dire le domaine culturel. Leur sort a été profondément lié à celui des lettres et des arts ; déjà chez les Germains les fonctions de prophétesse, de prêtresse revenaient aux femmes ; parce qu'elles sont en marge du monde, c'est vers elles que les hommes vont se tourner quand ils s'efforcent par la culture de franchir les bornes
15 de leur univers et d'accéder à ce qui est autre. Le mysticisme courtois, la curiosité humaniste, le goût de la beauté qui s'épanouit dans la Renaissance italienne, la préciosité du XVIIe siècle, l'idéal progressiste du XVIIIe amènent sous des formes diverses une exaltation de la féminité. La femme est alors le principal pôle de la poésie, la substance de l'œuvre d'art ; les loisirs dont elle dispose lui permettent
20 de se consacrer aux plaisirs de l'esprit : inspiratrice, juge public de l'écrivain, elle devient son émule[5] ; c'est elle souvent qui fait prévaloir un mode de sensibilité, une éthique[6] qui alimente les cœurs masculins et ainsi elle intervient dans son propre destin : l'instruction des femmes est une conquête en grande partie féminine. Et cependant, si ce rôle collectif joué par les femmes intellectuelles est
25 important, leurs contributions individuelles sont, dans l'ensemble, d'un moindre prix. C'est parce qu'elle n'est pas engagée dans l'action que la femme a une place privilégiée dans les domaines de la pensée et de l'art ; mais l'art et la pensée ont dans l'action leurs sources vives. Être située en marge du monde, ce n'est pas une situation favorable pour qui prétend le recréer : ici encore pour émerger par-delà
30 le donné, il faut d'abord y être profondément enraciné. Les accomplissements personnels sont presque impossibles dans les catégories humaines collectivement maintenues dans une situation inférieure. « Avec des jupes, où voulez-vous qu'on aille ? » demandait Marie Bashkirtseff[7]. Et Stendhal : « Tous les génies qui naissent *femmes* sont perdus pour le bonheur du public. » À vrai dire, on ne naît pas
35 génie, on le devient ; et la condition féminine a rendu jusqu'à présent ce devenir impossible.

S. DE BEAUVOIR, *Le Deuxième Sexe* [1949], Gallimard, Folio, 2003.

5. Qui essaie de rivaliser avec son modèle.
6. Morale.
7. Russe francophone, elle fut peintre et auteur d'un célèbre journal intime.

Tirer des leçons de l'histoire

LECTURE

La démarche de l'argumentation

1 Résumez la thèse soutenue dans cet extrait. Indiquez les **étapes de l'argumentation** ; dégagez l'idée principale de chacune d'elles.

2 Quel rôle jouent les exemples de femmes dans cette argumentation ? Qu'apporte leur variété ?

3 Relevez des phrases où Simone de Beauvoir, en retournant l'ordre des mots ou en corrigeant l'emploi d'autres mots, cherche à restaurer une bonne lecture de l'histoire. Quelle est l'efficacité de ce travail sur les formulations ?

4 Quelles sont les différentes valeurs du présent de l'indicatif dans ce passage ? Reliez-les au genre de ce texte.

5 Comment entendre la fin du passage ? Quelle réaction le lecteur, ou la lectrice, est-il invité à avoir ?

VERS LE BAC

Invention

Choisissez une figure connue de l'engagement féminin et rédigez un article de presse : vous ferez son portrait et montrerez comment l'engagement peut transformer l'histoire.
▶ Fiche 11 **Comprendre un sujet d'écriture d'invention**

« Il y a un clivage à l'Assemblée entre les députées qui considèrent qu'il y a des sujets de femmes comme la famille et l'enfance, et celles que ça agace, dont je fais partie », déclarait Nathalie Kosciusko-Morizet le 8 mars 2005 au *Monde*. Imaginez le discours qu'une jeune femme politique pourrait tenir aujourd'hui devant une assemblée pour la convaincre de l'élire.
▶ Fiche 11 **Comprendre un sujet d'écriture d'invention**

Claude Lévi-Strauss
Tristes tropiques, 1955

Dans Tristes tropiques *(1955), Claude Lévi-Strauss fait le récit de ses différentes rencontres avec la misère du monde. Dans l'extrait qui suit, l'ethnologue analyse la complexité de la relation qui se noue (et se dénoue) entre l'Européen et le mendiant de Calcutta.*

Biographie p. 671

Histoire littéraire p. 578

Littérature et société p. 576

Repères historiques p. 36

L'Européen qui vit dans l'Amérique tropicale se pose des problèmes. Il observe des relations originales entre l'homme et le milieu géographique ; et les modalités mêmes de la vie humaine lui offrent sans cesse des sujets de réflexion. Mais les relations de personne à personne n'affectent pas une forme nouvelle ; elles sont toujours du même ordre que celles qui l'ont toujours entouré. Dans l'Asie méridionale, au contraire, il lui semble être en deçà ou au-delà de ce que l'homme est en droit d'exiger du monde, et de l'homme.

La vie quotidienne paraît être une répudiation[1] permanente de la notion de relations humaines. On vous offre tout, on s'engage à tout, on proclame toutes les compétences alors qu'on ne sait rien. Ainsi, on vous oblige d'emblée à nier chez autrui la qualité humaine qui réside dans la bonne foi, le sens du contrat et la capacité de s'obliger. Des *rickshaw boys*[2] proposent de vous conduire n'importe où, bien qu'ils soient plus ignorants de l'itinéraire que vous-même. Comment donc ne pas s'emporter et – quelque scrupule que l'on ait à monter dans leur pousse et à se faire traîner par eux – ne pas les traiter en bêtes, puisqu'ils vous contraignent à les considérer tels par cette déraison qui est la leur ?

La mendicité générale trouble plus profondément encore. On n'ose plus croiser un regard franchement, par pure satisfaction de prendre contact avec un autre homme, car le moindre arrêt sera interprété comme une faiblesse, une prise donnée à l'imploration de quelqu'un. Le ton du mendiant qui appelle : « sa-HIB ! »[3] est étonnamment semblable à celui que nous employons pour gourmander un enfant : « vo-YONS ! » amplifiant la voix et baissant le ton sur la dernière syllabe, comme s'ils disaient : « Mais c'est évident, cela crève les yeux, ne suis-je pas là, à mendier devant toi, ayant de ce seul fait, sur toi, une créance[4] ? À quoi penses-tu donc ? Où as-tu la tête ? » L'acceptation d'une situation de fait est si totale qu'elle parvient à dissoudre l'élément de supplication. Il n'y a plus que la constatation d'un état objectif, d'un rapport naturel de lui à moi, dont l'aumône devrait découler avec la même nécessité que celle unissant, dans le monde physique, les causes et les effets.

Là aussi, on est contraint par le partenaire à lui dénier l'humanité qu'on voudrait tant lui reconnaître. Toutes les situations initiales qui définissent les rapports entre des personnes sont faussées, les règles du jeu social truquées, il n'y a pas moyen de commencer. Car, voudrait-on même traiter ces malheureux comme des égaux, ils protesteraient contre l'injustice : ils ne se veulent pas égaux ; ils supplient, ils conjurent que vous les écrasiez de votre superbe [...].

Ils ne songent donc pas à se poser en égaux. Mais, même d'êtres humains, on ne peut supporter cette pression incessante, cette ingéniosité toujours en alerte pour vous tromper, pour vous « avoir », pour obtenir quelque chose de vous par ruse, mensonge ou vol. Et pourtant, comment se durcir ? Car – et c'est ici qu'on *n'en sort plus* – tous ces procédés sont des modalités diverses de la prière. Et c'est parce que l'attitude fondamentale à votre égard est celle de la prière, même quand

---

1. Rejet.
2. Garçons tirant les pousse-pousse en Inde.
3. Mot indien signifiant « maître », « seigneur ».
4. Sentiment de reconnaissance que l'on attend d'une personne à laquelle on a rendu service.

5. Petit manteau couvrant les épaules jusqu'à la ceinture.

6. Grande ville du Pakistan.

on vous vole, que la situation est si parfaitement, si totalement insupportable et que je ne puis, quelque honte que j'en éprouve, résister à confondre les réfugiés – que j'entends toute la journée, des fenêtres de mon palace, geindre et pleurer à la
45 porte du Premier ministre au lieu de nous chasser de nos chambres qui logeraient plusieurs familles – avec ces corbeaux noirs à camail[5] gris qui croassent sans trêve dans les arbres de Karachi[6].

Cette altération des rapports humains paraît d'abord incompréhensible à un esprit européen. Nous concevons les oppositions entre les classes sous forme de
50 lutte ou de tension, comme si la situation initiale – ou idéale – correspondait à la solution de ces antagonismes. Mais ici, le terme de tension n'a pas de sens. Rien n'est tendu, il y a belle lurette que tout ce qui pouvait être tendu s'est cassé. La rupture est au commencement,
55 et cette absence d'un « bon temps », à quoi on puisse se référer pour en retrouver les vestiges ou pour souhaiter son retour, laisse en proie à une seule conviction : tous ces gens qu'on croise dans la rue sont en train de se perdre. Pour les retenir
60 un moment sur la pente, suffirait-il même de se dépouiller ?

Et si l'on veut penser en termes de tension, le tableau auquel on arrive n'est guère moins sombre. Car alors, il faudra dire que tout est si
65 tendu qu'il n'y a plus d'équilibre possible : dans les termes du système et à moins qu'on ne commence par le détruire, la situation est devenue irréversible. D'emblée, on se trouve en déséquilibre vis-à-vis de suppliants qu'il faut repousser,
70 non parce qu'on les méprise mais parce qu'ils vous avilissent de leur vénération […].

C. LÉVI-STRAUSS, *Tristes tropiques*, Plon, 1955.

Rickshaws, Pondichéry (Inde), 1961.

Affronter la misère humaine

▸ LECTURE

Le regard de l'ethnologue

1 @RECHERCHE Cherchez sur le site de l'INA des documents d'archives consacrés à Claude Lévi-Strauss. En vous appuyant sur quelques entretiens vidéo, définissez le rôle de l'ethnologue. Pourquoi peut-on dire que Claude Lévi-Strauss analyse la société dans laquelle il se trouve plongé ?

2 Quel sens et quelle valeur le vouvoiement employé par l'auteur prend-il ?

Une humanité dégradée

3 Quelles sont les différentes réactions de l'auteur face aux mendiants ?

4 Quelles sont les particularités des relations humaines en Asie méridionale ? Caractérisez-les.

5 SYNTHÈSE Ce texte vous choque-t-il ? Argumentez.

▸ VERS LE BAC

Question sur un corpus

À la lecture des textes de Saint-Exupéry (p. 596) et de Lévi-Strauss, quelles leçons peut-on tirer de la rencontre entre les cultures ?

▸ Fiche 9 **Répondre à une question sur un corpus**

AUTOBIOGRAPHIE

Paul Nizan
Aden Arabie, 1931

Dans cet essai, l'auteur raconte son voyage à Aden, ville du Yémen où a séjourné Rimbaud. Ce voyage constitue une échappatoire pour ce jeune étudiant en philosophie qui souffre du cadre étriqué de la vie parisienne.

Biographie
p. 671

Histoire littéraire
p. 578

Littérature et société
p. 576

Repères historiques
p. 34

L'explorateur et écrivain Henri DE MONFREID (1879-1974) avec son ami Lavigne (mer Rouge).

1   Je suis un Français paysan : j'aime les champs, j'aime même un seul champ, je m'en contenterais pour le reste de mes jours pourvu qu'il y passe des voisins. Je ne veux pas connaître l'absence d'espoir des vagabonds : cela aussi j'ai su ce que c'était sur les côtes de la mer Rouge, de l'océan Indien, dans le delta du Nil et
5   ailleurs. Il fallut de temps en temps me défendre des voyages en regardant Aden comme mon champ, bien que cet effort fût un défi au bon sens.
    Récifs pour récifs, j'aime mieux la terre.
    Je rejette les navigations et les itinéraires. On a toujours l'impression qu'on est debout au sommet de quelque chose, qu'on a autour de soi de grandes
10 pentes presque verticales au bas desquelles on roulera, au bas desquelles on se perdra. Tout vous est arraché ; les escales arrivent, on descend sur des quais, on espère posséder une ville, des habitants. Pensez-vous ! Le bateau repart, vous avez une fois encore perdu une place humaine et une belle occasion de rester tranquille. […]

15 Il n'y a qu'une espèce valide de voyages, qui est la marche vers les hommes. C'est le voyage d'Ulysse, comme j'aurais dû savoir, si je n'avais pas fait mes humanités[1] pour rien. Et il se termine naturellement par le retour. Tout le prix du voyage est dans son dernier jour.

Quant à la poésie, que les derniers éléments minéraux des voyages coulent 20 dans l'oubli des mers[2].

L'espace ne contient aucun bien pour les hommes. Il y a des écrivains qui parlent des leçons des paysages, ils font semblant de croire que les pierres et le ciel se livrent à une mimique qui fait d'eux des instituteurs[3]. En échange les hommes peuvent imiter les attitudes et les vertus morales d'une ville, d'un territoire, d'une 25 zone de végétation : sérénité, intelligence, grandeur, désespoir, volupté.

Mais les voyageurs sérieux ont fait peu de cas de cette rhétorique : les voyages de Montaigne sont secs, ceux de Descartes sont dénués de tout, à peine s'intéressent-ils aux hommes.

Un homme n'est-il pas un œil qui regarde, une oreille qui écoute. L'espace 30 n'est pour rien dans les complications que des siècles de culture ajoutent à ses diverses parties. Il ne dit mot, il est prêt à tout ce que les hommes feront de lui. C'est un réceptacle, une cire, il ne faut pas prendre des empreintes humaines pour des propriétés de la cire vierge.

Quand on a dit qu'il y a des paysages où l'on crève de froid, d'autres où l'on se 35 dessèche de chaud, et qu'il n'est possible de vivre facilement qu'entre les deux, il n'y a plus grand-chose à ajouter sur la poésie de la terre. Les terres ne sont pas des associés, ni des professeurs de morale, ni des missionnaires prêchant ici l'ordre, là le désordre : tout est en nous. Elles ne persuadent rien. Ce lyrisme est tout à fait vide de matière.

40 Les hasards vous ramèneront seulement à l'ordre et au désordre des troupeaux humains qui sont dans les paysages et vous serez forcés de juger, d'aimer, de détester, de céder, de résister : l'homme attend l'homme, c'est même sa seule occupation intelligente.

P. NIZAN, *Aden Arabie*, © Éditions La Découverte, 1931.

1. Formation scolaire où l'étude du latin et du grec est prépondérante.
2. Il est inutile de s'attarder sur la beauté des éléments naturels.
3. On croit souvent reconnaître dans les éléments de la nature, comme un nuage ou un rocher, une forme connue. Certains vont plus loin et pensent qu'il s'agit d'un message moral adressé à l'homme.

L'impossible voyage vers l'autre

LECTURE

Le voyage initiatique

1 Quelle image du voyage Nizan donne-t-il ? À quoi s'oppose-t-elle ?

2 @RECHERCHE Parcourez l'exposition consacrée à Ulysse sur le site de la BNF, et précisez quelle sagesse ce héros a acquise lors de ses voyages.

3 Pourquoi Paul Nizan érige-t-il en modèle le voyage d'Ulysse ?

Un discours polémique

4 Pourquoi, selon Nizan, le voyageur ne peut-il tirer aucune leçon de la contemplation des beaux paysages ? Quel type d'enseignement les voyages apportent-ils ? Appuyez-vous sur les deux dernières phrases.

5 Comment Nizan parvient-il à interpeller le lecteur ? Pour quel dessein ? Analysez les passages où l'auteur s'adresse directement à son destinataire.

HISTOIRE DES ARTS

@RECHERCHE Recherchez qui est Henri de Monfreid. En quoi son parcours personnel fait-il écho au texte de Nizan ? Comment la photographie en témoigne-t-elle ?

ÉCRITURE

Argumentation

« Ce que d'abord vous nous montrez, voyages, c'est notre ordure... » écrit l'ethnologue Claude Lévi-Strauss dans *Tristes tropiques*. Illustrez et discutez ce propos.

Nikos Economopoulos (1953-), *Nomades*, village Kars, 1990 (Balkans, Turquie).

8 Antoine de Saint-Exupéry
Terre des hommes, 1939

Dans Terre des hommes *(1939), Antoine de Saint-Exupéry évoque les années durant lesquelles il a travaillé pour l'Aéropostale. Au terme de ce récit autobiographique, il se remémore « un long voyage en chemin de fer » au cours duquel il s'est retrouvé face à des ouvriers polonais revenant au pays, parqués en « voiture de troisième ».*

Biographie
p. 671

Histoire littéraire
p. 578

Littérature et société
p. 576

Repères historiques
p. 34

Et voici qu'ils me semblaient avoir à demi perdu qualité humaine, ballottés d'un bout de l'Europe à l'autre par les courants économiques, arrachés à la petite maison du Nord, au minuscule jardin, aux trois pots de géranium que j'avais remarqués autrefois à la fenêtre des mineurs polonais. Ils n'avaient rassemblé que
5 les ustensiles de cuisine, les couvertures et les rideaux, dans des paquets mal ficelés et crevés de hernies[1]. Mais tout ce qu'ils avaient caressé ou charmé, tout ce qu'ils avaient réussi à apprivoiser en quatre ou cinq années de séjour en France, le chat, le chien et le géranium, ils avaient dû le sacrifier et ils n'emportaient avec eux que ces batteries de cuisine.
10 Un enfant tétait une mère si lasse qu'elle paraissait endormie. La vie se transmettait dans l'absurde et le désordre de ce voyage. Je regardai le père. Un crâne pesant et nu comme une pierre. Un corps plié dans l'inconfortable sommeil, emprisonné dans les vêtements de travail, fait de bosses et de creux. L'homme était pareil à un tas de glaise. Ainsi, la nuit, des épaves qui n'ont plus de forme,
15 pèsent sur les bancs des halles. Et je pensai : le problème ne réside point dans cette misère, dans cette saleté, ni dans cette laideur. Mais ce même homme et cette même femme se sont connus un jour, et l'homme a souri sans doute à la femme : il lui a, sans doute, après le travail, apporté des fleurs. Timide et gauche, il tremblait peut-être de se voir dédaigné. Mais la femme, par coquetterie naturelle, la
20 femme sûre de sa grâce, se plaisait peut-être à l'inquiéter. Et l'autre, qui n'est plus aujourd'hui qu'une machine à piocher ou à cogner, éprouvait ainsi dans son cœur l'angoisse délicieuse. Le mystère, c'est qu'ils soient devenus ces paquets de glaise. Dans quel moule terrible ont-ils passé, marqués par lui comme par une machine à emboutir[2] ? Un animal vieilli conserve sa grâce. Pourquoi cette belle argile
25 humaine est-elle abîmée ? […]

1. Excroissances.
2. Emboutir : au sens propre, travailler une plaque de métal pour lui donner une forme définie.

Je m'assis en face d'un couple. Entre l'homme et la femme, l'enfant, tant bien que mal, avait fait son creux, et il dormait. Mais il se retourna dans le sommeil, et son visage m'apparut sous la veilleuse. Ah ! quel adorable visage ! Il était né de ce couple-là une sorte de fruit doré. Il était né de ces lourdes hardes cette
30 réussite de charme et de grâce. Je me penchai sur ce front lisse, sur cette douce moue des lèvres, et je me dis : voici un visage de musicien, voici Mozart enfant, voici une belle promesse de la vie. Les petits princes des légendes n'étaient point différents de lui : protégé, entouré, cultivé, que ne saurait-il devenir ! Quand il naît par mutation dans les jardins une rose nouvelle, voilà tous les jardiniers qui
35 s'émeuvent. On isole la rose, on cultive la rose, on la favorise. Mais il n'est point de jardinier pour les hommes. Mozart enfant sera marqué comme les autres par la machine à emboutir. Mozart fera ses plus hautes joies de musique pourrie, dans la puanteur des cafés-concerts. Mozart est condamné.

Et je regagnai mon wagon. Je me disais : ces gens ne souffrent guère de leur
40 sort. Et ce n'est point la charité ici qui me tourmente. Il ne s'agit point de s'attendrir sur une plaie éternellement rouverte. Ceux qui la portent ne la sentent pas. C'est quelque chose comme l'espèce humaine et non l'individu qui est blessé ici, qui est lésé. Je ne crois guère à la pitié. Ce qui me tourmente, c'est le point de vue du jardinier. Ce qui me tourmente, ce n'est point cette misère, dans laquelle,
45 après tout, on s'installe aussi bien que dans la paresse. Des générations d'Orientaux vivent dans la crasse et s'y plaisent. Ce qui me tourmente, les soupes populaires ne le guérissent point. Ce qui me tourmente, ce ne sont ni ces creux, ni ces bosses, ni cette laideur. C'est un peu, dans chacun de ces hommes, Mozart assassiné.

*

Seul l'esprit, s'il souffle sur la glaise, peut créer l'Homme.

A. DE SAINT-EXUPÉRY, *Terre des hommes* © Éditions Gallimard, 1939.

Retrouver « l'esprit » de l'Homme

LECTURE

Un peuple misérable

1 À quels signes comprend-on que cette population est démunie ?

2 Comment et avec quelle intention l'auteur parvient-il à attendrir le lecteur ? Quel **registre** domine alors ?

3 Montrez que l'auteur adopte un **style** sobre et dépouillé pour décrire la misère. Ce choix descriptif accentue-t-il la peinture de la misère ? Expliquez.

La pesanteur et la grâce

4 À quoi l'auteur identifie-t-il les individus dans cet extrait ? Analysez plusieurs figures de style.

5 Comment interpréter l'insistance de l'auteur autour de la figure de Mozart ?

Un discours sur l'Homme

6 Expliquez la distinction opérée par l'auteur entre « l'espèce humaine » et « l'individu » (l. 42).

7 Comment comprenez-vous la dernière phrase ? À quel texte majeur fait-elle écho ? Quelle est la valeur prise par le présent dans cet énoncé ?

ÉCRITURE

Vers le commentaire

Vous rédigerez un axe du commentaire de ce texte, en analysant la dimension pathétique de ce témoignage.

VERS LE BAC

Invention

L'un des Polonais découvre ce voyageur qui les observe. Rédigez le monologue intérieur traduisant ses sentiments et ses réflexions.

▶ **Fiche 11** Comprendre un sujet d'écriture d'invention

9 Primo Levi
Si c'est un homme, 1947

Ainsi commence le poème inaugural du témoignage de P. Levi : « Vous qui vivez en toute quiétude [...] Considérez si c'est un homme / Que celui qui peine dans la boue / Qui ne connaît pas de repos [...] » Il est inspiré de L'Enfer de Dante : « Considérez quelle est votre origine : Vous n'avez pas été faits pour vivre comme brutes / Mais pour ensuivre et science et vertus ». Le portrait de Jean rend hommage à l'humanité de l'un des détenus.

Biographie
p. 671

Histoire littéraire
p. 578

Littérature et société
p. 576

Repères historiques
p. 34

Ce n'était pas le Vorarbeiter[1], ce n'était que Jean, le Pikolo de notre Kommando. Jean était un étudiant alsacien. Bien qu'il eût déjà vingt-quatre ans, c'était le plus jeune Häftling[2] du Kommando de Chimie. Et c'est pour cette raison qu'on lui avait assigné le poste de Pikolo, c'est-à-dire de livreur-com-
5 mis aux écritures, préposé à l'entretien de la baraque, à la distribution des outils, au lavage des gamelles et à la comptabilité des heures de travail du Kommando.

Jean parlait couramment le français et l'allemand ; dès qu'on reconnut ses chaussures en haut de l'échelle, tout le monde s'arrêta de racler[3] :

– Also, Pikolo, was gibt es Neues ?[4]
10 – Qu'est-ce qu'il y a comme soupe aujourd'hui ?

...De quelle humeur était le Kapo ? Et l'histoire des vingt-cinq coups de cravache à Stern ? Quel temps faisait-il dehors ? Est-ce qu'il avait lu le journal ? Qu'est-ce que ça sentait à la cuisine des civils ? Quelle heure était-il ?

Jean était très aimé au Kommando. Il faut savoir que le poste de Pikolo repré-
15 sente un échelon déjà très élevé dans la hiérarchie des prominences[5] : le Pikolo (qui en général n'a pas plus de dix-sept ans) n'est pas astreint à un travail manuel, il a la haute main sur les fonds de marmite et peut passer ses journées à côté du poêle : « c'est pourquoi » il a droit à une demi-ration supplémentaire, et il est bien placé pour devenir l'ami et le confident du Kapo, dont il reçoit officiellement les
20 vêtements et les souliers usagés. Or, Jean était un Pikolo exceptionnel. Il joignait à la ruse et à la force physique des manières affables et amicales : tout en menant avec courage et ténacité son combat personnel et secret contre le camp et contre la mort, il ne manquait pas d'entretenir des rapports humains avec ses camarades moins privilégiés ; et de plus il avait été assez habile et persévérant pour gagner la
25 confiance d'Alex, le Kapo[6].

Alex avait tenu toutes ses promesses. Il avait amplement confirmé sa nature de brute violente et sournoise, sous une solide carapace d'ignorance et de bêtise sauf pour ce qui était de son flair et de sa technique de garde-chiourme[7] consommé. Il ne perdait pas une occasion de vanter la pureté de son sang et la supériorité du
30 triangle vert[8], et affichait un profond mépris pour ses chimistes loqueteux et affamés : « Ihr Doktoren, Ihr Intelligenten ! »[9] ricanait-il chaque jour en nous voyant nous bousculer, gamelle tendue, à la distribution de la soupe. Avec les Meister[10] civils, il se montrait extrêmement empressé et obséquieux, et avec les SS il entretenait des rapports de cordiale amitié.
35 Il était visiblement intimidé par le registre du Kommando et le petit rapport quotidien des travaux et des prestations, et c'est par ce biais que Pikolo s'était rendu indispensable. Les travaux d'approche avaient été longs, prudents et minutieux, et l'ensemble du Kommando en avait suivi les progrès pendant tout un mois en retenant son souffle ; mais finalement la défense du porc-épic avait cédé, et
40 Pikolo s'était vu confirmé dans sa charge à la satisfaction de tous les intéressés.

1. Chef d'équipe.
2. Détenu.
3. Les détenus étaient en train de nettoyer l'intérieur d'une citerne.
4. « Alors, Pikolo, quoi de neuf ? »
5. Germanisme, comme pour les mots empruntés au vocabulaire du camp : fonctionnaire, plus ou moins haut placé.
6. Détenu surveillant, chargé de commander les autres détenus.
7. (Très péjoratif) Gardien de bagnards (« chiourme » signifie d'abord « les galériens », puis « les bagnards »).
8. Triangle signalant les malfaiteurs ou criminels de droit commun.
9. « Vous, les docteurs (scientifiques), vous, l'Intelligence ».
10. Maîtres.

Bien que Jean n'abusât pas de sa position, nous avions déjà pu constater qu'un mot de lui, dit au bon moment et sur le ton qu'il fallait, pouvait faire beaucoup ; plusieurs fois déjà il avait pu ainsi sauver certains d'entre nous de la cravache ou de la dénonciation aux SS. Depuis une semaine, nous étions amis : nous nous étions 45 découverts par hasard, à l'occasion d'une alerte aérienne, mais ensuite, pris par le rythme impitoyable du Lager[11], nous n'avions pu que nous dire bonjour en nous croisant aux latrines ou aux lavabos.

P. LEVI, *Si c'est un homme*, 1947,
trad. M. Schruoffeneger, Pocket, Julliard, 1987.

11. Camp.

Photogramme du film *La Trêve* (1997) de l'Italien Francesco Rosi, d'après le roman de Primo LEVI.

Se souvenir des gestes d'humanité

LECTURE

Un témoignage

1 Faites un plan précis du texte distinguant description et narration. Comment le portrait de Jean est-il organisé ?

2 « [...] j'ai délibérément recouru au langage sobre et posé du témoin plutôt qu'au pathétique de la victime ou à la véhémence du vengeur » : indiquez comment ces mots de Primo Levi aident à caractériser le style de ce texte.

3 Classez les détails du portrait permettant de comprendre les conditions de vie du camp et les caractéristiques physiques et morales de Jean. Qu'en déduisez-vous ?

4 Quelle est l'impression produite par le contre-portrait d'Alex ? Justifiez votre réponse.

Le sens des gestes

5 Quel rôle Jean semble-t-il jouer auprès des détenus ? Commentez des passages précis.

6 L'éloge de Jean est-il explicite ? Quels autres mots pourriez-vous utiliser pour caractériser ce portrait, et pourquoi ?

HISTOIRE DES ARTS

Comment le gros plan du cinéaste exprime-t-il la fragilité de l'être humain ?

ÉCRITURE

Vers la dissertation

Est-il nécessaire d'accompagner le portrait d'un homme de bien par une leçon de morale explicite ? Inspirez-vous de ce texte pour construire une réponse argumentée et illustrée.

VERS LE BAC

Oral (analyse)

@RECHERCHE Qui est Primo Levi ? Proposez une explication orale de ce passage. Insérez votre biographie dans l'introduction afin de l'enrichir.

▶ Fiche 16 Réussir l'épreuve orale du baccalauréat

10 Robert Antelme
L'Espèce humaine, 1947

« À nous-mêmes ce que nous avions à dire commençait alors à nous paraître inimaginable », écrit Robert Antelme pour montrer la difficulté de parler au retour de la déportation. Et pourtant, L'Espèce humaine tente de mettre en mots une tentative bien réelle de déshumanisation.

Biographie p. 671
Histoire littéraire p. 578
Littérature et société p. 576
Repères historiques p. 34

Dehors, la vallée est noire. Aucun bruit n'en arrive. Les chiens dorment d'un sommeil sain et repu. Les arbres respirent calmement. Les insectes nocturnes se nourrissent dans les prés. Les feuilles transpirent, et l'air se gorge d'eau. Les prés se couvrent de rosée et brilleront tout à l'heure au soleil. Ils sont là, 5 tout près, on doit pouvoir les toucher, caresser cet immense pelage. Qu'est-ce qui se caresse et comment caresse-t-on ? Qu'est-ce qui est doux aux doigts, qu'est-ce qui est seulement à être caressé ?

Jamais on n'aura été aussi sensible à la santé de la nature. Jamais on n'aura été aussi près de confondre avec la toute-puissance de l'arbre qui sera sûre10 ment encore vivant demain. On a oublié tout ce qui meurt et qui pourrit dans cette nuit forte, et les bêtes malades et seules. La mort a été chassée par nous des choses de la nature, parce que l'on n'y voit aucun génie qui s'exerce contre elles et les poursuive. Nous nous sentons comme ayant pompé tout pourrissement 15 possible. Ce qui est dans cette salle apparaît comme la maladie extraordinaire, et notre mort ici comme la seule véritable. Si ressemblants aux bêtes, toute bête nous est devenue somptueuse ; si semblables à toute plante pourrissante, le destin de cette plante 20 nous paraît aussi luxueux que celui qui s'achève par la mort dans le lit. Nous sommes au point de ressembler à tout ce qui ne se bat que pour manger et meurt de ne pas manger, au point de nous niveler sur une autre espèce, qui ne sera jamais nôtre et 25 vers laquelle on tend ; mais celle-ci qui vit du moins selon sa loi authentique – les bêtes ne peuvent pas devenir plus bêtes – apparaît aussi somptueuse que la nôtre « véritable » dont la loi peut être aussi de nous conduire ici.

30 Mais il n'y a pas d'ambiguïté, nous restons des hommes, nous ne finirons qu'en hommes. La distance qui nous sépare d'une autre espèce reste intacte, elle n'est pas historique.

35 C'est un rêve SS de croire que nous avons pour mission historique de changer d'espèce, et comme cette mutation se fait trop lentement, ils tuent. Non, cette maladie extraordinaire n'est autre chose qu'un moment 40 culminant de l'histoire des hommes. Et cela peut signifier deux choses : d'abord que l'on

Alberto GIACOMETTI (1901-1966), *Three Men Walking (II)*, 1949, bronze, 76,5 × 33 × 32,4 cm (Museum of Modern Art, New York).

600 | 4 Formes et genres de l'argumentation

fait l'épreuve de la solidité de cette espèce, de sa fixité. Ensuite, que la variété des rapports entre les hommes, leur couleur, leurs coutumes, leur formation en classes masquent une vérité qui apparaît ici éclatante, au bord de la nature, à l'approche
45 de nos limites : il n'y a pas des espèces humaines, il y a une espèce humaine. C'est parce que nous sommes des hommes comme eux que les SS seront en définitive impuissants devant nous. C'est parce qu'ils auront tenté de mettre en cause l'unité de l'espèce qu'ils seront finalement écrasés. Mais leur comportement et notre situation ne sont que le grossissement, la caricature extrême – où personne ne
50 veut, ni ne peut sans doute se reconnaître – de comportements, de situations qui sont dans le monde et qui sont même cet « ancien monde véritable » auquel nous rêvons. Tout se passe effectivement là-bas comme s'il y avait des espèces – ou plus exactement comme si l'appartenance à l'espèce n'était pas sûre, comme si l'on pouvait y entrer et en sortir, n'y être qu'à demi ou y parvenir pleinement, ou n'y
55 jamais parvenir même au prix de générations –, la division en races ou en classes étant le canon de l'espèce[1] et entretenant l'axiome[2] toujours prêt, la ligne ultime de défense : « Ce ne sont pas des gens comme nous. »

Eh bien, ici, la bête est luxueuse, l'arbre est la divinité et nous ne pouvons devenir ni la bête ni l'arbre. Nous ne pouvons pas et les SS ne peuvent pas nous
60 y faire aboutir. Et c'est au moment où le masque a emprunté la figure la plus hideuse, au moment où il va devenir notre figure, qu'il tombe. Et si nous pensons alors cette chose qui, d'ici, est certainement la chose la plus considérable que l'on puisse penser : « Les SS ne sont que des hommes comme nous » […] nous sommes obligés de dire qu'il n'y a qu'une espèce humaine.

R. ANTELME, *L'Espèce humaine*, 1947 © Éditions Gallimard, 1957.

1. Canon de l'espèce : le moyen d'évaluation, le critère de reconnaissance et de mesure de l'espèce.
2. Principe, fondement d'un système.

Penser l'espèce humaine

LECTURE

Une étrange concurrence

1 Quels **détails** renforcent la beauté et la cruauté de la description qui ouvre l'extrait ? Que représente la nature, pour le prisonnier ?

2 Indiquez les aspects des règnes végétal et animal sur lesquels insiste l'auteur. Par contraste, comment apparaissent les « malades » ?

3 Les termes « ressemblants », « semblables » et « ressembler à », l. 17 à 22, proposent-ils une assimilation de l'homme aux animaux et aux plantes ? Retrouvez le **paradoxe** que formule l'auteur à deux reprises dans l'extrait.

Radicalité de l'expérience, radicalité de l'espèce

4 Expliquez cette affirmation : « La distance qui nous sépare d'une autre espèce reste intacte, elle n'est pas historique. »

5 Qu'expriment les **répétitions** du début du dernier paragraphe ?

6 Où la très forte **antithèse** entre les deux groupes d'hommes est-elle annulée ? Par quoi ?

7 Montrez comment Robert Antelme fait du récit d'une expérience personnelle une méditation générale, en observant de près les pronoms personnels, la structure du passage et le va-et-vient entre le concret de l'expérience et la réflexion abstraite.

HISTOIRE DES ARTS

Giacometti a souvent représenté l'homme « debout », ou « qui marche ». Que peut signifier la verticalité de ses figures, en même temps que leur dépouillement ? Rédigez quelques lignes sur ces sculptures, qui pourraient conclure votre commentaire du passage d'Antelme.

ÉCRITURE

Argumentation

Pourquoi un récit autobiographique peut-il intéresser un très grand public ? Aidez-vous d'autres exemples tirés de cette séquence.

11 Jorge Semprun
L'Écriture ou la vie, 1994

Biographie p. 671
Histoire littéraire p. 578
Littérature et société p. 576
Repères historiques p. 34

Déporté à Buchenwald en 1943, Semprun mettra plus de quarante ans à prendre la décision de relater son expérience. L'alternative du titre de son livre correspond au choix difficile d'écrire fait lors de la mort de Primo Levi.

Il[1] avait tourné les talons et m'accompagnait jusqu'au châlit[2] de Maurice Halbwachs[3].
– *Dein Herr Professor*, avait-il chuchoté, *kommt heute noch durch's Kamin !*[4]
J'avais pris la main de Halbwachs qui n'avait pas eu la force d'ouvrir les yeux.
5 J'avais senti seulement une réponse de ses doigts, une pression légère : message presque imperceptible.
Le professeur Maurice Halbwachs était parvenu à la limite des résistances humaines. Il se vidait lentement de sa substance, arrivé au stade ultime de la dysenterie qui l'emportait dans la puanteur.
10 Un peu plus tard, alors que je lui racontais n'importe quoi, simplement pour qu'il entende le son d'une voix amie, il a soudain ouvert les yeux. La détresse immonde, la honte de son corps en déliquescence[5] y étaient lisibles. Mais aussi une flamme de dignité, d'humanité vaincue mais inentamée. La lueur immortelle d'un regard qui constate l'approche de la mort, qui sait à quoi s'en tenir, qui
15 en a fait le tour, qui en mesure face à face les risques et les enjeux, librement : souverainement.
Alors, dans une panique soudaine, ignorant si je puis invoquer quelque Dieu pour accompagner Maurice Halbwachs, conscient de la nécessité d'une prière, pourtant, la gorge serrée, je dis à haute voix, essayant de maîtriser celle-ci, de
20 timbrer comme il faut, quelques vers de Baudelaire. C'est la seule chose qui me vienne à l'esprit.

Ô mort, vieux capitaine, il est temps, levons l'ancre…

Le regard de Halbwachs devient moins flou, semble s'étonner.
Je continue de réciter. Quand j'en arrive à

25 …*nos cœurs que tu connais sont remplis de rayons*,
un mince frémissement s'esquisse sur les lèvres de Maurice Halbwachs.
Il sourit, mourant, son regard sur moi, fraternel.

J. SEMPRUN, *L'Écriture ou la vie*,
© Éditions Gallimard, 1994.

1. Un kapo.
2. Cadre du lit, sur lequel on pose le sommier.
3. Grand professeur de sociologie, déporté pour actes de résistance.
4. « Aujourd'hui, ton Professeur s'en va par la cheminée ».
5. Très grand affaiblissement physique.

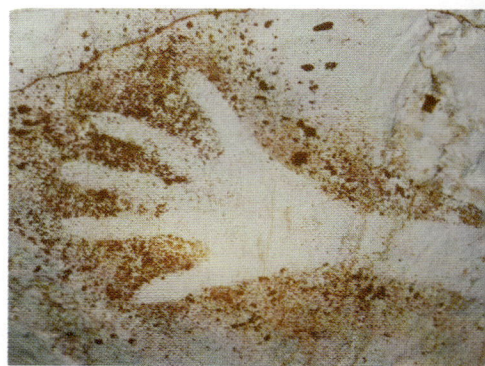

Main rupestre, grotte de Cosquer.

Biographie
p. 671

Histoire littéraire
p. 578

Littérature
et société
p. 576

Repères historiques
p. 34

Charles Baudelaire
Les Fleurs du Mal, 1857

TEXTE ÉCHO

Voici la fin du long poème « Le voyage » qui revient à la mémoire de Jorge Semprun. Les vers de Baudelaire expriment surtout l'envie de « s'en aller » : par dégoût, lassitude, mais aussi soif inapaisée du Beau et de l'Idéal.

Le voyage

VIII

1 Ô Mort, vieux capitaine, il est temps ! levons l'ancre !
Ce pays nous ennuie, ô Mort ! Appareillons !
Si le ciel et la mer sont noirs comme de l'encre,
Nos cœurs que tu connais sont remplis de rayons !

5 Verse-nous ton poison pour qu'il nous réconforte !
Nous voulons, tant ce feu nous brûle le cerveau,
Plonger au fond du gouffre, Enfer ou Ciel, qu'importe ?
Au fond de l'Inconnu pour trouver du *nouveau* !

Charles BAUDELAIRE, « Le voyage », CXXVI (extrait),
Les Fleurs du Mal, 1857.

Retrouver des rites de l'humanité

LECTURE (Texte 11)

L'expérience des limites

1 Par quels termes la perte de dignité physique du malade est-elle décrite ? Qu'est-ce qui vient contredire cette « déliquescence » ?

2 Quel rôle le narrateur veut-il jouer auprès du mourant ? Y semble-t-il préparé ?

L'expérience de la fraternité

3 Indiquez quels langages sont employés par les deux hommes pour communiquer. Quel est le rôle de leurs mains ?

4 Observez précisément les détails indiquant les réactions du mourant. Comment l'antithèse entre leur fragilité et leur grandeur spirituelle est-elle exprimée ?

L'expérience de la dignité humaine

5 Où et comment le mourant manifeste-t-il le plus fortement sa dignité ?

6 Commentez le rythme des phrases, l. 12 à 16 : « Mais aussi une flamme […] souverainement. » en vous aidant de leur structure syntaxique et en relevant les mots isolés mis en valeur. Que suggère ainsi Semprun ?

7 Comment la mort apparaît-elle dans le poème de Baudelaire ? Quel rôle est dévolu à la poésie dans ce moment de départ ?

8 @RECHERCHE http://atilf.atilf.fr/ Qu'est-ce qu'un « tombeau » en littérature ? En opposant le propos de Semprun à celui du kapo qui ouvre le texte, pouvez-vous dire que ce passage est un tombeau pour M. Halbwachs ?

HISTOIRE DES ARTS

Cette très ancienne représentation de main est-elle seulement un document, ou peut-elle inspirer une réflexion sur l'art, sanctuaire de l'humanité ?

ÉCRITURE

Argumentation

Lisez, dans *Si c'est un homme*, le poème initial de Primo Levi, et le chapitre 11 « Le Chant d'Ulysse ». Pensez-vous que le partage d'un patrimoine poétique puisse aider les hommes à rester hommes ?

ROMAN

12 Victor Hugo
L'Homme qui rit, 1869

Biographie p. 671
Histoire littéraire p. 578
Littérature et société p. 576
Repères historiques p. 34

Hugo situe son intrigue dans l'Angleterre du XVIIᵉ siècle. Gwynplaine, fils de Lord, a été enlevé et défiguré par des bandits alors qu'il était tout enfant. Ils lui ont taillé au couteau un sourire permanent. Recueilli par un comédien généreux et savant, il attire les foules à ses spectacles de saltimbanque.

C'est en riant que Gwynplaine faisait rire. Et pourtant il ne riait pas. Sa face riait, sa pensée non. L'espèce de visage inouï que le hasard ou une industrie bizarrement spéciale lui avait façonné, riait tout seul. Gwynplaine ne s'en mêlait pas. Le dehors ne dépendait pas du dedans. Ce rire qu'il n'avait point mis sur
5 son front, sur ses joues, sur ses sourcils, sur sa bouche, il ne pouvait l'en ôter. On lui avait à jamais appliqué le rire sur le visage. C'était un rire automatique, et d'autant plus irrésistible qu'il était pétrifié. Personne ne se dérobait à ce rictus. Deux convulsions de la bouche sont communicatives, le rire et le bâillement. Par la vertu de la mystérieuse opération probablement subie par Gwynplaine enfant, toutes les parties
10 de son visage contribuaient à ce rictus, toute sa physionomie y aboutissait, comme une roue se concentre sur le moyeu[1] ; toutes ses émotions, quelles qu'elles fussent, augmentaient cette étrange figure de joie, disons mieux, l'aggravaient. Un étonnement qu'il aurait eu, une souffrance qu'il aurait ressentie, une colère qui lui serait survenue, une pitié qu'il aurait éprouvée, n'eussent fait qu'accroître cette hilarité
15 des muscles ; s'il eût pleuré, il eût ri ; et, quoi que fît Gwynplaine, quoi qu'il voulût, quoi qu'il pensât, dès qu'il levait la tête, la foule, si la foule était là, avait devant les yeux cette apparition : l'éclat de rire foudroyant.

Qu'on se figure une tête de Méduse[2], gaie.

Tout ce qu'on avait dans l'esprit était mis en déroute par cet inattendu, et il
20 fallait rire.

L'art antique appliquait jadis au fronton des théâtres de la Grèce une face d'airain, joyeuse. Cette face s'appelait la Comédie. Ce bronze semblait rire et faisait rire, et était pensif. Toute la parodie, qui aboutit à la démence, toute l'ironie, qui aboutit à la sagesse, se condensaient et s'amalgamaient sur cette figure ; la somme
25 des soucis, des désillusions, des dégoûts et des chagrins se faisait sur ce front impassible, et donnait ce total lugubre, la gaieté ; un coin de la bouche était relevé, du côté du genre humain, par la moquerie, et l'autre coin, du côté des dieux, par le blasphème ; les hommes venaient confronter à ce modèle du sarcasme idéal l'exem-
30 plaire d'ironie que chacun a en soi ; et la foule, sans cesse renouvelée autour de ce rire fixe, se pâmait d'aise devant l'immobilité sépulcrale du ricanement. Ce sombre masque mort de la comédie antique ajusté à un homme vivant, on pourrait presque dire que c'était là Gwynplaine. Cette tête infernale de l'hilarité implacable,
35 il l'avait sur le cou. Quel fardeau pour les épaules d'un homme, le rire éternel !

Rire éternel. Entendons-nous, et expliquons-nous. À en croire les manichéens[3], l'absolu plie par moments, et Dieu lui-même a des intermittences[4]. Entendons-nous aussi sur la volonté. Qu'elle

---

1. Pièce centrale de la roue, où passe l'essieu.
2. Personnage féminin de la mythologie gréco-latine qui pétrifiait ses adversaires de son regard. Méduse fut tuée par Persée qui lui renvoya son reflet à l'aide de son bouclier.
3. Adeptes d'une croyance en la lutte entre Bien et Mal.
4. Dieu intervient dans le monde de façon irrégulière.

Croquis de Tim BURTON pour le personnage du Joker dans *Batman*, inspiré par Hugo.

Plume, pinceau, encre brune et lavis, réserves sur papier beige, n°33 du *Théâtre de la Gaîté*. (218 × 7,5591 in). Vers 1864-1869. BNF.

5. Ajout que l'auteur d'une lettre fait au-dessous de sa signature.
6. Apparence de rire due à une contraction de la bouche.
7. Contribution, impôt.
8. Suppositions.

40 puisse jamais être tout à fait impuissante, nous ne l'admettons pas. Toute existence ressemble à une lettre, que modifie le post-scriptum⁵. Pour Gwynplaine, le post-scriptum était ceci : à force de volonté, en y concentrant toute son attention, et à condition qu'aucune émotion ne vînt le distraire et détendre la fixité de son effort, il pouvait parvenir à suspendre l'éternel rictus⁶ de sa face et à y jeter une sorte de
45 voile tragique, et alors on ne riait plus devant lui, on frissonnait.
   Cet effort, Gwynplaine, disons-le, ne le faisait presque jamais, car c'était une fatigue douloureuse et une tension insupportable. Il suffisait d'ailleurs de la moindre distraction et de la moindre émotion pour que, chassé un moment, ce rire, irrésistible comme un reflux, reparût sur sa face, et il était d'autant plus
50 intense que l'émotion, quelle qu'elle fût, était plus forte.
   À cette restriction près, le rire de Gwynplaine était éternel.
   On voyait Gwynplaine, on riait. Quand on avait ri, on détournait la tête. Les femmes surtout avaient horreur. Cet homme était effroyable. La convulsion bouffonne était comme un tribut⁷ payé ; on la subissait joyeusement, mais presque
55 mécaniquement. Après quoi, une fois le rire refroidi, Gwynplaine, pour une femme, était insupportable à voir et impossible à regarder.
   Il était du reste grand, bien fait, agile, nullement difforme, si ce n'est de visage. Ceci était une indication de plus parmi les présomptions⁸ qui laissaient entrevoir dans Gwynplaine plutôt une création de l'art qu'une œuvre de la nature.
60 Gwynplaine, beau de corps, avait été probablement beau de figure. En naissant, il avait dû être un enfant comme un autre. On avait conservé le corps intact et seulement retouché la face. Gwynplaine avait été fait exprès.
   C'était là du moins la vraisemblance.
   On lui avait laissé les dents. Les dents sont nécessaires au rire. La tête de mort
65 les garde.

V. HUGO, *L'Homme qui rit*, 1869.

Dépasser les apparences

LECTURE

Portrait d'un monstre

1 @RECHERCHE Cherchez l'étymologie de « monstre » et reliez-la à deux passages du texte. Qu'a-t-on fait à l'enfant pour qu'il devienne un monstre ?

2 Qu'est-ce qui est monstrueux, et qu'est-ce qui est humain chez Gwynplaine ? Quel aspect de son être finit par l'emporter aux yeux du lecteur ?

3 Relevez les figures d'opposition. Montrez le divorce entre la drôlerie du physique et la tristesse du cœur.

Le rire du supplicié

4 Distinguez les passages où le narrateur émet des hypothèses, ceux où il exprime ses sentiments et ceux où il décrit objectivement son personnage. Dans chacun d'eux, le point de vue est-il omniscient ? Que révèle ce choix ?

5 Quels différents **registres** cohabitent dans ce texte ? Identifiez-les et classez-les en vous appuyant sur des expressions précises.

Des profondeurs inquiétantes

6 « Ce bronze semblait rire et faisait rire, et était pensif. » Montrez que le développement sur la comédie est essentiel pour comprendre le personnage de Gwynplaine.

HISTOIRE DES ARTS

Que peut cacher une expression laide et terrifiante ? Aidez-vous des deux textes et des images pour répondre.

ÉCRITURE

Argumentation

Quelle importance les apparences ont-elles lors d'une rencontre ? Comment la fiction d'un conte, d'un roman ou d'un film, peut-elle amener à y réfléchir ?

VERS LE BAC

Question sur un corpus

Quelles leçons un lecteur peut-il tirer de personnages dont le portrait ne coïncide pas avec l'âme ?

▶ Fiche 9 **Répondre à une question sur un corpus**

13 Michel Tournier
Vendredi ou les limbes du Pacifique, 1967

Biographie
p. 671

Histoire littéraire
p. 578

Littérature et société
p. 576

Repères historiques
p. 34

1. Zarathushtra réformateur de la religion perse dans l'Antiquité.
2. Capitaine du *Whitebird*.
3. Maladie due à une carence en vitamine C qui pouvait causer la mort.

Voilà trente ans que Robinson a échoué sur une île déserte qu'il a baptisée Speranza. Or un jour, il voit débarquer l'équipage du Whitebird, navire anglais.

Qui sait si, en revenant en Angleterre, Robinson ne parviendrait pas, non seulement à sauvegarder le bonheur solaire auquel il avait accédé, mais même à l'élever à une puissance supérieure au milieu de la cité humaine ? Ainsi Zoroastre[1] après avoir longuement forgé son âme au soleil du désert avait-il plongé
5 à nouveau dans l'impur grouillement des hommes pour leur dispenser sa sagesse.

En attendant, le dialogue avec Hunter[2] s'engageait laborieusement et menaçait à tout instant de se perdre dans un silence pesant. Robinson avait entrepris de lui faire connaître les ressources de Speranza en gibier et en aliments frais, propres à prévenir le scorbut[3], comme le cresson et le pourpier. Déjà des hommes
10 grimpaient le long des troncs à écailles pour faire tomber d'un coup de sabre les choux palmistes, et on entendait le rire de ceux qui poursuivaient les chèvres à la course. Robinson pensait, non sans orgueil, aux souffrances qu'il aurait endurées, à l'époque où il entretenait l'île comme une cité-jardin, de la voir livrée ainsi à cette bande fruste et avide. Car si le spectacle de ces brutes déchaînées accaparait
15 toute son attention, ce n'étaient ni les arbres stupidement mutilés ni les bêtes massacrées au hasard qui le retenaient, c'était le comportement de ces hommes,

Photogramme du film *Las aventuras de Robinson Crusoe*, 1954.

ses semblables, à la fois si familier et si étrange. À l'emplacement où s'était élevée autrefois la Paierie générale de Speranza[4], de hautes herbes se creusaient sous le vent avec un murmure soyeux. Un matelot y trouva coup sur coup deux pièces d'or.
20 Il ameuta aussitôt ses compagnons à grands cris et, après des disputes hagardes, on décida d'incendier toute la prairie pour faciliter les recherches. L'idée effleura à peine Robinson que cet or était à lui, en somme, et que les bêtes allaient être privées de la seule pâture de l'île que la saison des pluies ne rendait jamais marécageuse. Les bagarres que ne manquait pas de susciter chaque nouvelle trouvaille le fascinaient,
25 et c'était d'une oreille distraite qu'il écoutait les propos du commandant qui lui racontait comment il avait coulé un transport de troupes français envoyé en renfort aux insurgés américains. De son côté, le second s'employait à l'initier au mécanisme si fructueux de la traite des esclaves africains, échangés contre du coton, du sucre, du café et de l'indigo[5], marchandises qui constituaient un fret[6] de retour idéal et qui
30 s'écoulaient avantageusement au passage dans les ports européens. Aucun de ces hommes, murés dans leurs préoccupations particulières, ne songeait à l'interroger sur les péripéties qu'il avait traversées depuis son naufrage. La présence même de Vendredi ne semblait soulever aucun problème à leurs yeux. Et Robinson savait qu'il avait été semblable à eux, mû par les mêmes ressorts – la cupidité, l'orgueil, la
35 violence – qu'il était encore des leurs par toute une part de lui-même. Mais en même temps il les voyait avec le détachement intéressé d'un entomologiste[7] penché sur une communauté d'insectes, des abeilles ou des fourmis, ou ces rassemblements suspects de cloportes qu'on surprend en soulevant une pierre.

M. TOURNIER, *Vendredi ou les limbes du Pacifique*, 1967, © Éditions Gallimard, 1996.

4. Robinson y avait établi sa banque.
5. Matière végétale bleue que l'on utilise pour teindre des étoffes.
6. Cargaison.
7. Savant spécialiste des insectes.

Réfléchir sur l'opposition entre deux modes de vie

LECTURE

La ruée vers l'île

1 Comment le comportement des marins est-il décrit ? Commentez les connotations, le lexique et les métaphores qui s'attachent à leurs gestes.

2. Montrez pourquoi les termes « cupidité », « orgueil » et « violence » caractérisent bien les actes des nouveaux venus.

Un autre regard sur la civilisation

3 Qu'apprend-on du monde extérieur à l'île ? Quelle image en est donnée aux lignes 27 à 30 ?

4 @RECHERCHE Qu'appelle-t-on « commerce triangulaire » au XVIIIe siècle ?

5 À la lumière de votre recherche, comment la présence de Vendredi peut-elle être interprétée par les marins du *Whitebird* ?

Un silence pesant

6 Peut-on parler ici de dialogue ou d'échange entre les différents protagonistes ? Justifiez votre propos en étudiant l'énonciation.

7 Quel est le *point de vue* dominant dans ce passage ? Comment Robinson réagit-il aux actions des marins ?

8 Dans un tableau, opposez les valeurs des marins à celles de Robinson, l'insulaire. Qu'en déduisez-vous ?

HISTOIRE DES ARTS

Quand Robinson se regarde dans la glace, quel homme voit-il ?

ÉCRITURE

Vers l'écriture d'invention

Les hommes d'équipage proposent à Robinson de regagner son pays avec eux ; il refuse.

Travail en binôme : l'un imaginera le discours des hommes d'équipage ; l'autre, la réponse de Robinson, ses arguments et ses exemples.

VERS LE BAC

Question sur un corpus

Comment Bougainville (p. 559) et Michel Tournier donnent-ils à voir les vices de la société occidentale ?

▶ Fiche 9 Répondre à une question sur un corpus

14 | Albert Camus
La Peste, 1947

ŒUVRE INTÉGRALE

❥ Entrée dans l'œuvre : une allégorie de la peste

Arnold BÖCKLIN (1827-1901), *La Peste*, 1898, détrempe sur bois, 149 × 104 cm (Kunstmuseum, Bâle).

1 @RECHERCHE Lisez l'extrait 1, p. 610 du manuel, puis cherchez sur Internet les tableaux *Bonaparte visitant les pestiférés de Jaffa*, de Jean-Antoine Gros et *La Peste d'Asdod*, de Nicolas Poussin. Quelles épidémies de peste historiques représentent-ils ? Comment Camus s'est-il inspiré de leur vision de cauchemar ?

2 Qu'est-ce qu'une allégorie et quelle peut-être sa portée dans un texte ?

3 Pour quelles raisons le tableau de Böcklin est-il une « allégorie de la peste » ? Comment est-elle représentée ?

1 @RECHERCHE À quels fléaux historiques précis Camus fait-il allusion ?

2 Plus largement, quelle forme de peste universelle dénonce-t-il ? Expliquez son allégorie de la peste en vous appuyant sur les images et le texte.

❥ L'œuvre et son contexte

En décembre 1942, au moment où la seconde guerre mondiale s'intensifie et où la « peste brune » se répand, Camus explique son projet :

« Je veux exprimer au moyen de la peste l'étouffement dont nous avons souffert et l'atmosphère de menace et d'exil que nous avons vécue. Je veux du même coup étendre cette interprétation à la notion d'existence en général. La peste donnera l'image de ceux qui dans cette guerre ont eu la part de la réflexion, du silence – et celle de la souffrance morale. »

Albert CAMUS, *Œuvres complètes*, II, *Carnets*, © Éditions Gallimard, 2006.

Les sources littéraires : le mystère du mal

LE PRÊTRE. – [...] la cité, tu le vois bien toi-même, plie sous la rafale d'un ouragan, sans pouvoir lever la tête hors des abîmes de ce roulis sanglant. La mort est sur elle, enfermée dans le germe des récoltes de son sol. La mort est sur le bétail qui broute ses pâturages, sur ses femmes qui ne mettent au monde que des enfants morts-nés. Diabolique, incendiaire, foudroyante, fonce des cieux sur notre ville une peste atroce qui fait de Thèbes un désert. Et le Prince noir, le Seigneur Hadès, s'engraisse de gémissements et de sanglots…

SOPHOCLE, *Œdipe Roi*, Ve siècle av. J.-C., trad. Victor-Henri Debidour, © Éd. de Fallois, 1999.

> **1** @RECHERCHE Lisez la réplique du prêtre à Œdipe, au début de la pièce. Que peut signifier la peste dans *Œdipe Roi* de Sophocle ?
>
> **2** Lisez également le chapitre VI de l'*Apocalypse* et la fable de La Fontaine intitulée « Les animaux malades de la peste ». Quels éléments semblent avoir nourri la réflexion de Camus sur le mal ?

La réception de l'œuvre : une proposition morale et ses limites

1. Une morale provisoire

Qu'il y ait des valeurs, Camus n'en doutait pas, et il était en train dans *La Peste* d'affirmer leur existence au niveau humain. [...] L'homme n'est pas innocent, mais il n'est pas non plus coupable. Dans quelle mesure, dans quelles limites ? On ne sait pas. En attendant – car c'est une morale provisoire – le porte-parole de l'auteur, Rieux, croit qu'il faut guérir tout ce qu'on peut guérir. Aveu d'ignorance, mais aussi résolution dans le sens d'une action nécessaire, si incertain qu'en soit le résultat.

Jean GRENIER, *Albert Camus (Souvenirs)*, © Éditions Gallimard, 1968.

2. Refuser sa responsabilité

[...] les deux hommes se rejoignent dans la même attitude morale, attitude qui n'est pas, certes, de passivité, puisqu'ils luttent et se sacrifient également, Tarrou autant que Rieux, plus que Rieux même, puisqu'il paiera ce sacrifice de sa vie, mais qui est seulement de *défense* et, au fond, de *non-intervention*. Des plaies à panser, des crimes à comprendre (et à pardonner) : c'est tout ce que l'on peut faire. La médecine et la compréhension : voilà la morale.

Et sans doute, cette morale est la seule qui soit sans danger, la seule qui nous laisse les mains parfaitement nettes, qui nous dégage de toute responsabilité dans les catastrophes. Mais l'insuffisance et l'inefficacité d'une attitude se trahit précisément à cela qu'elle est sans danger. L'obsession majeure de Camus, comment ne pas la reconnaître et ne pas l'admettre : mais comment ne pas vouloir la dépasser ? Redouter que la volonté du meilleur ne soit une cause du pire, refuser toute intervention par crainte de ses conséquences possibles, se contenter de soigner les victimes afin de ne pas ajouter soi-même aux fléaux, c'est se dérober au destin d'exemple et de révélation qui est la mission de certains hommes, échanger le risque contre la sécurité, la responsabilité contre le repos.

Gaëtan PICON, « Remarques sur *La Peste* », *L'Usage de la lecture*, I, © Mercure de France, 1979.

Jules Élie DELAUNAY (1828-1891), *La Peste à Rome*, 1869, 131 × 176 cm (Musée d'Orsay, Paris).

> **1** @RECHERCHE Présentez plusieurs interventions humanitaires ayant fait l'actualité et qui ont suscité le débat. La portée des « bonnes actions » est-elle toujours bénéfique ? En vous appuyant sur ces textes, expliquez pourquoi Rieux soigne sans intervenir à la racine même du mal.
>
> **2** Comment J. Grenier et G. Picon ont-ils compris la morale de *La Peste* ? Reformulez leur propos. Quelles réserves G. Picon exprime-t-il ?

EXTRAIT 1

La force de suggestion des images

Le roman se présente comme une chronique tenue par le Dr Rieux, médecin à Oran dans les années 1940. Après avoir vu des rats agoniser, il doit traiter des malades atteints de ce qui paraît être une épidémie de peste. Ce mot terrible vient d'être prononcé pour la première fois, plongeant le médecin dans la perplexité.

Le docteur regardait toujours par la fenêtre. D'un côté de la vitre, le ciel frais du printemps, et de l'autre côté le mot qui résonnait encore dans la pièce : la peste. Le mot ne contenait pas seulement ce que la science voulait bien y mettre, mais une longue suite d'images extraordinaires qui ne s'accordaient pas avec cette
5 ville jaune et grise, modérément animée à cette heure, bourdonnante plutôt que bruyante, heureuse en somme, s'il est possible qu'on puisse être à la fois heureux et morne. Et une tranquillité si pacifique et si indifférente niait presque sans effort les vieilles images du fléau, Athènes empestée et désertée par les oiseaux, les villes chinoises remplies d'agonisants silencieux, les bagnards de Marseille empilant dans
10 des trous les corps dégoulinants, la construction en Provence du grand mur qui devait arrêter le vent furieux de la peste, Jaffa[1] et ses hideux mendiants, les lits humides et pourris collés à la terre battue de l'hôpital de Constantinople, les malades tirés avec des crochets, le carnaval des médecins masqués pendant la Peste noire, les accouplements des vivants dans les cimetières de Milan, les charrettes de morts
15 dans Londres épouvanté, et les nuits et les jours remplis, partout et toujours, du cri interminable des hommes. Non, tout cela n'était pas encore assez fort pour tuer la paix de cette journée. De l'autre côté de la vitre, le timbre d'un tramway invisible résonnait tout d'un coup et réfutait en une seconde la cruauté et la douleur. Seule la mer, au bout du damier terne des maisons, témoignait de ce qu'il y a d'inquiétant et
20 de jamais reposé dans le monde. Et le docteur Rieux, qui regardait le golfe, pensait à ces bûchers dont parle Lucrèce[2] et que les Athéniens frappés par la maladie élevaient devant la mer. On y portait les morts durant la nuit, mais la place manquait et les vivants se battaient à coups de torches pour y placer ceux qui leur avaient été chers, soutenant des luttes sanglantes plutôt que d'abandonner leurs cadavres. On pouvait
25 imaginer les bûchers rougeoyants devant l'eau tranquille et sombre, les combats de torches dans la nuit crépitante d'étincelles et d'épaisses vapeurs empoisonnées montant vers le ciel attentif. On pouvait craindre…

Mais ce vertige ne tenait pas devant la raison. Il est vrai que le mot de « peste » avait été prononcé, il est vrai qu'à la minute même le fléau secouait
30 et jetait à terre une ou deux victimes. Mais quoi, cela pouvait s'arrêter. Ce qu'il fallait faire, c'était reconnaître clairement ce qui devait être reconnu, chasser enfin les ombres inutiles et prendre les mesures qui convenaient. Ensuite, la peste s'arrêterait, parce que la peste ne s'imaginait pas ou s'imaginait faussement. Si elle s'arrêtait, et c'était le plus probable, tout irait bien. Dans le cas contraire, on
35 saurait ce qu'elle était et s'il n'y avait pas moyen de s'en arranger d'abord pour la vaincre ensuite.

Le docteur ouvrit la fenêtre et le bruit de la ville s'enfla d'un coup. D'un atelier voisin montait le sifflement bref et répété d'une scie mécanique. Rieux se secoua. Là était la certitude, dans le travail de tous les jours. Le reste tenait à des fils et à
40 des mouvements insignifiants, on ne pouvait s'y arrêter. L'essentiel était de bien faire son métier.

A. CAMUS, *La Peste*, 1947 © Éditions Gallimard, coll. Folio, 2010, p. 43-44.

> Montrez que cette vision de la peste insiste sur la contagion physique et morale. Quelle ligne de conduite Rieux choisit-il d'adopter face à ce fléau ?

---

1. Lors de la prise de Jaffa par l'armée française dirigée par Bonaparte (1799), les soldats pestiférés furent visités par le général en chef ; peut-être Camus pense-t-il au tableau de Gros (1804).
2. Philosophe épicurien (Ier siècle après J.-C.), Lucrèce explique dans son *De natura rerum* comment les corps composés d'atomes permanents sont des combinaisons périssables, affectées de sensations selon l'harmonie ou le désaccord entre ces atomes (d'où l'odeur pénible des « bûchers »).

EXTRAIT 2

Des raisons d'agir contre la peste

La peste se répand dans la ville, tandis que plusieurs personnages évoluent différemment. Le mystérieux Tarrou propose son aide au docteur Rieux, dans l'idée de constituer des groupes d'hommes de bonne volonté contre le fléau. Rieux l'avertit des dangers qu'il courrait s'il participait à la lutte.

– [...] vos victoires seront toujours provisoires, voilà tout.
Rieux parut s'assombrir.
– Toujours, je le sais. Ce n'est pas une raison pour cesser de lutter.
– Non, ce n'est pas une raison. Mais j'imagine alors ce que doit être cette peste pour vous.
– Oui, dit Rieux, une interminable défaite.
[...] Les escaliers restaient plongés dans la nuit. Le docteur se demandait si c'était l'effet d'une nouvelle mesure d'économie. Mais on ne pouvait pas savoir. Depuis quelque temps déjà, dans les maisons et dans la ville, tout se détraquait. C'était peut-être simplement que les concierges, et nos concitoyens en général, ne prenaient plus soin de rien. Mais le docteur n'eut pas le temps de s'interroger plus avant, car la voix de Tarrou résonnait derrière lui :
– Encore un mot, docteur, même s'il vous paraît ridicule : vous avez tout à fait raison.
Rieux haussa les épaules pour lui-même, dans le noir.
– Je n'en sais rien, vraiment. Mais vous, qu'en savez-vous ?
– Oh ! dit l'autre sans s'émouvoir, j'ai peu de choses à apprendre.
Le docteur s'arrêta net et le pied de Tarrou, derrière lui, glissa sur une marche. Tarrou se rattrapa en prenant l'épaule de Rieux.
– Croyez-vous tout connaître de la vie ? demanda celui-ci.
La réponse vint dans le noir, portée par la même voix tranquille :
– Oui.
Quand ils débouchèrent dans la rue, ils comprirent qu'il était assez tard, onze heures peut-être. La ville était muette, peuplée seulement de frôlements. Très loin, le timbre d'une ambulance résonna. Ils montèrent dans la voiture et Rieux mit le moteur en marche.
– Il faudra, dit-il, que vous veniez demain à l'hôpital pour le vaccin préventif. Mais, pour en finir et avant d'entrer dans cette histoire, dites-vous que vous avez une chance sur trois d'en sortir.
– Ces évaluations n'ont pas de sens, docteur, vous le savez comme moi. Il y a cent ans, une épidémie de peste a tué tous les habitants d'une ville de Perse, sauf précisément le laveur des morts qui n'avait jamais cessé d'exercer son métier.
– Il a gardé sa troisième chance, voilà tout, dit Rieux d'une voix soudain plus sourde. Mais il est vrai que nous avons encore tout à apprendre à ce sujet.
Ils entraient maintenant dans les faubourgs. Les phares illuminaient les rues désertes. Ils s'arrêtèrent. Devant l'auto, Rieux demanda à Tarrou s'il voulait entrer et l'autre dit que oui. Un reflet du ciel éclairait leurs visages. Rieux eut soudain un rire d'amitié :
– Allons, Tarrou, dit-il, qu'est-ce qui vous pousse à vous occuper de cela ?
– Je ne sais pas. Ma morale peut-être.
– Et laquelle ?
– La compréhension.

A. CAMUS, *La Peste*, 1947 © Éditions Gallimard, coll. Folio, 2010, p. 121-123.

> Quel sens Rieux donne-t-il à sa mission, au cœur de la nuit ? Quelle conception de l'existence incarne-t-il ?

THÉÂTRE
15 Jean-Paul Sartre
Les Mains sales, 1948

Biographie p. 671
Histoire littéraire p. 578
Littérature et société p. 576
Repères historiques p. 34

1 **HOEDERER.** – Es-tu fou ? Une armée socialiste va occuper le pays[1] et tu la laisserais repartir sans profiter de son aide ? C'est une occasion qui ne se reproduira jamais plus : je te dis que nous ne sommes pas assez forts pour faire la Révolution seuls.

HUGO. – On ne doit pas prendre le pouvoir à ce prix.

5 **HOEDERER.** – Qu'est-ce que tu veux faire du Parti ? Une écurie de courses ? À quoi ça sert-il de fourbir[2] un couteau tous les jours si l'on n'en use jamais pour trancher ? Un parti, ce n'est jamais qu'un moyen. Il n'y a qu'un seul but : le pouvoir.

HUGO. – Il n'y a qu'un seul but : c'est de faire triompher nos idées, toutes nos idées et rien qu'elles.

10 **HOEDERER.** – C'est vrai : tu as des idées, toi. Ça te passera.

HUGO. – Vous croyez que je suis le seul à en avoir ? Ça n'était pas pour des idées qu'ils sont morts, les copains qui se sont fait tuer par la police du Régent[3] ? Vous croyez que nous ne les trahirions pas, si nous faisions servir le Parti à dédouaner[4] leurs assassins ?

15 **HOEDERER.** – Je me fous des morts. Ils sont morts pour le Parti et le Parti peut décider ce qu'il veut. Je fais une politique de vivant, pour les vivants.

HUGO. – Et vous croyez que les vivants accepteront vos combines ?

HOEDERER. – On les leur fera avaler tout doucement.

HUGO. – En leur mentant ?

20 **HOEDERER.** – En leur mentant quelquefois.

HUGO. – Vous… vous avez l'air si vrai, si solide ! Ça n'est pas possible que vous acceptiez de mentir aux camarades.

HOEDERER. – Pourquoi ? Nous sommes en guerre et ça n'est pas l'habitude de mettre le soldat heure par heure au courant des opérations.

25 **HUGO.** – Hoederer, je… je sais mieux que vous ce que c'est que le mensonge ; chez mon père tout le monde se mentait, tout le monde me mentait. Je ne respire plus que depuis mon entrée au Parti. Pour la première fois j'ai vu des hommes qui ne mentaient pas aux autres hommes. Chacun pouvait avoir confiance en tous et tous en chacun, le militant le plus humble avait le sentiment que les ordres des dirigeants lui révélaient sa volonté profonde, et s'il y avait un coup dur, on 30 savait pourquoi on acceptait de mourir. Vous n'allez pas…

HOEDERER. – Mais de quoi parles-tu ?

HUGO. – De notre Parti.

HOEDERER. – De notre Parti ? Mais on y a toujours un peu menti. Comme partout ailleurs. Et toi, Hugo, tu es sûr que tu ne t'es jamais menti, que tu n'as jamais 35 menti, que tu ne mens pas à cette minute même ?

HUGO. – Je n'ai jamais menti aux camarades. Je… À quoi ça sert de lutter pour la libération des hommes, si on les méprise assez pour leur bourrer le crâne ?

HOEDERER. – Je mentirai quand il faudra et je ne méprise personne. Le mensonge, ce n'est pas moi qui l'ai inventé : il est né dans une société divisée en 40 classes et chacun de nous l'a hérité en naissant. Ce n'est pas en refusant de mentir que nous abolirons le mensonge : c'est en usant de tous les moyens pour supprimer les classes[5].

---

1. La scène a lieu en Illyrie (région de la Yougoslavie et de l'actuelle Croatie) dont la situation est inspirée de l'immédiat après 1945. L'armée soviétique étend l'influence du communisme.
2. Nettoyer, préparer une arme.
3. Dirigeant fasciste qui a collaboré avec l'Allemagne nazie.
4. Blanchir, faire oublier un passé répréhensible.
5. Dès la seconde moitié du XIXᵉ siècle, les socialistes analysent la société en termes de classes. Les classes capitalistes s'opposent à celles des prolétaires, travailleurs exploités.

Les Mains sales, de Jean-Paul SARTRE, mise en scène de Guy-Pierre Couleau (Scène nationale d'Angoulême, 2009).

HUGO. – Tous les moyens ne sont pas bons.

HOEDERER. – Tous les moyens sont bons quand ils sont efficaces.

HUGO. – Alors, de quel droit condamnez-vous la politique du Régent ? Il a déclaré la guerre à l'U.R.S.S. parce que c'était le moyen le plus efficace de sauvegarder l'indépendance nationale[6].

HOEDERER. – Est-ce que tu t'imagines que je la condamne ? Il a fait ce que n'importe quel type de sa caste aurait fait à sa place. Nous ne luttons ni contre des hommes ni contre une politique mais contre la classe qui produit cette politique et ces hommes.

HUGO. – Et le meilleur moyen que vous ayez trouvé pour lutter contre elle, c'est de lui offrir de partager le pouvoir avec vous ?

HOEDERER. – Parfaitement. Aujourd'hui, c'est le meilleur moyen. (*Un temps.*) Comme tu tiens à ta pureté, mon petit gars ! Comme tu as peur de te salir les mains. Eh bien, reste pur ! À qui cela servira-t-il et pourquoi viens-tu parmi nous ? La pureté, c'est une idée de fakir et de moine. Vous autres, les intellectuels, les anarchistes bourgeois, vous en tirez prétexte pour ne rien faire. Ne rien faire, rester immobile, serrer les coudes contre le corps, porter des gants. Moi j'ai les mains sales. Jusqu'aux coudes. Je les ai plongées dans la merde et dans le sang. Et puis après ? Est-ce que tu t'imagines qu'on peut gouverner innocemment ?

HUGO. – On s'apercevra peut-être un jour que je n'ai pas peur du sang.

HOEDERER. – Parbleu : des gants rouges, c'est élégant. C'est le reste qui te fait peur. C'est ce qui pue à ton petit nez d'aristocrate.

HUGO. – Et nous y voilà revenus : je suis un aristocrate, un type qui n'a jamais eu faim ! Malheureusement pour vous, je ne suis pas seul de mon avis.

HOEDERER. – Pas seul ? Tu savais donc quelque chose de mes négociations avant de venir ici ?

HUGO. – N-non. On en avait parlé en l'air, au Parti, et la plupart des types n'étaient pas d'accord et je peux vous jurer que ce n'étaient pas des aristocrates.

HOEDERER. – Mon petit, il y a malentendu : je les connais, les gens du Parti qui ne sont pas d'accord avec ma politique et je peux te dire qu'ils sont de mon espèce, pas de la tienne – et tu ne tarderas pas à le découvrir. S'ils ont désapprouvé ces négociations, c'est tout simplement qu'ils les jugent inopportunes ; en d'autres circonstances ils seraient les premiers à les engager. Toi, tu en fais une affaire de principes.

J.-P. SARTRE, *Les Mains sales*, Cinquième tableau, scène 3, © Éditions Gallimard, 1948.

6. Le second tableau est présenté comme un *flash back* par rapport au premier tableau de la pièce, situé en 1945. Sartre écrit *Les Mains sales* au moment où les pays de l'Est basculent dans le bloc soviétique, figeant l'Europe dans la Guerre froide.

Débattre sur le prix d'une vie humaine

LECTURE

Deux situations, deux personnages

1 Caractérisez chacun des deux personnages en vous référant précisément au dialogue.

2 Quels indices suggèrent qu'Hoederer est le double inversé (ou maléfique) de Hugo ?

3 À qui réfère le pronom « nous » ? A-t-il le même sens dans la bouche des deux hommes ?

L'homme : moyen ou fin ?

4 Quelle thèse chaque interlocuteur défend-il ? Dégagez-en les arguments et contre-arguments en les opposant dans un tableau.

5 Comment le texte de Camus fait-il écho à ce débat ?

La confrontation

6 Comment le dialogue progresse-t-il ? Quels procédés syntaxiques et lexicaux traduisent le conflit entre les deux hommes ?

7 Connaissant le but secret de Hugo, quel poids prennent certaines répliques ? Donnez des exemples précis.

8 Quel personnage suscite la confiance du spectateur ? Argumentez.

HISTOIRE DES ARTS

Comment comprendre et interpréter la métaphore des « mains sales » ? Comment la mise en scène de G.-P. Couleau (p. 613) lui donne-t-elle force et signification ?

VERS LE BAC

Dissertation

« Tous les moyens sont bons quand ils sont efficaces », affirment Hoederer et Stepan. Que pensez-vous de ces propos ? Étayez votre réponse à l'aide d'arguments empruntés à la littérature et à l'histoire.
▶ Fiche 17 Comprendre un sujet de dissertation

Oral (entretien)

Quel est l'intérêt de présenter cette réflexion sur l'engagement sous la forme d'un dilemme théâtral ?
▶ Fiche 16 Réussir l'épreuve orale du baccalauréat

16 Albert Camus
Les Justes, 1947

Biographie p. 671
Histoire littéraire p. 578
Littérature et société p. 576
Repères historiques p. 34

Russie, 1905. Kalialyev, un activiste socialiste révolutionnaire, n'a pu se résoudre à lancer sa bombe sur la calèche du grand-duc, parce qu'il y a vu des enfants. De retour dans son groupe de terroristes, il provoque une discussion : peut-on être « juste » pour la société, à tout prix ?

DORA. – […] À *Stepan*. Pourrais-tu, toi, Stepan, les yeux ouverts, tirer à bout portant sur un enfant ?

STEPAN. – Je le pourrais si l'Organisation le commandait.

DORA. – Pourquoi fermes-tu les yeux ?

5 **STEPAN.** – Moi ? j'ai fermé les yeux ?

DORA. – Oui.

STEPAN. – Alors, c'était pour mieux imaginer la scène et répondre en connaissance de cause.

DORA. – Ouvre les yeux et comprends que l'Organisation perdrait ses pouvoirs et son influence si elle tolérait, un seul moment, que des enfants fussent broyés par nos bombes.

STEPAN. – Je n'ai pas assez de cœur pour ces niaiseries. Quand nous nous déciderons à oublier les enfants, ce jour-là, nous serons les maîtres du monde et la révolution triomphera.

DORA. – Ce jour-là, la révolution sera haïe de l'humanité entière.

STEPAN. – Qu'importe si nous l'aimons assez fort pour l'imposer à l'humanité entière et la sauver d'elle-même et son esclavage.

DORA. – Et si l'humanité entière rejette la révolution ? Et si le peuple entier, pour qui tu luttes, refuse que ses enfants soient tués ? Faudra-t-il le frapper aussi ?

A. CAMUS, *Les Justes*, Acte II, 1949 © Éditions Gallimard, 1962.

Les Justes, d'Albert CAMUS, mise en scène de Stanislas Nordey (Théâtre de la Colline, 2010).

« Ce jour-là, la révolution sera haïe »

LECTURE

1 Reformulez l'objet et les enjeux du débat qui s'engage entre les deux personnages.

2 Comment le dramaturge révèle-t-il les contradictions du fanatisme révolutionnaire ?

3 Observez l'écriture choisie pour les répliques. Que constatez-vous ? En quoi cette écriture peut-elle être rapprochée de celle de la tragédie ?

HISTOIRE DES ARTS

Comment la mise en scène de Stanislas Nordey permet-elle de traduire le conflit et l'attitude de chacun des personnages ?

VERS LE BAC

Invention

Inventez le discours d'un personnage qui veut éveiller la conscience et la sensibilité de ses interlocuteurs au problème de la misère sociale.

Vous rédigerez ce discours sous la forme d'une tirade. Vous veillerez à développer les arguments et la dimension de la persuasion.

▸ Fiche 11 Comprendre un sujet d'écriture d'invention

17 Eugène Ionesco
Rhinocéros, 1960

Un phénomène curieux alimente les conversations d'une petite ville de province : un rhinocéros a traversé la rue principale. Progressivement, la population s'habitue à voir des rhinocéros jusqu'à ce qu'une pathologie se déclare : la rhinocérite ou métamorphose de l'homme en rhinocéros. Dans l'extrait qui suit, Béranger exprime son refus obstiné de perdre son statut d'homme.

Biographie p. 671
Histoire littéraire p. 578
Littérature et société p. 576
Repères historiques p. 34

JEAN. – [...] Après tout, les rhinocéros sont des créatures comme nous, qui ont le droit à la vie au même titre que nous !

BÉRENGER. – À condition qu'elles ne détruisent pas la nôtre. Vous rendez-vous compte de la différence de mentalité ?

5 JEAN, *allant et venant dans la pièce, entrant dans la salle de bains, et sortant.* – Pensez-vous que la vôtre soit préférable ?

BÉRENGER. – Tout de même, nous avons notre morale à nous, que je juge incompatible avec celle de ces animaux.

JEAN. – La morale ! Parlons-en de la morale, j'en ai assez de la morale, elle est
10 belle la morale ! Il faut dépasser la morale.

BÉRENGER. – Que mettriez-vous à la place ?

JEAN, *même jeu.* – La nature !

BÉRENGER. – La nature ?

JEAN, *même jeu.* – La nature a ses lois. La morale est antinaturelle.

15 BÉRENGER. – Si je comprends, vous voulez remplacer la loi morale par la loi de la jungle !

JEAN. – J'y vivrai, j'y vivrai.

BÉRENGER. – Cela se dit. Mais dans le fond, personne...

JEAN, *l'interrompant, et allant et venant.* – Il faut reconstituer les fondements de
20 notre vie. Il faut retourner à l'intégrité primordiale[1].

BÉRENGER. – Je ne suis pas du tout d'accord avec vous.

JEAN, *soufflant bruyamment.* – Je veux respirer.

BÉRENGER. – Réfléchissez, voyons, vous vous rendez bien compte que nous avons une philosophie que ces animaux n'ont pas, un système de valeurs
25 irremplaçable. Des siècles de civilisation humaine l'ont bâti !...

JEAN, *toujours dans la salle de bains.* – Démolissons tout cela, on s'en portera mieux.

BÉRENGER. – Je ne vous prends pas au sérieux. Vous plaisantez, vous faites de la poésie.

30 JEAN. – Brrr...

Il barrit presque.

BÉRENGER. – Je ne savais pas que vous étiez poète.

JEAN, *il sort de la salle de bains.* – Brrr...

Il barrit de nouveau.

35 BÉRENGER. – Je vous connais trop bien pour croire que c'est là votre pensée profonde. Car, vous le savez aussi bien que moi, l'homme...

---

1. Âge premier de la civilisation.

Rhinocéros, d'Eugène IONESCO, mis en scène par Emmanuel Dermarcy Mota (Théâtre de la Ville, Paris, 2004).

JEAN, *l'interrompant.* – L'homme… Ne prononcez plus ce mot !
BÉRENGER. – Je veux dire l'être humain, l'humanisme…
JEAN. – L'humanisme est périmé ! Vous êtes un vieux sentimental ridicule.
40 […]
BÉRENGER. – De telles affirmations venant de votre part… (*Béranger s'interrompt, car Jean fait une apparition effrayante. En effet, Jean est devenu tout à fait vert. La bosse de son front est presque devenue une corne de rhinocéros.*) Oh ! Vous semblez vraiment perdre la tête ! (*Jean se précipite vers son lit, jette
45 les couvertures par terre, prononce des paroles furieuses et incompréhensibles, fait entendre des sons inouïs.*) Mais ne soyez pas si furieux, calmez-vous ! Je ne vous reconnais plus.
JEAN, *à peine distinctement.* – Chaud… trop chaud. Démolir tout cela, vêtements, ça gratte, vêtements, ça gratte.

E. IONESCO, *Rhinocéros*, Acte II, Deuxième tableau, © Éditions Gallimard, 1960.

Face à la rhinocérite

LECTURE

Le statut d'homme
1 Quels arguments de Béranger montrent la supériorité de l'homme sur l'animal ? Présentez votre réponse dans un tableau comparatif.
2 « L'humanisme est périmé », déclare Jean. Expliquez le sens de cette phrase.

La mutation en rhinocéros
3 Quels signes révèlent la « rhinocérite » de Jean ? Vous relèverez des indices dans les dialogues et les didascalies.
4 La métamorphose de Jean en rhinocéros est-elle comique ou tragique ? En quoi cet extrait illustre-t-il l'appellation « farce tragique » accordée à *Rhinocéros* ?
5 ORAL Proposez une lecture à deux voix, insistant sur la métamorphose en bête.

La portée symbolique
6 Ionesco écrit : « *Rhinocéros* est sans doute une pièce antinazie mais surtout une pièce contre les hystéries collectives. » Identifiez dans le texte des indices conduisant à cette interprétation.

HISTOIRE DES ARTS
Comment E. Demarcy Mota choisit-il de représenter la mutation du personnage en rhinocéros ?

ÉCRITURE

Vers le commentaire
Vous commenterez cet extrait en insistant sur la dévalorisation de l'idée d'humanité qui ressort de ce dialogue.

VERS LE BAC

Invention
Imaginez le monologue que prononcerait Jean à la suite de ce dialogue avec Béranger. Ce discours comportera des didascalies mettant en valeur la métamorphose du personnage.
▶ Fiche 11 **Comprendre un sujet d'écriture d'invention**

POÉSIE

18

Paul Claudel
Connaissance de l'Est, 1900 et 1907

Biographie p. 671

Histoire littéraire p. 578

Littérature et société p. 576

Repères historiques p. 34

À l'aube du XXe siècle, de nombreux auteurs (Michaux, Malraux, Segalen) voyagent jusqu'en Asie. Cette révélation du monde oriental ouvre sur un renouveau des formes poétiques et du rapport au monde, en rupture avec la société occidentale. Paul Claudel compose « Jardins » en janvier 1896.

Jardins

Il est trois heures et demie. Deuil blanc : le ciel est comme offusqué d'un linge. L'air est humide et cru.
J'entre dans la cité. Je cherche les jardins.
Je marche dans un jus noir. Le long de la tranchée dont je suis le bord croulant, l'odeur est si forte qu'elle est comme explosive. Cela sent l'huile, l'ail, la graisse, la crasse, l'opium, l'urine, l'excrément et la tripaille. Chaussés d'épais cothurnes[1] ou de sandales de paille, coiffés du long capuce du foumao[2] ou de la calotte de feutre, emmanchés de caleçons et de jambières de toile ou de soie, je marche au milieu de gens à l'air hilare et naïf.

Le mur serpente et ondule, et sa crête, avec son arrangement de briques et de tuiles à jour, imite le dos et le corps d'un dragon qui rampe ; une façon, dans un flot de fumée qui boucle, de tête le termine. – C'est ici. Je heurte mystérieusement à une petite porte noire : on ouvre. Sous des toits surplombants, je traverse une suite de vestibules et d'étroits corridors. Me voici dans le lieu étrange.

C'est un jardin de pierres. – Comme les anciens dessinateurs italiens et français, les Chinois ont compris qu'un jardin, du fait de sa clôture, devait se suffire à lui-même, se composer dans toutes ses parties. Ainsi la nature s'accommode singulièrement à notre esprit, et, par un accord subtil, le maître se sent, où qu'il porte son œil, chez lui. De même qu'un paysage n'est pas constitué par de l'herbe et par la couleur des feuillages, mais par l'accord de ses lignes et le mouvement de ses terrains, les Chinois construisent leurs jardins à la lettre, avec des pierres. Ils sculptent au lieu de peindre. Susceptible d'élévations et de profondeurs, de contours et de reliefs, par la variété de ses plans et de ses aspects, la pierre leur a semblé plus docile et plus propre que le végétal, réduit à son rôle naturel de décoration et d'ornement, à créer le site humain. La nature elle-même a préparé les matériaux, suivant que la main du temps, la gelée, la pluie, use, travaille la roche, la fore, l'entaille, la fouille d'un doigt profond. Visages, animaux, ossatures, mains, conques, torses sans tête, pétrifications comme d'un morceau de foule figée, mélangée de feuillages et de poissons, l'art chinois se saisit de ces objets étranges, les imite, les dispose avec une subtile industrie.

Le lieu ici représente un mont fendu par un précipice et auquel des rampes abruptes donnent accès. Son pied baigne dans un petit lac que recouvre à demi une peau verte et dont un pont en zigzag complète le cadre biais. Assise sur des pilotis de granit rose, la maison-de-thé mire dans le vert-noir du bassin ses doubles toits triomphaux, qui, comme des ailes qui se déploient, paraissent la lever de terre. Là-bas, fichés tout droit dans le sol comme des chandeliers de fer, des arbres dépouillés barrent le ciel, dominent le jardin de leurs statures géantes. Je m'engage

---

1. Cothurnes : chaussures à semelle épaisse utilisées par les acteurs antiques pour rehausser leur taille.

2. Long capuce du foumao : chapeau porté par les paysans, dont la forme en pointe ressemble au capuchon de l'habit d'un moine.

Fu BAOSHI (1904-1965), *Rêveur* (détail), vers 1940-1945, encre et couleurs sur papier (Musée Cernuschi, Paris).

parmi les pierres, et par un long labyrinthe dont les lacets et les retours, les montées et les évasions amplifient, multiplient la scène, imitent autour du lac et de
40 la montagne la circulation de la rêverie, j'atteins le kiosque du sommet. Le jardin paraît creux au-dessous de moi comme une vallée, plein de temples et de pavillons, et au milieu des arbres apparaît le poème des toits.

[…]

J'ai atteint le bord de l'étang, dont les tiges des lotus morts traversent l'eau
45 immobile. Le silence est profond comme dans un carrefour de forêt l'hiver.

P. CLAUDEL, *Conaissance de l'Est*, NRF Poésie, Gallimard.

La révélation de l'harmonie

LECTURE

Une explosion d'impressions

1 Quelles significations la marche prend-elle dans ce texte ? Quelle image l'auteur donne-t-il de lui-même ?

2 @RECHERCHE Recherchez des informations sur des poètes voyageurs qui ont pris l'Asie pour sujet de leur œuvre, comme Henri Michaux ou encore Victor Segalen. Quel rapport ces poètes entretiennent-ils avec l'Orient ?

3 À partir de quel contraste le texte se structure-t-il ? Proposez la délimitation de plusieurs parties.

Le reflet de l'harmonie

4 Par quels moyens l'auteur exprime-t-il l'impression d'harmonie ? Comment celle-ci traduit-elle un art et un rapport au monde ?

5 Pourquoi ce jardin est-il paradoxal ? Comment ses éléments contribuent-ils à l'harmonie ?

6 « Assise sur des pilotis de granit rose […] la lever de terre » (l. 38-41) : quel est le registre ici employé ? À travers quels moyens expressifs ?

7 Analysez la succession des deux derniers paragraphes. Quels en sont la progression thématique et l'effet produit ?

8 SYNTHÈSE À quel genre ce texte appartient-il ? Justifiez votre réponse par des critères et des indices précis.

HISTOIRE DES ARTS

Comment l'harmonie entre l'homme et le monde se trouve-t-elle exprimée et représentée dans cette œuvre d'art chinoise ?

VERS LE BAC

Dissertation

Selon vous, la littérature a-t-elle le pouvoir de nous décentrer de notre propre culture pour découvrir une autre civilisation ? Vous appuierez votre réponse sur le texte de Claudel, ainsi que sur d'autres œuvres que vous avez lues.
▶ Fiche 17 Comprendre un sujet de dissertation

Invention

Dans le jardin qu'il parcourt, Paul Claudel rencontre un écrivain chinois. Imaginez le dialogue entre les deux hommes, où ils échangent sur l'intérêt de s'enrichir au contact des autres civilisations que la sienne. Vous veillerez à faire alterner les répliques, à construire un argumentaire et à développer le propos de vos personnages.
▶ Fiche 11 Comprendre un sujet d'écriture d'invention

Histoire littéraire
Les discours des voyageurs

De la découverte de l'Amérique par Christophe Colomb en 1492 à aujourd'hui, nombre d'écrivains ont sillonné le monde entier à la rencontre de l'Homme. Le fait d'entrer en relation avec une culture étrangère a incité les écrivains voyageurs à faire le récit de leur périple.

La rencontre avec le « sauvage » devient ainsi l'occasion de remettre en question les frontières de l'humanité. Les rituels sauvages tels que le **cannibalisme** fascinent les humanistes. « Chacun appelle barbarie ce qui n'est pas de son usage », proclame ainsi Montaigne afin de répondre aux préjugés de ses contemporains. Jean de Léry avoue, quant à lui, regretter de ne pas vivre parmi les sauvages, figurant ainsi son attachement à ces individus aux mœurs pourtant déroutantes.

La construction d'un discours

Du XVIe siècle au XVIIIe siècle, le récit de voyage connaît un essor considérable dû en partie à la découverte de nouvelles contrées et à la publication de témoignages de grands voyageurs. Dans son *Dictionnaire universel* (1690), Furetière déclare ainsi que « les voyages sont les romans des honnêtes gens » (article « Voyage ») témoignant du crédit nouveau dont bénéficie ce genre. Un dialogue polémique s'engage très rapidement au sujet des peuples sauvages.

→ **Ex :** *Une controverse très célèbre naît entre Bougainville et Diderot, auteur du* Supplément au voyage de Bougainville. *Bougainville plaide pour une science des faits et reproche aux philosophes des Lumières leur vision abstraite, utopique de l'humanité sauvage.*

Bougainville rencontrant les natifs de Tahiti en avril 1768, gravure, vers 1800.

Les voyages « pittoresques » du XIXe siècle

L'itinéraire romantique

Le romantisme prend son essor en France à la chute de l'Empire napoléonien (1815). Les artistes de ce mouvement aspirent à trouver un cadre idéal pour l'expression de leur sensibilité exacerbée. Le **voyage exotique** devient alors une destination prisée par ces écrivains en quête de lieux sauvages et consolateurs. Plus précisément, les romantiques sont en quête de « **pittoresque** », autrement dit de paysages dignes d'être peints (*pittoresco*, mot italien dérivé de *pittore*, « peintre »).

→ **Ex : Chateaubriand (1768-1848)** *voyage en Amérique en 1791 et découvre la beauté des grands espaces vierges. Ce voyage lui inspire* Atala *(1801), sous-titrée « Les amours de deux sauvages dans le désert ».*

L'orientalisme

À partir des années 1820, l'Orient devient la destination favorite des artistes. Ce goût pour l'Orient donne naissance à un mouvement artistique connu sous le nom d'**orientalisme**. Ce courant rassemble des écrivains (Chateaubriand, Lamartine, Hugo, Baudelaire), des peintres d'origines diverses comme Ingres ou Delacroix. Tous ont en commun de priser l'exotisme des cultures du Maghreb et du Moyen-Orient.

→ **Ex : Victor Hugo (1802-1885)** *met l'Orient à la mode dès 1829 en publiant* Les Orientales, *recueil poétique constitué de quarante et un poèmes à la gloire de la Grèce.*

→ **Ex : Gérard de Nerval (1808-1855)** *écrit* Le Voyage en Orient *en 1851 où il célèbre la magie poétique des contrées égyptiennes.*

« Chaque matin dans ce demi-sommeil où la raison triomphe peu à peu des folles images du rêve, je sens qu'il est naturel, logique et conforme à mon origine parisienne de m'éveiller aux clartés d'un ciel gris, au bruit des roues broyant les pavés, dans quelque chambre d'un aspect triste, garnie de meubles anguleux, où l'imagination se heurte aux vitres comme un insecte emprisonné, et c'est avec un étonnement toujours plus vif que je me retrouve à mille lieues de ma patrie, et que j'ouvre mes sens peu à peu aux vagues impressions d'un monde qui est la parfaite antithèse du nôtre. » (Gérard de Nerval, Voyage en Orient, 1851)

Eugène DELACROIX (1798-1863), *Le Kaïd, chef marocain*, 1837, huile sur toile, 98 × 126 cm (Musée des Beaux-Arts, Nantes).

Carnets de route du XXᵉ siècle

Claude Lévi-Strauss et l'ethnographie

Le XXᵉ siècle voit la naissance d'une nouvelle science, l'**anthropologie**, qui entend expliquer le fonctionnement des sociétés humaines. **Claude Lévi-Strauss (1908-2009)** est l'un des penseurs à l'origine de ce renouvellement des sciences de l'Homme. Il publie des œuvres consacrées aux peuples premiers sous la forme de récits (*Tristes Tropiques*, 1955) ou d'essais scientifiques (*Anthropologie structurale*, 1958). Spécialisé dans l'étude des peuples sans écriture, le travail de Claude Lévi-Strauss est celui d'un **ethnologue**.

Le journal de voyage

En parallèle du développement des sciences de l'Homme, de nombreux écrivains perpétuent la tradition du récit de voyage. Reprenant la tradition du journal initié par les artistes romantiques, les écrivains du XXᵉ siècle tiennent des carnets de voyage qui décrivent le territoire qu'ils découvrent et les sentiments suscités par cette découverte. Plusieurs écrivains ont laissé une empreinte de grand aventurier.

→ **Ex** : *Blaise Cendrars (1887-1961)* publie de nombreux reportages et autres carnets de route de ses voyages (*Vol à voile*, 1932 ; *Bourlinguer*, 1948).

La fin des voyages ?

Le XXᵉ siècle connaît deux guerres mondiales qui remettent en question le modèle humaniste hérité du XVIᵉ siècle. Cette situation de crise inspire au premier rang les écrivains voyageurs qui constatent l'impossibilité de rencontrer l'Homme au cœur du voyage. Des ethnologues aux diaristes, il semblerait qu'une même désillusion domine.

→ **Ex** : *Claude Lévi-Strauss intitule le premier chapitre de* Tristes tropiques *« La fin des voyages » et débute par cette phrase devenue célèbre : « Je hais les voyages et les explorateurs ».*

André Gide (*Voyage au Congo*, 1927), **Henri Michaux** (*Ecuador,* 1929 ; *Un Barbare en Asie,* 1933) ou encore **Michel Leiris** (*L'Afrique fantôme,* 1934) dressent un même constat : le voyage n'est plus à même de faire évoluer l'homme.

Le récit de voyage et la découverte de l'Autre

« *C'est un sujet merveilleusement vain, divers et ondoyant que l'homme* », écrit Montaigne dans ses *Essais*. Il est en effet peu évident de dessiner les contours de l'humanité. Comment envisager, dès lors, la variété de l'espèce humaine ?

La diversité humaine

De nombreux auteurs ont eu à défendre l'idée d'une **humanité plurielle** au cours du temps. En dénonçant les lieux communs de leur époque, ils ont favorisé une approche nouvelle. De Montaigne à Lévi-Strauss, nombre d'écrivains ont remis en cause la notion d'**ethnocentrisme**. Il n'existe que des différences de coutumes d'une civilisation à l'autre.

La fascination pour l'étranger

Les écrivains du XVIᵉ siècle aiment employer le mot « bigarrure » pour caractériser les Sauvages. Cette société primitive offre en effet un **dépaysement** au premier abord. Les voyageurs ne se lassent pas de contempler cette humanité à l'état de nature.

Au XIXᵉ siècle, les orientalistes avouent leur fascination pour des populations aux mœurs éloignées de celles des Européens.

La réflexion sur l'Autre

Les Sauvages représentent un **miroir inversé du continent européen**. Le « mythe du bon sauvage » permet ainsi à de nombreux philosophes (Diderot, Voltaire) de dénoncer les vices de leur société.

L'échec du voyage humaniste ?

La marche vers les hommes ne se fait pas sans quelques obstacles. Au XXᵉ siècle, des écrivains avouent leur incapacité à voyager, faute d'une aspiration à l'aventure humaine. Le voyage vers les hommes se fait plus chaotique comme l'attestent les titres des récits de voyage : *L'Afrique fantôme* de Michel Leiris ou *Tristes tropiques* de Claude Lévi-Strauss. C'est alors que la poésie prend le relais : elle propose un regard neuf sur le monde, les mots, l'autre et donc soi-même.

Indien Bororo photographié par Claude LÉVI-STRAUSS.

Les clés du genre
Stratégies argumentatives et modes de raisonnement

Le travail argumentatif implique la recherche d'idées, leur organisation puis leur formulation. Diverses stratégies argumentatives sont mises en œuvre, selon que le locuteur poursuit un raisonnement objectif ou fait davantage appel au sentiment de l'auditoire. On distingue donc trois stratégies argumentatives : démontrer, convaincre et persuader.

❶ Démontrer : un mode d'argumentation qui vise à l'objectivité

➥ **Définition et visée :** démontrer implique un raisonnement fondé sur des faits vérifiables, des données objectives, des arguments irréfutables, de type scientifique, par exemple. Le réquisitoire, lié à une situation judiciaire, est une forme de démonstration. Les arguments sont présentés de manière logique, la rigueur de la démonstration est essentielle et implique la mise en ordre des divers arguments. Les **connecteurs*** logiques permettent de suivre la démonstration.

➥ **Modes de raisonnement :** la forme de raisonnement privilégiée par la démonstration est le **raisonnement par déduction**. Les arguments se suivent logiquement, et vont du général au particulier.
À l'inverse, le **raisonnement inductif** part de l'exemple pour aboutir à des conclusions générales.
Le **raisonnement par l'absurde** consiste à développer un argument afin d'aboutir à une conclusion identifiée comme fausse. En retour l'argument posé à l'origine apparaît erroné.

➥ **Les procédés pour démontrer :**
• **Peu ou pas de marques de subjectivité** (pronoms, modalisateurs*) : celui qui parle s'efface au profit des faits.
• **De nombreux connecteurs logiques :** ils permettent de suivre aisément le raisonnement.
• **Les verbes au présent :** la démonstration prend un caractère de vérité générale*.

Ex : « *Mon ami, les ombres ont aussi leurs couleurs. Regardez attentivement les limites et même la masse de l'ombre d'un corps blanc ; et vous y discernerez une infinité de points noirs et blancs interposés.* » Diderot, Essai sur la peinture.

❷ Convaincre

➥ **Définition et visée :** convaincre consiste à obtenir l'adhésion du destinataire par la voie de la raison. Le développement d'une démarche intellectuelle, des connaissances partagées entre celui qui parle et celui qu'il cherche à convaincre sont nécessaires. Des éléments objectifs permettent un échange de points de vue.

➥ **Mode de raisonnement**
Le **raisonnement par analogie** consiste à mettre en relation des situations différentes par leur contexte mais similaires dans leur déroulement. La conclusion naît de cette mise en parallèle.
Le **raisonnement par concession** consiste à admettre une partie de l'argument de l'adversaire. La thèse contraire se développe alors en réfutant l'autre partie de l'argument. Il s'agit donc de favoriser le dialogue.

➥ **Procédés pour convaincre**
• Les **connecteurs logiques***, modalisateurs qui permettent de nuancer le propos.
• Les **figures d'opposition** qui favorisent la confrontation de points de vue divergents.
• Les **parallélismes*** de construction dans les phrases.

❸ Persuader : une stratégie qui s'appuie sur le destinataire

➥ **Définition et visée :** persuader consiste à obtenir l'adhésion du destinataire par la voie des sentiments. La stratégie argumentative choisie ne s'adresse plus à la raison mais plutôt à l'émotion.

➥ Persuader implique souvent un **mode d'argumentation indirecte*** : charmer ou au contraire faire peur relèvent de modes de persuasion.

➥ **Procédés pour persuader :**
• **Des arguments *ad hominem*** et l'interpellation du destinataire.
• Les **figures d'insistance***.
• **La présence forte du locuteur :** pronoms et modalisateurs.
• Un **lexique du sentiment**, appréciatif ou dépréciatif.

Ex : « *Crois-tu ne pouvoir mériter des louanges qu'en devenant violent, injuste, hautain, usurpateur, tyrannique sur tous ses voisins ?* (Fénelon, Les Aventures de Télémaque, 1677)

Les clés du genre

Brève histoire de l'éloquence

❶ Aux origines de la discipline

- L'éloquence, art du discours, est un don qui se cultive. Ainsi dès le IVe siècle av. J.-C., en Grèce, on enseigne cet art, présenté comme **indissociable de la démocratie**. En effet, il rend apte à défendre sa cause dans un conflit (genre judiciaire), à célébrer les héros incarnant les valeurs de la patrie (genre démonstratif : éloge ou blâme), ou à formuler des arguments pour ou contre certaines décisions politiques, votées à l'assemblée des citoyens (genre délibératif). **Aristote** a consacré un ouvrage à cette discipline, la *Rhétorique*, montrant que la réussite du discours dépend de l'**adaptation** à l'auditoire, de la **confiance** qu'inspire l'orateur, tant dans son choix d'arguments que dans les **émotions** qu'il inspire. La moralité de la rhétorique dépend de l'usage qu'en fait l'orateur.

- Le discours est habilement construit selon cette **structure** : l'**exorde** qui capte la bienveillance de l'auditoire et expose le sujet, la **narration de l'affaire**, la **confirmation des preuves**, éventuellement une **réfutation des arguments** de l'adversaire, puis une **péroraison**, résumé efficace et émouvant.

Ex : *Le discours de Rodrigue est rigoureusement structuré ; il relève du genre judiciaire* (> p. 278).

- **Cicéron** est un modèle d'orateur : avocat, homme politique et philosophe, il insiste sur l'unité entre qualités morales et compétences techniques. Pour lui, le discours doit poursuivre le bien commun de la Cité, tout en s'adaptant aux désirs et aux valeurs de l'auditoire.

Ex : *Dans son réquisitoire contre Catilina, Cicéron défend une certaine idée de la république.*

L'orateur doit donc savoir varier les styles, du simple au plus orné de figures, de la douceur au grave ou au terrible.

❷ Une discipline souveraine

- Le christianisme utilise la rhétorique pour exprimer sa foi et sa raison. Le Moyen Âge et les humanistes perpétuent et redécouvrent les modèles antiques. Les grandes controverses philosophiques et religieuses doivent leur puissance à la rhétorique. Ainsi, juristes, théologiens, comme **Thomas More** ou **Calvin**, et poètes, comme **Ronsard**, épanouissent leur génie dans l'éloquence.

- Dans ses *Fables*, **La Fontaine** exploite les ressources de cet art et le démystifie.

Ex : *Dans « Le pouvoir des fables », La Fontaine ouvre une réflexion sur l'art oratoire* (> p. 532).

- Placée au service d'un idéal moral et religieux, la rhétorique donne sa force aux sermons de **Bossuet**. Cette éloquence efficace de la parole et du geste se retrouve au théâtre, chez **Molière**, **Corneille** (> p. 244), mais aussi chez des peintres comme **Poussin**.

- Ses trésors sont utiles aux hommes des **Lumières**, rivalisant par une parole rationnelle et passionnée.

Ex : *La Révolution est un âge d'or des avocats. À cette période, la parole a pu conduire au meilleur comme au pire.*

- La délibération éclairée est au fondement de la bonne gestion des affaires publiques, car les décisions politiques échappent à la démonstration scientifique et touchent à des enjeux moraux.

Ex : *En 1981, le garde des Sceaux Robert Badinter fait ainsi un plaidoyer vibrant en faveur de l'abolition de la peine de mort et contribue au basculement d'une opinion publique longtemps attachée à son maintien* (> p. 586).

- Les médias peuvent être le relais de ces débats et s'appuyer sur l'art de la parole.

Ex : *L'engagement dreyfusard est représenté notamment par le quotidien L'Aurore, qui publie les lettres de Zola.*

❸ Le spectre de la rhétorique

Certains condamnent la rhétorique : elle serait un instrument de manipulation et de démagogie. Dans les régimes dictatoriaux et les propagandes, l'art du discours a été réduit à des recettes. Aujourd'hui, des techniques oratoires sont utilisées par les publicitaires pour bâtir mythes et slogans, susciter l'achat de biens de consommation et l'adhésion à des valeurs, vendues comme des produits.

Les clés du genre — L'essai

1. Définition

➤ Le mot « essai » a pour **étymologie** le mot latin « exagium » qui signifie pesage, poids. L'essai consiste donc à évaluer et examiner une idée. Il relève de ce fait de la délibération, mouvement par lequel la pensée se questionne.

➤ L'essai s'inscrit dans une tradition humaniste inspirée d'auteurs antiques tels que Plutarque, selon laquelle il s'agit d'accumuler des réflexions morales et des exemples afin d'illustrer divers sujets.

➤ Le terme d'essai recouvre **plusieurs sens** qui permettent d'éclairer les diverses formes de ce genre :
- L'essai est **une tentative** (un coup d'essai) : il s'apparente en ce sens à l'ébauche, à l'esquisse et ne vise donc pas à être une pensée achevée.
- Faire un essai peut également vouloir dire **mettre à l'épreuve** une idée afin d'en examiner la validité. Les thèses adverses, qu'il s'agit de réfuter, sont alors intégrées à la réflexion. Le dialogue permet de rendre concrète cette forme de discussion.
- Enfin, l'essai peut être conçu comme un **exercice de réflexion** destiné à faire évoluer la pensée.

2. Une réflexion personnelle

➤ L'essai est ainsi une forme **d'argumentation directe** : l'auteur met en scène une réflexion personnelle écrite en prose. Pour ce faire, il convoque fréquemment des points de vue adverses qui sont exprimés soit explicitement soit sous forme de références ou d'allusions.
L'essai qui engage l'énonciateur dans sa personne, grâce au pronom personnel JE, s'oppose au dialogue philosophique.

➤ Dans l'essai, les différentes voix convoquées sont orchestrées et reprises par l'énonciateur qui les met en dialogue.

Ex : « Cicéron dit que philosopher ce n'est autre chose que s'apprêter à la mort. C'est d'autant que l'étude et la contemplation retirent aucunement notre âme hors de nous… »

Pour introduire son essai sur la mort (*Que philosopher c'est apprendre à mourir*, Livre I chapitre 20), Montaigne convoque le point de vue de Cicéron.

➤ Dans le dialogue philosophique, les voix en présence sont distinctes et assumées par des énonciateurs ou des personnages différents.

Ex : « LE PRÊTRE : Vous ne croyez donc point en Dieu ? LE MORIBOND : Non. Et cela pour une raison bien simple, c'est qu'il est parfaitement impossible de croire ce qu'on ne comprend pas. Entre la compréhension et la foi, il doit exister des rapports immédiats […]. Je te défie toi-même de croire au dieu que tu me prêches, parce que tu ne saurais me le démontrer. » (Sade, *Dialogue entre un prêtre et un moribond*, 1782)

➤ L'essai, de par sa visée, est **une forme libre**. Le lecteur assiste à l'élaboration de la pensée, peut en suivre les mouvements, les hésitations, les contradictions.

➤ Les domaines traités par l'essai sont extrêmement divers : politique, sciences, arts, histoire, événements contemporains ou historiques.

3. Les diverses formes de l'essai

➤ **Les *Essais* de Montaigne :** il est le premier à employer ce terme comme titre d'un ouvrage et invente en ce sens, au XVIe siècle, le genre même de l'essai. Pour Montaigne, il ne s'agit jamais de réfléchir pour convaincre ou persuader c'est-à-dire conclure, mais plutôt de **délibérer** : le mouvement même de la pensée est le fondement et le but de l'écriture.

Ex : « Même lorsqu'il s'agit de mes propres écrits, je ne retrouve pas toujours le sens de ma première pensée : je ne sais plus ce que j'ai voulu dire, et je me nuis souvent à vouloir corriger et à ajouter une nouvelle signification, pour avoir perdu la première, qui avait plus d'intérêt. Je ne fais qu'aller et venir ; ma raison ne va pas toujours en avançant ; elle erre, elle divague, "Comme une frêle barque Surprise sur la vaste mer par un vent furieux…" Chacun en dirait à peu près autant de lui-même, s'il s'observait comme je le fais. » (Montaigne, *Essais*, II, 1576)

➤ **La lettre** est une autre forme de l'essai. Elle peut se présenter comme une correspondance privée envoyée à un destinataire particulier, dans le roman épistolaire par exemple.

Ex : *Il n'est pas vrai que plus les femmes vieillissent plus elles deviennent rêches et sévères. C'est de quarante à cinquante ans que le désespoir de voir leur figure se flétrir, la rage de se sentir obligées d'abandonner des prétentions et des plaisirs auxquels elles tiennent encore rendent presque toutes les femmes bégueules et acariâtres.* (Choderlos de Laclos, *Les Liaisons dangereuses*, 1782).

Les clés du genre
La littérature morale

Au XVIᵉ siècle et au XVIIᵉ siècle, se développe une réflexion sur les sciences, le rôle des écrivains et des penseurs, la conquête du bonheur par le savoir. Cet humanisme se manifeste dans les œuvres littéraires par un questionnement sur l'homme, la justice, la vérité. Un moraliste est un philosophe ou un écrivain qui observe le comportement de ses semblables. La littérature morale correspond à un nouveau mode de relation à la réalité et au pouvoir.

❶ Les formes fragmentaires

▶ **La maxime** est une phrase généralement courte qui énonce une vérité morale, une règle d'action ou de conduite. Les *Maximes* de La Rochefoucauld constituent l'exemple canonique de cette forme. L'auteur y développe des pensées souvent paradoxales dont le but est d'énoncer des vérités morales dans des phrases aux formules frappantes. La visée de la maxime est d'étonner le lecteur par la forme même de la phrase et ainsi de le faire réfléchir.

Ex : « *Le soleil ni la mort ne se peuvent regarder en face.* » (La Rochefoucauld)

Ses caractéristiques sont :
- Un énoncé fréquemment paradoxal.
- Une chute ou pointe.
- L'usage de la métaphore rendant plus concret et frappant le propos abstrait.

Ex : « *Quelque découverte que l'on ait faite dans le pays de l'amour-propre, il y reste encore bien des terres inconnues.* » (La Rochefoucauld, *Maximes*, 1665).

▶ **Le fragment**, à la différence de la maxime, est une partie d'un tout à venir. L'idée d'inachèvement est donc constitutive de cette forme. Les *Pensées* de Pascal sont l'exemple typique d'une écriture fragmentaire par défaut : le projet initial était un livre continu, *L'Apologie de la religion chrétienne*, dont la rédaction fut interrompue par la mort de l'auteur. Comme chez Montaigne dans ses *Essais*, le lecteur se trouve confronté à un kaléidoscope de points de vue traité de manière discontinue. Le but est de susciter la réflexion du lecteur en le confrontant à la multiplicité des modes de réflexion.

Ses caractéristiques sont :
- Sa forme (il est une partie d'un ensemble inachevé).
- Son contenu qui est divers (anecdote, réflexion sur soi-même, pensées).

▶ **L'aphorisme** : étymologiquement ce mot vient du grec « *aphorismos* » qui signifie définition. L'aphorisme exprime une vérité générale en une formule concise.

Ses caractéristiques sont :
- Une extrême brièveté.
- Le temps utilisé, le plus souvent le présent à valeur de vérité générale.
- Les formes impersonnelles qui permettent également de généraliser le propos.

❷ Les formes continues

▶ **Le sermon** est un discours prononcé dans une église par un prédicateur. Le représentant de ce genre est, au XVIIᵉ siècle, Bossuet, un évêque dont les qualités d'éloquence faisaient l'admiration de la cour. Son mode d'argumentation est fréquemment celui de la persuasion.

Ex. : « *Ha ! Chrétiens, la justice, c'est la véritable vertu des monarques et l'unique appui de la majesté. Car qu'est-ce que la majesté ? Ce n'est pas une certaine prestance qui est sur le visage du prince et sur tout son extérieur ; c'est un éclat plus pénétrant, qui porte dans le fond des cœurs une crainte respectueuse.* »
(Bossuet, *Sermon sur le devoir des rois*, 1662)

Ses caractéristiques sont :
- L'usage de l'apostrophe pour interpeller directement l'auditoire.
- Les questions rhétoriques mettant en scène la contradiction.
- Des figures d'amplification fréquentes (hyperboles, énumération).

▶ **Le discours** est une forme longue qui traite d'un sujet (la justice, la guerre, les sciences, l'exercice du pouvoir) et le développe de manière organisée. Sa visée est de convaincre et d'instruire. Au XVIIIᵉ siècle, le discours est également un moyen d'interroger les fondements de la société dans le but de les faire évoluer.

Ex : « *Cela revient à dire que l'essentiel est ici de voir clair, de penser clair, entendre dangereusement, de répondre clair à l'innocente question initiale : qu'est-ce en son principe que la colonisation ? De convenir de ce qu'elle n'est point ; ni évangélisation, ni entreprise philanthropique, ni volonté de reculer les frontières de l'ignorance, de la maladie, de la tyrannie [...].* »
(Aimé Césaire, *Discours sur le colonialisme*, 1950)

Les clés du genre

L'apologue
La fiction au service de l'argumentation

❶ L'apologue : un récit à visée argumentative

➡ **Définition** : l'apologue est un texte narratif à visée argumentative.
Le recours à la fiction permet d'exposer des idées, de les rendre plus concrètes en les attribuant à des personnages. Le récit permet également au lecteur de réfléchir de manière plaisante. C'est un mode d'argumentation indirecte car les leçons y sont véhiculées de façon symbolique à travers les personnages et situations qui y sont mis en scène.

➡ **Forme** : la fable, le conte philosophique, la parabole, la nouvelle ou encore des récits plus longs comme les romans de Kafka, sont tous des formes d'apologue.

➡ **Visée** : l'auteur de l'apologue cherche à plaire au lecteur, à l'**amuser** de manière à le faire **réfléchir**, voire à l'**instruire**. Le récit peut contenir une morale, mais celle-ci n'est pas nécessairement formulée de manière explicite. La force de la fiction tient alors à sa capacité à faire penser, sans pour autant exprimer de manière claire la morale qui en découle. Le lecteur doit souvent **se questionner sur le sens à accorder au récit**.

❷ Les formes brèves de l'apologue

➡ **La fable** est un récit bref à caractère moral et dont la visée est argumentative. Ses caractéristiques sont les suivantes :
- Une brièveté du récit qui lui confère une efficacité.
- Une structure simple où deux ou trois personnages incarnent chacun un point de vue.
- Un dialogue qui permet d'animer le débat et facilite la démonstration.
Au XVIIᵉ siècle, les fables de La Fontaine avaient pour destinataire officiel un enfant, le Dauphin, qu'il s'agissait d'instruire de manière plaisante.

➡ **Le conte philosophique** : l'expression « conte philosophique » rend compte du caractère hybride du genre.
Comme dans le conte, le personnage principal, souvent naïf, se trouve confronté à des situations invraisemblables voire merveilleuses.
• Les péripéties, nombreuses, permettent d'aborder des **sujets philosophiques** variés.

• Les situations variées donnent un rythme rapide et plaisant au récit.
• Les dialogues de type argumentatif permettent de polariser les points de vue, et de produire des débats sur des sujets nombreux : éducation, guerre, pouvoir, religion, culture, morale.
Le regard sur la société contemporaine est critique :
• la réalité contemporaine, vue à travers le prisme d'un personnage souvent naïf, se révèle souvent dans toute son absurdité. Cela suscite en général l'amusement du lecteur et provoque une réflexion ;
• le détour par le récit permet aux philosophes des Lumières au XVIIIᵉ siècle de se protéger de la censure. Le conte offre un espace d'expression pour de nouvelles idées qui ne peuvent être exprimées de manière directe.

➡ **La parabole** se distingue par sa visée qui est plus explicitement didactique : elle délivre un message à caractère moral ou religieux qui vise une interprétation univoque.

❸ Les récits de voyage, les utopies et contre-utopies

D'autres formes de récits permettent de développer un discours argumentatif qui vise à critiquer la société.

➡ **Le récit de voyage** permet de porter un regard différent sur la société. La critique a pour vecteur le point de vue décentré du personnage. Deux cas peuvent se présenter :
- le personnage « étranger » met en lumière les travers et les absurdités de la société contemporaine, comme dans les *Lettres persanes* de Montesquieu (1721). La forme épistolaire* permet alors de motiver la diversité des sujets traités.
- Le personnage, de par ses voyages, porte en retour un regard critique sur la société dont il est issu.

➡ **L'utopie** : ce terme vient du grec avec une racine double (u-topia : le non lieu/ou-topia : le beau lieu) et il désigne un lieu imaginaire et parfait. Il qualifie par extension les récits décrivant une société idéale. Dans le cadre du conte philosophique de Voltaire *Candide ou L'Optimisme* (1759) l'arrivée du personnage dans le pays de l'Eldorado en est l'exemple typique. L'inverse de l'utopie est appelé **dystopie** ou **contre-utopie**.

Les clés du genre

La variété des registres dans l'argumentation

❶ La variété des registres dans l'argumentation

L'argumentation a recours à différents registres. Il convient d'en définir l'emploi et les significations en fonction du contexte (énonciation, sujet traité) et des visées de l'argumentation.

➦ **Le registre pathétique** permet de mobiliser les sentiments du lecteur ou de l'auditoire en suscitant pitié et indignation.

Ex. : « Aujourd'hui, jeunesse, puisses-tu penser à cet homme comme tu aurais approché tes mains de sa pauvre face informe du dernier jour, de ses lèvres qui n'avaient pas parlé ; ce jour-là, elle était le visage de la France. » André Malraux, Transfert des cendres de Jean Moulin au Panthéon (19 décembre 1964).

➦ **Le registre polémique** sert un combat verbal énergique. Il est particulièrement adapté dans les discours de la controverse, du débat contradictoire et du pamphlet.

Ex. : « Je parle moins encore de ces libellistes honteux qui n'ont trouvé d'autre moyen de satisfaire leur rage, l'assassinat étant trop dangereux, que de lancer du cintre de nos salles des vers infâmes contre l'auteur, pendant que l'on jouait sa pièce. » (Beaumarchais, préface au Mariage de Figaro, 1785).

➦ **Le registre lyrique** a une fonction poétique expressive ou d'embellissement mais il participe à la volonté de mobiliser dans l'action.

Ex. : « Ami, entends-tu le vol noir des corbeaux sur nos plaines ? Ami, entends-tu ces cris sourds du pays qu'on enchaîne ?... » (Kessel et Druon, Le chant des partisans, 1943).

➦ **Le registre didactique** respecte la neutralité du propos, son caractère scientifique et logique, ce qui correspond aussi à une stratégie pour convaincre.

Ex. : « En France, les pères qui se voient confier la garde de leurs enfants représentent environ 9 % à 11 % des cas. Leur chiffre stagne depuis plusieurs années, notamment à cause de la pesanteur des stéréotypes et de la mentalité des juges. » (Élisabeth Badinter, L'un et l'autre, 1986).

❷ Le mélange des registres

➦ L'argumentation peut mêler plusieurs registres, soit en les faisant se succéder, soit en les combinant.

Ex. : « Qui voudra connaître à plein la vanité de l'homme n'a qu'à considérer les causes et les effets de l'amour. La cause en est un je ne sais quoi. Corneille. Et les effets en sont effroyables. Ce Je ne sais quoi, si peu de chose qu'on ne peut le reconnaître, remue toute la terre, les princes, les armées, le monde entier.
Le nez de Cléopâtre s'il eût été plus court toute la face de la terre aurait changé » (Pascal, Pensées, Fragment 32, liasse de juin 1658).

Si l'attaque débute par l'emploi du registre didactique (vanité de l'homme et de ses passions), le ton devient très vite celui de la polémique (pouvoir de l'amour sur les rois). Le fragment s'achève par une pointe ironique (cours de l'Histoire modifiée par la taille d'un nez).

➦ **Attention :** le registre satirique peut prendre des significations différentes. Hugo l'emploie dans une attaque ad hominem, sans ouvrir de débat :

Ex : « Ô Veuillot, face immonde encor plus sinistre
Laid à faire avorter une femme vraiment !
Quand on te qualifie et qu'on t'appelle "cuistre"
"Istre" est un ornement ! » (Hugo).

Le même Victor Hugo recourt au registre satirique pour instruire un débat politique (la tyrannie de Napoléon III contre le peuple) :

Ex : « Monsieur Napoléon, c'est son nom authentique,
Est pauvre et même prince ; il aime les palais ;
Il lui convient d'avoir des chevaux, des valets... » (Hugo, Les Châtiments, « Souvenir de la nuit du 4 », Jersey, 2 décembre 1852.)

❸ L'ironie et l'argumentation indirecte

➦ **L'ironie est un mode d'expression indirecte**. L'auteur énonce l'inverse de ce qu'il pense : il fait alors une **antiphrase**. En rendant la thèse qu'il expose sous forme d'antiphrase inacceptable, il **provoque le lecteur**. Celui-ci est alors amené à saisir les défaillances de cette thèse.

Ex : « Rien n'était si beau, si leste, si brillant, si bien ordonné que les deux armées. Les trompettes, les fifres, les hautbois, les tambours, les canons formaient une harmonie telle qu'il n'y en eut jamais en enfer. » (Voltaire, Candide, 1759)

Les qualités prêtées à l'armée (ordre, vitesse, esthétisme) masquent une organisation meurtrière. L'usage des armes associé à la musique en révèle la cruauté insupportable.

Vers le bac 2de

« Plaider pour une justice plus juste »

1. **Montesquieu**, *De l'esprit des lois*, 1748
2. **Denis Diderot**, *Encyclopédie*, article « Droit naturel », 1751-1772
3. **Victor Hugo**, *Les Misérables*, 1862
4. **François Ost**, « L'invention du tiers, Eschyle et Kafka », 2007

1 Montesquieu, *De l'esprit des lois*, 1748

Après avoir distingué les types de régimes, Montesquieu examine l'exercice de la justice dans les différents gouvernements. Il est convaincu de la nécessité de séparer les pouvoirs législatif, exécutif et judiciaire.

Chapitre III   Dans quels gouvernements et dans quels cas on doit juger selon un texte précis de la loi

Dans les États despotiques[1], il n'y a point de lois : le juge est lui-même sa règle. Dans les États monarchiques, il y a une loi ; et, là où elle est précise, le juge la suit ; là où elle ne l'est pas, il en cherche l'esprit. Dans le gouvernement républicain, il est de la nature de la constitution, que les juges suivent la lettre de la loi. Il n'y a point de citoyen contre qui on puisse interpréter une loi, quand il s'agit de ses biens, de son honneur, ou de sa vie.

À Rome, les juges prononçaient seulement que l'accusé était coupable d'un certain crime ; et la peine[2] le[3] trouvait dans la loi, comme on le voit dans diverses lois qui furent faites. De même, en Angleterre, les jurés décident si l'accusé est coupable ou non du fait qui a été porté devant eux ; et, s'il est déclaré coupable, le juge prononce la peine que la loi inflige pour ce fait : et, pour cela, il ne lui faut que des yeux. [...]

Chapitre VI   Que, dans la monarchie, les ministres ne doivent pas juger

C'est encore un grand inconvénient, dans la monarchie, que les ministres du prince jugent eux-mêmes les affaires contentieuses[4]. Nous voyons encore aujourd'hui des États où il y a des juges sans nombre, pour décider les affaires fiscales[5] ; et où les ministres, qui le croirait ! veulent encore les juger. Les réflexions viennent en foule : je ne ferai que celle-ci.

Il y a, par la nature des choses[6], une espèce de contradiction entre le conseil du monarque et ses tribunaux. Le conseil des rois doit être composé de peu de personnes ; et les tribunaux de judicature[7] en demandent beaucoup. La raison en est que, dans le premier, on doit prendre les affaires avec une certaine passion, et les suivre de même ; ce qu'on ne peut guère espérer que de quatre ou cinq hommes qui en font leur affaire. Il faut, au contraire, des tribunaux de judicature de sang-froid, et à qui toutes les affaires soient, en quelque façon, indifférentes.

Montesquieu, *De l'esprit des lois*, 1748.

1. Où le pouvoir est absolu et arbitraire.
2. Sentence.
3. « Le crime ».
4. Les conflits qui entraînent un procès.
5. Concernant les impôts.
6. Logiquement et en réalité.
7. Administration de la justice.

2 Denis DIDEROT, *Encyclopédie*, article « Droit naturel », 1751-1772

Diderot conclut son article « Droit naturel » de l'Encyclopédie par ce bilan sur les critères d'une vraie justice. Elle repose sur la volonté générale, fondée sur un raisonnement dans « le silence des passions », et non sur la volonté particulière qui conduit à l'égoïsme et au crime.

Si vous méditez donc attentivement tout ce qui précède, vous resterez convaincu : 1° que l'homme qui n'écoute que sa volonté particulière est l'ennemi du genre humain ; 2° que la volonté générale est dans chaque individu un acte pur de l'entendement[1] qui raisonne dans le silence des passions sur ce que l'homme peut exiger de son semblable, et sur ce que son semblable est en droit d'exiger de lui ; 3° que cette considération de la volonté générale et de l'espèce et du désir commun est la règle de la conduite relative d'un particulier à un particulier dans la même société ; d'un particulier envers la société dont il est membre, et de la société dont il est membre envers les autres sociétés ; [...] 8° que l'équité[2] est à la justice comme la cause est à son effet, ou que la justice ne peut être autre chose que l'équité déclarée ; 9° enfin, que toutes ces conséquences sont évidentes pour celui qui raisonne et que celui qui ne veut pas raisonner, renonçant à la qualité d'homme, doit être traité comme un être dénaturé.

D. DIDEROT, *Encyclopédie*, article « Droit naturel », 1751-1772.

1. Faculté de comprendre et de juger.
2. Justice naturelle fondée sur la reconnaissance des droits de chacun.

3 Victor HUGO, *Les Misérables*, 1862

Ancien bagnard évadé, Jean Valjean est devenu un notable estimé et charitable. Or il apprend qu'un innocent a été pris pour lui et risque, à sa place, d'aller au bagne. Après une intense délibération, il décide de se rendre au tribunal et d'empêcher l'erreur judiciaire. Voici son discours, au moment de se livrer à la justice.

— Je vous remercie, monsieur l'avocat général, mais je ne suis pas fou. Vous allez voir. Vous étiez sur le point de commettre une grande erreur, lâchez cet homme. J'accomplis un devoir. Je suis ce malheureux condamné. Je suis le seul qui voie clair ici, et je vous dis la vérité. Ce que je fais en ce moment, Dieu, qui est là-haut, le regarde, et cela suffit. Vous pouvez me prendre, puisque me voilà. J'avais pourtant fait de mon mieux. Je me suis caché sous un nom, je suis devenu riche, je suis devenu maire ; j'ai voulu rentrer parmi les honnêtes gens. Il paraît que cela ne se peut pas. Enfin, il y a bien des choses que je ne puis pas dire, je ne vais pas vous raconter ma vie, un jour, on saura. J'ai volé Mgr Myriel[1], cela est vrai ; j'ai volé Petit-Gervais[2], cela est vrai. On a eu raison de vous dire que Jean Valjean était un malheureux très méchant. Toute la faute n'est peut-être pas à lui. Écoutez, messieurs les juges, un homme aussi abaissé que moi n'a pas de remontrance à faire à la providence[3] ni de conseil à donner à la société ; mais, voyez-vous, l'infamie d'où j'avais essayé de sortir est une chose nuisible. Les galères font le galérien. Recueillez cela, si vous voulez. Avant le bagne, j'étais un pauvre paysan très peu intelligent, une espèce d'idiot ; le bagne m'a changé. J'étais

1. Évêque de Digne, qui avait hébergé Jean Valjean lors de son retour en France et avait été charitable en niant avoir été volé par lui.
2. Savoyard auquel le bagnard avait volé une pièce.
Ces deux personnages sont, pour Jean Valjean, des exemples sur son itinéraire de conversion morale et spirituelle.
3. Sage gouvernement de Dieu sur la création.

Vers le bac

stupide, je suis devenu méchant ; j'étais bûche, je suis devenu tison. Plus tard l'indulgence et la bonté m'ont sauvé, comme la sévérité m'avait perdu. Mais, pardon, vous ne pouvez pas comprendre ce que je dis là. Vous trouverez chez moi, dans les cendres de la cheminée, la pièce de quarante sous que j'ai volée il y a sept ans à Petit-Gervais. Je n'ai plus rien à ajouter. Prenez-moi. Mon Dieu ! monsieur l'avocat général remue la tête, vous dites : M. Madeleine[4] est devenu fou, vous ne me croyez pas ! Voilà qui est affligeant. N'allez pas condamner cet homme au moins ! Quoi ! ceux-ci ne me reconnaissent pas ! Je voudrais que Javert[5] fût ici. Il me reconnaîtrait, lui !

V. HUGO, *Les Misérables*, I, VII, 3, 1862.

4. Pseudonyme de Jean Valjean inspiré du nom d'une pécheresse repentie, dans l'Évangile.
5. Policier qui traque Jean Valjean.

Le roi et la reine de cœur siègent sur leur trône au milieu du tribunal.

John TENNIEL (1820-1914), illustration d'origine (1865) du roman de Lewis CARROLL, *Alice au pays des merveilles*.

4 François OST, « L'invention du tiers, Eschyle et Kafka », 2007

François Ost est un professeur de droit belge né en 1952. Il s'intéresse aux réponses que la littérature peut offrir aux grandes questions posées par l'exercice de la justice.

Tant qu'on reste dans un régime de vengeance, on ne tourne jamais la page, tandis que la justice du tiers[1] est là pour arrêter les compteurs et passer à autre chose. [...] Athéna[2] commence par écouter : première fonction du juge. Le tiers, c'est d'abord un personnage neutre, une sorte de non-personnage ; il amène chacun à s'expliquer, à donner les motifs de son comportement, les raisons de ses actes. Ainsi, par cette attitude bienveillante d'écoute, la Justice gagne la confiance des uns et des autres. Il ne faut pas aller trop vite et se faire accréditer comme médiateur par les deux parties.

Un premier pas est franchi : plutôt que l'impulsion immédiate, on a le temps différé du procès. On critique souvent les lenteurs de la justice, et il est vrai que la justice est souvent trop lente, mais on voit bien ce qui se passe avec la justice des flagrants délits, laquelle se trouve souvent être une justice qui est trop proche de la passion, pas assez refroidie, et qui risque de ne pas assurer les garanties du procès contradictoire. Le temps différé du procès permet à chacun de mettre en mots ses prétentions ou prérogatives[3]. Une distance minimale doit s'instaurer entre les protagonistes.

F. OST, « L'invention du tiers, Eschyle et Kafka », revue *Esprit*, août-septembre 2007.

1. Rendue par un tiers, un médiateur.
2. L'auteur de l'article a pris l'exemple d'une tragédie d'Eschyle, *Les Euménides*, où Athéna, déesse de la sagesse, joue le rôle du juge.
3. Avantage, privilège.

Questions sur un corpus

1 Observez le champ lexical des passions dans les quatre textes : à quoi s'oppose-t-il et pourquoi ?
2 Par quels arguments les textes montrent-ils la nécessité d'un médiateur dans un conflit ?
3 Indiquez le genre de chaque texte et son but. Lesquels ont davantage recours aux arguments rationnels ? Lesquels préfèrent les arguments liés à l'affectivité ?

▶ Fiche 9 **Répondre à une question sur un corpus**

Travaux d'écriture

Commentaire
Rédigez un commentaire de l'extrait des *Misérables* (texte 2). Vous analyserez d'abord les tonalités du discours de Jean Valjean, puis vous étudierez comment il tente de convaincre son public de son identité véritable. Enfin, vous montrerez qu'il dresse un réquisitoire contre l'injustice de la société.

▶ Fiche 13 **Comprendre un sujet de commentaire**

Dissertation
En vous appuyant sur vos lectures et sur les textes du corpus, vous direz si la littérature, de l'*Encyclopédie* à la presse et au roman, peut contribuer à la construction d'une société juste.

▶ Fiche 17 **Comprendre un sujet de dissertation**

Écriture d'invention
Deux membres du public, présents à l'audience où est intervenu Jean Valjean, échangent leurs impressions. Vous rédigerez leur dialogue argumentatif. L'un développera des circonstances atténuantes, l'autre plaidera pour une sanction impitoyable.

▶ Fiche 11 **Comprendre un sujet d'écriture d'invention**

Vers le bac 1re

« La condition féminine »

1. **Louis-Sébastien Mercier**, *Tableau de Paris*, 1781-1788
2. **George Sand**, *Histoire de ma vie*, 1855
3. **Simone de Beauvoir**, *Le Deuxième Sexe*, 1949
4. **Barbara Kruger**, *You Are Not Yourself*, 1982

1. Louis-Sébastien Mercier, *Tableau de Paris*, 1781-1788

Dans son Tableau de Paris, Louis-Sébastien Mercier observe les comportements de la société tout entière. Dans le chapitre 845, il se préoccupe de la question des femmes en livrant une réflexion hardie pour l'époque.

Si l'on ne défend point aux femmes la musique, la peinture, le dessin, pourquoi leur interdirait-on la littérature ? Ce serait dans l'homme une jalousie honteuse que de repousser la femme dans l'ignorance, qui est un défaut avilissant. Quand un être sensible a reçu de la Nature une imagination vive, comment lui ravir le droit d'en disposer à son gré ?

Mais voici le danger. L'homme redoute toujours dans la femme une supériorité quelconque ; il veut qu'elle ne jouisse que de la moitié de son être. Il chérit la modestie de la femme ; disons mieux, son humilité, comme le plus beau de tous ses traits ; et comme la femme a plus d'esprit naturel que l'homme, celui-ci n'aime point cette facilité de voir, cette pénétration. Il craint qu'elle n'aperçoive en lui tous ses vices et surtout ses défauts.

Dès que les femmes publient leurs ouvrages, elles ont d'abord contre elles la plus grande partie de leur sexe, et bientôt presque tous les hommes. L'homme aimera toujours mieux la beauté d'une femme que son esprit ; car tout le monde peut jouir de celui-ci.

L'homme voudra bien que la femme possède assez d'esprit pour l'entendre[1], mais point qu'elle s'élève trop, jusqu'à vouloir rivaliser avec lui et montrer égalité de talent, tandis que l'homme exige pour son propre compte, un tribut[2] journalier d'admiration. […]

Ainsi à travers tous les compliments dont l'homme accable une femme, il craint ses succès ; il craint que sa fierté n'en augmente et ne mette un double prix à ses regards. L'homme veut subjuguer[3] la femme tout entière, et ne lui permet une célébrité particulière, que quand c'est lui qui l'annonce et qui la confirme. Il consent bien qu'elle ait de la réputation, pourvu qu'on l'en croie le premier juge et le plus proche appréciateur.

Louis-Sébastien Mercier, *Tableau de Paris*, chapitre 845, 1781-1788.

1. Entendre : comprendre.
2. Ce qui est dû à une personne.
3. Ici, au sens étymologique : mettre sous le joug, soumettre.

2 George SAND, *Histoire de ma vie,* 1855

En méditant Montaigne dans le jardin d'Ormesson[1], je m'étais souvent sentie humiliée d'être femme, et j'avoue que dans toute lecture d'enseignement philosophique, même dans les livres saints, cette infériorité morale attribuée à la femme a révolté mon jeune orgueil. « Mais cela est faux ! m'écriais-je ; cette ineptie et cette frivolité que vous nous jetez à la figure, c'est le résultat de la mauvaise éducation à laquelle vous nous avez condamnées, et vous aggravez le mal en le constatant. Placez-nous dans de meilleures conditions, placez-y les hommes aussi ; faites qu'ils soient purs, sérieux et forts de volonté, et vous verrez bien que nos âmes sont sorties semblables des mains du Créateur. »

Puis, m'interrogeant moi-même et me rendant bien compte des alternatives de langueur et d'énergie, c'est-à-dire de l'irrégularité de mon organisation essentiellement féminine, je voyais bien qu'une éducation rendue un peu différente de celle des autres femmes par des circonstances fortuites[2] avait modifié mon être ; que mes petits os s'étaient endurcis à la fatigue, ou bien que ma volonté, développée par les théories stoïciennes de Deschartres[3] d'une part et les mortifications[4] chrétiennes de l'autre, s'était habituée à dominer souvent les défaillances de la nature. Je sentais bien aussi que la stupide vanité des parures, pas plus que l'impur désir de plaire à tous les hommes, n'avaient de prise sur mon esprit, formé au mépris de ces choses par les leçons et les exemples de ma grand-mère. Je n'étais donc pas tout à fait une femme comme celles que censurent et raillent les moralistes ; j'avais dans l'âme l'enthousiasme du beau, la soif du vrai, et pourtant j'étais bien une femme comme toutes les autres, souffreteuse, nerveuse, dominée par l'imagination, puérilement accessible aux attendrissements et aux inquiétudes de la maternité. Cela devait-il me reléguer à un rang secondaire dans la création et dans la famille ? Cela étant réglé par la société, j'avais encore la force de m'y soumettre patiemment ou gaiement. Quel homme m'eût donné l'exemple de ce secret héroïsme qui n'avait que Dieu pour confident des protestations de la dignité méconnue ?

Que la femme soit différente de l'homme, que le cœur et l'esprit aient un sexe, je n'en doute pas. Le contraire fera toujours exception ; même en supposant que notre éducation fasse les progrès nécessaires (je ne la voudrais pas semblable à celle des hommes), la femme sera toujours plus artiste et plus poète dans sa vie, l'homme le sera toujours plus dans son œuvre. Mais cette différence, essentielle pour l'harmonie des choses et pour les charmes les plus élevés de l'amour, doit-elle constituer une infériorité morale ?

George SAND, *Histoire de ma vie*, IV, 13, 1855.

1. Parc de la ville d'Ormesson, dans le Val-de-Marne.
2. Liées au hasard.
3. Précepteur du père de George Sand.
4. Dans la tradition religieuse, désigne les souffrances que l'on s'inflige à soi-même.

3 Simone DE BEAUVOIR, *Le Deuxième Sexe,* 1949

Le privilège que l'homme détient et qui se fait sentir dès son enfance, c'est que sa vocation d'être humain ne contrarie pas sa destinée de mâle. Par l'assimilation du phallus et de la transcendance[1], il se trouve que ses réussites sociales ou spirituelles le douent d'un prestige viril. Il n'est pas divisé. Tandis qu'il est demandé à la femme pour accomplir sa féminité de se faire objet et proie, c'est-à-dire de renoncer à ses revendications de sujet souverain. C'est ce conflit qui caractérise singulièrement la situation de la femme affranchie. Elle refuse de se cantonner dans son rôle de femelle parce qu'elle ne veut pas se mutiler ; mais ce serait aussi une mutilation de répudier son sexe. L'homme est un être humain sexué ; la femme n'est un individu complet, et l'égale du mâle, que si elle est aussi un être humain sexué. Renoncer à sa féminité, c'est renoncer à une part de son humanité. Les misogynes ont souvent reproché aux femmes de tête de « se négliger » ; mais ils leur ont aussi prêché : si vous voulez être nos égales, cessez de vous peindre la figure et de vernir vos ongles. Ce dernier conseil est absurde. Précisément parce que l'idée de féminité est définie artificiellement par les coutumes et les modes, elle s'impose du dehors à chaque femme ; elle peut évoluer de manière que ses canons se rapprochent de ceux adoptés par les mâles : sur les plages, le pantalon est devenu féminin. Cela ne change rien au fond de la question : l'individu n'est pas libre de la modeler à sa guise. Celle qui ne s'y conforme pas se dévalue sexuellement et par conséquent socialement puisque la société a intégré les valeurs sexuelles. En refusant des attributs féminins, on n'acquiert pas des attributs virils ; même la travestie ne réussit pas à faire d'elle-même un homme : c'est une travestie. On a vu que l'homosexualité constitue elle aussi une spécification : la neutralité est impossible. Il n'est aucune attitude négative qui n'implique une contrepartie positive. L'adolescente croit souvent qu'elle peut simplement mépriser les conventions ; mais par là même elle manifeste ; elle crée une situation nouvelle entraînant des conséquences qu'il lui faudra assumer. Dès qu'on se soustrait à un code établi on devient un insurgé. Une femme qui s'habille de manière extravagante ment quand elle affirme avec un air de simplicité qu'elle suit son bon plaisir, rien de plus : elle sait parfaitement que suivre son bon plaisir est une extravagance. Inversement, celle qui ne souhaite pas faire figure d'excentrique se conforme aux règles communes. À moins qu'il ne représente une action positivement efficace, c'est un mauvais calcul que de choisir le défi : on y consume plus de temps et de forces qu'on en économise.

Simone DE BEAUVOIR, *Le Deuxième Sexe*, deuxième partie, chapitre 14, « Vers la libération », 1949, © Éditions Gallimard, 1976.

1. Caractère de ce qui est situé au-delà de notre monde, qui le dépasse.

4 Barbara KRUGER, *You Are Not Yourself,* 1982

Barbara KRUGER,
You Are Not Yourself, 1982,
photo, collage,
182,9 × 121,9 cm.

Questions sur un corpus

1. Quelle vision de la femme ressort de ces trois textes ?
2. À quel genre littéraire chacun des trois textes appartient-il ? Justifiez votre réponse en identifiant des procédés d'écriture précis.

▶ Fiche 9 **Répondre à une question sur un corpus**

Travaux d'écriture

Commentaire
Vous ferez le commentaire du texte de Louis-Sébastien Mercier en montrant que l'auteur remet en cause une certaine image de la femme. Concluez en vous appuyant sur l'œuvre de Barbara Kruger.

▶ Fiche 13 **Comprendre un sujet de commentaire**

Dissertation
L'essai est-il le genre littéraire le mieux à même de révéler les défauts d'une société ? Vous appuierez votre réflexion sur les textes du corpus, ainsi que sur vos connaissances littéraires et vos lectures personnelles.

▶ Fiche 17 **Comprendre un sujet de dissertation**

Écriture d'invention
Les humiliations subies par les femmes dans le monde vous révoltent. Vous décidez d'écrire une tribune destinée à être publiée dans un quotidien pour alerter le public. Vous veillerez à mettre en valeur votre indignation et à dégager des arguments en faveur de l'égalité entre hommes et femmes.

▶ Fiche 11 **Comprendre un sujet d'écriture d'invention**

Pistes de lecture *L'argumentation*

À lire

1. Sophocle, *Antigone*, Vᵉ siècle av. J.-C.
L'affrontement entre deux justices, deux raisons.

2. Stefan Zweig, *Le Joueur d'échecs*, 1943
Le récit poignant d'une résistance par le jeu d'échecs, un apologue engagé.

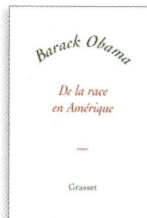

3. Barack Obama, *De la race en Amérique*, 2008
Un discours vibrant et structuré de celui qui faisait alors campagne pour être élu président des États-Unis. Une argumentation en faveur de l'union pour la justice sociale.

Lire un discours marquant

4. Martin Luther King, « I have a dream », 1963

@ CONSULTER
vidéo du discours sur YouTube.

Pasteur baptiste, doué pour la prédication, Martin Luther King a remporté très jeune des prix d'éloquence. Promoteur de la lutte pour l'émancipation des Noirs par la non-violence, il reçoit le prix Nobel de la paix en 1964 et donne sa vie pour son espérance : il est assassiné à Memphis en 1968.

Ce discours est prononcé le 28 août 1963, pendant la Marche vers Washington qui réunit deux cent cinquante mille personnes pour soutenir un projet de loi en faveur de l'égalité civique. Son souffle oratoire, son élan, ses images, ses références mythiques et bibliques portent encore aujourd'hui.

Je suis heureux d'être avec vous aujourd'hui dans ce rassemblement qui restera dans l'histoire de notre nation comme la plus grande manifestation en faveur de la liberté.

Il y a cent ans, un grand Américain[1], dans l'ombre symbolique duquel nous 5 nous tenons aujourd'hui, signait l'Acte d'émancipation. Ce décret capital est arrivé comme la lumière d'espoir d'un grand phare pour des millions d'esclaves noirs marqués au feu d'une cinglante injustice. Il est arrivé comme une aube joyeuse à la fin de la longue nuit de leur captivité.

Mais cent ans ont passé, et le Noir n'est toujours pas libre. Cent ans ont 10 passé, et l'existence du Noir est encore tristement entravée par les menottes de la ségrégation et les chaînes de la discrimination. Cent ans ont passé, et le Noir vit toujours sur l'île solitaire de la pauvreté au milieu d'un vaste océan de prospérité matérielle. Cent ans ont passé, et le Noir croupit encore dans les marges de la société américaine comme un exilé dans son 15 propre pays. Et c'est pourquoi nous sommes venus ici aujourd'hui pour exposer cette honteuse situation.

Martin Luther KING, « I have a dream », Édition bilingue © Points, 2009.

1. Abraham Lincoln, seizième président des États-Unis, dont le nom est associé à l'abolition de l'esclavage.

@ consulter

- **www.assemblee-nationale.fr/histoire/7e.asp** : les grands moments de l'éloquence parlementaire en France. Textes, images et enregistrements à écouter.
- **www.bnf.fr** « Lumières, un héritage pour demain » : plongez au cœur des combats des Lumières, combats dont l'impérieuse nécessité s'impose à nous encore aujourd'hui.
- **aphgtoulouse@multimania.com** : découvrez l'affaire Calas dans son intégralité et suivez le combat de Voltaire, le philosophe des Lumières, pour que triomphe, même après la mort de l'accusé, la vérité et la justice.

À voir

Les Hommes du Président, film d'Alan J. PAKULA, 1976
L'histoire vraie de deux journalistes du *Washington Post*, B. Woodward et C. Bernstein, qui révélèrent le scandale du Watergate (1974) et provoquèrent la démission du président américain Nixon.

Fiche 2

Lecture analytique (1)
Formuler des hypothèses à la première lecture

La lecture analytique consiste à construire et à formuler une **interprétation du texte**.
Avant d'entrer dans une lecture détaillée du texte, on peut formuler des **premières hypothèses**.

Il est possible de :
– Trouver des indices dans le **paratexte*** : Il faut donc apprendre à **observer** et à **exploiter** les éléments extérieurs au texte car ils peuvent **orienter la lecture**.
– Faire des hypothèses à partir d'une **lecture rapide** qui « balaie » le texte du regard afin de repérer quelques informations.

❶ Trouver des indices dans le paratexte

➡ Pour formuler des **hypothèses de sens** avant la lecture, on peut s'appuyer sur des **informations périphériques** :
– le titre du texte, de l'œuvre
– le nom de l'auteur et la date de publication
– le chapeau qui présente le texte et situe le passage
– les notes de bas de page éventuelles
– la préface, la couverture (dans le cas d'une œuvre complète).

➡ On ne peut pas toujours formuler des hypothèses à partir d'un **seul élément**. Il faut bien souvent **croiser plusieurs informations**. Certains indices peuvent paraître inutiles dans un premier temps. Mais ils pourront **prendre du sens** lors de l'étude approfondie du texte.

Ex 1 : *Paratexte :* Voltaire, Candide ou l'Optimisme, 1759.
– *L'auteur :* ses idées peuvent-elles m'aider à formuler des hypothèses ?
– *Le titre* : quelles sont les différentes significations du titre ?
– *La date de publication :* les circonstances d'écriture sont-elles importantes ? Pourquoi ?

Ex 2 : *Paratexte :* Victor Hugo, Les Contemplations, 1856, « Réponse à un acte d'accusation », Livre premier, VII. Hugo rejette ici les normes classiques qui imposent leurs interdits au théâtre et en poésie.

Ce paratexte contient des informations qui permettent d'orienter la lecture du texte : le titre annonce un **texte de défense** et le chapeau introducteur évoque **l'expression d'une rupture avec les règles classiques**.

Attention : Les éléments du paratexte ne sont pas toujours significatifs.

Ex : *Jules et Edmond de Goncourt,* Germinie Lacerteux, 1865.

❷ Faire des hypothèses à partir d'une première lecture

➡ La **lecture « balayage »** (le regard balaie le texte) consiste à **parcourir** le texte pour prélever des **indices** sur certains **aspects** qui fournissent une **première impression de lecture**. On peut observer en particulier :
– le type de texte (genre* et forme)
– la situation d'énonciation* (qui parle/écrit ? à qui ? de quoi ? pourquoi ?)
– le(s) thème(s)
– le registre* et le ton dominant
– la visée globale du texte
– la forme et la mise en page du texte.

➡ Il s'agit alors de formuler des premières hypothèses sous forme de **questions ou d'énoncés** (à l'oral ou à l'écrit). Ces hypothèses de sens seront ensuite **acceptées**, **rejetées** ou **ajustées** lors de la lecture du texte. Cette **confrontation** entre les premières hypothèses et la lecture du texte doit ainsi conduire vers l'élaboration d'un **projet de lecture**.

> **Ex :** « *Je suis fou, pensa-t-il, je soupçonne ma mère.* » Et un flot d'amour et d'attendrissement, de repentir, de prière et de désolation noya son cœur. Sa mère ! La connaissant comme il la connaissait, comment avait-il pu la suspecter ? Est-ce que l'âme, est-ce que la vie de cette femme simple, chaste et loyale, n'étaient pas plus claires que l'eau ? Quand on l'avait vue et connue, comment ne pas la juger insoupçonnable ? Et c'était lui, le fils, qui avait douté d'elle ! Oh ! s'il avait pu la prendre en ses bras en ce moment, comme il l'eût embrassée, caressée, comme il se fût agenouillé pour demander grâce !
> Maupassant, Pierre et Jean, 1888.

➡ Une **première impression de lecture** fait apparaître les multiples **exclamations** et **interrogations**. On constate donc qu'il s'agit d'un **monologue intérieur** dans lequel le personnage semble exprimer des **soupçons** à l'encontre de sa mère. On peut donc orienter la lecture de ce passage autour d'une première question : **comment ce monologue exprime-t-il l'agitation intérieure du personnage ?**

Fiche 3

Lecture analytique (2)
Repérer, interpréter et analyser

La **lecture analytique** se distingue de la lecture cursive dans la mesure où elle nécessite de faire des repérages et d'accomplir un **examen approfondi** des moyens expressifs et de l'interprétation à donner.

❶ Repérer des indices en fonction des hypothèses

➡ Si la lecture « balayage » a permis de formuler des premières hypothèses, une **lecture plus attentive** doit confirmer ou ajuster ces hypothèses. La relecture du texte vise donc à **repérer des indices** en fonction de celles-ci.

➡ Ce travail de repérage est indispensable, car il permet de **construire le sens** du texte. Il est possible de choisir quelques **entrées** précises :
– les champs lexicaux*
– les champs sémantiques*
– les temps verbaux
– les pronoms, les déterminants
– les registres*
– les figures de style
– les répétitions et les reprises
– la structure du texte

➡ **Exemple : Objet d'étude :** La poésie du XIXᵉ au XXᵉ siècle : du romantisme au symbolisme
L'année 1843 marque un tournant dans la vie du poète : le 4 septembre, sa fille aînée Léopoldine se noie dans la Seine avec son mari. Il s'agit ici d'un « poème-anniversaire » daté du 3 septembre 1847.

Demain, dès l'aube, à l'heure où blanchit la campagne,
Je partirai. Vois-tu, je sais que tu m'attends.
J'irai par la forêt, j'irai par la montagne.
Je ne puis demeurer loin de toi plus longtemps.

Je marcherai les yeux fixés sur mes pensées,
Sans rien voir au dehors, sans entendre aucun bruit,
Seul, inconnu, le dos courbé, les mains croisées,
Triste, et le jour pour moi sera comme la nuit.

Je ne regarderai ni l'or du soir qui tombe,
Ni les voiles au loin descendant vers Harfleur,
Et, quand j'arriverai, je mettrai sur ta tombe
Un bouquet de houx vert et de bruyère en fleur.

3 septembre 1847
Victor Hugo, Les Contemplations, 1856, IV, 14

• **Première hypothèse** : ce poème est construit sur **un dévoilement progressif des raisons du déplacement du poète :**
– **Au début** : expression de l'impatience d'un rendez-vous avec un être cher.
– **À la fin** : découverte de la mort de cet être cher.

• **Relevé des indices** :
– Les expressions évoquant un **rendez-vous attendu** de part et d'autre : « je sais que tu m'attends ; Je ne puis demeurer loin de toi ».
– Les verbes indiquant **un déplacement** vers la personne aimée : « je partirai ; j'irai ; je marcherai ; j'arriverai ».
– Le champ sémantique de la **tristesse** et du **deuil** : « seul ; inconnu ; dos courbé ; triste ; ta tombe ».

Le poème contient évidemment d'**autres indices** qu'il faudra repérer et analyser afin de construire le sens du texte de manière **plus approfondie**. Mais, dans un premier temps, il est nécessaire de définir un **projet de lecture** afin de construire progressivement les différentes significations du texte.

❷ Analyser et interpréter dans un projet de lecture

➡ Le projet de lecture s'élabore à partir de **la confrontation** entre les premières hypothèses et le repérage de quelques indices. Il doit conduire vers la formulation d'une ou plusieurs **problématiques**. Ces **questions** vont orienter le travail d'analyse sur **le fond** comme sur **la forme** et faire émerger une **interprétation** particulière du texte.

➡ Il est nécessaire d'**ancrer** le travail d'analyse et d'interprétation d'un texte **à l'intérieur d'un projet de lecture**. Il oriente la lecture du texte, permet de vérifier ou d'ajuster des hypothèses. La lecture analytique a donc une **visée argumentative** puisqu'elle vise à construire le sens d'un texte par rapport à un projet de lecture préalablement défini.

Ces projets de lecture permettent de montrer que ce poème est construit autour d'un contraste entre l'impatience d'un rendez-vous et une chute dévoilant le véritable objet de ce rendez-vous : **la tombe de la fille du poète**.

➡️ **Exemple 1 :** Projet de lecture : comment ce poème suggère-t-il le désir de retrouver l'être aimé ?

Repérage des indices	Identification/Analyses	Interprétations
« Demain, dès l'aube [...]/Je partirai. » « Je sais que tu m'attends »	Indication temporelle et verbe au futur.	Révélation d'un départ et d'un rendez-vous attendu de part et d'autre.
v. 2 : « **Je** partirai. »	Présence d'un rejet et mise en relief de la première personne.	Expression de la détermination ; absence de précision sur la destination.
« Je sais que tu m'attends ; Je ne puis demeurer loin de toi »	Jeu entre les pronoms de première et de deuxième personne.	Ton du dialogue intime : complicité. Allusion à un rendez-vous amoureux ?
« j'irai ; je marcherai ; j'arriverai »	Verbes de déplacement au futur simple.	Projection dans le futur : voyage à accomplir ; expression du dynamisme de la marche.
« par la montagne ; vers Harfleur » « aube ; jour ; soir »	Indications spatiales et temporelles.	Évocation de la durée du voyage : progression spatiale et temporelle (une journée).
« je mettrai sur ta tombe »	Importance de la chute qui dévoile l'ambiguïté initiale du rendez-vous.	Arrivée sur la tombe de sa fille : rendez-vous avec la mort.

➡️ **Exemple 2 :** Projet de lecture : comment le poème traduit-il la douleur de l'absence de l'être aimé ?

Repérage des indices	Identification/Analyses	Interprétations
« Seul ; inconnu ; triste »	Accumulation d'adjectifs qualificatifs ; rejet de « triste ».	Expression de la solitude et de la tristesse.
« sans rien voir ; sans entendre ; je ne regarderai ni l'or [...] ni les voiles »	Répétition des tournures négatives.	Évocation de la souffrance, du repli sur soi.
« les yeux fixés sur mes pensées ; le dos courbé, les mains croisées »	Expressions décrivant l'attitude du poète ; assonances en [é].	Insistance sur le recueillement et la méditation ; attitude du deuil.
« je mettrai sur ta tombe »	Importance de la chute qui dévoile l'ambiguïté initiale du rendez-vous.	Effet pathétique. Dévoilement final : rendez-vous avec la mort.
3 septembre 1847.	Importance de la date : mort de Léopoldine le 4 septembre 1843.	Poème de la douleur : souvenir de la perte d'un être cher.

3 Organiser et présenter une lecture analytique

La présentation d'une lecture analytique à l'oral doit s'organiser autour de **quatre temps** :

➡️ **Étape 1 :** Une introduction qui comprend :
• **Une entrée en matière** situant le texte dans un contexte : l'époque, le courant, le genre, l'œuvre dont il est extrait.
Ex : Dans *Les Contemplations*, publiées en 1846, Victor Hugo aborde différents thèmes : la nature, l'amour, l'enfance, l'interrogation métaphysique. Mais ce recueil de poésies exprime avant tout la souffrance liée à la perte d'êtres chers.

• **Une présentation** du texte : ses circonstances d'écriture, son idée générale, sa structure, ses caractéristiques.
Ex : L'année 1843 marque effectivement un tournant dans la vie du poète : le 4 septembre, sa fille aînée Léopoldine se noie dans la Seine avec son mari. Après un temps de silence, il évoque alors sa douleur dans un « poème-anniversaire ». Si la première strophe s'ouvre sur l'impatience d'un rendez-vous, les vers nous font progresser vers son objet réel : la tombe de Léopoldine.

• **Une annonce** et une **justification** du projet de lecture.
Ex : C'est autour de cette double thématique de l'amour et de la mort que s'orientera notre projet de lecture. Notre analyse montrera comment ce poème traduit le désir de retrouver un être cher ainsi que la souffrance de sa disparition.

➡️ **Étape 2 :** Une **lecture expressive** du texte.

➡️ **Étape 3 :** Un **développement** qui s'efforce de :
• **construire le sens du texte** en fonction d'un projet de lecture pertinent ;
• **justifier des interprétations** par un travail de repérage et d'analyse rigoureux.

➡️ **Étape 4 :** Une **conclusion** qui comprend :
• **Un bilan** qui montre l'intérêt du texte.
Ex : Dans ce poème, Victor Hugo a réussi à faire partager sa douleur et elle est d'autant plus émouvante qu'elle est traduite avec des mots simples et dans un lyrisme d'une grande sobriété.

• **Un élargissement** qui montre les rapports du texte étudié avec d'autres textes du corpus (ou de l'œuvre) ou avec d'autres textes à d'autres époques.
Ex : Ce poème d'amour et de mort s'inscrit dans la lignée des textes littéraires qui célèbrent le souvenir d'une relation exceptionnelle. Même si la parole poétique ne peut effacer la réalité douloureuse de la disparition, elle réaffirme la présence de l'être aimé dans le cœur du poète. Ainsi, dans le poème intitulé « L'isolement », Lamartine évoque-t-il la douleur de la perte d'un être cher en un vers resté célèbre : « Un seul être vous manque, et tout est dépeuplé ! »

Fiche 4 — Les figures de style

1 Définition et usage

➡ Au message sur le monde qu'elle délivre, la littérature associe un travail formel. En travaillant la langue commune, l'écrivain acquiert un **style** particulier. Depuis l'Antiquité, des procédés que l'on nomme **figures de style** ont été répertoriés et permettent aux auteurs et aux orateurs de donner plus d'expressivité à leur propos.

➡ **Attention** : on ne peut donc pas se contenter de repérer une figure de style, il faut l'analyser pour indiquer ce qu'elle exprime, sinon son identification reste stérile.

2 Les figures d'insistance

En latin, *insistere* signifie « s'arrêter sur ». Elles permettent, par la répétition, d'**arrêter l'attention** du lecteur sur un point particulier.
Le **martèlement** produit par cette répétition donne du rythme, de l'énergie au propos.

➡ Si la répétition est celle d'une structure syntaxique, on parle de **parallélisme**.

Ex : « *Guerre entre les couvents, guerre entre les provinces.* » (Hugo, Ruy Blas, 1838, II, 2)
Le parallélisme permet d'exprimer l'identité du conflit dans différents milieux, sa généralisation.

➡ Si la répétition porte sur un terme ou une expression en début de vers ou de phrase, on parle d'**anaphore**.

Ex : « *Je sais que dans nos lois, tout dépend de votre volonté et de votre conscience. Je sais que beaucoup d'entre vous [...] ont lutté pour l'abolition. Je sais que le Parlement aurait pu aisément, de sa seule initiative, libérer nos lois de la peine de mort.* » (Discours de R. Badinter à l'Assemblée nationale, 17 septembre 1981, discussion du projet de loi portant l'abolition de la peine de mort)
L'anaphore marque ici l'investissement de l'orateur dans son discours et sa compréhension de la situation.

➡ Si la répétition porte sur un terme ou une expression en fin de vers ou de phrase, on parle d'**épiphore**. Si un même terme est redoublé au début et à la fin d'un passage, on parle d'**antépiphore**.

3 Les figures d'intensité

L'adjectif latin *intensus* signifie « fort, violent ». Grâce à elles, l'auteur crée une **impression forte** sur son lecteur. Ces figures étaient particulièrement appréciées par les auteurs du mouvement baroque qui prônaient une esthétique du sensationnel.

➡ **La gradation** est le procédé qui permet d'accroître l'intensité d'un propos.

Ex : « *Je suis le Ténébreux, – le Veuf, l'Inconsolé,
Le prince d'Aquitaine à la tour abolie...* » (Nerval, Les Chimères, 1854, « El Desdichado »)
Si le premier attribut exprime le tourment, le second l'accroît par la considération de la mort. Quant au troisième attribut, il finit par conclure au caractère irrémédiable de la douleur du poète.

➡ **L'hyperbole** est la figure dévolue à l'expression de l'exagération, du grossissement de la réalité.

Ex : « *Au seul éclat de nos épées
Les tempêtes sont dissipées,
Tous nos bruits sont ensevelis :
Mon Prince a fait cesser la guerre [...]* » (Viau, Œuvres poétiques, « Sur la paix de l'année 1620 »)
L'auteur confère ici à l'éclat des épées un pouvoir surprenant.

4 Les figures d'atténuation

Contrairement aux figures précédentes, elles participent d'une esthétique sobre, qui privilégie la retenue, la maîtrise. Le classicisme respecte ces principes.

➡ **L'euphémisme** présente une réalité brutale en atténuant son expression.

Ex : Dans *L'Éducation sentimentale* (1869), le personnage de Rosette « *se laisse renverser sur* [un] *divan* ».
Pour éviter qu'on l'accuse d'outrage aux mœurs, Flaubert contourne ainsi l'expression trop crue de l'acte sexuel.

➡ **La litote** est une forme particulière d'euphémisme, elle permet de dire moins pour faire entendre plus.

Ex : « *Va, je ne te hais point.* » C'est ainsi que Chimène avoue avec pudeur son amour à Rodrigue dans *Le Cid* (1637, III, 4) » de Corneille.

5 Les figures d'opposition

Ces figures sont prisées notamment par les représentants du mouvement romantique qui cherchent, contrairement aux auteurs classiques, à exprimer les contrastes plutôt que l'harmonie.

➡ **L'antithèse** désigne le rapprochement de deux mots ou expressions de sens contraires.

Ex : « *Les bons font place aux pires.* » (Hugo, Ruy Blas, 1838, III, 2)

➥ **L'oxymore** est une forme d'antithèse qui se particularise par le fait que les mots contraires sont juxtaposés, immédiatement soudés. L'oxymore crée une perturbation logique et permet d'imaginer une réalité autre.

Ex : « *Chinois, Hottentots, bohémiens, niais, hyènes, Molochs, vieilles démences, démons sinistres, ils mêlent les tours populaires, maternels, avec les poses et les tendresses bestiales* » (Rimbaud, Illuminations, 1872-1875, « Parade »)

➥ **Le chiasme** (du grec *khiasmos*, croisement) place en ordre inverse les segments de deux groupes de mots syntaxiquement identiques et sert généralement l'expression d'une opposition, mais cette construction en symétrie inversée peut aussi traduire une union.

Ex : « *Ayant le feu pour père, et pour mère la cendre.* »
         1   2   2   1
(Agrippa d'Aubigné, Les Tragiques, 1616-1630, VII)

➥ **L'ironie** peut être considérée comme une figure d'opposition puisqu'elle repose sur **l'antiphrase**, c'est-à-dire le fait que les propos prononcés doivent être compris en sens inverse.

Ex : « *Rien n'était si beau, si leste, si brillant, si bien ordonné que les deux armées.* » (Voltaire, Candide, 1759)

6 Les figures d'analogie

➥ **La comparaison** et **la métaphore** permettent de stimuler l'imagination du lecteur par des rapprochements entre deux réalités.

➥ **La comparaison** opère le rapprochement de manière explicite à l'aide d'outils variés : « comme » (préposition), « sembler » (verbe), « pareil à » (adjectif), etc.

Ex : « *La fin de la saison, peu sensible dans la campagne, tombait comme un deuil sur cette bourgade voisine de la mer.* » (Gracq, La Presqu'île, 1970)

➥ **La métaphore** permet un rapprochement plus immédiat, « un court-circuit » selon André Breton. Cette figure est particulièrement utilisée par les surréalistes pour son pouvoir évocateur.

Ex : « *Tu es le feu naissant sur les froides rivières.* » (Jaccottet, Poésies, 1946-1967, « Au petit jour »)

➥ **La métaphore filée** est une même image développée.

Ex : « *Il n'y a d'autre remède à cette maladie épidémique [le fanatisme religieux] que l'esprit philosophique, qui, répandu de proche en proche, adoucit enfin les mœurs de chacun, et prévient les accès du mal ; car dès que ce mal fait des progrès, il faut fuir, et attendre que l'air soit purifié. Les lois et la religion ne suffisent pas contre la peste des âmes.* » (Voltaire, Dictionnaire philosophique, 1764, article « Fanatisme »)

On observe l'amplification de la métaphore médicale.

➥ **La personnification** confère des caractères humains à ce qui ne l'est pas.

Ex : « *L'heure sombre où l'Espagne agonisante pleure !* » (Hugo, Ruy Blas, 1838, II, 2)

➥ **L'allégorie** est une forme de personnification puisqu'elle donne corps à une idée.

Ex : « *Je vis cette faucheuse. Elle était dans son champ. Elle allait à grands pas moissonnant et fauchant, Noir squelette laissant passer le crépuscule.* » (Hugo, Les Contemplations, 1856, « Mors »)

7 Les figures de substitution

On remplace un mot par un autre.

➥ **La métonymie** désigne un référent par un terme qui entretient avec lui une relation facilement identifiable.

Ex : « *MARC : Serge, tu n'as pas acheté ce tableau deux cent mille francs ?
SERGE : Mais mon vieux, c'est le prix. C'est un Antrios.* » (Reza, Art, 1994)

➥ **La synecdoque** est une forme de métonymie qui désigne un référent par l'une de ses parties.

Ex : « *Mon bras qu'avec respect toute l'Espagne admire, Mon bras, qui tant de fois a sauvé cet empire, Tant de fois affermi le trône de son roi, Trahit donc ma querelle, et ne fait rien pour moi !* » (Corneille, Le Cid, 1637, I, 4)

8 Les détours

➥ **La périphrase***, une expression simple est volontairement complexifiée soit par souci explicatif, soit par le refus d'une expression directe.

Ex : « *CATHOS : Ma chère, il faudrait faire donner des sièges. […]
MAGDELON : Vite, voiturez-nous ici les commodités de la conversation.* » (Molière, Les Précieuses ridicules, 1659)

Avec cette périphrase imagée, Magdelon confère au simple objet qu'est le fauteuil une valeur intellectuelle.

Remarque : les figures de style peuvent se combiner entre elles. On peut rencontrer un parallélisme qui appuie une antithèse, une métaphore hyperbolique, un euphémisme périphrastique, etc.

Fiche 5

Lecture de l'image fixe :
La peinture, le dessin et la photographie

L'image est un discours visuel. Par rapport au message verbal, son pouvoir tient à sa perception immédiate. Mais cette simplicité n'est qu'apparente, car sa construction est souvent très élaborée.

1 Lire une image

On observe **la composition** qui comprend :

➡ **Le cadrage**, c'est-à-dire la délimitation de l'espace. Il peut présenter :

– un **plan d'ensemble** (qui peut contenir un paysage, un large décor),

– un **plan rapproché** (qui concentre l'attention du spectateur sur la situation d'un personnage dans le décor, sur une action particulière),

– un **gros plan** (qui donne à voir un visage, le détail d'un ensemble).

➡ **Les lignes de construction** (horizontales, verticales, diagonales) qui permettent au spectateur d'orienter son regard, de diriger sa lecture. Des symétries entre ces lignes de construction ou des intersections peuvent exister.
Elles attirent le regard du spectateur et sont généralement fortes de sens.

➡ **Le point de vue** adopté, c'est-à-dire la position de l'observateur. Celui-ci peut se trouver placé en face, derrière, au-dessus, en dessous de ce qu'il regarde. On parle de **plongée** lorsque l'observateur surplombe ce qu'il observe. Ce point de vue est souvent utilisé pour rendre minime, négligeable, vulnérable ce qui est observé. La **contre-plongée** désigne le procédé inverse et produit donc l'effet opposé.

➡ Le **nombre**, la **position** des éléments dans les **plans** de l'image. Les plans désignent ici les parties de l'espace selon qu'elles sont proches de l'observateur.
Ex : *Premier plan, second plan, arrière-plan.*

Les autres éléments à observer :
➡ **L'expression.** On observe la physionomie, c'est-à-dire l'expression traduite par les traits des visages, l'attitude des personnages, les mouvements des corps.

➡ **Le graphisme.** Le contour des formes peut être fin ou épais, marqué ou flou. Il détermine beaucoup le réalisme de l'image.
Ex : *Les peintres cubistes, faisant fi du souci de ressemblance, déforment les formes réelles pour les rendre géométriques.*

On peut aussi étudier :
➡ **Les couleurs,** qui peuvent être **chaudes** ou **froides**, **nuancées** ou **contrastées**. On commente l'**intensité** d'une couleur et on lui attribue parfois une **valeur symbolique**. Ainsi, selon les codes de la civilisation occidentale, le rouge exprime la violence, le noir le deuil, le blanc la pureté, le vert l'espérance, etc.

➡ **La lumière.** On identifie ce qu'elle éclaire et met ainsi en valeur, on est sensible aux effets de **clair-obscur** (c'est-à-dire le jeu de contraste entre lumière et obscurité).

➡ **Le genre.** Il correspond au sujet traité par l'artiste.
Ex : *Représentation historique, paysage, nature morte, portrait, autoportrait, collage, photomontage, etc.*

Nicolas Poussin, *Le Jugement de Salomon*, 1649 (Musée du Louvre).

Exemple d'analyse de la composition : tableau de Poussin

Le tableau de Poussin s'inspire d'un épisode biblique. Deux femmes ont mis au monde un enfant mais comme l'un des deux est mort, elles se disputent le survivant. Salomon ordonne alors de couper cet enfant en deux pour susciter l'horreur de la véritable mère et révéler ainsi son identité.

Poussin opte pour un **plan d'ensemble** qui peut contenir une dizaine de personnages. Il restitue ainsi une scène de justice dans laquelle Salomon est sollicité par la foule.

Les **lignes de construction** sont marquées avec évidence. La gestuelle des trois personnages principaux (Salomon et les deux mères) construit un triangle au centre de l'image et focalise ainsi l'attention du spectateur. La tête de Salomon forme le sommet de ce triangle. En outre, ce repère constitue l'axe sur lequel l'image se construit symétriquement ; des deux côtés de celui-ci se trouvent une femme, un nouveau-né, une colonne, une porte et un groupe de cinq ou six personnages.

La toute-puissance de Salomon est soulignée par le choix d'un **point de vue de face légèrement en contre-plongée** qui place l'observateur droit sous le regard dominant du roi juif.

Exemple d'analyse de l'expression et du graphisme : caricature de Zola

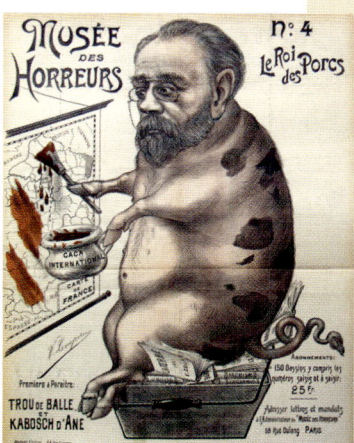

Le Pèlerin du 31 juillet 1898.

Cette **caricature** d'Émile Zola paraît en première page d'un journal humoristique de son temps. L'épuisement du personnage exprimé par sa physionomie, l'affaissement de son corps amènent à penser que la tâche qu'il s'est fixée, la rédaction des vingt volumes de *l'Histoire naturelle et sociale d'une famille sous le second Empire* (les Rougon-Macquart) est une besogne grossière et ennuyeuse, ennui qui pourrait bien être transmis au lecteur.

Le graphisme de la caricature déforme, grossit ou rapetisse volontairement les traits du personnage pour le rendre ridicule. La tête de Zola est démesurément volumineuse par rapport à ses bras. Elle est d'autant mieux mise en valeur qu'elle occupe le plein centre de la première page du journal.

❷ *Interpréter une image*

C'est à partir de l'observation des éléments évoqués plus haut que l'interprétation de l'image se construit méthodiquement. Pour compléter cette analyse on peut aussi se poser les questions suivantes :

➜ Quel est son **rapport au réel** ? Le représente-t-elle avec authenticité, le transforme-t-elle ou l'idéalise-t-elle ?

Ex : Si la photographie capture la réalité, elle n'empêche pas la mise en scène, la création d'une image virtuelle.

Henri Cartier-Bresson, *Shanghaï*, 1948.

Cette photo, prise dans un quartier populaire de Shanghaï, présente un groupe humain qui forme une chenille. Le cliché est inédit et peut faire sourire. La géométrie de la construction de l'image donne de manière surprenante l'impression que les figurants ont posé.

Cependant, elle met en situation un groupe humain en difficulté sur un pont de fortune et peut susciter des interprétations moins heureuses. Elle peut évoquer la surpopulation car Shangaï est depuis longtemps la ville la plus peuplée de Chine. De plus, en 1948, Shangaï est toujours sous occupation japonaise, l'oppression figurée par la chenille peut donc renvoyer à cette réalité politique.

➜ A-t-elle une **visée argumentative ?** Qui produit l'image et à quelle fin ? S'agit-il d'une image publicitaire, d'une propagande ou d'une simple représentation ?

Ex : Monet, en peignant des nymphéas, s'attache à la perception d'une beauté naturelle.
La déconstruction cubiste du tableau de Picasso Guernica *participe de la dénonciation de la guerre.*
La propagande stalinienne enjolive les photos de guerre pour encourager ses troupes.

➜ Est-ce une image attendue (un **cliché**) ou une image déroutante ?

➜ Offre-t-elle une **interprétation unique** ? Par l'équivoque, l'illusion d'optique, une image peut en cacher une autre.

Ex : Marché d'esclaves avec apparition invisible du buste de Voltaire *de Salvador Dali présente une image double car le corps des religieuses fait apparaître le buste de Voltaire.*

L'affiliation de Dali au mouvement surréaliste qui favorise le rêve, la liberté plutôt que la raison et la rigueur, ne l'empêche pas de maîtriser parfaitement les techniques de la perspective et de l'optique qui permettent de faire apparaître, selon la position occupée par l'observateur, le buste de Voltaire.

L'image, visuellement ambiguë, incite l'observateur à reconsidérer la position de Voltaire, le patriarche des Lumières, vis-à-vis de l'esclavage. La jeune esclave dénudée au premier plan semble bien interroger ces yeux celui qui, *a priori*, devait la défendre.

Salvador Dalí, *Marché d'esclaves avec apparition du buste de Voltaire*, 1940 (Musée Salvador Dalí, Saint-Petersburg, Floride).

Fiche 6 — Les registres

On définit un **registre littéraire** en fonction de **l'effet** produit sur le lecteur à la réception d'un texte. Cet effet est visé par l'auteur soit par le **contenu**, soit par le **style**. Les principaux **registres littéraires** sont :
– le comique,
– le tragique,
– le pathétique,
– le lyrique,
– le polémique,
– le didactique,
– l'épique.

➡ Quelques **genres littéraires** sont davantage orientés vers **certains registres** : la comédie : le comique ; la tragédie : le tragique ; l'épopée : l'épique.

➡ Un registre peut prendre différentes **nuances**. Par exemple, le comique peut prendre la forme de la satire, de l'ironie, de l'humour, du burlesque.

➡ **Attention** : il ne faut pas confondre les registres littéraires avec les **registres de langue*** (soutenu, courant, familier).

1 Le comique

➡ **Le registre comique** suscite **le rire** ou **le sourire**. On distingue le comique de caractère, de situation, de gestes et de mots.

Les **principaux procédés** du comique sont :
• Les effets **de décalage, de surprise**.
Ex : « KNOCK : Mais on ne ferait pas un gros volume avec le recueil de ses ordonnances !
MOUSQUET : Vous l'avez dit.
KNOCK : Quand je rapproche tout ce que je sais de lui maintenant, j'en arrive à me demander s'il croyait en la médecine. » (Romains, Knock, 1923, acte II, scène 3)

• La **répétition de mots**, de **phrases**, de **situations**.
Ex : « M. SMITH : Touche la mouche, mouche pas la touche.
Mme MARTIN : La mouche bouge.
Mme SMITH : Mouche ta bouche. » (Ionesco, La Cantatrice chauve, 1950, scène XI)

• L'**accumulation**.
Ex : « CYRANO : Descriptif : c'est un roc !... c'est un pic !... c'est un cap !
Que dis-je, un cap !... C'est une péninsule ! » (Rostand, Cyrano de Bergerac, 1897, acte I, scène 4)

• Les **quiproquos** et les **jeux de mots**.
Ex : « CLOV : J'essaie de fabriquer un peu d'ordre.
HAMM : Laisse tomber.
Clov laisse tomber les objets qu'il vient de ramasser. » (Beckett, Fin de partie, 1957)

Le comique peut prendre d'**autres nuances :**

➡ **La satire** : le registre satirique consiste à **se moquer** des défauts ou des ridicules d'une personne, d'un groupe, d'un milieu ou d'une époque.

Les **principaux procédés** du registre satirique sont :
• Les termes **dévalorisants**.
Ex : « FIGARO : Certains avocats, qui, suant à froid, criant à tue-tête, et connaissant tout, hors le fait, s'embarrassent aussi peu de ruiner le plaideur que d'ennuyer l'auditoire. » (Beaumarchais, Le Mariage de Figaro, 1784, acte III, scène 15)

• Les figures de l'**exagération** (la caricature*).
Ex : « SGANARELLE : Voilà de l'urine qui marque grande chaleur, grande inflammation dans les intestins : elle n'est pas tant mauvaise pourtant. » (Molière, Le Médecin volant, 1659, scène 4)

• La **fausse naïveté**.
Ex : « On ne peut se mettre dans l'idée que Dieu, qui est un être très sage ait mis une âme, surtout une âme bonne, dans un corps tout noir. » (Montesquieu, De l'esprit des lois, « De l'esclavage des nègres », 1748)

➡ **L'ironie** : l'ironie consiste à se **moquer** de quelqu'un ou de quelque chose en disant le contraire de ce que l'on veut faire comprendre. L'ironie repose sur la connivence qui s'installe entre l'auteur de l'énoncé et son récepteur.

Les **principaux procédés** de l'ironie sont :
• Les figures d'**opposition** (l'antiphrase).
Ex : « LE COMTE : Maraud ! si tu dis un mot...
FIGARO : Oui, je vous reconnais ; voilà les bontés familières dont vous m'avez toujours honoré. » (Beaumarchais, Le Barbier de Séville, 1775, acte I, scène 2)

• Les figures de l'**atténuation** (l'euphémisme).
Ex : « Il faut pourtant dire un mot de la torture, autrement nommée question. C'est une étrange manière de questionner les hommes. » (Voltaire, Dictionnaire philosophique, 1764, article « Torture »)

• Les procédés de **décalage**, de **distorsion**.
Ex : « Ceux dont il s'agit sont noirs depuis les pieds jusqu'à la tête ; et ils ont le nez si écrasé qu'il est presque impossible de les plaindre. » (Montesquieu, De l'esprit des lois, 1748, « De l'esclavage des nègres »)

➡ **Le burlesque et l'héroï-comique** consistent à opérer un renversement. Le **registre burlesque**, très en vogue au milieu du XVIIe siècle, se caractérise par l'emploi d'**expressions plaisantes** et **ridicules** pour parler de choses **nobles** et **sérieuses**.

Ex : Énée raconte à la reine Didon l'aventure du cheval de Troie :
« Aussi fut ce maître dada
Aussi grand que le mont Ida » (Scarron, Le Virgile travesti en vers burlesques, 1668).

Inversement, le **registre héroï-comique** se caractérise par l'emploi d'**expressions nobles et élevées** pour traiter un **sujet bas** et **trivial**.

Ex : « Ainsi dit Gilotin ; et ce ministre sage
Sur table, au même instant, fit servir le potage.
Le prélat voit la soupe, et plein d'un saint respect,
Demeure quelque temps muet à cet aspect. » (Boileau, Le Lutrin, 1583).

❷ *Le tragique et le pathétique*

➡ **Le registre tragique** suscite une réaction de **pitié** ou de **terreur** devant des situations où les personnages sont victimes de **la fatalité** et condamnés à **un malheur** certain.

Les **principaux procédés** du registre tragique sont :
• Le lexique de la **fatalité**, du **destin**, du **désespoir**.
Ex : « ORESTE : Puisque après tant d'efforts ma résistance est vaine
Je me livre en aveugle au transport qui m'entraîne. » (Racine, Andromaque, 1667, acte I, scène 1)

• Le lexique du **malheur**, de la **douleur**, de la **mort**, du **néant**.
Ex : « Et les vastes remparts des tremblantes cités
N'enfermaient que tourments, et que calamités. » (Chapelain, La Pucelle ou la France délivrée, 1656)

• Les **exclamations**, les **interjections** et les **interpellations**.
« BÉRÉNICE : Pour jamais ! Ah ! Seigneur ! Songez-vous en vous-même
Combien ce mot cruel est affreux quand on aime ! » (Racine, Bérénice, 1670, acte IV, scène 5)

• Les termes évoquant l'idée d'**accablement** et d'**impuissance**.
Ex : « ANTIGONE : Ô tombeau ! Ô lit nuptial ! Ô ma demeure souterraine... » (Anouilh, Antigone, 1946)

➡ **Le registre pathétique** suscite des sentiments de **pitié** et de **compassion** devant les **malheurs** des personnages : la souffrance, la tristesse, la misère, la maladie, etc.

Les **principaux procédés** du registre pathétique sont :
• Le lexique de la **souffrance**, des **malheurs**.
Ex : « Oh ! Je fus comme fou dans le premier moment,
Hélas ! Et je pleurai trois jours amèrement. » (Hugo, Les Contemplations, 1856)

• Le vocabulaire des **sensations** et des **sentiments**.
Ex : « Je n'étais jamais gai quand je la sentais triste ;
J'étais morne au milieu du bal le plus joyeux
Si j'avais, en partant, vu quelque ombre en ses yeux » (Hugo, Les Contemplations, 1856)

• Les **apostrophes**.
Ex : « Pères, mères, dont l'âme a souffert ma souffrance,
Tout ce que j'éprouvais, l'avez-vous éprouvé ! » (Hugo, Les Contemplations, 1856)

• Les **détails concrets**.
Ex : « – Tu oublies que des tringles de métal soutiennent tous mes os, ceux des bras, ceux des jambes, mes côtes !... Mes os sont pourris Gilbert, tout effrités ! » (Vincenot, Le Pape des escargots, 1972)

❸ *Le lyrique*

➡ **Le registre lyrique** cherche à faire vibrer le cœur du lecteur par l'expression des **émotions** ou de **sentiments personnels** et/ou **universels** : l'amour, la colère, les regrets, la peine, la joie, etc. Il peut prendre le ton de la passion exaltée ou celui de la confidence.

Les **principaux procédés** du registre lyrique sont :
• L'importance de la **première personne**.
Ex : « Mais je demande en vain quelques moments encore,
Le temps m'échappe et fuit
Je dis à cette nuit : "Sois plus lente" » (Lamartine, Les Méditations, 1820, « Le Lac »)

• L'omniprésence du vocabulaire des **sentiments**, des **émotions**.
Ex : « C'est ta main qui sèche mes pleurs,
Quand je vais, triste et solitaire,
Répandre en secret ma prière
Près des autels consolateurs. » (Lamartine, Les Méditations, 1820, « Souvenir »)

• Les phrases **interrogatives**.
Ex : « Mais pour où ? Quel pays m'attend ? Quelle nouvelle vie, plus vaste, plus libre que l'ancienne pourrait être la mienne ? » (Le Clézio, L'Extase matérielle, 1971)

• Les phrases **exclamatives**.
Ex : « Ô temps, suspends ton vol ! et vous, heures propices,
Suspendez votre cours ! » (Lamartine, Les Méditations, 1820, « Le Lac »)

• Les **hyperboles**.
Ex : « C'était une musique ineffable et profonde,
Qui, fluide, oscillait sans cesse autour du monde » (Hugo, Les Feuilles d'automne, « Ce qu'on entend sur la montagne », 1831)

❹ Le polémique

➤ **Le registre polémique** suscite l'**indignation** et la **révolte**. Il se rencontre dans des textes ou des débats qui **attaquent** violemment des personnes ou des idées. Il vise à **réfuter** un point de vue opposé et à **discréditer** l'adversaire.

Les **principaux procédés** du registre polémique sont :
• Le lexique de la **colère** et de l'**indignation**.
Ex : « *Donc vous n'avez pas honte et vous choisissez l'heure,*
L'heure sombre où l'Espagne agonisante pleure
Donc vous n'avez ici pas d'autres intérêts
Que remplir votre poche et vous enfuir après ! » (Hugo, Ruy Blas, 1838, acte III, scène 2)

• Les termes **dévalorisant** ou **calomniant** l'adversaire.
Ex : « *Pauvres gens et misérables, peuples insensés, nations opiniâtres en votre mal* » (La Boétie, Discours sur la servitude volontaire, 1576)

• Les **invectives** et les **apostrophes** à destination de l'adversaire.
Ex : « *Faites mieux, misérables humains* » (Voltaire, Dictionnaire philosophique, 1764, article « Superstition »)

• L'**implication** du destinataire.
Ex : « *Soyez résolus à ne plus servir, et vous voilà libres. Je ne vous demande pas de le pousser, de l'ébranler, mais seulement de ne plus le soutenir* » (La Boétie, Discours sur la servitude volontaire, 1576)

• L'expression des **oppositions** entre des valeurs (bien/mal ; beau/laid ; moral/immoral).
Ex : « *Que deviennent [...] la douceur, la sagesse, la piété, tandis [...] que je meurs à vingt ans dans des tourments inexprimables...* » (Voltaire, Dictionnaire philosophique, 1764, article « Guerre »)

❺ Le registre didactique

➤ **Le registre didactique** vise à **enseigner**, à **transmettre un savoir** soit théorique, soit pratique. Il se caractérise par des explications, des éclaircissements et des conseils.

Les **principaux procédés** du registre didactique sont :
• La **progression claire** et **logique** des propos.
Ex : « *... après avoir bien contemplé avec lui le soleil levant, après lui avoir fait remarquer du même côté les montagnes et les autres objets voisins, après l'avoir laissé causer là-dessus tout à son aise...* » (Rousseau, Émile ou de l'éducation, 1762)

• Les marques de la **neutralité** et de l'**objectivité** (tournures impersonnelles).

Ex : « *Il faut que chaque chose y soit mise en son lieu ;*
Que le début, la fin, répondent au milieu » (Boileau, Art poétique, 1674)

• Les marques de la **deuxième personne**.
Ex : « *Vous voulez apprendre la géographie à cet enfant, et vous lui allez chercher des globes, des sphères, des cartes : que de machines !* » (Rousseau, Émile ou De l'éducation, 1762)

• Le recours à des **exemples** :
Ex : « *... et puis vous lui direz : Je songe qu'hier au soir le soleil s'est couché là, et qu'il s'est levé là ce matin, comment cela peut-il se faire ! N'ajoutez rien de plus* » (Rousseau, Émile ou De l'éducation)

• Le mode de l'**injonction** (l'impératif).
Ex : « *Ô vous donc qui, brûlant d'une ardeur périlleuse,*
Courez du bel esprit, la carrière épineuse,
N'allez pas sur des vers sans fruit vous consumer » (Boileau, Art poétique, 1674)

❻ L'épique

➤ **Le registre épique** suscite l'admiration devant les exploits de héros confrontés à des épreuves. Il provoque aussi l'enthousiasme devant de grandes actions collectives. Il confère souvent aux personnages ou aux événements une **dimension exceptionnelle**.

Les **principaux procédés** du registre épique sont :
• Les procédés de l'**amplification** (pluriel, hyperbole).
Ex : « *On arriva à Gaston-Marie, en une masse grossie encore, plus de deux mille cinq cents forcenés, brisant tout, balayant tout, avec la force accrue du torrent qui roule.* » (Émile Zola, Germinal, 1885)

• L'utilisation de **singuliers collectifs** (le peuple, la foule).
Ex : « *Le peuple, dont la reine avait armé le bras,*
Ouvrit enfin les yeux, et vit ses attentats. » (Voltaire, La Henriade, 1723)

• Les **anaphores**, les **gradations**.
Ex : « *Il s'agissait d'arrêter cette épouvantable folle.*
Il s'agissait de colleter cet éclair.
Il s'agissait de terrasser cette foudre. » (Hugo, Quatre-vingt-treize, 1874)

• La **personnification** des **éléments inanimés**.
Ex : « *On voyait dans Paris la Discorde inhumaine*
Excitant aux combats et la Ligue et Mayenne » (Voltaire, La Henriade)

• Le lexique du **combat**, de l'**héroïsme**, de l'**exploit**, du **merveilleux**.
Ex : « *La lutte s'engagea. Lutte inouïe. Le fragile se colletant avec l'invulnérable. Le belluaire de chair attaquant la bête d'airain.* » (Victor Hugo, Quatre-vingt-treize)

Fiche 7 — Améliorer son expression

❶ Utiliser le mot juste

▶ **Connaître l'orthographe d'usage du vocabulaire d'analyse littéraire :**

Ex : **Noms** : *absence, ambiguïté, digression* ; **adjectifs** : *ambigüe* (au féminin), *cohérent, erroné, exigeant, indissociable, intéressant, rationnel* ; **verbes** : *acquérir* (il *acquiert*), *aggraver, convaincre* (il *convainc*), *résoudre* (il *résout*).

▶ **Ne pas confondre les paronymes (mots proches sur le plan sonore) :**

Ex : **censé** (supposé, réputé) et **sensé** (qui a du bon sens), **compréhensible** (qui peut être compris) et **compréhensif** (qui peut comprendre), **davantage** (adverbe, marquant une quantité supérieure) et **d'avantage** (de + substantif).

▶ **Préciser sa pensée à l'aide des synonymes.**

Ex : *Première version* : « L'auteur cherche à nous faire changer d'avis. »
Version améliorée : « L'auteur argumente. »

Ex : *Première version* : « L'auteur avance une idée : l'Homme est fondamentalement bon. »
Version améliorée : « L'auteur prétend que l'Homme est fondamentalement bon. »

▶ **Varier le vocabulaire.**

Ex : *Première version* : « Kant écrit que l'Homme doit accéder à la Raison. »
Version améliorée : « Kant considère que l'Homme doit accéder à la Raison. »

> Dictionnaire de référence en ligne :
> http://atilf.atilf.fr/tlf.htm

▶ **La grammaire et la conjugaison**

> « En ligne » : Une grammaire française interactive :
> Reverso : http://grammaire.reverso.net/

▶ **La phrase** : l'ordre des mots, c'est-à-dire la syntaxe, doit respecter les codes de l'écrit, qui ne sont pas ceux de l'oral. Ainsi, il faut éviter tout relâchement ou toute familiarité.

Ex : *Formulation relâchée* : « L'auteur, j'ai lu sa pièce de théâtre. C'est Victor Hugo. »
Formulation correcte : « L'auteur dont j'ai lu la pièce est Victor Hugo. »

Ex : Formuler une problématique syntaxiquement correcte :
Formulation fautive : « On se demandera comment l'auteur utilise-t-il la métaphore ? »
Formulation correcte : « On se demandera comment l'auteur utilise la métaphore. »

▶ **Les réseaux pronominaux :**
Les pronoms sont utiles pour éviter les répétitions. Cependant, ils sont aussi source de confusion. Il faut respecter le genre et le nombre tout au long de la chaîne pronominale.

Ex : *Formulation fautive* : « Tout le monde ne peut être d'accord sur ce point. Mais ils peuvent y réfléchir ensemble. »
Formulation correcte : « Tout le monde ne peut être d'accord sur ce point. Mais on peut y réfléchir ensemble. »

Ex : *Formulation fautive* : « Toutes les personnes évoquées peuvent le dire. Ils y étaient. »
Formulation correcte : « Toutes les personnes évoquées peuvent le dire. Elles y étaient. »

> S'entraîner en autonomie :
> Exercices de révision pour le lycée
> http://www.ccdmd.qc.ca/fr/exercices_interactifs/

❷ Structurer son discours

▶ **Utiliser des paragraphes**

Ex. : Dans les écrits argumentatifs, le paragraphe doit comprendre une idée directrice, son analyse et les exemples qui l'expliquent. Le paragraphe est matérialisé par un alinéa net.

▶ **Utiliser des liens logiques** : les liens logiques permettent de structurer le discours en soulignant les articulations de la démonstration. Il faut aussi éviter les pléonasmes.

Ex : *Formulation fautive* : « Enfin pour conclure, ce texte propose une argumentation étonnante. »
Formulation correcte : « Pour conclure, ce texte propose une argumentation étonnante. »

Ex : *Formulation fautive* : « Le texte propose une vision originale, voire même déroutante. »
Formulation correcte : « Le texte propose une vision originale, même déroutante. »

▶ **Utiliser correctement la ponctuation.**

❸ Soigner la présentation

▶ Présenter une copie propre.
▶ Tout rédiger, s'interdire toute abréviation.
▶ Souligner les titres des œuvres.
▶ Marquer les alinéas.
▶ **Insérer correctement les citations** : entre guillemets.

Fiche 8 — Les épreuves du baccalauréat

Préparer le baccalauréat

❶ La question sur un corpus

➡ La question sur un corpus est la **première partie de l'épreuve écrite du baccalauréat**. Elle compte pour 4 points sur 20 dans les séries générales, pour 6 points sur 20 dans les séries technologiques.

➡ « Une ou deux **questions portant sur le corpus** et appelant des **réponses rédigées** peuvent être proposées aux candidats. Elles font appel à leurs compétences de lecture et les invitent à établir des relations entre les différents documents et à en proposer des interprétations. »
(*BO* n° 46 du 14 décembre 2006.)

❷ L'exercice d'écriture : l'écriture d'invention, le commentaire et la dissertation

➡ L'exercice d'écriture est la **seconde partie de l'écrit du baccalauréat**, après la ou les questions sur un corpus.
Il compte pour 14 points dans les séries technologiques et pour 16 points dans les séries générales. Le candidat doit **choisir** entre le commentaire, l'écriture d'invention et la dissertation.

➡ « **L'écriture d'invention** contribue à **tester l'aptitude à lire et comprendre un texte**, à en saisir les enjeux, à **percevoir** les caractères singuliers de son écriture. […] » Le candidat « doit **écrire un texte, en liaison avec celui ou ceux du corpus**, et en fonction d'un certain nombre de **consignes** rendues explicites par le libellé du sujet ».
« L'exercice se fonde, comme les deux autres, sur **une lecture intelligente et sensible du corpus**, et exige du candidat qu'il se soit approprié la spécificité des textes dont il dispose (langue, style, pensée), afin d'être capable de les **reproduire**, de les **prolonger**, de s'en **démarquer** ou de les **critiquer**. »
(*BO* n° 46 du 14 décembre 2006.)

➡ Au baccalauréat, « **le commentaire** porte sur un **texte littéraire**. Il peut être également proposé de comparer **deux textes**. En séries générales, le candidat compose un devoir qui présente de manière **organisée** ce qu'il a retenu de sa **lecture**, et justifie son **interprétation** et ses **jugements personnels**. En séries technologiques, le sujet est formulé de manière à guider le candidat dans son travail. »
(*BO* n° 46 du 14 décembre 2006.)

➡ « **La dissertation** consiste à conduire une **réflexion personnelle et argumentée à partir d'une problématique littéraire** issue du programme de français. Pour développer son argumentation, le candidat s'appuie sur les textes dont il dispose, sur les "objets d'étude" de la classe de première, ainsi que sur ses lectures et sa culture personnelle. »
(*BO* n° 46 du 14 décembre 2006.)

❸ L'épreuve orale du baccalauréat

➡ L'épreuve orale du baccalauréat fait l'objet d'une convocation individuelle. Elle comprend deux sous-épreuves : un exercice de **lecture analytique**, puis un **entretien**. Le jury est composé d'un professeur.

➡ Les objectifs de l'épreuve sont précisés par le B.O n° 3 du 16 janvier 2003 : « L'examen oral a pour but d'évaluer la capacité du candidat à **mobiliser ses connaissances**. Il doit lui permettre de manifester ses **compétences de lecture**, d'exprimer une **sensibilité et une culture personnelles** et de manifester sa **maîtrise de l'expression orale** ainsi que son aptitude à **dialoguer** avec l'examinateur. »

Fiche 9 — La question sur un corpus

Répondre à une question sur un corpus

❶ Les objectifs de l'exercice

➜ Répondre à une question à partir d'un corpus mobilise plusieurs **compétences** :
– savoir **lire** et **analyser** individuellement différents documents ;
– les **confronter** et **établir** des liens de ressemblance, d'opposition, de nuance ou encore de complémentarité entre eux ;
– **rédiger** une réponse organisée.

➜ Il ne s'agit pas de juxtaposer des analyses de textes, mais bien de **confronter** des textes à travers une analyse. Il faut donc les lire indépendamment et pouvoir, dans un second temps, **comprendre ce qui les rapproche, les oppose et fait leur singularité**.

> **Conseil** : À l'examen, la question sur un corpus prépare à l'exercice d'écriture (invention, commentaire ou dissertation). Il faut lui consacrer un temps raisonnable, soit 1 heure à 1 h 30 sur les 4 heures de l'épreuve. Par ailleurs, la réponse ne saurait être plus longue que le travail d'écriture.

❷ Étape 1 : Comprendre la question posée

➜ Pour **comprendre** la question posée et éviter le **hors-sujet**, il faut :
– **repérer les mots-clés** que l'on définit au brouillon
– **délimiter la question** en tenant compte de la formulation : quel est l'adverbe interrogatif ? Quels sont les verbes utilisés ?
– mettre la question en **lien avec l'objet d'étude** indiqué pour cerner au plus près les attentes.
La question sur corpus appelle une réponse **synthétique**.

➜ Chaque question est **spécifique au corpus proposé**. On peut néanmoins dégager quelques questions fréquentes :

– Justifier la constitution du corpus.
Ex : Qu'est-ce qui fait l'unité du corpus ?

– S'interroger sur le thème du corpus et/ou ses variations.
Ex : Quel est le thème commun aux documents du corpus ?

– Questionner un genre.
Ex : En quoi ces textes s'inscrivent-ils dans le genre de la poésie ?

– Analyser le sens des textes.
Ex : Quelle vision de l'homme les textes proposent-ils ?

– Questionner un registre.
Ex : Quels sont les registres employés dans les différents textes du corpus ?

– Analyser un ou des procédés d'écriture, en particulier les procédés argumentatifs.
Ex : Identifiez les procédés argumentatifs qui visent à convaincre le lecteur.

❸ Étape 2 : Analyser les textes

➜ Les textes sont analysés rigoureusement **dans l'optique de la question posée**. Attention : une question peut porter sur une partie du corpus seulement.

Ex : Une question telle « Quelle vision de l'homme les textes proposent-ils ? » suscite a priori une réponse montrant une vision commune dans les textes, mais ce ne sera pas forcément le cas à l'analyse du corpus.

Généralement, les questions impliquent une réponse comparative, c'est-à-dire montrant points communs et différences.
Il faut penser aux deux aspects en analysant les textes, à moins que la question ne parle explicitement de « thème commun », d'« unité » ou à l'inverse de « divergences », de « nuances ».

➜ La mise en relation des textes entre eux peut se faire par le biais d'un tableau, **afin d'organiser les observations, depuis les points les plus généraux (identifiés dès le paratexte) jusqu'aux relevés des techniques d'écriture**.

❹ Étape 3 : Rédiger la réponse

➜ La réponse à la question doit être **intégralement** rédigée. Au baccalauréat, on proscrit et on pénalise l'utilisation des listes pour présenter les procédés d'écriture ou les citations.

➜ L'exercice doit rester d'une longueur raisonnable.

➜ La réponse doit être **organisée** :
– un paragraphe d'**introduction** présente le corpus brièvement et rappelle la question,
– le **développement** propose une réponse organisée à la question posée, en s'appuyant sur les textes. Généralement, le sujet appelle une **confrontation des documents** : il convient donc d'organiser le plan de façon à les croiser, et non de les traiter un par un.
– Chaque **paragraphe** est organisé autour d'un argument qui s'appuie sur l'analyse d'un procédé d'écriture, d'une idée, d'un thème.
– La **conclusion** apporte une réponse brève et claire à la question posée.

➜ La réponse **cite les documents** à l'appui de chaque analyse proposée.

Fiche 10 — La question sur un corpus

Exemple de réponse à une question sur un corpus

Objet d'étude : Écriture poétique et quête du sens du Moyen Âge à nos jours

Corpus :
Texte A : Victor Hugo, *Les Contemplations*, 1856, « Demain, dès l'aube… »
Texte B : Guillaume Apollinaire, *Poèmes à Lou*, 1915, « Si je mourais là-bas… »
Texte C : Pierre de Ronsard, *Derniers Vers*, 1586, « Je n'ai plus que les os… »

Texte A :

« Demain, dès l'aube » évoque la disparition tragique de Léopoldine, fille de Victor Hugo morte noyée dans la Seine avec son mari. Quatre ans après le tragique accident, la douleur est toujours aussi vive.

Demain, dès l'aube, à l'heure où blanchit la campagne,
Je partirai. Vois-tu, je sais que tu m'attends.
J'irai par la forêt, j'irai par la montagne.
Je ne puis demeurer loin de toi plus longtemps.

Je marcherai les yeux fixés sur mes pensées,
Sans rien voir au dehors, sans entendre aucun bruit,
Seul, inconnu, le dos courbé, les mains croisées,
Triste, et le jour pour moi sera comme la nuit.

Je ne regarderai ni l'or du soir qui tombe,
Ni les voiles au loin descendant vers Harfleur[1],
Et quand j'arriverai, je mettrai sur ta tombe
Un bouquet de houx vert et de bruyère en fleur.

3 septembre 1847

Victor Hugo, Les Contemplations, 1856, « Demain, dès l'aube… »

1. Port de Normandie.

Texte B :

Engagé volontaire pendant la Première Guerre mondiale, Apollinaire envoie régulièrement des lettres, des poèmes à la femme qu'il aime. Au front, les écrits du poète mêlent angoisse de la mort et désir amoureux.

Si je mourais là-bas sur le front de l'armée
Tu pleurerais un jour ô Lou ma bien-aimée
Et puis mon souvenir s'éteindrait comme meurt
Un obus éclatant sur le front de l'armée
Un bel obus semblable aux mimosas en fleur

Et puis ce souvenir éclaté dans l'espace
Couvrirait de mon sang le monde tout entier
La mer les monts les vals et l'étoile qui passe
Les soleils merveilleux mûrissant dans l'espace
Comme font les fruits d'or autour de Baratier[1]

Souvenir oublié vivant dans toutes choses
Je rougirais le bout de tes jolis seins roses
Je rougirais ta bouche et tes cheveux sanglants
Tu ne vieillirais point toutes ces belles choses
Rajeuniraient toujours pour leurs destins galants

Le fatal giclement de mon sang sur le monde
Donnerait au soleil plus de vive clarté
Aux fleurs plus de couleur plus de vitesse à l'onde
Un amour inouï descendrait sur le monde
L'amant serait plus fort dans ton corps écarté

Lou si je meurs là-bas souvenir qu'on oublie
— Souviens-t'en quelquefois aux instants de folie
De jeunesse et d'amour et d'éclatante ardeur —
Mon sang c'est la fontaine ardente du bonheur
Et sois la plus heureuse étant la plus jolie

Ô mon unique amour et ma grande folie

Guillaume Apollinaire, Poèmes à Lou, 1915, « Si je mourais là-bas… »

1. Général français mort au combat en 1917.

Texte C :

À la veille de sa mort, Ronsard évoque avec une lucidité violente la décrépitude de son corps.

Je n'ai plus que les os, un squelette je semble,
Décharné, dénervé, démusclé, dépulpé,
Que le trait[1] de la mort sans pardon a frappé,
Je n'ose voir mes bras que de peur je ne tremble.

Apollon et son fils[2], deux grands maîtres ensemble,
Ne me sauraient guérir, leur métier m'a trompé ;
Adieu, plaisant Soleil, mon œil est étoupé[3],

Mon corps s'en va descendre où tout se désassemble.
Quel ami me voyant en ce point dépouillé
Ne remporte au logis un œil triste et mouillé,
Me consolant au lit et me baisant la face,

1. La flèche.
2. Il s'agit d'Asclépios, dieu de la médecine.
3. Au sens figuré, « voilé ».

> En essuyant mes yeux par la mort endormis ?
> Adieu, chers compagnons, adieu, mes chers amis,
> Je m'en vais le premier vous préparer la place.
> Pierre de Ronsard, *Derniers Vers*, 1586,
> « Je n'ai plus que les os… »

Sujet : Comparez les situations d'énonciation des trois poèmes du corpus : en quoi la mort concerne-t-elle chacun des poètes ?

Plan détaillé :
I. Une implication personnelle de chaque poète
II. Des destinataires inscrits différemment dans le poème
III. Des choix énonciatifs qui traduisent des rapports différents à la mort

Réponse rédigée :

Victor Hugo, Guillaume Apollinaire et Pierre de Ronsard ont choisi la poésie pour évoquer l'angoisse provoquée par la perte. Ils se distinguent par leurs choix énonciatifs, qui marquent trois rapports différents à la mort.

Tous trois utilisent la première personne du singulier. Derrière le « je » de « Demain, dès l'aube… », présent dès le deuxième vers, on devine le poète qui a été confronté à la mort de sa fille. Le « je » du deuxième poème semble aussi être celui du poète : Apollinaire a véritablement fait l'expérience du front pendant la Première Guerre mondiale. Enfin, le poème de Ronsard traite bien de sa propre expérience de la vieillesse et de la proximité de la mort. Les trois poèmes adoptent donc une énonciation personnelle qui relève de l'écriture lyrique.

Les destinataires ne s'inscrivent pas de la même façon dans les trois poèmes. Hugo s'adresse à un « tu » très présent mais qui n'est pas identifié. C'est le contexte biographique qui nous fait analyser ce « tu » comme étant sa fille Léopoldine. Au contraire, Apollinaire s'adresse directement à la femme aimée, « Lou », destinataire de ses poèmes. Ronsard adresse son poème de façon différente : d'abord au « Soleil », v. 7, puis à un « vous » au dernier vers qui désigne ses « compagnons » et ses « amis ».

L'analyse de l'énonciation éclaire donc trois rapports différents à la mort. On peut déjà noter une partition entre Hugo, qui évoque la mort de sa fille, et les deux autres poètes qui évoquent leur propre mort. Ainsi, Hugo s'inscrit dans une souffrance liée à la perte. Il traduit celle-ci par le long chemin qui le mène finalement à la « tombe » (v. 11) et qui lui permet de se décrire peu à peu dans sa tristesse (v. 7 et 8 notamment), mais aussi de s'adresser à sa fille. Apollinaire et Ronsard, au contraire, évoquent la mort à venir. Pour Ronsard, il s'agit de la mort certaine, liée à l'âge. Pour rendre sensible le caractère inéluctable de sa disparition, Ronsard décrit minutieusement un corps souffrant, un « squelette » (v. 1), « Décharné, dénervé, démusclé, dépulpé » (v. 2). Pour Apollinaire, c'est une autre forme de mort à venir, une mort accidentelle sur le champ de bataille. Le lecteur est frappé par les images évoquées qui lient l'explosion du corps avec celle de l'« obus » (v. 5 et suivants) et le regret de la femme aimée, évoquée par des images érotiques. Le poète n'hésite donc pas à relier Éros et Thanatos, l'Amour et la Mort.

Au moment d'évoquer la mort, les trois poètes ont ressenti le besoin de s'exprimer de façon intime par l'emploi d'un « je » très personnel. Hugo et Apollinaire s'adressent à l'être aimé, tandis que Ronsard se rappelle à ses amis. La transcription poétique de la souffrance du poète touche le lecteur au plus profond de lui-même car il peut partager chacune des trois expériences.

Fiche 11 — L'ÉCRITURE D'INVENTION

Comprendre un sujet d'écriture d'invention

❶ Les objectifs de l'exercice

➡ L'écriture d'invention mobilise des **compétences d'écriture**, tout autant que des **compétences de lecture**.

➡ L'exercice suppose que le candidat :
– **a compris les textes du corpus** : c'est la condition première pour écrire le texte de l'écriture d'invention. Il arrive aussi souvent que le sujet d'écriture d'invention porte plus précisément sur un des textes du corpus (auquel il faut répondre, par exemple, ou réécrire),
– **applique la consigne d'écriture dans sa totalité** : elle croise souvent des exigences de contenu, mais aussi d'énonciation, de genre, de registre ou de type de texte. Il y a aussi parfois une part d'implicite à décoder,
– produise **un texte nouveau, cohérent**, élégant et convaincant.

> **Conseil :** Une mise en garde s'impose : l'écriture d'invention ne doit pas être un choix « par défaut ». L'exercice est exigeant : même s'il peut rappeler la rédaction du brevet des collèges, les attentes du correcteur sont nettement différentes.

❷ « L'invention » : une écriture sous contraintes

➡ Trop souvent, « l'invention » est le sujet qui est choisi lorsque le candidat ne se sent pas capable de traiter le commentaire et la dissertation, exercices jugés plus techniques et plus difficiles. Or rien n'est plus discutable : l'écriture d'invention, comme les deux autres exercices, demande de la **méthode**.

➡ En effet, il ne s'agit nullement d'« inventer » à partir de rien et sans contraintes. À vrai dire, **la part d'imagination n'est pas aussi importante que l'on pourrait le croire**. Les sujets d'examen imposent de nombreuses contraintes de formes (écrire une lettre, un éditorial, une suite de texte etc.), mais aussi de contenu (le texte défend un point de vue, continue un dialogue, etc.) fortement liées à un ou plusieurs des textes du corpus.

➡ **Le travail au brouillon** est donc important. Il faut tout d'abord cerner les contraintes posées par le sujet avec **précision** avant de commencer à « inventer » ce qui doit l'être.

Autrement dit, l'« invention » est largement guidée par le sujet qui donne un cadre et des appuis pour s'engager dans l'écriture.

❸ La typologie des sujets

➡ L'écriture d'invention peut prendre plusieurs formes. Il peut s'agir d'écrire un texte argumentatif :
• **article** (éditorial, article polémique, article critique, droit de réponse…) ;
• **lettre** (correspondance avec un destinataire défini dans le libellé du sujet, lettre destinée au courrier des lecteurs, lettre ouverte, lettre fictive d'un des personnages présents dans un des textes du corpus, etc.) ;
• **monologue délibératif** ; **dialogue** (y compris théâtral) ; **discours** devant une assemblée ;
• **récit à visée argumentative** comme la fable.
Le candidat peut être amené à produire un texte narratif non argumentatif. L'écriture d'invention peut alors s'appuyer sur des consignes impliquant les transformations suivantes :
– des **transpositions** : changements de genre, de registre, ou de point de vue ;
– ou des **amplifications** : insertion d'une description ou d'un dialogue dans un récit, poursuite d'un texte, développement d'une ellipse narrative…

➡ La liste des textes possibles est donc précise. Il est possible de s'y préparer en commençant par bien connaître chacun des genres et ses codes, mais aussi les registres et leurs procédés caractéristiques.

❹ Analyser le sujet

> **Conseil :** L'analyse approfondie du sujet est une étape fondamentale de l'exercice. Elle doit permettre d'éviter le hors-sujet.

➡ **Étape 1 :** Relier le sujet à son objet d'étude
Un sujet d'écriture d'invention n'est jamais coupé du corpus qui l'accompagne. Au contraire, il est directement en prise avec le sujet d'examen. L'objet d'étude et les textes du corpus qui construisent le sujet doivent donc être analysés attentivement : cela permet de **délimiter** le sujet.

➤ Étape 2 : Analyser les mots-clés du sujet

L'analyse des mots-clés permet de préciser le thème de l'écriture d'invention. Au brouillon, le premier travail est de recopier le sujet, d'entourer les mots-clés, de les définir et de les reformuler.

Ex : **Objet d'étude :** Le personnage de roman, du XVIIe siècle à nos jours

Corpus :
– Texte A : Flaubert, *L'Éducation sentimentale*, 1869.
– Texte B : Zola, *L'Assommoir*, 1877.
– Texte C : Céline, *Voyage au bout de la nuit*, 1932.
– Texte D : Jean-Marie Gustave Le Clézio, *Désert*, 1980.

Sujet : « Lantier, attendu par Gervaise, revient d'une nuit de festivités qui le conduit à porter un regard sur la ville tout à fait opposé à celui de sa compagne. Décrivez de son point de vue le spectacle de la ville et du mouvement de la foule au petit matin, en vous efforçant d'en faire ressortir le charme et la poésie. Votre texte sera essentiellement descriptif et mettra en valeur les sensations et les sentiments du personnage, vous conserverez le niveau de langue utilisé par Zola (texte B). »

Une première lecture du sujet impose deux expressions-clés
– « un regard sur la ville » : il s'agit de produire un texte dont le thème est la ville.
– « Décrivez de son point de vue » : le texte à rédiger est descriptif et le point de vue est imposé, c'est celui de Lantier.

➤ Étape 3 : Cerner les contraintes du sujet

Mais il faut aller plus loin dans l'analyse du sujet. Le candidat qui s'arrêterait à l'étape 2 pourrait produire un texte qui corresponde au thème, mais non plus un texte qui traite pleinement le sujet. Il faut également toujours s'interroger sur :
– **Le genre attendu :** tous les genres sont possibles. Ils peuvent être littéraires (récit, poésie, théâtre) ou encore non littéraires (lettre, article etc.). Il convient alors d'en respecter les codes (présentation particulière du théâtre, respect de la forme épistolaire, vers ou prose pour un poème, etc.) ;
– **Le type de texte :** le texte peut être narratif, descriptif, explicatif ou argumentatif ;
– **Si le texte est argumentatif :** la forme argumentative attendue (démonstration, dialogue, etc.), voire le ton du texte (ironique, polémique, didactique par exemple).

– **Le niveau de langue** : standard ou adapté à la parole d'un personnage ;
– **La longueur du texte** si celle-ci est indiquée ;
– **Les indications de contenu :** le texte doit-il exprimer un point de vue ? Défendre une opinion ? Exprimer des sentiments ? etc.

> **Conseil :** Sauf indication contraire, un texte trop court serait pénalisé. Même s'il s'agit d'exercices très différents, le correcteur doit pouvoir mettre en regard la longueur d'un écrit d'invention avec celle d'une dissertation ou d'un commentaire.

Ex : Pour reprendre l'exemple précédent, le sujet proposé impose des contraintes précises :
• **Genre du texte :** le texte à rédiger s'inscrit comme une amplification du texte de Zola. Il s'agit donc d'écrire un récit. Par ailleurs, le texte doit être descriptif (« décrivez », « descriptif »).
• **Le point de vue :** ce sera celui de Lantier. Il faut donc que la description soit faite par le regard du personnage de Zola.
• **Niveau de langue :** on respectera le niveau de langue du texte de Zola donné dans le corpus.
Une première indication de **contenu :** Lantier doit décrire la ville et le mouvement de la foule au petit matin. Cette description doit l'amener à s'opposer au point de vue de Gervaise, qu'il faut analyser dans le texte du corpus.
• Plus finement, le texte doit **développer les sensations et les sentiments du personnage.** Cela est d'autant plus simple que le point de vue adopté est interne et qu'il est donc possible de décrire la ville et la foule à travers les pensées de Lantier. Il s'agit de surcroît d'en faire ressortir le « charme et la poésie », c'est-à-dire de proposer une vision quasiment lyrique. On peut dire qu'il y a, implicitement, une contrainte de registre.

➤ En somme, on attend du candidat la production **d'une description poétique de la ville et de la foule au petit matin, vues par Lantier et à la manière de Zola.**

Fiche 12 — L'ÉCRITURE D'INVENTION

Exemple rédigé : un sujet d'invention de type Bac

Objet d'étude : La question de l'Homme dans les genres de l'argumentation du XVIe siècle à nos jours

Corpus : Victor Hugo, *Choses vues*, 1846.

> Hier, 22 février[1], j'allais à la Chambre des Pairs[2]. Il faisait beau et très froid, malgré le soleil de midi. Je vis venir rue de Tournon un homme que deux soldats emmenaient. Cet homme était blond, pâle, maigre, hagard ; trente ans à peu près, un pantalon de grosse toile, les pieds nus et écorchés dans des sabots avec des linges sanglants roulés autour des chevilles pour tenir lieu de bas ; une blouse courte, souillée de boue derrière le dos, ce qui indiquait qu'il couchait habituellement sur le pavé ; la tête nue et hérissée. Il avait sous le bras un pain.
> Le peuple disait autour de lui qu'il avait volé ce pain et que c'était à cause de cela qu'on l'emmenait. En passant devant la caserne de gendarmerie, un des soldats y entra, et l'homme resta à la porte, gardé par l'autre soldat.
> Une voiture était arrêtée devant la porte de la caserne. C'était une berline armoriée[3] portant aux lanternes une couronne ducale[4], attelée de deux chevaux gris, deux laquais en guêtres derrière. Les glaces étaient levées, mais on distinguait l'intérieur tapissé de damas bouton d'or[5]. Le regard de l'homme fixé sur cette voiture attira le mien. Il y avait dans la voiture une femme en chapeau rose, en robe de velours noir, fraîche, blanche, belle, éblouissante, qui riait et jouait avec un charmant petit enfant de seize mois enfoui sous les rubans, les dentelles et les fourrures.
> Cette femme ne voyait pas l'homme terrible qui la regardait.
> Je demeurai pensif.
> Cet homme n'était plus pour moi un homme, c'était le spectre de la misère, c'était l'apparition, difforme, lugubre, en plein jour, en plein soleil, d'une révolution encore plongée dans les ténèbres, mais qui vient. Autrefois, le pauvre coudoyait[6] le riche, ce spectre rencontrait cette gloire : mais on ne se regardait pas. On passait. Cela pouvait durer ainsi longtemps. Du moment où cet homme s'aperçoit que cette femme existe, tandis que cette femme ne s'aperçoit pas que cet homme est là, la catastrophe est inévitable.

1. 22 février 1846 : deux ans avant les émeutes de 1848 et l'abdication du roi Louis-Philippe.
2. Haute Assemblée législative dont Victor Hugo était membre.
3. Voiture à chevaux.
4. Cet emblème signale que la passagère est une duchesse.
5. Étoffe précieuse de couleur jaune.
6. Côtoyer.

Sujet : À son arrivée à la Chambre des Pairs, Hugo, sous le coup de l'émotion, prend la parole à la tribune pour faire part de son indignation et plaider pour plus de justice sociale.
Vous rédigerez ce discours.

Texte possible :

Monsieur le Président,
Messieurs les Pairs de France,

J'allais à pied rejoindre notre haute assemblée hier lorsque le hasard me mit sous les yeux le spectacle terrifiant de la misère du peuple parisien. Un homme, ou ce qu'il en reste, a été acculé au vol pour survivre. Traité comme un animal, il était accusé par le peuple, partageant pourtant la même misère que lui. Voilà où en est le Parisien le plus malheureux : il doit se déshonorer, s'abaisser en dessous de l'animal et pourtant tutoyer la mort.

Nous nous déshonorerions avec lui de la pire manière si nous refusions de le voir, lui qui est face à nous. Et c'est à un spectacle encore plus terrifiant auquel il m'a été donné d'assister et dont je voudrais vous donner une idée. Une femme, belle, riche et insouciante, la femme la plus éloignée de ce crève-la-faim s'est trouvée face à lui alors qu'ils étaient tous deux devant le commissariat. Que croyez-vous qu'il arrivât ? Rien.

Et c'est bien là le drame, Messieurs les Pairs de France. Cette femme n'a pas vu, ses yeux n'ont pas perçu la misère pourtant debout devant elle. Non, ce n'était plus un homme qui lui faisait face, mais toute la misère de Paris, toute la douleur du peuple. Et là, avec son enfant, nourri, soigné, aimé, elle n'a pas vu ce spectacle pourtant terrifiant.

Nous sommes face à la pire des catastrophes : la misère n'est plus visible, comme si elle n'était plus là. Il faut qu'ici, dans cette assemblée nous œuvrions avant que le pire arrive. Il faut qu'ici le peuple redevienne visible aux yeux des plus riches. Il faut que les plus riches reprennent conscience qu'il existe un peuple et qu'il souffre. Il est même de notre devoir de prendre à bras-le-corps cette souffrance pour la soulager. C'est une question d'Humanité, Messieurs, mais aussi un devoir pour l'État qui doit favoriser le progrès de l'Homme vers la Justice.

Victor Hugo, 23 février 1846

Fiche 13 — LE COMMENTAIRE

Comprendre un sujet de commentaire

❶ Les objectifs de l'exercice à l'examen

➡ Le **commentaire** conjugue **l'analyse des procédés** choisis par un auteur et l'interprétation des effets produits sur le lecteur. Il ne s'agit donc pas d'un exercice purement technique : certes, il faut **entrer dans la mécanique textuelle**, mais il faut le faire avec **sensibilité** et **recul**.

➡ On attend donc du candidat :
– qu'il construise une véritable **lecture** d'un texte littéraire, c'est-à-dire une **interprétation**. Le commentaire est donc un exercice **argumentatif**,
– qu'il **organise** sa lecture. Cela signifie que le commentaire ne s'organise pas de façon linéaire, du début à la fin du texte, mais autour d'**axes ou centres d'intérêt**.

➡ **On notera une différence entre les séries générales et les séries technologiques :**
– pour les candidats des **séries générales**, aucune indication d'axes de lecture n'est donnée. Le plus souvent, la consigne de l'exercice est réduite à la formule « vous commenterez le texte de… »
– pour les candidats des **séries technologiques**, en revanche, la consigne de l'exercice comporte des axes d'analyse possibles.

Sujet : « *Vous commenterez le monologue de Dubois-Dupont, extrait de* Il y avait foule au manoir *de Jean Tardieu, en vous aidant du parcours de lecture suivant :*
– *vous analyserez ce que cette présentation a d'artificiel ;*
– *vous étudierez les effets produits par ce monologue sur le spectateur.* »

L'expression « en vous aidant » souligne que ce parcours n'est pas « obligatoire ». Ce sont des pistes qu'il faut traiter comme telles et utiliser à bon escient pour une interprétation qui doit rester personnelle.

➡ Pour le commentaire comparé, se reporter à la fiche 15.

> **Conseil :** Le candidat qui s'arrêterait au seul relevé d'« indices » ou de procédés d'écriture serait à peine à mi-chemin. Il faut mettre en relation la forme du texte, son contenu et les sentiments éprouvés par le lecteur.

❷ Les types des textes

➡ Il n'existe pas de typologie exhaustive des textes qui peuvent donner lieu à un commentaire. Néanmoins, la liste des **objets d'étude** de l'année de première peut aider à envisager les exercices possibles. Pour mémoire, les objets d'étude sont :
– le personnage de roman, du XVIIe siècle à nos jours ;
– le texte théâtral et sa représentation, du XVIIe siècle à nos jours ;
– l'écriture poétique et quête du sens, du Moyen Âge à nos jours ;
– la question de l'Homme dans les genres de l'argumentation du XVIe siècle à nos jours.
Série littéraire :
– la Renaissance et l'Humanisme ;
– les réécritures.

➡ **Tous les genres sont donc susceptibles d'être commentés** : le roman, le théâtre, la poésie, etc. Mais un extrait d'œuvre appartenant à « la littérature d'idées » peut également fournir un support au commentaire.

➡ Par ailleurs, **tous les types de textes** sont possibles : narratif, descriptif, explicatif, argumentatif. Il existe aussi la possibilité qu'un extrait croise différents types de textes au sein du même extrait.

> **Conseil :** Il n'existe aucune règle d'« alternance » des objets d'étude au baccalauréat. Il serait donc plus que hasardeux de parier telle année sur « la poésie », « le théâtre » ou « la question de l'Homme » parce que « le roman » a été donné à l'examen l'année précédente. Un objet d'étude peut très bien être convoqué plusieurs années de suite.

❸ Comprendre le texte

> **Conseil :** Le commentaire de texte se retrouve sous la forme du « commentaire » à l'écrit et de la « lecture analytique » à l'oral. Il faut donc profiter des compétences qui sont travaillées pour les deux épreuves.

Étape 1 : Comprendre le sens littéral

➡ L'approche la plus simple d'un texte doit rester celle qui est naturelle à tous : il convient de le lire en commençant par le début et jusqu'à la fin, sans négliger le paratexte.

➡ Cette première lecture, que l'on pourrait qualifier positivement de **naïve**, est une première approche qui n'est pas inutile. Au contraire, elle permet de prendre connaissance du texte, de vérifier le **sens littéral du texte** et d'éviter les contresens. Souvent, à l'examen, les textes sont annotés. Si néanmoins ils posent des problèmes de sens à cause du lexique ou de la syntaxe, il convient de prendre le temps de **chercher à éclaircir les passages dont le sens est difficile**. L'indication de l'objet d'étude et le paratexte doivent aider à cette première approche.

➡ Au brouillon, sans autre forme de réflexion, le candidat peut noter ses **premières impressions de lecture**. Elles serviront par la suite à construire la problématique et le développement.

Étape 2 : Caractériser le texte

➡ Envisager une nouvelle lecture, **crayon en main**, destinée à **caractériser le texte**. Il est nécessaire de définir avec précision :
– **le genre du texte** (en s'aidant de l'objet d'étude et du paratexte),
– le ou les **type(s) de texte** en jeu,
– le **registre** dominant ou les registres,
– le **thème** et les éventuels sous-thèmes,
– la **mise en forme** du texte (vers ou prose, utilisation des paragraphes, des strophes, du blanc typographique).

➡ À ce stade, les impressions de lecture deviennent des **hypothèses** : toujours au brouillon, le candidat note de premières pistes qui pourront construire l'analyse.

> **Conseil :** Lors de l'épreuve, de même qu'en classe en cours d'année, les documents sont un outil de travail : on ne doit pas hésiter à les annoter, à encadrer au crayon une expression, un mot particulièrement important, à souligner au fluo un réseau lexical ou sémantique… En créant ses propres techniques de repérage et en s'y habituant par la pratique en cours d'année, on aura construit pour l'épreuve un outil efficace pour saisir rapidement le sens du texte proposé et en visualiser aisément la construction.

Étape 3 : Saisir l'originalité du texte pour problématiser.

➡ Une troisième lecture s'impose enfin : c'est **une lecture de détails**. Elle s'attache :
– **à l'énonciation** : quelle situation d'énonciation est mise en place (Qui parle ? À qui ? Dans quelles circonstances ?),
– **aux mots utilisés** : quels réseaux lexicaux sont mis en place et comment ? Pourquoi et avec quels effets sur le lecteur ?
– aux **phrases** et plus largement à la **syntaxe** : comment sont-elles construites ?
– aux **figures de style** : lesquelles l'auteur utilise-t-il ? Quels effets produisent-elles ?

➡ Il s'agit à ce stade de percevoir la **spécificité d'une écriture** et donc la **singularité du texte**. Pour cela, il faut replacer l'œuvre dans son **contexte littéraire et artistique** et donc de connaître d'autres textes de la même période, du même **mouvement**. Il serait aussi utile de pouvoir comparer le texte à d'autres du même **genre** pour percevoir l'évolution possible de ce point de vue.

➡ La phase de **problématisation** intervient une fois que le texte est compris dans son ensemble et que la singularité de son écriture apparaît clairement au candidat.

➡ La problématique est **la question qui permettra d'organiser le commentaire** et de lui donner une **dynamique**.

La problématique :

– est **une question généralement ouverte** ;
Ex : « *Comment l'auteur parvient-il à rendre sa critique amusante ?* »
Ex : « *Qu'est-ce qui fait de ce texte une déclaration d'amour originale ?* »

– fonctionne comme **un moteur de recherche** : elle permet de tester des pistes, de confirmer ou d'infirmer des hypothèses dans le cours du développement ;

– **organise l'exercice** : chaque axe du plan doit donc lui apporter des éléments de réponse.

➡ Au terme de ces quatre étapes, le commentaire n'est pas encore construit, mais la compréhension littérale et la problématisation du commentaire sont assurées.

Fiche 15 — Le commentaire

Rédiger un commentaire comparé

❶ Les objectifs de l'exercice

➡ Le commentaire comparé est **un exercice rare, mais toujours envisageable** à l'écrit du baccalauréat. Il convient donc de s'y préparer. Par ailleurs, il ne doit pas impressionner le candidat qui connaît la méthodologie de la question sur corpus et celle du commentaire : les compétences demandées sont très proches.

➡ Le commentaire comparé est particulièrement adapté à l'objet d'étude propre à la classe de **1ʳᵉ L** intitulé **« Les réécritures, du XVIIᵉ siècle jusqu'à nos jours »**.

➡ Pour le candidat, il s'agit de **commenter deux textes en même temps**, et non pas un seul. Les textes choisis seront proches thématiquement ou formellement. Par exemple, il peut s'agir de textes du même genre, exploitant une thématique commune de la même façon ou de façons différentes, de textes du même registre, de textes exploitant le même thème dans un registre ou un genre différent, etc.

➡ La production écrite du candidat doit **comparer les deux textes**. Il ne s'agit donc pas de commenter les textes l'un après l'autre mais, au contraire, de saisir leurs points communs et leurs différences pour construire un plan. Pour résumer, l'exercice consiste à **commenter en identifiant les points communs et les différences entre les deux textes**.

> **Conseil :** L'exercice n'est pas à fuir le jour de l'examen sous prétexte qu'il est rare. Une approche méthodique des textes sera, au contraire, particulièrement valorisée.

❷ La méthode de lecture des textes

➡ Pour comprendre la méthode de comparaison des textes, le candidat doit d'abord savoir réaliser **une lecture analytique** et connaître **la méthode du commentaire**. Il est aussi utile de savoir rédiger la réponse à une question sur un corpus, qui appelle également une forme de comparaison de textes.

➡ Comme pour la question sur corpus, la mise au jour des axes d'analyse peut se faire par le biais d'un tableau qui reprend les points d'entrée propres au commentaire. Il s'agit alors de juxtaposer deux colonnes, une par texte, de façon à amorcer la comparaison.

	Texte 1	Texte 2	Axes d'analyse
Thème(s)			
Genre(s)			
Forme(s) de discours			
Registre(s) et effets produits sur le lecteur			
Procédés d'écriture repérables propres à la question posée			

➡ La construction du plan détaillé doit se faire en prenant en compte de façon permanente les deux textes, **jamais l'un puis l'autre**. Ce sont donc les **points de comparaison** (ressemblances, divergences, évolutions) qui sont à l'origine des parties et des sous-parties.

❸ La rédaction du commentaire comparé

➡ Du point de vue de la rédaction, il n'y a pas de différence fondamentale avec le commentaire tel qu'il est pratiqué en classe couramment. L'introduction, le développement et la conclusion sont identiques.

➡ **L'introduction :** elle comprend les trois étapes du commentaire. Sa spécificité : le commentaire comparé doit **présenter les deux textes** dans le deuxième paragraphe et proposer **une problématique qui soit adaptée à la rencontre de ces textes, de leurs enjeux communs**.

➡ **Le développement :** il est construit en parties et sous-parties de la même façon que le commentaire. En revanche, **l'analyse et le traitement des textes sont particuliers**. Pour chacune des analyses et donc chacune des sous-parties, il s'agit de convoquer chacun des textes. Ainsi, le lecteur rencontre en permanence des citations des deux textes et donc des comparaisons. Comme pour l'exercice de commentaire, les extraits convoqués doivent être choisis avec soin et les citations doivent être courtes pour chacun des textes.

➡ **La conclusion :** elle fait le **bilan du parcours de lecture** au regard de la problématique choisie. Il s'agit de l'ultime confrontation des textes.

Fiche 16 — L'épreuve orale

Réussir l'épreuve orale du baccalauréat

L'épreuve orale du baccalauréat se déroule en plusieurs temps et dure **environ une heure** pour le candidat :
- **l'accueil** (environ 10 minutes) : le candidat se présente, l'examinateur vérifie son identité, lui fait signer le bordereau de présence, l'installe et lui propose un sujet ;
- **la préparation** (30 minutes) : le candidat travaille seul et prépare sa réponse à la question de lecture analytique qui lui a été soumise ;
- **la lecture analytique** (10 minutes) : le candidat parle seul, sans être interrompu par l'examinateur et expose son analyse du texte. Celle-ci doit être organisée de manière à répondre explicitement à la question posée ;
- **l'entretien** (10 minutes) : Il s'agit d'une phase de dialogue entre le candidat et l'examinateur. Certes, ce dernier pose des questions, mais il ne s'agit en rien d'un interrogatoire. Au contraire, ce doit être l'occasion d'un échange réel.

La première des conditions pour réussir l'oral du baccalauréat est de **suivre consciencieusement les cours de son professeur** et de les retravailler en les mettant sous la forme de fiches (cf. fiche 9), qui aideront à l'appropriation des connaissances.

> **Conseil :** On sera attentif à être ponctuel (toujours arriver en avance au centre d'examen), courtois avec l'examinateur et à se présenter dans une tenue de ville classique.

❶ La préparation (30 minutes)

▶ L'examinateur a trois possibilités pour le choix du texte qui sera analysé. Il peut :
– choisir un texte issu d'un groupement de textes,
– choisir un extrait étudié en cours lors de l'étude intégrale d'une œuvre,
– choisir un texte qui n'a pas été étudié en cours, mais extrait d'une œuvre intégrale qui l'a été.

▶ Il convient donc de connaître parfaitement les textes étudiés et l'ensemble des œuvres intégrales.

▶ Pour l'analyse, on reprend la méthode de la lecture analytique, dont nous ne rappelons que les étapes :
Étape 1 : Analyser la question posée
Étape 2 : Analyser le texte et effectuer les repérages
Étape 3 : Structurer la réponse

▶ Dans la première partie de l'épreuve, « le candidat rend compte de la lecture qu'il fait d'un texte choisi par l'examinateur dans le descriptif des lectures et activités. Cette lecture est **orientée par une question initiale** à laquelle il doit répondre en partant de l'observation précise du texte, en menant une analyse simple et en opérant des choix afin de construire une démonstration. On n'attend donc de lui ni une étude exhaustive du texte ni la simple récitation d'une étude faite en classe. » (*BO* n° 3 du 16 janvier 2003)

❷ Première partie de l'épreuve : La lecture analytique (10 minutes)

▶ **L'introduction :** elle comprend plusieurs étapes :
– présentation de l'auteur et du contexte de production (mouvement littéraire par exemple),
– présentation de l'œuvre d'où le texte est extrait,
– caractérisation du texte et reprise de la question posée,
– annonce du plan suivi.

▶ **La lecture du texte**
Elle doit être expressive et déjà suggérer l'interprétation.

▶ **Le développement :** il comprend 2 à 3 parties, structurées en sous-parties. Les parties sont organisées de manière à répondre à la question posée par l'examinateur. Toutes appellent des analyses précises de procédés d'écriture. Elles citent le texte avec précision, sans excès ni allusion trop vague.

▶ **La conclusion :** il s'agit d'une réponse claire à la question posée, intimement liée au développement.

> **Conseil :** Le risque est grand de trouver plaquée l'analyse du cours pendant l'exposé. Attention : la prise en compte de la question est essentielle.

❸ Seconde partie de l'épreuve : L'entretien (10 minutes)

▶ **L'entretien** est un moment particulier. Il ne s'agit pas d'un « corrigé » de la lecture analytique. Mais ce n'est pas non plus un exercice totalement codifié : l'examinateur va organiser l'épreuve aussi en fonction de ce qu'il a ressenti pendant la première partie.

▶ Cette seconde partie de l'épreuve ne doit apparaître ni comme un moment de relâchement (le candidat a terminé sa lecture analytique et est soulagé, mais il n'est qu'à mi-chemin), ni comme un interrogatoire.

▶ Il faut clairement **que le candidat change de posture** : il doit passer d'un exposé pendant lequel il parle seul à un temps de **dialogue**. Cela suppose qu'il entende vraiment les questions posées, mais aussi qu'il fasse preuve de pertinence en montrant une culture littéraire fine et de l'à-propos dans ses réponses. Il s'agit de montrer que l'on peut **prendre du recul** par rapport aux œuvres étudiées en classe, d'être capable de les comparer.

> **Conseil :** Pas plus que pendant la lecture analytique il ne peut s'agir ici d'une récitation naïve du cours.

▶ Il importe de **connaître parfaitement les textes étudiés et l'ensemble des œuvres intégrales.** Mieux, pour préparer l'entretien, il est judicieux d'apprendre par cœur le descriptif des lectures et activités (dite aussi « liste de bac »). Cela permettra une circulation rapide dans les corpus et entre les œuvres.

▶ Le *BO* (n° 3 du 16 janvier 2003) propose toute une gamme de sujets possibles :
– ouvrir des perspectives ;
– approfondir et élargir la réflexion, en partant du texte qui vient d'être étudié pour aller vers :
• l'œuvre intégrale ou le groupement d'où ce texte a été extrait ;
• une des lectures cursives proposées en relation avec le texte qui vient d'être étudié ;
• l'objet d'étude ou les objets d'étude en relation avec le texte qui vient d'être étudié ;
– évaluer les connaissances du candidat sur l'œuvre ou l'objet d'étude ;
– apprécier l'intérêt du candidat pour les textes qu'il a étudiés ou abordés en lecture cursive ;
– tirer parti des lectures et activités personnelles du candidat.

> **Conseil :** Il faut instaurer rapidement un dialogue vivant avec l'examinateur. Cela signifie que le candidat ne se contente pas de faire de simples réponses, ce qui réduirait l'épreuve à un simple interrogatoire. Grâce aux connaissances acquises tout au long de l'année, il doit pouvoir réagir et deviner ce qui se cache derrière telle ou telle question. Il ne doit pas hésiter à rebondir et à proposer un autre point de vue ou à convoquer un autre texte.

▶ **Critères d'évaluation, Source :** B.O. (n° 3 du 16 janvier 2003)

	Exposé	Entretien
Expression et communication	Lecture correcte et expressive Qualité de l'expression et niveau de langue orale Qualités de communication et de conviction	Aptitude au dialogue Qualité de l'expression et niveau de langue orale Qualités de communication et de conviction
Réflexion et analyse	Compréhension littérale du texte Prise en compte de la question Réponse construite, argumentée et pertinente, au service d'une interprétation Références précises au texte	Capacité à réagir avec pertinence aux questions posées pendant l'entretien Qualité de l'argumentation Capacité à mettre en relation et à élargir une réflexion
Connaissances	Savoirs linguistiques et littéraires Connaissances culturelles en lien avec le texte	Savoirs littéraires sur les textes, l'œuvre, l'objet ou les objets d'étude Connaissances sur le contexte culturel

Fiche 17 — LA DISSERTATION

Comprendre un sujet de dissertation

❶ Les objectifs de l'exercice à l'examen

➜ La dissertation pose **un regard généraliste sur la littérature**. Souvent, les sujets invitent à s'interroger sur **les genres**, leur fonctionnement ou leurs effets sur les lecteurs, mais aussi de façon plus globale sur le **pouvoir et les enjeux de la littérature**.

➜ Il s'agit donc d'avoir une **expérience de lecteur**, mais aussi de savoir convaincre son correcteur. Le corpus d'exemples utilisé pour l'exercice ne saurait se limiter aux seuls textes du sujet.

➜ On attend donc du candidat :
– qu'il présente une **réflexion littéraire** construite et pertinente ;
– qu'il s'appuie sur des **références littéraires et culturelles** solides et variées.

> **Conseil :** La dissertation exige une analyse littéraire qui s'appuie sur un corpus d'exemples variés. On peut s'y préparer : par exemple, en apprenant par cœur la « description des lectures et activités » de l'oral, le candidat a la garantie d'avoir à l'esprit le jour de l'écrit un nombre important d'œuvres et donc d'exemples.

❷ La typologie des sujets

Le sujet de la dissertation peut porter sur des thèmes variés, touchant les quatre objets d'étude au programme de première. On peut distinguer **trois grands types de sujets** :

➜ Les sujets qui portent sur **un genre littéraire**.
Le candidat doit s'interroger sur un élément propre à un genre littéraire.
Ex : « "On dirait que c'est hors du monde, perdu, mais merveilleusement perdu, préservé." Pensez-vous que cette définition du jardin donnée par Philippe Jaccottet puisse s'appliquer à la poésie ? »

➜ Les sujets qui portent sur **la création littéraire, le travail de l'écriture**.
Le candidat doit analyser une dimension du travail de l'écriture.
Ex : « Un roman se limite-t-il à l'invention d'une histoire ? »

➜ Les sujets qui portent sur **la réception par le destinataire, les effets sur le lecteur**.
Le candidat doit envisager la lecture et ses effets sur le destinataire, la façon dont le lecteur construit le sens.
Ex : « "Ah, insensé, qui crois que je ne suis pas toi !" a écrit Victor Hugo dans la préface des *Contemplations*. Dans quelle mesure l'expérience des poètes peut-elle concerner le lecteur ? »

Il est possible qu'un sujet de dissertation croise plusieurs domaines.
Ex : « *Essai, conte, fable sont autant de formes que peut prendre l'argumentation. Laquelle vous paraîtrait la plus appropriée si vous deviez écrire une argumentation ?* »
Le sujet pose à la fois la question de l'écriture argumentative avec les moyens qui permettent de convaincre, mais aussi celle des effets sur le destinataire avec l'efficacité de l'argumentation.

❸ Analyser le sujet

> **Conseil :** L'analyse approfondie du sujet est une étape fondamentale de l'exercice. Elle doit permettre d'éviter le hors-sujet.

➜ **Étape 1 : Relier le sujet à son objet d'étude :**
L'objet d'étude et le corpus qui construisent le sujet doivent être analysés attentivement : cela permet de **délimiter le sujet** et de se préparer. Chaque objet d'étude renvoie à un genre littéraire : le travail en classe et les lectures personnelles permettent d'en approfondir la connaissance.

➜ **Étape 2 : Analyser les mots-clés du sujet :**
L'analyse des mots-clés permet de préciser le thème de la dissertation. Au brouillon, le premier travail est de recopier le sujet de dissertation, d'entourer les mots-clés, de les définir et de les reformuler.

Ex : Objet d'étude : Le personnage de roman, du XVIIe siècle à nos jours

Corpus :
Texte A : François Mauriac, *Le Baiser au lépreux*, 1922
Texte B : Marguerite Duras, *Le Ravissement de Lol V. Stein*, 1964
Texte C : Olivier Adam, *Falaises*, 2005

Sujet : « Un roman peut-il intéresser son lecteur à des personnages ordinaires et malheureux ? Vous fonderez votre réflexion sur les textes du corpus, ou les œuvres que vous avez étudiées. »

- « **roman** » : indication générique qui exclut les autres genres de la dissertation. Le champ de la réflexion est confirmé par l'indication de l'objet d'étude,

- « **lecteur** » : le sujet se situe ici dans le champ de la lecture et de la réception du roman par le lecteur. Le verbe « intéresser » renvoie au plaisir intellectuel lié à la lecture et donc à ses effets sur le destinataire.
- « **personnages ordinaires et malheureux** » : la question du personnage renvoie à la construction romanesque dans laquelle il est central, mais aussi à l'effet du personnage sur le lecteur (identification, attraction ou rejet). C'est la question de la médiocrité des personnages, voire du héros et de l'anti-héros.

▶ **Étape 3 : Reformuler le sujet :**

La **reformulation** est une étape clé, qui confirme la **compréhension littérale** du sujet.

Ex : *Pour reprendre l'exemple précédent, le sujet porte ici sur les romans dont les héros ne sont pas idéalisés et dont le pouvoir de séduction peut être débattu. Il s'agit donc de la question souvent posée de l'intérêt romanesque de la vie quotidienne, du réalisme, voire de l'esthétique de la médiocrité ou de la laideur.*

▶ **Étape 4 : Identifier l'implicite du sujet :**

Pour **problématiser** le sujet et éviter le hors-sujet, il est nécessaire de commencer par s'interroger sur l'implicite de la question posée, c'est-à-dire ce qui n'est pas dit directement mais qui est suggéré entre les mots. Ces sous-entendus participent du problème à débattre. On attend donc du candidat qu'il reconnaisse l'implicite.

Ex : *Ici se dégagent* **deux conceptions du roman** *: la conception ancienne, héritée du roman de chevalerie, qui fait du genre une forme propre à sublimer la vie ordinaire et à faire rêver le lecteur. Le sujet s'oppose donc implicitement à cette vision et s'interroge sur la capacité de la vie ordinaire à produire le même effet sur le lecteur.*

▶ **Étape 5 : Problématiser :**

Le sujet de la dissertation n'est pas la problématique, qui doit être formulée par le candidat. **La problématique :**
– Est un **questionnement** qui explicite le ou les problème(s) émergeant à partir de l'analyse du sujet et de son implicite,
– Fonctionne comme un **moteur de recherche** : elle permet de tester des pistes, de confirmer ou d'infirmer des hypothèses dans le cours du développement,
– **Organise l'exercice** : chaque axe du plan doit lui apporter des éléments de réponse.

Ex : *Dans le sujet précédent, la problématique peut donc être formulée ainsi : « Dans quelle mesure les personnages les plus réalistes sont-ils les plus à même de captiver le lecteur de roman ? »*

❹ Exemple :

Objet d'étude : La question de l'Homme dans les genres de l'argumentation du XVIᵉ siècle à nos jours

Corpus :
Texte A : Fénelon, *Fables et opuscules pédagogiques*, XX, 1718, « Le Pigeon puni de son inquiétude »
Texte B : Jean de La Fontaine, *Fables*, VIII, 23, 1678, « Le Torrent et la Rivière »
Texte C : Charles Baudelaire, *Le Spleen de Paris*, 1869, « Le joujou du pauvre »

Sujet : « En vous appuyant sur les textes du corpus et sur vos propres lectures, vous vous demanderez en quoi l'apologue est une forme efficace de l'argumentation. »

▶ **Étape 1 : Relier le sujet à son objet d'étude**

L'objet d'étude amène à s'interroger sur les genres de l'argumentation. Il est important de garder cette perspective à l'esprit car les genres sont divers, de la fable (A et B) au poème en prose (C).

▶ **Étape 2 : Analyser les mots-clés du sujet**

– « en quoi » : de quelle manière. Il s'agit donc de s'interroger sur le fonctionnement du genre de l'apologue.
– « apologue et argumentation » : l'apologue est un des genres de l'argumentation. Par le récit et la fiction, l'apologue propose une leçon. Son fonctionnement argumentatif repose donc sur la séduction propre au récit et sur sa portée exemplaire.
– « forme efficace » : il s'agit de mesurer les effets de l'apologue sur le destinataire.

▶ **Étape 3 : Reformuler le sujet**

Il s'agit donc de s'interroger sur la portée d'un genre argumentatif particulier et de se demander de quelle manière il peut agir sur le lecteur ou l'auditoire.

▶ **Étape 4 : Identifier l'implicite du sujet**

Le sujet présuppose que l'apologue est une forme d'argumentation efficace. L'expression « en quoi » n'est pas équivalente à l'expression « dans quelle mesure » qui aurait amené une discussion sur l'efficacité argumentative du genre.
La question de l'efficacité se pose en général pour l'argumentation, plus encore pour l'apologue qui utilise des moyens détournés pour convaincre.

▶ **Étape 5 : Problématiser**

La problématique pourrait être formulée ainsi : « De quelle manière l'apologue parvient-il à modifier l'opinion de son destinataire ? »

Fiche 18 — LA DISSERTATION

Exemple de dissertation de type Bac

Objet d'étude : Écriture poétique et quête du sens, du Moyen Âge à nos jours

Sujet : Dans quelle mesure la poésie permet-elle le dépassement d'une épreuve ?

Plan détaillé :
I. La souffrance personnelle du poète
a. Chanter sa souffrance : un thème poétique
b. qui n'efface pas le réel
c. ... mais permet de la sublimer
II. La souffrance et le lecteur
a. Le lecteur partage la souffrance qu'on lui donne à lire
b. Il peut y retrouver sa propre souffrance
c. Le lyrisme, essence de la poésie

Rédaction :

La mythologie grecque associe les origines du genre poétique à la figure d'Orphée. Follement amoureux d'Eurydice, le poète ne parvient pas à se remettre de sa mort le jour de leurs noces. C'est avec la poésie, alors liée à la musique, qu'il parvient à traverser les Enfers et à obtenir le retour de sa bien-aimée. Hélas, il ne parvient pas à respecter le pacte alors imposé : ne pas se retourner avant d'être revenu dans le monde des vivants.

Dès son origine mythologique, la poésie a été associée à l'intime et à la souffrance et elle apparaît comme un remède dans les situations difficiles. Pour Orphée, la poésie a été le moyen de dépasser la mort de l'être aimé et de le retrouver, mais ce fut pour un temps seulement. On peut donc s'interroger sur ce pouvoir de la poésie : est-elle un moyen efficace pour dépasser une épreuve ? En posant cette question, il s'agit d'interroger les rapports délicats qui unissent la poésie et le réel et de comprendre dans quelle mesure elle peut avoir un impact sur celui-ci. Au fond, la poésie, en tant que forme artistique, est-elle coupée du monde et ne vise que le Beau ou, au contraire, est-elle profondément ancrée dans le monde et peut-elle avoir jusqu'à une fonction thérapeutique ?

Nous envisagerons deux aspects complémentaires. Après avoir montré en quoi la poésie pouvait permettre au poète de vivre une situation de crise, nous étudierons la façon dont le lecteur peut s'emparer à son tour de ce témoignage.

*

L'expérience poétique est d'abord, dans l'ordre des choses, celle du poète. La souffrance exprimée, travaillée et sublimée est avant tout la sienne.

Depuis Orphée, la souffrance est un thème privilégié de la poésie. La perte, l'absence et la mort sont les champs privilégiés de l'expérience poétique avec l'amour qui leur reste intimement lié. Le poète italien Pétrarque, au XIVe siècle, a fixé la forme de la plainte liée à la mort de la femme aimée dans son *Canzoniere*. Ce chant de douleur a été repris et amplifié au XVIe siècle par les poètes de la Pléiade, en particulier Ronsard qui chante, comme Pétrarque à la suite de la mort de sa bien-aimée Laure, sa bien-aimée Marie. Dans un autre registre, Victor Hugo exprimera par la poésie la douleur liée à la mort de sa fille Léopoldine, notamment dans le célèbre poème « Demain dès l'aube », extrait des *Contemplations*.

Pour autant, ces transpositions poétiques d'expériences bien réelles pourraient apparaître vaines. En effet, le récit ou le chant de la douleur est sans effet sur les causes de cette douleur. Autrement dit, la poésie n'a pas le pouvoir de faire disparaître les causes de la souffrance. Elle peut sembler coupée de la vie, sans lien avec le réel et uniquement tournée vers la Beauté. Le vers, la musicalité, l'emploi d'images relèvent d'une démarche intellectuelle qui vise à transformer le réel en œuvre d'art. Aussi la démarche de Pétrarque ou celle de Ronsard sont-elles extrêmement codées, respectant des étapes précises, le tout commençant par la rencontre de la belle et s'achevant par sa mort.

Au fond, le « je » lyrique, le choix d'une expérience personnelle, la précision d'un vécu des plus intimes relèvent d'un travail profond et sincère. En cela, le poète entre dans une démarche qui l'amène à regarder au fond des yeux sa douleur. Une fois mise sur le papier, celle-ci prend une autre dimension. Certes, la perte ne s'efface pas, mais elle est sublimée, c'est-à-dire dépassée pour atteindre un stade supérieur. Ainsi, Lamartine, mais aussi les autres poètes romantiques, expriment la mélancolie propre à leur temps, appelée par Chateaubriand le « vague des passions » mais font aussi œuvre poétique. « Le Lac » de Lamartine, par exemple, exprime une nostalgie qui touche tout un chacun par la sincérité du témoignage, mais aussi par les images qui sont engagées.

Grâce à la poésie, la souffrance du poète devient œuvre d'art. Certes, elle n'efface pas l'expérience douloureuse, mais elle lui donne une nouvelle forme, toujours empreinte de souffrance, mais aussi liée à la Beauté. Cette sublimation touche au plus profond le lecteur.

En effet, la poésie n'est pas une expérience individuelle, mais collective. Elle est avant tout un partage. Ainsi, le lecteur est tout aussi concerné que le poète par le dépassement de la souffrance de ce dernier, et cela à un double titre.

Tout d'abord, en tant que spectateur de la douleur du poète, il la partage, au sens propre, et donc le soulage. Il n'est pas besoin d'avoir connu soi-même l'expérience de la mort pour y être sensible. Ainsi, les *Poèmes à Lou* d'Apollinaire ne rendent pas le lecteur insensible alors même que le combat et la guerre peuvent nous être étrangers. On comprend et on partage la peur d'Apollinaire face à la mort qui s'annonce, mais aussi face à la perte quasiment programmée de l'être aimé.

Mais l'expérience du poète peut aussi faire écho à celle du lecteur. Elle peut être partagée. En effet, la poésie aborde des thèmes universels. Ainsi, Ronsard, dans ces *Derniers Vers* exprime la peur de tous face à la mort annoncée par un corps dont les organes cèdent un à un. Il exprime la douleur des amis, des êtres aimés devant l'inéluctable. Les poètes ont ceci de différent du commun des mortels qu'ils savent mettre des mots sur ces peurs partagées par tous. Ce faisant, ils nous aident à les appréhender.

Au fond, le registre lyrique, alors qu'il semble nous donner un accès direct à l'intime, relève d'une construction intellectuelle qui parle à chacun de nous au-delà du référent réel. On peut alors se demander si l'important est dans le témoignage ou dans la construction artistique qui en résulte. En effet, comment séparer le fond de la forme ? Est-on sensible à la douleur exprimée ou à la façon dont elle s'exprime ? Finalement, on peut penser que la poésie est un tout, mais que c'est l'écriture poétique en ce qu'elle a de plus singulier, c'est-à-dire le rythme et la musicalité, qui nous touche. Les vers de Verlaine ou de Rimbaud, intimement liés, nous donnent à lire des cœurs à découvert, sans masque. Finalement, c'est la Beauté même des vers qui nous émeut. Lorsque Verlaine écrit :

Il pleure dans mon cœur
Comme il pleut sur la ville ;
Quelle est cette langueur
Qui pénètre mon cœur ?
Ô bruit doux de la pluie
Par terre et sur les toits !
Pour un cœur qui s'ennuie,
Ô le chant de la pluie !

peu importe la douleur à l'origine de sa souffrance, il ramasse en un vers et en une seule métaphore toutes les douleurs du monde. Il s'agit de celle des parents qui ont perdu un enfant comme celle de l'amoureux qui vient de perdre sa bien-aimée.

*

L'expérience poétique est complexe. Elle est tout à la fois expression de soi, mais aussi travail sur cette vérité qui se trouve transformée, transcendée par cette écriture. Pour autant, la Beauté qui émane de la poésie nous aide à mieux vivre, notamment dans l'épreuve. Les exemples analysés nous montrent qu'il n'est pas besoin de regarder la vérité nue ou la réalité de façon crue pour la comprendre. Les images poétiques, la métaphore notamment, nous donnent à voir la vie autrement. Paradoxalement, c'est sans doute ce regard différent, biaisé, qui nous permet de mieux comprendre le monde.

Biographies

Jean ANOUILH (1910-1987)
Dramaturge auteur de pièces qu'il a lui-même classées en pièces roses (*Le Bal des voleurs*, 1938), noires (*Antigone*, 1944), brillantes (*La Répétition ou l'Amour puni*, 1950), costumées (*L'Alouette*, 1952). Son œuvre, pessimiste, dépeint une société cynique qui conduit à des compromis ou des compromissions.

Robert ANTELME (1917-1990)
Philosophe, il épouse Marguerite Duras. Résistant, il est déporté à Buchenwald, à Gandersheim puis à Dachau, de juin 1944 à la fin de la guerre.
En 1947, il publie *L'Espèce humaine*, dans lequel il montre le besoin de vivre qui anime les déportés, pourtant soumis aux pires cruautés humaines.

Guillaume APOLLINAIRE (1880-1918)
Il est l'une des plus grandes figures de la poésie française du début du XXe siècle. Très lié à des artistes comme Picasso ou Derain, il défend les avant-gardes artistiques. Auteur de poèmes à la forme libre, dans *Alcools* (1913) notamment, il est aussi connu pour ses *Calligrammes* (1918). Blessé à la tempe pendant la première guerre mondiale, il meurt prématurément en 1918 de la grippe espagnole.

Louis ARAGON (1897-1982)
Aragon fait partie des initiateurs du Surréalisme avec le Groupe Dada qui, après la Première Guerre mondiale, remet en cause les conventions sociales et artistiques. Adhérant dès 1927 au parti communiste, il combat l'armée nazie, puis s'engage dans la Résistance (*Les Yeux d'Elsa*, 1942). Son œuvre romanesque et poétique, influencée par ses expériences initiales (*Le Mouvement perpétuel*, 1930) reste marquée par la liberté des thèmes et des formes, malgré un retour à une écriture plus classique dès 1934 (*Les Cloches de Bâle*, roman). Ses poèmes ont fréquemment été mis en musique (Jean Ferrat notamment).

ARISTOPHANE (vers 445-vers 385 av. J.-C.)
Poète comique athénien, contemporain d'Euripide et Socrate qu'il met en scène dans *Les Nuées* et *Les Grenouilles*. Ses comédies, inspirées par l'actualité politique de son temps, critiquent les dérives de la démocratie et la soif de conquête d'Athènes (*Les Cavaliers*, 424 av. J.-C.). Dans *Lysistrata* et *L'Assemblée des femmes*, il imagine une cité utopique où les femmes feraient la loi.

Honoré DE BALZAC (1799-1850)
Écrivain à la conquête de la gloire et de l'argent, Balzac débute au théâtre. Après plusieurs échecs, il se tourne vers l'écriture romanesque et publie *La Peau de chagrin* en 1831. Très vite, son œuvre évolue lorsqu'il entreprend de décrire, roman après roman, un monde qui soit l'exacte réplique de la réalité sociale et historique du XIXe siècle, véritable vision totalisatrice. C'est *La Comédie humaine*. Balzac devient alors célèbre avec ses romans : *Le Père Goriot* (1835), *Le Lys dans la vallée* (1835), *La Cousine Bette* (1846). La fresque compte plus de deux mille personnages.

Robert BADINTER (né en 1928)
Avocat et professeur de droit, il exerce les fonctions de garde des Sceaux de 1981 à 1986. Il se situe dans la longue lignée des partisans de l'abolition de la peine de mort et en devient une figure emblématique, notamment par le discours retentissant qu'il prononcera pour faire voter cette loi au Parlement en 1981.

Charles BAUDELAIRE (1821-1867)
Aujourd'hui reconnu comme l'un des auteurs les plus importants de la poésie française, Baudelaire est devenu un classique alors qu'il s'est vu reprocher son écriture et le choix de ses sujets. Selon Rimbaud, il est le premier « voyant », c'est-à-dire le premier poète moderne. Au travers de son œuvre, Baudelaire a fait en sorte de créer et de démontrer les liens entre Beau et Laid, Bien et Mal, bonheur et idéal inaccessible entre le poète et son lecteur. En parallèle, il a exprimé la mélancolie et l'envie d'ailleurs. Ses audaces formelles, et en particulier le recours à la prose, font de lui un poète en rupture radicale avec le passé. *Les Fleurs du mal* (1857) et *Le Spleen de Paris* ou *Petits Poèmes en prose* (1869) sont ses œuvres les plus connues.

Pierre-Augustin CARON DE BEAUMARCHAIS (1732-1799)
Horloger, auteur et fondateur de la Société des auteurs dramatiques, inventeur des droits d'auteur, il fut aussi agent secret de Louis XV et Louis XVI. Après le succès du *Barbier de Séville* (1775), *Le Mariage de Figaro* est accepté par la Comédie-Française dès 1781. Mais trop critique vis-à-vis de la noblesse et de la justice, la pièce est interdite jusqu'en 1784.

Simone DE BEAUVOIR (1908-1986)
Cette philosophe, compagne de J.-P. Sartre, a relié les expériences de sa vie à une grande réflexion sur la condition féminine. « Mon enfance avait été nourrie de mythes forgés par les hommes et je n'y avais pas du tout réagi de la même manière que si j'avais été un garçon », écrit-elle dans *La Force des choses* (1963).

Samuel BECKETT (1906-1989)
Romancier et dramaturge d'origine irlandaise, il écrit en français à partir de 1945, sans cesser de publier en anglais. *En attendant Godot* (1953) est la pièce qui le fait connaître en déclenchant un véritable scandale né de la subversion des codes théâtraux traditionnels. Beckett invente le théâtre de l'absurde avec des personnages menant une vie dérisoire, sans perspective ni sens (*Fin de partie*, 1957 ; *Oh les beaux jours*, 1963). Il reçoit le prix Nobel de littérature en 1969.

Louis Jacques Napoléon BERTRAND, dit Aloysius BERTRAND (1807-1841)
Poète, journaliste et dramaturge, mort de tuberculose après une vie de misère, il est considéré par Baudelaire comme l'inventeur du poème en prose. Son recueil principal, *Gaspard de la nuit*, sombre et romantique, est publié à titre posthume en 1842. Sa modernité poétique est remarquable.

Jean BOCCACE (1313-1375)
En 1348, Giovanni Boccacio assiste à Florence aux ravages de la peste, qui lui inspire son œuvre majeure : le *Décaméron*. Avec ce recueil de nouvelles, Boccace suscite l'admiration de toute l'Europe.

François BON (né en 1953)
Écrivain d'origine modeste, François Bon fait des études d'ingénieur et commence à travailler dans l'industrie. Il publie son premier roman (*Sortie d'usine*) en 1982. Parallèlement, il multiplie les projets liés aux nouvelles formes d'expression, comme l'édition de textes numériques ou la création de sites web dédiés à la littérature. Bon écrit également pour le théâtre, la radio et la télévision.

Louis Antoine de BOUGAINVILLE (1729-1811)
Navigateur et explorateur français, il voyage à Tahiti entre 1767 et 1770 et revient en France en diffusant l'image du bon sauvage. Son *Voyage autour du monde* (1771) évoque un « paradis terrestre » qui trouve rapidement un écho parmi les penseurs des Lumières.

Bertolt BRECHT (1898-1956)
Auteur allemand, il invente le théâtre épique qui refuse l'illusion théâtrale et pousse le spectateur à une réflexion politique. Il dénonce la montée du nazisme dans *Grand'Peur et Misère du IIIe Reich* et, inspiré par le marxisme, montre des individus écrasés par l'histoire ou la société dans *Mère Courage et ses enfants* ou *Le Cercle de craie caucasien*.

André BRETON (1896-1966)
Il est le chef de file du mouvement surréaliste. Il est au centre d'un réseau important d'amitiés entre poètes : Vaché, Aragon, Soupault avec lequel il écrit *Les Champs magnétiques* (1919). Il rédige plusieurs manifestes du surréalisme (1924, 1930), met en pratique ses théories dans des récits poétiques (*Nadja*, *L'Amour fou*) et associe le nouveau mouvement à un esprit révolutionnaire.

Michel BUTOR (né en 1926)
Il s'illustre dans le roman, la poésie, l'essai, mais aussi dans des textes expérimentaux sur les arts plastiques. Même s'il n'a écrit que quatre romans, il marque le « Nouveau Roman » des années 1950-1960 en renouvelant singulièrement la narration. Son roman le plus populaire est *La Modification* en 1957, récit à la deuxième personne, qui obtient le prix Renaudot.

Gustave CAILLEBOTTE (1848-1894)
Artiste, collectionneur de tableaux et mécène de ses amis impressionnistes parmi lesquels Cézanne, Degas, Manet ou Pissarro, Caillebotte peint la réalité de la vie moderne. Parmi ses quelque cinq cents œuvres, on trouve des vues de Paris depuis un balcon (*Boulevard des Italiens*, 1880), des scènes de rue (*Rue de Paris par temps de pluie*, 1875) ou des scènes nautiques (*Le Bassin à Argenteuil*, 1882). La fortune qu'il hérite de son père lui permet de financer de nombreuses expositions impressionnistes.

Albert CAMUS (1913-1960)
Né en Algérie dans un milieu modeste, il construit sa pensée à travers l'étude de la philosophie, le théâtre et le journalisme. Il montre l'homme face à l'absurdité de son existence dans un essai, *Le Mythe de Sisyphe* (1942), et un roman, *L'Étranger* (1942). Résistant et collaborateur du journal *Combat*, il écrit après la guerre pour le théâtre, *Caligula* (1945), *Les Justes* (1949) et un roman parabole, *La Peste* (1947). Il reçoit le Prix Nobel en 1957. Il meurt dans un accident de voiture.

Louis-Ferdinand CÉLINE (1894-1961)
Il a suivi une formation de médecin avant d'être écrivain. Il commence sa carrière d'écrivain en 1932 avec *Voyage au bout de la nuit*. Comme son premier roman, *Mort à crédit* (1936) relate son expérience de soldat pendant la Première Guerre mondiale. Son œuvre, empreinte du pessimisme propre à son époque, innove par un travail particulier sur la langue, la syntaxe orale et l'argot. Son œuvre, essentiellement romanesque, est unanimement reconnue pour sa singularité. En revanche, ses écrits antisémites et son engagement collaborationniste pendant la Seconde Guerre mondiale en font une personnalité très controversée.

Aimé CÉSAIRE (1913-2008)
Député et maire de Fort-de-France, attaché à promouvoir la culture antillaise, Césaire chante son île, son peuple et l'héritage africain dans *Cahier d'un retour au pays natal* (1935). Ami d'André Breton, de Léopold Sédar Senghor, il participe au renouveau des formes poétiques et fonde la notion de « Négritude ».

René CHAR (1907-1988)
D'abord membre du mouvement surréaliste, il signe un recueil avec Breton et Éluard. Puis, il se lance dans l'écriture d'une œuvre placée sous le signe de la solitude et de l'action. Dès 1940, il s'engage dans la Résistance. Les *Feuillets d'Hypnos* (1947) et *Seuls demeurent* (1945) relatent son expérience. Des ouvrages plus hermétiques, aux phrases abruptes, comme *Le Poème pulvérisé* ou *Fureur et mystère*, éveillent à la beauté du monde, saisie dans la fulgurance de l'instant.

François René de CHATEAUBRIAND (1768-1848)
Issu de la noblesse bretonne, le fondateur du romantisme français connaît une vie tumultueuse. De retour d'Amérique en 1792, la Révolution l'oblige à émigrer en Angleterre. Il rentre en France en 1801 avec l'Empire et publie *Le Génie du christianisme* et *Atala*. *René* (1802) devient l'emblème d'une nouvelle sensibilité et un modèle pour les écrivains romantiques. Nommé alors ambassadeur et pair de France, Chateaubriand rédige ses *Mémoires d'outre-tombe*, publiés en 1848.

François CHENG (1929)
Né en Chine, François Cheng s'installe en France en 1949. Ce professeur et traducteur reconnu écrit en chinois puis directement en français des essais, des romans et de la poésie. Entre douleur et exaltation, il témoigne de son exil et chante ce que ses deux cultures et civilisations ont de meilleur. Il a reçu le grand prix de la Francophonie en 2001.

André CHÉNIER (1762-1794)
Il est né à Constantinople d'un père français et d'une mère grecque. Il écrit des poèmes qui imitent ceux de l'Antiquité (*Bucoliques*, *Élégies*). Mais il sait donner à ce courant néoclassique un peu froid et formel le souffle d'un lyrisme intime, d'un imaginaire troublant, voire érotique. André Chénier s'engage dans la Révolution de 1789 pour en devenir très vite la victime. Il est emprisonné à Saint-Lazare, condamné et exécuté.

Paul CLAUDEL (1868-1955)
C'est l'un des auteurs qui opposent à l'affirmation des sciences à la fin du XIXe siècle une réaction spiritualiste. Il se convertit au catholicisme, engage une carrière d'ambassadeur qui l'amène à découvrir l'Asie, où il écrit un recueil de poèmes, *Connaissance de l'Est* (1900 et 1907). Ses pièces (*Tête d'or*, *La Ville*, *Le Partage de midi*, *Le Soulier de satin*) explorent un théâtre lyrique, sacré, ouvert à la démesure et à l'absolu.

Jean COCTEAU (1889-1963)
L'œuvre très moderne de ce dramaturge, romancier, poète, peintre et cinéaste français est nourrie de mythes, de *La Machine infernale* au *Sang d'un poète*. Ainsi, il voit dans le poète moderne le successeur d'Orphée. Le merveilleux traverse ses récits plus contemporains, comme *Les Enfants terribles* (1929).

Albert COHEN (1895-1981)
Né grec, Cohen grandit à Marseille avant de prendre la nationalité suisse à 24 ans. Exilé pendant la guerre, il est bouleversé par la mort de sa mère en 1943. Ce brillant diplomate ne cessera de célébrer la figure maternelle et chérie. Il est aussi l'auteur d'un chef-d'œuvre romanesque qui remporte en 1968 le prix de l'Académie française : *Belle du Seigneur*.

Jean Antoine Nicolas de CARITAT de CONDORCET (1743-1794)
Savant et philosophe, il est député à la Convention pendant la Révolution. Condorcet lutte pour les idéaux des Lumières et organise l'Instruction publique. Il défend les droits de l'homme et la cause

des minorités (juifs, Noirs, protestants, femmes). Emprisonné en 1793, il meurt en détention après avoir terminé son *Esquisse d'un tableau historique des progrès de l'esprit humain*.

Tristan CORBIÈRE (1845-1875)
C'est un poète français. Il publie en 1873 son unique recueil de poèmes, *les Amours jaunes* qui passe inaperçu. Son originalité vient essentiellement de la diversité de son inspiration, de la ville moderne à la campagne bretonne. Sa postérité est due à l'hommage que lui rend Verlaine dans son essai *Les Poètes maudits* (1883).

Pierre CORNEILLE (1606-1684)
Après avoir commencé sa carrière avec des comédies (*L'Illusion comique*, *Le Menteur*), il triomphe avec une tragi-comédie, *Le Cid* (1637). Il se tourne ensuite vers des tragédies politiques qui s'inspirent de l'histoire romaine (*Horace, Cinna, Polyeucte*, 1642-45) et serviront de modèles au théâtre classique. Corneille montre des héros déchirés entre l'amour et l'honneur, la trahison et la loyauté, la tyrannie et la démocratie.

Julio CORTÁZAR (1914-1984)
Né à Bruxelles, il passe son enfance en Argentine et s'installe en France en 1951. Traducteur, professeur de littérature, il s'essaie à la poésie surréaliste avant de se tourner vers l'écriture de romans (*Marelle*) ou de nouvelles. Comme dans l'œuvre de son ami Borges, la frontière entre réalité et fiction est poreuse.

Robert DESNOS (1900-1945)
Poète surréaliste, Robert Desnos est l'un des plus brillants adeptes de l'aventure des sommeils hypnotiques. Engagé dans la résistance contre le nazisme, il est arrêté en 1944 et déporté à Buchenwald, puis à Terezin, où il meurt le 8 juin 1945, quelques jours après la libération du camp de concentration.

Philippe DESPORTES (1546-1606)
Il s'illustre dans la poésie baroque de la seconde moitié du XVIe siècle. Contemporain de Ronsard, il vénère les auteurs antiques. Très raffinée, marquée par la fréquentation de la cour, sa poésie touche au maniérisme. *Les Amours de Diane* (1573) en est une parfaite illustration.

Denis DIDEROT (1713-1784)
Écrivain et philosophe, Diderot est l'une des figures majeures du mouvement des Lumières. Maître d'œuvre de l'*Encyclopédie* (1751-1772) aux côtés de D'Alembert, il affronte tout au long de sa vie la censure et doit s'exiler pour continuer à publier ses œuvres. Auteur prolifique, Diderot s'est essayé à tous les genres littéraires, du roman (*Jacques le Fataliste*, 1778) à la critique d'art (*Salons*) en passant par le dialogue philosophique (*Le Neveu de Rameau*, 1762-73) et le théâtre (*Le Fils naturel*, 1757).

Joachim DU BELLAY (1522-1560)
Poète français du XVIe siècle, il est connu pour *Les Regrets*, recueil de sonnets d'inspiration élégiaque, écrit lors de son voyage à Rome entre 1553 et 1557. Sa rencontre avec le poète Pierre de Ronsard fut à l'origine de la formation de La Pléiade, mouvement littéraire de poètes. Du Bellay rédigera lui-même le manifeste de ce mouvement, *Défense et illustration de la langue française*.

César CHESNEAU, sieur DUMARSAIS ou DU MARSAIS (1676-1756)
C'est un philosophe et un grammairien. Son ouvrage le plus célèbre est *Le Traité des tropes* (1730) dans lequel l'auteur établit un répertoire méthodique des figures de styles. Mais, outre ses travaux en grammaire, Dumarsais s'illustre par sa participation à l'*Encyclopédie*, notamment pour l'article « philosophe ». Il est reconnu par Diderot et d'Alembert comme une personnalité importante dans la diffusion des Lumières.

Alexandre DUMAS (1802-1870)
À peine arrivé à Paris, d'Artagnan se fâche successivement avec trois inconnus et les provoque en duel à tour de rôle. Au premier rendez-vous, il voit arriver le mousquetaire Athos. Ses deux témoins, Porthos et Aramis, ne sont autres que les deux autres inconnus. Il va devoir se battre contre les trois fameux « inséparables ».

Paul ÉLUARD (1895-1952)
En 1919, Paul Éluard s'engage dans la voie de l'expérimentation littéraire et devient un des chefs de file du surréalisme. Poète de l'amour, il célèbre la femme avec un lyrisme réinventé (*Capitale de la douleur*, 1926). Il est aussi un poète communiste, révolutionnaire et engagé aux côtés de la Résistance. La liberté est son idéal, qu'il s'agisse de la liberté du langage comme de la liberté politique.

ESCHYLE (526-456 av J.-C.)
Il est le plus ancien des auteurs tragiques grecs. On lui attribue l'invention du masque et l'introduction d'un deuxième personnage face au chœur. Sa première pièce connue est *Les Perses* qui raconte la victoire d'Athènes à Salamine. Il obtient un triomphe en 457 avec sa trilogie l'*Orestie*. Ses intrigues sont simples et le chœur y a encore un rôle spectaculaire essentiel.

ÉSOPE (VIIe-VIe s. av. J.-C.)
Auteur grec présenté par Plutarque comme un esclave au physique très disgracieux. Ses fables sont à l'origine du genre dans la Littérature. Il a en particulier inspiré Phèdre (Ier siècle ap. J.-C.) et La Fontaine.

EURIPIDE (480-406 av. J.-C.)
Poète grec, concurrent de Sophocle, il connaît, presque toute sa vie, la guerre du Péloponnèse opposant Athènes à Sparte (432-404). Dans ses tragédies qui évoquent la fin légendaire de la guerre de Troie, il met en scène le désarroi des victimes innocentes et les crimes des vainqueurs. Ses échecs répétés aux concours tragiques le poussent à se retirer en Macédoine à la fin de sa vie.

Gustave FLAUBERT (1821-1880)
Écrivain, ce maître de la prose est un romancier notoire de la seconde moitié du XIXe siècle. Il a marqué la littérature par son regard lucide sur les comportements des individus et de la société. Il devient célèbre par le scandale : *Madame Bovary* (1857), son roman, observation juste et ironique de la vie d'une provinciale, sera condamné pour « immoralité ». Auteur exigeant, il se consacre entièrement à l'écriture et publie des œuvres aujourd'hui célèbres : *Salammbô* (1862), *L'Éducation sentimentale* (1869) ou le recueil de nouvelles *Trois contes* (1878).

Jean-Pierre CLARIS DE FLORIAN (1755-1794)
Après une jeunesse pleine d'expériences, vécue dans l'entourage de quelques grands et de Voltaire, Florian écrit pièces de théâtre et romans couronnés de nombreux succès. Favorable à la Révolution, il en attend surtout la concorde nationale. Emprisonné pendant la Terreur, il meurt peu après sa libération. Il est surtout connu pour ses *Fables* (1792).

Bernard LE BOUYER (ou LE BOVIER) DE FONTENELLE (1657-1757)
Cet écrivain, homme d'esprit et féru de sciences, qui a vécu cent ans et assisté à la naissance du siècle des Lumières, a favorisé les idées progressistes. Il est célèbre pour ses deux ouvrages philo-sophiques : *Entretiens sur la pluralité des mondes* (1686) et *L'Histoire des oracles* (1686), où il dénonce les préjugés et les superstitions.

Serge GAINSBOURG (1928-1991)
De son vrai nom Lucien Ginsburg, ce célèbre chanteur surnommé « l'homme à la tête de chou » s'est créé l'image d'un provocateur dans la lignée des poètes maudits. Son talent s'est fréquemment nourri de l'influence de Baudelaire, de Nerval ou d'Alphonse Allais. « Je suis venu te dire que je m'en vais » est un emprunt et un hommage à la « Chanson d'automne » de Verlaine.

Laurent GAUDÉ (né en 1972)
Après des études de lettres et de théâtre, Laurent Gaudé se tourne d'abord vers l'écriture théâtrale. Sa première pièce *Onysos furieux*, écrite en 1997, sera créée en 2000. Son premier roman, *Cris*, est publié la même année. Il est rapidement reconnu : dès 2002, il obtient le prix Goncourt des lycéens avec *La Mort du roi Tsongor*, avant d'être couronné par le prix Goncourt pour *Le Soleil des Scorta* en 2004.

Paul GAUGUIN (1848-1903)
L'œuvre de ce peintre français, proche de l'école de Pont-Aven, s'inspire du travail des artistes impressionnistes. Sa vie se partage entre la Bretagne et la Nouvelle-Calédonie où il peint une nature et une humanité pittoresques (*Arearea*, 1892 ; *D'où venons-nous ? Que sommes-nous ? Où allons-nous ?*, 1897-1898). Peu reconnu de son vivant, Gauguin se réfugie au terme de son existence aux îles Marquises pour fuir la civilisation occidentale.

Théophile GAUTIER (1811-1872)
Il entame sa carrière littéraire aux côtés des romantiques, participe à la « bataille d'Hernani » en 1830. Auteur de poèmes, contes, romans, pièces de théâtre, il se distingue également par ses critiques d'art. Il se détache peu à peu du romantisme, et rejoint le Parnasse vers 1850.

Sylvie GERMAIN (née en 1954)
Figure majeure de la littérature contemporaine, elle pratique des genres aussi variés que le roman (*Le Livre des nuits*, son premier roman en 1984), la biographie, mais aussi le récit de voyage et l'essai. Elle touche un public plus large avec *Tobie des Marais* (1998) et *Magnus* (2005) qui lui vaut le prix Goncourt des lycéens.

Jean GIONO (1895-1970)
L'œuvre romanesque de Giono, lyrique et empreinte de spiritualité, propose un regard original sur le monde tourmenté du XXe siècle. La nature, le monde paysan, le rapport au cosmos caractérisent les personnages en marge des sociétés modernes. Giono n'hésite pas à aborder de front les questions morales et philosophiques qui peuvent intéresser l'homme de son temps. Il connaît aussi une importante activité de scénariste.

Edmond GONCOURT (1822-1896) Jules GONCOURT (1830-1870)
Aristocrates, les frères écrivent ensemble des romans naturalistes étudiant le fonctionnement de l'organisme humain ou des sentiments (*Renée Mauperin*, 1864). Ils tiennent aussi un journal d'anecdotes littéraires croustillantes qui paraît en 1861. L'Académie des Goncourt, qui décerne un célèbre prix littéraire, est née des réunions fréquentes chez Edmond de ses amis Flaubert, Daudet ou Zola.

Jean Ignace Isidore Gérard GRANDVILLE, dit GRANDVILLE (1803-1847)
Il se fait connaître par ses *Métamorphoses du jour*, représentant des hommes à têtes d'animaux, et de nombreuses caricatures dans la presse. Au moment où l'imprimé se diffuse rapidement, il s'attache à faire reconnaître le métier d'illustrateur. Il saisit des « types » du siècle, comme les personnages de Balzac dont il illustre l'œuvre. Opposant à la monarchie de Juillet qui rétablit la censure, il fait alors des gravures pour de nombreux classiques comme *Les Voyages de Gulliver*, *Robinson Crusoë* ou les *Fables* de La Fontaine.

Eugène GUILLEVIC (1907-1997)
Poète d'un lyrisme concis qui s'applique à « tout rendre concret, palpable », amoureux de sa Bretagne natale dont il exalte l'univers pauvre de rochers et de fougères, il est l'auteur de nombreux recueils dont *Exécutoire* (1947), *Carnac* (1961), *Sphère* (1963), *Ville* (1971), *Inclus* (1973).

Ernest Theodor Amadeus HOFFMANN (1776-1822)
En marge de sa vie de magistrat, ce génial touche-à-tout ne cesse de dessiner, d'écrire de la musique ou de la littérature. Ses contes fantastiques, comme *Les Elixirs du diable* (1815-1816) ou les *Contes nocturnes* (1818), mettent en scène l'opposition entre son monde réel, froid et sérieux, et l'univers de ses rêves, fantastique et fantaisiste.

Hans HOLBEIN LE JEUNE (1498-1543)
Peintre allemand, il passe une grande partie de sa carrière à la cour du roi d'Angleterre Henri VIII, dont il devient le portraitiste officiel. On lui doit les portraits d'*Érasme écrivant* et une saisissante représentation du « Christ mort ».

Victor HUGO (1802-1885)
Poète dès l'âge de vingt ans (*Odes et Ballades*), il devient le chef de file des auteurs romantiques en rénovant le théâtre. Sa pièce *Hernani* fait scandale en 1830. Il s'engage politiquement et doit s'exiler après le coup d'État de Louis Napoléon Bonaparte (1851). Il reste à Guernesey pendant vingt ans où il écrit des recueils de poésie (*Les Contemplations*, 1856, et *Les Châtiments*, 1853 ; *La Légende des siècles*, 1859). Son roman le plus célèbre, *Les Misérables* (1862), dénonce les injustices sociales. En 1870, il fait un retour triomphal et siège comme sénateur. À sa mort, ses obsèques nationales rassemblent deux millions de personnes. Il repose au Panthéon.

Joris-Karl HUYSMANS (1848-1907)
Écrivain français, il est d'abord, comme Zola ou Maupassant, naturaliste (*Les Sœurs Vatard*, 1879), mais perçoit très vite les limites de ce mouvement. Ses récits à la narration subjective et provocatrice évoquent le désespoir et incarnent alors la littérature émergente « fin de siècle ; ils évoluent ensuite vers le décadentisme (*À rebours*, 1884). Ayant, entre-temps, rencontré la foi, il rend un hommage mystique à l'art médiéval (*La Cathédrale*, 1898).

Eugène IONESCO (1909-1994)
Auteur français d'origine roumaine, il est le fondateur du « théâtre de l'absurde ». Ses pièces, comme *La Cantatrice chauve* (1950), *Les Chaises* (1951), *La Leçon* (1951) mêlent le non-sens, le grotesque et une réflexion critique sur les relations humaines ou le langage. *Le Roi se meurt* (1962) est une œuvre pessimiste où l'auteur dévoile son angoisse de la mort. Il est élu à l'Académie française en 1970.

Philippe JACCOTTET (né en 1925)
Jaccottet est parmi les poètes vivants l'un des plus reconnus. Influencé par le Romantisme allemand, il consacre de nombreux poèmes à célébrer la Beauté des paysages, en particulier ceux de la Drome où il réside (*L'Effraie*, 1957). Les deuils qu'il vit sont transcendés par une poésie d'un lyrisme très fin (*Chants d'En-bas*, 1974). Son travail de traducteur est essentiellement mis au service de la langue allemande (Goethe, Höderlin). Il a eu le privilège rare d'entrer de son vivant dans la prestigieuse bibliothèque de la Pléiade (2011).

Alfred JARRY (1871-1907)
Auteur original et excentrique, Jarry, encore lycéen, écrit *Ubu Roi* en 1888, pour se moquer d'un professeur de physique très chahuté. Il met en scène lui-même la pièce en 1896 en s'entourant pour les décors de peintres réputés comme Bonnard, Toulouse-Lautrec, Vuillard. Un célèbre comédien, Firmin Gémier, crée le rôle. Mais la pièce déclenche un scandale. Il en propose en 1898 une nouvelle version avec des marionnettes.

Bernard-Marie KOLTÈS (1948-1989)
Auteur dramatique français, il se fait connaître grâce à Patrice Chéreau qui met en scène ses pièces (*Combat de nègre et de chiens*, 1983 ; *Quai ouest*, 1985 ; *Dans la solitude des champs de coton*, 1986). Il s'inspire de ses nombreux voyages en Amérique latine et en Afrique. Son œuvre rompt avec le théâtre de l'absurde et s'intéresse surtout aux difficultés de communication entre les êtres.

Louise LABÉ (1524-1566)
Elle est la plus célèbre des poétesses de la Renaissance lyonnaise et surnommée « la Belle cordière ». Raffinée, parlant latin, jouant du luth, elle illustre la condition féminine et revendique le rôle d'écrivain. Pour elle, la puissance créatrice se nourrit de l'expérience amoureuse.

Jean DE LA BRUYÈRE (1645-1696)
C'est l'un des auteurs les plus importants du courant des moralistes français. Il est issu de la moyenne bourgeoisie, vit assez pauvrement avant de devenir en 1684 le précepteur du petit-fils de Condé. Il aurait commencé dès 1670 à consigner des observations du monde et de la Cour qui lui serviront pour *Les Caractères* (1688). Son regard critique sur la société et l'homme est impitoyable.

Pierre-Ambroise CHODERLOS DE LACLOS (1741-1803)
Militaire de métier, il connaît le succès avec *Les Liaisons dangereuses* (1782). Ce roman libertin, prônant paradoxalement l'ordre et la vertu, lui permet d'intégrer les cercles politiques réformateurs comme celui des jacobins. Il échappe à la Terreur et devient général de brigade de Bonaparte.

Marie-Madeleine DE LA FAYETTE (1634-1693)
Madame de La Fayette fréquente les salons parisiens dès 1652. Ses premiers essais d'écriture vont au portrait, puis à la nouvelle historique et galante fort en vogue à cette époque. En 1662, elle publie *La Princesse de Montpensier*. *La Princesse de Clèves* (1678) participe de ce climat.

Jean DE LA FONTAINE (1621-1695)
Il est le fils d'un maître des eaux et forêts du duché de Château-Thierry ; lui aussi prendra cette charge. Apprécié pour ses poésies et ses *Contes*, il participe aux fêtes de Vaux-le-Vicomte, données par Nicolas Foucquet. Reçu chez les grands, gentilhomme de la duchesse d'Orléans, il est admiré et aimé pour toute son œuvre. Publiés à partir de 1668, ses recueils de *Fables* proposent une vision du monde désabusée, sage, enjouée et mélancolique.

Jean-Luc LAGARCE (1957-1995)
Auteur dramatique et metteur en scène, admirateur de Beckett et Ionesco, il commence à écrire des œuvres marquées par le théâtre de l'absurde, et monte *La Cantatrice chauve* avec un grand succès. Ses pièces traitent des difficultés de communication et des enjeux de pouvoir dans les cercles culturels (*Les Prétendants*, 1989), familiaux (*Juste la fin du monde*, 1990), ou amicaux (*Derniers remords avant l'oubli*, 1987).

Alphonse DE LAMARTINE (1790-1869)
Comme nombre de ses contemporains, Lamartine est désorienté par le monde né de la Révolution. Les *Méditations* (1820) expriment le désir de fuir ailleurs, hors du temps et de l'histoire destructrice. Ce poète de la nostalgie est aussi un homme de son temps : député en 1830, il est président de la République provisoire de 1848.

François DE LA ROCHEFOUCAULD (1613-1680)
Né d'une illustre famille proche de la royauté, La Rochefoucauld est un jeune aristocrate qui se consacre à la vie mondaine après avoir été l'une des figures les plus actives de la Fronde. Il participe à de nombreux salons littéraires et se lie d'amitié avec madame de La Fayette. Ses *Maximes et sentences morales* rencontrent un tel succès qu'elles seront rééditées cinq fois.

Jean-Marie Gustave LE CLÉZIO (né en 1940)
Écrivain et essayiste, voyageur infatigable, Le Clézio connaît tôt le succès en recevant le prix Renaudot pour son premier roman, *Le Procès-Verbal* (1963). Il s'inscrit dans un premier temps dans le sillage du Nouveau Roman, avant d'emprunter une voie plus personnelle, marquée par ses voyages. Son œuvre construit un univers onirique, proche du mythe (*Désert*, *Le Chercheur d'or*). La dimension autobiographique est également importante. Le Clézio a reçu le prix Nobel de littérature en 2008.

Michel LEIRIS (1901-1990)
Ethnologue et écrivain français, Michel Leiris fait une carrière dans l'anthropologie : il participe à la mission Dakar Djibouti en 1931 et devient directeur de service au Laboratoire d'ethnologie du Muséum d'histoire naturelle en 1938. Il écrit plusieurs œuvres à caractère autobiographique dont *L'Âge d'homme* (1939) ou encore *La Règle du jeu* (1948-1976).

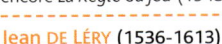
Jean DE LÉRY (1536-1613)
Considéré comme un précurseur de l'ethnologie, il exerce d'abord le métier de cordonnier. Il part ensuite au Brésil en vue de participer à la création d'une communauté protestante à l'abri des guerres de religion qui agitent alors la France. Il publie à son retour en France une *Histoire d'un voyage fait en la terre du Brésil* (1578), devenue rapidement un modèle de récit de voyage humaniste.

Alain-René LESAGE (1668-1747)
À l'origine avocat, auteur de romans (*Le Diable boiteux*) et de théâtre, sa pièce *Turcaret* (1709) critique le pouvoir de l'argent dans la société de la Régence. Il écrit de nombreuses courtes œuvres pour le Théâtre de Foire. Son roman picaresque, *L'Histoire de Gil Blas de Santillane* (1715), est son chef-d'œuvre : il dépeint la société et les mœurs à travers les aventures de son héros sur les routes d'Espagne.

Primo LEVI (1919-1987)
Écrivain italien et chimiste, il est arrêté en 1944 pour résistance, et déporté à Auschwitz comme juif. Il raconte sa détention dans *Si c'est un homme*. Ce témoignage, édité en 1947, ne sera enfin lu et connu que dix ans plus tard. Il est l'auteur d'histoires courtes, poèmes et romans (*La Trêve*, 1963).

Biographies | **675**

Claude LÉVI-STRAUSS (1908-2009)
Anthropologue et ethnologue français, il s'est penché sur les sociétés sans écriture, autrement appelées peuples primitifs. Soucieux de donner une dimension scientifique à ses investigations, il a participé au renouveau des sciences humaines au XXᵉ siècle, notamment par sa contribution à la pensée structuraliste. Il se consacre également à l'étude des mythes (*Mythologiques*, 1946 à 1971).

Stéphane MALLARMÉ (1842-1898)
Adepte d'une poésie exigeante, à la forme très travaillée, Mallarmé élabore une œuvre qui fait de lui le maître du symbolisme. Ses poèmes engagent une réflexion proche de la méditation philosophique. Il est l'auteur notamment de *Poésies* (posthume) et de *Divagations*.

Pierre de MARBEUF (1596-1645)
Élève, comme Descartes, du collège militaire de La Flèche, juriste de formation, cet auteur de sonnets exalte le thème de la fragilité de la vie et de l'amour. Recherchant la perfection formelle, il joue avec les mots et les sonorités dans un style baroque. Son *Recueil des vers* est publié à Rouen en 1628.

Pierre CARLET DE CHAMBLAIN DE MARIVAUX (1688-1763)
Il domine la création théâtrale de son époque (*Le Jeu de l'amour et du hasard*, *L'Île des esclaves*). Après la fin morose du règne de Louis XIV, renaît un théâtre où s'exprime le naturel du jeu et la liberté des sentiments amoureux. À l'aube des Lumières, l'auteur compose deux romans majeurs : *La Vie de Marianne* et *Le Paysan parvenu*. Ses activités de journaliste (*Le Spectateur français*) en font un observateur des mœurs et de la société.

Clément MAROT (1496-1544)
Ses premiers rondeaux, épîtres et ballades, fidèles à la tradition médiévale, le font apprécier de François Iᵉʳ, dont il devient le poète officiel. Mais ses convictions religieuses évangéliques le conduisent en prison, où il compose *L'Enfer*, satire de la Justice, qu'il se garde de publier. Exilé en Italie, il abjure pour rentrer en France et y publie, en 1542, une traduction des *Psaumes* de David.

Guy DE MAUPASSANT (1850-1893)
Maupassant appartient, comme Zola, au groupe des écrivains de Médan. Il se définit comme un « illusionniste », capable de recréer le monde paysan, le milieu des employés ou la haute société rongée par ses passions. Son réalisme, teinté de noirceur, montre avec une concision poignante la cruauté des hommes. Après le succès de *Boule de Suif*, suivent trois cents contes (*La Maison Tellier*, *Les Contes de la bécasse*) et des romans, dont *Une vie* (1883) et *Bel-Ami* (1885). À la fin de sa vie, malade de la syphilis, Maupassant exprime sa peur de la folie dans des nouvelles fantastiques (*Le Horla*).

Philippe MINYANA (né en 1946)
Minyana est dramaturge, comédien et metteur en scène. Depuis *Inventaires* (1987), il a écrit plus de trente-cinq pièces, jouées partout dans le monde. Il a reçu de nombreuses récompenses. Il est également l'auteur de livrets d'opéra (*Jojo*, 1991), ainsi qu'un scénario et des dialogues pour la télévision (*Papa est monté au ciel*, 1999).

MOLIÈRE (1622-1673)
Jean-Baptiste Poquelin, d'origine bourgeoise, renonce à la charge de tapissier de son père en 1642, et s'associe à une famille de comédiens, les Béjart. En 1659, la troupe est subventionnée par Monsieur, le frère du roi. Le succès arrive en 1662 avec *L'École des femmes*. Il est accusé d'athéisme en 1665, et deux de ses pièces, *Tartuffe* et *Dom Juan*, sont interdites. Il revient ensuite à la farce (*Les Fourberies de Scapin*) et monte des comédies-ballets alliant théâtre, musique et danse (*Le Bourgeois gentilhomme*, *Le Malade imaginaire*). Jean-Baptiste Lully fut à ce titre son collaborateur.

Michel DE MONTAIGNE (1533-1592)
Cet auteur incarne l'humanisme : diplomate pendant les guerres civiles religieuses et politiques, parlementaire, maire de Bordeaux, proche d'Henri IV, il s'est aussi consacré à la méditation. À cheval ou dans sa bibliothèque d'auteurs antiques et contemporains, il a construit son œuvre (*Les Essais*, 1595) en « essayant » librement sa pensée.

Charles-Louis DE SECONDAT baron de MONTESQUIEU (1689-1755)
Ce moraliste et penseur politique écrit à la fin du règne de Louis XIV. *Les Lettres persanes*, publiées anonymement en 1721, portent un regard critique et satirique sur cette période de mutation tout en s'inspirant des fictions orientales très à la mode. *De l'esprit des lois* (1750) repense les institutions politiques, influençant la pensée des Lumières.

Thomas MORE (1478-1535)
Humaniste anglais, fin diplomate sous Henri VIII, il fut emprisonné et condamné à mort par le roi lorsqu'il voulut s'opposer à son divorce et rester catholique au moment de la réforme anglicane. Il est l'auteur de *L'Utopie* (1516).

Gustave MOREAU (1826-1898)
Sa peinture fait de lui le principal représentant de l'école symboliste en France. Ses tableaux envoûtants évoquent souvent des scènes mythologiques dont la dimension sacrée est très forte. Les paysages, vaporeux et intemporels, mettent en valeur la puissance du regard des personnages. *L'Apparition* ou *Jupiter et Sémélé* font partie de ses œuvres célèbres.

Alfred DE MUSSET (1810-1857)
Poète et dramaturge romantique, Musset fait sensation, à dix-huit ans, avec ses *Contes d'Espagne et d'Italie*, pleins de drôlerie et de fantaisie. Mais son humour laisse percer des interrogations sur son rôle de poète. Il se tourne vers un théâtre destiné à être lu plutôt que joué et où il met en scène des personnages tourmentés dont l'action est vouée à l'échec : *Les Caprices de Marianne*, *On ne badine pas avec l'amour*, *Lorenzaccio* (1833-1834). Sa passion tumultueuse avec l'écrivain George Sand nourrit un récit autobiographique, *La Confession d'un enfant du siècle* (1836). Blessé par les échecs littéraires et amoureux, il portera systématiquement le masque de l'ironie pour exprimer ses contradictions et incertitudes (*Les Nuits*, 1837).

Gérard DE NERVAL (1808-1855)
De son vrai nom Gérard Labrunie, il découvre la littérature en traduisant les romantiques allemands. Ses poèmes (*Les Chimères*, 1854), récits de voyage et textes romanesques (*Les Filles du feu*, 1854 ; *Aurélia*, 1855) puisent dans les mythes et philosophies anciennes des réponses à son interrogation sur l'identité. Après une profonde période de tourments, il met fin à ses jours.

Paul NIZAN (1905-1940)
Cet intellectuel affirme très jeune ses dispositions militantes en ralliant le Parti communiste et en organisant le séjour d'écrivains français en URSS. Il publie de nombreux essais proches du pamphlet comme *Les Chiens de garde* en 1932.

Gilles ORTLIEB (né en 1953)
Né au Maroc, il vit actuellement au Luxembourg. Il a publié plusieurs recueils de poésie (*Brouillard journalier*, *Poste restante*, *Gibraltar du Nord* ou *Soldats et autres récits*).

Ambroise PARÉ (1510-1590)
Chirurgien des rois de France, d'Henri II à Henri III, il est considéré comme le père de la chirurgie moderne et a publié un certain nombre de traités scientifiques en rapport avec l'opération de la ligature.

Blaise PASCAL (1623-1662)
Mathématicien de génie, inventeur de la machine à calculer, physicien, philosophe, théologien, il se convertit de manière radicale au catholicisme le plus exigeant. Publiées après sa mort, les *Pensées*, où se trouve le célèbre « pari », construisent une apologie de la foi catholique.

Georges PEREC (1936-1982)
Il participe à la rénovation des formes du roman et de l'autobiographie dans le sillage du nouveau roman et des écritures à contrainte (groupe de l'Oulipo). Ses jeux formels servent une critique de la société de consommation, de la place des objets (*La Vie, mode d'emploi*, 1978). En dépassant la superficie du monde, l'écrivain tente d'atteindre des traumatismes profonds (*W ou le Souvenir d'enfance*, 1975).

Charles PERRAULT (1628-1703)
Il exerce de hautes fonctions administratives sous la protection de Colbert, tout en faisant partie de la toute nouvelle Académie française. Retiré pour se consacrer à l'éducation de ses enfants, il écrit ses célèbres contes, parmi lesquels *Le Chat botté*, *Peau d'âne* ou *Le Petit Chaperon rouge* qui furent illustrés par Gustave Doré au XIXᵉ siècle. Son éloge du *Siècle de Louis le Grand* lance la querelle des Anciens et des Modernes, dont il se revendique.

PHÈDRE (vers 18 av. J.-C.-vers 50 ap. J.-C.)
On sait peu de chose sur cet auteur latin. Il introduit à Rome le genre des fables dans un recueil (*Fables*) où les formes sont variées, en imitant le Grec Ésope. Ses textes se distinguent par leur brièveté et leur apparente limpidité. Lu par des générations d'élèves et d'honnêtes hommes, il figure à son tour parmi les auteurs d'apologues imités par La Fontaine, avec notamment l'humaniste italien Abstémius.

Christine DE PISAN (1364-1430)
Veuve à 25 ans, Christine de Pisan choisit de ne pas se remarier et de consacrer sa vie à l'étude. Première femme à vivre de sa plume, elle écrit des œuvres de commande destinées à ses protecteurs, membres de l'aristocratie. En marge, elle compose une œuvre plus intime, où ballades et rondeaux expriment avec lyrisme une douleur qu'elle doit taire en société.

PLAUTE (vers 254-184 av. J.-C.)
Acteur avant de devenir auteur, on lui attribue vingt et une œuvres inspirées du théâtre grec avec des intrigues situées à Athènes et des personnages aux noms grecs qui sont tous des types conventionnels, comme le soldat fanfaron et le parasite. Sa pièce *La Marmite* a servi de modèle à *L'Avare* de Molière.

Francis PONGE (1899-1988)
Après avoir fréquenté les Surréalistes, il s'engage en écriture. Entré dans la Résistance en 1941, il côtoie Camus et Éluard, qui encourage sa démarche et revendique l'héritage des artisans de la langue, comme Malherbe. En 1942, il publie *Le Parti pris des choses*, son premier grand recueil.

Nicolas POUSSIN (1594-1665)
Avide de connaissances, ce peintre français lit des ouvrages de science, assiste à des dissections, voyage en province et en Italie (1624) où il s'imprègne des œuvres antiques dont il veut égaler l'équilibre et l'harmonie. Peintre d'histoire, de compositions mythologiques ou religieuses et de paysages, il est un maître de la peinture classique.

Jacques PRÉVERT (1900-1977)
Le plus populaire des poètes français (*Paroles* a été vendu à près de 4 millions d'exemplaires) a aussi écrit des scénarios et dialogues pour le cinéma (*Quai des Brumes*, *Les Enfants du Paradis*) et des chansons (« Les Feuilles mortes »). Il a composé de la poésie en collaboration avec des peintres, comme Braque ou Picasso, et des photographes, comme Izis.

Abbé PRÉVOST (1697-1763)
De son vrai nom Antoine François Prévost, dit d'Exiles, sa vie mouvementée, ses amours rocambolesques, son exil, son emprisonnement pour dettes ne sont pas sans rappeler *L'histoire du chevalier Des Grieux et de Manon Lescaut*, son œuvre majeure. Traducteur du romancier anglais Richardson et fondateur du journal *Le Pour et Contre*, dédié à la connaissance de la culture anglaise, l'abbé Prévost fréquente également les salons littéraires, et côtoie certains philosophes des Lumières.

Marcel PROUST (1871-1822)
Il renouvelle les formes et les contenus du roman français. En choisissant de décrire la nostalgie d'un monde révolu (celui de l'enfance, d'une société mondaine en voie de disparition), les souffrances de la perte amoureuse (jalousie et deuil), il explore les méandres de la conscience. Il regroupe l'ensemble de ses romans dans un vaste cycle : *À la recherche du temps perdu*.

François RABELAIS (1483-1553)
Moine, médecin et écrivain, Rabelais incarne l'humanisme et sa soif de connaissance. Ses « romans » mettent en scène des géants, Gargantua et Pantagruel, dont l'appétit de savoir est à l'image de leur inventeur. Tout en critiquant les travers de son époque, ils permettent, tel un miroir grossissant, d'exprimer avec humour et poésie un idéal de justice et d'éducation.

Jean RACINE (1639-1699)
Issu de la bourgeoisie, il confie ses premières tragédies (*La Thébaïde*) à la troupe de Molière en 1664, mais c'est à l'Hôtel de Bourgogne que sa maîtresse, l'actrice Thérèse Du Parc, dite Marquise, triomphe dans le rôle d'Andromaque écrit pour elle. Les héros de Racine (*Phèdre*, *Bérénice*, *Britannicus*) n'exaltent plus les vertus héroïques, mais agissent sous l'emprise des passions. À partir de 1670, il éclipse Corneille vieillissant.

Raymond RADIGUET (1903-1923)
Né en 1903, il fréquente le monde des poètes et entreprend une carrière de journaliste. Il connaît la vie de Montparnasse où règnent le plaisir et la fête. Devenu l'ami de Cocteau, il accède au milieu mondain des années 1920 et compose *Le Diable au corps* (1922). Après avoir rédigé son deuxième roman, *Le Bal du Comte d'Orgel*, il meurt brutalement en 1923.

RAPHAËL (1483-1520)
Rafaello Sanzio fut un peintre adulé durant sa brève existence et reste un emblème de la Renaissance italienne avec Michel-Ange, son rival et son égal. Formé dans l'atelier du Pérugin, il entra très jeune au service des Papes, décora des salles du Vatican et participa à l'architecture de Saint-Pierre du Vatican. La perfection et la sérénité de ses compositions en font un maître des classiques et des maniéristes.

Yasmina REZA (née en 1959)
Écrivain français de théâtre et de romans, elle a obtenu plusieurs récompenses et notamment deux Molière couronnant son travail d'auteur pour *Conversation après un enterrement* (1987) et *Art* (1994). Dans cette pièce, comme dans *Le Dieu du carnage* (2007), elle se moque des milieux bourgeois et de leur hypocrisie.

Jean-Michel RIBES (né en 1946)
Il est auteur, metteur en scène de théâtre, réalisateur de télévision et cinéaste. Il reçoit avec Jean-Marie Gourio le Grand Prix de l'humour noir pour les *Brèves de comptoir*. Dans *Théâtre sans animaux* (2002) et *Musée haut, musée bas* (2004), il mêle satire des préjugés et situations absurdes.

Arthur RIMBAUD (1854-1891)
« L'homme aux semelles de vent », le poète le plus novateur du XIXe siècle, connaît une carrière littéraire très brève. Il écrit ses premiers poèmes à quinze ans, ses derniers à vingt-et-un, ne cesse d'être en rupture (fugues, relation tumultueuse avec Verlaine), avant de délaisser toute forme de littérature pour devenir commerçant et parfois trafiquant. Il s'éteint à trente-sept ans, à Marseille, à son retour d'Aden au Yémen.

Alain ROBBE-GRILLET (1922-2008)
Dès la publication de son premier roman *Les Gommes* en 1953, Robbe-Grillet s'impose comme le chef de file du Nouveau Roman, école littéraire liée aux Éditions de Minuit. Il théorise d'ailleurs cette esthétique romanesque d'avant-garde dans le recueil d'articles *Pour un nouveau roman* en 1963. Parallèlement à une œuvre romanesque importante, il écrit également pour le cinéma, notamment avec Alain Resnais. En 2004, il est élu à l'Académie française mais, anti-conformiste, il ne prononce pas de discours de réception. Il décède sans avoir siégé.

Pierre DE RONSARD (1524-1585)
Il est un des poètes français les plus importants du XVIe siècle. Adepte de l'épicurisme, il est une figure majeure de la poésie de la Renaissance. Il est connu pour avoir écrit, entre autres *La Franciade* (1572) ou de la poésie lyrique avec les recueils des *Odes* (1550-1552) et des *Amours*. Ses poèmes lyriques développent les thèmes de la nature et de l'amour, associés aux références de l'Antiquité gréco-latine et à la forme du sonnet. Comme Du Bellay, il s'est associé au mouvement littéraire de la Pléiade.

Edmond ROSTAND (1868-1918)
Auteurs de poèmes et d'essai, Rostand est passé à la postérité comme dramaturge. De son œuvre dramatique, on connaît essentiellement *Cyrano de Bergerac* (1897) qui s'inspire du personnage réel, libertin du XVIIe siècle.

Philip ROTH (né en 1933)
Petit-fils d'immigrés juifs arrivés aux États-Unis au début du XXe siècle, Philip Roth enseigne les lettres avant de se consacrer à l'écriture. Ses romans sont influencés par sa réflexion sur l'identité américaine et l'Histoire de son pays, notamment sa trilogie américaine à laquelle appartient *La Tache*.

Jean-Jacques ROUSSEAU (1712-1778)
Originaire de Genève, Jean-Jacques Rousseau est considéré comme le père du genre autobiographique. Ses *Confessions*, publiées à titre posthume en 1782, débutent par un célèbre prologue dans lequel l'auteur annonce son « entreprise » : « me montrer tel que je fus ». Avant de rédiger son autobiographie, il publie des ouvrages philosophiques (*Discours sur l'origine et les fondements de l'inégalité parmi les hommes*, 1755) et des œuvres littéraires (*Julie ou la Nouvelle Héloïse*, 1761).

Pierre Paul RUBENS (1577-1640)
Rubens est un peintre flamand caractéristique de l'époque baroque. Dans son atelier d'Anvers, il cultive un style coloré tout en mouvement. Il exprime la violence et la sensualité, répondant ainsi au goût de ses contemporains.

Antoine de SAINT-EXUPÉRY (1900-1944)
Aviateur et grand reporter, il a relaté ses missions aériennes dans des récits à caractère autobiographique (*Terre des hommes*, 1939 ; *Pilote de guerre*, 1942). Son chef-d'œuvre demeure *Le Petit Prince*, fable sur la condition de l'homme dont le message tient dans la formule du renard : « L'essentiel est invisible pour les yeux, on ne voit bien qu'avec le cœur ».

Jerome David SALINGER (1919-2010)
Cet écrivain américain se fait connaître en 1948 avec des nouvelles parues dans le *New Yorker*, mais il est surtout célèbre pour son roman *L'Attrape-cœur*. Traitant de l'adolescence et du passage à l'âge adulte, ce récit, devenu un roman culte, connaît une popularité mythique depuis sa publication en 1951, entretenue par le silence de l'auteur. L'un des thèmes majeurs de Salinger est l'étude des esprits agités, troublés par la dureté du monde.

Jean-Paul SARTRE (1905-1980)
Issu de la grande bourgeoisie, philosophe, fondateur de revues, auteur d'essais, de récits et de théâtre, Sartre s'engage dans les combats de son époque, de la seconde guerre mondiale à la Guerre froide. Il invente l'existentialisme qui pose la question du sens de l'existence et de l'engagement. Sa pensée est exposée dans des romans (*La Nausée*, 1938) ou des pièces de théâtre (*Les Mouches*, 1943 ; *Huis-Clos*, 1944 ; *Les Mains sales*, 1948). Il milite pour la décolonisation et participe au mouvement de Mai 68.

Paul SCARRON (1610-1660)
Grand esprit de la vie littéraire du XVIIe siècle, il anime un salon où il reçoit des esprits frondeurs. Il est l'auteur de nombreuses comédies, de poèmes burlesques (*Virgile travesti*, 1648), du *Roman comique* publié en deux parties (1651, 1657). Il est l'époux de Françoise d'Aubigné, qui deviendra la maîtresse de Louis XIV sous le nom de Madame de Maintenon.

Éric-Emmanuel SCHMITT (né en 1960)
Après de brillantes études de philosophie, Éric-Emmanuel Schmitt commence sa carrière d'écrivain par l'écriture théâtrale. Sa première pièce, *La Nuit de Valognes* (1991), lui assure un succès rapide qui se confirme avec *Le Visiteur* en 1994. Depuis, il a écrit des romans à succès (*L'Évangile selon Pilate*, 2000) et adapté lui-même au cinéma certains de ses textes (*Odette Toulemonde*, 2007).

Georges DE SCUDÉRY (1601-1667)
Il s'oppose à Corneille par ses *Observations sur le Cid* rédigées en 1637. Il fréquente l'hôtel de Rambouillet et écrit de nombreuses œuvres poétiques dans le goût de l'époque Louis XIII. Sa sœur, Madeleine, est elle aussi écrivain et l'auteur de romans (*Clélie, histoire romaine*).

Jorge SEMPRUN (né en 1923)
Né en 1923 en Espagne, Jorge Semprun vient vivre en France avec sa famille, exilée lors de la prise du pouvoir par Franco. Engagé dans la Résistance communiste en 1941, il est déporté à Buchenwald. Après la guerre, il lutte clandestinement contre le régime franquiste, ministre de la Culture du gouvernement espagnol de 1988 à 1991, il est aussi membre de l'Académie Goncourt. Son œuvre, principalement rédigée en français, rend compte des grands événements de son existence (*Le Grand Voyage*, 1963 ; *L'Écriture ou la vie*, 1994).

William Shakespeare (1564-1616)
Ce dramaturge anglais fut aussi acteur, actionnaire de son théâtre, le théâtre du Globe, et de la compagnie des *King's men* subventionnée par le roi Jacques Ier. Son œuvre comporte des comédies et des drames historiques (*Roméo et Juliette*, *Le Songe d'une nuit d'été*, *Macbeth*) où il met en scène les dérives violentes du pouvoir. Si son théâtre baroque est très éloigné du classicisme français, on le trouve pourtant dans la bibliothèque de Louis XIV. Mais il ne sera vraiment connu en France par des traductions qu'au XVIIIe siècle.

Sophocle (495-406 av. J.-C.)
Seules sept des cent vingt-trois tragédies du poète grec nous sont parvenues. Proche du pouvoir, il assume en -441 la charge de stratège, c'est-à-dire chef des armées, en récompense d'*Antigone* (442 av. J.-C.). Homme très pieux, ses héros, tels Électre, Ajax ou Œdipe, sont soucieux de leur gloire et ont un sens aigu du devoir.

Germaine de Staël (1766-1817)
Elle est la fille de Necker, ministre de l'Économie sous Louis XVI. Les événements de la Révolution la conduisent à vivre en Suisse où elle anime un groupe d'intellectuels brillants, curieux des littératures étrangères. Elle mène une carrière de romancière et écrit *Delphine* et *Corinne ou l'Italie* et promeut le romantisme en publiant *De l'Allemagne* en 1813.

Stendhal (1783-1842)
Admirateur de Napoléon, Henri Beyle, dit Stendhal, commence à dix-sept ans une carrière militaire qui l'amène à participer aux campagnes napoléoniennes. En 1812, il démissionne de ses fonctions, puis se consacre à sa passion pour l'Italie. En 1800, il entre en Italie avec l'Empereur et ce voyage marque son œuvre (*Chroniques italiennes*). Il publie ensuite des essais et des récits de voyages. Il s'engage dans la bataille romantique avec son essai *Racine et Shakespeare* dès 1823. Il écrit également des romans, parmi lesquels *Le Rouge et le noir* (1830) et *La Chartreuse de Parme* (1839). Il meurt en laissant inachevées plusieurs œuvres, notamment *Vie de Henry Brulard* et *Lucien Leuwen*. Il a marqué à la fois le réalisme et le romantisme.

Michel Tournier (né en 1924)
Romancier nourri de mythes et de philosophie. Dans *Vendredi ou les limbes du Pacifique* (1967), il reprend l'histoire de Robinson Crusoé. Son personnage, qui tente de vivre sur l'île comme en Europe, s'ouvre ensuite à un autre mode de vie après sa rencontre avec Vendredi, un sauvage métis qui lui apprend à vivre autrement.

Fred Vargas (née en 1957)
De son vrai nom Frédérique Audouin-Rouzeau, elle est historienne et archéologue de formation, et mène des recherches sur les ossements animaux au Moyen Âge. C'est son métier qui l'amène au roman policier, qu'elle appelle « rompol » : empreintes, ossements, fouilles sont pour elle autant de points communs entre l'archéologie et l'enquête policière menée dans la plupart de ses romans (*L'homme à l'envers*, *Sous les vents de Neptune*) par un inspecteur contemplatif, Adamsberg.

Paul Verlaine (1844-1896)
Silhouette familière des cercles et cafés parisiens, il est très influent dans le milieu symboliste. Très lié avec Rimbaud, avec qui il mène un temps une vie vagabonde de poète maudit, il laisse des poèmes empreints de mélancolie et de musicalité. Parmi ses recueils, on peut citer *Fêtes galantes* (1869), *Romances sans paroles* (1874) et *Sagesse* (1881).

Théophile de Viau (1590-1626)
Auteur de *Pyrame et Thisbé*, il est un des plus grands poètes baroques. Banni pour libertinage à deux reprises, il échappe de justesse au bûcher et doit rester au cachot durant deux ans avant d'être condamné à un exil perpétuel.

Alfred de Vigny (1797-1863)
Avec ses *Poèmes antiques et modernes* (1826) et son roman historique *Cinq-Mars* (1826), il connaît le succès. Mais, dès 1830, il rejette son époque, trop matérialiste. Son poème « *Stello* » (1832) puis son drame *Chatterton (1835)* disent son amertume. Ses derniers poèmes philosophiques, comme « La mort du Loup », expriment sa solitude.

Vincent Voiture (1597-1648)
Poète à la cour de Gaston d'Orléans, frère du Roi, il fait le tour de l'Europe quand son protecteur est condamné à l'exil. À son retour, son esprit brillant et cultivé le fait nommer académicien. Il compose une poésie moderne et précieuse. Sa célébrité lui vaut d'être impliqué dans les grandes querelles dont les polémiques rythment la vie littéraire du siècle.

Voltaire (1694-1778)
François Marie Arouet, né dans la bourgeoisie aisée, se distingue par des études brillantes chez les jésuites. Emprisonné à la Bastille en 1717 pour avoir écrit contre le Régent, bastonné sur l'ordre d'un aristocrate, Voltaire part pour l'Angleterre. Il y réfléchit sur les institutions et en tire une critique de la société et de l'État français dans ses *Lettres philosophiques* (1734). Adulé pour ses tragédies, nommé historiographe du roi, et en même temps censuré, il vit à l'écart de la cour chez Mme du Châtelet en Lorraine. Son séjour en Prusse chez Frédéric II lui fait relativiser l'espérance qu'il avait placée dans les despotes éclairés. Installé à Ferney en 1755, il mène ses batailles dont l'affaire Calas, lance son *Dictionnaire philosophique* et écrit ses *Contes*. Il revient à Paris peu avant de mourir, en pleine gloire.

Marguerite Yourcenar (1903-1987)
C'est la première femme nommée à l'Académie française en 1980. Passionnée par les civilisations, en particulier antique et orientale, l'auteur écrit des romans historiques qui mettent en scène des esprits libres, forts et indépendants : ainsi l'empereur Hadrien (*Mémoires d'Hadrien*, 1951), Zénon (*L'Œuvre au noir*, 1968). Elle entreprend également un vaste cycle autobiographique avec *Souvenirs pieux*. Ses essais et ses traductions sont nombreux.

Émile Zola (1840-1902)
Romancier et chef de file du naturalisme, Zola est le créateur des *Rougon-Macquart*, un cycle de vingt romans naturalistes (*Nana*, *Germinal*) entrepris dès 1869. Ami de nombreux peintres, l'écrivain est aussi critique d'art et s'engage vigoureusement contre l'injustice lors de l'affaire Dreyfus. En témoigne sa célèbre lettre « J'accuse... ! », publiée en 1898 dans le quotidien *L'Aurore* qui retourne l'affaire. Elle lui vaut un procès et l'exil en Angleterre.

Glossaire

● **Absurde (théâtre de l')** (n. m. et adj.) : forme de théâtre contemporain qui cherche à refléter le chaos universel et l'incommunicabilité entre les êtres.

Abyme (mise en abyme) (n. f.) : procédé d'imbrication consistant à placer une œuvre au sein d'une autre.

Académisme (n. m.) : art qui s'attache à l'enseignement classique reçu à l'école, dans une académie.

Accumulation (n. f.) : juxtaposition de mots permettant d'accentuer une idée ou d'insister sur sa force.

Acrostiche (n. m.) : poème ou strophe où les lettres initiales de chaque vers, lues verticalement, composent un nom (auteur, destinataire) ou un mot-clé, voire un énoncé.

Action (n. f.) : ce qui se passe sur scène (théâtre).

Alexandrin (n. m.) : vers de douze syllabes accentuées.

Allégorie (n. f.) : figure d'analogie. Représentation de manière claire et directe d'une idée abstraite par une personne.

Allitération (n. f.) : répétition d'un même son consonantique à des fins stylistiques.

Allusion (n. f.) : figure de style consistant à évoquer, sans les nommer de façon explicite, des personnes, des faits, des événements ou des références supposés connus et partagés culturellement.

Anagramme (n. m.) : mot formé à l'aide des lettres d'un autre mot. Ex. : pour Ronsard, « aimer » est l'anagramme de « Marie ».

Analepse (n. f.) : dans un récit, retour en arrière. Au cinéma, on parle de *flash-back*.

Analogie (n. f.) : ressemblance, similitude suggestive ou élément de comparaison entre deux réalités différentes.

Anaphore (n. f.) : figure d'insistance. Répétition d'un même mot en début de proposition, de phrase ou de vers.

Anciens (n. m. pl.) : groupe d'écrivains du XVIIe siècle, partisans de l'imitation fidèle de l'Antiquité. Ils menèrent une vive querelle contre les Modernes, défenseurs du progrès et de la création originale.

Angle de prise de vue (n. m.) : position de la caméra ou de l'appareil photo par rapport au sujet, pouvant être à hauteur d'homme, en plongée (caméra en hauteur, plongeant vers le sujet) ou en contre-plongée (caméra située plus bas).

Anthologie (n. f.) : recueil proposant une sélection de textes, d'extraits de films, etc.

Anthropologie (n. f.) : science qui étudie l'homme dans sa dimension sociale.

Antihéros (ou **anti-héros**) (n. m.) : personnage central d'une œuvre de fiction ne présentant aucune des qualités du héros traditionnel. Il peut même incarner des contre-valeurs.

Antithèse (n. f.) : figure d'opposition. Rapprochement de deux idées contraires.

Aparté (n. m.) : dans un dialogue, réplique brève, dite « à part », censée être entendue du seul public.

Apogée (n. m.) : voir *Paroxysme*.

Apologue (n. m.) : bref récit en vers ou en prose dispensant un enseignement moral.

Archétype (n. m.) : personnage incarnant, par ses caractéristiques physiques et/ou morales, une sorte de modèle ou de type.

Argot (n. m.) : langage dont se servaient les voleurs et les vagabonds pour se comprendre entre eux sans l'être des forces de police. Aujourd'hui, langue verte ou très familière.

Argument (n. m.) : raison convaincante employée pour étayer, défendre ou valider une thèse.

Argument ad hominem (n. m.) : stratégie qui consiste à attaquer et mettre en contradiction son adversaire, dans sa personne, en lui opposant ses propres paroles et ses propres actes.

Argument d'autorité (n. m.) : fait d'invoquer l'avis d'une personne reconnue comme faisant autorité dans le domaine concerné, plutôt que de produire un raisonnement.

Argumentation directe / indirecte (n. f.) : à un raisonnement exposé de façon directe et explicite (argumentation directe) s'opposent des stratégies de détour (argumentation indirecte). Par exemple, dans la fiction, les leçons sont exprimées de façon symbolique à travers les personnages et situations mis en scène.

Assonance (n. f.) : répétition d'un même son vocalique à des fins stylistiques.

Autobiographie (n. f.) : « récit rétrospectif en prose qu'une personne réelle fait de sa propre existence, lorsqu'elle met l'accent sur sa vie individuelle, en particulier sur l'histoire de sa personnalité » (Philippe Lejeune).

● **Ballade** (n. f.) : poème de forme régulière qui se compose d'une série de strophes terminées par un vers identique (le refrain), et s'achevant par un envoi (couplet final plus court où se trouve une dédicace).

Baroque (n. m. et adj.) : issu du portugais *barroco*, perle de forme irrégulière, cet adjectif est d'abord synonyme d'« extravagant ». Puis, le nom désigne un mouvement littéraire et culturel du XVIIe siècle caractérisé par l'expression du mouvement, du contraste et du débordement. Ses sources d'inspiration sont la mort, la métamorphose et l'inquiétude.

Blâme (n. m.) : discours prononcé pour souligner et dénoncer les travers de quelqu'un ou de quelque chose.

Blason (n. m.) : forme poétique née à la Renaissance, célébrant une partie du corps de l'aimé(e).

Burlesque (n. m. et adj.) : genre littéraire traitant un sujet noble dans un style trivial.

● **Cadre** (n. m.) : ce qui délimite une image.

Calligramme (n. m.) : texte dont les mots forment un dessin. Son invention est attribuée à Apollinaire.

Caractère (n. m.) : ensemble des traits physiques, psychologiques et moraux d'un personnage de théâtre ou de roman.

Caricature (n. f.) : exagération ou amplification de certains traits d'un personnage ou d'une réalité afin d'en souligner les ridicules.

Catharsis (n. f.) : mot grec signifiant « purgation ». Il est utilisé par le philosophe grec Aristote pour désigner l'effet d'une tragédie sur le spectateur : la pitié et la terreur suscitées par le malheur des héros le libèrent de passions néfastes.

Césure (n. f.) : coupe d'un vers à l'hémistiche.

Champ / Contre-champ (n. m.) : procédé de montage cinématographique faisant alterner les plans de chacune des deux personnes en train de dialoguer.

Champ lexical (n. m.) : ensemble de termes ou d'expressions renvoyant à un même thème.

Champ sémantique (n. m.) : ensemble des sens d'un même mot selon le contexte ou l'expression dans lesquels il est employé.

Chanson (n. f.) : texte mis en musique, divisé en couplets et refrain.

Chœur (n. m.) : dans le théâtre grec, groupe de chanteurs et danseurs prenant collectivement la parole pour commenter l'action.

Chronique (n. f.) : article de journal ou de revue, rubrique d'une émission radiophonique ou télévisuelle traitant régulièrement d'un thème particulier.

Chute (n. f.) : dénouement inattendu d'une nouvelle, trait spirituel concluant un poème.

Citation (n. f.) : fait de prélever un fragment de texte pour l'insérer dans son propre texte, dans un but didactique ou illustratif. La citation, placée entre guillemets, s'accompagne de l'indication de l'auteur du texte initial.

Classicisme (n. m.) : mouvement culturel du XVIIe siècle, considérant comme beau ce qui est fondé sur l'alliance de la raison et du sentiment, le respect de la vraisemblance et de la bienséance. Visuellement, les artistes privilégient la ligne droite et la symétrie. Les thèmes sont souvent inspirés de l'Antiquité.

Cliché (n. m.) : lieu commun, banalité.

Comédie (n. f.) : genre théâtral qui vise à faire rire ou sourire le spectateur, par les situations ou par le ridicule des caractères et des mœurs mis en scène.

Commedia dell'arte (n. f.) : comédie italienne, apparue au XVe siècle, où les acteurs, portant des masques, incarnent des personnages types (comme Arlequin). Ils improvisent *lazzi* et saynètes sur des canevas bien connus.

Comparaison (n. f.) : construction qui explicite le rapprochement de deux objets à l'aide du comparé (l'objet que l'on compare), du comparant (l'objet auquel on compare), d'un terme comparatif (comme, tel, semblable...), et d'un point de comparaison.

Concession (n. f.) : mode de raisonnement consistant à accepter une partie de la thèse adverse pour mieux en contrer l'argument principal à l'aide de connecteurs tels que « Certes... mais... ».

680 | Glossaire

Connecteurs logiques / spatiaux / temporels (n. m. pl.) : mots de liaison ou locutions lexicales permettant de lier logiquement, spatialement ou temporellement les différentes étapes d'un récit ou d'un raisonnement entre elles.

Connotation (n. f.) : signification secondaire ou subjective, le plus souvent implicite, venant s'ajouter à la signification première d'un mot ou d'un texte et associée le plus souvent au contexte d'écriture.

Conte (n. m.) : récit bref le plus souvent relevant de l'apologue. Le conte de fées met en scène des personnages manichéens et des éléments merveilleux pour proposer une moralité. Le conte philosophique détourne ce schéma narratif afin de critiquer la société, la religion ou le pouvoir. Son arme de prédilection est l'ironie.

Contexte (n. m.) : conditions (culturelles, historiques, littéraires…) de création d'une œuvre.

Contre-plongée (n. f.) : procédé inverse à la plongée, qui consiste à placer la caméra plus bas que le sujet filmé, qui s'en trouve mis en valeur. Le spectateur ressent un effet d'écrasement. (Voir *Plongée*.)

Coordination (n. f.) : construction syntaxique où les propositions sont reliées entre elles par des liens de coordination qui peuvent être des conjonctions (mais, ou, et, donc, or, ni, car) ou des locutions conjonctives (ni… ni…, soit… soit…, d'une part… d'autre part…).

Coryphée (n. m.) : chef du chœur grec qui dialogue avec les personnages principaux.

Crescendo (n. m.) : série ou suite de termes qui marquent une progression dans l'intensité.

Cubisme (n. m.) : mouvement artistique novateur né en 1908. Sa principale technique consiste à présenter une même réalité sous plusieurs angles de vue à la fois.

🔹 **Dénouement** (n. m.) : au théâtre, résolution finale de l'intrigue qui met fin à la crise.

Description (n. f.) : type de texte qui donne une représentation d'un élément du réel (lieu, personne…).

Dialogue (types de) (n. m.) : le dialogue **didactique** met en scène un maître et son disciple. Le dialogue **dialectique**, plus équilibré, permet à chacun de construire sa pensée en discutant. Le dialogue **polémique** fait entendre l'affrontement de deux points de vue irréconciliables. Le dialogue **délibératif** consiste à discuter ensemble, à délibérer pour aboutir à une prise de décision collective.

Diatribe (n. f.) : discours formulant une attaque violente, voire injurieuse.

Didascalie (n. f.) : dans un texte de théâtre, indication scénique donnée par l'auteur aux acteurs (noms des personnages, décors, gestes, intonations, déplacements).

Diérèse (n. f.) : procédé qui consiste à prononcer deux voyelles successives en deux syllabes distinctes.

Dilemme (n. m.) : conflit intérieur vécu par un personnage qui doit choisir entre deux intérêts opposés, l'amour et la gloire, la famille ou la cité.

Discours indirect libre (n. m.) : forme de discours rapporté dans lequel les paroles ou pensées sont transposées dans une phrase juxtaposée à la phrase de récit précédente sans verbe introducteur ou marque de la subordination. Les paroles sont ainsi intégrées au récit et la voix du narrateur mêlée à celle du personnage.

Discours rapporté (n. m.) : paroles ou pensées apparaissant dans un récit. Il peut être direct, indirect, indirect libre ou narrativisé.

Distanciation (effet de) (n. f.) : concept inventé par le dramaturge allemand Bertolt Brecht, qui vise à mettre le spectateur dans une attitude critique face au spectacle.

Dizain (n. m.) : poème comportant dix vers.

Double énonciation (n. f.) : nature de l'énonciation théâtrale qui comporte deux destinataires, le ou les personnages sur scène, et le public.

Drame (n. m.) : à l'origine, mot grec signifiant « action ». Genre théâtral représenté par le drame romantique au XIXe siècle.

🔹 **École** (n. f.) : esthétique, techniques et convictions communes à un groupe d'artistes ou d'écrivains.

Éditorial (n. m.) : article argumentatif ou polémique que l'éditorialiste publie à la une d'un journal ou d'une revue pour en définir ou préciser une orientation politique, sociale, littéraire ou économique.

Effet de rythme (n. m.) : mouvement général d'une phrase, d'une strophe ou d'un paragraphe, lié au nombre de syllabes, à leur répartition et aux accents.

Ekphrasis (n. f.) : description vivante et détaillée, qui entend rivaliser avec la peinture.

Élégie (n. f.) : poésie exprimant le deuil et le chagrin lié à la perte d'un être cher.

Ellipse narrative (n. f.) : acte par lequel le narrateur décide de passer sous silence certains événements du récit. Plusieurs années peuvent ainsi être évoquées en quelques lignes.

Éloge (n. m.) : discours prononcé pour vanter les mérites de quelqu'un ou de quelque chose.

Enjambement (n. m.) : on parle d'enjambement lorsque la fin d'un groupe syntaxique ne coïncide pas avec la fin d'un vers, et que le vers suivant prolonge ce groupe syntaxique.

Énonciation (n. f.) : ensemble des marques permettant d'identifier l'acte de parole au sein d'un discours. Elles vont de la présence du locuteur à celle, explicite ou non, d'un destinataire. Étudier l'énonciation consiste à savoir qui parle, à qui et dans quelles circonstances, en identifiant toutes les marques de la subjectivité dans un énoncé.

Énumération (n. f.) : série ou suite de termes, liés entre eux par le sens ou par leur forme.

Épidictique (adj.) : discours qui fait l'éloge ou le blâme d'une personne, d'une idée, d'un concept, d'une institution.

Épigramme (n. f.) : 1) inscription sur un monument ; 2) bref poème de huit à dix vers s'achevant sur une pointe, inattendue ou amusante.

Épique (adj.) : registre mettant en valeur le courage et la bravoure du héros. Il privilégie les figures de l'exagération, les épithètes homériques et les images obsédantes.

Épistolaire (adj.) : qui se fait par lettres.

Épître (n. f.) : lettre traitant de sujets philosophiques ou politiques.

Épopée (n. f.) : genre littéraire narrant les hauts faits de héros exceptionnels. Ils incarnent les valeurs de tout un peuple.

Essai (n. m.) : texte argumentatif où l'auteur expose sa réflexion sur une question.

Ethnologie (n. f.) : science qui étudie le comportement des groupes humains.

Euphémisme (n. m.) : figure de style visant à atténuer le caractère abrupt d'une réalité ou d'une idée.

Exposition (n. f.) : premières scènes d'une œuvre théâtrale qui donnent des informations sur les personnages, les circonstances et l'action.

🔹 **Fable** (n. f.) : genre littéraire relevant de l'apologue. Elle comporte une petite histoire accompagnée d'une moralité.

Fantastique (n. m. et adj.) : genre littéraire et artistique dont les effets sont fondés sur l'intrusion du surnaturel dans la vie quotidienne observée avec réalisme.

Farce (n. f.) : genre théâtral populaire reposant sur un comique trivial, corporel.

Figure de style (n. f.) : procédé d'écriture qui donne aux mots du quotidien un emploi littéraire.

Figure d'insistance (n. f.) : procédé de répétition visant à attirer l'attention du lecteur sur un point particulier.

Florilège (n. m.) : voir *Anthologie*.

Fondu (n. m.) : technique pour faire apparaître ou disparaître progressivement une image. Dans le **fondu enchaîné**, une image se superpose à la précédente par surimpression et vient la remplacer. Le **fondu au noir ou au blanc** obscurcit ou éclaircit l'écran avant de laisser place au plan suivant.

🔹 **Genre littéraire** (n. m.) : ensemble d'œuvres ou de sujets littéraires ayant des caractéristiques communes, des procédés d'écriture identifiables.

Gradation (n. f.) : figure d'insistance qui procède par degrés successifs, croissants ou décroissants. On parle aussi de *crescendo* ou *decrescendo*.

Grotesque (adj. et n. f. pl.) : 1) ridicule, extravagant ; 2) dessins étranges et fantastiques ornant les monuments antiques, mis au jour par les fouilles de la Renaissance.

🔹 **Hémistiche** (n. m.) : moitié d'un vers, délimitée par la césure.

Heptasyllabe (n. m.) : vers de sept syllabes.

Hors champ (adj. inv.) : désigne, au cinéma, tout ce qui n'apparaît pas à l'écran mais que le spectateur devine ou imagine. Il est souvent utilisé pour créer le suspense.

Humanisme (n. m.) : mouvement littéraire et culturel du XVIe siècle qui place l'Homme au centre de toutes les préoccupations. On parle aussi d'humanisme pour les courants littéraires et artistiques du XXe siècle qui placent l'humain au cœur de leur réflexion.

Hyperbole (n. f.) : figure d'amplification ou d'exagération consistant à souligner ou mettre une idée en relief.

Hypocoristique (adj.) : terme qui exprime une intention affectueuse, souvent employé quand on s'adresse à un enfant.

Hypotypose (n. f.) : figure consistant à donner vie à la description afin que le lecteur « voie » la scène.

🔹 **Image** (n. f.) : Évoquer un élément du réel par analogie avec un autre.

Implicite (adj.) : qui n'est pas formellement exprimé, mais sous-entendu ou présupposé, et dont le lecteur ou l'auditeur doit induire ou déduire le sens.

In medias res : locution latine signifiant « au milieu des choses ». Technique narrative qui fait commencer le récit au milieu de l'intrigue.

Glossaire | **681**

Incise (n. f.) : proposition généralement courte, insérée dans un dialogue ou un discours rapporté, pour indiquer qui parle.
Incipit (n. m. inv.) : première(s) page(s) d'un récit.
Intensité dramatique (n. f.) : ensemble des moyens narratifs employés pour accentuer l'action romanesque et maintenir le lecteur en haleine.
Intertextualité (n. f.) : ensemble des relations qu'un texte entretient avec d'autres œuvres.
Ironie (n. f.) : procédé consistant à dire ou suggérer le contraire de ce que l'on pense pour dévaloriser ou critiquer le parti adverse. L'humour induit par l'ironie crée une distance entre les propos et la pensée réelle.
● **Jansénisme** (n. m.) : courant de pensée religieux né au XVIIe siècle à l'abbaye de Port-Royal. Il pense que le croyant ne peut être sauvé que s'il est prédestiné à l'être, que s'il bénéficie de la grâce divine.
Juxtaposition (n. f.) : construction syntaxique où les propositions sont placées l'une à côté de l'autre et séparées par une simple virgule.
● **Lexique** (n. m.) : ensemble des mots d'une langue qu'un locuteur peut utiliser.
Libertinage (n. m.) : courant de pensée né au XVIe siècle revendiquant l'autonomie morale de l'individu face à la religion et au pouvoir politique. Le libertin s'autorise une grande liberté de mœurs et refuse toute contrainte.
Lieu commun (n. m.) : florilège de formules et d'expressions utilisées pour nourrir un propos dans la tradition antique.
Litote (n. f.) : figure de style consistant à dire moins pour faire entendre plus. C'est une forme particulière d'euphémisme.
Lumières (n. f. pl.) : mouvement culturel, littéraire et philosophique européen du XVIIIe siècle. Il s'appuie sur la raison pour lutter contre toutes les formes d'obscurantisme et favoriser le progrès.
Lyrisme (n. m.) : registre caractérisé par l'expression exacerbée des sentiments personnels.
● **Madrigal** (n. m.) : court poème formulant un compliment ingénieux et s'achevant sur une pointe.
Manifeste (n. m.) : exposé théorique argumentatif présentant les fondements et principes d'un mouvement littéraire ou culturel.
Mémoires (n. f. pl.) : genre littéraire relevant de l'autobiographie. L'auteur-narrateur-personnage fait le récit de sa vie et relate les événements historiques dont il fut le témoin ou l'acteur.
Métaphore (n. f.) : figure de substitution rapprochant deux idées ou deux réalités distinctes sans outil de comparaison.
Métonymie (n. f.) : figure d'analogie consistant à désigner un élément par un autre qui est en relation avec lui. Ainsi, on peut désigner le contenu par le contenant.
Mètre (n. m.) : type de vers déterminé par le nombre de syllabes prononcées et par la coupe.
Métrique (n. f.) : système qui codifie la versification et, en particulier, le rythme des vers.
Mise en scène (n. f.) : interprétation scénique d'un texte de théâtre par les décors, l'éclairage, la musique, les costumes et le jeu des acteurs.
Modalisateurs (n. m. pl.) : ensemble des termes qui marquent le jugement et les sentiments du locuteur (adverbes, verbes, termes affectifs ou évaluatifs…).
Modalisation (n. f.) : procédés permettant au locuteur de préciser son degré de certitude ou d'incertitude, d'adhésion ou de distance par rapport à son énoncé.
Monologue (n. m.) : au théâtre, réplique prononcée par un personnage seul ou se croyant seul sur scène.
Monologue intérieur (n. m.) : procédé consistant à donner l'illusion, dans un récit, de rapporter à l'état brut les pensées d'un personnage.
Moralité (n. f.) : phrase située au début ou à la fin d'un apologue délivrant un enseignement moral.
Mythe (n. m.) : récit fabuleux et symbolique construit autour de figures allégoriques incarnant des forces de la nature ou certains traits caractéristiques de la condition humaine. Par extension, le mythe constitue l'image simplifiée qu'un groupe prête à un individu ou à un fait. Ex. : le mythe de la femme fatale, le mythe du bon sauvage.
● **Narrateur** (n. m.) : dans l'énonciation du récit littéraire, personnage prenant en charge la narration. Ce n'est pas forcément l'auteur.
Naturalisme (n. m.) : mouvement littéraire essentiellement romanesque qui prolonge le mouvement réaliste dans le dernier quart du XIXe siècle. Les écrivains naturalistes, dont Zola est le chef de file, se réclament de la science et se considèrent comme les expérimentateurs de la « matière humaine » en étudiant notamment l'influence de l'hérédité et du milieu sur le personnage.
Nœud (n. m.) : situation centrale de crise ou de conflit dans l'action théâtrale.
Nouveau roman (n. m.) : mouvement romanesque né dans les années 1950, refusant les conventions du récit traditionnel (effet de réel, rôle du narrateur, statut du personnage).

Nouvelle (n. f.) : récit bref dont le cadre spatio-temporel est plus resserré que celui du roman. Le genre de la nouvelle se caractérise par une intrigue unique centrée autour de peu de personnages et orientée vers un dénouement frappant (« la chute »).
● **Ode** (n. f.) : poème lyrique, de forme variable, constitué de strophes symétriques. Il est destiné à être chanté et accompagné de musique, pour célébrer des héros ou de grands événements.
Oxymore (n. m.) : figure d'opposition juxtaposant deux termes antithétiques. Ex. : obscure clarté.
● **Panoramique (image mobile)** (n. m.) : pivotement de la caméra sur son pied fixe.
Pantoum (n. m.) : poème à forme fixe, composé de quatrains à rimes croisées, dans lesquels le deuxième et le quatrième vers sont repris par le premier et le troisième vers de la strophe suivante, le dernier vers du poème reprenant en principe le vers initial.
Parabole (n. f.) : récit, narration à contenu allégorique que le lecteur ou l'auditeur doit décoder.
Paradoxe (n. m.) : opinion contraire à la *doxa*, c'est-à-dire l'opinion commune.
Parallélisme (n. m.) : effet de symétrie obtenu par la succession de groupes de mots ou de propositions présentant la même structure syntaxique.
Paratexte (n. m.) : ensemble des informations données au lecteur sur un texte (nom de l'auteur, titre, date, préface, notes de bas de page, couverture…).
Parodie (n. f.) : dans l'Antiquité, réécriture des récits épiques sur un mode comique. Plus largement, la parodie détourne une œuvre dans une intention comique, voire satirique. Parodier, c'est imiter pour se moquer.
Paronomase (n. f.) : procédé consistant à juxtaposer des paronymes, c'est-à-dire des mots très proches par leur sonorité.
Paroxysme (n. m.) : point culminant du récit ou de l'action romanesque. (Voir *Apogée*.)
Pastiche (n. m.) : imitation du style d'un auteur dans une démarche d'hommage ou de jeu littéraire. Le pastiche est souvent un exercice de style respectueux.
Pathétique (adj.) : registre littéraire qui vise à émouvoir le lecteur par le spectacle de la douleur, physique ou morale.
Pause (n. f.) : dans un récit, suspension des événements et de leur enchaînement, comme si le temps s'arrêtait. La pause peut correspondre, par exemple, à un passage descriptif.
Péripétie (n. f.) : rebondissement.
Périphrase (n. f.) : détour de langage où l'on emploie la définition pour le terme lui-même.
Personnification (n. f.) : métaphore qui assimile un animal, un être inanimé ou une idée abstraite à une personne.
Perspective (n. f.) : terme désignant les procédés qui donnent, sur une surface plane, l'illusion d'une troisième dimension. La taille des objets ou des personnages semble varier en fonction de leur position spatiale ou selon les nuances colorées choisies par l'artiste pour hiérarchiser la composition de son œuvre.
Phrase complexe (n. f.) : structure syntaxique qui contient plusieurs propositions juxtaposées, coordonnées ou subordonnées entre elles.
Phrase nominale (n. f.) : phrase dont le noyau ne comporte aucun verbe.
Picaresque (roman) (adj.) : genre littéraire né en Espagne au XVIe siècle, narrant à la première personne les aventures d'un *picaro*, d'un aventurier marginal.
Plagiat (n. m.) : imitation malhonnête et illégale d'un texte, vol littéraire.
Plaidoyer (n. m.) : discours argumenté, convaincu, en faveur d'une personne, d'une idée, d'une institution.
Plan (n. m.) : terme qui désigne, au cinéma, une prise de vues filmées sans coupure. Le terme renvoie aussi à des choix de cadrage : on distingue le **plan d'ensemble** (large cadre, paysage), le **plan rapproché** (personnage filmé « en buste »), le **gros plan** (visage couvrant tout l'écran), et le **très gros plan** (détail). Le **plan-séquence** est une scène filmée en un seul plan et restituée sans montage.
Plongée (n. f.) : prise de vue où la caméra est placée en surplomb de ce qui est filmé, donnant au spectateur une impression de supériorité. (Voir *Contre-plongée*.)
Poème en prose (n. m.) : texte poétique non versifié. Sa puissance est fondée sur les effets de rythme, de sonorités et la recherche des images. Baudelaire attribue son invention à Aloysius Bertrand.
Point de vue (ou focalisation) (n. m.) : dans un récit, angle selon lequel les faits sont perçus et racontés par le narrateur. On discerne :

1) le point de vue externe : le narrateur observe les personnages de l'extérieur sans connaître leurs sentiments ni leurs pensées.
2) le point de vue interne : la narration est menée autour du point de vue d'un seul personnage dont le lecteur connaît les pensées et états d'âme.
3) le point de vue omniscient (encore nommé « focalisation zéro ») : le narrateur sait tout de ses personnages.
Pointe (n. f.) : voir *Chute*.
Polémique (adj. et n. f.) : qui relève du combat. Un texte polémique attaque des personnes, des idées, etc. Une polémique est une controverse, un débat agité et houleux.
Portrait (n. m.) : description qui permet de se représenter un individu.
Praticable (n. m.) : élément de décor en trois dimensions sur lequel les acteurs peuvent évoluer.
Prétérition (n. f.) : figure de rhétorique consistant à prétendre qu'on ne parlera pas d'un sujet, alors qu'on le fait.
Profondeur de champ (n. f.) : en photographie, désigne l'espace qui est net lors de la prise de vue.
Prolepse (n. f.) : dans un récit, annonce anticipée d'un événement qui se produit plus loin dans le récit.
Prologue (n. m.) : introduction présentant des faits antérieurs à l'action, dans une pièce de théâtre, un roman, un film, etc.
Prosopopée (n. f.) : figure par laquelle l'orateur fait parler un mort, un animal, un être inanimé.
Quatrain (n. m.) : strophe de quatre vers.
Quatrième mur (n. m.) : mur imaginaire séparant la scène de la salle et enfermant les acteurs dans une boîte.
Quiproquo (n. m.) : terme latin désignant un procédé comique fondé sur une méprise (un personnage pris pour un autre, deux personnages croyant parler d'une même chose).
Raccord (n. m.) : procédé de montage qui permet de relier les plans entre eux. Les raccords assurent la cohérence spatiale, lumineuse, thématique de l'ensemble.
Raisonnement déductif (n. m.) : forme de raisonnement où les arguments se suivent logiquement et vont du général au particulier.
Raisonnement inductif (n. m.) : forme de raisonnement qui part de l'exemple pour aboutir à des conclusions générales.
Réalisme (n. m.) : mouvement artistique et littéraire essentiellement romanesque, de la seconde moitié du XIXe siècle, qui cherche à peindre la réalité dans ses composantes sociales, historiques et psychologiques, et dont les précurseurs sont Balzac et Stendhal. Gustave Flaubert, qui défend le « faire vrai », en est considéré comme le chef de file.
Récit enchâssé/Récit-cadre (n. m.) : le récit-cadre est le récit premier pris en charge par le narrateur principal. Il donne le contexte général. Le récit enchâssé, souvent plus important, raconte l'histoire des personnages principaux.
Réfutation (n. f.) : discours tentant de prouver que la thèse de l'adversaire n'est pas recevable. (Voir *Structure du discours*.)
Registre (n. m.) : ensemble des procédés stylistiques destinés à donner une tonalité particulière à un texte (indignation, joie, tristesse, colère, pitié...) et à éveiller le même sentiment chez le lecteur. On distingue principalement les registres comique, dramatique, épidictique, épique, pathétique, polémique, satirique et tragique.
Registre de langue (ou niveau de langue) (n. m.) : niveau de langue employé par un locuteur ; il peut être familier, courant (ordinaire) ou soutenu, selon le contexte.
Réplique (n. f.) : partie du texte prononcée par chaque personnage dans un dialogue théâtral.
Réquisitoire (n. m.) : discours de reproches et d'accusations à l'encontre d'une personne, d'une institution, etc. Dans le vocabulaire judiciaire, acte par lequel le ministère public expose ses arguments aux magistrats et précise ce qui est reproché à l'accusé.
Rhétorique (n. f.) : éloquence, art de bien parler, en utilisant un certain nombre de techniques et de procédés.
Rime (n. f.) : répétition de deux ou plusieurs sons à la fin de deux vers.
Romantisme (n. m.) : mouvement culturel de la première moitié du XIXe siècle, en rupture avec le classicisme. Fondé sur l'expression des émotions personnelles, il exprime une forme de sensibilité nouvelle à la nature, à l'histoire et à la politique.
Rondeau (n. m.) : poème à forme fixe ne comportant que deux rimes et reposant sur la répétition d'un vers, le refrain.
Satire (n. f.) : écrit humoristique où l'auteur ridiculise pour mieux les dénoncer ou les critiquer une époque, une politique, un fait de société, un personnage important, etc. Poussée à l'extrême, elle vire au **pamphlet**.

Scène (au théâtre) (n. f.) : unité de base du théâtre classique. Elle se définit par l'entrée ou la sortie d'un personnage.
Scénographie (n. f.) : art d'organiser la scène et l'espace théâtral (création du décor, des lumières, rapport entre la scène et la salle).
Schéma narratif (n. m.) : ensemble composé des différentes séquences d'un récit, de la situation initiale à la situation finale. Le schéma résume et planifie les péripéties et les principes (éléments perturbateurs ou éléments de résolution) permettant à l'action de progresser.
Sens propre / Sens figuré (n. m.) : signification qu'un mot peut prendre selon le contexte dans lequel il est employé. Le sens propre évoque l'acception traditionnelle et courante d'un mot, le sens figuré la signification particulière du même mot en fonction des enjeux de la phrase.
Soliloque (n. m.) : discours qu'un personnage se tient à lui-même, même en présence d'autres personnages, et qui montre sa solitude ou ses difficultés à communiquer.
Sonnet (n. m.) : forme fixe en poésie, qui désigne un poème composé de quatorze vers répartis en deux quatrains et deux tercets dont les rimes sont disposées selon un schéma prédéfini (*abba* pour les quatrains et *ccd eed* ou *ccd ede* pour les tercets).
Stance (n. f.) : tirade en vers présentée sous forme de strophes où l'on remarque des dispositions de vers récurrentes.
Stéréotype (n. m.) : voir *Cliché*.
Stichomythie (n. f.) : dans un dialogue théâtral, échange rapide de répliques qui se répondent vers par vers. Joute verbale.
Story-board (n. m.) : sorte de bande dessinée réalisée par le metteur en scène ou le story-boardeur représentant les scènes du film prévues par le découpage technique.
Stratégie argumentative (n. f.) : ensemble des moyens argumentatifs (arguments, modes de raisonnement, marques de la modalisation, etc.) employés par un auteur pour convaincre et persuader.
Strophe (n. f.) : groupe de vers séparé des autres par un espace.
Structure du discours (rhétorique) (n. f.) : le discours habilement construit adopte souvent ce plan : **exorde** pour capter la bienveillance et exposer le sujet, **narration** de l'affaire, **confirmation** des preuves, **réfutation** des arguments adverses, **péroraison**, c'est-à-dire résumé émouvant.
Subordination (n. f.) : construction syntaxique qui présente une ou plusieurs propositions dépendantes de la proposition principale et introduites par un mot subordonnant.
Surréalisme (n. m.) : mouvement artistique et littéraire né après la première guerre mondiale. Il donne libre cours au travail de l'imagination et de l'inconscient dans la création artistique.
Symbole (n. m.) : élément textuel ou iconique représentant concrètement une idée abstraite. Le symbole diffère de l'analogie au sens où son interprétation est ouverte et plurielle.
Synecdoque (n. f.) : figure de style qui, dans la désignation d'un objet, consiste à prendre la partie pour le tout, la matière pour l'objet lui-même, l'espèce pour le genre, le singulier pour le pluriel ou inversement.
Synopsis (n. m.) : récit très bref résumant l'action d'une œuvre littéraire ou cinématographique.
Syntaxe (n. f.) : organisation des mots dans la phrase.
Tercet (n. m.) : strophe de trois vers.
Théoricien (n. m.) : écrivain, penseur, philosophe ou moraliste qui élabore et professe une théorie littéraire.
Thèse (n. f.) : idée maîtresse d'un discours, défendue implicitement ou explicitement grâce à des arguments, étayés par des exemples.
Tirade (n. f.) : longue réplique de théâtre.
Ton (n. m.) : synonyme de « registre ». **Tragique** (n. m. et adj.) : registre qui qualifie un texte où l'enchaînement des faits voue le héros à un malheur sans issue et à la mort.
Trajet de lecture (image) (n. m.) : trajet que parcourt l'œil pour balayer une image.
Travelling avant, arrière, zoom (image mobile) (n. m.) : mouvement de la caméra sur un axe.
Tréteau (théâtre de tréteaux) (n. m.) : installation provisoire d'une scène en plein air.
Utopie (n. f.) : étymologiquement, « lieu qui n'existe pas ». Société imaginaire idéale, dénonçant les défauts de la société réelle.
Vanité (n. f.) : œuvre littéraire ou picturale mettant l'accent sur l'imminence de la mort et donc sur l'inutilité des divertissements humains, tels que la poursuite de la gloire ou de la fortune.
Vérité générale (n. f.) : énoncé qui formule une règle ou une loi. Le vocabulaire en est abstrait, la forme parfois codifiée (sentence, maxime, proverbe...).
Vers libre (n. m.) : vers sans rime, de longueur variable et irrégulière. Le retour à la ligne et la disposition dans la page permettent de les identifier et d'en ressentir le rythme.
Volte (n. f.) : vers qui précède et amène la pointe du poème.

Index des auteurs et des œuvres

Anouilh, Jean
Antigone — 339
Antelme, Robert
Espèce humaine (L') — 600
Apollinaire, Guillaume
Poèmes à Lou
  « Reconnais-toi » — 453
  « Si je mourais là-bas » — 453
Alcools — 452
  « Crépuscule » — 451
  « Le pont Mirabeau » — 452
  « Zone » — 450
Aragon, Louis — 459, 460
Yeux d'Elsa (Les), « C » — 488
Aurélien — 215
Aristophane
Cavaliers (Les) — 233
Assemblée des femmes (L') — 234

Badinter, Robert
Discours à l'Assemblée nationale — 586
Balzac, Honoré (de)
Cabinet des Antiques (Le) — 96
Comédie humaine (La), Avant-propos — 207
Eugénie Grandet — 92
Femme de trente ans (La) — 90
Père Goriot (Le) — 94
Splendeurs et Misères des courtisanes — 214
Une ténébreuse affaire — 99
Illusions perdues — 98
Baudelaire, Charles
Carnets esthétiques — 427
Fleurs du Mal (Les)
  « Correspondances » — 428
  « L'albatros » — 484
  « Le serpent qui danse » — 428
  « Parfum exotique » — 428
Notes nouvelles sur E. A. Poe — 427
  « À une passante » — 430
  « Le voyage » — 603
Petits Poèmes en prose
  « Le désir de peindre » — 431
Beaumarchais
Barbier de Séville (Le) — 306
Mariage de Figaro (Le) — 308
Beauvoir, Simone (de)
Deuxième Sexe (Le) — 590, 634
Beckett, Samuel
En attendant Godot — 342
Oh les beaux jours — 370
Bertrand, Aloysius
Gaspard de la Nuit, « Un rêve » — 419
Bezace, Didier — 256
Boccace
Décaméron (Le) — 504
Bon, François
Daewoo — 190
Bougainville, Louis-Antoine (de)
Voyage autour du monde — 559
Brecht, Bertolt
Noce chez les petits bourgeois (La) — 334
Butor, Michel
Modification (La) — 174

Chateaubriand, François René (de)
René — 70
Claudel, Paul
Connaissance de l'Est — 618
Camus, Albert
Caligula — 340
Étranger (L') — 170
Justes (Les) — 614
Peste (La) — 608, 610
Cassou, Jean
Trente-trois sonnets composés au secret
  « La plaie que, depuis le temps des cerises... » — 488

Céline, Louis-Ferdinand
Voyage au bout de la nuit — 168
Césaire, Aimé
Discours sur la Négritude — 588
Char, René
Lettera amorosa
  « Sur le franc-bord » — 469
Cheng, François — 477
Clément, Jean-Baptiste
  « Le temps des cerises » — 487
Cocteau, Jean
La Machine infernale — 336
Condorcet, Nicolas (de)
Réflexions sur l'esclavage des nègres — 570
Constant, Benjamin
Adolphe — 74
Corneille, Pierre
Cid (Le) — 278
Cinna — 283
Horace — 280
Médée — 276
Illusion comique (L') — 250
Cortázar, Julio
Armes secrètes (Les)
  « Continuité des parcs » — 178

Desnos, Robert — 462
Desportes, Philippe — 390
Diderot, Denis
Encyclopédie — 551, 557, 629
Jacques le fataliste et son maître — 60
Supplément au voyage de Bougainville — 560
Diderot et D'Alembert
Encyclopédie — 551
Du Bellay, Joachim
Défense et illustration de la langue française — 388
Regrets (Les)
  Sonnet — 31, 389
Dumarsais
Encyclopédie — 552
Dumas, Alexandre
Les Trois Mousquetaires — 80

Éluard, Paul — 454
Amour la poésie (L') — 457
152 proverbes mis au goût du jour — 457
Capitale de la douleur
  « La courbe de tes yeux... » — 465
Eschyle
Agamemnon — 224
Ésope
Fables
  « Les grenouilles qui demandent un roi » — 530
Euripide
Médée — 230
Troyennes (Les) — 228

Fénelon, François — 541
Flaubert, Gustave
Bouvard et Pécuchet — 112
Éducation sentimentale (L') — 108
Madame Bovary — 104, 106
Trois contes
  « Un cœur simple » — 110
Florian, Jean-Pierre (Claris de)
Fables
  « De la fable » — 404
  « La Fable et la Vérité » — 403
Fontenelle, Bernard (Le Bouyer de)
Histoire des oracles — 536

Gainsbourg, Serge
  « Je suis venu te dire que je m'en vais » — 433
Gaudé, Laurent
Mort du roi Tsongor (La) — 194

Gautier, Théophile
Omphale, histoire rococo — 78
Germain, Sylvie
Magnus — 192
Personnages (Les) — 193
Giono, Jean
Un roi sans divertissement — 172
Goncourt, Jules et Edmond (de)
Germinie Lacerteux — 178
Grumberg, J.-C. — 375
Guillevic, Eugène
Gagner
  « Art poétique » — 467
Terre à bonheur
  « Douceur » — 468

Hoffmann, E. T. A.
Les Mines de Falun — 76
Hugo, Victor — 414, 416
Châtiments (Les)
  « Melancholia » — 417
Hernani — 322
Misérables (Les) — 84, 212, 486, 629
Orientales (Les)
  « L'enfant » — 415
Ruy Blas — 324, 368
Homme qui rit (L') — 604
Huysmans, Joris-Karl
À rebours — 134
Soirées de Médan (Les)
  « Sac au dos » — 132

Ionesco, Eugène — 344, 346, 616

Jaccottet, Philippe — 474
Jarry, Alfred
Ubu Roi — 326

Koltès, Bernard-Marie
Combat de nègre et de chiens — 347
Sallinger — 371

La Bruyère, Jean (de)
Caractères — 537
La Fayette, Marie-Madeleine (de)
Princesse de Clèves (La) — 50
La Fontaine, Jean (de) — 531, 532, 534
La Rochefoucauld, François (de) — 528
Labé, Louise
Œuvres
  Sonnet II — 386
  « Je vis, je meurs » — 386
Laclos, Pierre Choderlos (de)
Liaisons dangereuses (Les) — 62
Lagarce, Jean-Luc
Juste la fin du monde — 350
Lamartine, Alphonse (de)
Méditations (Les), « Le Lac » — 412
Larousse, Pierre
Grand Dictionnaire universel du XIXe siècle — 208
Lautréamont
Chants de Maldoror (Les)
  Chant 1 — 484
Le Clézio, Jean-Marie Gustave
Désert — 180
Ronde et autres faits divers (La)
  « La ronde » — 182
Leiris, Michel
Glossaire j'y serre mes gloses — 457
Léry, Jean (de)
Histoire d'un voyage fait en terre du Brésil — 514
Lesage, Alain-René
Turcaret — 300
Levi, Primo
Si c'est un homme — 598
Lévi-Strauss, Claude
Tristes tropiques — 592

MALLARMÉ, Stéphane 444
Poésies
 « Le vierge, le vivace et le bel aujourd'hui » 445
MARBEUF, Pierre 389, 400
MARIVAUX
Île des esclaves (L') 301
Jeu de l'amour et du hasard (Le) 304
Paysan parvenu (Le) 58
MAROT, Clément
Épigrammes
 « D'Anne qui lui jeta de la neige » 385
MAUPASSANT, Guy (de)
Bel-Ami 142
Nouvelles
 « Boule de Suif » 136
 « L'aveugle » 138
Pierre et Jean, Préface 144
Pierre et Jean 145
MERCIER, Louis-Sébastien
Tableau de Paris 632
MIRABEAU 572
MOLIÈRE
Avare (L') 268
Dom Juan 263, 367
École des femmes (L') 257, 258
George Dandin 269
Misanthrope (Le) 265
Précieuses ridicules (Les) 253
Sganarelle 254
Tartuffe 259, 260
Tartuffe, Premier placet 262
MONTAIGNE, Michel (de)
Essais (Les) 516, 518, 519
MONTESQUIEU
De l'esprit des lois 550, 628
Lettres persanes 52
MORE, Thomas
Utopie (L') 506
MOZART, Wolfgang Amadeus
Flûte enchantée (La) 552
MUSSET, Alfred (de)
Contes d'Espagne et d'Italie
 « Ballade à la lune » 418

N'DIAYE, Marie
Papa doit manger 372
NERVAL, Gérard (de)
Petits Châteaux de Bohême, Odelettes
 « Fantaisie » 421
Sylvie 82
NIZAN, Paul
Aden Arabie 594

ORTLIEB, Gilles
Poste restante, « 3 h 56 » 476
OST, François
« L'invention du tiers, Eschyle et Kafka » 631

PARÉ, Ambroise
Des monstres et prodiges 513
PASCAL, Blaise
Pensées 259

PEREC, Georges
Choses (Les) 176
PERRAULT, Charles
Histoires ou Contes du temps passé
 « La Barbe bleue » 538
PHÈDRE
Fables
 « Le loup et l'agneau » 530
PISAN, Christine (de)
Rondeaux
 « Je ne sais comment je dure » 384
PLAUTE
Marmite (La) 236
Soldat fanfaron (Le) 235
POE, Edgar Allan
Poésies
 « Le corbeau » 483
PONGE, Francis
Pièces
 « La valise » 471
PRÉVERT, Jacques
Grand Bal du Printemps
 « Grand Bal du Printemps » 472
PRÉVOST (Abbé)
Manon Lescaut 54
PROUST, Marcel
Du côté de chez Swann 162

RABELAIS, François
Gargantua 510
Pantagruel 508
RACINE, Jean
Andromaque 286
Bérénice 288
Phèdre 290
Plaideurs (Les) 270
RADIGUET, Raymond
Bal du comte d'Orgel (Le) 164
REZA, Yasmina
Art 354
RIBES, Jean-Michel
Théâtre sans animaux 358
RIMBAUD, Arthur
Deuxième lettre dite « du voyant » 438
Poésies
 « Le mal » 441
 « Ma bohème » 440
 « Le Bateau ivre » 442
ROBBE-GRILLET, Alain
Pour un nouveau roman 175
RONSARD, Pierre (de)
Discours des misères de ce temps 512
ROTH, Philip 188
La Tache 188
ROUSSEAU, Jean-Jacques 555, 556
Émile ou De l'éducation 556

SAINT JOHN PERSE 466, 470
SAINT-EXUPÉRY, Antoine (de)
Terre des hommes 596
SAND, George
Histoire de ma vie 633
SARTRE, Jean-Paul
Mains sales (Les) 612
Mouches (Les) 338

SCARRON, Paul
Roman comique (Le) 48
SCHMITT, Éric-Emmanuel 352
SCUDÉRY, Georges de 401
SHAKESPEARE, William
Macbeth 274
SIMMONDS, Posy
Gemma Bovery 107
SOPHOCLE
Antigone 226
SOLAL 166
SOUPAULT, Philippe
Champs magnétiques (Les) 464
STENDHAL
Chartreuse de Parme (La) 211
Chroniques italiennes
 « Vanina Vanini » 100
Rouge et le Noir (Le) 102

TCHEKHOV, Anton
Une demande en mariage 374
TOURNIER, Michel
Vendredi ou les limbes du Pacifique 606

VARGAS, Fred
Debout les morts 186
VERLAINE, Paul 435
Parallèlement
 « À la manière de Paul Verlaine » 436
Poèmes Saturniens
 « Mon rêve familier » 434
 « Chanson d'automne » 432
Jadis et Naguère
 « Sonnet boiteux » 437
VIAU, Théophile (de)
Œuvres poétiques
 « Ode au roi » 398
VIGNY, Alfred (de) 420
Cinq-Mars (préface) 210
VINCENT, J.-P. 256
VOITURE, Vincent
Poésies
 « Ma foi, c'est fait de moi… » 402
VOLTAIRE 562, 566
Contes philosophiques
 « Histoire d'un bon bramin » 567
De l'Encyclopédie 553
Dictionnaire philosophique 565
Traité sur la tolérance 564

YOURCENAR, Marguerite 177

ZOLA, Émile 584
Assommoir (L') 126
Assommoir (L'), Préface 208
Curée (La) 124
Germinal 128
Lettre à la jeunesse 582
Œuvre (L') 130
Thérèse Raquin 120

Index iconographique

ALBA (d'), Macrino
Portrait d'Anne d'Alençon 385
AMENABAR, Alejandro
Les Autres, Photogramme 187
AMIET, Cuno
Paysage de neige 140
ANOUILH, Jean
Antigone, Robert, Hossein 339

BACON, Francis
Autoportrait 157

BASQUIAT, Jean-Michel 87
BASTIEN-LEPAGE, Jules
Foins (Les) 87
BAZILLE, Frédéric
Ambulance improvisée (L') 133
BECKETT, Samuel 331, 343, 346, 373
BÉRAUD, Jean
Salle de rédaction du Journal des débats (La) 142
BERRI, Claude
Germinal, Affiche du film 129

BÖCKLIN, Arnold
Peste (La) 608
Illustration d'une nouvelle de Boccace 151
BOTTICELLI, Sandro
Naissance de Vénus (La) 498
BRANCUSI, Constantin
Muse endormie 434
CAILLEBOTTE, Gustave
Raboteurs de parquet (Les) 116
Rue Halévy vue du balcon, Paris (La) 125

CAMUS, Albert 330, 340, 341, 615
CARNÉ, Marcel
Thérèse Raquin, Affiche du film 120
CARON, Antoine
Massacres du Triumvirat (Les) 499
CÉSAR
Valise-expansion 471
CHABROL, Claude
Madame Bovary (affiche de film) 104
CHAGALL, Marc
Loup et l'agneau (Le) 530
CHARDIN, Jean-Baptiste Siméon
Femme occupée à cacheter une lettre 569
CHARDIN, Pierre
Raisins et grenades 58
CHIRICO, Giorgio (de)
Portrait prémonitoire de Guillaume Apollinaire 454
CIMABUE
Maestà di Santa Trinita 602
COCHIN, Charles-Nicolas
Frontispice de l'Encyclopédie 548
CORNEILLE, Pierre
Cid (Le), Le Douarec, Thomas 279
Cinna, Mesguich, Daniel 285
Horace, Ayadi, Naidra 282
Illusion comique (L'), Wilson, Georges 251
COURBET, Gustave
Casseurs de pierre (Les) 86
Portrait de Baudelaire 427
Un enterrement à Ornans 88
COURT, J. D.
Corneille accueilli au théâtre par le Grand Condé 245

DALÍ, Salvador 458, 460
DAUBIGNY, Charles-François
Neige (La) 141, 139
DAUMIER, Honoré
Antoine Maurice Apollinaire, baron d'Argout 112
Croquis pris au théâtre 273
Wagon de troisième classe (Le) 86
DAVID, Jacques-Louis
Bonaparte franchissant les Alpes 102
DEGAS, Edgar
Dans un café ou L'Absinthe 126
DELACROIX, Eugène
Autoportrait 70
Mort de Sardanapale (La) 52
Dante et Virgile aux enfers 246
La liberté guidant le peuple 68
DELAUNAY, Jules Élie
Peste à Rome (La) 609
DELAUNAY, Robert
Champ de Mars. La Tour Rouge 448
DIX, Otto
Rue de Prague (La) 160
DORÉ, Gustave
Barbe bleue 538
DOUANIER ROUSSEAU (Le)
Guerre (La) 441
DÜRER, Albrecht
Autoportrait en manteau de fourrure 519

ECONOMOPOULOS, Nikos
Nomades 590
Épidaure (théâtre) 292
ERNST, Max
Collage, « Une semaine de bonté... » 578
Jardin de la France (Le) 463
FRAGONARD, Jean-Honoré
Escarpolette (L') 54
FREARS, Stephen
Liaisons dangereuses (Les) (photogramme) 62
FÜSSLI, Johann Heinrich
Cauchemar (Le) 153
Silence (Le) 445

GAINSBOROUGH, Thomas
Conversation dans un parc 568
GALLONE, Carmine
Scipion l'Africain (photogramme) 194
GAUGUIN, Paul
D'où venons-nous ? Que sommes-nous ? Où allons-nous ? 580
Nave nave moe (Les Doux Rêves) 560
GEFFROY, Edmond
Molière et les caractères de ses comédies 262
GÉRICAULT, Théodore
Radeau de la Méduse (Le) 408
GIACOMETTI, Alberto
Three Men Walking (II) 600
GIRARDET, Eugène Alexis
Caravanes dans les dunes de Bou-Saada 181
GOYA, Francisco (de)
Temps ou Les Vieilles (Le) 97
GRANDVILLE, J. J.
Obsèques de la lionne (Les) 524
Pouvoir des fables (Le) 533
GREEN, Anthony
Secrets du confessionnal (Les) 178
GREUZE, Jean-Baptiste
Fils ingrat (Le) 297
GROMAIRE, Marcel
Place Blanche 164

HOLBEIN LE JEUNE, Hans
Ambassadeurs (Les) 500
HOLLAND, Agnieszka
Éclipse totale, Photogramme 437
HOPPER, Edward
Compartment C, Car 293, 476
HUARD, Charles
Gravure de Rastignac 94
HUGO, Victor
Gai Château (Le) 327
HUGO, Victor 323, 324

IONESCO, Eugène
Cantatrice chauve (La)
  Lagarce Jean-Luc 333
Rhinocéros
  Dermarcy Mota, Emmanuel 617
Roi se meurt (Le)
  Werler, Georges 344, 345
IZIS
Grand Bal du Printemps 472

KHNOPFF, Fernand
Des caresses 78
KLIMT, Gustav
Femme au chapeau et boa de plumes 430
KOLTÈS, Bernard-Marie
Combat de nègre et de chiens
  Chéreau, Patrice 347
  Nichet, Jacques 348

LA FONTAINE, Jean (de)
Fables, Wilson, Robert 522
LA TOUR, Georges de
Madeleine pénitente (La) 46
LA TOUR, Maurice Quentin (de)
Portrait d'Émilie du Châtelet 546
LAGARCE, Jean-Luc
Juste la fin du monde
  Levy, Bernard 350
LAINE, Marion
Un cœur simple, Photogramme 110
LAURANA, Luciano
Cité idéale (La) 506
LAURENCIN, Marie
Femme au singe (La) 451

LE PAUTRE, Jean
Représentation du Malade imaginaire 241
LEMONNIER, Anicet Charles Gabriel
Lecture de la tragédie de Voltaire, L'Orphelin de la Chine, dans le salon de Mme Geoffrin 545
LETERRIER, François
Un roi sans divertissement (photogramme) 172
LETHIÈRE, Guillaume
Mort de Camille (La) 280
LÉVI-STRAUSS, Claude
Indien Bororo 621

MAGRITTE, René 454
Ceci n'est pas une pomme 457
Clef des songes (La) 456
Mémoire (La) 489
MANET, Édouard
Olympia 130
Portrait de Zola 114
MARIETTE, Jean
Frontispice du Dictionnaire de l'Académie 242
MARREL, Jacob
Vanité 50
MIGNARD, Nicolas
Portrait de Molière 243
MOLIÈRE
Dom Juan, Sobel, Bernard 263
École des femmes (L')
  Bezace, Didier 256
  Roussillon, Jean-Paul 255, 258
  Vigner, Éric 255
George Dandin
  Gonzalès, Mario 269
Misanthrope (Le)
  Braunschweig, Stéphane 266
Précieuses ridicules (Les)
  Jemmett, Dan 253
Tartuffe
  Braunschweig, Stéphane 260
  Magnier, Anthony 261
MONET, Claude
Barque (La) 120
Charbonniers (Les) 114
Coquelicots à Argenteuil (Les) 148
Manneporte près d'Étretat (La) 146
Soleil couchant sur la Seine 150
Train dans la neige 115
MOREAU, Gustave
Apparition (L') 134
Orphée 424
MUCHA, Alphonse
Automne (L') 432
MUSIC, Zoran
Nous ne sommes pas les derniers 577
MUSSET, Alfred (de)
Lorenzaccio
  Krejca, Otomar 318
  Lavaudant, Georges 321
  Stavisky, Claudia 320
  Vincent, Jean-Pierre 319, 321
  Zeffirelli, Franco 318
On ne badine pas avec l'amour
  Faure, Philippe 316
  Oudry, Jean-Baptiste 556

PASOLINI, Pier Paolo
Médée, Photogramme 231
PICASSO, Pablo
Portrait de Daniel-Henry Kahnweiler 192
PISSARRO, Camille
Quai de la Bourse à Rouen, soleil 150
PLAUTE
Pseudolus
  Jaques-Wajeman, Brigitte 272